中国道教
神仙谱系史

李远国／编著

第一卷

图书在版编目（CIP）数据

中国道教神仙谱系史．第一卷 / 李远国编著．— 成都：四川大学出版社：成都时代出版社，2022.10（2024.11重印）

ISBN 978-7-5690-3927-6

Ⅰ．①中… Ⅱ．①李… Ⅲ．①道教—神—谱系 Ⅳ．① B958

中国版本图书馆 CIP 数据核字（2020）第 208074 号

书　　名：	中国道教神仙谱系史（第一卷）
	Zhongguo Daojiao Shenxian Puxishi（Di-yi Juan）
编　　著：	李远国

出 版 人：	侯宏虹　达　海
总 策 划：	张宏辉　庞惊涛
选题策划：	段悟吾　王　军
责任编辑：	喻　震　段悟吾
责任校对：	周　颖
装帧设计：	阿　林
责任印制：	王　炜

出版发行：四川大学出版社有限责任公司
　　　　　地址：成都市一环路南一段 24 号（610065）
　　　　　电话：（028）85408311（发行部）、85400276（总编室）
　　　　　电子邮箱：scupress@vip.163.com
　　　　　网址：https://press.scu.edu.cn

成都时代出版社有限公司
　　　　　地址：四川省成都市锦江区红星路二段 159 号（610021）
　　　　　电话：（028）86763285（市场营销部）、86742352（编辑部）
　　　　　电子邮箱：cdsdcbs@VIP.163.com

印前制作：成都跨克创意文化传播有限公司
印刷装订：四川盛图彩色印刷有限公司

成品尺寸：	185 mm×260 mm
印　　张：	48
字　　数：	1404 千字
版　　次：	2022 年 12 月 第 1 版
印　　次：	2024 年 11 月 第 3 次印刷
定　　价：	375.00 元

扫码获取数字资源

四川大学出版社
微信公众号

本社图书如有印装质量问题，请联系发行部调换

版权所有　◆　侵权必究

序一

我一直赞同的一个观点是：道教的最高信仰是"道"，核心信仰是"神仙"。有神仙信仰的宗教就是道教。所以我很关注李远国同志的"神仙谱系"研究，他的研究的突出特点，是在大量收集资料的基础上再作分析和论断。一些具体的资料该如何看？如何作出判断？有可能见仁见智，难以有一致的认识。但资料的收集和整理，本身就是功不可没的，很有意义。

李远国同志自学出身，勤奋有才，特别是在道教文化方面，称得上是见多识广。我每次和他一起参加道教文化研讨活动，有关道教的仪式、法物等，多半是听他介绍、讲解。我想，他在道教方面的知识和成就，应该与他曾拜师道教学者王家祐先生有关。对王先生我虽然了解不多，但根据几次交往，我认为王先生既是一位高道，同时也是一位有见识的道教文化研究学者。我们1993年在武当山初次见面（当时还有闵智亭、李养正、钟肇鹏等年长于我的诸位先生），就一见如故，相谈甚欢，他戏称我为"熊道长"，并以书相赠。李远国知道一些我与王先生的交往情况，所以我们在一起开会时也就常常心灵相通了。记得一次在山东开会，我发言讲黄老道，会后他简单说了一句："还有王母道。"所以我后来又写了有关王母道的文章。在道教问题研究中，我们有些看法是相同相近的，例如：战国时期的道教派别有方仙道、黄老道、王母道等，神仙信仰是道教的核心信仰之类。有些问题我还在继续思考，例如道教究竟起于何时？也会参考他的论述。至于如何解释一些考古文物

资料,我没有深入地学习和研究,不该置评。但发现资料和提出问题都是难能可贵的,可以给人启发、思考。相信本书的出版对道教研究应该有很大的参考价值。

熊铁基

2020年6月20日

序二

远国兄的大作《中国道教神仙谱系史》就要出版了,这是非常令人高兴的事。

还在多年前,远国兄曾于一次博士生论文答辩会的间隙言及他正在撰写《中国道教神仙谱系史》。当时,听到这个消息,我很振奋,却一点也不惊讶。之所以振奋,是因为远国兄不断有新成果问世,令人鼓舞;之所以不惊讶,是因为我深知远国兄数十年耕耘于道教神仙文化沃土,已经有了相当丰厚的积累。他不仅对道教经典文献如数家珍,而且掌握了数以万计的道教神仙水陆画、道教法器,非常熟悉道教宫观组织的科仪法事。故而,这样的选题由远国兄提出来并且付诸实施,绝非一时冲动,而是道教文化原动力激荡的必然结果。时代选择了《中国道教神仙谱系史》作为文化研究的重大课题,而《中国道教神仙谱系史》则选择了远国兄作为不二撰著者。

我说不惊讶,但有惊喜。2019年5月12日下午15时25分,我的电子邮件信箱突然发出"蟋蟀叫声",这是我为新邮件到来而设置的特别提醒,因为关联了手机,所以马上得到信息。当时,我正在草拟一个讲座的提纲,进入了聚精会神的状态,对外界的轻微动静几乎没有什么感觉。谁知那天的"蟋蟀叫声"特别响亮,仿佛入梦时被突然唤醒,我本能地放下手头的工作,立刻瞪大眼睛,打开邮件。霎时,"堂主"昵称赫然入目。开头我还以为是哪个"神坛"当家发来的介绍资料,但下载了附件,才知道是"西蜀三元堂"的主人远国兄的"千里传情信物"——《中国道教神仙谱系史》的书稿。

谓之"千里传情",绝非夸张。因为我那时恰好回到了老家——厦门同安故里。倘若驾车而行,上成安渝高速、渝湘高速,得经过19个红绿灯,全程2005.6千米,顺利的话要花23小时14分钟才能到达;如果上宜恩高速、汉宜高速,得经过23个红绿灯,全程2075.7千米,大约需要24小时4分钟到达。由此可见,"千里"还是少说了。精确一点,应该是"千里"的几倍吧。这样的路程,要是在李白、杜甫生活的唐代,即使骑上快马,日夜兼程,也得几个月时间。可是,在信息化的当今,却能一瞬间把寄托着深深道情的文稿发送到我的"童蒙斋",一堂一斋,由于学缘关系得以"秒联",你说惊不惊喜?

其实,更为惊喜的还在后头。看了目录,发现我的名字紧随比我大21岁的前辈学者熊铁基老先生之后,无上光荣地列为作序者之一。这阵势,仿佛在一个大会主席台上恭置了两张空椅,此所谓虚位以待也!如此这般,让我既感到荣幸,也觉得有些许压力。邮件的正文虽然没有一个字,但无字胜有字,一切尽在不言中。既然自己的名字都列在序言作者的名单上了,不消说是摊上了一份难度不小的作业了,非抓紧完成不可。于是,自从接到邮件之后,我一有空就打开远国兄的大作,细细拜读。本来想一口气读完就写,无奈文稿篇幅特大(远国兄是用QQ邮箱的超大附件功能发来的),光是第一卷就有573169字,后来又陆续发来几次,四卷足足有300多万字,所以只能分阶段阅览。我给自己定了一个"完成作业"的跨年度计划:2019年秋季,拜读第一卷;2019年冬季,拜读第二卷;2020年春季,拜读第三卷;2020年夏季,拜读第四卷。这四卷书稿,像四座山峰(文笔峰),一峰高过一峰。要知道,登山不像履平地。这里没有高速公路,也没有机坪可以起降直升机。羊肠小道,曲折回转,路面瘦硬,时有高低不一的石块凸起,想骑快马奔跑,那是完全不可能的,想找一头毛驴学张果老那样倒骑代步,也难以如愿,只能徒步而行。好在我早有登山经验,在出发时带上水和些许干粮;再根据不同的季节准备不同的衣物。秋季登山,晨风传送着夏日的余热,穿多出大汗,穿少要着凉;冬日登山,寒气逼人,一出门就得把自己包裹得严实一些;春季登山,寒气未尽,时有凉风穿透腋窝,此所谓春寒料峭;夏候登山,短袖裤衩打扮,比较轻松,但气候变化多端,常有雷阵雨,故而携带雨伞出门是必须的。

经过了一番心理准备,我就开始攀登远国兄《中国道教神仙谱系史》中所耸立的四座文笔峰了。果然不出所料,一起步就感受到了夏季热浪余波迎面冲来:新石器时代的仰韶文化、大溪文化、屈家岭文化、马家窑文化、大汶口文化、良渚文化、红山文化、河姆渡文化等,像众多奇形怪状的顽石,高低错落,彼此之间缝隙很小,要穿过这些顽石,常常要像鹞子翻身那样紧缩翅膀,所以走几个时辰就汗流浃背了。还有原始图腾、阴阳太极、天地神祇,以及方仙道、黄老道、王母道、太平道、正一道、全真道等神仙道派概念,正如深山中的老树,被青藤交缠,有的在山坡,有的在山凹,有的在峡谷的出水口,有的在一线天的顶端,各有姿态,盘根错节。要身临其境,明其究竟,的确不易。

庚子之年肇始,新冠肺炎疫情的大雾弥漫九州大地,笼罩了寰球,也遮挡了我攀登《中国道教神仙谱系史》"连绵山峰"的视线,顿时有一种"山穷水尽疑无路"的感觉。然而,友情暖人心坎,道情就是力量,疫情天灾吓不倒有志的攀登者!随着望江楼公园新笋拔节、府南河小白鹭振羽学飞时刻的到来,终于是"柳暗花明又一村"!

我看完了《中国道教神仙谱系史》的书稿,仿佛登上了最后一座山峰的尖顶,顿时视野开阔,但见全书线索,犹似贯通于四峰峡谷间的奇经八脉,而上清派、灵宝派、神霄派、清微派、金丹派等又像布列于山凹间的洞穴,不时透射出神仙谱系之虹光。作者使用的历史学、宗教学、考古学、人类学、图像学、社会学、文化学等多学科研究方法,犹如庖丁解牛之神刀,顺骨节而起落,合溪韵而曼舞。神来之笔,造就了一个巨大的文化蜂巢,层层叠叠,构筑紧密。甜甜的蜜汁从神仙文化蜂巢的边际溢出,颇为诱人;更有众多的引证,像布满云端的人参果,随风摇曳,频频点头,暗示着补脾益气的文化养生大效。拨开山顶的云层，但见神仙文化考古一丘凸起，若太公点兵之案桌，摆放于前；放眼眺望，万峦来朝，如兵马列阵。目力所及，惊喜接踵而至。我整理衣袖，揩去额头的汗水，心中不禁来了灵感，于是提笔写下《望仙门》短词一首：

蜀天才子远国君，
探昆仑。
平生发奋笔耕勤，
会冬春。
法器通仙印，
罡行合北辰。
考稽今古写真文，
谱长温，
歌啸伴鹡鸰。

写就此词，仿佛从梦里醒来，回到了现实世界。看看左侧书架上，发现了远国兄往昔送给我的几本旧作：《神霄雷法：道教神霄派沿革与思想》《道教灵宝派沿革史》《中国道教气功养生大全》……我已记不清书架上这些大作出版的先后次序，但稍有磨损的封面却提醒我：都颇有年岁了。在它们身上既嵌印着作者学术探索的足迹，也接续着文化传承的渊源。而今，《中国道教神仙谱系史》即将问世，我的书架早已腾出一个位置，欢迎这部巨著的到来！

是为序。

詹石窗
谨识于四川大学老子研究院
岁次庚子闰四月二十六
2020年6月17日

目录

导论　道教始于黄老

第一节　道教的产生时间 …………………………… 003
第二节　道教称谓辨析 ……………………………… 015
第三节　"方仙"与"道教" ………………………… 022
第四节　"黄老"与"道教" ………………………… 029

第一章　神仙谱系史的建构

第一节　神仙谱系研究方法 ………………………… 040
第二节　神仙信仰研究 ……………………………… 043
第三节　神仙谱系的历史解读 ……………………… 059
第四节　神仙谱系的历史价值 ……………………… 069

第二章　神仙谱系的结构与内涵

第一节　天界神灵谱系 ……………………………… 108
第二节　地界神灵谱系 ……………………………… 115
第三节　冥界神灵谱系 ……………………………… 132
第四节　神灵仙真谱系 ……………………………… 152

第三章　中国的原始宗教（一）

第一节　中华文明始源遗存 ………………………… 168

第二节　原始宗教的起源......212

第三节　原始宗教的图腾崇拜......221

第四章　中国的原始宗教（二）

第一节　原始宗教的生殖崇拜......268

第二节　原始宗教的鬼神崇拜......303

第三节　原始宗教的祭坛与巫师......351

第五章　中国的古代宗教

第一节　青铜时代与宗教祭祀......404

第二节　青铜器的纹饰图像......447

第六章　商周时期的鬼神谱系

第一节　商周时期的天神谱系......504

第二节　商周时期的地祇谱系......541

第三节　商周时期的人鬼谱系......557

第七章　巴蜀新石器时代遗址的神灵

第一节　巴蜀文化的起源......578

第二节　广汉三星堆遗址的神灵......605

第三节　成都金沙遗址的神灵......648

第八章　先秦儒教的鬼神谱系

第一节　先秦儒教的历史渊源......666

第二节　先秦儒教的教团组织......674

第三节　秦汉儒教的神学思想......679

第九章　先秦墨家的鬼神谱系

第一节　先秦墨家的历史来源…………………………………………702
第二节　先秦墨家的思想理论…………………………………………713

主要参考文献…………………………………………………………727
后　记…………………………………………………………………751

道教始于黄老

中国道教神仙谱系史研究是一项极具创新性的项目，它打破了道教研究中的传统方法，从一个独特的视野、全新的领域，去探索中国道教的起源、根本、魂魄、信仰、神仙谱系、与中国文化的关系、与中华文明的关系、对中国社会的影响以及鲁迅先生所说"中国根柢全在道教"的原因。这都是至关重要的理论问题，必须搞清楚、弄明白。

中国道教神仙谱系史是一项前所未有的研究课题，它以马克思主义理论为基础，从宗教人类学、宗教心理学、宗教社会学等多个维度，采用三重证据的历史研究方法，多学科交叉并用，力图找出中国道教在其历史发展的进程中是怎样构建自己的神学体系，怎样充实完善自己的信仰体系的。就研究对象而言，宗教人类学和宗教历史学一般强调以宗教信仰的对象（神和神性物）为中心来规定宗教；宗教心理学着眼于宗教信仰者个人内心世界对神或神性物的内在体验；宗教社会学则以社会为中心来看待宗教，把宗教对社会生活的影响和功能视为宗教的核心和基础。

显然，以往出版的道教史都以教主、信徒与组织为重点描述对象，可谓以"人与社会"为中心的道教史。这部《中国道教神仙谱系史》却以"神仙与信仰"为中心，描述了以"道"与"神"为主体的中华民族的共同信仰，神仙崇拜与祖先崇拜的来源、衍变以及神仙谱系的建构，可谓"神仙与信仰"的道教史，因此可以把它称为"另一种道教史"——中华民族共同体的信仰史。

围绕这些问题，本书从新石器时代的仰韶文化、大溪文化、屈家岭文化、马家窑文化、大汶口文化、良渚文化、红山文化、河姆渡文化着手，梳理了数百种考古报告，重新解读了大量宗教遗存、文物图像，以证明原始道教产生于新石器时代晚期，当时阴阳思想已经相当成熟，并产生了五行、四象、八卦、太极、"道"等思想成果，出现了相应的图像，中国哲学、中国道教始源也因此上推至五千余年前的新石器时代。

新石器时代的文化遗存遍布中华大地，不同民族、不同部落中均出现了象征神灵、祖先、"道"的器物图像，充分证明了各民族同祖同根，拥有共同的文化、共同的信仰、共同的精神世界，从而形成了中华民族共同体。大量的文物图像还证明道教是中国文化的核心与主体，是中国的本土宗教，对中国社会的影响至深至远。

围绕以上问题，本书从上古原始宗教、夏商周古代宗教到原始道教、战国方仙道、黄老道，从两汉王母道、太平道、正一道到宋元全真道、明清三丰派及民间道派、当代道教，详尽阐述，认真梳理，采取以信仰、神灵为中心的研究方法，逐步展开探索、分析、研究，寻找道教的源头，弄清道教的根本，抓住道教的魂魄，把握道教的真精神，确定道教的神仙信仰，构建道教的神仙谱系，揭示道教与中国文化同源同根、同本同时的内在关系，证明道教在中国文化中的核心地位，从而构建一部完整的中国道教信仰史和中华民族信仰史。

本书运用历史学、宗教学、考古学、人类学、社会学、文化学、文字学、图像学等多学科的理论范式，从不同的角度剖析中国道教的历史发展、信仰特征与社会影响，以期推动道教的学术研究，推动中国文化研究，强化文化自信，展示中国文化的软实力，促进当代道教的健康发展，为道教的当代中国化贡献智慧与力量，提高道教文化在全世界的影响力。

第一节　道教的产生时间

道教是中国的本土宗教，其源远流长，由中华传统文化的乳汁哺育而成，和中国传统文化的许多领域都有密切的关系，是中华民族传统文化的主要支柱之一。在长期的发展过程中，道教曾对中国社会的政治、经济、哲学、文学、艺术、音乐、绘画、建筑、化学、医学、药物学、养生学，以及伦理道德、社会习俗、民族关系、民族心理、民族性格和民族凝聚的形成与发展等产生过深刻的影响，至今在中国人的生活方式和文化构成中的重要作用仍然不可忽视。因此，不深入研究道教，就不可能全面地了解中国的社会历史和传统文化。

一、道教研究概况

20世纪以来，我国道教研究取得了辉煌的成果，对此，卿希泰先生曾经做过全面、完整、系统的综述。他将道教研究分为三个阶段，指出第一阶段（1900—1949）为起步奠基的初期，这个时期仅有一些从事历史和哲学研究的学者，如刘师培、翁独健、汤用彤、王明、蒙文通、陈国符、陈寅恪、许地山、傅勤家等。他们在从事自己本专业研究的同时，附带做一点道教文化的研究。从当时的一些论著署名的情况来看，在这半个世纪里，仅有约160名学者做过道教研究方面的工作。总体来看，这些研究虽然涉及许多问题，但主要

集中在"道藏"源流、早期道教的历史和外丹术几个方面。文章不多，专著更少，据粗略统计，这段时间论文仅有200篇左右，专著仅有十来部。重要的著述有陈国符《道藏源流考》、王国维《〈长春真人西游记〉校注》、蒙文通辑佚《老子成玄英疏》和《老子李荣注》、陈铭珪《长春道教源流考》、傅勤家《道教史概论》、许地山《道教史》（上编）、陈垣《南宋初河北新道教考》、刘鉴泉《道教征略》、王重民《老子考》等。

第二阶段（1950—1978）为起步奠基的后期，基本特点仍和前一阶段一样，从事道教研究的仍然只有一些非道教专业的学者。他们出版了一些很有学术价值的著作，发表了一些很有水准的文章，如汤用彤先生关于道教史和道教经典的几篇考证文章、袁翰青先生关于外丹方面的几篇论文，总数50篇左右。专著特别少，重要的有：萧天石《道家养生学概要》《道海玄微》、陈志滨《伍柳仙宗白话译》、戴源长《仙学辞典》《道学辞典》、李叔还《道教要义问答大全》、孙克宽《宋元道教之发展》《元代道教之发展》、杜望之《儒佛道之信仰研究》、周绍贤《道家与神仙》、王明《太平经合校》。

第三阶段（1979—2006），科学的春天来到中国，道教研究也被提上了党和政府的议事日程，得到了重视和支持，道教研究从此步入一个崭新的阶段，和过去相比有了质的变化。这个阶段出版了大批学术专著、论文集、工具书和通俗读物等，数量约250种，发表的学术论文当在1000篇以上，不少著作和论文具有较高的学术价值，涉及的内容相当广泛。

此阶段道经研究方面的著作有：任继愈主编《道藏提要》（中国社会科学出版社，1991），陈国符著《道藏源流续考》（明文书局，1983），朱越利著《道经总论》（辽宁教育出版社，1991）、《道教要籍概论》（北京燕山出版社，1992）、《道藏分类解题》（华夏出版社，1996），丁培仁著《道教典籍百问》（今日中国出版社，1996），卿希泰、郭武合著《道教三字经注释》（四川大学出版社，1993），田诚阳著《道经知识宝典》（四川人民出版社，1995）。

属于道书整理与工具书的有：萧天石《道藏精华》（自由出版社，1956—1992），陈垣编，陈智超、曾庆瑛校补《道家金石略》（文物出版社，1988），影印《道藏》（文物出版社、上海书店出版社、天津古籍出版社，1988），胡道静等主编《藏外道书》（巴蜀书社，1992—1994）、《道藏辑要》（巴蜀书社，1995），龙显昭、黄海德主编《巴蜀道教碑文集成》（四川人民出版社，1997），汤一介主编《道书集成》（九洲图书出版社，1999），龚鹏程、陈廖安主编《中华续道藏初辑》（新文丰出版公司，1999），张继禹主编《中华道藏》（华夏出版社，2004），熊铁基主编《老子集成》（宗教文化出版社，2011），萧霁虹主编《云南道教碑刻辑录》（中国社会科学出版社，2013），李远国编著《中国道教气功养生大全》（四川辞书出版社，1991），陈永正主编《中国方术大辞典》（中山大学出版社，1991），董治安主编《老庄词典》（山东教育出版社，1993），闵智亭、李养正主编《道教大辞典》（华夏出版社，1994），胡孚琛主编《中华道教大辞典》（中国社会科学出版社，1995）。

属于专经研究的有：周士一、潘启明著《〈周易参同契〉新探》（湖南人民出版社，1981），王明著《抱朴子内篇校释》（中华书局，1980）、《无能子校注》（中华书局，1981），杨明照著《抱朴子外篇校笺》（中华书局，1991），王沐著《悟真篇浅解》（中华书局，1990），松飞破译《天仙金丹心法》（中华书局，1990），曾召南译注《新译养性延命录》（三民书局，1997），胡孚琛著《魏晋神仙道教——抱朴子内篇研究》（人民出版社，1984），王卡点校《老子道德经河上公章句》（中华书局，1983），王德有点校《老子指归》（中华书局，1994），钟来因著《长生不死的探求——道经〈真诰〉之谜》（文汇出版社，1992），王平著《太平经研究》（文津出版社，1995），罗炽主编《太平经注释》（西南师范大学出版社，1996），俞理明著《〈太平经〉正读》（巴蜀书社，2001），朱森溥著《玄珠录校释》（巴蜀书社，1989），任法融著《道德经释义》（三秦出版社，1988），震阳子著《道德经注解》（大连出版社，1993）。

就道教史研究而言，先后出现了一批论文与专著，并介绍了部分优秀的海外道教研究成果，重要的有：王家祐著《道教论稿》（巴蜀书社，1987），窪德忠著、萧坤华译《道教史》（上海译文出版社，1987），南怀瑾著《中国道教发展史略》（老古文化事业公司，1988），汤一介著《魏晋南北朝时期的道教》（陕西师范大学出版社，1988），詹石窗著《南宋金元的道教》（上海古籍出版社，1989），任继愈主编《中国道教史》（上海人民出版社，1990），卿希泰主编《中国道教史》（四川人民出版社，1988—1995），福井康顺等监修、朱越利等译《道教》（上海古籍出版社，1990—1992），郭树森主编《天师道》（上海社会科学院出版社，1990），张继禹著《天师道史略》（华文出版社，1990），黄兆汉、郑炜明著《香港与澳门之道教》（加略山房有限公司，1993），刘精诚著《中国道教史》（文津出版社，1993），蜂屋邦夫主编《中国の道教》（东京大学东洋文化研究所，1993），李养正著《当代中国道教》（中国社会科学出版社，1993），王士伟著《楼观道源流考》（陕西人民出版社，1993），王光德、杨立志著《武当道教史略》（华文出版社，1993），萧登福著《道教与密宗》（新文丰出版公司，1993）、《道教术仪与密宗典籍》（新文丰出版公司，1994），张金涛主编《中国龙虎山天师道》（江西人民出版社，1994），汤其领著《汉魏两晋南北朝道教史研究》（河南大学出版社，1994），萧登福著《道佛十王地狱说》（新文丰出版公司，1996），王纯五著《天师道二十四治考》（四川大学出版社，1996），刘锋、臧知非著《中国道教发展史纲》（文津出版社，1997），樊光春著《长安·终南山道教史略》（陕西人民出版社，1998），黄小石著《净明道研究》（巴蜀书社，1999），赖宗贤著《台湾道教源流》（中华道统出版社，1999），李养正主编《当代道教》（东方出版社，2000），郭武著《道教与云南文化——道教在云南的传播、演变及影响》（云南大学出版社，2000），柳存仁著《道教史探源》（北京大学出版社，2000），王志忠著《明清全真教论稿》（巴蜀书社，2000），萧登福著《谶纬与道教》（文津出版社，2000），陈耀庭著《道教在海外》（福建人民出版社，2001），小林正美著、李庆译《六朝道教史研究》（四川人民出版社，2001），李远国著《神霄雷法：道教神霄派沿革与思想》（四川人民出版社，2003），潘雨廷著《道教史发微》（上海社会科学院出版社，2003），萧登福著《道家道教与中土佛教初期经义发展》（上海古籍出版社，2003）、《道家道教影响下的佛教经籍》（新文丰出版公司，2005），汤一介著《早期道教史》（昆仑出版社，2006），游建西著《道家道教史略论稿》（光明日报出版社，2006），张宗奇著《宁夏道教史》（宗教文化出版社，2006），萧霁虹、董允著《云南道教史》（云南大学出版社，2007），任颖卮著《崂山道教史》（中央编译出版社，2009），昆明市宗教事务局、昆明市道教协会编《昆明道教史》（云南大学出版社，2009），樊光春著《西北道教史》（商务印书馆，2010），赵卫东著《金元全真道教史论》（齐鲁书社，2010），孔令宏著《中国道教史话》（河北大学出版社，2010），孔令宏、韩松涛著《江西道教史》（中华书局，2011），潘雨廷著《道教史丛论》（复旦大学出版社，2011），林正秋著《杭州道教史》（中国社会科学出版社，2011），吴国富著《庐山道教史》（江西人民出版社，2011），王卡著《道教史话》（社会科学文献出版社，2012），朱封鳌著《天台山道教史》（宗教文化出版社，2012），小林正美著、王皓月译《新范式道教史的构建》（齐鲁书社，2014），赵芃著《山东道教史》（中国社会科学出版社，2015），孔令宏、韩松涛、王巧玲著《浙江道教史》（中国社会科学出版社，2015），李能和辑述、孙亦平校注《朝鲜道教史》（齐鲁书社，2016），小林正美著、王皓月译《中国的道教》（齐鲁书社，2010），陶奇夫著、邱凤侠译《道教——历史宗教的试述》（齐鲁书社，2011），小林正美著、王皓月与李之美译《唐代的道教与天师道教》（齐鲁书社，2013），蜂屋邦夫著、张强等译《金元时代的道教——七真研究》（齐鲁书社，2014），巴瑞特著、曾维加译《唐代道教——中国历史上黄金时期的宗教与帝国》（齐鲁书社，2014），五十岚贤隆著、郭晓峰与王晶译《道教丛林太清宫志》（齐鲁书社，2015），酒井忠夫著、曾金兰译《道家·道教史的研究》（齐鲁书社，2017），朱越利主编《理论·视角·方法——海外道教学研究》（齐鲁书社，2013）等，可谓硕果累累，成就巨大。

在道教思想和道教哲学研究方面，属于道教思想和思想史研究的著作有：卿希泰著《中国道教思想史纲》（四川人民出版社，1980、1985）、《续·中国道教思想史纲》（四川人民出版社，1999），胡孚琛著《魏晋神仙道教》（人民出版社，1989），牟钟鉴、胡孚琛、王葆玹主编《道教通论——兼论道家学说》（齐鲁书社，1991），胡孚琛、吕锡琛著《道学通论——道家道教仙学》（社会科学文献出版社，1999），李刚著《汉代道教哲学》（巴蜀书社，1994），卢国龙著《道教哲学》（华夏出版社，1997）、《中国重玄学》（人民中国出版社，1993），吕鹏志著《道教哲学》（文津出版社，2000），徐兆仁著《道教与超越》（中国华侨出版公司，1991），陈鼓应著《易传与道家思想》（生活·读书·新知三联书店，1996），詹石窗著《易学与道教思想关系研究》（厦门大学出版社，2001)、《易学与道教符号揭秘》(中国书店，2001)，唐大潮著《明清之际道教"三教合一"思想论》(宗教文化出版社，2000)，朱越利、陈敏著《道教学》(当代世界出版社，2000)，史冰川著《道与化——道家道教以"道"化人思想研究》(巴蜀书社，2012)。

道教与中国文化研究方面的主要著作有：卿希泰主编《道教与中国传统文化》(福建人民出版社，1990)，卿希泰、詹石窗主编《道教文化新典》(上海文艺出版社，1999)，葛兆光著《道教与中国文化》(上海人民出版社，1987)，刘国梁著《道教与周易》(北京燕山出版社，1994)，陈耀庭、刘仲宇著《道·仙·人——中国道教纵横》(上海社会科学院出版社，1992)，刘仲宇著《中国道教文化透视》(学林出版社，1990)，李养正著《道教与诸子百家》(北京燕山出版社，1993)、《道教与中国社会》(中国华侨出版公司，1989)，张志哲主编《道教文化辞典》(江苏古籍出版社，1994)，吕锡琛著《道家与民族性格》(湖南大学出版社，1996)，田诚阳著《中华道家修养学》(宗教文化出版社，1997)，李刚著《劝善成仙——道教生命伦理》(四川人民出版社，1994)，姜生著《汉魏两晋南北朝道教伦理论稿》(四川大学出版社，1995)、《宗教与人类自我控制——中国道教伦理研究》(巴蜀书社，1996)，姜生、郭武等著《明清道教伦理及其历史流变》(四川人民出版社，1999)，陈霞著《道教劝善书研究》(巴蜀书社，1999)。

道教与文学艺术和美学研究方面的著作主要有：詹石窗著《道教文学史》(上海文艺出版社，1992)、《生命灵光——道教传说与智慧》(香港中华书局，1993)、《道教术数与文艺》(文津出版社，1998)、《南宋金元道教文学研究》(上海文化出版社，2001)，伍伟民、蒋见元著《道教文学三十谈》(上海社会科学院出版社，1993)，李丰楙著《六朝隋唐仙道类小说研究》(学生书局，1986)，郑土有、陈晓勤编《中国仙话》(上海文艺出版社，1990)，梅新林著《仙话——神人之间的魔幻世界》(上海三联书店，1992)，罗永麟著《中国仙话研究》(上海文艺出版社，1993)，杨光文、甘绍成合著《青词碧萧——道教文学艺术》(四川人民出版社，1994)，刘守华著《道教与民俗文学》(北京燕山出版社，1993)、《道教与中国民间文学》(文津出版社，1994)，黄兆汉著《道教与文学》(学生书局，1994)，孙昌武著《道教与唐代文学》(人民文学出版社，2001)，钟来因著《苏轼与道家道教》(台湾中华书局，1986)，张松辉著《汉魏六朝道教与文学》(湖南师范大学出版社，1996)、《唐宋道家道教与文学》(湖南师范大学出版社，1998)，黄世中著《唐诗与道教》(漓江出版社，1996)，尚学锋著《道家思想与汉魏文学》(北京师范大学出版社，2000)，詹石窗著《道教文学史》(上海文艺出版社，1992)、《道教与戏剧》(文津出版社，1997)，高楠著《道教与美学》(辽宁人民出版社，1989)，王宜峨著《道教美术史话》(北京燕山出版社，1994)，潘显一著《大美不言——道教美学思想范畴论》(四川人民出版社，1997)，苟波著《道教与神魔小说》(巴蜀书社，1999)，张泽洪著《道教唱道情与中国民间文化研究》(人民出版社，2011）。

道教外丹与科技研究方面的著作主要有：赵匡华主编《中国古代化学史研究》（北京大学出版社，1985）、孟乃昌著《道教与中国炼丹术史》（北京燕山出版社，1993）、《周易参同契考辨》（上海古籍出版社，1993），孟乃昌、孟庆轩合编《万古丹经王〈周易参同契〉三十四家注释集萃》（华夏出版社，1993），张觉人著《中国炼丹术与丹药》（四川人民出版社，1981），金正耀著《道教与科学》（中国社会科学出版社，1991），祝亚平著《道家文化与科学》（中国科学技术大学出版社，1995），陈国符著《中国外丹黄白法考》（上海古籍出版社，1997），容志毅著《中国炼丹术考略》（上海三联书店，1998），姜生、汤伟侠主编《中国道教科学技术史·汉魏两晋卷》（科学出版社，2002）、《中国道教科学技术史·南北朝隋唐五代卷》（科学出版社，2010）。

道教内丹术研究方面的著作主要有：李远国著《道教气功养生学》（四川省社会科学院出版社，1988），王沐编《道教五派丹法精选》（中医古籍出版社，1989），陈兵著《道教气功百问》（今日中国出版社，1989），王松龄著《中国气功的史、理、法》（华夏出版社，1989），俸怀邦、周晓云编著《道家气功宝典》（山西科学教育出版社，1990），张荣明编著《内丹与禅定——道佛医气功典籍选解》（上海文艺出版社，1991），郝勤著《龙虎丹道——道教内丹术》（四川人民出版社，1994），王沐著《内丹养生功法指要》（中华书局，1990），胡孚琛著《道教与仙学》（新华出版社，1991），张广保著《金元全真道内丹心性学》（生活·读书·新知三联书店，1995）。

道教医药养生与环境保护研究方面的主要著作有：李远国著《气功精华集》（巴蜀书社，1987）、《中国道教养生长寿术》（四川科技出版社，1992）、《道教炼养法》（北京燕山出版社，1993）、《道教与气功：中国养生思想史》（日本京都人文书院，1995，日文）《道教养生学》（2001，韩文），边治中著《中国道教秘传养生长寿术》（中国建设出版社，1987），陈撄宁著《道教与养生》（华文出版社，1989），洪建林编《道家养生秘库》（大连出版社，1991），张钦著《道教炼养心理学引论》（巴蜀书社，1999），陈耀庭、李子微、刘仲宇合编《道家养生术》（复旦大学出版社，1992），孟乃昌著《道教与中国医药学》（北京燕山出版社，1993），王庆余、旷文楠合著《道医窥秘——道教医学康复术》（四川人民出版社，1994），郝勤、杨光文合著《道在养生——道教长寿术》（四川人民出版社，1994），盖建民著《道教医学导论》（中华道统出版社，1994）、《道教医学》（宗教文化出版社，2001），詹石窗主编《道教与中国养生智慧》（东方出版社，2008），张继禹主编《道法自然与环境保护：兼及道教济世贵生思想》（华夏出版社，1998），李远国、陈云著《衣养万物：道家道教生态文化论》（巴蜀书社，2009），乐爱国著《道教生态学》（社会科学文献出版社，2005），白才儒著《道教生态思想的现代解读》（社会科学文献出版社，2007）。

道教神仙信仰研究方面的著作有：宗力、刘群合编《中国民间诸神》（河北人民出版社，1987），冷立、范力编著《中国神仙大全》（辽宁人民出版社，1990），黄海德著《天上人间：道教神仙谱系》（四川人民出版社，1994），张兴发著《道教神仙信仰》（中国社会科学出版社，2001），马书田著《中国道教诸神》（团结出版社，1996年版），二阶堂善弘著、刘雄峰译《元帅神研究》（齐鲁书社，2014）。

在道教斋醮科仪符咒法术音乐研究方面的著作主要有：张泽洪著《步罡踏斗——道教祭礼仪式》（四川人民出版社，1994），刘晓明著《中国符咒文化大观》（百花洲文艺出版社，1995），张泽洪著《祭坛颤音》（四川人民出版社，1996）、《道教斋醮科仪研究》（巴蜀书社，1999），王育成编著《道教法印令牌探奥》（宗教文化出版社，2000），李远国著《道教法印秘藏》（灵宝出版社，2002），李志鸿著《道教天心正法研究》（社会科学文献出版社，2011），武汉音乐学院道教音乐研究室、江西龙虎山道教协会编《中国龙虎山天师道音乐》（中国文联出版公司，1993），王纯五、甘绍成合著《中国道教音乐》（西南交通大学出版社，1993），曹本冶、蒲亨强著《武当山道教音乐研究》（台湾商务印书馆，1993），蒲亨强著《道教与中国传统音乐》（文津出版社，1993）、《神圣礼乐——正统道教科仪音乐》（巴蜀书社，2000），刘仲宇著《道教授箓制度研究》（中国社会科学出版社，2014）。

以上所列各种著作，总共200多种，平均每年新增10种以上，从内容来看，无论是在广度还是深度方面，均大大超过了前面两个阶段。此外，此期间所发表的有关道教研究方面的各种论文，数量在1000篇以上，平均每年50篇左右。这些论文所涉内容比著作更为广泛，不少论文具有相当高的学术水平。① 需要说明的是，在卿希泰先生论文的基础上，我们又增加了2006—2016年的一些成果，以便读者更加全面地了解道教研究的整体状况。

二、道教产生于何时？

我们今天所说的道教究竟产生于何时？这是一个至关重要的问题，至今仍在困惑着道教界与学术界，对此学术界大致有以下三种观点。

（一）道教产生于东汉时期

任继愈先生说："一般地说，一种大的宗教，其正式产生需要具备这样几个基本条件：第一要形成特定的宗教信仰，第二要形成特定的宗教理论，第三要形成特定的宗教活动，第四要形成特定的宗教实体。依此标准来考察道教的产生，大致可以把《太平经》、

---

① 卿希泰.百年来道教研究的回顾与展望[J].四川大学学报（哲学社会科学版），2006（4）.

《周易参同契》、《老子想尔注》三书看成道教信仰和道教理论形成的标志，把太平道和五斗米道看成道教活动和道教实体出现的标志。从东汉末年以后，道教不仅作为一种社会思潮，而且作为一种社会力量积极参与社会生活。"① 即把道教的产生定于东汉末年。

卿希泰先生亦说："道教是以'道'为最高信仰而得名，相信人们经过一定修炼可以长生不死，得道成仙。道教以这种修道成仙思想为核心，神化老子及其关于'道'的学说，尊老子为教主，奉为神明，并以老子《道德经》为主要经典，对其中的文词作出宗教性的阐释。道家思想便成为它的思想渊源之一。与此同时，它还吸收了阴阳家、墨家、儒家包括谶纬学的一些思想，并在中国古代宗教信仰的基础上，沿着方仙道、黄老道的某些思想和修持方法而逐渐形成。它是在东汉中叶产生的，伴随着漫长的封建社会而发展。"②

持有此观点者颇多。郭沫若《中国史稿》、翦伯赞《中国史纲要》、刘泽华《中国古代史》以及不少论文都持此说。他们或称"道教形成于东汉"，或称"东汉一代，道教各个派别正式成立"，日本学者常盘大定《道教发展史概说》和洼德忠《道教史》也持这一观点。

（二）道教产生于南朝刘宋时期

提出这一观点的是日本教授小林正美。小林正美自1980年开始从事道教研究，相继出版了《六朝道教史研究》《中国的道教》《唐代的道教与天师道》《新范式道教史的构建》等多部专著，受到学界广泛赞誉。在诸多学术成果中，小林正美教授尤其看重他的"道教研究三部曲"，认为这三部书能够体现其"新范式道教史"的创新性学术贡献。其中，《新范式道教史的构建》一书更是融汇了小林正美关于道教研究的最新成果，书中提出构建"新范式道教史"的理论设想，不仅对道教研究的传统模式提出质疑和挑战，而且大胆地提出了一系列创新性观点和论断，推翻了一些多数人认同的传统结论。

小林正美认为，"道教"的概念应该具有如下几个要素：第一，中国道教应放在儒、释、道三教当中去理解，三教之一的"道教"是历史上真实存在的宗教，也是道教的主流；第二，"道教"是大道神格（老子）的教说的意思；第三，在历史资料中，只要不属于"道教"或者"老教"的范畴，即使是追求长生不死的神仙思想也不能被认为是"道教"；第四，"道教"也有同义语，即使不被称为"道教"，若确实指儒、释、道三教中的"道教"，则也是道教。由此可知，小林正美关于"道教"概念的核心，在于儒、释、道三教之一的"道教"与大道神格或者老子的教说。如果按照这个定义来类推，东汉的五斗米道、天平道，东晋葛洪的神仙道，南朝的灵宝派与上清派等，北魏寇谦之的新天师道都不应被称为"道教"。

---

① 任继愈.中国道教史[M].上海：上海人民出版社，1990：8.
② 卿希泰.中国道教史：第1卷[M].成都：四川人民出版社，1988：1-2.

因此，历史上真正存在的"道教"始于刘宋孝武帝时期的天师道改革派。在天师道改革派之前的都属于"道流"，虽然与真正的"道教"有些许联系，甚至可以说是"道教"的前身或者信仰来源，但不能称之为"道教"。刘宋初期，天师道改革派通过模仿佛教的"三宝说"，创立了道教的"三宝说"，进而在"三宝"思想的基础之上，对以往各"道流"经典进行整合，类比儒教与佛教的经典体系，创造了自身的"三洞四辅"经典体系。在此经典体系之上，又形成了天师道道士的位阶制度。从此以后，道教的位阶制度就是天师道的位阶制度，其他"道流"都被天师道改革派吸纳整合进来了。正如小林正美所言："刘宋中期后半（大约452—464年），天师道所信奉的宗教被称为'道教'或'老教'。而且，天师道也将自身信奉的宗教称为'道教'或'老教'。因此，刘宋中期后半开始被称为'道教'或者'老教'的宗教就是指天师道信奉的'道'。"①

接着，小林正美对"道教"的信仰主体进行了考证，得出与道教学界完全不同的结论。一般而言，学术界认为道教始于东汉末年，其信仰主体由历史上各个道派组成。但在小林正美看来，"道教"的信仰者是刘宋时期信仰"三宝"思想的天师道改革派。他认为，传统的道教研究误将一些不属于"道教"的内容包含进来，而没有对"道教"进行严格界定，真正的"道教"应该是指刘宋天师道改革派对各个"道流"进行吸收、容纳以后形成的宗教。小林正美主张对"道教"的概念进行重新定义，从而将刘宋天师道改革派之前的"道流"统统排除在道教的信仰主体之外。由于刘宋天师道改革派对以往的"道流"进行了吸收、容纳，所以此后的"道教"主体就是指"天师道改革派"。因此"道教"的教团组织仅是由天师道派的道士构成，改革后的天师道已经容纳了其他"道流"，或者说刘宋以后的其他"道流"如上清派、灵宝派等都成为天师道的一部分。而"道教"的信奉者在刘宋之后，直到南宋末和金代也都只有天师道。②如此绝对的观点的确非常惊人，几乎颠覆了学界的普遍共识。按此思路推衍，战国时期的方仙道，秦汉时期的黄老道、太平道，唐宋以来的北帝派、神霄派、净明派、全真道、太一教等，都不能纳入"道教"。

（三）道教产生于战国时期

潘雨廷先生在《道教史发微》中主张，道教的产生应该追溯到先秦和黄帝时期。他说："计自战国中期起，有大量文献托名黄帝。因在当时基本已理解古史，代代相传须有较长的时间，方能成为各民族的共同祖先。惜这一合乎科学推理的事实，未为儒家所认识。故司马迁《史记》已能托始于黄帝，同时汉武帝尊儒术后，全部否定黄帝的事实，故黄老道与方仙道变成不必研究的赘疣。不知在当时此直接影响秦始皇的建国，早有大量信徒。今于长沙马王堆发现大量黄老道的文献，更可加以证实。且二千余年来，已成为中医

---

① 小林正美.新范式道教史的构建[M].王皓月，译.济南：齐鲁书社，2014：29.
② 小林正美.新范式道教史的构建[M].王皓月，译.济南：齐鲁书社，2014：29.

理论基础的《内经》亦托名于黄帝。此见尚黄老有其实质性的内容，非仅休养生息而已。自汉武帝开通丝绸之路后，西域地区所信仰的佛教即源源而来。东汉初楚王英兼信黄老与浮屠，则黄老道何可不认为是中国的宗教。然自宋代起，渐以张陵的五斗米道作为中国道教的开始，则中国有宗教已受佛教之影响，在佛教传入前中国无宗教，此一观点实未合史实。"①道教的内容，实汇合各种论"道"的教派，先秦早已存在。如《史记》提及的方仙道等，且《荀子》已引用道经之言，故道教自有其历史。今写道教史，当东汉时必须详述五斗米道的情况，在其前的黄老道亦应深入研究，方可理解《太平经》产生的时代背景。然绝不宜误认为自有五斗米道起，我国方有道教，这一错觉已延续了近千年，对道教徒的影响颇深，如未能以史实加以纠正，绝难深入对道教教义的认识。

潘雨廷先生指出，故写道教史，必须从中国的原始宗教写起。纵观中国历史，经若干万年的发展，由原始宗教进化而成为民族意识的道教，所经历的史实仅能存其梗概。且原始宗教的具体信仰以及形式等，每因聚居的地域而不同。中国是一个多民族的国家，以炎黄后裔自居。据《封禅书》，炎帝尚非神农。更以方仙道的五行观之，炎当南方火，可指长江流域的民族，黄指北方黄土高原，可指黄河流域的民族。然黄河长江两大流域的统一，已经融各部族及各民族为一，故能形成今日广大地区及众多人口。然则所谓道教，宜指炎黄后裔的宗教。各少数民族仍有各种原始形式的信仰，似与道教已不可并论。当研究道教史时仍宜加以参考，因原始道教亦可能具此形式。故今日发掘第一期中史前的道教史实，更须结合时空结构，考察炎黄后裔与少数民族的不同发展速度。而生物自身的发展，包括各少数民族，则同样有极长的时空结构，故仍将与道教有关，且可得极重要的信息，此正有待于今日的发掘并加以认识。因此对中国文化的认识，必须重视道教史的研究，发掘属于第一期从上古直至西汉的道教史实尤为重要。②如此精微的分析，为我们今天重新认识道教史指明了方向。

萧登福先生从六个方面，即神仙信仰、修炼法及科仪、祭中仪制、教众组织、老庄已攀引的神仙方术、先秦已现的大量道教经典入手，详细论述了道教的起源与形成，指出道教不始于张道陵，而是创立于战国时期。他认为，由史料来看，道教始于先秦，不始于张道陵。以张道陵为教主，实还不如以老子或黄帝为教主来得妥切、符合史实。

萧登福先生还指出，战国至西汉之道教已具有信仰，有修炼之法，有广大信徒，且由帝王带头参与其事，其宗教的条件皆已具备。再者此时所谈的理论与后世的道教并无不同，亦无太大的相违之处。就先秦之方士与汉后之道士来说，其差异远比佛教小乘与大乘或大乘与密宗小多了。因而如就信仰、仪轨、信徒等三方面来说，道教成为宗教的三大要件，在战国之初都已具备。因此，道教的创立期应可往前溯及战国之初。③

---

① 潘雨廷.道教史发微[M].上海：上海古籍出版社，2017：23.
② 潘雨廷.道教史发微[M].上海：上海古籍出版社，2017：17-18.
③ 萧登福.周秦两汉早期道教[M].台北：文津出版社，1998：31.

熊铁基先生指出，近百年的道教学术研究，一般认为"方仙道"与"黄老道"还不是正式的道教，此二名流行时尚未形成道教。这个看法似可作进一步讨论。但他认为，既然道教始终是以具体的"××教"为名，"方仙道"与"黄老道"也可视为正式的道教，它们反映的是道教形成发展的过程，也反映了道教的特性。道教不是创生性的，其原生性十分明显突出。"方仙道"已经具备了宗教的特点，其有信仰、有信众、有证道方式、有祭祀仪式等一些宗教的基本因素，已经是相当完备的道教，其主要信仰就是道教的核心信仰——神仙。

熊铁基先生认为，从实际情况来看，"黄老道"之宗教性比"方仙道"更明显。"黄老道"以黄帝、老子为主要祭祀对象，与"方仙道"广泛祭祀天地、日月乃至祖先、万物之神相比，是一个发展。以"黄老道"为名的道教，是在以"方仙道"为名的道教的基础上发展而来的，它更加成熟，又保留了原生性的一些特点，没有创教人就是其主要表现。另外，和"方仙道"一样，"黄老道"也与创生性宗教不同，其信仰没有明确的理论色彩，具有重"方术"、重"祭祀"而不重义理之论的原生性的特点。熊铁基先生的论述简洁精辟，为我们理解道教、梳理道教的历史发展提供了一条正确的思路。

何谓道教？熊铁基先生指出，在中国古代，"道教"在不同时期、不同地区都有不同的具体的称谓，如太平道、帛家道、五斗米道、天师道、茅山道、楼观道、武当道、正一道、全真道、太一道、真大道、清微道、净明道，等等，而"道教"是汉以后的一种泛称。在唐宋以前，以"道家"称"道教"是一种很普通的称谓，宋代仍以"道家"称"道教"。直到清代，以"道家"称"道教"的情况仍旧存在。可见，"道家"即"道教"。[①]

三、道教的基本特征

显然，作为中国本土宗教的道教，与西方基督教的宗教模式大相径庭。美籍华人杨庆堃教授在《中国社会中的宗教：宗教的现代社会功能及其历史因素之研究》一书中，将中国本土宗教归类于弥漫性宗教，以区别于基督教那种"有自己的神学、仪式和组织体系，独立于其他世俗组织之外"的建制性宗教。他指出，中国本土宗教虽然在多数情况下没有独立于世俗社会的建制结构，却无所不在地弥漫于包括政治、社区、家庭、文化思想意识在内的中国社会的各个层面，"其神学、仪式、组织与世俗制度和社会秩序其他方面的观念和结构密切地联系在一起"[②]。

---

① 熊铁基.略论道教的名与实——再论道教的产生问题[J].世界宗教研究，2015（5）.
② 杨庆堃.中国社会中的宗教：宗教的现代社会功能及其历史因素之研究[M].范丽珠，等译.上海：上海人民出版社，2007：35.

　　宗教学是19世纪末以来以基督教为背景发展起来的学科，故而不可避免地带有基督教的深刻烙印，有西方中心论的色彩。按照西方宗教学的观点，构成一种宗教必须具备的基本要素是教义、教规、仪式、建构性组织和教徒。而作为中国本土宗教的道教，既没有完整和独立于世俗体系的神学教义，也没有西方宗教那种信众的建制性教会组织。如果以西方中心论的宗教定义衡量，道教似乎构不成宗教。无怪乎一些盲目全盘接受西方宗教学的学者全面否定本民族传统文化体系，以致对我国庙宇神坛星罗棋布、宗教现象无处不在的事实视而不见，得出诸如"中国是个没有宗教的国家，中国人是个不迷信宗教的民族"之类的结论。① 这类西方中心论的观念，经过数代人，在中国社会中已被视为真理，使人们严重误解了中国的宗教状况。

　　如果摘掉西方中心论宗教观的有色眼镜，客观考察研究，就会发现中国道教是以不同于基督教的形态存在的，其至少在以下几个方面具有自身的特征，与基督教迥然有别。

　　（1）中国道教虽然没有完整独立的神学教义体系，但其神学教义充斥弥漫于中国社会的思想、意识、学术、价值、伦理、文化各个层面，与之融为一体，密不可分。道教的最高信仰是"道"，核心信仰是"神"。按照历史发展的逻辑，是先有"神"，后有"道"，"道"是对"神"高度理性化的结果。"神"化"道"，"道"生"神"，二者互为母子，混然一体，无法隔离，无法切割。信"道"就是信"神"，信"神"就是信"道"。

　　（2）中国道教虽然没有西方宗教那种独立于世俗社会的建制性信众组织，却渗入中国社会的家庭、宗族、行会、群体、社区以及政治、经济、文化等方方面面，无所不在。从原始社会开始，先民就以家庭、部落为单位加入信仰组织，家庭中的长老、部落里的酋长就是宗教团体的领袖，由他们主持日常的宗教活动。这种古老的宗教传统一直保存在道教之内。东汉时期的正一道，其信徒都以户为单位加入道教教团。魏晋南北朝之际的许多士大夫更是世代奉道，道教便成为世族道教。唐代皇室崇拜道教，道教成为国家宗教。

　　（3）中国道教虽然没有西方意义上的信徒，但古代社会的中国，几乎所有人都崇尚以天——上帝为至上，以神灵和祖先为从属的超自然信仰，几乎人人都是信徒。从原始社会开始，先民即崇拜祖先、信仰神灵、信仰"道"，拥有共同的神灵和祖先，从而形成了中华民族信仰的共同体。如果一定要讲宗教组织，整个中国社会可以说是道教的超级信众组织。

　　（4）中国道教始源于新石器时代晚期。它与中国文化同源、同根同本同时，是中国文化的核心与主体，对中国社会的影响至深至远。其在历史发展中吸收包容了儒家、墨家、阴阳家、方术家、医家和中国本土各种原生宗教，尤其在民间信仰实践层面，扎根民众、深入民间，完全融入中国社会，扮演着教化民众，提升社会精神文化的角色。

---

① 胡适.名教[M]//胡适文存三集：一.上海：亚东图书馆，1928：91.

（5）中国道教有别于基督教。中国道教始终作为中国社会内在的有机组成部分，发挥其价值和社会功能，全面地影响中国社会，其宗教性和社会功能丝毫不弱于西方宗教。[①]道、儒、佛和本土原生宗教合流，融入中国人的日常生活，共同承担了中国社会精神信仰的各种功能，维系着中国社会的信仰世界与伦理秩序。从一定意义上讲，中国古代社会是以非建制传统宗教为基础形成的精神、信仰、价值、伦理、文化的共同体，中国道教是中华民族信仰的共同体，是安顿中华民族心灵的精神家园。

第二节　道教称谓辨析

称谓指人们依其物性或种类而建立的称呼、名称。王先谦《庄子·则阳》注："譬物之万不可数，而约略号之，便于称谓。道之大更无可指称，亦借一道字约略号之耳，岂真有一事一物，可名为道哉！"[②] 唐刘知几《史通·称谓》："古往今来，名目各异，区分壤隔，称谓不同。"[③] 历史上的道教称谓颇多，早期谓之方仙道、黄老道、道家、神仙家，汉代又称太平道、正一道，此外尚有金丹派、符箓派、灵宝派、上清派、三皇派等，称谓繁多，名目复杂。因此，怎样界定道教是一个应该重视的问题。

一、教外文献中的道教

"道"，是一个哲学概念，是生命的本源、宇宙演化的轨迹、万物发展的规律。《淮南子·原道训》曰：夫道者，覆天载地，廓四方，柝八极。高不可际，深不可测，包裹天地，禀授无形；源流泉浡，冲而徐盈；混混汩汩，浊而徐清。故植之而塞于天地，横之而弥于四海；施之无穷，而无所朝夕。舒之幎于六合，卷之不盈于一握。约而能张，幽而能明；弱而能强，柔而能刚；横四维而含阴阳，纮宇宙而章三光。甚淖而滒，甚纤而微。山

[①] 杨庆堃.中国社会中的宗教：宗教的现代社会功能及其历史因素之研究[M].范丽珠，等译.上海：上海人民出版社，2007：35.
[②] 王先谦.庄子集解：卷7[M]//诸子集成：第4册.长沙：岳麓书社，1996：212.
[③] 刘知几.史通：卷4[M]//文渊阁四库全书：第685册.台北：台湾商务印书馆，1983：34.

以之高，渊以之深，兽以之走，鸟以之飞。日月以之明，星历以之行；麟以之游，凤以之翔。泰古二皇，得道之柄，立于中央；神与化游，以抚四方。是故能天运地滞，轮转而无废，水流而不止，与万物终始。风兴云蒸，事无不应；雷声雨降，并应无穷。鬼出电入，龙兴鸾集；钩旋毂转，周而复匝。已雕已琢，还反于朴。无为为之，而合于道，无为言之，而通乎德；恬愉无矜，而得于和，有万不同，而便于性。神托于秋毫之末，而大宇宙之总。①一切事物、所有存在，都不约而同地遵循某种东西，无有例外，这就是"道"。"道"即变化之本，不生不灭，无形无象，无始无终，无所不包，其大无外，其小无内，过而变之，亘古不变。其始无名，故古人强名曰道。道生天地万物，所有存在俱从"道"而生，生生化化，无极无穷，这就是一切的本源，是终极的真理。

"教"，是教化、教育。《说文解字》曰："上所施，下所效也。从攴从孝。凡教之属皆从教。"篆体的"教"，像以手持杖或执鞭，意味着执政者手持鞭杖来施行教育、教化，指导人们习礼学道。朱子《论语集注》云："学之为言效也。人性皆善，而觉有先后。后觉者必效先觉之所为，乃可以明善而复其初也。"朱子此注，出于心得，深合古义。凡人生而尚蒙，遇师之教，击其蒙乃得觉悟，此所谓后觉者必效先觉也。②

西周开始，朝廷便专设教司，主管教育。《周礼·地官司徒·师氏》曰："师氏掌以微诏王。以三德教国子：一曰至德，以为道本；二曰敏德，以为行本；三曰孝德，以知逆恶。教三行：一曰孝行，以亲父母；二曰友行，以尊贤良；三曰顺行，以事师长。居虎门之左，司王朝，掌国中失之事，以教国子弟，凡国之贵游子弟学焉。"注："教之者，使识旧事也。"③《礼记·学记》曰："玉不琢，不成器。人不学，不知道。是故古之王者，建国君民，教学为先。《兑命》曰：念终始典于学。其此之谓乎？虽有佳肴，弗食，不知其旨也；虽有至道，弗学，不知其善也。是故学然后知不足，教然后知困。知不足，然后能自反也；知困，然后能自强也。故曰：教学相长也。《兑命》曰：学学半。其此之谓乎？古之教者，家有塾，党有庠，术有序，国有学。比年入学，中年考校。一年，视离经辨志。三年，视敬业乐群。五年，视博习亲师。七年，视论学取友，谓之小成。九年，知类通达，强立而不反，谓之大成。夫然后足以化民易俗，近者说服，而远者怀之，此大学之道也。"④《礼记·王制》曰："修六礼以节民性，明七教以兴民德。"⑤

在中国历史上，"道教"一词最初的意思就是指以"道"来教化民众的各种理论学说和实践方法。《中庸》曰："天命之谓性，率性之谓道，修道之谓教。道也者，不可须臾离也，可离非道也。"⑥杜光庭《道德真经广圣义》云："凡有七品之人，可教之耳。所

---

① 高诱.淮南子注：卷1[M]//诸子集成：第8册.长沙：岳麓书社，1996：1-2.
② 丁福保.说文解字诂林：第4册[M].北京：中华书局，1988：3724-3725.
③ 阮元.十三经注疏：上册[M].北京：中华书局，1980：730.
④ 阮元.十三经注疏：下册[M].北京：中华书局，1980：1521.
⑤ 阮元.十三经注疏：上册[M].北京：中华书局，1980：1342.
⑥ 阮元.十三经注疏：下册[M].北京：中华书局，1980：1625.

谓中人已上可以语上者，即以上道语于上分也，是则以孔子之道教颜回，以颜回之道教闵损，是中人已上可以语上也。其中人已下不可以语上者，犹可语之以中，及语人以下。如以闵损之道可以教中品之上，此乃中人亦可以语上也。又以中品上道教中品之中，以中品之中道教中品之下，斯则中人亦可以语之中也。又以中品之下道教下品之上，斯则中人已下亦可以语中。又以下品之上道教下品之中，斯则中人已下可以语下也。此中人已下，大略言之耳。"①

将"道"与"教"合并为一个专门的名词——"道教"，最早见于《墨子》。《墨子·非儒》谓儒者强执有命以说议，曰："寿夭贫富，安危治乱，固有天命，不可损益，穷达赏罚，幸否有极，人之知力，不能为焉。群吏信之，则怠于分职；庶人信之，则怠于从事。吏不治则乱，农事缓则贫，贫且乱政之本，而儒者以为道教，是贼天下之人者也。"②墨子曰："天下之所以生者，以先王之道教也。今誉先王，是誉天下之所以生也。可誉而不誉，非仁也。"③这里所谓的"道教"，就是指"先王之道"，即中国古代传说的圣天子尧舜、禹汤、周文王等实行的政治教化准则。

诸子百家中许多人都曾以"道"来称呼自己的理论和方法。儒家、墨家、道家、阴阳家甚至佛教都曾经自称或被认为是"道教"。儒家使用"道教"一词，将先王之道和孔子的理论称为"道教"。佛教刚刚传入中国时，曾把"菩提"翻译成"道"，因此也被称为"道教"。东汉末年出现的正一道自称为"道教"，取"以善道教化"之意。自此以后，其他各家为了以示区别，不再以"道教"自称，"道教"便成为正一道的专称。

汉初黄老并称，因为黄帝是当时的天帝，而且是五位天帝中的最尊贵者，老子则是天帝的代言人。因此，所谓"黄老"，不仅是一种学说，其首先是指当时包括政治、宗教在内的政教一体的制度，还是一种宗教体系。张角和张陵所继承的就是这样一种政教一体的制度，张角创立了"三十六方"，张陵建立了"二十四治"。他们的目的是要依照黄老学说建立一个太平世界，即建立一个使人人都能得到幸福的宗教-政治制度。因此，黄老道不只是原始道教的渊薮，道士也不是只会方术的巫师。黄老道和儒教一样，也是以善道教化为目的的宗教。

《后汉书·皇甫嵩传》载："初，钜鹿张角自称大贤良师，奉事黄老道，畜养弟子，跪拜首过。"张角之道也被称为"太平道"。而从《后汉书》的记载可知，这个太平道就是黄老道，即道教。初唐沙门明概《决对傅奕废佛法僧事》曰："故汉顺帝中平元年，钜鹿人张角，自称黄天部师，有三十六将，皆着黄布巾。远与张鲁相应，众至十万，焚烧邺城。"即把太平道、五斗米道并列，并谓后来的陈瑞、卢悚、袁矜、蒲童、韩朗、李望、

---

① 杜光庭.道德真经广圣义：卷32[M]//道藏：第14册.北京：文物出版社，上海：上海书店出版社，天津：天津古籍出版社，1988：473-474.
② 孙诒让.墨子间诂：卷9[M]//诸子集成：第5册.长沙：岳麓书社，1996：222.
③ 孙诒让.墨子间诂：卷11[M]//诸子集成：第5册.长沙：岳麓书社，1996：342.

蒲子真等皆为黄老道的传承人。又曰："故后汉顺帝中，有沛人张陵，客游蜀土。闻古老相传云，昔汉高祖应二十四气，祭二十四山，遂王有天下。陵不度德，遂构此谋，杀牛祭祀二十四所。置以土坛，戴以草屋，称二十四治，治馆之兴始乎此也。二十三所在于蜀地，尹喜一所在于咸阳。于是诳诱愚民，招合凶党，敛租税米，谋为乱阶。时被蛇吞，逆衅弗作。至孙张鲁，祸乱方兴起于汉中，为曹操诛灭。自尔迄今，群孽相系，依托治馆，恒作妖邪。故汉顺帝中平元年，钜鹿人张角，自称黄天部师，有三十六将，皆着黄布巾，远与张鲁相应，众至十万，焚烧邺城。汉遣河南尹何进，将兵讨灭。又晋武帝咸宁二年，为道士陈瑞以左道惑众，自号天师，徒附数千，积有岁月，为益州刺史王濬诛灭。又晋文帝太和元年，彭城道士卢悚，自号大道祭酒，以邪术惑众，聚合徒党，向晨攻广汉门，云迎海西公，殿中桓秘等觉知与战，寻并诛斩。又梁武帝大同五年，道士袁矜妖言惑众，行禁步岗，官军收掩，寻被戮灭……又开皇十八年，益州道士韩朗，绵州道士黄儒林，扇惑蜀王，令兴恶逆，云欲建大事，须借胜缘，遂教蜀王，倾仓竭库，造千尺道像，建千日大斋，画先帝形，反缚头手，咒而厌之，河北公赵仲卿检察得实，送身京省，被问伏罪，出市被刑。今大唐革命，妖惑尚兴，以去武德三年，绵州昌隆县民李望，先事黄老，恒作妖邪。"①这说明张陵所创的五斗米道、陈瑞的天师道、卢悚的"大道"都是黄老道。而在当时人们的观念中，黄老道就是我们今天所指称的道教。

与太平道同时的"五斗米道"亦为黄老道的传承。《三国志·张鲁传》载："张鲁字公祺，沛国丰人也。祖父陵，客蜀，学道鹄鸣山中，造作道书，以惑百姓，从受道者出五斗米，故世号米贼。陵死，子衡行其道。衡死，鲁复行之。……鲁遂据汉中，以鬼道教民。自号师君，其来学道者，初皆名鬼卒。受本道已信，号祭酒。各领部众，多者为治头大祭酒。皆教以诚信不欺诈，有病自首其过，大都与黄巾相似。"②与"黄巾"相似，也就是与张角的太平道相似。

从南朝以来的文献亦可以见到古人对道教的理解。南朝梁刘勰《灭惑论》曰："案道家立法，厥品有三：上标老子，次述神仙，下袭张陵。太上为宗，寻柱史嘉遁，实惟大贤，著书论道，贵在无为，理归静一，化本虚柔……是以张角、李弘，毒流汉季。卢悚、孙恩，乱盈晋末。余波所被，实蕃有徒。爵非通侯，而轻立民户。瑞无虎竹，而滥求租税。"③亦说道教上标老子，次述神仙，下袭张陵，即认道家、神仙家与正一道、张角、李弘为一体，并无分割之言。

南宋邓肃曾经考辨道教之由来，他认为道教"其源出于黄帝，其道盛于老聃，其末流

---

① 道宣. 广弘明集：卷12[M]//苏渊雷，高振农. 佛藏要籍选刊：第3册. 上海：上海古籍出版社，1994：927.
② 陈寿. 三国志·魏书：卷8[M]//钦定四库全书：第254册. 北京：紫禁城出版社，2004：165-166.
③ 僧祐. 弘明集：卷8[M]//苏渊雷，高振农. 佛藏要籍选刊：第3册. 上海：上海古籍出版社，1994：807.

诡异，有真可骇者。其为家三十有七，其为书九百九十有三篇。凡有天下者，必崇其道，论其尤者，有三帝焉。秦曰始皇，汉曰武帝，唐曰明皇。是三帝者，才智绝人，蔑视一世，穷六合之大，不足以厌其欲，于是浩然有御风骑气之志，炼丹飞符，杂以左道，自谓其法可配天地，殊不知飞腾之术，卒不能济，反祸其国，真可痛哉。虽然，汉高祖之取天下也，则张良为最，其治天下也，则以曹参为最。良之道盖慕赤松子，而参之居则避正室以舍盖公，是则道家之术，又若无负于天下者。盖汉高祖所以取参与良者，在道之本，不过于清静恭俭无为，与民息肩而已矣。而始皇、武帝、明皇之所尚者，区区竭力以事其末，故妄诞不经者得以行其志。此治乱贤否所以相绝，不可同日而语也。夫末流滋蔓，变怪百出，可以惑人主而祸天下者，皆非黄帝、老聃氏之道。"[1] 杨文安有《进读老子讲义》一篇，曰："道家者流，其来最远，爰自黄帝氏作，至周有老聃得其传，战国时列御寇、蒙庄之徒和其说。逮秦汉间，遂名曰黄老之学，其道以虚无自然为宗，以清静澹泊为事，其真以治身，其绪余以治天下。中古以来，盖尝与尧舜周孔之道并行于世，而不相戾异乎。"[2]

元马端临《文献通考》卷二二五指出：道家之术，杂而多端。从现行道教经籍总集《道藏》来看，的确是这样的。明《正统道藏》及《万历续道藏》卷帙浩繁，共1476种，5485卷，其中既包括经戒、科仪、符箓、炼养等类的经籍，也包括道、儒、墨、名、法、阴阳、兵、医、杂等诸子著作，使《道藏》显得数量庞大，驳而不纯。究其原因，远在西汉时，道家就被认为是沟通包容诸家学术的一个学派。据《史记·太史公自序》，司马谈在论六家之要旨时就说：道家使人精神专一，动合无形，赡足万物。其为术也，因阴阳之大顺，采儒墨之善，撮名法之要，与时迁移，应物变化，立俗施事，无所不宜，指约而易操，事少而功多。东汉太平道、正一道兴起，皆尊崇道家老子为祖师，奉五千文为主要经典，自认为是继承了道家老子的道统，并以道家学说为道教教义。

二、教内经典中的道教

至东晋葛洪，"黄老"均明确指称我们今天所说的道教。葛洪说："昔黄帝荷四海之任，不妨鼎湖之举。彭祖为大夫八百年，然后西适流沙。伯阳为柱史，宁封为陶正，方回为闾士，吕望为太师，仇生仕于殷，马丹官于晋，范公霸越而泛海，琴高执笏于宋康，常

---

[1] 彭耜. 道德真经集注杂说：卷下[M]//道藏：第13册. 北京：文物出版社，上海：上海书店出版社，天津：天津古籍出版社，1988：268.
[2] 彭耜. 道德真经集注杂说：卷下[M]//道藏：第13册. 北京：文物出版社，上海：上海书店出版社，天津：天津古籍出版社，1988：270.

生降志于执鞭,庄公藏器于小吏。古人多得道而匡世,修之于朝隐,盖有余力故也……今若按仙经,飞九丹,水金玉,则天下皆可令不死,其惠非但活一人之功也。黄老之德,固无量矣。"① 这里所说的"黄老",就是以求长生不死为目的的道教。

陶弘景《真诰》卷五曰:"道者混然,是生元炁,元炁成,然后有太极,太极则天地之父母,道之奥也。故道有大归,是为素真。故非道无以成真,非真无以成道,道不成,其素安可见乎?是以为大归也。见而谓之妙,成而谓之道,用而谓之性,性与道之体,体好至道,道使之然也。此说人体自然与道炁合。所以天命谓性,率性谓道,修道谓教。今以道教,使性成真,则同于道矣。"② 张君房《云笈七签》卷三《道教本始部》曰:"上古无教,教自三皇五帝以来有矣。教者,告也。有言、有理、有义、有授、有传。言则宣,教则告。因言而悟教明理,理明则忘言。既有能教、所教,必在能师、所师。是有自然之教、神明之教,此二教,无师资也。神明之教,义说则有,据理则无。正真之教、三皇五帝返俗之教、训世之教,宜分权实。且斯五教,启乎一真。自然教者,元气之前,淳朴未散,杳冥寂尔,颢旷空洞,无师说法,无资受传,无终无始,无义无言,元气得之而变化,神明得之而造作,天地得之而覆载,日月得之而照临,上古之君得之而无为。无为,教之化也。神明之教者,朴散为神明。夫器莫大于天地,权莫大于神明。混元气而周运,叶至道而裁成,整圆清而立天,制方浊而为地,溥灵通而化世界,蒸和气而成人伦。阴阳莫测其端倪,神鬼不知其情状。正真之教者,无上虚皇为师,元始天尊传授。洎乎玄粹,秘于九天,正化敷于代圣,天上则天尊演化于三清众天,大弘真乘,开导仙阶;人间则伏羲受图,轩辕受符,高辛受天经,夏禹受洛书。四圣禀其神灵,五老现于河渚。故有三坟五典,常道之教也。返俗之教者,玄元大圣皇帝以理国理家,灵文真诀,大布人间;金简玉章,广弘天上。欲令天上天下,还淳返朴,契皇风也。训世之教者,夫子伤道德衰丧,阐仁义之道,化乎时俗,将礼智而救乱,则淳厚之风远矣。噫,立教者,圣人救世愍物之心也。悟教则同圣人心,同圣人心则权实双忘,言诠俱泯,方契不言之理,意象固无存焉。"③ 这都是指用"道"来教化民众,民众又以"道"来修真养性,圣人则用"教"救世,立"教"度人。故自三皇五帝以来,已有自然之教、神明之教、正真之教、常道之教、返俗之教、训世之教,目的是"还淳返朴""救世愍物"。

明朱权编《天皇至道太清玉册》追寻道教之源,直至轩辕黄帝,揭示中国之道就是道教,道教以崇拜"天"为主旨,故曰"天道"。他说:"稽夫道教之源,昔在混茫,始判人道,未备天命。我道祖轩辕黄帝,承九皇之运,乘六龙以御天,代天立极,以定三才。

---

① 王明.抱朴子内篇校释[M].北京:中华书局,1980:135-136.
② 陶弘景.真诰:卷5[M]//道藏:第20册.北京:文物出版社,上海:上海书店出版社,天津:天津古籍出版社,1988:516.
③ 张君房.云笈七签:卷3[M]//道藏:第22册.北京:文物出版社,上海:上海书店出版社,天津:天津古籍出版社,1988:12.

当是时也，天地尚未昭晰，无有文字，结绳以代政。无有房屋，巢居以穴处。无有衣裳，结草以蔽体。无有器用，汗尊而杯饮。我道祖轩辕黄帝，始创制文字，制衣服，作宫室，制器用，而人事始备。今九流之中，三教之内，所用之文字，所服之衣裳，所居之房屋，所用之器皿，皆黄帝之始制，是皆出于吾道家黄帝之教焉。且夫老子谓：生天、生地、生人、生万物，必有所生者。曰：吾不知其名，强名曰道，强字之曰大，故曰大道。其教曰道教，世方有道字之名。以是论之，凡言修道学道者，是皆窃老子之言，以道为名也，岂非老氏之徒乎！又若老子所谓：玄之又玄，为众妙门。玄妙二字，又皆窃之为名，用之于经者，是皆用老子之言也。又若庄子书曰：有大觉而后知，圣人此大觉二字，乃庄子所立之名，徽宗取之而封金仙，其经皆用之，是皆出于吾道家之书，黄帝、老庄之教也。昔西伯以二童子侍老子，老子与其名，一曰吉祥，一曰如意。后人皆用之，是皆窃老氏之言也。岂非老氏之徒乎！其黄帝之为教也，创制万物，以宣天道，为治世首。君自谓：观天之道，执天之行，尽矣。见乎《阴符经》。老子之为教也，按《尔雅》及《艺文志》曰：清虚以自守，卑弱以自持，人君南面之术也。合于尧舜之克让，《易》之谦谦。一谦而四益，此其所长也。故以国为身，治国如治身，是谓贵以身为天下，若可寄天下，爱以身为天下，乃可托天下，皆修齐治平之道也。见乎《道德经》，此皆中国圣人之道也，故曰正道。所谓正道者何？中国者，居天地之中，得天地之正气，其人形貌正，音声正。其教也不异言，非先王之法言不敢言，是无翻译假托之辞也。不异服，非先王之法服不敢服，所服者黄帝之衣冠，是以有黄冠之称也。不毁形，身体发肤，受之父母，不敢毁伤，孝之始也。得其道者，白日上升，飞腾就天，以显父母，孝之终也。不去姓，不忘其亲，不灭其祖，人子之孝也。朝修有仪，行君臣之礼，臣事上帝，人臣之义也。读圣人之书，行圣人之道，循乎礼义，儒道一理也。其道在天地未分之先所有，其教在三皇之世所立，又非孔子所谓后世有述焉，异端起而大义乖也。其徒中国者，列之于上。外夷者，列之于下。教有先后之别，人有夷夏之分，贵贱之殊也。其女真之修道也，不出闺门，不群聚于宫观，不藏匿于女男，衣衫有辩，教无邪僻也，不以因果祸福报应之说惑世诬民也，不以舍身捐资布施为福逼人以取财也。不悖所生之天，不忘所生之土，生于中国，奉中国之道，不忘乎本理也。反此道者，则不正矣。其教也，施诸四海，行诸天下，极天所覆，极地所载，日月所照，霜露所坠，凡有生之民，所称之道、所用之字、所服之衣、所居之室、所用之器，皆吾中国圣人黄帝、老子之所制也，岂非皆出于吾道教哉！"①

---

① 朱权.天皇至道太清玉册：卷1[M]//道藏：第36册.北京：文物出版社，上海：上海书店出版社，天津：天津古籍出版社，1988：356-357.

第三节 "方仙"与"道教"

方仙道形成于战国时期，至秦汉大盛，并逐渐形成了专门的方士集团。他们尊奉黄帝为始祖，精通天文、医学、占卜、相术、堪舆等技艺，宣称有办法使灵魂离开肉体，与鬼神交通，认为人通过修炼可以长生不死，可以制作不死之药，时称"方士"。秦汉时期又有一批从事炼丹修仙的人活跃于南方，被称为"神仙家"。这些方术、仙术原无系统理论，自战国齐人邹衍创立阴阳五行学说后，方士们便利用邹衍之学来解释其秘术仙方，从而形成了《史记》所说的"方仙道"与《汉书·艺文志》所说的"神仙家"。

一、方仙与神仙的组合

方仙道与神仙家本系两个不同的教团，之后两类人物的组合就构成了最早的道教组织——方仙道。《九天生神章经》曰："爱其形，保其神，贵其炁，固其根，终不死坏，而得神仙。骨肉同飞，上登三清，是与三炁合德，九炁齐并也。但人得生，而自不能尊其炁，贵其形，宝其命，爱其神，自取死坏，离其本真耳。"①

方士精通天文地理，熟谙药典医术，可以役使鬼神，他们奉黄帝为祖师。《史记·秦始皇本纪》："方士欲炼，以求奇药。"②唐李德裕《方士论》："始皇擒灭六国，兼羲唐之帝号；汉武剪伐匈奴，恢殷周之疆宇，皆开辟所未有也。虽不能尊周孔之道以为教化，用汤武之师以行吊伐，而英才远略，自汤武以降，鲜能及矣，岂不悟方士之诈哉？盖以享国既久，欢乐已极，驰骋弋猎之力疲矣，天马碧鸡之求息矣，鱼龙角抵之戏倦矣，丝竹鞞鼓之音厌矣，以神仙为奇，以方士为玩，亦庶几黄金可成，青霄可上，固不在于啬神炼形矣。"③宋真德秀《大学衍义》曰："百家之学，惟老氏所该者众。今撷其易知者言之，曰慈，曰俭，曰不敢为天下先，曰无为民自化，好静民自正，无事民自富，无欲民自朴，无情民自清，此近理之言也。曹参以之相汉，收宁一之效。文帝以之治汉，成富庶之功，虽君子有取焉。曰玄牝之门，为天地根，绵绵若存，用之不勤。此养生之言，而为方

---

① 董思靖.洞玄灵宝自然九天生神章经解义：卷1[M]//道藏：第6册.北京：文物出版社，上海：上海书店出版社，天津：天津古籍出版社，1988：396-397.
② 司马迁.史记[M]//二十五史：第1册.杭州：浙江古籍出版社，1998：31.
③ 李德裕.李卫公外集：卷3[M]//四库全书荟要：第366册.台北：世界书局，2012：220.

士者祖焉。"①

方士之兴，始于西周。《史记·封禅书》："是时苌弘以方事周灵王，诸侯莫朝周，周力少，苌弘乃明鬼神事，设射狸首。狸首者，诸侯之不来者，依物怪欲以致诸侯。诸侯不从，而晋人执杀苌弘。周人之言方怪者自苌弘。""自齐威、宣之时，驺子之徒论著终始五德之运，及秦帝而齐人奏之，故始皇采用之。而宋毋忌、正伯侨、充尚、羡门高，最后皆燕人，为方仙道，形解销化，依于鬼神之事。驺衍以阴阳主运，显示诸侯。而燕齐海上之方士，传其术不能通，然则怪迂阿谀苟合之徒自此兴，不可胜数也。"并记载了秦汉朝野祀神求仙的事迹："于是始皇遂东游海上，行礼祠名山大川及八神，求仙人羡门之属。八神将自古而有之，或曰太公以来作之。齐所以为齐，以天齐也。其祀绝，莫知起时。八神：一曰天主，祠天齐。天齐渊水，居临菑南郊山下者。二曰地主，祠泰山梁父。盖天好阴，祠之必于高山之下，小山之上，命曰畤；地贵阳，祭之必于泽中圜丘云。三曰兵主，祠蚩尤。蚩尤在东平陆监乡，齐之西境也。四曰阴主，祠三山。五曰阳主，祠之罘。六曰月主，祠之莱山。皆在齐北，并勃海。七曰日主，祠成山。成山斗入海，最居齐东北隅，以迎日出云。八曰四时主，祠琅玡。琅玡在齐东方，盖岁之所始。皆各用一牢具祠，而巫祝所损益，珪币杂异焉。自齐威、宣之时，驺子之徒论著终始五德之运，及秦帝而齐人奏之，故始皇采用之……自威、宣、燕昭，使人入海求蓬莱、方丈、瀛洲。此三神山者，其传在勃海中，去人不远；患且至，则船风引而去。盖尝有至者，诸仙人及不死之药皆在焉。其物禽兽尽白，而黄金银为宫阙。未至，望之如云；及到，三神山反居水下。临之，风辄引去，终莫能至云。世主莫不甘心焉。及至秦始皇并天下，至海上，则方士言之不可胜数。"②

二、方仙道的著述文献

方仙道自开始即以神仙信仰为其宗旨，大兴求仙之风。齐宣王、燕昭王等即其中之力行者，乃至后来秦皇、汉武之辈，也经常遣方仙术士于海上，以期一睹神仙威仪。虽是荒诞之举，却成一时之风尚。《庄子·逍遥游》云："藐姑射之山，有神人居焉，肌肤若冰雪，绰约若处子。"③这句话似乎告诉我们，神仙之事渺不可见，但也说明神仙之事自古有之。道教修真成道而冀望功德圆满以位列仙班者，无不以此为其精神之依止。正一道之召神遣将，以去病禳灾；全真道之内修外行，以登真入圣，皆不离神仙之事。仙道本无二

---

① 真德秀.大学衍义：卷13[M]//四库全书荟要：第65册.台北：世界书局，2012：433.
② 司马迁.史记[M]//二十五史：第1册.杭州：浙江古籍出版社，1998：111.
③ 王先谦.庄子集解[M]//诸子集成：第4册.长沙：岳麓书社，1996：5.

途，修仙是谓得道，修道即为成仙。

方仙道以方士、神仙自称，并留下了一批著述。方仙道的著述包括数术、方技、房中、神仙四大类。《汉书·艺文志》载，数术百九十家，二千五百二十八卷；方技三十六家，八百六十八卷；房中八家，百八十六卷；神仙十家，二百五卷。总计二百四十四家，三千七百八十七卷。

医经中首列《黄帝内经》，既讲医学之道，亦谈阴阳天地之道。北宋国子博士高保衡、光禄卿直秘阁林亿等曰："在昔黄帝之御极也，以理身绪余治天下，坐于明堂之上，临观八极，考建五常。以谓人之生也，负阴而抱阳，食味而被色，外有寒暑之相荡，内有喜怒之交侵，夭昏札瘥，国家代有。将欲敛时五福，以敷锡厥庶民，乃与岐伯上穷天纪，下极地理，远取诸物，近取诸身，更相问难，垂法以福后世。于是雷公之伦，受业传之，而《内经》作矣。历代宝之，未有失坠。苍周之兴，秦和述六气之论，具明于左史。厥后越人得其一二，演而述《难经》。西汉仓公传其旧学，东汉仲景撰其遗论，晋皇甫谧次而为《甲乙》，及隋杨上善纂而为《大素》。时则有全元起者，始为之《训解》，阙第七一通。迄唐宝应中，太仆王冰笃好之，得先师所藏之卷，大为次注，犹是三皇遗文，烂然可观。惜乎唐令列之医学，付之执技之流，而荐绅先生罕言之，去圣已远，其术晻昧，是以文注纷错，义理混淆。殊不知三坟之余，帝王之高致，圣贤之能事，唐尧之授四时，虞舜之齐七政，神禹修六府以兴帝功，文王推六子以叙卦气，伊尹调五味以致君，箕子陈五行以佐世，其致一也。奈何以至精至微之道，传之至下至浅之人，其不废绝，为已幸矣。"① 可见《黄帝内经》确为黄老经典，而修习医术者，必须上穷天纪，下极地理，知晓天道，这就与道家有了直接联系。

基于此，东晋葛洪对方仙之书给予高度评价，并将其纳入道书。他说："道经有《三皇内文天地人》三卷，《元文》上中下三卷，《混成经》二卷，《玄录》二卷，《九生经》《二十四生经》《九仙经》《灵卜仙经》《十二化经》《九变经》《老君玉历真经》，《墨子枕中五行记》五卷，《温宝经》《息民经》《自然经》《阴阳经》，《养生书》一百五卷，《太平经》五十卷，《九敬经》，《甲乙经》一百七十卷，《青龙经》《中黄经》《太清经》《通明经》《按摩经》，《道引经》十卷，《元阳子经》《玄女经》《素女经》《彭祖经》《陈赦经》《子都经》《张虚经》《天门子经》《容成经》《入山经》《内宝经》《四规经》《明镜经》《日月临镜经》《五言经》《柱中经》《灵宝皇子心经》《龙蹻经》《正机经》《平衡经》《飞龟振经》《鹿卢蹻经》《蹈形记》《守形图》《坐亡图》《观卧引图》《含景图》《观天图》《木芝图》《菌芝图》《肉芝图》《石芝图》《大魄杂芝图》，《五岳经》五卷，《隐守记》《东井图》《虚元经》

---

① 王冰，注释.林亿，等校.黄帝内经素问补注释文[M]//道藏：第21册.北京：文物出版社，上海：上海书店出版社，天津：天津古籍出版社，1988：1.

葛稚川移居图　王蒙　元代　立轴纸本设色　北京故宫博物院藏

《牵牛中经》《王弥记》《腊成记》《六安记》《鹤鸣记》《平都记》《定心记》《龟文经》《山阳记》《玉策记》《八史图》《入室经》《左右契》《玉历经》《升天仪》《九奇经》《更生经》，《四衿经》十卷，《食日月精经》《食六气经》《丹一经》《胎息经》《行气治病经》，《胜中经》十卷，《百守摄提经》《丹壶经》《岷山经》《魏伯阳内经》《日月厨食经》《步三罡六纪经》《入军经》《六阴玉女经》《四君要用经》《金雁经》《三十六水经》《白虎七变经》《道家地行仙经》《黄白要经》《八公黄白经》《天师神器经》，《枕中黄白经》五卷，《白子变化经》《移灾经》《厌祸经》《中黄经》《文人经》《涓子天地人经》《崔文子肘后经》《神光占方来经》《水仙经》《尸解经》《中遁经》《李君包天经》《包元经》《黄庭经》《渊体经》《太素经》《华盖经》《行厨经》，《微言》三卷，《内视经》《文始先生经》《历藏延年经》《南阙记》，《协龙子记》七卷，《九宫》五卷，《三五中经》《宣常经》《节解经》《邹阳子经》，《玄洞经》十卷，《玄示经》十卷，《箕山经》十卷，《鹿台经》《小僮经》，《河洛内记》七卷，《举形道成经》五卷，《道机经》五卷，《见鬼记》《无极经》《宫氏经》《真人玉胎经》《道根经》《候命图》《反胎胞经》《枕中清记》《幻化经》《询化经》《金华山经》《凤网经》《召命经》《保神记》《鬼谷经》《凌霄子安神记》《去丘子黄山公记》《王子五行要真经》《小饵经》《鸿宝经》《邹生延命经》《安魂记》《皇道经》《九阴经》《杂集书录》《银函玉匮记》《金板经》《黄老仙录》《原都经》《玄元经》《日精经》《浑成经》《三尸集》《呼身神治百病经》《收山鬼老魅治邪精经》三卷，《入五毒中记》，《休粮经》三卷，《采神药治作秘法》三卷，《登名山渡江海敕地神法》三卷，《赵太白囊中要》五卷，《入温气疫病大禁》七卷，《收治百鬼召五岳丞太山主者记》三卷，《兴利宫宅官舍法》五卷，《断虎狼禁山林记》《召百里虫蛇记》，《万毕高丘先生法》三卷，《王乔养性治身经》三卷，《服食禁忌经》《立功益筭经》，《道士夺筭律》三卷，《移门子记》《鬼兵法》《立亡术》，《练形记》五卷，《郄公道要》《角里先生长生集》，《少君道意》十卷，《樊英石壁文》三卷，《思灵经》三卷，《龙首经》《荆山记》，《孔安仙渊赤斧子大览》七卷，《董君地仙却老要记》，《李先生口诀肘后》二卷。凡有不言卷数者，皆一卷也。"①这些见载于《抱朴子内篇·遐览》的汉晋道书，皆为方仙著作，可见方仙道在后来的道教中影响甚巨，无方无仙不成道。

从《列仙传》《高士传》中所载的神仙方士的事迹来看，他们活跃于战国秦汉时期，或隐修山林，或炼丹辟谷，或行气导引，是当时社会最具影响力的道教团体。他们有师承、有理论与方法、有组织系统，理应归入道教。尤其重要的是，传说秦始皇遣方士徐福，将童男童女数千，入海求蓬莱神仙不得，徐福畏诛，不敢还，遂止此洲。代代相承，

---

① 王明.抱朴子内篇校释[M].北京：中华书局，1980：305-307.

有数万家人。①班固《汉书·郊祀志》："秦始皇初并天下，甘心于神仙之道，遣徐福、韩终之属，多赍童男童女，入海求神采药，因逃不还，天下怨恨。汉兴，新垣平、齐人少翁、公孙卿、栾大等，皆以仙人、黄冶、祭祠、事鬼使物、入海求神、采药贵幸，赏赐累千金。大尤尊盛，至妻公主，爵位重累，震动海内。元鼎、元封之际，燕、齐之间方士瞋目挖掔，言有神仙祭祀致福之术者以万数。"②范晔《后汉书·东夷列传》："会稽海外有东鳀人，分为二十余国。又有夷洲及澶洲。传言秦始皇遣方士徐福，将童男女数千人入海，求蓬莱神仙不得，徐福畏诛不敢还，遂止此洲，世世相承，有数万家，人民时至会稽市。"③

不少古籍认为，徐福所止"此洲"即今日本。郎瑛《七修类稿》卷五："日本国，《通鉴》前编以为吴亡子孙入海为倭，故倭自云吴泰伯后也。《墨谈》以为倭国有徐福祠，谓为福后，故中国呼倭为徐倭。似皆非也。盖仁山据《国语》'寡人达王于甬句东'数言而推之，非实有所本。徐福云者，诸书皆以福居檀、夷二州，号秦国，但属之于倭耳。其国在拘邪韩国之东，与朱厓、儋耳相近，或南或东，大小百余国，名各不同，多属之于日本。"④清邵之棠《皇朝经世文统编》卷三载姚文栋《答东洋近出古书问》曰："中国之通日本，始于秦。迁《史》言始皇遣徐市（即徐福），发童男童女数千人，入海求仙人。又徐市尝称海中有三神山，其后实至日本。今纪伊国有徐福祠，熊野山有徐福墓，此其证也。日本之通中国，始于后汉，范书言建武中元委（倭）奴奉贡朝贺，光武赐以印绶，所谓委（倭）奴者亦即日本，近时筑前人掘土，得汉委（倭）奴国王印，此其证也。"⑤清陈伦炯《海国闻见录》："人皆覆姓。其单姓者，徐福配合之童男女也。徐福所居之地，名曰徐家村，其冢在熊指山下。"⑥

据元马端临《文献通考》："先公曰：欧阳公《日本刀歌》云：'传闻其国居大海，土壤沃饶风俗好。前朝贡献屡往来，士人往往工词藻。徐福行时书未焚，逸书百篇今尚存。令严不许传中国，举世无人识古文。先王大典藏夷貊，苍波浩荡无通津。令人感激坐流涕，锈涩短刀何足云。'详此诗，似谓徐福以诸生带经典入海外，其书乃始流传于彼也。然则秦人一烬之烈，使中国家传人诵之书皆放逸，而徐福区区抱编简以往，能使先王大典独存夷貊，可叹也，亦可疑也。然今世经书，往往有外国本云。"⑦清屈大均《广东新语》亦曰："日本之学始徐福。欧阳公诗云：徐福去时书未焚，遗书百篇今尚存。归善叶

---

① 李昉. 太平御览：卷900[M]//文渊阁四库全书：第893册. 台北：台湾商务印书馆，1983：2.
② 班固. 汉书：卷25[M]//二十五史：第1册. 杭州：浙江古籍出版社，1998：371.
③ 范晔. 后汉书：卷75[M]//二十五史：第1册. 杭州：浙江古籍出版社，1998：934.
④ 郎瑛. 七修类稿：卷5[M]//车吉心. 中华野史：第7册. 济南：泰山出版社，2000：806.
⑤ 邵之棠. 皇朝经世文统编：卷3[M]. 慎记石印本，清光绪二十七年，国家图书馆藏.
⑥ 陈伦炯. 海国闻见录：卷下[M]//文渊阁四库全书：第594册. 台北：台湾商务印书馆，1983：853-854.
⑦ 马端临. 文献通考：下册：卷177[M]. 北京：中华书局，1986：1530.

春及常上疏，请于纂修正史之日，檄至倭国，搜寻三代以前古书，或犹有什一之存，此议甚高。"①可见徐福所带不仅有童男童女，还有工匠，以及大量的经典文献。徐福能带领如此庞大的方士组织前往蓬莱，可见方仙道当时已有宗教组织。

徐福本为道士，《海内十洲三岛记》曰："祖洲近在东海之中，地方五百里，去西岸七万里。上有不死之草，草形如菰，苗长三四尺，人已死三日者，以草覆之，皆当时活也。服之令人长生。昔秦始皇大苑中，多枉死者横道，有鸟如乌状，衔此草覆死人面，当时起坐而自活也。有司闻奏，始皇遣使者赍草以问北郭鬼谷先生。鬼谷先生云：臣尝闻东海祖洲上有不死之草，生琼田中，或名为养神芝，其叶似菰，苗丛生，一株可活一人。始皇于是慨然言曰，可采得否？乃使使者徐福，发童男童女五百人，率摄楼船等，入海寻祖洲，遂不返。福，道士也，字君房，后亦得道也。"②东晋道书《上清金书玉字上经》曰："秦时徐福，本凡人也，亦悟见二星，乃不敢道，遂得增年，于是始信天下有仙，乃知学道耳。"③徐福修道有成，已升仙阶。相传时有降世，度人治病。逮西晋沈羲得道，黄老遣徐福为使者，乘白虎车，迎羲而去，由是后人知徐福得道矣。④唐戴孚《广异记》记载："唐开元中，有士人患半身枯黑，御医张尚容等不能知……因与侍者，赍粮至登州大海侧。遇空舟，乃赍所携，挂帆随风。可行十余日，近一孤岛，岛上有数百人，如朝谒状。须臾至岸，岸侧有妇人洗药。因问彼皆何者，妇人指云：'中心床坐，须鬓白者，徐君也。'又问徐君是谁，妇人云：'君知秦始皇时徐福耶？'曰：'知之。''此则是也。'顷之，众各散去，某遂登岸致谒，具语始末，求其医理。徐君曰：'汝之疾，遇我即生。'初以美饭哺之，器物皆奇小，某嫌其薄，君云：'能尽此，为再飱也，但恐不尽尔。'某连啖之，如数瓯物，致饱。而饮，亦以一小器盛酒，饮之致醉。翌日，以黑药数丸令食，食讫，痢黑汁数升，其疾乃愈。……复与黄药一袋，云：'此药善治一切病，还遇疾者，可以刀圭饮之。'某还，数日至登州，以药奏闻。时玄宗令有疾者服之，皆愈。"⑤

方仙道作为道教最早的派别，没有一般宗教常有的消极色彩，不仅不将现世与来生、此岸与彼岸对立，相反努力连通两者，耐心周到地劝诱人们追求肉身成仙，不老不死，并相信天上的超越性享受不过是现世享受的另一种延续，现世的享受也因为有超越性信仰的加持而不致放荡与靡费，从而与其他追求灵魂解脱、来世利益的宗教有了明显的区别。基督教认为人的肉体终将消亡，甚至肉体生命因有罪孽本不值得留恋，人应通过自己的努力以获取天国的门票，所以它关注的是"彼岸超越"，向往的是"宗教的人生"。方仙道却

---

① 屈大均.广东新语：卷11[M]//车吉心.中华野史：第11册.济南：泰山出版社，2000：987.
② 车吉心.中华野史：第1册[M].济南：泰山出版社，2000：257.
③ 上清金书玉字上经[M]//道藏：第18册.北京：文物出版社，上海：上海书店出版社，天津：天津古籍出版社，1988：746.
④ 葛洪.神仙传：卷3[M]//张继禹.中华道藏：第45册.北京：华夏出版社，2014：25.
⑤ 李昉.太平广记：卷4：第1册[M].北京：中华书局，1981：26.

关注尘世的幸福，认为生命是非常宝贵的，人生在世的价值必须重视，肉体须长存不灭才好。

从历史的发展来看，道教的起源甚早，它直承中国原始宗教、古代宗教而来，形成于战国时期。事实上在张角太平道、张陵正一道问世之前，早已有王母道、黄老道、方仙道等教团及活动事迹。它的产生不是偶然的，而有其历史条件和社会背景、思想渊源，是长期酝酿积累的必然结果。与佛教、天主教等宗教的产生、发展不同，道教的初创即表现为多个道派并列的情况。战国时期有方仙道、黄老道，两汉时期有王母道、金丹道、太平道、正一道、李家道等。这些道派各有传承，活动在不同的区域，祭祀的神灵亦不同，充分体现了中国宗教信仰的多元化特征。

从组织形态来看，道教是先有派别，然后归宗。各种道派各有传承、各有教义、各有教团，当他们共同信仰黄帝、老子时，即归宗道教。这种有别于其他宗教的特征至今仍存。当代中国台湾、香港及东南亚地区的许多民间道派正是在寻根拜祖的使命下，纷纷返回中国大陆，寻访信仰的祖庭，分灵认祖，归宗道教。

第四节　"黄老"与"道教"

"黄老道"之称虽然晚见于东汉时期，其组织却形成于战国。黄老道奉黄帝、老子为教主，是道教最早的道派之一。《史记·孟子荀卿列传》："慎到，赵人。田骈、接子，齐人。环渊，楚人。皆学黄老道德之术，因发明序其指意。故慎到著十二论，环渊著上下篇，而田骈、接子皆有所论焉。"① 《史记·老子韩非列传》："申子之学本于黄老主刑名，著书二篇，号曰申子。""韩非者，韩之诸公子也，喜刑名法术之学，而其归本于黄老。"② 即申韩法家亦属黄老。

黄老之学是战国时期兴起的哲学政治思想流派。黄老之学常用简明的语言与形象的模型来阐述学说的基本内容。在先秦、两汉，《老子》有两套传授系统，即刑名法术系统和养生神仙系统。这两种系统的具体代表，前者是《韩非子》的《解老》《喻老》，以及《黄帝书》中的刑名法术之说；后者的代表是安期生、河上公、严遵、张陵一派的

---

① 司马迁.史记[M]//二十五史：第1册.杭州：浙江古籍出版社，1998：201.
② 司马迁.史记[M]//二十五史：第1册.杭州：浙江古籍出版社，1998：183.

解释系统。

道家最初是指先秦时期诸子百家中的一家。广义上来说，它是古代中国社会思想文化体系中以道为核心观念，强调天道自然无为、人道顺应天道的一个流派。历史上凡是崇尚老庄及黄老之学说的人都可以称为道家。按照《汉书·艺文志》的说法，道家出自古代的史官。所谓史官，实际上也就是王室内负责记载成败存亡、祸福、古今之道的人。古代学在官府，思想文化教育方面的事为王室所垄断，一般的人无缘于此。可以说史官在当时是最有学问的一类人。被称为道家奠基人的老子在周王室中当过柱下史，也就是负责周王室的图书管理。

道家的思想核心是"道"。"道"是道家这一思想文化体系的最高范畴，为所有的道家学者所推崇。可以说不管道家内部各个学者之间思想文化的差距有多大，他们都是围绕"道"这一核心范畴来展开研究的，而且"合于道"是所有道家追求的终极目标。一般说来，道家的"道"具有下列几方面的意义：（1）道是天地万物的本源；（2）道自然而无为；（3）道无形而实存；（4）道具有普遍性，无所不在，无时不在。以"道"为核心，把"合于道"作为终极目标的道家学派，实际上在其内部存在着很大的思想差异。道家是由一些从各个不同层次不同方位展开的动态思想流派组成的，这些动态的思想流派之所以总名为道家，是因为它们之间体现了道家的某些基本特征。

一、黄老之学与道教的关系

黄老之学的主要特点是推崇黄帝。在稷下学宫黄老学派的推动下，黄帝传说在战国大行其道：黄帝发明了车、弩、釜、甑和冠冕，作灶穿井，作宫室筑城邑，并作棺椁。此外，黄帝还传《洛书》《河图》，铸鼎制镜，合符封禅，别十二相与二十八宿，创原始共和制国体。黄帝的妃子嫘祖教桑，大臣宁封制陶、共鼓、货狄作舟，杜康造酒，仓颉造字，大挠作甲子，容成制历，隶首作数术，伶伦作乐，夷牟造矢，挥作弓，胡曹作衣，伯余造裳，于则制履，胲作牛车，雍父作舂，风后发明指南车，岐伯作铙鼓、号角，雷公、岐伯论医，俞跗外科，马师皇为兽医。

黄帝时代还有市场、货币、图画、伞、蹴鞠（足球）等发明。此外还提出"道生法"的观点，突出刑德观念，主张恩威并施，以巩固政权。在以道、法为主的同时，又兼采阴阳家、儒家、墨家、名家的思想。李学勤先生指出："在《黄帝书》公布以后，学术界为'黄老之学'面貌的揭示而振奋。原来文献艳称的'黄老之学'，其思想富于积极色彩，与庄列一派的隐退截然有别。后来的若干法家人物，都曾于此取义，如慎到、申不害以至韩非之流，殊不足怪，而其最晚的作品是久被贬为伪书的

《鹖冠子》。"①

黄老之学兼容并包，认为"贵清静而民自定"，主张君主治国"无为而治"，掌握政治要领即可，因势利导，不要做过多的干涉，还主张"省苛事，薄赋敛，毋夺民时"。这些主张受到汉初统治者的赞赏。汉初大臣萧何、曹参、陈平等"好黄老之学"，建议统治者施"无为之政"，恢复了经济，出现了"文景之治"的繁荣局面。

战国时期，社会竞争加剧。为了应对这种局势，黄老道家首先提出了"法""术""势""利""力"等概念，使先秦学术摆脱了理想主义的窠臼，走上现实主义的道路。在此基础上，黄老道家又提出了"道生法"的主张，不但解决了法律本身合法性的问题，还为道家治世开辟了道路。其次，黄老道家提出了因天循道、守雌用雄、君逸臣劳、清静无为、万民自化、因俗简礼、休养生息、依法治国、宽刑简政、刑德并用等一系列政治主张，让民众发展组织，集中体现了中国古代社会政治学的精华。除此之外，黄老道家还提出了"天下为公"和用法律来约束君权的主张，在一定程度上体现了对专制政治的反思和批判。黄老之学是先秦时期一个极为重要的学术思潮，对于它的重要意义和地位，蒙文通先生曾有一个很好的概括："百家盛于战国，但后来却是黄老独盛，压倒百家。"②

黄老之学的兴起，与战国时期流行的黄帝崇拜有很大关系。黄帝作为古史传说中的著名人物，最早见于《逸周书》《国语》《左传》。战国中后期的百家争鸣中，黄帝为诸子百家所乐道，但多为神话传说和寓言故事，或假托黄帝之言以伸张自己的学说，所以《史记·五帝本纪》曰："百家言黄帝，其文不雅驯，荐绅先生难言之。"③

黄老道以黄帝、老子为教主，并留下了一批著述。《汉书·艺文志》中著录了托名黄帝的书二十余种，分散在道家、阴阳家、小说家和兵书、数术、方技等类中，足见战国中后期黄帝之言的盛行。战国时期虽然是"百家言黄帝"，但以道家为最。开创道家的老子之言流传到战国，与当时盛行的黄帝之言相结合，冠黄帝于老子之上，就形成了黄老之学。

道经中常用"黄老"指"道教"，二者是完全同一的。东汉魏伯阳《周易参同契》："大易之情性尽矣，各如其度。黄老用究，较而可御。炉火之事，真有所据。三道由一，俱出径路。""引内养性，黄老自然。含德之厚，归根返元。近在我心，不离己身。抱一毋舍，可以长存。"④张宇初《岘泉集》卷一载："史称黄老者，以黄老之道同也，而黄帝之言未之见焉。若子列子之谓《黄帝书》曰者，大率与老同。而世传惟《阴符》一经，为

---

① 李学勤.孔孟之间与老庄之间[M]//李学勤.文物中的古文明.北京：商务印书馆，2008：406.
② 蒙文通.略论黄老学[M]//蒙文通文集.成都：巴蜀书社，1987：276.
③ 司马迁.史记[M]//二十五史：第1册.杭州：浙江古籍出版社，1998：8.
④ 魏伯阳.周易参同契[M]//道藏：第20册.北京：文物出版社，上海：上海书店出版社，天津：天津古籍出版社，1988：93-94.

黄帝书，其文质而雅，深而要，非有道者其能是乎。"①陆希声云："昔伏羲氏画八卦，象万物，穷性命之理，顺道德之和。老氏亦先天地，本阴阳，推性命之极，原道德之奥，此与伏羲同其原也。文王观太易九六之动，贵刚尚变，而要之以中。老氏察太易七八之正，致柔守静，而统之以大，此与文王通其宗也。孔子祖述尧舜，宪章文武，导斯民以仁义之教。老氏拟议伏羲，弥纶黄帝，冒天下以道德之化，此与孔子合其权也。此三君子者，圣人之极也，老氏皆变而通之，反而合之，研至变之机，探至精之归，斯可谓至神者矣。"②白居易《黄老术》曰："夫欲使人情俭朴，时俗清和，莫先于体黄、老之道也。其道在乎尚宽简，务俭素，不眩聪察，不役智能而已。盖善用之者，虽一邑一郡一国，至于天下，皆可以致清静之理焉。昔宓贱得之，故不下堂而单父之人化；汲黯得之，故不出阁而东海之政成。曹参得之，故狱市勿扰而齐国大和；汉文得之，故刑罚不用而天下大理。其故无他，清静之所致耳。"③苏轼《上清储祥宫碑》云："臣谨按道家者流，本出于黄帝、老子，其道以清静无为为宗，以虚明应物为用，以慈俭不争为行，合于《易》何思何虑，《论语》仁者静寿之说。……自秦汉以来，始用方士言，乃有飞仙变化之术，黄庭大洞之法，太上、天真、木公、金母之号，天皇、太乙、紫微、北极之祀，下至于丹药奇技，符箓小数，皆归于道家。……尝窃论之，黄帝、老子之道，本也；方士之言，末也。"④

由文献可知，葛洪之后，北魏寇谦之时人们才逐渐用"道教"一词指称今天所说的道教，同时仍然使用"黄老""道家"这样的概念。"黄老""道家""道教"三者成为异名同实的概念。魏收《魏书·释老志》载，道家之原，出于老子。其自言生也，先天地生，以资万类。上处玉京，为神王之宗；下在紫微，为飞仙之主。太上老君曾降临嵩岳，对寇谦之说："吾此经诫，自天地开辟已来，不传于世，今运数应出。汝宣吾新科，清整道教，除去三张伪法，租米钱税，及男女合气之术。"⑤这里的"道教"不再以儒家之五经为教，而是以老子之道为教，道教的概念从此以后就专指以长生不死为目的的宗教。同时，道教仍然用道家、黄老的名称，道家、黄老仍然是道教的另称。

南朝时，在围绕顾欢《夷夏论》、张融《门论》所进行的论辩中，道家、道教、黄老作为同一的概念被论辩双方使用。顾欢早年习儒、玄二学，晚年信奉道教。《夷夏论》以儒家的华夷之辨为出发点，尊崇道教，排抑佛教，借儒家"夷夏之防"的民族观否定佛教在中国的传播。《夷夏论》曰："五帝三皇，莫不有师。国师道士，无过老庄；儒林之

---

① 张宇初.岘泉记[M]//道藏：第33册.北京：文物出版社，上海：上海书店出版社，天津：天津古籍出版社，1988：201.
② 彭耜.道德真经集注杂说：卷上[M]//道藏：第13册.北京：文物出版社，上海：上海书店出版社，天津：天津古籍出版社，1988：256.
③ 白居易.朱金城，笺校.黄老术[M].白居易集笺校.上海：上海古籍出版社，1988：3451.
④ 彭耜.道德真经集注杂说：卷上[M]//道藏：第13册.北京：文物出版社，上海：上海书店出版社，天津：天津古籍出版社，1988：261.
⑤ 魏收.魏书[M]//二十五史：第3册.杭州：浙江古籍出版社，1988：417.

宗，孰出周孔？若孔、老非佛，谁则当之？然二经所说，如合符契。道则佛也，佛则道也。""案道经之作，著自西周；佛经之来，始乎东汉。年逾八百，代悬数十。若谓黄老虽久，而滥在释前，是吕尚盗陈恒之齐，刘季窃王莽之汉也。""神仙有死，权便之说。神仙是大化之总称，非穷妙之至名。至名无名，其有名者二十七品，仙变成真，真变成神，或谓之圣，各有九品，品极则入空寂，无为无名。若服食茹芝，延寿万亿，寿尽则死，药极则枯，此修考之士，非神仙之流也。"①

唐宋以后，人们口中的黄老、道家仍然指的是道教，是和道教同实异名的概念。沙门明概《决对傅奕废佛僧事》曰："汉明之时，道家经书止有三十七部七百四十四卷。虽有多轴，非尽道经。唯五百九卷，是天尊道君所说。余二百三十五卷，乃黄老等诸子之书。自尔已来过此数者，并是道士增加妄造，不可承信。""又俗士所制取作道经，此之流类数亦多矣。如《太玄经》扬雄所造，《洞玄经》王褒所制，《指归经》严君平造，《三皇经》鲍静所制，《开天经》张泮所造，《化胡经》王浮所制。或取盘古之传，或取诸子之篇，假认俗书，以为道教。"②亦是将"道家""黄老""道教"同一通用，并无分别。

唐人封演《封氏闻见记》卷一《道教》曰："本自黄帝，至老君祖述其言，故称为黄老之学。战国时，圉寇蒙庄之徒著书，咸以黄老为宗师。圉寇《天瑞篇》引黄帝之书曰：谷神不死，是为玄牝。玄牝之门，是为天地根。绵绵若存，用之不勤。此章黄帝之言，而存五千之内，则老氏所书同出已明矣。其后，学道、学儒、学墨，诸家分明，各为一教。汉武帝进用儒术，黄老由是见废。后汉桓帝梦见老子，诏陈相孔寿立庙于苦县，刻石为铭。今亳州真源县，即古楚县赖乡也，汉时属陈国。郭缘生《述征记》云：'老子庙中有九井，汲一井，八井皆动。即其地也。'国朝以李氏出自老君，故崇道教。"③至明代道士朱权，更是明确宣称黄帝为道祖，老子为教祖，道家即道教，即黄帝之教。

教外文人的碑铭中亦认同"黄老"即道教。王适撰、司马承祯书《潘尊师碣》："（潘尊师）年十二，通《春秋》及《礼》，见黄老之旨，薄儒墨之言。"④王夷仲《重修仙鹤观记》："佛老之法，要其所归，唯清净寂灭，全自然之性，不以外物縻中者也。佛氏，黄老之法也。"⑤马家铉《洞霄宫庄田记》："老子之道，黄帝之道也。……自汉人以黄老名家，儒者病之，至于今以异端见称。夫岂知黄帝之道传为老子之学，与尧舜同，称之异端，过矣。"⑥辛愿《大金陕州修灵虚观记》按：道家源于黄帝、老聃，至列御寇、

---

① 萧子显.南齐书[M]//二十五史：第2册.杭州：浙江古籍出版社，1988：676.
② 道宣.广弘明集：卷12[M]//苏渊雷，高振农，选辑.佛藏要籍选刊：第3册[M].上海：上海古籍出版社，1994：930.
③ 车吉心.中华野史：第2册[M].济南：泰山出版社，2000：306.
④ 陈垣.陈智超，曾庆瑛，校.道家金石略[M].北京：文物出版社，1988：83.
⑤ 陈垣.陈智超，曾庆瑛，校.道家金石略[M].北京：文物出版社，1988：270.
⑥ 陈垣.陈智超，曾庆瑛，校.道家金石略[M].北京：文物出版社，1988：421.

庄周氏，扩而大之，乃与孔子之道并立，为教于天下而不废。①元好问《紫微观记》云："古之隐君子，学道之士为多。居山林，木食涧饮，槁项黄馘，自放于方之外。若涪翁、河上丈人之流，后世或附之黄老家数，以为列仙。陶隐居、寇谦之以来，此风故在也。"②上述文章碑铭都是为道教所写，其中所说的"道家""黄老"，指的就是道教。这表明，从隋唐到明清，人们仍然保留着传统的说法，其中道家、黄老概念所指就是道教。甚至在之后一千多年中，人们指称道教更多的是用道家、黄老这两个概念，而不是用道教这个概念。

由此可见历史上的道家、道教从来都是不分家的。今天所说的道教，是指在原始道教的基础上，以方仙道、黄老道、王母道、正一道、太平道等宗教团体为组织的，承袭了古代宗教敬天法祖的传统，以"道"为最高信仰，以"神"为核心信仰，奉黄帝为始祖，老子为道祖，张陵为教主，以老子《道德经》《阴符经》《度人经》为主要经典，追求修炼成仙、济世度人的中国本土宗教。

二、兼容博通的道教

就道教教义而言，"道"是道教的最高信仰和最高哲学范畴。道教诸派的教旨不无歧异，但莫不以"道"为最高信仰和最高哲学范畴。道教教义随历史的发展而演变，但以"道"为最高信仰、最高哲学范畴始终未变。这大概是源流各异、名号不同的诸多教派能被统称为"道教"的主要原因。

从道家哲学到道教神学经历了一场历史的转变。在追究世界之本源方面，老子做出了伟大的贡献。他明确提出了"道"的存在及其先天性、本源性，指出"道"难以捉摸，它"视之不见""听之不闻""抟之不得"，"是谓无状之状，无物之象，是谓惚恍。迎之不见其首，随之不见其后"。③因此"道"不在经验世界之内，是语言难以准确描述的。由于"道"不可言说，也不可用经验的方法获得对它的认识，它先于万物而存在，万物最后还要回归于它，"玄之又玄，众妙之门"，具有相当的神秘性，这就开辟了"道"向神学发展的路径。

从思想发展的轨迹来看，道教关于"道"的最高理念来源于原始道家。道教关于"神"的信仰则肇始于上古原始道教的鬼神崇拜以及战国时期的方仙之说。道家之道彰显出一种别具特色的自然法则，表现的是一种理性精神；鬼神崇拜与方仙信仰则表达了以神

---

① 陈垣.陈智超，曾庆瑛，校.道家金石略[M].北京：文物出版社，1988：443.
② 陈垣.陈智超，曾庆瑛，校.道家金石略[M].北京：文物出版社，1988：474.
③ 王弼.老子注：第14章[M]//诸子集成：第3册.长沙：岳麓书社，1996：6.

灵崇拜为圭臬的宗教情怀。二者来源不同，理趣亦殊，但追求的都是精神与神圣的境界，所以是二元的合一。对道教来说，道家理念和鬼神信仰只是道教建构自身文化时所要融摄的历史文化资源，当这两种资源在道教中汇流时，它们就注定要在诠释中被赋予全新的意义，其"道"已不是简单的先秦道家的旧话重提，其"鬼神"也不再是原来意义上的鬼神。从某种意义上说，正是这样的诠释，使道家之道与鬼神信仰汇流合一，墨家的"天志明鬼"与方仙道的"神仙真人"有机融合，从而彰显出道教教义的独特性与包容性。

从战国黄老之道、老庄之学，到汉唐道教诸宗，始终保持着一种包容万物的精神。这是道教特有的文化心态和卓越风骨。这种融贯包容性、开放性和前瞻性的道家学风，至今仍然是值得珍视的思想遗产。面对"万物并作"、诸子百家蜂起的学术争鸣的局面，老子虽然也担心"智慧出，有大伪"的混乱文象的出现，但仍抱着宽容、超脱的心态，主张"知常容，容乃公"的原则，提出"挫锐""解纷""不争"，以达"玄同"的境界。其后，宋钘、尹文强调"不苟于人，不忮于众"；田骈、慎到提倡"公而不党，易而无私"①；庄子主张"和之以是非，而休乎天钧，是之为两行"②，并借用"井蛙""河伯""海若"三者之间的生动对话，深刻揭示了真理的相对性、层次性和人们对于真理认识的局限性，指出"以道观之，物无贵贱；以物观之，自贵而相贱"；又通过认识的不同层次把人们引向开阔的思想视野，引向一种不断追求、不断拓展、不断超越自我局限的精神境界。③显然，道家所独具的这种学风与文化心态，与儒家的"攻乎异端""力辟杨墨"的偏狭心态和法家的"燔诗书""禁杂反之学"的专制独裁相比大异其趣，别具一种超越意识和包容精神。

正是基于这种开放的心态，道家能够在百家争鸣的学术思潮中善于学习，敢于接纳，博采众长，取精用宏，以构建自己的思想体系。司马谈在总结先秦诸子学术思想时，亦以十分敬佩的口吻赞誉说："道家无为，又曰无不为，其实易行，其辞难知。其术以虚无为本，以因循为用。无成埶，无常形，故能究万物之情。不为物先，不为物后，故能为万物主。有法无法，因时为业；有度无度，因物与合。故曰圣人不朽，时变是守。虚者，道之常也；因者，君之纲也。""道家使人精神专一，动合无形，赡足万物。其为术也，因阴阳之大顺，采儒墨之善，撮名法之要，与时迁移，应物变化，立俗施事，无所不宜，指约而易操，事少而功多。"④这一兼容博通的学风影响深远，并直接演衍为汉唐道教博采百家学术的风范。

道教是以"道"为最高信仰，以"神"为核心信仰，融汇中华民族传统文化的多种成分，逐步完善的中国本土宗教。它与中华文明同根同源、同本同时，是中华民族生存发展

---

① 王先谦.庄子集解：卷8[M]//诸子集成：第4册.长沙：岳麓书社，1996：261.
② 王先谦.庄子集解：卷1[M]//诸子集成：第4册.长沙：岳麓书社，1996：15.
③ 王先谦.庄子集解：卷4[M]//诸子集成：第4册.长沙：岳麓书社，1996：126.
④ 司马迁.史记[M]//二十五史：第1册.杭州：浙江古籍出版社，1988：294.

的重要精神支柱。毫无疑问，道家思想、黄老之学和神仙思想是其旗帜和理论支柱。与此同时，它还吸收了阴阳家、墨家、儒家、五行家、医家、方术家、谶纬家以及后来的佛教思想。就两汉道经《太平经》而言，即是将道家思想、黄老之学与神仙思想、阴阳五行、儒墨谶纬融为一体的典型，所谓"专以奉天地，顺五行为本，亦有兴国广嗣之术"①。王家祐先生认为："《太平经》的出现是西山（昆仑）河源区黄帝、夏、周（氏羌文化）与东海（蓬莱）吴越区夷越文化的融合提炼。它标志着祖国文化的统一性，自秦以来'九州六合'整体文化的合成。"②这种兼容博通、提炼整合的思想作风，始终为道教中人重视并施于实践之中。

汉唐以来的道教思想家大都善于继承老、庄学脉，大量吸收儒、佛各家思想，尤其是大乘佛教的理论思辨。诸如南朝灵宝派提倡"大乘平等教"，详论"空观"之真趣，显然有取于佛教大乘之"空宗"；李荣、成玄英之论"重玄"，则援自三论宗的"二谛义"；司马承祯之论"坐忘"，又与天台宗的"止观"说息息相关；至金元全真道承袭山林隐逸之风，更倾心吸取禅宗的慧解。于是，"般若之学入于道教而义益圆满，遂冠绝群伦矣"③。对于盛唐始兴的佛教密宗的教义，道教亦多有汲取。北宋神霄派即有取唐密之修法、真言，以充实道教之雷法。至宋元之际，净明道则广纳儒家之伦理道德于教义之中，直揭"忠孝神仙"之大旗。正是在这种博通兼容、食而大化的状态下，道教得以涵化和发展。马端临在《文献通考》中评述说："道家之术，杂而多端。"此语可从褒义上理解，这恰好反映了道教对外开放和包容万物的精神，这是值得珍视的思想遗产。

元居士刘谧尝作《三教平心论》，称"尝观中国之有三教也。自伏羲氏画八卦，而儒教始于此。自老子著《道德经》，而道教始于此。自汉明帝梦金人，而佛教始于此。此中国有三教之序也。大抵儒以正设教，道以尊设教，佛以大设教。观其好生恶杀，则同一仁也。视人犹己，则同一公也。征忿窒欲，禁过防非，则同一操修也。雷霆众聩，日月群盲，则同一风化也。由粗迹而论，则天下之理不过善恶二涂。而三教之意，无非欲人之归于善耳。""佛教在中国，使人弃华而就实，背伪而归真，由力行而造于安行，由自利而至于利彼，其为生民之所依归者，无以加矣。"但他也有取于儒道两家，称前者在中国，"使纲常以正，人伦以明，礼乐刑政四达不悖，天地万物以位以育，其有功于天下也大矣"；后者在中国，"（道教）使人清虚以自守，卑弱以自持，一洗纷纭缪戾之习，而归于静默无为之境，其有裨于世教也至矣"。④如此不加轩轾，目的似在统合三教。可见道教既讲乐生，又重养志；既讲外保形体，又重内养精神，尤注重生命的内在体验及其与幸福的意义关联，有时尽管未必获得确切的经验支持，却能在某些特殊的时刻，引导人从世俗功

---

① 范晔.后汉书[M]//二十五史：第1册.杭州：浙江古籍出版社，1988：737.
② 王家祐.道教论稿[M].成都：巴蜀书社，1987：159-160.
③ 蒙文通.蒙文通文集：第1卷[M].成都：巴蜀书社，1987：323.
④ 刘谧.三教平心论：卷上[M].上海：商务印书馆，1937：1.

利中隐退，留更多的时间思考精神深处最细微的东西，从而使生命的存在在内心的安和与满足中得以实现和发扬，实在有儒释两家无法替代的优越性。并且，它所救赎的对象既在全体，更在民众。这也就是钱穆称儒家追求上达，治国平天下，而全真道志在民间，为下层解脱的原因。①

道教是以"道"为最高信仰，以"神"为核心信仰的中国本土宗教。它崇拜祖先，祭祀天神、地祇、人鬼，相信人经过修炼可长生不死，成为神仙。它肇始于原始道教，是在古代宗教信仰的基础上，以黄帝诸经、《道德经》为主要经典，以战国时形成的方仙道、黄老道为核心的中华民族固有的传统宗教。

自战国时期开始，道教即以神仙信仰为宗旨，并形成了自己的神仙谱系。因此围绕道教的神仙谱系，我们可以看到道教信仰的核心内秘。正是这种对道、对神仙的信仰亘古相传，决定了道教的精神实质与基本形态。可见对道教神仙谱系的研究是道教历史研究的重要部分。

从宗教组织的发展形态来观察，我们看到，佛教、基督教、伊斯兰教等分别是释迦牟尼、耶稣、穆罕默德所创立，他们被尊为教主。在历史的发展进程中，佛教、基督教、伊斯兰教不断分化，形成了众多的教派。因此可以说这些宗教是先立宗，后分派。相反，道教却是先有教派，后归道宗。道教的各教派都尊黄帝为始祖、老子为道祖、张道陵为教主。道教的创始人颇多，除正一派张道陵、太平道张角、灵宝派葛玄、上清派魏华存外，吕洞宾、王重阳、张三丰等皆为各大道派的创始人。基于道教诸派并列、多源归道的历史状况，这些道派各有传承，活动在不同的区域，祭祀的神灵亦不同，充分体现了道教信仰的多元化特征。

---

① 钱穆.金元统治下之新道教[M]//中国学术思想史论丛（六）.北京：生活·读书·新知三联书店，2009：219-231.

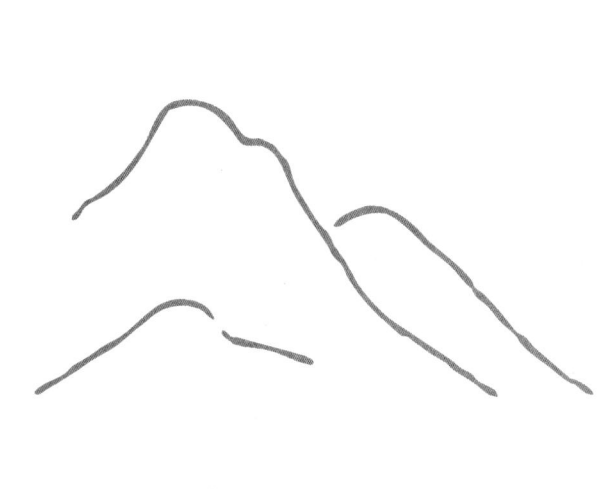

第一章

神仙谱系史的建构

道教神仙谱系的建构是一项前所未有的极具挑战性的课题。它不仅需要回答神仙信仰是什么的问题，还需要通过对道教神仙源流的梳理，理清各个时期、各个教派所供奉的神仙的谱系，找出其内在的文化依据与神学基础，寻求神仙谱系的宗教内涵，捕捉道教信仰的精神，揭示道教文化对中国社会的影响，解决当代道教面临的信仰缺失问题。这一课题的目的是寻找道教信仰之根柢，探究道教神仙之源流，捕捉中华民族精神之灵魂，从而为建设道教谱系学、道教图像学、道教神仙学打开通途，铺平道路。

第一节　神仙谱系研究方法

研究道教神仙谱系史可以从宗教人类学、宗教历史学、宗教心理学、宗教社会学等多个维度进行。在近代宗教学研究中，三种研究方向最有影响：一是宗教人类学和宗教历史学，二是宗教心理学，三是宗教社会学。它们对宗教的本质和基本特性的看法各有侧重，并在此基础上对宗教提出了不同的界说。宗教人类学和宗教历史学一般强调以宗教信仰的对象（神和神性物）为中心来规定宗教；宗教心理学则着眼于宗教信仰者个人内心世界对神或神性物的内在体验；宗教社会学则以社会为中心来看待宗教，把宗教对社会生活的影响和功能视为宗教的核心和基础。可以这样概括：在把握和规定宗教的本质问题上，宗教人类学和宗教历史学以宗教信仰的对象（神或神性物）为中心，宗教心理学以宗教信仰的主体（人）为中心，宗教社会学则以宗教信仰的环境（社会）为中心。

第一种主张：以宗教信仰的对象为中心，以神或神性物为中心，来规定宗教的本质。近代西方宗教学以宗教人类学和宗教历史学为主流，着重研究人类历史上宗教的形成和演进，侧重于以宗教信仰的对象来规定宗教的本质。英国宗教史学家麦克斯·缪勒教授在其所著《宗教学导论》一书中，对宗教的核心特点作了如下说明："如果我们说把人和其他动物区分开来的是宗教，我们指的并不是基督教的宗教或犹太人的宗教，而是指一种心理能力或倾向，它与感觉和理性无关，但它使人感到有'无限'的'神'（the infinite）的存在，于是神有了各种不同的名称，各种不同的形象。没有这种信仰的天赋，就不可能有宗教，连最低级的偶像崇拜或物神崇拜也不可能有。只要我们耐心倾听，在任何宗教中都能听到灵魂的呻吟，也就是力图认识那不可能认识的，力图说出那说不出的，那是一种对神的渴望，对上帝的爱。"① 德国宗教史家鲁道夫·奥托指出，信仰者个人对神圣物的直觉性体验——"对神既敬畏又向往的感情交织（the numinous）"，是一切宗教的本质特征，"神圣"是宗教的根基，"任何一种宗教的真正核心处都活跃着这种东西，没有这种东西，宗教就不再成其为宗教"②。

"神圣"是宗教精神实体的独有禀性，是上帝、真主、佛陀、老君所拥有的神性，正是这种神圣的特性赋予信仰永恒的魔力。信仰是灵魂的一种独特力量，这种力量把人和神联结起来。在爱德华·泰勒看来，宗教发端于万物有灵的观念，因此，他对宗教所下的定义就是"对于精灵实体的信仰"。他在《原始文化》中指出，一切宗教，不管是发展层次较高的种族的宗教，还是发展层次较低的种族的宗教，它的最深层、最根本的根据是对"灵魂"或"精灵"的信仰。他根据当时掌握的大量宗教人类学资料论证：在人们已经完全了解的所有低级种族中，都存在着对"精灵"的信仰。据此，泰勒直接把对精灵的信仰作为宗教最低限度的定义。弗雷泽则提出了更为概括的说法，认为宗教是对超人力量讨好并祈求和解的一种手段："我说的宗教，指的是对被认为能够指导和控制自然与人生进程的超人力量的迎合或抚慰。"③

奥地利宗教人类学家威廉·施米特虽然持反对上述几位学者宗教进化论的"退化论"观点，但仍以宗教信仰的对象（神）为中心来规定宗教的本质和定义。他在《比较宗教史》一书中对宗教下了一个比较完整的定义："宗教的定义，有主观与客观之分，从主观上来说，宗教是人对系属于一个或多个超世而具有人格之力的知或觉；根据这种知识或感觉，人与此力有一种相互的交际。从客观来说，宗教即是表现这主观宗教之一切动作的综合，如祈祷、祭献、圣事（Sacraments）、礼仪、修行、伦理的规条等。"④ 简言之，施米特所理解的宗教，主观上是对"超世（即超自然界的）而具有人格之力"的知觉，客观上是对这种力量的崇拜。上述这些宗教学家所说的"无限存在物""精灵实体""超人力量""超世而具有人格之力"等实际上都是关于上帝或神灵的哲学术语，所以，他们都是把宗教规定为信仰和崇拜神灵的体系。

第二种主张：把信仰主体的个人体验作为宗教的本质和基础。宗教心理学特别强调宗教信仰者个人内在的心理活动在宗教生活中的意义，他们把信仰者个人的主观性的宗教感

---

① 转引自徐建融.美术人类学[M].哈尔滨：黑龙江美术出版社，2000：201-202.
② 奥托.论"神圣"[M].成穷，周邦宪，译.成都：四川人民出版社，1995：7.
③ 弗雷泽.金枝：上卷[M].徐育新，汪培基，张泽石，译.北京：中国民间文艺出版社，1987：77.
④ 施米特.比较宗教史[M].萧师毅，陈祥春，译.北京：辅仁书局，1948：2.

受和宗教体验视为宗教最本质的东西和真正秘密之所在。有些宗教心理学者认为，信教者正是由于有了关于神或神圣物的宗教感情和宗教体验，才会对它们体验到的神圣对象进行崇拜、祈祷、祭祀，从而形成各种宗教体系。美国的哲学家和宗教心理学家威廉·詹姆士的名著《宗教经验之种种》，专门从个人的宗教体验来研究宗教的性质和作用，实际上是把个人的宗教体验作为宗教的基础和本质。他说，以个人的宗教体验为本质的"个人宗教"，比以神学信条和教会制度为根本的制度宗教更为根本。以教会为基础的制度宗教一经成立，就变成因袭相承的传统。可是，每个教会创立者的力量，最初都是由教会创立者个人直接与神感通的宗教经验而来的。不仅佛陀、耶稣、穆罕默德等超人的创教者如此，一切创建教派的人皆是如此。可见，个人的宗教体验是宗教中最先起、最根本的因素。据此，他提出了自己的宗教定义："各个人在他孤单时候由于觉得他与任何种他所认为神圣的对象保持关系所发生的感情、行为和经验。"[①] 詹姆士所理解的宗教就是个人对于神圣对象的感情和经验。此后，西方宗教学者把个人的宗教感情和宗教体验作为宗教的基础和本质因素，并以此作为分析各种宗教现象的研究方法。

　　第三种主张：以宗教的社会功能来规定宗教的本质。宗教社会学者一般把宗教在人类社会生活中的功能和作用作为宗教的基本因素。当代美国宗教社会学家密尔顿·英格在《宗教的科学研究》中把宗教规定为：人们借以和生活中的根本问题进行斗争的信仰和行动的体系。在他看来，人生的根本问题就是"存在"问题，其中包括死亡、罪恶、痛苦、不幸等，宗教的功能就在于减轻人生的不幸，使之转化为最高幸福。

　　无论是宗教心理学中的宗教体验，还是宗教社会学家提出的宗教社会功能，都离不开"神"的观念。根据这个事实，我们似乎应该得出一个结论：如果要把握宗教的本质，规定宗教的定义，还是要返回到以神为中心的第一种主张上去。把宗教确定为信仰和崇拜神的体系，从总体上看仍是正确的。宗教社会学往往把宗教对社会活动的影响和作用视为宗教的核心和本质。这种属于"超越层"的外在祈向必须与属于"内在层"的人和群体生活相连，才能具备宗教教义、仪式、组织等三大要素。

（一）神：宗教教义

　　宗教教义或称宗教意识，可分为两个层面：一是理性形态，指系统的宗教学说、教义教理；二是感情形态，指群众性的宗教心理、情绪、感受、态度、行为倾向等。

（二）人：宗教仪式

　　宗教仪式或称宗教规范，指宗教制度、礼仪、教规、道德、习俗等。这是保证一个宗教独特的性质、文化、思想存在的必然要求，是维持其传教授徒、发展教团、扩大社会影

---

① 詹姆士.宗教经验之种种——人性之研究[M].唐钺，译.北京：商务印书馆，2011：28.

响的重要手段。

（三）社会：宗教组织

宗教组织指一种宗教共同体的存在方式，如教会、教堂、宫观、寺庙及专门的宗教部门、机构、团体，是一种社会实体。

第二节 神仙信仰研究

神仙信仰是道教的核心思想，这一点早已成为学术界的共识。道教徒以追求升仙为人生之目标。道教认为宇宙是内在的，心性是相通的，研究宇宙就等于研究自己。道是宇宙之根本大法，亦是人生之至善准则，修道求真，就是求得与道合一，与宇宙同生，与神一体，即得道成仙、达到神仙的境界。这是道教人生之最高理想。卿希泰先生主编的《中国道教史》指出："道教以求长生不死、修道成仙为主要目标，神仙思想是道教理论的重要组成部分。"[①] 神仙信仰研究的重要性早已受到学界重视并成为显学，并产生了一大批成果。

一、早期的神仙信仰研究

早在20世纪二三十年代，顾颉刚先生便注意到神话的史学价值，同时对神仙给予了极高的研究热情，如《嫦娥故事之演化》《孟姜女故事的转变》《〈庄子〉和〈楚辞〉中昆仑和蓬莱两个神话系统的融合》《神与鬼》《神与人》《东岳庙游记》等，都是其神仙个案研究的代表作。顾颉刚先生认为，先秦时期的神仙传说是有地域差别的，《楚辞》保存的材料反映了中国南方的神仙传说，与东方燕齐一带的神仙传说不同。《楚辞》中的神仙传说认为在西方的昆仑山上有神人居住，他们"食玉膏，饮神泉"而不死。这就是顾颉刚所称的昆仑神话系统。他认为这个神话系统传到东方，启发了蓬莱神话系统的产生。这两

---

① 卿希泰.中国道教史：第1卷[M].成都：四川人民出版社，1988：42.

个神话系统在各自的地域内流传,到了战国中后期又被人们结合起来,形成了一个统一的神话系统。①这种开拓式的研究,为神仙信仰研究提供了广阔的视野。以昆仑西王母为代表的昆仑仙宗,和以蓬莱王乔、赤松为代表的蓬莱仙宗,在战国中后期结合起来,便形成了最早的道教——方仙道。顾颉刚的研究主要是为考辨古史服务,但已经有意识地区分神、仙两个系统,分别考证其历史文化之根源。其认为"神"的观念源于西方昆仑山,"仙"的观念则是受"神"的观念影响而产生的东方海岛观念,因此,"'神'和'仙'的名词虽异,而他们的'长生不老'和'自由自在'的两个中心观念则没有什么两样"②。

1934年许地山的《道教史》面世,该书上编第六章"神仙底信仰与追求"进一步揭示了神仙信仰的发展进程,指出:"道家底养生思想,进一步便成为神仙信仰。神仙是不死的人,求神仙便是求生命无限的延长。这说本与道家全天寿底见解不调和,因为养生说者有养形养神底主张和道与天地同体无始无终底说法,所以与神仙底资格很合。又,道家文学每多空想,或假托古人神人,也容易与神仙家底神仙故事结合起来。神仙信仰底根源当起于古人对于自然种种神秘的传说。如《山海经》里所记底山神水怪都留着自然神话底影子。又如《楚辞》底《离骚》、《九歌》、《天问》等篇,都显示着超人间生活底神仙意识。那种超人是不老不死,不为物累,游息自在,无事无为,故为道家所羡慕。在《老子》里,称理想的人格为'圣人',《庄子》称之为'至人'、'神人'、'真人',从名称上可以看出道家底超人思想渐次发展底历程。圣人是在人间生活底,至人、神人、真人便超脱人间,所谓游于'方外'或'物外'底人。道家采取民间传说中底超人或神仙生活来做本派理论底例证。当时的小说家与赋家也同样地用那些故事来做文章,还未形成求神仙底可能底信仰。到方士出来唱导,而产出所谓神仙家,于是求不死药,求神仙底便盛起来。"③

三年后,傅勤家先生的《中国道教史》面世,开始有意识地对神仙之观念、品级及性质进行较为全面的梳理。他认为:道教之核心观念,是相信人经过一定修炼,可以长生不死,成为神仙。这是对道家思想中"得道成仙"思想的承袭与利用。他对基督教的"神"与道教的"神"作了对比分析与概念上的界定,指出基督教的"天神"即天使,"天神"亦分为九品。他说:"进观基督教人所言天神或天使之形质,如《李杕天神谱》云:'一、天神无形体,与上帝同。二、天神美妙,有光明。三、天神在天国,亦上帝所造。四、天神之数,多于世人九十九倍。五、天神或化为白鹄。六、天神分九品……'"④所谓"九品",与道教的神阶相似。不同的是,道教所谓的"神"实兼天神、人鬼、地祇及仙

---

① 顾颉刚.《庄子》和《楚辞》中昆仑和蓬莱两个神话系统的融合[M]//中华文史论丛:第2辑.上海:上海古籍出版社,1979:35.
② 钱小柏.顾颉刚民俗学论集[M].上海:上海文艺出版社,1998:46.
③ 许地山.道教史:上编[M].上海:上海书店出版社,1989:139-140.
④ 傅勤家.中国道教史[M].上海:上海书店出版社,1990:7.

真而统之。于此，傅勤家先生揭示了道教神仙信仰的核心秘密：神灵、祖先、仙是真正构成道教神仙谱系的主体。他说："盖道家之言，足以清心寡欲，有益修养，儒家所不及。儒畏天命，修身以俟；佛亦谓此身根尘幻合，业不可逃，寿终有尽。道教独欲长生不老，变化飞升，其不信天命，不信业果，力抗自然，勇猛何如耶。"①

葛兆光先生论近百年道教史研究，把傅勤家与许地山、陈垣、陈国符等名家并举，认为他们把欧美的实证主义理论、以语言学与文献学为主的历史学方法和清代考据学传统结合起来，对中国宗教史的各个方面进行研究，在当时出版了很多杰出的宗教史著作。在他们的努力下，从甲骨卜辞与上古宗教的萌芽、敦煌文书与中古宗教的发展、大内档案与近世宗教的演变到风俗习惯和当代宗教的影响，都有了相当出色的研究成果，中国宗教史的文献与历史大体有了一个清晰的轮廓与脉络。这是中国宗教史研究的第一次历史性的变化，也是近百年宗教史研究的第一个阶段，即文献与历史学研究的阶段。②

杨慧林先生以"绝后之作"评上述两部道教史著作："这一时期的两部道教史，也几乎成为绝后之作，一部是许地山的《道教史》（1934），一部是傅勤家的《中国道教史》（1937）。许地山的《道教史》虽然只完成了上编，但是他着力研究了道教形成以前的道家思想和古代方术，同时又从新文化运动参加者的角度博陈旧说、提出新说，这就为建立一种文化—哲学意义上的新型宗教学提供了范例。而《中国道教史》则在分析和介绍道教发展以及教理教义的基础上，对外来宗教和本土宗教作了种种对比，显示出宗教学形成之前的种种宗教书籍所难以具备的特色。"③

这一时期，有关神仙的探讨还散见于顾颉刚先生《汉代学术史略》、蒙文通先生《晚周仙道分三派考》等论著。1947年，闻一多先生的遗作《神仙考》刊行，真正开启了神仙文化的探源之路。该文分"神仙思想之发展"与"神仙说及其理论与技术"两个部分，深入探讨了神仙思想的文化渊源、发展进程以及各类神仙方技的源流演化。他认为，神仙是随灵魂不死观念逐渐具体化而产生的一种想象的或半想象的人物，这可从火葬中得到证明。西羌有火葬死者的风习，谓之"登遐"，又称"升霞"，意谓火化时灵魂乘火上升于天，《楚辞·远游》有"载营魄而登霞兮，掩浮云而上征"之句，齐国人的先祖本出自西羌，是以流传下来的传说中仙人就有了乘云来去等种种神通。人能升天，则与神一样，长生万能，享尽一切快乐，所以又曰"神仙"。这样看来，神仙乃是一种宗教的理想。既然人人皆可成仙，则神仙思想的基本原则是平等。④

此外，欧洲的汉学家亦有一些研究成果。安娜·赛德尔的博士论文《论汉代老子的神格化》（1969）论述了哲学如何演变成神学。康德谟有《〈列仙传〉——古代道教仙人的传

---

① 傅勤家.中国道教史[M].上海：上海书店出版社，1990：241.
② 葛兆光.中国（大陆）宗教史研究的百年回顾[J].二十一世纪，1999（1）.
③ 杨慧林.二十世纪中国宗教学著作的出版[J].中国出版，1991（4）.
④ 闻一多.历史动向：闻一多随笔[M].北京：北京大学出版社，2008：52-53.

记传说》（1953），施博尔有《道教传说中的汉武帝：以〈汉武帝内传〉为中心的研究》（1965），德国学者格特鲁德·古恩齐有《〈神仙传〉与神仙的形象》（1988），探讨了"仙"的显身外在形象特征。

美国学者爱德华·谢弗（1913—1991）研究唐代文学，著有《女神：唐代文学中的龙女与雨女》（1973）和《步虚：唐代奔向星辰之路》（1977）等。法国学者侯锦朗1975年出版《中国宗教中的财富观念——纸钱考》，这部有趣的作品有助于理解道教科仪的某些特点。欧洲著名汉学家施博尔教授1975年出版《道教"分灯"科仪》，对18—19世纪的科仪经文作了译注，说明它与宋代以来的灵宝斋法有传承关系。法国学者奥比奈1979年出版《道教的冥想》，阐述了早期道教经典《黄庭经》中的修炼原理。法国远东学院院士劳格文1981年出版《无上秘要：六世纪的道教总汇》，附有一篇重要的导言，且对该书的构成和内容作了详细分析。1987年劳格文在美国出版《中国社会和历史中的道教仪式》，阐述了道教仪式的源流、基本的道教仪式及其与中国社会的关系。

除此之外，美国学者利维亚·科恩博士和日本板出祥伸教授合编了文集《道教的冥想与养生术》（1989），法国学者卡特琳·德斯帕著有《中国古代的女仙：道教和女丹》（1990），德国学者弗·赖特尔著有《图文老子生平与活动：〈老君八十一图说〉》（1990），加拿大学者丁荷生1994年出版了《华南的道教科仪和民间崇拜》，他曾在闽南从事田野调查，这本书是其对福建道教历史和现状进行的论证，受到西方汉学界的高度重视。法国汉学家安娜·赛德尔有《黄帝及其顾问——老子与汉代道教》《皇家宝藏和道教圣物》《死后不朽，或道教的身体复活》《道教——中国非官方的高级宗教》《西方道教研究编年史（1950—1990）》等论著。

二、20世纪80年代后的神仙信仰研究

20世纪50年代至80年代，中国大陆神仙研究可谓毫无成果。20世纪80年代开始，随着人文精神的复苏和国际交流的逐渐频繁，中国大陆学术活动空前活跃，道教、神仙研究以及方术等研究领域逐渐得到重视，如卿希泰先生《中国道教思想史纲》及四卷本《中国道教思想史》都对神仙信仰进行了溯源式的思考。道教相关研究的不断深入促使越来越多的人对神仙信仰产生了广泛而持久的兴趣。

2000年10月四川大学宗教学研究所主办了"道教文化国际学术研讨会"，主题为神仙信仰研究，参会学者提交的20余篇论文大多被收入《道教神仙信仰研究》论文集，这些论文的内容以三清、玉皇、北帝、玄天上帝、九天玄女、西王母、天妃、关帝、城隍为主，兼及其他，取得了一些实质性成果。之后一些学术单位与道教团体陆续举办了专题研讨

会，讨论道教的神仙信仰。

2007年8月武当山道教协会等单位主办了"海峡两岸玄天上帝信仰与和谐社会建设学术研讨会"，围绕玄天上帝信仰这一主题发表了29篇论文。2008年4月高雄中山大学通识教育中心、中华道教中坛元帅弘道协会主办了"中坛元帅学术研讨会"，围绕主题发表了13篇论文。2008年6月，台湾台中技术学院应用中文系主办了"东王公西王母信仰学术研讨会"，围绕主题发表了17篇论文。2011年10月台中科技大学应用中文系主办了"关帝信仰与现代社会国际学术研讨会"，围绕主题发表了21篇论文。2012年12月，台湾中华五显大帝庙宇发展协会主办了"五显大帝信仰文化交流暨研讨会"，围绕主题发表了12篇论文。2012年12月，广州市道教协会与香港道教学院联合举办了"道教与星斗信仰学术研讨会"，会上发表的43篇论文集中于道教星斗信仰的研究，主要有《醮与星斗信仰》《道教的北斗崇拜及其北斗科仪》《神仙信仰与星辰崇拜》《寿星信仰的神道设教：形态演变与神学重构的探讨》《中国古代北斗信仰概述》《楚文化中的星神崇拜及其对道教的影响》《杜光庭寓蜀时期的玉局化北帝院与星斗信仰》《道教天心正法与星斗崇拜》《五斗米·北斗·南斗》《北斗、斗姆信仰的历史考辨》《宋元时期湖北玄武信仰概述》《道教星斗信仰的宗法礼教渊源略探》《台湾七星崇拜的历时考察》《论道教星斗信仰在朝鲜半岛的传播方式》《斗姥信仰与金盖山龙门派》《江南道教正一派〈告斗科仪〉的道法初探：兼谈"斗姥奏告法"的形成》《从〈七曜星辰别行法〉看道教星斗崇拜对民间佛教的影响》《论道教斋醮科仪的星斗崇拜》《"中黄太一"信仰考论》《太上玄灵北斗本命延生真经的星斗崇拜》《世界文化视野中的中国星斗崇拜》《考古材料所见早期道教的星宿崇拜》《天心正法驱邪法术中的北斗信仰》《江南武当：明代齐云山真武信仰源流》《道与之貌，陶魄铸魂——道教星斗信仰之神学哲理及现代意义》《道教的北斗信仰及其与道术理论初探》《略论谶纬文献中的汉代太一信仰》《道教星神司命考述》等，它们都是有关道教星斗信仰研究的重大成果。

从20世纪80年代开始，中国学术界陆续发表了300余篇有关神仙信仰的论文。这些论文从多维视野分析探究道教的神仙信仰，取得了一些值得赞誉的成果。重要的有：李丰楙《不死的探求——从变化神话到神仙变化传说》（《中外文学》1986），李远国《大足石刻道教造像渊源初探》（《四川文物》1986），于为刚《中国地狱观念的形成与演变》（《社会科学战线》1988），杜斗城《〈地狱变相〉初探》（《敦煌学辑刊》1989），康豹《屏东县东港镇的迎王平安祭典——台湾瘟神与王爷信仰之分析》（《台湾史田野研究通讯》1989），萧登福《汉魏六朝道教之天界说》（《东方杂志》1989）、《汉魏六朝道教天界诸神之阶次及其职司》（《台中商专学报》1989），袁爱国《泰山女神源流考》（《民俗研究》1989），李远国《四川大足道教石刻概述》（《东洋文化》1990），张炜玲《关令尹喜神化研究》（《道教学探索》1990），赵家旺《瑶族宗教与道教的"三清"崇拜》[《广东民族学院学报（社会科学版）》1990]，贺绍恩《略论道教的信仰及其特点》（《江西社会科学》1990），胡文和《大足南山三清古洞和石门山三皇洞再识》（《四川文物》1990），李丰楙《宋朝水神许逊传说之研究》（《汉学研究》1990），胡文和《关于四川道教摩崖造像中的一些问题——与王家祐先生商榷》（《敦煌研究》1991），萧登福《从〈大正藏〉所收佛经中看道教星斗崇拜对佛教之影响》（《台中商专学报》1991），李丰楙《〈洞渊神咒经〉的神魔观及其克治说》（《东方宗教研究》1991），李天锡《试论华侨华人妈祖信仰的文化特征及其发展趋势》（《华侨华人历史研究》1992），罗华庆《敦煌地藏图像和"地藏十王厅"研究》（《敦煌研究》1993），李丰楙《妈祖与儒、释、道三教》（《历史月刊》1993），胡其德《太一与三一》（《东方宗教研究》1993），曾国栋《墨子之宗教思想与道教鬼神信仰之关系》（《道教学探索》1993），陈子艾《古代黄帝形象演变论析》［《北京师范大学学报（哲学社会科学版）》1993］，朱天顺《闽台两地的王爷崇拜》（《台湾研究集刊》1993），江玉祥《清代四川皮影戏中的"十殿"戏》（《四川戏剧》1994），吕理政《鬼的信仰及其相关仪式》（《民俗曲艺》1994），张泽洪《城隍神及其信仰》（《世界宗教研究》1995），江灿腾《台湾灶神信仰琐谈》（《历史月刊》1995），李丰楙《复合与变革：台湾道教拔度仪式中的目连戏》（《民俗曲艺》1995），杜慧卿《道教女神、女仙观念之演变》（《道教学探索》1995），江玉祥《中国地狱"十殿"信仰的起源》（《中国民间文化》1995），卿希泰、姜生《文昌帝君的信仰及其神仙思想的道德决定论》（《江西社会科学》1996），谢世维《〈朝元图〉之宗教意涵初探》（《东方宗教研究》1996），苟波《道教与"神魔小说"的人物形象来源》（《宗教学研究》1996），郭武《再论道教成仙信仰的形成：兼与韩国学者商榷》（《宗教学研究》1997），邢东田《玄女的起源、职能及演变》（《世界宗教研究》1997），李小光《道教与民间财神信仰文化背景之比较》（《宗教学研究》1997），李淞《关中一带北朝道教造像的几点基本问题》（《新美术》1997），张桂华《试探永乐宫三清殿〈朝元图〉壁画：兼谈道家艺术精神》（《道教学探索》1997），陈明华《东传韩国地狱十王图研究——图像的特征与比较》（《台北市立师范学院学报》1997），苏远鸣《道教的十斋日》（《法国汉学》1997），陈昭瑛《台湾的文昌帝君信仰与儒家道统意识》（《台湾大学文史哲学报》1997），吴效群《北京碧霞元君信仰与妙峰山庙会》（《民间文化论坛》1998），石衍丰《道教的神灵崇拜与中华文化》（《宗教学研究》1998），姜生《〈风俗通义〉等文献所见东汉原始道教信仰》（《宗教学研究》1998），胡文和《仁寿县坛神岩第53号"三宝"窟左壁"南竺观记"中道藏经目研究》（《世界宗教研究》1998），周静《两汉时期的西王母信仰》（《四川文物》1998），胡文和《四川石窟中"地狱变相"图的研究》（《艺术学》1998），王子今、周苏平《汉代民间的西王母崇拜》（《世界宗教研究》1999），李丽、公维章、林太仁《丰都"鬼城"地狱十王信仰的考察》（《敦煌学辑刊》1999），胡阿祥《蒋山、蒋州、蒋王庙与蒋子文崇拜》（《南京晓庄学院学报》1999），詹石窗《论道教神仙形象与易学符号之关系》

（《宗教学研究》1999），李显光《许逊信仰小考》（《宗教学研究》1999），李玉昆《略论闽台的王爷信仰》（《世界宗教研究》1999），李远国《三教合一的典型神真：文昌帝君》（《道教文化》1999），苟波《试谈〈西游记〉的道教内涵》（《宗教学研究》1999），郭志超《闽台王爷信仰与郑成功的关系》（《泉州民间信仰》1999），林圣智《明代道教图像学研究：以〈玄帝瑞应图〉为例》（《美术史研究集刊》1999），蜂屋邦夫《全真教草创期的信仰对象》（《宗教学研究》2000），加藤千惠《道教神统谱与太极图》（《宗教学研究》2000），郭武《关于许逊信仰的几个问题》（《宗教学研究》2000），刘仲宇《道教对民间信仰的收容和改造》（《宗教学研究》2000），张泽洪《中国西南少数民族与道教神仙信仰》（《宗教学研究》2000），王昌焕《论唐代社会的神仙信仰》（《史学月刊》2000），李远国《三清上圣略述》（《三清文化》2000），盖建民《民间玉皇信仰与道教略论》（《江西社会科学》2000），施舟人《历经百世香火不衰的仙人唐公房》（《遗迹崇拜与圣者崇拜》，允晨文化公司，2001），林富士《中国六朝时期的蒋子文信仰》（《遗迹崇拜与圣者崇拜》，允晨文化公司，2001），李远国《丰都宗教文化与圣迹的调查报告：兼及道教与丰都地方文化的关系》（《遗迹崇拜与圣者崇拜》，允晨文化公司，2001），李远国《三清玉皇信仰略考——兼及道教的神学思想》（《道教神仙信仰研究》，中华道统出版社，2000），黄海德《唐代四川"三宝窟"道教神像与"三清"之由来》（《道教神仙信仰研究》，中华道统出版社，2000），庄宏谊《宋代玄天上帝信仰的流传与祭奉仪式》（《道教神仙信仰研究》，中华道统出版社，2000），郑志明《台湾西王母信仰的文化意义》（《道教神仙信仰研究》，中华道统出版社，2000），萧登福《北帝源起及其神格的衍变》（《道教神仙信仰研究》，中华道统出版社，2000），庄宏谊《宋代玄天上帝信仰的流传与祭奉仪式》（《道教神仙信仰研究》，中华道统出版社，2000），游子安《清代关帝信仰的传扬——以善书作讨论》（《道教神仙信仰研究》，中华道统出版社，2000），王昌焕《论唐代社会的神仙信仰》（《史学月刊》2000），刘燕萍《钟馗神话的由来及其形象》（《宗教学研究》2001），魏崴《四川汉代西王母崇拜现象透视》（《四川文物》2001），苟波《"神魔小说"中的仙与道》（《宗教学研究》2001），梁宗华《〈太平经〉的道家理论形态及其神学化》（《东岳论丛》2001），王宜峨《中国人对真武的信仰》（《中国宗教》2001），郑志明《台湾西王母信仰的时代意义》（《鹅湖月刊》2001），洪怡沙《南宋时期的吕洞宾信仰》（《法国汉学》2002年第7辑），程宇宏《析魏晋南北朝道教基本信仰结构的构成》[《中山大学学报（社会科学版）》2002]，康豹《道教与地方信仰——以温元帅信仰为个例》（《台湾宗教研究通讯》2002），赵卫东《〈太一生水〉"神明"新释》（《周易研究》2002），欧明俊《神仙吕洞宾形象的演变过程》（《中国典籍与文化》2002），陈静《道教的女仙——兼论人仙和神仙的不同》（《宗教学研究》2003），谭陈宜安《试论妈祖信仰的文化纽带作用》（《世界宗教研究》2003），王宜峨《道教中的关帝信仰》（《中国宗教》2003），田桂民《早期中国神仙信仰的形成与演化》[《南开学报（哲学社会科学版）》2003]，刘固盛《论道教神仙信仰的思想渊源》（《道教思想与中国社会发展进步研讨会第二次会议论文集》2003），景安宁《广胜寺水神庙：艺术、仪式和戏剧的宇宙论功能》（《中国学术》2004），王元林、邓敏锐《明清时期海南岛的妈祖信仰》[《海南大学学报（人文社会科学版）》2004]，段玉明《〈玉历至宝钞〉：究系谁家之善书？》（《宗教学研究》2004），李淞《三宝与五圣——唐代道教石窟及殿堂的主像构成》（《湖北美术学院学报》2004），周菁葆《西域道教造型艺术》（《新疆艺术学院学报》2004），李远国《神霄九帝与北极四圣考辨》（《道教与神仙信仰》，人民日报出版社，2004），王苏琦《四川汉代"龙虎座"西王母图像初步研究》（《四川文物》2005），韦兵《道教与北斗生杀观念》（《宗教学研究》2005），余平《神仙观念与神仙信仰的现象学思考》[《四川大学学报（哲学社会科学版）》2005]，钟国发《道教神灵谱系简论》（《传统中国研究集刊》2005），谭志词《关公崇拜在越南》（《宗教学研究》2006），张晓松《试论城隍的源流及漳州的城隍信仰》[《漳州师范学院学报（哲学社会科学版）》2006]，王项飞《论西王母神格中生死二元性的成因》[《西北民族大学学报（哲学社会科学版）》2006]，邓东《试述泰山碧霞元君演进的三个阶段》（《泰山学院学报》2006），先巴《昆仑文化与道教神仙信仰略论》[《青海民族大学学报（社会科学版）》2006]，徐义强《闽台王爷信仰源流考》（《寻根》2006），苏宁《试论三星堆神仙体系》（《宗教学研究》2006），赵民《秦汉之际神仙观念的演变》（《齐鲁学刊》2006），徐祖祥《瑶、汉道教成仙信仰比较》[《西南民族大学学报（人文社科版）》2006]，何志国《论汉代西王母图像的两个系统——兼谈四川西王母图像的特点和起源》（《民族艺术》2007），陈圣宇《六朝蒋子文信仰探微》（《宗教学研究》2007），赵雷《神仙观念的由来、变迁和在秦汉的传播》（《青海社会科学》2007），罗燚英《从神话女神到道教女仙——论西王母形象的演变》[《中山大学研究生学刊（社会科学版）》2007]，叶涛《论碧霞元君信仰的起源》（《民俗研究》2007），邓宏烈《羌族民间道教信仰浅析》（《贵州民族研究》2007），张明学《顾恺之〈洛神赋图〉中的道教神仙意蕴》（《世界宗教文化》2007），吴天明《神仙思想的起源和变迁》[《海南大学学报（人文社会科学版）》2004]，傅慧敏《陕西耀县南庵元殿壁画〈朝元图〉的图像学研究》[《南京艺术学院学报（美术与设计版）》2007]，李雄燕《略论古羌族对道教神仙信仰的影响》（《贵州民族研究》2007），夏当英《道教神仙信仰的俗世性特征》[《安徽大学学报（哲学社会科学版）》2007]，张总、廖顺勇《四川安岳圣泉寺地藏十王龛像》（《敦煌学辑刊》2007），许宜兰《论道教神仙思想在明清美术中的体现》（《求索》2007），李淞《论〈八十七神仙卷〉与〈朝元仙仗图〉之原位》（《艺术探索》2007），夏当英《道教神仙信仰的俗世性特征》[《安徽大学学报（哲学社会科学版）》2007]，游自勇《吐鲁番新出〈冥讼文书〉与中古前期的冥界观念》（《中华文史论丛》

2007），洪淑苓《文人视野下的关公信仰——以清代张镇〈关帝志〉为例》（《汉学研究集刊》2007），许富宏《汉代祠太一的方位与"东皇太一"名称的来源》（《云梦学刊》2008），王林森《试论仙道皇帝宋徽宗对道教神仙的信仰及影响》（《理论界》2008），李远国《"鬼道"、"仙道"与"正一盟威之道"》（《宗教学研究》2008），刘晓《海外汉学家碧霞元君信仰研究——以英语文献为中心》［《河南教育学院学报（哲学社会科学版）》2008］，巫秋玉《论泰国华人社会中的妈祖信仰》（《莆田学院学报》2008），刘敏《汉魏神怪小说的宗教形态述论》［《四川师范大学学报（社会科学版）》2008］，陶道强《南神北上的境遇——论明清时期山东的妈祖信仰》（《四川民族学院学报》2008），柳建新《泰山岱庙馆藏水陆画初探》（《民俗研究》2008），尹志华《全真教主东华帝君的来历略考》（《齐鲁文化研究》2008），张总《四川绵阳北山院地藏十王龛像》（《敦煌学辑刊》2008），赵益《地下主者·冢讼·酆都六天宫及鬼官——〈真诰〉冥府建构的再探讨》（《古典文献研究》2008），李远国《关于道教神真图的考辨：以清代"道正宗师"图为例证》（《华学》2008），景安宁《铜镜与早期道教》（《道教美术新论》，山东美术出版社，2008），邵学海《仙格羽人考》（《道教美术新论》，山东美术出版社，2008），帕特里夏·克雷斯基《汉墓艺术中仙图像的西方原型：胜利女神尼刻与爱神伊洛斯》（《道教美术新论》，山东美术出版社，2008），翁剑青《徐州汉画像石艺术中的神仙信仰》（《道教美术新论》，山东美术出版社，2008），神塚淑子《天尊像、元始天尊像的问世、流行与灵宝经》（《道教美术新论》，山东美术出版社，2008），胡文和《北朝道教老子神像产生的历史过程和造型探索》（《道教美术新论》，山东美术出版社，2008），罗宏才《从佛道造像碑面、组、位序之设定重新探讨姚伯多造像碑》（《道教美术新论》，山东美术出版社，2008），李凇《论〈八十七神仙卷〉与〈朝元仙仗图〉之原位》（《道教美术新论》，山东美术出版社，2008），沈琍《西安碑林藏唐代老君造像风格研究》（《道教美术新论》，山东美术出版社，2008），吴羽《南宋临安璇玑观的殿廊神像与礼仪》（《道教美术新论》，山东美术出版社，2008），酒井规史《南宋时期的真武神的画像——以北京大学图书馆收藏的拓片为中心》（《道教美术新论》，山东美术出版社，2008），吴燕武《杭州通玄观及其道教造像》（《道教美术新论》，山东美术出版社，2008），李继东《关于龙山石窟第三窟卧像的探讨》（《道教美术新论》，山东美术出版社，2008），葛思康《〈朝元图〉与道教科仪》（《道教美术新论》，山东美术出版社，2008），孟嗣徽《元代永乐宫与兴化寺壁画——以襄陵画师朱好古为中心》（《道教美术新论》，山东美术出版社，2008），邓昭《永乐宫三清殿壁画女主神身份辨析——兼论其他主神》（《道教美术新论》，山东美术出版社，2008），赵伟《北岳庙吴道子画壁考——以两组真武铸像和青龙、白虎塑像为例》（《道教美术新论》，山东美术出版社，2008），沈伟《明代武当山道教艺术研究》（《道教美术新论》，山东美术出版社，2008），谢生保《甘肃河西道教黄箓图简介》（《道教美术新论》，山东美术出版社，

2008），高明《西安东岳庙主殿壁画绘制年代初探》（《道教美术新论》，山东美术出版社，2008），尹翠琪《嘉靖官窑瓷器与宫廷道教信仰——以八卦纹为例》（《道教美术新论》，山东美术出版社，2008），杨兴吉《云南丽江大宝积宫明代道教壁画考》（《道教美术新论》，山东美术出版社，2008），肖海明《河北省蔚县北极宫真武壁画研究》（《道教美术新论》，山东美术出版社，2008），雷朝晖《陕西佳县白云观〈老子八十一化图〉壁画研究——一个关于老子的神话》（《道教美术新论》，山东美术出版社，2008），范华《湖南道教艺术》（《道教美术新论》，山东美术出版社，2008），田中知佐子《关于传入日本的中国神像——镰仓建长寺伽蓝神像》（《道教美术新论》，山东美术出版社，2008），戴晓云《水陆画基本情况简述》（《中国文物科学研究》2009），赵晓斌《〈九歌〉"东皇太一"祭祀渊源考论》[《江南大学学报（人文社会科学版）》2009]，周雅非《从水陆画看清末四川民间的十王信仰》（《中华文化论坛》2009），李远国《哪吒信仰及其在巴蜀的传播》（《中华文化论坛》2009），张影《汉代"太一神"略论》（《古籍整理研究学刊》2009），陶思炎《南京高淳水陆画略论》（《艺术学界》2009），夏朗云《麦积山瑞应寺藏清代纸牌水陆画的初步整理》（《文物》2009），张鲁君、韩吉绍《〈太平经〉图像作于明代考》（《世界宗教研究》2009），姚潇鸫《蒋子文信仰与六朝政治》（《学术研究》2009），刘兴国《楚文化影响下的明清湖湘地区民间道教水陆画》[《文艺生活（艺术中国）》2009]，李远国《重庆大足圣府洞道教石刻再探》（《人文与社会》，上海科学院出版社，2008），李远国《汉画像中的西王母》（《台湾王母信仰文化世界学术研讨会论文集》2009），李凇《以大足为中心的四川宋代道教雕塑——中国道教雕塑述略之六》（《雕塑》2010），张金东、刘亚璋《关于阎罗信仰和形象本土化历程的研究综述》（《美术大观》2010），丁璐《论西王母的女神形象演变》（《文学与艺术》2010），高明《简析西安东岳庙主殿壁画艺术》（《世界宗教研究》2010），钟宗宪《死生相系的司命之神——对于西王母神格的推测》（《青海社会科学》2010），于国庆《试析道教神仙形象中的武将色彩》（《宗教学研究》2010），赖全《论道教三官信仰及其宗教象征意义》（《宗教学研究》2010），张泽洪、熊永翔《道教西王母信仰与昆仑山文化》（《青海社会科学》2010），张志军、高晶、刘清平《净明道的女仙崇拜——以吴彩鸾为个案研究》（《江西科技师范学院学报》2010），戴晓云《公主寺水陆画新释》（《佛教文化》2010），姜守诚《十王信仰：唐宋地狱说之成型》（《湖南科技学院学报》2010），李浩《论隋唐五代民间神灵崇拜的整合》（《民俗研究》2010），高明《东岳司职图像探源》（《宗教学研究》2010），王国建《水陆画研究的"图像学"意义》（《中原文物》2010），吴承山《右玉宝宁寺水陆画初探》（《文物世界》2010），李远国《天蓬、天蓬信仰及其图像的考辨》（《宗教学研究》2011），王晓林《明代道教三清水陆画》（《收藏》2011），姜生《汉画孔子见老子与汉代道教仪式》（《文史哲》2011），曾祥旭《试论汉代墓葬艺术中西王母图像发达的原因》（《青海社会科学》2011），刘雅萍《中国古代民间神灵的兴衰更替——以南京蒋子文祠为例》（《世界宗教研究》2011），陈杉《道教壁画的精华——山西永乐宫〈钟离权度吕洞宾图〉解读》（《中国宗教》2011），刘彦彦《宗教文化视野下对〈封神演义〉的解读》[《哈尔滨工业大学学报（社会科学版）》2011]，王国建《解读水陆画中的传统文化学意义》（《艺术评论》2011），黄海德《唐代道教"三宝窟"与〈南竺观记〉》（《中国道教》2011），蒲天彪《西来寺水陆画第21、24图考释》（《丝绸之路》2011），蒲天彪《青海乐都西来寺水陆画"五瘟使者"与疫病的鬼神想象诠释》[《青海师范大学学报（哲学社会科学版）》2011]，张明学《真武信仰在造型艺术中的体现》（《中华文化论坛》2011），陆永峰《论宝卷中的民间冥府信仰》（《民族文学研究》2011），李小强《大足北山石刻第254号造像题材探析——兼及大足五代十王造像的相关问题》（《敦煌研究》2011），胡常春《考古发现的东汉时期"天帝使者"与"持节使者"》（《考古与文物》2011），张鲁君、韩吉绍《〈三才定位图〉研究》（《世界宗教研究》2011），刘福铸《元明时代海神天妃画像综考》（《广东海洋大学学报》2011），崔峰《泰山信仰功能的演变与佛教中国化进程》（《甘肃高师学报》2011），刘科《吕洞宾信仰及其图像表现》（《文艺研究》2011），苏金成《两宋时期水陆画研究》（《书画艺术》2011），李远国《大禹崇拜与道教文化》（《中华文化论坛》2012），王铭《开路神君：中国古代葬仪方相的形制与角色》[《清华大学学报（哲学社会科学版）》2012]，陈杉《纯阳帝君神游显化图图像解构》（《宗教学研究》2012），陈之伟、张秀莲《水陆画及水陆法会——兼论民乐县博物馆馆藏水陆画》（《丝绸之路》2012），陈星宇《〈封神演义〉中准提道人形象与准提信仰》（《宗教学研究》2012），柴俊青《道教背景下的民间信仰——明清民国时期浮丘山碧霞元君信仰》（《安阳师范学院学报》2012），孟昭锋、王元林《明清时期碧霞元君信仰的地域扩展》（《贵州文史丛刊》2012），王璐《论明清道教神仙群体特征——由吕洞宾民间传说看道教神仙形象的演变》[《重庆科技学院学报（社会科学版）》2012]，程群、张明学《哲思与审美观照中的道教造像艺术》[《福建师范大学学报（哲学社会科学版）》2012]，刘科《道教仙真服饰研究——以吕洞宾为例》（《装饰》2012），陈文利《水陆画中的关羽像——兼论宗教美术的世俗化倾向》（《艺术教育》2012），玄峰《玄武释源》（《中国文物科学研究》2012），赵宗福《西王母的始祖母神格考论》（《青海社会科学》2012），刘晓艳《仙释圆融 佛道双栖——慈航真人观世音仙话传说的文化观照》[《集美大学学报（哲学社会科学版）》2012]，苏金成《宋代水陆法会与水陆画的文献梳理》（《中国美术研究》2012），许宜兰《老子形象演变刍议——从〈混元老子〉等图像溯源太上老君形象之演变》（《宗教学研究》2012），熊伟《魏晋以来道教对缙云黄帝文化的建构》（《河南商业高等专科学校学报》2012），张同利《"月老"考论》[《西北大学学报（哲学社会科学版）》2012]，李远国《巴蜀民间的十殿冥王信仰》（《存古尊经 观澜明变》，四川文艺出版社，2012），李远国《〈道藏〉中的民间信仰神祇与文献》(《道教与民间信仰》,上海人民出版社,2011),李远国《西王母信仰研究》(《道教与民间信仰研究》,上海人民出版社,2011),李远国《文昌帝君信仰研究》(《道教与民间信仰研究》,上海人民出版社,2011),刘仲宇《民间信仰与道教之关系》(《道教与民间信仰研究》,上海人民出版社,2011),许尚枢《浙江民间信仰与道教》(《道教与民间信仰研究》,上海人民出版社,2011),郭燕冰《"十王"图像流变述略——明清时期民间宗教绘画》(《中国美术研究》2013),胡春涛《元明时期老子八十一化图的传播与图像意义》[《南京艺术学院学报(美术与设计版)》2013],张影、邬晓东《西王母的神格发展与汉代西王母崇拜》(《古籍整理研究学刊》2013),高小强《〈西游记〉冥界考述》[《石河子大学学报(哲学社会科学版)》2013],濮阳康京《高淳清代水陆道场神像画》(《中国美术研究》2013),杨冰华《中国佛教水陆画研究的回顾与展望》(《中国佛学》2014),熊明、刘秀玉《试论唐人小说中的女神形象》(《文艺研究》2013),耿纪明、郑小红《永乐宫〈朝元图〉的神仙体系及其关系新解》(《天津市经理学院学报》2013),侯鹏飞《浅析汨罗道场水陆画的艺术特征》(《大众文艺》2014),熊雯《致广大而尽精微——山西繁峙公主寺水陆壁画图像志中的"佛道混合"》(《西北美术》2014),高照《刍议道教神仙体系中神仙的世俗化特点》(《学园》2014),杨富学、包朗《摩尼教〈冥福请佛文〉所见佛教地狱十王》(《世界宗教文化》2014),陈曦、王忠敬《宋明地方志与南昌地区许逊信仰的变迁》[《武汉大学学报(人文科学版)》2014],赵伟《永乐宫三清殿壁画北极四圣考》(《美术研究》2014),陈龙、宋世娟《浅析宋代嘉陵江流域道教石窟的世俗化趋势》(《佳木斯大学社会科学学报》2014),刘科《太乙救苦天尊图像研究》(《宗教学研究》2014),陈杉《宋代文人道画中的吕洞宾形象与美学意蕴》(《中华文化论坛》2014),王煜《汉代太一信仰的图像考古》(《中国社会科学》2014),侯慧明《繁峙公主寺水陆画神祇构图及考订》(《山西档案》2014),周郢《明崇祯朝敕封"碧霞元君"考辨——兼论泰山娘娘与妈祖信仰之关系》(《世界宗教研究》2014),孙晓天、李晓非《妈祖与泰山女神共享"天妃"、"碧霞元君"称号考辨》[《福建论坛(人文社会科学版)》2014],陈杉《戏曲中的吕洞宾图像研究》(《四川戏剧》2014),朱浒《"房中"与升仙——汉代"容成"及其图像考》(《中国典籍与文化》2014),邢莉《西王母的神格定位:西戎部落的始母神》(《青海社会科学》2014),倪葭《首都博物馆藏〈水陆缘起图〉探微》(《荣宝斋》2014),吴端涛《"刺点":重阳殿壁画中的地狱场景》(《美术》2014),杜浩远《大都会博物馆藏〈吕洞宾过岳阳楼图〉研究》(《文物鉴定与鉴赏》2014),任正君《韩湘子故事的文本演变及其仙话意蕴》(《天中学刊》2014),谭敏《南朝神仙传记〈周氏冥通记〉浅探》[《北京化工大学学报(社会科学版)》2014],周西波《道教冥界组织与雷法信仰系统之关系》(《中国俗文化研究》2014),熊铁基《略论道教的名与实——再论道教的产生问题》(《世界宗教研究》2015),蔡林波《早期天师道财神三天万

天蓬元帅　南宋　大足石刻圣府洞　李远国摄

福君研究》（《宗教学研究》2015），何江涛《简论〈老子中经〉的神仙信仰及其特点》（《宗教学研究》2015），刘宗迪《西王母信仰的本土文化背景和民俗渊源》[《杭州师范大学学报（社会科学版）》2005]，姜生《汉代列仙图考》（《文史哲》2015），李征宇《论西王母形象在先秦两汉时期的嬗变》（《兰台世界》2015），黄剑华《秦汉以来的鬼神信仰与仙话研究》（《地方文化研究》2016），李俊领、甘大明《清代妈祖封号附会碧霞元君问题新探》（《世界宗教研究》2016），李黎鹤、李远国《巴蜀水陆画的抢救与研究》（《中华文化论坛》2016），陈云、苏东来、陈世松《近代以来丰都鬼神文化研究综述》（《中华文化论坛》2016），张泽洪《道教神仙学说与西王母形象的建构》[《华中师范大学学报（人文社会科学版）》2016]，李黎鹤《水陆画中的雷神研究》（《中华文化论坛》2016），张作舟《水陆画中幽冥世界的主宰》（《中华文化论坛》2016），李黎鹤《论水陆画中的道教神灵》（《中华文化论坛》2017），张作舟《历史故事的图像解读：梁武帝、唐太宗与岳飞》（《中华文化论坛》2017），李远国《道教成立战国论：论方仙道即道教》（《世界宗教文化》2017），李黎鹤《"道正宗师图"之神灵形象考辨》（《弘道》2017），李黎鹤《丰都鬼神谱系的形成与演变》（《多学科视野下的丰都民间文化研究》，重庆出版社，2017），李远国《丰都鬼城的历史考辨》（《多学科视野下的丰都民间文化研究》，重庆出版社，2017），李黎鹤、李远国《五显、五通、马元帅与华光大帝的历史考辨》（《道学研究》2018），李远国《论金元全真道的神仙谱系》（《全真道研究》2018），李远国、李黎鹤《道教始于黄老论》（《宗教学研究》2018），李黎鹤、李远国《原始道教论：对新石器晚期文化遗址的分析和认知》（《中国本土宗教研究》2019）。如此众多的研究成果纷纷问世，说明学界已相当重视这一领域，但颇感遗憾的是，绝大多数文章中却罕见有关的图像，让人缺乏直观、形象的了解。

20世纪80年代后出版的重要著作有：蔡相辉《台湾的王爷与妈祖》（台原出版社，1984），下出积与《古代神仙思想の研究》（吉川弘文馆，1986），宗力、刘群《中国民间诸神》（河北人民出版社，1987），窪德忠《道教诸神》（四川人民出版社，1989），萧登福《汉魏六朝佛道两教之天堂地狱说》（学生书局，1989），萧登福《先秦两汉冥界及神仙思想探原》（文津出版社，1990），李乔《中国行业神崇拜》（中国华侨出版公司，1990），郑土有《晓望洞天福地：中国的神仙与神仙信仰》（陕西人民教育出版社，1991），干春松《神仙信仰与传说》（中国人民大学出版社，1992），胡文和《四川道教佛教石窟艺术》（四川人民出版社，1994），王宜峨《道教美术史话》（北京燕山出版社，1994），马书田《中国道教诸神》（团结出版社，1996），康豹《台湾的王爷信仰》（商鼎文化出版社，1997），郑志明《西王母信仰》（南华管理学院出版社，1997），马书田《中国冥界诸神》（团结出版社，1998），萧登福《西王母信仰研究》（文津出版社，2000），萧登福《玄天上帝信仰研究》（文津出版社，2000），黄兆汉《中国神仙研究》（学生书局，2001），陈器文《玄武神话、传说与信仰》（丽文文化公司，2001），张兴发《道教神仙信仰》（中国社会科学出版社，2001），戴安德《宋代中国社会和神灵》（夏威夷大学出版社，2001），韩明士《主流与异端：宋及当代道教、民间信仰和神祇模式》（加利福尼亚大学出版社，2002），土屋昌明《神仙幻想：道教の生活》（春秋社，2002），郑素春《道教信仰、神仙与仪式》（台湾商务印书馆，2002），景安宁《元代壁画：神仙赴会图》（北京大学出版社，2002），张泽洪《道教神仙信仰与祭祀仪式》（文津出版社，2003），张志坚《道教神仙与内丹学》（宗教文化出版社，2003），王育成《明代彩绘全真宗祖图研究》（中国社会科学出版社，2003），胡文和《中国道教石刻艺术史》（高等教育出版社，2004），赵益《六朝南方神仙道教与文学》（上海古籍出版社，2006），肖海明《真武图像研究》（文物出版社，2007），张文安《神仙信仰的起源与发展》（线装书局，2007），范恩君《道教神仙》（宗教文化出版社，2007），李淞《道教美术新论》（山东美术出版社，2008），迟文杰《西王母文化研究集成》（广西师范大学出版社，2008），康豹《从地狱到仙境：汉人民间信仰的多元面貌》（博扬文化事业有限公司，2009），鲁惟一著、王浩译《汉代的信仰、神话和理性》（北京大学出版社，2009），姚圣良《先秦两汉神仙思想与文学》（齐鲁书社，2009），许宜兰《道经图像研究》（巴蜀书社，2009），武当博物馆《神韵：武当道教造像艺术》（文物出版社，2009），李丰楙《仙境与游历——神仙世界的想象》（中华书局，2010），康豹《多面相的神仙：永乐宫的吕洞宾信仰》（齐鲁书社，2010），陈耀庭《道教神学概论》（青松出版社，2011），萧登福《太岁元神与南北行斗神信仰》（啬色园，2011），李信军《水陆神全：北京白云观藏历代道教水陆画》（西泠印社出版社，2011），王宜峨《卧游仙云：中国历代绘画的神仙世界》（五洲传播出版社，2011），李远国、刘仲宇、许尚枢《道教与民间信仰研究》（上海人民出版社，2011），张继禹《中国道教神仙造像大系》（五洲传播出版社，2012），景安宁《道教全真派宫观、造像与祖师》（中华书局，2012），赵伟《道教壁画五岳神祇图像谱系研究》（文化艺术出版社，2013），刘科《金元道教信仰与图像表现——以永乐宫壁画为中心》（巴蜀书社，2013），王宜峨《玉宇琼楼：道教宫观的规制与信仰内涵》（五洲传播出版社，2013），王宜峨《收藏的世界：道教造像的由来和艺术思想》（五洲传播出版社，2013），王宜峨《陶铸永恒：道教神像的塑造工艺与经典造像》（五洲传播出版社，2014），潘崇贤、梁发《道教与星斗信仰》（齐鲁书社，2014），二阶堂善弘《元帅神研究》（齐鲁书社，2014），李俊涛《道教图像艺术的意象与思想研究》（四川教育出版社，2016），黎志添《道教图像、考古与仪式——宋代道教的演变与特色》（香港中文大学出版社，2016），肖海明《妈祖图像研究》（文物出版社，2017），等等。

总而言之，围绕神仙信仰的研究成果相当丰富，但专门阐述道教神仙谱系的研究成果却非常少，这说明道教神仙谱系研究是一个急需填补、亟待研究的空白领域。然而，由于此领域的研究范围过大，涉及历史、文化、艺术、信仰、神学、神仙体系及图像等方面，

马元帅 清代 立轴纸本设色 李黎鹤藏

基础研究仍然相当薄弱，在道教神学、神仙谱系、造型图像及其演变研究方面尤其不足。因此，目前该领域的研究成果大多停留于对道教神仙信仰现象的考察，而对于道教信仰、道教神学、神仙谱系、图像造型以及对中华民族发展影响的研究，在整体水平上仍远远落后于道教其他领域的研究，留下大量的理论空白和研究盲点。

通过对道教神仙谱系的探索，我们可以回答神仙信仰是什么这一问题。对道教神仙源流进行梳理，有助于建构神仙谱系，理清各个时期、各个教派所供奉的神仙，找出其内在的文化依据与神学基础，寻求神仙谱系的宗教内涵，捕捉道教信仰的精神，揭示道教文化对中国社会的影响，以解决当代道教面临的信仰缺失问题。寻找道教信仰之根柢，探究道教神仙之源流，捕捉中华民族精神之灵魂，从而为建设道教谱系学、道教图像学、道教神仙学打开通途，铺平道路，这是本书希望达到的目标。

第三节　神仙谱系的历史解读

怎样进行道教神仙谱系的研究？这是一个亟待解决的重要问题。道教神仙谱系研究是一项从未有人做过的课题，缺少可以借鉴的成果，很难下手。我们在研究时，对于材料的选择、方法的尝试、观点的推敲、结论的正确性都要进行全面细致的考虑。那些见载于史籍文献及《道藏》中的神话、传说与异闻，能不能用，怎样用，都需要反复思考。在历史学家看来，类似老君八十一化的异闻，毫无疑问是神话。然而虔诚的宗教信徒却对这些异闻深信不疑，并将其视为神迹显现的结果。对于同样一种现象，人们为什么会出现不同的认知？吕大吉先生指出，各种宗教都有一套说明其信仰的观念，甚至形成一套论证其信仰的观念体系，构成其完整的宗教世界观，进而通过理论性的论证，将其推演为教义，形成具有理智性色彩的神学体系。按照恩格斯对宗教的定义，在宗教这一幻想反映中，支配日常生活的人间力量采取了超人间力量的形式。这种"超人间力量"也就是宗教所说的灵魂和神灵。神灵如何支配人们的日常生活，取决于人们对神灵的性质和权能的理解，即取决于人们赋予神灵什么样的智慧、意志和权能。这些就构成了宗教神灵的神性。神的神性总是在其支配世界和人间生活中展现出来。神支配世界和人间生活的方式就是"神意"或"天命"。最能体现神的意志和权能的行为则是其创造的"神迹"。所以，"天命"和

"神迹"是构成神性的主要内容和方式表现。① 由此可见，对神灵、神性、神迹的研究是极其重要的工作。在探索宗教精神世界时，应抱有尊重、理性、客观的态度，任何否定一切或竭力美化的思维方法都是不可取的。

一、神仙是道德的典范

　　道教神仙信仰的核心是对"长生不死"的崇拜，这种崇拜来自人类对生命的留恋与珍惜。人有生有死，是自然的规律。《庄子·知北游》曰："生也死之徒，死也生之始，孰知其纪！人之生，气之聚也。聚则为生，散则为死。"② 可见任何人都无法逃脱生死之道的轮回。道教承认死亡的事实，但又追求长生不死，谓其为"深根固柢，长生久视之道"。这种思想明显不同于基督教、佛教的生死观，因此道教在我国的产生发展不是偶然的，而是有其深广的历史根源和文化渊源。《山海经》中所谓"不死民""不死之药""不死之国"等，正是这种人生理想的神话表达。

　　至道家出现后，这种人生理想更以哲学思辨的方式表达出来。与强调死亡的社会属性的儒家不同，老子始终把思考死亡问题的着眼点放在个体生存上，放在"贵生"上，放在生存个体的"全生避害"上。《道德经》中，老子讲"宠辱若惊，贵大患若身"，批评一些人计较荣辱，把荣辱视为"大患"，将其作为身家性命一样珍惜，进而提出了"贵生"和"爱生"的观点，强调只有那些"贵以身为天下"和"爱以身为天下"的人才可以"寄天下"和"托天下"。庄子在《骈拇》中非常尖锐地批评了人们普遍轻视生命、"以身为殉"的态度，指出："自三代以下者，天下莫不以物易其性矣。小人则以身殉利，士则以身殉名，大夫则以身殉家，圣人则以身殉天下。故此数子者，事业不同，名声异号，其于伤性以身为殉，一也。"③ 他坚持不懈地呼吁人们"缘督以为经"，避免"以身为殉"，才"可以保身，可以全生，可以养亲，可以尽年"。道家"贵生""贵身""全生避害"的思想，无疑对道教的生死观产生了极其深刻的影响。

　　道教生死观的根基即在于道教的宗教信仰，而道教信仰无非两个内容：一个是"道"，一个是"神仙"。在道教看来，要成神仙，就必须得道，从而把"道"推至道教信仰更为根本的层面。道教把其所信仰的"道"说成是"天地之元""造化之根""神明之本"，这无非对道家之"道"的神秘化和宗教化而已。在道教看来，死是一个有意识的生命体的终止，而不是自然事物之间的转换。希腊神话中，有一个与人不同的族类，即

---

① 吕大吉.宗教学通论[M].北京：中国社会科学出版社，1989：91-92.
② 王先谦.庄子集解：卷6[M]//诸子集成：第4册.长沙：岳麓书社，1996：167.
③ 王先谦.庄子集解：卷3[M]//诸子集成：第4册.长沙：岳麓书社，1996：71.

"不死者的族类"——"神"。在道教神学中,这个"不死者的族类"则是"仙"。对神仙的崇拜,实即对"不死者"的崇拜。

然而,希腊诸神并非道德之典范。柏拉图曾因《荷马史诗》中诸神无道德观念而要将诗人逐出他的共和国,并在哲学中提出一个"至善"观念,实际是对当时希腊传统的一种变革;现代不少学者亦指出希腊诸神之所以为"神",与道德无关。希腊的神不是"道德"的理想化,而是"力量"的理想化。在希腊人心目中,力量来自"知识"和"技能"。希腊的神大多有一些高超的"技能",如宙斯会打雷闪电,波赛冬会翻江倒海⋯⋯神虽然足智多谋,却普遍缺乏诚信,就连希腊人最推崇的友谊与爱情,在"神圣家族"中也很难找到。希腊人心目中的神是"知识性""技能性"的,而不是"道德性"的。

与希腊诸神相比较,道教中的神仙显然是道德的典范。这一特点与其所信仰的"道"的精神内涵是一致的。道一方面表现为形而上之神圣的绝对,另一方面又存在于事事物物之中,同时也是人的生命存在的根本。超越世俗的神圣之"道",与世俗生活中的人伦之事并非完全隔绝,而是相即不离的。作为先天地而生的宇宙本源和主宰之"道",既超越于人,又内在于人而存在,因此,道教强调"一切众生,皆含道性"。同时道教又认为,修道者依持道性,返璞归真,不断追求人性的完善,力求自我的精神净化。在道教看来,修仙道之前必须修人道,人道不修,焉能成其仙道。成仙得道的前提在修德,实现生命之转化的关键是人的德行。

在道家、道教看来,道与德是统一体,并非分判别离。《庄子·天地》:"通于天地者,德也;行于万物者,道也。"[①]并称:"形非道不生,生非德不明。存形穷生,立德明道,非至德者邪?"[②]南朝梁孟安排《道教义枢》卷一:"道德者,虚极之玄宗,妙化之深致。神功潜运,则理在生成;至德幽通,则义该亭毒。有无斯绝,物我都忘,此其致也。""道者,理也。通者,导也。德者,得也,成也,不丧也。言理者,谓理实虚无。《消魔经》云:夫道者,无也。言通者,谓能通生万法,变通无壅。河上公云:道,四通也。言道者,谓导执令忘,引凡令圣。《自然经》云:导末归本,本即真性,末即妄情也。德言得者,谓得于道果。《太平经》云:德者,正相得也。言成者,谓成济众生,令成极道,此就果为名;亦资成空行,此就因为目。《德经》云:成之熟之也。言不丧者,谓上德不失德,故云不丧也。《太平经》云:常得不丧也。然道德玄绝,自应无名,开教引凡,强立称谓。故寄彼无名之名,表宣正理,令识名之无名,方了玄教。故《灵宝经》云:虚无常自然,强名字大道。"[③]可见道与德的关系是相互依存、合二为一的。

《正一法文天师教戒科经》宣称,道以冲和为德,以不和相克。是以天地和合,万物

[①] 王先谦.庄子集解:卷3[M]//诸子集成:第4册.长沙:岳麓书社,1996:88.
[②] 王先谦.庄子集解:卷3[M]//诸子集成:第4册.长沙:岳麓书社,1996:90.
[③] 孟安排.道教义枢[M]//道藏:第24册.北京:文物出版社,上海:上海书店出版社,天津:天津古籍出版社,1988:804.

萌生，华英熟成。国家和合，天下太平，万姓安宁。室家和合，父慈子孝，天垂福庆。反之，天地不和，阴阳失度，冬雷夏霜，水旱不调，万物干陆，华叶燋枯。国家不和，君臣相诈，强弱相陵，夷狄侵境，兵锋交错，天下扰攘，民不安居。室家不和，父不慈爱，子无孝心，大小忿错，更相怨望，积怨含毒，鬼乱神错，家致败伤。天地不和，阴阳错谬，灾害万物。国家不和，豪杰争权，禁令不行，害及万民。室家不和，祸起贪欲财利者，忿怒相加，以致灾殃。为人若不能与法戒相应，身心又无功德，欲求天福，难矣。修善得福，为恶得罪。"道之弘大，方圆无外。天网恢罗，人处其中，如大网捕鱼，鱼为游行网中，岂知表有网也。牵网便得，放网乃脱。人不知真道大神，如鱼之不知网也。而愚人或欲舍真就伪，伪技卒效，登时或能有利，利不久也。叛道者，所以不即受罚，大道含弘，爱惜人命，听恣其意，随其所欲，虽初快心，后自当悔之深远，非愚俗所能明知。道之视人，如人之视虫蚁。道能杀人，如人能杀虫也。"①可见道教强调大道含弘，爱惜人命，冲和为德，修善得福。

德是人的精神的根本，亦能使鬼神降伏。《西升经》称："道以无为上，德以仁为主。"刘仁会注解说："宥物于无者，道也；仁物之性者，德也。"②"德"也就是"道"体现于"物"之中的属性——"仁"。徐道邈曰："阴阳变通，谓生之道，二炁交和，谓生之德。德之所生，道之所化，万物万形，种类非一，一切种植，人与非人，皆禀道德，而后生成也。"③唐李荣注："圣人无心，不起贪欲，道在于己，德止于身，故曰留也。用道则道流遐迩，怀德则德被幽明，既为人之所归依，亦为鬼神之所伏从也。"④这就将"道"和"德"视为人所共有的禀赋。因此，人能归道，也就归德，只有道德完备者才能成为神仙。

神仙是人的主宰，同时也是人的榜样，神仙所拥有的一切正是人所追求的目标。一般的宗教往往只强调神对人的主宰，而忽视了人的自主性和能动性，从而使人完全处于神的支配之下。在这些宗教里，人所渴望得到的一切只能靠神灵的恩赐，人只能借助神的力量而不能拥有这种力量。道教则在承认神仙对人的主宰时，充分肯定了人的自主性和能动性，它不仅认为人可以借助神灵的力量来达到自己的目的，而且认为人在神灵的帮助下或者通过自己的努力也可以获得神灵般的能力，亦即成为神仙。

---

① 正一法文天师教戒科经[M]//道藏：第18册. 北京：文物出版社，上海：上海书店出版社，天津：天津古籍出版社，1988：232.
② 陈景元. 西升经集注：卷3[M]//道藏：第14册. 北京：文物出版社，上海：上海书店出版社，天津：天津古籍出版社，1988：579.
③ 陈景元. 西升经集注：卷1[M]//道藏：第14册. 北京：文物出版社，上海：上海书店出版社，天津：天津古籍出版社，1988：571.
④ 陈景元. 西升经集注：卷5[M]//道藏：第14册. 北京：文物出版社，上海：上海书店出版社，天津：天津古籍出版社，1988：594.

二、神仙是修道的榜样

道教是多神信仰的宗教，所崇拜的对象包括神灵、仙真、祖先。道教供奉的神仙中，一部分是先天地而生的神明，一部分是后天修道而成就的仙真。这些生活在人间的仙真大多有功于社稷、百姓，因此他们逝世后得到民众的奉祀，也被纳入道教的神仙谱系。道教供奉这些神灵，一方面是祈求神灵的护佑；另一方面是学习神灵得道成仙的事迹，继承他们所体现的民族精神、高尚品德。

从人们好生恶死的天性出发，道教论证了修身养德同长生不死之间的必然联系，从而使道德修养成为长生不死的实践前提。东晋道经《太极左仙公请问经》指出："学道修德，以善功为上。"①"先度人，后度身。坐起卧息，常慈心一切，皆念经营之，无有怠倦，德并太上，道超虚皇，恩满十方，齐契玄真，携提诸天，愿极道原。"②《太上洞玄灵宝中和经》指出："除往日之恶，修当今之善。德行合道，体定神安，喜怒不介于心，恶言不发于口，丑听不闻于耳，色利不视于目，贪欲不专于意，修行正身，真气来附，邪气皆去，过恶悉除，善福自来。"③

汉代《河图纪命符》中有一段关于人的行为善恶与人生吉凶寿夭关系的论述。说天地间有司过之神灵，随人们的作为而决定其吉凶寿夭。如行为恶大者则速死，过小者则寿减，所谓"随所犯轻重，所夺有多少也。人受命得寿，自有本数，数本多者，纪筭难尽，故死迟。若所禀本数少，而所犯多者，则纪筭速尽而死早也。又人身中有三尸，三尸之为物，实魂魄鬼神之属也。欲使人早死，此尸当得作鬼自放，纵游行飨，食人祭醊，每到六甲穷日辄上天，白司命道人罪过。过大者夺人纪，小者夺人筭。故求仙之人，先去三尸，恬淡无欲，神静性明，积众善乃服药有益，乃成仙"④。

《赤松子中诫经》以天人感应学说为基础，精辟地阐述了道教神学的道德决定论，即个人行为是决定生死祸害的根本。"人行善道，天地鬼神，赐福助之，增延寿考，无诸恶事，何以不为善道。但世人尊敬天地三光，不犯禁忌，孝爱父母，和顺兄弟，怜愍孤独，救接贫病，敬重师长，古来圣贤，乡里老人，教示不违，卑谦恭敬，每遇风雨寒热，恶星怪异，日月交晕，亏犯薄蚀，皆宜念善，敬远鬼神，祭祀天地，上录其功，增延禄筭。见人为恶，劝人修善，若遇善人，敬而从之，或见凶危，将心救护，自就艰难，与人平稳，将己轻事，替人重役，劝人不为官事口舌争讼，葺理义井沟渠，修填道路。不以小失其

---
① 太极左仙公请问经[M]//张继禹.中华道藏：第4册.北京：华夏出版社，2014：119.
② 太极左仙公请问经[M]//张继禹.中华道藏：第4册.北京：华夏出版社，2014：123.
③ 太上洞玄灵宝中和经[M]//道藏：第24册.北京：文物出版社，上海：上海书店出版社，天津：天津古籍出版社，1988：694-695.
④ 安居香山，中村璋八.纬书集成：下册[M].石家庄：河北人民出版社，1994：1196.

大，不以大弃其小，见人有所失，为其痛切；见人有所得，为之内喜。扶羸护弱，施恩济惠孤贫，恭谨卑逊，让禄他人，天录中功，亦增遐寿，子孙获福。如有志信不违，心崇道德，不避危险，救溺江湖，无淫外色，不侵他人屋宅产业，不非理损害物命，好生恶杀，礼敬不亏，常习经书，恩不忘报，惠人不悔，宽怀忍辱，尽忠尽孝，不逞威仪，不枉用财物，不爱华丽之服修馔食，不非分杀命，自我作古，人无不亲，无自贤，无自善，无自解，无自富，无自矜，无自专，无自誉，无自重，无自尊，无自大，无自用，无自可，大录下功，皆增筭寿。又加筭倍多者，人能事君尽忠，事父尽孝，不傲慢敬师长，开悟童蒙，光赞师傅，修身谦让，和睦上下，抚爱均平，不听谗邪，直心用行，妇人孝顺，翁婆敬顺，夫婿清贞洁行，饮气吞声，参省晨昏，和颜悦色，无私奉上，并蒙加筭，延寿增禄，灾横消除，男女聪慧。"① 道教赋予天上神灵以人间道德之神圣捍卫者的职责，把人的命运同其行为相联系，以死亡病患相威胁，以长生富贵相诱导，希望人们体天地之仁义，弃恶从善，修道积德。

葛洪指出，为道者当先立功德，"以救人危，使免祸，护人疾病，令不枉死，为上功也。欲求仙者，要当以忠孝、和顺、仁信为本。若德行不修，而但务方术，皆不得长生"。并以此为基准，制定了一个十分严格的成仙标准："人欲地仙，当立三百善；欲天仙，立千二百善。"如积善事未满，虽服仙药，亦无益于成仙。在他看来，一个人要想修成神仙，除了外服仙药，内炼神气，还必须积大功德，功夫、功德双双圆满，方可成为天仙。传说中寿高八百的彭祖，之所以仅为地仙，并非如他自己所说不想升天，恐怕是由于他所积的善行不足，没有成为天仙的资格，对此，葛洪说："吾更疑彭祖之辈，善功未足，故不能升耳。"②

道教如此强调道德修养在生命中的意义，有其不可否认的合理性。从必然的生死转换，到永恒长生的神仙境界，这是一个由凡入圣的过程，是从必然王国向自由王国的迈进。为了完成从人到仙的历史转折，各种各样的修仙途径、内炼手段应运而生，但无论采用何种方法都必须包含一个先决条件——道德。在这里，无论是富有万国的天子，还是凡庶之士，都是平等的。

如《列仙传》中的负局先生以紫丸救人，"活者万计，不取一文"；《续仙传》中的王老好道，"务行阴德为善"；马自然为人治疗百病而不收分文，有人强送财帛，"留之复散与贫人"；药王孙思邈"凡所举动，务行阴德，用心自固，济物为仁"。此外尚有许宣平、叶千韶、曹德休、殷七七、杜昇、鄢去奢等成仙典型，普遍具备符合时代特征的高尚德行。当然，道教中道德高洁的人何止百千，他们的神迹在各种神仙传记中屡被提及。而这些神迹的反复出现，其目的只有一个，即强调崇高的道德乃得道成仙

---

① 赤松子中诫经[M]//道藏：第3册.北京：文物出版社，上海：上海书店出版社，天津：天津古籍出版社，1988：447.
② 王明.抱朴子内篇校释[M].北京：中华书局，1980：47-48.

孙思邈　明代　木刻版画　采自洪应明《仙佛奇踪》

的关键，缺此断无所成。因为"人类最高的成就是道德上的作为，它们表现了人类生活中最深刻的实体"①。

生命过程的道德化，生命价值的神圣化，在道教追求健康长寿、得道成仙的漫长路途中一一得到了展现。《道德经》说："死而不亡者寿。"这里"死""不亡""寿"的概念已经超越了普通意义，渗透着一种以德治命的精神。死是不可避免的，而"不亡"则意味着肉体之身会死去，但内在的真我——永恒之精神则将从此脱身而出，故曰"寿"。在这种理念中，人类的潜力达到了极致，得到了最终的实现。

20世纪德国哲学家马丁·海德格尔以一种特殊的洞察力对生与死的关系进行了详细的分析。他说，死亡变成了末世，于是为生存带来了它在其他情况下几乎不会有的责任感和严肃性。在一个意义上看是毁灭性的死亡，在另一个意义上却是创造性的，它创造了统一的负责的自我，这个自我的种种关切，在面临终结的情况下变成了有序的东西。②道教正是在面对死亡的阴影之前，以高度的责任感探索生命的奥妙，力图创造一个统一的自我，使之依从人类的愿望，让生命进入永恒的状态，达到既死即生的境界。这就是修道的目的，是道教仙学思想的核心。

道教神仙谱系是构建道教神学的基础。何谓"道教神学"？按照道教学界多数人的意见，大致可以这样说，在道教文化杂而多端的内容当中，有一个核心，就是道教神仙信仰。道教作为一个成熟的宗教，有一套自己的神学理论，有一个能够吸引人们追求的宗教信仰目标。这种信仰就是，人可以通过努力追求而成为长生不死、神通无比的神仙。这种神仙信仰乃道教所阐发的神学理论核心。道教产生之初即已确立其神仙信仰，同时道教还从先秦哲学、原始宗教、古代宗教、民间信仰、养生修炼及儒家、佛学等诸多教门中汲取了许多成分，用来组建其有关神仙信仰的理论和行为体系，奠定了道教神学发展的基础。道教是根植于中国本土文化的宗教，作为宗教，其核心必然是神学。通过以上论述，我们对道教神学有了进一步的认识，要点如下：

第一，从神学观念的角度考察。我们看到，道教的一元多神观念起源甚早。道教崇拜多神，但在其所崇拜的众多神灵中有一个最高的主神。这个最高主神在《老子想尔注》中是"道"的化身——太上老君，以后又发展为道德丈人、太上道君、元始天尊等。这位太上老君在《太上洞渊神咒经》《太上洞渊说请雨龙王经》《太上洞玄灵宝三元无量寿经》中被称为"道"，凡此种种"道言"之"道"，显然就是最高神灵。在这里，可以讲"道即神"。这位具有人格的"道"，他可以宣讲道法、教化人间、救劫度人，当然是一位主宰世界的救世主。

---

① 斯特伦. 人与神——宗教生活的理解[M]. 金泽，何其敏，译. 上海：上海人民出版社，1991：96.
② 刘小枫. 20世纪西方宗教哲学文选：上卷[M]. 杨德友，董友，等译. 上海：上海三联书店，1996：73.

道教多神并存的观念也为其主张人能够转变为神提供了可能性。道教创立之初，接受了中国古代原始宗教的万物有灵论，以为"万二千物，各自存精神，自有君长"①。道教的最高主神并不是绝对唯一的神，它并不排斥其他神灵的存在，但只有它能够统治万神。这种神灵观念不同于基督教的神灵观念。在基督教中，人不会有成为神的可能，人只能被神拯救；而在道教中，人成为神则是正常的事。

第二，道教神学思想非常重视生命的价值。道教重人贵生，视生命为大道运化的载体。《度人经》开卷即曰："仙道贵生，无量度人。"以人为例，其生于胞胎之中，集天地神灵之禀受，所以最灵而独贵，其孕育到诞生的整个过程始终是庄严神圣的。"夫人得还生于人道，濯形太阳，惊天骇地，贵亦难胜；天真地神，三界齐临，亦不轻也。当生之时，亦不为陋也。"②正是在万神唱恭、仙真拱卫、惊天骇地的庄严而神圣的时刻，一个个新的生命诞生了。从表面看，这段描述生命孕育产生过程的文句似乎充满了神秘的色彩，然而，也正是这些饱含深切情感的话语，使人们对生命满怀敬畏，从而懂得应该珍惜生命，维护生命，重视一切生命存在的价值。

第三，道教神学思想中包含着鲜明的民族性。在创始之初，道教即把皈依道教者称为"种民"。《太平经》曰："天地混齑，人物糜溃，唯积善者免之，长为种民。种民智识，尚有差降，未同浃一，犹须师君。君圣师明，教化不死，积炼成圣，故号种民。种民，圣贤长生之类也。"③《正一天师告赵昇口诀》曰："考校州郡里域，求清贞慈孝忠信朴实之人，以充种民，使吾先授职箓，化看人情，后授黄老赤箓，分别善人，以补种民仙官，周行考求，吾所分别善人，以补种民。"④《正一法文天师教戒科经》曰："但当户户，自相化以忠孝，父慈子孝，夫信妇贞，兄敬弟顺，朝暮清净，断绝贪心，弃利去欲，改更恶肠，怜贫爱老，好施出让，除去淫妒，喜怒情念，常和同腹目，助国壮命，弃往日之恶，从今日之善行，灾消无病，得为后世种民。民勿怨贫苦，贪富乐尊贵。""其能壮事守善，能如要言，臣忠子孝，夫信妇贞，兄敬弟顺，内无二心，便可为善，得种民矣。"⑤所谓"种民"之"种"字，即指"种族"，也就是有着共同血缘、共同信仰的民族。《老子想尔注》曰："道重继祠，种类不绝。""继祠"，就是指子子孙孙代代相承，种类不绝。

第四，道教是崇拜祖宗的宗教，神仙是道德的典范。道教强调在世俗生活中先修人

---

① 王明. 太平经合校[M]. 北京：中华书局，1979：218.
② 度人经[M]//道藏：第6册. 北京：文物出版社，上海：上海书店出版社，天津：天津古籍出版社，1988：395.
③ 王明. 太平经合校[M]. 北京：中华书局，1979：1.
④ 正一天师告赵昇口诀[M]//道藏：第32册. 北京：文物出版社，上海：上海书店出版社，天津：天津古籍出版社，1988：593.
⑤ 正一法文天师教戒科经[M]//道藏：第18册. 北京：文物出版社，上海：上海书店出版社，天津：天津古籍出版社，1988：237-238.

道，再修仙道，先成为一个完善的人，才有得道成仙的可能。从历史角度看，忠孝道德的思想是在个体家庭、国家实体出现以后，作为社会稳定的行为规范而产生的。其思想内涵主要表现在两个方面：一是对祖先的敬仰和对上辈的赡养，这是为了宗法血缘的延续；二是对民族的认同和对国家的拥戴，这是为了保证文化的发展。应当说，这些伦理概念主要是针对现实的世俗生活。但是，其发展的意义却远不止于此。因为其中对祖辈的"追孝"态度促进了中国传统祖宗崇拜的发展。显然，也正是这一点加强了儒家、墨家与道教的内在交流，这对于道教神学与伦理的建设是很重要的，因为"宗教"一词，本身就同祖宗崇拜有着不可分割的内在联系。

在道教看来，虚无玄妙、大道化身的元始天尊、太上道君、太上老君、三界诸神等，他们虽生活在三清圣境、天庭福地，但时常以具体的形象或世间圣贤的面目显现人间，救度世人。而世人只要崇信大道，皈依玄门，坚持修持，也有可能由凡人变化成圣人、仙人、神人、真人乃至天尊。正如张天君所说："天无私日月垂明，天有德人物俱生，是故我天尊，代天行道，德施三界，使清者为圣，浊者为贤，凡诸有情有形者，俾跻仙阼，共成一炁。"① "天尊欲人人皆为天尊者，何故惜其炁，而应其本元之妙道也。"② 在众多的道教神真中，有许多创教开宗的祖师、道行精深的高道、圣贤烈士、历史人物，这是道教神系与神学的一大特色。也正是这种人神合一的神学体系，重视血缘亲情的神学思想，促进了道教的发展。

第五，从过程神学的角度考察，我们发现，道教的发展与中华民族的发展同步。从道教产生与创始的渊源来看，它深深根植于中国古代社会，却吸收了来自许多不同地区、不同民族及不同文化的养分。拿道教的符箓派与丹鼎派来说，前者起源于远古民间巫教及众多少数民族的原始宗教，后者则肇始于先秦的神仙家与方仙道。河上公、张陵及葛玄注解《老子》，神化老子，改造道家，于是《老子》《庄子》便成为道教产生的另一重要源头。由此可见，道教的产生是多源的、多渠道的，它吸收了三皇时代、夏商周三朝、战国及秦汉时期的各种地域文化和民族文化，其中既有诸子百家的理论，也有盛行于古代中国各民族中的原始宗教。道教神灵的产生过程说明了中华文化的丰富性和包容性，这是道教特有的文化心态和卓然风骨。这种融贯包容性、开放性和前瞻性的风范，至今仍然是值得珍视的思想遗产。

道教神仙谱系是指记述道教的神仙世系或各派各宗所信仰的神仙体系的文献图表，如《真灵位业图》《三才定位图》《道正宗师图》等。道教神仙谱系分为诸多系统，如方仙道神仙谱系、黄老道神仙谱系、王母道神仙谱系、太平道神仙谱系、正一道神仙谱系、灵

---

① 九天应元雷声普化天尊玉枢宝经集注：卷上[M]//道藏：第2册.北京：文物出版社，上海：上海书店出版社，天津：天津古籍出版社，1988：571.
② 九天应元雷声普化天尊玉枢宝经集注：卷上[M]//道藏：第2册.北京：文物出版社，上海：上海书店出版社，天津：天津古籍出版社，1988：570.

宝派神仙谱系、上清派神仙谱系、三皇派神仙谱系、天师道神仙谱系、北帝派神仙谱系、神霄派神仙谱系、南宗神仙谱系、地祇派神仙谱系、太乙派神仙谱系、天心派神仙谱系、东华派神仙谱系、清微派神仙谱系、净明道神仙谱系、太一教神仙谱系、玄教神仙谱系、全真道神仙谱系、三丰派神仙谱系等。

道教神仙谱系亦可分为三大神群：一是居于天界的天神系统，如三清神系、太一神系、紫微神系、玉皇神系、玄天神系、雷神神系、斗姆神系、文昌神系等；二是居于地界的地祇系统，如五岳神系、四渎神系、城隍神系、土地神系、祖师神系、八仙神系、地域神系、民间神系等；三是居于冥界的人鬼系统，如司命神系、泰山神系、酆都神系、十王神系等。

从历史发展来看，道教的起源甚早，它直承中国原始宗教、古代宗教。作为中国的本土宗教，它根植于中国传统文化丰厚的土壤中，其崇奉之神灵数量众多，但无一例外地都能从原始宗教、古代宗教与神话传说、民间信仰中找到源头。道教神仙谱系内容极其庞杂、丰富，它生动、形象、全面地展示了道教的信仰世界。对道教神学、神仙信仰、神仙谱系、神仙图像的研究，必将成为学界关注的热点。

第四节　神仙谱系的历史价值

"谱系"是指一种由有历史渊源的事物所形成的系统。《说文解字》曰："谱，籍录也。"朱骏声曰："桓君山云，太史公三代世表，旁行斜上，普效周谱，是谱之名，起于周代也。"[①] 东汉刘熙《释名》曰："谱，布也。布列见其事也，亦曰绪也，主绪人世类相继如统绪也。"[②] 宋林駧《古今源流至论后集》曰："考黄帝之初，先列谱系，以祖宗为经，以子孙为纬，则五帝三王皆出于黄帝，此帝王授受之正统可见也。"[③]

狭义上的谱系常用于表述记载有世族源流关系的家族系统及其谱记载体，侧重于源流关系的内容表述，谱系载体的形式灵活多样。广义上的谱系泛指有历史发展沿袭关系的事物形成的系统，如社会谱系、历史谱系、文化谱系、思想谱系、宗教谱系、艺术谱系等。

---

① 丁福保.说文解字诂林：第4册[M].北京：中华书局，1988：3171.
② 刘熙.释名：卷6[M]//于敏中，等.摛藻堂四库全书荟要：第79册.台北：世界书局，1990：561.
③ 林駧.古今源流至论后集：卷9[M]//文渊阁四库全书：第942册.台北：台湾商务印书馆，1983：293.

这些谱系是五千年中国社会变迁与发展的重要载体，是中国重要的传统文化之一。

神仙谱系的构建应该遵循中国古代谱系形成与发展的普遍规律。尊重历史，采取客观、理性、科学的态度，严格地遵守史德，弄清中国谱系的历史，从而编撰一部神仙谱系史。

一、中国谱系的历史与价值

中国谱系的历史始于殷商时期，当时的甲骨文中已详细记载了殷商王室的历代传承。西周时期，王室实行宗法分封制，以"奠世系，辨昭穆"，西周的谱系已经相当成熟完备，并有专门的官员管理。

中国谱系学或称谱牒学。我们通常所说的谱牒，有其特指的含义，是指专门记载各个姓氏家族子孙世系传承的文献、簿籍，是姓氏文化的重要研究资料，具有区分家族成员血缘关系亲疏远近的功用，是中国封建宗法制度的产物。随着历史的发展，谱牒由官修变为私修，所记录的内容也不断丰富，其功用也不断增加变化。自明代起，宗祠与族谱相维系，有宗祠必有族谱。近代以来几乎姓姓修谱，族族有谱，连绵不绝。谱牒文化有相对的独立性，不能全用历史资料价值的标准来要求它，谱牒和史书可以相照应，但不可全信全疑。为显耀家族门庭，谱牒伪俗之风不绝，比如攀附历史名人为始祖的现象在谱牒史上司空见惯。从历史价值角度考察，伪造谱牒是不可取的，但从文化价值角度考察，它又往往起了名人效应，具有凝聚、鼓舞族群的作用。又如同宗共祖问题，从历史真实看，任何一个姓氏，其来源都十分复杂，历代因各种原因改姓、赐姓、冒姓者比比皆是，欲求血缘的绝对纯正，事实上是不可能的。

宝鸡是西周京畿重地，西周王朝早期的宗庙一直设在宝鸡，重要的祭祀、册命仪式等活动大多都在这里举行。因此，宝鸡地下埋藏有大量的西周墓葬和窖藏，出土了大量的青铜器。北宋著名金石学家吕大临的《考古图》中，青铜器有出土地点可考者90余件，半数以上出自陕西，其中有10件以上出自宝鸡周原一带。新中国成立后，大规模的考古调查和发掘工作在宝鸡地区展开，大批青铜器相继问世，仅周原遗址出土的青铜器就约占全省已出土西周青铜器数量的三分之二。据不完全统计，宝鸡出土的青铜器已有20000多件，仅馆藏者就有15000多件，约占陕西省青铜器馆藏数量的三分之二。

宝鸡出土的青铜器大多铸有铭文。从资料来看，铸有铭文的青铜器就有700余件，收集到的铭文近20000字。其中，毛公鼎铭文497字，居西周长铭铜器之首。这些铭文从不同角度记录了西周的社会生活，涉及政治谋划、征战杀伐、祭辞诰命、册赐宴飨、土地转让、刑事诉讼、盟誓契约、婚嫁礼俗等方面，可以用于验证后世编纂的历史文献的真伪。迩鼎、逨盘均为标准器，逨鼎共有12件，而逨盘中的铭文几乎完整地记录了西周诸王世系，印证了司马迁《史记·周本纪》中关于西周王系记载的真实性。

谱系，在秦汉之前称作世系、世本、系本、牒记，之后称作族谱、姓谱、族姓谱、氏族谱、家谱、宗谱、世谱、世牒、世系录、通谱、家牒、家乘等。夏商周三代即已有之。隋朝称皇室家谱为玉牒，玉牒本为帝王封禅之密文。马端临《文献通考》记载，汉武帝封禅泰山，有司奏："当用方石再累置坛中，皆方五尺，厚一尺，用玉牒书藏方石。牒厚五寸，长尺三寸，广五寸，有玉检。又用石检十枚，列于石傍，东西各三，南北各二，皆长三尺，广一尺，厚七寸。检中刻三处，深四寸，方五寸，有盖。检用金缕五周，以水银和金以为泥。玉玺二，其一方一寸二分，其一方三寸，方石四角又有距石，皆再累。枚长一丈，厚一尺，广二尺，皆在圆坛上。其下用距石十八枚，皆高三尺，厚一尺，广二尺，如小碑，圆坛立之，去坛三步。距石下皆有石趾，入地四尺。又用石碑，高九尺，广三尺五寸，厚尺二寸，立坛之丙地，去坛三丈以上，以刻书。"①遂使泰山郡取完青石，令印工刻玉牒书，为坛于泰山下，祀昊天上帝。

唐高宗乾封元年（666）封泰山，诏曰："古今之制，文质不同。今封禅以玉牒、金绳，而瓦樽、匏爵、秸席，宜改从文。"亲封玉册，于登封坛中。玄宗开元十三年（725）于泰山立圆坛，广五丈，高九尺，土色各依其方。又于圆台上起方坛，广一丈二尺，高九尺，其坛台四面为一阶。又为玉册、玉匮、石礛，皆如高宗之制。玄宗问："前世何为秘玉牒？"贺知章曰："玉牒以通意于天，前代或祈长年，希神仙，旨尚微密，故外莫知。"帝曰："朕今为民祈福，无以秘为。"即出玉牒，以示百僚。玉牒词曰："有唐嗣天子臣某，敢昭告于昊天上帝：天启李氏，运兴土德。高祖、太宗，受命立极。高宗升中，六合殷盛。中宗绍复，继体不定。上帝眷祐，锡臣忠武。底绥内艰，推戴圣父。恭承大宝，十有三年。敬若天意，四海晏然。封祀岱岳，谢成于天。子孙百禄，苍生受福。"②

唐代已有专职的图谱院主司编撰宗谱。北宋欧阳修《新唐书·百官志三》："知图谱官一人，修玉牒官一人。"③郑樵《通志》："自隋唐而上，官有簿状，家有谱系。官之选举，必由于簿状。家之婚姻，必由于谱系。历代并有图谱局，置郎令史以掌之。仍用博通古今之儒，知撰谱事。凡百官族姓之有家状者，则上之官，为考定详实，藏于秘阁，副在左户。若私书有滥，则纠之以官籍。官籍不及，则稽之以私书。此近古之制，以绳天下。使贵有常尊，贱有等威者也。所以人尚谱系之学，家藏谱系之书。自五季以来，取士不问家世，婚姻不问阀阅，故其书散佚，而其学不传。"④这充分说明了谱系对于社会、民族、家族发展的重要作用。

---

① 马端临.文献通考：上册．卷84[M].北京：中华书局，1986：762-763.
② 马端临.文献通考：上册．卷84[M].北京：中华书局，1986：765-766.
③ 欧阳修，等.新唐书：卷48[M]//二十五史：第4册.杭州：浙江古籍出版社，1998：454.
④ 郑樵.通志：卷25[M]//文渊阁四库全书：第373册.台北：台湾商务印书馆，1983：254.

宋代规定，每十年一修玉牒图谱。凡玉牒，书以销金花，白罗纸，黄金轴，销金红罗褾带，复墨漆金饰匣，红锦里，金锁钥，十年一进。宋王应麟《玉海》："周用中士奠系世，汉晋用九卿典属籍，唐开成以玉名牒，与史册并驱。玉牒如帝纪，而特详于国书，最为严重。""玉牒，每朝为一牒，载人主系序及历年行事，如帝纪而差详。其后附以皇后事迹，其亲王宗室，则有录谱图，三书详焉。玉牒奉安于本殿，类谱等书安于属籍堂。"①

其中，留存于世的有《汉玉版图籍》《汉诸王世谱》《晋皇族宗人图牒》《齐帝谱属》《齐梁帝谱》《梁帝谱》《唐宗正属籍》《唐皇室新谱》《大唐皇室新谱》《皇后谱牒》《唐玉牒》《七圣玉牒》《天房鉴概》《唐书总纪帝系》《唐皇室天潢源派谱》《唐皇室维城录》《皇孙郡王谱》《新修皇属籍》《皇宋玉牒》《祖宗玉牒》《牒谱图籍》《帝籍玉牒》《太祖玉牒》《太宗真宗玉牒》《仁英二帝玉牒》《神宗哲宗玉牒》《徽宗钦宗玉牒》《高宗玉牒》《孝宗玉牒》《光宗玉牒》《宁宗玉牒》《玉牒祖簿》《祥符仙源类谱》《两朝志仙源类谱》《祖宗属籍谱》《庆历仙源类谱》《神哲两朝帝系类谱》《三祖类谱》《仙源类谱》等。

玉牒的编纂需要广收博采，并且要把帝王的神迹与治世功勋并加记载。真宗朝时重臣王钦若集天源录于经史道藏诸子书中，取其事之本始，续成《圣祖皇帝天源录》二十卷。赵安仁又言唐故事，祖宗玉牒皆首载混元皇帝，请以御制《圣祖降临记》，冠于《列圣玉牒》，及别修皇朝新谱，诏名曰《仙源积庆图》。

清代十分重视玉牒的编纂，顺治十三年（1656）规定，每十年纂修一次玉牒，清代共纂修玉牒28次。届时开设玉牒馆，由皇帝钦定正副总裁，下设总校阅官等。玉牒的纂修体现了严格的等级尊卑观念，并充分反映了封建社会的纲常伦理，具体表现在皇族命名、排列顺序及编修方法等多方面。在封建社会，皇帝享有至高无上的尊严。故玉牒上有关皇帝的记载尤其详细，通常要占去两三页，除上述各项外，还包括其被立为皇太子的年月、即位年月日、谥号、庙号、生母姓氏及其徽号，以及后妃的晋封情况。在宗室玉牒中，以帝系为统，以辈分为序，每一辈首列皇帝，自近支推及远支。皇帝之名，必须避讳，玉牒中凡出现皇帝名字之处，必用小块黄绫盖住，以表敬重。多数情况只写皇帝年号或庙号，而不直书皇帝名字。清朝为了防止满族汉化，还在满人命名上作了严格规定：满族人用汉字命名，不准用汉姓，名字只准用两个字。清代玉牒分满、汉两种文本，现存1070册，是中国唯一完整系统保存至今的皇族族谱，也是世界上最庞大的家谱，现存于辽宁省档案馆。它对于研究清代的典章制度、宫廷历史、皇族户籍，以及人口学、谱牒学等，都具有十分重要的价值。

家族谱系叫作族谱，百姓谱系称作家谱。这些不同名称的谱牒性质是相同的，它们不

---

① 王应麟．玉海：卷51：玉牒图谱[M]//文渊阁四库全书：第944册．台北：台湾商务印书馆，1983：365．

仅是记载一个家族或宗族繁衍发展的历史文献，也反映了中国谱系史的发展和形成，伴随汉字发明以后的姓氏文化传承至今。族谱是中国最独特的文化遗产，是中华民族最有代表性的三种文献之一，和国史、地志同属宝贵的人文资料。

宋王应麟在《玉海》中详细讲述了谱系的历史与沿革，认为三代之前，姓氏分而为二，男子称氏，妇人称姓，氏以别贵贱，贵者有氏，贱者有名无氏；姓所以别婚姻，故有同姓异姓庶姓之别。三代之后，姓氏合而为一，皆所以别婚姻，而以地望明贵贱。于文女生为姓，故姓之字多从女，如姬、姜、嬴、姒、姚、妫、姞、妘、嫪、姶、妖、嫘之类是也。始祖为正姓者，若炎帝姓姜，黄帝姓姬，周姓姬本于黄，齐姓姜本于炎，宋姓子本于契。《国语》晋司空季子曰：黄帝之子二十五人，其同姓者二人而已，唯青阳与夷鼓。其同生而异姓，四母之子，别为十二姓。五帝各有系牒，黄帝以来皆有年数，稽其历谱牒，纪黄帝以来，讫共和为世表。起黄帝，至颛顼，三世帝喾，四世帝尧，五世至桀，二十世至汤，十七世至纣，四十六世至武王，立十九世。自黄帝至尧、舜、禹，皆同姓而异其国号，以章明德。今依其说图而考之，尧舜夏商周，同出黄帝。故有唐帝系，虞帝系，禹帝系。①西汉司马迁正是采帝系世本，以为《史记》。

谱牒是自文字发明以后，一直伴随着父系家族制度存在和发展的一种特殊的文献或簿籍。中国人的族谱是一个家族世代延续的记录。它对于族群的认同、尊祖、敦亲、和睦有着非常重要的意义。谱牒可以说是中华民族一种特殊的历史文献。它源远流长，从夏商周三代起，绵延不断，直到今天。它范围广泛，从皇室贵族到庶民百姓，各个阶层都曾修纂谱牒。它内容丰富，堪称中国家族历史的全面记录。它遗存丰厚，至今仍有数量巨大的各类谱牒留存于世，成为中华历史文化的珍贵遗产。

中国谱牒的历史源远流长。谱牒的雏形，在殷商卜辞的世系关系中有所反映。据王国维研究，甲骨文中即有不少记录殷王室世系的文字。他利用卜辞对《史记》中记载的殷商世系作了全面系统的对证研究。其结论是："《史记》所述商一代世系，以卜辞证之，虽不免小有舛驳，而大致不误，可知《史记》所据之《世本》全是实录。"②在数千年之后的今天，我们还能知道自黄帝以来夏商周三代比较清楚的世次传承，这在很大程度上是有赖于先秦谱牒的。

西周攻灭商纣王，面临殷商"顽民"的反抗以及诸多忧患，周公旦等统治者提出了理性的"殷鉴"理念，推动了政治改革、历史文献的整编和历史清理。商朝既然"有册有典"，加之殷商遗民仍在，西周对商代历史的叙述自然有所依据，至少商王世系不会大误。西周认定有夏是与商朝一样的朝代，此后就会出现参照商王世系编写的夏王世系，依此上溯，一系列的先王时代也都有了世系，甚至都有了在位年数。司马迁说："余读谍

---

① 王应麟.玉海：卷51：玉牒图谱[M]//文渊阁四库全书：第944册.台北：台湾商务印书馆，1983：365-389.
② 王国维.古史新证——王国维最后的讲义[M].北京：清华大学出版社，1994：52.

记，黄帝以来皆有年数。稽其历谱谍终始五德之传，古文咸不同，乖异。夫子之弗论次其年月，岂虚哉！"①可见在战国时期，这类谱牒文籍种类繁多，而且内容复杂。司马迁撰写《史记》，虽然对"黄帝以来皆有年数"深为怀疑，却因《史记》记史乃从黄帝开始，遂删去黄帝以下各个先王在位年数，采用黄帝世系，使夏代世系以及更早的先王世系进入史册。

周武王主天下以后，为了持久的统治，采取"封诸侯，建同姓"的封建政策，实行宗法分封制，因此周代的谱牒发展很快，并有了专门从事世系记录和谱牒记载的官职，如《周礼·春官》言小史"掌邦国之志，奠系世，辨昭穆"②。《世本》是最早记录帝王、诸侯、卿、大夫世系的谱牒。班固《汉书·艺文志》载："《世本》十五篇。古史官记黄帝以来，迄春秋时诸侯大夫。"③《世本》作为一种记载上古帝王诸侯世系的文献、簿籍，是可信的先秦古籍，其书非一次而成，属于不断累加而成的帝王诸侯总谱牒。司马迁《史记·三代世表》云："五帝、三代之记，尚矣。自殷以前诸侯不可得而谱，周以来乃颇可著。"唐张守节《正义》说："谱，布也，布列其事也。"唐司马贞《索隐》曰："牒者，纪系谥之书也。"④即全面、普遍布列出来的一种文献体裁。因为谱牒产生时尚未发明纸张，"谱"是写在"牒"上的，所以合称"谱牒"。

秦汉时期，官方开始设立宗正之职，编撰皇室的谱牒。同时也出现了秦汉世家名门望族著述的谱牒，如扬雄的《家牒》、应劭的《士族篇》、颍川太守的《聊氏万姓谱》。以后著述渐多，蔚为大观，以至在目录书籍的分类中被列为一类。魏晋兴士族门第，时名门望族，修谱之风盛行。这个时期成为中国谱牒发展的鼎盛时期，谱牒学因此产生。

宋室南渡后，谱牒风被带到江南，世家大族再度兴起编撰谱牒之风，直至普及到民间。明清之际，中国谱牒学和中国姓氏学这些中国古老的传统继续被发扬光大，出现了一些具有代表性的著作：明代杨慎《希姓录》，明代凌迪知《万姓统谱》《历代帝王姓系统谱》，清代嵇璜、刘墉《续通志》。

谱牒种类繁多，内容丰富，堪称民族、家族历史的全面记录。在古人看来，如果不修谱牒，人生于世而不知其所出，则与禽兽无异。如欧阳修说："盖自黄帝以来，子孙分国受姓，历尧舜三代数千岁间，诗书所纪，皆有次序，岂非谱系源流传之百世而不绝欤！此古人所以为重也。不然，则士生于世，皆莫自知其所出，而昧其世德远近，其所以异于禽兽者，仅能识其父祖尔，其可忽哉！唐世谱牒尤备，士大夫务以世家相高。至其弊也，或陷轻薄，婚姻附托，邀求货赂，君子患之。然而士子修饬，喜自树立，兢兢惟恐坠其世业。亦以有谱牒而能知其世也。今之谱学亡矣，虽名臣巨族，未尝有家谱者，然而俗习苟

---

① 司马迁.史记[M]//二十五史：第1册.杭州：浙江古籍出版社，1998：52.
② 阮元.十三经注疏：上册[M].北京：中华书局，1980：818.
③ 班固.汉书[M]//二十五史：第1册.杭州：浙江古籍出版社，1998：407.
④ 司马迁.史记[M]//二十五史：第1册.杭州：浙江古籍出版社，1998：52.

简，废失者非一，岂止家谱而已哉！"①明人李濂说："葬亲而不祔其祖，与祔而不以其伦者，均之视死者为不物。噫嘻！为人之子孙，而视祖考为不物，其违禽兽不远矣。"②这些说法都十分深刻，讲清了谱牒在家族、民族发展中的重要作用。

众所周知，人与动物的最大区别就在于人的头脑发达，人是有自觉意识的。这种自觉意识一方面表现在对客观自然界的认识上，从而能够有效地利用和改造自然；另一方面则表现在对人类本身的认识上，进而促进了人类的繁衍和发展。在自然万物之中，不仅动物，植物也大都存在繁衍谱系。然而，植物对其本身的繁衍谱系是完全没有意识的；一些动物对本身谱系虽有某种意识，却是模糊的，不自觉的；只有人类在进化的过程中，对本身繁衍谱系的认识逐渐达到了自觉的程度。

从人类本身来看，其最初对自身繁衍的谱系也是不清楚的。《吕氏春秋·恃君览》载："昔太古尝无君矣，其民聚生群处，知母不知父，无亲戚兄弟夫妇男女之别，无上下长幼之道。"③这里所说的就是人类处于母系氏族原始社会的情况，当时人类对自身繁衍谱系的认识十分模糊，后来才逐渐清楚，趋于自觉，这是人类走向文明的一大进步。

谱牒的产生与人类对族群的认知和重视密切相关。众所周知，一个人的力量很渺小，敌不过很多动物，而当其形成一个族群，再加上群体的智慧，那就不同了。人类最初能够在极其恶劣的环境中生存下来，靠的就是族群的力量。个人如果离开群体，那是无法存活的。而随着智慧的发展，人类对族群的认识逐步深化，趋于自觉，便主动运用族群的力量发展壮大自己。在人类进化的过程中，族群的力量发挥了至关重要的作用。在整个人类历史发展的长河中，中华民族的祖先对族群的认知尤其突出、自觉，也更为成熟。这表现在中华民族很早就形成了宗族，建立了宗法制度，成为我国古代社会的根本体制，并对中国社会的发展产生了重大而深远的影响。

所谓"宗法制度"，是一种以血缘关系为纽带，家族组织与国家制度相结合，以保证血缘贵族世袭统治的政治形式。宗法制度从氏族社会父系家长制发展起来，经夏商两代，至西周达到完备。西周初年，周武王在建国以后，为保证周族家天下的稳固，将天下的土地和人民分封给自己的兄弟、亲族及功臣，当时称为"封邦建国"，即我们常说的"裂土封王"，逐渐形成了以周天子为中心的宗法体制。周天子把土地、人民分封给各级诸侯，称为"封国"；各级诸侯又把自己的"封国"分封给自己的兄弟、亲族、功臣，即"卿大夫"；卿大夫再把自己的领地"采邑"分封给自己的兄弟、亲族等，即"士"，士的领地称为"禄田"。这样层层分封，形成了周天子、诸侯、卿大夫、士等层层相依的等级结构。

---

① 欧阳修.文忠集：卷135[M]//于敏中，等.摛藻堂四库全书荟要：第372册.台北：世界书局，1990：291.
② 李濂.族葬论[M]//文渊阁四库全书：第1454册.台北：台湾商务印书馆，1983：48.
③ 吕氏春秋[M]//诸子集成：第8册.长沙：岳麓书社，1996：272.

西周的宗法制有三个基本原则。其一，从周天子到卿大夫、士，都实行嫡长子继承制。其二，小宗服从大宗，诸弟服从长兄。周天子相对于其他一切封国领地来说是大宗，其他诸侯相对而言皆为小宗。同样，在诸侯国中，诸侯为大宗，其他卿大夫皆为小宗。在各个相对关系中，小宗应服从大宗，有义务纳贡，帮助出兵征伐；大宗有义务保护小宗，调解小宗之间的纠纷。其三，各级诸侯、卿大夫、士，既是一种家族组织，又各自构成一级国家政权，共同向最高宗子——周天子负责。这种宗法统治的特征在于家族统治。周王即周天子，既是国王，又是家族中的家长。在这种双重统治之下，官吏与各级行政机构的选择采用"任人唯亲"的原则，完全依照血缘关系的亲疏远近而定。因此，宗法制度的实质在于保证夺得政权的家族对全社会实行家长制的专制统治。

宗法制度构成了西周时期的基本政治结构。在宗法制度之下，家族组织与国家制度合二为一，家族观念、家族道德互为表里，由此形成了西周法律制度的一些基本特征。商朝前期实行"父死子继"与"兄终弟及"二者并存的继承制度。到商朝晚期，嫡长子继承制度已牢牢确立。西周确立宗法制度，严格确定了嫡长子的继承权，从天子、诸侯、卿大夫到士，各级领主的领地和身份只能由正妻（或称嫡妻）所生长子继承。嫡长子为大宗，其他兄弟相对于嫡长子是小宗。在财产方面，其余庶子也只能由嫡长子分配，而无所谓继承"权"。至于女子，自然也说不上继承"权"，只不过，为了贵族的体面和联络感情的需要，大多给予女子可观的嫁妆，但这同样只是出于父兄的赐予，而不是女子的法定权利。

明代著名学者凌迪知在讲述中国姓氏的来源时，将姓氏的历史与种族、民族及文化紧密相连。《舜典》曰："别生，分类。生，姓也。别其姓氏，分其族类。"《夏书》曰："锡土姓以新生之土，赐之为姓。"《史记》注曰："天子赐姓命氏，诸侯命族。族者，氏之别名也。姓者，所以统系百世，使不相别也。氏者，所以别子孙之所出。"《说文》曰："姓，人所生也。古之神圣神母，感天而生子，故称天子。"《白虎通》曰："人所以有姓者何？所以崇恩爱，厚亲亲，远禽兽，别婚姻也。故纪世别类，使生相爱，死相哀，同姓不得相娶，皆为重人伦也。姓者，生也。人禀天气，所以生者也。"《风俗通》曰："万类之中，惟人为贵。《春秋左氏》传官有世功，即有官族。邑亦如之……自族别而为姓，姓别而为望，望别而为房。故姓多则讹，其族望多则讹，其姓房多则讹，其望必然之理也。今夫刘氏一族，自尧陶唐氏至秦为刘氏，而其姓有六。妫氏一族，自舜别为姚氏，至齐王建之子别为王氏，而其姓有四……天子赐姓赐氏，诸侯但赐氏，不得赐姓。"杜预云："舜生妫汭，赐姓曰妫，封舜之后于陈，以所封之土命为氏。舜后姓妫为氏，曰陈故。"郑骧《异义》云："炎帝姓姜，大皞之所赐也。黄帝姓姬，炎帝之所赐也。故尧赐伯夷姓曰姜，赐禹姓曰姒，赐契姓曰子，赐稷姓曰姬，是天子赐姓也。"[①] 可见姓氏是判

---

① 凌迪知.氏族博考：卷1[M]//文渊阁四库全书：第957册.台北：台湾商务印书馆，1983：824-825.

断其历史、种族、民族及文化的重要依据，缺之不可，这亦是中国重视家族谱系撰写的重要原因。

古代的中国是一个传统的宗法社会。所谓宗法制度，是特定历史阶段的产物，是由氏族社会父系家长制演变而来的，是王朝贵族按血缘关系分配国家权力，建立世袭统治的一种制度。其特点是宗族组织和国家组织合而为一，宗法等级和政治等级完全一致。这种制度确立于夏朝，发展于商朝，完备于周朝，影响于后世的各代王朝。按照周代的宗法制度，宗族中分为大宗和小宗。周王自称天子，称为天下的大宗。天子除嫡长子以外的其他儿子被封为诸侯。诸侯对天子而言是小宗，在他的封国内却是大宗。诸侯的其他儿子被分封为卿大夫。卿大夫对诸侯而言是小宗，在他的采邑内却是大宗。从卿大夫到士也是如此。因此贵族的嫡长子总是不同等级的大宗。大宗不仅享有对宗族成员的统治权，而且享有政治上的特权。后来，各王朝的统治者对宗法制度加以改造，逐渐建立了由政权、族权、神权、夫权组成的封建宗法制。

宗法制度产生于氏族社会末期，即小农经济的萌芽时期，是为适应当时小农经济的发展而形成的一种制度。所谓小农经济也可以说是自然经济，它的特点一是分散，二是生产出来的产品全部或绝大部分由农民自己消费，而不是进行商品交换，是一种自给自足的自然经济，在封建社会时期占主导地位。小农经济的这种分散、自给自足的特点导致其力量较小，在同一生产条件下如何最大限度地获取自身发展所需的物质资料以维系整个家庭的生存就成了一个关键的问题。个体的力量毕竟是弱小的，团体的力量是强大的。如果把每个生产个体用一种方式连接抑或是团结起来就可以弥补个体发展的不足，那么维持这个生产单位的力量是什么呢？是血缘关系。血缘作为维系这个团体的力量是有其合理因素的。首先，血缘关系是长久的，稳定的。每一个个体都会明确自己所属的族群。比如无论在何时何地我们都不会忘记自己是炎黄子孙，是中华民族的一员。这就是血缘的凝聚力。其次，血缘关系下的宗族人口会不断增加，不断增加的人口更有利于需要大量劳动力的小农经济的发展。最后，宗法社会所崇信的"非我族人，其心必异"的思想反映了排斥异族的心理，同时也反映出当时的人们以血缘划分族群的价值取向，于是一套以血缘关系为纽带的宗法制度产生了。

封建宗法等级制度源于氏族社会末期父系家长制的传统习惯。夏商周相继建立的三个王朝，是以三个不同的显贵家族为中心的统治集团，它们各自保留了大量父系家长制的传统。这些统治集团的家长、族长掌握国家政权后便把维护家长制的宗法制度和国家行政组织直接结合起来，任命和分封自己的亲属担任各级官吏并继承下去，形成小宗服从大宗的封建等级制度。在封建礼制的影响下，每个人的生活方式和行为方式必须符合他们的身份和社会地位，不得有丝毫的僭越，不同身份的人有着不同的礼、不同的行为规范。这样就产生了不平等，不同身份的人享有不同的权利。以血缘关系为纽带的封建宗法制度根据每个人在家族中的长幼尊卑，划分了其享有的不同权利和承担的不同义务。其本质是封建不平等的等级制度，是一种身份法、等级特权法、义务本位和权力本位的法。法律依附于其他社会调整体系之下，起主要调整作用的是宗法族规。

中国封建宗法等级制度产生于夏朝，至殷商康丁之后即趋于严密。西周成王以后就已经有了严格的宗法制度。据《史记·周本纪》，西周王朝的世系如下：武王姬发—成王姬诵—康王姬钊—昭王姬瑕—穆王姬满—共王姬繄扈—懿王姬囏—孝王姬辟方—夷王姬燮—厉王姬胡—共伯姬和—宣王姬静—幽王姬宫涅。西周王朝如果从西伯侯受命称王算起，共有十四任王，立国287年（前1058—前771）；如果从西伯侯姬昌即位年算起，则为331年（前1102—前771）；如果从周武王灭商算起，则为275年（前1046—前771）。

从天子到诸侯，从贵族至百姓，普遍重视对皇谱、族谱、家谱的编撰。自古以来的皇帝即有帝王谱系。古籍中记载古史传说最系统的首推《大戴礼记》，其所收《五帝德》《帝系》两篇，为《史记》之《五帝本纪》《三代世表》所本。清章学诚《文史通义》指出："谱牒之掌，古有专官。司马迁以《五帝系》牒、《尚书》集世记，为《三代世表》，氏族渊源，有自来矣。班固以还，不载谱系。而王符《氏姓》之篇，杜预《世族》之谱，则治经著论，别有专长，义尽而止，不复更求谱学也。自魏晋以降，迄乎六朝，族望渐崇。学士大夫，辄推太史世家遗意，自为家传。其命名之别，若《王肃家传》、虞览《家记》、范汪《世传》、明粲《世录》、陆煦《家史》之属，并于谱牒之外，勒为专书，以俟采录者也。至于挚虞《昭穆记》、王俭《百家谱》，以及何氏《姓苑》、贾氏《要状》十五卷诸编，则总汇群伦，编分类次，上者可裨史乘，下或流入类书，其别甚广，不可不辨也。族属既严，郡望愈重。若沛国刘氏、陇西李氏、太原王氏、陈郡谢氏，虽子姓散处，或本非同居，然而推言族望，必本所始。后魏迁洛，则有八氏、十姓、三十六族、九十二姓，并居河南洛阳。而中国人士，各第门阀，有四海大姓、州姓、郡姓、县姓，撰为谱录。齐梁之间，斯风益盛，郡谱州牒，并有专书。若王俭、王僧孺之所著录，《冀州姓族》《扬州谱钞》之属，不可胜纪，俱以州郡系其世望者也。唐刘知几讨论史志，以谓族谱之书，允宜入史。其后欧阳《唐书》，撰为宰相世系；顾清门巨族，但不为宰相者，时有所遗。至郑樵《通志》，首著《氏族》之略，其叙例之文，发明谱学所系，推原史家不得师承之故，盖尝慨切言之。而后人修史，不师其法，是亦史部之阙典也。古者，瞽蒙诵诗，并诵世系，以戒劝人君。《国语》所谓教之世，而为之昭明德者，是也。然则奠系之属，掌于小史，诵于瞽蒙，先王所重，盖以尊人道，而追本始也。当时州闾族党之长，属民读法。乡大夫三年大比，考德艺而献书于王。则其系世之属，必有成数，以集上于小史，可知也。夫比人斯有家，比家斯有国，比国斯有天下。家牒不修，则国之掌故，何所资而为之征信耶？《易》曰：'天与火，同人。君子以类族辨物。'物之大者，莫过于人。人之重者，莫重于族。记传之别，或及虫鱼。地理之书，必征土产。而于先王锡土分姓，所以重人类，而明伦叙者，阙焉无闻，非所以明大通之义也。且谱牒之书，藏之于家，易于散乱；尽入国史，又惧繁多。是则方州之志，考定成编，可以领诸家之总,而备国史之要删,亦载笔之不可不知所务者也。"①

家谱是一种以表谱形式记载一个以血缘关系为主体的家族世系繁衍和重要人物事迹的特殊的图书体裁,是中国特有的文化遗产。流传至今的家谱至少仍有十万多种,其内容之丰,价值之高,很值得我们了解与认识。明邱濬《大学衍义补》曰:"然魏晋以来,官有簿状,家有谱系,官之选举必谅于簿状,家之婚姻必谅于谱系。历代并有图谱局,置郎、令、史以掌之,仍用博通古今之儒,知撰谱事。"②明胡应麟《少室山房笔丛》曰:"凡谱系之学,昉于汉,衍于晋,盛于齐,极于梁,唐稍左矣,其学故不乏也。郑氏《通志》谱系,凡六种一百七十部。端临《通考》,存者不过数家,胜国以还殆绝,此门阀之变,亦古今兴废一大端也。"③中国历史上有家谱的家族最为著名的有两家,一为孔子世家,一为天师世家。

《孔子世家》为司马迁《史记》中之一篇,详细记述了孔子的生平及各方面的成就,是研究孔子生平思想的重要文献之一。其中记载了孔子的后裔,包括孔鲤、孔伋、孔白、孔求、孔箕、孔穿、孔慎、孔鲋、孔襄、孔忠、孔武、孔延年、孔安国、孔卬、孔骧等人,可谓最早的族谱。太史公曰:"孔子布衣,传十余世,学者宗之。自天子王侯,中国言六艺者折中于夫子,可谓至圣矣!"

1928年,孔族中人倡修合族大谱,由孔德成任总裁,历时7年,全谱排印于1937年。根据这部家谱,凡属孔裔者不论散居何地,只要能查考的,一律载明属于何户何支,编排得有条不紊,清晰明确。所以凡今存60岁以上的孔裔,都能在谱中查到自己的名字,并可依序上溯到每一位祖先,直至孔子。

孔子后人取名,正式订出行辈是在明朝。明初朱元璋赐孔氏八个辈字:公、彦、承、弘、闻、贞、尚、胤,供起名用。后因洪武元年(1368)孔子的第55代孙孔希学及洪武十七年(1384)孔子的第56代孙孔讷先后袭封衍圣公,这样就把"希"和"言"旁加上共为十个字,即希、言、公、彦、承、弘、闻、贞、尚、胤(清代为避帝讳,将弘改为宏,胤改为衍)。明天启(1621—1627)年间,这十个字已不够用,由第64代衍圣公孔胤植奏准,后续二十个字,即"兴毓传继广,昭宪庆繁祥,令德维垂佑,钦绍念显扬"。1919年由第75代衍圣公孔令贻又立二十个字,咨请当时的北洋政府核准公布,即"建道敦安定,懋修肇彝常,裕文焕景瑞,永锡世绪昌"。到现在为止已知的最小辈是"钦"字辈。

天师世家是指东汉时期道教创始人张陵的后代形成的世家。晋朝时由于天师道广泛传播,许多高级士族加入道教成为信徒,从而形成的一些世家也被称作"天师世家"。天师,也即道教天师道创始人张陵及其衣钵弟子,是为道教的首领。天师世袭罔替,

---

① 章学诚.文史通义:卷6[M].上海:上海古籍出版社,2015:210-211.
② 邱濬.大学衍义补:下[M].上海:上海书店出版社,2012:99.
③ 胡应麟.少室山房笔丛:卷39[M]//文渊阁四库全书:第886册.台北:台湾商务印书馆,1983:409.

"非我宗亲不能传"。"张天师"的传承对象一定得是张氏宗亲,不是天师血统不传。

中国的家谱是一种对家族血缘的肯定,世系图是家谱的核心。家谱所载世系图极为详明,既有纵向的世代传承,又有横向的分支派别,将一个宗族世代繁衍的谱系清晰地展现出来。这是一种深层次的认识,是对家庭乃至宗族的血缘关系的理性认知。栾成显先生认为家谱是一种历史的记忆:"谱牒修纂的一个主旨就是为了'不忘本也',使人不忘祖先,不弃宗族。所以,谱牒所载更多的是关于已经逝去的族人及先祖的情况。其中不仅载有先人们的姓名、谥号、生年、忌日、丘墓等基本资料,而且还以传记等形式,保留了先人们的业绩以及其他资料,被称为家族档案,进而形成一个民族的历史记忆。"① 先秦时的谱牒则成为中华民族最早的历史记载之一。

谱牒是一种认同的征信。祖宗何以不忘?宗族何以不散?个人的身份何以确定?皆赖谱牒之力。谱牒不具,无以征信。宋金战争时,蜀地守将吴曦降金,他向金人献上了两件东西作为信物,一件是《蜀地图志》,另一件就是《吴氏谱牒》。

家谱是一种尊祖敬宗的工具。揭傒斯说:"夫谱其谱者,尊祖之器也。道其道者,尊祖之实也。"② 纂修谱牒能收到尊祖、敬宗、合族的社会效果。谱牒所载,一般是首列宗族的始祖,乃至追本溯源,叙及远祖,这体现了尊祖之意;始祖之下按世代传承的谱系分支别派,其中对本宗谱系的罗列最为详明,昭穆有序,亲疏有别,这表达了敬宗之情。而宗族的成员一般都要收录于谱系之内,这显示了合族之法。尊祖、敬宗、合族也正是宗法制度的一个主旨。古代学者在谈论谱牒时多明确指出它本是宗法制度的"遗意""遗法"和"遗制"。谱牒的修纂成为维护宗法制度的一个有效手段,是政治统治的工具。正因为如此,中国历代对谱牒的修纂都十分重视,国家设有专门的机构和官吏,如周朝的小史、魏晋六朝时的宗正、宋代的宗寺等,都是掌管谱牒纂修的。

总之,家谱是人类对自身繁衍谱系的理性认知,是人类文明进步的一种基本体现。家谱与宗法制度的关系极为密切,是维护宗法制度的一个有效手段,也可以说是宗法制度的一个组成部分。家谱不是一般的历史文献,它在中国古代社会一直发挥着独特的功用。

在历代所修各种家谱中,叙及远祖时,绝大多数都要追溯到黄帝或炎帝。在中国古代,以儒家为代表的知识阶层,把伏羲、炎帝、黄帝、尧、舜、禹等传说或神话人物改造成为历史人物,构筑了一个以"三皇五帝"为中心、神史混杂的史前社会体系,并认为那是人类最美好的时代。这一史前帝王谱系在中国学术界形成了根深蒂固的古史观念,以至言必称唐尧虞舜,尊之为盛世明主。先秦文献中记载史前社会"三皇五帝"之类的神话传说虽然屡经臆测篡改,但拨开历史的迷雾,仍不难发现有价值的因素。"三皇五帝"具体

---

① 栾成显.谱牒:记录中华历史文化的又一宝藏[J].安徽师范大学学报(人文社会科学版),2012(1).
② 揭傒斯.文安集:卷8[M]//于敏中,等.摛藻堂四库全书荟要:404册.台北:世界书局,1990:139.

名号如何，史前社会有无其人，实际上并不重要。我们可以笼统地说，他们是史前社会华夏、羌、夷、戎、狄、苗、蛮等氏族部落的首领，或者是氏族部落的精神领袖，或者是氏族部落的名号。他们所代表的氏族部落，随着社会生产的发展和人口的增加，不断迁移、相互交往，各个部落之间在某些时候、某些地方形成相反的利益，而在有些地方和另一些地方又形成了相同的利益，由此引起了各个部落的分化和组合、战争和联盟，逐渐形成不同的民族。这些民族就是今天的汉族和其他少数民族的前身。

从考古学取得的成果来看，中华民族的起源也是多元的。据顾炎武考证，即使在群雄割据的战国时期，各国诸侯的谱牒也都是以黄帝为始祖的。其在心理文化层面上的作用与意义更值得重视。与其说它是谱牒编纂上对远祖的追溯，不如说它是中华民族对共同祖先的认同。中华民族自远古进入文明社会以后，数千年来，不论世代更迭，延续久远；不论天涯海角，走到何方；不论李赵张王，姓氏各异，我们都认知共同的祖先——炎黄二帝。每当民族危难之际，每当国家需要之时，仁人志士都挺身而出，表现出强大的民族凝聚力。数千年来延续不断的家谱修纂，认知共同的祖先，对这种民族凝聚力的形成无疑起了重要的作用。

二、从谱牒到图谱的演变

谱牒中往往附载图像，故又称图谱。图谱的出现甚早。刘勰《文心雕龙》曰："夫神道阐幽，天命微显，马龙出而大《易》兴，神龟见而《洪范》耀。故《系辞》称河出图，洛出书，圣人则之，斯之谓也。"①清嵇璜等《续通志》曰："图谱之传，与经籍相表里。班固《艺文志》以易神输图，《春秋》《世本》孙轸形势图，分缀于六艺诸子之列。隋唐史志，并沿其例。郑樵《通志》始辑图谱为专门，首述索象，原学明用，以辨其源流，次分记有记无，以考其存佚。上起周秦，下迄北宋，记其有者二百有六，记其无者一百七十有五，其用意可谓勤矣然。"②

清章学诚《文史通义》专门讨论图谱之学，认为古有专门，前人论之详尽："司马迁为史，独取旁行斜上之遗，列为十表，而不取象魏悬法之掌，列为诸图，于是后史相承，表志愈繁，图经浸失。好古之士，载考陈编，口诵其辞，目迷其象，是亦载笔之通弊，斯文之阙典也。郑樵生千载而后，慨然有志于三代遗文，而于《图谱》一篇，既明其用，又推后代失所依据之故，本于班固收书遗图，亦既感慨言之矣。然郑氏之意，只为著录诸

---

① 刘勰.文心雕龙：卷1[M]//文渊阁四库全书：第1478册.台北：台湾商务印书馆，1983：6.
② 嵇璜，等.续通志：卷165[M]//文渊阁四库全书：第394册.台北：台湾商务印书馆，1983：605.

家，不立图谱专门，故欲别为一录，以辅《七略》四部之不逮耳。其实未尝深考，图学失传，由于司马迁有表无图，遂使后人修史，不知采录。故其自为《通志》，纪、传、谱、略诸体具备，而形势名象，亦未为图。以此而议班氏，岂所谓楚则失之，而齐亦未为得者非耶！夫图谱之用，相为表里。《周谱》之亡久矣，而三代世次，诸侯年月，今具可考，以司马迁采撷为表故也。象魏之藏既失，而形名制度，方圆曲直，今不可知，以司马迁未列为图故也。然则书之存亡，系于史臣之笔削明矣。图之远者，姑弗具论。自《三辅黄图》、《洛阳宫殿图》以来，都邑之簿，代有成书，后代搜罗，百不存一，郑氏独具心裁，立为专录，以谓有其举之，莫或废矣。然今按以郑氏所收，其遗亡散失，与前代所著，未始径庭，则书之存亡，系于史臣之笔削者尤重，而系于著录之部次者犹轻，又明矣。樽罍之微，或资博雅；卤簿之属，或著威仪，前人并有图书，盖亦繁富。史臣识其经要，未遑悉入编摩，郑氏列为专录，使有所考，但求本书可也。至于方州形势，天下大计，不于表志之间列为专部，使读其书者，乃若冥行摘埴，如之何其可也？治《易》者必明乎象，治《春秋》者必通乎谱，图象谱牒，《易》与《春秋》之大原也。《易》曰：

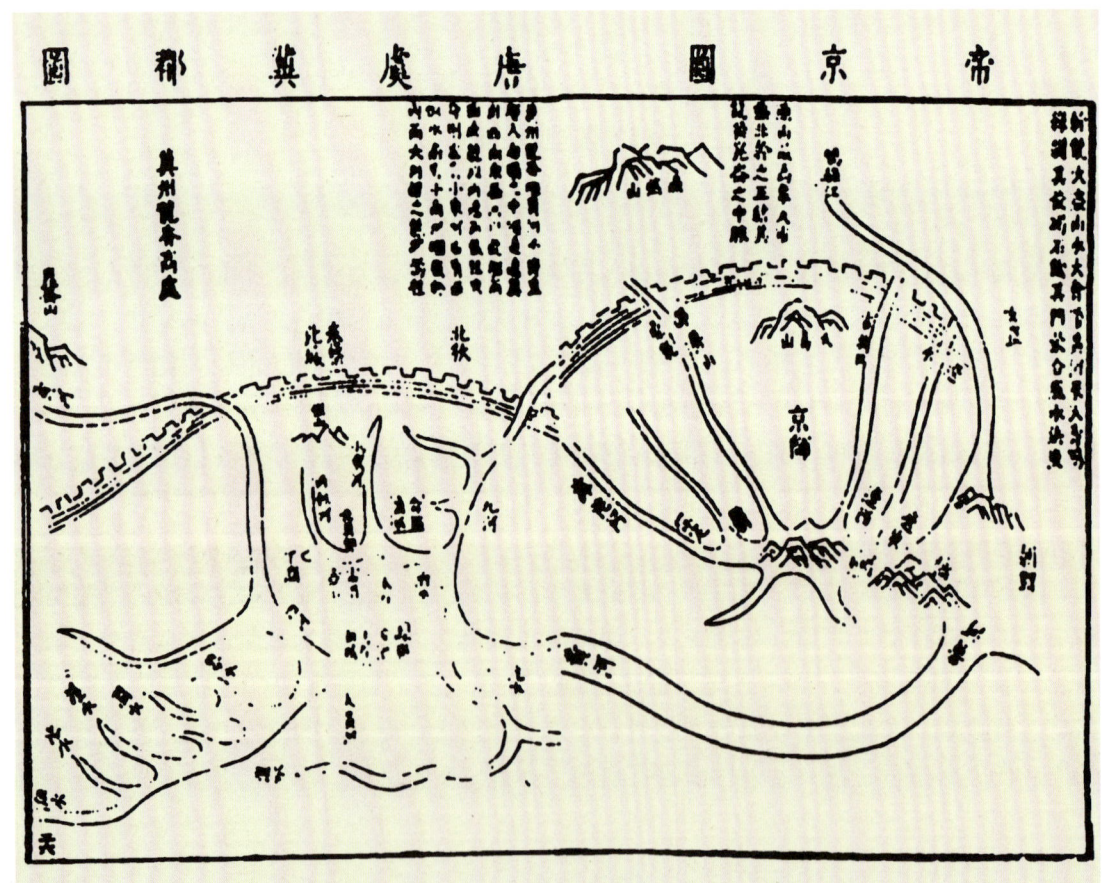

帝京图　明代　木刻版画　采自茅瑞征《禹贡汇疏》

'系辞焉以尽其言。'《记》曰：'比事属辞，《春秋》教也。'夫谓之系辞属辞者，明乎文辞从其后也。然则图象为无言之史，谱牒为无文之书，相辅而行，虽欲阙一而不可者也。况州郡图经，尤前人之所重耶！"①

据宋代王应麟《玉海》卷五六记载，历代流传的图谱甚多，仅阮孝绪《七录内篇》就收录图七百七十卷，《外篇》有图百卷。如《黄帝录图》《明堂图》《风后图》《伊尹九主图》《周丹图》《周明堂周公图》《齐管子幼官图》《汉三礼图》《唐三礼图》《周明堂宗庙图》《冠服图》《五宗图》《月令图》《周官礼图》《五宗图》《汉周公负成王图》《汉禹贡图》《汉兵家图》等，内容涉及历史、谱牒、礼仪、文化、艺术、军事等各个领域，充分说明了图谱在历史文化的传承中具有相当重要的地位。

陆耀《题王氏写本地图后》曰："然所图一事，而彼此有异同之说，古今有因革之殊。板刻流传，漫无区别，研究不审，遗误滋多。古之为图谱之学者，常用数色以识别之。如星官书，巫氏以黄纪，甘氏以黑记，石氏以朱记。虽不尽遵用，而于三垣外宿、北极北斗，星之大纲及明大者，并用朱记，黑次之，黄又次之，是犹有古法也。他如《本草纲目》，亦有朱字黑字之别。其朱字者，乃汉张仲景、魏华佗所传旧本，谓之《神农本经》。其墨字者，乃梁陶隐居之所续增，谓之《名医别品》。今坊刻李时珍《本草》，概用黑字，则非其旧矣。至于九州舆地之图，或用黄色以为河，青色以为江，朱色以为新附之版籍，此可以资知今之学，而尚不足于考古。"②

蜀汉时诸葛亮为安抚南夷，曾为夷人作图谱，"先画天地、日月、君长、城府；次画神龙，龙生夷，及牛、马、羊；后画部主吏乘马幡盖，巡行安恤；又画（夷）牵牛负酒，赍金宝诣之之象，以赐夷。夷甚重之，许致生口直。又与瑞锦、铁券，今皆存"③。这种被称为"诸葛图谱"的器物正是一个民族文化的载体，它形象地表现了夷人的宗教信仰与历史传承，如同后世道教的神谱。

道教亦重视图谱，并将图谱用于修真度人。贾善翔《犹龙传》曰："图箓经像，出于师承，乃上圣之秘言，即修行之要指。故三部八景二十四神，具于人身，各有图像，按而行之，立致通感。在昔元始而授之于后圣君，俾流布于人天。后圣君者，即老君也。以上皇元年九月十日，出游西河，历观八方，遇元始天王，乘八景玉舆，驾九色玄龙，三素飞云，导从群仙，手执华幡，狮子白鹄，啸歌邕邕，浮空而来，降西河之上。后圣君稽首请问曰：'昔蒙训授天书玉字二十四图，虽得其文，未得其妙，虽有图赞，而无其像，修之庵蔼，莫测津涯。今遇天尊，喜庆难言，愿垂成就，示以道真。'于是天王口吐洞元内观玉符以授君，使清斋千日，灵香薰体，东向服符，即形神备见，自当洞达，诸疑顿了。君稽首奉承，依天仪长斋千日，东向服符，三部八景神并见，金书玉字，二十四图，空中焕

---

① 章学诚. 文史通义：卷6[M]. 上海：上海古籍出版社，2015：215-216.
② 陆耀. 题王氏写本地图后[M]//贺长龄. 皇朝经世文编：卷79. 清道光六年刻本.
③ 刘琳. 华阳国志校注[M]. 成都：成都时代出版社，2007：189.

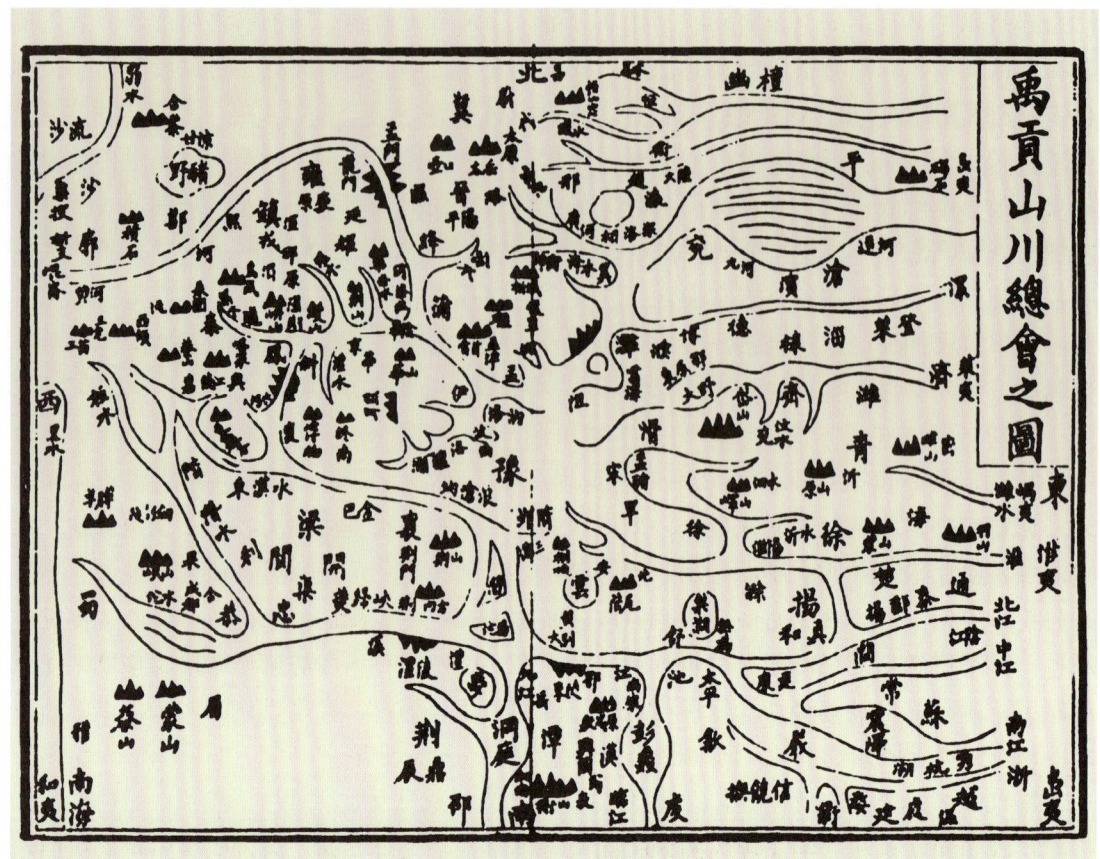

禹贡图　清代　木刻版画　采自胡凤丹《禹贡集解》

明，洞彻无碍。是时，即命主图上仙而篆图焉。金书紫字，玉文丹章，于此成音。而后南极上元九光太真王夫人，东西二华，南北真公，五岳神仙，清虚真人，所受真文图像，皆由后圣君所传焉。二十四图者，上一沐浴东井图，上二神仙五岳真形图，上三通灵决精八史图，上四神仙六甲通灵图，上五神仙九官紫房图，上六神仙元始太清图，上七神仙真道混成图，上八神仙西升保箓图。中一神仙通微灵化图，中二神仙蹑虚九灵图，中三神仙九变天图，中四神仙常存图，中五神仙守一养身图，中六神仙守神舍景图，中七神仙寂默养精守志图，中八神仙芝英玉女图。下一神仙六阴玉女图，下二神仙九元导仙图，下三神仙导引图，下四神仙洞中皇宝图，下五神仙变化隐侧图，下六神仙采芝开山图，下七神仙明镜图，下八神仙无极太一图。右二十四图，以洞天元始之炁化生，因撰施行，仍以诸圣妙旨更相发明。所谓应物无择者，道也。赴感随机者，圣也。常以经图戒律，广化一切，分形应感，无量无边。而太上之体，端寂无为，无生无灭也。"①

---

① 贾善翔.犹龙传：卷2[M]//道藏：第18册.北京：文物出版社，上海：上海书店出版社，天津：天津古籍出版社，1988：9.

南朝陶弘景《真灵位业图》的出现，完成了道教史上第一部神仙谱系的编排，具有重要的象征意义，标志着道教由早期派别林立、各自为政的散杂状况开始向诸宗归一、信仰趋同的成熟阶段发展。德国柏林国立民族学博物馆藏宋刻本《金阙玄元太上老君八十一化图说》图文并茂，是研究老君信仰演变的珍贵史料。清光绪戊子年刻本《玉枢宝经》收神霄派祖师图像53幅，亦是一种道教神仙图谱。王育成先生利用明皇太后功德书《宝善卷》中的《全真宗祖图》，配合明宪宗编订的《群仙集》全真祖师彩绘以及大量元、明、清版画资料，编著《明代彩绘全真宗祖图研究》，从图像内容角度对全真宗祖师彩绘进行了深入的、开创性的研究。这套宗祖图是目前所知全真派唯一一套彩绘的、成系谱的、次序相接的明代祖师画像。王育成先生指出，全真宗祖图的老子、文子、亢仓子、庄子、列子、东华帝君、钟离子、吕洞宾、刘海蟾、王重阳、张伯端、丘处机等人的画像绝非凭空捏造，都是有所来历和表示特定宗教含义的；《全真宗祖图》这种系谱性祖师图的存在和流传，证明道教组织曾非常盛行祖师崇拜。祖师崇拜是当时全真道这类非血缘集团协调、加强、凝聚和发展自己团体力量的最常用的基本手段之一。

众所周知，古老悠久的华夏文明经历过图像时代。在语言文字尚未产生之前，先民曾经有过一个以图记事、以图说事和以图表情的漫长的历史时期，故图像文化应是早于文字而独立存在的中华早期文明之一。自汉以降文字语言孕育成熟并逐步取代其功能和地位后，图像文化一方面转化为一种艺术文化的独立形式延绵发展，另一方面作为文字文化的原型伴生至今。

我国图像文化和文字起源的确切时间至今仍是一个未解之谜。而古代先民长期口口相传的许多美好的故事，在先秦典籍中已有明确的记述。如《周易·系辞上》说："天垂象，见吉凶，圣人象之。河出图，洛出书，圣人则之。"[①]"河图洛书"的故事是说人类处在蛮荒混沌之状的伏羲时代，有龙马背负"河图"出现于黄河，有神龟背负"洛书"出现于洛水，伏羲融合"河图""洛书"的精华画成八卦，遂使"图像"和"文字"这两种人类早期文明的结晶伴随着中华民族历史文化绵延发展，流传于世。

据各种资料信息的互证，在《河图》《洛书》基础上生成的"图谱之学"和"书籍之学"两种不同的文化形态确实相生相伴度过了漫长的历史时期。《后汉书》中有关于"古学"的记载被认为是对于上古时期相关物象进行研究的一种学问；唐宋时期孕育形成的金石学，则全面开启了对传世与出土金石器物和图像进行综合性考证研究的学术历程。

我国有关图像的学术研究历史悠久，自成体系。从西汉开始，已有人研究古代文字，考释古铜器，整理竹简，记述古迹。但研究者少，无专著问世，没有形成一门学科。北宋统治者奖励经学，提倡恢复礼制，对古物的收集、整理和研究出现热潮；墨拓术及印刷术的发展又为金石文字的流传提供了良好条件。

---

① 韩康伯.周易注[M]//文渊阁四库全书：第7册.台北：台湾商务印书馆，1983：261.

传统金石学源于唐宋，唐代韦述等史家已经开始收集、著录金石碑版，并运用于史学著述。史载韦述家聚书两万卷，虽御府不逮也。兼古今朝臣图，历代知名人画，魏、晋以来草隶真迹数百卷，古碑、古器、药方、格式、钱谱、玺谱之类，当代名公尺题，无不毕备。韦述所著《两京新记》记述了兴福寺《圣教序碑》、西市《市令载敏碑》、东明观《冯黄庭碑》《李荣碑》等碑刻，生动地反映了两京的历史。以毋煚《古今书录》为蓝本的《旧唐书·经籍志》著录了《诸郡碑》一百六十六卷、《杂碑文集》二十卷两书。敦煌出土文书中也有辑录碑志之作，如《李氏造窟功德碑》《张淮深碑》《常何墓志》，皆有写本传世，这些书籍虽不著编纂者姓名，但表明唐代已有学者着意集录碑版文字。宋代欧阳修、赵明诚、洪适的著作将金石学推向成熟，形成金石著录、校勘、鉴别、考订等系统而专门的方法。清代学者进一步推而广之，并与经史考证、舆地方志之学相结合，结出了更为丰硕的果实。

宋仁宗时，刘敞出任永兴军路安抚使。长安的古墓荒基很多，经常出土古物。刘敞搜集到先秦鼎彝十多件，考订文字，请工匠摹勒刻石、绘像，撰成《先秦古器记》（已佚）一卷，有图录、铭文、说及赞，对金石研究有开创之功。吕大临撰《考古图》，在编古器物书的体例方面多有建树，该书是流传至今的最早的古器物图录。其后又有《宣和博古图》《历代钟鼎彝器款式法帖》等铜器著录书。欧阳修《集古录》凡一千卷，收录了上千件金石器物，是学术史上第一部金石考古学专著。所收集的器物，上自周穆王，下至隋唐五代，内容极为广泛。之后欧阳修"撮其大要，别为录目"，成《集古录跋尾》十卷传世。

吕大临《考古图》十卷，对所收录的每件器物绘图摹文，释文列于其下，并将器物的大小、尺寸、容量、重量、出土地点、收藏者一一写明。另有《考古图释文》一卷。李公麟《考古图》，又称《古器图》，一卷。李公麟是北宋后期著名画家，好古博学，善画工诗，多识古字，收集到夏、商以后钟、鼎、尊、彝，都能考订世次，辨认款识。他的《考古图》对每件器物都图绘形状，并解释其制作、铸文、款字、义训及用途，再作前序和后赞。宋徽宗时，士大夫、宫廷贵族竞相访求和收藏古物，每一器物动辄值数十贯甚至上千贯。王黼据徽宗所得器物，考订编纂了《宣和博古图录》，著录了宋代皇室在宣和殿收藏的自商代至唐代的青铜器839件，分为鼎、尊、罍、彝、舟、卣、瓶、壶、爵、觯、敦、簋、簠、鬲、鉴等，各种器物均按时代编排，凡二十类。对每类器物都有总说，每件器物都有摹绘图、铭文拓本及释文，并记有器物尺寸、重量与容量。有些还附记出土地点、颜色和收藏家姓名，并有对器名、铭文所作的详尽说明和精审考证，是青铜器考古研究的重要入门文献。

赵明诚，宋徽宗时人，每得书画鼎彝，即与其妻李清照研究整理，指摘疵病。他经过二十年努力访求，收辑金石刻词两千卷，包括所见夏、商、周到隋、唐、五代的钟鼎彝器铭文款识，以及碑铭、墓志等石刻文字。又据两千卷刻词逐件鉴别考订，撰成《金石录》

钟鼎文　商代　采自薛尚功《历代钟鼎彝器款识》

三十卷。前十卷共两千条，记述古代金石器物、碑刻、书画近两千件的目录，后二十卷收录这些器物的跋文，叙述器物出土的时间、地点、收藏者以及器物的内容，是当时所见金石文字的总录。

薛尚功《历代钟鼎彝器款识》二十卷，收集从夏、商到秦、汉的铜器、石器铭文，近五百件，订讹考异，详加解释。在宋代集录彝器款识的专著中，此书最为丰富，编次也较有条理。洪遵《泉志》十五卷，龙大渊等《古玉图谱》一百卷，郑文宝《玉玺记》、王厚之《汉晋印章图谱》各一卷，专门研究古代器物，这些都是宋代以前的学者不曾注意的学问。

清代受乾嘉学派影响，金石学进入鼎盛。乾隆年间曾据清宫所藏古物，御纂《西清古鉴》等书，推动了金石研究的复兴。其后有《考工创物小记》《积古斋钟鼎彝器款识》《捃古录金文》《斋集古录》《缀遗斋彝器款识考识》《寰宇访碑录》《金石萃编》《古泉汇》《金石索》等书，均为成就甚伟的金石学著作。这一时期研究范围扩大，对铜镜、兵符、砖瓦、封泥等开始有专门研究，鉴别和考释水平也显著提高。清末民初，金石学研究范围又包括新发现的甲骨和简牍，并扩及明器和各种杂器。罗振玉和王国维是此时集大成的学者。马衡著《中国金石学概要》，对金石学作了较全面的总结。

清代金石著作中录文较全、收碑刻文字较多的是王昶《金石萃编》一六〇卷，共收录从先秦到辽、金石刻文字和铜器铭文1500余种，汉以前的按原来的篆文或隶书摹写，汉以后的用楷书写出。道光、咸丰时，为此书作补编、续编者有好几家，如方履篯《金石萃编补正》四卷、王言《金石萃编补略》二卷等。其中以陆耀通《金石续编》二十一卷为最著，共收录从汉到宋、辽、金、西夏的石刻文字400余种，均为《萃编》所未录。而陆心源的《金石萃编补》两百卷，包括《萃编》以后发现的金石2000余件，也是一部规模宏大的金石通纂，惜未能刊行。陆增祥以毕生精力完成的《八琼室金石补正》一百三十卷，收石刻和其他器物铭文多达3500余种，比王昶的《金石萃编》多出约2000种，但《萃编》中已著录者均不再录全文。

历史人物的图像亦大量留存，并被朝廷与民间珍藏。这种绘画传统始于战国，并被广泛运用，以表彰圣王先贤，教化天下民众。《孔子家语》卷一曰："孔子观乎明堂，睹四门墉，有尧舜之容，桀纣之象，而各有善恶之状，兴废之诫焉。又有周公相成王，抱之负斧扆，南面以朝诸侯之图焉。"① 《汉书·郊祀志》记载，武帝"作甘泉宫，中为台室，画天地泰一诸鬼神，而置祭具，以致天神"②。三皇五帝，周公文王，孝公始皇，桀纣之像，皆绘置宫殿，墨彩画壁，目的都是警喻世人，崇礼祖先。刘向著有《列女传》八篇，后汉梁皇后为之绘图置左右，以示女修模范。汉明帝好图画，别立画官，诏博洽之士班固、贾逵等取经史，命尚方画图郡府听事之前，清浊分焉，忠奸鉴戒。

唐裴孝源《贞观公私画史》中讲述图像的历史，直溯源头至远古时期的三皇："伏牺氏受龙图之后，史为掌图之官，有体物之作，盖以照远显幽，侔列群象。自玄黄萌始，方图辩正，有形可明之事，前贤成建之迹，遂追而写之。至虞夏殷周及秦汉之代，皆有史掌，虽遭罹播散，而终有所归。及吴魏晋宋，世多奇人，皆心目相授，斯道始兴。其于忠臣孝子，贤愚美恶，莫不图之屋壁，以训将来。或想功烈于千年，聆英威于百代，乃心存懿迹，默匠仪形。其余风化幽微，感而遂至，飞游腾窜，验之目前，皆可图画。且夫艺有精深，学有疏密，前贤品录，益多其流。大唐汉王元昌，天植其材，心专物表，含运覃

---

① 四川大学古籍整理研究所，中华诸子宝藏编纂委员会.诸子集成补编：第1册[M].成都：四川人民出版社，1997：214.
② 二十五史：第1册[M].杭州：浙江古籍出版社，1998：368.

思，六法俱全，随物成形，万类无失。每燕时暇日，多与其流商确精奥，以余耿尚，常赐讨论，遂命魏晋以来前贤遗迹所存，及品格高下，列为先后。起于高贵乡公，终于大唐贞观十三年。秘府及佛寺并私家所蓄，其二百九十八卷，屋壁四十七所，目为《贞观公私画录》。又集新录官库画，总二百九十八卷，二百三十卷是隋室官库，十三卷是左仆射萧瑀进，二十卷杨素家得，三卷许善心进，十卷高平县行书佐张氏所献，四卷褚安福进，近十八卷先在秘府，亦无所得人名，并有天和年月。"①

唐代画家、绘画理论家张彦远，出身于世宦书香之家。其整理前人的著作，又单独搜求了一些历史材料，写出了《历代名画记》十卷，是我国第一部系统完整的关于绘画艺术的通史。他说："夫画者，成教化，助人伦，穷神变，测幽微，与六籍同功，四时并运，发于天然，非繇述作。古圣先王，受命应箓，则有龟字效灵，龙图呈宝。自巢、燧以来，皆有此瑞，迹映乎瑶牒，事传乎金册。庖牺氏发于荥河中，典籍图画萌矣；轩辕氏得于温洛中，史皇、苍颉状焉。奎有芒角，下主辞章，颉有四目，仰观垂象，因俪

明皇幸蜀图　唐代　轴绢本设色　台北故宫博物院藏

---

① 裴孝源.贞观公私画史[M]//文渊阁四库全书：第812册.台北：台湾商务印书馆，1983：19-20.

鸟龟之迹，遂定书字之形。造化不能藏其秘，故天雨粟；灵怪不能遁其形，故鬼夜哭。是时也，书画同体而未分，象制肇创而犹略。无以传其意，故有书；无以见其形，故有画。天地圣人之意也。"①

张彦远指出："图画之妙，爰自秦汉，可得而记。降于魏晋，代不乏贤。洎乎南北，哲匠间出。曹、卫、顾、陆，擅重价于前；董、展、孙、杨，垂妙迹于后。张、郑两家，高步于隋室；大安兄弟，首冠于皇朝。此盖尤所烜赫也。世俗知尚者，其余英妙，今亦殚论。汉武创置秘阁（阁），以聚图书；汉明雅好丹青，别开画室。又创立鸿都学，以集奇艺，天下之艺云集。及董卓之乱，山阳西迁，图画缣帛，军人皆取为帷囊，所收而西，七十余乘，遇雨道艰，半皆遗弃。魏晋之代，固多藏蓄，胡寇入洛，一时焚烧。宋、齐、梁、陈之君，雅有好尚。晋遭刘曜，多所毁散。重以桓玄性贪好奇，天下法书名画，必使归己。及玄篡逆，晋府真迹，玄尽得之。"② "圣唐至今二百三十年，奇艺者骈罗，耳目相接，开元天宝，其人最多，何必六法俱全，但取一技可采。自史皇至今大唐会昌元年，凡三百七十余人，编次无差。铨量颇定。"③

唐裴孝源《贞观公私画史》中所收图像多达数百幅，重要的有：《宋明帝像》《宋景和像》《豫章王像》《建平王像》《江夏王像》《零陵王像》《王太宰像》《羊玄保像》《江智渊像》《顾庆像》《孙高丽像》《孝武功臣像》《勋臣像》《建安山阳二王像》《沈昙庆醉像》《麻超之徐僧宝像》《盗跖图》《卞庄刺二虎图》《吴王舟师图》《列女图》《楞严七佛图》《史记列士图》《洛神赋图》《穆天子燕瑶池图》《汉武回中图》《瀛洲神仙图》《禹会涂山图》《殷汤伐桀图》《濠梁图》《十弟子图》《孝经图》《汾阳醮鼎图》《游仙图》《孟母图》《王僧绰像》《孙公命将图》《王谢诸贤像》《名臣像》《山阳七贤图》《释迦十弟子图》《胡僧像》《维摩诘变相图》《天女像》《东晋高僧像》《朝臣像》《豫章王像》《巢由洗耳图》《讲学图》《吴季札像》《严君平卖卜图》《周穆王八骏图》《燕氏送荆轲图》《梵僧图》《尚平子图》《嵇阮像》《渔父图》《五天罗汉像》《杜征南人物图》《谢安像》《刘牢之像》《桓玄像》《列仙图》《唐僧会像》《沅湘像》《三天女像》《八国分舍利图》《勋贤图》《褚渊袁粲像》《张兴像》《秦始皇东游图》《黄帝升仙图》《孙倬像》《渔父图》《王羲之像》《殷洪像》《山阴王像》《苏门先生图》《名臣像》《苏武图》《游仙图》《朱买臣图》《王献之像》《安期先生图》《楚人祠鬼图》《文殊像》《九子魔图》《汉武射蛟图》《吴王格虎图》《摩衲仙人像》《清溪宫水怪图》《支道林像》《慕容绍宗像》《隋文帝入佛空像》《阿育王像》《杨素像》《贺若弼像》《陈叔英像》《王世充像》《王母图》《黄帝战涿鹿图》《燕太子丹图》《五岳真形图》《杂鬼神样》等，"并是

---

① 张彦远.历代名画记[M].周晓薇，校点.沈阳：辽宁教育出版社，2001：1.
② 张彦远.历代名画记[M].周晓薇，校点.沈阳：辽宁教育出版社，2001：2-3.
③ 张彦远.历代名画记[M].周晓薇，校点.沈阳：辽宁教育出版社，2001：6.

三仙授简　宋代　燕文贵　轴绢本设色　台北故宫博物院藏

名工真迹。今东都古画尚多，未得检阅尔。今集检前踪，取其法度，兼之巧思，维二阎杨陆迥出常表，袁张两家父子，亦得居其次。阎本师祖张公，可谓青出于蓝矣。至于人物衣冠、车马台阁，并得南北之妙。"①

---

① 裴孝源.贞观公私画史[M]//文渊阁四库全书：第812册.台北：台湾商务印书馆，1983：20—29.

道教亦重视图像，并将其推崇至崇拜信仰的精神层面。宋贾善翔《犹龙传》卷一："老君乃无生之至精，兆形之至灵也。昔于大空之中，结炁凝真，强为之容。体大无边，相好众备，上无所攀，下元所蹑。或在云华之上，身如金色，面放五光，自然化出神王力士，青龙白兽，麒麟狮子，列于前后。或作千叶莲华，光明如日，头建七耀云霞之冠，身披九色离罗之帔，项负圆光，手执五明，或乘八景玉舆，驾五色神龙，建流霄丹节，荫九光鹤盖。或乘玉辂之车，金刚之轮，骖驾九龙，辅翼万仙，飞云宝盖，流焕上下，烧香散华，浮空而来，天钧妙乐，前导后从。或坐金殿七宝之帐，珠幡宝网，罗覆其上，仙真列侍，神丁卫轩，种种仪卫，充满太空。或金容玉质，黄裳绣帔，凭几振拂，朝会仙真。或玄冠素服，白马朱骠，仙童夹侍，神光洞明。巍巍胜相，不可名状。然上善之士，澄心结念，注想尊容，则随感而应。应而获福，故能周流三界，救度无穷。"①张君房《云笈七签》曰："心之念道，凡有二种：一念法身，七十二相，八十一好，具足微妙，三界特尊。二念真身，犹如虚空，圆满清净，不生不灭。若于此相，未能明审，须凭图像，系录其心，当铸紫金，写此真形。泥水铜采，称力所为。殿堂帐座，幡华灯烛，随心供养，如事真身。想念丹倒，功德齐等。若能洞观非身之身，图像真形，理亦无二。是以敬像，随心获福，报之轻重，惟在其心，念念增进，自然成道。所谓人能念道，道亦念人，即此之谓也。"②《洞玄灵宝玄门大义》曰："图书之作，俱出形声。至于玄圣著述，各有功用。图以传有，书以传无。无者，言之与理，无有形迹，定志局等之例是也。有者，有形之与迹，八景及人鸟之例是也。书图亦可通于有无，以如前出思之也云。或镇藏五岳，以保劫运。或宣被十方，开化周普。或秘之金格，以示禁重天文。或藏之名山，明会乃出。或题之宫阙，随行处所安。或书之空林，显神通力用。或行之五国，表缘所宜。或及之三清，辩升沉异域。或宣之上古，拯物之迷。或传之下世，哀物之苦。皆大慈之德，随病设方；大哀之心，赴缘说法也。"③

古代学人在其学术研究实践中，由于认识到史料文献的有限，以及文字文献语义艰涩不详等问题，都十分强调图文并重，重视艺术图像的史学研究价值，从而形成了"左图右书"相互比照的学术习性，并有"上图下文""下图上文""前图后文"等著述方式，使"图谱之学"与"书籍之学"并驾齐驱。特别是汉以来"图谱之学"的传统地位被"书籍之学"取代后，学人们依然顽强地坚守着传统的信念和准则。

郑樵《通志·总叙》中有郑重其事的评述："河出图，天地有自然之象，图谱之学由此而兴。洛出书，天地有自然之文，书籍之学由此而出。图成经，书成纬，一经一纬，错

---

① 贾善翔.犹龙传：卷1[M]//道藏：第18册.北京：文物出版社，上海：上海书店出版社，天津：天津古籍出版社，1988：4.
② 张君房.云笈七签[M]//道藏：第22册.北京：文物出版社，上海：上海书店出版社，天津：天津古籍出版社，1988：691.
③ 张君房.云笈七签[M]//道藏：第24册.北京：文物出版社，上海：上海书店出版社，天津：天津古籍出版社，1988：738.

综而成文。古之学者，左图右书，不可偏废。刘氏作《七略》，收书不收图。班固即其书为《艺文志》，自此以还，图谱日亡，书籍日冗，所以困后学而隳良材者，皆由于此。何哉？即图而求易，即书而求难，舍易从难，成功者少。臣乃立为二记，一曰记有，记今之所有者不可不聚。二曰记无，记今之所无者不可不求。故作《图谱略》。方册者，古人之言语。款识者，古人之面貌。方册所载经数千万传，款识所勒，犹存其旧，盖金石之功，寒暑不变，以兹稽古，庶不失真。今艺文有志，而金石无纪，臣于是采三皇五帝之泉币，三王之鼎彝，秦人石鼓，汉魏丰碑，上自苍颉石室之文，下逮唐人之书，各列其人而名其地，故作《金石略》。"①

近年来，图像的史学价值越来越受到学界的重视，西方甚至形成了图像学。图像学最早由19世纪下半叶法国学者E.马莱提出，而最有影响的研究者是E.帕诺夫斯基，他在《视觉艺术的意义》一书中认为对美术作品的解释应分三个层次：解释图像的自然意义；发现和解释艺术图像的传统意义（即对作品特定主题的解释，亦称图像志分析）；解释作品深层次的内在意义或内容（称为图像学分析，即帕氏所谓象征意义）。

图像学，简言之即研究图像的方法。它实际上是对图像的解释工作。这一工作应经历三个阶段：其一，首先面临一个自然题材，如一幅张天师的绘画，我们只看到他的形象、衣饰和姿态，不用追究其意义；其二，图像符号，我们开始思考张天师的基本特征，凭什么可以认定他的身份，张天师有哪些与他人不同的外貌特征和衣着特征；其三，意义本质阶段，通过进一步的历史、文化研究，找出张天师形象塑造的历史背景、文献依据，确定他在道教神仙谱系中的历史地位。这就是图像学的译解结果，或称为最后的图像志阶段。

图像学的研究总是给人由小到大、由形象画面到语词意义或宗教文化背景进化的感觉。葛兆光先生指出："应该说，把图像作为历史研究的对象，确实是很有趣的领域。但是，我觉得，很多研究图像的，常常有一个致命的盲点，这就是他们常常忽略图像是'图'，他们往往把图像转换成内容，又把内容转换为文字叙述，常常是看图说话，把图像资料看成文字资料的辅助说明性资料，所以，要么是拿图像当插图，是文字的辅助；要么是解释图像的内容，是把图像和文字一样处理。"②可见，图像本身包含的内容与意义应该是研究图像的重要目的。正如葛兆光先生所说："研究道教会使用《道藏》，可是使用《道藏》的人里面，有几个人会去研究符和符背后的含义呢？我想问，为什么古代的符会从文字转向非文字？不同的符象征的是什么？又比如，道教里有许多图画的是练功的人全身气脉流走的图像，从人体图像里面你可以看出一个套数模式，就是脉络有意要与宇宙的

---

① 郑樵.通志[M].杭州：浙江古籍出版社，2007：3.
② 葛兆光.思想史研究课堂讲录：视野、角度与方法[M].北京：生活·读书·新知三联书店，2005：138.

赤道、黄道相配合，身体要和五行五方八卦九宫相配，这是什么意思？"①面对极其丰富的道教图像，机遇与挑战并存，怎样的解读才能符合历史真实，这是必须认真思考的问题。

道教图像研究是一项重大的文化工程，扎实、认真、细致的探讨与分析，不仅可以解决道教研究中的诸多困惑与难题，并且可以弄清中国思想的源流演变，找到中国文化的源头、根本以及精华，从而打开一个生动、活泼、形象的文化艺术新世界。

三、神仙谱系的历史价值

道教神仙谱系的形成与演变是一个渐进的发展过程。从战国的黄老、王母、列仙崇拜，到正一道的老君、三官、百鬼信仰；从南朝陶弘景《真灵位业图》的七阶仙品，到北宋张商英《三才定位图》中的九皇、四尊信仰；从《上清灵宝大法》中的庞大神团组织，至明正统年间刊印的《道教众真图》，其时间跨越三千余年，其层次与结构多次调整，并随着众多道派的兴盛衰微而分化出不同结构的分支神系，从而使道教神系呈现出一派丰富多彩的画面。

道教发展的历史告诉我们，任何一个道派在初创之际即开始构建自己的神仙谱系。所谓"神仙谱系"包括两个系统：一是先天的神灵系统，二是后天的祖师系统。历代的祖师功德圆满，早已登入仙班，成为人们崇拜的仙真，因此神仙谱系中都包括历代祖师。如以庄子、列子为代表的玄门十子，以张陵、葛玄为代表的四大天师，以魏华存、陶弘景为代表的上清诸真，以钟离权、吕洞宾为首的八仙，以张伯端、白玉蟾为代表的南宗诸真，以王重阳为首的全真诸真。

道教神仙谱系继承了中国古代宗教确立的天神、地祇、人鬼谱系。原始社会末期，中国的历史开始迈进阶级社会，部落联盟已成为十分稳固的政治军事组织，部落联盟首领则已成为世袭的贵族，社会出现了等级和最高首领。部落联盟打破了原来的氏族和村社的界限，成为地域广阔的最高社会组织，有着支配区域内一切事务的权力。这一切反映到超自然界，也就出现了天神及其下属群神。在自然神灵崇拜的基础上，其进一步抽象化和社会化，形成天神及其下属层层支配、各有所司的神界体系，反映了氏族社会后期部落联盟长的权威和社会等级制度的现实。为了巩固特权地位，祭天大权通常由部落联盟长执掌，已故的联盟长被尊奉为与天神同在的祖先神。从此，上帝崇拜便成为上古社会占统治地位的宗教信仰。

---

① 葛兆光.思想史研究课堂讲录：视野、角度与方法[M].北京：生活·读书·新知三联书店，2005：143.

殷人尚鬼，殷墟卜辞向我们展示了一个纷繁复杂的鬼神世界。鉴于殷代神殿中崇拜对象的数量异常多，研究殷商宗教，首先碰到的问题是神灵谱系的划分问题。经过百余年的探索，学术界对殷代神灵谱系的划分基本达成了以下共识：根据《周礼》中的大宗伯掌建邦之天神、人鬼、地祇的说法，并与甲骨卜辞的内容相比较，将殷商周人崇拜的对象概括为天神、人鬼、地祇三类。

天神、人鬼、地祇是上古时期人们崇拜的对象，也是道教神灵谱系的主要来源与基本结构。魏晋的正一道即以天神、人鬼、地祇为信仰对象。《三天内解经》记载东汉永寿三年（157）张陵在蜀郡得太上老君之道，"与汉帝朝臣以白马血为盟，丹书铁券为信，与天地水三官、太岁将军，共约永用三天正法"[①]。其教主张陵自称"鬼主"，他说："太上开化，不以吾轻贱小人，受吾真法，为百鬼主者，使开二十四治。"[②] 所谓"百鬼"，即指名目繁多的天地四方各路神鬼。由此可见早期道教的神系组成已相当复杂，包括天界、地界、冥界之鬼神，但尚缺乏系统性，亦未分品阶。

道教的神系有"真人"一类，他们多为修炼有成、德行兼备者。北周韦处玄曰："夫真人者，通古今，等变化，与万物同体，与造化同生，故能无时而不生，无往而非可，乘虚履空，贯金穿石，何足为难矣。"[③] 唐孙思邈《存神炼气铭》曰："延年千载，名曰仙人。游诸名山，飞行自在，青童侍卫，玉女歌扬，腾蹑烟霞，绿云捧足。……炼身成气，气绕身光，名曰真人，存亡自在，光明自照，昼夜常明，游诸洞宫，诸仙侍立。……炼气为神，名曰神人。变通自在，作用无穷，力动乾坤，移山竭海。"[④]《延陵先生集新旧服气经》曰："凡服气者何求也？以其功至，则气化为血，血化为精，精化为髓。一年易气，二年易血，三年易脉，四年易肉，五年易髓，六年易筋，七年易骨，八年易发，九年易形，即三万六千神在于身，化为真仙，号为真人矣。"[⑤]

神灵、仙真都是道教信仰的对象，并依其道德修为分阶位。登仙学道，阶业不同，证果成真，高卑有别，三乘七号，从此可明。依《洞神经》所言，可分神人、真人、仙人、道人、圣人、贤人，合共为道。《三洞枢机杂说》中指出，道教神仙世界是分品阶的，为二十七品："圣、真、仙各三，合为九品。九品又各有三合，为二十七品。玉清以圣为正位，上清以真为正位，太清以仙为正位。至于圣亦称真，真亦称圣，仙亦称真，真亦称

---

① 三天内解经[M]//道藏：第28册. 北京：文物出版社，上海：上海书店出版社，天津：天津古籍出版社，1988：414.
② 正一天师告赵昇口诀[M]//道藏：第32册. 北京：文物出版社，上海：上海书店出版社，天津：天津古籍出版社，1988：593.
③ 陈景元. 西升经集注：卷3[M]//道藏：第14册. 北京：文物出版社，上海：上海书店出版社，天津：天津古籍出版社，1988：584.
④ 孙思邈. 存神炼气铭[M]//道藏：第18册. 北京：文物出版社，上海：上海书店出版社，天津：天津古籍出版社，1988：458-459.
⑤ 延陵先生集新旧服气经[M]//道藏：第18册. 北京：文物出版社，上海：上海书店出版社，天津：天津古籍出版社，1988：425.

仙，仙亦称圣，圣亦称仙。一千年一圣，五百年一真，一百五十年一仙，百年一贤也。"①玉清境以圣为正位，上清境以真为正位，太清境以仙为正位。

《玉皇谱录》分修道者为三品三清。上品曰圣，中品曰真，下品曰仙。"三清之间，各有正位。圣登玉清，真登上清，仙登太清。玉清有大帝宫殿，皇帝、王公、卿大夫、吏民率以圣呼之，如圣皇、圣帝之类是也。男女贵贱，各有次第。上清有玄都、玉京、七宝、紫微，率以真呼之。太清有太极宫殿，率以仙呼之。其上清、太清之品位，男女次第之统数，与玉清同。"《大洞经》曰："从生得道，从道得仙，从仙得真，从真得为上清君。"②

道教中真人甚多，他们多为祖师，并形成了一个特殊的神团。《太上经》曰："大微天中有二十四气混，黄杂聚结，有名无气，变化为真人。道之积成，托形立影，与时翱翔，有名无体，谓之真人。"③"玉清者，如玉坚不可毁，清不可污也。坚淳无变，秽累都尽，一而无杂，故名为真人。"④《三五顺行经》曰："合德入道，号曰真人。太上遣四极真人来迎，授三天灵箓之文于上清宫。"⑤《升玄经》曰："惟须忠直，寻道求真，改恶从善，得为真人。"⑥

据《真诰》记载："上清禹余天有三官真人，主治过刑杀伐、阴贼不轨、嫉害贤哲、心怀进退、秽慢真人之罪者。""炼形于太阴，易貌于三官，受学化神，濯景易气，俯仰四运，得为真人。""中皇君者，天帝君之弟子也，知长生之要，天仙之法，夙会玄感，于是太上授以帝君九真之经、八道秘言之章，道成授书，为太极真人。""清虚真人于太素真人受三奔之道，桐柏真人修解剑之法，有太上奔日之文，得为下元真人。""能审道之本，则为上清真人。仙真妙方能尽梗概之道者，便为九宫真人。若各备具其道，则为太极真人。"⑦

《内音玉字经》曰："四极真人主人命籍，常乘蒙真之车校人罪录。""九华真人治于南上宫中，校人功过善恶，三官列言。"⑧《上皇玉箓》曰："二十四真人有佩玉箓以行山川者，则河海上神奉迎启道。"⑨《三元玉检经》曰："岁庚寅九月九日甲辰，元始于上清宫告盟，授三元玉检，使付后学，有玄名应为上清真人者。"⑩

---

① 三洞枢机杂说[M]//道藏：第18册.北京：文物出版社，上海：上海书店出版社，天津：天津古籍出版社，1988：487-488.
② 李昉.太平御览：道部[M]//张继禹.中华道藏：第28册.北京：华夏出版社，2014：567.
③ 李昉.太平御览：道部[M]//张继禹.中华道藏：第28册.北京：华夏出版社，2014：571.
④ 李昉.太平御览：道部[M]//张继禹.中华道藏：第28册.北京：华夏出版社，2014：574.
⑤ 李昉.太平御览：道部[M]//张继禹.中华道藏：第28册.北京：华夏出版社，2014：574.
⑥ 李昉.太平御览：道部[M]//张继禹.中华道藏：第28册.北京：华夏出版社，2014：575.
⑦ 李昉.太平御览：道部[M]//张继禹.中华道藏：第28册.北京：华夏出版社，2014：569.
⑧ 李昉.太平御览：道部[M]//张继禹.中华道藏：第28册.北京：华夏出版社，2014：572.
⑨ 李昉.太平御览：道部[M]//张继禹.中华道藏：第28册.北京：华夏出版社，2014：573.
⑩ 李昉.太平御览：道部[M]//张继禹.中华道藏：第28册.北京：华夏出版社，2014：579.

丁令威　明代　木刻版画　采自洪应明《仙佛奇踪》

　　丁令威，道教崇奉的古代仙人。据《逍遥墟经》卷一记载，其为西汉时期辽东人，曾学道于灵墟山，成仙后化为仙鹤，飞回故里，站在一华表上高声唱："有鸟有鸟丁令威，去家千岁今来归，城郭如故人民非，何不学仙冢累累。"以此来警喻世人。

君、西山周真君、西山彭真君、西山施真君、西山钟真君、西山盱真君、西山时真君、西山曾真君、西山甘真君、正阳钟离真人、纯阳吕真人、简寂陆先生、兴世馆孙真人、抱朴小仙公、真一司马先生、茅山玄静李先生、广成先生杜天师等，他们原来都是凡人，后来成为仙真。他们成为仙真的原因各种各样，有的是潜心修炼而成仙，有的是做了大量善事而升登仙界，有的是宏道济世、创教开宗而成真受封。这类后天神灵，人们习惯称他们为仙人、真人。如："南岳司命者，隋魏夫人也。东岳司命者，乃紫微王夫人也。西岳司命者，乃西王母第十三爱女也。北岳司命者，乃唐臣崔府君也。中岳司命者，乃唐臣李靖也。三元罪福官者，乃三茅真君也。太初之妇为峨眉山道君，汉张子房为王屋山道君，主五湖四海三涧九江沉溺死人之事。王喜先生为蓬莱上岛仙主，大景先生涓子为蓬莱中岛仙主，许真君为丹台宫主，管天下神仙功行之事。杨太君为天台山道君，后为玉皇佐书仙吏。邵坚为匡庐山小有洞主，陈抟先生管蓬莱下岛仙主，钟离嘉管瑶台宫仙主，又权南洲讲法太师。是以七十二福地、八十一洞天、十洲三岛小仙、九地隐士、阴府鬼官、酆都神主、山水小使、江海民神、修行仙子未升天者，皆不上于玉籍，名号未列于金简也。"①

先秦儒家的创始人孔子亦被道教奉为真人，称之为大极上真公，主治湖南九嶷山。颜回初为明泉侍郎，后为二天司真。孔子弟子七十二人，受名玄洲；儒家门徒三千，不经北酆之门，脱离地狱之苦。墨翟为太极仙卿，治马迹山。《元始上真众仙记》曰："鬼谷先生为太玄师，治青城山。王子乔为金阙侍中，治桐柏山。赤松为昆林仙伯，治南岳山。王子登为小有天王，治王屋山。孤竹、伯夷、叔齐等，并为九天仆射，治天台山。孔丘为大极上真公，治九嶷山。颜回受书，初为明泉侍郎，后为二天司真。七十二人，受名玄洲，门徒三千，不经北酆之门。项仪山为蓬莱司马。周公旦为北帝师，治劲革山。庄周为太玄博士，治在荆山。孙权受任，治亦在荆山。张道陵为三天法师，统御六虚，数侍金阙，太上之股肱，治在庐山，三师同宅。王方平今为上相，治月支国人乌山。墨翟为太极仙卿，治马迹山。徐来勒为太极真人，治括苍山，小宫在天台山。陈安世治小台山。严君平今治在峨眉山。屈原为海伯，统领八海。王弼为北海监。郭声子为阆风真人。魏夫人治南岳山。裴清灵治四明山。马明生今在钟山。阴长生为地肺真人。孙登为阆丘真人。九华真妃治夏盖山，或在龙山。王长、赵昇二人，受书为庐山中正一三天都护。韩众今为霍林真人。琅琊于吉，为太虚左掾侍史。"②

道教有时又将神仙分为仙、真、圣三个等级，每一等级下面又分为九等，共二十七等。孟安排《道教义枢》卷一指出，太清仙九品，上清真九品，玉清圣九品，三九二十七品，同修平等，俱入一乘。并引《太真科》云："小乘仙有九品，一者上仙，二者高仙，

---

① 太清金阙玉华仙书八极神章三皇内秘文：卷上[M]//道藏：第18册.北京：文物出版社，上海：上海书店出版社，天津：天津古籍出版社，1988：564.
② 元始上真众仙记[M]//道藏：第3册.北京：文物出版社，上海：上海书店出版社，天津：天津古籍出版社，1988：271.

鬼谷子　明代　木刻版画　采自洪应明《仙佛奇踪》

李八百　明代　木刻版画　采自洪应明《仙佛奇踪》

屈原　清代　木刻版画　采自萧云从《离骚全图》

第一章｜神仙谱系史的建构　103

三者大仙，四者神仙，五者玄仙，六者真仙，七者天仙，八者灵仙，九者至仙。中乘真有九品，一者上真，二者高真，三者太真，四者神真，五者玄真，六者仙真，七者天真，八者灵真，九者至真。大乘圣有九品，一者上圣，二者高圣，三者大圣，四者神圣，五者玄圣，六者真圣，七者仙圣，八者灵圣，九者至圣。"①"其九宫位者，下三宫地仙，小乘三品；中三宫中乘，天仙三品；上三宫大乘，飞仙三品。乘各三品，利钝平等，人故成九宫。《金箓简文》云：地仙、天仙、飞仙是也。地仙游诸名山，天仙、飞仙升出三界之表。"②

南北朝道经《上清太上开天龙蹻经》卷三亦称："仙真圣位，各有九品，二十七位。三洞品阶，从凡迁仙，八十一等，本为三界迷暗参差，故立三乘，以为阶品。至道玉帝，功备十方，故立三宝，三尊不同，应显三身，三体各异。故于龙汉劫时，应以圣教，号为无形天尊；赤明劫时，应以真教，号为无明天尊；上皇劫时，应以仙教，号为元始天尊。三宝应教，三乘有差，应化法身，本迹亦别。昔于初劫龙汉，开图于大罗天明霞观中，而演三洞三十六部，应生境界，各有三十六天，内演十号，混沌天元。玄元始气，应为玄象，明光洞焕，九色重晖，八景圆明，而生相好，应生境界，化体成人，人天果报，凡圣不等，三身相好，上中下殊，开立人神，皆禀化体也。"③ 此亦将天界诸神区分为圣、真、仙三级。

鬼官的观念由古代宗教中的人鬼崇拜演变而成，他们都是历史上的帝王官僚及有功德之人，即我们的先祖圣贤。葛洪《枕中书》载："蔡郁垒为东方鬼帝，治桃丘山。张衡、杨云为北方鬼帝，治罗酆山。杜子仁为南方鬼帝，治罗浮山，领羌蛮鬼。周乞、嵇康为中央鬼帝，治抱犊山。赵文和、王真人为西方鬼帝，治嶓冢山。"④

酆都、地狱中众多的鬼官多为历史人物，如周文王、周武王、齐桓公、晋文公、秦始皇、汉高祖、魏武帝、晋宣帝、孙策、刘备、韩遂、王嘉、解结、何晏、殷浩等，大都是周秦至魏晋时的帝王、武将、文人。

神灵论是宗教信仰的核心，正是对神的论述与体证构成了宗教的神学。按照恩格斯对宗教的定义："一切宗教都不过是支配着人们日常生活的外部力量在人们头脑中的幻想的反映，在这种反映中，人间的力量采取了超人间的力量的形式。"⑤ 这种"超人间力量"的外部力量，也就是宗教所说的神灵。一旦人们头脑中形成某种超人间、超自然力量的观

---

① 孟安排.道教义枢：卷1[M]//道藏：第24册.北京：文物出版社，上海：上海书店出版社，天津：天津古籍出版社，1988：810.
② 孟安排.道教义枢：卷1[M]//道藏：第24册.北京：文物出版社，上海：上海书店出版社，天津：天津古籍出版社，1988：809-810.
③ 上清太上升天龙蹻经[M]//道藏：第33册.北京：文物出版社，上海：上海书店出版社，天津：天津古籍出版社，1988：737-738.
④ 葛洪.元始上真众仙记[M]//道藏：第3册.北京：文物出版社，上海：上海书店出版社，天津：天津古籍出版社，1988：271.
⑤ 马克思恩格斯选集：第3卷[M].北京：人民出版社，1972：354.

孙登　明代　木刻版画　采自洪应明《仙佛奇踪》

　　孙登，魏晋隐士。字公和，号苏门先生。汲郡共县（今河南辉县）人。长年隐居苏门山，夏天编草做衣，冬天便披长发覆身，平生好读《易经》，安闲无事，常弹弦琴自娱。博才多识，熟读《易经》《老子》《庄子》之书，会弹一弦琴，尤善长啸。阮籍和嵇康都曾求教于他。著有《老子注》《老子音》，已亡佚。

第一章│神仙谱系史的建构

念，它就成了神秘或神圣的东西。但是，无论这种超人间、超自然的神观念在人们头脑中被设想得多么神圣、神秘、伟大，却始终只是存在于个人的观念世界之中，其他人无从感知，因而不能成为信众共同崇拜的对象。要想成为信众共同崇拜的对象，神观念就必须表现为信众可以共同感知和体认的感性物，即必须外在化、物态化。

各种宗教几乎都把人们心中的信仰和崇奉的神圣观念客观化为某种具有感性形态的象征系统。原始宗教崇奉为神圣的图腾物、氏族祖先、自然物和自然力，以及多神教中的各种偶像都是神灵观念的感性象征。基督教神学家虽然把上帝抽象化为无形的精神性存在，但同时又把十字架、圣母像、圣徒遗物之类作为上帝的象征和神圣事物，把耶稣基督说成"道成肉身"和"上帝之子"，这实际上也是把其作为上帝和圣灵的感性象征。伊斯兰教谴责一切偶像崇拜，说真主既无形象，也无方所（空间），但真主却要通过某个具体的人（真主的使者穆罕默德）来传达他的启示，而且圣城麦加的克尔白庙还要供奉一块黑石头作为神圣的象征物。至于佛教寺庙中的佛和菩萨、道教宫观中的神仙偶像，更是数不胜数。这些都说明了对神灵的崇拜是宗教信仰的核心。

第二章

神仙谱系的结构与内涵

研究神仙谱系可以从纵横两个层面进行。纵的层面是指从历史发展的角度来审视、构建道教神仙谱系，从对中国原始宗教的神灵、夏商周古代宗教的神灵、战国时期的神仙的寻根溯源，到汉晋道教神仙谱系、南北朝道教神仙谱系、隋唐道教神仙谱系、两宋道教神仙谱系、金元道教神仙谱系、明清道教神仙谱系——进行详尽的梳理。横的层面是指从诸神形成角度来探讨、分析道教神仙组成的内部结构，为什么三清、老君、玉帝、紫微大帝、斗姆、玄天上帝等在以主神为至尊的信仰中还拥有一个庞杂的神仙谱系。这种以主神为至尊的神仙谱系中，实际包含着中国社会各种宗教信仰的成分，如来自儒家、佛教的圣人、菩萨，来自地方、民间信仰的鬼神、五通与王爷等。通过纵横两个层面的深入分析，我们可以寻觅到道教信仰的核心内秘，找到道教的真精神。

第一节　天界神灵谱系

天界是神灵居住的地方，是道民向往的圣境。那里光明美妙，没有黑夜，没有战争，没有灾难，四季如春，太平吉祥。升入天界的人，水火刀枪不能伤，寒暑病疾不能侵，同众天神、众圣人同伴为侣，脱离了死亡，长生不老，永远享福，与天长存。天界的存在是道教预设的一个基本前提，是吸引信徒追求终极目标的精神家园。道经中大量美妙动人的描述将天界推到了极美尽善的境地。

一、更生天界并得长年

天界是神灵居住的地方，是道民向往的圣境。金马钰《丹阳真人直言》曰："各人岂不念七祖生前，造无边苦业，受无极苦恼，望子孙成道，仗天赦救拔，得生天界。"①《太上灵宝补谢灶王经》曰："惟此老母，是名种火之母，能上通天界，下统五行，达于神明，观乎二炁，在天则为天帝，在人间乃为司命。又为北斗七元使者，主人寿命长短，富贵贫贱，掌人职禄。又为五帝灶君，管人住宅，十二时辰，普知人间之事，每月朔日记人造诸善恶，及其功德，录其轻重，夜半奏上天曹，定其簿书，悉是此母也。凡人家灶皆有禁忌，若不忌之，此母能致祸殃，弗可免也。"②唐长孙滋元《玄珠心镜注》曰："我闻天界神仙，例皆白日上升，乘云驾龙，笙歌沸天，引去如此光明，惊骇世人。""且下界肉仙，尚耻形与物接，言不肯与世交，况是天界神仙，无形之形者乎。且夫得道多门，品位高下不可备录，唯此守一之元，是至高无上之道。道成之后，位极天真大神，位超无色之界，皆位登玉清。唯昔汉朝有太元真人茅君，师西城总真王君受守一之元，道成之后为太上所召，当召之时，自咎自责于上帝诸天帝前，耻作潜遁默化，今特愿动曜人间，世人闻见，意者欲将白日上升，笙歌仪卫，沸天引去，以诱向下二茅，令知仙道遗盛，下视人间卿相若蝼蚁，殊使用信心，归于仙道故也。时太元真人二弟，后汉俱卿之任，不信有神仙可学，故以盛观动曜诱之，使二弟知世上如梦，仙道实贵盛，可以长久，然茅君得无自鄙耻量窄也！茅君宾天之时，迎官仪卫，感动天地，惊骇鬼神，自有本传，不复备述。"③

天界充满光明，又称为"天堂"。《太上长生延寿集福德经》曰："永劫无息，常居天堂，五福长集，百灵保卫。"④《太上说十炼生神救护经》曰："若能奉此真经圣号，俱蒙解脱，孤魂滞魄，获生天堂，尘沙罪咎，尽使消除。"⑤《盘山栖云王真人语录》曰："天堂者阳界，主善主福。地狱者阴界，主恶主祸。古人立教，天堂地狱，出自人心，心行所为，冥然相应。谓如常清常静，利益一切，诸善奉行，明白不昧，便属阳界。种种诸恶，坑陷不平，旁生邪道，便属无明黑暗，逐旋增长，滓秽尘垢，皆属黑簿，人神不容，心君懊恼，众苦交煎，无人救援，便是地狱。"⑥

宗教把一个黑暗的阴间地狱与一个幸福的天堂王国对立，目的是要进一步强化神灵对人的主宰，说明灵魂的永恒性，增强宗教异化的真实感，并以此为人们设计了一个宗教的

---

① 丹阳真人直言[M]//道藏：第32册.北京：文物出版社，上海：上海书店出版社，天津：天津古籍出版社，1988：155.
② 太上灵宝补谢灶王经[M]//道藏：第6册.北京：文物出版社，上海：上海书店出版社，天津：天津古籍出版社，1988：248.
③ 长孙滋元.玄珠心镜注[M]//道藏：第10册.北京：文物出版社，上海：上海书店出版社，天津：天津古籍出版社，1988：692-693.
④ 太上长生延寿集福德经[M]//道藏：第1册.北京：文物出版社，上海：上海书店出版社，天津：天津古籍出版社，1988：773.
⑤ 太上说十炼生神救护经[M]//道藏：第11册.北京：文物出版社，上海：上海书店出版社，天津：天津古籍出版社，1988：373.
⑥ 盘山栖云真人语录[M]//道藏：第23册.北京：文物出版社，上海：上海书店出版社，天津：天津古籍出版社，1988：730.

生死观和人生观，以规范引导人的一切现实活动。对寻求超脱尘世烦恼的人来说，天国确实是一个绝妙的去处，具有很重要的消解苦难的作用。同时，在某种意义上，地狱的设立对人也有一种警示、约束作用，启示人们去恶从善，不要做坏事，否则将在地狱中受苦不尽。

"天堂"是神灵居住的地方，是道民向往的圣境。东晋《太上洞玄灵宝智慧罪根上品大戒经》曰："元始天尊，是时当授太上道君《智慧罪根上品戒经》。五老上帝，大圣尊神，十方至真，诸天上仙，玄和玉女，五万二千五百众诣座。天洒香华，神龙妓乐，无鞅数众，天仙玉女，手把十绝灵幡，旋绕日月华精。神风四会，流香拂尘，紫云吐晖，绛霞敷天，三景齐照，诸天光明。河海静默，山岳藏烟，龙螭踊跃，人神欢欣。生死同休，福庆普隆，五苦咸解，三徒并原。长离地狱，更生天堂，一切众生，并得长年。"①杜光庭修《太上灵宝玉匮明真斋忏方仪》曰："三界司算，女青上宫，削除罪录，开度幽关。身入光明，上升天堂，跻登道果，永列真仙。圣图悠久，天寿遐长。万方同福，四海太平。得道之后，升入无形，与道合真。"②《太上紫微中天七元真经》："复见十方天堂、神仙灵馆，真人神人、得道圣众，衣食自然，逍遥快乐。帝君稽首上白：天尊今日庆会，奇妙难言，睹见天堂、地狱，苦乐不同，寿夭穷通，贵贱差等，愿垂教诲，令众晓知。"③《玉历至宝钞》曰："司马温公曰：'上有天堂，君子死后居之；下有地狱，小人死后居之。'斯言虽简，可该一切。"④

宗教的生死观在方法论上就是把生与死对立，并以死来威胁活人；但其又抹去了生与死的界限，要人们追求灵魂的永生。在宗教的基本命题中，神灵、灵魂、天堂、地狱都是异化的反映。人要获得善乐的待遇，只能祈求神灵的恩赐，而且神灵有权按照善恶的准则，使人们或者得福，或者遭难；人们死后的灵魂，或升入天国，或受地狱之罪。这就使得神灵和灵魂、天国和地狱得以真正地发挥宗教的实际效用。如果神学宗教没有善恶准则，正如世俗的统治者没有法律一样，就不能对活人和灵魂进行应有的奖惩；没有应有的奖惩，天堂和地狱也就形同虚设，神灵也就不能起到约束和统治人的作用。因此，天堂、地狱的存在，古往今来诸多信仰者对此坚信不疑，他们相信行善者在死后将升入天堂，而行恶者将被打入地狱，接受各种刑罚。

道教在构建自己的神仙谱系时显然借鉴了封建王朝的制度与经验，其等级分明，尊卑有序。最高的尊神如老君、三清等，必定位于谱系的顶端，其下依序排列，井然有序。如

---

① 太上洞玄灵宝智慧罪根上品大戒经[M]//道藏：第6册.北京：文物出版社，上海：上海书店出版社，天津：天津古籍出版社，1988：885.
② 太上灵宝玉匮明真斋忏方仪[M]//道藏：第9册.北京：文物出版社，上海：上海书店出版社，天津：天津古籍出版社，1988：805.
③ 太上紫微中天七元真经[M]//道藏：第34册.北京：文物出版社，上海：上海书店出版社，天津：天津古籍出版社，1988：457.
④ 玉历至宝钞[M]//藏外道书：第12册.成都：巴蜀书社，1992：768.

飞仙图 宋代 赵伯驹 绢本设色 台北故宫博物院藏

陶弘景《真灵位业图》谱系由天界、地界、冥府组成，将七百余位神真分为七个神团，根据玉清—上清—太极—太清—九宫—洞天—酆都的顺序，依次而列，从上至下，每阶各有主神，左右仙真，分司专职，治理着整个宇宙。

二、天界的三十六天

依据道教三界理论，天界共有九天、三十六天，地界共有三十六地、十六洞天、三十六小洞天、七十二福地，冥府则有九幽地狱、二十四地狱、三十六地狱。而每一处天地冥府都有主管之神灵、所辖之神系神班，从而构成了一个系统严密的神司官僚体系。

传统的天学宣称天有九天。《吕氏春秋·有始览》曰："中央曰钧天，其星角、亢、氐。东方曰苍天，其星房、心、尾。东北曰变天，其星箕、斗、牵牛。北方曰玄天，其星婺女、虚、危、营室。西北曰幽天，其星东壁、奎、娄。西方曰颢天，其星胃、昴、毕。西南曰朱天，其星觜巂、参、东井。南方曰炎天，其星舆鬼、柳、七星。东南曰阳天，其星张、翼、轸。"① 扬雄《太玄经·太玄数》曰："九天：一为中天，二为羡天，三为从天，四为更天，五为睟天，六为廓天，七为减天，八为沉天，九为成天。"② 这是一种平面结构的空间，分成九个区域。中央区域叫钧天，分布着角宿、亢宿和氐宿。东方区域叫苍天，分布着房宿、心宿和尾宿。东北区域叫变天，分布着箕宿、斗宿和牵牛宿。北方区域叫玄天，分布着婺女宿、虚宿、危宿和营室宿。西北区域叫幽天，分布着东壁宿、奎宿、娄宿。西方区域叫颢天，分布着胃宿、昴宿和毕宿。西南区域叫朱天，分布着觜巂宿、参宿和东井宿。南方区域叫炎天，分布着舆鬼宿、柳宿和七星宿。东南区域叫阳天，分布着张宿、翼宿和轸宿。

依此学说，道教遂推出九天真王，以管理九天。"《三天正法经》曰：'九天真王与元始天王，俱生始气之先，天光未朗，郁积未澄，溟涬无涯，混沌太虚，浩汗流冥，七十余劫，玄景始分，九气存焉。一气相去九万九千九百九十岁。清气高澄，浊气下布，九天真王、元始天王禀自然之孕，置于九天之号。九气玄凝，日月星辰于是而明，便有九真之帝。上之三真，生于极上清微之天；次中三真，生于禹余之天；下有三真，生于大赤之

---

① 吕氏春秋:有始览[M]//诸子集成：第8册.长沙：岳麓书社，1996：140.
② 四川大学古籍整理研究所，中华诸子宝藏编纂委员会.诸子集成补编：第7册[M].成都：四川人民出版社，1997：335.

天．'"① 宣称九天就是三清天，三清天中又分九天，并有九天真王的存在，显然这仍然是一种平面结构的空间。

不过，当九天发展成三十六天之后，便演变为一种立体结构的空间。"《三界图》云：'三十二天四傍并，分列四方，一重四天，积气相承，扶摇而上，其天独立，亦无八方。……今言扶摇者，三十六天，上下相承，中为天关，皆为中斗璇玑，四方二十八宿，渐次升上，故言扶摇。'……故《度人经》云：'旋斗历箕，回度五常，三十五分，总气上元。'又明三十六天，每一天中皆有七宿三十二帝。其太皇黄曾天位居箕宿，皆在东初；又贾弈天斗宿，皆处北末，故云旋斗历箕，回度五常，则明三界三十六天，皆有中斗璇枢，四方二十八宿，各为一天璇玑玉衡。此是二十八宿，上下扶摇，上通三清，上下天关，非是别天羊角而上，故明三元各主八方。天有九气，上下九宫，合中宫位，始名三界也。……《三清图》云：'将以玄、元、始三气，以为三境三天。又以《生神经》九天乃于三天之下，各并着三天。又以四方三十六天，而取二十七天，各于九天之下，各并着三天，一单三并，以为九天。'未审九天各生八方，上下应会，何所分立？故《大洞经》云：'玄元始三气，各生八方，而为二十四帝；九宫各生八方，而为七十二宫。'即明生神九天无有一单三并，九气天关，上下不应，言三洞生化，故立三光，三乘各三，故立九帝，九气分化，各生三天，故为三境三十六天也。"②

三十六天之说始见于东晋道经《度人经》。在《度人经》出现之前，人们对天地的认识大概有两种，一是天圆地方的盖天说，一是天地俱圆的浑天说，但是都局限于肉眼所能看到的天地，直到《度人经》出现，我们才知道"天外有天"。《度人经》说："三十二天，三十二帝，诸天隐讳，诸天隐名。"世界分为欲界、色界、无色界。传统认为这个世界只有一个"上帝"，就是《诗经》所说的："上帝临汝，无二尔心。"也就是"昊天上帝"，是这个天地的主宰。但是《度人经》里却有"三十二天上帝"，每一天都有一个上帝主宰。而"三十二天"之上的大罗天、三清天才是万化之本，居住在这些天境的仙真神灵可以超凌三界，永不轮回。

三十六天之中，大罗天、三清天高居顶端，由浮黎元始天尊、元始天尊、灵宝天尊、道德天尊主掌。其下三十二天，每一天都有一个上帝主宰。北宋李思聪《洞渊集》卷九《上清三十二天帝宫神》中专门讲述三界诸天，认为诸天各有天帝，主宰其方，分司治理，各有职权。"夫三界者，欲界、色界、无色界，号曰三界也。初下六天为欲界；中一十九天为色界，此二界劫数所为，阴阳所陶，炁有穷尽；上有三天为无色界。人有岁数，外有四种民天，曰上至无上大罗之天，皆结虚无清净之炁，化生此天，阳光

---

① 张君房．云笈七签：卷21[M]//道藏：第22册．北京：文物出版社，上海：上海书店出版社，天津：天津古籍出版社，1988：159.
② 张君房．云笈七签：卷21[M]//道藏：第22册．北京：文物出版社，上海：上海书店出版社，天津：天津古籍出版社，1988：160-161.

照之，无日月之过焉。此天之下，即有晦明，皆三清大罗之境，不生不灭，无劫运之数，阳九百六灾所不及，为极道之域，即万圣朝轩，元始真炁化生万物之根本矣。"①三十二天帝宫神分居其天，各司其职。此处所言的三十二天亦是一种立体结构，由下而上，共分三界三十二层。第一为欲界，共分六天；第二为色界，共分一十九天；第三为无色界，共分三天。之上尚有四种民天，皆三清、大罗之境，不生不灭，为极道之域之根本矣。

张君房《云笈七签》卷二一曰："第一欲界六天：一曰太皇黄曾天，二曰太明玉完天，三曰清明何童天，四曰玄胎平育天，五曰元明文举天，六曰七曜摩夷天。右欲界六天，有色有欲，交接阴阳，人民胎生。是故举其重，因名为欲界。第二色界一十八天：七曰虚无越衡天，八曰太极蒙翳天，九曰赤明和阳天，十曰玄明恭华天，十一曰曜明宗飘天，十二曰竺落皇笳天，十三曰虚明堂曜天，十四曰观明端静天，十五曰玄明恭庆天，十六曰太焕极瑶天，十七曰元载孔升天，十八曰太安皇崖天，十九曰显定极风天，二十曰始黄孝芒天，二十一曰太黄翁重天，二十二曰无思江由天，二十三曰上揲阮乐天，二十四曰无极昙誓天。右色界十八天，云其界有色无情欲，不交阴阳，人民化生。但啖香，无复便止之患，故曰色界。第三无色界四天：二十五曰皓庭霄度天，二十六曰渊通元洞天，二十七曰翰宠妙成天，二十八曰秀乐禁上天。右无色界四天，云无复色欲。其界人微妙无色想，乃有形，长数百里而人不自觉，唯有真人能见，故曰无色界。四梵天元始曰：二十九曰常融天，三十曰玉隆天，三十一曰梵度天，三十二曰贾奕天。四天之上，则为梵行。梵行之上，则是上清之天，玉京玄都紫微宫也。乃太上道君所治，真人所登也。自四天之下，二十八天，分为三界，一天则有一帝王治其中。其天人皆是在世受持智慧上品之人，从善功所得，自然衣食，飞行来去，逍遥欢乐。但死生之限不断，犹有寿命，自有长短。下第一天人寿九万岁，以次转增之。"②

---

① 上清三十二天帝宫神[M]//道藏：第23册.北京：文物出版社，上海：上海书店出版社，天津：天津古籍出版社，1988：854.
② 张君房.云笈七签[M]//道藏：第22册.北京：文物出版社，上海：上海书店出版社，天津：天津古籍出版社，1988：164-165.

第二节　地界神灵谱系

地界的主神为地祇，其下属神明有山神、河神、海神等，其后又增添了土地神、五谷神等。道教成立之后，将地祇神明纳入神系，重新整合完善，分为两大体系：一为土皇体系，一为洞天体系。土皇体系以皇地祇为主宰，下隶三十六土皇。

一、地界三十六土皇

张君房《云笈七签》卷二二曰："如是天地各有三十六分。天则有三十六天王，以应三十六国。地则有三十六土皇，以应三十六天。天王典真，土皇主仙。为学不知天之内音，则天王不领兆名。不知地下之音，土皇则不灭兆迹，闭不得仙。有见其文，受其诀音，天王玄鉴，七圣刻篇，西龟定录，东华书名，土皇灭尸，落迹九阴，保举上清，五灵敬护，十界扶迎，周流六国，平灭群凶，五兵摧伏，天魔束形。九年，乘空飞行上清。"①

《上清外国放品青童内文》宣称天地五方，"皆有制御刚柔之色，使不得落。其地深二十亿万里，得润泽。润泽下二十亿万里，得金粟泽。金粟泽下二十亿万里，得金刚铁泽。金刚铁泽深入二十亿万里，得水泽。水泽下八十亿万里，得大风泽。大风泽下五百二十亿万里，纲维天地，制使不陷，如今日月星辰，为风所持也。学者不知地下之境润色深浅，则五帝不过兆身，于外国之境也"。

《上清外国放品青童内文》中描绘的东方呵罗提国，"国地形正员，土色如碧脂之鲜，无有山阜，广狭九十万里。其国人形长二丈，寿四百岁。国有六音之铭，是高上始气，置于外国胡老之品。高上常吟歌其音，以化胡老之人，令知外国有不死之教。如其国人皆行礼，而诵其音，是得四百岁之寿，无有中夭之命。上学之士，知外国地色，常吟咏六品之音者，则致胡老仙官，卫兆之身，九年，自然得游呵罗提国，与胡老交言，变化飞空，游行东极之境"。

南方伊沙他国，"国地平博，无有高下，土色如丹，广狭八十一万里。其国人皆形长

---

① 张君房. 云笈七签：卷22[M]//道藏：第22册. 北京：文物出版社，上海：上海书店出版社，天津：天津古籍出版社，1988：166.

二丈四尺，寿三百六十岁。国有六音之铭，是高上置于外国越老之品。高上常吟歌其音，以化越老之人，令知其国有不死之教。如其国人皆行礼，而诵其音，是得三百六十岁之寿，无有中夭之命。学者知外国地色，常吟咏六品之音者，则致仙官卫兆之身，九年，自然得游伊沙他之国，与越老交言，变化朱宫，飞行南阳之境"。

西方尼维罗绿那国，"地形多高垒，与天西关相接，土色白如玉，广狭六十八万里。其国人形长一丈六尺，寿六百年。国有六音之铭，是高上置于外国氐老之品。高上常吟歌其音，以化氐老之人，令知其国有不死之教。如其国人皆行礼，诵咏其音，是得寿六百之年，无有中夭之命。学者知外国地色，常吟咏修行，自有氐老仙官卫兆之身，九年，自然得游尼维罗绿那之国，与氐老仙官交言，能飞行玄虚，游戏皓素之垒"。

北方旬他罗之国，"国地长流平演，土色黑润，广狭五十八万里。其国人形长一丈二尺，寿三百岁。国有六音之铭，是高上置于外国羌老之品。高上常吟歌其音，以化羌老之人，令知其国有不死之教。如其国人皆行礼，而诵咏其音者，是得三百年寿，无有中夭之命。学者知外国地色，常吟咏修行，则致羌老仙官，卫兆之身，九年，自然得游旬他罗之国，与羌老交言，飞行玄虚，游宴朔阴之庭"。

中央为中国，"去地五百二十亿万里，刚维地源，制使不落，土色如金之精，中国音则铭，太和宝真无量之国。中岳昆仑，即据其中央，诸天之别名，上有玄圃七宝珠宫，与天交端，上真飞仙之馆。中国周回百二十亿万里，其国人形长九尺，皆学导引之术，寿一千二百岁。国有六音之铭，是高上置于中国之品。高上玉皇帝君，悉吟咏其音，以化中国伦老之人，令知其国有不死之教。如其国人皆修上清之道，行礼诵咏，是得寿一千二百岁，无有横夭之年。学者知中国地色，吟咏修行，则伦老仙官卫兆之身，九年，自然与伦老交言，身登太空，飞行上清"①。

此外，又有洞渊九地，共三十六位土皇，他们各有侍从官将，辅佐治理。侍从官将之中多有氐羌胡越等边疆少数民族，如胡老仙官、越老仙官、氐老仙官、羌老仙官，这说明道教神仙谱系早已容纳了许多少数民族神仙。

第一垒色润地，有四位土皇，他们是秦孝景椿、黄昌上文、青玄文基、蜚忠阵皇。"如是土皇，常以立春之日，乘青龙之车，执九色之麾，从青帝胡老之官，巨鳞之骑九千人，上诣郁单无量天，奏地仙得道上学之人，言名于四天之王。"

第二垒刚色地，亦有四位土皇，他们是戊坤文光、郁黄母生、玄乾德维、长皇萌。"如是第二垒土皇，常以春分之日，乘黄碧二色之气，十二玄龟执神皇九元之策，从青帝胡老之官，飞行甲骑八千人，上诣上上禅善无量寿天，奏地仙得道上学之人，言名于四天之王。"

---

① 上清外国放品青童内文：卷上[M]//道藏：第34册．北京：文物出版社，上海：上海书店出版社，天津：天津古籍出版社，1988：9-13．

葛由　明代　木刻版画　采自王世贞《列仙全传》

葛由，前周蜀羌人。周成王时，好刻木作羊卖之。一旦，乘木羊入蜀中，蜀中王侯贵人追之，上绥山。绥山多桃，在峨眉山西南，高无极也。随之者不复还，皆得仙道。故里谚曰：得绥山一桃，虽不能仙，亦足以豪。山下立祠数十处。

第二章｜神仙谱系的结构与内涵

第三垒石脂色泽地，亦有四位土皇，他们是张维神保、周伯上仁、朱明车子、庚文敬士。"如是第三垒土皇，常以立夏之日，乘绛霞之云，十二凤皇执五色之节，从越老之官，飞行武骑八千人，上诣须延天，奏地仙得道上学之人，言名于四天之王。"

第四垒润泽地，亦有四位土皇，他们是贾云子高、谢伯无元、已文秦阵、行机正方。"如是第四垒土皇，常以夏至之日，乘绛霞云舆，十二朱鸟执命魔之幡，从越老仙官，飞行武骑八千人，上诣寂然天，奏地仙得道上学之人，言名于四天之王。"

第五垒金粟泽地，亦有四位土皇，他们是华延期明、黄龄我容、云探元渊、蒋通八光。"如是第五垒土皇，常以立秋之日，乘素云之舆，十二白虎执命灵九元之章，从氐老仙官，飞天虎骑六千人，上诣不骄乐天，奏地仙得道上学之人，言名于四天之王。"

第六垒金刚铁泽地，亦有四位土皇，他们是李上少君、范来力安、长李季元、王驷女容。"如是第六垒土皇，常以秋分之日，乘素云飞舆，十二白虎执九色制神之魔，从氐老仙官，飞天虎骑六千人，上诣化应声天，奏地仙得道上学之人，言名于四天之王。"

第七垒水制泽地，亦有四位土皇，他们是唐初生映、吴正法图、汉高文彻、京仲龙首。"如是第七垒土皇，常以立冬之日，乘玄云飞舆，二十四玄武执五色命灵之幡，从羌老仙官，腾天之骑五千人，诣梵宝天，奏地仙得道上学之人，言名于四天之王。"

第八垒大风泽地，亦有四位土皇，他们是葛玄升先、华茂云长、羊真洞玄、周尚敬原。"如是第八垒土皇，常以冬至之日，乘玄云飞舆，五色飞麟执九色之节，从羌老仙官，腾天之骑五千人，上诣梵迦摩夷天，奏地仙得道上学之人，言名于四天之王。"

第九垒洞渊无色刚维地，亦有四位土皇，他们是极无上玄、升虚元浩、赵上伯玄、农勒元伯。"如是第九垒土皇，常以三月一日、六月二日、九月三日、十二月四日，一年四过，乘五色云舆，九色飞龙执中元命神之章，从伧老仙官，耀天羽骑万二千人，上诣波梨答恕天，奏九地学道得仙人名，言于四天之王。"

"九地九垒，直下九重，合三十六音，三十六土皇，上应三十六天，中应三十六国。如是土皇，皆位齐玉皇之号，但分气各治，上下之别名耳。土皇三十六年转号，升上清之宫，袭三十六天之王。玉司之官于九垒之下，皆举学道得仙之名，上奏九天天王。为学不知九垒地音三十六土皇内讳，九地不灭兆迹，九天丞相不受兆名，五岳不降云舆，五帝不卫兆身，徒明外国之音，故不得匡虚而升也。故天地人各禀三三之气，三合成真，然后得仙也。凡知九地之音三十六土皇内讳，则九气丈人常以四方五色灵官，防卫兆身，出入游行，登涉五岳，则仙官侍送，灭魔威试，降致神真，九年飞空，坐在立亡，三十年上升太清。居世得有此文，七玄之祖则为九气命灵，土皇司官，奉卫形骸，抚慰灵魂，蒿里父老，土丞相掾，皆为驱除，无复拘闭责役之患，居则在地，保安无凶，十二守将，营扞八

涓子　明代　木刻版画　采自王世贞《列仙全传》

《苏林传》：涓子者，古之神仙也。昔抚纶于河上，遇东海小童君告之曰：子勤心至道，外假弋钓，饵而不钓，养生之全也。若获鲤鱼，试剖之。言讫而去。涓子果获一鲤，剖之，腹中得一青玉函，开视乃金阙帝君所受三元真一之法。涓子从而修之，能兴云致雨，乘虚上霄。

门，通真致神，欲富则富，欲宦则宦，欲仙则仙，欲神则神。"①

二、洞天福地的神仙

地界另有一洞天体系，包含所有的洞天福地、三山五岳，皆由地仙、真人分理。《太清金阙玉华仙书八极神章三皇内秘文》曰："五岳之下，地仙所职者，北方真武真君。生伏尘世，祖积阴功，幼慕真风，少习道业，精达造化之源流，深测神变之妙理。遇玉清君授以斩鬼玉文天书十部，铁镜铜符，以荡阴精妖魅，以散发执玉清天丁剑，披八卦羽化衣服，踏天地龟蛇者是也。南岳司命者，隋魏夫人也。东岳司命者，乃紫微王夫人也。西岳司命者，乃西王母第十三爱女也。北岳司命者，乃唐臣崔府君也。中岳司命者，乃唐臣李靖也。三元罪福官者，乃三茅真君也。太初之妇为峨眉山道君，汉张子房为王屋山道君，主五湖四海三洞九江沉溺死人之事。王喜先生为蓬莱上岛仙主，大景先生涓子为蓬莱中岛仙主，许真君为丹台宫主，管天下神仙功行之事。杨太君为天台山道君，后为玉皇佐书仙吏。邵坚为匡庐山小有洞主，陈抟先生管蓬莱下岛仙主，钟离嘉管瑶台宫仙主，又权南洲讲法太师。是以七十二福地、八十一洞天、十洲三岛小仙、九地隐士、阴府鬼官、酆都神主、山水小使、江海民神、修行仙子未升天者，皆不上于玉籍名号，未列于金简也。"②

"洞天"一词首见于《紫阳真人内传》。在这部东晋古籍中，首次解释了作为专用名词的"洞天"的内涵，详细记述了"洞天"名称和洞天内部的情况："天无谓之空，山无谓之洞，人无谓之房也。山腹中空虚是为洞庭，人头中空虚是为洞房。是以真人处天处山处人，入无间以黍米。"因此，凡名山圣域必有洞天，如经中所述及的"蒙山大洞""王屋清虚洞宫""嵩高山太室洞""中空洞""伊水洞室""西眼洞房""洞庭潜宫"。这些洞府皆为仙人修道藏经之处，并相互潜通，为仙人出入洞天、周游四海的秘密通道。如经中曰："登嵩高山，入洞门，遇中央黄老君；游观丹城，潜行洞庭，合会仙人在嵩高山太室洞门之内，以紫云为盖，柔玉为床。"③

此外，东晋谢灵运所作《罗浮山赋》亦曰："客夜梦见延陵茅山，在京之东南，明旦得《洞经》，所载罗浮山事云：茅山是洞庭口，南通罗浮，正与梦中意相会，遂感而作《罗浮山赋》曰：……洞四有九，此惟其七。潜夜引辉，幽境朗日。故曰朱明之阳宫，耀

---

① 上清外国放品青童内文：卷下[M]//道藏：第34册．北京：文物出版社，上海：上海书店出版社，天津：天津古籍出版社，1988：22—26．
② 太清金阙玉华仙书八极神章三皇内秘文[M]//道藏：第18册．北京：文物出版社，上海：上海书店出版社，天津：天津古籍出版社，1988：564．
③ 紫阳真人内传[M]//道藏：第5册．北京：文物出版社，上海：上海书店出版社，天津：天津古籍出版社，1988：544—546．

具区林屋　元　王蒙　轴纸本设色　台北故宫博物院藏

真之阴室。"① 亦可证洞天之说已为许多文人知晓，且已有九大洞天之说，罗浮山为第七大洞天，亦即谢灵运所说的"朱明耀真洞天"。由此可知，洞天说至迟在东晋末已经成立。

至于"福地"，其产生的时间应该比洞天说还早。葛洪谓可以精思合作仙药者，有华山、泰山、霍山、恒山、嵩山、少室山、长山、太白山、终南山、女几山、地肺山、王屋山、抱犊山、安丘山、潜山、青城山、峨眉山、绥山、云台山、罗浮山、阳驾山、黄金山、鳖祖山、大小天台山、四望山、盖竹山、括苍山，"此皆是正神在其山中，其中或有地仙之人。上皆生芝草，可以避大兵大难，不但于中以合药也。若有道者登之，则此山神必助之为福，药必成。若不得登此诸山者，海中大岛屿，亦可合药"②。并明确指出，海外亦有许多福地："且南遐大境，名山相连，下洞潜、霍，高齐青云，火州郁勃，香陵芳芬，岂唯杨、楚之郊，专有福地耶。"③ 因此，葛洪专门记录了海外的风土人情、物产地理，为我们留下了一份珍贵的史料。

与洞天的概念相比，福地所包含的内容要广泛一些。它不仅有山有洞，还有溪流、泉水、丹井、法坛、宫观等。依道书所言，这是一些天灾人祸所不能及，肥沃富饶而祥福的地方。比如江苏句容市茅山即为汉晋福地之一。陶弘景《真诰》卷十一曰："此山洞虚内观，内有灵府，洞庭四开，穴岫长连，古人谓为金坛之虚台，天后之便阙，清虚之东窗，林屋之隔沓，众洞相通，阴路所适，七涂九源，四方交达，真洞仙馆也。山形似巳，故以句曲为名焉。金陵者，兵水不能加，灾疠所不犯。"④

从西部的昆仑仙山到东方的蓬莱、瀛洲、方壶等海上仙域，道教洞天福地之说于汉晋之际已逐渐形成，并已有"三十六洞天"的说法。东晋道书《太极真人敷灵宝斋戒威仪诸经要诀》曰："二十四治，三十六靖庐，七十二福地，三百六十五名山，昆仑等上官，三万六千神。"⑤ 陶弘景说："大天之内，复有小天三十六所，并拓寓地空，亘涂水脉，辟阆风岫，通气云巘。"⑥ 唐李石《续博物志》说："中国有洞天三十六所……皆仙人所居也。"

唐司马承祯、杜光庭对散处全国各地的洞天福地作了系统的介绍，把这些圣地分为十大洞天、三十六小洞天、七十二福地，并分别列举了各个洞天福地的名称、规模、所在地和治理神真之名，对道教诸多重要名山、圣地作了综合的介绍。

---

① 欧阳询.艺文类聚[M].汪绍楹，校.上海：上海古籍出版社，1999：139-140.
② 王明.抱朴子内篇校释[M].北京：中华书局，1985：85.
③ 太清金液神丹经：卷下[M]//道藏：第18册.北京：文物出版社，上海：上海书店出版社，天津：天津古籍出版社，1988：758.
④ 真诰：卷11[M]//道藏：第20册.北京：文物出版社，上海：上海书店出版社，天津：天津古籍出版社，1988：553-554.
⑤ 太极真人敷灵宝斋戒威仪诸经要诀[M]//道藏：第9册.北京：文物出版社，上海：上海书店出版社，天津：天津古籍出版社，1988：867.
⑥ 傅霄.华阳陶隐居集：卷下：许长史旧馆坛碑[M]//道藏：第23册.北京：文物出版社，上海：上海书店出版社，天津：天津古籍出版社，1988：648.

司马承祯说："夫道本虚无，因恍惚而有物。气元冲始，乘运化而分形。精象玄著，列宫阙于清景。幽质潜凝，开洞府于名山。"① 杜光庭曰："右十大洞天、五岳，皆高真上仙主统，以福天下，以统众神也。"② 杜光庭曰："乾坤既辟，清浊肇分，融为江河，结为山岳。或上配辰宿，或下藏洞天，皆大圣上真主宰。其事则有灵宫閟府，玉宇金台。或结气所成，凝云虚构；或瑶池翠沼，流注于四隅；或珠树琼林，扶疏于其上。神凤飞虬之所产，天骥泽马之所栖。或日驭所经，或星躔所属。舍藏风雨，蕴畜云雷。为天地之关枢，为阴阳之机轴；乍标华于海上，或回疏于天中，或弱水之所萦，或洪涛之所隔，或日景所不照，人迹所不及，皆真经秘册叙而载焉。太史公云，大荒之内，名山五千，其间五岳作镇，十山为佐。又《龟山玉经》云，大天之内，有洞天三十六，别有日月星辰、灵仙宫阙，主御罪福，典录死生，有高真所居，仙王所理。又有海外五岳，三岛十洲，三十六靖庐，七十二福地，二十四化，四镇诸山。"③

所谓"海外五岳"，是指分布在海域之中的道教名山："东岳广桑山，在东海中，青帝所都。南岳长离山，在南海中，赤帝所都。西岳丽农山，在西海中，白帝所都。北岳广野山，在北海中，黑帝所都。中岳昆仑山，在九海中，千辰星为天地心。方壶山，在北海中，去岸三万里。扶桑山，在东海中，地方万里，日之所出。蓬莱山，在东海中，高一千里。连石山，在东南辰巳之地海中。沃焦山，在东海中，百川注之而不盈。方丈山，在大海中，高四十九万七千丈。钟山，在北海中，弱水之北，万九千里。员峤山，在大海中，上干日月。岱舆山，在巨海之中。"它们连同三岛十洲，"皆在昆仑之四方，巨海之中，神仙所居，五帝所理"。④

其下则为五岳与十大洞天，即东岳泰山、南岳衡山、中岳嵩高山、西岳华山、北岳恒山。依司马承祯《天地宫府图》载：第一王屋小有清虚洞天，第二委羽大有空明洞天，第三西城太玄总真洞天，第四西玄三元极真洞天，第五青城宝仙九室洞天，第六赤城上清玉平洞天，第七罗浮朱明辉真洞天，第八句曲金坛华阳洞天，第九林屋尤神幽虚洞天，第十括苍成德隐玄洞天。其后杜光庭所言十大洞天与司马氏所载基本相同，唯个别名称、地点有异，并曰："右十大洞天、五岳，皆高真上仙主统，以福天下，以统众神也。"⑤

---

① 司马承祯.天地宫府图[M]//道藏：第22册.北京：文物出版社，上海：上海书店出版社，天津：天津古籍出版社，1988：198.
② 杜光庭.洞天福地岳渎名山记[M]//道藏：第11册.北京：文物出版社，上海：上海书店出版社，天津：天津古籍出版社，1988：57.
③ 杜光庭.洞天福地岳渎名山记[M]//道藏：第11册.北京：文物出版社，上海：上海书店出版社，天津：天津古籍出版社，1988：55.
④ 杜光庭.洞天福地岳渎名山记[M]//道藏：第11册.北京：文物出版社，上海：上海书店出版社，天津：天津古籍出版社，1988：56.
⑤ 杜光庭.洞天福地岳渎名山记[M]//道藏：第11册.北京：文物出版社，上海：上海书店出版社，天津：天津古籍出版社，1988：57.

三十六小洞天，"在诸名山之中，亦上仙所统治之处也"①。司马承祯《天地宫府图》载：第一霍桐山霍林洞天，第二东岳太山蓬玄洞天，第三南岳衡山朱陵洞天，第四西岳华山总仙洞天，第五北岳常山总玄洞天，第六中岳嵩山司马洞天，第七峨嵋山虚陵洞天，第八庐山洞灵真洞天，第九四明山丹山赤水洞天，第十会稽山极玄大元洞天，第十一太白山玄德洞天，第十二西山天柱宝极玄洞天，第十三小沩山好生玄上洞天，第十四灊山天柱司玄洞天，第十五鬼谷山贵玄司真洞天，第十六武夷山真升化玄洞天，第十七玉笥山太玄法乐洞天，第十八华盖山容成大玉洞天，第十九盖竹山长耀宝光洞天，第二十都峤山宝玄洞天，第二十一白石山秀乐长真洞天，第二十二岣嵝山玉阙宝圭洞天，第二十三九嶷山朝真太虚洞天，第二十四洞阳山洞阳隐观洞天，第二十五幕阜山玄真太元洞天，第二十六大酉山大酉华妙洞天，第二十七金庭山金庭崇妙洞天，第二十八麻姑山丹霞洞天，第二十九仙都山仙都祈仙洞天，第三十青田山青田大鹤洞天，第三十一钟山朱日太生洞天，第三十二良常山良常放命洞天，第三十三紫盖山紫玄洞照洞天，第三十四天目山天盖涤玄洞天，第三十五桃源山白马玄光洞天，第三十六金华山金华洞元洞天。②杜光庭所言三十六洞天与司马氏所载基本上大同小异，但在顺序排列上有几处明显错位，且名称、所在地亦有多处不同。

七十二福地，"在大地名山之间，上帝命真人治之，其间多得道之处"③。《天地宫府图》载：第一地肺山，第二盖竹山，第三仙磕山，第四东仙源，第五西仙源，第六南田山，第七玉溜山，第八清屿山，第九郁木洞，第十丹霞洞，第十一君山，第十二大若岩，第十三焦源，第十四灵墟，第十五沃洲，第十六天姥岭，第十七若耶溪，第十八金庭山，第十九清远山，第二十安山，第二十一马岭山，第二十二鹅羊山，第二十三洞真墟，第二十四青玉坛，第二十五光天坛，第二十六洞灵源，第二十七洞宫山，第二十八陶山，第二十九三皇井，第三十烂柯山，第三十一勒溪，第三十二龙虎山，第三十三灵山，第三十四泉源，第三十五金精山，第三十六阁皂山，第三十七始丰山，第三十八逍遥山，第三十九东白源，第四十钵池山，第四十一论山，第四十二毛公坛，第四十三鸡笼山，第四十四桐柏山，第四十五平都山，第四十六绿萝山，四十七虎溪山，第四十八彰龙山，第四十九抱福山，第五十大面山，第五十一元晨山，第五十二马蹄山，第五十三德山，第五十四高溪蓝水山，第五十五蓝水，第五十六玉峰，第五十七天柱山，第五十八商谷山，第五十九张公洞，第六十司马悔山，第六十一长在山，第六十二中条山，第六十三茭湖鱼澄洞，第六十四绵竹山，第六十五泸水，第六十六甘山，第六十七瑰山，第六十八金城山，

---

① 司马承祯.天地宫府图[M]//道藏：第22册.北京：文物出版社，上海：上海书店出版社，天津：天津古籍出版社，1988：198.
② 司马承祯.天地宫府图[M]//道藏：第22册.北京：文物出版社，上海：上海书店出版社，天津：天津古籍出版社，1988：199-201.
③ 司马承祯.天地宫府图[M]//道藏：第22册.北京：文物出版社，上海：上海书店出版社，天津：天津古籍出版社，1988：201.

九珠峰翠图　元　黄公望　轴　纸本设色　台北故宫博物院藏

第二章｜神仙谱系的结构与内涵　125

第六十九云山，第七十北邙山，第七十一庐山，第七十二东海山。①

与司马氏所言相比较，杜光庭所言七十二福地差别较大。第一是名称相同而排列顺序和地点不同。如司马氏所言"第四东仙源，在台州黄岩县"，而杜光庭列为第三，"在温州白溪"；司马氏所言"第六十九云山，在邵州武刚县"，而杜光庭列为第五十七，"在朗州武陵县"。其二是名称不同而地点相同。如司马氏所言"第五西仙源，在台州黄岩县峤岭"，而杜光庭则谓此处为第二石磕山；司马氏所言"第四十九抱福山，在连州连山县"，而杜光庭则谓此处为第十一桂源；司马氏所言"第五十七天柱山，在杭州於潜县"，而杜光庭则谓此处为第六十四白鹿山。其三是二者记载互有缺无。如司马氏所言而杜光庭所载缺无者有：盖竹山、仙磕山、西仙源、丹霞洞、焦源、金庭山、青玉坛、光天坛、泉源、彰龙山、高溪蓝水山、蓝水、司马悔山、长在山、茭湖鱼澄洞、绵竹山、泸水、甘山、瑰山、北邙山、庐山、抱福山、元晨山、天柱山、张公洞、东海山，共二十六处。杜光庭新增加而司马氏所无者有：石磕山、崆峒山、武当山、桂源、巫山、玉清坛、灵应山、白水源、九华山、章观山、抱犊山、阳羡山、长白山、霍山、四明山、缑氏山、临邛山、少室山、翠微山、大隐山、白鹿山、桑山、西白山、天印山、沃壤，共二十五处。② 这些差异一是历史地理变迁造成的，二是所传文本所致。

此外还有三十六靖庐。南朝陆修静《道门科略》曰："太上患其若此，故授天师正一盟威之道，禁戒律科，检示万民逆顺祸福功过，令知好恶。置二十四治，三十六靖庐，内外道士二千四百人。"③ 所谓"靖庐"，是指信徒于家宅内立的道堂静室。《玄都律》曰："民家曰靖，师家曰治。"《太真科》曰："俗人受治立治，堂舍靖庐，皆令齐整，内外清严，分别出入。"④《道门科略》曰："奉道之家，靖室是致诚之所。其外别绝，不连他屋。其中清虚，不杂余物。开闭门户，不妄触突。洒扫精肃，常若神居，唯置香炉、香灯、章案、书刀四物而已，必其素净。"⑤ 这类靖庐分布在各地，亦为传播道教的重要场所。杜光庭《洞天福地岳渎名山记》曰："绵竹庐，在汉州绵竹县栖林山。紫盖庐，在荆州当阳县。沪水庐，在沪州安乐山。丹陵庐，在洪州西山钟君宅。守玄庐，在终南山尹喜宅。灵净庐，在亳州太清宫。送仙庐，在岳州墨山孔升观。契静庐，在郑州圃田列子宅。凌虚庐，在南岳中宫。凤凰庐，在襄州凤林山。子真庐，在洪州西山梅福坛。玄性庐，在抚州南城县魏夫人坛。契玄庐，在袁州吴平观。启元庐，在虢州桃林古关，今陕州灵宝

---

① 司马承祯.天地宫府图[M]//道藏：第22册.北京：文物出版社，上海：上海书店出版社，天津：天津古籍出版社，1988：201-204.
② 参见杜光庭《洞天福地岳渎名山记》所载福地名谓，实则仅有七十一处。
③ 陆先生道门科略[M]//道藏：第24册.北京：文物出版社，上海：上海书店出版社，天津：天津古籍出版社，1988：779.
④ 要修科仪戒律钞：卷10[M]//道藏：第6册.北京：文物出版社，上海：上海书店出版社，天津：天津古籍出版社，1988：967.
⑤ 陆先生道门科略[M]//道藏：第24册.北京：文物出版社，上海：上海书店出版社，天津：天津古籍出版社，1988：780.

仙山楼观　元代　陆广　绢本设色　台北故宫博物院藏

县。出谷庐，在庐山青牛谷。君平庐，在汉州绵竹县君平宅。斗山庐，在兴元城固县唐公昉宅。光天庐，在南岳。腾空庐，在洪州游帷观。昭德庐，在庐山。寻玄庐，在江西吴猛观。得一庐，在润州鹿迹观。启灵庐，在秦州启灵山。宗华庐，在洪州宗华观彭君宅。朝真庐，在京兆会昌昭应山。黄堂庐，在江西洪州。迎真庐，在洪州。招隐庐，在江西洪州。紫虚庐，在南岳魏夫人坛。启圣庐，在岐州天兴县启灵宫，本名天柱庐。凤台庐，在京兆鳌屋县萧史宅。东华庐，在衢州龙山县东华观。祈仙庐，在洪州黄真君宅。元阳庐，在苏州常熟县张道裕宅。东蒙庐，在徐州蒙山。贞阳庐，在洪州曾真君宅。"①这些是司马承祯《天地宫府图》所无的。

另有"灵化二十四"，即汉晋天师道所立二十四治，因避唐高宗李治讳改治为化。这是张陵在西蜀创建五斗米道过程中所设立的传道据点或教区。《正一炁治品》曰："太上汉安二年正月七日日中时，下二十四治，上八中八下八，应天二十四炁，合二十八宿，付天师张道陵，奉行布化。"② 其治分别置以土坛，戴以草屋，为祭祀之所。又"置男女官祭酒，统领三天正法，化民受户，以五斗米为信"③。张君房《云笈七签》卷二八亦曰："伏羲造天地，五龙布山岳，老君立位治，以用化流愚俗。"④ 其中上八治有阳平治、鹿堂治、鹤鸣山治、漓沅山治、葛璝山治、更除治、秦中治、真多治；中八治有昌利治、隶上治、涌泉治、稠稉治、北平治、本竹治、蒙秦治、平盖治；下八治为云台治、浕口治、后城治、公慕治、平刚治、主簿治、玉局治、北邙治。又有张陵所加的四个备治：刚互治、白石治、具山治、钟茂治，以应二十八星宿。此外，尚有系师张衡所立的八个配治：漓沅治、利里治、平公治、公慕治、天台治、濑乡治、代元治、樽领治；嗣师张鲁所立的八个游治：峨嵋治、青城治、太华治、黄金治、慈母治、河逢治、平都治、吉阳治。这些治所分布于蜀郡、广汉郡、遂宁郡、犍为郡、巴西郡、越巂郡、汉中郡、京兆郡、洪阳郡、城山郡、上党郡、魏郡。⑤

所谓"治"，实即传布大道的圣地，也是道教理想中由真仙管理的太平至乐的人间仙境。"老君立位治，以用化流愚俗。""二十四化各有一大洞，或方千里、五百、三百里。其中皆有日月飞精，谓之伏神之根，下照洞中，与世间无异。其中皆有仙王、仙官、仙卿，辅相佐之，如世之职司。有得道之人及积功迁神反生之者，皆居其中，以为民庶。

---

① 杜光庭.洞天福地岳渎名山记[M]//道藏：第11册.北京：文物出版社，上海：上海书店出版社，天津：天津古籍出版社，1988：57.
② 无上秘要.卷23[M]//道藏：第25册.北京：文物出版社，上海：上海书店出版社，天津：天津古籍出版社，1988：64.
③ 三天内解经.卷上[M]//道藏：第28册.北京：文物出版社，上海：上海书店出版社，天津：天津古籍出版社，1988：414.
④ 二十八治[M]//道藏：第22册.北京：文物出版社，上海：上海书店出版社，天津：天津古籍出版社，1988：204.
⑤ 无上秘要.卷23[M]//道藏：第25册.北京：文物出版社，上海：上海书店出版社，天津：天津古籍出版社，1988：64-65.

王褒　明代　木刻版画　采自王世贞《列仙全传》

王褒，西汉时范阳襄平人，世为贵族。然生性淡泊名利，雅好仙道。辞别父母，入华山修炼，历时九年。后从太极真人得授学道秘诀，隐居洛阳山中。又从西城真人得授《太上宝文》《八素隐书》《大洞真经》，并受其引领，游历玄洲，至仙都，入紫桂宫，拜见太上老君。被封为清虚真人，统领小有天，治理王屋山洞天，领天王之职，掌管九天灵文、六台秘籍。

每年三元大节，诸天有上真下游洞天，以观其所理，善恶人世、死生兴废、水旱风雨，预关于洞中焉。"①在上述文字中，道教理想中的洞天仙境被描绘得如此美好。

《太清金阙玉华仙书八极神章三皇内秘文》则述尘世八十一洞天，虚无三十六洞天。宣称元始化为盘古真人，经四万劫，生天皇王十三头。天皇王生地皇王，地皇王生人皇王，是有三皇内秘之法。"然后布列五方，成五岳之神，为五行之主也。在天为五星、五气，在地为五行、五岳。东方有东岳之神，乃阳木之君。南方有南岳之神，乃离明之君。西方有西岳之神，乃大著之君。北方有北岳之神，乃灵宰之君。中央有中岳之神，乃轩辕公孙之帝。枢以万象之主，掌以交泰之籍也。天中大罗八天三十二帝，八极有七百二十君，虚无三十六洞天，有八方消魔神王之神也。"②

三十六洞天的组成体系如下。

苍霄四洞天：日精宝箓洞天，内有日光之主为正，太阳天子为宗，以次神王，以次神仙，在其内者，并主一切世间照临之事。月华明应洞天，以太阴星阳神为主，月华天女为正，其内神王，其内神仙，并主星辰交变、阴阳否泰、万物休咎之事。南斗注生洞天，内有南斗长生大帝为主，长生星君为正，内有神王，内有神仙，并主水陆趣生录贵贱之事，掌以群生生死之籍。北斗七符箓罗洞天，内有北极紫微大帝为主，内有神王，内有神仙，并主斋醮罪福，除断鬼邪、扫荡精魅之事也。

风霄四洞天：宝华神光洞天、太素精阳洞天、金华西玉洞天、积英绝粹洞天，此四洞天神、四洞天仙，并主文明之职，掌握阴府之事也。

云霄四洞天：太虚神应洞天、七明焰魔洞天、虚境刀利洞天、八极静度洞天，此四洞天神、四洞天仙，并主以十善行绝之事，统以升仙之职。

烟霄四洞天：紫极静梵洞天、神霄玉清洞天、阳明朱凤洞天、东华青童洞天，此四洞天神、四洞天仙，并主水府地祇海岳福地之事，三岛十洲地仙散仙剑仙，积德积行修行上士之职也。

霞霄四洞天：羽风虚白洞天、太易和阳洞天、琼云上真洞天、太初集仙洞天，此四洞天神、四洞天仙，皆得阳明六化阴精大变之功也，主以列仙升天，握以南宫之职。

气霄四洞天：太始玉清洞天、太和四圣洞天、神霄消魔洞天、天华上相洞天，此四洞天神、四洞天仙，并以主运气劫度，日月魂魄，星辰交失，人主兴废，天地威气，风雨之集聚。

景霄四洞天：太清金阙洞天、神真玄化洞天、木公金母洞天、三元极变洞天，此四洞天乃玉皇大帝为主，内有神王，内有神仙，皆主天上地下阴府，三统七御，掌握万事

---

① 二十八治[M]//道藏：第22册. 北京：文物出版社，上海：上海书店出版社，天津：天津古籍出版社，1988：204-205.
② 太清金阙玉华仙书八极神章三皇内秘文[M]//道藏：第18册. 北京：文物出版社，上海：上海书店出版社，天津：天津古籍出版社，1988：563.

青乌公　明代　木刻版画　采自洪应明《仙佛奇踪》

青乌公，彭祖弟子，入华山学道，服金液而升天。

之职也。

碧霄四洞天：碧虚太一洞天、紫英夜光洞天、精华太空洞天、玉阳无极洞天，此四洞天神、四洞天仙，乃玉皇大帝为主，并职天上一切天仙、天官、天人得失之事也。

丹霄四洞天：锦林洞天、云林洞天、神精洞天、大罗洞天，此四洞天以地皇正主，天皇大帝都主，中有神王，中有天官，并主三清圣教，八极灵文之职，检校仙书神诀之事。①

上述虚无三十六洞天，乃神灵居住之天界，它将无形缥缈的天境与有形具象的福地有机结合，反映了道教神学中的地理观。

第三节　冥界神灵谱系

幽冥世界是指人死亡之后进入的一个阴森恐怖的世界。通常情况下，古人是根据世俗社会的现状来想象幽冥世界的。出土的无数墓葬都反映了这一点：死后世界与生前社会一般无二，所以需要陪葬大量的日常用品。这种陪葬不仅是纯粹的情感需要，更是人们想象中死后实际生活的需要。不但死后的生活方式与生前一般无二，而且幽冥世界的社会组织也与生前社会保持一致。两者的区别是幽冥世界的居民生活在黑暗之中，而世俗社会的居民生活在光明的世界。在中国人看来，阴间也是有等级秩序的，阴曹地府只不过是人世王朝组织的翻版而已。在人间，最基层的独立行政官员是知县，在阴间与之相应的则是人们熟知的城隍，他的神庙遍及每一个县城。

一、幽冥世界的观念

幽冥世界观念的产生与原始先民的思维特征和对鬼魂的情感倾向密切相关。众所周知，原始先民的思维以"相似律"为特征，他们根据自己对自然界和自身的体验认为世界万物，人也罢，物也罢，莫不相类。依据这种观念，他们在信仰上造成人魂与物魂的同

---

① 太清金阙玉华仙书八极神章三皇内秘文[M]//道藏：第18册. 北京：文物出版社，上海：上海书店出版社，天津：天津古籍出版社，1988：563-564.

构，在巫术行为上则产生了顺势或模拟巫术。鬼魂观念出现之后，在这样的"相似律"原则的带动下，必然要发生这样的思考：既然人在一定的环境里生存，鬼也应该有如人一般的生存空间，这是幽冥世界观念之所以产生的认识论依据。

甲骨文中已有"幽"字，由"山"和"幺"字组成，意为隐而不现。《说文解字》："幽，隐也。从山中丝，丝亦声。"段玉裁注："《小雅》：'桑叶有幽。'毛曰：'幽，黑色也。'此谓幽为黝之假借。玉藻幽衡。郑云：'幽读为黝。'毛不易字，郑则易之。《周礼·牧人》：'阴祀用幽牲，守桃幽垩之。'郑司农皆幽读为黝。引《尔雅》地谓之黝。"① 甲骨文中已有"冥"字，意指幽冥之处。《说文解字》曰："冥，幽也。从日从六，冖声。日数十。十六日而月始亏幽也。凡冥之属皆从冥。"段玉裁注："冥，窈也。窈，各本作幽。李善《思玄赋》《叹逝赋》，陶渊明《赴假还江陵诗》三注，皆作窈。"《释言》曰："冥，窈也。孙炎云：'深暗之窈也。'"《小雅·斯干》传曰："正，长也。冥，窈也。正谓宫室之宽长深窈处。穴部曰：窈，深远也。窈与杳音义同，故杳之训曰冥也。郑笺《斯干》曰：'正，昼也。冥，夜也。'引伸为凡暗昧之称。"②

根据考古学资料，幽冥世界观念最晚在新石器时代中期就已经出现。新石器时代墓葬较之旧石器时代墓葬有两个显著特征：一是普遍出现了氏族公共墓地，二是死者葬式很有规律，多数为头朝西单人仰卧伸展葬。从旧石器时代的人鬼共处，到替鬼魂寻找一块独立的栖身之地，安排一个独享空间，这体现了人鬼分离、各自生活的意图，也就意味着幽冥世界的建立。至于"头西脸北"的葬式，则与典籍中"死者北首"的记载相符，历来被研究者视为鬼魂归于幽冥世界的佐证，也证明当时已有幽冥世界的观念存在，且这个幽冥世界的方位多在北方。新石器时代是原始先民大量创造神话的时代，他们既创造了观念中的天界、阳界（人间），也创造了众鬼生存的阴界（阴间）。

幽冥世界为众鬼生存的阴界，是暗无天日的黑暗世界。《礼记·乐记》："节，故祀天祭地，成物有功报焉。明则有礼乐（注：教人者），幽则有鬼神（注：助天地成物者也）。"疏曰："幽冥之处，尊敬鬼神以成物也。"③ 马端临《文献通考》："葬于北方北首。"疏曰："言葬于国地及北首者，鬼神尚幽暗，往诣幽冥故也。"④《列仙传》记载："朱璜者广陵人也，少病毒瘕，就睢山上道士阮丘，丘怜之。……与璜七物药，日服九丸。百日病下如肝脾者数斗。养之数十日，肥健，心意日更开朗。与老君《黄庭经》，令日读三过，通之，能思其意。丘遂与璜俱入浮阳山玉女祠。且八十年，复见故处，白发尽

---

① 古文字诂林编纂委员会.古文字诂林：第4册[M].上海：上海教育出版社，2001：301.
② 古文字诂林编纂委员会.古文字诂林：第6册[M].上海：上海教育出版社，2001：482-483.
③ 郑玄，注.孔颖达，疏.礼记正义：卷37[M]//阮元.十三经注疏：下册.北京：中华书局，1980：1530.
④ 马端临.文献通考：上册：卷123[M].北京：中华书局，1986：1107.

黑，鬓更长三尺余……三尸俱灵，心虚神莹，腾赞幽冥，毛赪发黑，超然长生。"①

二、幽都、泰山与蒿里

幽冥世界作为鬼魂独占的场所，如果说上述认识论只提供了一种可能，那么人对鬼魂的情感倾向——恐惧害怕，则使其成为必然。基于对鬼与人神秘关系的认识，原始先民将鬼划分为两个基本类别：恶鬼与善鬼。鬼对于活人而言，既可以为祸，亦可以为福。鬼和生人之间的关系，与生人彼此之间的关系，没有太大的区别。《礼记·郊特牲》云："玄冕斋戒，鬼神阴阳也。将以为社稷主，为先祖后，而可以不致敬乎？"②"大凡生于天地之间者皆曰命，其万物死皆曰折，人死曰鬼，此五代之所不变也。"③人鬼之中又分两类，一类为本族祖先，一类为异族祖先；一些为善终其生，一些系暴亡夭折。

冥界地狱并非全部深藏于地下，而是分布在人们居处的周围。也许是在阴森恐怖的山林深处，也许是在暗无天日的洞穴曲端，也许是在宁静冷清的先灵坟茔，也许是在神位林立的宗族庙堂。中国的幽冥世界是安置亡灵的场所。在鬼魂观念出现之后的一段时间，曾有过人鬼同处的时代，如旧石器时代的周口店山顶洞人将死者的尸体埋葬在自己居住的山洞中，山洞既是人的生活空间，也是鬼的活动空间。这种人鬼共处的现象，在我国某些少数民族习俗里也有诸多体现与遗存。比如台湾地区的高山族人有将死者埋在屋内床底的葬俗。云南景颇族的房屋格局，除设前门外，还设有后门，人走前门，鬼走后门。这些都展现出人鬼同居一室、和睦相处的情形。④

依照秦汉古籍的记载，中国的幽冥世界是恐怖的。《山海经·海内经》曰："北海之内，有山，名曰幽都之山，黑水出焉。其上有玄鸟、玄蛇、玄豹、玄虎、玄狐蓬尾。有大玄之山。有玄丘之民。有大幽之国。"⑤"幽都"本为上古氐羌部落聚居的地方，至秦汉时神奇怪诞的传说四起，幽都便成为恐怖的鬼域地府，后土也被称为鬼王。

宋玉《楚辞·招魂》中有关"幽都"的描写，可能是我国关于地狱的最早记载。其云："魂兮归来！去君之恒干，何为四方些？舍君之乐处，而离彼不祥些！魂兮归来！东方不可以托些。长人千仞，惟魂是索些。十日代出，流金铄石些。彼皆习之，魂往必释些。归来兮！不可以托些。魂兮归来！南方不可以止些。雕题黑齿，得人肉以祀，以其骨

---

① 列仙传：卷下[M]//道藏：第5册.北京：文物出版社，上海：上海书店出版社，天津：天津古籍出版社，1988：75.
② 礼记：郊特牲[M]//阮元.十三经注疏：下册.北京：中华书局，1980：1458.
③ 礼记：祭法[M]//阮元.十三经注疏：下册.北京：中华书局，1980：1588.
④ 朱天顺.原始宗教[M].上海：上海人民出版社，1964：54.
⑤ 袁珂.山海经校注[M].上海：上海古籍出版社，1980：462.

为醢些。蝮蛇蓁蓁，封狐千里些。雄虺九首，往来倏忽，吞人以益其心些。归来归来，不可久淫些。魂兮归来！西方之害，流沙千里些。旋入雷渊，麋散而不可止些。幸而得脱，其外旷宇些。赤蚁若象，玄蜂若壶些。五谷不生，丛菅是食些。其土烂人，求水无所得些。彷徉无所倚，广大无所极些。归来归来，恐自遗贼些。魂兮归来！北方不可以止些。增冰峨峨，飞雪千里些。归来归来，不可以久些。魂兮归来！君无上天些。虎豹九关，啄害下人些。一夫九首，拔木九千些。豺狼从目，往来侁侁些。悬人以嬉，投之深渊些。致命于帝，然后得瞑些。归来归来，往恐危身些。魂兮归来！君无下此幽都些！土伯九约，其角觺觺些。敦脄血拇，逐人駓駓些。参目虎首，其身若牛些。此皆甘人。归来归来！恐自遗灾些。"汉王逸注："幽都，地下后土所治也。地下幽冥，故称幽都。"①谓后土为幽冥世界的统治者，其貌如虎，而有三目，身又肥大，广肩厚背，状如牛，一对明晃坚利的角，逐赶着哀叫奔跑的鬼魂，其走捷疾，以手中血漫污人，食人以为甘美。可见在上古人们的心中，冥府四方皆有，"幽都"只是其一。

这个"幽都"最初出现在西北方向，故王逸注《楚辞·天问》曰："天之西北，有幽冥无日之国，有龙衔烛而照之。"②这些记载跟新石器时代马家窑文化墓葬的葬法不谋而合。需要说明的是，上述文献中存在的"西""西北""北"的矛盾，乃古代人因所处位置不同、方向感有差异造成的。上古时代的北并不是我们今天所说的正北，而是指西北。幽冥世界在西北，具体地讲是在西北的昆仑山。在中国古代神话中，昆仑从来就是天堂与地狱之山，古代有关幽都的记载，地点多在此。晋张华《博物志》卷一云："昆仑山北，地转下三千六百里，有八玄幽都，方二十万里。地下有四柱，四柱广十万里。地有三千六百轴，犬牙相举。"③《淮南子·墬形训》云："（禹）掘昆仑墟以下地，中有增城九重，其高万一千里百一十四步二尺六寸，上有木禾，其修五寻，珠树、玉树、璇树、不死树在其西，沙棠、琅玕在其东，绛树在其南，碧树、瑶树在其北。旁有四百四十门，门间四里，里间九纯，纯丈五尺。旁有九井玉横，维其西北之隅，北门开以内不周之风。倾宫、旋室、悬圃、凉风、樊桐，在昆仑阊阖之中，是其疏圃。疏圃之池，浸之黄水，黄水三周复其原，是谓丹水，饮之不死。"④

幽都紧依昆仑而立，昆仑之弱水，颇似后世冥界的奈河。这是通往幽冥世界的必经之道。《山海经·大荒西经》云："昆仑之丘，其下有弱水之渊环之。"《史记·大宛列传》云："安息长老传闻，条支有弱水、西王母。"此句索隐引《舆地图》云："昆仑弱水，非乘龙不至。"⑤《山海经·海内南经》云："窫窳龙首，居弱水中，在狌狌知人名之

---

① 王逸.楚辞章句：卷9[M]//文渊阁四库全书：第1062册.台北：台湾商务印书馆，1983：60-63.
② 洪兴祖.楚辞补注：卷3[M]//文渊阁四库全书：第1062册.台北：台湾商务印书馆，1983：166.
③ 车吉心.中华野史：第1册[M].济南：泰山出版社，2000：725.
④ 诸子集成：第8册[M].长沙：岳麓书社，1996：57.
⑤ 二十五史：第1册[M].杭州：浙江古籍出版社，1998：282.

土伯　清代　木刻版画　采自萧云从《离骚全图》

西，其状如龙首，食人。"①《后汉书·西域传·大秦》云："西有弱水、流沙，近西王母

---

① 袁珂. 山海经校注[M]. 上海：上海古籍出版社，1980：278.

所居处。"①《海内十洲记》云："凤麟洲在西海之中央，地方一千五百里，洲四面有弱水绕之，鸿毛不浮，不可越也。"②

对比国外各民族关于幽冥世界的观点可以发现，在通往幽冥世界的道路上，均有一条河流或一片水域。如埃及神话中，进入幽冥世界前，必须经过一条叫乌尔尼斯（Urnes）的可怕河流。北欧神话里的冥河叫吉欧尔（Gjoll），上有镶金水晶桥，用一根发丝吊住，狰狞的枯骨老妪莫德古德（Modgud）把守在河桥上，新鬼须先纳血作路费，才能进入。希腊神话里的冥河叫阿刻隆（Acheron），那里河水湍急，有个名叫哈隆（Charon）的摆渡人引渡新鬼。日本人在死后，要在死者的手中放佛珠和六分钱，让死者顺利渡过鬼怪之河；或者干脆将尸骨装入被称为"舟"的罐中，然后扔入江河湖海，使之漂入幽冥世界。③因此，《山海经》所言的"弱水"，很可能就指通往冥界的死亡之河。

开明兽　汉代画像　江苏徐州拉犁山汉墓门楣

昆仑弱水旁边还有一座炎火山。西晋郭璞《山海经图赞》："弱出昆山，鸿毛是沉；北沦流沙，南映火林。"东晋史学家干宝《搜神记》则作了进一步发挥："昆仑之墟，地首也，是惟帝之下都，故其外绝以弱水之深，又环以炎火之山。山上有鸟兽草木，皆生育滋长于炎火之中。"④炎火也是幽冥世界的特征，鸠摩罗什所译《大智度论》卷十六谓地府中有"八炎火地狱"，即炭坑、沸屎、烧林、剑林、刀道、铁刺林、咸河、铜橛。

昆仑有九门，是神鬼出入的门户。《山海经·海内西经》云："海内昆仑之虚，在西北，帝之下都。昆仑之虚，方八百里，高万仞。上有木禾，长五寻，大五围。面有九井，以玉为槛，面有九门，门有开明兽守之，百神之所在。在八隅之岩，赤水之际，非仁羿莫能上冈之岩。"⑤九门各处一方，守护者是开明兽："昆仑南，渊深三百仞。开明兽身大类虎而九首，皆人面，东向立昆仑上。"⑥在北欧神话中，通往冥界道路上的"赫尔之门"，

---

① 二十五史：第1册[M].杭州：浙江古籍出版社，1998：946.
② 车吉心.中华野史：第1册[M].济南：泰山出版社，2000：258.
③ 刘宁波.人生礼仪中水的再生功能试析[J].民间文学论坛，1989（4）.
④ 车吉心.中华野史：第1册[M].济南：泰山出版社，2000：758.
⑤ 袁珂.山海经校注[M].上海：上海古籍出版社，1980：294.
⑥ 袁珂.山海经校注[M].上海：上海古籍出版社，1980：298.

由一条可怕的血斑大犬加尔姆（Garm）守着，这只恶犬蜷卧于名为格尼帕（Gnipa）的黑暗土穴，只有用叫作"赫尔饼"的食物才能买通它。① 开明兽的形状、职司，与北欧神话中的血斑大犬相似，同是幽冥世界门户的守护者。

东北谓之"鬼门"，是鬼魂出入的通道。《山海经》曰："沧海之中，有度朔之山。上有大桃木，其屈蟠三千里，其枝间东北曰鬼门，万鬼所出入也。"② 这与王充《论衡·订鬼》所言极为相似："上有二神人，一曰神荼，一曰郁垒，主阅领万鬼。恶害之鬼，执以苇索，而以食虎。于是黄帝乃作礼，以时驱之，立大桃人，门户画神荼、郁垒与虎，悬苇索以御凶魅。"③ 在古埃及，神话传说"西门"是死人灵魂进入的地方，灵魂进入那里，去接受冥王奥西里斯（Osiris）的审判。巴比伦神话则说，死国冥宫要通过七重门户，每过一道门户，都要被守门关的恶灵剥去一件衣物或首饰，直到过完七重门户，一丝不挂，才能见到死神欧卡拉（Irkalla）。④ 昆仑的"九门"，似与埃及、巴比伦神话中的"西门""七重门"同义。

褚人获辑《坚瓠续集》卷二："今俗元旦置桃符于门，左书神荼，右书郁垒，所以辟祟也。按《风俗通》：黄帝时有神荼、郁垒兄弟二人，性能执鬼。则神荼当左，郁垒当右。《东京赋》云：'守以郁垒，神荼副焉。'则似郁垒当左，神荼当右。《括地图》曰：'度朔山尖桃树下有二神，一名郁，一名擂。'高诱注《战国策》又曰：'一名余舆，一名郁雷。'为说不一，备书之以俟博识者。"⑤ 后来人们为了驱凶，在门上画神荼、郁垒及老虎的像，亦有驱鬼避邪之效果，流传至今。左扇门上叫神荼，右扇门上叫郁垒，画像丑怪凶狠，后世遂以为门神。

上古传说神荼与郁垒为一对兄弟，擅长捉鬼，如有恶鬼出来骚扰百姓，神荼与郁垒便将其擒伏，并将其捆绑喂老虎。《尔雅》曰：桃李丑核……桃曰胆之。《西京杂记》曰：汉初，修上林苑，群臣远方各献名果……有缃核桃、金城桃……紫文桃、霜桃。郭氏《玄中记》曰：木子之大者，有积石之桃焉，大如十斛笼。《本草》云：枭桃，在树不落，杀百鬼。玉桃，服之长生不死。《典术》曰：桃者，五木之精也，故厌伏邪气，制百鬼。故今人作桃符著门以厌邪，此仙木也。《太清诸卉木方》曰：酒渍桃花而饮之，除百病，好容色。晋傅玄《桃赋》："怀度朔之灵山，何兹树之独茂兮，条枝而丽闲。根龙虬而云结兮，弥千里而屈盘。御百鬼而妖孽兮，列神荼以司奸。"⑥

南朝《太上妙始经》曰："夫天地六合，其外如鸡子，又似车轮，元气绕之，如日之晕，元精之所散也。六合中央，广方各一万八千里。此山尽黄金、琉璃、水精为之上。宫

---

① 茅盾.神话研究[M].广州：百花文艺出版社，1981：317.
② 转引自王充.论衡·订鬼[M]//诸子集成：第9册.长沙：岳麓书社，1996：197-198.
③ 王充.论衡·订鬼[M]//诸子集成：第9册.长沙：岳麓书社，1996：198.
④ 丰华瞻.世界神话传说选[M].北京：外国文学出版社，1982：19，46.
⑤ 上海古籍出版社.清代笔记小说大观：第2册[M].上海：上海古籍出版社，2007：1570.
⑥ 徐坚.初学记：第3册：卷28[M].北京：中华书局，1980：673-675.

神荼郁垒　明代　木刻版画　采自《三教源流搜神大全》

室、草木、禽兽，皆有七宝之形。其上即天帝之所主，主录天下三万六千神。万物死皆属之。昆仑山，上复有九天。九天，都名耳，有数千万重天。但大域穷于九，九是数之极也。诸天宫室皆悬在空虚中，言天中人皆有空虚之身，能飞行，目能微视，耳能微听，变化三天，是无上正真道界。最有功德，乃得生此天中。此天以下，各随功德多少，所生各有重界。昆仑山以下有九地，地下有一重水，水下有风。如是风水之地，各各有九重，更相擎持。今之地动者，是风水摇也。王者有大功德，若有冤酷，故天地为之动，鬼神为之感。此九地之下，各有诸鬼官府及诸地狱。九天中亦有狱。九天之上，仙圣所住。九天之下，鬼神之所住，即是今之邪官邪伪之所统。其中各有君王，更相主录，无有毫差也。……昆仑四天以外，有铁围山，山外有日月所不照，名曰八冥界，则泰山府君之位，统领诸狱。人死归之，简录罪福，然后分遣其人，入于诸狱中。狱中有镬汤、转轮、铜柱、铁锥、刀剑诸苦痛，不可具言。"① 这里明确指出，昆仑山即为最大的地狱，是主宰万物死亡的圣地。那里崇山峻岭，上有九天，乃功德者死后即去的天堂。下有九地，诸鬼官府，诸大地狱，鬼神所住。昆仑四天以外，即铁围山，日月不照，名八冥界，由泰山府君，统领诸狱。人死归之，简录罪福，然后分遣其人入于诸狱中，遭受诸苦。天堂与地狱，同处异域，浑然一体，这种独特的宗教观念贯穿于所有的灵异世界。

将险峻高山视作死魂归属地的观念，在后来的文献中仍可见到。中国民族众多，幅员广大，因此冥界地狱亦非一处，而是分布于各地山岳，皆是一些令人生畏、恐怖的地方。晋刘隗《奏劾周筵刘胤李匡》曰："而今伯枉同周青，冤魂哭于幽都，诉灵恨于黄泉，嗟叹甚于杞梁，血妖过于崩城，怀情抱恨，虽没不忘，故有殒霜之应，夜哭之鬼。伯有昼见，彭生为豕，刑杀失中，妖眚并见，以古况今，其揆一也。"② 宋人文莹《玉壶清话》卷六载：宋初宰相赵普年七十一，病久无生意，遣甄潜诣上清太平宫醮星露，恳以谢往咎。上清道录姜道玄为公叩幽都，乞神语，神以淡墨一巨牌示之，浓烟罩其上，但牌底显一"火"字尔。潜归，告以神谕，赵普曰：我知之矣，此必秦王廷美也。然当时事，曲不在我，渠自与卢多逊遣堂吏赵白交通，其事暴露，自速其害，岂当咎予？但愿早逝，得面辨于幽狱，曲直自正。③ 可见时至宋代，人们仍将幽都作为冥府的称谓。

《上清道宝经》卷三曰：口是心非，百恶所归。破怀十善，兴隆十恶，四达既荒，六通亦塞。好酒失行，死归幽都，考对入鬼图，转轮亿万劫也。④ 宋金允中《上清灵宝大法》卷三八《施食普度品》曰："伏以冥府幽都，或未沾于玄泽。沉魂滞魄，恐难值于善缘。今幸有此遭逢，可谓非常庆会。远瞻玉阙，拜手清都，恭对斋坛，驰神紫极。众等虔诚朝

---

① 太上妙始经[M]//道藏：第11册．北京：文物出版社，上海：上海书店出版社，天津：天津古籍出版社，1988：432.
② 严可均.全上古三代秦汉三国六朝文：第5册[M].石家庄：河北教育出版社，1997：1172.
③ 车吉心.中华野史：第3册[M].济南：泰山出版社，2000：358.
④ 上清道宝经[M]//道藏：第33册．北京：文物出版社，上海：上海书店出版社，天津：天津古籍出版社，1988：720.

长人　清代　木刻版画　采自萧云从《离骚全图》

礼，以尽归诚。"①

冥府地狱分布于天地之中，崇山大岳往往是天堂、地狱的所在地，山上是神仙居住的福地，山下则为人鬼盘踞的冥界，天堂直入九霄，冥界深达九幽，形成一个上下倒立、呈等边三角形的宇宙空间。

岷山（汶山）是古蜀人的发祥地，故蜀人有魂归昆仑之说。《蜀王本纪》记载："李冰以秦时为蜀守，谓汶山为天彭阙，号曰天彭门，云亡者悉过其中，鬼神精灵数见。"蜀人亡者魂归昆仑，获不死之药，又可复生，这就叫"化民"。"望帝治汶山下邑曰郫，化民往往复出。"蜀王鳖灵也是这样的化民，"灵死，其尸溯流而上，至汶山，忽复生"②。这种死而复生的观念，后来演变为道教的尸解之说。《列仙传》："寇先者，宋人也。以钓鱼为业，居睢水旁百余年。得鱼，或放或卖或自食之。常著冠带，好种荔枝，食其葩实焉。宋景公问其道，不告，即杀之。数十年踞宋城门，鼓琴数十日乃去。宋人家家奉祀焉。寇先惜道，术不虚传。景公戮之，尸解神迁。历载五十，抚琴来旋。夷俟宋门，畅意五弦。"③《后汉书·方术列传》："北海王和平，性好道术，自以当仙。济南孙邕少事之，从至京师。会和平病殁，邕因葬之东陶。有书百余卷，药数囊，悉以送之。后弟子夏荣言其尸解，邕乃恨不取其宝书仙药焉。"李贤注云："尸解者，言将登仙，假托为尸以解化也。"④

北方匈奴人死后，魂归赤山。《后汉书·乌桓鲜卑列传》云："死者神灵归赤山。赤山在辽东西北数千里，如中国人死者，魂归岱山也。"⑤实际上三山五岳、众多名山，多为地狱所在地，山神分理所在地方的鬼神。道经曰："五岳之神，分掌世界，人物各有攸属。"⑥其五岳大庙就是五岳大帝治理鬼神的场所。

泰山是五岳至尊、群山之祖，作为少数几个能代表中国形象的符号，泰山的超然地位来自延续了两千多年的国家仪典体系和民间信仰崇拜的共同合力。泰山信仰和文化最主要的特色大致可以归结为通天、辖地两个方面，由天庭、人间、冥府三重空间构成的泰山圣境，护国佑民、审判罪魂，这是泰山最核心、最本质、最富特色的信仰，以此为轴心又向外延伸，形成了丰富多彩的宗教文化、礼乐文化、民俗文化等。

所谓"通天"，古人认为"山高则配天"，泰山峻极达于天庭。《三教源流搜神大全》中说，泰山"乃群山之祖，五岳之宗，天帝之孙，神灵之府也"。泰山神为天帝之

---

① 上清灵宝大法[M]//道藏：第31册.北京：文物出版社，上海：上海书店出版社，天津：天津古籍出版社，1988：606.
② 车吉心.中华野史：第1册[M].济南：泰山出版社，2000：9-10.
③ 列仙传[M]//道藏：第5册.北京：文物出版社，上海：上海书店出版社，天津：天津古籍出版社，1988：68.
④ 后汉书：方术列传[M]//二十五史：第1册.杭州：浙江古籍出版社，1998：925.
⑤ 后汉书：乌桓传鲜卑列传[M]//二十五史：第1册.杭州：浙江古籍出版社，1998：953.
⑥ 陈梦雷，等.古今图书集成：第18册[M].北京：中华书局，1985：21947.

九首夫　清代　木刻版画　采自萧云从《离骚全图》

孙，正是"泰山"与"天"关系的形象化。泰山神的职司之一即见证王朝更替，稳固江山。这里是历代君王上承天命之地，凡改朝换代、王者易姓，或者天灾人祸、动荡不安等情况，帝王必定或巡狩，或封禅，或祭祀，以期沟通神意，上承天命，固国安民。

所谓"仙境"，是指神灵居住的神圣空间。《道经》曰："岱泰山乃天帝之孙，群灵之府，主世界人民官职生死贵贱等事。"①

所谓"冥府"，是说人们死后去的一个幽暗的空间。泰山有阴曹地府，主人之生死贵贱。泰山治鬼说大约始于汉代。道教记述泰山神东岳大帝管理阴曹地府的文献也不少，例如《洞玄灵宝五岳真形图》中曰："东岳泰山君，领群神五千九百人，主治死生，百鬼之主帅也。血食庙祀，宗伯者也。俗世所奉鬼祠邪精之神，而死者皆归泰山，受罪考焉。"②

泰山的三重空间指冥府、人间、天庭。泰山城奈河以西、以南，以奈河桥和蒿里山为标志，属于阴曹地府。古人认为，"人死为鬼，魂归泰山"，蒿里山是人死后鬼魂归宿的地方。泰安城东半部至岱麓，以原南城门、通天街、岱庙、岱宗坊为中轴，左右对称，布局严整的区域属于繁华热闹的"人间"。自岱宗坊至一天门，便由"人间"开始"登天"，攀登六千余级台阶，经中天门，至南天门，便到了"仙境"。这里是泰山信仰和文化集中展示的核心区域，是泰山以"礼天"为中心的整体构思的中轴线。

从远古传说到有文字记载以来，泰山一直披着神秘的色彩，被赋予特殊的地位，既是众仙所居之地，又是幽冥之地。秦汉时期，人们将死后的去处称为"黄泉""蒿里""下里""死人里"，并已有"太山主人生死"的异闻。《孝经援神契》载："太山，天帝孙，主召人魂。东方万物始，故主人生命之长短。"③《后汉书·方术列传》中许峻自云："少尝笃病，三年不愈，乃谒泰山请命。"李贤注曰："太山主人生死，故诣请命也。"④管辂谓其弟曰："但恐至泰山治鬼，不得治生人，如何？"⑤

蒿里位于泰山以南，汉以前称作"高里山"，为古代帝王禅地之所，《汉书》中有多处记载了汉武帝"亲禅高里"。《汉书·武帝纪》："太元初年……禋高里。"颜师古注释："死人之里谓之蒿里，或呼为下里者也，字则为蓬蒿之蒿，或者既见太山神灵之府，蒿里山又在其旁，即误以高里为蒿里。"⑥蒿里被公认为聚敛魂魄的鬼都。

魏晋南北朝时期，有关泰山"归魂""招魂"的记载就更多了。郦道元《水经注》云："泰山在左，亢父在右，亢父知生，梁父主死。"晋陆机《泰山吟》曰："泰山一何

---

① 查志隆. 岱史：卷3[M]//道藏：第35册. 北京：文物出版社，上海：上海书店出版社，天津：天津古籍出版社，1988：682.
② 洞玄灵宝五岳古本真形图[M]//道藏：第6册. 北京：文物出版社，上海：上海书店出版社，天津：天津古籍出版社，1988：735.
③ 安居香山，中村璋八. 纬书集成：中册[M]. 石家庄：河北人民出版社，1994：961.
④ 后汉书：方术列传[M]//二十五史：第1册. 杭州：浙江古籍出版社，1998：923.
⑤ 三国志：管辂传[M]//二十五史：第1册. 杭州：浙江古籍出版社，1998：1117.
⑥ 汉书：武帝纪[M]//二十五史：第1册. 杭州：浙江古籍出版社，1998：315.

泰山图　明代　木刻版画　采自王圻、王思义《三才图会》

高,迢迢造天庭。峻极周已远,层云郁冥冥。梁甫亦有馆,蒿里亦有亭。幽涂延万鬼,神房集百灵。长吟泰山侧,慷慨激楚声。"①晋崔豹《古今注·音乐》:"《薤露》《蒿里》,并丧歌也。出田横门人。横自杀,门人伤之,为之悲歌,言人命如薤上之露,易晞灭也;亦谓人死魂魄归乎蒿里,故有二章,一章曰:'薤上朝露何易晞,露晞明朝还复滋,人死一去何时归。'其二曰:'蒿里谁家地?聚敛魂魄无贤愚,鬼伯一何相催促,人命不得少踟蹰。'至孝武时,李延年乃分为二曲,《薤露》送王公贵人,《蒿里》送士大夫庶人,使挽柩者歌之,世呼为挽歌。"②

元代徐世隆在《重修泰山蒿里山神祠记》中叙述了蒿里山阴曹地府的历史。秦末农民起义首领田横在楚汉相争时,自立为齐王,不久被汉军所灭。汉朝建立后,田横率徒党500余人逃亡海岛,汉高祖刘邦命其到洛阳,田横不愿称臣于汉,便在被迫前往洛阳的途中自

---

① 陈梦雷,等.古今图书集成:第18册[M].北京:中华书局,1985:21947.
② 崔豹.古今注:卷中[M]//王云五.丛书集成初编:第274册[M].北京:中华书局,1983:10.

杀。其党徒遂作《蒿里》挽歌送葬，并集体自杀。汉之后认为人死后精魂归于泰山蒿里，蒿里便成为追逮收捕、出入死生之所。

清代学者赵翼考辨说："东岳主发生，乃世间相传多治死者，宜胡应麟之疑也。然亦有所本。《老学庵笔记》谓杨文公'游岱之魂'一句，出《河东记》韦齐休事。然骆宾王《代父老请封禅文》云：'就木残魂，游岱宗而载跃。'又在河东前矣。是放翁以骆文为最先也。其实后汉时已有此语……《南史·沈攸之传》：'沈僧昭少事天师，能记人吉凶，自云为泰山录事，幽司中有所收录，必僧昭署名。'《北史·段晖传》：'有童子与晖同学二年，将去，谓晖曰：吾泰山府君子，奉敕游学，今将归。言终，腾虚而去。'此又皆唐以前泰山故事也。宋《稗记》：'崔公谊补莫州任丘簿，会地震，公谊任满，已挈家南行，夜宿，忽有人叩户云：崔主簿系合地动压杀人，已收魂到岱，到家宜速。崔自度必死，乃送其孥归寿阳，明日遂卒。'《夷坚志》：'孙默、石倪、徐楷相继为泰山府君。又吕辨老得一印，文曰泰山府君之印。王太守借观之，未几，王死。王素有善政，人以为必主岱岳也。张廿三既死，子幼，赘婿陈昉主其家事，而毙其子。已而张同一黄衣者向陈索命，顾黄衣者使执之。黄衣曰：须先于泰山府君处下状。藤迪功妻赵氏杀其妾陈馨奴，未几赵死而失其首。方捕治，而陈现形，提其头出示人曰：我已诉岳帝，得报此仇，恐牵连无辜，故来明此事。'然则泰山治鬼，世果有其事也。"①

泰山人胡母班，曾至泰山之侧，忽于树间逢一绛衣驺，呼云："泰山府君召。"班惊愕，逡巡未答。复有一驺出，呼之。遂随行数十步，驺请班暂瞑。少顷，便见宫室，威仪甚严。班乃入阁拜谒。主为设食，并委托他送信与其女婿。胡母班完成任务后，过了几年，经过泰山，向泰山府君汇报了带信的过程后，忽见其父着械徒作，此辈数百人。班进拜流涕，问："大人何因及此？"父云："吾死不幸，见遣三年，今已二年矣，困苦不可处。知汝今为明府所识，可为吾陈之，乞免此役，便欲得社公耳。"班乃依教，叩头陈乞。府君曰："生死异路，不可相近，身无所惜。"班苦请，方许之。于是辞出，还家。岁余，儿子死亡略尽。班惶惧，复诣泰山，扣树求见。昔驺遂迎之而见。班乃自说："昔辞旷拙，及还家，儿死亡至尽，今恐祸故未已，辄来启白，幸蒙哀救。"府君拊掌大笑曰："昔语君'死生异路，不可相近'故也。"即敕外召班父。须臾，至庭中，问之："昔求还里社，当为门户作福，而孙息死亡至尽，何也？"答云："久别乡里，自欣得还，又遇酒食充足，实念诸孙，召之。"父涕泣而出。班遂还，后有儿，皆无恙。②这是讲胡母班为父求情，使其父脱离劳役，而升为社公。

楚国平阿人蒋济，仕魏，为领军将军。其妇梦见亡儿，涕泣曰："死生异路，我生时为卿相子孙，今在地下，为泰山伍伯，憔悴困苦，不可复言。今太庙西讴士孙阿见召为泰

---

① 赵翼. 陔余丛考：卷35[M]//续修四库全书：子部：第1152册. 上海：上海古籍出版社，2002：29-30.
② 干宝. 搜神记：卷4[M]//车吉心. 中华野史：第1册. 济南：泰山出版社，2000：742.

山令,愿母为白侯,属阿,令转我得乐处。"……天明,母告启济,济乃遗人诣太庙下,推问孙阿,果得之,形状证验,悉如儿言。于是乃见孙阿,具语其事。阿不惧当死,而喜得为泰山令,惟恐济言不信也,曰:"若如节下言,阿之愿也。不知贤子欲得何职?"济曰:"随地下乐者与之。"阿曰:"辄当奉教。"乃厚赏之。言讫,遣还。辰时,传阿心痛;巳时,传阿剧;日中,传阿亡。济曰:"虽哀吾儿之不幸,且喜亡者有知。"后月余,儿复来,语母曰:"已得转为录事矣。"①这是讲生人死后亦可补迁泰山令,成为治理冥府的鬼官。由以上可知,人死后魂归泰山的观念已完全融入人们的信仰,在当时普遍流行。

宋代笔记小说亦多载冥府鬼神的传闻,景焕《野人闲话》载:四川罗江县道士谯义俊,忽梦太山府君追之,赐以黄敕,补为杖直。昼归阳间,夜赴冥府,如此二十余年。忽于冥间遇道士,谓曰:"尔何不致名香,昼于阳间,上告南辰北极,必得免。"②宋吴淑《江淮异人录》卷下载:"闽中处士张标者,有道术,能通于冥府。或三日五日,卧如死而体不冷,既苏,多说冥中事。或言未来,一一皆验,郡中大信之。"③

明周琦《东溪日谈录》指出:"五岳四渎四海,皆天下名山大川,天地大气所在,所以祀之者,祀其气也。非若人鬼祀,其有形者也。祀气者以坛,祀形者以庙。东岳泰山、西岳华山、南岳衡山、北岳恒山、中岳嵩山,祀之各有其地。江渎、河渎、淮渎、济渎,祀之各有其源。东海、西海、南海、北海,祀之各有其方。固不可在彼者而祀于此,在此者而祀于彼,亦不可貌其形,以病其气,封其爵,以庙其为鬼。自唐武德贞观间,制祭五岳四渎四海。之后,武后垂拱四年,封洛水为显圣侯,享齐四渎,封嵩山为神岳天中王。天授二年又封华岳为金天王,始肇山川之封。故玄宗开元十三年,封泰山为天齐王。天宝九载,封中岳为中天王,南岳为司天王,北岳为安天王。六载,封河渎为灵源公,济渎为清源公,江渎为广源公,淮渎为长源公,此五岳四渎以人鬼而封之也。宋真宗大中祥符元年,加号泰山为仁圣天齐王。五年又加东岳为天齐仁圣帝,南岳为司天昭圣帝,西岳为金天顺圣帝,北岳为安天元圣帝,中岳为中天嵩圣帝,加东岳有淑明后,南岳有景明后,西岳有肃明后,北岳有靖明后,中岳有正明后。仁宗康定二年,加东海为润圣广德王,南海为洪圣广利王,西海为通圣广润王,北海为中圣广泽王,复增四渎公爵为王爵也。"④

《元始天尊说东岳化身济生度死拔罪解冤保命玄范诰咒妙经》中讲述了东岳信仰的由来与演变,曰:"昔混沌未判,太极之先,有混元道母,授太上弥罗教主赫天玄英祖炁金轮少海宗源,梦日光诞辰月二十八之降生,乃紫府东华圣人之弟,长白建功,羲皇受号,

---

① 干宝.搜神记:卷16[M]//车吉心.中华野史:第1册.济南:泰山出版社,2000:761.
② 李昉.太平广记:第7册[M].北京:中华书局,1981:2482.
③ 江淮异人录[M]//道藏:第11册.北京:文物出版社,上海:上海书店出版社,天津:天津古籍出版社,1988:19.
④ 周琦.东溪日谈录:卷5:祭祀谈下[M]//文渊阁四库全书:第714册.台北:台湾商务印书馆,1983:164-165.

初则泰华真人，汉明泰山元帅，累朝节封东岳大生天齐仁元圣帝。炁应青阳，位尊震位，独居中界，统摄万灵，掌人间善恶之权，司阴府是非之目，案判七十二曹，刑分三十六岳，惩奸罚恶，录死注生，化形四岳四天圣帝，抚育六合万物群生。世间若有善男子善女人，但遇三元五腊，四时八节，甲子庚申，每月三七，斗降本命、朔望吉旦之辰，能施财帛，设立坛场，广陈供养，焚香燃灯，虔心恳祷，皈命东华上相东岳大生天齐仁元圣帝威权自在天尊者，即得国平民乐，兵息谷登，宫壸清宁，皇图巩固。下及士庶男女，罪业消除，灾衰洗荡，福果臻身，延年益算，家门昌盛，子嗣绵长，出入起居，吉无不利。过去亡者，不经地狱，罪罹蠲消，冤仇和释，苦恼痊平，九幽罢对，五苦停刑，上生天堂，逍遥自在，快乐无边，与道合真，一切有情，均登无上。"①《灵宝无量度人上经大法》卷二一："东岳泰山君，领群臣五千九百人，主瘟治生死，百鬼之主帅也，血食庙祠宗伯者也。俗世所奉鬼祠邪精之神而死者，皆归泰山，受罪考焉。"②

《太上洞玄灵宝五岳神符》曰："东方泰岳祇曰岱宗，元气上连岁星，其山青，灵老君治其中，主春气，生万物。列从青腰玉女百二十人，主百二十府。变化玉女九人，主九州。山精玉女万二千人，主游护天下，使甲乙之神行天德，使寅卯之神正地气。名山大泽天下万神，常以立春之日升岱宗之山，入青石玉阙之宫，谒青灵老君，受玄符。出乘条风，各还四方，召使百鬼，斩杀恶神。有不从玄符者，天灭其精，不得享其祭祠，所以佐天地生人物也。以条风之气荡淑人形，人形不正，正之以符。常起甲乙，治寅卯，受符应当拜者，皆回向日晷。"③《太上九赤班符五帝内真经》曰："东方青帝君，姓常，讳精萌，头建九元通天冠，衣青锦帔碧饰飞裙，佩太上九炁命灵之章，带翠羽交灵之绶。常以立春之日，乘碧霞九龙云舆，从青腰玉女十二人，手把青林之华九色杖幡，游行东岳太山，校定真人仙官录札，时诣东海水帝，考筭学道功过罪目，回降佩符者身。""东岳泰山君，常以春分之日，列奏真仙已得道及始学之人名录，上言高上帝君，检校玄名。修飞仙之道，当以其日日出之时，沐浴斋戒，烧香入室，东向思东岳泰山君，姓玄丘，讳目陆，头建三宝九光夜冠，衣青羽章裙，披九色班袭，带上皇命神之篆，乘青云飞舆九色苍龙，从十二仙官，手把五芝，东北而回，上登无崖之上玉清之天，徘徊玄虚之内青云之中。"④

泰山第一东岳大生天齐仁圣帝，东岳苍天，兖州司权，上应房宿，下统震元，发生万

---

① 元始天尊说东岳化身济生度死拔罪解冤保命玄范诰咒妙经[M]//道藏：第34册.北京：文物出版社，上海：上海书店出版社，天津：天津古籍出版社，1988：730.
② 灵宝无量度人上经大法：卷21[M]//道藏：第3册.北京：文物出版社，上海：上海书店出版社，天津：天津古籍出版社，1988：735.
③ 太上洞玄灵宝五岳神符[M]//道藏：第34册.北京：文物出版社，上海：上海书店出版社，天津：天津古籍出版社，1988：361-362.
④ 太上九赤班符五帝内真经[M]//道藏：第33册.北京：文物出版社，上海：上海书店出版社，天津：天津古籍出版社，1988：519-520.

东岳大帝 清代 纸本设色 李黎鹤藏

物，与天齐年，玄灵之馆，字录青篇，济生度死，祚国绵延。衡山第二南岳司天大化昭圣帝，南岳丹天，衡州司权，上应星宿，下照离元，陶铸万品，俾炽长年，阳正玉阙，字录朱篇。焚妖爇恶，永灭风烟。嵩山第三中岳中天大宁崇圣帝，中岳黄天，岱州司机，斡旋四宿，独制酆山，总尊万有，亿劫斯年，五灵安镇，杀鬼万千。华山第四西岳金天大利顺圣帝，西岳皓天，华州司权，上应昴宿，下定兑元，资成万汇，保命延年，金阙玄窗，字录素篇，安邦立业，备守三边。恒山第五北岳安天大贞元圣帝，北岳玄天，恒州司权，上应虚宿，下彻坎元，滋荣万稿，益寿增年，郁绝元台，字录黑篇，拔朽上生，度品成仙。其下属东岳正宫淑明坤德皇后，东岳上相司命镇国真君，东岳上殿太子炳灵仁惠王尊神，东岳泰山天仙玉女碧霞元君，岳府掌增福略福之神，东岳子孙安监生卫房圣母元君，江东忠佑崇惠之神，岳府太保朱将军都副统兵元帅，岳庭七十五司冥官，东廊西庑神，十大太保，龙虎神君，岳庭州职曹僚，岱岳诸司官典。①

这位东岳上殿太子炳灵仁惠王，正是人们称呼的泰山三郎，他在民间的威望甚高。五代王仁裕《玉堂闲话》卷三曰：兖之东钞里泗水上有亭，亭下有天齐王祠，中有三郎君祠神者。巫云：天齐王之爱子，其神甚灵异。相传岱宗之下，樵童牧竖，或有逢羽猎者，骑从华丽，有如侯王，即此神也。鲁之畏敬，过于天齐。朱梁时，葛周镇兖部署，尝举家妇女游于泗亭，遂至神祠。周有子十二郎者，其妇美容止，拜于三郎君前，熟视而退。俄而病心痛，踣地闷绝久之。举族大悸，即祷神。有顷乃瘳，自是神情失常，梦寐恍惚，尝与神遇。其家惧，送妇往东京以避之。未几，其神亦至，谓妇曰：吾寻汝久矣，今复相遇。其后信宿辄来。每神将至，妇则先伸欠呵嚏，谓侍者曰：彼已至矣。即起入帷中。侍者属耳伺之，则闻私窃语笑，逡巡方去，率以为常。②

泰山三郎的信仰颇为流行。马端临《文献通考》："炳灵公庙在泰山下。后唐长兴三年，诏以泰山三郎为威雄将军。大中祥符元年十月，封禅毕，亲幸加封，令兖州增葺祠宇。经度制置使王钦若自言尝梦睹神，又于庙北墉建亭，名曰灵感。"③《广异记》载：赵州卢参军其妻甚美，忽暴心痛，食顷而卒。卢生号哭毕，往见正谏大夫明崇俨，明云：此泰山三郎所为。遂书三符以授卢，还家速烧三符，其妻遂活。妻云：被车载至泰山顶，别有宫室，见一年少，云是三郎。有顷，闻人款门云：令问三郎，何以取卢家妇？宜即遣还。寻有疾风，吹黑云从崖顶来，二使唱言：太一直符，今且至矣！三郎有惧色。三使送还，被推入形，遂活。④宋人撰《分门古今类事》卷四载：兖州使院吏卢莹，开宝九年（976）自城归独行，村路中忽见旌旗甲马，问之云泰山三郎出猎。莹尝闻泰山三郎见者就

---

① 元始天尊说东岳化身济生度死拔罪解冤保命玄范诰咒妙经[M]//道藏：第34册．北京：文物出版社，上海：上海书店出版社，天津：天津古籍出版社，1988：730-732．
② 车吉心．中华野史：第3册[M]．济南：泰山出版社，2000：64．
③ 马端临．文献通考：上册·卷90：杂祠淫祠[M]．北京：中华书局，1986：823．
④ 李昉．太平广记：第6册[M]．北京：中华书局，1981：2373-2374．

求官禄，多得如愿。乃伏草中，徐见锦袍少年，从者甚盛，莹趋出拜告。少年曰：尔无官分。与钱五百千，便过如飞。①由此可见泰山三郎的影响甚广。

东岳大帝在山川神中地位极尊，旧时东岳庙遍及各地。历代帝王对泰山神的祭礼规格极高。这种鬼神信仰还表现在对泰山物器的神化，如推衍出泰山石敢当的物灵神。关于"石敢当"的文字记载，最早见于西汉史游《急就篇》："师猛虎，石敢当，所不侵，龙未央。"②可见中国古代已有以石驱邪的民俗。

老君曰："诸百姓自天子以下，至于庶民，本非道士，当有宿恩，得吾灵宝经，命皆自得延。即欲行符，取大石五枚，各令色纯，重百斤以还，七十斤以上。一枚正青，朱刻东称符；一枚正赤，黄刻南称符；一枚正白，黑刻西称符；一枚正黑，青刻北称符；一枚正黄，白刻中称符。各安其文，以镇宅五方。五行相生，无相克害，百病自愈，五邪六害，灾祸非常，各自消亡，居官重禄，五岳不当，富贵日臻，钱财如云，传世延命，子孙元元。"③《淮南万毕术》则云：埋圆石于宅隅，杂以桃核七枚，则无鬼疫。④宋仁宗庆

东岳大帝　淑明夫人　南宋　重庆大足石刻　李远国摄

---

① 分门古今类事：卷4[M]//文渊阁四库全书：第1047册.台北：台湾商务印书馆，1983：40.
② 史游.急就篇[M]//文渊阁四库全书：第223册.台北：台湾商务印书馆，1983：8.
③ 太上无极大道自然真一五称符上经：卷下[M]//道藏：第11册.北京：文物出版社，上海：上海书店出版社，天津：天津古籍出版社，1988：639-640.
④ 李昉.太平御览：卷33[M]//文渊阁四库全书：第893册.台北：台湾商务印书馆，1983：417.

历四年（1044），福建莆田出土的唐代大历五年（770）石铭云："石敢当，镇百鬼，压灾殃，官吏福，百姓康，风教盛，礼乐张。"并有石符二枚具存。① 元代陶宗仪《南村辍耕录》载："今人家正门适当巷陌桥道之冲，则立一小石将军，或植一小石碑，镌其上曰'石敢当'，以厌禳之。"② 敢当，所向无敌也。道教认为，万物有灵，天地山川花草树木飞禽走兽等大自然诸物，其珍奇灵异者，皆有神性。泰山石敢当就是镇妖祛邪的灵石神。

"泰山主生死"的深远影响形成了"泰山能联系沟通天界、人间和阴界"的观念，并且按照人间官衙的模式构造出一整套鬼府官僚系统，这一系统又反过来使"泰山主生死"的观念进一步强化。李昌祺《剪灯余话》说："惟是泰山一府，所统七十二司、三十六狱，台、省、部、院、监、局、署、曹，与夫庙、社、坛、墠、鬼、神，大而冢宰，则用忠臣、烈士、孝子、顺孙，其次则善人、循吏，其至小者，虽社公、土地，必择忠厚有阴德之民为之。"③ 百姓生前难得遇到公正官吏，因此寄望于阴间官吏，希望他们能够铁面无私，主持正义，以得到些许精神安慰。

从天界、人间到冥界，以三清、玉帝为代表的三界神灵，数量上万，他们治理着人间，维护着社会秩序的稳定。他们教化民众，主张积极向善，从而安定人心，解除忧患。他们安坐庙堂，享受香火，禳灾祈福，带给人们希望。这就是道教信仰的文化内涵，也是道教精神的核心价值。

第四节　神灵仙真谱系

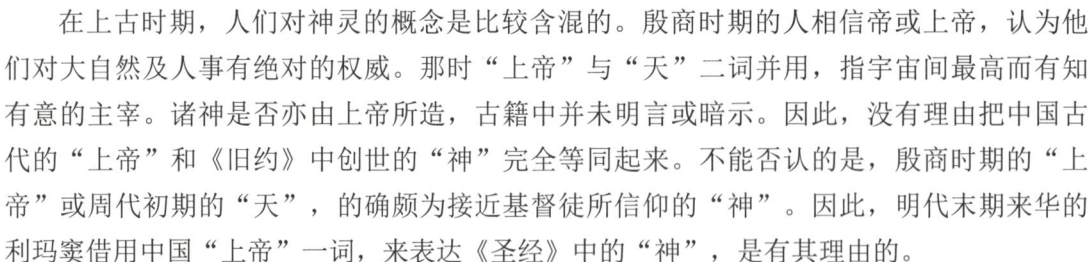

在上古时期，人们对神灵的概念是比较含混的。殷商时期的人相信帝或上帝，认为他们对大自然及人事有绝对的权威。那时"上帝"与"天"二词并用，指宇宙间最高而有知有意的主宰。诸神是否亦由上帝所造，古籍中并未明言或暗示。因此，没有理由把中国古代的"上帝"和《旧约》中创世的"神"完全等同起来。不能否认的是，殷商时期的"上帝"或周代初期的"天"，的确颇为接近基督徒所信仰的"神"。因此，明代末期来华的利玛窦借用中国"上帝"一词，来表达《圣经》中的"神"，是有其理由的。

---

① 黄仲昭.八闽通志：下册：卷86[M].北京：书目文献出版社，1988：1221.
② 陶宗仪.南村辍耕录：卷17[M].北京：中华书局，1959：206.
③ 李昌祺.剪灯余话：卷8[M]//古本小说集成：第四辑：第153册.上海：上海古籍出版社，1991：113-114.

一、中国道教的神灵

中国宗教的"神"显然不同于基督教、伊斯兰教的"神",其内涵相当丰富,既包含"超自然力"难以驾驭者之意,又有无法预测、变化神奇之意。中国古代宗教所说的"神"大致包括三重含义:

其一是指天神。《说文》曰:"神,天神,引出万物者也。从示申。"甲骨文中"神"字作"申"。高田忠周曰:《风俗通·怪神》篇有"神者申也",《礼含文嘉》有"神者信也"。申、信同意,申亦作伸。《易·系辞传》有"引而伸之",即知申、神同意。……神与电盖亦同意。电训阴阳激耀也,从雨申声。……电与雷亦一理。雷训阴阳薄动,雷雨生物者也。从雨。畾象回转形,即雷电与神皆有引出成物之意。①《鬼谷子·反应》曰:"已审先定,以牧人策而无形容,莫见其门,是谓天神。"注曰:"已能审定,以之牧人,至德潜畅,玄风远扇,非形非容,无门无户,见形而不及道,日用而不知,故谓之天神也。"②

史籍文献中多有关于天神的记载。《周礼·春官宗伯·大司乐》说:"以祀天神。"注:"谓五帝及日月星辰也。"③这是说天界的五帝及日月星辰神灵。《史记·殷本纪》:"帝武乙无道,为偶人,谓之天神,与之博。令人为行,天神不胜,乃僇辱之。"④《汉书·郊祀志》:"武帝时,齐人少翁以鬼神方见上。上作甘泉宫,中为台室,画天地大一诸鬼神,而置祭具,以致天神。"⑤《太上洞玄灵宝天尊说养蚕营种经》:"汝欲得田蚕者,每结诚心,上启天神,天仙即随心下来,为作福力,不令虚功耳。汝可将蚕示师,师与蚕子祝愿,蕃息即蒙道恩。但一切千魔万魅虚耗之鬼,见师入宅,皆悉破散,去宅千里,汝从养蚕子,时与作功德,其蚕万不失一。可即烧香与四方,口诵此经文,立获万倍之报。"⑥这是讲天界存在的各种神灵。

其二指阴阳二气,指鬼神,指魂魄。《礼记·郊特牲》曰:"鬼神,阴阳也。将以为社稷主,为先祖后,而可以不致敬乎?"陈注:"鬼者阴之灵,神者阳之灵。故曰鬼神阴阳也。"⑦《礼记·祭义》载孔子曰:"气也者,神之盛也。魄也者,鬼之盛也。合鬼与

---

① 古文字诂林编纂委员会.古文字诂林:第1册[M].上海:上海教育出版社,2001:113.
② 四川大学古籍整理研究所,中华诸子宝藏编纂委员会.诸子集成补编:第4册[M].成都:四川人民出版社,1997:296.
③ 阮元.十三经注疏:上册[M].北京:中华书局,1979:788.
④ 二十五史:第1册[M].杭州:浙江古籍出版社,1998:16.
⑤ 二十五史:第1册[M].杭州:浙江古籍出版社,1998:370.
⑥ 道藏:第6册[M].北京:文物出版社,上海:上海书店出版社,天津:天津古籍出版社,1988:234-235.
⑦ 阮元.十三经注疏:下册[M].北京:中华书局,1980:1456.

神，教之至也。"郑注："气谓嘘吸出入者也。耳目之聪明为魄，合鬼神而祭之，圣人之教致之也。"《正义》曰："鬼神本是人与物之魂魄，若直名魂魄，其名不尊，故尊而名之为鬼神，别加畏敬之也。云尊极于鬼神，不可复加也者，解经制为之极，所以明鬼神为极者，言物中尊极，莫过鬼神，言以外他名不可复加，故圣王造制为之极，名鬼神也。"①王充《论衡·论死篇》曰："或说鬼神，阴阳之名也。阴气逆物而归，故谓之鬼；阳气导物而生，故谓之神。神者，申也，申复无已，终而复始。人用神气生，其死复归神气。阴阳称鬼神，人死亦称鬼神。气之生人，犹水之为冰也。水凝为冰，气凝为人；冰释为水，人死复神。其名为神也，犹冰释更名水也。"②

鬼神之说盛于古代，历代文人都非常关注。孔子曰："鬼神之为德，其盛矣乎！"程子曰："鬼神，天地之功用，而造化之迹也。"张子曰："鬼神者，二气之良能也。"朱熹谓以二气言，则鬼者阴之灵也，神者阳之灵也。"（以一气言，则至而伸者为神，反而归者为鬼，其实一物而已。为德，犹言性情功效。）视之而弗见，听之而弗闻，体物而不可遗。（鬼神无形与声，然物之终始，莫非阴阳合散之所为，是其为物之体，而物所不能遗也。其言体物，犹易所谓干事。）使天下之人齐明盛服，以承祭祀。洋洋乎！如在其上，如在其左右。"③在这里，孔子高度赞扬了鬼神所显现的品德，宣称神灵驾临人间，神奇玄妙难以言喻，岂能懈怠和厌倦。孔子又说："敬鬼神而远之。"为什么对鬼神要敬？因为鬼神是神奇莫测的。

其三指万物奥秘与变化莫测之机。《易·系辞上》曰："阴阳不测之谓神。"王弼注："自此以上，皆言神之所为者，谓从神无方以上，至精气为物以下，经之所云皆言神所施为。神者，微妙玄通，不可测量，故能知鬼神之情状，与天地相似，知周万物，乐天知命，安土敦仁，范围天地，曲成万物，通乎昼夜，此皆神之功用也。作易者因自然之神以垂教，欲使圣人用此神道，以被天下，虽是神之所为，亦是圣人所为。"④明陈祖念《易用·神妙章》曰："万物可见，神不可见，谓物即神不可，谓神离物不可。故神也者，妙万物而为言。"⑤也就是说，神无具体形象，它是万物的奥秘，玄妙神奇，不可测度，这亦是中国所信仰的神灵的一大特征。

在以上诸说之上，道教进一步推演了神的观念。《洞玄灵宝自然九天生神章经解义》曰："神者，变化不测，超然无累之义。"⑥宋徽宗赵佶《冲虚至德真经义解》卷一曰："神也者，妙万物而为言者也。妙不可识，则凡丽于形，拘于数，囿于天地之间

---

① 阮元.十三经注疏：下册[M].北京：中华书局，1980：1595.
② 诸子集成：第9册[M].长沙：岳麓书社，1996：181.
③ 朱熹.中庸章句集注[M]//文渊阁四库全书：第197册.台北：台湾商务印书馆，1983：205.
④ 阮元.十三经注疏：上册[M].北京：中华书局，1979：77.
⑤ 陈祖念.易用：卷6[M]//文渊阁四库全书：第35册.台北：台湾商务印书馆，1983：98.
⑥ 董思靖.洞玄灵宝自然九天生神章经解义：卷1[M]//道藏：第6册.北京：文物出版社，上海：上海书店出版社，天津：天津古籍出版社，1988：393.

者，二气之运转无已，万物之往来不穷。求其主张推行是者而不可得，又乌足以知之哉？唯圣人通乎物之所造，觉此而冥焉。彼俟至后知，盖亦后觉之莫觉者矣。"①"体神之妙，而出乎形数之外，故能胜物而无累。吸风饮露，不食五谷，则不志于养。心如渊泉，形如处女，则静一而不二。不偎不爱，仙圣为之臣。不畏不怒，愿慭为之使，则与道相辅而行。"②

神灵之"灵"，从巫，本义指巫，古时楚人称跳舞降神的巫为灵。《说文》曰："灵，灵巫。以玉事神。"朱芳圃释："《楚辞·九歌·东皇太一》：'灵偃蹇兮姣服。'王注：'灵谓巫也。'《云中君》：'灵连蜷兮既留。'王注：'楚人名巫为灵子。'盖女子能事无形，以舞降神，是其职能，为人神媒介，其本身具有神义，示神事也，故从示作。"③西汉末礼学家戴德《大戴礼记》曰："阳之精气曰神，阴之精气曰灵。神灵者，品物之本也。"④因此神与灵后来组合为一词，以示神无不灵异，无不灵验。

《太平经·调神灵法》曰："吾欲使天下万神和亲，不复妄行害人，天地长悦，百神皆喜，令人无所苦。帝王得天之力，举事有福，岂可间哉？故圣人能守道，清静之时旦食，诸神皆呼与语言，比若今人呼客耳。百神自言为天吏、为天使，群精为地吏、为地使，百鬼为中和使。此三者，阴阳中和之使也。助天地为理，共兴利帝王。"⑤《万灵灯仪》曰："启白伏以天地之间，最灵者人。正直之道，至圣者神。能灵能圣，可敬可尊。或出幽而入冥，或升高而降下。均受甄陶之德，孰知运化之由。有惠及民，立丰名而享祀。施功于国，膺徽号以植祠。昭然，是理之不诬。妙矣，其言之难述。恭惟某神，堂堂显相，赫赫厥灵。护国救民，利人济物。有求而必应，无祷而不通。四海钦崇，群生敬仰。处处建祠而立庙，家家绘像以图形。恪意归依，虔诚供奉。今某人谨依科格，建立坛场。洁备香灯，用延轩驭。伏愿大造昭垂，洪恩降格。纳此殷勤之礼，鉴兹作善之祥。稽首归依，虔诚赞咏。臣众等志心归命某神。伏以神灵之道，惟德可亲。祸福之来，惟民自召。虽洪慈而有感，盖造化以无私。然赏罚之必公，惟转移而不吝。倘悟愆非，聿回恩佑……神灵之道，古今惟尊。威容赫赫，无愿不从。辅佐天地，变化飞空。志心钦奉，有祷皆通。消灾降福，人宅安宁。一心归命，愿得长生。"⑥《太上洞玄灵宝诸天内音自然玉字》曰："是时天尊举手弹指，天上天下，地上地下，无极世

---

① 赵佶.冲虚至德真经义解：卷1[M]//道藏：第14册.北京：文物出版社，上海：上海书店出版社，天津：天津古籍出版社，1988：907-908.
② 赵佶.冲虚至德真经义解：卷2[M]//道藏：第14册.北京：文物出版社，上海：上海书店出版社，天津：天津古籍出版社，1988：910.
③ 古文字诂林编纂委员会.古文字诂林：第1册[M].上海：上海教育出版社，1999：299.
④ 戴德.大戴礼记：卷5[M]//文渊阁四库全书：第128册.台北：台湾商务印书馆，1983：457.
⑤ 王明.太平经合校[M].北京：中华书局，1979：15.
⑥ 董思靖.洞玄灵宝自然九天生神章经解义：卷1[M]//道藏：第6册.北京：文物出版社，上海：上海书店出版社，天津：天津古籍出版社，1988：393.

界，一切神灵，莫不秘奉。"①

二、中国道教的仙真

"仙"字出现，略晚于神。"仙"之一字，繁体作"僊"。《说文解字》曰："仙，长生仙去。从人从仙，䙴亦声。"段玉裁注："仙，长生仙去。仙去疑当为䙴去。庄子曰：'千岁厌世，去而上仙。'《小雅》：'娄舞仙仙。'《传》曰：'娄，数也。数舞仙仙然。'按仙仙，舞袖飞扬之意。正引伸假借之义也。从人，䙴，升高也。长生者䙴去。故从人䙴，会意。"②刘熙《释名》曰："老而不死曰仙。仙，迁也。迁入山也。"③可见仙是古代神话传说中超脱尘世而长生不死者。正如同《华盖山三仙事实序》所称："死而有灵之谓神，长生不死之谓仙，道不同也。神往往能御灾患，庇生民，仙志在修炼飞升而已，鲜有推德以及人者。"④

羽人是最早的仙人形象。《山海经·海外南经》曰："羽民国……其为人长头，身生羽。一曰在比翼鸟东南，其为人长颊。"⑤《吕氏春秋·求人篇》毕源注："羽人，鸟喙，背上有羽翼。"⑥《论衡·无形篇》曰："图仙人之形，体生毛，臂变为翼，行于云则年增矣，千岁不死，此虚图也。世有虚语，亦有虚图。假使之然，蝉娥之类，非真正人也。海外三十五国，有毛民、羽民，羽则翼矣。毛羽之民土形所出，非言为道身生毛羽也。禹、益见西王母，不言有毛羽。不死之民，亦在外国，不言有毛羽。毛羽之民，不言不死；不死之民，不言毛羽。毛羽未可以效不死，仙人之有翼，安足以验长寿乎？"⑦

战国彩绘乐舞图鸳鸯形漆盒，曾侯乙墓出土，高16.5cm，长20.1cm。木胎，呈鸳鸯形，由两半胶合而成，颈部作圆形榫卯结合，插入器身，头可自由转动。器身内部剜空，背部开有长方形孔，覆以浮雕夔龙纹盖，尾平伸，翅膀微微上翘，足作蜷卧状。通体髹黑漆，施艳丽彩绘。颈部、前腹、足部均朱绘鳞纹，间饰黄色细点。腹部两侧绘有两幅极其精彩的漆画：左侧绘羽人撞钟、击磬，右侧绘羽人舞蹈、兽人击鼓的场面，具有强烈的艺

---

① 董思靖.洞玄灵宝自然九天生神章经解义：卷1[M]//道藏：第6册.北京：文物出版社，上海：上海书店出版社，天津：天津古籍出版社，1988：393.
② 丁福保.说文解字诂林：卷8：第9册[M].北京：中华书局，1988：8217.
③ 刘熙.释名：卷3[M]//丛书集成初编：1151册.北京：中华书局，1985：43.
④ 沈庭端，黄弥坚，等.华盖山浮丘王郭三真君事实：序[M]//道藏：第18册.北京：文物出版社，上海：上海书店出版社，天津：天津古籍出版社，1988：45.
⑤ 袁珂.山海经校注[M].上海：上海古籍出版社，1980：187.
⑥ 诸子集成：第8册[M].长沙：岳麓书社，1996：310.
⑦ 诸子集成：第9册[M].长沙：岳麓书社，1996：13.

术魅力。[1]

王嘉《拾遗记》记载：周昭王即位三十年，王坐祇明之室，昼而假寐。忽白云蓊郁而起，有人衣服皆毛羽，因名羽人。王梦中与语，问以上仙之术。羽人曰："大王精智未开，求长生久视，不可得也。"王跪请绝欲之教。羽人乃以指画王心，应手即裂。王乃惊悟，而汗湿于衿席，因患心疾，即却膳撤乐。移于旬日，忽见所梦者来，语王曰："先欲易王之心。"乃出方寸绿囊，中有药，名曰续脉丸补血精散，以手摩王之膻，俄而即愈。王即请此药，贮以玉缶，缄以金绳。以之涂足，则飞天地之外，如游咫尺之内。有得服之，后天而死。[2]《抱朴子·对俗篇》："古之得仙者，或身生羽翼，变化飞行，失人之本，更受异形，有似雀之为蛤，雉之化蜃。"[3]

"圣人"之称，见于《老子》："圣人无常心，以百姓心为心。善者吾善之，不善者吾亦善之，德善。信者吾信之，不信者吾亦信之，德信。圣人在天下惵惵，为天下浑其心。百姓皆注其耳目，圣人皆孩之。"[4] "以道莅天下者，其鬼不神。非其鬼不神，其神不伤人。非其神不伤人，圣人亦不伤人。夫两不相伤，故德交归焉。"[5] "圣人不积。既以为人，己愈有。既以与人，己愈多。天之道，利而不害。圣人之道，为而不争。"[6]《文始真经注》曰："圣人不以一己治天下，而以天下治天下，圣人无我，以道德抚世，天下之民各安其业，听乐太平而忘帝力，故云圣人不以一己治天下，以天下治天下是也。天下归功于圣人，圣人任功于天下……所以尧舜禹汤之治天下，天下皆曰自然。"[7]

羽人乐舞图　战国　彩绘乐舞图鸳鸯形漆盒
湖北省博物馆藏

《列子》中讲述，圣人无所不知，无所不通，备知万物情态，悉解异类音声。会而聚

---

[1] 张正明，邵学海.漆木器[M].武汉：湖北教育出版社，2002：25.
[2] 车吉心.中华野史：第1册[M].济南：泰山出版社，2000：785.
[3] 王明.抱朴子内篇校释[M].北京：中华书局，1980：46.
[4] 道德经：第49章[M]//诸子集成：第3册.长沙：岳麓书社，1996：21.
[5] 道德经：第60章[M]//诸子集成：第3册.长沙：岳麓书社，1996：27.
[6] 道德经：第81章[M]//诸子集成：第3册.长沙：岳麓书社，1996：35.
[7] 牛道淳.文始真经注：卷3[M]//道藏：第14册.北京：文物出版社，上海：上海书店出版社，天津：天津古籍出版社，1988：624.

之，训而受之，同于人民。"以德分人，谓之圣人，以财分人，谓之贤人。"① 那么，谁可以称为圣人呢？商太宰见孔子曰："丘圣者欤？"孔子曰：圣则丘何敢？然则丘博学多识者也。三王善任智勇者，五帝善任仁义者，三皇善仁因时者，圣则丘不知。"西方之人，有圣者焉。不治而不乱，不言而自信，不化而自行，荡荡乎民无能名焉。"② 宋徽宗赵佶认为老君就是古代的圣人："圣人无名，应时显号。混元在伏羲时，号郁华子。在神农时，号大成子。在黄帝时，号广成子。至唐虞成周，代为帝师，虽名声异号，皆时出而应之。故西入流沙，号古先生，其曰古，以见信而妙古，执古道以御今有也。"③ 并解释说圣人体神妙而行，与道相辅。

圣人，指老君、元始、道君一类的神圣。文子分天地之人为二十五等人品。二十五等人品，类各差也。上五有神人、真人、道人、至人、圣人。次五有德人、贤人、智人、善人、辩人。中五有公人、忠人、信人、义人、礼人。次五有士人、工人、虞人、农人、商人。下五有众人、奴人、愚人、肉人、小人。上五之与下五，犹人之与牛马也。圣人者，以目视，以耳听，以口言，以足行。真人者，不视而明，不听而聪，不行而从，不言而公。故圣人所以动天下者，真人未尝过焉。贤人所以矫世俗者，圣人未尝观焉。所谓道者，无前无后，无左无右，万物玄同，无是无非。默希子注："变化不测曰神，纯素不杂曰真，通达无碍曰道，心洞玄微曰至，智周万物曰圣。"④

贾善翔《犹龙传》卷二指出，老君以大圣之功，生化天地，运育万物。"然上有元始之尊，次有道君之圣，老君次道君之位，演化立功，既以三炁，运行万天，周布众法，元功克著，乃证极道之果，三尊之位，嗣太上之任，为法王之尊也。所以上总群圣，中理众真，下制诸仙，而统摄三十六天，三十六地，七十二君，星辰日月，岳渎万灵，阴阳变化，一切神明。至于天上天下，地上地下，五亿天界，有情无情，有识无识，有形无形，皆老君之所制御焉。"⑤

"真人"亦是道教崇拜的对象。"真人"一词首见于《庄子》，用于指关尹、老聃。《庄子·天下》曰："以本为精，以物为粗，以有积为不足，澹然独与神明居。古之道术有在于是者，关尹、老聃闻其风而悦之。建之以常无有，主之以太一。以濡弱谦下为表，以空虚不毁万物为实。关尹曰：在己无居，形物自著；其动若水，其静若镜，其应若响。芴乎若亡，寂乎若清。同焉者和，得焉者失。未尝先人，而常随人。老聃曰：知其雄，守

---

① 列子．力命[M]//诸子集成：第4册．长沙：岳麓书社，1996：60.
② 列子．仲尼[M]//诸子集成：第4册．长沙：岳麓书社，1996：36.
③ 赵佶．西升经[M]//道藏：第11册．北京：文物出版社，上海：上海书店出版社，天津：天津古籍出版社，1988：490.
④ 徐灵府．通玄真经：卷7[M]//道藏：第16册．北京：文物出版社，上海：上海书店出版社，天津：天津古籍出版社，1988：709.
⑤ 贾善翔．犹龙传[M]//道藏：第18册．北京：文物出版社，上海：上海书店出版社，天津：天津古籍出版社，1988：8.

广成子　明代　木刻版画　采自洪应明《仙佛奇踪》

广成子，古代神仙，住在崆峒山石洞里。黄帝曾专程去拜访，向他请教修炼道术的要诀。广成子对黄帝说，修道所达到的最高境界，就是心中一片空漠，既看不见什么，也听不见什么。凝神静修，你的肉体必然就会十分洁净，你的心神也会非常清爽。不使身体劳顿，精神分散，你就可以长生。注重内心修养，排除外界干扰，知道过多的俗事会败坏你的真性。我能牢牢地专注于养性，永远心境平和、清静无为，所以活了一千二百岁，而形体上没有一点衰老的迹象。得到我道术的可以成为君王，错失我道术的只能成为凡俗之辈。我的道将把你引向无穷之门，游于无限的原野，与日月同辉，与天地共存。

其雌。为天下豁。知其白，守其辱，为天下谷。人皆取先，己独取后，曰受天下垢。人皆取实，己独取虚。无藏也，故有余，岿然而有余。其行身也，徐而不费，无为也而笑巧。人皆求福，己独曲全，曰苟免于咎。以深为根，以约为纪，曰坚则毁矣，锐则挫矣。常宽容于物，不削于人。可谓至极。关尹、老聃乎，古之博大真人哉！"①

《庄子·大宗师》还描绘了一些不可思议的"真人"，他们能够游行于天地之间，寿命无极："何谓真人？古之真人，不逆寡，不雄成，不谟士。若然者，过而弗悔，当而不自得也。若然者，登高不栗，入水不濡，入火不热。是知之能登假于道也若此。古之真人，其寝不梦，其觉无忧，其食不甘，其息深深。真人之息以踵，众人之息以喉。屈服者，其嗌言若哇。其耆欲深者，其天机浅。古之真人，不知说生，不知恶死；其出不䜣，其入不距；翛然而往，翛然而来而已矣。不忘其所始，不求其所终；受而喜之，忘而复之。是之谓不以心捐道，不以人助天。是之谓真人。"②真人多为修炼有成、德行具备者。韦处玄曰："仙者，无生无死之名也。夫真人者，通古今，等变化，与万物同体，与造化同生，故能无时而不生，无往而非可，乘虚履空，贯金穿石，何足为难矣。"③

《黄帝内经·上古天真论》载黄帝曰：余闻上古时代有真人者，提挈天地，把握阴阳，呼吸精气，独立守神，肌肉若一，故能寿敝天地。中古之时有至人者，淳德全道，和于阴阳，调于四时，去世离俗，积精全神，游行于天地之间，视听八达之外，此盖益其寿命而强者也，亦归于真人。④

列子曾经问关尹，曰："至人潜行不窒，蹈火不热，行乎万物之上而不栗，请问何以至于此？"关尹曰："是纯气之守也。……纯也者，谓其不亏其神也。纯素之道，惟神是守。守而勿失，与神为一。故曰：至人潜行不窒，蹈火不热，行乎万物之上，而不栗。是纯气之守，非智巧果敢之列也。貌像声色，有名有实，名实既有，丽于留动，一受其成，形不忘以待尽，则何以相远，而独造乎其先？道之为物，造乎不形，而不与物为偶，止乎无端所化，则独立而不为物所运。形色名声，果不足以索彼之情，则得是而穷之者，焉得为正焉？至人于此，处乎不淫之度，则当而不过；藏乎无端之纪，则运而不穷；游乎万物之所终始，则又与造物者游也。一其性而不二，养其气而不耗，含其德而不散，以通乎物之所造，谓造乎不形，止乎无所化者，其天守全，其神无郤，物无自入焉。此所潜行不窒，蹈火不热，行乎万物之上，而不栗也。醉者之乘车，以其全于酒，故能逆物而不慴。至人行乎万物之上，以其藏于天，故能胜物而莫之能伤，是皆纯

---

① 诸子集成：第4册[M].长沙：岳麓书社，1996：263-264.
② 诸子集成：第4册[M].长沙：岳麓书社，1996：49-50.
③ 陈景元.西升经集注.卷3[M]//道藏：第14册.北京：文物出版社，上海：上海书店出版社，天津：天津古籍出版社，1988：584.
④ 王冰.黄帝内经素问[M].南宁：广西科学技术出版社，2016：2.

列子　明代　纸本设色　中国国家图书馆藏

第二章｜神仙谱系的结构与内涵

马师皇　明代　木刻版画　采自王世贞《列仙全传》

《列仙传》曰：马师皇者，黄帝时马医也。知马形生死之诊，治之辄愈。后有龙下，向之垂耳张口。皇曰：此龙有病，知我能治。乃针其唇下口中，以甘草汤饮之而愈。后数数有疾龙出其波，告而求治之。一旦，龙负马皇而去。

气之守，不亏其神故也。"①

唐孙思邈《存神炼气铭》曰："延年千载，名曰仙人。游诸名山，飞行自在，青童侍卫，玉女歌扬，腾蹑烟霞，绿云捧足。……炼身成气，气绕身光，名曰真人，存亡自在，光明自照，昼夜常明，游诸洞宫，诸仙侍立。……炼气为神，名曰神人。变通自在，作用无穷，力动乾坤，移山竭海。"②《延陵先生集新旧服气经》曰："凡服气者何求也？以其功至，则气化为血，血化为精，精化为髓。一年易气，二年易血，三年易脉，四年易肉，五年易髓，六年易筋，七年易骨，八年易发，九年易形，即三万六千神在于身，化为真仙，号为真人矣。"③

商时人高丘子好道，读黄素道经，服饵木，后服鸿丹，得陆仙，游行五岳。复饮金液，为中岳真人。濮阳曲水人苏林，少禀异操，先后师事琴高先生、华山仇先生、涓子，持守玄丹洞房，为中岳真人。茅盈精思念道，诚感密应，自陈于王母前，得治身之要道，为太元真人。王褒服青精，又服云碧晨飞丹腴，视见甚远，号清虚真人。赤松子，黄帝时雨师，号太极真人。韩伟远，昔师中岳宋德玄。服灵飞六甲得道，为九疑真人。裴玄仁，入西洞玄石室中。积三十二年，忽见五老人赐裴君神芝，亦号清虚真人。王仲甫，少好仙道，兼修真道，积年方成，为中岳真人，领九玄之司。范伯慈，饵胡麻，精思十七年，又服丹砂得道，为玄一真人。许谧外混俗务，而内修真学，得为上清真人。马明生，随安期先生服饵仙去，为真人。"裴真人弟子三十四人，其十八人学真道，余学仙道。"④

神仙谱系的研究只是道教谱系研究的开始，我们尚可在历史、人物、流派、图像等各个领域进行扩展研究。如对三茅世家、天师世家、葛玄世家、叶法善世家、邓紫阳世家等展开探讨，构建道教的世家谱系。针对道教历史上各个流派，梳理其源流演变，构建道教的道派谱系，梳理道教的各类图像，构建道教的图像谱系。结合道教的神仙谱系、世家谱系、道派谱系、主神谱系、图像谱系，最终可以构成道教谱系，从而建立道教谱系学。

---

① 赵佶.冲虚至德真经义解：卷2[M]//道藏：第14册.北京：文物出版社，上海：上海书店出版社，天津：天津古籍出版社，1988：910.
② 孙思邈.存神炼气铭[M]//道藏：第18册.北京：文物出版社，上海：上海书店出版社，天津：天津古籍出版社，1988：458-459.
③ 延陵先生集新旧服气经[M]//道藏：第18册.北京：文物出版社，上海：上海书店出版社，天津：天津古籍出版社，1988：425.
④ 李昉.太平御览：道部[M]/张继禹.中华道藏：第28册.北京：华夏出版社，2014：575.

栾巴　明代　木刻版画　采自王世贞《列仙全传》

栾巴，蜀郡人。好道，不修俗事。太守诣与相见，待以师友之礼。尝谓巴曰："闻功曹有神术，可使见否？"巴曰："唯唯。"即平坐，却入壁中去，冉冉如云气状，须臾失巴。而闻壁外作虎声，而虎走还功曹宅，乃巴耳。后入朝为尚书，正旦大会，而巴后至，颇有醉态。酒至又不饮，即西南噀之。有司奏巴大不恭。诏以问巴，巴顿首曰：臣乡里以臣能治鬼护人，为臣立生庙。今旦耆老皆入臣庙，不得即委之，是以颇有酒态。适来又观臣本郡大火，故噀酒为雨以灭之。诏原复坐。

蒋子文　明代　木刻版画　采自《三教源流搜神大全》

蒋歆，字子文。汉末为秣陵尉，追逐强盗至钟山脚下，战死后葬在钟山脚下。孙吴初年，有人看见蒋子文在大道上乘坐白马，手执白羽扇，侍从左右跟随身旁，和生前一模一样。于是孙权为蒋子文立庙堂，封为蒋侯，并将钟山改名蒋山。干宝《搜神记》云，晋军五战五胜，皆因蒋歆乘白马暗中显灵相助。后人遂将蒋歆显灵的水塘命名为白马塘，塘边建白马祠，以祀蒋歆，祭祀求福。

第三章

中国的原始宗教（一）

中华民族的远古时代始自中国这方土地上人类的诞生，止于文明产生的夏商之前。在这数百万年的漫长时光中，人类不断地改造自身、改造社会、改造自然。在这些依靠本性的磨砺中，他们的精神火花开始一一闪现，有了最初的艺术、审美与原始信仰。远古时代的人类开始摆脱蒙昧，有了自我意识与灵魂观念，有了最初的自然崇拜，有了巫术与生产生活仪式。他们已意识到生与死的区别，并由此产生了灵魂崇拜和祖先崇拜。除此之外，图腾崇拜、生殖崇拜等也都开始出现。

第一节　中华文明始源遗存

旧石器时代是中国历史最早的阶段，时间与地质学上的更新世大致相当。这一时期的人类以打制石器为主要生产工具，过着采集和狩猎的原始生活。中国大地上埋藏有十分丰富的旧石器时代人类化石和遗物，至今已发现早、中、晚各个时期的遗址共200多处，其中包括在人类远古文化和人类进化研究上具有重大意义的北京人遗址，出土了直立人、早期智人、晚期智人等该时期各个阶段的人类化石，其中包括中国境内目前已知最早的旧石器遗物和古人类化石。大量腊玛古猿化石的发现，表明中国西南地区很可能是人类起源的地区之一。通过研究出土的古人类化石，我们还发现了旧石器时代人类的体质与蒙古人种的联系，其中旧石器时代晚

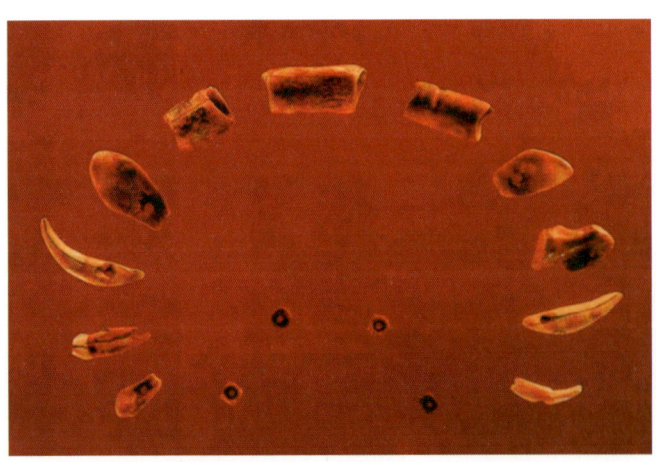

饰物　山顶洞文化类型　北京房山区周口店出土
中国社会科学院古脊椎动物与古人类研究所藏

期的智人即蒙古人种的早期代表之一。旧石器时代的文化既有自己的特色，又存在着与外界的种种联系。大约在距今10000年左右的全新世的开始时期，旧石器时代结束，进入一个新的发展时期。

遗址是研究人类起源的重要科学基地。遗址的发现为研究人类起源和发展提供了宝贵的科学依据。山顶洞人文化遗址位于北京房山区周口店龙骨山上，是闻名世界的古人类遗址。山顶洞人是生活在距今25万～60万年的早期人类。他们曾在龙骨山的石灰岩洞穴里居住，留下了大量遗物、遗迹和骨骼化石。特别是大量的用火证据，证实了山顶洞人当时已能用火取暖、熟食和吓退野兽，为研究人类进化提供了生动有力的实证。石器是山顶洞文化的主要代表，山顶洞人创造了三种不同的打片方法，主要用砸击法。工具分两大类：第一类包括锤击石锤、砸击石锤和石钻，第二类有刮削器、尖状器、砍砸器、雕刻器、石锥和球形器。

石球　许家窑文化类型　山西省高县出土
中国社会科学院古脊椎动物与古人类研究所藏

许家窑文化属于旧石器时代中期的一种人类文化。1973年在山西阳高许家窑发现了人类化石及脊椎动物化石和大量文化遗物。其中哺乳动物以野马、犀、羚羊为主，时代属晚更新世初期，距今约100000年。此外还出土了30000余件石制品和大量骨角器，工具类型繁多，制作精细，有刮削器、尖状器、砍砸器、雕刻器、石钻、石球等，石球有1000多件。石器中有柱状石核，石片工具中有刮削器、尖状器等，还有大量打制较好的石球以及烧骨和骨器、角器等。许家窑石器具有细石器文化先驱的性质，对研究分布于中国北部及西伯利亚的细石器文化的起源有重要意义。

新石器时代大约从13000年前开始，结束时间距今5000～4000年。早期以甘肃大地湾遗址最为久远，距今13000～7000年，可分为前后两段，前段距今12000～9000年，以河北徐水南庄头遗址、江西万年仙人洞及吊桶环遗址、湖南道县玉蟾岩遗址为代表。这一时期出现了简单的磨制石器，能够制作烧成温度较低的简单陶器。在南方主要表现为洞穴遗址和贝丘遗址，主要以打制石器和细石器为主，开始使用磨制石器。江西万年仙人洞及吊桶环遗址、湖南道县玉蟾岩遗址发现了最早的大米粒，其是否为经过人工培育的水稻，学术界仍然存有争议，但不可否认的是，中国长江中下游地区是水稻起源的重要地区。

新石器时代早期后段距今9000～7000年，主要以内蒙古赤峰兴隆洼、河北武安磁山、河南新郑裴李岗等遗址为代表。这一时期磨制石器有了很大发展，陶器已成为日常生活的必需品，种类较多，以红陶为主，陶色多不纯正，陶质较粗糙。原始农业和畜牧业获得初步发展。

新石器时代中期距今7500～5000年，可分为前后两期。前期以河姆渡文化、龙山文化、北辛文化、半坡文化、前大溪文化为代表，后期以仰韶文化、马家浜文化、大汶口文化为代表。磨制石器种类丰富，制作精美，制陶技术显著进步，出现慢轮修整口沿的技术。农业和畜牧业获得高度发展，长江流域已进入灌溉农业阶段，而且猪已经成为一种主要家畜。人口聚落不断扩大增多，开始出现一些中心聚落和大规模的公共墓地，反映出社会组织向心凝聚、平等的特点。

晚期距今5000～4000年，也称为铜石并用时期，以山东历城龙山镇城子崖、山东日照两城镇、河南洛阳王湾、山西襄汾陶寺、甘肃临兆马家窑、湖北京山屈家岭、湖北天门石家河、浙江余杭良渚遗址为代表。制陶水平有了长足进步。陶器以灰、黑陶为主，轮制法得到普及。石器磨制精致，器型变小。农业和畜牧业高度发展，人口急剧增加，社会复杂程度不断提高，出现了原始城堡、城垣和大型建筑，有了阶级、贫富分化，人类社会向国家文明时代迈进。[①]

依据以上所述历史发展进程，下面分别讲述不同时期、不同类型的文化遗存，以见证中华文明的源头及其形成。

一、华北早期新石器文化遗存

1950年以来，在河南发现了近千处新石器时代遗址，其中大部分是仰韶文化遗址和龙山文化遗址，前者分布在豫西、豫北、豫中及豫南，后者遍布全省。二者往往是叠压存在的。此外，还找到一批源于山东大汶口和湖北屈家岭的文化遗址。这些遗址的发现对新石器时代的考古具有很重要的意义。一是弄清了河南仰韶文化与龙山文化的承袭关系，即龙山文化是由仰韶文化发展而来的。二是展示了中原地区新石器时代文化和黄河下游新石器时代文化的相互交流，反映了北方黄河流域新石器时代文化和南方长江流域新石器时代文化的融合大约是在公元前2500年。在这一时期，河南、河北、山东、陕西、湖北等地区的文化面貌日趋一致，有着更多的共同特征和相互联系，充分说明我国统一的民族文化正在形成。

---

① 中国大百科全书总编辑委员会《考古学》编辑委员会，中国大百科全书出版社编辑部. 中国大百科全书·考古学[M]. 北京：中国大百科全书出版社，1986：712-719.

裴李岗遗址位于河南新郑西北约8千米的裴李岗村西，面积20000平方米，1977年至1979年先后4次发掘，共计发掘墓葬114座、陶窑1座、灰坑10多个，还有几处残破的穴居房基。出土各种器物400多件，包括石器，陶器，骨器以及陶纺轮，陶塑猪头、羊头等原始艺术品。这是8000年前的人类文化遗存，对我国的史前文明研究具有十分重要的意义，反映了新石器时代早期中段以后的文化面貌。

裴李岗遗址中有房基、窑穴、墓地等村落遗迹，似有一定布局，居住建筑集中在遗址中部，窑穴主要在南部，墓地在西部和西北部。房基为方形或圆形半地穴。墓葬集中于公共墓地，墓穴排列有序，多单人葬。磨制石器多于打制石器，最有代表性的器型是带足磨盘、带齿石镰和双弧刃石铲，证明当时农业占主要地位，作物是粟。饲养业也已出现，有家猪、家狗、家鸡甚至家牛。狩猎仍是重要的生产活动，以木制弓和骨制箭为主要狩猎工具。制陶业已经具有一定规模。陶器有红褐色砂质和泥质两种，多碗、钵、鼎、壶等日用器具，陶壁厚薄不匀。制陶业比较原始，采用手制，三足钵、月牙形双耳壶、三足壶和鼎等陶器，造型别具一格。住房有方形的与圆形的，都是半地穴式建筑，屋内有储藏东西的圆形窖穴。人死后埋入氏族公共墓地，皆采用长方形土坑墓，且多有陶器与石器随葬。

红陶双耳壶　裴李岗文化类型
采自《中国美术史》

裴李岗文化与老官台、李家村、磁山诸文化均是仰韶文化的前身，故统称为"前仰韶"时期新石器文化。裴李岗文化的发现，使人们认识到仰韶文化之前远古文化的独特面貌，为仰韶文化找到了渊源，从而使仰韶文化"西来说"彻底破产。①

务农是裴李岗文化的主要生产活动和食品来源。考古发现和研究结果表明，我国史前按照种植作物的主要种类可以划分为两大农业经济文化区，大致以秦岭—淮河一线为分界线，北部是以黄河流域为中心的粟作农业经济文化区，南部是以长江流域为中心的稻作农业经济文化区。在裴李岗文化中，不仅出现了粟类和稻类农作物，还出土了与之相应的农业生产工具和粮食加工工具，表明裴李岗时期农耕文明已经形成，此外，具有相当规模的聚落和纺织工具的发现，都可以说明当时农业文明发展的情形。

---

① 李绍连.河南新石器时代考古概述[J].中原文化，1989（3）：16.

黄河流域及黄土地带是粟栽培的发生地，是我国粟类作物的主要栽培区，至少已有8000年的栽培史。在1931年山西万荣荆村遗址的发掘过程中，第一次发现了黄河流域粟类种植遗物。同时，在河北武安磁山遗址、河南沙窝李遗址、西安半坡遗址、河南郑州大河村遗址、山西夏县西荫村遗址、青海乐都柳湾遗址、甘肃永靖大何庄遗址等均发现有粟类作物遗存。经鉴定，其年代均与河北武安磁山遗址的粟大体相同，为距今七八千年，是河南粟作的最早记录。此外，在新郑裴李岗遗址还发现了少量碳化谷物，经鉴定为稷。

关于粟的起源地问题，学者们有不同的看法。黄其煦认为粟是我国黄河流域从新石器时代起独立驯化的主要农作物。他从作物群与黄河流域的自然环境关系入手，对这一问题进行了系统的阐述。他认为粟类作物的基本特点是耐旱性和喜温性，与黄河流域冬春干旱、夏季多雨的气候特点相吻合。另外，黄土土质疏松，容易被大规模的集中降雨冲刷侵蚀，而黄河流域的降水又恰恰具有暴雨集中的特点，给发展灌溉农业带来很大的阻碍。而粟类作物对灌溉并无严格要求。因此，他认为粟作农业与黄河流域的自然环境是紧密相关的。有学者指出，磁山、丁庄等遗址粟粒遗存的发现证实了华北地区应是粟类农作物的发生地，同时也表明那时的粟作农业已有一定的规模，育种水平也有了一定的发展，栽培粟类作物的发生阶段应在这之前。该学者从以下两方面的发现作了分析：一是在太行山北侧与燕山南麓一带，即河北省北部，发现了一批旧石器时代末期、距今10000多年的文化遗存；二是目前在粟作农业区发现的全新世初期，距今10000年前后的新石器文化遗存，主要分布在太行山南麓及燕山南麓的山谷平原地带。据游修龄先生的研究，新石器时代粟类作物自西至东，经甘肃、青海、陕西、山西、河北、河南、山东遍及黄河流域，东北至辽宁、黑龙江，西南至西藏、云南，东南至台湾，但多数集中在黄河上游的甘肃、陕西、河南三省。①

在黄河流域，第四纪黄土高原已开始形成，全新世黄土高原干旱少雨，气候温暖，用于采集的植物、果实逐渐减少，可猎取的动物数量也逐渐减少，从而迫使原始先民不得不驯化野生植物，于是适于食用、耐干旱、生长期短的野生粟类首先得到驯化。因此，处于黄河流域的裴李岗文化也孕育着农业文明。

我国是世界上稻作农业最早的发生地。1995年在江西万年仙人洞和湖南道县玉蟾岩

---

① 黄其煦. 黄河流域新石器时代农耕文化中的作物——关于农业起源问题的探索[J]. 农业考古, 1982（2）；游修龄. 黍粟的起源及传播问题[J]. 中国农史, 1993, 12（3）；高国仁. 粟在中国古代农业中的地位和作用[J]. 农业考古, 1991（1）；张文祥. 宝鸡渭水流域是我国粟（谷）作文化发源地之一[J]. 农业考古, 1999（3）；石兴邦. 下川文化的生态特点与粟作农业的起源[J]. 考古与文物, 2000（4）；钱耀鹏. 略论中国史前农业的发展及其特点[J]. 农业考古, 2000（1）；刘军社. 黄河流域史前粟作文化遗存的发现与研究[J]. 农业考古, 2000（3）；山风. 神秘古文字与谷物的西传[J]. 农业考古, 2001（1）；王星光, 李秋芳. 太行山地区与粟作农业的起源[J]. 中国农史, 2002（1）；王星光, 徐栩. 新石器时代稻粟混作区初探[J]. 中国农史, 2003（3）；何德亮. 山东新石器时代农业试论[J]. 农业考古, 2004（3）；刘长江, 孔昭宸. 粟、黍籽粒的形态比较及其在考古鉴定中的意义[J]. 考古, 2004（8）.

（蛤蟆洞）遗址都发现了很有可能是公元前10000年前后的稻谷花粉和硅酸体，尤其是玉蟾岩遗址还发现了几粒稻谷实物遗存。根据史前考古学研究和对古代植物遗存的分析鉴定成果，这是我国目前发现最早的稻作遗存，距今大约10000年。

在中原地区，稻与粟、黍类作物同时见于七八千年前的裴李岗文化，其稻作农业的发生期与长江中游地区大体同步。目前，河南发现的稻作遗存主要见于裴李岗文化中的舞阳贾湖遗址。具体来说，舞阳贾湖稻作遗存主要有10枚稻壳印痕、1000多粒碳化稻米和水稻叶硅酸体以及水稻颖壳双峰乳突碎片。舞阳贾湖遗址稻作遗存的发现对我国稻作起源的研究具有十分重要的意义。王象坤教授等通过对贾湖遗址先前出土的较完整的43粒碳化稻米的粒形观察，认为贾湖古稻虽然已驯化为栽培稻，但还是与现代已分化得很彻底的栽培稻不同，是一种籼粳分化尚不明显并且还含有一些野生稻特征的原始栽培稻。[①]

这些稻作遗存的发现充分表明，在贾湖类型时期，淮河上游一带出现了野生稻，这应是全新世暖湿气候北进淮河上游一带的重要证据。孢粉分析表明贾湖遗址出现了目前生长在亚热带的枫香、小青冈乔木花粉和热带的水蕨孢粉等即是很好的说明。而水生、沼生植物的硅酸体等也充分表明，在公元前6000～前5000年，贾湖一带的自然环境适合于稻作的栽培，大量贾湖原始栽培稻遗存的发现无疑表明了贾湖原始稻作农业的发展水平可能高于彭头山文化原始稻作农业的发展水平。

与贾湖原始稻作农业的兴起大致同步的是贾湖聚落址的出现。贾湖聚落址清理出房址45座、灰坑370座、陶窑9座、墓葬349座、瓮棺32座、埋狗坑10座以及笛形骨管乐器、刻符龟甲片等。与此同时，贾湖遗址还出土了大量磨制工具和动物骨骼，还有不少碳化果核。通过对贾湖遗址发现的大量动植物遗骸、石制品原料和废料以及地貌、土壤的研究，我们知道当时气候温暖、雨量充沛、湖沼发育、动植物资源丰富，为人类的生存提供了充足的食物来源和理想的生活环境。

与此同时，在贾湖遗址与这些水稻标本共同出土的工具类器物中，农业生产工具共计260余件，其中既有与裴李岗等遗址相同的两端舌形刃石铲，也有较大型的有肩石铲，还有个别类似河姆渡遗址的骨铲、大量石斧，以及收割用的齿刃石镰，谷物加工用的石磨盘、石磨棒等。朱乃诚先生对贾湖遗址出土的农业生产工具作了进一步的解释：贾湖遗址属于原始稻作农业，但生产工具却与粟作相同。这也许表明了在相同的地理环境中形成的原始农业，其工具有相同的特点，也许反映了贾湖类型分布区域的淮河上游地区在当时可能是

---

① 王象坤，张居中，陈报章，等. 中国稻作起源研究上的新发现[M]. 中国栽培稻起源与演化研究专集. 北京：中国农业大学出版社，1996：8-13.

原始稻作与粟作农业并行交汇的地区，只是粟作农作物遗存尚未发现。①

依据裴李岗文化的发掘资料，可以清楚地知道，我国的农业、养畜业、制陶业已经有七八千年的历史。在我国农业发展史上，以中原地区的进程为早，发展也比较快，从这个意义上说，黄河流域是我国农业的摇篮。还可以看出当时的氏族组织已有相当的规模，在贾湖遗址已挖出300余座墓葬便是很好的证明。在氏族组织内，血缘关系比较牢固，氏族有自己的墓地，主要埋葬成年死者，在氏族墓地内又有墓群之分，而同一个墓地埋葬的死者，埋葬方向基本一致，葬式也基本相同，由此可见当时对死者的埋葬严格按氏族的血缘关系及信仰进行。②在贾湖遗址出土的龟甲、骨器、石器上，有年代较早的契刻符号。这些新发现的龟骨上的契刻符号可能同后来商代的甲骨文有某种联系。③

二、大地湾文化遗存

大地湾遗址位于甘肃省天水市秦安县东北的五营乡邵店村，分布在葫芦河支流清水河南岸的二、三级阶地和相接的缓坡山地上，距天水市102千米。遗址总面积约275万平方米，揭露面积1.4万平方米。遗址下层为前仰韶文化堆积，其次为仰韶文化和早期龙山文化堆积，仰韶层包括半坡、庙底沟和西王村三个时期的遗存，并有墓葬和大型建筑遗迹。考古工作者共在大地湾遗址清理发掘房屋遗址240座、灶址98个、灰坑和窖穴325个、墓葬71座、窑址35座及沟渠12段，累计出土陶器4147件、石器玉器1931件、骨角牙蚌器2218件以

---

① 吴梓林.古粟考[J].史前研究，1983（1）；王吉怀.新郑沙窝李遗址发现炭化粟粒[J].农业考古，1984（2）；王吉怀.从裴李岗文化的生产工具看中原地区早期农业[J].农业考古，1985（2）；张履鹏.谷子的起源与分类史研究[J].中国农史，1986（1）；河南省文物研究所.舞阳贾湖遗址的试掘[J].华夏考古，1988（2）；张居中，孔昭宸，刘长江.舞阳史前稻作遗存与黄淮地区史前农业[J].农业考古，1994（1）；陈报章，王象坤，张居中.舞阳贾湖新石器时代遗址炭化稻米的发现、形态学研究及意义[J].中国水稻科学，1995（3）；王星光.工具与中国农业的起源[J].农业考古，1995（1）；严文明.我国稻作起源研究的新进展[J].考古，1997（9）；杨肇清.河南舞阳贾湖遗址生产工具的初步研究[J].农业考古，1998（1）；李友谋.中原地区原始农业发展状况及其意义[J].农业考古，1998（3）；许天申.论裴李岗文化时期的原始农业——河南古代农业研究之一[J].中原文物，1998（3）；钱耀鹏.略论中国史前农业的发展及其特点[J].农业考古，2000（3）；刘军社.黄河流域史前粟作文化遗存的发现与研究[J].农业考古，2000（3）；朱乃诚.中国农作物栽培的起源和原始农业的兴起[J].农业考古，2001（3）；王星光，徐栩.新石器时代粟稻混作区初探[J].中国农史，2003（3）；朱乃诚.中国史前稻作农业概论[J].农业考古，2005（1）；刘桂娥，向安强.史前"南稻北粟"交错地带及其成因浅析[J].农业考古，2005（1）；赵世纲.石磨盘、磨棒是谷物加工工具吗？[J].农业考古，2005（3）；贾兵强.裴李岗文化时期的农作物与农耕文明[J].农业考古，2010（1）.
② 李友谋.裴李岗文化发现十年[J].中原文物，1989（3）.
③ 李学勤.文物研究与历史研究[N].中国文物报，1988-03-11.

及动物骨骼1.7万多件，清理房屋遗址240座，灶址104个，灰坑和窖穴342个，窑址38个，墓葬79座，壕沟9条。大地湾遗址出土的文物最早距今7800年，最晚距今4800年，有3000年文化的连续，其规模之大，内涵之丰富，在中国考古史上亦属罕见。①

这里有中国最早的旱作农作物标本。大地湾一期出土的碳化稷标本，与国外发现最早的希腊阿尔基萨前陶器地层出土的同类标本时代相近，它不仅将中国北方旱作农业的起源时间上推了1000年，而且证明北方最早种植的粮食为稷，然后才是粟。而此前国内考古发现的北方农作物标本大多是粟，时间距今7000年左右。农业的发生不仅需要一定的地理环境和生态条件，而且还必须有人类文化一定程度的发展。只有当人们意识到有培植农作物的需要，并且有能力从事种植时，农业才可能从个别的试验发展为社会行为。② 同时，在大地湾一期文化H398灰坑中还发现碳化了的十字花科油菜籽，其与黍同出，表明当时的农业作物不仅仅是黍。

这里有中国最早的宫殿式建筑。在距今5000年的大地湾四期文化中，发掘出多座大型建筑遗迹，其中编号为F901的建筑是我国目前所见史前时期面积最大、工艺水平最高的房屋建筑。这座总面积420平方米的多间复合式建筑，布局规整，中轴对称，前后呼应，主次分明，开创了后世宫殿建筑的先河。它坐北朝南，以长方形主室为中心，背面有后室，门前有附属建筑和宽阔的广场。整座建筑总面积达420平方米，仅主室面积就达131平方米。建筑呈现梯形平面，前墙长16.7米，后墙长15.2米，宽8米，由前厅、主室、后室、左右侧室及门前厅廊等六大部分组成。其中屋前有与主室相通的"凸"字形门斗，主室和前厅基本保存完好。这些大型建筑遗迹的选址和布局表明，聚落选址经慎重规划和精心丈量，聚落中的特大型宫殿式建筑选址均在聚落中轴线上。

这里有最早的水泥地面，它被称作人造轻骨料。F901宫殿遗址地面下层是15～20厘米厚的砂粒、小石子和人造轻骨料组成的混合层。人造轻骨料有的呈片状，有的呈棒状，青灰色，有一层光滑的釉质面，比石子轻，用力可掰断，内多空隙。科学分析表明，这种人造轻骨料是在建造住房的同时期烧制的，是大地湾先民将大地湾随处可取的料姜石粉碎后，掺和一定量的红黏土，调水后制成泥浆，手工搓成棒状、压成片状或做成无定形颗粒，然后在陶窑中烧制而成。这种人造轻骨料的运用，是古代建筑史上的一项重大发明创造。在这层以人造轻骨料为主的混合层上面，就是中国最早的混凝土地面。在面积达131平

---

① 甘肃省博物馆文物工作队.甘肃秦安大地湾第九区发掘简报[J].文物，1983（11）；甘肃省博物馆文物工作队.秦安大地湾405号新石器时代房屋遗址[J].文物，1983（11）；甘肃省博物馆文物工作队.甘肃秦安大地湾遗址1978至1982年发掘的主要收获[J].文物，1983（11）；甘肃省文物工作队.甘肃秦安大地湾901号房址发掘简报[J].文物，1986（2）；郎树德.大地湾考古对仰韶文化研究的贡献[J].中原文物，1986（特刊）；程晓钟.大地湾考古相关问题研究[M]//大地湾考古研究文集.兰州：甘肃文化出版社，2002；郎树德，贾建威.彩陶[M].兰州：敦煌文艺出版社，2004.

② 甘肃省文物考古研究所.秦安大地湾：新石器时代遗址发掘报告[M].北京：文物出版社，2006.

方米的F901宫殿式建筑主室正殿内壁粉饰了一层混合石灰面装饰墙体，在居住面又粉饰一层深灰色的地面，做工考究，工艺精湛，手感绵润光滑，为料姜石和砂石混凝而成的类似现代水泥的地面。经科学分析，其化学成分、物理性能及抗压强度均相当于现代100号水泥砂浆地面的强度。这与古罗马人用火山灰制成的水泥同属世界上最古老的混凝土。

在F901宫殿遗址中还出土了一组陶质量具，是迄今为止我国发现的最早的量器。大地湾这套陶质古量器，主要有泥质槽状条形盘、夹细砂长柄麻花耳铲形抄、泥质单环耳箕形抄、泥质带盖四把深腹罐等。其中条形盘的容积约为264.3立方厘米，铲形抄的自然盛谷物容积约为2650.7立方厘米，箕形抄的自然盛谷物容积约为5288.4立方厘米，四把深腹罐的容积约为26082.1立方厘米。由此可以看出，除箕形抄的容积是铲形抄容积的两倍外，其余三件的关系都是以10倍递增。另外，在大地湾仰韶早期遗迹中出土的几件骨匕和铲形器上多见等距离的圆点形钻窝刻度，且窝内涂有红色颜料，它们当时应是用于测定某些东西的长宽尺度，是我国最早度量衡器的实物佐证，将我国度量衡实物史提前了两三千年。同时，这些度量衡器的发现也为研究我国古代分配制度、度量衡史以及十进制的起源等，提供了非常珍贵的实物资料。①

甘肃大地湾遗址411号房址后上方的白灰地面上，有一幅以黑色（炭黑）颜料绘制而成的地画，主体为两个大人、一个小孩。两个大人均为投影式没骨画法，其左臂均上举至头顶，右臂下垂至臀部，似握有棒状物，两腿交叉如行走或舞蹈状。正中一人体态宽厚，其右侧一人体态瘦削且胸部外凸，身长均33厘米左右，体宽13～14厘米。正中下方画有一长方形黑框，框内绘有两个爬行动物。王大有认为此为祖先祖妣，二人手持杵棒、权杖，头发飘逸，应为交叉舞蹈状。有人称之为"丧舞图"，也有人认为其"表现原始舞蹈的群舞动作"。大地湾地画在考古和历史研究、绘画史研究、民俗学研究中具有重要的价值。

大地湾地画的左下方还有一个横竖两笔组成的

地画（局部）　大地湾　采自《中国美术史》

---

① 赵建龙.大地湾古量器及分配制度初探[M]//程晓钟.大地湾考古研究文集.兰州：甘肃文化出版社，2002.

"丁"字形图案,其勾出的笔锋痕迹十分清晰;另外在地画的一些单线条绘制的中间或末端,都可清楚地看到一些离合不定的丝状线条和分裂线条。这幅地画的绘制特点从另一个侧面提醒我们,中国毛笔的产生和使用,自仰韶文化时期已开始,或者更早可追溯到距今七八千年前的大地湾一期阶段。因为在大地湾一期的彩陶的彩绘条带中也可以清楚地看到这类丝状条痕,特别是绘制于器皿内部的一些图案或符号,更能体现其并非硬笔所绘,而是用一种带毛的软笔绘制。回头观察仰韶文化时期的彩陶图案,在一些色调较浅的地方也同样可以看出类似的丝状条痕。这些现象都表明,软笔(毛笔)为我国最早彩陶绘制和书写的一种工具。[①]

三、仰韶文化遗存

仰韶文化分布在整个黄河中游,在今天的甘肃省到河南省之间。当前在中国已发现5013处仰韶文化遗址,其中以陕西省为最多,共计2040处,占全国仰韶文化遗址数量的40%,是仰韶文化的中心,也是炎黄文化、中华文明的发祥地。仰韶文化及相关的外围遗存的典型遗址,有陕西的西安半坡,宝鸡北首岭、福临堡,扶风案板村,彬县下孟村,临潼姜寨,华县元君庙、泉护村,华阴横阵村,渭南史家村,铜川吕家崖[②]、李家沟[③]、瓦窑沟,西乡何家湾,南郑龙岗寺,商县紫荆;山西的夏县西阴村遗址,芮城东庄村、西王村,翼城北橄;河南的陕县庙底沟、三里桥,渑池仰韶村,洛阳王湾、秦王寨,郑州大河村,荥阳点军台,淅川下王岗,安阳后岗、大司空、大正集,濮阳西水坡;河北的磁县下潘汪;甘肃的秦安大地湾、王家阴洼;湖北的郧县大寺等。

中国文字之产生,距今究竟多少年,学术界讫无定论。唐兰先生于《古文字学导论》中言"中国文字的起源,总在六七千年前",但证据不足。20世纪五六十年代,中国考古学界于西安半坡发掘了一处新石器时代仰韶文化遗址,在陶器上发现了各种刻划符号,共计113个刻符样本,舍其相同者,即有27个。报告曰:"这些符号是人们有意识刻划的,代表一定的意义……从我国历史文化具体的发展过程来说,与我们文字有密切的关系。也很可能是我国古代文字原始形态之一,它影射出我们文字未发明以前,我们祖先那种'结绳记事''契木为文'等的传说,有着真实的历史背景的。"[④]之后,郭沫若认为半坡彩

[①] 赵建龙.秦安大地湾遗址的发掘对历史研究的贡献[J].丝绸之路,1997(4).
[②] 陕西省考古研究所,西北大学文博学院博教研室.陕西铜川吕家崖新石器时代遗址试掘简报[J].考古与文物,1993(6).
[③] 西安半坡博物馆.铜川李家沟新石器时代遗址发掘报告[J].考古与文物,1984(1).
[④] 中国科学院考古研究所,陕西省西安半坡博物馆.西安半坡——原始氏族公社聚落遗址[M].北京:文物出版社,1963:198.

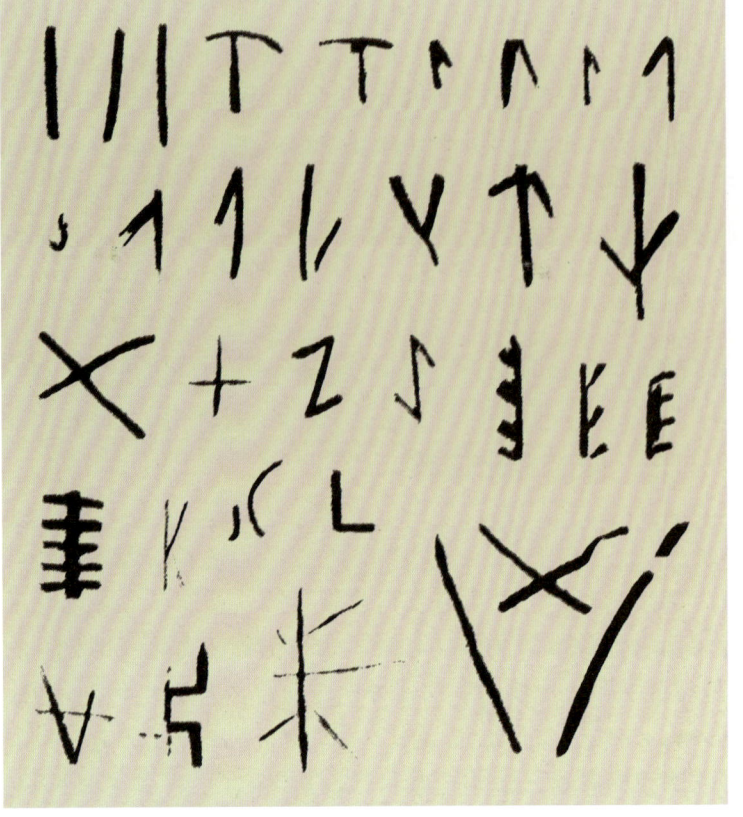

契刻符号　姜寨遗址出土　采自《文物中国史》

陶之刻划，其"意义至今虽尚未阐明，但无疑是具有文字性质的符号，如花押或者族徽之类。我国后来的器物上，无论是陶器、铜器，或者其他成品，有'物勒工名'的传统。……可以肯定地说就是中国文字的起源，或者中国原始文字的孑遗"。并提出："中国文字的起源应当归纳为指事与象形两个系统，指事系统应当发生于象形系统之前。"①于省吾指出："我认为这是文字起源阶段所产生的一些简单文字。仰韶文化距今约有六千多年之久，那么，我国开始有文字的时期也就有了六千多年之久，这是可以推断的。"②

1972年至1977年，考古学界发掘临潼姜寨遗址，又发现了陶器刻符129种，其中符号为38种。此外，又先后于陕西长安五楼，合阳莘野村，宝鸡北首岭，铜川李家沟，临潼零口、坦头等遗址，发现了陶器刻符13种，上述皆属陕西仰韶文化遗址。

如此丰富的考古发现，引起考古学界、历史学界与文字学界的广泛关注。台湾地区学者李孝定先后发表《从几种史前和有史早期陶文的观察蠡测中国文字的起源》《中国文字的原始与演变》《再论史前陶文和汉字起源问题》，力主半坡、姜寨等仰韶文化遗址陶器刻符为文字。李学勤认为：半坡类型之符号，"有的简单，有的则相当复杂，接近文字，比如临潼姜寨的一个符号就像甲骨文的'岳'字"。又曰："总的说来，从仰韶文化以来，陶器符号可以说是向甲骨文那样的趋近。"③王志俊《关中地区仰韶文化刻划符号综

---

① 郭沫若.古代文字之辩证的发展[J].考古学报，1972（1）.
② 于省吾.关于古文字研究的若干问题[J].文物，1973（2）.
③ 李学勤.文明的起源[M]//杨辉，彭国梁，江堤.千年论坛——文化至尊.长沙：湖南大学出版社，2003：112.

述》、陈炜湛《汉字起源试论》、张光裕《从新出土材料重新探索中国文字的起源及其相关问题》等，皆认为半坡、姜寨等仰韶文化遗址陶器刻符皆为中国文字的起源，或对文字的发明有影响，或一些符号即数字符号，皆与后世文字相关联。

半坡遗址陶器刻符27种，姜寨遗址陶器刻符38种，众多学者认为这是中国最早的文字，由此可知半坡、姜寨原始文明相当发达，其已有语言思想交流工具，可想而知矣。五六千年前陕西渭河流域的新石器时代仰韶文化，大体与传说中华胥、伏羲、女娲、炎帝、黄帝等中华民族的人文初祖相应，那时即已有语言思想的交流，否则就不会有华胥、炎黄等先祖的传说。

瓦窑沟遗址，面积5万平方米，1991年由陕西省考古研究所发掘，发掘面积8000平方米。遗址主要为半坡文化堆积，清理23座房址、70座墓葬和46座瓮棺葬，发现有小围沟圈起来的儿童瓮棺葬墓地。这里也是一处有环壕的聚落遗址。①

案板村遗址，位于城关镇案板村南，面积70万平方米，1984—1987年由西北大学历史系发掘，发掘面积1625平方米。该遗址堆积层很厚，内涵极为丰富，有仰韶、龙山和西周三种文化遗存。上层为龙山文化堆积，多铲足和附加堆纹三足鼎；仰韶文化堆积分属庙底沟和西王村时期，有用于祭仪的大型房址，出土的陶塑人像很有特色。②西周陶器多绳纹灰陶，器形有鬲、甑、豆、盆、罐等。这里还发现了西周墓葬区，出土青铜礼器饕餮纹鼎、簋和铜兵器、车马器等。生产工具有原始社会到西周时期的石铲、斧、锛、球、刀、凿等。

北首岭遗址，是我国著名的史前文化遗址，位于宝鸡市金台区金陵河西岸的台地之上，是一处保存较好、内涵丰富的仰韶文化村落遗址。遗址南北长300米，东西宽200米，面积约6万平方米。中国社会科学院考古研究所等在1958—1960年和1977—1987年进行了7次发掘，发掘面积约5000平方米。发现房屋居址50座、墓葬451座、窖穴75个、陶窑4座、墓葬451座，出土各类文物6000余件。遗址的堆积中期为半坡文化，晚期为西王村文化，早期为前仰韶的"北首岭类型"。早中期都有墓地，晚期为村落遗址。③

福临堡遗址，面积18万平方米，1984—1985年由宝鸡市考古工作队和陕西省考古研究所宝鸡工作站联合发掘，发掘面积1344平方米，揭露的遗迹有房址、陶窑、灰坑和墓葬。遗址分属庙底沟和西王村文化，还发现了一个介乎二者之间的过渡层次，45座墓葬属半坡文化。第一期遗存属仰韶文化庙底沟类型，发现的遗迹遗物较少，只有小型圆角长方形和圆形半地穴式房子3座、陶窑2座、灰坑8个，出土陶器仅24件。另外还有石器、骨器等生产工具50余件。第二期遗物比前一期发现的稍多。清理半地穴式的小型房子3座，有圆角长方形、圆形带小龛和椭圆形带室内窖穴之别，其中一座房内还发现了粟粒的遗迹。陶窑3座，

---

① 王炜林.瓦窑沟史前遗址发掘取得重要成果[N].中国文物报，1995-05-21（1）.
② 西北大学文博学院考古专业.扶风案板遗址发掘报告[M].北京：科学出版社，2000.
③ 中国社会科学院考古研究所.宝鸡北首岭[M].北京：文物出版社，1983.

人头像　陶雕　宝鸡市北首岭遗址出土
采自《中国美术史》

均被破坏；灰坑39个，以圆形袋状坑为多。陶器共115件，有钵、盆、尖底瓶、平底瓶、罐、缸、瓮、碗等，仍以红陶为主，灰陶少见。另外有碾谷盘、骨锥以及石刀、陶刀用具等150余件。第三期属仰韶文化西王村类型的遗存，遗迹遗物发现最多。发现房子6座，除一座为面积较大的地面建筑外，其余仍为半地穴式的小房子。陶窑7座，较前两期陶窑明显进步。灰坑90个，有袋形、圆筒形、锅底形、方形、长方形、椭圆形、不规则形。还出现了一种大坑底部一侧连接一小坑的子母坑。其遗物也较丰富，生产工具有磨制的石斧、石铲、石锛、石刀、陶刀、陶纺轮、骨铲、骨镞。装饰品有骨饰、陶环、陶笄、陶塑人物像。生活用具全是陶器。常见器形有盆、盘、尖底瓶、高领罐、深腹罐、大口缸、釜灶、碗形器、双耳罐、碗等，钵的数量大大减少，还有敛口瓮、壶、圆肩罐、漏斗等。①

西水坡遗址，位于河南省濮阳市。西水坡古墓葬群包含仰韶、龙山、东周和汉代等几个时期的文化遗存，尤以仰韶文化最为丰富。面积5万余平方米，于1987—1988年进行发掘，发掘面积5000余平方米，主要堆积被划属仰韶文化的"后岗类型"。1988年发掘墓葬148座，瓮棺葬38座，另有少量陶窑和房址。其中45号墓最为显耀，墓室中部壮年男性骨架的左右两侧有用蚌壳精心摆塑的龙虎图案，在此墓东、西、北三小龛内各葬一少年，其西龛人骨长1.15米，似女性，约12岁，头有刃伤，系非正常死亡，像殉葬者。墓主人的东西两侧所摆蚌塑龙虎图案，经中国社会科学院考古研究所实验室进行的碳-14测定，并经树轮校正，年代为距今6460（±135）年。龙图案身长1.78米，高0.67米，昂首、弓身、长尾，前爪扒、后爪蹬，如腾飞状。虎图案身长1.39米，高0.63米。虎头微低，圆目圆睁，张口露齿，虎尾下摆，四肢交替，如行走状，形似下山之猛虎。墓主人的两侧用蚌壳精心摆塑的龙虎图案，被考古学者验定为"中华第一龙"。此图案与古天文学四象中东宫苍龙、西宫白虎相符。距45号墓南20米外第二组地穴中，有用蚌壳砌成的龙、虎、鹿和蜘蛛图案，

---

① 宝鸡市考古工作队，陕西省考古研究所宝鸡工作站.宝鸡福临堡——新石器时代遗址发掘报告[M].北京：文物出版社，1993.

龙虎呈首尾南北相反的蝉联体，鹿则卧于虎背上，蜘蛛位于虎头部，在鹿与蜘蛛之间有一精制石斧。多组蚌塑龙虎等动物图形是最早的风水图式，揭示了史前宗教与艺术的深刻主题。①

半坡遗址，位于陕西西安市东郊灞桥区浐河东岸，是黄河流域一处典型的原始社会母系氏族公社村落遗址，距今6000年以上。1954—1957年，中国科学院考古研究所进行了5次发掘，发掘面积10000平方米，1971年西安半坡博物馆又进行过小规模发掘。这是一个具有完整布局的村落遗址，揭露房址46座、墓葬247座、陶窑6座，出土了包括陶器、石器和骨

龙虎图蚌塑　西水坡遗址出土　采自《文物中国史》

---

① 濮阳市文物管理委员会，濮阳市博物馆，濮阳市文物工作队.河南濮阳西水坡遗址发掘简报[J].文物，1988（3）；濮阳西水坡遗址考古队.1988年河南濮阳西水坡遗址发掘简报[J].考古，1989（12）.

器在内的大量文化遗物约10000件,还有丰富的农作物和包括家畜在内的动物遗存。

遗址大致分为三个区,即居住区、墓葬区和制陶作坊区。居住区在聚落的中心,周围被一条人工挖掘的宽6～8米、深5～6米的大壕沟围绕,中间又被一条宽2米、深1.5米的小沟分为两片,形成既有联系,又相区分的两个区域。大壕沟外北边是公共墓地,东边是制陶作坊窑址群。发现半坡类型的房子46座,形状呈圆形、方形或长方形,有的是半地穴式建

人头像骨雕　西乡县何家湾遗址出土　采自《中国美术史》

筑,有的是地面建筑。每座房子在门道和居室之间都有泥土堆砌的门坎,房子中心有圆形或瓢形灶坑,周围有1～6个不等的柱洞。居住面和墙壁都用草拌泥涂抹,并经火烤以使坚固和防潮。圆形房子直径一般为4～6米,墙壁用编有篱笆的密集小柱并涂以草拌泥做成。方形或长方形房子,面积小的12～20平方米,中型的30～40平方米,最大的复原面积达160平方米。储藏东西的窖穴分布于各房子之间,多为口小底大圆袋状。发现埋葬小孩的瓮棺葬73座,均在居住区内房子周围,以钵、盆与瓮或两瓮相对扣为葬具,往往在葬具器盖的底部有意识地凿一小孔,似为灵魂出入口。随葬品多为日常生活实用器及装饰品等,到了晚期已有专门为死者做的随葬明器。

半坡遗址共出土石、骨、角、陶、蚌、牙等质料的各种生产工具5275件,另有陶制半成品2638件。按照工具的主要功用,可区分为三大类:农业生产工具、渔猎工具、手工业工具。此外还有其他一类,包括功用不明或可兼用于不同工作的各种工具。出土的生产工

具分别用石、骨、角、蚌、陶制成，有斧、铲、锛、刀、石磨盘和磨棒、箭头、鱼钩、鱼叉等。生活用具主要是陶器。陶器器形以夹砂陶罐、泥质或细泥陶钵、盆和小口双耳尖底瓶为主，组成一套日常生活用具。另外，还有芥菜或白菜的碳化种子，粟的遗迹，人工饲养的猪、狗的骨骼，鱼骨以及其他各种动物骨骼和果实等，说明半坡人过着以农业为主的经济生活，狩猎和采集也占有一定地位。

当时人们日常生活用的器具主要是陶器。在半坡遗址中收集的陶片数量在50万片以上，超过全部出土物总数的80%，完整的和能够复原的器皿有1000多件。从其形状、质地和功用来看，可以分为饮食用器、水器、饭炊器和储藏器等不同类别。有的陶器口部或陶片上有刻划符号，计22种，100余个，可能为记事或记数用的。姜寨遗址也发现了30多种刻划符号，青海乐都柳湾遗址发现了50多种。这些符号不止出自一时一人之手，且多有重复，说明它们在当时已有了某种约定俗成的规范含义，绝非即兴创作。郭沫若先生断言，它们"无疑是具有文字性质的符号"。半坡遗址出土的乐器有陶埙两只，保存完整，皆为细泥捏制而成，表面光滑但不平整，色彩呈灰黑色。发现了很多装饰品，计有9类1900多件。以形状分，有环饰、璜饰、珠饰、坠饰、方形饰、片状饰和管状饰等；以功用分，有发饰、耳饰、颈饰、手饰和腰饰；以材料分，则有陶、石、骨牙、蚌、玉、蚶壳等，其中以陶制的最多，石制、蚌制的次之，骨制、牙制的较少。①

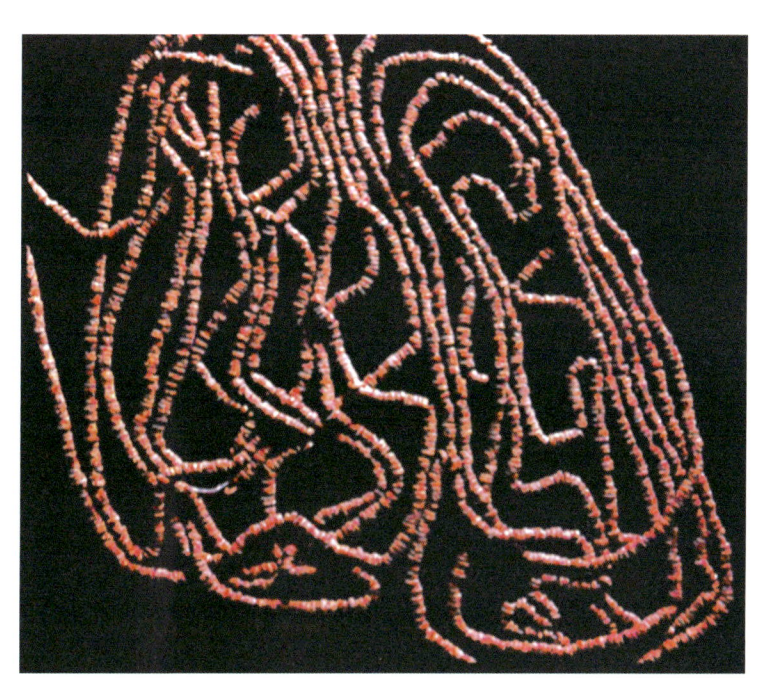

骨珠　临潼姜寨遗址出土　中国历史博物馆藏

姜寨遗址7号少女墓出土了共计8577颗骨珠，说明此少女可能为神女，否则不会拥有如此众多的饰品。

元君庙墓地位于陕西省华县柳子镇（今名柳枝镇，本书仍依考古资料用旧称）东南。1958—1959年黄河水库考古工作队陕西分队华县队进行发掘，全面揭露了这一处基本上保存完整的半坡类型墓地。墓地内共有57座墓葬，其中的45座分属东西两个同时并存的墓区。每个墓区内的墓葬又分

---

① 中国科学院考古研究所，陕西省西安半坡博物馆. 西安半坡[M]. 北京：文物出版社，1963.

三期，按时期的早晚，由东向西分列成三个纵行。同期的墓葬则是从北到南依次入葬的。两墓区各期墓葬中，除一部分单人墓外，28座墓葬是同时葬入的多人合葬墓。合葬墓中的死者占墓地死者总数的92%。一墓中少则2人，多则可达25人，一般都在4人以上。合葬墓大多数为二次葬（迁葬），兼有一次葬和二次葬，也有个别的为一次葬。单人墓则一、二次葬的都有，人骨均为仰身直肢，或被整齐地成堆放置在一起，头皆向西。除个别墓葬用卵石垒砌"椁室"，或用红烧草泥土块铺砌墓底，其余都是无葬具的土坑竖穴墓。

主要随葬器物有泥质红陶绳纹小口尖底瓶，饰绳纹、弦纹或素面的夹砂红陶罐以及磨光的细泥红陶钵，这也是随葬陶器组合的基本形式。个别墓随葬绘有黑彩宽带纹或几何形图案的钵碗、盆和罐，在少数墓葬中发现了蚌刀、陶纺轮、骨针、骨镞一类生产工具和骨笄、骨珠等装饰品。

元君庙墓地反映了当时存在家族、氏族、部落等社会组织。经过对一次葬、二次葬兼有和纯为一次葬的多人合葬墓内成员死亡年龄的分析比较，确知有些墓是不同辈分成员的合葬墓。例如，405号墓合葬12人，包括老少两代乃至三代。这种合葬墓当属家族墓葬。而由若干合葬墓组成的墓区则是氏族墓区。家族墓葬的存在，表明家族已具备相当发达的形态；但当时尚未分割氏族墓区组成家族墓地，说明氏族组织依然相当牢固。至于包括两个墓区的整片墓地，当为部落墓地。

在元君庙尚未发现可判定为一夫一妻的合葬墓。合葬墓中成年男女人数往往不成比例，这说明家族成员的构成没有因婚姻关系得到调整，家族是以血缘关系结合起来的集体。这里各类女性墓的随葬品一般多于各类男性墓，还存在对少数成年女性和女孩实行厚葬的现象，后者反映了当时存在爱重女孩的习俗，同时也说明当时已存在财产方面的母女继承制。男性墓多使用骨镞和蚌刀随葬，说明男子主要从事渔猎；女性墓多有纺轮、骨针随葬，说明妇女主要担任农业、纺织与缝纫。在处于锄耕农业生产阶段的半坡类型社会中，这一分工使妇女在社会生产中占据重要地位。上述情况表明，元君庙的仰韶文化半坡类型居民处于母权制氏族社会时期。①

泉护村遗址，位于陕西华县城东柳子镇附近，地处华山脚下，渭河南岸。1958—1959年黄河水库考古队两次进行发掘，发掘面积6000余平方米。遗址的仰韶层堆积属庙底沟时期，发现有半地穴方形房屋基址和成组的陶窑群，出土的花卉与鸟纹图案彩陶为庙底沟时期彩陶图案的典型代表，包含绘有两种花卉图案、一种鸟形图案的彩陶盆（钵），并有重唇小口尖底瓶、葫芦小口平底瓶和砂陶罐。在该类型遗存中，发现有半地穴式方形房基、带斜坡或台阶、坑底有烧灶的"居穴"，两三座一组的横穴式陶窑群等主要遗迹。②

横阵村墓地遗址，在陕西华阴敷水镇横上村西。遗址面积约12万平方米，1958—1959

---

① 北京大学历史系考古教研室.元君庙仰韶墓地[M].北京：文物出版社，1983.
② 黄河水库考古队华县队.陕西华县柳子镇考古发掘简报[J].考古，1959（2）；黄河水库考古队华县队.陕西华县柳子镇第二次发掘的主要收获[J].考古，1959（11）.

年由黄河水库考古工作队发掘，确认为仰韶文化与龙山文化时期叠压并存的古文化遗址。发掘面积1000平方米，揭露了一处较为完整的半坡时期墓地，清理墓葬24座，还有瓮棺葬5座，后者为母系氏族社会孩童尸体的葬埋方式。龙山文化时期的墓葬多为合葬墓，其中3座大坑套小坑的大合葬最引人注目，合葬者有40多人，许多研究者都认为这是复原仰韶时期家族制度的重要资料。①

龙岗寺遗址，位于陕西南郑县梁山镇。面积约7500平方米，陕西省考古研究所于1983—1984年进行发掘，发掘面积1800余平方米。遗址文化堆积与何家湾相似，下层为李家村文化，上层为半坡文化。发现半坡时期墓葬423座，其中土坑墓409座，瓮棺葬14座。土坑墓以单人葬为主，有11座2人以上的多人二次合葬，也发现有大坑套小坑的合葬形式。出土了人面壶、彩陶罐、船形壶、兽头尖底瓶、人头彩陶壶等文物3000余件，也证明了7500年前龙岗寺人类最早培育了豆科植物。②

西阴村遗址，位于山西运城市夏县尉郭乡西阴村的西北部，遗址西北隔鸣条岗近涑水河，东南隔青龙河依中条山，是一处新石器时代遗址，面积约30万平方米。1926年由李济主持进行首次发掘，发掘面积约40平方米；1994年山西省考古研究所进行了第二次发掘，发掘面积576平方米。主要堆积属庙底沟文化，还有少量西王村文化和庙底沟二期文化堆积。发现庙底沟时期房址和壕沟，未见完整聚落址，遗物以陶器为主。主要器物包括夹砂瓮、缸、折沿罐、釜灶、双耳壶、高颈瓶、钵、盘、器盖，其他遗物还有石刀、锛等。③

东庄村和西王村遗址，位于山西芮城，两处相距20多千米，由中国科学院考古研究所在1958—1960年发掘。东庄村遗址面积约12万平方米，发掘面积1180平方米。遗址的仰韶层属半坡时期，发现有多人二次合葬墓和数座陶窑遗迹。西王村遗址面积约10万平方米，发掘面积近400平方米。仰韶文化堆积的下层属庙底沟时期，上层面貌有明显不同，具有与半坡和庙底沟时期相区别的陶器群，如浅腹盆、小平底碗、深腹瓮、镂孔豆和长颈尖底瓶等，所以考古学者在后来提出了"西王村类型"的命名。④

下王冈遗址，位于河南淅川县下王冈村丹江南岸。面积约6000平方米，由河南省博物馆文物工作队于1971—1974年进行发掘，发掘面积2300余平方米。新石器时代文化遗存从下到上初步分为五期。早一期仰韶文化层，发现居住址43座、土坑墓575座、瓮棺墓22座，石器分打制和磨制两种，陶器多红色素面，器形以鼎、罐、钵、壶为主，具有仰韶文化早期特征。早二期的仰韶文化遗存中，灰陶和棕色陶较多，素面为主，另有红衣黑彩、

---

① 中国社会科学院考古研究所陕西工作队.陕西华阴横阵遗址发掘报告[M].《考古》编辑部.考古学集刊：第四集.北京：中国社会科学出版社，1984.
② 陕西省考古研究所.龙岗寺——新石器时代遗址发掘报告[M].北京：文物出版社，1990.
③ 山西省考古研究所.西阴村史前遗存第二次发掘[M]//三晋考古：第二辑.太原：山西人民出版社，1996.
④ 中国科学院考古研究所山西工作队.山西芮城东庄村和西王村遗址的发掘[J].考古学报，1973（1）.

灰衣红彩和白衣彩陶。重要的是发现一处以二次迁葬墓为主的大片墓地，多为2~6人的合葬墓，部分墓内陶器多系明器。中期为屈家岭文化层，发掘出成排房门向南的双间式房基，残存有墙壁、柱洞、火烧地坪和铺席痕迹。晚一期文化的陶器中，包含一些龙山文化的因素。晚二期是具有明显地方特点的龙山文化遗存，陶器多呈灰黑色，以饰篮纹、方格纹和绳纹为主，常见器形有鼎、罐、瓮、豆、杯、盘、盂等。有的陶瓮形制之大是罕见的。商代文化遗存的陶器近似二里头文化晚期，以饰印绳纹和间饰弦纹、附加堆纹与鸡冠形双耳的灰陶器为主，器形有鼎、罐、大口尊、豆、杯等。西周文化遗存中的陶器有鬲、罐、盆、豆，器表多饰粗绳纹，其中一件满饰压印暗纹的精致高柄黑陶杯，为他处西周遗址中所少见。①

陶釜灶　庙底沟遗址出土
采自《文物中国史》

庙底沟遗址，位于河南三门峡陕州古城南，总面积24万平方米，是一处仰韶文化和早期龙山文化遗址。遗址分为二期。一期（下层）为仰韶文化遗存，属仰韶文化庙底沟类型。二期（上层）遗存属仰韶文化向龙山文化过渡性质的遗存，命名为庙底沟二期文化，它由仰韶文化发展而来，又发展为河南龙山文化。1956—1957年、1956—1957年由中国科学院考古研究所进行发掘，发掘面积近4500平方米，发现房屋3座、灰坑194个、窑址11座、墓葬156座，出土陶器等文化遗物十分丰富，以彩陶曲腹钵与曲腹盆、双唇尖底瓶、鼓腹罐、釜、灶为代表的陶器群具有明显的特色，成为仰韶文化繁荣时期的代表性遗址。

四、大汶口文化遗存

大汶口文化是新石器时代文化，因山东泰安大汶口遗址而得名。分布地区东至黄海之滨，西至鲁西平原东部，北达渤海南岸，南到江苏淮北一带，基本处于古籍中记载的少昊

---

① 河南省文物研究所，长江流域规划办公室考古队河南分队.淅川下王冈[M].北京：文物出版社，1989.

氏文化地区，为龙山文化的源头。据放射性碳素断代并校正后得出数据，大汶口文化年代距今6500～4500年，延续时间约2000年。根据地层叠压关系和遗物特征，可以区分为早、中、晚三期。

大汶口文化发现的墓葬较多。早期文化遗存墓葬中死者的头主要朝向为东，也有朝向北的。葬制以单人葬为主，也有较多的合葬。合葬以同性合葬和多人二次合葬为主。多人二次合葬墓的人骨排列得十分整齐。早期墓葬在后期出现随葬品多寡不一的现象，并且表现得比较显著，多者达四五十件，寡者一件都没有。随葬生产工具的种类在男女之间也不相同，男性多随葬生产工具和手工工具，女性多随葬生活用具。用狗殉葬的多为男性。大汶口文化早期墓葬还普遍使用獐牙和獐牙勾形器以及龟甲等随葬，同时还普遍存在拔除成年男女门齿和对头骨进行人工变形等现象。

中期文化遗存墓葬中死者的头大多朝东或朝北。葬式以单人仰身直肢葬为主，有一定数量的合葬墓。合葬墓中有同性合葬、一对年龄相当的成年男女合葬、成年人和儿童合葬三种。其中以一对年龄相当的成年男女合葬墓的数量最多。二次合葬墓的数量相比前期减少。中期同性合葬墓数量很少，其中大多都为两男性合葬。一对年龄相当的成年男女合葬，人骨架排列一般是男左女右。有的成年男女合葬墓的葬式是男性仰身直肢，女性则侧身屈肢面向男性，随葬品大都在男性一侧。随葬品的多寡不一现象较之前更加突出，多者达六十余件，寡者则一无所有。富有的大墓，不但随葬品多，而且很精致，并用数量较多的猪下颌骨和猪头随葬，甚至用整猪、整狗随葬，以显示墓主人财力的雄厚。中期的部分大墓和中型墓设有二层台及原木搭成的葬具。

晚期文化遗存墓葬仍以单人仰身直肢葬为主，有少量的合葬墓。该期的合葬墓多为一对成年男女合葬墓，个别为一对成年男女和儿童合葬，同性合葬消失。死者头一般朝向东，胶东半岛的部分地区则盛行将死者的头向西或西北的葬式。一对成年男女合葬墓，随葬品一般都集中在男性一侧。晚期墓葬随葬品多寡不一的现象较之前更加严重。有的大墓随葬品有七十余件，有的墓则一无所有。考古中还发现，大汶口文化晚期的氏族墓地中出现了小片的家族墓地。家族墓地之间也已经出现了贫富分化现象。这一时期灵魂观念也发生了变化，已不再是单单用死因来区分灵魂的善恶了，墓地上出现了无尸富墓、断头富墓，这些凶死者是氏族中的新贵，均得到了厚葬。

大汶口文化的居民中盛行枕骨人工变形和在青春期拔除一对侧上门齿的习俗。流行于古代中国东方、南方的拔牙习俗即发源于此。在王因、大墩子墓中的骨骸上，还发现颌骨异常变形的现象，某些个体臼齿外侧严重磨损甚至内缩，其中有数例在变形处置有小石球或陶球，变形当是长期口含小球所致。这是大汶口文化所独有的奇特习俗。此外，死者随葬獐牙、獐牙勾形器以及龟甲等，也为其他新石器时代文化所少见。当时还流行在死者腰部放穿孔龟甲，在死者手中放獐牙或獐牙钩形器。这些习俗均为中国其他史前文化所罕见。

人面玉雕 大汶口文化类型 1976年山东滕县岗上村出土 现藏滕州市博物馆

大汶口文化早期的陶器以夹砂红陶和泥质红陶为主，灰陶和黑陶的数量较少。陶器的制作以手制为主，轮修技术已普遍使用。纹饰有弦纹、划纹、乳钉纹、绳索纹、附加堆纹、锥刺纹以及指甲纹等。彩陶数量增多，且花纹繁缛，其中圆点、弧线以及勾叶纹，与仰韶文化庙地沟文化类型相似，可能受到了仰韶文化的影响。

中期以夹砂红陶的数量为最多，次为泥质黑陶和灰陶，泥质红陶和夹砂灰陶的数量最少。中期的陶器和早期的区别是泥质红陶数量的减少和泥质黑陶、泥质灰陶数量的增多。中期还出现了一些火候较高、质地较为细密的灰白陶。陶器的制作手法主要以手制为主，轮修比较普遍，一些小型器物已经开始采用轮制技术。陶器以素面为主，有少量的彩陶，部分器形表面磨光。另外还发现有繁缛的编织纹图案。

晚期的制陶业已经有了较大的发展，轮制技术已用来生产大件陶器。烧窑技术有了改

黑陶 龙山文化类型 采自《文物中国史》

锥式玉饰　山东胶州三里河出土　采自《文物中国史》

进，烧制出薄胎磨光黑陶，胎厚仅1~2毫米。通过提高窑温，烧出胎薄、质硬、色泽美的白陶、黄陶和粉色陶器。大汶口文化晚期的陶器以灰陶为主，次为黑陶和白陶。出现了大宽肩壶、瓶等新型器形。中期已经出现的仿兽型陶器，在晚期又有了创新。彩陶到晚期减少，但仍有纹样复杂的多色陶器。

制石、制玉业较发达。早期就已生产出大量磨制精致的石器，较多地使用穿孔技术。中期以后，选用高硬度的蛋白石、流纹岩等为石料，石器的造型更加规整，器类、器型增多，出现了系列工具，一些墓中随葬有成套的大、中、小型石锛。还出现了精致的玉铲，并有更多的玉、石装饰品，包括以不同形状的单件组成的串饰。制骨工艺也十分出色，早期墓中出土有精致的小件骨雕品，如邳州大墩子遗址有一串10粒的雕花骨珠，刘林遗址有刻有猪头纹样的牙质饰物，有的獐牙钩形器的器柄刻有纤细的花纹。至中、晚期，剔地透雕技术和镶嵌技术已趋于成熟。大汶口的透雕十六齿象牙梳、花瓣纹象牙筒和镶嵌绿松石的骨雕筒等，代表着中国新石器时代制骨工艺的最高水平。①

---

① 王仁湘，贾笑冰. 中国史前文化[M]. 北京：商务印书馆，1998；中国大百科全书总编辑委员会. 中国大百科全书·考古学[M]. 北京：中国大百科全书出版社，2002；张之恒. 中国考古通论[M]. 南京：南京大学出版社，2009；高广仁，栾丰实. 大汶口文化[M]. 北京：文物出版社，2004.

五、大溪文化遗存

大溪文化遗址位于重庆巫山县大溪镇，瞿塘峡东口，大宁河宽谷岸旁。大溪文化是长江中游三峡地区发现的新石器文化，年代约为公元前4400—前3300年，包括重庆巫山县瞿塘峡南侧的大溪遗址，以及湖南、湖北的10多处遗址。大溪文化遗址产生于母系氏族晚期至父系氏族的萌芽阶段，是我国长江流域古文明的发祥地之一，也是著名的原始社会古文化遗址之一。

骨匕骨筒　大溪文化类型　巫山县大溪镇出土　现藏四川博物院

1959—1975年，四川博物馆等单位组成联合考察队对大溪文化遗址进行了三次发掘，发掘总面积达570平方米，清理墓葬208座，出土文物1250余件。出土石器中有一种非常特别的两侧磨刃对称的圭形石凿，还有石斧、石锛、石杵、石镰、纺轮、骨针、蚌镰、网坠等生产工具。装饰品有玉、石、骨、象牙、兽牙等几种，主要可分为耳饰、项饰和臂饰三类。还有空心石球人面浮雕悬饰等艺术品。

大溪遗址墓葬中，死者均埋在氏族公共墓地，头向一般为正南，早期以仰身直肢葬为主，同时也有俯身葬和侧身葬。早期墓随葬品以生产工具为主，晚期墓随葬品的种类增多，以陶制生活器皿为主，且随葬品的数量多寡悬殊。有用龟和鱼随葬的习俗。绝大多数墓有随葬品，女性墓随葬品一般较男性墓丰富，最多的有30余件，有的石镯、镶牙镯出土时还佩戴在死者臂骨上。在几座墓里还发现有整条鱼骨和龟甲，这种以鱼随葬的现象在中国新石器文化中尚属少见。另外，还有以狗随葬的。大溪遗址早晚两期墓葬所反映的社会性质有很大的差异，大溪文化的早期为母系氏族公社的繁荣阶段，晚期为父系氏族公社的萌芽阶段。

大溪遗址的生产工具数量多，质料有石、骨、陶、蚌四类。石器主要为磨制工具，有斧、锛、凿、杵、镰、纺轮等，石质坚硬，大部分有使用痕迹。早期墓已有圭形凿和纺轮，刀在晚期墓中出现。骨器有锥、矛、匕、刮刀、针、纺轮等，其中骨锥、针多用兽的肢骨磨制，多数通体磨光，部分骨锥顶端有一或三道刻槽。骨矛、匕用骨管片制成，有的保留原骨腔。陶质工具仅发现几件纺轮。蚌器很少，有半月形蚌镰，多已残断。

大溪文化与中原地区的仰韶文化都是新石器时期重要的文化遗存，它们之间相互交流影响。学术界一般认为大溪文化与屈家岭文化是同一文化类型的两个不同发展阶段，而屈家岭文化是在大溪文化的基础上发展起来的。这两个文化的经济生活都以农业为主，大溪文化的农业以水稻生产为主，而仰韶文化以粟为主要农作物。两个文化的陶器均以红陶为主，都有红衣黑彩的彩陶。但是，两者陶器的器形、种类和纹饰各有不同。仰韶文化的心形、舌形石铲和束腰石斧为大溪文化所不见，骨匕、骨刀和大溪文化的也不一样。大溪文化的墓葬分布比较密集，排列不整齐。仰韶文化的墓葬成行排列整齐，除单人葬外，还有迁葬的合葬墓，两种文化随葬品的陈放位置也不一样。

大溪文化是出现在我国长江中游地区的一种新石器时代文化，对大溪遗址的三次发掘，为我国长江流域的新石器时代考古研究提供了重要的实物资料。在四川东部、湖北西部和湖南北部，亦不断发现与大溪文化同类型的遗址和遗物，如松滋桂花树、宜都红花套、江陵毛家山等遗址。①

1967年4—6月，湖南省博物馆对澧县梦溪三元宫遗址进行了小规模的试掘，试掘简报发表了彩陶的材料，该陶片为泥质褐色胎，外壁涂红衣，上绘黑褐色弦纹、菱形及圆弧形等组成的图案。发掘者认为这些图案显然具有大溪文化的某些风格。1974年秋季，澧县梦溪三元宫遗址再次被发掘。这次发掘共开探方12个，探沟4条，发掘面积共计296平方米，

---

① 四川长江流域文物保护委员会文物考古队.四川巫山大溪新石器时代遗址发掘记略[J].文物，1961（11）；李文杰.试论大溪文化与屈家岭文化、仰韶文化的关系[J].考古，1979（2）；四川省博物馆.巫山大溪遗址第三次发掘[J].考古学报，1981（4）；张之恒.试论大溪文化[J].江汉考古，1982（1）；向绪成.浅议大溪文化与屈家岭文化的关系——与张之恒同志商榷[J].江汉考古，1983（1）；王杰.对大溪文化中几个问题的探讨[J].江汉考古，1984（1）；向绪成.屈家岭遗址下层及同类遗存文化性质讨论[J].考古，1985（7）；王杰.屈家岭文化与大溪文化关系中的问题探讨[J].江汉考古，1985（3）；李文杰.大溪文化的类型和分期[J].考古学报，1986（2）；王杰.屈家岭遗址下层与大溪文化晚期是同类文化性质的遗存吗[J].江汉考古，1987（2）；孟华平.论大溪文化[J].考古学报，1992（4）；林邦存.略论屈家岭文化与大溪文化的关系——兼论传说时代三苗集团的形成[M]//香港中文大学中国考古艺术研究中心.南中国及邻近地区古文化研究.香港：香港中文大学出版社，1994；朱乃诚.屈家岭下层遗存的文化性质和屈家岭文化的来源[J].考古，1993（8）．

成果颇丰，共发现灰坑12座，墓葬23座及大量文化遗物，这是首次在湖南省发掘到新石器时代的墓葬，也是湖南第一次明确提出发现大溪文化遗存。发掘者认为此遗址早、中期遗存属于大溪文化，晚期属于屈家岭文化。1978年11月发掘安乡汤家岗遗址，发现了12座墓葬及大量遗物。这是第一次指明发现"大溪文化墓葬"。其早期的10座墓葬特点十分突出：无墓坑，不随葬生产工具，陶器以盘、碗、釜和钵、碗、釜为常见组合。在这些陶器中，主要以戳印、蓖点、刻划、拍印（或模印）的花纹图案为装饰。这种形式的墓葬材料，在同类型文化遗址，如四川巫山大溪、湖北枝江关庙山、湖北松滋桂花树中都不见。1979年冬季发掘澧县丁家岗遗址，发掘面积共计300平方米。报告将所出土的新石器遗存分为三期，指出这三期具有明显的大溪文化特点，其文化内涵与汤家岗、三元宫遗址尤为接近。1980年冬发掘安乡划城岗遗址，发掘面积200平方米，出土了一批墓葬，此外还有房址、灰坑、窑址等。发掘者认定早一、早二期属于大溪文化中期和晚期，中一、中二期属于屈家岭文化早期和晚期，晚期属于长江中游地区的龙山文化。刘卜台遗址于1986年年初被发掘，发掘面积75平方米，出土了一批遗物和房址、灰坑、灶等遗迹，有学者认为一至三期都是大溪文化的范畴。20世纪90年代，城头山遗址被发掘，其目的是解剖城墙以确定该城的年代，并最终确定城墙的筑造年代为大溪文化一期，距今超过6000年。考古学家在城头山开展的连续多年的工作，不仅确定了大溪文化古城的年代，还获得了大量的大溪文化时期的遗存，除了城墙、城壕，还有水稻田、祭坛、祭祀坑、墓地和墓葬、建筑、窑场等一系列重要遗迹和丰富的遗物，为湖南大溪文化的研究提供了极为重要的资料。2000年以来，有几次重要的考古发掘活动。汤家岗遗址的第三次发掘面积达355平方米，考古学家在那里不仅发现了一批大溪文化遗迹，还首次发现了属于汤家岗文化时期的壕沟及其他重要遗迹。优周岗遗址的发掘面积达3000余平方米，除发现一大批石家河文化、屈家岭文化和大溪文化遗存以及少量汤家岗文化遗存外，最重要的是发现了一系列属于大溪文化与原始宗教类活动相关的遗存，包括祭坛、兽骨坑等相关迹象。①

---

① 戴亚东.长沙烟墩冲新石器时代遗址调查简报[J].考古，1956（5）；湖南省博物馆.澧县梦溪新石器时代遗址试掘简报[J].文物，1972（2）；湖北省荆州地区博物馆.湖北松滋县桂花树新石器时代遗址[J].考古，1976（3）；纪南城文物考古发掘队.江陵毛家山发掘记[J].考古，1977（3）；纪南城文物考古发掘队.江陵毛家山发掘记[J].考古，1977（3）；湖南省博物馆.澧县梦溪三元宫遗址[J].考古学报，1979（4）；何介钧，周世荣.湖南安乡县汤家岗新石器时代遗址[J].考古，1982（4）；何介钧，袁家荣，李利人，等.澧县东田丁家岗新石器时代遗址[J].湖南考古辑刊，1982（1）；何介钧.安乡划城岗新石器时代遗址[J].考古学报，1983（4）；熊培庚，张中一，郭胜斌，等.华容车轱山新石器时代遗址第一次发掘简报[J].湖南考古辑刊，1986（1）；湖南省文物考古研究所，等.华容县刘卜台新石器时代遗址发掘简报[J].湖南考古辑刊，1989（1）；何介钧.澧县城头山古城址1997~1998年度发掘简报[J].文物，1999（6）；湖南省文物考古研究所.湖南安乡划城岗遗址第二次发掘报告[J].考古学报，2005（1）；湖南省文物考古研究所.澧县城头山：新石器时代遗址发掘报告[M].北京：文物出版社，2007；湖南省文物考古研究所.安乡汤家岗：新石器时代遗址发掘报告[M].北京：科学出版社，2013；赵亚锋.湖南澧县城头山遗址城墙与护城河2011~2012年的发掘[J].考古，2015（3）.

关于大溪文化的分布范围，考古学界存在不同的看法。何介钧提出大溪文化的分布范围西到四川巫山，东到鄂东黄冈，北到湖北江陵或更北的京山，南到洞庭湖北岸。它跨越大江南北，东西一千多里，而中心地区当在江汉平原西南部和洞庭湖北岸。并指出："它具有了大溪文化的某些共同因素，有理由认为它是大溪文化的一个发展阶段，也就是目前所见大溪文化的最早期。但大溪文化的一些特征性因素，有好些在这类遗存中尚未具备，因而又有可能认作是与大溪文化有别，比大溪文化更早的一类原始文化遗存。由于发现还不多，材料不够丰富，可以暂不另外命名。不过它对探索长江中游新石器时代早期文化，是一个十分值得珍视的启示和线索。"①"汤家岗遗址早期连同丁家岗遗址的第一期遗存比大溪文化更早，应是一种新的考古学文化，有人建议正式定名为汤家岗文化，我认为是合适的。"并强调："所谓大溪文化三元宫（或称汤家岗）类型不包括汤家岗遗址的早期，而现在提出的汤家岗文化也不是指大溪文化三元宫（或称汤家岗）类型。在进行比较研究时，必须将二者严格加以区别和限定。"②林向认为，湖南三元宫遗址的一些"与大溪文化相同的文化因素"的遗存，不宜称为大溪文化。他指出，湖南澧县三元宫遗址的早、中期确有许多与大溪文化相同的文化因素，如外红内黑夹砂陶、发达的圈足器、伞纽器盖、空心陶球等。可是不容讳言，两者有着很大的差异，如三元宫没有大溪文化的典型器物群，如巨形斧、圭形凿（晚期才有）、曲腹杯、筒形瓶、玉璜、玉玦等，而三元宫有火候很高的红胎或灰胎黑皮陶，为大溪文化所不见。三元宫的折壁碗、敛口折腹豆、大口尊、无底豆式器座，中期的彩陶纹样，两面有凹槽的石斧，都与大溪文化异趣。因此，他认为，三元宫遗址的早、中期可能只是受大溪文化强烈影响的另一种原始文化，也不同于屈家岭文化。所以，大溪文化在湖南的分布大概要另外去找。③张之恒将大溪文化分为五期，他认为大溪文化分布地域东到汉水，西达川东，南至湘北，北至荆州北部。也就是说，他承认三元宫、王家岗墓葬属于大溪文化，但汉水以东不是大溪文化分布范围。④

大溪文化的社会已经有了一定的组织方式，从城头山城池的建造来看，需要动用大量的人力物力，还需要统筹规划与精心设计，人员的管理和调配都需要一定的组织才能进行。当时的社会显然已经开始出现分层，城头山城址的东部曾发现大溪文化时期的祭坛和墓葬，从墓葬情况来看，已经出现了明显的社会分化，等级较高的墓葬埋葬在祭坛之上，随葬器物也较为丰富，这些高等级的墓葬成排安置，具有一定的规律，或许对应着当时的上层集团。在这批墓葬的周围则是等级较低的墓葬，多为屈肢葬，基本没有随葬品。在大

---

① 何介钧.试论大溪文化[A]//中国考古学会.中国考古学会第二次年会论文集 1980.北京：文物出版社，1982：119.
② 何介钧.长江中游原始文化再论[A]//湖南省文物考古研究所.长江中游史前文化暨第二届亚洲文明学术讨论会论文集.长沙：岳麓书社，1996：194-195.
③ 林向.大溪文化与巫山大溪遗址[A]//中国考古学会.中国考古学会第二次年会论文集 1980.北京：文物出版社，1982：128.
④ 张之恒.试论大溪文化[J].江汉考古，1982（1）.

溪文化二期城墙的墙基还发现了一具人骨，没有墓坑，没有随葬品，似被弃置，这或许与某一类城墙奠基的行为有关。这些行为实际上也是大溪文化中人们精神意识的体现。祭坛、祭祀坑、墓葬以及相应的遗存反映了当时人们的意识形态，这种行为已经从多神崇拜进入具有某种统一信仰和一神崇拜的范畴，具有特定身份的人充当了人神之间的使者——巫师作为掌握和传达神灵意志的介质，或许是这个时代颇具风尚的精神坐标。

大溪文化出现了中国最早的城池，城头山城址的出现犹如一道醒目的风景，将野蛮与文明划分开来。对城头山城池势力范围或影响力所辐射的区域，目前还无法做出准确估计，但它的周边显然已经结成聚落共同体。它周边同时期的聚落都比较小，说明城头山城池时期已经有了一定的城乡之别。这样的规模和形态乃远古中国城邑形态的真实写照。所谓邦国、古国，实则是某个区域的城池和周边村社之间形成的共同体，这些共同体构成社会结构上的城邦形态，在这个意义上，血缘与地缘的结合更加紧密。城头山大溪文化史前城池的出现，预示了一个新时代的到来。

六、河姆渡文化遗存

河姆渡遗址位于浙江宁波余姚市河姆渡镇，面积约4万平方米，1973年开始发掘，是中国已发现的最早的新石器时期文化遗址之一。遗址由河姆渡南面的四明山，北面姚江平原中部的慈南山地和东面南北走向的乌石山、羊角尖山、云山等低山丘陵三组山系构成。根据河姆渡遗址孢粉资料和考古发掘材料分析，7000年前河姆渡的气候比现在温暖湿热，平均气温比现在高3～4℃，年降雨量比现在多500毫米左右，与今天的广东、广西南部和海南岛气候相似。

1973年11月至1974年1月，浙江省文物管理委员会和省博物馆的考古学家对河姆渡遗址进行了第一期考古发掘，取得了突破性的发现。1977年10月，考古学家们又对该遗址进行了第二期考古发掘，两次发掘共揭开遗址面积2630平方米，发现墓葬27座，灰坑28个，出土石器、陶器、木器、骨器等各类文物6300余件，其中有不少是历来罕见的珍品，丰富了河姆渡文化的内涵，引起了全国考古界、史学界的重视。

河姆渡遗址堆积层厚度4米左右，自上而下相互叠压，分为四个文化层。根据北京大学碳14实验室测定，第四文化层距今7000～6500年，第三文化层距今6500～6000年，第二文化层距今6000～5500年，第一文化层距今5500～5000年。遗址第一、二文化层的出土文物与浙江省内湖州邱城遗址下层及嘉兴市郊马家浜遗址的器物相似，第三、四文化层的出土文物，在省内为新发现，由于它已拥有较为发达的粗耕农业、采用榫卯技术的干栏式建筑，在国内同时代的遗址中生产、生活水平处于领先地位，被命名为河姆渡文化。

遗址第四文化层保存完好。无论是建筑遗迹或者是石、骨（角）、木、陶器，特别是骨（角）木器的大量发现，为其他任何一层所无法比拟。在这一层文化遗存中，干栏式木构建筑遗迹最为丰富。从一行行排列有序的桩木来看，考古学家推测当时的建筑形式为埋桩架板、抬高地面的干栏式长屋。前后两次发掘，出土木构件总数在数千件以上，主要有长圆木、桩木和木板等。在第一次发掘时，发现了13行排列有序的桩木，根据桩木的不同走向分析，这里原来可能有3栋以上的建筑。其中有面宽23米、进深7米、带1.3米宽前廊的长屋，而第二次发掘时发现的4排桩木与该长屋可能连接起来，这样，河姆渡遗址的干栏式长屋可达百米面宽，估计屋内分间，若以2米为间隔，这座长屋至少拥有50间房屋。据打入地下的成排桩木分析，这是当时的建筑基础，它高出地面80~100厘米，说明居住面是悬空的。出土的厚木板为地板，地板与桩木之间有木梁作为支架。在遗址中，考古学家发现了一些苇席残片，可能是用于屋顶或是铺在地板上的垫席。出土的数十种带榫卯的建筑构件，反映了榫卯技术在当时已得到普遍应用。

除房屋建筑遗迹外，还发现了小木柱围成的4个圆形栅栏圈，可能是畜圈。此外，还发现灰坑5个，呈圆形或椭圆形，坑内放有麻栎果和菱角等植物果实，有的存放陶豆等器物。同时，考古学家们在房屋内外、灰坑等遗迹中发现了大量的生产工具、生活用具以及其他遗物，用于农业和日常生产活动的工具有石斧、石锛、石凿、骨凿、骨哨、角锄、木器柄、木铲、木杵等，用于狩猎、渔业的工具有骨镞、骨鱼镖、石球，而用于纺织、缝纫的工具有陶纺轮、石纺轮、木卷布棍、木织刀、骨机刀、分经棒、骨针、管状针、骨锥等。这些工具的发现，为我们研究距今7000~6500年的河姆渡先民的生产、生活情况，提供了珍贵的实物佐证，反映出河姆渡先民已进入农耕阶段，且有了比较发达的水田农业。从出土的动物遗骸进行鉴定，发现了包括鸟类、鱼类、爬行类和哺乳类动物和家养的猪、狗和水牛骨骼，说明河姆渡人已学会饲养家畜。

专家们在河姆渡第三文化层中发现了13座墓葬和11个灰坑，还有陶灶和陶豆，最引人注目的是木胎漆碗，这些都是新出现的器种。由于建筑遗迹破坏较严重，很难了解其全貌，但发现不

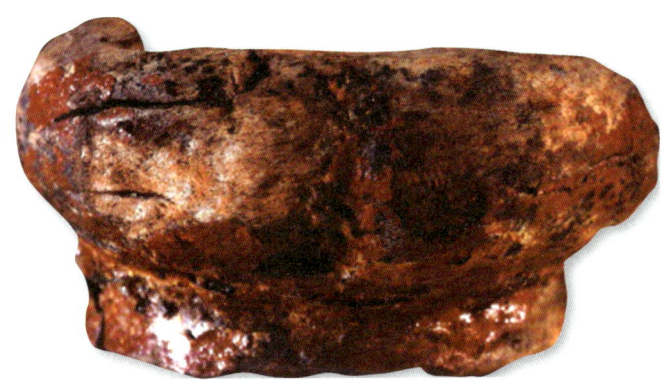

朱漆木碗　河姆渡遗址出土　采自《中国美术全集》

少有价值的木质垫板，发现时都在木柱下端，应是后世柱础之雏形。在这层文化遗存中还发现了不少生产工具和生活用具，其制作方法比第四文化层的发现有明显的进步，表现为器形较前规整，有明显的转折轮廓线，磨制技术得到普遍的应用等；但器形仍较简单，主

要有斧、锛和凿等。在木器生活用具中出现了新创造的品种——漆碗，由整块硬木料剜挖而成。全器为椭圆形，外壁加工成瓜棱形，器表施一层薄薄的朱红色涂料，微有光泽。

第二文化层是河姆渡遗址堆积层中最薄的一层，发现的遗迹、遗物较少，但值得重视的是，在这一文化层中发现了一口水井，它由200余根桩木、长圆木等组成，分内外两部分。外围是一圈圆形栅栏桩残段，直径约6米，推测是当时水井遮亭的支护结构。内圈有一圆形浅坑，深不足1米，在坑底中央有一方坑（井），边长约2米，壁四周密布排桩或半圆桩，并加水平方框支护。这是中国迄今发现的时代最早的水井遗迹之一。水井的发明证明了河姆渡时期人们开始定居生活，证明了该时期的人已开始讲究饮水卫生。

河姆渡遗址四个文化层的发现与挖掘，在中国新石器时代考古中具有重要的意义。发现了一大批具有相当发达文化的标志、建筑水平很高的干栏式木构建筑和方形木构水井遗迹、水田农业种植的籼稻和粳稻遗存、原始纺织机构件、植物纤维编织物、木胎漆器、象牙雕刻制品等为代表的具有重要研究价值的实物资料和具有较高水平的原始艺术瑰宝。除此之外，还发现了60多种动物遗骸和多种植物果实。所有这一切，生动地反映了河姆渡人高超的技艺，是河姆渡先民智慧的象征，形成了富有地域特色的河姆渡文化圈，也是世界文化史上的光辉篇章。①

农业起源表明人类社会从单一的攫取式经济开始向生产式经济发展，这一转变拓展了食物来源，为人类发展奠定了物质基础，所以在人类发展史上有十分重要的意义。河姆渡第四文化层较大面积范围内，普遍发现有稻谷遗存，数量之多，保存之完好，都是中国新石器时代考古史上罕见的。它与马家浜文化桐乡罗家角遗址出土的稻谷，年代都在5000年前，是迄今中国最早的两例稻谷实物，也是世界上目前最古老的人工栽培水稻。这对于探讨中国水稻栽培的起源及其在世界稻作农业史上的地位具有重要的意义。

河姆渡遗址发掘的大多数探坑中都发现了20～50厘米厚的稻谷、谷壳、稻叶、茎秆和木屑、苇编交互混杂的堆积层，最厚处达80厘米。稻谷出土时色泽金黄、颖脉清晰、芒刺挺直，经专家鉴定属栽培水稻的原始粳、籼混合种，以籼稻为主（占60%以上）。伴随稻谷一起出土的还有大量农具，主要是骨耜，有170件，其中2件骨耜柄部还留着残木柄和捆绑的藤条。骨耜的功能类似后世的铲，是翻土农具，说明河姆渡原始稻作农业已进入"耜耕阶段"。当时的稻田分布在发掘区的北面和东面，面积约6公顷，估计最高总产量可达18.1吨。

河姆渡原始稻作农业的发现纠正了中国栽培水稻的粳稻从印度传入、籼稻从日本传入的传统说法，在学术界树立了中国栽培水稻是从本土起源的观点，而且产生了起源地不会只有1个的多元观点，从而极大地拓宽了农业起源的研究领域。

---

① 中国大百科全书总编辑委员会《考古学》编辑委员会，中国大百科全书出版社编辑部. 中国大百科全书·考古学[M]. 北京：中国大百科全书出版社，1986：188-191.

游修龄先生通过对出土的稻谷进行分析，认为河姆渡遗址出土的稻谷属于栽培稻，而且是栽培稻中的籼稻。他的证据和理由有三：第一，河姆渡稻谷单个颗粒大而厚重，已经远远超过当时我国境内发现的三种野生稻；第二，根据测定河姆渡稻作谷物的长宽比，其数值与典型的籼稻长宽比一致；第三，河姆渡稻谷颖壳上的稃毛分布均匀，长短相当，与典型的籼稻特点一致。① 周季维先生等人对河姆渡遗址第二次发掘的第四层稻谷样品进行分析，共鉴定了可辨认的303粒稻谷，最终结论为：粳稻占23.43%，籼稻占74.59%，爪哇稻占1.98%。不仅如此，这份鉴定还认为这些稻谷均为栽培稻，原因是在第四层中，与稻谷种子共存的还有大量空秕稻壳及稻叶、茎秆凝块和菱角。②

河姆渡文化陶器中夹炭黑陶最富特点。尤其在早期，无论炊器还是饮食容器，都使用这种陶器。该种陶器胎泥纯净，含铁量仅为1.5%左右，以大量的稻壳及稻的茎、叶碎末为羼和料。胎质比较粗厚疏松，重量较轻，吸水性强。工艺技术上比较原始，器物均为手制，不甚规整。据测试，该陶器在缺氧的还原焰中烧制而成，烧成温度为800～900℃。晚期阶段基本上仍用手制，但有的经过慢轮修整，出现了三足器、袋足器等较复杂的器形，有的陶器烧成温度提高到1000℃左右。

河姆渡文化的骨器制作比较发达，有耜、镞、鱼镖、哨、锥、针、管状针、匕、有柄匕、梭形器、锯形器、凿、匙等各种器物，广泛用于生产和生活领域，有笄、管、坠、珠等装饰品，还有蝶形器（原料有木、石、骨、象牙4种）、靴形器等暂不明用途的器物。骨器磨制普遍精细，少数有柄骨匕、骨笄上雕刻有图案花纹或双头连体鸟纹，堪称精美的实用工艺品。另有20余件象牙制品，刻有双鸟朝阳图像的蝶形器、凤鸟形匕状器、雕刻编织纹和似蚕纹的小盅等，显示了当时的精湛技艺。

河姆渡遗址发现的原始艺术品可分为独立存在的纯艺术品和施刻于器表之上集实用和观赏于一体的装饰艺术两大类，以后一类居多，充分表现了河姆渡人的审美情趣和文明程度。艺术品中最为人称道的是"双鸟朝阳"纹象牙雕刻件，该器长16厘米、宽5.9厘米、厚约1厘米，形似鸟窝。器物正中阴刻5个同心圆，外圆上部刻火焰纹，两侧各有一只圆目利喙的鸷鸟相对而视。画面布局严谨，线条虚实结合，图画寓意深刻，有人说它象征太阳，另有人认为是鸟在孵蛋，象征对生命、生殖的崇拜。这说明该器物具有强烈的宗教意义，原始先民已有复杂的精神生活。③

---

① 游修龄.对河姆渡遗址第四文化层出土稻谷和骨耜的几点看法[J].文物，1976（8）.
② 周季维.浙江余姚河姆渡新石器时代遗址出土稻粒形态分析鉴定[M]//河姆渡：新石器时代遗址考古发掘报告.北京：文物出版社，2003：429-430.
③ 胡锡敏.中国远古乐器骨哨之谜[J].中国音乐，1986（2）；孙其刚.河姆渡文化鸟形象探讨[J].中国历史博物馆馆刊，1987（0）；黄厚明.河姆渡文化鸟纹及相关图像辨正[J].南方文物，2005（4）；周延良.河姆渡遗址出土玦、埙与原始宗教礼法[J].中国历史文物，2009（6）.

七、良渚文化遗存

良渚文化因浙江余杭良渚遗址而得名。该文化分布的中心地区在钱塘江流域和太湖流域，而遗址分布最密集的地区则在钱塘江流域的东北部、东部。已发掘的重要遗址有江苏苏州草鞋山和张陵山，常州武进寺墩，无锡先蠡墩，张家港市徐家湾；浙江嘉兴雀幕桥，杭州水田畈，吴兴钱山漾，余杭反山、瑶山、汇观山和莫角山，宁波慈湖；上海马桥、青浦福泉山等。

良渚遗址（群）位于杭州市西北，主要分布在良渚镇与瓶窑镇之间约50平方千米的范围内，在这一范围内经考古发掘和调查确立的遗址现在已经有100余处。在遗址群的北面，西起彭公，东至獐山，为天目山向东延伸的支脉，其山势巍峨，略呈西南—东北走向；在遗址群的南面，西起瓶窑，东至良渚，也有一段天目山的余脉，其为断续的小山群，在两山之间形成了一段谷地。这个由杭州的半山、皋亭山、超山等组成的小型山群，位于U字形地带的口部；遗址群南部瓶窑至良渚的天目山余脉也仅仅是这一U字形地带北部的一组小山。在这一区域内，东苕溪上游的北苕溪、中苕溪与南苕溪的沿线也分布着许多重要的良渚文化遗址，其规格也不亚于反山、瑶山、汇观山等遗址。

从遗址的内涵看，规模宏大的莫角山遗址，东西长约670米，南北宽约450米，总面积30多万平方米。考古发掘证明，它的人工堆积厚度10余米。在中心部位有大面积的沙泥夯筑层和建筑遗迹。如此规模宏大、营建考究的遗址，在整个良渚文化范围内，以及同时代的其他新石器文化中都是十分罕见的。这证明这里应是良渚文化某个时期或某个区域的中心所在。在遗址群的北部有绵延约5千米的土垣遗址，它可能是遗址群的防护性建筑。组织实施如此大规模的建筑工程以及这一工程所包容保护的范围，都证明它和莫角山应有着同样重要的级别。紧邻莫角山的西北角是反山墓地，在那里出土了10余座属于良渚文化的高等级墓葬。在西距莫角山约2千米的汇观山及东距莫角山约5千米的瑶山，发现了形制相同、规模相当的祭坛遗址，祭坛上都发现了高等级的良渚文化墓葬。这些遗址从内涵上、等级上以及地理分布上都反映出一种整体性的联系。在出土遗物方面，反山、瑶山、汇观山等墓地，出土了数以千计的精美玉器。琮、璧、钺、璜、冠状饰、三叉形器等成套玉礼器的出土，反映出墓主人生前的身份、地位。就目前所知，在这一区域出土的玉器，无论在数量上、品类组合上及雕琢工艺上，都居于良渚文化之首。在这一区域，经考古发掘的主要遗址还有吴家埠、罗村、姚家墩、庙前、钵衣山、梅园里、官庄、上口山、文家山等，在这些遗址上出土了良渚文化的中等级墓地和平民墓地，以及不同等级的建筑遗迹等。这些不同等级的遗址反映出明显的社会分化和集团差别，为我们进行区域内的社会分析提供了资料。

在这些遗址中出土的稻谷、玉器、刻纹黑陶、竹编器物、丝麻织品等，显示了长江三角洲新石器时代晚期到青铜时代初期的经济发展水平。出土的石器有镰、锛、矛、穿孔斧、穿孔刀等，磨制精致，特别是石犁和耘田器的使用，说明当时已进入犁耕阶段。到良渚文化晚期，中原已进入夏王朝统治时期。受到中原文化的影响，长江下游地区的各氏族部落在政治、经济、军事各个领域都发生了巨大的变革，一些相对独立的"王国"可能已经存在。1992年发掘的余杭莫角山大型建筑遗址显然与国家礼制有关，因此夏禹在会稽召集天下各部族首领聚会，据传"万国"赴会，是有一定根据的。

良渚文化的农业生产水平较高，其重要的标志是新的耕作方法和生产技术的发明与推广。犁耕是良渚文化农业耕作的主要方式，在许多遗址中都发现了当时使用的石犁，仅钱山漾遗址出土的石犁就有百余件。石犁有两种形制：一种平面呈三角形，刃在两腰，中间穿一孔或数孔，往往呈竖直排列，可以安装在木制犁床上，用以翻耕水田；另一种也近似三角形，刃部在下，后端有一斜把，可能是开沟挖渠的先进工具，故又称"开沟犁"。这两种石犁都是良渚人发明的新农具，对促进农业生产的发展起着重大的作用。在良渚文化的大批石器中，还有一种形制特殊的器物，它两翼后掠、弧刃，背部中央突出一个榫头，其上常穿一圆孔，形制同后来这一地区使用的铁制耘田器十分相似，被认为是古代最早出现的稻田中耕除草的农具。中耕除草技术的出现，同犁耕有密切的关系，因为犁耕操作呈直线进行，播种也随之呈直线挖土下播，于是为先进的条播技术创造了条件，同时也就为中耕除草提供了方便。另外，在钱山漾遗址还发现一种形似畚箕的带柄木器，形制亦同该地区农民现代使用的木千篰一样，是一种取河泥施肥的工具。中耕除草同施肥结合起来，无疑会大幅度提高农作物的单位面积产量。徐家湾遗址发现了用于引水排水的沟渠遗迹，将这个发现与开沟犁的大量出土联系起来，可证明良渚文化可能已经出现了灌溉农业。

与此同时，竹木器制造行业也有了一定发展。许多遗址都发现了木器和竹编器物，钱山漾遗址集中出土了200多件竹制品，说明这种手工业也成为一些氏族成员专门从事的生产劳动。良渚镇的庙前遗址出土了木豆、木盘、木矛和木箭镞等一批罕见的木制品，宁波慈湖遗址也出土了木耜、木浆、木屐，还有用树杈制成的锛柄和镶嵌牙齿钻头的木钻，可见

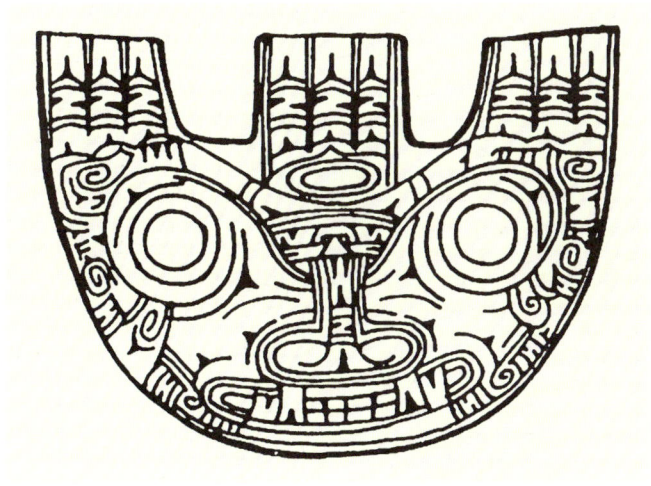

兽面纹　玉器　良渚文化类型　采自《中国图案大系》

当时的竹木制品多么丰富。

　　反山、瑶山遗址发掘出土的精品玉器，以其神秘的神徽、独创的琮璧以及成套的权杖，在中国史前玉文化中独树一帜，是史前玉文化发展的最高峰。出土的玉器有礼器、兵器、配饰、工具、弄玉、葬玉等。器型则有璧、琮、璜、钺、镯、管、珠、坠、冠状饰、牌饰等十几种，以及各种动物肖像、玉器。每一种玉器，无论是制作工艺还是在此基础上所形成的独特的艺术审美价值，都是值得称赞的。正如著名考古学家严文明先生在《良渚玉器》一书序言中所言："中国史前玉器以良渚文化最为发达，良渚文化的玉器又以良渚核心地区的反山、瑶山出土者最为集中，数量最多，档次最高，蕴涵的内容也最为复杂。"

　　良渚玉器以体大为特征，对称均衡得到了充分的应用，显得深沉严谨。如反山出土的玉琮，形状近似方形，造型浑厚，上有简略的兽面纹，左右对称；寺墩出土的玉琮兽面也是向棱边两侧对称分布，显示出良渚玉器的雄伟气势，给人一种庄严之美、大气之美、稳定之美。良渚玉器多以素面形式为主，却也不乏雕琢纹饰的艺术精品，其表现手法以阴刻线为主，辅以浅浮雕，并出现了圆雕、半圆雕、镂空等难度很大的手法，饰纹已采用立体纹、地纹和装饰纹三位一体的纹法，称为"三层花"，即第一层用阴刻线刻出云纹、直线、涡纹等为底纹，然后用浅浮雕的手法表现轮廓，最后再以阴刻线在凸面表现细部。从良渚玉器看，当时的工匠有着很强的构图能力，兽面纹玉琮堪称典范。琮的样式为外圆内方，构成方圆相切的风格。面纹玉琮有四组兽面图案，通常会将兽面分别安排在方形玉琮的四个正面上。良渚玉器以琮、璧、钺最多，造型宏大雄浑，风格严谨深刻，纹饰以神秘莫测的神人兽面引人入胜，阴线雕刻和浮雕完美组合，成为当时南方玉雕最高水平的代表，与北方红山文化玉器相映生辉，共同写下新石器时代玉雕的灿烂篇章。

　　良渚玉器早在春秋战国之际即有出土，只不过受历史局限，当时人们对良渚玉器的认识尚不到位。南宋以后，良渚、安溪一带就有盗挖古玉的风气。明清以来，社会上流传着一种神秘的玉器，大都出自浙江杭州的良渚（安溪）和嘉兴的双桥一带，被人们称为"安溪土"和"双桥土"。据《云林石谱》《仁和县图经》等史籍记载，良渚周围约50千米范围内，诸山岩、洞穴均发现有玉石及刚玉砂，证实良渚文化之玉石均产于当地。乾隆收有许多传世的良渚文化玉琮、玉璜及其他玉饰品，收于深宫。这些玉器现仍存于故宫博物院。由清道光十二年（1832）《奕载堂古玉图录》、光绪十五年（1889）《古玉图考》和《陶斋古玉图》可知，清代传世或出土的良渚文化玉器已不少。

　　由于盗挖和贩卖，流失海外的良渚文化时期文物很多，其中大部分出自良渚遗址，部分在海外有关博物馆得到了系统整理和展示。这些文物主要收藏于美国国立史密森博物学院的佛利尔博物馆和萨克勒博物馆、纽约大都会博物馆、波士顿美术馆、哈佛大学霍格博物馆、英国大英博物馆、日本国立东京博物馆等著名博物馆。据统计，美国所藏良渚文化玉器约200件，大多集中在几个大博物馆，佛利尔博物馆、萨克勒博物馆共计有120多件，哈佛大学霍格博物馆有30多件，芝加哥、明尼苏达博物馆各有10多件，其他博物馆各有一两件或三五件，品种主要集中于璧、琮、钺、半月形器、冠状形器等。美国国立史密森博物学院是世界上最大的博物馆集群，其下属的佛利尔博物馆与萨克勒博物馆均以中国器物为其重要藏品。两馆所藏中国古玉为美国诸馆之最，共1000余件，其中又以良渚文化与龙山文化玉器居多。据初步估计，迄今为止，良渚玉器流失在国外的有万余件。①

八、红山文化遗存

红山文化发源于内蒙古中南部至东北西部一带，分布范围北起内蒙古中南部地区，南至河北北部，东达辽宁西部、辽河流域的西拉木伦河和老哈河、大凌河上游。

红山文化遗存最早发现于1921年。1930年，考古学家梁思永到赤峰英金河流域进行史前考古调查，揭开了辽西地区田野考古的序幕。1935年，日本东亚考古学会滨田耕作、水野清一等人对赤峰红山后遗址进行考古发掘，获得了一批丰富的陶器、石器等实物资料，提出了"赤峰第一期文化"和"赤峰第二期文化"的命名，出版了《赤峰红山后》考古报告。1954年，著名学者尹达首次正式提出以"红山文化"命名，强调红山文化对于研究长城以北和以南的新石器时代文化遗存的相互关系具有重要意义。20世纪70年代起，学者在辽西北昭乌达盟（今赤峰市）及朝阳地区展开了大规模的考古调查，发现了近千处遗址，

---

① 汪济英. 良渚黑陶又一次重要发现[J]. 文物参考资料，1956（2）；汪济英，党华. 良渚长坟黑陶遗址清理工作概况[J]. 文物参考资料，1956（3）；浙江省文物考古研究所. 浙江余杭反山发现良渚文化重要墓地[J]. 文物，1986（10）；浙江省文物考古研究所反山考古队. 浙江余杭反山良渚墓地发掘简报[J]. 文物，1988（1）；余杭县文物管理委员会办公室. 浙江省余杭县安溪瑶山12号墓考古简报[J]. 东南文化，1988（5）；浙江省文物考古研究所. 余杭良渚庙前遗址发掘的主要收获[M]//浙江省文物考古研究所学刊 建所十周年纪念（1980—1990）. 北京：科学出版社，1993；浙江省文物考古研究所. 余杭吴家埠新石器时代遗址[M]. 浙江省文物考古研究所学刊 建所十周年纪念（1980—1990）. 北京：科学出版社，1993；浙江省文物考古研究所，余杭市文物管理委员会. 浙江余杭汇观山良渚文化祭坛与墓地发掘简报[J]. 文物，1997（7）；浙江省文物考古研究所，上海市文物管理委员会，南京博物院. 良渚文化玉器[M]. 北京：文物出版社，1989；陈同乐，陈江. 良渚玉器[M]. 南京：江苏美术出版社，1999；浙江省文物考古研究所. 浙江良渚庙前遗址第五、六次发掘简报[J]. 文物，2001（12）；浙江省文物考古研究所. 余杭瑶山遗址1996~1998年发掘的主要收获[J]. 文物，2001（12）；浙江省文物考古研究所. 良渚文化汇观山遗址第二次发掘简报[J]. 文物，2001（12）；浙江省文物考古研究所. 余杭莫角山遗址1992~1993年的发掘[J]. 文物，2001（12）；浙江省文物考古研究所. 文家山[M]. 北京：文物出版社，2011；刘斌. 良渚文化的发现与研究[M]//浙江省博物馆. 东方博物（第二辑）. 杭州：杭州大学出版社，1998；赵晔. 余杭良渚遗址群聚落形态的初步考察[J]. 东南文化，2002（3）；浙江省文物考古研究所. 余杭良渚遗址群调查简报[J]. 文物，2002（10）；浙江省文物考古研究所. 浙江余杭上口山遗址发掘简报[J]. 文物，2002（10）；浙江余杭钵衣山遗址发掘简报[J]. 文物，2002（10）；浙江省文物考古研究所. 瑶山[M]. 北京：文物出版社，2003；张炳火. 良渚先人的治水实践——试论塘山遗址的功能[J]. 东南文化，2003（7）.

并对松岭山脉及努鲁尔虎山之中的凌源、喀左东山嘴、建平牛河梁遗址群开展了大规模的发掘，使红山文化研究进入一个新的阶段。

1983年，辽宁朝阳牛河梁遗址群正式开始考古发掘，成为红山文化发现与研究历程中的重要转折点。经过对辽宁朝阳市喀左县东山嘴遗址的发掘，已在五处地点发现了许多重要的历史文化遗迹。遗址群分布范围广达50平方千米，发现有距今大约5500年的祭坛、女神庙、积石冢、大型祭祀平台等遗存，是迄今所知规模最大、最先进、级别相当高的红山文化晚期埋葬和祭祀中心。积石冢内有中心大墓、次中心大墓、边缘墓之分，显示出等级制度已经确立。

考古发掘面积约1600平方米，共清理出墓葬78座、祭坛1座及祭祀坑29座。考古工作者首次在红山文化积石冢上发现柱洞和础石，推测该建筑遗址具有祭祀功能。一座冢内发现墓葬78座，这是单体冢内发现墓葬最多的；冢内墓葬中共发现玉器140余件，也是单体冢内发现红山玉器最多的。多件玉料、玉器加工的半成品和玉钻芯的发现，对研究红山玉器的玉料、加工技术、加工工艺具有重要价值。

墓葬中等级最高的石棺墓，棺内除主人遗骸外，更有惊人的陪葬品，玉猪龙、玉璧、石钺及兽首形钺柄端饰叠压共出，这是首次在红山文化墓葬中发现一整套完整的带柄端饰的石钺。钺是军事权力的象征，说明红山文化时期也有战争，统治者并不仅仅是依靠宗教或者信仰来控制各个利益集团。还有数量众多的石雕人像，形体大，造型奇特，面部和发饰具有写实特征，出土位置明确，是研究红山文化宗教祭祀观念和艺术成就的新材料。

牛河梁遗址通过正式考古发掘出土了一批具有典型地域特征和时代风格的玉器，多为墓主人生前使用之物，死后用来随葬，成为墓主人生前社会等级、地位和身份的象征和标志物，形成了具有唯一性的玉礼制系统。这批造型独特、内涵丰富，具有明确专属功能的玉器，成为中国史前玉器发展史上第一个高峰期的代表。

其中最为典型的代表便是发现数量多、分布地域广的C形玉龙及玉猪龙。龙的信仰或者说崇拜曾经在中国的多个区域存在，而且大约在6000年前开始互相影响。红山文化中的玉猪龙是经过精雕细琢的工艺品，其头部双耳竖起，双目圆睁，吻部前伸，身体蜷曲如环，可追根溯源到兴隆洼文化精美绝伦的玉玦。红山文化的C形玉龙与甲骨文中的龙字最相似，可以说是中国龙的祖形。

1983年，牛河梁红山文化遗址发现了一座女神庙、数处积石大冢群，以及面积约为40000平方米的类似城堡或方形广场的石砌围墙遗址，同时出土的还包括女神头像、玉佩饰、石饰和大量供祭祀使用的具有红山文化特征的陶器。这一系列发现证实了5000多年前牛河梁已经存在一个具有国家雏形的原始文明社会。牛河梁红山文化遗址的重大发现，将中国古代史的研究地域范围从黄河流域扩大到了燕山以北的西辽河流域，并将中华文明史前推了1000余年。这项考古新成果的出现，对中国上古时代社会发展史、思想史、宗教史、建筑史、美术史等学科的研究均产生了巨大的影响。因而，牛河梁红山文化遗址群被评为"中国20世纪100项考古大发现"之一，其本身所具有的重大科学价值和意义，奠定了它在中国考古学史乃至世界考古学史上的重要地位。

红山文化墓葬的独特之处即在于只随葬玉器。牛河梁1号冢是出土玉器数量最多的墓葬之一，在其丰富的随葬品中，竟然没有新石器时代墓葬中普遍随葬的陶器。根据红山文化已发现的墓葬及随葬品，可以得出红山文化具有"惟玉为葬"特征的结论。同时，如果把出土的一些玉器同《周礼》中记载的六种玉礼器"璧、琮、圭、璋、琥、璜"相比较，可以发现，红山文化的玉

玉龟　红山文化类型　阜新县胡头沟村出土　辽宁省博物馆藏

器已具备了夏商周三代文明中"礼"的雏形。"惟玉为葬"的实质乃是"惟玉为礼"。玉器是红山文化的精髓，从而进一步证实了红山文化是中华文明的源头之一。

红山文化晚期，玉器的种类和数量显著增多，玉雕技术取得飞跃性进步。线切割技术始自兴隆洼文化，在红山文化晚期依旧流行，技法更加娴熟，不仅用于玉料的切割，在制作斜口筒形玉器、曲面牌饰等器类上也得到了广泛使用。同时，红山文化晚期的玉雕匠人掌握了锯片状切割技术，器体扁薄、形体较大的勾云形玉器、玉凤等均采用锯片状切割技术进行加工。牛河梁遗址第二地点一号积石冢27号墓内出土的一件勾云形玉器，长28.6厘米、宽9.8厘米，是目前所知形体最大的一件红山文化玉器，其背面留有一道长达14.6厘米的锯片状切割痕迹。玉器的抛光、施纹、钻孔等工艺技术更加规范成熟。从出土文物来看，几乎所有玉器表面均经过抛光处理，部分器类的局部或通体雕琢出各种纹样，如阴刻线纹、瓦沟纹、凸棱纹、网格纹、几何形纹样等。阴刻线纹主要用来表现动物形体的各部位器官及外部轮廓特征；瓦沟纹主要雕琢在勾云形玉器的正面和曲面牌饰的正面；凸棱纹主要雕琢在棒形器的一端，龟的背部，鸮、蚕等器体的外侧；网格纹和几何形纹样分别见于赛沁塔拉、东拐棒沟C形玉龙的额顶、下颌部位和尖山子玉猪龙的背部。红山文化玉器上的钻孔比较普遍，有单面钻成的圆孔或自两面相对直钻而成的长孔，还有自两侧斜钻而成的洞孔，后者为红山文化最具代表性的钻孔方式。

从造型题材看，红山文化玉器可以分为装饰类、工具或武器类、人物类、动物类、特殊题材类。装饰类玉器主要有玦、环、管、珠等。玉玦是兴隆洼文化和赵宝沟文化的典型器类，至红山文化中期依然流行；然而至红山文化晚期，耳部佩戴玉玦的习俗几乎消失，这是辽西地区史前用玉制度发生变化的重要标志之一。

第三章｜中国的原始宗教（一）

牛河梁上层积石冢遗存共出土145件玉器，其中玉玦仅有1件，发现于墓主人右侧胸部，未作为耳饰使用。工具或武器类玉器主要有斧、锛、凿、钺、棒形器等。兴隆洼文化工具类玉器与石质同类器造型相近，但形体明显偏小。红山文化工具类玉器与石质同类器造型相近，形体相当，有的明显偏大。人物类玉器较少，正式发掘出土的整身玉人仅有1件，出自牛河梁遗址第十六地点4号大型墓内，通高18.5厘米，采用带有红褐色皮壳籽料雕琢而成。动物类玉器主要有龙、兽面形器、鸟、鸮、鹰、龟、鱼、蚕等。动物类玉器的造型特征突出，气韵生动，充满灵性，是红山文化晚期玉器雕琢工艺取得飞跃进步的重要证明。牛河梁遗址第五地点一号积石冢1号大型墓内出土两件玉龟，分别发现于墓主人左、右手部位，一雌一雄，特征鲜明，充分体现出红山文化先民娴熟的玉雕工艺技术、精细入微的生活观察能力及特定的原始宗教观念。

红山文化特殊类玉器是为满足宗教典礼的特殊需求雕琢而成的，其造型奇特，工艺复杂，寓意深刻，主要器类有勾云形玉器、斜口筒形玉器、璧、双联璧、三联璧等。动物类和特殊类玉器的大量雕琢和广泛使用，突破了辽西地区原有的玉器造型传统，从出土数量和分布地域看，勾云形玉器、斜口筒形玉器和玉猪龙应为红山文化最具代表性的三种器类，对夏商周时期的玉器产生了深远的影响。玉人和玉凤具有独特的专属功能，共出土于牛河梁遗址上层积石冢阶段规模最大、规格最高的墓葬内，属于红山文化晚期的王者用器。考古发现和研究表明，红山文化时期已经出现了文明的曙光，其文明起源的路径和机制颇具代表性，中华文明中的许多元素，比如崇龙尚玉、敬天崇祖等或均源于红山文化，这些元素或成为中华礼制文明的重要源头。

红山文化分布范围大致以现今西辽河上源（主要是西拉木伦河与老哈河流域）为中心，包括内蒙古赤峰市、通辽市（原哲里木盟）南部，辽宁省西部和河北省北部地区。红山文化有一个重要特征，就是原始信仰十分兴盛。在红山文化的核心分布区内先后发现了许多祭祀遗址，比如辽宁喀左东山嘴祭祀遗址、建平牛河梁遗址群，赤峰市松山区西水泉遗址，赤峰市敖汉旗草帽山祭祀遗址、西台遗址、兴隆沟遗址、四棱山遗址，老虎山河上游遗址，巴林右旗那斯台遗址等。这些遗址中都带有浓郁的原始信仰。

红山文化遗址中发现了祭坛，说明红山文化存在敬天与祭天现象。祭坛是祭祀天神、沟通天人、与天神对话的高台式建筑，同时也具有与祖先神灵沟通的功能。红山文化正式发掘的祭坛有四处，即辽宁喀左东山嘴遗址中的南圆北方的双坛、牛河梁第五地点双冢间的方形祭坛、第二地点三重台式圆形祭坛、赤峰敖汉旗草帽山的方形祭坛，这些祭坛是红山文化存在祭祀活动的实证。

东山嘴祭坛位于喀喇沁左翼蒙古族自治县大城子镇东南约4千米处的东山嘴村，该村东北西三面被一长弧形黄土山梁所环抱，祭坛坐落于山梁正中一平缓凸起的台地上。祭坛石砌建筑基址依布局可分中心、两翼和前后端等部分，呈南圆北方格局，且分布于南北轴线上。石砌建筑中心北部是一东西长11.8米、南北宽9.5米的大型方形基址。石砌建筑中心南部是两组圆形石砌基址,最南一组坛址坐落于山头的基岩部位,为三个大致相切的圆形石坛。多数学者认为其中圆坛象征天,方坛象征地。圆形祭坛和方形祭坛分别主祭天地,圆形祭坛的祭祀对象是日月星辰等天上的自然神(天神),方形祭坛祭祀的对象是大地上的山野川林、四方万物。

牛河梁遗址群位于辽宁建平县和凌源市交界处的努鲁儿虎山腹地,所发现的20多处遗址组成的遗址群全部位于山梁顶部诸山冈之上。遗址群由祭坛、女神庙、积石冢群等组成,规模宏大。位于遗址群南部的一座名为转山子的山冈上有一座土石结构的正圆丘形建筑,它与后世文献记载的祭坛极为相似,应是用于祭天的巨型坛式建筑。

红山文化祭坛大都选择在地势较高的山冈顶部或人工夯筑的高平台上,应有高处更容易接近天的寓意。这种"天"的观念及"天"神崇拜现象是自然崇拜长期发展的结果。在生产技术水平、有关自然的认识水平低下的史前社会,大自然在人们的心中神秘且拥有操控人间一切的伟力;并且,大自然同人类一样具有灵性,人们将大自然、苍天和大地奉为神祇而加以崇拜,最终发展为天地神灵崇拜。

红山文化也有着发达的祖先崇拜,这在牛河梁遗址中表现得很明显。学界研究认为,牛河梁遗址群是一个崇祖敬祖中心。女神庙和积石冢是红山文化崇祖祭祖的实证。牛河梁女神庙位于牛河梁第二道梁近于梁顶处,海拔671.3米,为牛河梁主梁。女神庙遗址中发现了陶塑女神头像,女神头像较完整,高22.5厘米,如真人头部大小,面部施红彩,嘴唇涂朱,颧骨突起,面部圆润,脸颊丰满,眶内镶嵌墨绿玉珠,威严庄重。牛河梁女神庙中发现的女神像应是当时先民崇拜和祭祀的女祖塑像。女神庙是经过精心规划、设计和建造的,说明其在红山文化先民心中具有重要地位。

在牛河梁遗址区,与坛和庙相比,积石冢数量最多。冢是埋葬先祖、先王的重地。牛河梁女神庙供奉的是远古先祖,而积石冢里埋葬的是近祖,前者地位高于后者。有学者指出,女神庙与积石冢是早期的祖先祭祀形式。牛河梁女神庙是中国发掘的最早的神庙祭祀遗址,说明早在5000多年前,中国就已出现了祖先偶像崇拜的源头。在中国历史上,庙是祭祀先祖,供奉祖先神位,祈求先祖神灵护佑后人的场所。红山文化可能是这一文化传统的发端。

红山文化晚期浓郁的敬天崇祖信仰促成了发达的祭祀活动。那时,主持祭祀活动的主要是巫觋阶层。这一阶层的使命是沟通天人,在天帝祖先神灵与世俗之间交通,上传民间诉求,下达神祇旨意,因而有特殊的社会地位。他们利用民众对天神和祖先普遍而虔诚的信仰操控着人们的精神世界,进而有效地管理整个红山社会,发挥独到的政治统合与社会管理功能。

在红山文化分布区曾发现许多人形塑像。比如,兴隆沟出土的陶人像个性十足,其身体前倾,双手交叉于腹部,发髻齐整,发式独特,双目圆睁,嘴部微张,仿佛对着众人宣布天意,俨然巫者。牛河梁第十六地点出土的玉人像双手捧于胸前,敬畏地面,对着苍天，嘴巴仿佛还在不停地祷告，造型夸张的耳朵似乎在聆听远方的神谕。此玉人像无疑也是一位巫者的陶像。牛河梁遗址第五地点的中心大墓发现的玉巫人全身裸体，呈现作法的神态，据此可推断墓主人生前可能是主持各种祭祀活动的专职巫师。

红山文化早期的祭祀活动很可能在室内或居住区附近举行，人神共居一所。而到了红山文化中晚期，伴随着祖先崇拜观念的发展以及社会的变迁，红山先民开始为祖先神灵寻找固定的、专门的祭祀场所，从而进入神人分开的时代。东山嘴祭坛和牛河梁坛庙冢祭祀遗址的发现说明红山文化中晚期的祭祀活动已由居室内或聚落附近迁移到固定的场所。东山嘴是纯粹的祭祀遗址，周围既无聚落址也无墓葬区。牛河梁坛庙冢附近也未发现居住址。这与文献提及的"绝地天通"相契合，是神人相分的标志。在祭祀活动产生的初期，由于祭祀场所位于居住区内，多数氏族成员都能够参与或能够看到祭祀活动的全过程，都能与神沟通，氏族首领和巫师在这方面或许并不具有特殊的权威。而把祭祀场所与普通居所分隔开来，选择离居住区较远的地方营建祭祀场所，可以增强祭祀活动的神秘感，保证氏族集团首领或高级巫师能够独揽祭祀大权，从而更有效地操控和管理社会。这个场所普通人无法随意进入，不会被日常世俗生活所扰动，更有利于表达对天地先祖神灵的虔诚和敬畏心理。

巫者在祭祀的时候要举行一定的仪式。在东山嘴祭坛发现有红烧土面和灰土堆积，在牛河梁各积石冢前发现有大面积红烧土或红烧土质建筑遗构，说明红山先民在祭祀的时候可能有焚烧某种物质的仪式。这种仪式使人联想到后世文献中有关燎祭的祭祀仪式。供奉和祭祀神像应是当时祭祀活动的重要内容。牛河梁遗址中也曾发现有许多人形塑像，这些塑像可能是用于祭拜的先祖偶像。祭祀活动还需要一些器物，比如无底筒形陶器。牛河梁遗址第二地点圆形祭坛紧贴石桩立置成排筒形器，4号积石冢外围非常规整地排列一圈无底筒形器。这些无实用价值的筒形陶器很可能是用于祭祀的礼器。学界研究认为，这些筒形器象征着通天或灵魂升天的通道。①

九、兴隆洼文化遗存

兴隆洼文化是中国新石器时代最具代表性的考古学文化之一，1983年开始发掘，分布区域在内蒙古自治区东南部和辽宁西部的老哈河、西拉木伦河、大凌河、小凌河流域，以农业生产、采集、狩猎为主要经济生活来源。它是一个包含围沟、房址、窖穴、墓葬等全部居住遗迹的史前中华始祖聚落，也是时代最早、规模最大、保存最好的新石器时代原始

---

① 于建设，滕海键.敬天崇祖：红山文化时期的原始信仰[N].光明日报，2016-12-24（11）.

聚落遗址，距今8200年左右。遗址位于牤牛河上游的缓坡台地上，地处平坦，视野开阔，加之近有泉水至今长流不断，故很适宜古代人居住。除兴隆洼文化遗存外，还保存着距今五六千年的红山文化、距今4000年左右的夏家店下层文化的居住址和城堡遗址。除兴隆洼遗址外，经过大面积发掘的同类性质的遗存还有林西白音长汗、阜新查海遗址。这三处遗址分别代表了兴隆洼文化的兴隆洼、白音长汗和查海三个类型。

考古工作者先后对兴隆洼遗址进行多次发掘，发现有聚落房址、环形壕沟、墓葬、灰坑等大量遗迹。聚落由壕沟环绕，清理出超过150座古代房屋遗址，均为半地穴式建筑，房屋呈圆角方形或长方形，屋内有灶址。墓葬均为土坑竖穴墓，其中一座为人猪合葬，墓主所着蚌裙是国内发现的最古老的人类服饰。石器有打制、磨制、琢制和压制四种，以打制为主，种类有铲、斧、锛、凿、磨盘、磨棒等。骨器种类较多，常见的有骨锥、骨匕等。陶器有筒形罐、敛口鼓腹罐、椭圆底罐、圈足钵、深腹钵、器盖、盆、盂、碗、钵、盘、杯等夹砂粗面褐陶和夹砂磨光褐陶。

发掘清理出来的氏族居住营地是经过周密规划、精心安排的。房址的布局排列整齐，井然有序，都是西北—东南走向，每间50～80平方米，最大的房间有140余平方米，比同时期黄河流域的氏族居址高大宽敞。营地的周围有宽约2米、尚存深度1米左右的壕沟，是这个氏族营地的界线，也是一种防御设施。这是目前中国大陆远古居民最早的防御设施。

兴隆洼氏族先民使用的生产工具以石器为主，其中主要是打制的用于掘土的有肩石锄。很多房址中都放置着这种先进的生产工具，还有石铲、石斧、石锛、石磨盘、石磨棒和圆饼形石器等。由石片嵌入骨柄凹槽的刮刀很有特色，是北方细石器工艺传统的产品。其他加工兽皮用的石刀和渔猎工具也比较多。骨器有锥、镖、针等，磨制得都比较精良。在房址的居住面上，常常发现琢制的石磨盘和磨棒，有的房间里还出土了石杵。这些谷物加工工具，既可以加工农作物，用于去壳脱粒，也可以用于加工采集的植物籽实。房址中发现较多的鹿角、狍骨和核桃楸的果实硬壳，说明氏族营地附近广布森林，狩猎和采集经济仍占一定的比重。兴隆洼遗址农业经济的发展水平与黄河流域的诸新石器时代文化大体相当。

中国社会科学院考古研究所的三次发掘共揭露57间房址，均为圆角方形，房址中间是灶址，四周和居住面还有保存食物、火种的小龛、袋状炕。房址大小不一，小的有几十平方米，最大的有140余平方米，均无门道。据专家考证，当时人们可能是在房子顶部开孔"以梯出入"。这是我国古代建筑史上的重要发现。出土的遗物有大量的加砂陶器，石器多为打制的锄形器，磨制的石斧、磨盘等。发现的镶嵌细石器的骨刀、渔叉等也很有特色。在房内还发现了多具鹿头、核桃楸果核等，表明这一时期除了农业外，还并存着渔、猎业和采集野生果实等生产方式。这些发现，为考察内蒙古东部的古代自然植被的变化情况，提供了科学依据。

玉器主要出土于辽宁省阜新查海文化遗址，已出土50多件，玉质主要是闪石玉，玉料

灵物纹　尊形器　采自张道一《中国图案大系》

来源于辽宁省岫岩县。沈阳市新乐文化遗址出土雕刻器4件、尖状器14件、镞10件、泡形饰29件、耳珰形饰8件、珠20件，除闪石玉外，还有玉髓、玛瑙和大量煤精制品。此外，在辽宁省东沟后洼遗址下层出土凿9件和大量滑石饰品，在长海小珠山下层出土斧1件，在庄河北吴屯遗址出土凿3件等，玉质主要为闪石玉。吉林兴隆洼文化玉器主要出土于吉林镇赉县聚宝山遗址，出土珠8件，斧5件，环2件，璧、锛和匕形器各1件。通榆县敖宝山遗址出土珠1件。通榆县张俭坨子遗址出土饰1件。通榆县北岗子遗址出土珠2件。黑龙江饶河县小南山遗址出土长条状匕形器、环状玦、斧、纺轮、环、珠、管、弯条形饰、双联璧等计81件。

兴隆洼文化玉器皆为阳起石-透闪石软玉类，色泽多呈淡绿、黄绿、深绿、乳白或浅白色，器体偏小。主要器类有玉玦、匕形器、弯条形器、管、斧、锛、凿等。玉玦的出土数量最多，是兴隆洼文化最典型的玉器之一，常成对出现在墓主人的耳部周围，应是墓主人生前佩戴的耳饰。一类呈圆环状，另一类呈矮柱状，体侧均有一道窄缺口。匕形器的出土数量仅次于玉玦，亦为兴隆洼文化玉器中的典型器类之一。器体均呈长条状，一面略内凹，另一面外弧，靠近一端中部钻一小孔，多出自墓主人的颈部、胸部或腹部，应是墓主人佩戴的项饰或衣服上的缀饰。弯条形器和玉管数量较少，均为佩戴在墓主人颈部的装饰品。斧、锛、凿等工具类玉器特征鲜明，其形制与石质同类器相仿，但形体明显偏小，多数磨制精良，没有使用痕迹，其具体功能尚待深入探讨，不排除作为祭祀用"神器"的可能性。

兴隆洼房址中出土的陶器均为夹砂陶，多数陶器质地疏松、胎厚重，烧制火候不高，且外表多呈灰褐色和黄褐色，内壁多呈黑灰色。陶器外表纹饰以压印为主，主体纹饰主要有横人字纹、之字纹、席状纹、网格纹等。所有陶器均为手制。

兴隆洼文化的经济形态以狩猎、采集为主，农业经济虽已出现，但还处于相当原始的阶段。在兴隆洼遗址118号居室墓内，墓主人的右侧葬有一雌一雄两头整猪，占据了墓底近一半的位置，是祭祀祖灵与猎物灵魂合二为一的佐证，可能具有图腾崇拜的意义。兴隆沟遗址的西南部发现有排列密集的灰坑群，其中35号灰坑是最大的一座，平面呈圆形，口径最大值为4.22米，周围有6座略小的圆形灰坑将其环绕。坑底中部相对放置2个猪头骨，东侧的猪头骨及躯体摆放较完整，猪头骨平置，朝西南，吻部朝西北，额顶正中钻有1个圆孔，躯体主要由陶片和自然石块摆放而成，还有4件残石器，大体呈"S"形，颈部叠压放置，较宽，身部和尾部均单层摆放，尾部渐细，明显上翘，朝向东北，通长1.92米。这是中国目前所能确认的最早的猪首龙的形态，对研究龙的起源及崇龙礼俗的形成具有重要意义。

兴隆洼文化的人物造像特征鲜明，寓意深刻，堪称远古先民的艺术佳作。白音长汗遗址出土1件石雕人像，系用黑灰色硬质基岩雕成，通高35.5厘米。头部略呈三角状，其长度约占通高的1/3。颅顶隆起，额头突出，双眼深凹，外侧眼角均向上斜吊，吻部略突，下颌后缩，脊背前曲，腹部微鼓，双臂隐约可见，呈下垂状，底端打制成楔形。石雕人像出土时，栽立在居住面上，面对灶址及门道。兴隆沟和白音长汗遗址还出土有小型石人面饰，嘴内嵌蚌，表示牙齿，是东北地区年代最早的镶嵌艺术珍品。此外，兴隆沟遗址还发掘出土了圆形或盾形人头盖骨牌饰，其上有对称分布的钻孔或镂空，佩戴在墓主人胸部或右腕部，应为举行宗教典礼活动时所用的法器，亦为中国已知年代最早的人头盖骨制品。

1994年，兴隆洼文化查海遗址曾发掘一条距今8000年的兴隆洼文化石块堆塑龙。这条龙用大小均等的红褐色砾岩摆塑，全长19.7米，龙头部最宽处约2米，呈昂首张口、弯身弓背状。这样的龙形在前后的古墓中都有多次发现。1987年濮阳市文物工作队发现一座形式奇特的墓葬，该墓中部有一具成年男性骨架，大体呈头南足北的仰卧直肢姿势，在人骨架的东西两侧以蚌壳摆塑了龙虎图案。龙虎头北尾南，与人骨架的头脚方向相错。其中蚌壳龙位于人骨架的东侧，长1.78米。龙昂首、曲颈、弓身、前爪扒、后爪蹬，状似腾飞。2004年，考古学家又在河南偃师二里头发现了一个大型的绿松石龙形器，年代大概是3700年前，这说明查海龙对后世龙形产生了重大影响，堪称中国龙的原型。兴隆洼遗址既填补了中国北方考古编年的空白，确立了四个考古学文化的坐标，也将这一地区新石器时代考古学文化向前推了3000余年。

兴隆洼文化表明，早在8000年前这里就有了人类原始村落。这里产生的赵家沟文化表明，早在7000年前农业就由刀耕火种过渡到粗耕原始农业阶段；这里发现的草帽山积石冢、兴隆洼陶塑女神等诸多红山文化遗迹表明，早在五六千年前就已经存在早期的城邦式原始国家；这里产生的小河沿文化表明，早在四五千年前就出现了与中原地区乃至长江流域有密切联系的同时期原始文化；这里发现的大甸子、城子山等夏家店下层文化遗址表明，早在三四千年前就有了与中原地区同等发达的等级社会制度与青铜器时代文明；这里发现的周家地山湾子等诸多夏家店上层文化遗址表明，早在两三千年前，当地先民就已掌握了成熟的青铜采矿和冶炼铸造技术。

值得注意的是兴隆洼文化中出现了磨光夹砂褐陶类，发现了新的器形种类——敞口壶，即尊形器。陶器外表纹饰以几何纹、之字纹、动物形纹为代表。夹砂褐陶中，器表全部饰以之字纹。此外还出现了新的纹饰，即用刻画线组成的幅度较宽的勾云纹。

更为有趣的是在一个敞口壶（尊形器）上雕刻有动物像，描绘的是带羽冠的鸟、有牙的猪及鹿，在猪首的下面却为蛇身，鹿首和鸟首右侧纹饰则似由羽翼抽象出来。它们已不是单纯的现实动物形象的写照，而是人们创造的崇拜对象，是神化了的灵物。三种灵物图像都朝向左侧，绕器一周，颇有宇宙无穷任巡游的宏大气魄，形象地反映出当时人们幻想中的神灵超人的伟力。这些灵物之间的关系、其在当时的崇拜地位，猪首蛇身与龙之起源的关系、冠鸟形灵物与凤的起源等也都是值得探索的问题。类似的灵物纹后来反复出现在道教符箓图像中，当然难以用巧合一词加以解释，看来道士当是远古艺术的传承人。

上述古代装饰纹样几乎都见于新石器时代的陶器，如灵异类，有人面鱼纹、太阳纹、太阳鸟纹等；动物类，有鱼纹、鸟纹、蛙纹、鹿纹、猪纹、蛇纹、蜥蜴纹等；人物类，有群人舞蹈纹、单体人纹等；植物类，有花卉纹、叶纹等。所谓天象纹及抽象图案与符号类的解释，散见于各种著述。譬如，根据图形可归为动物类的，实际为灵异类，如鸟背上方画一圆形的图形，显然是乌与太阳的组合，表金乌驮太阳运行之意。还有，被认为属抽象符号的十字形纹，实际是古人对太阳的另一种视觉表示，似乎应归于天象星辰一类。后来的道教师承这种传统，把大量星宿天文气象类符号融入其符箓图像体系，从而形成了"天文符"一类。

兴隆洼遗址编号F166的房址内出土的一支骨笛，是目前我国北方地区发现最早、音律最准、音孔最多的骨质笛乐器，有完整的七个音阶，它的存在表明早在约8000年前，先民就已经认识和掌握了乐器的制作技术。它的主人是史前东北亚巫文化中的一个代表人物，这为我们研究史前东北亚地区的巫术文化增添了新的史料[①]，使学术界不得不对中国古代文化的发展水平重新作出评估。

骨笛　贾湖遗址出土　采自《文物中国史》

---

① 杨虎，朱延平，孔昭宸，等.内蒙古敖汉旗兴隆洼遗址发掘简报[J].考古，1985（10）；杨虎，朱延平.内蒙古敖汉旗小山遗址[J].考古，1987（6）；崔璇.内蒙古新石器时代考古的重要突破——兴隆洼文化的发现与研究及其所提出的问题[J].内蒙古社会科学（汉文版），1987（2）；陈全家，赵宾福.左家山新石器时代遗址的分期及相关文化遗存的年代序列[J].考古，1990（3）；光远.再论内蒙古赤峰市及辽宁省西部新石器时代遗存的相关问题[J].内蒙古社会科学（文史哲版），1990（6）；任式楠.兴隆洼文化的发现及其意义——兼与华北同时期的考古学文化相比较[J].考古，1994（8）；杨虎，刘国祥.内蒙古敖汉旗兴隆洼聚落遗址1992年发掘简报[J].考古，1997（1）；杨虎，刘国祥，邵国田.内蒙古敖汉旗兴隆沟新石器时代遗址调查[J].考古，2000（9）；索秀芬，郭治中.白音长汗遗址出土玉器[J].边疆考古研究，2004（1）；陈国庆.兴隆洼文化分期及相关问题探讨[J].边疆考古研究，2004（1）；索秀芬.试论白音长汗类型[J].考古与文物，2005（4）；赵宾福.兴隆洼文化的类型、分期与聚落结构研究[J].考古与文物，2006（1）；陈苇.从居室墓和石雕像看兴隆洼文化的祖先崇拜[J].内蒙古文物考古，2008（1）；熊增珑，李海波.兴隆洼文化白音长汗类型聚落分析[J].辽宁省博物馆馆刊，2010（1）；陈国庆，张大鹏.刍议兴隆洼文化蚌器[J].北方文物，2012（3）；索秀芬，李少兵.兴隆洼文化的类型研究[J].考古，2013（11）；刘赫东.兴隆洼文化的两种类型玉器探究[J].内蒙古师范大学学报（哲学社会科学版），2015（3）；崔岩勤.兴隆洼文化玉器特点简析[J].赤峰学院学报（汉文哲学社会科学版），2015（4）；石琳，张国强.兴隆洼文化、骨笛及巫文化研究[J].赤峰学院学报（汉文哲学社会科学版），2016（12）.

第二节 原始宗教的起源

中国原始宗教的发展大致可以分为三大阶段。第一为蒙昧时代,处于旧石器时代中期至中石器时代,距今200000～10000年,属于母系氏族公社早、中期阶段的宗教形式。第二为野蛮时代,处于新石器时代早期至晚期前段,距今约10000～4600年,属于母系氏族公社晚期和父系氏族公社时期的宗教形式。第三为向文明社会过渡时期和文明时代,处于新石器时代晚期后段玉器时代,距今约4600年,以稳固的村社部落联盟时期的宗教形式为主。

从现有的考古材料来看,原始宗教崇拜的发生是在旧石器时代晚期开始的,至今约有四五万年至一万年的时间。一般来说,原始崇拜可分为自然崇拜、灵魂崇拜、祖先崇拜、生殖崇拜、图腾崇拜等,崇拜的形式与对象丰富多彩。在中国原始信仰与崇拜的演进中,自然崇拜、灵魂崇拜、祖先崇拜渐渐占据主导地位,成为远古先民崇拜的主要内容。

一、远古遗址与宗教起源

中国是一个历史悠久、幅员辽阔、人口众多的多民族国家,同时又是人类重要的发源地和人类文明的摇篮之一。从北到南,从东到西,埋藏着丰富多彩的原始文化与原始宗教的遗址和遗存物,其表现形式多种多样。各种形式的原始墓葬、氏族部落和公共墓地、祭祀场所和"神庙",多彩多姿的岩画,花样百出的灵物,内容丰富的礼器、法器和明器,其发现地点遍及祖国各地,产生年代涉及原始社会发展史的各个阶段。如果把这些考古发现的宗教遗存物加以系统的分析、研究,可生动具体地展现我国原始社会丰富多彩的宗教生活。

考古发现的大量资料证明,原始先民已对具有超人间、超自然性质的灵魂和鬼神之类形成了相应的观念,并把它们视为支配自己日常生活的崇拜对象,对之或是有所祈求,或是企图控制。原始先民心中既有这种宗教性的观念和崇拜对象,就必然衍生出相应的敬畏感,正是在这种宗教敬畏感的作用下,原始先民开始进行宗教崇拜的行为与活动。在原始先民所属的以血缘关系和地缘关系为基础的氏族制社会中,这些宗教崇拜的行为与活动不可避免地在氏族小群体中集体进行,从而逐步形成了与原始氏族制连为一体的宗教生活体制。

由于原始宗教的遗存物本身没有文字说明，要揭开其蕴含的宗教意义，必须借助于文化人类学和民族学的理论和方法。自15世纪哥伦布地理大发现以来，世界各地区、各民族的社会生活、文化习俗和宗教信仰越来越多地被发现、了解和认识，其中许多民族在被发现时尚处于原始社会的不同发展阶段，他们有着与其社会发展阶段相适应的宗教信仰和宗教生活。这些文化人类学、民族学和原始宗教生活的资料可以为我们推测中国原始先民的社会生活及宗教信仰情况提供佐证，从而解释这些宗教遗存物的文化意义。

宗教不是新发明。它即使不是和人世一样古老，至少也和我们所知的人世一样古老。[①] 人们把有文字记载的历史，大体是奴隶制度以后的历史，称为文明社会，以前的历史称为史前社会，又称原始社会。文明社会源于史前社会，史前社会的主要历史是石器时代，石器时代分为旧石器时代、中石器时代和新石器时代，史前宗教大致也可以划分为这三个时期。由于中石器时代实际上是旧石器时代末期和新石器时代初期，是两种石器工具的交替期，所以关于这个时代的宗教观念和宗教行为也有和它的前后时代相混的情况。史前宗教虽无文字记载，但留下了绘画和雕刻、建筑遗址，以及优美的神话传说，从中可以窥见那时宗教的概貌。

原始宗教或称自然宗教，又称史前宗教，是人类历史上最早出现的宗教。根据考古发现，原始宗教可追溯到公元前30000～前10000年的中石器时代。从对欧洲尼安德特人及其后的真人的考古发掘中，可知当时原始人对食物、繁殖和死亡三者特别重视，形成了一些与原始宗教有关的习俗，如砍地祭、举火祭、播种祭、收割祭、配种礼、接羔礼以及各种季节性的祭祀等。随着父系制产生而发生的家庭结构变化及畜牧实践，性行为同生殖的因果关系越来越被明确认识。为此，原始宗教对繁殖的关注亦常表现为对性功能的关注，视性器官为繁殖标志的习俗在原始宗教中广为流行。随着生产力的发展，劳动力的丧失，尤其是具有一定生产经验和组织能力者的死亡，对氏族和集团的损失日益明显。这时人们对死者除了依恋之情外，还渴望能继续得到其帮助指点，人们认为能在梦中同死者相遇而求教。因此，对死者尤其是被认为"重要"的死者，供奉祭品和礼拜求告之举便成为原始宗教的重要内容。

之后，随着氏族社会的产生，人类社会形成了一个个比较稳定的血缘集团。这时，人的体质与思维能力有了进步，集团内部语言有了发展，某些禁忌和规范已经形成。人们以集体的力量和简陋的工具与自然界作斗争时，一方面逐步认识到人们的生产活动与某些自然现象的联系；另一方面又受着自然界的沉重压迫，无法正确理解自然界的千变万化。于是，人们的恐惧与希望交织在一起，对许多自然现象作出歪曲颠倒的反映，并把自然现象神化，从而产生了原始宗教。

原始宗教是人类一切宗教的发端，是整个宗教研究的出发点，是认识宗教本质和特点

---

① 缪勒.宗教的起源与发展[M].金泽，译.上海：上海人民出版社，2010：3.

的基本来源。原始人拥有简单的生活,相应地更需要依赖社会组织来减少压力;人们更容易通过寻求精神刺激的方式发泄情绪和进行自我表现;原始人既利用幻想逃离现实,也运用一些技艺和工作方式进行生活实践;他们都有自己的道德准则、神灵、风俗习惯、宗教仪式、占卜、禁忌、梦术等,以借此卸掉心理和生活的重担,实现人对各种限制与焦虑的解脱和反抗。

原始宗教是自发的宗教,这个说法源自恩格斯。恩格斯在1882年发表的《布鲁诺·鲍威尔和早期基督教》中指出:事情很清楚,自发的宗教,如黑人对偶像的膜拜或雅利安人共有的原始宗教,在它产生的时候,并没有欺骗的成分,但在以后的发展中,很快地免不了有僧侣的欺诈。至于人为的宗教,虽然充满着虔诚的狂热,但在其创立的时候便少不了欺骗和伪造历史,而基督教,正如鲍威尔在批判《新约》时所指出的,也一开始就在这方面表现出了可观的成绩。应该说,恩格斯只是就宗教有无"欺骗的成分"来区分原始宗教和后来的人为宗教,但是这段话却为很多学者提供了认识原始宗教的出发点。他们根据恩格斯的这段话做了大量阐发,比如有学者提出:原始宗教的自发性是指它的发生与成长都不是在自觉的意识活动中形成的,而是原始人类在求生过程中,随着社会活动、生产活动而派生出的一种精神活动。虽然这一精神活动一旦产生就具有了独立自主性,且在日后的人类生命活动中起到了主导作用,但其诞生之初的无意识的自发性特征仍然是显著的。

在以往的诸多解释中,考古学给了直接的回答。因为在人类进化的过程中,只有到了智人阶段,人的脑容量才可能满足宗教意识发生所需要的条件。旧石器时代晚期以来的宗教信仰遗迹也证实了这样的推测。当然,考古学提供的证据不能充分帮助我们从实证角度进一步证实,我们需要更多的民族志材料来予以说明。从大量的民族志材料来看,尽管我们不能说处在不同文化状态的人们的宗教本能不一样,但是起码我们看到不同文化中的群体,其宗教本能实现的方式不同,其宗教结构形态也不同。这样的差异提醒我们,宗教本能的表达是需要条件的,不同的条件制约着宗教本能的不同表达方式,从而形成不同的宗教文化形态。

中国原始宗教最古老的考古发现当属北京周口店山顶洞人文化遗址,距今18000年之久。山顶洞分为洞口、上室、下室和下窨四部分。洞口向北,高约4米,下宽约5米。上室在洞穴的东半部,南北宽约8米,东西长约14米。在地面的中间发现一堆灰烬,底部的石钟乳层面和洞壁的一部分被烧炙,说明上室是山顶洞人居住的地方。在上室文化层中发现有婴儿头骨碎片、骨针、装饰品和少量石器。下室在洞穴的西半部稍低处,深约8米。在这里发现有3个完整的人头骨和一些躯干骨,骨盆和股骨周围找到赤铁矿粉和赤铁矿石,这表明下室是一处公共墓地,也是国内至今所知这个时代唯一的墓葬遗存。下窨在下室深处,是一条南北长3米、东西宽约1米的裂隙。在山顶洞堆积中发现的脊椎动物化石共54种,其中哺乳动物有48种,大多数属华东、内蒙古和东北地区的现生种,现已灭绝的动物

214

只有洞熊、中华斑鬣狗和鸵鸟3种,仅占当时动物总数的12.1%。由此表明山顶洞是晚更新世末的洞穴遗址。

二、自然崇拜与灵魂崇拜

人类学家推测,早在25000年前,中国人的祖先已能缝衣御寒,用穿孔贝壳满足审美要求,并举行埋葬死者时撒赤铁矿粉的原始宗教仪式。在山顶洞人的遗骸周围撒有含赤铁矿的红色粉末,并有钻孔的兽齿、石珠、骨坠等装饰品作为随葬物。吕大吉先生指出,山顶洞人文化遗址不仅说明在当时已形成了灵魂不死和死后生活的观念,出现了埋葬死者的宗教行为,而且还说明山顶洞人已处于由血缘关系维持着的早期母系氏族社会阶段,由此可以推断:宗教观念和宗教活动的形成与发展,与氏族制社会的形成与发展有着内在的联系,二者是同步进行的。吕大吉认为:"迄今发现的人类最早的宗教遗迹是反映灵魂观念和亡灵崇拜活动的原始墓葬。墓葬开始于旧石器时代中期,普遍化于旧石器时代晚期和新石器时代。人类学和考古学同时也证明,这一时期也正是氏族和氏族制逐渐形成的时代。"①

古代宗教史前遗迹说明新石器早期人们的鬼魂观念比较简单,墓葬也相应比较简陋。

裴李岗文化遗存出土各种器物400多件。出土的木炭标本经中国社会科学院考古研究所碳-14测定,距今约8000年,绝对年代早于仰韶文化1000多年。遗址东半部为村落遗址,文化层厚1~2米,内含遗物极少。西半部为氏族墓地,基地埋葬密集,死者头向南偏西,绝大多数为单人仰身直肢葬。有一座墓较大,基坑里有两具人骨,好似合葬墓。大多数墓里的人骨已腐朽无存,少数墓里的人骨已料姜石化。墓坑呈长方形,边缘不整齐。随葬品主要是石器和陶器,少者1件,多者20件以上,有生产工具和生活用具,放置无一定规律。墓葬中有些大墓包括5~7个小墓坑,埋人最多者达42人。这一时期一般都有固定的公共墓地,同一墓地的死者头部都朝同一方向。

山东大汶口文化遗存,距今6500~4500年,延续时间约2000年,分布于山东、江苏北部、河南东部和安徽东北部。发掘证明,大汶口遗址包括大汶口文化发展的各个阶段,其作为距今6400~4600年的新石器中期文化遗存,以翔实资料揭示了原始社会解体、阶级社会产生的全过程。上有4600~4000年前的龙山文化遗存,下有距今7500~6400年的北辛文化遗存。大汶口早期文化遗存墓葬以单人葬为主,也有较多的合葬。早期墓葬在后期出现随葬品多寡不一的现象,并且表现得比较明显,多者达四五十件,寡者一件都没有,还

---

① 吕大吉.宗教学纲要[M].北京:高等教育出版社,2003:160.

普遍使用獐牙和獐牙勾形器以及龟甲等随葬。中期文化遗存墓葬随葬品的多寡不一现象较之前更加突出，多者达六十余件，寡者则一无所有。富有的大墓随葬品不但多，而且很精致，并用数量较多的象征财富多寡的猪下颌骨和猪头随葬，有的甚至用整猪、整狗随葬。晚期文化遗存墓葬多寡不一的现象更加严重，有的大墓随葬品有七十余件，有的墓则一无所有。大墓不但规模大，而且常有木椁葬具，随葬品丰富精美，如有洁净的白陶、乌黑而略带光泽的黑陶和优雅的彩陶，还有玉器、石器、象牙器、骨器等。小墓墓坑窄小，有的仅随葬1件陶鼎或再加1件獐牙。大小墓的鲜明对比，表明私有制产生，已出现贫富分化。大汶口墓葬突出反映了原始社会晚期祖先崇拜以男性为主的父系氏族男女崇拜这一中心形式的迹象。整个墓地上133座墓葬，除2座外，头都朝向东方，表明死后要同归祖先故地的宗教信念，即继续保持父系氏族的血缘关系，重建冥界氏族。

上海青浦区崧泽遗址，距今6000～5300年，属新石器时期母系社会向父系社会过渡阶段。崧泽文化上承马家浜文化，下接良渚文化，是长江下游太湖流域的重要文化阶段。青浦区发现崧泽文化遗址4处，挖出古墓100座，还有大量的石器、玉器、骨器、陶器和兽骨、稻种等遗物，证明崧泽6000年前就有人类居住。崧泽文化时期的陶器制作，在中国新石器诸文化中，可谓进入了一个划时代成就的时期。首先是开创了轮制陶器，其前期已采用泥条盘叠再加慢轮整修的制陶方法，陶器的器壁比较匀称，可见到不太挺直的轮纹。从中期开始，已运用陶轮快速旋轮、捏泥坯成型的制造技术，使器型规整，器壁匀薄，但往往在内壁和内底还遗留有坯的旋痕。其次是使用还原焰烧制陶器，陶器中的铁元素在充分供给空气的环境下氧化烧成，而使陶器变红，所以以红陶为主是崧泽文化早期陶器的特色。值得一提的是，嘉兴南河浜遗址的发掘，还首次发现了崧泽文化的"祭台"，并较好地揭示了这一"祭台"的形成过程。中层发现墓葬90多座，皆采用平地覆土掩埋死者的方法，以单人仰身直肢葬为主，也有个别是成年女性与儿童双人合葬墓，墓中死者头向东南的居多。绝大多数墓有随葬品，数量为1～17件不等，多为实用陶器，以鼎、豆、罐、壶较为常见，还有少量生产工具和玉石饰品，个别墓用鹿、家猪的下颚骨随葬。①

三、丧葬习俗与祖先崇拜

新石器时代中、晚期以后，鬼魂观念渐趋复杂，葬法相应多样化。西安半坡村遗址中的小儿墓葬均用瓮棺埋在居住区内，成人墓葬则都在沟外的共同墓地；有仰卧伸展葬、伏卧葬、屈肢葬，还有5例集体改葬的二次葬。甘肃临洮县城南寺史前墓葬中，有火葬后将骨

---

① 上海市文物保管委员会.上海市青浦县崧泽遗址的试掘[J].考古学报，1962（2）.

灰盛在陶缸中埋葬的，还有一些合葬墓。

至新石器时代后期，如甘肃齐家文化墓葬中，有一男一女或一男二女同时合葬的，在齐家坪墓群中，甚至有8～13人的合葬墓，表明在当时的鬼魂观念中，已存在男权居统治地位的观念以及主人对奴隶的奴役和压迫关系，因此出现了妻妾为夫殉葬、奴隶为主人殉葬的丧葬制度。

从上述事例推知，当时已有较复杂的鬼魂观念。亡者面部的同一朝向可能是为表明灵魂的去向。使用固定的公共墓地和大墓套小墓的葬法，可能是原始人觉得鬼魂在冥间仍维持着大小家族的关系。儿童和成人墓地分开，反映人们相信冥间也有年龄层次的分别。火葬是希望使灵魂尽早摆脱尸体的羁绊。实行捡骨二次葬，可能是认为尸体腐烂以后，灵魂才能获得自由或转生。这个时期的随葬品明显增多，以劳动工具随葬者屡见不鲜。

从宗教学和文化人类学角度看，原始人的墓葬实际上就是生动具体的原始宗教陈列馆。因为墓中随葬物一般都是为死者灵魂提供的，这就使我们有理由推想到原始人是否认为灵魂不死和是否具有冥世生活观念的问题，甚至还进一步联想到原始人是否认为随葬物有灵的问题。

于锦绣、杨淑荣指出，几千年的丧葬史表明，人们对自己的祖先是虔诚供奉的，他们常把自己最珍贵的器物随葬于祖先墓中。从原始人开始实行墓葬，以及实行与此相联系的随葬和献祭制度来看，古人已逐渐发展出这样一种观念，认为供死者灵魂享用的并不是这些物质的形体本身，而是它们的"灵"。一个不同于有形和肉体之躯的"灵魂"观念乃宗教的起点，也是终点。一切宗教有关超自然神灵和超自然境界的幻想，归根结底都是建立在此基础之上。

原始人的墓葬和居址中的"灵物"，其"灵性"是原始人赋予的。原始人赋予它们什么样的"灵性"，它们就成了什么样的"灵物"。"灵物"因此而有不同的种类，不仅有祖灵的象征物，还有作为祖先的图腾物和各种精灵、神灵的偶像，有用作占卜巫术的龟甲兽骨，还有用作控制性巫术的法器；不仅有不同种类的随葬物，而且有不同样式的墓葬。原始宗教意义的考古遗存物石棚、大石墓、人殉、牲殉、墓壁画、画像砖石、墓周的石围圈、石兽、石人、玉器、兽牙等，在原始人的心目中，很可能具有不同的宗教意义和不同的宗教功能。分析和研究它们，可以复原和展现原始先民当时复杂多变的宗教生活。①

如同其他地区的史前文明一样，中国的原始社会亦经历了一个心智蒙昧的时期，充满了各种生存危机。美国宗教史家米尔恰·伊利亚德在《宗教思想史》中用了大量篇幅探索人类在遭遇生存危机时是如何通过宗教的创新来解释、摆脱和化解这些危机的。他说："关于死后生命的信仰似乎从人类历史最初的时候就有了，在仪式中以红赭石代替

---

① 于锦绣，杨淑荣.中国各民族原始宗教资料集成：考古卷[M].北京：中国社会科学出版社，1996：39.

血液，以此作为一种生命的象征。往尸体上撒红赭石的习俗在世界各地不同时代都普遍存在着，从周口店到欧洲的西海岸、在非洲远至好望角、在澳大利亚、在塔斯马尼亚岛（Tasmania）、在美洲远至火地岛（Tierra del Fuego）。至于葬俗的宗教含义是什么则始终是争论很大的话题。毫无疑问，埋葬死者总应该有一个正当的理由——但那是什么呢？首先，我们不应该忘记，'将尸体弃置在丛林、肢解尸体、让鸟类啄食，人死后其他人立即离开，将尸体留在屋内等等，这些习俗并不意味着不存在死后生命的概念'。而葬礼更加证实了对于死后生命的信仰；就无法理解人们为什么要煞费苦心地去掩埋尸体。这种死后的生命可以完全是精神的，也就是灵魂在人死后的一种存在形式，这种信仰因死者在梦中出现而变得更加坚定。"①

可见，原始人非常复杂的丧葬习俗亦是了解原始宗教的重要资料。1906年，考古学家在前南斯拉夫的温卡发掘了350座史前墓葬，陪葬品中最丰富的就是用各种材料制成的符咒物，如雕成人面形状的耳环、饰有人头和蛇的青铜扣针，其数量之多，品种之全，是人类考古史中罕见的。加里·特朗普教授指出："把'殉葬品'留在经过处理的尸体旁显然具有某种吸引力。大多数有关资料的收集整理是在欧洲进行的，在那里有些坟墓提供了丰富得令人惊异的一系列遗物。在离莫斯科东北150公里的松基尔（Sungir）和两个经仔细安放的男孩尸体一道发现了8000件穿有孔的猛犸牙珠子、北极狐犬齿、各种环状装饰物和手镯以及16件武器，此外在一具男尸和女尸旁发现了数量较小的珠子和手镯以及红赭石（距今2～2.5万年）。"②更重要的是数量最多的图像资料，是洞穴绘画和器物上的装饰图案，这些在世界各地出土的旧石器时代的宗教崇拜物遍布西欧、中欧、美洲以及东南亚、远东地区，说明史前时代存在着某种类型的巫教（萨满教）。崇拜物题材与形式各具民族特色，显示了不同的文化背景。

生活于旧石器时代晚期，距今约18000年前的中国人的老祖宗——山顶洞人，他们埋葬死者已有一定规矩：在死者身旁撒赤铁矿粉粒，并使用随葬品，随葬品除燧石、石器等生活用具外，还有石珠、穿孔兽牙等装饰品。红色象征血和火，以红色赤铁矿粉粒撒在尸体旁，可能是表示对死者永生的祝愿，随葬器具则表示供死者灵魂使用。

到了新石器时代仰韶文化时，葬仪进一步复杂化，在当时盛行着一种以瓮为主要葬具的埋葬习俗，称瓮棺葬，这种葬具多是用来埋小孩尸骨的。目前已发掘出近千座儿童瓮棺葬，在这些瓮棺底部中间往往有一个小孔，在小孔的上边又往往盖上一块小陶片，有的在内表面还涂有红色颜料。显然这些现象绝不是偶然的，应是当时人们对灵魂信仰的反映。在宗教观念的支配下，人们认为小孔作为死者灵魂出入的通道，可使不死的灵魂自由出入，尤其对小孩表现得更为关怀，希望孩子的灵魂能时常出来陪伴他们的亲人。大汶口文

---

① 伊利亚德.宗教思想史[M].晏可佳，吴晓群，姚蓓琴，译.上海：上海社会科学院出版社，2004：12-13.
② 特朗普.宗教起源探索[M].孙善玲，朱代强，译.成都：四川人民出版社，1995：240-241.

化时期瓮棺葬更为普遍，有的遗址还发现有成人瓮棺葬，但数量不是很多。

瓮棺葬不仅在仰韶文化中最为盛行，而且在中国南方的原始文化中也有广泛分布。在大溪文化、屈家岭文化、马家浜文化以及四川、云南边远地区的新石器文化遗址中都发现了瓮棺葬的存在。关于用瓮棺掩埋小孩的意图，郭沫若先生进行过细致的研究，他在《访半坡遗址四首》中写得非常详尽："半坡小儿冢，瓮棺盛尸骸。瓮盖有圆孔，气可通内外。墓集居址旁，仿佛犹在怀。大人则无棺，纵横陈荒隈。可知爱子心，万劫永不灰。"① 作为灵魂出入的通道，瓮盖上留有小孔的现象在世界其他国家如法国、英国、克里米亚、高加索、巴基斯坦、印度、瑞典等地区的墓葬中均有类似的发现。

在中国考古发掘中，发现对幼儿的埋葬除使用瓮棺外，还有用陶片铺盖的现象。发现于山东邹县野店大汶口文化遗址的儿童墓，习惯用破碎的陶片覆盖在儿童身上，有的只覆盖头部，更多的是覆盖头部和身部。② 江苏的常州圩墩和苏州草鞋山遗址也发现个别墓葬中有用陶器扣在死者头上的现象。圩墩遗址常用红陶盆覆盖，草鞋山遗址常用釜、钵、豆、盆等陶器覆盖。③ 这是在灵魂信仰支配下形成的埋葬习俗，具有特殊的宗教意义，这种现象可能与瓮棺葬具有同等含义。

魂归何处是原始先民灵魂观的一个重要内容，原始先民按照人间生活的样式臆造了灵魂的归宿。在灵魂观念的影响下又产生了冥世观念，认为"人死后灵魂要到另外一个世界去生活，于是就使死者的灵魂变成了冥冥中的鬼灵，并将其拟人化，设想出鬼灵世界的种种情景及其与人的关系，从而使原始宗教的灵魂飞翔于天堂地狱之间，穿梭于生前死后之际，游荡于人世周围"④。在原始先民和后来许多民族的心目中，灵魂主要归宿到祖籍地。原始信仰对死者"魂归祖籍地"的解释是：死者经过长途跋涉，返回祖先居住的地方，与死去的祖先团聚。持有这种信仰的民族通常有迁徙的历史，而他们举行的丧葬仪式多有助死者回到始祖发祥地的意义。

为什么要魂归祖地？这与原始人的灵魂观念及葬仪分不开。当原始人认为人死是由于灵魂离开了躯体而不再回来时，如何及时安置灵魂及尸体就成为一个必须从速解决的重大问题。许多原始民族认为：为了让死者的灵魂有一个固定的归宿以保证活人的安宁，必须将死者的躯体迅速处理并请巫师念经开路送魂，将死者亡灵送到祖灵居住的地方。人死后若不把他的亡灵送回祖先生活的地方，其亡灵就会永远四处漫游，并随时作祟于他的家庭和家族成员，成为可怕的幽灵或恶鬼。将亡魂送到一个适当的处所，不让它与活人纠缠、捣乱，最好的办法莫过于把亡魂引到祖先那里去。因此，死后回到祖先生活的地方，从那

---

① 郭沫若.访半坡遗址（四首）[J].文物，1959（8）.
② 山东省博物馆，山东省文物考古研究所.邹县野店[M].北京：文物出版社，1985.
③ 马洪路.试论青莲岗文化[M]//《考古》编辑部.考古学集刊：第四集.北京：中国社会科学出版社，1984.
④ 佟德富.中国少数民族原始宗教概述[J].世界宗教研究，1997（3）.

里进入幽冥世界，是人们对人生最终归宿的理想愿望。

正如列维·布留尔所指出的那样，中国人相信存在着鬼的世界，认为它是人世的翻版。"人们相信死人在自己的坟墓里是活着的。"①"装尸体的棺材是用'寿材'或'灵柩'的名称来称呼的。"②"中国人拥有与生命和可触实体的一切属性互渗的影子的神秘知觉……"③"在棺材快要盖上盖的那一刻，大部分在场的人，如果他们不是至亲，都要悄悄退后几步；或者甚至退到耳房里去，因为如果一个人的影子被棺材盖盖住了，这对他的健康是十分有害的，对他的运气也有损。"④中国实行父母包办婚姻，倘若尚未成婚男方就死了，没有过门而守寡的年轻姑娘，"在得到父母和未婚夫的父母的允许后，可以永远不过夫妇生活。按规矩，允许她住在死者的家里终老，并且与死了的未婚夫正式结婚"；等她自己死了，还要"与她结婚前死去的青年未婚夫并骨"。舆论如此颂扬那些追随着自己的丈夫一同进坟墓的妻子的牺牲精神，这种牺牲给家庭带来无上光荣，以至未亡人常常都想死，或者至少是愿意死，或者甚至可能被她们的家族逼着去死。⑤在中国，寡妇在亡夫坟上自尽的事仍然十分普遍……"……她们希望避免冒再醮或者以其他什么方式失去贞操的危险……她害怕她会成为一个不如在他死时那样贞淑的人在来世与丈夫再聚。这些考虑显然由来已久，其源当溯及某种部落时代……"⑥

在氏族社会中，原始宗教信仰的表现形态多为植物崇拜、动物崇拜、天体崇拜、大地崇拜等，以及与原始氏族社会的存在结构密切相关的生殖崇拜、图腾崇拜和祖先崇拜等。它们的发展一般都经历了参与具体崇拜活动和形成抽象神灵观念的演变过程。如果把上述崇拜对象加以综合分析，我们可以得出结论，中国原始宗教处于祖灵崇拜与偶像崇拜的阶段，它的起源可追溯至公元前5000年，而它的存留则贯穿于中国古代、近代，直到现代。今天百姓中仍有为亡灵烧冥钱、为死者招魂的习俗，说明原始宗教的鬼魂崇拜至今依然留存。

---

① 布留尔. 原始思维[M]. 丁由，译. 北京：商务印书馆，1981：297.
② J. J. M. de Groot, The Religious System of China, i. p. 348. 转引自布留尔. 丁由译. 原始思维[M]. 北京：商务印书馆，1981：297.
③ 布留尔. 原始思维[M]. 丁由，译. 北京：商务印书馆，1981：47.
④ J. J. M. de Groot, The Religious System of China, i. pp. 94, 210. 转引自布留尔. 丁由译. 原始思维[M]. 北京：商务印书馆，1981：46.
⑤ 布留尔. 原始思维[M]. 丁由，译. 北京：商务印书馆，1981：297.
⑥ 布留尔. 原始思维[M]. 丁由，译. 北京：商务印书馆，1981：324.

第三节　原始宗教的图腾崇拜

宗教图像是研究宗教形态的重要资料。尤其是在远古时期，文字尚未出现，图像便成为人们了解原始先民的文化与宗教的最重要的材料。英国约翰·鲍克教授说，"通过礼仪，宗教把文化与神灵有力地联结在一起，以实现神灵的目的并获得神灵的保护"，"人类能够以符号思维，比如，能够把上帝比喻为法官或国王，然后以符号、象征、绘画或雕刻之类的图像来描绘这个概念"。①

宗教图像是应宗教活动与仪式的需求发展并丰富起来的。我国最早的宗教图像出现于距今大约六七千年前，并以象形图像闻名于世。远古人类通过这种生动而又程式化的面部装饰，在古代的祭祀活动中祈祷神灵庇佑，并且通过视觉图像来传达秩序与和谐的象征观念。最早的宗教图像主要是图腾，通过对图腾的分析研究，我们可以探寻中华先民的信仰历程。

一、图腾崇拜的宗教意义

"图腾"，是由北美洲土族印第安语"totem"音译过来的，意为"他的亲属""他的标记"，它可以是某种动物或某种植物，或其他自然物和想象物，一般以动物为主。图腾崇拜指以特定的物类为敬拜对象，有氏族图腾、胞族图腾、部落图腾、部落联盟图腾等。特定的图腾表示氏族、部落、部落联盟的所有成员之间共同的敬拜对象，原始人或认为图腾是他们这个群体的共同祖先和来源，或认为是他们增加力量取得生活资料的源泉，或认为是他们能抵御自然界之物侵害和战胜敌对群体的保护者。由于印第安人的"图腾"一词最早在欧洲学术文献中出现，因此学术界把后来发现的所有这类物象统称为"图腾"，其他名称均为"图腾"一名所取代。

"图腾"的实体是某一种动植物、无生物或自然现象，但"图腾"代表什么，或象征什么，目前学术界尚无一致的意见。至于"图腾"的定义更是众口异说，难以统一。美国人类学家摩尔根在1877年写了《古代社会》，他发现美洲印第安土族各个部落的氏族都有

---

① 鲍克. 神之简史：人类对终极真理的探寻[M]. 高师宁，朱明忠，周燮藩，等译. 北京：生活·读书·新知三联书店，2015：42-43.

一个图腾作为本氏族的标记，其中动物类的占58.7％，植物类的占34.3％，自然现象及自然物类、日用器物类等约占7％。在动物类中，兽类约占50％，禽鸟类约占30％，海兽类约占20％。他说："在鄂吉布瓦方言中，有'图腾'（Totern）一词——实际上往往读作'多丹'（dodaim）——意指一个氏族的标志或徽徽；例如，狼的图形便是狼氏族的图腾。"①英国J.郎格认为图腾是个人保护神。在英国著名学者弗雷泽看来，图腾既是亲属，又是祖先。据法国社会学派创始人E.杜尔干的观点，图腾既是氏族的象征和标志，又是氏族的神。精神分析学派的开山祖师S.弗洛伊德说："大抵说来，图腾总是宗族的祖先，同时也是其守护者。"美国历史学派代表人物A.戈登卫泽认为，所谓图腾，就是原始人"把某一动物，如鸟，或任何一物件认为是他们的祖先，或者他们自认和这些物件有某种关系"。苏联著名学者C.A.托卡列夫说，某一群体"相信与某种物象……有神秘的血缘亲属关系"，这种物象便是图腾。我国著名民族学家杨堃认为，图腾是一种动物，或植物，或无生物，部落内各群体把"图腾作为自己的祖先"。依我国当代民俗学者岑家梧之见，通常所说的图腾就是人们相信某种动植物为集团的祖先，或与之有血缘关系。②

图腾崇拜的基本特征是认为每个氏族都起源于某一种动植物、无生物或自然现象，这就是他们的"图腾"。他们和他们的图腾物都是祖先灵的化身，所以把现实的图腾动物视作具有血缘亲属关系的兄弟姐妹或长辈，并以图腾动物之名作为氏族名称，以图腾动物形象作为氏族标志，严禁杀食图腾动物，严禁具有同一图腾的人通婚，违反者将得到严惩，甚至被处死；相信图腾祖先灵是氏族的保护者，现实图腾物的兴衰象征着氏族的兴衰，所以要保护图腾，并举行巫术繁殖图腾物的仪式活动等。

图腾崇拜是母系氏族公社早、中期开始出现的主要宗教形式，是在自然崇拜的基础上发展起来的。图腾崇拜已经从个别现象发展为综合的概括，这是人类思维的一个进步，也是原始宗教信仰的重要突破。由于当时的人们无法摆脱自然界的各种威胁，对自然的控制能力非常低下，在饥寒交迫时，正好有些动物为他们提供了急需的生活资料来源，从某种意义上来讲，这些动物与人类无形中便产生了一种特殊的关系。在这种情况下，人类也只能去寻找精神上的寄托，求助于一种超自然的神灵来保护自己，这就产生了以动物作为图腾崇拜的现象。图腾信仰盛行于母权制发展时期，它是与母系氏族社会同时产生的，因此通常所说的图腾时代，也就相当于母权制时代。自然崇拜是人们对某一些自然现象的盲目崇拜，图腾是对某一种特定的动、植物或其他自然物的有目的的崇拜。③

迄今为止，考古学和人类学资料还没有提供早于图腾崇拜而存在的任何宗教形式的可信证据，而图腾崇拜却是世界普遍存在的最古老的宗教现象，其中以澳大利亚人的图腾崇拜保留得最为完整，在那里人们不信奉任何自然精灵和人自身的祖先灵，只信奉氏族与

---

① 摩尔根.古代社会[M].杨东莼，马雍，马巨，译.北京：商务印书馆，1977：162.
② 何星亮.中国图腾文化[M].北京：中国社会科学出版社，1992：11.
③ 宋兆麟，黎家芳，杜耀西.中国原始社会史[M].北京：文物出版社，1983：473.

图腾物共有的图腾祖先灵。他们每个氏族皆有图腾，主要是动物，如袋鼠、鸸鹋等。根据澳大利亚土著的信念，图腾崇拜的真正或实际对象并不是现实图腾动物本身，而是氏族成员与这种现实图腾动物共有的"祖先"，一种半人半动物的幻想物。氏族成员与图腾动物皆是这种"幻想祖先"的一种存在形式和化身，故彼此在思想上不存在什么界线，是浑然一体的"血缘共同体"。这种人与图腾物浑然一体的观念生动地反映在图腾祖先灵的"转化"以及最原始的"灵魂"概念上。例如，澳大利亚阿兰达人相信每个人都是自己图腾祖先灵的化身，人死后祖先灵又回到投胎（转化）时的地方（图腾圣地），在那里再次投生（转化），重新得到化身。他们有一种神秘的石片或木板，叫作"丘林噶"，被认为是人（氏族成员）和图腾祖先灵共同的物质灵体，这种神秘的"灵体"自身具有转化成氏族群体和现实图腾动物种群的超自然力，于是自然界与人类社会的联系被描述为"图腾"不断转化的活动，以保证自然界和人类社会的生命延续。在这里灵魂表现为实物状态，超自然观念和物质形式紧密联结，难解难分。他们把代表灵魂的"丘林噶"径直视为灵魂本身，于此反映出最初的形象化、物质化的灵魂概念。将丘林噶放在图腾圣地内，妇女经过便会怀孕，于是图腾祖先灵就投生（转化）为婴儿，婴儿生下后，再将丘林噶从图腾圣地取回，作为婴儿和图腾祖先相联系的共同"灵体"而保存在图腾圣地的秘密贮藏所。人死后，通过这一共同体又转化为图腾祖先。阿兰达人还没有形成阴间生活的概念，并且反对这种想法，氏族成员的死亡被认为是返回图腾。① 在这里完全排除了男女两性的生殖作用。

阿兰达部落还有繁殖图腾动物袋鼠的巫术仪式。人们在象征袋鼠"灵体"（丘林噶）的石头上洒血液，念咒语，促使袋鼠灵魂（图腾祖先灵）走向四面八方，在那里转化为新生袋鼠。② 这里也同样完全排除公母袋鼠两性的生殖作用。由于氏族成员皆是图腾祖先灵的化身，且完全排除两性的生殖作用，故尚无个人独立灵魂概念，而只有和图腾相连的"集体灵魂"概念，这是氏族血缘集团关系的缩影，且和物质形式不能分开。所以对图腾并不进行祭祀仪式，而只举行促使图腾物繁殖的巫术仪式，以之象征氏族的繁盛。从逻辑上说，既然人和自然不分，也就无所谓"自然崇拜"和"祖先崇拜"的独立形式。但图腾崇拜这一宗教形式的崇拜对象毕竟是被视作"祖先"的动植物等，所以可称之为"原始自然崇拜"。由于所崇拜的对象并不是现实动植物本身，而是被视作"祖先"的图腾，故也是祖先崇拜的萌芽，或可称之为"原始祖先崇拜"，实际上是一种对自然和人自身的结合崇拜。这是人和自然浑然一体的世界观的反映。

北美印第安人氏族也多以图腾动物命名，如狼、熊、龟、海狸等。东非班图族马尚人每个氏族均有一个动物图腾，羚羊氏族的人认为他们和羚羊有血缘关系，视羚羊为本氏族

---

① 托卡列夫, 托尔斯托夫. 澳大利亚和大洋洲各族人民[M]. 李毅夫, 陈观胜, 周为铮, 等译. 北京: 生活·读书·新知三联书店, 1980: 275-277.
② 托卡列夫, 托尔斯托夫. 澳大利亚和大洋洲各族人民[M]. 李毅夫, 陈观胜, 周为铮, 等译. 北京: 生活·读书·新知三联书店, 1980: 272-295.

的保护者，因此规定不得猎取羚羊，不能食其肉，吃了羚羊肉的人要被敲掉牙齿。西伯利亚的许多民族和日本的阿伊努人以熊为图腾，视熊为亲属和共同祖先。我国东北、西南、东南等地区的少数民族至今仍保存着图腾崇拜的遗迹，如纳西、傈僳等族崇拜虎图腾，彝族崇拜竹图腾和葫芦图腾，鄂温克等族崇拜熊图腾。

图腾崇拜、祖先崇拜和自然崇拜在宗教的原初阶段可能是以萌芽状态存在的，在初期阶段不可能有明确的超自然体的观念，后来在历史发展过程中把崇拜对象抽象为超人间的神秘力量，有了宗教形式。一般的宗教史著作经常把自然崇拜、祖先崇拜、图腾崇拜看作原始宗教的三种基本形式，这三种形式在宗教原初中多为图腾崇拜、自然崇拜，在多神教中则多为祖先崇拜。这三种崇拜形式的发展是同原始氏族社会的发展相统一的，它们都是以氏族部落为单位的宗教形式。就历史的进展来说，当原始人把某个物件作为本氏族部落的图腾物时，他们一定是认为这物件能给他们生存的力量，能使他们本氏族部落人丁兴旺，这里已经包含一个共同保护神的内容，由此引发共同的祖先设置也是可能的；当原始人认定氏族部落有共同的祖先，成员都受祖先的佑助和监督时，他们也会寻找共同的崇拜物件；当原始人有了生殖崇拜时，他们首先关心氏族人口繁殖，同时也产生了祖先崇拜。在历史长河中，各种崇拜形式是相互促进，相互渗透的。

历史学家们对原始先民图腾崇拜的研究结果是，图腾崇拜是世界各地原始社会里普遍存在的现象，远古时期在尼罗河流域、底格里斯河和幼发拉底河流域、爱琴海和地中海流域、印度河流域和黄河流域生活的原始人，无论他们之间的发展有多大的不平衡性，都出现了图腾崇拜现象。如古希腊克里特岛人创造了一头要求人们以童男童女去供奉的怪牛，阿喀亭人敬拜熊，阿菲欧琴人敬拜蛇，中国人敬拜龙，可能这些动物都曾是一个部落或部落联盟的图腾。蛇、鼠、猴、牛等动物类和苏摩树植物类，在古印度典籍《婆罗门书》里被描绘为敬拜的对象，也是源于一些氏族部落联盟的图腾。

二、彩陶纹饰与图腾崇拜

20世纪以来，我国考古发掘取得了巨大成就，仅新石器时代遗址就发现了7000多处，为原始宗教的研究奠定了坚实的基础。陶器是新石器时代的象征，它与岩画、玉器等并置于中国史前艺术的殿堂。我国早在约13000年前便发明了制陶技术，是世界上最先烧造和使用陶器的国家之一。陶制艺术的出现基于下面的历史背景：距今约12000年，最后一次冰期结束，全球气候转暖，低纬度冰盖消退，海平面随之升高，东亚大陆的水边缘变成今天的模样。这时，位于中国大陆腹地的长江、黄河、辽河、珠江流域分别产生了新石器文化，它的重要标志是原始农业的兴起、家畜饲养的发展。先民能够通过自己的劳动来生产粮食，从采集天然物产的攫取型经济过渡到生产型经济。这是人类自掌握用火以来又一次伟大进步。农业兴起，带来生产方式、生活习惯等一系列变化。例如，为了提高劳动生产率，火耕转变为锄耕，磨制石器大量出现。又例如，氏族定居及集约型经济产生，或为方便炊煮稻粟类食物等原因，陶器进入原始先民生活，其过程可能是，原始先民发现编织的容器涂上黏土可以耐火，而被火硬化了的陶器皿又可以盛水，一系列启示促进了陶器的发明与制造。

根据考古材料，种植稻粟的东方较之种植小麦的西方，陶器出现得更早。地处东亚或东北亚的中国、日本、俄罗斯、蒙古都发现了距今约10000年前的陶器。中国长江中游的湖南道县玉蟾岩、江西万年仙人洞及华北桑干河畔的河北阳原虎头梁，是已知中国最早的陶器出土地，距今约13000年。但直到原始农业出现以后，氏族的经济形态和生活方式真正改变，历史才进入陶器时代。这一发明标志着人类新石器时代的起始，成为贯穿这个时代始终的重要标志。陶器由于其自身具有的特性和优点在当时被广泛运用，不仅极大地改变了先民的生活方式，更记载了新石器时代的经济、文化、宗教、民族、国家起源以及气象、地理等方面的状况，是我们研究古代社会历史原貌不可多得的珍贵资料。

陶器是将具有可塑性的黏土，经水湿润后，成型，干燥，在600~900℃的温度中烧造而成的坚固的制品，制陶是人类最早通过物理变化和化学反应使物体的本身发生质变的一种创造性活动。中华民族是世界上最早掌握制陶技术的民族之一，在《逸周书》中就有"神农耕而作陶"的记载，其后又有"舜陶于河滨""宁封子为黄帝陶正""女娲抟土造人"等传说，并称黄帝时代就有了专门掌管制陶的官员"陶正"，而将制陶归于神农时代，完全符合现代科学对制陶史的认识，这无疑是世界制陶史上最早的关于制陶的最可信的文字记录。

近年来的考古发现及研究成果越来越清楚地证明，我国古代的记载与传说是有一定现实根据的。从河南省密县莪沟、新郑裴李岗，河北磁山，浙江余姚河姆渡等遗址的考察及研究中可以断定，这些遗址所反映的生产水平已脱离了农业生产的初级阶段，制陶已是较为普遍的生产活动之一。①

那些著名的制陶遗址，如半坡、大河村、河姆渡、大溪、马家浜、良渚、大汶口、泉护村等，大都位于河滨阶地上。这里沉积土厚，靠近水源，适于定居，便于农耕，正是制陶的良好场所，这与"陶于河滨"的记载非常相符。

显然，陶器不可能是神灵对人类的恩赐，它必定是远古先民的劳动、经验与智慧凝合而产生的结晶。陶器的发明与很多因素有关，先民对黏土的认识、火的利用、贮存的需要、农业生产和定居生活的发展，都极大地促进了陶器的发明。陶器的发明对远古人们

---

① 梅福根，吴玉贤.七千年前的奇迹——我国河姆渡古遗址[M].上海：上海科学技术出版社，1982.

西安半坡地貌图　采自《中国美术史》

的生产、生活及社会组织产生了深刻的影响，使社会经济形态从采集、渔猎为主过渡到以农业（包括牧业）为主，推动人类社会从"蒙昧时代"进入"蛮荒时代"，体现了人类对水、土、火的认识和把握，开启了民族传统文化的先河，为以后的建筑、雕塑与工艺美术等奠定了基础，是新石器人类文明发展的重要标志。

陶器艺术包括两个方面：一是陶器装饰，即装饰纹样；二是部分肖生造型的陶器和陶塑，即雕塑。陶器的功能首先为实用，这是毫无疑问的。肖生造型的陶器和陶塑更富于精神属性，但也属于原始宗教用器，与陶器纹饰相仿，也有特殊的功能。红山文化遗址出土的彩陶器形主要有钵、碗、盆、罐和壶等，其特点鲜明，多是在细泥红陶上以黑彩绘出纹饰，敷彩面一般较大，占到陶器表面的大半。红山文化彩陶纹样基本都是几何形，纹饰以菱格纹、钩旋纹和叠弧纹最有特色，还有并行斜线纹、平行竖线纹、并列三角纹和类似花瓣纹等。它们以直线和弧线为图案的基本元素，纹饰朴实简洁，构图对称均衡，讲究色块对比，采用衬托手法表现纹饰的互映效果。

一部中国远古文明艺术史几乎就是一部陶器纹样史。除了具有浓郁的艺术表述情结的岩画，当时的陶器、玉器的艺术属性与价值主要由其上所描绘、刻划、琢磨、铸造、镶嵌的装饰纹样来体现。许多人类学家和艺术史家认为原始纹样的意义几乎都与图腾崇拜、祖先崇拜、灵物崇拜等宗教信仰有直接关系，都有象征之物、代表之义。人类最初的艺术以其笃诚的、服务于现实的精神确立自身，而每一个民族的审美价值取向则在其中生发。贡布里希在他的《秩序感：装饰艺术的心理学研究》里举出西方的一些例子，证明装饰纹样具有象征的功能。[①]

[①] 贡布里希.秩序感：装饰艺术的心理学研究[M].杨思梁，徐一维，译.杭州：浙江摄影出版社，1987.

古器装饰纹样主要是人类审美需求的一种表现，这种观点在20世纪以前比较流行，在美学上也似有一定合理性。但是，对于先秦古器上的纹样，尤其是史前或文明初始时的器物装饰图案来说，这种将审美意识置于第一位的说法就不尽然了。因为原始民族的各种装饰及文明早期的器物装饰都不是纯粹从审美动机出发，而是基于实际的目的。实现实际的目标是艺术的主要动机，审美要求只是满足次要欲望而已。①张光直甚至指出，先秦青铜器装饰纹样的功能是攫取政治权力的手段。②换句话说，中国青铜艺术首先是为攫取政治权力而产生、而存在的。这一判断对史前陶器同样适用。

同样，古代中国典籍里也有类似关于部落的标识——纹样的记载。我们可以从这些记载中知晓装饰纹样的图形，并理解它的意义。纹饰是一种象征性的文化符号，作为中国传统文化的重要组成部分，其贯穿于中国历史发展的整个过程，贯穿于人们生活的始终，反映出不同时期的风俗习惯。从原始社会简单的纹样到奴隶社会简洁、粗犷的青铜器纹饰，再到封建社会精美繁复的花鸟虫鱼、飞鸟走兽、吉祥图案纹样，都凝聚着相应时期独特的艺术审美观。图腾、岩画、陶瓷品、石雕、画像石、画像砖及其他工艺品给我们留下了极其丰富的图案艺术遗产。

根据考古资料，中国半坡氏族公社时期是图腾崇拜最发达的时期。位于西安市以东的半坡遗址是一个典型的母系氏族公社村落遗址，属于新石器时代仰韶文化。现存面积约5万平方米，分居住区、制陶区和墓葬区3个部分，发掘面积为10000平方米，共发现房屋遗址46座、圈栏2座、储藏物品的地窖200多个、成人墓葬174座、小孩瓮棺葬73座、烧陶窑址6座，以及大量生产工具和生活用品。当时的人们已经学会了喂养家畜和种植庄稼，他们还用鱼叉或鱼钩捕鱼，用纺轮制作麻衣。半坡人制造的彩绘陶器形状各异，表面用赭色、黑色等颜料绘成动植物或几何形的花纹。

仰韶文化首先发现于河南渑池县仰韶村遗址。遗址地势北高南低，呈缓坡状，遗址东西两侧各有深沟，北依韶山，东、西、南三面环水，南北960米、东西480米，面积约36万平方米。聚落房子朝向中心广场的统一布局，表明当时维系氏族团结的血缘纽带根深蒂固。这些与母系氏族社会组织的特征是相吻合的。生产工具、生活用器以陶器为主，共3000余件，100余种。最为珍贵的是半坡时期的彩陶花纹和刻划符号，均有很高的艺术价值。其特点是彩绘艳丽、形态奇特、花纹齐全。姜寨先民用各种颜料在石砚上磨成粉拌好，然后在陶器上绘成各种图案。由此可见，绘画早在母系氏族时期就有了，彩绘图案有人面纹、鱼纹、几何纹、网纹、鸟纹等几十种饰纹。有刻划符号的陶器102件，这些符号就是当时信息交流、语言沟通的文字。陶具类型比较奇特的形状有凹底、尖底、圈足形瓮、罐，有曲腹碗、钵、双唇口尖底瓶、鸡冠耳罐、双耳高档三袋足鬲、釜形三足斝、三耳罐

---

① 格罗塞.艺术的起源[M].蔡慕晖，译.北京：商务印书馆，1984.
② 张光直.美术、神话与祭祀[M].郭净，译.沈阳：辽宁教育出版社，2002.

尖底彩陶罐　陕西北首岭遗址出土　采自《中国美术全集》

船形壶　半坡文化类型　采自《中国美术全集》

等30余种。这些陶具在制作上不断有所突破创新，形成了千奇百怪的既有使用价值又有观赏价值的用品。

仰韶文化遗址出土的大量彩陶，形象地反映了上古先民的精神文化生活。这些彩陶器型优美，表面用红彩或黑彩画出绚丽多彩的几何形图案和动物形花纹，其中人面形纹、鱼纹、鹿纹、蛙纹与鸟纹等形象逼真生动。出土的不少彩陶器为艺术珍品，如水鸟啄鱼纹船形壶、人面纹彩陶盆、鱼蛙纹彩陶盆、鹳衔鱼纹彩陶缸等。这些珍稀的原始宗教艺术正是原始道教符箓的前身。横阵村墓地遗址半坡时期的墓地出土有饮食器钵、碗、盆、盘、杯等，有汲水用具小口尖底瓶，有盛储器陶罐等。这些器皿造型美观，有的表面还绘有彩色的几何图案，色彩和谐，古朴优美。遗址中出土的龙山文化时期的陶器783件。有炊具鬲、甑，饮食器壶、单耳罐、双耳罐等，并出土有骨器、蚌器、石器。① 龙岗寺遗址半坡时期墓葬423座，出土了人面壶、彩陶罐、船形壶、兽头尖底瓶、人头彩陶壶等文物3000余件。②

半坡遗址中的大量绚丽多彩的陶器，其图案多绘在盆、钵、罐、细颈壶上，小口器多绘在肩、腹和口部，直口器多绘在外壁或口缘外侧，大口器多绘于器内壁。绘画图案古朴、简练，可分两大类。第一类为像生图案，如张口作吞食状的鱼、悠闲的鹿、搜索食物的蛙等动物纹，还有植物纹。这些像生图案同史前人类的生活息息相关，形态生动的动植物纹样是农耕和渔猎生活的反映。第二类为几何图案，有三角纹、方格纹、编织纹等，这类图案多在钵、罐、盆、壶类器皿外壁上部，许多钵类器口缘外侧绘黑色宽带纹，部分大口浅腹器皿的彩陶图案多绘在内壁上，小口器的图案则绘在口唇和肩腹部，多数图案清晰，笔画疏朗，这些几何图案中，三角纹由鱼纹图案变化而来，波折纹则是山或水的写意。③

姜寨大陶埙和小陶埙均出土于二期文化层中的358号墓。其中大陶埙通高6.6厘米，暗红色，上端有一个吹孔，无音

二音孔陶埙　姜寨遗址出土　西安半坡博物馆藏

---

① 中国社会科学院考古研究所陕西工作队.陕西华阴横阵遗址发掘报告[M]//《考古》编辑部.考古学集刊　第四集.北京：中国社会科学出版社，1984.
② 陕西省考古研究所.龙岗寺　新石器时代遗址发掘报告[M].北京：文物出版社，1990.
③ 中国科学院考古研究所，陕西省半坡博物馆.西安半坡：原始氏族公社聚落遗址[M].北京：科学出版社，1963.

鸟鱼纹　彩陶仰韶文化史家类型　采自《中国图案大系》

孔；小陶埙通高5.45厘米，暗红色，上端有一个吹孔，无音孔；还有从另外一墓出土的唯一一件二音孔陶埙，陶质坚硬，形似蜜桃，颜色褐红，通体饰有陶拍打出的细绳纹。值得注意的是，同时出土的还有一件卵形陶响器，其长度为5.75厘米，高3.05厘米，非常别致。像这样在同一遗址同时出土的古代不同乐器实物当属罕见。

姜寨遗址出土文物的数量之大和品种之多也是前所未有的。出土的上万件文物大致可分为四大类型、200多个品种。四大类型是：生产工具类、生活用品类、装饰品类、殉葬品类。从这里，先民摆脱了茹毛饮血的时代，开始了原始农业和家禽饲养，发明了烧陶、编织、防御、挖窑穴、造房屋、绘画、装饰等技术，把人类文明向前推进了一大步。原始先民有了立体建筑与平面布置的意识和基本能力，对自然界的认识已经从第一感觉进入了大脑思维的较高层次阶段。①

史家村墓地遗址，位于陕西渭南市城区南约15千米的史家村，面积约2万平方米，1976年由西安半坡博物馆进行发掘，发掘面积250平方米，揭露出一处半坡时期墓地。清理墓葬43座，其中40座为多人二次合葬，每墓合葬者一般为20人左右，最多的达51人。多数墓中都发现了以陶器为主的随葬品，也见到少量的生产工具。陶器以手制为主，即泥条盘筑法成型，一些精美器物成型后用慢轮修饰。按使用的需要，饮食、汲水、盛物等器多为泥质陶，有泥质红陶、泥质灰陶、泥质黑陶等，作炊器和盛器的为夹砂陶。陶器的种类和特征与半坡类型相似，出现最多的器物有钵、盆、瓶、壶、罐、瓮等。钵类有平底钵、敛口圜底钵；盆类有卷沿弧腹圜底盆；瓶类有小口溜肩尖底瓶、葫芦形瓶；壶类有细颈壶；罐类有四鼻罐、侈口折颈罐、鼓腹平底罐等；瓮类有大口深腹瓮等。陶器装饰中，用刻划、拍印、堆贴等手法做出的花纹与半坡类型一样，彩绘花纹在半坡类型基础上增加了圆点、弧线组成的几何图案和鸟鱼合璧的动物图案，制作工艺和艺术水平在半坡类型的基础上又有提高。史家村墓地的文化性质有半坡和庙底沟时期的双重特点，有的研究者或将它归入"半坡类型"，或单独命名为"史家类型"。②

庙底沟遗址，位于河南三门峡陕州古城南，总面积24万平方米，是一处仰韶文化和早期龙山文化遗址。发现房屋3座、灰坑194个、窑址11座、墓葬156座，出土的陶器等文化遗物十分丰富，彩陶曲腹钵与曲腹盆、双唇尖底瓶、鼓腹罐、釜、灶为代表的陶器群所具有的鲜明特色，使它成为仰韶文化繁荣时期的代表性遗址。

2002年，河南省文物考古研究所、三门峡市文物考古研究所以及郑州大学考古专业的考古科研人员组成了联合考古工作队，对庙底沟遗址又进行了一次大规模的抢救性发掘。在已发掘的1.6万平方米的范围内，已发现的遗迹有房基5座、灰坑700余座、陶窑10余座、墓葬近200座；出土的遗物也极其丰富，陶器、瓷器、骨器、石器、铜器等比比皆是，一些

---

① 西安半坡博物馆，等.姜寨——新石器时代遗址发掘报告[M].北京：文物出版社，1988.
② 巩启明.陕西渭南史家新石器时代遗址[J].考古，1978（1）.

涡纹曲腹盆　庙底沟文化类型　采自《中国美术全集》

猪纹钵　河姆渡文化类型　采自《中国美术全集》

筒形瓶　大溪文化类型　采自《中国美术全集》

彩陶曲腹盆、曲腹钵、双唇口尖底瓶等庙底沟一期文化代表性器具都重现人间。由条纹、圆点纹、三角纹等组成的彩绘图案纷繁复杂，精美无比。灰坑内精美的骨器、石器等数量众多。①

河姆渡遗址出土的文物遗存具有数量巨大、种类丰富的特点，为研究距今七八千年的氏族公社繁荣时期人们的生产、生活情况提供了比较全面的材料。如两次发掘出土的陶片有40万片之多，用同样的发掘面积作比较，为其他新石器时代遗址所不及。又如出土的纺织工具有纺轮、绕纱棒、分经木、经轴、机刀、梭形器、骨针近10种，根据这些部件，可以复原当时的织机，其他的遗址则没有这么具体。它的文化特色主要还在稻作农业、干栏式建筑、纺织和水上交通方面。

大溪遗址的陶器大部分是晚期墓的随葬品。陶器以红陶为主，普遍涂上红衣，盛行圆形、长方形、新月形等戳印纹，纹饰多为红陶黑彩，如口索纹、横人字形纹、条带纹和漩涡纹，主要器形有釜、壶、斜沿罐、小口直领罐、盆、豆、钵、圈足碗、筒形瓶、曲腹杯等。当时的制陶技术已经有了很大的提高，在陶土中添加掺合料已经非常普遍，因此夹炭、夹砂、夹蚌、夹草木灰、泥质、细泥等多种陶质均有出现；陶色方面也色彩纷呈，有红陶、橙黄陶、白陶、灰陶、酱陶、褐陶、红彩、黑彩、酱彩等多种着色和涂刷陶衣的技术；陶器的纹饰有绳纹、刻划、戳印、镂孔、压印、篦点、叶脉、水波等多种装饰手法；在烧制方面已经有了专门的陶窑，这个时期的陶窑有窑炉、火堂、窑床、烟囱等较为复杂的结构，这都反映了制陶技术的进步。当时一些彩陶或薄胎细腻红、黑陶器已经成为某种特定的产品，流通于聚落和社团之间。聚落之间或许已经出现了早期的贸易交流，贵重物品的远距离交换也已经出现，如城头山遗址所出土的玛瑙璜、玉玦、绿松石坠或许就是远程贸易而来的。与此同时，大溪文化的白陶、彩陶也向外传播，遍及岭南及长江流域。这些物品既是当时人们与外界联系交往的证据，同时也为研究当时的贸易提供了参考。长江流域的大溪文化遗址曾发现用鱼陪葬的现象，有的把鱼摆放在死者身上，有的把鱼放在死者口边，还有的把鱼放在死者两臂下，更为典型的是有的死者口咬两条大鱼尾。② 这种现象表示大溪人可能把鱼作为氏族的一种图腾标志。

良渚文化的陶器已普遍采取快轮成型的方法，各种陶器造型优美，胎质细腻，器壁厚薄均匀，火候较高。当时已极少制作彩陶，常在器表用镂刻技巧加以装饰。一般的器物突出部位刻划有精美的花纹图案，既有形态生动的鱼、鸟、花、草等动植物，也有线条纤细、结构巧妙的几何形图案。上海青浦福泉山和江苏苏州草鞋山出土的良渚文化陶鼎，在

---

① 中国科学院考古研究所.庙底沟与三里桥[M].北京：科学出版社，1959；樊温泉.河南三门峡市庙底沟遗址仰韶文化H9发掘简报[J].考古，2011（12）；卜工.庙底沟二期文化的几个问题[J].文物，1990（2）.
② 四川长江流域文物保护委员会考古队.四川巫山大溪新石器时代遗址发掘记略[J].文物，1961（11）.

黑陶壶　良渚文化类型　采自《中国美术全集》

彩陶盆　大汶口文化类型　采自《中国美术全集》

丁字形足部镂以新月形和圆形的孔，器盖、盖钮及器身则精细雕刻着圆涡纹、蟠螭纹图案。带盖的贯耳壶有的厚度仅1～2毫米，上面也分别细刻着繁复的圆涡纹、编织纹、曲折条纹、鸟形纹、蟠螭纹等纹饰。有一些陶器把手上附加的编织纹饰竟是用细如丝线的泥条编叠粘贴而成，足见其制作之精良。

高脚杯　屈家岭文化类型
采自《中国美术全集》

大汶口文化以一系列特点鲜明的陶器为主要特征。以夹砂陶和泥质红陶为主，也有灰陶、黑陶，并有少量硬质白陶。泥质陶器上常饰镂孔、划纹，有彩陶和简单的朱绘陶。砂质陶器上少数附加有堆纹和篮纹。三足器、圆足器发达，也有平底器、圜底器和袋足器。典型器物为觚形器、釜形器、钵形器、罐形器、镂孔圈足豆、双鼻壶、背壶、宽肩壶、实足鬶、袋足鬶、高柄杯、瓶和大口尊等。早期的陶器以夹砂红陶和泥质红陶为主，灰陶和黑陶的数量较少。陶器的制作以手制为主，轮修技术已普遍使用。纹饰有弦纹、划纹、乳钉纹、绳索纹、附加堆纹、锥刺纹以及指甲纹等。彩陶数量增多，且花纹繁缛，其中圆点、弧线以及勾叶纹与仰韶文化庙底沟文化类型相似，可能受到了仰韶文化的影响。中期以夹砂红陶的数量最多，次为泥质黑陶和灰陶，泥质红陶和夹砂灰陶的数量最少。中期的陶系和早期的区别是泥质红陶数量的减少和泥质黑陶、泥质灰陶数量的增多。中期还出现了一些火候较高，质地较为细密的灰白陶。陶器的制作手法以手制为主，轮修比较普遍，一些小型的器物已经开始轮制。陶器以素面为主，部分器形表面磨光，有繁缛的编织纹图案，有少量的彩陶。晚期的制陶业已经有了较大的发展，轮制技术已用来生产大件陶器。烧窑技术有了改进，烧制出薄胎磨光黑陶，胎厚仅1～2毫米。通过提高窑温，烧出薄胎、质硬、色泽美的白陶、黄陶和粉色陶器。大汶口文化晚期的陶器以灰陶最多，次为黑陶和白陶，出现了大宽肩壶、瓶等新器形。中期已经出现了仿兽型陶器，在晚期又有了创新。彩陶到晚期有所减少，但仍有纹样复杂的多色陶器。

屈家岭文化因1955—1957年发现于湖北京山屈家岭而得名，存续年代约为公元前3300—前2600年，是新石器时代的一处文化遗产，为长江流域古文化的典型代表之一。主要分布在湖北，北抵河南省西南部，南界到湖南澧县梦溪三元宫，在重庆巫山大溪文化遗址也发现了个别屈家岭文化的典型陶器高圈足杯碎片。在建筑遗迹的红烧土中发现有稻壳印痕，经鉴定为人工栽培的粳稻。居民还饲养家畜，兼事渔猎。生产工具有磨制的石斧、石锛、石镰、石镞和打制的凹腰石锄及彩陶纺轮等。出现了大型分间房屋建筑，这种建筑一般呈长方形，里面隔成几间，有的呈里外套间式，有的各间分别开门通向户外。地面用红烧土或黄砂土铺垫，以便隔潮，表面再涂白灰面或细泥，并用火加以烘烤使之坚硬。大者长14米，宽5米余，室内面积达70平方米。屈家岭文化的陶器多为手制，但快轮制陶已普及。器表光洁，似经过打磨。陶系以泥制为主，夹砂陶较少；陶色以灰色为主，黑色次之，另有少量红陶及橘黄色陶。陶器器表多素面，有纹饰的较少，纹饰常见弦纹、篮纹、瓦棱纹及镂空装饰。彩陶的绘制方法有特点，作笔有浓淡，不讲究线条，里外皆施彩。陶衣有红、白等色，施加陶衣后用黑色或赭色彩绘出带形纹、网格纹、圆点纹和弧三角纹。另有较多的彩陶纺轮，其横截面有椭圆形、长条形等，纺轮上先施米黄色陶衣，然后彩绘出几何纹、漩涡纹、平行线纹、同心圆纹、卵点纹和短弧线纹。器形可辨者主要为陶纺轮、陶杯、陶鼎、陶簋和陶罐，有高圈足杯、三足杯、圈足碗、长颈圈足壶、折盘豆、盂、扁凿形足鼎、甑、釜、缸等，以蛋壳彩陶杯、碗最富代表性。

龙山文化遗址由桐林遗址、董褚遗址、大蓬科遗址和于家庄遗址四大主要遗址与其他遗址组成。桐林遗址出土遗物有罐、鼎、甗、鬶、盆、碗、杯、豆等陶器，鼎、甗器之足，多做成鸟喙形。陶杯多仿竹节式，壁薄且轻，胎质细腻，釉质光亮。其中有极为少见的高38.5厘米、口径30.3厘米的夹砂陶鬲，有迄今为止全国最大的高达116厘米、口径44厘米的灰陶甗。藤花落龙山文化遗址位于连云港市经济技术开发区中云乡，是我国目前发现的50余座龙山文化遗址中保存最完整的、最适宜作聚落形态考古的大遗址，其中一座"回"字形大房址有110平方米，可能是一个与宗教、祭祀、集会有关的场所。出土石

三足黑陶鼎　龙山文化类型　采自《中国美术全集》

黑陶刻纹盖罐　崧泽文化类型　上海博物馆藏

器、陶器、玉器、碳化稻米、木桩以及各类动植物标本2000余件。丁堰堆龙山文化遗址发掘了大量陶片、器物，其中灰陶较多，而且胎质细密，烧制火候高；红陶相对较少，胎质疏松，烧制火候低。灰陶采取轮制法，器表光滑，并装饰有绳纹、弦纹等；红陶是手工制作，器表较粗糙，素面。但无论是灰陶还是红陶，器物都是平底，未发现圈足、袋足器。

　　崧泽文化遗址位于上海市青浦区崧泽村，是新石器时代遗址，距今4900～5800年，分布范围大致在长江以南、钱塘江以北、太湖以东地区。遗址中发现了距今6000多年以前马家浜文化时期人工堆筑的祭坛，证明距今4000多年前祭奠祖先或神灵等礼仪活动极其盛行。发现了人工培植的籼稻和粳稻的谷粒，证明了青浦地区的先民在距今6000年左右已掌握了水稻种植技术。崧泽文化陶器制造技术较前有很大的提高，而且十分讲究造型和装饰，使器物具有浓厚的艺术气质和神韵。在造型上，充分运用适当处理的弧线、折线，器型繁多，各不相同，成为崧泽文化陶器的显著特征之一。如器型有圆球形、扁圆形或葫芦形、塔式形和动物形等。仅鼎足就有扁凿形、圆锥形、扁方形、三角形、凹弧形、扁铲形和角尺形等，有的在足根上捺两个凹眼，作兽脸形；有的足根外拐，人跨立；有的将边侧捏成波浪形；也有的在外向的足面中间加一条锯齿堆纹。豆类的把手亦多种多样，有的作喇叭形，有的似灯台的支座，有的呈迭珠形，弧曲多变。崧泽陶器的圈足很有特点，往往剔刻成花瓣形，或分割成三块扁足。器盖的捉手顶端也作艺术处理，多有弧线或三角形的类似小兽的凸起装饰。器耳则制成各式鸡冠形，有的甚至是鸟首形。器表的装饰方法有刻划、镂孔、附加堆纹和彩绘等多种。刻划的纹样最常见的是弧线往来穿插的几何图案，形似藤竹编织，优美规整。总之，崧泽文化的陶器不仅器型种类多，还尤其讲究造型和装饰艺术。器型有釜、鼎、罐、豆、壶、瓶、觚、杯、盆、匜等。鼎的形制多样，有釜形、深钵形和盘形等。器表装饰盛行堆纹、压划纹、彩绘和镂孔等技法。近年在浙江嘉兴崧泽文化遗址出土的一批特殊造型的陶塑已引起考古界的关注，继1990年嘉兴大坟遗址出土人首陶瓶之后，近年来在嘉兴雀幕桥遗址、南河浜遗址出土了一批以往从未面世的陶器，如灰陶壶、黑陶盖罐、人头瓶、塔形壶、鹰头壶、鸟型三足盉、六足陶龟、兽面钟形壶及形制各异的器盖和器座等。

大地湾一期文化遗迹中出土的三足钵等200多件彩陶，是中国迄今发现时间最早的一批彩陶。在这批距今约8000年的紫红色彩陶上，共发现了十几种彩绘符号，图案虽还不太完整，却将中国彩陶制造的时间上推了1000多年。二期出土的人头型器口彩陶瓶，通高31.8厘米，瓶口是一个罕见的人头形状的雕塑，其形状象征母亲的腹部。整件陶器融造型、雕塑、彩绘艺术于一体，被认为是中国史前雕塑艺术的代表性作品之一。

大地湾一期文化遗迹中还出现了很多带有彩绘符号的陶片，这些符号归纳起来有十余种，被绘在人们经常使用的生活用品上。这些介于图画和文字之间的彩绘符号，为中国文字起源提供了极为重要的资料和线索。从新石器时代到商代晚期，已出土的陶文以大地湾陶文为最早，大约距今7800～4800年。大地湾遗址出土的陶器上发现的10多种刻划符号，有类似水波纹状的，有类似植物生长的，还有以直线和曲线相交形成的纹饰等。这些介于图画和文字之间的彩绘符号，在年代上早于半坡的刻划符号千年以上，又与仰韶文化时期种类逐渐增多的刻划符号有着非常密切的联系，甚至有些刻划符号与半坡的完全一致，这无疑为中国文字的起源提供了极为重要的资料和线索。郭沫若曾指出："彩陶上的那些刻

绳纹碗　大地湾文化类型　采自《中国美术全集》

符号　大地湾文化类型　采自《中国美术史》

划记号，可以肯定地说就是中国文字的起源，或者中国原始文字的孑遗。"①

马家窑文化原称甘肃仰韶文化，它晚于仰韶文化，是于公元前3800年前后出现的另一种新石器文化，前后延续了约1800年，东至陇东山地，西到河西走廊和青海东北部，北至甘肃北部、宁夏南部，南到甘南和川北，以陇西平原为中心。马家窑文化的彩陶制作技术特别发达，所出陶器中，彩陶数量约占20%～50%，而随葬品中的彩陶有的约占80%。这些彩绘风格繁丽，成为马家窑文化的重要特征。而且单件器物上的彩绘部分，远远超过其他文化彩绘的面积，许多细泥陶的外壁和口沿都布满了花纹，不少大口径器物里面和夹砂的炊器上也加以施彩。初期的石岭下类型陶器彩绘，分几何纹样和动物纹样两种，几何纹有波浪纹、垂弧纹、锯齿纹等，动物纹有鲵鱼纹和鸟纹。石岭下类型彩陶的典型图案是上为变体鸟纹、下为变体鱼纹的分列同组，另外还有一种由鸟纹与鱼纹共首而同构的纹样也比较典型。

马家窑类型是在石岭下类型的基础上发展起来的，一般在橙黄色陶器上描绘黑色花纹，但纹饰较石岭下类型复杂。至中期，彩绘工艺有了很大进步，此时的陶器表面打磨光滑，浓重的黑彩画在细腻的器表，光彩动人。由于有些器物腹部变宽，这时陶器的图案除了分层排列的格局，有的竟演化为通体彩绘。纹样的风格也繁复多变，常以柔美流畅的弧线构成旋转的图案，旋转的纹样是马家窑文化彩陶的重要形式。除了上述纹样，还有一些

---
① 郭沫若.古代文字之辩证的发展[J].考古，1972（3）.

漩涡纹尖底瓶　马家窑文化类型　采自《中国美术全集》

双耳彩陶罐　马家窑文化类型　采自《文物中国史》

旋形纹彩陶罐　马家窑文化类型　采自《中国图案大系》

符文灰陶罐　大汶口文化类型　采自《中国美术史》

第三章｜中国的原始宗教（一）

可能为神异或者动物的图案，因有不同判断，故命名殊异。但其中有一件绘有人面鱼纹的陶盆，显然来自仰韶文化半坡类型的艺术传统，著名的群人舞蹈图像也出自这一类型的青海大通遗址。

马家窑文化陶器纹样饱满，内彩发达，善于运用曲线，其中以螺旋纹最富特色。螺旋纹大体有三种形式：一种是同心圆不断向外扩大；一种是弧线由中心点向外旋转；一种以点为中心，呈多方向向外旋动，富于流动韵律。半山类型彩陶多以锯齿形纹饰为图式，但形式多样，另有漩涡纹和水波纹等，其中漩涡纹为多见。半山类型彩陶纹样设计规整，富丽堂皇，不论正视和俯视，陶器的图案都会呈现完整的视觉效果。马厂类型出土的完整陶器有10000余件，数量远超于其他类型，其中彩陶占了很大比例，其纹样图案主要为几何形，还有蛙纹、人形和人面纹。人形和人面纹是这个类型的特点。①

该陶罐上刻有类似"日月山"的符号，李学勤先生将其释为"炅山"，"炅"是太阳的光芒，"炅山"指太阳升起的地方。② 因此可以推定，东夷民族的主体以鸟、太阳、月亮、扶桑为图腾体系。其中鸟为主图腾，并与太阳有紧密的关联。或者说有的情况下，鸟就是太阳，太阳就是鸟。东夷原始艺术的装饰特点，随着东夷民族向西发展，其鸟与太阳等同的理念，被中原同样崇拜太阳的华夏族所接受，并装饰在器物上。

三、鸟鱼纹饰与图腾崇拜

大约在6000年前，陶器上出现了最早的象形纹饰。其时彩陶宽带纹饰已延续了近千年。据考古材料可知，象形纹饰在世界早期彩陶中占较大比重，但随着彩陶数量的增加，几何纹饰发展起来，并愈来愈居于主导地位，而象形纹饰却逐渐衰败了。即使在占较大比重的早期彩陶中，象形纹饰也不超过总数的10%，其实际数量很少。③

宝鸡北首岭是象形纹饰分布比较集中的村落遗址，出土各种完整陶器986件（包括修复的），其中只有4件绘有鱼、虫、鸟。在较晚的青海柳湾墓地中，1500座墓地共出土各种陶器（包括修复的）15135件，残片不计其数，彩陶占三分之二以上，其中连一件绘有象形纹

---

① 中国大百科全书总编辑委员会《考古学》编辑委员会，中国大百科全书出版社编辑部.中国大百科全书·考古学[M].北京：中国大百科全书出版社，1986：304.
② 李学勤.新出青铜器研究[M].北京：文物出版社，1990：6.
③ 据《西安半坡》《庙底沟与三里桥》《青海柳湾》等报告，目前已发掘的早期制陶遗址遗物中，彩陶数量不超过陶器总数的10%；在象形纹饰出现较多的遗址中，象形纹饰器物的数量，还不及彩陶器物数量的10%。

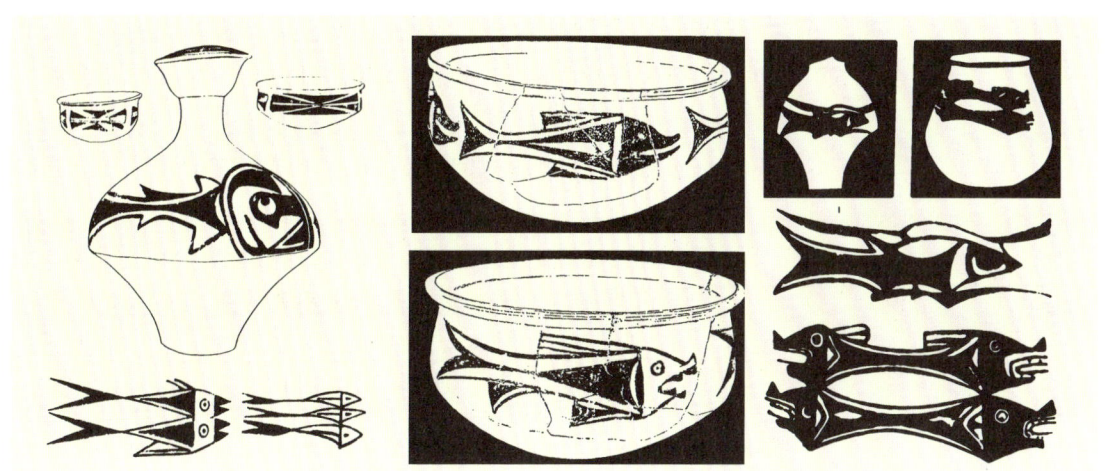

鱼纹彩陶器　仰韶文化半坡类型　采自《中国图案大系》

饰的陶器或陶片也没有发现。①尽管迄今发现的象形纹饰为数不多，而且仅限于鱼、蛙、兽、犬、虫、鸟等几种形象，但是它们在中国原始宗教与远古文化中却占有极其重要的地位。

在象形纹饰中，鱼纹、鸟纹、蛙纹是最常见的动物形象；其次还有鲵鱼纹、鹿纹、狗纹、虫纹等。半坡遗址出土的彩陶上的鱼形花纹是最有代表性的纹饰，不仅数量多，变化大，而且生动逼真。鱼纹的形式大体分为单体鱼纹和复体鱼纹两种。单体鱼纹形态各异。有的鱼身各个部位俱全，头、尾、鳍及身段都画出来，而且比例大体相称。有的口微张、鼻尖翘起，作游水状；有的画出牙齿，目大睁向前张望；有的作嘴尖状，闭目向前觅食，写实性强。有的鱼纹则简化画式，头部、身体由不同的三角形组成。复体鱼纹系由两条或两条以上的鱼组成的图案。有的两鱼平行叠压，鱼身与鱼头合在一起；有的两鱼相叠只有一个鱼头；有的两鱼相叠看不见鱼头。这些纹饰已趋向于图案化了，经过简化之后，成为对称性和动感十分强烈的菱形图案，似乎成为模拟女阴性质的抽象鱼纹。

闻一多先生曾撰写《鱼说》一文，指出中国人从上古起，就以鱼象征女性，象征配偶或情侣。他认为鱼的这一象征意义来源于鱼超强的繁殖能力，而且与原始人类的生殖崇拜和重视种族繁衍直接相关。他说："野蛮民族往往以鱼为性的象征，古代埃及、亚洲西部及希腊等民族亦然。亚洲西部民族尤多崇拜鱼神之俗，谓鱼与神之生殖功能有密切关系。至今闪族人犹视鱼为男性器官之像，所佩之厌胜物有波伊欧式（Boeotian）尖底瓶，瓶上饰以神鱼，神鱼者彼之禖神赫密士（Hermes）之象征也。"②李泽厚指出："像仰韶期半坡彩陶屡见的多种鱼纹和含鱼人面，它们的巫术礼仪含义是否就在对氏族子孙瓜瓞绵绵长久不

---

① 中国社会科学院考古研究所.宝鸡北首岭[M].北京：文物出版社，1983；青海省文物管理处考古队，中国社会科学院考古研究所.青海柳湾[M].北京：文物出版社，1984.
② 闻一多.闻一多全集：乙集[M].上海：开明书店，1948：129.

鲵鱼纹彩陶瓶　仰韶文化庙底沟类型
采自《中国图案大系》

绝的祝福？……汉民族终于成为世界第一大民族，是否可以追溯到这几千年前具有祝福意义的巫术符号？"①

根据考古资料来看，中国半坡氏族公社时期是图腾崇拜最发达的时期。半坡遗址位于西安市以东，是一个典型的母系氏族公社村落遗址，属于新石器时代仰韶文化，距今6000年左右。半坡人已经学会了喂养家畜和种植庄稼。他们还用鱼叉或鱼钩捕鱼，用纺轮制作麻衣，制造的彩绘陶器形状各异，表面用赭色、黑色等颜料绘成动植物或几何形的花纹。庙底沟类型彩陶纹样与半坡类型不同，主要由条纹、涡纹、三角涡纹、圆点涡纹和方格纹组成花带纹，还有鸟纹、蛙纹等。

鸟纹图案在考古资料中非常丰富，从彩绘到陶塑都有鸟的形象。在宝鸡北首岭、华县柳子镇泉护村、华阴西关堡、陕县庙底沟等遗址都分别有鸟纹图像出现。山西芮城大禹渡等处出土的陶片上也发现了鸟纹。鸟的形象多种多样，形态各异，有的似在啄食，有的伫立张望，有的振翅欲飞，有的正在飞翔。

甘肃榆中马家坬出土的马家窑型彩陶罐上的飞鸟纹，鸟身为流线型，鸟羽成圆形，就似正在空中翱翔的形象。鸟纹与蛙纹共生，成为一个显著的特点。鸟纹通常画在瓶或盆的外壁，与漩涡纹组成统一的画面。有时为了使两种纹饰协调，鸟纹本身也往往漩涡化，只剩下头部还保持着鸟的形状。陶器上的鸟纹有很广泛的分布范围，同样，它也是作为灵异符号而不是作为动物装饰在陶器上的。

巫鸿先生在《东夷艺术中的鸟图像》中详尽梳理了河姆渡文化、红山文化、大汶口文化、良渚文化、龙山文化的鸟图像，指出这些文化都是极为发达的，并且具备与同时期中原文化不同的重要特征，如制作精美的玉礼器和在艺术中有大量描述的鸟图像。他说："大约6000年以前，在中国东部沿海称夷或鸟夷的先民中，存在着一种地域性的艺术传

---

① 李泽厚. 美的历程[M]. 北京：中国社会科学出版社，1989：20.

统。这个传统以象牙和玉为珍宝，以这些材料制作的特殊工艺品上流行以鸟为主题的装饰。随着时光的流逝，这种古代传统代代相续，鸟图像继续作为这一地区艺术与传说的中心因素。"①

在中国母系氏族社会晚期文化遗存中，鸟是最常见也是最重要的一种纹样符号，分布广泛，图样繁多。鸟纹首先见于西安半坡仰韶文化的彩陶残片。浙江河姆渡文化遗存中的骨匕和象牙器上刻有双鸟图像，仰韶文化临潼姜寨二期彩陶葫芦上绘有鸟纹，陕西宝鸡北首岭陶壶、陕西华县柳子镇泉护村陶器上绘有鸟纹，河南陕县庙底沟彩陶残片上绘有鸟纹，甘肃榆中县马家坬陶器上绘有鸟纹，等等。

鸟纹彩陶罐　马家窑文化石岭下类型　采自《中国图案大系》

此外西安半坡出土有鸟头形陶器盖钮，河姆渡出土有鸟首形象牙圆雕、鸟首形木器及陶器盖钮，陕西华县柳子镇出土有鹰隼头形残片，陕西华县太平庄出土了一个完整的黑陶鹗鼎。张光直先生说，商周的青铜器物上的花纹、鸟兽之类的纹样是与原始宗教祭祀有关的精灵图像（或形象），是原始巫师在人神之间交通的一种工具。②对原始先民来说，鸟能在空中自由飞翔，具有一种人所不具备的神奇能力，因而对它产生一种崇敬心情，并加以崇拜。这种具有神话性质的崇拜绵延后世，逐渐在人们的观念中生根。

河南临汝阎村出土的一件仰韶文化彩陶缸，其腹部绘有一幅被称为鹳鱼石斧的图画。

---

① 巫鸿.礼仪中的美术：巫鸿中国古代美术史文编[M].郑岩，等译.北京：生活·读书·新知三联书店，2016：16.
② 张光直.商周青铜器上的动物纹样[J].考古与文物，1981（2）.

鹳鱼石斧陶缸　仰韶文化类型　中国国家博物馆藏

左边为一只向右侧立的白鹳,细颈长喙,短尾高足,通身洁白。它衔着一条鱼,鱼的头、身、尾、眼、鳍等部位都用粗线条画得十分简洁分明。由于鱼的体积较大,衔着费力,所以鹳鸟身躯稍微后倾,颈部高扬,表现了动态均衡的绘画效果。① 据分析,这件陶缸可能是一位部落酋长的葬具,即瓮棺。关于这幅图画的含义,大致有三种解读:一为"权力象征说",一为"外婚制标说",一为"男性、男根说"。陶思炎认为,鹳、鱼相连正是两图腾氏族外婚制的标志,石斧是物质生产的象征,鹳鱼是人口生产的象征,它们体现了原始初民生存、生殖两大功利目的。"鸟鱼的相接正是阴阳、男女的相合,其象征作用服务于生殖的目的。"② 鸟与鱼是中国氏族制时代的两大图腾系统,是产生龙凤文化的基础。它们之所以被普遍用为图腾形象,是因为寓意着生命的再生与永续。

鸟鱼纹彩陶瓶　马家窑文化石岭下类型　采自《中国图案大系》

郭沫若先生在论述"玄鸟生商"的神话时说,"玄鸟"旧说以为是燕子,"玄鸟"就是"凤凰"。"但无论是凤或燕子,我相信这传说是生殖器的象征,鸟直到现在都是(男

---

① 中国国家博物馆.文物中国史·史前时代[M].太原:山西教育出版社,2003:149.
② 陶思炎.鱼考[J].民间文学论坛,1985(6).

性）生殖器的别名，卵是睾丸的别名。"[1]中国古文字中的"卵"字源于男根之形，这亦体现了古人对男根的实质性认识，以及对"种"的特别重视，其意义十分重大。正是男根崇拜和对"种"的推重，为以后父系氏族社会的最终确立提供了血缘根据。

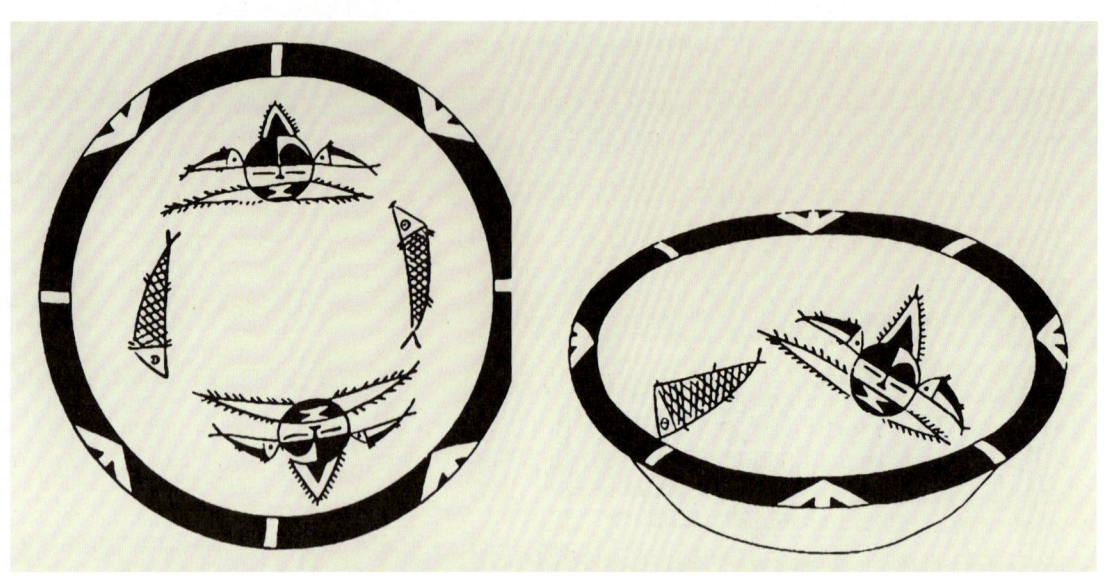

人面鱼纹彩陶盆　仰韶文化半坡类型　采自《中国图案大系》

《说文解字》中说："卵，凡物无乳者卵生。"段玉裁注："凡物无乳者卵生。乙部曰：人及鸟生子曰乳，兽曰产。此云凡物无乳者卵生。按此乳字与乙部乳字义少异。此乳谓乳汁也，惟人及四足之兽有之，故其子胎生。羽虫、鳞虫、介虫、及一切昆虫皆无乳汁，其子卵生，故曰凡物无乳者卵生。然则何以言人及鸟生曰乳，兽曰产也。此乳犹抱也，妪也。《方言》：北燕、朝鲜洌水之闲，谓伏鸡曰抱。爵子及鸡雏，皆谓之鷇。其卵伏而未孚，始化谓之涅。郑注《乐记》曰：以体曰妪。惟鸟于卵，伏之抱之，既孚而或生哺之。有似人之抱哺其子。凡兽之恩，勤逊于是，故以鸟之将子，与人并言。"[2]远古先民对"卵"的崇拜，在新石器时代的彩陶上有鲜明表现。后来这种对"卵"的崇拜便衍生出许多"卵生人"的神话，如商人先妣简狄吞鸟生契的神话、后稷卵生的神话，还有秦人女修生大业的神话。《山海经·大荒南经》："有羽民之国，其民皆生毛羽。有卵民之国，其民皆生卵。"[3]

人面鱼纹最先在半坡遗址类型的彩陶盆上发现，一共出土了七例。之后，又在陕西西

---

[1] 郭沫若著作编辑出版委员会. 郭沫若全集·历史编：第1卷[M]. 北京：人民出版社，1982：328-329.
[2] 丁福保. 说文解字诂林：第14册[M]. 北京：中华书局，1988：13129-13130.
[3] 袁珂. 山海经校注[M]. 上海：上海古籍出版社，1980：368.

安半坡村、陕西临潼姜寨、宝鸡北首岭、汉中何家湾、华阴横阵、陕县庙底沟、河南洛阳王湾、郑州大河村等地的遗址上陆续发现。人面鱼纹由人面和鱼或者鱼的抽象模样构成大体为三角形的图案，往往装饰在陶盆内，它出现在仰韶文化半坡遗址的陶器上。盆内壁所绘人面的两侧各有一条小鱼，鱼以头抵在人的耳部，似对人喁喁私语。人面戴着一尖顶饰物，圆圆的脸，三角形的鼻子，嘴上还衔着两条小鱼。

关于它的含义，国内外专家看法各异，有近三十种解释。其中较普遍的观点有三种：人面鱼纹是当时图腾崇拜的产物；是巫师作法时戴的面具，绘在陶器上的人面鱼纹则是代替巫师主持祭祀活动的专用图案；当时人口增长率很低，人们希望像鱼一样繁衍子孙。在人面鱼纹盆的底部还有两个小圆孔，这是干什么用的呢？原来，当时小孩的成活率不是很高，小孩夭折后，父母会把孩子的尸骨放到一个瓮中，再把这个盆扣到瓮的上面，埋葬在房屋附近。这两个小孔就是为了方便小孩的灵魂自由出入的，说明当时人们已经产生了灵魂不灭的观念。当陶盆盖在瓮棺上，埋入地下时，盆内的巫师便在幽冥世界与夭折的儿童共处一隅，显然是为早逝的儿童招魂安魂。

这些人面鱼纹以其奇妙而神秘的形象组合引起了各种假说和推测，如"鲸面文身"

人面鱼纹彩陶盆纹样　仰韶文化半坡类型　采自《中国图案大系》

说、"图腾"说、"装饰"说、"神话"说、"巫觋"说、"人鱼合婚"说、"婴儿出生图"说、"图案化福字"说；或谓其为祖先崇拜，或谓其为太阳崇拜，或谓其为月亮崇拜，或谓其为权利的象征，或谓其为女阴的象征，或谓其为生命之神的象征。① 在各种假说和推测中，值得注意的主要有"祖先"说、"巫觋"说、"日月"说。安特生、张广立等人则认为，这类的彩绘图案都与祖先崇拜和宗教仪式有关。

张广立等人说："还有人认为半坡人面鱼纹是戴着鱼形帽子的巫师形象，如果从这个角度来看也是半坡人对鱼施加巫术影响所用的面具。"② 与他观点相近的人还有孙作云，他认为人面鱼纹是巫师的面孔，其根据是"人头皆带角，表示他的身份与众不同；此人头像的前额涂黑，并有弯曲空白，整个脸的形状是'阴阳脸'，表示故作神秘，令人莫测高深，或以此表示'阴阳有巫术的用意'。"刘云峰则明确指出："'人面鱼纹'是巫师面具的形象反映，它是代替巫师主持祭祀活动器具上的图案。鱼纹既象征鱼的丰收，还象征人类的生殖繁盛，或许还有驱灾避祸，大吉大利的含义吧！"③ 驱灾避祸是远古巫教艺术最主要的一种功能，几乎所有的作品都是围绕这一主题而展开的。

《山海经》中有关于鱼凫的记载："氐人国在建木西，其为人，人面而鱼身，无足。"④ 有人认为，"人面鱼身"表达的可能是一种图腾标志或族徽之类，说的很可能就是鱼凫王朝，并由此可知鱼凫是属于古代氐族的一支。《山海经·大荒西经》有"有鱼偏枯，名曰鱼妇，颛顼死即复苏"⑤的记述。有学者认为鱼妇也就是鱼凫，其意是说鱼妇为颛顼所化，为颛顼的后代，这与《吕氏春秋》《大戴礼记》《史记》等古籍中所记颛顼与蜀的关系也是一致的。

通过这些记述透露的信息，可知鱼凫氏统治的古蜀国可能有多个部族，属于一种联盟式的酋邦政权，与氐羌和黄帝的后裔都有源远流长的密切关系。刘夫德认为，仰韶文化陶器上的鱼纹和人面鱼纹都是图腾的标志。"鱼纹是月的象征，因此也是月族的图腾。而其'人面'纹和'人面鱼纹'也就是《山海经》中所说的'人面'和'人面鱼身'的月形象。"⑥荆之林认为，人面鱼纹是崇拜生命之神，祈求子孙繁衍和生产丰收的巫术器具。

这些纹样告诉人们，使用这些彩陶的部落可能是以鱼为图腾的，像神话中人首蛇身的伏羲与女娲交缠在一起一样，他们把鱼身与人的面孔组合在一起，从而把鱼神圣化，使其成为部落的图腾标志。王大有、王双有认为：它们皆系炎帝氏图腾徽铭像，在这一时期以大地湾—北首岭—半坡—姜寨—仰韶为中心聚着炎帝——神农氏。他们以太阳、火、鱼（彤

---

① 程金城.远古神韵：中国彩陶艺术论纲[M].上海：上海文化出版社，2001：140.
② 张广立，赵信，王仁湘.黄河中上游地区出土的史前人形彩绘与陶塑初释[J].考古与文物，1983（3）.
③ 程金城.远古神韵：中国彩陶艺术论纲[M].上海：上海文化出版社，2001：143-144.
④ 袁珂.山海经校注[M].上海：上海古籍出版社，1980：280.
⑤ 袁珂.山海经校注[M].上海：上海古籍出版社，1980：416.
⑥ 刘夫德.仰韶文化"鱼纹"和"人面鱼纹"含义的再探讨[J].青海社会科学，1986（5）.

鱼）、牛角（鱼角）复合标志为王族徽铭，与他们相伴为生的还有蛙、龟、鹿等姬姓天鼋（轩辕氏）。①

随着对古代鱼纹研究的深入，半坡文化类型中的人面鱼纹以及其他单体鱼纹与变体鱼纹还另有说法。有学者从文字学的角度指出，上古的鱼图像，具有死而复生的意义，如《小尔雅·广名》："死而复生谓之苏。"《集韵·模韵》："稣，死而更生曰稣，通作蘇。"稣、蘇中均有鱼字。②

如此简洁的一组绘画竟被今人赋予如此丰富的文化内涵，这当是先民无法想象的。因此，无论今天人们的解释多么复杂，但先人将这类人面鱼纹视为神圣的偶像而加以崇拜是

鹰头　陶塑　仰韶文化类型　采自《中国图案大系》

陶鹰鼎，为新石器时代后期仰韶文化时期文物，1957年出土于陕西省华县太平庄一座成年女性墓葬。在已发现的新石器时代陶器中，以鸟类造型的陶器目前仅见此一件。该鼎高35.8厘米，口径23.3厘米，整个容器的造型为一站立的巨鹰。巨鹰体内中空，背上开口为器口，鹰腿作为两个鼎足，鹰尾下垂搭地，构成三足鼎立之势，十分巧妙自然。鹰头微前倾，长嘴勾喙，犀利坚硬；双眼凸突，炯炯有神；鹰腿粗壮有力，身躯丰满结实，体现了雄鹰的孔武、威猛、凶悍。这件鹰鼎雄浑厚重，是祭祀神灵的礼器。

---

① 王大有，王双有.图说中国图腾[M].北京：人民美术出版社，1998：102.
② 韩光兰.颛顼、后稷死而复苏神话解——兼论巫、鱼与生命永恒信仰的关系[J].云南师范大学学报，2001（6）.

可以确定的。自然现象给予先民关于死而复生的启示是简明的，例如蝉蜕、蛇蜕的自然现象，被认为是蝉或蛇转生的过程。以先民对自然现象的认知水平，套应他们的生命观，那么死就是死过去，昏迷也是死过去，而这种"死"是可以复生的，只是暂时的生命现象。《南山经》谓："又东三百里柢山，多水，无草木。有鱼焉，其状如牛，陵居，蛇尾有翼，其羽在鮁下，其音如留牛，其名曰鯥，冬死而复生。"郭璞注："此亦蛰类也，谓之死者，言其蛰无所知如死耳。"① 把冬眠也当作死亡，说明史前人类关于生死的界定只是现象的模糊归纳，不具备科学的意义。当认识到人确实要死，并不是"如死耳"时，中华民族便开始寻求长生不死的办法，于是，新的生死理念产生，仙药出现，仙界形成。

原始时代，鸟形图像的存在比较普遍，不仅存在于黄河流域的史前人类文化遗存中，而且在长江流域的原始遗存中也有普遍发现，可见鸟图腾的崇拜相当流行。河姆渡文化遗址中发现有双鸟朝阳象牙雕刻、鸟形象牙雕刻、圆雕木鸟，甚至骨匕上也刻有双头连体的鸟纹图像。河姆渡文化晚期除了镂孔的陶器，也有以刻纹装饰在陶豆上的组合鸟纹。组合鸟纹的格局说明原始先民对艺术规律的把握已很成熟，豆盘内里中心以虚线与实线组成圆圈，从圆圈的中心向四个方向刻划长颈鸟头。可以意会，四鸟共有一个身体，而鸟头的长喙均朝着顺时针方向，乍看类似一个不断转动的风车。良渚陶器装饰刻纹中有鸟、蛇、鱼等图案，其中鸟纹占多数，有些鸟纹与良渚玉器上的鸟造型一致。一个物象反复出现在这个文化中，可推测这个物象是这个文化特别崇奉的。黔阳高庙遗址发现的有戳印、刻纹的陶器，是沅江流域原始艺术的代表。根据戳印及刻印的痕迹，推测当时使用的工具可能是薄竹片，刻划的图样有波浪、带状、梯形、垂帘、凤鸟、兽面等。图案较为工整，其中凤鸟纹和兽面纹在艺术史以及文化人类学上具有重要意义。凤鸟纹见于数件陶罐、陶盘的颈与外壁上，造型长冠勾喙，羽翼振飞，鸟的翅膀上还画了两个圆圈，考古工作者认为这是光芒四射的太阳，表现凤鸟载日的意义。可见，鸟图腾崇拜在原始人的图腾崇拜中是一种常见的现象。在古代中国南方的民族中，越人的图腾标志主要是鸟。据古籍记载，居住在山东、江苏一带的各种夷人，他们最初也以崇拜鸟为主。

《山海经·大荒南经》记载："有人焉，鸟喙，有翼，方捕鱼于海。大荒之中，有人名曰驩头。鲧妻士敬，士敬子曰炎融，生驩头。驩头人面鸟喙，有翼，食海中鱼，杖翼而行。"② 王大有、王双有认为，《鹳·鱼·石斧图》正是《山海经》中的驩头（驩兜）族的族徽，苗民是其裔，饰三羽三苗即三毛。"大约在距今五六千年前，在黄河中游和长江中游之间生活着驩头族、苗族，他们聚居在以嵩山为中心的大石（太室山）、小石（少室山）族群，恰是在尧、舜、禹时代被迫南迁的一支，成为南方苗族（三苗裔民）的祖先。"③

---

① 袁珂. 山海经校注[M]. 上海：上海古籍出版社，1980：4-5.
② 袁珂. 山海经校注[M]. 上海：上海古籍出版社，1980：378.
③ 王大有，王双有. 图说中国图腾[M]. 北京：人民美术出版社，1998：109.

中国上古宗教的一个特点是借助动物通神。仰韶文化时的先民把鼎塑成鹰形，是希望具有上天落地本领的老鹰，把鼎中的美食和人民的祈愿带给天上的神灵，从而达到赐福免灾的目的。把祭器制成鹰形的做法在商周时期仍然存在，如河南安阳殷墟妇好墓就出有铜鸮尊。商周时期的鹰形铜尊当是与仰韶文化的鹰形陶鼎一脉相承。有的学者还认为这件仰韶文化鹰鼎的造型对上古神话传说中的三足乌产生了重要影响，后代帛画、壁画中的三足乌形象，其母型都可以追溯到这件仰韶文化鹰鼎身上。[①]

远古先民的鸟崇拜有深远的自然、历史和社会原因。鸟是当时人们所知道的飞得最高、最远的动物。鸟的作用十分神奇，由于它与人们的生活可远可近，与自然万物、草木虫鱼能和谐相处，甚至在"鸟"通"日"的传说中还可指代太阳，而为终日雾霭遮蔽的蜀地带来光明，发挥着不同寻常的社会作用。若以仰韶文化庙底沟类型鸟纹为例，并证之于《山海经》，则陕西华县出土彩陶上描绘的飞鸟负太阳图案、山西芮城出土彩陶上装饰的三足乌形象及庙底沟类型其他鸟图案，都是太阳的象征。

《山海经》记载了大量有奇异作用的鸟。小华之山，"鸟多赤鷩，可以御火"[②]。英山，"有鸟焉，其状如鹑，黄身而赤喙，其名曰肥遗，食之已疠，可以杀虫"[③]。梁渠之山，"有鸟焉，其状如夸父，四翼、一目、犬尾，名曰嚣，其音如鹊，食之已腹痛，可以止衕"[④]。北号之山，"有鸟焉，其状如鸡而白首，鼠足而虎爪……亦食人"[⑤]。青要之山，其中有鸟焉，"其状如凫，青身而朱目赤尾，食之宜子"[⑥]。"有五彩鸟三名：一曰皇鸟，一曰鸾鸟，一曰凤鸟。"[⑦]"有玄丹之山，有五色之鸟，人面有发。爰有青鴍、黄鷔、青鸟、黄鸟，其所集者其国亡。"[⑧]"有比翼之鸟。有白鸟，青翼，黄尾，玄喙。"[⑨]"有青鸟，身黄，赤足，六首，名曰䴅鸟。"[⑩]这些具备奇异功能、超凡神力的鸟，在《山海经》等文献记载中大量出现。这些描述中鸟所生存的环境，可以看作有着现实依据的远古先民生活的神话反映。由此可以联想到先民对于鸟的神力的依赖和崇拜。鸟与祖先神联系在一起，鸟"有功列于民者"，鸟的图腾作为氏族神图腾的徽铭与祖先神自然联系在一起了。

图腾崇拜的起源常常和氏族来源的传说结合在一起。在一件传世的商代玄鸟妇壶上镌刻了一幅奇特的画像，古文字学家将其隶定为"玄鸟妇"三字的合文，看上去是一位跪坐

---

① 张道一. 中国图案大系：第一册[M]. 济南：山东美术出版社，1993：150.
② 袁珂. 山海经校注[M]. 上海：上海古籍出版社，1980：23.
③ 袁珂. 山海经校注[M]. 上海：上海古籍出版社，1980：25.
④ 袁珂. 山海经校注[M]. 上海：上海古籍出版社，1980：83.
⑤ 袁珂. 山海经校注[M]. 上海：上海古籍出版社，1980：113.
⑥ 袁珂. 山海经校注[M]. 上海：上海古籍出版社，1980：125.
⑦ 袁珂. 山海经校注[M]. 上海：上海古籍出版社，1980：396.
⑧ 袁珂. 山海经校注[M]. 上海：上海古籍出版社，1980：405.
⑨ 袁珂. 山海经校注[M]. 上海：上海古籍出版社，1980：407-408.
⑩ 袁珂. 山海经校注[M]. 上海：上海古籍出版社，1980：417.

陶鹰鼎　仰韶文化类型　中国国家博物馆藏

玄鸟妇壶铭文　商代

的妇人，其其头上的神鸟正衔着两个鸟卵一样的东西，它显然跟《史记·殷本纪》中所说的商人女祖简狄吞鸟卵而生下开国始祖契的神话有关。于省吾先生判定"玄鸟妇"壶系商代晚期铜器，其合文格式在与商代晚期金文相衔接的中期卜辞的合文中可以找出同样的例子。认为"玄鸟妇"三字合文是研究商人图腾的唯一珍贵史料，是商代金文中所保留下来的先世玄鸟图腾的残余；三字合文宛然具体的绘图文字，它象征着拥有此壶的贵族妇人系玄鸟图腾的简狄的后裔是很显明的[①]，也说明玄鸟图

---

① 于省吾.略论图腾与宗教起源和夏商图腾[J].历史研究，1959（1）.

腾感生神话在商代早已流行。

而随着历史的演进，鸟作为族属的标识和图腾的初始的意义逐渐淡化。

《吕氏春秋·孟春纪》曰："其帝太昊，其神句芒。"高诱注："句芒，少昊氏之裔子曰重。"① 句芒以"人面鸟身"打扮，立于高阳之侧。"人面鸟身"的装饰，显示了句芒来自东夷并以鸟为图腾的身份。以鸟为图腾的残迹遗于后世，成为"羽人"的原型，族属的标识和图腾的意义消失，个体修炼成仙的意义开始出现。汉代那些镌刻在画像石上、装饰在漆器上的羽人纹样，其义与形离祖型已十分遥远，魏晋后终于成为道士的别称，图像上鸟的痕迹消失殆尽。这一过程，如贡布里希所说："所有的纹样原先设想出来都是作为象征符号的——尽管它们的意义在历史发展的过程中已经消失。"②

四、蛙蟾纹饰与图腾崇拜

蛙蟾纹饰在黄河中上游广大地区的彩陶装饰艺术中亦较为常见，且形象丰富多样。从其出现到消失，经历了从半坡类型到庙底沟、马家窑、半山、马厂、齐家文化的漫长历史。蛙纹一般画在碗或盆的里面，画工有意识地将蛙的体部画成圆形，置于正中，加上四肢和头尾，使整个画面显得匀称和谐，妙趣横生。为了使臀后不致出现大片白地，又故意加画了一个肥厚的尾巴。从马厂类型彩陶上的蛙纹开始，蛙纹逐渐走向几何形化。

人面蛙纹作曲肢状，往往描绘在双耳陶罐的腹部和肩部的视面，有些有人头，有些无人头。边家林类型遗址出土的一陶盆内，舞蹈人形姿势与陶罐人形纹一致，而且人头有眼、嘴的细节表现。青海柳湾出土两件双耳陶罐，一件上的图案为人首蛙身，人首五官毕具；另一件只有上肢，但人首五官也是清楚的。青海柳湾出土的另一件双耳陶罐，其上隐起浮雕的一女性人体和马家窑文化所绘蛙纹往往体大肢小的风格一致，故据此推定马家窑文化陶器上所谓人形纹为人扮成蛙的姿势，或者穿上类蛙的装束之抽象，从而体现生殖崇拜的意义，似乎更符合实际。

变形蛙纹作为马家窑文化马厂类型彩陶上常见的装饰纹样之一，体现了远古人们对于生殖繁衍的渴望。青蛙产下许多卵，孵出许多蝌蚪，正是繁衍旺盛的象征。蛙形的图案，尤其是程序化、抽象化了的图案，又很像是人的样子。这一看法还可以从其他原始艺术中的蛙形得到印证。蛙形除了出现在新石器时代的彩陶中，还出现在宁夏黑石峁岩画，广西左江岩画，甘肃黑山岩画，内蒙古狼山岩画、乌兰察布岩画，云南元江岩画中。黑石峁岩

---

① 诸子集成：第8册[M]．长沙：岳麓书社，1996：1．
② 贡布里希．秩序感：装饰艺术的心理学研究[M]．杨思梁，徐一维，译．杭州：浙江摄影出版社，1987：376．

画、狼山岩画、乌兰察布岩画中所绘舞蹈的蛙人，生殖器都显得分外突出。乌兰察布岩画中的舞蹈蛙人，以四肢向四方的伸展为特点，其中一个还在人头的两侧各加一个圆点，以表示生殖力的强大。左江岩画中的人像，无论是正身人像，还是侧身人像，都画成蛙的形体，这说明人和蛙是同构的关系，广西壮族当为"蛙人"所描绘的族群的后代。壮族至今还有青蛙节，据说每年正月上半月每天都要为青蛙祭祀，唱青蛙歌，跳青蛙舞，青蛙死了还要特意安葬。① 云南元江岩画中也有舞蹈蛙人，其中一幅蛙人双手各提小人的画面，正是女性生殖崇拜的形象写照。

彩陶罐上所绘蛙纹　马家窑文化马厂类型　采自《中国图案大系》

蛙作为艺术形象反复出现，意味深长，绝非单纯的审美需要。"在原始公社时期，陶器纹饰不单是装饰艺术，而且也是族的共同体在物质文化上的一种表现……彩陶纹饰是一定的人们共同体的标志，它在绝大多数场合下是作为氏族图腾或其他崇拜的标志而存在的。"② "彩陶作为一种造型艺术，总是反映当时的生活和社会存在的。当时的社会基本单位是氏族和部落，若干部落有时又结成亲属部落或军事联盟，从而组成大大小小不同范围的人们的共同体。一定的人们共同体往往有一定的信仰、风俗和艺术风格，当陶工们在制作彩陶时，不免会自觉或不自觉地把这种信仰、风俗和艺术风格体现在自己的作品之中。因此一定的彩陶花纹，特别是某些特殊的传统花纹，反过来又可作为区分考古学文化和隐藏在文化背后的人们共同体的重要标志。"③

有人还认为，蛙与原始农业有密切的关系，蛙的冬眠、复苏、鼓噪与农作物的萧条、

---

① 如鱼.蛙纹与蛙图腾崇拜[J].中原文物，1991（2）.
② 石兴邦.有关马家窑文化的一些问题[J].考古，1962（6）.
③ 严文明.仰韶文化研究[M].北京：文物出版社，1989：313.

蛙纹彩陶器　马家窑文化类型　李黎鹤拼图

发芽、茂盛的现象，在季节上有比较一致的节奏。①布留尔则在妻子受孕与庄稼丰歉的关系上进一步指出：大量的原始民族中，妇女不孕将使庄稼颗粒不收；反过来，妇女怀孕，则可获得庄稼的好收成。这就是布留尔关于原始思维理论的重要建树——互渗律，一种在我们看来十分荒谬的、不回避矛盾的思维原则的揭示。它能使客体、存在物或者现象以不可思议的方式确定自身的存在，同时这种存在又与其他在我们看来毫无关系的东西相关联，譬如受孕与庄稼收成的关系等。②

对我国少数民族原始宗教的考察亦可证明此点。如云南纳西族的原始巫舞中有几十种动物舞。据《蹉姆》记载，东巴教古典乐舞是受到"金色巨蛙"跳跃的启示才形成的，所以舞蹈教程的第一个舞蹈就是"金色巨蛙舞"。此外还有孔雀舞、鹏鸟舞、大雕舞、白鹤舞、黄鹰舞、雄狮舞、赤虎舞、大象舞、白鹿舞、豪猪舞、骏马舞、牦牛舞、白羊舞、青龙舞、飞蛇舞等，极具幻想和浪漫主义色彩。在甘肃武山出土的马家窑文化半山类型彩陶上，绘有一个变体人形图案，正是一幅标准的蛙舞图。

马家窑文化出土的这些人面蛙纹陶罐可能包含三层意思，而这三层意思在有的学者看

蛙纹彩陶器　马家窑文化类型　采自《中国图案大系》

---

① 李湜.彩陶蛙纹演变机制初探[J].美术史论，1989（1）.
② 布留尔.原始思维[M].丁由，译.北京：商务印书馆，1985.

来是统一的：一是以蛙为氏族的图腾信仰；二是将蛙的繁殖之盛状作为一种神秘力量来促进氏族人丁的增长；三是把受孕与庄稼丰收联系起来，以前者象征后者，希望获得实际收成的同时使氏族壮大。这种解释应该比认为这些人形纹是古代神树的观点要切实一些。

蛙既然作为部落或氏族的图腾标志频繁出现于彩陶上，它就必然被注入了特殊的意义。最直接的意义就是蛙与人的亲属关系。在原始人的图腾观念中，氏族的成员与氏族所崇拜的图腾之间存在着血缘关系。蛙又是多子的动物，彩陶上画蛙纹，自然就有祈求生育、繁衍子孙的象征意义。户晓辉指出："在远古时代的万物有灵世界观及人、动物、植物的生殖可以互相感应与传递的巫术信仰支配下，葫芦（瓜）曾被认为是植物旺盛繁殖力的代表，而蛙腹则被推举为动物蕃（繁）衍能力的象征。所以，中国神话中的女娲，既是女瓜又是女蛙，因为作为大母神和始祖神，其'瓜'和'蛙'的功能是相通而又相同的。"[①]涂殷康认为，黄河中上游地区以蛙为图腾的这个氏族就是神话中的女娲氏族；生活在黄河中上游地区，与以蛙纹和鸟纹为代表的马家窑文化至半坡文化之间有着继承关系的那个氏族或部落，可能是一个以蛙和鸟为图腾的氏族；蛙和鸟的图形再三地出现在彩陶装

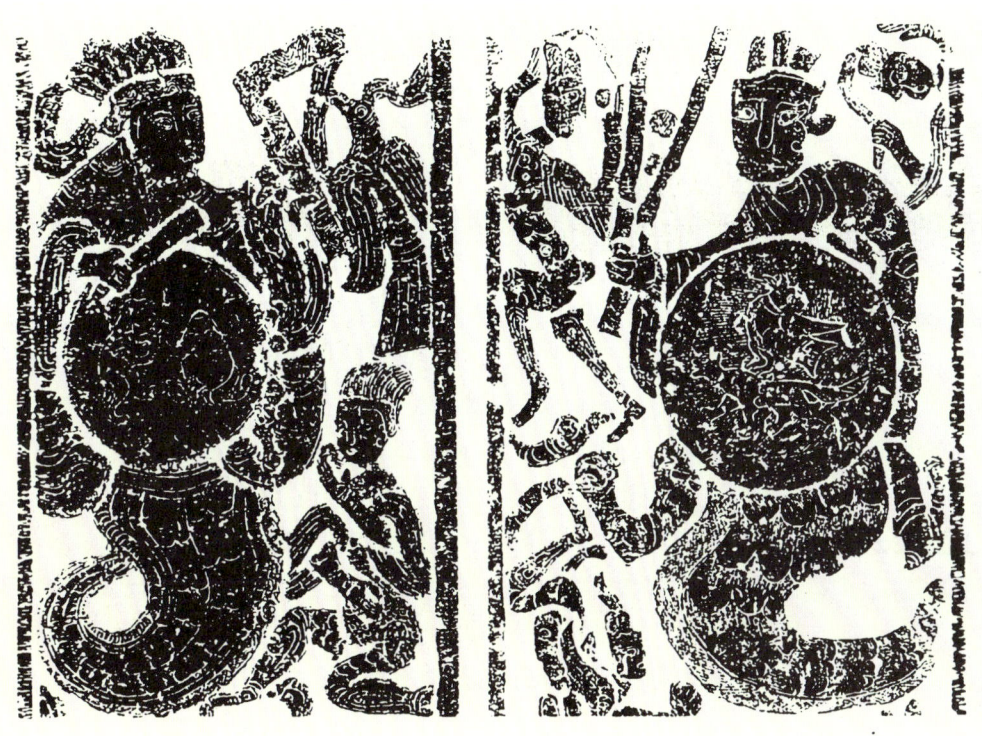

伏羲　女娲　汉画像石　山东临沂市白庄出土

---

① 户晓辉.地母之歌：中国彩陶与岩画的生死母题[M].上海：上海文化出版社，2001：170.

第三章｜中国的原始宗教（一）　261

饰中，可能带有图腾标志或巫术礼仪的作用。①杨堃说："据吾人推测，最初的司灶者或灶之发明者，恐属于以蛙为图腾之民族。"而且这个以蛙为图腾的氏族，"居于穴内，亦即营穴居生活的图腾氏族之一族"②。

伏羲执规，身部刻有日轮；女娲执矩，腹部刻有月轮。神话传说中的女娲，被视为人类的始祖，据说就是从蛙图腾演变而来的。《楚辞·天问》："女娲有体，孰制匠之？"王逸注："女娲人头蛇身。"《说文解字》曰："娲，古之神圣女，化万物者也。"《山海经·大荒西经》郭璞注："女娲，古神女而帝者，人面蛇身，一日中七十变。"③杨堃认为"娲"与"蛙"同，女娲是蛙图腾氏族的女氏族长。④何星亮指出，"女"与"雌"义同，"女娲"即"雌蛙"，说明女娲似为雌蛙图腾神，后来其名演变为"女娲"⑤。在中国少数民族中，布朗族就认为他们的祖先形象即半人半蛙。

从图腾崇拜到始祖崇拜是生产力进一步发展的结果。母系氏族制社会的形成和发展为经济的发展带来了有利的社会组织条件，随着生产水平的逐步提高，社会越来越需要更多更强壮的劳动力和保卫者，因此，此时氏族人口的盛衰直接关系着氏族社会的成败兴废，甚至整个氏族的命运。在母系氏族公社内，妇女特别是女族长不仅在生产和管理上居于重要地位，更是人口的生产者，子女是母亲所生的这一现象是有目共睹的，因此妇女，特别是血缘关系的代表者女族长，不仅受到尊敬，她们的生殖力更受到重视。人们在相信氏族祖先灵的繁殖灵力的漫长过程中，也逐步认识到人自身的生殖作用，为了氏族兴盛，便把二者统一起来，从而产生了始祖崇拜。

从古代中国传说中的三皇五帝开始，各氏族部落都有自己的图腾，并且这种图腾的信仰一直流传到后代。《史记·五帝本纪》曰："炎帝欲侵陵诸侯，诸侯咸归轩辕。轩辕……乃教熊、罴、貔、貅、䝙、虎，以与炎帝战于阪泉之野。"这里的熊、罴、貔、貅、䝙、虎也都是以这些动物为图腾的氏族代称。史前的图腾物，若绘于器物平面以昭示天下，便是徽章和标志；若装扮于身体以区别族属之同异，则指文身或刻痕。

少昊，又名玄嚣，黄帝之子，是远古时代羲和部落的后裔，华夏部落联盟的首领，同时也是东夷族的首领，中国五帝之一，中华民族的共祖之一。从伏羲（太昊）到少昊的羲和部落，再到皋陶、伯益的东夷部落联盟，一直是中国早期华夏族的主干部分，为早期华夏文明奠定了坚实的基础。据考证，《山海经》记载的少昊之国和羲和之国的甘渊（汤谷）在日照汤谷一带。东夷人均崇拜鸟，少昊时代对鸟的崇拜达到登峰造极的程度，在其氏族部落内，各氏族全以鸟为名。《左传·昭公十七年》："我高祖少暤挚之立也，凤鸟

---

① 涂殷康.蛙神话源流[M]//上海民间文艺家协会，上海民俗学会.中国民间文化：第3集.上海：学林出版社，1993.
② 杨堃.灶神考[M]//马昌仪.中国神话学文论选萃.北京：中国广播电视出版社，1994：628，635.
③ 袁珂.山海经校注[M].上海：上海古籍出版社，1980：389.
④ 杨堃.女娲考[J].民族文学论坛，1986（6）.
⑤ 何星亮.图腾与神的起源[J].民族研究，1989（4）.

少昊　明代　木刻版画　采自王圻《三才图会》

适至，故纪于鸟，为鸟师而鸟名。凤鸟氏，历正也；玄鸟氏，司分者也；伯赵氏，司至者也；青鸟氏，司启者也；丹鸟氏，司闭者也。祝鸠氏，司徒也；睢鸠氏，司马也；鸤鸠氏，司空也；爽鸠氏，司寇也；鹘鸠氏，司事也；五鸠，鸠民者也。五雉，为五工正，利器用、正度量、夷民者也。九扈，为九农正，扈民无谣者也。"① 当时，以鸷鸟为图腾的少昊之国，征服并包容了分别以凤鸟、玄鸟、伯赵鸟、青鸟、丹鸟及五鸠、五雉、九扈等鸟类为图腾的大小部落（氏族），并给各部落（氏族）首领按其势力和特长分别授予不同权限和职能的官衔，共同管理天下政事。

在炎帝氏图腾瓶徽铭葫芦形细泥红彩瓶上，图腾为瓶的正面，依器形用黑彩绘一人面纹，人面呈大鼻，环眼，微笑露齿。王大有、王双有认为：炎帝图腾已有人形者，人像与姜寨为一类，所不同者只是将鼻梁与额通贯一气，成"额鼻人"，其两侧弧线为鱼冠椎形变体。② 炎帝是中华民族的人文始祖之一。皇甫谧《帝王世纪》云："神农氏，姜姓也，母曰任姒，有蟜氏之女，名女登；为少典正妃，游于华山之阳，有神龙首，感女登于常羊，生炎帝。人身牛首，长于姜水，因以氏焉。有圣德，继无怀氏后，以火承木，位在南方，主夏，故谓之炎帝。都于陈，作五弦之琴，始教天下种谷，故人号曰神农氏。又曰本起烈山，或称烈山氏。一号魁隗氏是为农皇，或曰炎帝。"③ 可见炎帝部落以牛为图腾崇拜。

吕振羽先生是较早利用图腾理论分析中国古代社会的历史学者。他认为"原始时代的人类，在中期野蛮时代的部落组织中，每个部落都有一个动物或无生物作为其部落的名

---

① 阮元.十三经注疏：下册[M].北京：中华书局，1980：2085.
② 王大有，王双有.图说中国图腾[M].北京：人民美术出版社，1998：94.
③ 皇甫谧.帝王世纪[M]//王云五.丛书集成初编.上海：商务印书馆，1936：3.

称",许多风俗甚至延续至今:"在中国今日的姓氏中,也保留着不少的原始图腾名称的遗迹,如马、牛、羊、猪、邹、鸟、凤、梅、李、桃、花、叶、林、河、山、水、云、沙、石、毛、皮、龙、冯、蛇、风等便是。"①吕振羽所罗列的中国史前图腾多达数十种,属于庖羲氏之各族的有:飞龙氏、潜龙氏、居龙氏、降龙氏、土龙氏、水龙氏、青龙氏、赤龙氏、白龙氏、黑龙氏、黄龙氏。图腾研究中着力最重的是李伯玄的《中国古代社会新研》,该书认为"姓即是图腾,图腾团亦即原始宗族,有史时代家族的前身"②。书中涉及的古代图腾多达数十种,重点讨论了凤图腾和玄鸟图腾。

在20世纪30年代的图腾文化研究领域,李则纲、岑家梧的影响最为深远。李则纲依进化思想,将中国古代氏族划分为两类来展开讨论:一类是优存的氏族,一类是没落的氏族。"如伏羲、神农、黄帝、少昊、颛顼、帝喾、尧、禹、皋陶、伯益、契、弃等人物的诞生,或由风,或由大人迹,或由神龙首,或由大电,或由流星,或由瑶光,或由黄熊,或由薏苡,或由白虎,或由玄鸟,姑无论伏羲、神农、黄帝等是否果有其人,但这些传说,恰恰显示由图腾的名物转移到开祖英雄个人身上的一个过程。我们认为这些传说所称的始祖,

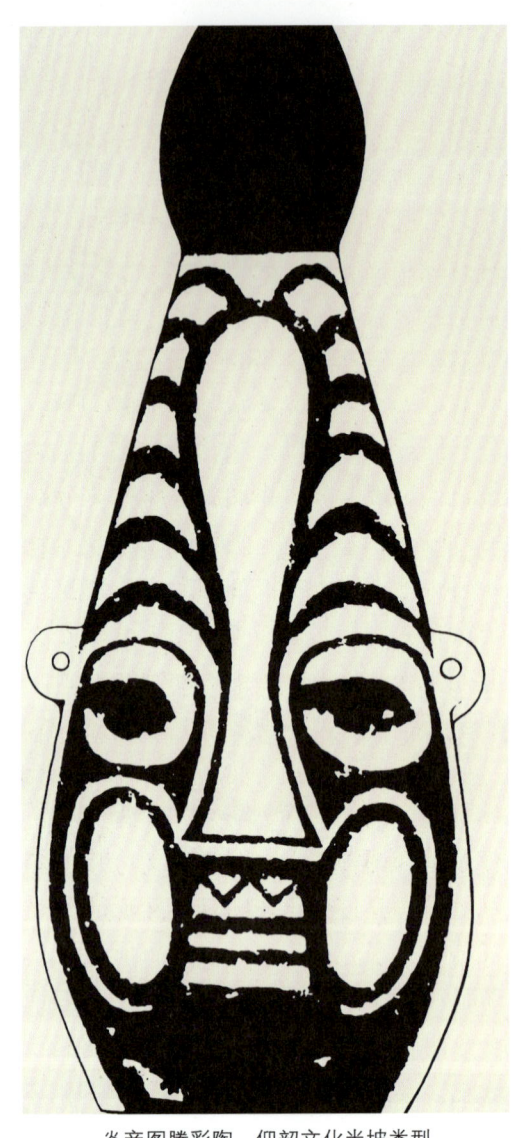

炎帝图腾彩陶　仰韶文化半坡类型
采自《中国图案大系》

换句话说,即所暗示的氏族——如凤氏族、龙首氏族、电氏族等等,当为中国古代优存的氏族。"基于这种开祖英雄名字即"氏族图腾名称之转移"的理由,李则纲认为,所谓共工、蚩尤、驩兜、三苗、浑沌、穷奇、梼杌、饕餮、防风氏等古代罪人,或即被翦氏族所奉的图腾。③

岑家梧《图腾艺术史》依次对世界范围内的图腾文学、装饰、雕刻、图画、跳舞、音

---

① 吕振羽.史前期中国社会研究[M].北京:人文书店,1934:121,130.
② 李玄伯.中国古代社会新研[M].上海:开明书店,1949:83.
③ 李则纲.始祖的诞生与图腾[M].上海:商务印书馆,1935:77-80.

乐等图腾制现象进行了介绍，凡有中国事例者，均罗列于后，逐项加以比对、阐释。作者在附录的《中国图腾跳舞之遗制》中提出："中国史前社会之同样，经过图腾制的阶段，史籍中所见的痕迹极多。傩、百戏等富有图腾意义的跳舞，至为显明。"①最后总结说："以上粗率地列举百兽率舞、鹤舞、象舞、百戏、角觚、狮子舞、傩舞等的动物模仿跳舞，略可窥见中国图腾跳舞的遗制。此外各地民间习俗中有牛舞、祈年舞……都与图腾跳舞有关。"②陈钟凡在为岑著所作的序言中补充了一些新的信息："图腾雕刻之见于殷周骨器铜器上的，有夔龙、夔凤、蝉叶等纹样，最多的莫如兽头，学者多目之为饕餮，其说本于《吕氏春秋》……究竟饕餮为何物，其说未明。"作者的观点是，这些都是动物头像，且有牛头、羊头、马头及虎狼头的分别，"其为图腾动物的描写，显然易见"③。

据翦伯赞所说，东方伏羲氏为蛇龙图腾；北方犬戎族为犬图腾；南方大多以猛兽为图腾；中部炎帝族为牛图腾；西方黄帝族的首领黄帝号有熊氏，为熊图腾；其他统率的氏族以熊、罴、貔、貅、虎为图腾。《山海经》里记载了大量的关于图腾崇拜的奇形怪象，把传说中的人物和神灵都描写成动物或与动物有关。《山海经》中的那些半人半兽的神，可能就是由图腾演变而来的图腾神，反映了处在生产力低下时期的人们，在恐惧心理和神秘感的支配之下所产生的对动物的幻觉，同时也反映着当时人们与动物之间的密切感情。在中国几千种动物中，只有几种较普遍的、常见的动物被神化而受到崇拜。

按翦伯赞先生的观点，图腾主义最初具有发生于人类经济生活之外的性质，是对自然物之物质性的崇拜。从宗教方面说，前氏族社会时代之万物有灵的信仰，到氏族社会时代便发展为图腾主义。图腾主义与万物有灵的不同之处，即万物有灵是对一般的自然现象及动植物的盲目崇拜，图腾主义则是对一种或数种特定的自然现象及动植物的崇拜。但经过长期的发展，由于自然现象与特定的动植物之人格化，于是又产生了无数的神。据传说所示，"在中国历史上，自传说中之伏羲氏时代以至夏代，皆有图腾信仰存在。《左传》昭公十七年，郯子语云：昔者黄帝氏以云纪，故为云师而云名。炎帝氏以火纪，故为火师而火名。共工氏以水纪，故为水师而水名。大皞氏以龙纪，故为龙师而龙名。我高祖少皞挚之立也，凤鸟适至，故纪于鸟，为鸟师而鸟名。这里所谓云、火、水、龙、鸟，都是当时氏族社会的图腾"。并指出"传说中谓神农氏所属的五个氏族，皆以火为图腾"④。他罗列的上古图腾主要有黄帝氏的云图腾、炎帝氏的火图腾、共工氏的水图腾、大皞氏的龙图腾、少皞氏的鸟图腾，其中黄帝氏之族下又分云、熊、罴、貅、貔、虎、雕、鹖、雁、鸢等，如此——罗列下来，有名称的图腾数目竟多达96个。

马元材《秦史纲要》称："女修吞玄鸟卵而生大业，而大廉又为鸟俗氏，可见秦民

---

① 岑家梧.图腾艺术史[M].上海：商务印书馆，1937：146.
② 岑家梧.图腾艺术史[M].上海：商务印书馆，1937：155-156.
③ 陈钟凡.图腾艺术史序[J].考古，1936（4）.
④ 翦伯赞.中国史纲：第1卷[M].重庆：五十年代出版社，1944：140-141.

族是以玄鸟为图腾的。玄是黑色，故舜赐大费以皂游，皂亦黑色，游就是画有图腾的旗帜。"① 吕振羽《简明中国通史》则说："传说中的'燧人氏''伏羲氏''女娲氏'的时代，是中国图腾制的标本时代。在这时代的姓氏名称，据传说式的记载，几于全部采用生物的名称，如所谓'黄帝'的先族有蟜氏，黄帝少典之族有熊氏，神农先族神龙氏，舜之先族穷蝉氏，牛蟜氏，尧之先族有骀氏，契之先族有娥氏，夏之先族牛蟜氏。"②

---

① 马元材.秦史纲要[M].重庆：大道出版社，1945：4.
② 吕振羽.简明中国通史[M].上海：生活书店，1945：30.

第四章

中国的原始宗教（二）

图腾崇拜和生殖崇拜是一对矛盾的统一体，可以说后者是对前者的初步否定，是人类自我崇拜的一次突破，打开了人与自然浑然一体观念的缺口，动摇了图腾祖灵在"繁殖"上一统天下的局面，人和自然开始相区别，人在自然界中的地位提高，这是人类认识世界的一大进步。我国传说时代的炎帝族、黄帝族、尧帝族、舜帝族，他们的女祖神皆是与图腾物感触或交配而繁衍成氏族的。

第一节　原始宗教的生殖崇拜

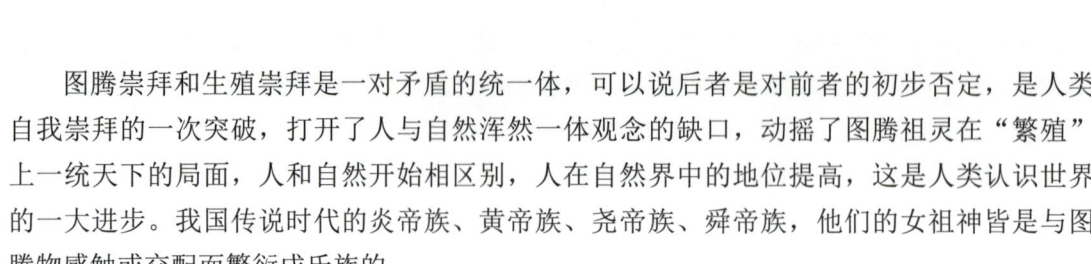

人类最早的一种信仰是对女性生殖器——"女阴"的崇拜。女阴崇拜是图腾女始祖的表现形态之一，是对妇女生殖灵力的崇拜。不同之处在于崇拜的不必是完整的妇女形象，而直接崇拜"女阴"本身，且可用象征性的东西表示，如石头、山洞、洼坑、石雕、柳叶等。女阴崇拜和女性祖先崇拜既有联系又不相同，后者是对氏族血缘关系的崇拜，祖先是血缘关系的代表，故称祖先崇拜，而前者是对妇女生育灵力的崇拜。

原始人把性器官、怀孕、分娩等看得十分神秘。女性生殖器的象征物，最初主要是子宫或肚腹，还有阴部。初民先以陶环、石环等作为女阴的象征物，其后则以鱼的形象作为女阴象征，这是因为鱼形特别是双鱼与女阴十分相似，其二则是鱼的繁殖力很强，当然这也和原始初民都经历过漫长的渔猎时期有密切关系。

一、女性象征与生殖崇拜

卜辞中收有牝牡、阴阳等象征两性的词句，说明生殖崇拜的影响早已融入殷商文化。牝，《说文解字》曰："牝，畜母也。从牛匕声。《易》曰：畜牝牛，吉。"金祥恒曰：

甲骨文中牝字从土，郭鼎堂谓土、且、士、王皆为牡器之象形，原始民族祖先崇拜之男根。牝之所从匕。马氏谓与也一字，《说文》训"女阴也"，故后加女为牝以名人类之阴性者。①

牡，《说文解字》曰："牡，畜父也。从牛土声。牲畜。"郭沫若指出：据余所见，土、且、士实同为牡器之象形。而土为古社字，祀于内者为祖，祀于外者为社，祖与社二而一者也。是故士女对言，实同牡牝、祖妣。而殷人之男名"祖某"，女名"妣某"，殆以表示性别而已。②《说文解字》收有"也"字："也，女阴也。"段玉裁注："本无可疑者，而浅人妄疑之。许在当时必有所受之，不容以少见多怪之心测之也。"③这个字是象形字，从古籀文亦可以看出，它包含女性生殖器的大小阴唇和阴蒂。

原始初民的性与生殖崇拜，表现为男女生殖器及其象征物崇拜、男女交合及生殖繁衍崇拜以及动物交合崇拜等。周予同《"孝"与"生殖器"崇拜》曰："所谓生殖器崇拜，实是原始社会之普遍的信仰。盖原始社会，知识蒙昧，对于宇宙间一切自然力，每每不能求得合理的解释，而邃加人格化。他们对于这产生生命之生殖力，认为不可思议，因与以最高的地位而致其崇拜，实很普通而自然。基督教的十字架，埃及的金字塔，都是西方古代民族对于性器官一种象征之遗留的痕迹。中国古代民族亦离不了这种信仰，他以人间的生殖方法来比拟宇宙的生殖，于是以天、太阳、山、丘陵为男性的性器官，以地、月亮、川、豀谷为女性的性器官，而加以崇拜，于是产生祭天地、祭日月、祭山川等等的仪式。其后民智稍稍进步，于是由具体的而趋于象征，造作代表男女性器官之抽象的标识，如八卦之根本的符号━与━━。其后民智又稍稍进步，于是由象征的标识而另与以抽象的名词，如《易》的阴阳、乾坤、刚柔等等。"④

在新石器时代的彩陶上所绘画的花卉纹中，许多都是女阴的象征。如河姆渡彩陶的"叶形纹"、庙底沟彩陶的"叶形圆点纹"、秦壁村彩陶的"花瓣纹"、大墩子彩陶的"花卉纹"等。赵国华《生殖崇拜文化论》及卢晓辉《地母之歌：中国彩陶与岩画的生死母题》皆以为是女阴的模拟。西安半坡、临潼姜寨彩陶有以抽象鱼纹对偶而构成的女阴形，乃远古先民以鱼象征女阴，以祈有若鱼之生殖能力。

在母系社会，原始初民将田野、河流、大地看成女阴和女性的象征，从而产生了土地崇拜。当然，土地崇拜并不都是性崇拜，它首先是和初民对山岳、河流等地面具体自然物的崇拜联系在一起的，出现农业以后，又和农业生产联系在一起，认为土地是滋养万物的伟大力量，从而进一步地敬畏它，崇拜它。以后，他们又把女性的生育和土地的出产联系

---

① 古文字诂林编纂委员会.古文字诂林：第1册[M].上海：上海教育出版社，1999：701.
② 古文字诂林编纂委员会.古文字诂林：第1册[M].上海：上海教育出版社，1999：692.
③ 古文字诂林编纂委员会.古文字诂林：第9册[M].上海：上海教育出版社，1999：921.
④ 周予同."孝"与"生殖器崇拜"[M]//顾颉刚.古史辨：第2册.上海：上海古籍出版社，1982：247.

起来，认为女性的生育和大地生长出草木一样，并希望人口繁衍如同大地生长草木那样郁郁葱葱。于是，土地崇拜又是生殖崇拜的延续。

在中国古代产生了女娲"抟黄土为人"的神话，原始初民又创造了姜嫄这位大地女神的形象，她生育的儿子也以谷物"稷"命名，后来堆土而成的"社"演化为土地神，大地所生的"稷"演化为谷神，"社"和"稷"连在一起称作"社稷"，象征社会和以后的国家。当时有许多风俗都把土地和女性以及女性生育联系在一起，如祭祀土地时要放置女性使用过的器物和女性的经血等；女性分娩要去田野，认为这可使分娩顺利、五谷丰登；收割谷物要由生育过孩子的妇女进行，认为这会使土地更加繁盛。

当原始初民知道了生殖和男女生殖器的关联后，生殖崇拜就和生殖器崇拜结合起来。例如，初民将男性生殖器与土地联系在一起，所以将男根的象征物称为"田祖""田主"。由于这时认识到男性的精液对生殖有特殊的作用，他们又以水象征精液，所以《小雅·甫田》中记述了上古人迎御田祖，祈求雨水，盼望谷物丰收，人丁兴旺。而所谓"御田祖"，主要是在田地播种时，以男女交合为祭。以田地象征女阴，以种子象征男精，将男女性交称作"播种""耕耨"，见诸民间长期流行的说法。如蒲松龄《聊斋志异》中，林氏要求丈夫和她同房，笔语曰："凡农家者流，苗与秀不可知，播种常例不可违。晚间耕耨之期至矣！"①即是如此。

初民把性交、生殖和土地等联系在一起的原始思维对后世的影响很大，后世把这种关系扩大为天和地、阴和阳、男和女的关系。儒家认为，天和地、阴和阳，要交合才好，才是事物的生机。如《周易·系辞下》："天地絪缊，万物化醇。男女构精，万物化生。"②《周易·归妹》："归妹，天地之大义也。天地不交，而万物不兴。"③"归妹"即嫁女，认为如果男不婚，女不嫁，人间阴阳不调，会影响大自然的茂繁兴盛。

从母系氏族公社过渡到父系氏族公社，男子开始成为社会和家庭的中心人物，作为家长，他有权支配家庭成员，世系计算按父系血缘来确定。此时人类支配自然的能力大大提高。以父权为主体的氏族制度反映在宗教观念上，便出现了男性生殖器——祖崇拜、男性祖先崇拜。"且"为汉字"祖"的古体，故又称"祖"，指男性生殖器。

祖，即祖先。《说文》曰："祖，始庙也。从示，且声。"段玉裁注："祖，始庙也。始兼两义。新庙为始，远庙亦为始，故祔祪皆曰祖也。《释诂》曰：祖，始也。《诗·毛传》曰：祖，为也。皆引伸之义。如初为衣始，引伸为凡始也。"④祖亦作且。郭沫若《甲骨文字研究·释祖妣》曰："实牡器之象形，故可省为丄。"杨联陞曰：祖妣（且匕）二字，本与生殖器（灵根）崇拜有关，郭沫若在约半世纪之前，早有专文，当时

---

① 蒲松龄.聊斋志异：会校会注会评本[M].张友鹤,辑校.上海：上海古籍出版社，1962：785.
② 阮元.十三经注疏：上册[M].北京：中华书局，1979：88.
③ 阮元.十三经注疏：上册[M].北京：中华书局，1979：64.
④ 丁福保.说文解字诂林：第2册[M].昆明：云南人民出版社，2006：1080.

没有多少响应。但如闻一多、陈梦家、孙作秀等，似皆附议。约略同时，瑞典的高本汉先生有一文在其博物馆刊，举出两个大约是商代的石刻男根，上有花纹，以证此点。近年史语所刘渊临先生相告说，《甲编》中有可释夒（高祖）之字，有男根突出。他曾请屈万里查证，可惜《甲编》印刷不清楚便未引用。故祖字兼象木主或俎祭器之说，均应保留，以待后证。①

"祖"有人造的、十分形象的"陶祖""石祖"和"木祖"等，也有以象征性的天然石头、石柱、山岗作为石祖来崇拜的。"且"崇拜是对男性"生育灵力"的崇拜。从考古资料来看，陶祖的出现始于仰韶文化晚期，正是母权制向父权制过渡的时期，这说明它与男性祖先崇拜有着内在的联系。资料表明，此时"且"崇拜总是和女阴崇拜相结合进行，从此确认了人类自身的生育灵力，建立起以男性祖先为主的父系氏族男女祖先崇拜，从而把图腾祖先完全排除在"祖祠"之外。

直到今天，我国还有不少生殖崇拜的遗迹。例如在四川省凉山彝族自治州盐源县城以南5千米，有一处公母山，由两座奇特的山峰组成：一峰似男根，称"公石"；另一峰似女阴，称"母石"，母石高近百米，中有一天然缝穴，形成下分上合，底强顶尖，中腰鼓突，互为对称状，远看恰似两片阴唇。"公石"距"母石"百余米，高40余米，呈圆柱状，通体光洁，昂然挺立在一片松林和草丛之间，形若男根。"公石"脚下的浓荫中有泉水一眼，终年不枯，清澈见底，人们称之为"产子泉"。千百年来，盐源附近的民众把公母山奉为生儿育女、繁荣昌盛的神山，深信崇拜它能人丁兴旺、万世昌盛，玷污它则断子绝孙、日暮途穷。据说，妇女不育，只需在"母石"上取一砾石揣于怀中或放于枕下，几个月后即可怀孕；月经不调或有其他妇女病者，只要备香案在公母山前祭祀祷告，然后把香支两端衬于"母石"脚下就会消灾除病；如果孕妇常饮"产子泉"中水，可保佑所生之子无灾无病，长命百岁。

传说四川叙州府有乞子石。乐史《太平寰宇记》云：乞子石在四川叙州府阳安县玉女灵山，"东北有泉，西北两岸各有悬崖，腹名乳房，一十七眼，状如人乳流下，土人呼为玉华池，每三月上巳日，有乞子者漉得石即是男，瓦即是女，自古有验"②。《太平御览》引《郡国志》云："乞子石，在马湖南岸，东石腹中出一小石，西石腹中怀一小石，故楚人乞子于此有验，因号乞子石。"③

民族学家宋兆麟认为，生殖崇拜对后世的民俗也有不小的影响，甚至在民间工艺品中也有表现。如在不少地区举行的婚礼上，必在新房内贴若干红色剪纸，称为"喜花"。山

---

① 古文字诂林编纂委员会. 古文字诂林：第1册[M]. 上海：上海教育出版社，1999：721.
② 乐史. 太平寰宇记：卷七六[M]//文渊阁四库全书：第469册. 台北：台湾商务印书馆，1983：621-622.
③ 李昉，等. 太平御览：卷五二[M]//文渊阁四库全书：第893册. 台北：台湾商务印书馆，1983：573.

西永济地区是由老年妇女剪一新娘，新娘两手各站一鸟。甘肃庆阳地区是剪一已婚妇女，在两腿上各趴一狗或一鸡，因为当地人认为狗、鸡是多生殖的禽畜，希望新婚妇女也有同样的能力。这个地区还有一种喜花，是三人一体的，有的呈孕育状，两腿分开，双臂齐举，头、肩、膝上各有三对鸟，在阴部还孕育一个男婴，男婴双手各捉一兔，这种喜花也有生殖崇拜、崇尚多产多育的意义。

性交崇拜是一种较早出现的性崇拜，最初的性交崇拜和生殖并无关系，强烈的性冲动和通过性交所感受的高度的性快感使初民认为其中有神力存在，所以加以崇拜。在几百万年前的远古社会中，生产力极端低下，初民进行十分艰苦的劳动以维持生存，自然灾害的威胁、寻求食物的困苦、野兽的频频袭击，使他们的生活充满了艰辛，很少有欢乐。那时，对初民来说，性交便成了快乐的方式。他们在欢快之余，认为有一种魔力作用在他们身上，于是便出现了性交崇拜。在他们还不能认识到性交和生殖的联系时，性交崇拜似乎与生殖崇拜是两回事。但以后，随着他们对性交和生殖因果关系认识的加深，这两种崇拜逐渐合二而一。同时，人们赋予性交更神圣的意义，性交崇拜进一步被强化。这种情况影响久远，以至于古人把过夫妻生活称为"行周公之礼"，因为这是神圣、隆重的事。古人也把过夫妻生活称为"敦伦"，即敦合人之大伦，也认为这是很神圣、隆重的事。

宋兆麟曾经指出：在我国沿海蚕农地区，每逢庙会时节，未婚男女要在人群中挤来挤去，以与异性相挤而感到光荣。不仅如此，未婚的蚕农姑娘则非常希望有哪一个相识或不相识的小伙子去摸一摸乳房，俗称"摸蚕花奶奶"。习俗认为未婚姑娘在轧蚕花时被随便哪一个小伙子摸了乳房，哪怕只是碰一碰，也就意味着她有资格当蚕娘了，并且她家今年的蚕花也就一定兴旺。这就是说，有了这种行为，表明"蚕花奶奶"已经成年，可以像哺育儿女一样去哺育蚕儿，促进蚕业丰收。而且，男子摸了她的乳房能刺激乳汁充足，滋育蚕儿茁壮成长。摸乳房也是一种性行为，"摸蚕花奶奶"实际上是性交崇拜的延伸和变形。

总之，从社会学的观点来看，人类社会是一个文化实体，任何社会现象都是由一定的时间、地点、条件下的文化方式所决定的，因此，可以把初民的性崇拜现象归结为一种原始文化方式的产物。初民是在生产力极其低下和自然条件极其险恶的社会环境里做生存斗争的，对他们来说，没有什么比维持生命和繁衍生命的需要来得更直接和迫切。为了维持生命，他们要从自然界觅取食物；为了繁衍生命，就要性交。因此，他们的性崇拜是对生命的礼赞，是对创造生命快乐的讴歌。另外，由于社会生产力水平低下，初民的思维能力极不发达，当时的文化还处于蒙昧状态，他们无法理解大自然的变化，也无法理解人类本身生命的诞生和男女性交而引起的一系列生理和心理的变化，他们既依赖于自然，同时又对自然力量充满了恐惧，而依赖和恐惧都是宗教产生的前提。于是，人类的原始宗教——自然崇拜就在初民中逐渐产生，而性崇拜作为自然崇拜的一部分也同时出现了。

二、岩画图像与生殖崇拜

远古时代人的寿命很短，人口增长率也很低，死亡率则很高，故原始氏族或文明早期的方国，都会把人种的繁衍等同于物质资料的生产。物质资料的生产是人类社会发展的前提，人种的繁衍则是物质资料生产的前提。所以，交媾与生殖是原始宗教崇拜的重要内容，岩画上有许多此类反映。岩画中表现生殖崇拜的图像有的十分直观、简明，一看就知其义，譬如交媾、生育等。

性交崇拜表现在初民文化生活的许多方面。例如在我国许多地区发现的岩画，就是在岩石上刻出各种标志、符号和图画，反映出不同时期的人们的经济生活、宗教信仰、意识形态、审美观念，其中有许多岩画是原始社会遗留下来的，那时没有文字记载，所以这些岩画对了解原始初民的生活状况十分宝贵。在这些岩画中，有大量描写两性关系、男女交合的图像，如新疆呼图壁县天山深处的岩雕画、内蒙古的阴山岩画、闽南仙字潭岩画、广西左江的崖画等，都以生动的画面表现出男女的生殖器和性交姿态。

新疆呼图壁县的岩雕刻画中，生殖崇拜、性交崇拜和生殖器崇拜混为一体，但最突出的内容可能还是性交崇拜。为了性交，就要显示那硕大的男根，而性交的目的和结果，则是繁衍出更多的人口。最具代表性的是康老二沟岩画（也称康家石门子岩画），岩画所在的山体呈赭红色，雄伟奇特，与四周的青山翠岭形成鲜明的对比，十分醒目。经过对凿痕深处红色残迹的分析，当年画面曾普遍涂染赭红色。岩画所在山脚曾长期烧火，火灰堆积厚达3米左右，巨型块石被烧裂。烧火亦是巫术活动的重要环节，常用于祭神或驱邪。

在东西长14米、上下高9米的岩壁上，岩画面积达120平方米，凿刻人物300有余，大者高达2米，小者不到20厘米。这些男女人物或卧或立，手舞足蹈，或衣或裸，身姿各异。其中男像大多清楚地显露出夸张的生殖器，女像则刻画出宽胸、细腰、肥臀，有的也露出阴部。其中有不少男女在性交，画面所见的虎、猴等动物也无一例外地或勃起阳具，或作交媾状。这十分清楚地表现出原始人的性交崇拜。主体内容可见躯体修长、宽胸细腰的女子，面对斜卧裸体男子围绕对马舞蹈；男女媾合，身下群儿欢跳；男女双头同体人像；胸腔内怀育男性小儿的男性与女性媾合；猴面人物媾合，猎虎等。图像极力夸张男子性具之伟岸，强调女性之宽胸肥臀，祈祝男子具有强大的生殖能力，部落人丁兴旺。人物面型多作狭面、深目、高鼻形象，戴高帽、饰翎羽。

在这幅图像的下面，居于岩雕刻画画面中心的是一幅特别高大的双头同体人像，有男女两个头，身体部分则交合为一，这是表现男女媾合主题的双人舞，男女合为一体，焕发出勃勃生机。在这一双头同体人的左右，则是大量的男性裸像，人数众多，集聚成群，共同的特征是勃起的男根，极力夸张其强壮有力，强调了男性的性器特征。岩画的最左侧显

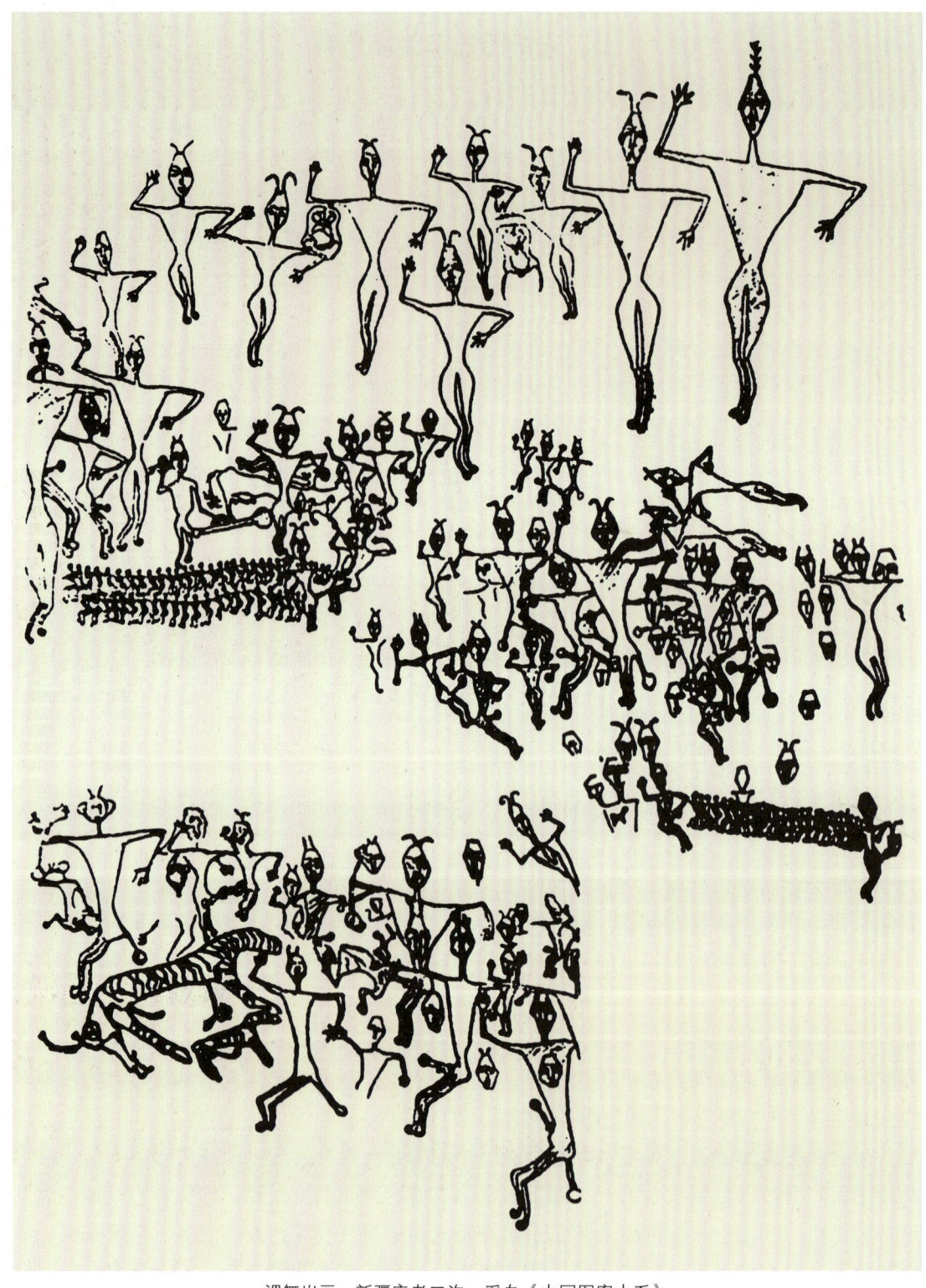

裸舞岩画　新疆康老二沟　采自《中国图案大系》

示了男女媾合的图形。仰卧的女性显露了阴部，比女性高大粗壮的男性，斜直立，作媾合状。这种媾合之事，其一竟是发生在猴面人身的人物之间，这猴面人身的男性生殖器伸向一双腿曲起的小猴面女像的阴部。这是一群男女的生命狂欢曲，其中男根勃起也好，女阴敞开也好，都丝毫没有在文明人那里所体会到的亵渎，而只是让人感到原始生命的纯净和热烈。

这幅岩雕刻画的右下方，除同样格调的男女人物外，还有一组隐喻男女交合、人口生殖的画面：一个男性以极度夸张的生殖器直指一个女子，而这个女子颇有手舞足蹈的欢快状。在这一隐喻男女交合的图像下，则是两列欢跳的小人，每列二三十人不等，舞蹈动作协调一致，体现出欢快的情绪、剧烈的形体动作。这幅画应当说是揭示了整个岩雕刻画的主题，巨大的男人与女人像象征男女媾合，而下面的两列小人则象征人丁兴旺发达、人口繁衍不息的美好前景。

20世纪80年代在内蒙古阴山的狼山地区也陆续发现了一批岩画，这是大约从石器时代经青铜时代到早期铁器时代的许多牧民、猎人刻成的，其中主要部分是乌拉特中期岩画。在这些岩画中，常有一些男女性交图。一幅乌拉特

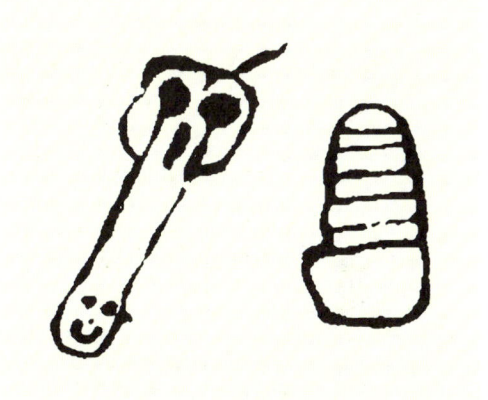

生殖器　岩画　内蒙古阴山

男性生殖器，有一对睾丸，下面连着阴茎，末端为龟头，十分逼真形象。在科学很不发达的当时，人们对生殖的道理还不完全了解，或者为了祈求部落昌盛、人丁兴旺，思想也表现在岩画中。

交媾　岩画　内蒙古阴山　采自《中国图案大系》

内蒙古乌拉特中旗发现的一幅岩画，其中有三对男女正在交媾，头向相反，上肢外伸，脚弯曲，臀部连结在一起。这种岩画的内容是与远古时代生殖崇拜思想联结在一起的。此外，这些皆是生殖崇拜流行的可靠证明。

第四章｜中国的原始宗教（二）　275

中期的岩画中,有三对男女正在性交,头向相反,上肢外伸,腿弯曲,臀部连结在一起,此外还有一些杂乱的人和动物的图像。这些岩画中还有大量的牧者和猎者的形象,大都有被夸大了的勃直的阴茎,以表示男性的雄壮与威武有力。在乌斯台沟和桌子山岩画中,还有一些直接描绘男女生殖器的图形,有些人面像居然也和男女生殖器相差无几。这都说明在那个时期原始初民对性与生殖的重视和崇拜。

交媾舞蹈　岩画　内蒙古阴山

乌拉特中旗岩画第26组,画面内容十分复杂,除了正在交媾的男女,画面上还有马、羊、牛,以及一些长角动物,杂乱分布于各处。下面有一个双手上举的人,五指分开,双腿系尾饰,作舞蹈状。画之右方有一石缝,石缝往右有一人手持猎获物,其旁一人,上肢和两腿伸开,脚尖朝上,系尾饰,作舞蹈状。两人之前方为一群动物。①

岩画中有大量描写两性关系、男女交合的图像,如新疆呼图壁县天山深处的岩雕画、内蒙古的阴山岩画、福建仙字潭岩画等,都以生动的画面表现出男女的生殖器和性交姿态。在广西左江,岩画上一个个大大小小的人像,全部赤身裸体,几乎千篇一律、大同小异地作两手上举,两脚叉开,跳跃前进的动作,"酷似青蛙站立起来跳跃的形象",还有

---

① 于锦绣,杨淑荣.中国各民族原始宗教资料集成·考古卷[M].北京:中国社会科学出版社,1996:68.

舞蹈　岩画　内蒙古阴山
采自《中国图案大系》

生殖器　岩画　西藏日土
采自《中国图案大系》

这些舞蹈人的生殖器非常突出，显然是生殖崇拜的表征。又有人认为，这类宗教舞蹈，是为媚神、娱神，以讨得神的欢心，使神向人间施舍更多的利益，都与获得猎物和家畜增殖有关。还有人把原始舞蹈分为集体踏舞和性爱舞，广西、沧源岩画中这些图绘最为典型，同时也认为所谓阳具其实是尾饰。

西藏日土岩画中的男女生殖器的特征非常明显，象征着交媾。又将太阳与月亮、男阳与女阴相偶，而刻于一处，乃以男女阴阳相合而孕生之意。

一些男女交媾的场面。这就是壮族初民"蛙祭"的情况。① 对了解原始初民的祖先崇拜十分宝贵。卢晓辉亦指出："远古人类为了将青蛙的繁衍能力传递到自己身上，曾经实行过一种模拟巫术，即以人体四肢模拟蛙体和蛙肢之形，久而久之，这种'蛙形姿势'便成为表达人的生育力的一种固定格式。"②

分析男女和合、阴阳交媾思想产生的根源，首先是出于原始初民的性崇拜。由于愚昧无知，原始初民往往将一些不能解释的自然现象如风、雨、雷、电以至山川、河流等都归于神力，从而加以崇拜。同样，他们亦不能了解自身，特别是无法理解自己的性行为与生殖现象，不知是一种什么样的魔力使自己在性交过程中如此身心俱醉，也不知是一种什么样的魔力能使妇女怀孕，并使婴儿从母腹中钻出来。他们由此产生了一种神秘的、敬畏的心理。

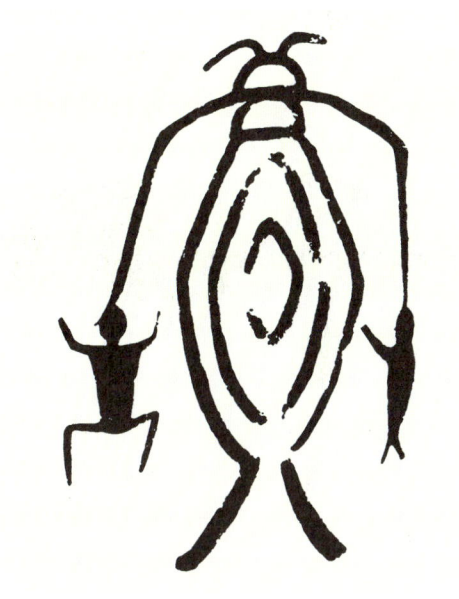

生殖器　岩画　云南元江　采自《中国图案大系》

在女性身体的旁边，两手各系有一小人，小人自然是刚生育的婴孩，这或许是为了表现生育的过程。

---

① 莫俊卿.左江崖壁画的主体探讨[J].民族研究，1986（6）.
② 卢晓辉.岩画与生殖巫术[M].乌鲁木齐：新疆美术摄影出版社，1993：92-93.

而且，这个问题对他们至关重要，因为当时生产力极端低下，生产力与人力、人口十分密切地结合在一起，人们对种族繁衍产生崇敬感，更强化了他们的性崇拜心理。

广西左江岩画中男女媾合的场面旁常有点状物，研究者认为是谷粒，原始人通过男女交媾表现人丁繁衍多产之意义的同时，不可思议地转而去求农业多产以取得好收成。原逻辑思维使"多产"泛化，人类繁衍与生产的收获便表现出紧密的关系，即原始思维中的"互渗律"。另外，人类繁衍的因果关系以及所暗示的祈求农业好收成的愿望，在这些图画上直接表示时，岩画上的交媾往往是群体的行为。可以认为，祈求多产多子的祭祀，可能就是群婚活动的场面。

类似的岩画在闽南也有。如汰溪仙字潭畔的史前岩画，多以有无凸出的阴茎来区分男女。有一组距地最高、具有俯视统领之势的岩画，表明部落首领及其妻，两者明显的有尊卑高下之分，说明那时已进入父系社会。还有一些岩画表现了集体的性爱舞蹈场面，气氛很热烈。在这一对对裸体男女舞者的图形中，最值得注意的是一个马蹄形的圆凹，一个男子骑跨在圆凹上，身上遗出一个小圆点，这应是一幅性交射精图。

三、原始宗教的阴阳太极图

阴阳是中国哲学中一对重要的范畴，是奠定中华文明逻辑思维基础的核心要素。道家认为，阴阳代表一切事物最基本的对立关系。它是自然界的客观规律，是万物运动变化的本源，是人类认识事物的基本法则。古代先民在对宇宙的观察与体悟中，观察到自然界中各种对立又相联系的大自然现象，如天地、日月、昼夜、寒暑、男女、上下等，便以哲学的思想方式归纳出"阴阳"这一概念。

道家认为，阴阳交感，化生万物，万物的化生源于阴阳之间的相互作用，宇宙自然界中事物的形成规律亦是如此。天之阳气下降，地之阴气上升，阴阳二气交感，化生出万物，并形成雨雾、雷电、雨露、阳光、空气，相互交感，天地万物、亿万生命方得以产生。所以，如果没有阴阳二气的交感运动，就没有自然界，就没有生命。可见，阴阳交感又是生命活动产生的基本条件。

阴阳对立即指世间一切事物或现象都存在着相互对立的两个方面，如上与下、天与地、动与静、升与降、黑与白、男与女、生与死，等等，其中上属阳、下属阴，天为阳、地为阴，动为阳、静为阴，升属阳、降属阴。对立的阴阳双方又是互相依存的，任何一方都不能脱离另一方而单独存在。如上为阳、下为阴，没有上也就无所谓下；热为阳、冷为阴，没有冷同样就无所谓热。所以可以说阳依存于阴，阴依存于阳，每一方都以其相对的另一方的存在为自己存在的条件，这就是阴阳互感。

 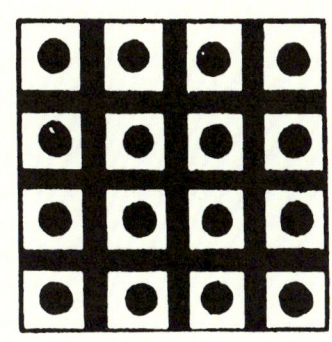 

阴阳图　马家窑文化马厂类型　彩陶　采自《中国图案大系》

阴阳是古人对宇宙万物两种相反相成的性质的一种抽象，也是宇宙对立统一及思维法则的哲学范畴。道家拈出"阴阳"二字来表示万物两两对应、相反相成的对立统一，即《老子》所谓"万物负阴而抱阳"，《易传》所谓"一阴一阳之谓道"。阴阳代表一切事物的最基本对立面。阴为寒，为暗，为聚，为实体化；阳为热，为光，为化，为气化。阴中有阳，阳中有阴，冲气以为和。阴阳的位置是不断变化、周而复始的。所有的事物都要符合阴阳的规律和结构，就像人出生，然后死亡，这就是阴阳的规律。

阴，古文作"侌"，从今从云，意为"正在旋转团聚的雾气"。阴，《说文解字》曰："暗也，水之南、山之北也。"《说文系传》曰："山北水南，日所不及。"① 这是指背阴之所。金文中的"阴"字似为"阜"，又用"今"或"金"表示读音。徐文珊《儒家和五行的关系》一文说："日在地上为阳，有云则日不见而为阴。日出则暖，属于阳；有云则天阴而寒，属于阴。寒暖交错而万物生，天道成。这是人类对于自然界认识的第一步。"②

阳，甲骨文中已有，作"昜"。丁山先生说："昜者，云开而见日也。从日、一者，云也。"③ 就字形而言，是太阳被某物托起，而照耀着山坡。所以"阳"联系太阳是毫无问题的。阳，《说文解字》曰："高明也。"段玉裁注："高，明也，暗之反也……《毛传》曰：山东曰朝阳，山西曰夕阳。"④ 梁启超《阴阳五行说之来历》说："昜从日从一者，日在地上，即日出之意。从勿者，《说文》云：'勿，州里所建旗象……'日出地上而建旗焉，气象极发扬，此其本义。引申以表日之光彩，故日称太阳，朝日称朝阳，夕日称夕阳，日出则暖，故又引申谓和暖之气为阳气。向日乃能见阳光，故又引申为正面或表面或南方之义。此阳字字义变迁之大凡也。"⑤

---

① 丁福保.说文解字诂林：第15册[M].昆明：云南人民出版社，2006：13926-13927.
② 顾颉刚.古史辩：第5册[M].上海：上海古籍出版社，1982：677.
③ 丁山.中国古代宗教与神话考[M].上海：上海书店出版社，2011：380.
④ 丁福保.说文解字诂林：第15册[M].昆明：云南人民出版社，2006：13928.
⑤ 顾颉刚.古史辩：第5册[M].上海：上海古籍出版社，1982：343-344.

英国李约瑟博士曾综合诸说论述阴阳的起源。他说："从文字学的观点看来，'阴阳'二字定然各自与黑暗和光明有关。'阴'这个字可图解为山（之影）和云；而'阳'，如果它不是象征着一个人手中端着中央有孔的玉盘——此种玉盘乃是天的象征，众光之源，而且很可能原是最古老的天文仪器——那么，它就是表示斜斜的日光线，或是日光之下飞扬之旗帜。……'阴'令人联想起寒、云、雨、女性以及里面和黑暗（譬如贮冰以度暑之冰室）。'阳'令人联想起日光、炽热、春秋两季、男性，也许还会联想起祭典上踊舞者之雄姿。"①

关于阴阳的起源，学术界表现出极大的热情，并提出许多观点。顾文炳认为阴阳的观念出自结绳记事，他说："传说中的伏羲氏，相当于新石器时代后期，绳石并用的时代……'结绳而治'促进人们对知识的追求与思维能力的增强。'八卦'的来历，也可能受启于绳索上的结头。——（阴），一是打了结的绳索；一是不打结的绳索。正是由于最简单的符号形式，复合演变出复杂神妙的'阴阳'体系。"②由于上古无文字，于是人们结绳以记事。《易·系辞下》："上古结绳而治，后世圣人易之以书契。"孔颖达疏："结绳者，郑康成注云，事大大结其绳，事小小结其绳，义或然也。"③结绳记事是原始先民广泛使用的记录方式之一，虽然目前未发现原始先民遗留下的结绳实物，但原始社会绘画遗存中的网纹图、陶器上的绳纹和陶制网坠等实物，均提示了先民结网是当时渔猎的主要条件，因此，结绳记事作为当时的记录方式是具有客观基础的。

阴阳观念的历史根源和文化背景极其深厚。凌纯声先生说："古代崇拜性器不仅敬祀祖先，崇拜天神地神，亦以男女性器代表阴神阳神。中国人崇祀神鬼，祈求赐福保佑，能使阴阳调和，而得风调雨顺，五谷丰登，子孙繁衍，六畜兴旺。所以这一阴阳哲理是宗教信仰和社会生活的本源，且其影响及于整个太平洋区域。"④正如郭沫若先生屡屡强调的，作为汉族人民最重要的祖先崇拜，是自然崇拜的扩大，生殖崇拜的延长；而生殖崇拜的核心便是阴阳二性及其器官的神秘和崇高，而且它可以扩延到人类对自然的认识与影响，参与着人类与自然或幻想或真实的能量交换。

美国卡普拉博士相当准确地把握到这种观念的发生发展过程。他说："这对阴和阳是渗透中国文化的主题并决定了传统中国生活方式的所有特点。中国是一个农业国，中国人非常熟悉太阳和月亮的运动、季节的变化。他们从季节的变化和生物界生长和死亡的现象看到了阴和阳、寒冷黑暗的冬天与光明炎热的夏天之间的相互作用。"⑤这就是说，阴阳具有深潜而强大的生命力，经过阴和阳的调和运化，生成万物。

---

① 李约瑟.中国古代科学思想史[M].陈立夫，等译.南昌：江西人民出版社，1999：344.
② 顾文炳.阴阳新论[M].沈阳：辽宁教育出版社，1993：3-4.
③ 阮元.十三经注疏：上册[M].北京：中华书局，1979：87.
④ 凌纯声.中国的边疆民族与环太平洋文化：下册[M].台北：联经出版事业公司，1979：1277.
⑤ 卡普拉.现代物理学与东方神秘主义[M].灌耕，编译.成都：四川人民出版社，1983：83-84.

从现有考古材料可以知道，早在新石器时代，人们就已经对阴阳观念有了完整的认识和系统的表述。此外，河姆渡遗址出土了当时建筑物的木榫结构的实物，充分说明当时就已有了明确的阴阳观念，并可以驾轻就熟地将其原理运用于各种物质文化的创造过程。①

古代人们的阴阳观念与陶器的产生有着密切的关系。这不仅表现在"阴阳"二字和陶器本身含有光的向背之意，而且在不同时代、不同彩陶的不同纹饰中，当时的人们已经用不同的色彩表现了阴阳观念。

《易·系辞》曰："形而上者谓之道，形而下者谓之器。"②中国哲学中的"道""器"范畴，首先产生于日常生活中的各种实用器物，由其最基本的实用功能逐渐升华，从而引导出形而上的超现实意义。彩陶的圆形纹饰正形象地展示了虚与实、阴与阳、道与器的内在联系。阴阳法则的确立，说明原始道教已经摆脱了宗教巫术的束缚，进入一个理论发展的新阶段，并产生了四象、八卦、太极等新的思想成果。

阴阳之分则为四象。中国传统文化中，青龙、白虎、朱雀、玄武是四象的代表物，青龙代表木，白虎代表金，朱雀代表火，玄武代表水，它们也分别代表东、西、南、北四个方向。在二十八宿中，四象用来划分天上的星宿，也称四神、四灵。日月星辰为天之四象而分阴阳，水火土石为地之四象而分刚柔。就时令而言，则分春分、夏至、秋分、冬至。

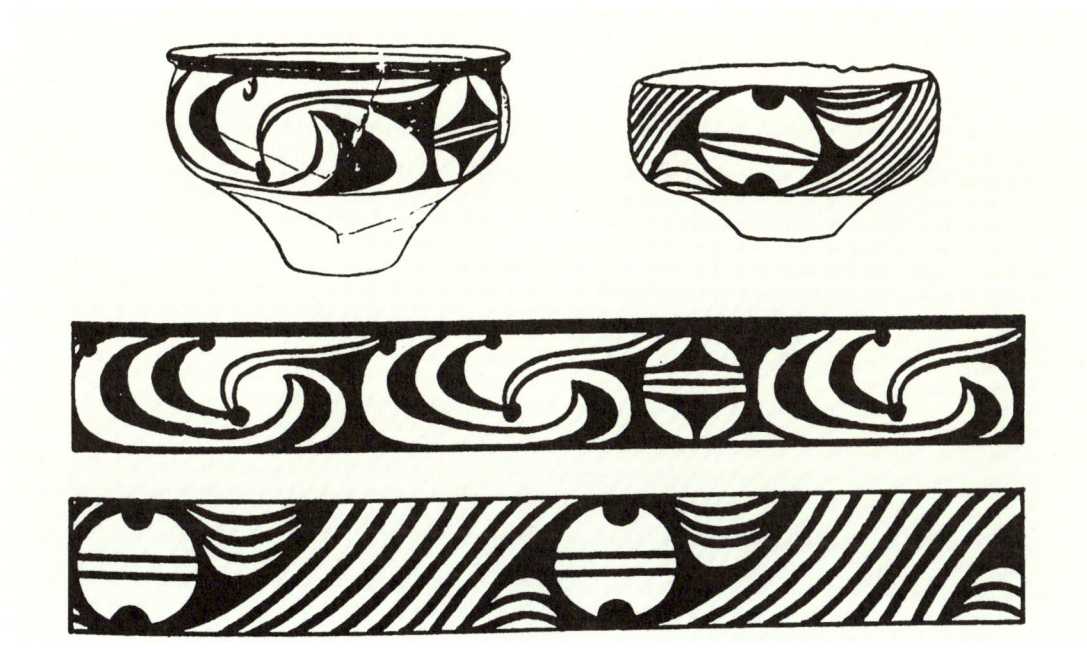

阴阳图　陶盆　仰韶文化庙底沟类型　采自《中国图案大系》

---

① 林少雄.人文晨曦：中国彩陶的文化读解[M].上海：上海文化出版社，2001：290.
② 阮元.十三经注疏：上册[M].北京：中华书局，1979：83.

四象图　陶罐　河姆渡文化类型　采自《中国图案大系》

四象学说的出现，有助于古人认识客观世界。新石器时代的彩陶器中已出现大量的四象图，而且多组合于圆符之中。

可以肯定，在战国晚期提出了五行相克相生的思想，且已把克、生的次序固定下来，形成了事物之间矛盾、统一的模式，体现了事物内部的结构关系以及整体把握的思想。行，又指运动，五行意味着物质运动，意味着万物之宗。古人基于这种认识，把宇宙间各种事物分别归属于五行，因此在概念上，已经不是金、木、水、火、土本身，而是各种事物、现象所共有的可相比拟的抽象性能。

十字形也是流行很广、非常古老的符号，许多学者倾向于认为它是卍字符的亚形态或者祖形态。中国的十字形符号多见于陶器的刻划符号和契刻文字，商代的青铜器装饰也有运用。丁山考证，契刻的"甲"字结体就是太阳的象形，商代先祖"上甲微"就是日神，商人把这一伟大的荣誉赋予他们的先公，并当作日神祭拜。还认为中间的十字象征着"钻燧生火"的工具及方式。

卍字符是人类十分古老的符号之一，在世界各地的古代遗址中都有发现。卍字符出现范围之广泛，已经被视为一种普遍的文化现象来研究，人类学家称之为"十字纹"或"太阳纹"，他们认为这与早期人类对太阳的信仰有关。7000年前的新石器时代，欧洲东南部有了单体卍字符的踪迹。目前已知中国的卍字纹，最早见于内蒙古敖汉旗小河沿文化与青海柳湾马家窑文化的陶器上,后来在青铜器上有所延续。

十字形符号具有强大的再造功能。芮传明、余太山《中西纹饰比较》引用数据称:十字形与其他视觉元素结合而再创制的新纹样,竟达385种之多。中国范围内,十字形符号在黄河中上游比较流行,另一种出土在长江中下游及山东半岛的八角纹,应该是十字形符号的属类。最典型的数湖南安乡大溪文化遗址出土的印纹白陶盘和山东大汶口文化八角星纹彩陶豆。大溪文化白陶盘的八角纹模印在陶盘底部,呈十字形,十字的四端,直线凹进为倒三角形,即每一端有两角外展,四端则有八角,中央再重复一个十字。大汶口文化彩陶豆上的八角纹为白色涂绘,中间留空,空为方形,四端八角以单独纹样环绕豆腹。

河姆渡文化遗址出土了一陶盘,陶盘内由四鸟颈、鸟头、鸟喙按顺时针方向组成风车般的图形,即卍字符号。不同的是,它由具象物组成,不是抽象的。但鸟即太阳,与卍字符意义同一,

五行图　陶壶　马家窑文化类型　采自《中国图案大系》

粗细纵线网纹彩陶壶,甘肃永靖出土。壶身上绘制五条直纹,共五组,形象地反映了五行思想。同类的五条直纹,有的横绕绘制在壶胫上,说明五行思想已相当成熟,成为先民绘画的一项题材。

故可推测距今7000年前的组合鸟纹或许是中国卍字符的祖形。芮传明、余太山指出,卍字符由中心点若伸出三条线,则指向一天中的三个时辰早、中、晚;若伸出四条线,则指向一年中的四个季节春、夏、秋、冬。若将卍字符支出的转折线柔化,就是见于陶器、玉器、青铜器上的涡纹,即"炅"纹,"岛夷"徽章上的图案,代表太阳的光芒。[②]

作为代表太阳的卍字符,其中亦包含了四季、四方、四象。《易·系辞上》:"易有

---

① "雍仲"是一种符号,与汉文称为万字符的图案相同,即卍字符,藏文称"雍仲",代表吉祥、永恒、妙善等。雍仲本教的《塞美经》云:"雍"意为胜义空性,"仲"为自性自显然。从考证得知,"雍仲"表示的是太阳及其光芒,最初画一个圆圈,边上画几道光,逐渐简化之后,便演变为"雍仲"。"雍仲"在象雄语中,最初当为太阳永,或永恒的太阳之意,发展到后来,演变、引申为固、永恒不变、避邪,以及吉祥如意的象征。象雄王朝时代人类最古老的象雄佛教"雍仲本教",就以"雍仲"作为该教派的标志。
② 芮传明,余太山.中西纹饰比较[M].上海:上海古籍出版社,1995:82-83.

卍字符　陶器　马家窑文化马厂类型　青海柳湾出土

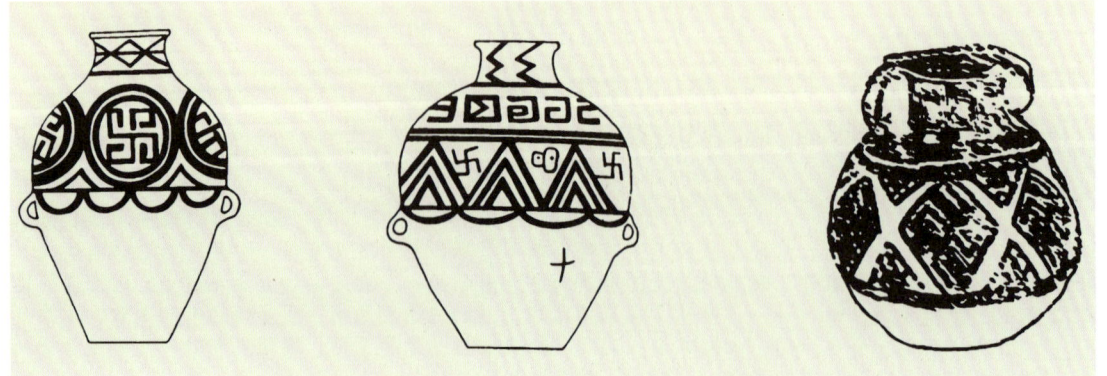

卍字符　陶壶　马家窑文化马厂类型　采自《中国图案大系》

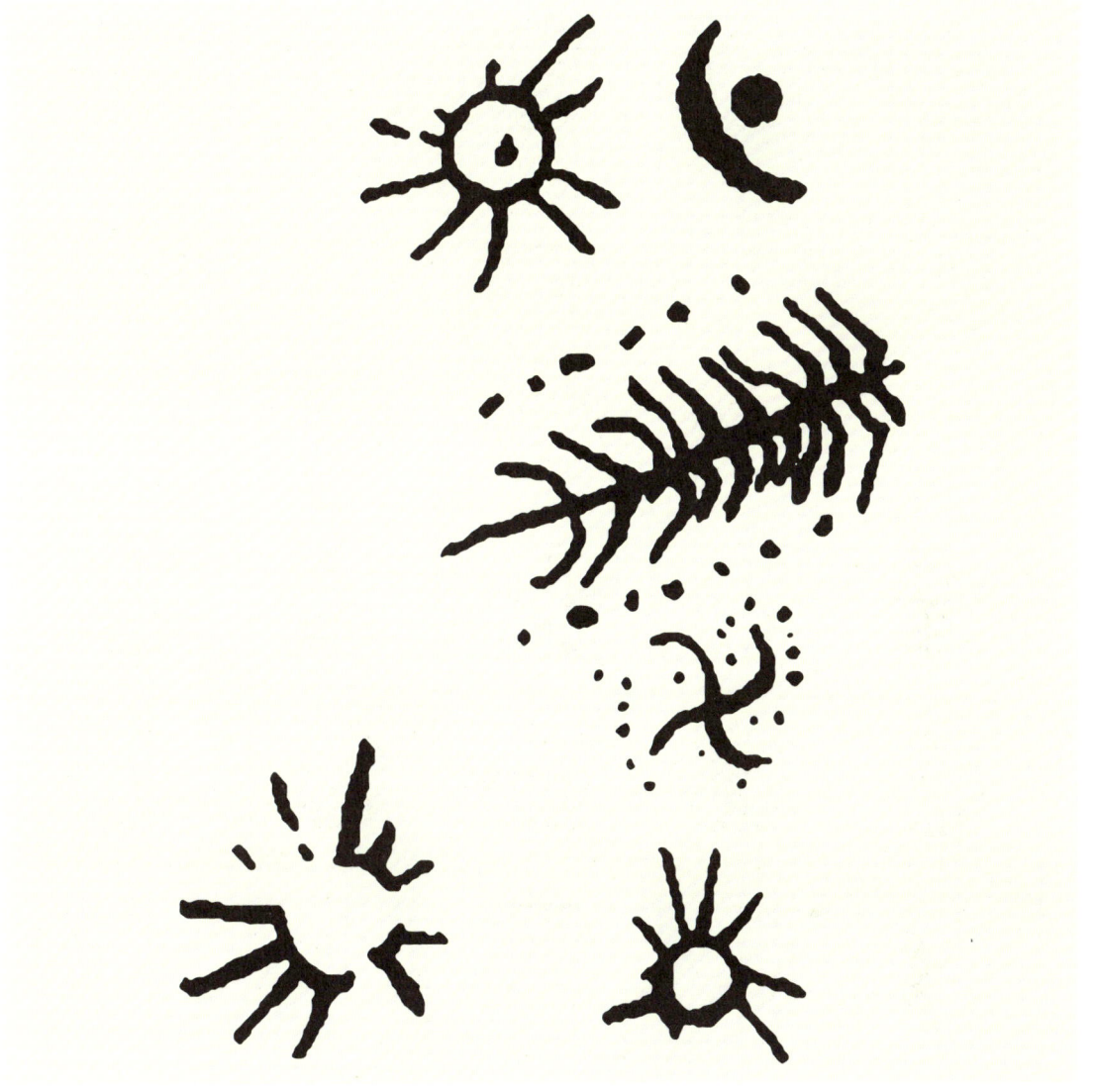

天象图　岩画　采自《中国图案大系》

西藏日土县恰克桑山岩画。太阳有三个，并有一个"卍"符号，即"雍仲"①。雍仲之上有两排圆点，似为星辰。星辰所夹者拖着长长的尾巴，似为彗星。之上尚有月亮，俨然一幅天象图。

太极，是生两仪，两仪生四象，四象生八卦。"孔颖达疏："不言天地而言两仪者，指其物体；下与四象相对，故曰两仪，谓两体容仪也。"①中国古代将天空分成东、北、西、南、中区域，称东方为苍龙象，北方为玄武象，西方为白虎象，南方为朱雀象，是为"四象"。《礼记·曲礼上》曰："行，前朱鸟而后玄武，左青龙而右白虎，招摇在上。"②因

---

① 阮元.十三经注疏：上册[M].北京：中华书局，1979：82.
② 阮元.十三经注疏：上册[M].北京：中华书局，1979：1250.

卍字图　陶盘　河姆渡文化类型　采自《中国图案大系》

几何纹　彩陶　仰韶文化半坡类型　采自《中国图案大系》

此，四物象组成圆形的循环图案，也是陶器、青铜器常见的装饰构图。比如四人形组成的图案，常见于中原出土的商代青铜器上。类似的四鸟头形，既见于内蒙古鄂尔多斯出土的青铜器，也见于长江下游河姆渡文化的陶盘。

卍字符还有另说，一是具有性及生育的意义，二是雷电形态的反映，三是因似钻木取火而代表火等。假如确定卍字符"火"的基本属性，那么雷电、火及太阳都可统摄起来，尤以太阳说最接近事实。

西安半坡仰韶文化类型的陶器主要是夹砂陶罐、小口尖底瓶、钵和卷沿彩陶盆，器表多饰绳纹、线纹、锥刺纹、指甲纹和弦纹，彩绘图案是在钵的口沿外绘画一周紫色、红色宽带纹，盆的内外绘画人面、鱼、鹿、植物等花纹和三角形、圆点组成的几何形图案。在圆底钵口沿的宽带纹上，发现有二十多种不同的刻划符号，可能是中国古代文字的渊源。

西安半坡仰韶文化早期类型出土的彩陶的纹饰，几乎囊括了新石器时代早期陶器上出现的用各种直线、波线和折线构成的几何纹。基本纹饰有宽带纹、竖条纹、三角纹、斜线纹、圆点、波折纹和月牙状。半坡先民巧妙地运用这8种纹饰进行组合配置，变幻出38种图案。①

几何图形，即从实物中抽象出的各种图形，可以帮助人们有效地刻画错综复杂的世界。生活中到处都有几何图形，我们所看见的一切都是由点、线、面等基本几何图形组成的。几何是哲学体系的基础，是图形化的逻辑学。我们表达事物之间的关联，可以用语言符号，也可以用图形，而语言依赖语言环境，图形则具备更高的抽象性，在视觉上一目了然。图形的变化和组合带给人们不同的感官诉求，这其中充满了人类探索宇宙和大自然的种种奥秘与规律。人们甚至早已发现了世间万物都是可以用几何形去分割和组合的基本原理。而要论其本质，则需要追本溯源，回到几何形产生之初的远古时代去，这简单图形背后所蕴藏的正是人类文明伊始和宇宙混沌之初的朴素规律。古代社会的先民用这种方式尝试探索世界与改变自然，而几何形就成了人类与自然沟通的桥梁。

早期的几何形多以纹样形式出现在陶器上，在当时很可能是代表着特殊意义的族群标识。最初的纹饰就是有意识的创造的结果，其具体纹饰可能与具体的心理需求和精神活动相关，从人类学角度来看，即指原始社会所盛行的巫术活动。在人类还处于懵懂阶段的远古时代，科学技术尚未建立，先民大都会敬畏自然，崇敬天与地，以此希望得到某种冥想中的神灵的庇护和保佑，祈求五谷丰收，狩猎成功。这就产生了特定的巫术活动及文化。

关于抽象几何形的起源问题，中外学者几乎全部把它归为"模仿说"，认为它取自自然、源于自然。俄国学者亚历山大洛夫指出：人从自然界本身提取几何的形式，月亮的圆形和镰刀形、湖的水平面、光线或整齐的树木，都是人类以前就存在的，以后也时时刻刻呈现在人类面前。当然，我们在自然界中很少看到十分直的线，尤其是三角形和正方形。

---

① 熊寥.中国陶瓷美术史[M].北京：紫禁城出版社，1993：33.

很明显，人们建立起这些图形的观念，首先是因为他们主动地领会了自然界，并且按照自己实践的要求制造出形状越来越规则的物体，人们建造自己的住所，磨光石头，圈出一小块土地，拉紧自己弓上的弦，制造陶器，改造陶器，并且相应地建立起各种概念，比如制造出来的器皿是圆形的，拉紧了的弓弦是直的。总之，起初是把形式赋予原材料，而后就意识到，形式是属于原材料的，也是可以脱离原材料独立地加以考察的。人们意识到物体的形式就能够改进自己的手工品，并且能够更明确地把形式概念本身分离出来。这样，实践活动成了建立几何抽象概念的基础。①

在对大自然的长期观察中，这些简单的几何形和那些现实中的形象在某种意义上是具有高度相似性的。李泽厚先生指出："由写实的、生动的、多样化的动物形象演化成抽象的、符号的、规范化的几何纹饰这一总的趋向和规律，作为科学假说，已有成立的足够根据。"②这说明人类最早绘制的几何形都是以具象形态作为依据的，也说明人的审美过程是从形态美过渡到形式美。李砚祖也指出："几何纹一部分直接从自然物中得到或抽象出，一部分则经由'象形'的便（变）化阶段而逐渐演化出，在这两种可能性中，都离不开'观物取象'的观照方式和象形的纹化方式。"③当然，几何形是运用了逻辑思维与形象思维的总体思考所产生的，然而，先民在这一过程中的具体想法恐怕已不得而知，但我们似乎已把几何形的产生看作人类认知世界所向前迈进的一大步，从此，无论是在二维平面还是三维空间中，几何形都变得无处不在了。

波浪圆点纹　陶器　仰韶文化半坡类型
采自《中国图案大系》

三角形给人的首要感受是稳定，而倒三角形给人的感觉是紧张和摇摆不定。三角形内在地蕴藏着无限的能量。三角形与方形、圆形最大的区别在于其具有十分明确的指示与警醒作用，它同方形、圆形有着本质的区别，当三角形作为箭头的一部分出现时，它的特殊性是其他两种基本几何形所无法替代的，因为三角形底边的两个夹角会将力全部供给它所指示的夹角的方向，而这

---

① 亚历山大洛夫.数学——它的内容、方法和意义：第一卷[M].王元，等译.北京：科学出版社，1960：21.
② 李泽厚.美的历程[M].天津：天津社会科学院出版社，2001：37.
③ 李砚祖.纹样新探[J].文艺研究，1992（6）.

种指向性是明确且肯定的，促使我们的视觉本能地看向受力的角，继而引出它所指示的内容，以此获得重要的信息。

此外，还可以将三角形的指示性特点用于建筑中。欧洲中世纪的哥特式建筑的上半部可抽象为一个尖锐的三角形，哥特式建筑风格最显著的特点是尖塔高耸，整体空灵、纤瘦，直指苍穹，它所表现的正是基督教的内在精神含义，即离苦得乐，这种向上指引的运动感和爆发力以及宗教内涵的表达，正是借助了三角形的固定情感定式所形成的。

埃及的金字塔，其整个外形都可被看成三维立体空间里实实在在的三角形，而金字塔的出现则要远远早于哥特式教堂建筑几千年。金字塔是纯粹的三角形在建筑中的最早应用。古埃及人对

三角形纹　陶器　仰韶文化类型
采自《中国图案大系》

太阳神的信仰使他们产生了"来世"观念，因此，他们就把冥世看作尘世的继续，提早为死亡做准备也就变得合理与重要，所以金字塔不仅是古埃及人智慧的象征，同时也蕴含着人类文明早期浓厚的宗教性质，三角形也就成了这种意识形态的物化载体。正是这样的稳定结构，金字塔才会历经千年不倒。古埃及人眼中的金字塔带有太阳崇拜的意味，这部分同哥特式建筑是相似的，顶点指向天空，从而就能愈接近太阳神的散射之光，所以，金字塔就成了连通太阳神之光与人的重要阶梯，这也是三角形指示作用的最大量化表现。

方形，给人的感觉是平稳和沉着。然而，方形的这种冷静客观是如何形成的呢？人们发现，方形中两组横线和竖线都是可沿其中线对称的，从而使其内在地形成了两组互相制约的力，两组力从对抗到抵消最后归于平静。四个角皆为直角是方形的典型特性，它更易形成冷静克制、宁静客观的情感定式。方形拥有四边四角，代表着四面八方，其特点是平稳正直、不曲不斜、泾渭分明、四平八稳，给人一种宁静稳定的精神感受。

从哲学层面来说，方形中包含矩形，是相对于圆形而言的，方形的发现与应用始于新石器时代，上古先民认为方形是大地的形状，太阳所代表的天是一个圆形。"天圆地方"

方形纹　陶器　马家窑马厂文化类型　采自《中国图案大系》

是中国古代先民看待世界的方法，代表着中国古代最早的朴素的哲学观。在人类的历史长河中，最早被人类发现并使用的是圆形，方形是圆形之后被认识的第二个几何图形。人类的房屋及祭坛的外形，经历了从圆形到方形的发展过程。人类最初建造居所时，建筑所采用的外形是圆形；之后出于防御野兽侵袭的需要，逐渐以方形取代圆形。古埃及金字塔、古巴比伦空中花园、中国古代青铜文明的代表器物鼎，都是方形，可见方形可以看作人类发展到一定阶段时对自身及外界认知的一个缩影。从人类对美的形式创造的角度来看，可以说人类对美的认识始于"圆"而盛于"方"。

圆形，给人的感觉大多是圆满、充实之感。这正是由构成圆形的基本要素——线的特征所决定的。弯曲的线由于不同方向力的作用而形成比直线更为变化多样的情感特征，圆形是曲线所构成的特殊图形，给人的感觉是温柔多变、随意自由，是一种包容、博爱、圆满的心理感受。不难发现，中国人自古以来就习惯于用具体的"形"去表达内心最丰富的情感，如"天圆地方"就是祖先用来形容他们对天的崇尚和敬仰之情的比喻，而之所以选择圆形代表"天"，是因为圆中所包含的循环往复、生生不息的宇宙观，方形代表"地"则是方形的稳定性使然。"天人合一"是中国传统思想的核心，圆形就成了天与人之间的共通体。通过圆形，人方能通天，得到上天的指示，从而促使人与天和谐统一。中国传统思想中的太极八卦图形，也是借助圆形来表达其循环流转，生生不已的精神追求的，意指一切对立和统一的关系，用S形分割，产生无限的生命力，一虚一实，相反相成。从古至今

圆曲圆点纹　陶器　仰韶文化庙底沟类型　采自《中国图案大系》

的思想皆趋同于"圆",这样圆形就不单单是一个抽象的几何形,而是宇宙万千规律的总和。

随着考古发现,我们知道中国的史前文化比我们过去了解的更为久远和波澜壮阔。原始人类的意识形态活动,即包含宗教、艺术、审美等在内的原始巫术就算真正开始了。艺术的产生和巫术祭祀、宗教崇拜有着千丝万缕的联系,恰恰是贿神、娱神的虔诚促进了制造器物的技艺日臻完美。"崇拜不等于审美,但它却以巨大的力量推动着工具的精致化、贵重化和审美化。当工具的形式成为崇拜观念的有力体现时,当崇拜观念成为感性形式的内涵时,工具的形式就是美的。"[1]

八方,指东、西、南、北、东南、西南、西北、东北八个方向。《尔雅·释地》:"东方之美者,有医无闾之珣玕琪焉。东南之美者,有会稽之竹箭焉。南方之美者,有梁山之犀象焉。西南之美者,有华山之金石焉。西方之美者,有霍山之多珠玉焉。西北之美者,有昆仑虚之璆琳、琅玕焉。北方之美者,有幽都之筋角焉。东北之美者,有斥山之文皮焉。"释曰:"此释八方,中国名山所产之物也。"[2] 八方图案多见于彩陶器上,且以圆形或菱形对峙出现,应为八卦之变形。

---

[1] 刘骁纯.从动物的快感到人的美感[M].济南:山东文艺出版社,1986:173.
[2] 阮元.十三经注疏:下册[M].北京:中华书局,1980:2615.

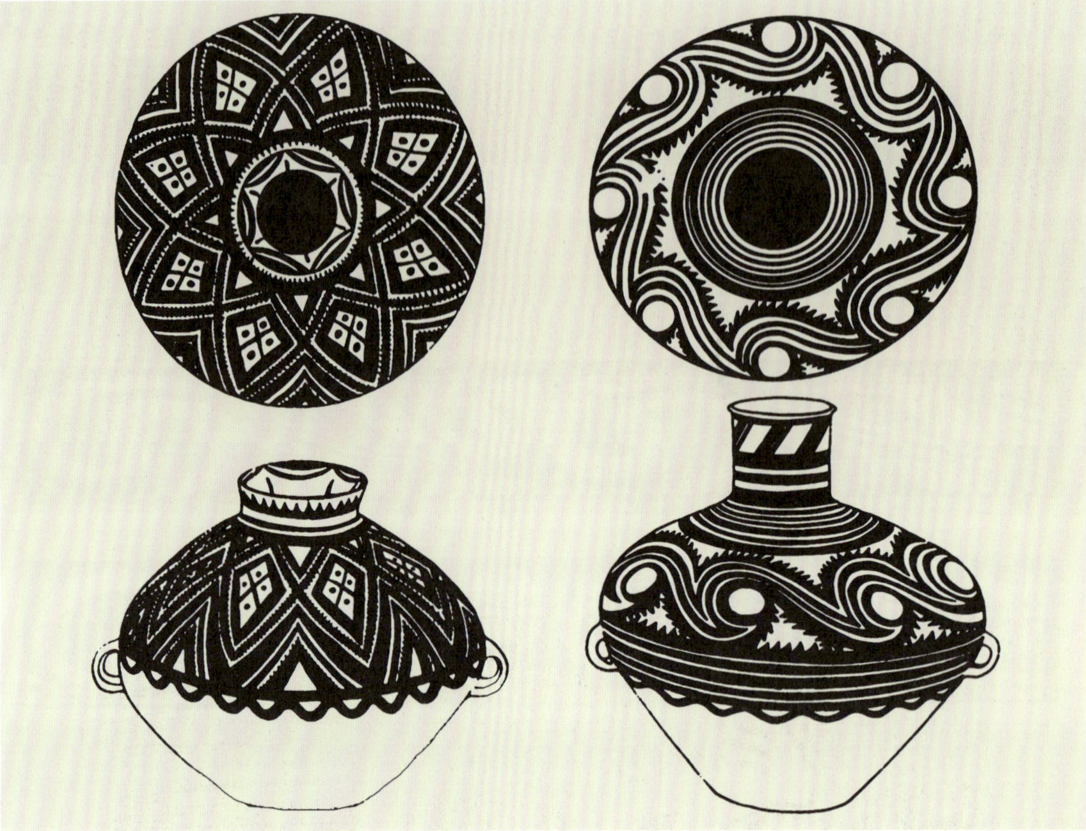

八方图　陶器　马家窑文化类型彩陶　采自《中国图案大系》

八角符陶壶　崧泽文化类型　上海博物馆藏

陶壶，上海青浦崧泽出土。圈足内压画一八角形符号。这种符号在长江中下流的原始文化中很流行，当为八卦的雏形。

八角形纹在长江下游崧泽文化的陶器上有发现，长沙南托大塘新石器文化遗址的陶器上也刻有八角形纹，这种纹饰还琢刻在安徽含山新石器文化的玉版上，玉器加工的难度证明，八角形纹饰对原始先民来说有极为重要的意义。它的分布范围与新石器时代玉器较为发达的地区部分吻合，这个现象或许能为揭示东方、南方的史前文化提供启示。关于八角纹，另有专家认为是远古的九宫图：十字纹指向东、南、西、北，中间为中宫，四个隐性的角为东南、西南、西北、东北，即一幅完整的盖天图。九宫图说有一定的道理，但也有比较牵强的地方，譬如对八角的象征性则缺乏准确合理的解释。

八卦是中国文化的深奥哲学概念，由八个

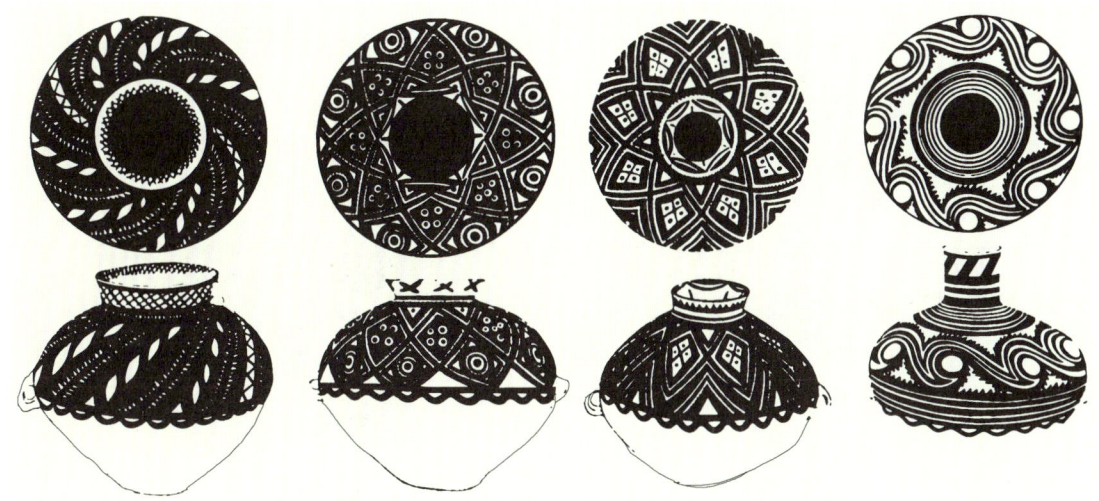

八角图　陶器　河姆渡文化类型　采自《中国图案大系》

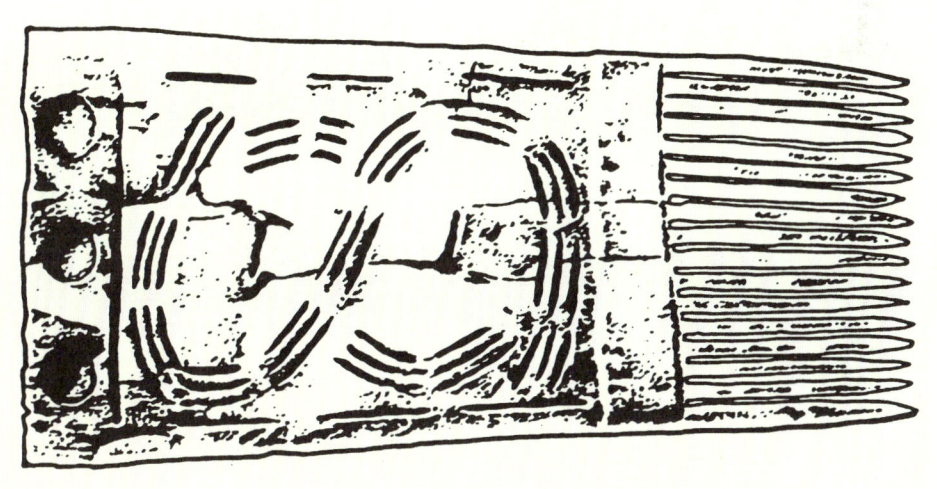

象牙梳　大汶口文化类型　中国国家博物馆藏

象牙梳，距今四五千年。1959年在泰安大汶口发现了100多座大汶口文化中晚期墓葬，在出土的大批珍贵文物中，就有两件象牙梳，其中M26号墓葬出土的象牙梳完好无缺，长约17厘米，有繁复的镂空雕刻图案，异常精美。这把象牙梳，背厚齿薄，整体略呈长方形，顶端有四个楔形开口，其下平行镂刻三个圆孔，梳身中部是用平行的三行条孔组成的类似"8"字形的镂空装饰，内填"T"字形花纹，在"8"字形装饰的左右两侧刻出对称的三个条孔，上边刻出两个条孔，构成了一个长方形的装饰画面，条孔为刻刀一次刻成，刻痕明显，拙朴可爱，图案装饰性极强。梳身雕刻的"8"字形图案，似三爻所构成，而成两条"∽"线纹，即为阴阳交合之象，颇像后世的八卦图。

不同的卦相组成。史料记载，八卦起源于三皇五帝之首伏羲，伏羲氏在天水卦台山始画八卦，一画开天。八卦表示事物自身变化的阴阳系统，以"——"代表阳，"— —"代表阴，用这两种符号，按照大自然的阴阳变化平行组合，组成八种不同形式，叫作八卦。八卦其实是最早的表述符号，它在中国文化中与阴阳五行一样是用来推演世界空间时间各类事物

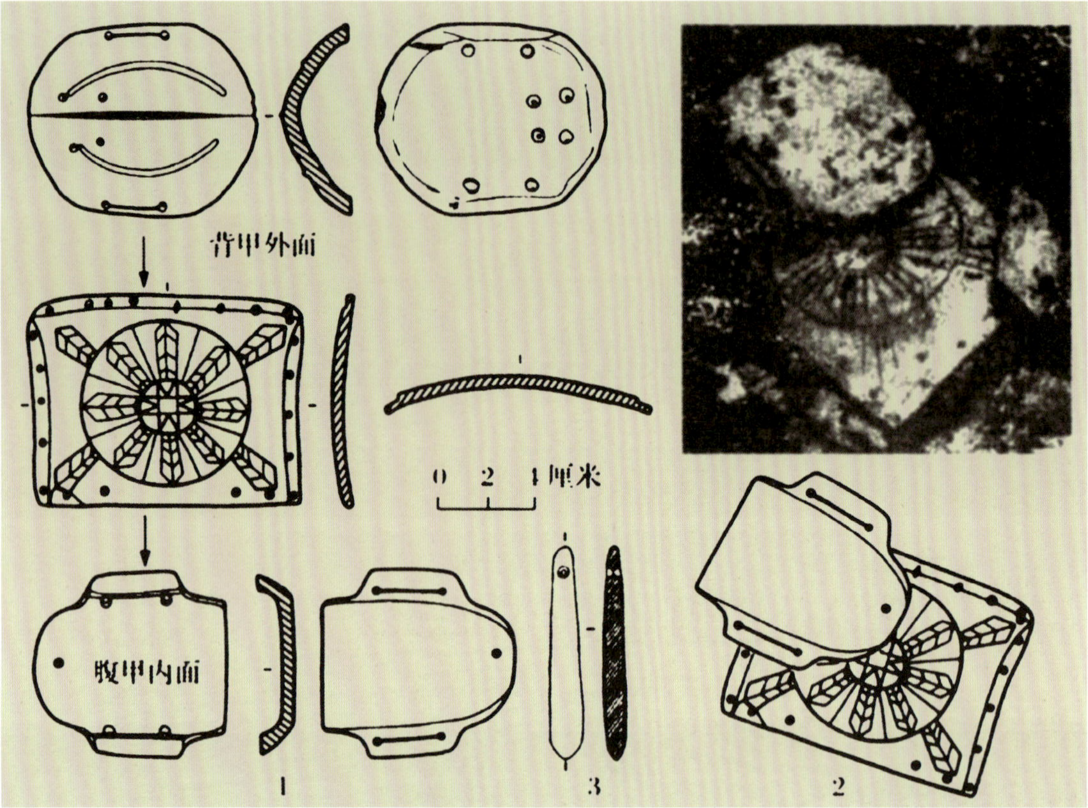

玉龟、玉版出土示意图　采自《中国玉器通史》

　　玉龟玉版，距今约5000年。安徽省含山县凌家滩遗址出土了一件造型独特的玉龟和一块刻有特殊图案的长方形玉片。玉龟分背甲和腹甲两部分，上面钻有数个左右对应的圆孔，应是拴绳固定之用。出土时，玉片夹在玉龟腹、背甲之间。玉片中部微隆，边缘呈阶状凹下。玉龟是一种占卜工具。这件玉龟与长方形玉片叠压在一起同时出土，反映两者有紧密联系，应为占卜工具。玉片正面，围绕着中心，刻有同心的外大圆和内小圆各一个。在小圆里，刻方心八角形图案，内外圆之间有八条直线将其分割为八等份。每一份中各刻有一个箭头（或称圭形纹饰），在外圆和玉片的四角之间也各刻有一个箭头。

关系的工具。每一卦形代表一定的事物。乾代表天，坤代表地，巽代表风，震代表雷，坎代表水，离代表火，艮代表山，兑代表泽。八卦就像八只无限无形的大口袋，把宇宙中的万事万物都装进去了，八卦互相搭配又变成六十四卦，用来象征各种自然现象和人事现象。

　　学者们认为玉龟、玉版对应了"神龟负书"的传说，是八卦的渊源。或认为是上古之时的《河图》《洛书》，或认为是文字产生前的八卦图像。

　　李学勤先生认为，玉版的图纹体现了中国远古的宇宙观念。玉版中心的八角星形符号是"巫"字。古代的"巫"字呈十字形，是两个"工"字以直角交叉重叠而成。"工"即古代的"矩"，"巫"就是操"矩"测量天地者，故远古时代的巫通晓天文术数，以沟通人神天地。以"巫"为中心的整个图案，表现的是一种天圆地方的宇宙观念。陈久金、张敬国则认为，玉片（玉版）中心的八角形图案是太阳的象征。玉片上的八方图形与象征着太阳的中心图形相配，符合我国古代原始八卦的理论。根据古籍中八卦源于《河图》《洛书》的记载，玉片图形表现的内容应为原始八卦。出土时玉片与玉龟叠压在一起，说明两者有密切的关系，故推测玉龟和玉片有可能是远古的《洛书》和八卦。①

仰韶文化遗址出土的彩陶罐上除了蛙纹、鸟纹，还有大量的漩涡纹和波形纹。雁儿湾遗址出土的彩陶罐经常使用旋转和中心对称的纹样。到半山类型和马厂类型，大量采用漩涡纹、大圆圈纹等，其形象丰富，构图新颖，构成了一个"圆"符的世界。

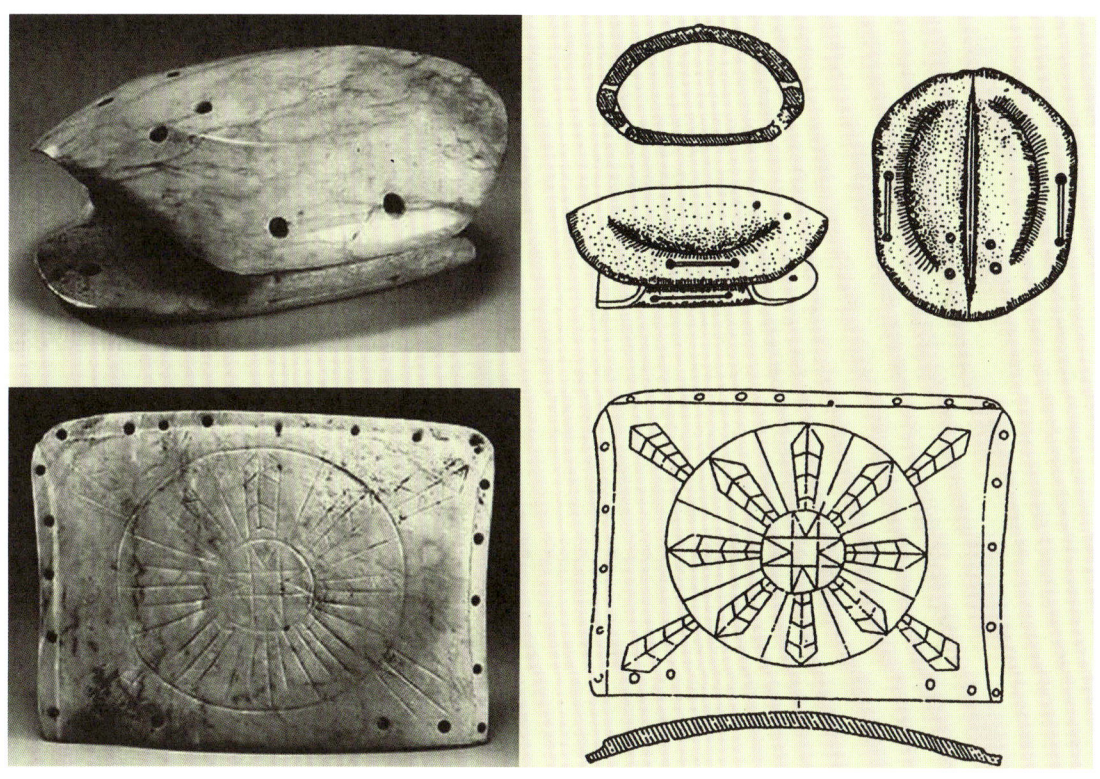

玉龟、玉版　中国国家博物馆藏

从现有的考古发现看，史前时代几乎所有的创造，莫不与圆形紧密结合在一起。仰韶文化的各种玉器，除了一些动物的造型，其中绝大多数如环、佩、玦、琮、璜、璧等皆为圆形。而所有的陶器，或整体器形为圆形，或剖面为圆形，或纹饰为圆形，表现了先民追求圆的意识，其造型在整体上呈现出圆形及其变体。因为圆所产生的圆满感和稳定感等因素，最易为人类所接受，这一点具有世界性。古希腊哲学派别毕达哥拉斯派就指出："圆

---

① 李学勤.论含山凌家滩玉龟、玉版[J].中国文化，1992（6）；陈久金，张敬国.含山出土玉片图形试考[J].文物，1989（4）.

和球形是人类最早发现的美的形体。"①

程金城认为，以圆形为始点，开始了陶器造型的演变。从老官台文化（大地湾文化）、裴李岗文化出土的陶器，到新石器时代晚期的马家窑文化中的彩陶，甚至延续至今的瓷器器皿，虽然多种多样、千姿百态，但圆形是一种最为基本的、主要的器型原型。甚至可以说，一切器皿都是在圆形基点上的变体。"对圆的喜好是人类的天性。'圆'是器物'形'的基本原型。"②董贻安指出："从审美视角看，制作圆形器皿在造型结构的形式美中，比其他形器更易获取形体衡式比例鲜明的艺术效果。"③按照荣格原型心理学理论来分析，圆是人类普遍的、共通的、世代相承的原型之一，也是人类原型中最重要的原型之一。④圆形对中华民族来说，它所造成的潜意识心理和集体无意识是深远的。

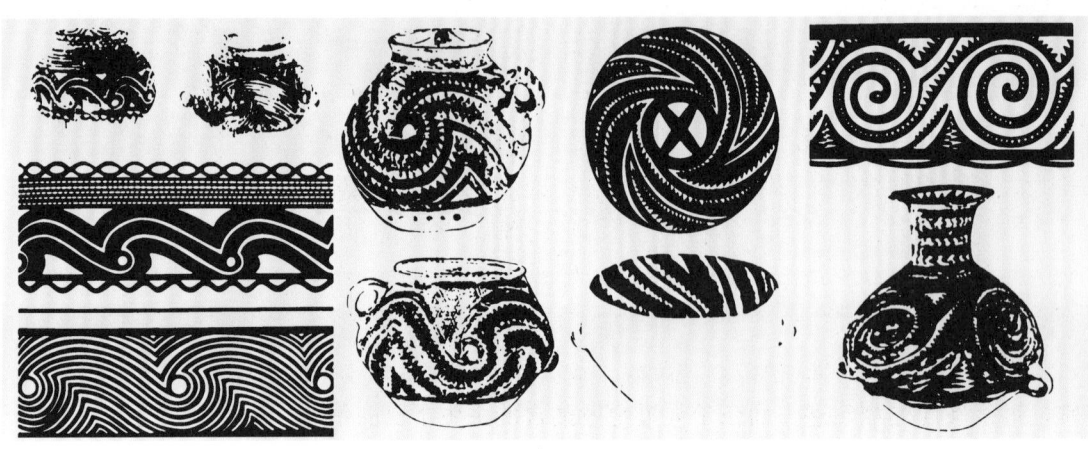

漩涡纹　陶器　马家窑文化类型　采自《中国图案大系》

那么原始先民是怎样发现圆形的和合之美的呢？它取象于何种物类？显然他们所师法的对象就是葫芦。葫芦属爬藤植物，是世界上最古老的作物之一。中国考古工作者在浙江余姚河姆渡遗址发现了7000年前的葫芦及种子，是目前世界上关于葫芦的最早发现。7000多年前，先民就已开始种植葫芦，而用葫芦作为盛水的用具则要早于陶器和青铜器。

"葫芦"名称众说纷纭：一是因为葫芦有很多品种，这是古人的一种分类方法。中国最早将葫芦称为瓠、匏和壶。《诗经》《论语》中均提到过葫芦。《诗经·豳风·七月》中说"七月食瓜，八月断壶"⑤。宋陆佃《埤雅》认为瓠、匏、壶是三种葫芦的名称，其区别主要表现在外形上。瓠即用来当菜吃的瓠子，细而长，犹如丝瓜；匏即农家做水瓢

---

① 卞宗舜，周旭，史玉琢.中国工艺美术史[M].2版.北京：中国轻工业出版社，2008：14.
② 程金城.远古神韵：中国彩陶艺术论纲[M].上海：上海文化出版社，2001：209.
③ 董贻安.试析河姆渡文化原始艺术的审美特征[J].宁波大学学报（人文科学版），1991（1）.
④ 程金城.远古神韵：中国彩陶艺术论纲[M].上海：上海文化出版社，2001：210.
⑤ 阮元.十三经注疏：上册[M].北京：中华书局，1979：491.

用的瓢葫芦；壶即扁圆葫芦。据清代《古今图书集成》统计，提到葫芦的古书有近百部（篇）。在这些书里，有的写葫芦的种植方法，有的写葫芦的食用、药用及日常器用价值，有的是歌咏葫芦的诗文，还有大批有关葫芦的神话传说，不少道教仙人行走江湖或是腰挂葫芦，或是手持葫芦。

葫芦正是陶器的原型，古人正是仿照葫芦的形态制作了陶器，并留下大量的实物。从距今7000多年的老官台文化遗址，到仰韶文化遗址、大汶口文化遗址、大溪文化遗址、马家窑文化遗址、屈家岭文化遗址等出土的陶器，绝大多数都是圆形。可见"圆"是中国文化中的一个重要精神原型，它与中国人的宇宙意识、生命情调等具有十分密切的关系。老子认为道是"独立而不改，周行而不殆"①。"周行不殆"就是围绕圆圈无休无止、无始无终地运动，这形象地说明了道的本质：其运行既没有起点，也没有终点，它不断地向前运行，又不断地返回自身，这种终而复始、无始无终的特性，正好就是圆的特性。

圆以动为性，动是天道的永恒特性。《淮南子·原道训》曰："泰古二皇，得道之柄，立于中央；神与化游，以抚四方。是故能天运地滞，轮转而无废，水流而不止……钧旋毂转，周而复匝。"②扬雄《太玄经·玄首都序》曰："驯乎！玄，浑行无穷，正象天。"③驯，意为顺，玄是《太玄经》的最高范畴，扬雄认为，玄就像圆天一样，周行无穷而不殆。天圆则动，地方则静，动静相宜，成一生命整体。在上述言论中，整个宇宙被形容为一轮转不息的圆环，来往穿流，万世如斯。正如孔子所说："天何言哉，四时行焉，百物兴焉。"④将天地比喻为一运转之环。中国人关于天道圆环之喻，不在于强调人生无常、世事屡迁的漂泊感，而在于天道中所蕴含的生生不已的精神。从时间上说，宇宙是一生命流程；从空间上说，天地一轮转，万物自在圆。

圆是相对于缺而言的，圆就是不缺，不缺谓之圆满，故圆有"满"意。人们通常所说的"圆满"一语，原是中国哲学的一个重要概念，其中也可看出中国人重视生命的一份用心。对圆的生命意义的发现，是与中国人对宇宙的认识分不开的，它的根子就是根深蒂固的天人合一意识。中国人认为，天圆而地方。《庄子·说剑》曰："上法圆天，以顺三光。下法方地，以顺四时。"⑤扬雄《太玄经·玄莹》曰："天圆地方，极植中央。"⑥天莽莽苍苍，笼盖四野，如一圆盘罩住漫漫尘寰。中国哲学用圆代表无形，方代表有形；圆代表浑沌，方代表浑沌的落实。老子的"道""一"，在易学中又叫作"太极"。

---

① 诸子集成：第3册[M]. 长沙：岳麓书社，1996：11.
② 诸子集成：第8册[M]. 长沙：岳麓书社，1996：2.
③ 四川大学古籍整理研究所，中华诸子宝藏编纂委员会. 诸子集成补编：第7册[M]. 成都：四川人民出版社，1997：246.
④ 论语·阳货[M]//诸子集成：第1册. 长沙：岳麓书社，1996：456.
⑤ 诸子集成：第4册[M]. 长沙：岳麓书社，1996：244.
⑥ 四川大学古籍整理研究所，中华诸子宝藏编纂委员会. 诸子集成补编：第7册[M]. 成都：四川人民出版社，1997：324.

圆形符　彩陶　马家窑文化半山类型　采自《中国图案大系》

古太极图　纺轮　屈家岭文化　湖北省博物馆藏

《易·系辞》说："《易》有太极，是生两仪，两仪生四象，四象生八卦。"① 太极是万物化生之源，人们将太极视为一个圆，以圆包裹阴阳。

浑沌则圆。道学以太极之圆为天地之大本、万物之宗府，《周易》以"圆"作为至真至善至美的境界。太极之圆有如下基本特点：一是运转不息的，万物彼此蝉联，组成一交互的世界；二是变化莫测，它蕴"几"蓄"微"，包含着生命世界的全部秘密；三是周遍万物，旁行不流，圆神不倚，使得万物一体，天人合契，从而圆成一生命的世界。

---

① 阮元.十三经注疏：上册[M].北京：中华书局，1979：82.

易学史上常常把太极当作浑沦之别名。宋雷思齐《易筮通变》卷下说:"气、形、质具而未相离,故曰浑沦。浑沦者,言万物相浑沦而未相离,故曰易也。易变而为一,一者形变之始也。是说也,重见于《易纬》之《乾凿度》,亦固谓然也。由是而观,则《易》之有太极,而太极也者,特浑沦之寄称尔。浑沦而上,既有谓易,谓初,谓始,谓素,凡四其称,而至于浑沦而五,故以浑沦为太极,是之谓五太也。是则太极也者,既先含其五于中矣。"①

古太极图　纺轮　屈家岭文化　河南淅川出土

陶纺轮,新石器时代常见的纺织器具。河南淅川出土的陶纺轮系屈家岭文化遗存。陶纺轮上的圆形纹饰是最古老的太极图,距今约5000余年。图中由黑白二色构成的图案,阴阳互依,犹如两条活泼的鱼,头尾互动,正是阴阳契合、太极思想的完美演绎。

古太极图　彩陶　马家窑文化半山类型　采自《中国图案大系》

类似的图案还有一些,或由对鸟组成,或由双鱼构成,即为不同形态的古太极图。

由方入圆,因圆识方。天圆地方是人们感性直观的反映,由此生发出许多玄奥的哲理。大而言之,物物有形,亦是方,方是具象,是可感可触的物体。人们观物仅仅停留于此,就会滞于形迹,必须由方入圆。圆如天,天道虚廓缥缈,生生不息,故天的精神是超

---

① 道藏:第20册[M]. 北京:文物出版社,上海:上海书店出版社,天津:天津古籍出版社,1988:330.

越具象的,是万物深层所蕴含的流转不息的生命之流。故由方入圆,即由具象到超越,由外表入深层,从而去领略其生命之旨。《老子》曰:"人法地,地法天,天法道,道法自然。"王弼注:"法自然者,在方而法方,在圆而法圆,于自然无所违也。"①得圆者即得自然之妙韵。《庄子·齐物论》曰:"道昭而不道,言辩而不及,仁常而不周,廉清而不信,勇忮而不成,五者圆而几向方矣。"宣颖云:"五者本浑然圆通,今滞于迹而向方,不可行也。"②可见,滞于方则惑于形迹,入于圆则得其本性,披方入圆,即由表象而入圆

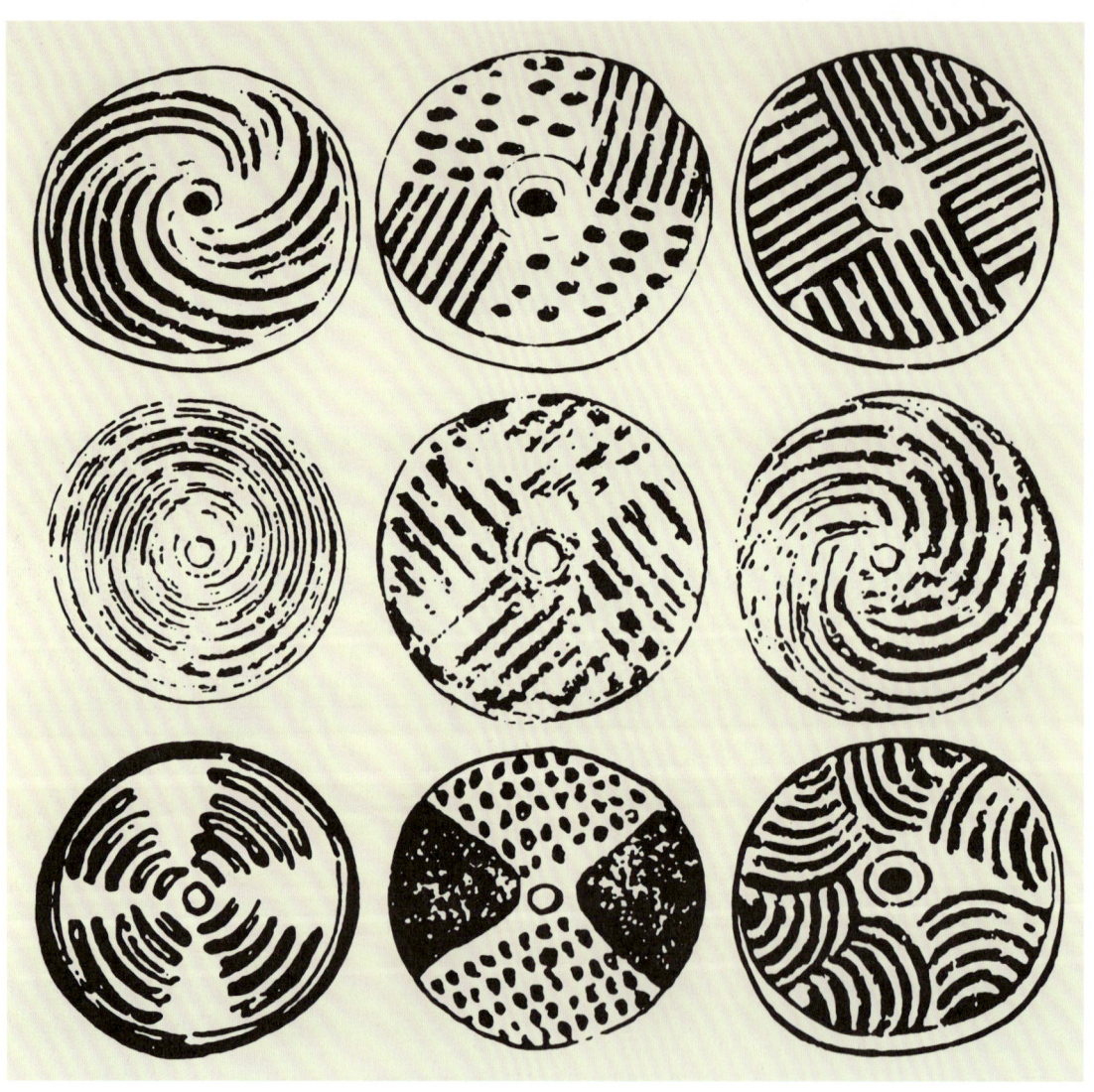

圆形纺轮　屈家岭文化　河南淅川出土

---

① 诸子集成:第3册[M].长沙:岳麓书社,1996:12.
② 王先谦.庄子集解[M]//诸子集成:第4册.长沙:岳麓书社,1996:19.

融无碍的生命之流中。

依道经所言，宇宙的本源是无极。《老子》："为天下式，常德不忒，复归于无极。"[1] 无极本是道家的概念，指无形无象的宇宙原始状态。殷汤问于夏革，曰："古初有物乎？"夏革曰："古初无物，今恶得物？后之人将谓今之无物，可乎？"殷汤曰："然则物无先后乎？"夏革曰："物之终始，初无极已。始或为终，终或为始，恶知其纪？然自物之外，自事之先，朕所不知也。"殷汤曰："然则上下八方有极尽乎？"革曰："不知也。"汤固问。革曰："无则无极，有则有尽，朕何以知之？然无极之外，复无无极，无尽之中，复无无尽。无极复无无极，无尽复无无尽。朕以是知其无极无尽也，而不知其有极有尽也。"[2] 由无极演化为太极，由太极演化为二仪，由四象演化为八卦，由八卦演化为六十四卦，以至于无穷无尽，反映了天地万物永恒发展的一个基本规律。

圆有空意。圆形物体中间有空的，如圆环；有实的，如圆盘。然而在中国哲学中，由于有表现独特的哲学观念的需要，则偏重于它的空虚的特点，这是和中国哲学重视生命的基本思想分不开的。庄子哲学以"环中"来描绘圆空之状，认为方有形迹可循，圆无具象可踪，因方入圆，即由实转虚，从而进入道的天地，也就是进入"环中"，这环是宇宙之环，环中乃虚空寥廓，唯有生气鼓吹，心灵于环中可与真实生命随意舒卷，优游徘徊。《庄子·齐物论》曰："彼亦一是非，此亦一是非。果且有彼是乎哉？果且无彼是乎哉？彼是莫得其偶，谓之道枢。枢始得其环中，以应无穷。"郭嵩焘云："是非两化，是道存焉，故曰道枢，握道之枢，以游乎环中。中，空也，是非反复，相寻无穷，若循环然，游乎空中，不为是非所役，而后可以应无穷。"[3] 所谓"环中"之喻，也是为了说明道体的空虚特征，如圆环流动而空虚，道之空正是动的根基，空者，不待他动而自成，

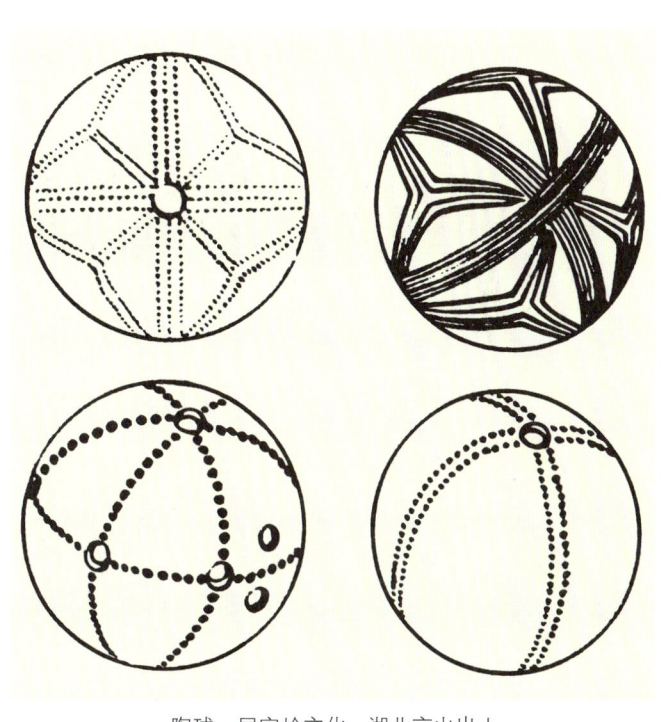

陶球　屈家岭文化　湖北京山出土

---

① 诸子集成：第3册[M].长沙：岳麓书社，1996：13.
② 诸子集成：第4册[M].长沙：岳麓书社，1996：45.
③ 王先谦.庄子集解[M]//诸子集成：第4册.长沙：岳麓书社，1996：13.

第四章｜中国的原始宗教（二）

环中如有枢轴，故能应无穷之变。

在汉语中，"圆"常和成功联系在一起，说事物完满，叫"圆成"；实现理想叫"圆梦"；家庭破碎又重建叫作"破镜重圆"；难以言说的奇妙之境叫作"圆妙""圆神"等。道家将得道的境界称为"臻于大圆"的境界。《庄子·盗跖》曰："无为君子，从天之理，若枉若直，相而天极。面观四方，与时消息，若是若非，执而圆机，独成而意，与道徘徊。"① 道如圆机，是永恒的生命之环。君子与道徘徊，就如同执"圆机"，同于大道。《周易》不仅以圆为化生万物之根源，而且将生命的最高境界也归之于圆。《易·系辞》曰："是故圣人以通天下之志，以定天下之业，以断天下之疑。是故蓍之德圆而神，卦之德方以知。"韩康伯云："圆运，运而不穷；方止，止而有分。言蓍以圆象神，卦以方象知也。唯变所适，无所不周，故曰圆，卦列爻分，各有其体，故曰方也。"② 《周易》以"圆"来描绘道的神秘特性，在此基础上又把"圆"作为一种终极境界。

《吕氏春秋》中，"圆"的境界义就与"道"结合在一起，称为"圆道"。其《圆道》篇曰："天道圆，地道方。圣王法之，所以立上下。何以说天道之圆也？精气一上一下，圆周复杂，无所稽留，故曰天道圆。何以说地道之方也？万物殊类殊形，皆有分职，不能相为，故曰地道方。主执圆，臣处方，方圆不易，其国乃昌。日夜一周，圆道也。月躔二十八宿，轸与角属，圆道也。精行四时，一上一下，各与遇，圆道也。物动则萌，萌而生，生而长，长而大，大而成，成乃衰，衰乃杀，杀乃藏，圆道也。云气西行，云云然，冬夏不辍；水泉东流，日夜不休。上不竭，下不满，小为大，重为轻，圆道也。黄帝曰：帝无常处也，有处者乃无处也。以言不刑蹇，圆道也。人之窍九，一有所居则八虚，八虚甚久则身毙。故唯而听，唯止。听而视，听止。以言说一，一不欲留，留运为败，圆道也。一也齐至贵，莫知其原，莫知其端，莫知其始，莫知其终，而万物以为宗。圣王法之，以令其性，以定其正，以出号令。令出于主口，官职受而行之，日夜不休，宣通下究，瀸于民心，遂于四方，还周复归，至于主所，圆道也。令圆，则可不可，善不善，无所壅矣。"③《吕氏春秋》中"圆道"概念的形成，说明老子道家哲学所构建的形而上的"道"范畴之内涵，在后期道家那里得到进一步的发挥，而使"道"之"圆境"义得以完整的呈现。

---

① 诸子集成：第4册[M].长沙：岳麓书社，1996：239.
② 阮元.十三经注疏：上册[M].北京：中华书局，1979：81.
③ 诸子集成：第8册[M].长沙：岳麓书社，1996：37.

第二节 原始宗教的鬼神崇拜

原始宗教所处的新石器时代晚期已有许多鬼神图像，它们或者雕刻在玉器之上，或者刻制在岩画之上，或者琢成圆雕造像，显示了匠人的高超技巧和信徒虔诚的心态，成为最早的一批鬼神图像。

一、原始宗教的神灵造像

在原始社会的宗教遗存物中，鬼神的偶像亦有不少发现，大致包括圆雕石刻神像和浮雕石刻神人面两类。圆雕石刻人像已发现两批：1983—1984年在辽宁东沟马家店乡后洼屯遗址下文化层出土了几件滑石雕刻的小型圆雕人头，刻工粗犷，造型古朴生动，属距今6000年前的辽东地区新石器时代早期石刻艺术作品。河北滦平金沟屯遗址曾出土一批大小不同、姿态各异的石刻圆雕人像，大者立姿，高33厘米左右，眉目清秀，双手拊于胸下，双足相连，足底呈圆锥形，便于戳立土中；小者高6厘米，作举手盘腿的姿态，五官与表情均甚模糊；从伴出之字纹陶器来看，这批石雕人像可能是红山文化晚期遗物。

其中与原始宗教关系较密切的是陶塑人像。这些人像都是泥质红陶胎，按形体分为两类。一类是小型孕妇塑像，裸体，直立，腹部凸起，臀部肥大。如在白音长汗石圈形台址东侧黄土层中出土的一件孕妇塑像，通体打磨光滑，似涂有红衣，体肥圆腹，下肢稍弯曲，体残，高约5厘米。一类是大型人物坐像，出土于石圈形台址东南侧和西南侧的黄土中。坐的姿态为盘膝正坐式，右腿搭在左腿上，双手交叉放在腹部。因为残缺过甚，尚不清楚完整的形象。陶塑女像在世界各地从旧石器时代晚期到早期青铜时代遗址中都有发现，作为当时人形象的再现和偶像崇拜物，是研究原始社会物质文化的珍贵实物资料，被当作判断母系氏族社会的直接证据。东山嘴陶塑人像群发现的意义在于这些人像是同具有某些祭祀活动的大型遗迹联系在一起的，其所处时代又正是原始氏族公社一个大变动时期，这就扩大了对人像尤其是陶塑孕妇像的理解范围，不局限于直接理解为母系氏族社会证据的传统概念。

1989年在内蒙古林西县白音长汗兴隆洼文化遗址的第19号房址内，在火塘北面约0.5米的地面上，出土了一尊高35.5厘米的石雕女神像，其特征是鼓腹凸乳，双臂抱腹，屈腿蹲踞，孕妇特征明显。除头部经过雕琢外，躯体部分皆敲击而成，风格粗犷拙稚。供奉白音长汗女神的遗址，距今约8000年，很可能是目前发现的最古老的女神像。

经碳-14测定，兴隆洼文化的年代为距今8200～7400年，由此认定兴隆洼文化玉器是迄今所知年代最早的玉器，开创了中国史前用玉之先河。兴隆洼遗址既填补了中国北方考古编年的空白，确立起四个考古学文化的坐标，也将这一地区新石器时代考古学文化向前推了3000余年。它表明早在8000年前这里就有了人类原始村落。这里产生的赵宝沟文化表明，当地早在7000年前就由刀耕火种过渡到耜耕原始农业阶段。这里发现的草帽山积石冢、牛河梁陶塑女神等诸多红山文化遗迹表明，当地早在五六千年前就进入了早期的城邦式的原始国家。这里产生的小河沿文化表明，当地早在四五千年前就出现了与中原地区乃至长江流域有密切联系的同时期原始文化。

女神像　石雕　兴隆洼文化类型

1983年至1989年河北滦平县后台子新石器遗址下层，采集到6尊石雕女像（残2尊），以辉绿岩雕成，属于赵宝沟文化类型，距今约7000年。6尊石雕均为裸体孕妇形象，下肢或屈膝蹲踞，或两腿交叠在一起，盘腿而坐，显然都是为了安放在一定的底槽里或栽于土地上，便于人们作为神祇偶像供奉膜拜。宋兆麟说："这些神像的特点是：一多比较完整，不像巫术替身那样缺头少肢，经人为破坏。二制作精细，有些以石料雕琢，十分艰难，不像巫术替身那样随意，而且形态端庄，神秘含蓄。三都是女性，且处于成年阶段，突乳、鼓腹、巨臀，由于当时人类寿命较短，这种形象正是妇女的老年。四适于供奉，除了那种双腿盘坐形态外，其他石雕神像下呈尖锥状，便于插在地上或祭坛上……可以肯定它们是神像，至于属于哪种神像？应该是女祖先，由于当时正处于母系氏族时期，人类最早塑造的神偶首先是自己的祖先，所以上述神像可能是氏族或部落的始祖女神。"①

1983年，辽宁建平牛河梁女神庙出土了女神头像，长约22.5厘米、宽23.5厘米，塑泥

---

① 宋兆麟.中国史前的女神信仰[J].中国历史博物馆馆刊，1995（1）.

女神像　石雕　赵宝沟文化类型

为黄土质，黏性较大，掺草禾一类，未经烧制，内胎泥质较粗，捏塑的各部位则用细泥，外皮打磨光滑，颜面呈鲜红色，唇部涂朱。头的后半部分断缺，但较平齐，推测当时是贴在墙上的。在头后断裂面的中部可见一竖立的木柱痕，直径4厘米，由颈部直通头顶部，上有包扎禾草的痕迹，此即塑像时所用"骨架"。头像具有典型蒙古人种的特征，鼻梁低短、圆鼻头、无鼻钩、方圆形扁脸、颧骨突出、两眼斜立。尖圆的下颌、圆润的面部和小而纤细的耳部又具女性的特征。耳前鬓角明显，鬓角部位塑有细而长的竖带，应为与头饰或帽饰一类有关的系带。在眼睛的处理上尤为独具匠心，双眼内均嵌淡青色圆饼状滑石质玉片为睛，玉片直径2.5厘米，正面凸起，为睛面，迸发出炯炯有神的目光。在唇部的处理上采用了夸张手法，使上唇外咧，嘴角圆而上翘，唇缘肌肉似掀动欲语，流露出一种神秘感。面颊随着嘴部的掀动而张开，瞬间的起伏感展现出人物的神韵气质，使得一个富有生命力而又神化了的女性面相更臻完美。整个头像将女神的动人容貌和内在情感完美地融合，塑造了一个艺术价值极高的女神头像，可见此时的雕塑技艺栩栩如生。这尊女神头像不过是女神庙中众多塑像中的一件。同时出土的至少还有六个个体女性塑像，体型有大小之分，老少之别，小的与真人相当，大的则是真人的1～2倍，造型准确，形象生动，艺术水平较高。而在主室中心部位还出土了相当于真人器官三倍大的大鼻、大耳，可见这尊女神头像并不是此座神庙的主神，在神庙主室的中心，很可能供奉有一尊更大的女神塑像。众多神像共祭于同一庙堂，说明这是一种围绕主神的多神崇拜，似已形成了有中心、有层次的"神系"群。同时还出土了五六个神像，皆为女性。这些精致小巧、上部有孔的偶像，便是可以随身携带的保护神。

女神头像　牛河梁遗址博物馆藏

1979年辽宁喀左东山嘴红山文化遗址出土若干陶塑女裸像。两件小型孕妇塑像残高5～5.8厘米，均为裸体立像，头及右臂均残缺，腹部凸起，臀部肥大，左臂曲，左手贴于上腹，有表现阴部的记号。出土的大型泥塑人物座像，

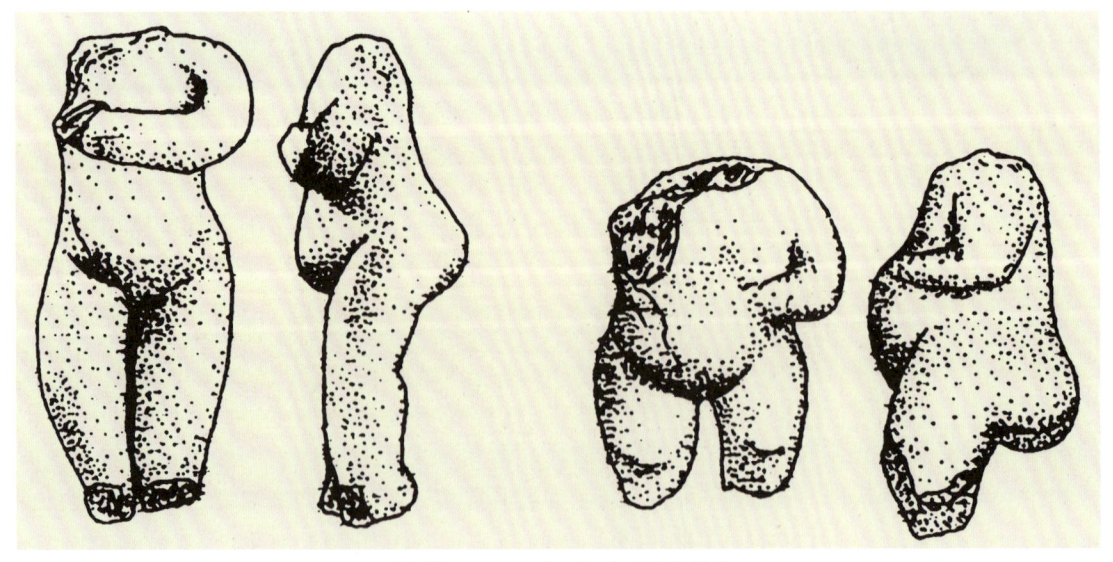

裸女像　泥塑　牛河梁遗址博物馆藏

上、下身各一块。上身残块为手臂和胸腹部分，高18厘米、宽22厘米，胸腹上贴塑手臂，左臂残缺，只存贴痕，右臂存下部。双手交叉于腹部的中间，左手似攥拳，右手握住左手腕部，右手指修长。下身残块高12.5厘米、宽22厘米，为盘膝正坐式，右腿搭在左腿上，左足及足趾裸露，右足已残缺。下身的底部平，满饰席纹。以上各个部位的形态，如攥拳、握腕、左右手交叉、盘膝等，都塑得逼真自然，很有动感，大小约当真人的二分之一。在石圈形台址附近还发现了其他同样姿态的上下身残块，可知这种盘腿正坐、双手交叉于腹部的形象是一种特定的姿态。

东山嘴遗址中发现了陶塑人像，残件二十余件，多为人的肢体部分，未见头部，皆泥质红陶胎，可辨认形体的有两类：小型孕妇塑像和大型人物坐像。这些人物造像，女性当为祖母神，男性似为巫师或祖先神。此外还出土了双龙首玉璜饰件以及彩陶祭器。遗址中发现大片红烧土和厚达50厘米的灰土堆积以及动物烧骨等，表明曾多次举行燔燎祭天仪式。[①]

石家河文化是分布于长江中游地区的新石器时代末期文化，其出土玉器一直是学界关注的热点。由石家河文化遗址早年公布的资料和2015年年底最新的考古发掘来看，所属石家河文化遗址出土的玉雕人像总计已达23件。其中，湖北天门石家河遗址5件，天门罗家柏岭遗址11件，肖家屋脊遗址5件，荆州枣林岗遗址1件，钟祥六合遗址1件。关于玉雕人像的研究，杜金鹏先生将其称为"玉雕神像"，认为是用于冠冕之上的徽像，并对其使用方法、渊源和学术价值进行了探讨。周光林先生对石家河文化各种材质包括玉质的雕塑进行了整体研究，总结出它们的分布范围，提出雕塑主要与原始宗教有关，属宗教用物，并分析出不同雕塑各自的内涵。叶舒宪先生认为石家河遗址2015年年底出土的双面玉雕人像可命名为"双人首玉玦""双人首连体蛇身玉玦"或"双人首连体蛇身并珥蛇形玉玦"，并对其包含的丰富神话意象进行了研究。张绪球、刘德银、郭立新等先生在对石家河文化的研究中也曾涉及玉雕人像的内容。

刘亭亭、郭荣臻、曹凌子三位将这批人像分为三类并加以详细论述，指出第一类为正面像，头戴冠，梭形眼，蒜头鼻，一般耳下部饰环。这类玉雕像又可以分为以下三种造型。

A型。上下獠牙外露，头部有角，戴有平冠，耳下部的环内穿孔。根据已发布的考古资料，这种造型仅见于肖家屋脊遗址瓮棺葬W6∶32，雕像布满白色土沁，整体为三棱形，正面前凸。嘴部上下伸出獠牙，头部饰有弯角为其最大特点，显然是人与兽的结合体。石家河遗址2015年发掘的主要收获中也有这种造型的玉雕像，与肖家屋脊遗址瓮棺葬W6∶32的造型大同小异，唯一不同的是新发现的这件尖角造型复杂，向两边伸出，平冠的两边也变窄出角。

---

① 郭大顺，张克举.辽宁省喀左县东山嘴红山文化建筑群址发掘简报[J].文物，1984（11）.

神灵　石家河文化类型

神灵　石家河文化类型

B型。无獠牙和角，戴有平冠，近似于常人。大部分石家河文化的玉雕像都属于这一型，总计13件。以石家河遗址出土的1件，肖家屋脊遗址瓮棺葬W6∶14和W6∶41的2件以及罗家柏岭遗址除T20③B∶16外的T20③B∶1、T20③B∶3、T20③B∶18、T27③B∶1和T7①∶5等10件为代表。

C型。无獠牙和角，所戴冠的帽檐下弯。以荆州枣林岗遗址WM4∶1、钟祥六合遗址W18∶1和石家河遗址W9新出的1件玉雕像为代表。

第二类浮雕于玉管表面，梭形眼，蒜头鼻，头部造像形似头发盘成圈状在脑后挽成发髻或系于头部的装饰品。以肖家屋脊遗址瓮棺葬W7∶4和石家河遗址瓮棺葬W8中新出的1件

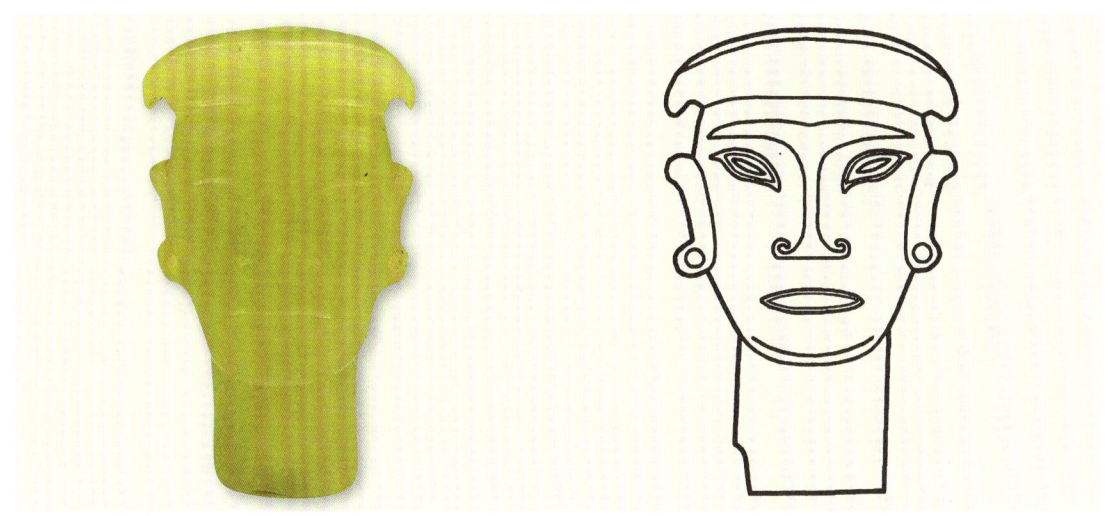

神灵　石家河文化类型

为代表。

第三类为侧面人头像，梭形眼，蒜头鼻，头部有冠。A型。有一首侧面人头像，以肖家屋脊W6∶17和罗家柏岭T20③B∶16为代表。B型。连体双首玉雕人像。以石家河遗址2015年发掘的主要收获中W9出土的连体双首玉雕人像为代表。

此外还见一类仅有眼睛没有其他五官的造像，张绪球先生将其定名为"抽象人头像"，亦归入玉雕人像之列，以肖家屋脊W6∶38、W6∶9为代表。但由石家河文化诸多玉雕造型来看，其为人面像的可能性不大，推测应为动物或其他造型。因为出土人面像的眼睛都为梭形眼，这些抽象造型仅有两个左右对称的眼窝，俱为圆形。石家河文化和枣林岗遗址发现

神灵　石家河文化类型

的虎头像多为圆形眼，和此类雕像有相似之处，尤其是W6∶9造型更像是眼下部雕刻一长喙，接近于鸟形。同时玉雕像一般为片状和弧凸状，肖家屋脊W6∶38、W6∶9横切面为多边形造型。综合这几个方面的差异，故将肖家屋脊W6∶38、W6∶9类玉雕像排除在玉雕人像之外。

关于石家河文化玉雕人像的身份考证，杨建芳先生认为：这种神像并非某一地区个别小人物的造型，而应是石家河文化居民及其后裔长期共同信奉的神祇或祖先崇拜的偶像。

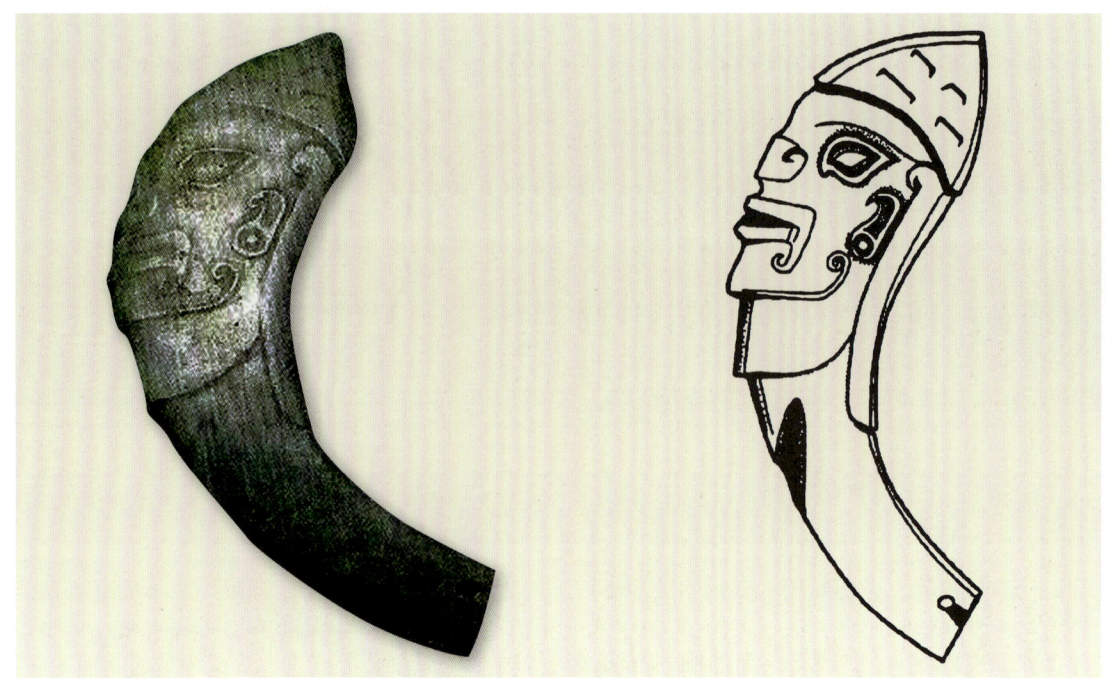

神灵　石家河文化类型

其性质与良渚文化玉器上的神人相似。邓淑萍先生认为所有人面都是"神祖"，"神祖"的形象取自现实中的人，加上一些表示神灵的符号如獠牙、鸟羽等。从一类A型玉雕人像上下獠牙外露、头部有角、戴有平冠等特征来看，其确实不同于一般的人类，是一种神化的人的形象。所以杨、邓两位先生的观点对一类A型玉雕人像的身份解读是可信的。但一类B型与一类C型玉雕人像无獠牙和角，所戴冠为平冠或帽檐下弯，二类与三类的玉雕人物形象也相对平实，接近于常人形象，所以将这四类人像与一类A型的身份都作为神人形象似有不妥。

不同人物的造型可能具有不同的身份，代表着不同的社会阶层。一类A型玉雕人像是一种石家河先民想象的神的形象，是一种自然的神祇，是可以保佑部族不受侵害的神灵。而一类B型玉雕人像则更可能是石家河文化部族祖先或者首领形象的造型，在其部族的内部拥有较大的权力。其他各类形象则可能是石家河文化部族的其他阶层的造型，相对于一类A型与一类B型玉雕人像，他们的地位较低。

具体来看，第三类的玉雕人像都为侧面、戴尖冠或高冠甚至双首的形象，背后应该也有一定的寓意。由于其身份地位低于一类A型与一类B型玉雕人像，一类A型为神灵的象征，一类B型掌握着类似于王权的统治权力，结合第三类较为奇特的外形和部分具有双首的形象，推测其最有可能是具有通神之能的巫师形象。第二类的形象中，头部没有冠的造型，学界一般认为新石器时代冠已是一种身份地位的象征，故推测第二类发现的3件玉雕的地位在所有玉雕人像中最低。

综上所述，石家河文化玉雕人像的等级排列大体是：第一类最高，是神人和掌握着统治权即王权的人；第三类为巫师的造型，是具有通神职能的人；第二类则相对较低，接近于平民。①

浮雕石刻神人面目前共发现两件。1959年四川巫山大溪64号墓出土的一件，是我国首次发现新石器时代石雕人面。其以质地细腻的黑色火山岩雕成，平面呈椭圆形，高6厘米，宽3.6厘米，厚1厘米，顶端有两个穿孔，正反两面的中间位置采用阳刻手法雕凿出造型相似的人面形象，一面脸颊丰腴、圆润，另一面较为瘦削。鼻梁挺直，圆睁的大眼，张开呈O形的嘴，似因极度紧张而惊恐不已。墓葬距今5000~6000年，属大溪文化的晚期阶段。

此外还发现两件玉雕人面。一件1976年出土自陕西神木石峁龙山文化墓葬，以玉髓雕

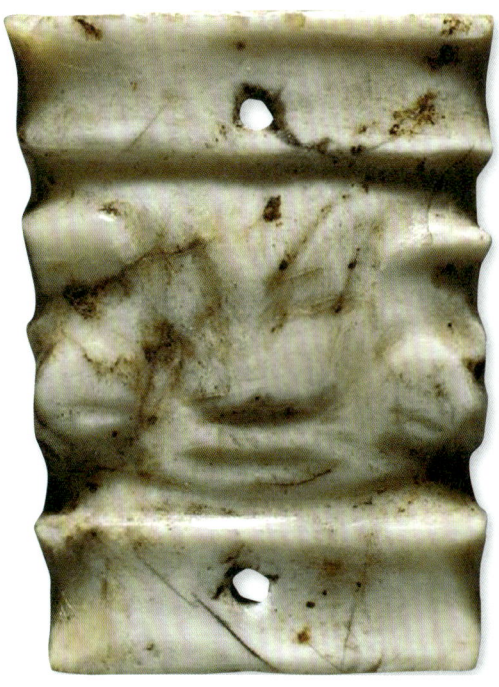

神灵玉饰　石家河文化类型
中国国家博物馆藏

湖北天门罗家柏岭出土。长2厘米、宽1.5厘米、厚0.3厘米。玉饰呈白色，扁平长方形。头戴平顶冠，冠下雕一人面，宽鼻方脸，大耳，耳下有环形饰物，颈部呈宽带状。头冠与颈部正中各有一小孔。石家河人面形玉饰的功能被认为与原始宗教有关。有学者认为，这些人面雕像或许是巫觋像，在通神时佩戴，以求与神沟通，得到神灵庇佑。

神灵　石家河文化类型
上海博物馆藏

高6.2厘米、宽3.6厘米、厚3厘米，重0.073千克。玉呈黄绿色，间有赭红沁。圆雕人面像。头戴华冠，方脸大耳，双耳系戴耳环，巨口獠牙，犬齿交叉，蒜头鼻，臣字形眼睛，面部狰狞且威严。长颈。颈背琢有鸟形图案，作展翅飞翔状，用阳纹凸线技法琢成。头顶至颈下钻一通心孔。圆雕人首和浮雕鸟纹合雕一器者，可能是氏族崇拜的神人偶像与图腾神结合的产物。

---

① 刘亭亭，郭荣臻，曹凌子. 石家河文化玉雕人像的考古学观察[J]. 文物鉴定与鉴赏，2017（4）.

成，高4.5厘米，宽4厘米，作头顶束髻、鹰钩鼻、嘴微张的侧面头像，阴线刻成的眼睛巨大醒目，脸颊部位透雕一圆孔。一件20世纪70年代中期采集于山东滕州岗上村，属大汶口文化中期的玉雕作品，人面高3厘米，宽3.6厘米，正面磨光而微鼓，用阴线刻出五官和脸部轮廓，双目有神，背面有带穿孔的凸脊。

石雕　大溪文化晚期类型　四川博物院藏

何家湾遗址，位于陕西西乡县三合村，在泾洋河右岸第二台地上。面积约10000平方米，1980—1982年由陕西省考古研究所进行发掘，发掘面积1475平方米。遗址文化堆积下层为李家村文化，上层为半坡文化。发现半坡时期居址35座，墓葬156座，瓮棺葬21座，有石器、骨器、陶器等生产和生活用具约1200余件。还发现了一个完整的骨雕人头像，这是我国目前发现的年代最早的一个骨雕人头像，距今约6000年，高2.5厘米，头顶直径1.6厘米，颈直径0.9厘米。头像系用兽类肢骨的一部分，先将骨料磨成人头的形状，然后用坚硬带尖刃的工具雕刻而成。眼眉是用雕刻工具反复刻划而成的横于眼睛之上的两道凹槽，眉间相互连接；眼部刻划成周围凹陷、中间凸起的两个圆形眼睛；鼻子最为形象，鼻梁突出呈三角立体状；嘴部隆起，下颌清晰，在凸起的嘴部刻划一横道即为口部；头部最宽处在耳部上端，与人体头骨最宽部位相同，头顶部磨平，不像正常人头呈圆球体。整个

神人面　石雕　马家窑文化马厂类型　　　　　　　神人像　骨雕　仰韶文化北首岭类型
　　　　　　　　　　　　　　　　　　　　　　　　陕西历史博物馆藏

1973年出土于甘肃永昌鸳鸯池51号墓，石雕用白色带有褐色斑点的白云石料磨成，呈椭圆形，上部有一穿孔，当是随身携带的保护神。制法为先刻浅槽，再镶以骨饰，眼圈镶白色骨环，眼睛为黑色骨珠，鼻、口镶有大小不同的骨环，以表现人面的五官，神态与巫山大溪出土者相似。

头像雕刻技术古朴粗犷。两道横眉既是眼眉，又显示出隆起的额部。圆形眼睛既显示出眼眶，又突出眼球。高高的鼻梁隆起于面部正中，显示出人面部的整个神态，头像写实性极强，粗壮的横眉、炯炯有神的眼睛、高鼻梁、小嘴巴恰当地分布在瓜子脸上，表现了一个闭目静思的形象，憨厚中透出庄严，慈祥而又让人敬畏。①

　　何家湾遗址还出土线刻人面纹骨管一件，是以动物的管状肢骨制成，在骨管外壁用细线刻划出三个人面像，人面的神态分别表现出哀、怒、喜三种不同的表情，其中："哀"面像，眉毛和鼻子连接呈"T"形，眼睑下垂似布袋状，整个面部表情作悲哀伤感状；"怒"面像，双目圆睁，怒发冲冠，作怒目龇牙状；"喜"面像，两眼呈弯月形，眉开眼

---

① 魏京武.我国最早的骨雕人头象[J].化石，1983（2）；陕西省考古研究所，陕西省安康水电站库区考古队.陕南考古报告集[M].西安：三秦出版社，1994.

笑，作欢喜开心状。

女像圆雕　仰韶文化类型

1964年甘肃礼县高寺头村出土。头像残高12.5厘米，用堆塑与锥镂相结合的手法制成，陶色橙黄，颈下部分已缺，原先可能是陶壶器口的装饰。头顶锥刺着一个小孔，前额至后脑堆塑着半圈高低起伏的泥条，仿佛盘绕在额际的发辫。脸型丰满圆润，五官部位准确，形态优美。

女像陶壶
仰韶文化类型

陕西商县出土，通高约22厘米，壶口部分捏塑着一个发辫盘顶、笑容可掬的女孩头像，人物造型堪与甘肃礼县高寺头村出土的圆雕少女头像媲美，而形象的完整性过之。

人头彩塑　陶瓶　马家窑庙底沟文化类型

甘肃秦安大地湾1973年出土，距今5600年。通高31.8厘米，细泥红陶质，直口，短颈，椭圆形下垂腹，平底。瓶口上有一立体圆雕的女性人头像。头像前额梳着齐整的短发，头的左右和后部均为披发。头像面目清秀，雕空的眼睛显得深邃，鼻梁挺拔，鼻尖呈蒜头状，鼻翼有生气地鼓着，口部微张，两耳各有一小孔，可能原来佩戴耳坠。该头像五官比例恰当，正侧体面分明，凹凸面舒服。鼻子、额部和脸部是塑成的，头发和嘴是雕刻而成的，都给人以适当、舒服的感觉。这是一个坚毅勇敢的女性形象。瓶身腹部上下排列三层用黑彩描绘的、由弧线三角和斜线构成的连续纹样，是一种较为抽象的植物的叶茎，仿佛是少女所穿的衣服上的纹样，与人头像极为协调。①

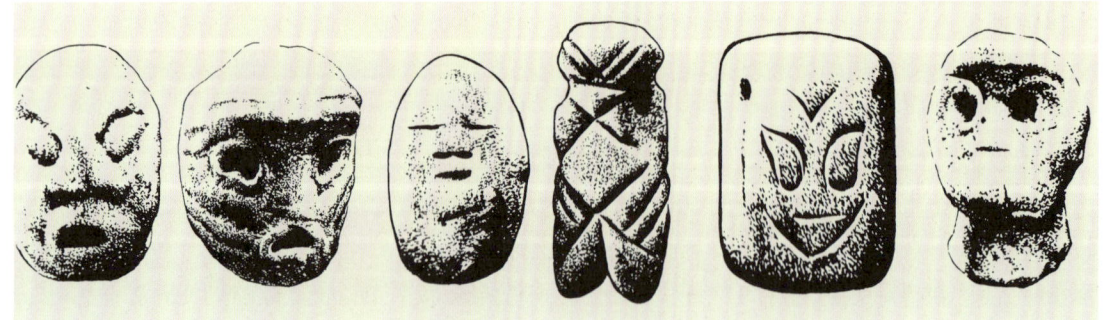

人头　陶塑　红山文化类型

辽宁东港市后洼遗址出土，造型质朴无华，反映了先民对祖灵的朴素认识。

---

① 杜金鹏，杨菊华. 中国史前遗宝[M]. 上海：上海文化出版社，2000：117.

三人面骨雕　仰韶文化北首岭类型　陕西历史博物馆藏

彩陶中亦发现了一些神人的造像，如裴李岗文化陶塑人头，于1977—1978年在河南密县莪沟北岗遗址发现，距今7000多年。头像用泥质灰陶制成，高约4厘米，颈下部分残缺；作扁头平顶、宽鼻深目、前额陡直、突颏缩嘴的造型，具有老年妇女的形貌特征，可能是当时受人尊敬的氏族老祖母形象。其塑造技法比较稚拙，但是，从其信手捏成，略加锥划即现老妪特征的做法来看，不失为质朴传神的原始社会雕塑佳作。

据考古学家研究，上述这类女神像与祖先崇拜有关，其中还有孕妇偶像，说明她们可能是生育女神，主宰人间的繁衍。而出土的动物塑像及祭器则是为祭祀服务的。[1]亦有学者把该女性陶像认定为农神和地母神，俞伟超先生说：在母权制的农业部落，把妇女像作为崇拜的神像，还可能具有另一种意义，即作为农神的象征。"长方形的祭坛，应是祭祀地母的场所。在原始的农业部落中，人们依靠农业来维持生活，因为见到农作物是从土地中生长出来的，便以为农业收成的好坏，在于土地神的赐予，于是，普遍信仰土地神。"[2]

二、原始岩画的神灵图像

原始岩画是岩穴、石崖壁面和独立岩石上的彩画、线刻、浮雕的总称。古人在岩石上磨刻和涂画来描绘他们的生活、想象和愿望，这就是岩画。岩画中的各种图像构成了文字

---

[1] 孙守道，郭大顺.牛河梁红山文化女神头像的发现与研究[J].文物，1986（8）.
[2] 俞伟超.座谈东山嘴遗址[J].文物，1984（11）.

发明以前原始人类最早的"文献"。岩画涉及原始人类的经济、社会和生活，作为人类的精神产品以艺术语言打动人心。古人类遗留在岩石上的画面，最早的据说已有40000年历史，绵延至现代的原始部族仍有制作，今天被人们发现的岩画遍及世界五大洲，150多个国家和地区，主要分布于欧洲、非洲、亚洲的印度和中国。

西藏各地分布着大量的岩画，其中大部分集中在西藏西北部、北部以及雅鲁藏布江中上游等海拔4500米左右的高原地区。日土岩画在西藏最具代表性，主要分布在班公措南部和东面近两三百平方千米的区域内，任姆栋、鲁日朗卡、阿垄沟、康巴热久等十几处岩画，不仅规模大、数量多，而且艺术价值也很高。日土县这一带自古以来就是西藏高原连接克什米尔、中亚的重要通道。岩画的绝大部分是本土特色浓郁的高原岩画，苯教"血祭"岩画（任姆栋岩画点）、商贸或迁徙运输的人马（塔康巴岩画点）、巫师活动（鲁日朗卡岩画点）、狩猎或放牧生活、祭祀仪轨等，反映西藏西部早期在相当长的一段历史时期内曾经有过的繁荣昌盛，而这个文明时期与传说中西部古老的象雄文明相关。

岩画内容主要有牦牛、马、羊、驴、犬、鹿、羚羊、鱼、人以及雍仲等符号和日、月、羽毛、房屋陷阱、男性生殖器、陶罐、盾牌、长杆等。内容主要表现高原古代的社会生活风貌，如宗教祭礼、巫师活动、祭祀仪轨、狩猎、骑射、放牧、农耕、舞蹈、战争等。动物的种类包括虎、鹿、羊、野猪、狗、水鸟、老鹰等，人物有猎人、武士、牧人以及人兽一体的神灵形象。

大量的动物岩画出现在各地，表面看画的是一只虎、一匹马或一只羊，其真正含义是什么？我们并不能单凭直观印象加以判定，因为它们要表现的并非动物本身，而是它的寓意，诸如图腾崇拜、神灵崇拜、祈求牲畜兴旺等。动物形象只是表达理想的一种媒介，一个象征性的符号，或出于敬畏，或出于祈求，或是其崇拜的神灵，或是其部落的图腾。文献记载，獠人普遍敬犬，犬在他们的心目中是神圣之物，如同匈奴人把狼看作神圣之物一样。据《北史·蛮獠传》载，假如儿子杀了老子外逃躲避，"求得一狗以谢，母得狗谢，不复嫌恨"①。足见狗在獠人心目中的地位。北方游牧民族也敬犬。《后汉书·乌桓鲜卑列传》云："俗贵兵死，敛尸以棺，有哭泣之哀，至葬则歌舞相送。肥养一犬，以彩绳缨牵，并取死者所乘马衣物，皆烧而送之，言以属累犬，使护死者神灵归赤山。赤山在辽东西北数千里，如中国人死者魂神归岱山也。"②犬在这里成为护送死者魂灵的保驾神。

北方岩画中偶见狼的形象，多被表现得很机警。如青海刚察黑山舍布棋沟岩画中有一狼的形象，体长一米多，正在排泄粪便，侧首竖耳，斜视远方的猎物，作欲扑未动的姿势，非常生动。究其本意，恐怕也不是为了描写狼本身。狼在北方猎牧人心目中被视为神物，甚至被看作本氏族的祖先。在匈奴族中很早就流传着狼与人合而生子，或国王生子

---

① 二十五史：第3册[M]. 杭州：浙江古籍出版社，1998：935.
② 二十五史：第1册[M]. 杭州：浙江古籍出版社，1998：953.

动物岩画　西藏日土　采自《中国图案大系》

被弃之于野,"狼往乳之"而成人的传说。《史记·大宛列传》引张骞的话说:"臣居匈奴中,闻乌孙王号昆莫,昆莫之父,匈奴西边小国也。匈奴攻杀其父,而昆莫生弃于野,鸟嗛肉蜚其上,狼往乳之。单于怪以为神,而收长之。"①后来终于当了乌孙国王。《魏书·高车传》说单于生了两个女儿,姿色出众,单于不肯将之嫁人,"将以与天",乃于国北无人之地,建一高台,置二女其上。至第四年,有一老狼昼夜守台嗥呼,因穿台下为空穴,经时不去。其小女曰:"吾父处我于此,欲以与天,而今狼来,或是神物,天使之然。"②便下到地穴与狼合而产子,后遂滋繁成国。故事当属无稽,但它说明了狼在游牧民

动物图　岩画　采自《中国图案大系》

---

① 二十五史:第1册[M].杭州:浙江古籍出版社,1998:282.
② 二十五史:第3册[M].杭州:浙江古籍出版社,1998:331.

族心目中的地位。

岩画的内容丰富，表现出当时人们各种各样的生产和生活场面。描写狩猎的，多数是持弓而射，也有长兵器刺杀，或追逐围猎的，还有持叉猎蟒和设栅捉猴的画面。牛的图像最多，有牛群成行或颈上套着绳索被拖拉的图形，大约是放牧的场面。描写采集的，有举手摘取树上的果实，或树倒后遍地布满球形果实，人在拾取，鸟在啄食。此外还有手持牛角的围猎舞和手持盾牌的战争舞等。岩画的绘画手法像是一种剪影，简单却特点鲜明。在一处画面上，数十只猴子排成一列，在崎岖不平的山路上行进，上爬的猴子尾巴下垂，下坡的猴子则长尾上翘，当地人说猴群爬山的情形也的确如此。猴群之下是众多牛的图案，扁长的牛角一看便知是水牛。它们有的被人骑在背上，有的被人牵着，有的被张满弩的人瞄准，有的两两相对，做出格斗的架势。

宁夏贺兰山东麓发现了数以万计的古代岩画，记录了远古人类在3000～10000年前放牧、狩猎、祭祀、征战、娱舞、交媾等生活场景，以及羊、牛、马、驼、虎、豹等多种动物图案和抽象符号，揭示了原始氏族部落自然崇拜、生殖崇拜、图腾崇拜、祖先崇拜的文化内涵，是研究中国人类文化史、宗教史、原始艺术史的文化宝库。岩画内容有动物、人物、类人首像、车辆、工具武器、建筑物、植物、天体形象、手足印迹、图案符号，个体形象不下两万个。

关于这些岩画的刻制年代，周兴华认为，这些岩画少量属于旧石器时代晚期，大部分属于中石器、新石器时代，少量延续到青铜时代、铁器时代，也有若干作品出自秦汉以后，近至宋元、西夏。李祥石推论，贺兰山岩画时间或稍晚于阴山岩画，其下限则在明清时期。[①] 在贺兰山岩画分布区内发现的具有齐家文化特征的为数不少的石器和陶片，为贺兰山岩画的制作年代确定在距今5000～4500年提供了新的证据。相信随着贺兰山岩画景区考古发掘工作的开展及研究工

羊群图　岩画　采自《中国图案大系》

---

① 李祥石.宁夏贺兰山岩画[J].文物，1987（2）.

作的深入，贺兰山岩画的年代问题将会得到更为科学的令人信服的结论。

乌兰察布岩画分布于内蒙古乌兰察布草原各地。东从四子王旗起，西至乌拉特中旗西部，以达尔罕茂明安联合旗查干敖包苏木推喇嘛庙一带最为集中。从乌兰察布岩画的构图风格、题材内容、制作方法和受大自然侵蚀程度，可以分为五个时期。最早的是远古时代原始氏族部落的作品，这是岩画的鼎盛时期，大约始于公元前2000年。图像大都是野生动物、人面形、具有荒野风味的粗犷舞蹈，以及单辕的两轮车等，画面的最大特点是象形性强，虽繁简相参，形态各异，但都是写实之作。

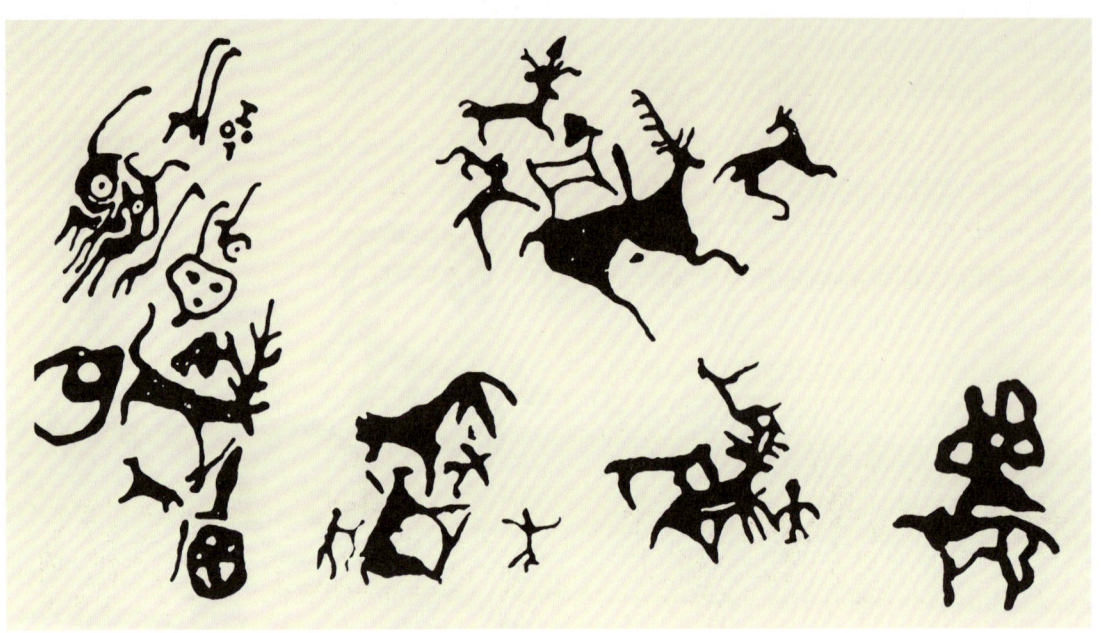

神灵动物　岩画　内蒙古乌兰察布　采自《中国图案大系》

第二时期属于北狄、匈奴人的作品，时代约在战国至两汉。动物形象大都是各种家禽，其中凿刻在百灵庙东北草原上的一幅图画非常有趣：两个马形，一个嘴呈鸟喙，有一系尾的舞者，还有动物蹄印和山羊形等。形态生动逼真，表现了作者丰富的想象力和娴熟的雕刻技巧。第三时期是北朝鲜卑人、突厥人的作品。以多种动物图案为主要特征，有骑者、三花马、骆驼以及一些非常规范化、反复出现的类似突厥字母的符号。第四时期是元代大同城和德宁路汉族游人的作品，有神像、官人像以及虎形。再有一些便是近代蒙古喇嘛刻划的蒙、藏文的六字真言，可称作第五时期的作品。乌拉特岩画题材广泛，内容丰富，有野兽、飞禽、家畜、狩猎、放牧、人脚印、舞蹈、动物蹄印、十二生肖、牙形、畜圈、符号、人面像、云、太阳、交媾等。其中尤以家畜和放牧为最多，反映了北方游牧民族的生活情况。

新疆阿尔泰山岩画时间跨度大、分布广，目前已发现并收集到的岩画资料已有千幅之多。在被誉为人间仙境的喀纳斯湖景区附近的一处牧羊山道上，造型古朴的动物和人的图像岩画延绵5千米，有近百幅之多；阿勒泰市多拉特山谷也有百幅以上的岩画，被称为岩画走廊；阿勒泰地区吉木乃县的沙吾尔山岩壁上岩画分布范围也在5千米以上，是新疆面积最大的岩画群。岩画分岩刻和彩绘两种，多为狩猎、放牧、舞蹈、宗教活动、生殖崇拜及家畜和野生动物等内容。

在中国各地发现的许多原始社会的岩画中有相当数量的歌舞图。如甘肃黑山岩画中绘制了三十余人的集体歌舞，场面颇大。内蒙古狼山岩画中，既有一些单人舞蹈的形象，又有几组众人手牵手舞蹈的场面。此外，在内蒙古白岔河岩画、西藏日土岩画、新疆康老二沟岩画、贵州平寨岩画、贵州关岭岩画、广西左江岩画、云南沧源岩画、云南元江岩画中都发现了各种形态的舞蹈图。这些出自华夏先民之手的艺术品，充分说明我们的祖先早在人类文明之始，就知道利用舞蹈来增强自己的体魄。

舞蹈并不是凭空发明的，而是对飞禽走兽的模仿，即《庄子·刻意》所谓"吐故纳新，熊经鸟伸"。《吕氏春秋·古乐》亦曰："昔葛天氏之乐，三人操牛尾，投足以歌八阕。一曰《载民》，二曰《玄鸟》，三曰《遂草木》，四曰《奋五谷》，五曰《敬天

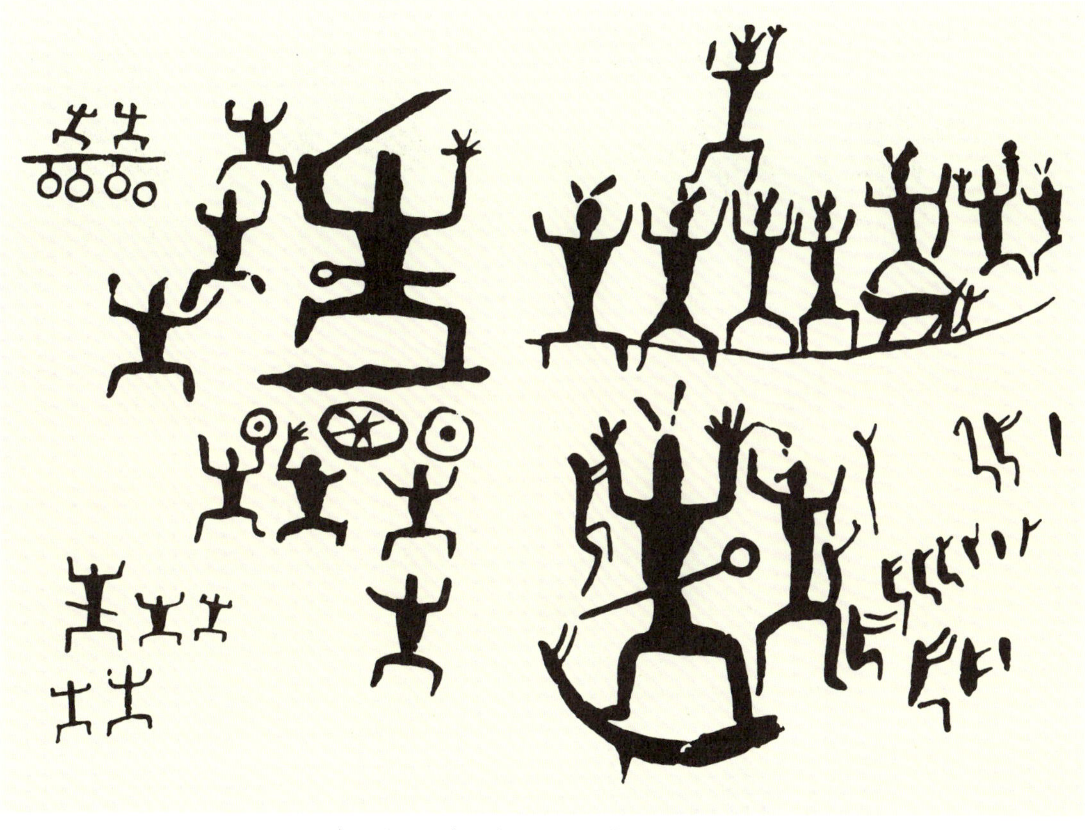

巫舞　岩画　广西左江　采自《中国图案大系》

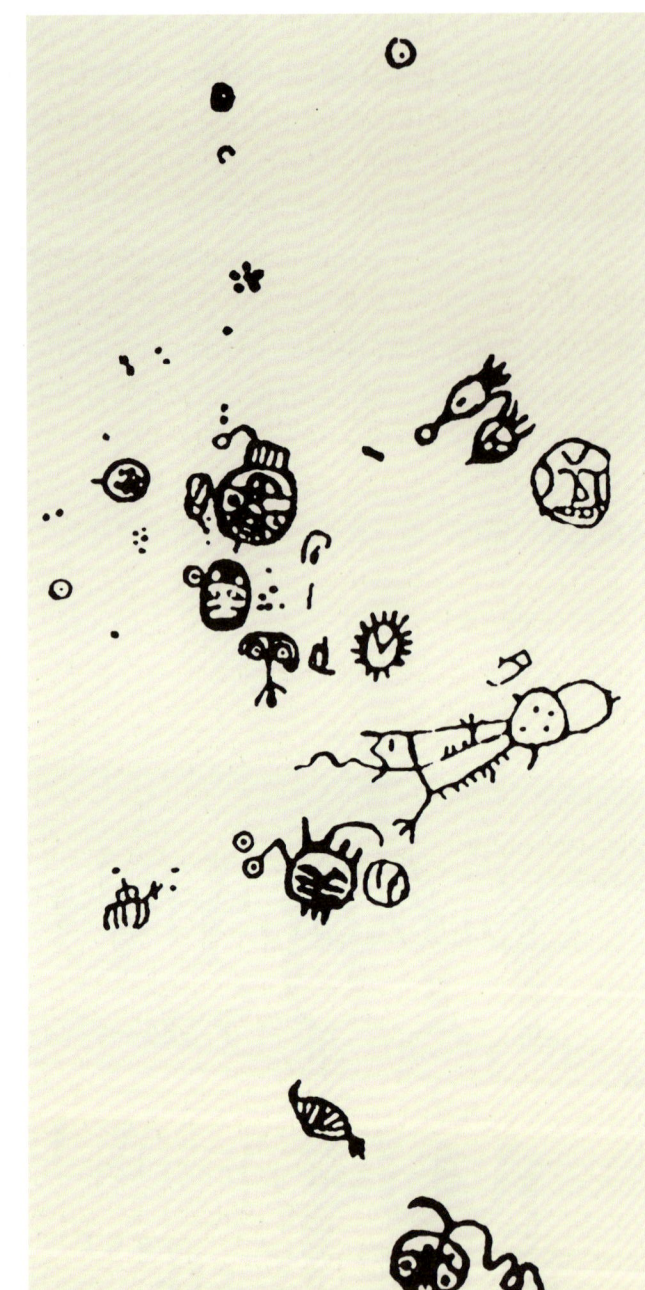

天神　岩画　内蒙古阴山　采自《中国各民族原始宗教资料集成：考古卷》

常》，六曰《建帝功》，七曰《依地德》，八曰《总禽兽之极》。"①这就说明原始舞蹈是对各种禽兽动作的模仿，即"总禽兽之极"。舞蹈的目的主要是祈年丰登，敬祭天神，赞颂地德，饱含精神的喜悦与虔诚的信仰。后来，舞蹈中的这类动作逐渐脱离取悦鬼神的意旨，发展成一种原始的导引术，演变为人们强壮体魄的养生功夫。值得注意的是，西方学者亦注意到了舞蹈的健身功能。如柯斯文在《原始文化史纲》中指出："早自旧石器时代后期，人已开始跳舞了！""可以断言，原始跳舞具有纯粹锻炼的性质。"②这虽然是柯斯文研究世界其他地区原始文化现象之后得出的结论，但亦可印证中国史前文化中的一些情况。

1980年年初，在内蒙古阴山西段发现了近万幅岩画。这一发现引起国内外考古界的高度关注，被称为"举世罕见的珍贵古代民族文物"，是研究我国北方游牧民族的历史、经济、宗教生活的珍贵资料。东西绵延千里的阴山山脉，横亘在内蒙古自治区的中西部，南北草原广阔，气候条件宜人，是一个"风吹草低见牛羊"的地方。我国北方许多游牧民族，诸如北狄、匈奴、鲜卑、突厥、回鹘（纥）、敕

---

① 诸子集成：第8册[M].长沙：岳麓书社，1996：59.
② 柯斯文.原始文化史纲[M].张锡彤，译.北京：生活·读书·新知三联书店，1955：192.

勒、党项、契丹、鬼方、山戎、蒙古等，都相继生活在这里，并创造了灿烂的古代文化。

阴山岩画创作年代的上限似可追溯到新石器时代初期，战国到汉代为鼎盛时期，时至近代犹有创作。专家表示，岩画的创作历经旧石器时代晚期、新石器时代、青铜时代、战国时期、秦汉时期、南北朝时期、隋唐时期、西夏时期、元朝时期、明清时期共10个阶段。早在公元5世纪时，内蒙古境内的阴山岩画就被北魏地理学家郦道元所发现。他在《水经注》中作了详细的记述："河水又东北历石崖山西，去北地五百里。山石之上，自然有文，尽若虎马之状，粲然成著，类似图焉，故亦谓之画石山也。"内蒙古考古工作者就是按照《水经注》提供的线索，在西起阿拉善左旗，中经磴口县、潮格旗，东至乌拉特中后旗的东西长约300千米，南北宽约40～70千米的阴山、狼山地区发现了近万幅岩画，其数量之多、内容之丰富、年代之悠久，令人叹为观止。

天神　岩画　内蒙古阴山
采自《中国各民族原始宗教资料集成：考古卷》

乌斯台沟岩画第1地点第1组，壁面上有众多人面像，亦可称为神像壁，给人以一种肃穆、威严之感。人面像众多，头形或方或圆，或长或短，可见是按照人自己的形象来塑造的。画面中间有一女像，凿刻了三对乳房。在众多人面像之前，凿刻着三个星座，其中一个星座只有一颗星，其余两个星座各两颗星，人面像伴随着星星，无疑是一群天神。[①]

乌斯台沟岩画第19地点第1组的画面相当宏大，左上方有三对翩跹起舞的舞者，有

---

① 于锦绣，杨淑荣.中国各民族原始宗教资料集成：考古卷[M].北京：中国社会科学出版社，1996：80.

第四章｜中国的原始宗教（二）

的舞者系尾饰，有的舞者持牛尾。舞者周围有各种动物。另外还有众多怪异的人面像，亦即神灵头像。画面中还有简略形人像、骑者、执弓猎人、蛇和各种动物。其中有一个磨刻甚深的动物形，它的头部形象介于人面和兽面之间，而身躯颇似甲虫，这可能是众神灵中的主要神像。这组画面主要是要表现众神灵像，画面中的巫师在跳媚神、娱神之舞。①

格尔敖包沟岩画第2地点第1组有一幅拜日图，拜者肃穆虔诚地站在大地上，双臂上举，双手合十过顶，朝拜太阳，太阳高悬空中，充分反映了远古先民的精神生活。第2地点第4组岩画的右边为人面像，左边是兽面像，人面像头上似有饰物，两只眼睛用圆点表示。兽面像形象奇特狰狞，似为鬼神。呼和撒拉沟西畔一组岩画中有一群自由自在的山羊，头向或左或右，山羊的右边有三个人面像，头形或圆或长，面部眉、眼、鼻、口俱备，这当是人们信仰的神灵。②

内蒙古阴山岩画内容极其丰富，与宗教有关的岩画可以分为三类：一类是巫术仪式图，有狩猎、交媾、模仿动物生育舞蹈、装扮动物舞蹈等内容；一类是祭祀仪式图，有献祭、祈雨、拜日、娱神舞蹈等内容；一类是崇拜神灵图，有人面像、兽面像、神灵像、日月星辰、天体、巫师、生殖器等内容。

由阴山岩画看，阴山先民原始宗教崇拜的内容有动物崇拜、天体崇拜、偶像崇拜、神灵崇拜和图腾崇拜，崇拜方式有献祭、祭祀、祈祷、舞蹈等。偶像崇拜通常指对任何一种偶像、图像或物体的崇拜，与敬拜一神论的神相对。对偶像的供奉与崇拜起源于人类产生思想意识之后，与对神秘力量的恐惧和膜拜及对神话、英雄人物的推崇有关。从远古时期的图腾、神话人物到对祖

拜日　岩画　内蒙古阴山　采自《中国图案大系》

---

① 于锦绣，杨淑荣.中国各民族原始宗教资料集成：考古卷[M].北京：中国社会科学出版社，1996：82.
② 于锦绣，杨淑荣.中国各民族原始宗教资料集成：考古卷[M].北京：中国社会科学出版社，1996：72.

先、圣人、英雄人物等的崇敬，偶像在人类历史上一直以量变的形式存在着，并在某个时刻偶尔发生质变。

将军崖岩画，位于江苏连云港市锦屏山马耳峰南麓，是中国迄今最古老的岩画。岩画分布在长22米、宽15米、面积约330平方米的黑色岩石上，内容反映了原始先民对土地、造物神以及天体的崇拜意识。岩画的中心相互倚叠着3块从别处搬来的石头，每块大小长2米、宽1.5米左右，石表面分布着对称的圆圈图案，直径3～7厘米不等。东侧有一未脱离基岩的大石，长3.7米，高2.5米，上述遗迹似与东夷先民奉大石为社神"下有三小石为足"的祭祀风俗有关。关于它的年代，汤惠生、梅亚文认为：江苏连云港将

神兽　岩画　内蒙古阴山
采自《中国各民族原始宗教资料集成：考古卷》

军崖发现刻凿在基岩上的凹穴、刻以凹穴岩画的石棚和史前人面像岩画，经微腐蚀断代显示，基岩凹穴岩画时代在距今11000年左右；刻以凹穴岩画的石棚为距今6000年；史前人面像岩画时代为距今4500～4300年左右。[①]岩画分为"三组，内容有人面、农作物、鸟兽、星云等图案以及各种符号"[②]。

第一组（A组）位于岩画西侧，长4米，宽2.8米。刻有人面、兽面和禾苗图案，并有9个符号。最大的人面高90厘米，宽110厘米。头上刻一高32厘米、宽88厘米的尖圆顶饰物，上部为一复线半圆形图案，沿部刻有上下相对呈菱形的复线三角纹，中以弦纹分开。人面的口部与另一个人面的头部相接。眼睛以两条复线勾出眼皮，再以三条横线表示眼睛。腮部刻有许多与五官无关的杂乱线条。其他人面的眼睛皆是在同心圆中加一圆点表示。人面大都有一条贯通的直线向下与禾苗图案相连。这一组还有两个不加脸框的人面图案，与龙山文化玉器、良渚文化玉器上的兽面纹极为相似。

---

① 汤惠生，梅亚文.将军崖史前岩画遗址的断代及相关问题的讨论[J].东南文化，2008（2）.
② 李洪甫.连云港将军崖岩画遗迹调查[J].文物，1981（7）.

天神岩画　江苏连云港　采自《中国图案大系》

第二组（B组）位于岩画南侧，长8米，宽6米。左侧刻一长6米多的带状星云图案，中以短线把画面分为四节，左上角刻一个宽14厘米的兽面。星云图案用大小不同的圆点或圆点外加圆圈表示。这组岩画的下侧主要是各种动物的头骨图案，眼、鼻、口、齿可辨，但无脸框。右上侧有三个排列规整的太阳图案，同心圆外加放射线14～20根，三个圆心连接成直角三角形。在这些主体图案之间，刻有许多表示星云的圆点或短线构成的各种图像，其中有一条子午线，与今天根据科学测量所得的子午线误差极小，是中国古代天文学杰出的成果。

将军崖岩画中的人面像绝大多数都没有躯干或四肢，人面的头饰具有较鲜明的时代特征，头上的尖圆顶饰物或三角形顶饰物正是新石器时代人物画像的一种特色，和半坡遗址出土的彩陶上人面头饰线条的风格相似。A组人面的脸颊上多刻有许多杂乱的线条，这可能与古代东方民族"断发文身"的习俗有关，与山东龙山文化的鸟头鼎足上两侧所刻

太阳　星云　岩画　江苏连云港　采自《中国岩画》

的杂乱线条也有相似之处。① 将军崖所在地可能是原始社会晚期某一氏族部落的一个宗教圣地，是一处以祭祀社神和祖先神为中心的场所，人们在这里施行巫术，举行各种宗教仪式，祈祷神灵的佑护。

根据文献记载和连云港出土的大量新石器时代文物鸟纹，结合岩画的图纹和民俗等考

---

① 李洪甫.将军崖岩画遗迹的初步探索[J].文物，1981（7）.

证，以及对照宁夏贺兰山、内蒙古阴山等地发现的人面像岩画，当时连云港可能是郯国故都，将军崖是举行招魂引魂的祭祀场所。学者李玉功认为将军崖岩画有两组：一组是巫师在招引游荡在宇宙中的灵魂；另一组图像（南方）是巫师引导以鸷（鹰）鸟为图腾的少昊氏王族的灵魂升天，返回到祖先居住的地方——太阳，这是引魂升天的仪式。①

人面　岩画　江苏连云港
采自《中国岩画》

左江岩画地处广西，绵延200多千米，跨宁明、龙州、江州、扶绥、大新等县（区），共发现岩画79个点、178处、280组。其中宁明花山岩画是左江岩画的代表，画面宽约170米，高约95米，共有111组画面，图像1900余个，以规模宏大、场面壮观而居左江岩画之冠，堪称世界岩画史上的珍品。学术界普遍认为左江岩画的产生年代是战国至东汉，其分布的地域在战国、秦汉之际正是壮族先祖骆越族聚居活动的区域，而岩画中人像的头饰、羽饰及铜鼓、舟船等器物都佐证岩画是骆越人的作品。岩画均为赫红色颜料涂绘而成，颜料的成分主要是氧化铁，还有动物血、骨胶之类。岩画图像以人像为主体，间有器物和动

祭日　岩画　广西左江　采自《中国图案大系》

---

① 李玉功. 东方天书之谜——关于将军崖岩画的几点思考[J]. 大众文艺·理论，2009（5）.

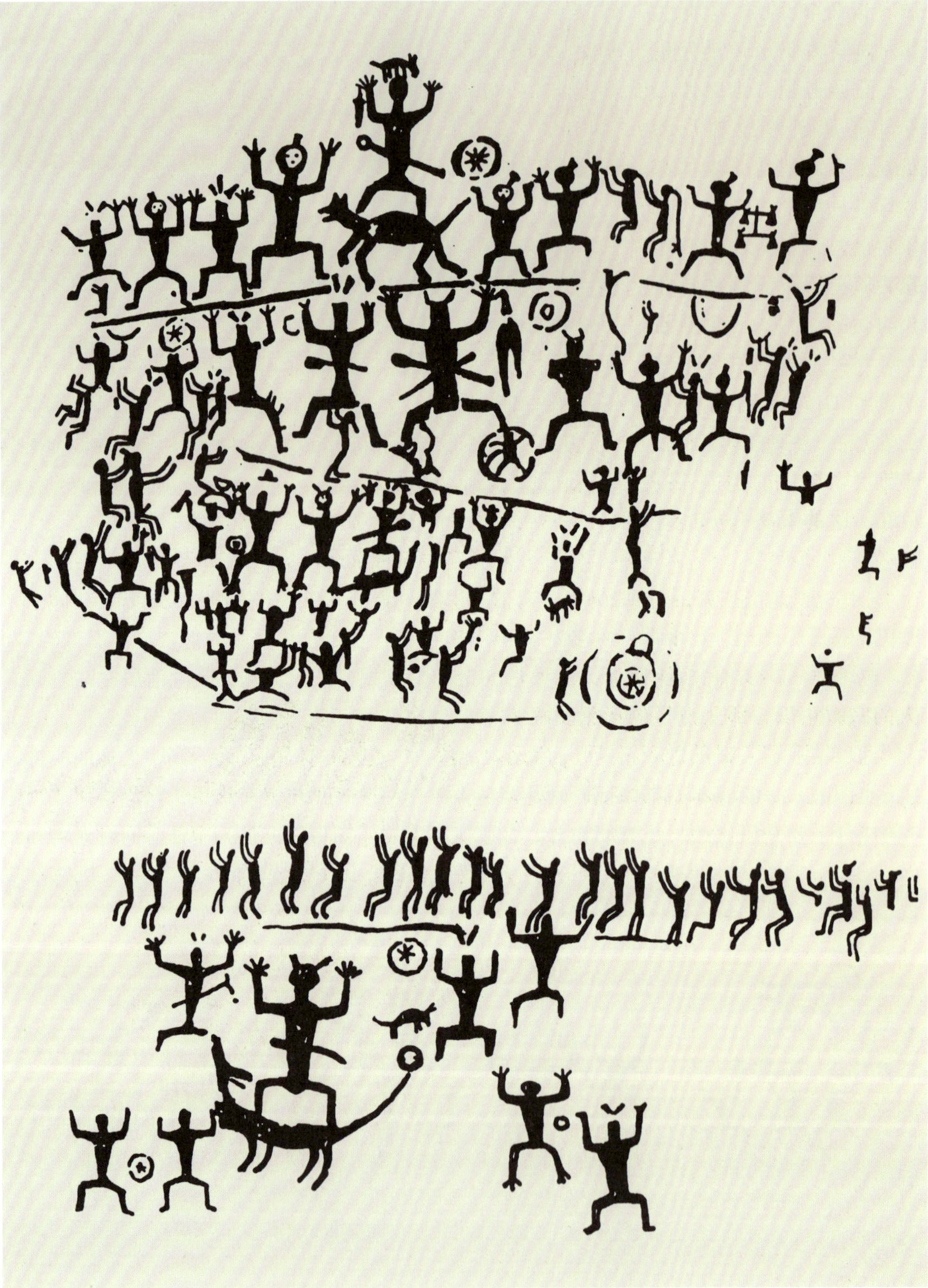

祈祷　岩画　广西左江　采自《中国图案大系》

物、自然物等形象。表面看来，岩画的内容并不复杂，大致上有祭日、祭铜鼓、祀河、祀鬼神、祀地神、人祭、祭鸟图腾和祈求战争胜利。

广西左江岩画中共发现三处祭日的遗迹：第一处的图像是在一个光芒四射的太阳下边，有三个顶礼祈祷的人像；第二处是在一个巨大的人像身旁又画着一个太阳图像；第三处是上方为太阳图像，下方是一群举手歌舞的膜拜者，场面非常生动。① 人类的祭日与崇拜太阳有关，中国岩画中出现的祭日形式多是围着太阳跳舞，与印第安人在祭祀太阳时跳太阳舞近似。《礼记·祭义》载："祭日于坛，祭月于坎，以别幽明，以制上下。"② 说明中国古代有着广泛而悠久的祭日月习俗。尽管不同地域的人们处在千差万别的自然环境里，但自然崇拜所产生的过程具有一定的规律性，并有大致相同的信仰仪式和性质。

左江岩画中的羽人，头饰双羽，腰间佩剑，双手高举，欢乐跳跃，是在娱神，祈求战争的胜利。其中有一种引人注目的圆圈状物体——被普遍认为是受骆越人崇拜信仰的铜鼓。在这些岩画当中，虽然很少发现明显的人物击鼓的图像，但大多数学者认为，铜鼓明显是被崇拜、祭祀的物件，客观地反映了骆越人祭鼓礼仪的现场。

岩画的人物图像，身体部分多画成较为单一的三角形，面部不绘五官，四肢部分变化较多，通过双臂、双足的多种动态，表示人在做何种事情。身上也未绘衣、裤之类，唯头上有一些装饰，有的头部扮成鸟形，有的呈羽状，有的饰以枝条、穗状物；有的翎状头饰长度几乎与人身相当；少数人像腰部有裙状物。

中国岩画中的人面像题材揭示了古人的宗教意识。那些奇异的形象反映了一个我们所不了解的精神世界。所谓"人面像"，是指以人的面部特征为基本构图方式的岩画形象。这类岩画通常有人的面部轮廓线，有眼、鼻、嘴等人的五官特征及用于装饰的头饰和发式。这种人面像岩画绝大多数没有躯干，没有耳朵，只体现为一张人脸的形状，单独或者成片地分布在岩面上，很像一幅个体或集体的人物肖像画，故称此类岩画为人面像岩画。

人面像岩画分布十分广泛，阴山岩画、桌子山岩画、贺兰山岩画、狼山岩

人面像 岩画 内蒙古阴山
采自《中国各民族原始宗教资料集成：考古卷》

---

① 广西壮族自治区文化厅文物处，广西壮族自治区博物馆.广西左江岩画[M].北京：文物出版社，1988.
② 阮元.十三经注疏：下册[M].北京：中华书局，1980：1595.

人面像　岩画　内蒙古乌兰察布　采自《中国图案大系》

画、连云港将军崖岩画、仙字潭岩画、万山岩画都有人面像岩画的图形，而且几乎所有论者都认为，不论北方岩画，或者西南、东南岩画的人面像，都是原始先民祖先崇拜或神灵崇拜的反映。广西左江岩画中有戴动物面具的正面人像，描绘的是骆越人在祭祀鬼神时跳面具舞的情状。

关于人面像岩画的文化意义，学术界至今还没有一个统一的认识。E.阿纳蒂教授认为，人面像岩画所描绘的是"人兽祖先的神灵"，是"土地的保护者肖像"。他说："一个最古老的现象，就是围绕着太平洋沿岸，人面像岩画分布在一个广阔的地区。这些类似魔鬼的形象，有时长角以及其它动物的器官，在脑袋上，经常戴着一圈光环，或者戴着一顶帽子，最引人注目的是两个大眼睛，一般是圆的，大得与脸庞不成比例。在没有了解到中国领土上的人面像岩画以前，人们曾猜测，这些岩画是由一个采集、狩猎民族，或早期的耕作民族所作，描绘的是长着无所不见大眼睛的人兽祖先的神灵，是人们赖以生存的土地的保护者肖像。"[①] 盖山林先生认为："类人（兽）面纹样，乃是远古人类意识形态的综合体现，画家注入里面的思想涉及原始思维的许多领域，它绝不只限于表现某一种信仰。""从它的意义来说，绝不是一种含意，其中至少有面具、天神、祖先神和头盖骨等。"[②] 李祥石认为，人面像岩画是一个既亲切又古老的题材，是人类对自己的认识、人类对自己的理解、人类对自己的觉悟，是第一自我的表现。同时，人面像岩画又是对神灵鬼怪、对超自然的认识和理解，是第二自我的表现。总之，人面像岩画是人类多元文化的产物，是万物有灵、神话传说、图腾崇拜、祖先崇拜的精神产品。人面像岩画是环太平洋广大地区特有的文化现象，具有同族同源同文化属性的特征。[③]

据考察，有人面像的岩画往往创作在山体的高处或绝处，人面像的近旁常常有被称为天象或星云的斑点及纹饰。下有一片开阔地，这片开阔地是祭祀的地方，容纳祭祀者，山的高处或绝处是先民观念里的天界，与天体图形共处，表明了这个观念的"真实性"。祭祀时，"人面像"高高在上的位置可以展现或引发先民对祖先或神灵的景仰、崇敬之情。

---

① 陈兆复.中国岩画发现史[M].上海：上海人民出版社，1991：5-6.
② 盖山林.阴山岩画[M].呼和浩特：内蒙古人民出版社，1985：129.
③ 李祥石.人面像岩画探究[J].文化学刊，2011（5）.

人面像　岩画　内蒙古白岔河　采自《中国图案大系》

　　人面像崇拜分为两类。一类是图腾崇拜和由图腾崇拜派生出来的祖先崇拜以及与之相关的生殖崇拜。一类是由图腾崇拜转化的神灵崇拜，形似太阳的人面像可能是以太阳为图腾的民族绘制的，如阴山岩画、沧源岩画中相似图画；与禾苗联系的人面像可能是农耕民族制作的植物图腾画像，如连云港将军崖岩画中被认为的"稷神"或"谷穗人头像"；有鸟饰的人面像恐怕与鸟崇拜有关，如将军崖岩画中的枭形人面像和西南岩画中的"羽人"等。有些人面像有文面的印迹，西北地区的这类岩画被认为是斯基泰文化以刀划额面的"鏊面"风俗，以悼先人，这种风俗一旦凿之于岩壁，应归为祖先崇拜的一种形式。但其他地区，如东南、西南地区有文面的人面像也可归为图腾崇拜、神灵崇拜，或为祖先崇拜。

　　在中国已发现的岩画中，就人面像之多种多样而且集中这一点来说，宁夏贺兰山地区最有代表性。人首像画面简单、奇异，有的人首长着犄角，有的插着羽毛，有的戴尖形或圆顶帽。表现女性的岩画，有的戴着头饰，有的挽着发髻，风姿秀逸，再现了几千年前古代妇女对美的追求。有的大耳高鼻满脸生毛，有的口衔骨头，有的面部有条形纹或弧形纹。还有几幅面部五官似一个站立人形，双臂弯曲，两腿叉开，腰佩长刀，表现了图腾巫觋的造型形象。

　　据贺吉德先生介绍，持续几年不间断的岩画调查，贺兰山贺兰口人面像岩画的分布状况更为明晰，遗存数量更为准确。这就对人面像岩画在类型学的分类排序、文化内涵的发掘和研究方面提供了前所未有的资料空间和有利条件。将宁夏贺兰山岩画中的879幅人面像从图形构成、风格特征上进行分类，并结合内蒙古阴山岩画中的374幅人面像、内蒙古桌子

人面像　岩画　采自《中国图案大系》

山岩画中的193幅人面像,以及江苏连云港将军崖岩画、福建华安汰溪仙字潭岩刻、台湾高雄万山岩画中的人面像进行综合分析,得出的初步结论是:"人面像岩画与史前人类的宗教信仰、祭祀仪式和巫术活动有着密切的关系。作为早期人类崇拜文化的产物,尽管在不同区域、不同地区因不同的宗教信仰、不同的生活习性、不同的文化传承而表现出了很大的差异性,又因为所处环境的不同、所用工具的不同、制作方法的不同而表现出构图形式上的千差万别。但从总体上可以展现出早期人类在漫长的发展进程中崇拜文化的面貌,表现了史前人类崇拜对象的多样性。"① 张建国指出:贺兰山人面像岩画是世界人面像岩画的集大成者,分布集中、内容丰富、种类繁多、风格各异,是贺兰山东麓远古先民祭祀文化的产物。从构图的各种符号来看,不同的人面像代表了先民心中能够满足不同愿望的各种神灵。②

三、原始宗教的玉器崇拜

玉器是一种重要的考古学文化遗物。根据考古学家和历史学家考证,中国的玉器诞生于原始社会新石器时代早期,已有七八千年的历史。在中国文化中,玉器起源于上古原始宗教礼仪的祭祀,礼器有玉,巫灵有玉,以玉通神,作为人王沟通天神的象征,"玉—神—灵"构成了玉器的基本属性。作为中国古代宗教最为重要的礼器,玉器在新石器时代许多遗址中都可以看到,迄今为止,北自辽河流域,南到广东,西起甘肃,东到浙江的新石器时代遗址中均有玉器出土。

玉器是原始宗教的祀神器,巫师是玉器的持有者;玉器不是当今人们普遍认识中的礼器,而是神器,是以玉祀神的时代产物。红山文化时期就已经进入以玉祀神的阶段,玉雕工艺水平较高,为磨制加工而成,玉器有猪龙形缶、玉龟、玉鸟、兽形玉、勾云形玉佩、箍形器、棒形玉等。查海遗址出土有玉玦、玉匕、管状器、如斧似锛形器等,阜新胡头沟墓葬出土有玉龟、玉鸮、玉鸟、玉璧、玉环、鱼形玉佩、联环玉璧;凌源三官甸子墓葬区发现有马蹄形玉器、玉钺、玉环、勾云纹玉饰、玉蝉、竹节形玉饰、猪首玉饰;建平县牛河梁积石冢群发现有玉环、双联玉璧、马蹄形玉箍、玉猪龙、玉璧、方形玉饰、棒形玉器、勾云形玉饰;喀左东山嘴子遗址出土有双龙首玉璜、绿松石鸟形佩;巴林右旗那斯台遗址发现有玉蚕、玉猪龙、玉凤、勾云纹玉佩、玉鸮、鱼形玉饰、三联玉璧、勾云形玉器、玉斧、玉管等。此外,在辽西地区和赤峰市的敖汉旗、翁牛特旗,也都发现有玉龙、

---

① 贺吉德.人面像岩画探析[J].三峡论坛(三峡文学理论版),2013(3).
② 张建国.贺兰口人面像岩画初探[J].三峡论坛,2012(6).

玉琥、玉鸟、马蹄形玉箍、勾云纹玉饰、玉斧、玉棒等各种形制的玉器，而且数量相当可观。

"玉"在中国人心目中是一个美好、高尚的字，古代诗文中常用玉来比喻和形容一切美好的人或事物。从字源的角度来看，"玉"字始于甲骨文和钟鼎文，其后曾造出从玉的字近500个，而用玉字组的词更是不计其数。汉代许慎在《说文》中将玉解释为："石之美，有五德者。润泽以温，仁之方也。鰓理自外，可以知中，义之方也。其声舒扬，专以远闻，智之方也。不挠而折，勇之方也。锐廉而不忮，洁之方也。"段玉裁解释玉字的结构说：横的三画，象征三玉之串连，谓三也。中央一｜，象征贯通。"贯谓如璧有纽，杂佩有组，聘圭有系，鎏有五采丝绳，苟偃以朱丝系玉。"①《礼记·玉藻》说："古之君子必佩玉……君子无故，玉不去身，君子于玉比德焉。天子佩白玉而玄组绶，公侯佩山玄玉而朱组绶，大夫佩水苍玉而纯组绶，世子佩瑜玉而綦组绶，士佩瓀玟而缊组绶，孔子佩象环五寸而綦组绶。"②这段话要求君子时刻佩玉，并用玉的品性要求自己，在行走时使佩玉发出和谐的锵鸣声，从而提醒自己要保持温文尔雅的风范以及无邪僻之心。

对于玉的道德描述，最详细的莫过于孔子的一段话："夫昔者，君子比德于玉焉。温润而泽，仁也。缜密以栗，知也。廉而不刿，义也。垂之如队，礼也。叩之，其声清越以长，其终诎然，乐也。瑕不掩瑜，瑜不掩瑕，忠也。孚尹旁达，信也。气如白虹，天也。精神见于山川，地也。圭璋特达，德也。天下莫不贵者，道也。《诗》云：'言念君子，温其如玉。'故君子贵之也。"③在这段话中，孔子用玉比德于君子，认为玉有仁、知、义、礼、乐、忠、信、天、地、德、道十一种品质，囊括了儒家的全部价值观。

从上古时期开始，人们便赋予玉器太多的精神意义。出于自然崇拜意识，古人把玉看作"天地精灵"。《山海经·西山经》曰："又西北四百二十里，曰峚山，其上多丹木，员叶而赤茎，黄华而赤实，其味如饴，食之不饥。丹水出焉，西流注于稷泽，其中多白玉，是有玉膏，其原沸沸汤汤，黄帝是食是飨。是生玄玉。玉膏所出，以灌丹木。丹木五岁，五色乃清，五味乃馨。黄帝乃取峚山之玉荣，而投之钟山之阳。瑾瑜之玉为良，坚栗精密，浊泽有而光。五色发作，以和柔刚。天地鬼神，是食是飨；君子服之，以御不祥。"④《管子·侈靡》曰："玉者，阳之阴也，故胜水，其化如神。"⑤《淮南子·俶真训》曰："譬若钟山之玉，炊以炉炭，三日三夜而色泽不变，则至德天地之精也。"⑥《尔雅》曰："西方之美者，有霍山之珠玉焉。"《广志》曰："白玉，美者可以照面，出交州。青玉，出倭国。赤玉，出夫馀。瑜玉、玄玉、水苍玉，皆佩用。"《尚书》曰："惟

---

① 段玉裁.说文解字段注：上册[M].成都：成都古籍书店，1981：10.
② 阮元.十三经注疏：下册[M].北京：中华书局，1980：1482.
③ 阮元.十三经注疏：下册[M].北京：中华书局，1980：1694.
④ 袁珂.山海经校注[M].上海：上海古籍出版社，1980：41.
⑤ 诸子集成：第6册[M].长沙：岳麓书社，1996：234.
⑥ 诸子集成：第8册[M].长沙：岳麓书社，1996：25.

辟玉食。"这一学说是用天地之精化生万物的思想来解释玉的起源，用阴阳对立的观点来说明玉的本质和作用，从而把玉推崇为事物之尊者，赋予其神奇的魅力。

先民在生产生活中发现玉石与其他石头在色泽、纹理、质地等诸多方面存在极大差异，对此又无法解释，于是把玉石与神灵联系到一起，认为玉是通灵之物，可达天地鬼神，于是加以崇拜，用来祭祀天地鬼神，以求神灵的佑助和福祉，这就是最初的有关玉的意识。《周礼·春官·大宗伯》记载："以玉作礼器，以礼天地四方。以苍璧礼天，以黄琮礼地，以青圭礼东方，以赤璋礼南方，以白琥礼西方，以玄璜礼北方。"① 许慎《说文解字》中"玉"部共收录126字，详细记述了这些玉石的种类、品性、功能及用途等，反映了古人很早就对玉器有着精细的观察和深入的认识。这无异于提示人们：玉器在古代祭祀活动中被赋予相当复杂的文化内涵，传递出祖先事奉神灵的虔诚观念。

玉璧　良渚文化类型　中国国家博物馆藏

玉璧是经过加工的玉圜。《说文解字》曰："璧，瑞玉圜也，从玉辟声。"段玉裁注："以玉为信也。《释器》：肉倍好谓之璧。边大孔小也。郑注《周礼》曰：璧圆象天。"② 玉

玉璜　良渚文化类型　采自《中国玉器通史》

璧在商周以前均用以祭天，属礼器。有学者认为璧顶于琮上，孔门相对，以此祭祀天地，以通神灵，而墓葬时用璧垫于背上，亦是此意，有助于亡者往生。

---

① 阮元.十三经注疏：上册[M].北京：中华书局，1979：762.
② 段玉裁.说文解字段注：上册[M].成都：成都古籍书店，1981：12.

半璧谓之璜。《说文解字》："璜，半璧也。从玉黄声。"段玉裁注："按《大戴礼》佩玉下有双璜，皆半规，似璜而小。古者天子辟廱，筑土雝水之外圜如璧。诸侯泮宫，泮之言半也。盖东西门以南通水，北无也。"①考古发掘中，多发现于人的胸腹部，挂系一种佩饰，并往往是组玉佩饰中的佩件。资料表明，各个时代的玉璜除具有圆弧形的特征外，其形制变化非常大，只有少数是规整的半璧形。璜是我国最古老的玉器形制之一，早在距今7000年的新石器早期浙江余姚河姆渡文化中就有了玉璜。新石器中期长江流域良渚文化开始普遍制造和使用玉璜，这一时期玉璜被人们用作佩在胸前的装饰品，形状多不规则，变化较多。商周时期玉璜仍普遍使用。从考古发掘的实际情况看，此时绝大多数的玉璜仍被作为典型的装饰品使用。关于璜的礼器用途，还有待今后的研究。

玉璋，祭祀所用的礼器。《说文解字》："璋，剡上为圭，半圭为璋。从玉章声。《礼》六币。圭以马，璋以皮，璧以帛，琮以锦，琥以绣，璜以黼。"段玉裁注："《聘礼记》曰：圭剡上寸半。《杂记》曰：剡上左右各半寸。""六币，所以享也。享天子用璧，享后用琮，皆有庭实。以马若皮，皮，虎豹皮也。用圭璋者，二王之后也。二王后尊，故享用圭璋而特之。其于诸侯，亦用璧琮耳。子男于诸侯，则享用琥璜，下其瑞也。"②璋的种类据《周礼》记载有赤璋、大璋、中璋、边璋、牙璋5种。我们可以把它们归纳为三类：第一类赤璋是礼南方之神的，第二类大璋、九寸中璋、边璋是天子巡守用的，第三类七寸中璋、牙璋是作符节器用的。玉璋始见于新石器时代晚期，山东龙山文化遗址分别出土过3件玉璋，为迄今所知最古老的玉璋。二里头文化遗址出土有玉牙璋，青灰色，通体磨光，光洁鉴人。柄与器身一侧各钻一圆孔，两面磨刀刃，刃微凹，两阑出扉牙，长54厘米。二里岗出土的玉璋，为淡青色，后部微残缺，前部为斜刃，后部两侧有牙状突起，安柄处钻一圆孔。

玉璋　二里头文化类型　采自《中国玉器通史》

玉瑞，国之大宝。《周礼·春官·典瑞》云："掌玉瑞、玉器之藏，辨其名物与其用事，设其服饰。"③郑玄注云："人执以见曰瑞，礼神曰器。"《说文解字》曰："瑞，以

---

① 段玉裁.说文解字段注：上册[M].成都：成都古籍书店，1981：12.
② 段玉裁.说文解字段注：上册[M].成都：成都古籍书店，1981：13.
③ 阮元.十三经注疏：上册[M].北京：中华书局，1979：776.

玉为信也。"段玉裁注:"瑞为圭璧璋琮之总称,自璧至瑁十五字皆瑞也,故总言之。引申为祥瑞者,亦谓感召若符节也。"

玉琥,在考古发掘中出土的和传世的虎形玉器,有圆雕、浮雕和平面线刻的虎纹,多作为佩饰之用。商代妇好墓出土的圆雕和浮雕玉琥各4件,都有孔,称为虎形玉佩,不是仪礼中使用的瑞玉。西周玉琥为扁平体,昂首,圆口,身细长,装饰简朴。春秋玉琥仍呈扁平片状,俯首,或躬身,或直背,椭圆眼,上唇上卷,下唇内卷成孔,肢足前屈,作伏卧状,长尾下垂,尾端上卷成孔。身以双阴线饰龙首纹、云纹等,周边轮廓线饰绳纹。《周礼·春官·大宗伯》:"以玉作六器,以礼天地四方。以苍璧礼天,以黄琮礼地,以青圭礼东方,以赤璋礼南方,以白琥礼西方,以玄璜礼北方。皆有牲币,各放其器之色。以天产作阴德,以中礼防之。以地产作阳德,以和乐防之。以礼乐合天地之化,百物之产,以事鬼神,以谐万民,以致百物。"郑玄注:"璧圆,象天;琮八方,象地;圭锐,象春物初生;半圭曰璋,象夏物半死;琥猛象秋严;半璧曰璜,象冬闭藏,地上无物,唯天半见。"①战国玉琥基本承袭春秋玉琥造型,雕工更加精湛,但用途已经变为调动军队。《说文解字》曰:"琥,发兵瑞玉。"②

玉琥　商代　河南博物院藏

商代妇好墓出土。玉料呈深绿色,局部有褐斑。器圆雕而为,形作一方头虎,张口露齿,双耳竖起,"臣"字形目;背微凹,四肢前屈,尾下垂且尾尖上卷,身以双勾线饰斑纹,呈爬行状。

玉佩,佩带在身上的礼器。《礼记·曲礼下》:"君无故玉不去身,大夫无故不彻县,士无故不彻琴瑟。"疏曰:"玉谓佩也。君子于玉比德,故恒佩玉,明身恒有德也。且以玉为容饰,无故则有容饰,故佩玉也。"③《说文解字》:"佩,大带佩也。从人凡巾。佩必有巾,故从巾。巾谓之饰。"段玉裁注:"大带佩者,谓佩必系于大带也。古者

---

① 阮元.十三经注疏:上册[M].北京:中华书局,1979:762.
② 段玉裁.说文解字段注:上册[M].成都:成都古籍书店,1981:13.
③ 阮元.十三经注疏:上册[M].北京:中华书局,1979:1259.

有大带，有革带。佩系于革带，不在大带。何以言大带佩也，革带统于大带也。"①《释名》曰："佩，倍也，言其非一物，有倍贰也。有珠有玉。"鱼豢《魏略》曰："有双璜、双珩、琚瑀、冲牙、琨珠为佩者，汉明帝采古文始制。"蔡谟《毛诗疑字议》曰："以为佩者，服用之称。佩者，玉器之名。称其服用则字从人，名其器则字从玉。"《三礼图》曰："凡玉佩，上有双衡。衡长五寸，博一寸；下有双璜，璜径三寸。冲牙玭珠，以纳其间；上下为衡，半璧为璜。璜中横以冲牙，以苍珠为瑀。"《礼记》曰："天子佩白玉而玄组绶，公侯佩山玄玉，大夫佩水苍玉，世子佩瑜玉，士佩瑌玟。""古之君子必佩玉，右徵角，左宫羽。趋以采齐，行以肆夏。周旋中规，折还中矩；进则揖之，退则扬之，然后玉锵鸣也。"②

玉璇玑　龙山文化类型　采自《中国美术全集》

璇玑，古代天文仪器。《尚书·舜典》："舜让于德，弗嗣。正月上日，受终于文祖。在璇玑玉衡，以齐七政。"③《史记·五帝本纪》："于是帝尧老，命舜摄行天子之政，以观天命。舜乃在璇玑玉衡，以齐七政。"④

玉玦，佩带在身上的礼器。兴隆洼遗址M130出土的一对环式玉玦放置于墓主的两耳处，均为黄绿色玉，器型周正，打磨光润，反映了当时人追求对称的审美观，也证明了兴隆洼文化时期的制玉技术已经相当成熟。玉玦为环形，有一缺口。《说文解字》："玦，玉佩也。从玉夬声。"段玉裁注："《九歌》注曰：玦，玉佩也。先王所以命臣之瑞，故与环即还，与玦即去也。"⑤《白虎通》曰："所以必有佩者，表意见所能，故修道无穷即佩环，能大道德即佩琨，能决嫌疑即佩玦。是以见其所佩，即知其能。"⑥玦常成双成对地出土于死者耳部，类似今日的耳环，较大体积的玦则是佩戴的装饰品和符节

---

① 段玉裁.说文解字段注：上册[M].成都：成都古籍书店，1981：388.
② 徐坚.初学记：卷26：第3册[M].北京：中华书局，1980：627-628.
③ 阮元.十三经注疏：上册[M].北京：中华书局，1979：126.
④ 二十五史：第1册[M].杭州：浙江古籍出版社，1998：9.
⑤ 段玉裁.说文解字段注：上册[M].成都：成都古籍书店，1981：14.
⑥ 徐坚.初学记：卷26：第3册[M].北京：中华书局，1980：628.

器。新石器时代玉玦制作朴素，造型多作椭圆形和圆形断面的带缺环形体，均光素无纹。商代玉玦呈片状，尺寸一般为5～10厘米，分两种类型：一种是光素的，环窄；另一种为龙形玦，作卷曲龙形，龙张口露齿，背饰扉棱，龙身饰云雷纹，图案化风格强烈。周代玉玦仍作片状，内部明显宽于商代，中孔较小，并出现椭圆形玦，玦身多为光素，部分饰弦纹、云雷纹，纹饰与商代相比有简化趋势。

玉玦　兴隆洼文化类型　采自《中国玉器通史》

玉锛，祭祀礼器。兴隆洼遗址F110出土的玉锛，黄绿色玉，靠刃部一侧玉质较好，顶部石性较重，平面呈梯形，弧刃侧锋顶部有琢击痕。

玉斧，祭祀礼器。兴隆洼遗址M173第二层堆积土中出土，呈深绿色，有黑色杂质，器呈梯形，刃端略宽，顶端略窄，两侧边稍斜，平刃正锋。

玉琮，始见于《周礼》等古籍。《说文解字》："琮，瑞玉。大八寸，似车釭。"段玉裁注："郑注《周礼》曰：琮，八方象地。玉人曰：

玉锛　兴隆洼文化类型　采自《中国玉器通史》

大琮尺二寸，射四寸。注：射，其外锄牙。疏云：角各出二寸，两相并，四寸也。"①《周礼·冬官》考工记第六："璧琮九寸，诸侯以享天子；谷圭七寸，天子以聘女；大璋、中璋九寸，边璋七寸，射四寸，厚寸，黄金勺，青金外，朱中，鼻寸，衡四寸，有缲，天子以巡守，宗祝以前马。大璋亦如之，诸侯以聘女。瑑圭璋八寸，璧琮八寸，以眺聘。牙璋、中璋七寸，射二寸，厚寸，以起军旅，以治兵守。驵琮五寸，宗后以为权。大琮十有二寸，射四寸，厚寸，是谓内镇，宗后守之。驵琮七寸，鼻寸有半寸，天子以为权。两圭

---

① 段玉裁.说文解字段注：上册[M].成都：成都古籍书店，1981：13.

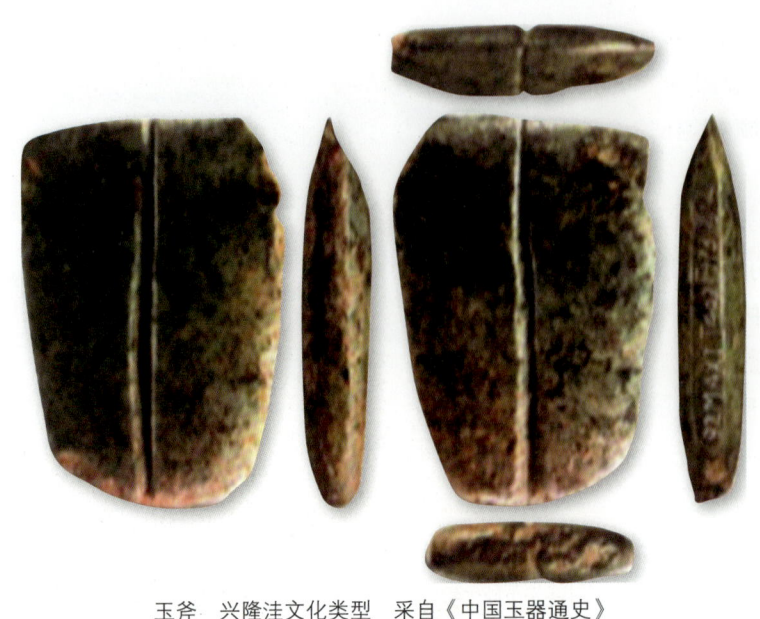

玉斧　兴隆洼文化类型　采自《中国玉器通史》

玉琮　中国国家博物馆藏

五寸有邸，以祀地，以旅四望。瑑琮八寸，诸侯以享夫人。"①玉琮是祭祀大地的礼器，也是权势和财富的象征。从发掘现场可以看出墓主身份越显赫，殉葬品中的琮、璧就越多，似乎要显示墓主生前的一切，用于随葬恰好说明墓主原有身份，及其在各部落中享有财富与权势的程度。

余杭反山遗址出土的玉琮，呈碧绿色，玉材属于软玉系列的透闪石，基本造型为方柱体，中心对穿大圆孔，外方内圆，上大下小，器身共分十九节，每节四角雕成一简化戴冠人面或兽面神像，全器共有76尊神像，玉琮上端正中阴线刻日月纹，与山东大汶口文化晚期莒县凌阳河陶文相似，这种日月纹应该是天上世界的象征，反映出先民对太阳、月亮的崇拜。每节上下间距也几乎完全相等，而且玉琮兽面纹的构图也基本相同。每两个转角的纹饰组合成完整的兽面，生动且富有变化，反映了良渚人高度发达的宗教信仰体系。②

良渚文化玉器出土地点多，分布面广，尤以杭嘉湖地区最为集中。仅浙江的吴兴、余杭等8县市，就有20多处遗址发现过玉璧和玉琮。青浦福泉山发掘的7座墓，出土随葬品共677件，其中玉器就有500件以上。余杭反山氏族墓地，各种玉器占全部随葬品总数的90%以上，11座墓中共计出土3200余件，其中有一座墓随葬玉器有500多件。出土的玉器有璧、环、琮、钺、璜、镯、带钩、柱状器、锥形佩饰、镶插饰件、圆牌形饰件、各种冠饰、杖端饰等，还有由鸟、鱼、龟、蝉和多种瓣状饰件组成的穿缀饰件，由管、珠、坠组成的串挂饰品，以及各类玉珠组成的镶嵌饰件等。玉串饰组合也很丰富，造型新颖别致。一般由玉管串成，玉璜为坠，上饰神徽图案，显然是高等级的装饰品，其主人应是氏族的首领或

---

① 阮元.十三经注疏：上册[M].北京：中华书局，1979：922-923.
② 中国大百科全书总编辑委员会《考古学》编辑委员会，中国大百科全书出版社编辑部.中国大百科全书·考古学[M].北京：中国大百科全书出版社，1986：271-272.

贵族。还有一种奇特的玉冠状器，形似神人纹头上的羽冠，下端有榫和穿孔，有的饰神人纹，也应属于图腾或宗教意义的礼器。良渚文化玉琮出现最晚，但数量最多，器型最大，形式多样，几乎每件都有纹饰，制作极为精美，为迄今所知新石器时代玉琮中形式最全、工艺最精湛的作品。

关于玉琮的用途和功能，学术界的认识纷繁复杂、莫衷一是。安克斯认为"玉琮上驵纹近似坤卦"，"象征地母的女阴"；高本汉认为"琮是宗庙里盛'且'的石函"[1]；瑞典学者柏伟能在《洛书之秘》中提出"琮的造型是以'洛书'为基础的"，"琮是古代一种表示方向的象征物，与未成熟的阴阳观念一起表达了它的基本含义——神圣大地的真正象征"[2]。车广锦先生认为琮起源于图腾柱，他从琮的发展阶段来分析，认为早期的琮纹饰为兽面纹，处于图腾崇拜阶段；中期的琮纹饰为组合纹（人类神像与图腾神像），处于图腾崇拜和人类神崇拜阶段；晚期的琮纹饰为人面纹，处于人类神崇拜阶段。后来，只作为氏族神圣标志的图腾柱逐渐消失，但玉琮却独立发展为整个良渚文化的神圣标志。[3] 玉琮是"象征王权、神权和整个统治阶级的重器"[4]。林巳奈夫

玉琮　中国国家博物馆藏

先生认为琮是宗庙祭祀中请神主凭依的器物，琮的中孔便是神灵凭依的小室，器表的鬼神面可起到保护死者灵魂的作用。[5] 袁德星先生认为，女巫把蓍草或数筹从玉琮中孔贯下，使其洒落在坛前，而后观察其散落的卦象，这样便发挥了玉琮中孔"沟通天地的管道"的功能。[6] 汤惠生结合萨满教理论证实了玉琮外方，象征地；中间圆形柱状，象征通天的地轴、天柱；昆仑山上的天神和太阳神也就是玉器上的人面像，在中国古典文献中称作黄帝，进而提出饕餮纹即太阳神之传承等。[7] 许多学者对此表示赞同，在凌家滩遗址发现的神（人）

---

[1] 张泽莹.新石器时代晚期玉琮初探[C]//杨伯达.出土玉器鉴定与研究.北京：紫禁城出版社，2001：341.
[2] 伯伟能.琮、璧功能一说[A]//杨伯达.出土玉器鉴定与研究.官明，译.北京：紫禁城出版社，2001：414.
[3] 车广锦.良渚文化玉琮纹饰探析[J].东南文化，1987（3）.
[4] 车广锦.玉琮与寺墩遗址[M]//徐湖平.东方文明之光：良渚文化发现六十周年纪念文集1936—1996.海口：海南国际新闻出版中心，1996：371.
[5] 林巳奈夫.中国古代の遺物に表はされた〈氣〉の図像の表現[J].东方学报，1988（6）.
[6] 袁德星.由礼地到通天——通天的管道[J].故宫文物月刊，1990（3）.
[7] 汤惠生.青藏高原古代文明[M].西安：三秦出版社，2003：486-489.

像形纹戴的冠的外形，与反山神像形纹戴的冠类似，都与纳西族东巴文中的太阳文的形象相似，有可能是作为太阳（或太阳神）的象征。①"现在比较一致的看法是'神徽'上面的人脸可能就是天神的代表。有人说是太阳神也不错，但是中国的社会发展和埃及、美洲不一样，不是一个简单太阳神崇拜，而是已经抽象化了。河姆渡文化中的图像就已经把日月连到了一起，既有太阳也有月亮，把太阳和月亮抽象化为天。"②许边疆先生指出：良渚文化玉器"琮王"上的神人兽面纹图像上为神人，下为神鸟。通过对良渚遗物相似形的分析，神人兽面纹不仅是上古人生命循环观和太阳神崇拜的象征体，也是解读玉琮形制起因的通道。具体而言，玉琮形制既蕴藏着神人兽面纹的简化图式，同时其形体又是上古人"方位观"和追求"升天长生"的产物。③

张光直先生从玉琮的形制"内圆外方"象征"天圆地方"出发，提出琮的方、圆代表地和天，中间的穿孔表示天地之间的沟通，从孔中穿过的棍子就是天地柱，因而"琮是天地贯通的象征，也便是贯通天地的一项手段或法器"，是中国古代宇宙观与通天行为很好的象征物。他引用《左传》及《道藏》中的有关资料，指出巫师通天地的工作是受到动物帮助的，这和萨满式的巫术极为近似。萨满式的巫术即巫师借助动物沟通天地，沟通民神，沟通生死，这种巫术从考古学上可追溯到旧石器时代晚期。琮的外方内圆象征天地的贯穿，琮上的纹饰则是帮助巫师上天下地的"三蹻"，琮是巫师"通天地的法器"。④李学勤先生对张光直的观点表示赞同，良渚文化时，大型玉礼器琮、钺、璧、冠状饰等的发现，尤其是玉琮，应是当时巫术活动的一种重要用具。琮外方内圆的外表形态与中国古代天圆地方的思想意识不能说没有联系，又是与神相结合为一体，就有可能是巫师作为贯通天地的用器。琮上的人面纹有的在其旁侧有神鸟形纹，亦是巫师作法时需要借助神力的象征。所以占有玉琮的人是掌握神权者。在中小型墓葬中未见有用琮随葬的，可能就是这个缘故。⑤学术界普遍认同该观点，亦即将玉琮上的人面纹视为天神、太阳神等神祇的代表。虽然学术界对玉琮功用的观点莫衷一是，但有一个共同点，即玉琮在良渚文化中是作为神灵的象征而存在的，其神人兽面纹正是良渚先民所崇拜的神灵，是他们精神文化的核心，他们相信这种纹饰具有感神通灵的法力，以其随葬具有辟邪、祈福的功效。

玉猪龙，辽宁省凌源市牛河梁出土，高7.2厘米，宽5.2厘米。材质为岫岩软玉，质地

---

① 李学勤，徐吉军.长江文化史[M].南昌：江西教育出版社，1995：31.
② 汪遵国.中国文明探源与良渚文化（下）[M]//侯成彦.中华古玉（三）.石家庄：河北美术出版社，2007：24.
③ 许边疆.从"神人兽面纹"看良渚文化玉琮形制[J].南京艺术学院学报（美术与设计版），2013（4）.
④ 张光直.谈"琮"及其在中国古史上的意义[M]//文物出版社编辑部.文物与考古论集.北京：文物出版社，1986：25.
⑤ 李学勤，徐吉军.长江文化史[M].南昌：江西教育出版社，1995：49.

细密，硬度较高，通体呈牙白色，肥首大耳，吻部平齐，三角形切口，不切透内圆，身体首尾相连，成团状卷曲，背部对钻圆孔，面部以阴刻线表现眼圈、皱纹，整器似猪的胚胎。首尾衔接如环形的玉猪龙，较多地保留了猪的形象，属于早期的作品，很有可能是"猪乃龙象"这一古谚的最早源头。

玉猪龙　中国国家博物馆藏

红山文化玉龙已在多处发现，其中尤以赤峰市翁牛特旗三星他拉出土的玉龙最为栩栩如生，距今6500～5000年。这条玉龙呈墨绿色，体卷曲，平面形状如字母"C"，龙体横截面为椭圆形，直径2.3～2.9厘米。龙首较短小，吻前伸，略上噘，嘴紧闭，鼻端截平，端面近椭圆形，以对称的两个圆洞作为鼻孔。龙眼突起呈棱形，前面圆而起棱，眼尾细长上翘。颈背有一长鬣，弯曲上卷。鬣扁薄，并磨出不显著的浅凹槽，边缘打磨锐利。龙身大部光素无纹，只在额及腭底刻以细密的方格网状纹，网格突起作规整的小菱形。造型独特，工艺精湛，圆润流利，生气勃勃。龙体背正中有一小穿孔，经试验，若穿绳悬起，龙首尾恰在同一水平线上，显然，孔的位置是经过精密计算的。考虑到玉龙形体硕大，且造型特殊，因而它不只是一般的饰件，很可能是同中国原始宗教崇拜密切相关的礼制用具。①

龙的原型是什么？不少学者作过颇多的研究，有关龙的起源有种种说法，例如恐龙说、鳄鱼说、蟒蛇说、蜥蜴说、河马说、猪、马、牛、雷电、云神、虹、龙卷风，等等。据资料所载，最早提出龙的原型为鳄鱼的是古史专家卫聚贤，他在20世纪30年代便说"龙即鳄鱼"②。80年代后，主张龙的原型为鳄鱼者越来越多。王明达说："龙形象的基调是鳄。"③祈庆富认为最早的龙是鳄鱼。④王大有认为：中国最原始的龙，就是湾鳄、扬子鳄。⑤濮阳西水坡出土了蚌塑龙，蚌龙与鳄鱼相似，因此，持龙起源于鳄鱼这一观点的人比较多。

闻一多先生认为龙图腾是在氏族兼并的过程中复合好多个氏族的图腾而成的："龙图

---

① 中国大百科全书总编辑委员会《考古学》编辑委员会，中国大百科全书出版社编辑部.中国大百科全书·考古学[M].北京：中国大百科全书出版社，1986：198.
② 卫聚贤.古史研究：第3集[M].北京：商务印书馆，1937：230.
③ 王明达.也谈我国神话中龙形象的产生[J].思想战线，1981（3）.
④ 祈庆富.养鳄与豢龙[J].博物，1981（2）.
⑤ 王大有.龙凤文化源流[M].北京：北京工艺美术出版社，1988：79.

玉龙　内蒙古自治区赤峰市三星他拉出土

腾，不拘它局部的像马也好，像狗也好，或像鱼，像鸟，像鹿都好，它的主干部分和基本形态却是蛇。这表明在当初那众图腾单位林立的时代，内中以蛇图腾为最强大，众图腾的合并与融化，便是这蛇图腾兼并与同化了许多弱小单位的结果。"① 由此看来，龙并不是某种动物的单一形象，它是古代人们想象中的一种综合性的神化动物，是变化无穷的超自然之物。持这一观点的还有刘敦愿、孙作云、李埏、王昌正等人。② 何星亮提出：龙的基形为蛇，而蛇类中最接近龙的是蟒蛇。由于蟒蛇是蛇类中最长、最大的蛇，是蛇中之王，且又奔走如飞，无毒，古人便以为它是神蛇、善蛇，奉之为图腾。后来蟒蛇图腾被神化，成为今天所知的龙。③

神话传说中龙能够行风使雨，人们为盼望风调雨顺、五谷丰登，祭拜龙也便在情理之中了。《庄子·天运篇》曰："龙，合而成体，散而成章，乘云气而养乎阴阳。"④ 甲骨文中有几十余种"龙"字，形体迥异，学界的解读亦各有其说。叶玉森先生在《殷契钩沉》中引地质学者的看法，说"龙即远古的恐龙"，"龙为古代之爬行动物"，于契文谛察象形"龙"字，其头顶有肉冠，有两角两耳，口阔有髯，有胡须，有四肢，有掌爪，有身甲或斑纹，无翼尾，其形蜿蜒，能飞能行。⑤

在图腾崇拜阶段，远古的某些部落把龙视为图腾，作为自己部落的祖先和标志。根据历史文献资料和有关传说，龙蛇原为伏羲氏族的图腾，后来成为太暤部落的图腾。太暤部落是龙图腾崇拜最为重要的起源地之一。在神灵崇拜阶段，农牧业逐渐形成，宗教信仰也

---

① 闻一多.伏羲考[M].上海：上海古籍出版社，2006：26.
② 孙作云.敦煌画中的神怪画[J].考古，1960（6）；李埏.龙崇拜的起源[J].学术研究，1963（9）；王昌正.龙的研究[J].民间文学论坛，1985（6）；刘敦愿.马王堆西汉帛画中的若干神话问题[J].文史哲，1978（4）.
③ 何星亮.中国图腾文化[M].北京：中国社会科学出版社，1992：363.
④ 诸子集成：第4册[M].长沙：岳麓书社，1996：115.
⑤ 叶玉森.殷契钩沉[J].学衡，1925（24）.

得到发展，从较为单一的图腾崇拜过渡到多神崇拜。龙图腾崇拜也发展为龙神崇拜，人们把龙神化，奉龙为水神、海神。龙被神化是一个由简而繁的过程。从已发现的龙形象来看，历代龙形象均有差别。时间越早的龙，形象越简单；时间越晚的龙，形象越复杂。

凤凰是太阳鸟，因此又是火精、火神。庞进先生认为，凤凰与族祖崇拜关系十分密切，炎帝族在崇龙的同时也崇凤，两者"一开始，就交融互渗，彼此影响"。属于炎黄部落的大舜，更被认为是凤凰的化身，舜祭祖，"箫韶九成，凤凰来仪"。商周两代，商代崇凤，"天命玄鸟，降而生商"；周代也有"凤鸣岐山"的佳话。周代特别是西周青铜器的纹饰中凤凰占据十分突出的地位，而作为青铜器标志的饕餮纹在此一时期则少见。更有说服力的是，凤崇拜与中国的太阳崇拜合一，传说中的"太阳鸟"即为凤凰，出土文物中，河姆渡的"双鸟朝阳纹"更是佐证了太阳与凤凰的密切关系。①

玉凤　商代　河南安阳殷墟妇好墓出土

西周装饰玉中最为生动活泼的是动物玉雕，特别是肖生玉器，有些精湛的雕刻作品充分体现了西周王室成员与玉工的艺术想象力及造型能力。另外，组佩玉特别兴盛，始开东周及两汉各式组佩的先河。装饰器的雕琢或圆雕、透雕，或以圆雕、透雕为主，结合浮雕手段。圆雕作品有玉立人、鹿、鸟、兽、鱼、虫等，还有柄形饰、璜、项链等。如甘肃白草坡出土两件玉人，大者裸体，高螺髻，长脸，大眼，宽鼻，双手置于腹部，作站立姿。小者身着袍服，头戴高冠。还有曲村-天马遗址出土的所谓"雨师"的侧蹲雕像，以及同地出土的有尾饰的人像和衣有华服、戴有高冠的贵族像。

商代的玉鹿造型简单，以片状体居多，圆雕器物少，最大的长8厘米左右，一般为3～4

---

① 陈望衡.为了和美的世界[M]//庞进.中国凤文化.重庆：重庆出版社，2007：291.

玉鹿　西周　陕西茹家庄出土

厘米，常呈短腿直立回首状。琢玉工匠刻意突出鹿角、耳以及眼睛，其他部位则一带而过，仅具其形。如鹿角主要有以下几种：一种没有角，一种为枝杈形角，另有一种是双角对分，或对称或不对称。眼睛可分为小圆眼、臣字眼、菱形眼、橄榄形眼等，而且大都是由阴线刻画而成。躯体上多无纹饰，有的只有几条阴刻线作为分界线，把躯体和四肢分开。穿孔多在颈部、臀部，可供佩戴。陕西茹家庄出土玉器上千件，富于特色的正是一批姿态各异的圆雕玉鹿。鹿成为西周肖生玉中十分常见的品种，至东周更加繁盛，可能与方仙文化的发展有很大关系，不论从养生或者飞升的角度，鹿都是方仙道教乃至道教文化中重要的灵物。

玉人中多为蹲跪姿态，或许是史前"神蹻"的角色文明化。所谓"蹻"，也称"矫"，是上古巫师借以上天入地、交通鬼神的神物或脚力。《说文解字》："举足行高也。"巫师所用的神蹻主要有龙、凤、虎、鹿、鹤、鱼、龟等。葛洪《抱朴子内篇》曰："若能乘蹻者，可以周流天下，不拘山河。凡乘蹻道有三法：一曰龙蹻，二曰虎蹻，三曰鹿卢蹻。"①

玉蝉是新石器时期文化中常见的一个题材。早在仰韶文化、红山文化、良渚文化时期就已出现了许多蝉纹、玉蝉。自古以来，蝉在人们心目中是一种神秘而圣洁的灵物。《说文解字》："蝉，以旁鸣者。"段玉裁注："《方言》：小而黑者谓之蜩。又曰：谓之寒蜩。寒蜩，瘖蜩也。"②王充《论衡》曰："蛴螬化为腹育，腹育转为蝉。生两翼，不类蛴螬。"西晋傅玄《蝉赋》："美兹蝉之纯洁兮，禀阴阳之微灵。含精粹之贞气兮，体自然

---

① 王明.抱朴子内篇校释[M].北京：中华书局，1980：251.
② 段玉裁.说文解字段注：下册[M].成都：成都古籍书店，1981：707.

玉人　商代　河南安阳殷墟妇好墓出土

之妙形。潜玄昭于后土兮，虽在秽而逾馨。经青春而未育兮，当隆夏而化生。忽神蜕而灵变兮，奋轻翼之浮征。翳密叶之重荫兮，噪闲树之肃清。缘长枝而仰观兮，吸渥露之朝零；泊无为而自得兮，聆商风而和鸣。"①《史记·屈原贾生列传》载："蝉蜕于浊秽，以浮游尘埃之外。"②是说蝉有出污秽而不染，吸晨露而洁净的天性。蝉从幼虫、蛹蜕，变成长翅的成虫，因其整个生命历程象征着一种神奇的变化和再生，故而十分受古人推崇。正是基于这样一种生死转化的观念，彩陶器物上出现了大量蝉纹，蝉纹中有的无足，似蛹，可能就是复育，如此，蝉纹还有象征死而转生之意。

玉蝉　良渚文化类型　采自《中国玉器通史》

商周青铜器中的蝉纹，蝉体大多作垂叶形三角状，腹有节状条纹，无足，近似蛹，四周填云雷纹；也有长形的蝉纹，有足，也以云雷纹作地纹。主要装饰在鼎、爵的流上，少数觚、个别盘上也饰有蝉纹。可能意味着蝉纹和饮食及盥洗有一定的联系，其取义大约是象征饮食清洁。可见蝉纹被广泛地用于青铜器纹饰，可能代表饮食清洁之意。蝉具有脱壳现象，使人以为蝉能复活，因此，古人对蝉寄寓了灵魂不灭的祝愿。如将玉蝉放于死者口中的称为蝉形玉琀，寓精神不死，再生复活之意。玉琀是古代死者含在口中的葬玉，多为

---

① 徐坚.初学记：第3册[M].北京：中华书局，1980：747-748.
② 二十五史：第1册[M].杭州：浙江古籍出版社，1998：215.

蝉形，又称为"琀蝉"。蝉在中国古代象征永生和复活，这个象征意义来自其漫长而隐秘的生命周期，蛰伏数载一朝飞升，恰恰与道家毕生追求的羽化升仙的最高境界一致，因而蝉被赋予"永生"的含义。

蝉，作为自然界的一种生物，历经无限的磨难，从幼蛹蜕变成展翅高飞的成虫，从地下升到高空，在短暂的时间里完成了一个个生命轮回，这是大自然的造化。由于古人认识自然、改造自然的能力较为低下，意识形态上很大程度受到原始宗教的影响，在他们的眼中，蝉这种蜕变带有无限的神秘和感知，因而将无法理解的蝉性归咎于自然神的安排，于是通过想象和理解，赋予蝉各种寓意，如清洁高尚、轮回复生等。他们带着这些想法将所见的蝉的形象进行抽象化处理，或雕或刻，希望通过这种方式来护佑自己和子孙后代，不论今生还是来世。

从以上分析来看，玉礼器的出现的确与当时盛行的巫教密不可分。巫师就是巫术的施行者，具有沟通神灵的能力，是天地人神的中介。然而，巫师仅仅具备这种能力是不够的，还要借助手中的法器或礼器，才能实现与神的沟通。《史记·封禅书》："黄帝作宝鼎三，象天、地、人。"①这既说明了黄帝作为巫师的身份，同时也告诉我们黄帝是借助于宝鼎来与天地沟通的。那么，具有灵性的玉器更可以充当此任，从而成为巫师的重要工具之一。

西周建国之初，即从商朝获得大批玉匠奴隶及玉器，为西周玉器的发展奠定了基础。西周玉器装饰在继承殷商玉器双线勾勒技艺的同时，独创一面粗线或细阴线镂刻的技艺。还设立了管玉的机构，使玉器琢制走上规范化的道路。西周适应当时分封的需要，呈现许多新的特点。虽然琢玉从制石或其他手工业独立出来的时间较早，但从政治上对琢玉行业给予独立的地位并加以法律规定应是从西周开始。玉府是西周直接为王权政治服务的专职管玉用玉的机构，隶属天官，玉府的管理范围相当广，管理的玉器有礼器、瑞器、丧葬器、服饰器和符节器。西周另一管玉机构是典瑞，隶属春官，专门管理瑞玉和礼玉。典瑞中有17个管玉人员，他们负责王公大臣所执的瑞玉及礼玉的保管。典瑞与玉府的区别是：法度之玉，典瑞掌之；良货贿之玉，玉府藏之。

西周玉器趋于完善的另一个因素是君臣的道德品行开始与和阗玉（和田玉）联系在一起。西周和阗玉的采掘和玉的广泛使用，使人们把和阗玉当作修身的标准和个人的品德，玉器成为一种具有社会道德含义的特殊物品，为东周玉器的繁荣奠定了坚实的基础。西周的分封制和宗法制度对玉器制度产生了很大的影响，除对玉器采取强有力的管理措施外，还对玉器的使用等作了严格的规定。

用玉丧葬是较后起的一种习俗，只有人们认识到玉石不易腐蚀变质后，才会出现丧葬的特殊用途。西周以前的玉主要为装饰玉、礼仪玉和用具玉，而墓葬出土的玉器大都属生

---

① 二十五史：第1册[M]. 杭州：浙江古籍出版社，1998：365.

前用玉，死后才用于陪葬，西周以前虽也出现过一些含在口中的丧葬玉，但数量很少，而且应为生前佩戴，因为有可穿挂的孔。西周的丧葬玉是玉脸幕。玉脸幕由13块象征人脸面形状的玉件组成，目前仅见西周诸侯王墓有玉脸幕出土，所以玉脸幕是级别较高人物的一种象征，也是玉衣在汉代流行的前奏。玉脸幕上大多数玉件有穿孔，与史书上所讲的瞑目相吻合，用玉蒙面大多是为了保魂敛尸。

由于西周对玉石质量及色泽的使用有严格的等级规定，因此西周时期是一个五彩缤纷的玉石世界。玉有白、青、墨、碧诸色，但西周崇尚白色玉，尤其珍褒和阗白玉。从产地看，有和阗玉、蓝田玉等，还有大量的玛瑙、水晶、绿松石等。西周玉器中丧葬玉较少，主要是礼仪玉和装饰玉。礼仪玉以琮、璧、璜、戈为主。西周玉琮有饰纹的较少，多为四方四面方柱形，四周光素无纹，与早期玉琮外壁通体饰纹明显不同。

西周玉器的种类有礼器、仪仗器、工具、装饰器、殓葬器等。礼器有琮、璋、璧等，仪仗器有戈、戚等，工具有刀、镰、凿、铲等。殓葬器此时不多见，所见的只是一些零星的玉片，如盖在眼和嘴处的。比较完整的殓葬器是三门峡虢国墓出土，由玉、玛瑙、绿松石以及金和兽牙组成的葬饰，分为面罩、胸饰、腰饰三部分。这是我国迄今为止发现的最早的玉殓葬器，两汉玉匣之风应于此肇始，它反映了当时人们产生了有金玉保护则可使躯体不腐、灵魂复生的观念。

玉器作为吉祥瑞物，被帝王贵族广泛使用。天子佩刀饰玉，称为"琫珌"；诸侯佩刀饰玉，称为"璆珌"；大夫佩刀饰玉，称为"镠珌"；士人佩刀饰玉，称为"琈珌"。车盖饰玉，称为"玉瑶"。司马彪《舆服志》曰："乘舆金根，安车，立车……羽盖华蚤。"张衡《东京赋》："羽盖威蕤，葩瑶曲茎。"薛综注曰："羽盖，以翠羽覆车盖也。威蕤，羽貌。葩瑶，悉以金作华形，茎皆低曲。"[①]

古人用玉器祭祀神灵的情况书上多有记载。《周礼·典瑞》曰："典瑞掌玉瑞、玉器之藏，辨其名物，与其用事，设其服饰。王晋大圭，执镇圭，缫藉五采五就，以朝日。公执桓圭，侯执信圭，伯执躬圭，缫皆三采三就。子执谷璧，男执蒲璧，缫皆二采再就，以朝、觐、宗、遇、会、同于王。诸侯相见，亦如之。瑑、圭、璋、璧、琮，缫皆二采一就，以眺聘。四圭有邸，以祀天，旅上帝。两圭有邸，以祀地，旅四望。祼圭有瓒，以肆先王，以祼宾客。圭璧，以祀日月星辰。璋邸射，以祀山川，以造赠宾客。土圭，以致四时日月，封国，则以土地。珍圭，以征守，以恤凶荒。牙璋，以起军旅，以治兵守。璧羡，以起度，驵圭璋、璧琮、琥璜之渠眉。疏璧琮，以敛尸。谷圭，以和难，以聘女。琬圭，以治德，以结好。琰圭，以易行，以除慝。大祭祀、大旅，凡宾客之事，共其玉器而奉之。大丧，共饭玉、含玉、赠玉。凡玉器出，则共奉之。"[②]这里详细地表述了玉器在各

---

① 段玉裁.说文解字段注：上册[M].成都：成都古籍书店，1981：15.
② 阮元.十三经注疏：上册[M].北京：中华书局，1979：776-778.

种礼仪中的规制与功用，凡祭祀天地和宗庙祖先的活动，按规定必须用玉帛和牺牲。卜辞曰："玉……唐若。"[1]"沈玉于且（祖）丁。"[2]"庚子卜……令……取玉于龠。"[3]"戊戌卜，争鼎（贞）：王归奏玉，其伐。"[4]"壬寅（卜），殻鼎（贞）：正玉。"[5]"二玉，燎罜沈。"[6]"戊戌卜，夬贞；王归，奏玉，其伐？"[7]《卜辞通纂》第121片记载："庚申卜，万贞南庚，玉又。"第468片："癸酉，贞：帝五玉，其三小牢？"[8]可见古人用玉祭祀神灵、祈福卜卦是有源可溯的。

玉器不仅作为神秘的通神物和法器，与巫术、祭祀、礼仪等史前文明相联系，而且还被先民认作一切灵魂的最理想寓体和神话境界，是最神圣的崇拜物。葛洪《抱朴子·对俗》载有"金玉在九窍，则死者为之不朽"[9]。《周礼·天官·大宰》中也有"大丧，赞赠玉含玉"[10]。赠玉即葬时穿土下棺，用玉加在丝帛上，用以殉葬。

杨伯达先生指出：从今天所见的材料判断，可上溯到距今18000年的山顶洞人，其尸主是一少女，头上的脉石英珠等都染为赭石色，学术界已认为这是灵魂崇拜的一种表现。[11]这是迄今所见最早的具有神灵内涵的佩用石珠。1972年在陕西临潼姜寨的史前遗址一少女墓中出土了一对玉耳坠，坠上的骨珠竟多达872颗，显然这是具有神圣意义的器物。另外也说明人们喜欢佩戴的项链、手珠等宗教信物，是出自中国本土远古时代的习俗，而非来自印度佛教。

由于玉具有御不祥的效应，对后世的玉佩习俗产生了很大的影响。东晋王嘉《拾遗记·高辛》载："丹丘之地，有夜叉驹跋之鬼，能以赤马瑙为瓶盂及乐器，皆精妙轻丽，中国人有用者，则魑魅不能逢之。"[12]人们同时相信玉有使人长生不老的功能，相信通过食玉和服用玉类可以永远年轻。这种观念一直影响到现在，很多人都认为戴上玉佩、玉坠或玉镯都可祛凶获福。这两个基本观念支撑着玉器的长期发展。杨伯达先生说：原始人对神灵顶礼膜拜祈求保佑须奉献肉物，以供食飨，还要美言祈祷，传达神旨，承担此重任的人就是巫觋。神无处不在，到处都有神灵，最高神灵居于天上，巫觋的肉身不能升天，但他的"灵魂"可以升天事神、媚神、享神，再将神的旨意带回人间，向群众传达。事神完

---

[1] 郭沫若.甲骨文合集[M].北京：中华书局，1978—1982：01312.
[2] 郭沫若.甲骨文合集[M].北京：中华书局，1978—1982：03068.
[3] 郭沫若.甲骨文合集[M].北京：中华书局，1978—1982：04720.
[4] 郭沫若.甲骨文合集[M].北京：中华书局，1978—1982：06016正.
[5] 郭沫若.甲骨文合集[M].北京：中华书局，1978—1982：07053正.
[6] 郭沫若.甲骨文合集[M].北京：中华书局，1978—1982：30777.
[7] 郭沫若.甲骨文合集[M].北京：中华书局，1978—1982：225.
[8] 郭沫若.卜辞通纂[M].台北：大通书局，1976：278，415.
[9] 王明.抱朴子内篇校释[M].北京：中华书局，1980：45.
[10] 阮元.十三经注疏：上册[M].北京：中华书局，1979：650.
[11] 杨伯达.史前和田玉神灵论[J].中国宝石，2004（3）.
[12] 车吉心.中华野史：第1册[M].济南：泰山出版社，2000：782.

毕，巫觋恢复常态还原为现实的人之后，因其有着通神的特殊功能，仍是受人尊敬的人上人。巫觋事神不能空着两手，必须拿着某种礼物升天见神。从文献记载和20世纪下半叶出土的玉器可知，在我国的东夷、淮夷、东越以及华夏、鬼、羌、蛮等族群的巫觋是以玉为神物、打制神器以事神的，所以，事先必须赋予玉以神物的特殊功能。可知玉的神灵说不是玉固有的，而是巫觋创造并输入玉的观念中去的，这一点似与玉之美有所不同。① 史前社会玉器往往由巫觋设计、雕琢并以器事神，从而推动了玉文化的第一个高潮的出现和形成，巫玉光辉普照大地，又为王玉之源泉、瑞器之根本，从而奠定了中华文明的第一块基石。②

第三节　原始宗教的祭坛与巫师

我国大约从旧石器时代晚期开始出现原始宗教信仰，如北京周口店的山顶洞人死后安葬在专有的墓地，周围撒赤铁矿粉末，随葬装饰品，这说明当时已有灵魂不死的信仰。新石器时代，随着农业的发明和发展，生产力逐渐提高，原始宗教也得到很大发展。各地出土的许多鬼神偶像、占卜工具、随葬器物，发现的一些规模不小的祭坛、神庙的建筑遗迹，可以看出原始宗教发生、发展的明显轨迹。

从自然崇拜到祖先崇拜是一种明显的进步，也是人类逐步认识自身力量的表现。这些祖先之所以被当作神灵来膜拜，是因为他们在带领氏族部落征服自然，开辟荒野，发展农业方面做出了巨大的贡献。也可以说，原始宗教是农业文明发展到一定阶段的产物，反过来它又是用来为农业生产服务的。比如在整个农业生产过程中，几乎每个环节都有一系列宗教祭拜仪式。

原始宗教起源于巫术。在中国古代，巫师利用所谓的"超自然力量"进行各种宗教活动。主持祭祀活动的人在古代有很大的权力。原始社会时巫师的主要职责是奉祀天帝鬼神，并为人祈福禳灾。原始宗教已经逐渐出现了专职的祭司或巫师，但应比较零散，他们不会有专门的住所，也没有形成特殊的社会群体。在形成国家宗教后，大的神庙中往往聚集着大批的祭司或巫师。《左传》有言，"国之大事，在祀与戎"。祭祀和军事既然是古

---

① 杨伯达.巫玉之光：中国史前玉文化论考[M].上海：上海古籍出版社，2005：204-205.
② 杨伯达.中国玉文化玉学论丛[M].北京：紫禁城出版社，2005：279.

代国家的两件大事，巫师和军事两大贵族集团的形成也就是十分自然的事。

一、原始宗教的祭坛神庙

祭坛是宗教文化的主要载体，是一种用于祭祀活动的台形建筑。祭祀制度起源于原始社会的自然崇拜和原始农业，祭祀对象为天地日月、社稷和先农等神。祭祀最初在林中空地上举行，逐渐演变为用土筑台，再由土台演变为坛场、庙堂、宫殿等。新中国考古发现的成果，说明祭坛随原始宗教祭祀而产生。如内蒙古大青山莎木佳和黑麻板遗址，发现石块垒砌成的圆形圈祭坛，是新石器时代晚期的村落祭祀坛场。① 甘肃永靖的齐家文化遗址，墓地中有固定的"石圆圈"祭坛，是利用天然的扁平砾石排列而成的。② 浙江余杭瑶山遗址，有三重结构的祭坛，建坛的地点选择在山顶之上，是用以祭天礼地的祭坛。③

至夏商周三代，宗教的祭祀已有相当大规模的祭坛。《尚书·金縢》说周公"三坛同墠"，向大王、王季、文王祷告，这就是《道书援神契》所说"《尚书》武王疾，周公立三坛以祷之"④。祭坛供奉神灵，先秦时期就已如此，汉文帝时在霸陵立五帝坛。汉武帝时设立的太一坛，开八通之鬼道，五帝坛环居其下，此是承袭先秦宗法宗教礼制。

祭坛的发展是一个渐进的过程。从简单到复杂，从单一到多元，经历了一个相当漫长的历史演变。最早的祭祀场所为平地，也是最原始最简单的。古人认为，最重要的祭祀，祭祀场所反而最质朴，往往不用封土作坛，只把一块平地扫除干净即可祭祀，古人称之为"墠"。《尚书·金縢》曰："公乃自以为功，周公乃自以请命为己事。为三坛同墠。"注："因太王、王季、文王请命于天，故为三坛。坛筑土，墠除地，大除地，于中为三坛。"⑤《说文解字》曰："墠，野土也。从土，单声。"段玉裁注："野者，郊外也。野土者，于野治地除草。《郑风》东门之墠。坛即墠字。《传》曰：除地町町者。町町，平意。《左传》楚公子围逆女于郑，郑人请墠听命。楚人曰：若野赐之，是委君况于草莽也。可见墠必在野也。郑子产草舍不为坛。坛即墠字。可见墠必除草也。"⑥祭坛是古代用来祭祀神灵、祈求庇佑的特有建筑。先民把对神的崇敬融入其中，升华到特有的理念，如方位、阴阳、布局等，这些理念无不完美地体现于这些建筑之中。祭祀活动是人与神的对

---

① 包头市文物管理所.内蒙古大青山西段新石器时代遗址[J].考古，1986（6）.
② 中国科学院考古研究所甘肃工作队.甘肃永靖大何庄遗址发掘报告[J].考古学报，1974（2）.
③ 浙江省文物考古研究所.余杭瑶山良渚文化祭坛遗坛发掘简报[J].文物，1988（1）.
④ 道藏：第32册[M].北京：文物出版社，上海：上海书店出版社，天津：天津古籍出版社，1988：145.
⑤ 阮元.十三经注疏：上册[M].北京：中华书局，1979：196.
⑥ 段玉裁.说文解字段注：下册[M].成都：成都古籍书店，1981：730.

话，这种对话通过仪礼、乐舞、祭品达到神与人的呼应。

坛，即用土石堆砌成一个高出地面的祭坛。《说文解字》曰："坛，祭坛，场也。"段玉裁注："《祭法》注：封土曰坛，除地曰墠……师古曰：筑土为坛，除地为场。按墠即场也。为场而后坛之，坛之前又必除地为场。以为祭神道，故坛场必连言之。"① 因祭祀对象不同，坛有不同的形状。坛的高度和宽度因时间、地点、等级而不相同。坛和墠通常位于城郊，偶尔也有设于山上的。秦汉封禅礼，就是在泰山顶封土为坛以祭天，叫"封"；又在梁父山扫地为墠以祭地，叫"禅"；合称为"封禅"。

祭天用圆坛，古称"圜丘"。《礼记正义》曰：郑玄以《祭法》禘黄帝及喾为配圜丘之祀，《祭法》说禘无圜丘之名，《周官》圜丘不名为禘，是禘非圜丘之祭也。玄既以《祭法》禘喾为圜丘，又《大传》"王者禘其祖之所自出"，而玄又施之于郊祭后稷，是乱礼之名实也。按《尔雅》云：禘，大祭也。绎，又祭也。皆祭宗庙之名。则禘是五年大祭先祖，非圜丘及郊也。周立后稷庙，而喾无庙，故知周人尊喾，不若后稷之庙重。而玄说圜丘祭天祀大者，仲尼当称昔者周公禘祀喾圜丘以配天。今亡此言，知禘配圜丘非也。又《诗·思文》后稷配天之颂，无帝喾配圜丘之文。知郊则圜丘，圜丘则郊。所在言之则谓之郊，所祭言之则谓之圜丘。于郊筑泰坛，象圜丘之形。以丘言之，本诸天地之性。故《祭法》云：燔柴于泰坛，则圜丘也。《郊特牲》云：周之始郊，日以至。《周礼》云：冬至祭天于圜丘。知圜丘与郊是一也。言始郊者，冬至阳气初动，天之始也。对启蛰及将郊祀，故言始。② 后魏孝文帝《议祫禘诏》曰："郑玄解禘，天子祭圜丘曰禘，祭宗庙大祭亦曰禘。三年一祫，五年一禘。祫则合群毁庙之主于太庙，合而祭之。禘则增及百官配食者，审谛而祭之。天子先禘而后时祭，诸侯先时祭而后禘祫。鲁礼，三年丧毕而祫，明年而禘。圜丘、宗庙大祭俱称禘，祭有两禘明也。王肃解禘祫，称天子诸侯皆禘于宗庙，非祭天之祭。郊祀后稷不称禘，宗庙称禘。禘、祫一名也，合而祭之故称祫，审谛之故称禘，非两祭之名。三年一祫，五年一禘，总而互举之，故称五年再殷祭，不言一禘一祫，断可知矣。礼文大略，诸儒之说，尽具于此。"③ 这种祭天神的圜丘后来就演变为天坛。

祭地用方坛，古称"方丘"。《周礼·地官·鼓人》："以雷鼓，鼓神祀。"释曰："天神称祀，地祇称祭，宗庙称享。案：下灵鼓鼓社祭，又案：《大司乐》以灵鼓祭泽中之方丘，大地祇与社同鼓，则但是地祇，无问大小，皆用灵鼓，则此雷鼓鼓神祀，但是天神，皆用雷鼓也。"④《周礼·春官·大司乐》："凡六乐者，一变而致羽物及川泽之示，再变而致臝物及山林之示，三变而致鳞物及丘陵之示，四变而致毛物及坟衍之示，五变而致介物及土示，六变而致象物及天神。凡乐，圜钟为宫，黄钟为角，大蔟为徵，姑洗为

---

① 段玉裁.说文解字段注：下册[M].成都：成都古籍书店，1981：733.
② 阮元.十三经注疏：下册[M].北京：中华书局，1980：1452-1453.
③ 严可均.全上古三代秦汉三国六朝文：第8册[M].北京：中华书局，1958：226.
④ 阮元.十三经注疏：上册[M].北京：中华书局，1979：720.

羽。雷鼓、雷鼗，孤竹之管。云和之琴瑟，《云门》之舞。冬日至，于地上之圜丘奏之，若乐六变，则天神皆降，可得而礼矣。凡乐，函钟为宫，大蔟为角，姑洗为徵，南吕为羽，灵鼓、灵鼗，孙竹之管，空桑之琴瑟，《咸池》之舞。夏日至，于泽中之方丘奏之，若乐八变，则地示皆出，可得而礼矣。"① 马端临《文献通考》："按《开宝通礼》：圜丘，有司摄事，祀昊天、配帝、五方帝、日月、五星、中外官、众星，总六百八十七位。雩祀、大享、昊天、配帝、五天帝、五人帝、五官，总十七位。方丘，祭皇地祇、配帝、神州、岳镇、海渎七十一位。"② 这种祭地祇的方丘，后来就演变为地坛。

平坑，就是在地上挖一个大坑作为祭坛，古人称"坎"。古代挖地为坎，垒木为坛。《礼记·祭法》说："掘地为坎。"《礼记·祭义》称："祭日于坛，祭月于坎。以别幽明，以制上下。"③ 坛与坎是相对的，坛高起为阳，坎下陷为阴。《说文解字》曰："坎，陷也。从土，欠声。"段玉裁注："陷者，高下也。高下者，高而入于下也。因谓阱谓坎。井部曰：阱者，大陷也。穴部曰：窨，坎中更有坎也。"④

坟墓是祭祀祖先的重要场所，在坟场墓地祭祀祖灵是较原始朴素的方法。古人认为，到坟墓祭祀离祖先最近，祖先听得最清楚。《说文解字》曰："坟，墓也。"段玉裁注："此浑言之也。析言之则墓为平处，坟为高处。故《檀弓》孔子曰：古者墓而不坟。《邯郸淳孝女曹娥碑》曰：丘墓起坟。郑注《礼记》曰：墓谓兆域，今之封茔也。土之高者曰坟。此其别也。《方言》曰：冢，秦晋之间谓之坟。或谓之培，或谓之埌，或谓之采，或谓之垅，或谓之垄，自关而东谓之丘。小者谓之墢，大者谓之丘。此又别国方言之不同也。"墓作为祀祖的地方，称作丘墓。段玉裁注："丘谓之虚，故曰丘墓，亦曰虚墓。《檀弓》曰：虚墓之间，未施哀于民而民哀是也。《周礼》有冢人，有墓大夫。郑曰：冢，封土为丘垅，象冢而为之。墓，冢茔之地，孝子所思慕之处。然则丘自其高言。墓自其平言，浑言之则曰丘墓也。墓之言规模也。《方言》：凡葬而无坟谓之墓，所以墓谓之抚。"⑤

东山嘴祭坛是目前发现的最早的原始宗教祭祀遗址，位于辽宁省朝阳市喀左县兴隆庄乡章京营子村东山嘴屯，面积15000余平方米，主要遗迹部分是一组以南北轴线布局的石砌建筑群址，包括北部的一座大型方形基址，南部的一座小型圆形台址和另两座较早的圆形台址。基址四边均砌石墙基，圆形台基也是用石片镶砌。这是一座人工修砌的面积达240平方米的高台，前部是一个石砌的圆形祭坛，直径2.5米；后部是边长10多米的方形祭坛，坛上有三个石块垒筑的祭堆。显然这是一座公共祭祀中心，属于新石器时代晚期的红山文

---

① 阮元.十三经注疏：上册[M].北京：中华书局，1979：788-789.
② 马端临.文献通考：卷71[M].北京：中华书局，1986：644.
③ 阮元.十三经注疏：下册[M].北京：中华书局，1980：1597.
④ 段玉裁.说文解字段注：下册[M].成都：成都古籍书店，1981：728.
⑤ 段玉裁.说文解字段注：下册[M].成都：成都古籍书店，1981：733.

化，据碳-14测定，距今4895±70年（树轮校正为5485±110年）。

在石圈形台基附近还发现了盘膝正坐的人物造像及同样姿态的残体，可知这种盘膝正坐的造像是一种特定的姿态。这些人物造像，女性当为祖母神，男性似为巫师或祖先神。此外还出土了双龙首玉璜饰件以及彩陶祭器。遗址中发现大片红烧土和厚达50厘米的灰土堆积以及动物烧骨等，表明曾多次举行过燔燎祭天仪式。① 古人将祭坛建在高处，是为了接近天神。祭天的方式一般采取燎祭，即燔柴，借助升腾的烟气将焚烧的牺牲、玉器等祭品献给天上的神灵。

在凌源市和建平县交界的牛河梁一带，发现了分布面积达几十平方千米的红山文化墓葬群，为距今约5000多年的大型祭坛、女神庙和积石冢群址，布局和性质与北京的天坛、太庙和十三陵相似。5000多年前，这里存在着一个具有国家雏形的原始文明社会。这一重大发现把中国古代史的研究从黄河流域扩大到燕山以北的西辽河流域。

牛河梁祭坛是一个石砌的圆形祭坛。经过多年的调查，红山文化的分布范围基本明确。其北界越过西拉木伦河，并有继续向内蒙古草原深入的趋势；东界越过医巫闾山，到达下辽河西岸；南界东段可达渤海沿岸，西段越燕山山脉到达华北平原；西界目前可确定在河北张家口地区桑干河上游。从现在地域行政划分讲，内蒙古赤峰和辽宁朝阳两市区域内最为集中。

红山文化具有以下基本内涵和特征。第一，从生产工具看经济状况。那时，磨制石器、打制石器和细石器三者共存。石器以大型石器如石斧、石锛、石耜为主，它们与砍伐、起土、垦荒有关，说明农业耕广而粗放。打制石器、细石器与切割皮肉有关。红山文化遗址发现牛、羊、猪等家畜骨骼和野生鹿、獐等动物骨骼，说明狩猎、畜牧占很大比重。遗址分布区正处于草原森林向平原过渡的中间地带，属于综合性的经济类型。第二，从居住地址看生活状况。居住遗址分布稀疏，位置在较高的山冈上，多在南坡，高出河床10～40米，文化堆积层薄，反映人们在此地的居住条件不够稳定。有的遗址群已有等级之分，小遗址群（4000～5000平方米）围绕大遗址群（3万～10万平方米）。大遗址群出土玉器等高级品，附近分布积石冢、陶窑区和玉器作坊，说明已产生中心聚落。房址多为方型半地穴式，并出土成套的生产工具和生活用具，说明独立性的社会单元已存在。第三，从陶器特点看文化联系。红山文化的夹砂灰陶，多为圆筒器，形制简单，压印之字纹。我国整个东北地区以至亚洲东北部都有这种陶器，可见其共性。红山文化的泥质红陶多为钵碗盆类、瓮罐类，彩陶以黑彩为主，与我国黄河仰韶陶器相近，都加饰压印之字纹，表现了红山文化和仰韶文化相互融合的程度较深。

牛河梁红山文化坛、庙、冢等遗址和珍贵玉器的发现，以确凿而丰富的考古资料证明，早在5000年前的红山文化晚期，社会形态就已经发展到原始文明的古国阶段。这对上

---

① 郭大顺，张克举.辽宁省喀左县东山嘴红山文化建筑群址发掘简报[J].文物，1984（11）.

古时代的社会发展史、传统文化史、思想史、宗教史、建筑史、美术史研究都产生了重大影响。

目前牛河梁遗址对外开放两处遗址点：女神庙遗址和祭坛、积石冢遗址。

第一地点女神庙遗址位于牛河梁主梁顶部，海拔631.1米，庙的平面呈窄长形状，南北最长22米，东西最窄处2米，最宽处9米，方向南偏西20°。庙分主体和单体两个单元。主体部分为多室相连。主室为圆形，左右各一圆形侧室。北部为一长方形室，南部从平面看为二圆形室，并与一东西横置的长方形室相连。庙的主体部分为七室相连的布局，南北总长18.4米。主体部分以南横置一单室，长6米，最宽2.65米，主室与南单室间隔2.05米。庙为半穴式土木结构，从地下部分与地上部分交接处保留的弧形墙面观察，墙壁地下部分竖直，地面上呈拱形升起。从南单室四边成排分布的碳化木柱痕分析，地上原立有木柱，内侧贴

祭坛　红山文化遗址　采自《文物中国史》

成束的禾草，再涂抹草拌泥土形成墙面。墙面上做出多种规格的仿木条带，多为方形带，宽4～8厘米不等。从现有的标本看，以方木条为横木，与之相交的立木为圆木柱，其间以仿榫卯式相接。墙面为多层，为便于层层黏合，内层墙面上常做出密集的圆洞，密布如蜂窝状。墙面还有用朱、白两色相间绘出的几何形勾连回字纹图案，线条皆为宽带的直线和折线，并以两两相对的折线纹为一组。图像虽较为简单，但应为国内目前所见时代最早的

壁画。

遗址内的建筑群中心部分有一个大型方形基址，是一座祭坛。四周有用石块堆砌的墙。祭坛南北两翼还有石墙或石堆。祭坛的前端有石圈形台址和多圆形石砌基址；后端已遭破坏，情况不明。在遗址内出土了许多遗物，如陶器、石器、骨器等。女神庙中发掘出土的遗物中最重要的就是人物塑像，虽多为碎块残肢，但仍可从其曲线圆润的肩头、手形较小及乳房等特征上判定其为女性塑像。她们受远古居民的膜拜，那么她们是自然神还是祖先神呢？多数学者认为这是祖先神崇拜，理由如下：其一，以女神头像为代表的这些女神像是高度写实的。如出土的女神头像与真人大小一样，而且面部特征也与蒙古人种相同。女神像有可能是以现实中的人物为依据塑造出来的，所以她们应是被神化了的祖先偶像。其二，可以从当时所处的社会历史背景加以分析。当时的红山社会正处于母系氏族社

女神庙　红山文化遗址　采自《文物中国史》

会，人口的繁殖与兴旺是氏族社会发展存亡的大问题。因此，原始先民很重视生殖，并通过膜拜生殖者以求巩固和发展氏族社会。在古人看来，祈求生育是为了嗣续先祖，所以生殖崇拜可以被称为早期的祖先崇拜，而被崇拜的女性实质上就是人类的祖先。确定了祖先，也就确立了氏族共同体的根本。而且为了对死去的氏族首领表示崇敬，缅怀和追念她的业绩，先民创造了各种各样的塑像，并对其进行朝拜，这便是祖先信仰中的偶像崇

拜。至此，原始宗教的主题由自然界、动物开始转向人本身，预示着祖先崇拜的时代来临。苏秉琦先生于1983年牛河梁遗址刚发现时，在将坛庙冢的组合与古代帝王举行祭祀的"郊""燎""禘"相联系之后，明确地指出：女神是由5500年前的红山人模拟真人塑造的神像（或女祖像），而不是由后人想象创造的神，她是红山人的女祖，也就是中华民族的共祖。①

女神庙坐落在牛河梁主梁顶部，但它本身并不建在高台之上，甚至也未建在地面上，而是典型的半地穴式的土木结构。庙的地下部分竟然超过一般同时期的半地穴房址的深度。当然，这种半地穴近于居住址的建筑基本结构和多室又连为一体的布局形式也显露出一定的原始性和过渡性，神庙的规模应该说也并不突出，但在布局组合上就要复杂多了。它已不是一个单体建筑，在主体南侧布置了一个横长的单室，虽然它们只是两个单元的简单组合，然而它们之间一主一次，以南北轴线布局的建筑群体所具有的基本格局已经形成。主体建筑本身更非单一的单体建筑，而是已可明确分出主、侧、前、后室的多室，形成一种多室组合尚未完全分离出来的建筑群体。这种主次分明、左右对称、前后呼应的复杂结构和布局，其规模和等级都远非史前时期一般居住址单间、双间甚至多间房屋所能相比，而是已开后世殿堂和宗庙布局的先河，正如《礼记·曲礼下》所记："君子将营宫室，宗庙为先，厩库为次，居室为后。"②牛河梁女神庙所具有的围绕主神的群神崇拜，业已表明当时已进入祖先崇拜的高级阶段。既然祭祀偶像具有祖先崇拜的意义，那么，这座女神庙就已具备宗庙性质，或可称为宗庙雏形。

还要特别提到的是，女神庙作为先祖偶像所居之所，总面积不到100平方米，最窄处仅2米，以如此窄小的空间容纳以大型神像群为主、包括动物神在内的丰富而庞大的阵容，曾使人对它的功能产生怀疑：这是否只是一座盛装神像的仓库，而对神像的祭祀是在另外的地方？其实，这种以窄小空间容纳众多神像的现象，恰恰显示出原始宗庙在当时具有很大的封闭性和神秘性，在使用上也具有很强的专一性，因为在这样窄小的空间内活动的只能是极少数人。既然有权进入庙中祭祖的人是神权和政权的垄断者或独尊者，那么这些人只能是从事祭祀职业的大巫师，因为只有他们具有与天神和祖先通话的能力。而且，如此规模宏大的祭祀活动，一定有各种神职人员来操控，且操控祭祀活动的神职人员可能已经作为特殊的阶级而存在了。

神庙，又称"宗庙"，是祭祀祖先神灵的专门场所，其建造有着严格的规定。《礼记·祭法》："天下有王，分地建国，置都立邑，设庙祧坛墠而祭之，乃为亲疏多少之数。是故王立七庙，一坛一墠。曰考庙，曰王考庙，曰皇考庙，曰显考庙，曰祖考庙，皆月祭之。远庙为祧，有二祧，享尝乃止。去祧为坛，去坛为墠，坛墠有祷焉祭之，无祷乃止。

---

① 苏秉琦.写在《中国文明曙光》放映之前[N].中国文物报，1989-05-12.
② 阮元.十三经注疏：上册[M].北京：中华书局，1979：1258.

去墠曰鬼。……大夫立三庙二坛，曰考庙，曰王考庙，曰皇考庙，享尝乃止。显考祖考无庙，有祷焉，为坛祭之。去坛为鬼。适士二庙一坛，曰考庙，曰王考庙，享尝乃止。皇考无庙，有祷焉，为坛祭之。去坛为鬼。……官师一庙，曰考庙。王考无庙而祭之，去王考为鬼。庶士庶人无庙，死曰鬼。"① 可见三代时期宗庙制度非常严格，宗庙成为祭祀祖先神灵、家族血脉传承的圣地。

唐代史学家杜佑指出："昔者先王感时代谢，思亲立庙，曰宗庙。因新物而荐享，以申孝敬。远祖非一，不可遍追，故亲尽而止。（王、皇，皆君也。祖，始也。名先人以君明始者，所以尊本之意。祧之为言超也，超然上去意也。封土曰坛，除地曰墠。）"② 后世道教宫观的建制完全承袭了三代宗庙制度，强调尊卑主次、神圣空间。

祭坛、积石冢遗址是牛河梁遗址第二地点，海拔高度约625米，北距正北方牛河梁遗址第一地点女神庙遗址1050米。所在的山岗地势平坦开阔，略呈北高南低，有约5度至负8度的自然坡度。遗址范围东西长130米，南北宽45米，共占地5853平方米，是牛河梁目前发现范围最大的积石冢群。积石冢一般都是用高30厘米、长40厘米、宽20多厘米，经过打制的大石块砌成的，有方形和圆形两种。每座冢的占地面积都相当大，一般有三四百平方米，最大的1000余平方米，平均垒石高度1米以上。每座积石冢内，一般都有数十人列"棺"而葬。他们可能因为身份的不同而被分别安置在大小各异的石砌棺材之中。

第二地点积石冢群内的墓葬已经体现出等级形式，墓葬规格已有高低之分，随葬玉器的多寡与规格也各不相同，可以说已经形成了"一人独尊""王者至上"的思想理念。陶筒形器是当时极具特色的一种陶祭器，上无盖、下无底，摆放在冢界周围，在祭祀时起到上通天、下通地的作用，也可以理解为祖先的灵魂自由出入。第二地点一号冢4号墓出土两件玉猪龙，

积石冢　红山文化遗址　采自《文物中国史》

---

① 阮元.十三经注疏：下册[M].北京：中华书局，1980：1589.
② 杜佑.通典：卷47[M]//文渊阁四库全书：第603册.台北：台湾商务印书馆，1983：568.

第四章｜中国的原始宗教（二）

金字塔　牛河梁　红山文化遗址　采自《文物中国史》

一青一白,头向下背对着摆放,双腿交叉,考古界称之为天地交泰,亦为阴阳之和,代表的是风调雨顺,两件玉猪龙的头下枕着典型玉器斜口筒形器。这三件玉器的发现,证实第二地点乃至整个牛河梁遗址群是属于红山文化的大型祭祀遗址。第二地点一号冢21号墓是红山文化领域单个墓葬随葬玉器最多的一座,共随葬20件玉器。玉器一般放置在死者的头下、胸前和身边,种类有作为原始宗教信仰之物的玉猪龙,有挂于胸前的双联、三联玉璧,有勾云形玉佩、扁圆形玉环、圆桶型玉簪,有作为艺术品的玉鸟、玉鸽、玉龟、玉鱼、玉兽等,工艺精美,造型上追求神似,别具风格。其中以玉猪龙为代表的玉器,已经成为红山文化的代表器物。①

牛河梁遗址第十三地点是一座金字塔式巨型建筑遗址,是牛河梁遗址群中规模最大的单体建筑,海拔564米。整个建筑为正圆丘形的土石结构,中央部分为夯土土丘,土丘外围包砌石。中央土丘直径40米。土丘外包砌石直径范围为60～100米,总面积近10000平方米。如此巨大的金字塔,其性质和内涵如何呢?是陵墓、祭坛,还是冶炼址?这些还有待进一步确定。但它无疑是牛河梁遗址群中最重大的发现之一。从所处位置和建筑规模看应是与女神庙具有同等价值的中心建筑。

于锦绣、杨淑荣指出,牛河梁女神庙与积石冢群可以视作"天神合一崇拜"的第一座展馆,主要内容有以下几项:

(1)平台:南北长175米,东西最宽59米,边沿发现几段"石墙",推断可能是祭祀天地诸神、社神与祖先的祭坛,也许是部落联盟的"社"。

(2)女神庙:位于平台南侧下面的坡地上,庙址由一个多室和一个单室两组建筑物构成,从庙中出土的大小不一的偶像来看,可以设想此庙就是供奉天地诸神和祖先神的"万神庙"。

(3)泥塑人头像:位于主室两侧,真人大小,面涂红彩。据孙守道、郭大顺研究,此神像应为祖先神像。

---

① 方殿春,魏凡.辽宁牛河梁红山文化"女神庙"与积石冢群发掘简报[J].文物,1986(8).

（4）泥塑大鼻、大耳残件：出土于主室中心部位，大小相当于真人的三倍，应是主室主神的塑像残件，其旁还有猪龙和禽的塑像残件。此神像很可能是天神的偶像，而作陪的猪龙和禽亦应为天神之下属神灵。

（5）泥塑猪龙：已残缺，出土于主室北侧。吻长11.5厘米、宽8厘米、高10厘米。推测应是神兽之一，为天神之下属神。

（6）泥塑禽像：出土于主室北角，仅余二爪残块，长度分别为14.5厘米、13.5厘米，体型相当巨大，也应是神禽之类，为天神之下属神。

（7）积石冢群：环绕女神庙，距离远近不等，已发现六处（尚待发掘）。女神庙南面900米处，为东西一行排列四座大型积石冢，总长110余米。其中一号冢，东西长26.8米，南北宽19.5米。冢内墓葬排列密集。二号冢内中央为一大型石椁墓，每一冢内有众多东西排列的小墓，可能是一个父系大家庭的成员。环绕女神庙的冢群，可能是一个部落联盟或一个大氏族的公共墓地。[①]

良渚文化是我国长江下游太湖流域一支重要的古文明，因发现于浙江余杭良渚镇而得名，距今5250～4150年，经半个多世纪的考古调查和发掘，初步查明遗址分布于太湖地区。在余杭良渚、安溪、瓶窑三个镇（街道）的地域内，分布着以莫角山遗址为核心的50余处良渚文化遗址，有村落、墓地、祭坛等各种遗存，内涵丰富，范围广阔，遗址密集。出土的石器有镰、镞、矛、穿孔斧、穿孔刀等，磨制精致，特别是石犁和耘田器的使用，说明当时已进入犁耕阶段。出土的陶器，以泥质灰胎磨光黑皮陶最具特色，采用轮制，器形规则，圈足器居多，用镂孔、竹节纹、弦纹装饰，也有彩绘。1986、1987年，从良渚墓葬中出土大量随葬品，其中玉器占90%以上。1994年又发现了超巨型建筑基址，面积超过30万平方米，确认是人工堆积的大土台，土层最厚处达10.2米，其工程之浩大，世所罕见。

瑶山祭坛，位于浙江余杭下溪湾村瑶山，先民在较平缓的顶部修建了方形祭坛。祭坛中央是方形红土台，四周为灰色土围沟，最外部为砾石面，外围边长约20米。祭坛经过精心设计，堆筑于海拔35米的小丘上，近方形的慢坡状，边长约20米，面积约400平方米，由内外三重组成。最内重为方形红土台，南北长7.65米，东西宽约6米。第二重为沿红土台四周挖成的宽约2米、深不足1米的围沟，内填疏松的灰斑土。外重为黄褐斑土筑成的土台，有砾石铺面遗迹。此处曾多次举行燔柴祭天仪式，中心祭坛已呈红烧土状，坛周沟内填满的疏松灰土亦可证明。这座祭坛由多色土构成，衬托了祭祀场所的神秘色彩，开创了后世多色土祭坛建筑的先风。《余杭瑶山良渚文化祭坛遗址发掘简报》中提到，12座墓葬全部打破土坛，表明建坛早于埋墓。但从砌于石磡中、覆盖于石磡之上的护坡内和打破护坡土的墓葬中出土的陶鼎、篮纹夹砂陶缸等遗物来看，却具有同一时期的特征，建坛和埋墓先后相隔不久，因

---

① 于锦绣，杨淑荣.中国各民族原始宗教资料集成：考古卷[M].北京：中国社会科学出版社，1996：43-44.

祭坛　良渚文化　浙江瑶山　采自《文物中国史》

而可能出于同代人之手。这一点也说明两者存在某种联系。

瑶山墓地是一个三重的"回"字形土台，从内到外依次是赤色土方、灰色土框和黄褐色土框。瑶山墓地发掘者指出："在历年的发掘中，我们曾试图在遗迹表面寻找建筑遗迹，结果一无所获。除叠砌的石坎外，也没有发现相关的具有特别意义的遗迹现象。因此，根据已有的考古学现象，尚无法判断瑶山遗迹除墓地之外是否有其他用途。当然，联系到较为平整的中心区域及其以南宽阔的慢坡台面，不能排除该遗址建成后或埋墓前后存在祭祀活动的可能性，只是我们目前无法从考古发掘中得到确认。……从现有的发掘情况看，墓葬均排列在地势最高且十分规整的中心区域内，而且有明确的分布规律，分成东西向的南北两行墓列。墓葬的陶器组合及器形一致，表明它们大致处于同一时期。在墓葬排列中，遗迹中心区域的'红土台'被个别墓葬打破，但'红土台'仍基本保存完整，显然，这处墓地与'红土台'遗迹有着密切的联系。"①

瑶山遗址发现墓葬共12座，其中M12曾经被盗。墓葬分为南北两排，每排各6座。如果以其在红土台上的位置看，处于南侧偏西。可能是土质的原因，墓主人骸骨几乎全部无存，只有一座墓仅存疑是头骨碎片和一枚牙齿，因此无法判定朝向和墓主人性别。随葬品

---

① 浙江省文物考古研究所.瑶山[M].北京：文物出版社，2003：207.

有玉器、陶器、石器等，共计754组，2660件。其中玉器为678组，2582件。玉器器型种类包括冠形器、带盖柱形器、三叉形器、成组锥形器、钺、琮、璜、圆牌、镯形器、牌饰、带钩、纺轮等，但是未发现璧。

陶器组合，瑶山遗址的12座墓都有陶器出土，其中最多的是M4和M11，各出土7件，最少的是M5，出土3件。整个墓地共出土陶器55件，其中，夹砂陶鼎13件，除了M11出土2件外，其他墓各出土1件。一般看来，瑶山墓葬中随葬陶器数量基本上没有大的差异，还是比较平均的。

石器组合，瑶山遗址出土的石器种类有钺、带盖柱形器、束腰石饰和柱形器。报告仅对石钺数量进行了统计，其他石器未作详细统计。出土石钺共10件，M7出土3件，M2和M10各出土2件，M3、M8、M9三墓各出土1件。

玉器组合，瑶山出土器物以单件计算，97%以上是玉器。玉器种类包括冠形器、带盖柱形器、三叉形器、成组锥形器、钺、琮、璜、圆牌、镯形器、牌饰、带钩、纺轮、鸟等，但是其中小型管、珠、锥形器等成组的饰件占很大比例，只有冠形器每墓只出土1件。

1986年，在反山土冢西半部发现11座墓葬，各墓都有大量的随葬品，种类有陶器、石器、象牙器、漆器、玉器等，其中被后世视为珍贵礼器品的玉器成批出土，最多一墓有170件（组），铺满墓室。在出土的3200多件玉器中，种类主要有琮、钺、璧、璜、佩、冠饰、三叉形器、瑗、牌饰、杖饰、带钩、串珠以及鸟、鱼、龟、蝉等，大都精美绝伦。最大的一件玉琮，高17.6厘米，重达6.5千克，是迄今为止发现的玉琮之冠。这批玉器制作精良，种类有富有神秘色彩的玉琮、透雕玉冠、冠状饰、三叉形器等，其上也大都雕刻有神徽，使人望而生畏；还有象征权力的玉钺、龙首牌饰；也有鸟、璜、带钩等装饰品和嵌玉漆器等高级用品。这些墓主生前很可能是祭祀苍天、大地、神灵的祭师或巫觋。

莫角山遗址，位于浙江省杭州市余杭区，遗址呈长方形，东西长约670米，南北宽450米，面积30余万平方米，土层厚达10.2米。现可见人工堆筑的3个土墩，呈三足鼎立之势。西北为小莫角山，东西100米，南北60米，相对高度约5米；东北大莫角山，东西180米，南北110米，相对高度约6米；西南的乌龟山形若龟背，东西80米，南北60米，相对高度约8米。目前已在遗址上发现了一处面积超过1400平方米的大型夯土基址和另一处留有三排颇大柱洞的夯土基址。夯土基址由9～13层泥、沙层间隔筑成，厚约50厘米；三排大柱洞，排间距约1.5米，柱洞坑口径约0.44～1.35米，深0.21～0.72米，内有直径约半米以上的木柱灰。另还发现了数米长的大方木，多处经火烧过的大量堆积的土坯。这些表明这一大型台址上曾建有规模空前的巨型建筑物。当年它那高大雄伟的形象，足以令人望而生畏。使人惊叹的是，在莫角山大型台址周围约12平方千米范围内，分布着各类大小遗址40余处，其中瑶山、反山、汇观山等都是围绕这个中心遗址而存在的。反山土冢、瑶山祭坛墓地与莫角山大型台基及建筑址的发现，充分显示了距今4800年前的良渚人的精神世界与辉煌灿烂的物质文化，社会在那时已经进入高度发达的时期。

类似的祭天遗迹在江浙地区也有发现，如赵陵山遗址，位于江苏省昆山市张浦镇赵陵村，属于新石器时代遗址。占地约1万平方米，周围古河道环绕，中心部位为一人工堆筑的大型土台，东西60米，南北50米，高近4米。台南有面积达数十平方米的红烧土层，厚几十厘米，红烧土下面有人祭现象：发现几具婴儿骨架、人头、残缺人骨。这显然与燔柴祭天有关。赵陵山遗址出土了大量精美的玉器、陶器、石器。说明当时的人们已不满足于简单的生活、生产，开始有了精神生活追求。与原始宗教相适应的祭坛、巫觋和玉、石礼器相继出现，尤其是以人鸟兽透雕玉坠为代表的一批玉器，制作得异常精美，令人叹为观止。

二、原始宗教的祭祀仪式

原始宗教的范围和内涵非常广泛，原始先民的崇拜大体可分为自然崇拜和神灵崇拜两大类。自然崇拜主要是对自然和影响农业收成的自然现象的崇拜，如天、地、山、日、月、风、雨、雷、电、火和动植物等。神灵崇拜是祈求各位先祖神灵对氏族给予保佑，以达到平安吉祥的目的。

大地被笼罩在浩瀚无垠的苍天之下，日月星辰在天上运行，风霜雨雪自天而降，气候冷暖，季节变换，水旱灾害等，都与天体的变化有关。在原始先民看来，天具有至高无上的威力，有一个伟大的天神在主宰着上天，也主宰着世界。人们在天神面前无能为力，只能顶礼膜拜。

将祭坛建在高处，是为了接近天神。《礼记·礼器》："昔先王之制礼也，因其财物而致其义焉尔。故作大事，必顺天时，为朝夕必放于日月，为高必因丘陵，为下必因川泽。"① 就是指在山丘设坛祭天。祭天的方式一般是采取燎祭，即燔柴，借助升腾的烟气将焚烧的牺牲、玉器等祭品献给天上神灵。《礼记·祭法》："燔柴于泰坛，祭天也。"疏云："谓积薪于坛上，而取玉及牲置柴上燔之，使气达于天也。""以天之高，故燔柴于坛。"②

与天连在一起的还有日月星辰以及风雨、雷电等自然现象，先民在祭祀天神的时候，是把日月星辰和自然现象都当作神灵来一起敬奉的。其中尤以给人类带来光明和温暖的太阳最为原始先民所崇拜，正如《礼记·祭义》："祭日于坛，祭月于坎。以别幽明，以制上下。祭日于东，祭月于西。以别外内，以端其位。日出于东，月生于西，阴阳长短，终始相巡，以致天下之和。"注："天无形体，悬象昭明，不过日月，故以日为百神之主，

---

① 阮元.十三经注疏：下册[M].北京：中华书局，1980：1440.
② 阮元.十三经注疏：下册[M].北京：中华书局，1980：1588.

天神　岩画　内蒙古阴山　采自《中国各民族原始宗教资料集成：考古卷》

配之以月。"① 浙江余姚市河姆渡遗址出土的一件象牙雕刻，上面雕刻有两只鸟，中间有一个太阳，被定名为"双鸟朝阳纹象牙雕刻"，是远古先民崇敬太阳的物证。

考古发掘中也可得到一些太阳崇拜的资料。如河南省郑州市大河村仰韶文化遗址中曾出土过不少太阳纹陶片，将太阳画成圆形，周围有表示光芒的长短射线，这可能是最早表示太阳崇拜的实物。在江苏省连云港市将军崖岩画中也有三个太阳图案，中间为圆圈，周围有颇为整齐的射线。河南省杞县鹿台岗龙山文化遗址中的Ⅰ号遗迹高出当时地面约1米，是一处内墙呈圆形外墙呈方形的特殊建筑，内墙直径4.7米，西、南各设一门道，室内有一巨大"十"字形通道贯穿内室，与房内地面土质迥然不同。这外方内圆的建筑应是象征天地，圆室内巨大"十"字象征太阳，因而这是太阳神庙一类的建筑。

对月亮星辰的崇拜，在考古上也有不少材料。连云港市将军崖中有几组星象图，其中一组在左侧坡面上，长达6.23米，方向北偏东60°，由上而下，状似一条银河系的星带，图案用三根短线分作四个部分，可能含有记录太空星象以表示周期的含义。图像中以圆圈及双线同心圆或半月形表示月亮，还有不连续的北斗星座，斗柄指向东方，凿刻者所处的位置是面向北方。显然，当时人们已经很注意北极星，以北斗来指示方向，通过斗柄的指向

天神　岩画　内蒙古阴山　采自《中国各民族原始宗教资料集成：考古卷》

---

① 阮元.十三经注疏：下册[M].北京：中华书局，1980：1597.

来定季节。

乌拉特后旗呼和撒拉沟山南崖壁上有一组光怪陆离的岩画，画面的右侧有一个奇异的人像，面部以几个圆点表示五官，头上有头饰，身躯上窄下宽，略呈梯形，右足似鸟兽之爪。其余众天神像，有的头部无装饰，有的似戴冠帽，有的有羽饰，面貌皆奇特古怪。此外，还有繁星点缀于众神之间，有的两星相连，有的数星簇拥，圆圈中再加圆点的图形，当为太阳。此外尚有舞蹈的巫师。

星神　岩画　内蒙古阴山　采自《中国各民族原始宗教资料集成：考古卷》

阴山韩乌拉沟西岸有二组星神像，一组星神共三位，左像面部眉眼鼻和胡须俱备，右像面部肥胖，有圆眼和胡须。两人的中间还有一个小人。人面像的周围有许多星星。另一组以群星为主，群星中有四个大圆圈，似乎表示为星神。神灵的形貌千奇百怪，狰狞可怖，而富于变化。以人面像出现的偶像崇拜，是原始宗教的后期形式，它是远古时代灵物崇拜的发展及其形象化。偶像崇拜通常指对任何一种对象，或人物、偶像、图像或其他物体、事物的崇拜，能使人对神灵的威力增强信心。这类人面偶像，越是巨齿獠牙，狞厉可怖，那么越有非凡的能力，越能受到人们的崇拜，这正是阴山岩画神灵形貌凶悍怪异的原因。[①]

广袤的大地哺育万物，提供了人类生存所需要的一切。江河溪水在大地上奔流，万草万木在大地上生长。采集狩猎和渔捞都依赖于大地，农业耕作和家畜家禽的牧养以及日常生活也离不开土地。大地就像母亲一样哺育着人类。在原始先民看来，大地也和上天一样由具有无穷威力的神灵主宰，因此出现了地神崇拜。

少数民族中也盛行对土地神的崇拜。如广西的毛南族，每年农历除夕前要祭土地，由轮到担任司祭的户主负责筹集经费，采购祭品，宰猪向土地献祭。祭祀时，巫师诵经，主办人呼点各户家长姓名，向土地神礼拜。然后按户发猪肉一块，肉汤少许，让各户家长

[①] 盖山林.阴山岩画[M].北京：文物出版社，1986：367.

带回全家分享。大年初一，人们吃了猪肉并将汤洒在农作物与果树上，他们认为这样可以领受土地神的施舍，驱虫防灾，谷物果品丰收。云南景颇族把祭祀土地称为"地母祭"，一般三年举行一次，通常是宰一头牛，将五脏洗净，埋入村落头领居住处附近的地下，作为直接献给土地的牺牲，或者以埋猪的形式献给"地母"一头猪。祭祀由专门的祭司（纳破）主持，并屠宰作为牺牲的牲畜，然后由专司分肉者"堪庄"负责埋葬。

贵州的布依族在农历六月初六祭土地神或社神，杀鸡猪供祭，祈求五谷丰登，人畜兴旺。主要分布在湘、鄂、渝、黔交界的土家族，过年要以猪蹄献祭土地，农历二月初二再杀鸡献酒祭祀土地神。贵州台江苗族则是用几块石板搭成小屋，称"地鬼房"，内置两块长形石板，这就是地神的偶像，要每年祭祀。当地开荒时，先烧三次香，三次不灭才能动土。

大地与高山连在一起，都是人类的栖息之所。人类最早就是住在山洞里，山中的森林提供给人类无数的食物和可供猎捕的野兽，即使是走出山林进入平原定居，人们还是离不开山林。层峦叠嶂的雄伟高山，总是给人们留下深刻的印象，在先民的眼里，总觉得有什么威力无穷的神灵在统治着崇山峻岭，总认为那高耸入云的山巅就是上天的通路，因而就怀着敬畏的心情崇拜高山，祈求掌管高山的神灵保佑自己。

因此几乎所有的民族都崇拜高山。东北的鄂伦春族把山神视为狩猎的保护神，雕成人面形象，经常祭祀。云南省的独龙族也把山神和狩猎神联系在一起，这显然与他们以狩猎为生的经济生活有密切关系。藏族、羌族、普米族、纳西族还把山神人格化，有些奉为女神，有的奉为男神。白族认为山神掌管树木、野兽，也主宰农业丰收，这是因为他们过去都是在山上种地，至今在播种荞麦前，还准备各种食品，向山神祷告说："山神土地，我们要在你的土地上砍山犁地了，请你保佑荞麦生长，不要让野兽来吃庄稼。"白族在狩猎、砍伐树木、种植玉米和丰收时都要祭祀山神。汉族对五岳的崇拜，也是由远古时期的山神崇拜演变而来的。

石棚，是一种巨石建筑物。这种特殊的墓制反映了先民对祖灵的崇拜和对具有巫术功能的巨石的崇拜。石棚是指用三到四块板石套合在一起，立在地上作为壁石，上覆一块大盖石的一种古代巨石建筑物。它形如桌子，又像棚子，因而，欧洲称它为"桌石""多尔门"，朝鲜称它为"支石""撑石"，我国称它为"石棚""姑嫂石""石庙子"。石棚在世界很多地区都有，从欧洲的丹麦、法国、德国、英国、俄罗斯、荷兰、比利时、葡萄牙、西班牙、意大利，到非洲的埃及、阿尔及利亚、突尼斯、摩洛哥，再到亚洲的叙利亚、土耳其、印度、马来群岛、日本、朝鲜和我国均有分布。

我国的石棚，古籍已有记载。《汉书·五行志》记载："孝昭元凤三年正月，泰山莱芜山南匈匈有数千人声，民视之，有大石自立，高丈五尺，大四十八围，入地深八尺，三石为足，石立处，有白鸟数千集其旁。"①《三国志·魏书八·二公孙陶四张传》记载："时襄平延里社生大石，长丈余，下有三小石为之足。"②延里社大石当是石棚。经考古调查统计，我国的吉林、山东、湖南、四川和辽宁均有石棚，其中尤以辽宁省石棚为多，而辽宁省石棚又集中分布在辽东半岛上。

石棚　辽宁岫岩兴隆　采自《中国各民族原始宗教资料集成：考古卷》

与山不可分割的是岩石，几乎所有的民族都有对岩石的崇拜。在内蒙古包头市阿善遗址的山梁上分布有一组人工堆筑的石堆，南北一线排列，全长51米，共计18座。最南端的规模最大，底径8.8米，存高2.1米。各堆间距约1米，大小也相等。沿山梁三面边缘分布一道垄状低矮石垣，最南端则为三道石垣，呈台阶状，主石堆与南石垣间形成一空旷场坪。整个祭场较为对称，主次分明，排列有序。主石堆南面空旷场坪为当时举行仪式聚会之处，人们朝北部石堆行祭。这种石堆祭祀应是一种岩石崇拜的遗迹。西藏昌都市的卡若遗址，处于典型的高山峡谷地区，在遗址第二层发现的一组宗教建筑遗迹，分别由石垣、祭坛、圆石台、石围圈组成。这组建筑位于聚落南部，坐北朝南，依山临水，显示了崇高、庄严、神秘的氛围。遗迹内发现多处灰烬和用火痕迹，联系遗址所处的自然环境，所祀神灵除了天地之外，还应包括山川之神。

白石崇拜是古羌民族重要的信仰习俗，传说羌人先祖燃比娃奉母命去天上取火，把火神放在白石里，才带到人间。两块白石相对碰撞，便冒出火花，人间从此有了火种，彻底改变了人类的生活习惯和生活方式。是白石给人类带来幸福与进步的火，所以羌人把白石尊为至高无上的神灵，把它供在最高的地方。各种自然崇拜集中表现为对白石的崇拜，所谓"白石莹莹象征神"，白石成为诸神的表征。羌民一般都在石碉房或碉楼顶上供奉5块白石，象征天神、地神、山神、山神娘娘和树神。

羌人视白石为天神和保护神，顶礼膜拜。为什么要供奉白石？《羌戈大战》有详细的

---

① 二十五史：第1册[M]. 杭州：浙江古籍出版社，1998：384.
② 二十五史：第1册[M]. 杭州：浙江古籍出版社，1998：1046.

解释:"白衣女神立云间,三块白石抛下山;三方魔兵面前倒,白石变成大雪山。三座大雪山,矗立云中间;挡着魔兵前进路,羌人脱险得安全。"① 白石曾是古羌人的庇护所和对敌战争中的制胜武器,被认为是羌族宗教的标志。

白石　四川茂县羌寨

考古工作者在茂县别立寨的早期石棺葬中发现了以白石作为随葬品的现象。白石的放置有三种情况:其一,将白石撒在石棺内人骨架的上半部;其二,将较大的白石放置在人骨头部;其三,将小的白石堆放在人头骨的两侧。② 这种以白石随葬的情况,在岷江上游的石棺葬中尚属首次发现,因此引起了史学界与考古界的广泛重视。沈仲常先生说:"早期住在洮河流域的古代氐羌人有用石头随葬的习俗,虽然在洮河流域的墓葬中所使用的是'砾石',而在茂汶地区石棺葬中是用大、小白石,从石质来说虽略有不同,但其用'石头'随葬,则是相同的,由此似可认为从西北迁徙到川西茂汶地区的氐羌族,他们仍然保存了用'石头'随葬的古氐羌人的遗俗。所以,我们认为茂汶石棺葬中这一发现,是一种早期石棺葬中有关氐羌人早期对白石重视的一个新的例证。"③

白石崇拜并不限于现今的羌族,它还盛行于羌语支的一些民族,乃至藏缅语族的一些

---

① 罗世泽,时逢春. 木姐珠与斗安珠　羌戈大战[M]. 北京:中国国际广播出版社,2016:102.
② 蒋宣忠. 四川茂汶别立、勒石村的石棺葬[M]//文物编辑委员会. 文物资料丛刊(9). 北京:文物出版社,1985.
③ 沈仲常. 从考古资料看羌族的白石崇拜遗俗[J]. 考古与文物,1982(6).

民族。因为这些民族在远古时均有族源上的密切联系，故而他们的文化具有相似的现象。仅就白石崇拜而言，分布在川滇交界处的普米族，"也以白色为和平安宁的象征，每户在宅旁有白泥或白石砌成的神灶，为各种祭祀焚香祈祷之重要场所"①。分布在四川西北的嘉戎藏族，"白石崇拜的风俗极盛。举凡房顶四角、拜神之地、窗台、墙上、地中所供之白石，皆随处可见……嘉戎诸部对白石的称谓虽因语言各别，但对白石的崇敬，并以其为土地神则同一。且崇拜的区域，远远超出了嘉戎十八土司所属，而与石碉文化乃至石棺文化分布之区相重叠"②。再如居住在冕宁一带的尔苏藏族，"家家户户屋脊正中都摆着一至三块白石（乳白色的石英石）……当地藏族认为白石既是天神又是家庭的保护神……在他们家中供祖先灵牌的楼上都要供奉一块世代相传的石头，它被认为是他们最古老的祖先。……每户的门框顶上都要供一块石头，凡遇节庆或有人出远门时须以鸡血、鸡毛祭献给这块石头，目的是避邪、避鬼、保家庭清静安宁、出门人一路平安"③。居住在冕宁一带的另一支纳木依藏族，"各家各户在屋脊的东端放三块洁白的石头，也有的供五块或七块。这种白石须从人迹罕到的高山拣来，纳木依语称之为'木补'，意为石神。在他们的观点中，白石是神圣不可侵犯的。……由于白石是从山中拣来的，他们也把白石视为山神的代表"④。居住在康定、九龙和石棉一带的木雅藏族，尤以崇拜白石最为引人注目。木雅人房顶垒有两个白石堆，房顶的四角也放白石。木雅人认为房顶放白石可保家中清洁平安，吉祥如意。每年过春节时房顶的白石须更新一次。⑤石棉县的木雅人"不仅在房顶供奉白石，而且每家都保留了白石，供奉期间每早起床后都要焚香顶礼膜拜，这种习俗在普米地区也曾见过"⑥。居住在泸定、康定一带的贵琼藏族把石头作为神灵崇拜，白石神供于房顶，在白石旁边插麻吕旗（喇嘛教供神的象征），附近放一香炉，用以燃檀香或柏香。⑦分布在道孚、炉霍、新龙、丹东一带的尔龚藏族，"操尔龚语（rgun）即道孚语之戎巴，如革什扎、丹东、巴旺三土司之民，称白石为'惹不初'，亦即土地神之义"⑧。居住在道孚、雅江一带的扎贝藏族，房顶四角均供有白石神，甚至修建房屋还在砌墙时，往往在墙壁中间砌一圈寓有某种宗教意义的白石。这种房屋矗立在高山上，远远望去，瞩目壮观。⑨

---

① 严汝娴，王树五.普米族简史[M].昆明：云南人民出版社，1988：27.
② 邓廷良.嘉戎族源初探[J].西南民族学院学报（社会科学版），1986（1）.
③ 陈明芳，王志良，刘世旭.冕宁县和爱公社庙顶地区藏族社会历史调查[R]//李绍明，童恩正.雅砻江下游考察报告.昆明：中国西南民族研究学会，1983：94.
④ 何耀华.川西南纳木依人和拍木依人的宗教信仰述略[M]//宋恩常.中国少数民族宗教初编.昆明：云南人民出版社，1985：251.
⑤ 钱安靖.康定县沙德区木雅人的宗教习俗调查[R].成都：四川大学宗教研究所，1986.
⑥ 孙宏开.试论"邛笼"文化与羌语支语言[J].民族研究，1986（2）.
⑦ 钱安靖.贵琼藏族宗教习俗调查[R].成都：四川大学宗教研究所，1986.
⑧ 邓廷良.嘉戎族源初探[J].西南民族学院学报，1986（1）.
⑨ 钱安靖.道孚县扎巴区、雅江县扎麦区扎巴（贝）人的宗教习俗调查[R].成都：四川大学宗教研究所，1986.

综观上述所举羌族、普米族以及川西藏族中的一些支系均有白石的信仰与崇拜，说明这并非偶然现象，而是这些民族在族源及文化上具有密切源流关系的客观反映。白石不是唯一天神的象征，而是地神、山神、树神和祖先神等的综合体现，是一切神灵的象征，故白石崇拜的风俗极盛于川西的羌藏地区，成为操羌语支语言居民的共同特征。

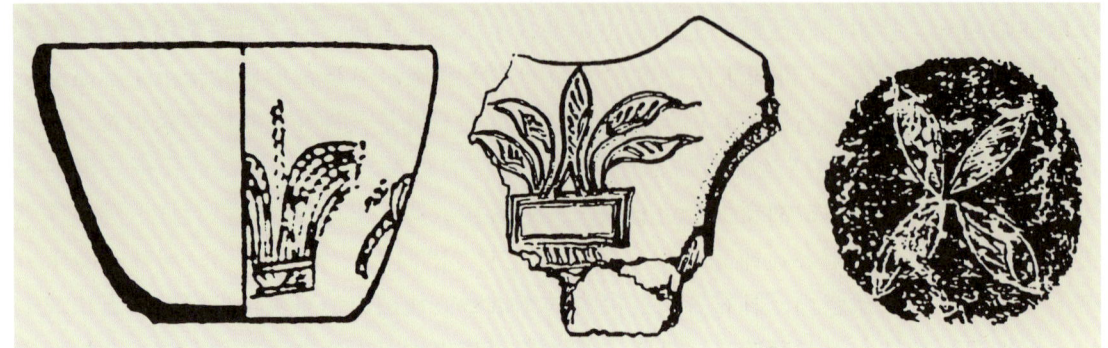

树叶纹　陶盆陶片　河姆渡文化类型　采自《中国图案大系》

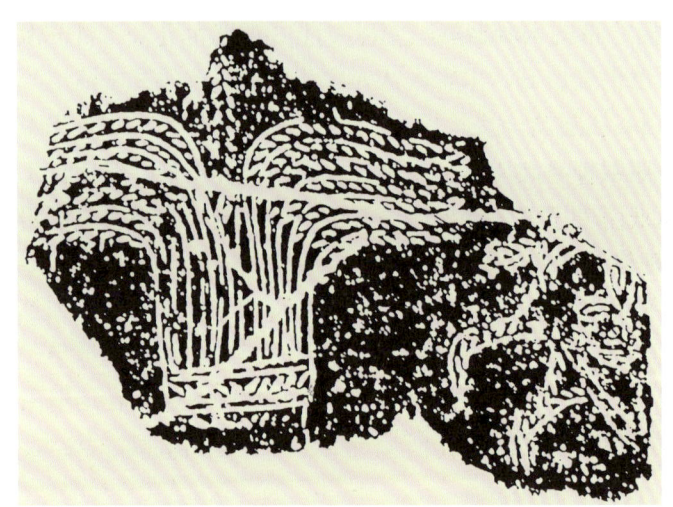

稻穗纹　陶钵　河姆渡文化类型　采自《中国图案大系》

江河溪流在高山大地和岩石之间奔流，是人类生存的条件之一，人们自然要感激大自然的恩赐。但是它们又会泛滥成灾，威胁人类的生存，因此人们敬畏不已，以为有神灵在主宰。所以就会崇拜水神，进行祭祀。祭祀水神的形式也很多，如用动物作为牺牲投入水中，也有用人作为牺牲祭祀水神的，如战国时期有名的"河伯娶妇"的故事就是一个典型事例。广西左江的岩壁画是先民祭祀水神的遗迹。其中一种是高大的人物像，他们双手曲肘上举，腿部叉开作屈蹲状；另一种是侧身人物像，一般都在大人物周围，数量众多，排列有序，身材矮小，双手上举，两腿下屈呈半蹲式。据宋兆麟先生调查研究，认为它是骆越人祭祀水神时留下来的遗迹。

树木也是人类早期巢居之处，森林为人们提供各种生产生活资料，也是人们抵御暴雨和酷热的天然遮蔽物。茫茫的原始森林既使人们喜爱又使人们敬畏，相信也是有神灵在主宰，因而也会崇拜树神，祈求它的保护。考古工作者在山东省莒县陵阳河大汶口文化遗址中发掘出一件祭器陶尊，器身上刻有一棵树，并加以供奉，显然是树神信仰的产物，即所谓的"树社"，从而为史前树神崇拜提供了实物佐证。

农作物是人类赖以生存的生活资料，故也会产生崇拜意识，认为有神灵在主宰这些作物。如浙江余姚河姆渡遗址出土的陶钵上刻有稻穗纹饰，有可能是当时崇拜稻神的证据。连云港将军崖岩画中有由人面纹和禾苗纹组成的图案，禾苗中有若干圆点表示谷粒。人面纹就是拟人化的谷神形象。宁夏贺兰山岩画也有人面禾苗纹图案，但禾苗在上，人面在下，表现的也应是拟人化的禾神。甘肃临夏张家嘴和东乡林家遗址的彩陶上分别绘有太阳禾苗纹和禾芽纹。林家遗址还发现了大量稷、麻等农作物颗粒以及祭祀谷神的瘗埋坑。郑州大河村彩陶上也绘有豆荚纹、禾苗纹和花瓣纹。

葫芦用途广泛，籽粒饱满，也受原始先民的崇拜。仰韶文化的彩陶中有许多葫芦瓶，表明当时人们对葫芦情有独钟，有一种特殊的心理感情。红山文化出土过一件兽首葫芦玉佩，是以葫芦作为避邪物，具有神祇的品格。云南彝族认为人类是从葫芦里诞生出来的，人死后亡灵也应该返祖归葫芦，把葫芦当作祖先灵魂来崇拜。汉族地区早在上古时期就有谷神崇拜，最典型的便是稷神。《风俗通·稷神》："《孝经》说：'稷者，五谷之长。五谷众多，不可遍祭，故立稷而祭之。'"① 可见稷神就是五谷之代表谷神的化身。其起源应是远古时期对农作物的自然崇拜。

祭祀是中华礼典的重要部分，儒家五经，莫重于祭，是以事神致福。祭祀对象分为三类：天神、地祇、人神。天神称祀，地祇称祭，宗庙称享。古代中国"神不歆非类，民不祀非族"，祭祀有严格等级。天神地祇由天子祭，诸侯大夫祭山川，士庶只能祭自己的祖先和灶神。清明节、端午节、重阳节是祭祖日。

祭，祭祀。《说文》曰："祭，祭祀也。从示，以手持肉。"段玉裁注："统言则祭祀不别。……此合三字，会意也。"吴大澂曰："祭，亦古陶器文，从手从示，置肉于豆间，以祭前代始为饮食之人也。"商承祚曰："甲骨文祭字变体至夥，然皆象持酒肉而祭。其从示者，与篆文近。"② 沈兼士曰："《吕氏春秋》：孟春之月，獭祭鱼。高诱注：獭猴，水禽也。取鲤鱼置水边四面陈之，世谓之祭鱼。孟秋之月，鹰乃祭鸟，始用行戮。注：是月鹰挚鸟于大泽之中，四面陈之，世谓之祭鸟。于是时乃行戮，刑罚顺秋气。季秋之月，豺乃祭兽戮禽。注：于是月杀兽四面陈之，世所谓祭兽。戮者杀也。高注最为客观合理。夫以禽兽之冥蚩，安知追远之义。体物准情，殆不尽然。考《周官·大宗伯》大祝辨九祭，郑玄谓皆食祭。又《膳夫授祭》注：礼，饮食必祭。"③

祀，祭之总名。《说文》曰："祀，祭无已也。从示巳声。禩，祀或从異。"罗振玉曰："《尔雅·释天》：商曰祀。卜辞称祀者四，称司者三。曰惟王二祀，曰惟王五祀，

---

① 应劭.风俗通义校释[M].吴树平，校释.天津：天津人民出版社，1980：297.
② 古文字诂林编纂委员会.古文字诂林：第1册[M].上海：上海教育出版社，1999：122-123.
③ 古文字诂林编纂委员会.古文字诂林：第1册[M].上海：上海教育出版社，1999：125.

曰其惟今九祀，曰王廿祀，曰王廿司，是商称年曰祀，又曰司也……商时殆以祠与祀为祭之总名，周始以春祭之名。"①

祭祀也意为敬神、求神和祭拜祖先。祭祀是古代人们生活中的一个重要内容，人们希望通过祭神、祭祖仪式上虔诚的敬畏、隆重庄严的礼仪、丰盛琳琅的祭品祭器，表达对神灵、先祖的感恩，祈求神灵、先祖，能够给予宽恕保护、禳灾赐福。

福，幸福之总名。《说文》曰："备也。从示畐声。"段玉裁注："《祭统》曰：贤者之祭也。必受其福。非世所谓福也。福者，备也。备者，百顺之名也。无所不顺者之谓备。"②罗振玉曰："从两手奉尊于示前，或省廾，或并省示。即后世之福字也。在商则为祭名。祭象持肉，福象奉尊。《周礼·膳夫》：凡祭祀之致福者。注：福谓诸臣祭祀进其余肉，归胙于王。"③徐中舒曰："福为一切幸福之总名。《礼记·祭统》云：福，百顺之名也。无所不顺谓之备，《洪范》分一切幸福为五类，寿、康、宁、攸好德、考终命。而故祝嘏之辞，称福必置于并列诸仂语之首或末，以示总挈总束之意。"④

原始时代，人们认为灵魂可以离开躯体而存在。祭祀便是这种灵魂观念的派生物。最初的祭祀活动比较简单，人们用竹木或泥土塑造神灵偶像，或在石岩上画出日月星辰野兽等神灵形象，作为崇拜对象的附体。然后在偶像面前陈列献给神灵的食物和其他礼物，并由主持者祈祷，祭祀者则对着神灵唱歌、跳舞。进入文明社会后，物质的丰裕使祭祀礼节越来越复杂，祭品也越来越讲究，并有了一定的规范。

祭祀二字，"祭"侧重的是向祖先、向天地感恩；"祀"侧重的是希望天地、祖先保祐自己。"祭"字的上半部分，左边是牲肉，右边是一只手，下面是神。中华先民的神分为自然神和祖先神。先民认为万物都是天地所生，所以，祖先神往前追溯也是自然神，是创造世界的神的后裔。祭祀的对象就是神灵，神灵的产生是有其发展过程的。在人类的童年时代，人们思维简单，富于幻想，对于自然物和一切自然现象都感到神秘和恐惧。天上的风云变幻、日月运行，地上的山石树木、飞禽走兽，都被视为有神灵主宰，于是产生了万物有灵的观念。这些神灵既哺育人类成长，又给人类的生存带来威胁；人类感激这些神灵，同时也对它们感到畏惧，因而对众多的神灵顶礼膜拜，求其赐福免灾。

祭祀神灵是以献出礼品为代价的。民以食为天，最初的祭祀以献食为主要手段。《礼记·礼运》称："夫礼之初，始诸饮食。其燔黍捭豚，污尊而抔饮，蒉桴而土鼓，犹若可以致其敬于鬼神。"⑤意思是说，祭礼起源于向神灵奉献食物，只要燔烧黍稷并用猪肉供神享食，凿地为穴当作水壶而用手捧水献神，敲击土鼓作乐，就能够把人们的祈愿与敬意传

---

① 古文字诂林编纂委员会.古文字诂林：第1册[M].上海：上海教育出版社，1999：129.
② 段玉裁.说文解字段注[M].成都：成都古籍书店，1981：3.
③ 古文字诂林编纂委员会.古文字诂林：第1册[M].上海：上海教育出版社，1999：98.
④ 古文字诂林编纂委员会.古文字诂林：第1册[M].上海：上海教育出版社，1999：105.
⑤ 阮元.十三经注疏：下册[M].北京：中华书局，1980：1415.

达给鬼神。

在诸多食物中，又以肉食为最。在原始采集和狩猎时代，肉食是人们拼着性命猎取来的。当原始农业和畜牧业发展起来时，肉食仍极为宝贵。正因为如此，肉食成为献给神灵的主要祭品。古代用于祭祀的肉食动物叫"牺牲"，指马、牛、羊、鸡、犬、豕等牲畜，后世称"六畜"。六畜中最常用于祭祀的是牛羊豕三牲。鱼兔野味也用于祭祀，但不属"牺牲"之列。祭祀也有用人的，但人本身不叫"牺牲"，古书只说"用人"，不说"人牲"。

作为祭品的食物除"牺牲"外，还有粮食五谷，称"粢盛"。《公羊传·桓公十四年》："御廪者何？粢盛委之所藏也。"何休注："黍稷曰粢，在器曰盛。"①《墨子·明鬼下》："今絜为酒醴粢盛，以敬慎祭祀，若使鬼神请有，是得其父母兄似而饮食之也，岂非厚利哉！若使鬼神请亡，是乃费其所为酒醴粢盛之财耳。自夫费之，非特注之污壑而弃之也，内者宗族，外者乡里，皆得如具饮食之。虽使鬼神请亡，此犹可以合欢聚众，取亲于乡里。"②《汉书·文帝纪》："亲率耕，以给宗庙粢盛。"③新鲜的瓜果蔬菜在民间祭祀中也是常用的祭品，《诗经》中屡屡提及。佛教传入中国后，"斋祭"中果品更丰。

以人做祭品祭献神灵，古书称"用人"，后世称"人祭"。《左传·昭公十年》载：鲁国季平子"伐莒，取郠，献俘，始用人于亳社"。注曰："以人祭殷社。"④《左传·僖公十九年》记述："宋公使邾文公用鄫子于次睢之社，欲以属东夷。司马子鱼曰：古者六畜不相为用，小事不用大牲，而况敢用人乎？祭祀以为人也。民，神之主也。用人，其谁飨之？齐桓公存三亡国以属诸侯，义士犹曰薄德。今一会而虐二国之君，又用诸淫昏之鬼，将以求霸，不亦难乎？得死为幸！"⑤《史记·秦本纪》说秦穆公"将以晋君祠上帝"，《陈涉世家》也称："为坛而盟，祭以尉首。"人祭，不仅在原始宗教中有过，而且在往后发展阶段的宗教中也有过，这是宗教史上最黑暗的一页。

人祭起源于原始社会的部落战争。那时生产力水平低下，人的价值不能体现。战败后被俘，女性可以供人玩弄，儿童可能被收养入族，而成年男子都被杀祭神灵。商代的人祭之风炽盛，其用人之多，手段之残，不仅有大量卜辞记述，而且有考古遗迹的证证。人祭的形式有火烧、水溺、活埋、刺喉沥血和砍头，甚至于把人剁成肉泥，蒸为肉羹。春秋时代的人祭现象虽不像商代那样触目惊心，但也并不罕见。血是一种特殊的祭品，古人相信，血是有灵魂的，血能维持人或动物的生命，一旦失血，就意味着受伤甚至死亡，好像血有一种神奇的力量。做祭品的血有牲血，也有人血。佤族有猎人头做祭品的习俗，猎头

---

① 阮元.十三经注疏：下册[M].北京：中华书局，1980：2221.
② 诸子集成：第5册[M].长沙：岳麓书社，1996：189-190.
③ 二十五史：第1册[M].杭州：浙江古籍出版社，1998：309.
④ 阮元.十三经注疏：下册[M].北京：中华书局，1980：2059.
⑤ 阮元.十三经注疏：下册[M].北京：中华书局，1980：1810.

的血迹就有神秘的意义,他们将血掺以灰烬和谷种播进地里,认为这样能促进谷物生长。锡伯族祭祀地神时,就把杀猪后的猪血洒在地里。一些彝族人祭地时,以鸡毛蘸血粘在象征土地神的树枝上。

另外,酒也是祭祀神灵的常用祭品。祭祀在古代社会是神圣的,是古代社会生活甚至政治生活的重要内容,古代的很多礼仪都与酒有关。《说文解字》:"酒,就也。所以就人性之善恶。从水酉,酉亦声。一曰造也,吉凶所造起也。古者仪狄作酒醪,禹尝之而美,遂疏仪狄。"段玉裁注:"宾主百拜者,酒也。淫酗者,亦酒也。……以水泉于酉月为之。"① "茜,礼。祭,束茅。加于祼圭,而灌鬯酒,是为茜。像神饮之也。从酉,从艸。"② 意思是按礼的规定祭祀,捆束茅,树立在祭场前面,用施行灌祭的祭器圭瓒加在茅上,而向茅灌鬯酒,这就叫茜。酒从茅上渗透下去,像神喝了酒。古代的丧仪中分小敛和大敛,小敛是指给死者穿上寿衣,接着举行小敛奠,用酒和食物来祭祀死者,然后将死者装入棺材,开始举行大敛奠,把酒菜等祭祀用品及棺材放于堂上。小敛奠和大敛奠中用的酒表示生者对死者的敬意和祝福,居丧的主人和行吊的人不能随意饮用。

中国酿酒的历史可追溯至5000年前。在山东莒县大汶口文化陵阳河遗址6号墓、17号墓各出土了一套酿酒器,由滤酒缸、瓮、尊和盉(酒具)组成。同时出土的还有大量高柄杯、鬶形壶等酒具,说明当时的酿酒技术已臻完善。特别值得一提的是,17号墓出土文

盉　滤酒缸　莒州博物馆藏

---

① 段玉裁.说文解字段注:下册[M].成都:成都古籍书店,1981:791.
② 段玉裁.说文解字段注:下册[M].成都:成都古籍书店,1981:795.

物中一件灰陶尊，其上刻画的图案很可能是原始酿酒业的实物描绘，是祭祀酒神的祭文。《诗经·大雅》中曾有"既醉以酒"的记载。关于酿酒的用品，《礼记·月令》中有："乃命大酋：秫稻必齐，曲蘖必时，湛炽必洁，水泉必香，陶器必良，火齐必得。兼用六物，大酋监之，毋有差贷。"① 由此看来古时酿酒对原料和用具的要求都是比较严格的。

新石器时代先民的生产与生活已有了相当的发展，氏族内除了采集、打猎、捕鱼之外，以粟黍为主的农作物种植已有了相当规模。劳动已经开始分工，物质上已经比较富裕，谷物已有盈余，贫富差距开始出现，已有了剥削和被剥削，氏族首领已具有相当的特权。在那时，谷物虽有了剩余但并不十分丰盈。民以食为天，谷物的占有，果品的占有，猎物的占有，都是特有的享受。酒肯定是最能说明占有者特权的物品了，它的魅力就连现代人都挡不住，何况数千年前的古人。因此当他们有了多余的谷物之后，首先想到的就是酿酒。

先民认为神灵讲究衣着饰物，因此祭品中少不了玉帛。《墨子·尚同中》云："故古者圣王明天、鬼之所欲，而辟天、鬼之所憎，以求兴天下之害，是以率天下之万民，斋戒沐浴，洁为酒醴粢盛，以祭祀天、鬼。其事鬼神也，酒醴粢盛不敢不蠲洁，牺牲不敢不腯肥，珪璧币帛不敢不中度量，春秋祭祀不敢失时几，听狱不敢不中，分财不敢不均，居处不敢怠慢。"②

祭品的玉帛包括各种玉制礼器和皮帛，这是食物之外最常用的祭祀物品。玉在祭祀中有非常重要的作用，《周礼》里有记载以玉做六器以礼天地四方之说。玉的礼仪制度在这时候空前发展，人们把玉视为美好的代名词，连想象中天神的居处也称为"玉台"。帛，是丝织物的总称，是贵族用于御寒蔽体的生活资料。古代普通人仅能以葛麻为衣，《左传》记述的卫文公也不过以帛作冠，帛在古代是极为珍贵的。正因为玉帛的稀罕与贵重，古人祭祀时以玉帛为祭品。

对于不同的祭品，古人采用了不同的处理方式。燔烧，为祭天神时使用。西周以前关于天的观念还不明确，在各种天体神灵中，日神最受重视。甲骨文有"出入日，岁三牛"的记载，可见当时每天都要举行迎接日神和恭送日神的仪式，且有在仪式上宰牛或宰羊以作牺牲的事情。周代开始，对天的崇拜从自然崇拜中突出，朝迎夕送日神之礼不再举行，祭天之礼兼及日月星，即将日神视为天帝的属神，祭天时兼及之。祭天的方法，据《礼记·祭法》，是"燔柴于泰坛"。实际上，除天帝、日神之外，祭祀天上其他神灵也用此法，《周礼·春官》中有"以实柴祀日月星辰"之说，"实柴"是指将牲玉等品加于柴上。在古人看来，天神在上，非燔柴不足以达之，燔祭时烟气升腾，直达高空，容易被天神接受。

---

① 阮元.十三经注疏：下册[M].北京：中华书局，1980：1383.
② 诸子集成：第5册[M].长沙：岳麓书社，1996：63.

玉敛　良渚文化类型　江苏常州寺墩遗址出土

柴，焚燎以祭天神。《说文解字》曰："柴，烧柴焚燎，以祭天神。从示，此声。《虞书》曰：至于岱宗，柴。"段玉裁注："此从《尔雅》音义。尞，各本作燎。非也。火部曰：尞柴，祭天也。此曰柴尞，祭天也，是为转注取较然者。柴与柴同此声，故烧柴祭曰柴。《释天》曰：祭天曰燔柴。《祭法》曰：燔柴于泰坛。祭天也。《孝经说》曰：封乎泰山。考绩柴尞。《郊特牲》曰：天子适四方，先柴。注：所到必先燔柴，有事于上帝。"①王国维曰："寘牛羊于柴中，焚燎以祭天。"②

灌注，祭地神时使用。《周礼·大宗伯》说："以血祭祭社稷、五祀、五岳。"《说文解字》："衅，血祭也。象祭灶也。"段玉裁注："《周礼·大祝》注云：隋衅，谓荐血也。凡血祭曰衅。《孟子·梁惠王》赵注曰：新铸钟，杀牲以血涂其衅郄。因以祭之曰衅。"③血祭的方法就是灌祭，是把用来祭祀地神的血和酒灌注于地，血、酒很快就渗透到地下，人们认为这样可以达之于神。《礼记·郊特牲》载："周人尚臭。灌用鬯臭，郁合鬯，臭阴达于渊泉。灌以圭璋，用玉气也。既灌，然后迎牲，致阴气也。"④"臭"指香气，周人降神以香气为主，所以献神之前先灌鬯酒，用香气浓郁的郁香草调和鬯酒，香气就能随着灌地通达于黄泉。灌鬯用的勺以圭璋为柄，是为了发挥玉的润洁之气。

---

① 丁福保.说文解字诂林：第2册[M].北京：中华书局，1988：1069-1070.
② 古文字诂林编纂委员会.古文字诂林：第1册[M].上海：上海教育出版社，1999：134.
③ 段玉裁.说文解字段注：上册[M].成都：成都古籍书店，1981：112.
④ 阮元.十三经注疏：下册[M].北京：中华书局，1980：1383.

瘗埋，就是挖坑将祭品埋没，祭山神和地神时使用。《说文解字》曰："瘗，幽薶也。从土，㾜声。"段玉裁注："艸部曰：薶者，瘗也。二篆为转注。幽者，隐也。隐而薶之也。絫言之则曰瘗薶。"①《尔雅·释天》也说："祭地，曰瘗薶。"注："既祭埋藏之。"②王莽《奏定郊祀》曰："帝王之义，莫大于承天，承天之序，莫重于郊祀。祭天于南，就阳位，祀地于北，主阴义。圜丘象天，方泽则地，圆方因体，南北从位，燔燎升气，瘗埋就类。牲欲茧栗，味尚清玄。器成匏勺，贵诚因质。天地神所统，故类乎上帝，禋于六宗，望秩山川，班于群臣，皇天后土，随王所在，而事祐焉。"③在《山海经》所列各种山神的祭法中，瘗埋占绝大多数。祭地神时除将血、酒灌注于地，其他祭品则要挖坑瘗埋。《礼记·郊特牲》孔颖达疏："地示在下，非瘗埋不足以达之。"④也就是说，只有将祭品埋于地下，地神才会知道人们正在祭祀他，才能接受祭品。

沉没，祭河神时使用。《竹书纪年》《帝王世纪》等书中有帝尧沉璧于洛水以祭洛神的记载，这可能出于传说。但甲骨文提供的材料是确凿可信的。甲骨中有这样的记载："乙酉卜，（宾）鼎（贞）：史（使）人于河，沉三羊，三牛。"⑤考究其字形，"沉"字正是把牛或羊沉入川中的象形。"尞（燎）酒河……鱼。"⑥"乙丑卜，鼎（贞）：尞（燎）于河。"⑦"鼎（贞）：尞于河。"⑧"于河（祷）年。"⑨"〔己〕巳，其（祷）年于河，雨。"⑩这些都是祭河神的记录。而且，用人祭河神的记载在甲骨文中也有所见。"辛丑卜：于河妾。"⑪"妾"就是作为牺牲的女子，将其沉入河中祭神，这实际上就是后世所说的"河伯娶妇"。周代以后，沉祭仍很盛行。《周礼·大宗伯》谓："以狸沉，祭山川林泽。"郑玄注："祭山林曰埋，川泽曰沉。"⑫《尔雅·释天》说："祭川，曰浮沉。"注："投祭水中，或浮或沉。"⑬河神居住在水下，将祭品沉入水中，容易被河神接受。

悬投，祭山神时使用。"悬"又叫"升"，就是把物品悬挂起来礼神。《仪礼·觐礼》说："祭山丘陵，升。祭川，沉。祭地，瘗。"⑭《尔雅·释天》说："祭山，曰庪

---

① 丁福保.说文解字诂林：第2册[M].北京：中华书局，1988：13292.
② 阮元.十三经注疏：下册[M].北京：中华书局，1980：2609.
③ 严可均.全上古三代秦汉三国六朝文：第1册[M].北京：中华书局，1958：792.
④ 阮元.十三经注疏：下册[M].北京：中华书局，1980：1383.
⑤ 郭沫若.甲骨文合集[M].北京：中华书局，1978—1982：05522正.
⑥ 郭沫若.甲骨文合集[M].北京：中华书局，1978—1982：01601.
⑦ 郭沫若.甲骨文合集[M].北京：中华书局，1978—1982：01773反.
⑧ 郭沫若.甲骨文合集[M].北京：中华书局，1978—1982：03458正.
⑨ 郭沫若.甲骨文合集[M].北京：中华书局，1978—1982：10080.
⑩ 郭沫若.甲骨文合集[M].北京：中华书局，1978—1982：22346.
⑪ 郭沫若.甲骨文合集[M].北京：中华书局，1978—1982：00658.
⑫ 阮元.十三经注疏：上册[M].北京：中华书局，1979：758.
⑬ 阮元.十三经注疏：下册[M].北京：中华书局，1980：2609.
⑭ 阮元.十三经注疏：上册[M].北京：中华书局，1979：1094.

舞蹈 岩画 云南元江 采自《中国图案大系》

县。"注:"或瘗或县,置之于山。《山海经》曰:县以吉玉是也。"①《山海经·中山经》记祭祀"自甘枣之山至于鼓镫之山"诸山神的礼仪是"太牢之具,县以吉玉"②,即将祭品用玉悬挂起来。"投",就是将祭品投放于山中地上。《山海经·北次二经》记祭祀"自管涔之山至于敦题之山"诸山神的礼仪是"用一雄鸡、彘、瘗,用一璧一圭,投而不糈"③,即将祭祀用的璧和玉投掷远处,而不陈列祭具。后世道教的三官崇拜及投龙简等科仪,正是源自商周宗教中的祭祀天地山川的礼仪。

祭礼舞蹈,起源于原始社会的图腾崇拜舞蹈和巫术仪式舞蹈。在原始宗教中,人们把与自己氏族有密切联系的动物和植物作为族徽或图腾,把其奉为自己的祖先或保护神,在图腾崇拜的仪式中,人们用舞蹈颂扬祖先和神明的功绩,以求神明的庇佑。例如:《凤来》《网罟》颂扬伏羲发明网罟、教民捕鸟捉兽之功;《充乐》是歌颂女娲教民嫁娶、婚配之绩的舞蹈;《扶犁》《丰年》歌颂神农教民播五谷的功绩等。源于巫术的"蜡祭"是一种在岁末以舞蹈祈祝来年丰收,酬谢神祇的祭典。

除此之外,巫术活动中还有"雩祭""傩祭"和"祀高禖",分别是以舞蹈求雨、驱疫、求子的巫术仪式。"雩祭"由巫在天旱时率众舞蹈求雨,如求雨不至,女巫常遭"曝"和"焚"的惩罚。"傩祭"是一种在每年岁末,由"方相氏"带领众人戴着面具在室内舞蹈驱赶鬼、疫的活动。"祀高禖"则是在每年春季举行的以择偶、置婚配为目的的歌舞活动。

中国的神话传说,无论是汉族的还是少数民族的,都经常出现有关音乐和舞蹈的内容。《山海经·大荒南经》有"爰有歌舞之鸟,鸾鸟自歌,凤鸟自舞"④。这些鸾歌凤舞的描述,说明"这种原始的审美意识和艺术创作并不是观照或静观",而是"一种狂烈的活动过程","翩翩起舞只是巫术礼仪的活动状态,原始歌舞正乃龙凤图腾的演习形式"⑤。在远古人类的生活中,舞蹈不仅是巫师用于取娱鬼神的手段,亦是人们强身健体的重要方法。

原始宗教祭祀下自发产生的各种祈祷和膜拜,在周代被配上各种乐舞。比如祭天神时要用特定的乐舞降神,祭祀山川时要用"山川之舞"。原始祭祀时的舞蹈大多是人装扮成野兽,狂扭身躯,大声喊叫。继而演变为傩舞,戴面具,扮傩翁傩母作戏剧性表演,成为仪式性很强的活动。除了祭祀神灵用乐舞外,朝觐食飨等人间礼典也用乐舞,乐舞已不仅仅是通神所用,而成为一种人们日常交际中特殊的礼仪形式。周代整理的六佾舞便是祭祖的舞蹈,后代的宫廷"雅乐"也常用于封建帝王祭祖,祭天、地、山、川之神,以及

---

① 阮元.十三经注疏:下册[M].北京:中华书局,1980:2609.
② 袁珂.山海经校注[M].上海:上海古籍出版社,1980:121.
③ 袁珂.山海经校注[M].上海:上海古籍出版社,1980:84.
④ 袁珂.山海经校注[M].上海:上海古籍出版社,1980:372.
⑤ 李泽厚.美的历程[M].天津:天津社会科学院出版社,2002:18-23.

道、儒等宗教活动之中。在少数民族宗教活动中，有代表性的古老宗教舞蹈有"东巴教舞蹈""喇嘛教舞蹈""萨满教舞蹈""梅山教舞蹈"等。总之，在原始和古老的宗教和巫术仪式中，舞蹈是其重要的不可或缺的组成部分，"以舞通神"是其重要作用所在，它常使教徒和舞者进入癫狂状态，也使舞蹈艺术不断发展。

祭祀之礼起源于原始社会，是中国的先民崇拜自然神、祖先神的礼仪。礼俗起源很早，大约是旧石器时代的中期和后期。根据王国维的研究推断，可以追溯到原始社会的祭祀活动。① 有学者通过考古学研究，认为距今5000～4000年前的大汶口文化晚期、山东龙山文化、中原龙山文化、薛家岗文化、良渚文化以及更早一些的红山文化，已经有礼器出现，礼乐制度产生于中国古代文明的形成时期。②

礼，礼仪。《说文解字》曰："履也。所以事神致福也。从示从豊，豊亦声。"段玉裁注："见《礼记·祭义》《周易序卦传》。履，足所依也。引申之凡所依皆曰履。此假借之法。屦，履也。礼，履也。履同而义不同。……礼有五经。莫重于祭。故礼字从示。豊者行礼之器。"③

示，祭奉神灵。《说文解字》曰："天垂象，见吉凶，所以示人也。从二。三垂，日月星也。观乎天文，以察时变。示，神事也。"④ 古人迷信，以为天施则有休咎祸福，故于天施多存敬畏之心，常祭之以祈天，降吉祥，消灾祸，以求福祐，故以"示"为神事也。甲骨文之示，或上为二，下为小；或上为二，下为丨，亦作丁，乃阳施于阳之象。叶玉森曰："按契文作丁，乃最初之文。上从一，象天。从丨，意谓恍有神自天而下。乃以丨为象征，变作1。下从一，象地，亦谓神自天下地。"⑤ 唐兰曰："盖示及宗者，其先为鬼神之总名。其后因人死之称鬼，而别为神字。神人、神鬼，俱相偶也。《书》微子以神祇对称，祇即示也……又按示与主者，本用木或石以拟鬼神而祭之，藏于庙谓之宗，引申之则谓同所祭之人，为言其同一庙也。又谓主祭之人为宗，亦谓之主。《吕刑》：禹平水土，主名山川。《史记》：禹为山川神主。《诗》云：百神尔主矣。均谓山川之神之主也。《鲁语》：禹致群神于会稽之山……山川之灵足以纪纲天下者，其守为神；社稷之守者，为公侯。皆属于王者。"韦昭注："群神谓主山川之君，为群神之主，故谓之神也。""盖古者宗教与政治不分，国君祭其民人所崇信之神，往往自命为神之子孙。如《穆天子传》所载河宗氏为河伯冯夷之裔而主其祭，是其例也。《鲁语》以防风氏为神。盖汪芒氏之君而守封嵎之山，而《论语》记颛臾，先王以为东蒙主，东蒙亦山名，明神即

---

① 王国维.观堂集林[M].北京：中华书局，1959.
② 高炜.龙山时代的礼制[M]//《庆祝苏秉琦考古五十五年论文集》编辑组.庆祝苏秉琦考古五十五年论文集.北京：文物出版社，1989：235-244.
③ 丁福保.说文解字诂林：第2册[M].北京：中华书局，1988：1034.
④ 丁福保.说文解字诂林：第2册[M].北京：中华书局，1988：1026.
⑤ 古文字诂林编纂委员会.古文字诂林：第1册[M].上海：上海教育出版社，1999：69.

主，亦即宗也。"① 丁山指出：丅即示之别体。从示之字，诚然多与神事有关。但在卜辞里，有的示字固从三垂，有的仅一垂，可见垂象之说，决非造字时之本谊。我们知道宗教进化的程序，多数是由自然神进步到图腾的崇拜，然后才到象征的上帝。在氏族社会，每个家族的闾里之口，都立有图腾柱，以保护他们的氏族。所谓图腾柱，大抵雕刻为鸟兽怪物形。《清史稿》记载：清初起自辽沈，有设杆祭天礼。杆木以松，长三丈，围径五寸……若帝亲祭，司俎挂净纸杉柱上，诸王护卫，依次挂之。根据图腾祭的遗迹，来说明示字的本谊，示字所从之二或一，是上帝的象征。其所从 I，正象祭天杆，杆边之八杆，盖象所挂之彩帛，示字本谊，就是设杆祭天的象征。② 故古人置"示"之拟物于祠堂，是为祖庙、宗庙之主，故凡祭神祭祖之字，多从示。

祈，《说文解字》曰："祈，求福也。从示斤声。"段玉裁注："祈求双声。"③ 徐中舒曰："祈求与希望不同，希望可以自由叙述自己意见，祈求则必限于向对方有所陈诉。金文每言用旂云云，皆假定有一对方，此对方以修辞之惯例言，常被省略（即在请求语句中第二人称），此被省略之对方为谁？即作器者对其祖先或天而言。"④

祷，《说文解字》曰："祷，告事求福也。从示，寿声。"段玉裁注："祷告求，三字叠韵。"⑤ 杨树达曰："愚谓从示寿声，盖求延年之福于神，许君泛训为告事求福，殆非始义也。《书·洪范》列举五福，首即曰寿。诗三百篇屡有万寿眉寿寿考之文，殷周鼎彝殆无一器不言万寿眉寿者。人类重视久寿，古今固无异致矣，且《书·金縢篇》记武王有疾，周公告于太王王季文王，欲以身代武王，此周公为武王求延年之事也。《论语·述而篇》载孔子疾病，子路请祷，诔曰：'祷尔于上下神祇。'此子路为孔子求延年之事也。《韩非子·外储说右下篇》曰：'秦昭王有病，百姓里卖牛而家为王祷。'又曰：'秦襄王有病，百姓为之祷，病愈，杀牛塞祷。'此战国时秦民为其王求延年之事也。盖人疾病而后祷，非求寿而何也？《韩非子·显学篇》曰：'今巫祝之祝人曰，使若千秋万岁。此战国时巫祝为人求延年之事也。'《礼记·文王世子》曰：文王谓武王曰：女何梦矣？武王对曰：梦帝与我九龄。文王曰：以为何也？武王曰：西方有九国焉，君王其终抚诸？文王曰：非也。古者谓年龄，齿亦龄也，我百，尔九十，吾与尔三焉。文王九十七乃终，武王九十三而终。"⑥

祠，《说文解字》曰："祠，春祭曰祠。品物少，多文辞也。从示，司声。仲春之月，祠不用牺牲，用圭璧及皮币。"段玉裁注："上言祠司命。故次以祠。辞与祠叠韵。《周礼》：以祠春享先王。《公羊传》曰：春曰祠。注：祠犹食也。犹继嗣也。春物始

---

① 古文字诂林编纂委员会.古文字诂林：第1册[M].上海：上海教育出版社，1999：71-72.
② 古文字诂林编纂委员会.古文字诂林：第1册[M].上海：上海教育出版社，1999：74.
③ 丁福保.说文解字诂林：第2册[M].北京：中华书局，1988：1117.
④ 古文字诂林编纂委员会.古文字诂林：第1册[M].上海：上海教育出版社，1999：173.
⑤ 丁福保.说文解字诂林：第2册[M].北京：中华书局，1988：1118.
⑥ 古文字诂林编纂委员会.古文字诂林：第1册[M].上海：上海教育出版社，1999：176.

生，孝子思亲，继嗣而食之，故曰祠。"①

祝，《说文解字》曰："祝，祭主赞词者。从示，从儿口。一曰从兑省。《易》曰：兑，为口为巫。"段玉裁注："此以三字会意，谓以人口交神也。……此字形之别说也。凡一曰：有言义者，有言形者，有言声者。引《易》者《说卦》文，兑为口、舌为巫，故祝从兑省。此可证虙羲先仓颉制字矣。"②王国维曰：殷墟卜辞祝字，皆象人跪而事神之形。王恒荣曰：祝之成字，已可略知。其所从之示，在古代乃标识崇拜象征。后沿为神之代表。祝与祷同意，皆为祈福祥求永贞也。然祷不如祝之专与广，祝与史、巫，皆为祭祀之所司。贞一先生曰：古代祭司应当是三种人掌管的，即是巫、祝和史。③

禜，《说文解字》曰："禜，设绵蕝为营，以禳风雨、雪霜、水旱、疠疫，于日月星辰山川也。从示从营省声。一曰禜、卫，使灾不生。"段玉裁注："《史记》《汉书·叔孙通传》，皆云为绵蕞，野外习之。韦昭云：引绳为绵，立表为蕞。蕞即蕝也。详廿部。凡环币为营。禜营叠韵。《左氏传》子产曰：山川之神，则水旱疠疫之灾，于是乎禜之。日月星辰之神，则雪霜风雨之不时，于是乎禜之。"④

禅，《说文解字》曰："禅，祭天也。从示，单声。"段玉裁注："凡封土为坛。除地为墠。古封禅字，盖只作墠。项威曰：除地为墠。后改墠曰禅，神之矣。服虔曰：封者，增天之高，归功于天。禅者，广土地。应劭亦云，封为增高，禅为祀地。惟张晏云：天高不可及，于泰山上立封。又禅而祭之，冀近神灵也。元鼎二年纪云：望见泰一，修天文襢。襢，即古禅字。是可证禅亦祭天之名。"⑤

远古时期人类的生存环境极其恶劣，强大的自然力和恶劣的生存环境远远超出了当时人们认识自然和改造自然的能力。古人认为万物有灵，他们崇拜天地间的万物，并通过祭祀、膜拜等仪式、礼仪，乞求神灵给予保佑和恩赐。正如弗雷泽所说：努力通过祈祷、献祭等温和诌媚手段以求哄诱安抚顽固暴躁、变幻莫测的神灵。《礼记·礼运》说："夫礼之初，始诸饮食，其燔黍捭豚，污尊而杯饮，蒉桴而土鼓，犹若可以致其敬于鬼神。"⑥可见古代的人们即使只会用火烧烤食物，只有简陋的器具，也要进行虔诚的敬神仪式。

进入新石器时代之后，丧葬之礼渐有发展。王仲殊先生说："中国至迟在旧石器时代晚期已经有了墓葬。到了新石器时代，墓葬已有明确的制度。""旧新石器时代的墓葬，在仅于周口店的山顶洞有过发现。山顶洞文化属于旧新石器时代的晚期，当时的人居住在山顶洞这一天然洞穴中，所谓墓葬也只是利用洞穴的一部分来安置死者。死者的身旁有生

---

① 丁福保.说文解字诂林：第2册[M].北京：中华书局，1988：1096.
② 丁福保.说文解字诂林：第2册[M].北京：中华书局，1988：1112.
③ 古文字诂林编纂委员会.古文字诂林：第1册[M].上海：上海教育出版社，1999：166，168.
④ 丁福保.说文解字诂林：第2册[M].北京：中华书局，1988：1120.
⑤ 丁福保.说文解字诂林：第2册[M].北京：中华书局，1988：1127.
⑥ 阮元.十三经注疏：下册[M].北京：中华书局，1980：1415.

前的装饰用品,并敷散有红色赤铁矿粉末。"[①]这应是迄今所见的最早丧葬之礼的萌芽,死者身旁安放装饰用品,足见旧新石器时代晚期丧葬带有礼仪色彩了。

中国古代文献记载的最早的祭祀,始于公元前2100年左右的尧舜时代。《尚书·舜典》中"肆类于上帝",记载了舜向上帝献祭一事。《礼记·礼运》将祭祀仪式完备称为"礼之大成"。从考古资料来看,在辽宁喀左发现的距今5000年的红山文化遗址中,就有大型的祭坛、神庙、积石冢等,这也是举行大规模祭祀活动的场所。其中有裸体怀孕的妇女陶塑像,是受先民供奉膜拜的生育女神。更早的仰韶文化彩陶上的人面虫身图像,墓葬中死者头颅朝西而葬,也透露出远古时代祭礼的若干信息。

礼仪渊源于原始宗教祭祀,这从祭祀原则、制度、方式和方法的演变,从祭祀观念、信仰的演变,从所祭祀的神的组织结构与地位的演变也可看出来。距今约5000年前,黄帝在打败炎帝、蚩尤之后,对当时的部落祭祀进行了整合,他统一了部落联盟的信仰体系,树立了"神不歆非类,民不祀非族"的原则,规定了巫师职能,整理创新祭祀乐舞,扩大祭祀规模。黄帝之后,原始部族宗教祭祀活动逐渐规范化、制度化。此后部落联盟首领颛顼对"家为巫史"的原始祭祀方式加以改革,把祭祀群神之权收归专门的"南正"掌管。到商代,祭祀活动进一步被垄断,只有商王和高等贵族组成的特定阶层才有主持祭祀的权利。在商之前,神灵是独立自在的个体。到商代,所祭诸神已经有了高低贵贱和明确的职能分工,这是当时社会生活中等级关系广泛存在的一个反映。从信仰的一个重要观念"天"的演变来看,夏商之前的"天"是自然的,兼有人格化的色彩,它跟政治权力和个人命运尚未发生密切联系。商代以"帝"代"天",帝成为完全人格化的、喜怒无常之神。到周代"天"有时指自然之天,有时指人伦之天,有时兼而有之。周代国家祀典中的天已演化为体现最高的宇宙和谐的,强调最高权力的天然合法性的绝对君权的象征。

经过史前到夏商周三代的演变,原始宗教祭祀中的神灵已秩序化,神在人们心中的观念和地位发生了很大的变化,自发的祈祷和膜拜行为逐渐仪式化、制度化,这表明"礼"已脱胎于宗教祭祀礼仪,开始进入社会生活的方方面面,成为社交的礼仪规范和道德规范,礼制完全形成了。礼仪形式一出现就因受到神权的保护而迅速扩展,几乎充斥在原始人的所有活动中,一切重要活动均与敬神的礼仪结合起来。从文化人类学所了解的资料看,仪式、礼仪并不是从生产活动直接发源的,而是一定的宗教文化观念的产物。最早的巫术文化中发展出许多仪式,并在祭祀文化中得到了相当完备的发展。

[①] 王仲殊.中国墓葬古代概说[J].考古,1981(5);王仲殊.墓葬略说[J].考古通讯,1955(1).

三、原始宗教的巫师团体

巫教是人类社会最古老的宗教，因以巫师为核心展开宗教活动而得名。在中国，巫教亦称为原始宗教。考古发现和对原始社会的考察都说明，巫教起源于旧石器时代晚期。此时欧洲尼安德特人已经懂得安葬死者，说明出现了灵魂信仰的萌芽。在欧洲旧石器时代中期的莫斯特文化的葬地附近还发现埋有洞熊的遗骨，这当是狩猎巫术或图腾崇拜的反映。当地旧石器时代晚期又出现了颅骨葬，在尸体上撒赭石粉。在奥瑞纳文化时期出土的不少石雕女神像和岩画中，有一幅岩画上描绘了一个男子头戴鹿角，饰以长须和马尾，披着兽皮，正在跳舞，这就是一个巫师的形象，所以巫的出现不会迟于旧石器时代晚期。[①] 中国的巫教也有同样悠久的历史。在北京山顶洞旧石器时代晚期的墓地内，已有死者的埋葬，并有随葬的装饰品，在尸骨上撒有赤铁石粉末，说明灵魂信仰和祖先崇拜业已出现。

新石器时代遗址中，有关巫教的资料更为丰富，主要表现在以下几个方面：

（1）出土了一批带有巫师形象的器具和巫师的用具。西安半坡仰韶文化遗址中发现的一件彩陶盆，内壁上绘有人面鱼纹，这当为中国最早的巫师形象。《山海经》中讲巫师常"珥两青蛇"，郭璞注："以蛇贯耳。"半山文化遗址出土的一件彩陶盆内画有一人形，也是巫师的形象。山东和苏北地区的大汶口文化遗址出土了一种獐牙钩形器，下为柄，柄上有拴套的孔，并对称地安了四枚獐牙，制作精美但非实用工具，当为巫师的一种法器。此外还出土了一种大口陶尊，该器体大、敞口，多发现于大墓中。某些陶尊上还有朱绘，内置猪头；或刻有象形文字，如日、月、山等。据专家研究，这种陶尊是巫师特有的随葬品，也是巫师生前的祭器。

（2）发现有灵魂和偶像崇拜的遗迹。在仰韶文化、齐家文化的墓葬中，依然有为死者撒赤铁矿石粉末的习俗。仰韶文化还流行瓮棺葬，且在瓮具上必凿一孔。据对永宁纳西族的葬俗调查，该族在盛骨灰的器具上也要穿一孔，以便灵魂出入。故而可知仰韶文化已经有灵魂崇拜的信仰。新石器时代的偶像崇拜现象亦时有发现。如甘肃广河半山出土了三件人头形彩塑，当为黄帝部落崇拜的祖先神。甘肃永昌鸳鸯池第51号墓出土的一件石人面，五官端正清晰，上端有一孔。四川大溪文化第64号墓出土的一件双面石雕人面像，顶端有两个孔，正反两面皆为人面。山东滕州岗上村大汶口文化遗址出土一件玉雕人面，背面有突脊，脊上有孔。陕西神木石峁龙山文化遗址也出土了一件双面玉雕人面，上端亦有一孔。这些精致小巧、上部有孔的偶像，便是可以随身携带的保护神。

（3）发现了一些神殿祭祀遗址。在辽宁阜新胡头沟、凌源三官甸子、喀左东山嘴、凌

[①] 托卡列夫. 世界各民族历史上的宗教[M]. 魏庆征, 译. 北京：中国社会科学出版社, 1985：27-39.

源牛河梁等红山文化遗址均发现了不少巫教古迹。此外，新石器时代已出现用神秘图像辟除邪祟的巫术。河南濮阳西水坡仰韶文化遗址中，曾发现用蚌壳摆成的龙虎图。①被龙、虎拱卫的死者，生前可能是一位巫师或氏族首领。而最初的巫师往往是氏族长兼任的，主持祭祀、巫医、巫术和其他宗教活动，后来随着社会的分工，宗教活动的繁忙，才出现了以宗教活动为职业的巫师。

人头形彩塑陶器　马家窑文化半山类型　采自《中国图案大系》

甘肃东乡、广河半山文化遗址出土。有人认为是陶器的盖，面部纹饰不同，似为巫师的文身。

上述考古资料说明，早在史前时期已经产生了巫师和他们所信仰的巫教。史前时期的巫教，笼统地说就是原始宗教。但巫师的出现较宗教的产生晚，是原始宗教发展到一定阶段的产物。当专业的巫师产生之后，真正的巫教才开始形成。史前时期的巫师既是宗教活动的主持者，又是氏族成员的代言人。

巫师的权力很大，因为他是神与人之间的中介，能够知晓神的旨意。对一般的人来说，巫师如同神的化身，是神在人间的代言人。因此巫师掌握着祭祀、医治、部族历史传承等权力。英国社会人类学家马林诺夫斯基认为人类最早的专门职业即是巫师，是提供人力所不能完全驾驭之事的一种力量。宋兆麟指出史前时代的巫师不仅是巫教和巫术活动的主持者，也是当时科学文化知识的保存者、传播者和整理者，特别是在天文学、医学、文字、文学、历史、音乐、舞蹈、绘画等方面都有不少贡献。其所能掌握的科学文化知识虽有很大的局限性，但其当时是解释世界的精神领袖，是史前时代的智者或知识分子。

神巫红陶，内蒙古敖汉旗兴隆沟红山文化遗址出土。人像通高55厘米，整身，盘坐，口呼状，脸为方圆形，颧骨突出，眼窝浅，鼻尖和鼻翼呈圆头状，嘴唇较薄，清晰逼真，

---

① 濮阳市文物管理委员会，濮阳市博物馆，濮阳市文物工作队．河南濮阳西水坡遗址发掘简报[J]．文物，1988（3）．

头部和面部比较完整，戴有完整的冠，表情张扬，神态夸张。整座陶人上身写实，下身写意，两肩高耸，身体前倾，动感十足。这应该是目前我们所发现的史前同一时期形体最完整、形象最逼真、表情最丰富的人像。中国社会科学院考古研究所研究员王仁湘表示，陶人最突出的就是其锁骨的表现形式，很有肌肉感，说明他正在用力，这一细节高度写实，很可能与一些仪式有关系。陶人的眉目比较传神，不仅如此，参看其口部的形状，他的眉目甚至还在"传声"。陶人姿态生动，严慈并重，似属巫者或王者，被誉为"中华祖神"。

良渚文化以出土大量的玉器而闻名遐迩。1986年在浙江余杭反山遗址发现了11座良渚大墓，出土玉器以单件计算多达3200余件，占全部随葬品的90%以上。在编号为M23的墓葬内，出土了54件玉璧。玉璧是祭祀天地的礼器，祭坛上的巫师掌握着祭祀天地的权力。最多的一座墓出土有170件（组），共计511件玉器，并有一件玉钺。因此，专家推测墓主人应是军事首长兼巫师的特权人物。涂朱石钺、鲨鱼牙、玉钺、冠状饰可能是巫师的法器，而玉琮、玉钺、冠状饰上雕刻神人纹及简化的兽面纹，可能是祖先神和自然神的结合物。大量由管、珠、坠等玉器连成的串挂饰，以及玉质鸟、鱼、龟、蝉等穿缀饰，可能是巫师法衣的饰件。①

在琮、钺、冠状饰以及三叉形器等玉器上，通常雕刻有繁缛的图案装饰，其中最主要的一种是繁简不一的神像图案。完整的神像图案为阔嘴露齿、宽鼻、圆目睁睛，满首羽冠飘然，耸肩叉腰，腰系饰带，鸟足蹲踞，全身以兽面纹装饰。这种神像有的极小，须借助放大镜方能观察，但刻纹线条流畅、细如毫发，说明距今4800年前太湖地区的玉雕技艺已达到极高的水平。整个神像图案似神人兽面结合，表现了威严无比、气贯长虹的气概，反映了良渚人的信仰与追求。将这种神像雕刻在玉琮、玉钺等重器上，由当时的上层贵族所执，表明这种神像可能是良渚文化的神徽。

瑶山遗址2号墓出土了一件玉冠形器。该器高5.8厘米，上宽7.1厘米，厚0.3厘米，青白

神巫红陶　红山文化类型
牛河梁遗址博物馆藏

---

① 浙江省文物考古研究所反山考古队.浙江余杭反山良渚墓地发掘简报[J].文物，1988（1）.

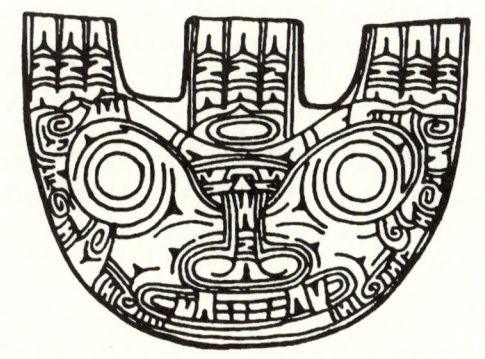

神巫　采自《中国图案大系》

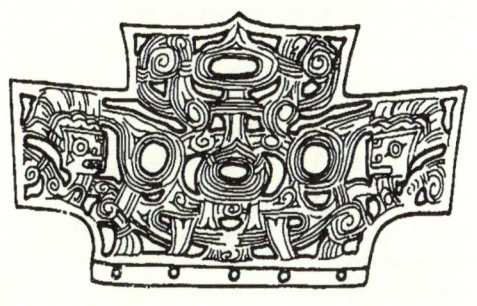

神巫　浙江省文物考古研究所藏

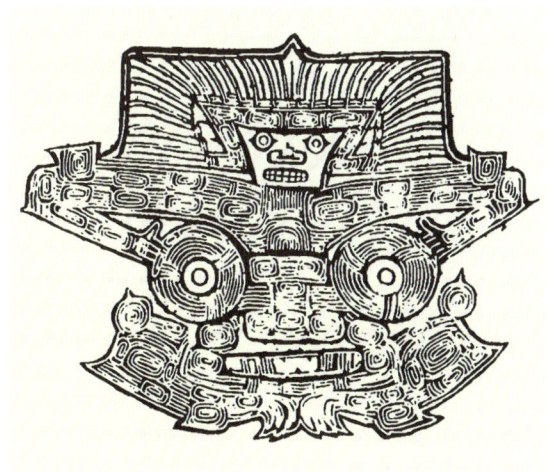

神巫　玉器　良渚文化类型　浙江余杭出土　　　神巫　玉器　良渚文化类型　浙江余杭出土

色，具有透光性，器体扁平，上宽下窄。上端中部有一个华盖状的尖状凸起，两缘上部较为挺直，至下部则明显凹弧内收，器体下端锯割成扁榫。其上等距离琢制三个小圆孔，下端的扁榫上有五个等距的小孔。整器的纹样构图十分精致巧妙，正面雕刻神人兽面纹、变体鸟纹、卷云纹等纹饰，对称雕琢了完整的神人图像。其冠状饰上部为神人图像，头戴羽冠，下部为兽面，整幅图形表现神人凌驾于兽之上，此可能代表巫师或神人，兽面代表巫师或神人骑乘的神兽。

另一件冠形器上神巫的脸面作倒梯形，重圈为眼，两侧有短线，象征眼角。宽鼻，以弧线勾画鼻翼。阔嘴，内以横长线再加直短线分割，表示牙齿。头上所戴，外层是高耸宽大的冠，冠上刻十余组单线和双线组合的放射状羽毛，可称为羽冠。内层为帽，刻十余组紧密的卷云纹。脸面和冠帽均是微凸的浅浮雕。上肢形态为耸肩、平臂、弯肘，五指平张，叉向腰部。下肢作蹲踞状，脚为三爪的鸟足。在神人的胸腹部，以浅浮雕突出威严的兽面纹。这种人兽面复合像应是良渚人崇拜的神巫。

还有一件冠形器上神巫的脸面为方形，带眼角的单圈圆眼，阔嘴，内刻牙齿。头戴羽冠，四肢张开，相互盘连。短榫上有三个等距小孔，似为系挂玉珠玉饰之用。

另有一件山形玉饰，高4.8厘米，宽8.5厘米。黄色玉料，身上有积铁褐色沁斑。玉饰有三个叉，左右两叉各刻有头戴羽冠的神巫，中叉有竖向直孔一个，出土时中叉中又紧连一根长玉管，当是巫师祭祀神灵所用。

神巫　玉器　良渚文化类型　中国国家博物馆藏

反山遗址编号为M12的墓葬内出土了一件青玉钺，通长17.9厘米，上宽14.4厘米，刃宽16.8厘米，厚0.8厘米。该器物呈浅青色，有少量褐斑。器身呈风字形，两侧略向内凹弧，左右不对称，弧刃，上端较粗糙，并有两道斜向的捆扎痕迹。上部小孔为双面钻成。钺的弧刃的上下两角处都雕有线刻图像，上角雕有"神徽"，刻的是一神巫形象，巨目阔嘴，头戴有羽毛的冠饰；与"神徽"相对应的下角处，雕有一只神鸟，显然这是一尊神巫的图像。在瑶山出土的玉琮、玉钺等礼器，多处亦出现同类型的"神徽"。这说明神徽——天神是良渚先民共同崇拜的对象，也可以说是族徽。墓主人是具有威慑力的巫师，反映了死者生前是掌握礼器和法器、享有崇高地位的特殊阶层。①

石家河文化玉神人高10.3厘米，白玉质地，玉质晶莹剔透，但大部分已经钙化。玉神人面部造型奇特，斜橄榄形眼，蒜头大鼻，阔嘴紧闭，表情庄严，头戴平顶冠，耳戴一对耳环，双手放在胸前，拱手直立，威严森然。制造工艺高超，整体生动有神，以写实手法表现出神人的五官特征，是古代巫师正在做法或通神的形象。

玉钺　良渚文化类型
浙江省文物考古研究所藏

巫觋之名屡见于卜辞。屈冀鹏指出："巫帝之语，卜辞中习见。《摭读》九一'帝于巫'，《邺》三、四六、五'帝北巫'，《粹编》一三一一'帝东巫'等语证之，巫盖神祇之名，帝则祭祀之义也。"唐兰曰："巫者筮也，筮及毉同，皆巫术，故字并从巫耳。"② 马叙伦指出：罗振玉曰"卜辞巫字，象巫在神幄中，而两手奉玉以事神。《周礼·大宗伯》以苍璧礼天。《周礼》男女巫属大宗伯，大宗伯即《舜典》之秩宗。秩宗掌办神祇尊卑之序，巫奉玉以事神，此其证也。"③ 许慎《说文解字》曰："巫，祝也。女能事无形，以舞降神者也。象人两褎舞形。与工同意。古者巫咸初作巫。凡巫之属皆从巫。"段玉裁注："依《韵会》本，三字一句。按祝乃觋之误。巫觋皆巫也。故觋篆下总言其义。示部曰：祝，祭主赞辞者。《周礼》祝与巫分职，二者虽相须为用，不得以祝释巫也。……无舞皆与巫叠韵。《周礼》女巫无数，旱暵则舞雩。许云：能以舞降神，故其字象舞褎。"古者巫咸初作巫，"盖出《世本作篇》。君奭曰：在大戊，时则有巫咸乂王家。《书序》曰：伊陟相大戊，伊陟赞于

玉神人　石家河文化类型
上海博物馆藏

---

① 中国国家博物馆.文物中国史：史前时代[M].太原：山西教育出版社，2003：138.
② 李孝定.甲骨文字集释[M].台北："中央研究院"历史语言研究所，1980：1597.
③ 古文字诂林编纂委员会.古文字诂林：第4册[M].上海：上海教育出版社，1999：760.

巫咸。马云：巫，男巫。名咸，殷之巫也。郑云：巫咸，谓为巫官者。《封禅书》曰：伊陟赞巫咸，巫咸之兴自此始。谓巫觋自此始也。或云大臣必不作巫官，是未读楚语矣。贤圣何必不作巫乎"①。

一般而言，女子曰巫，男子为觋。《说文解字》曰："觋，能齐肃事神明者。在男曰觋，在女曰巫。"段玉裁注："《楚语》：民之精爽不懵贰者，而又能齐肃衷正。其知能上下比义，其圣能光远宣朗，其明能光照之，其总能听彻之，如是则明神降之。在男曰觋。在女曰巫。是使制神之处位次主。而为之牲器时服。韦注：齐，一也。肃，敬也。巫觋，见鬼者。"②《尚书·伊训》说："敢有恒舞于宫，酣歌于室，时谓巫风。"疏曰："巫以歌舞事神，故歌舞为巫觋之风俗也。"③即是以歌舞感动神灵。

舞蹈图　岩画　广西左江花山　采自《中国图案大系》

这种巫觋歌舞逐渐演变为一种社会风俗。久而久之，人们还发现歌舞有舒壮筋骨的良好作用。《吕氏春秋·古乐》说："昔葛天氏之乐，三人操牛尾，投足以歌八阕：一

---

① 段玉裁.说文解字段注：上册[M].成都：成都古籍书店，1981：212.
② 段玉裁.说文解字段注：上册[M].成都：成都古籍书店，1981：212.
③ 阮元.十三经注疏：上册[M].北京：中华书局，1979：163.

曰《载民》，二曰《玄鸟》，三曰《遂草木》，四曰《奋五谷》，五曰《敬天常》，六曰《建帝功》，七曰《依地德》，八曰《总禽兽之极》。昔陶唐氏之始，阴多，滞伏而湛积，水道壅塞，不行其原，民气郁阏而滞着，筋骨瑟缩不达，故作为舞以宣导之。"①罗泌《路史·前纪》亦说："阴康氏之时，水渎不疏，江不行其原，阴凝而易闷。人既郁于内，腠理滞着，而多重腿，得所以利其关节者，乃制为之舞，教人引舞以利道之，是谓大舞。"②从中传达出先民的原始宗教意识，即对天地、祖先、神灵的崇拜，以及对健康长寿的追求。正如傅武仲《舞赋》所说："娱神遗老，永年之术。优哉游哉，聊以永日。"③可见在远古人类的生活中，舞蹈不仅是巫师用于取悦鬼神的手段，亦是人们强身健体的重要方法。

中国各地发现的许多原始时代的岩画中，已有相当数量的歌舞图。如甘肃黑山岩画中的两组舞蹈图，一组绘制了三十余人的集体歌舞，场面颇大；另一组为十四人，形态各异，与其说是在跳舞，不如说是在练功，这当是我们至今所见到的最早的练功图。在内蒙古狼山岩画中，既有一些单人舞蹈的形象，又有几组众人手牵手舞蹈的场面，其中有一幅一人双手合十，高举头上，朝拜太阳，亦可谓形象逼真的练功图。在内蒙古乌兰察布岩画中绘制有二十余种舞蹈人形象，其中相当大一部分人的动作与后来道教的导引术动作相同。此外，在内蒙古白岔河岩画、西藏日土岩画、新疆康老二沟岩画、贵州平寨岩画、贵州关岭岩画、广西左江岩画、云南沧源岩画、云南元江岩画之中都发现了各种形态的舞蹈图。这些出自中华先民之手的艺术品，充分说明了我们的祖先早在人类文明之初，就知道利用舞蹈来增强自己的体魄。

舞，舞乐。《说文解字》："舞，乐也。用足相背，从舛，无声。"④甲骨文中的"舞"，即写作"無"，至金文始演化为"舞"。从甲骨文中"無"之取象而观之，即象人两手持饰物而起舞之形。孙海波曰："無，卜辞以为舞字，象人或舞之形。"⑤王襄曰："古舞字，象人执牛尾而舞之形。"⑥叶玉森曰："卜辞屡言雩示，盖祈雨之祭。古代雩必用舞。《说文》：夏祭，乐舞于赤帝，以祈甘雨也。从雨，亏声。或体从羽，舞羽也。《周礼·司巫》：若国大旱，则帅巫而舞雩，以祈甘雨也。从雨于声。或体从羽。舞羽也。《周礼》司巫，若国大旱，则帅巫而舞雩。女巫，旱暵则舞雩。故卜辞曰拱舞之，从雨。又曰：屏舞之。是殷之舞雩，或拱舞，或屏舞，并帅众合舞之谊。殷人尚鬼，当设司巫等官。卜辞言用巫之数有至三百者，则当时巫众可知。"⑦

---

① 诸子集成：第8册[M]. 长沙：岳麓书社，1996：59.
② 罗泌. 路史：前纪：卷9[M]//文渊阁四库全书：第383册. 台北：台湾商务印书馆，1983：67.
③ 萧统. 文选：卷17[M]//文渊阁四库全书：第1329册. 台北：台湾商务印书馆，1983：302.
④ 丁福保. 说文解字诂林：第6册[M]. 北京：中华书局，1988：5635.
⑤ 李孝定. 甲骨文字集释[M]. 台北："中央研究院"历史语言研究所，1980：2039.
⑥ 李孝定. 甲骨文字集释[M]. 台北："中央研究院"历史语言研究所，1980：1927.
⑦ 古文字诂林编纂委员会. 古文字诂林：第5册[M]. 上海：上海教育出版社，1999：686.

据殷墟卜辞记载，舞多用于祈雨仪式，例如："辛巳卜：宾贞乎無有从雨。"①"無岳雨。"②此者与祈雨有关，即当指"雩"。《说文解字》："夏祭乐于赤帝，以祈甘雨也。从雨亏声。雩，或从羽。雩，舞羽也。"段玉裁注："《公羊传》曰：大雩者何？旱祭也。《月令》：仲夏之月，大雩帝，用盛乐，乃命百县雩祀百辟，卿士有益于民者，以祈谷实。注曰：雩，吁嗟求雨之祭也。雩帝，谓为坛南郊之旁，雩五精之帝，配以先帝也。自韎韐至楶敂，皆作曰盛乐。凡他雩，用歌舞而已。《春秋传》曰：龙见而雩。雩之正当以四月。按郑言五精之帝，高诱注《时则训》曰：帝，上帝也。许独云赤帝者，以其为夏祭而言也。以祈甘雨，故字从雨。"③

神灵之"靈"，从巫，本义指巫，古时楚人称跳舞降神的巫为灵。《说文解字》："靈，巫也。以玉事神。"段玉裁注："各本巫上有靈字，乃复举篆文之未删者也。许君原书，篆文之下以隶复写其字，后人删之，时有未尽，此因巫下脱也字。以靈巫为句，失之，今补也字。《屈赋》《九歌》：靈偃蹇兮姣服。又靈连蜷兮即留，又思靈保兮贤姱。王注皆云：靈，巫也，楚人名巫为靈。许亦当云巫也，无疑矣。引伸之义，如《谥法》曰：极知鬼事曰靈，好祭鬼神曰靈。曾子曰：阳之精气曰神，阴之精气曰靈。毛公曰：神之精明者称靈。皆是也。巫能以玉事神，故其字从玉。"④

灵，既是事神的巫师，又是神之附丽，即神的本体。一体双边，一身二任，这正是宗教职业者的社会功能特征，即其身份是神与人事的交流沟通者。殷商之际的巫师正是扮演了这种角色，既对上帝祖先报告时王的信息，又代表上帝祖先传达吉凶祸福的意旨，沟通人神。钱锺书先生指出："后世有'跳神'之称，西方民俗学者著述均言各地巫祝皆以舞蹈致神之格思，其作法时，俨然是神，且舞且成神。"⑤

娱神，指人们通过祭祀、舞蹈、声乐等取悦神灵，向神灵祈福的行为。类似于酬神，但酬神只是指答谢神灵，而娱神既可以是祈福，也可以是致谢。《楚辞》中就有很多关于娱神活动的描述。汉代王逸在他所著的《楚辞章句》中说："楚国南郢之邑，沅湘之间，其俗信鬼而好祀，其祠必作歌乐鼓舞，以乐诸神。"⑥"乐诸神"，即娱神也。

上古时期的巫师踏上了交通鬼神、追求长生不死之路。《山海经》中记载了许多巫师神奇超凡的事迹。传说长江大溪沟口的巫山脚下有一条巫溪，全长二百余里，所经之处皆为悬崖峭壁，并无多少耕地、牧场，交通不便，并不适合人居住。然而，史籍中所说的群巫聚居的巫咸国就在此处。《山海经·海外西经》曰："巫咸国，在女丑北，右手操青蛇，左手操赤蛇，在登葆山，群巫所从上下也。"郭璞注："即登葆山，群巫所从上下

---

① 郭沫若.甲骨文合集[M].北京：中华书局，1978—1982：188.
② 董作宾.殷虚文字乙编[M].北京：科学出版社，1956：6857.
③ 段玉裁.说文解字段注：上册[M].成都：成都古籍书店，1981：608.
④ 段玉裁.说文解字段注：上册[M].成都：成都古籍书店，1981：110.
⑤ 钱锺书.管锥编[M].北京：中华书局，1986：156.
⑥ 王逸.楚辞章句：卷2[M]//文渊阁四库全书：第1062册.台北：台湾商务印书馆，1983：16.

也。"① 则"巫咸国"者,乃一群巫师组织之国家也。

中国医学出自巫医。严一萍《殷契征医》指出:"殷契无医字。古者巫医连称,医术实自巫术孕育而来,故初作医者名曰巫彭。《世本》巫彭作医。《说文》古者巫彭作医。《论语》南人有言曰:人而无恒,不可以作巫医。是医由巫出,巫与医为同类,故医亦从巫作医。又曰巫咸。《世本》巫咸初作医。巫咸除作医外,又有作筮,作巫,作鼓诸事。谓其知医,又见《御览》卷七百二十一引《世本》巫咸,尧臣也,以鸿术为帝尧之医。及《山海经·大荒西经》《海内西经》,古来传说不一,盖必目为多能之士也。彭咸皆殷人。王逸《楚辞》注云:彭咸,殷贤大夫。颜师古注《汉书·扬雄传》云:彭咸殷之介士。均误以为一人,而指为殷人则不误。""今其名并见于卜辞,彭之世次莫考,疑与大乙同时。"②

袁珂先生指出:《路史·后纪三》乃谓神农使巫咸主筮,则巫咸神农时人也。《御览》七九引《归藏》:"昔黄神与炎神争斗涿鹿之野,将战,筮于巫咸,曰:果哉而有咎。"则巫咸黄帝时人也。《御览》卷七二一引《世本》宋注云:"巫咸,尧臣也,以鸿术为帝尧医。"是巫咸又尧时人也。诸说不同。而《御览》七九〇引《外国图》云:"昔殷帝大戊使巫咸祷于山河,巫咸居于此,是为巫咸民,去南海万千里。"最为详明。王逸注《楚辞·离骚》亦云:"巫咸,古神巫也,当殷中宗之世。"殷中宗即殷帝大戊,是此巫咸当即殷时巫咸。"采药"只是群巫所做的次要工作,其主要者,厥为下宣神旨,上达民情。登葆山盖天梯也,"群巫所从上下"者,"上下"于此天梯也。《海内西经》云:"开明东有巫彭、巫抵、巫阳、巫履、巫凡、巫相,夹窫窳之尸,皆操不死之药以距之。"这些巫师精通医道,皆为神医。《世本》曰:"巫彭作医。"楚词《招魂》曰:"帝告巫阳。"巫咸、巫彭又为传说的中医道创始者。然细按之,毋宁曰皆神巫也。此诸巫无非神之臂佐,其职任为上下于天、宣达神旨人情,至于采药疗死,特其余技耳。操不死神药以活窫窳,当亦奉神之命,非敢专擅也。郭氏图赞云:"窫窳无罪,见害贰负;帝命群巫,操药夹守;遂沦弱渊,变为龙首。"是能得其情状者。③

商代巫医混然不分,许多从事医疗的就是巫师。卜辞曰:"丙申卜,巫御。不御。"④"丙戌卜……巫曰御。"⑤ 有时商王本身亦是巫师,可以占卜,求问祸福疾病。卜辞曰:"王梦珏,不惟循小疾臣。"⑥"甲戌……执,王惟巫……母庚。"⑦"庚戌卜,朕

---

① 袁珂.山海经校注[M].上海:上海古籍出版社,1980:219.
② 宋镇豪,段志洪.甲骨文献集成:第29册[M].成都:四川大学出版社,2001:4.
③ 袁珂.山海经校注[M].上海:上海古籍出版社,1980:219-301.
④ 郭沫若.甲骨文合集[M].北京:中华书局,1978—1982:5651.
⑤ 郭沫若.甲骨文合集[M].北京:中华书局,1978—1982:5649.
⑥ 郭沫若.甲骨文合集[M].北京:中华书局,1978—1982:5598.
⑦ 郭沫若.甲骨文合集[M].北京:中华书局,1978—1982:20305.

耳鸣，有御于祖庚羊百。又用五十八侑母……今日。"①"朕"，是商王武丁自谓。商王武丁为其耳鸣的病症，可与先王先妣沟通，杀牲致祭，进行自御。甲骨文中有关疾病的占卜，近百分之九十六七出现在武丁时期。武丁既能自己充当巫师，御除祟病，又曾为鬼巫惊殴疫鬼，还能关心众多的朝臣、王妃、子息，或其他贵族成员的疾患，并为他们判断病象病因，析其病症，察其病情变化，进行巫术作医，在当时社会，算得一位体智能力与病理药理知识较为深厚的出色政治家兼总巫师。②

商代去原始社会已远，但巫师的传统仍然留存。由于当时已出现了上帝神权观念，人们原先视疾病灾害皆为鬼魂作祟，至此有时也视其为上帝对下界的降警，故一度充当沟通人鬼间交往中介的巫师，有可能上升为"绝天地通"而协于上下、进行上帝与人间意识交流的特殊人物。商王朝政治权力结构的组合中，巫师成为商王的有力配角，死后又可成为上帝的座上宾，继续发挥其作用，在人们心目中影响力亦愈神化。

各地诸侯或姓氏方国也自有其巫。甲骨文有"巫由""巫臾""巫如"等，殆兼记其出身氏族。又有"周以巫""冉以巫""妥以巫"等，是各地向商王朝致送的巫师。巫可致送，则其地位应在当地上层权责之下。表明巫已成为当时社会一个专门的知识阶层，而服务于贵族阶级。因其人才难得，故在政治权衡场所常成为权贵之间进行某种交易的利用对象。巫以其握有的特殊知识，能跨越空间和时限，身份却不会改变，死后也如此。有已故巫师称"东巫""北巫"者。巫为神名，这批上升为人格神的巫，群称为"先巫""巫四""巫九"，仍被视为鬼神世界的一个专门的知识阶层。③

商代玉器艺术品以人物雕刻品技艺最为高超，商代玉器在制作工艺及艺术表现力上都比新石器时代大有进步。商人特别崇拜鬼神，祭祀活动频繁，制作了大量玉人用于祭祀。商代制作的玉人多呈严肃跪坐状，脸部较瘦，多为尖下巴、薄嘴唇的猴面形，眼部多为"臣"字形，并有与神兽合体雕琢的作品。商代制作的玉人通常琢有服饰、卷云纹、几何纹等，线条分别地阳起线纹和阴线纹两种，线条不太流畅，以平直线居多，整体呈粗犷、简率的风格。

对神灵的崇拜是上古先民根深蒂固的情结，浸润弥漫在原始社会的各个领域。早在新石器时代的四川大溪文化遗址中，就发现了人物面孔形玉雕饰，距今已有五六千年。随后的红山文化、凌家滩文化、良渚文化、石家河文化遗址都或多或少地发现了人物雕刻品。新石器时代的玉人造型简洁，以简单的线条概括人的基本特征，晚期的玉人均琢出服饰，能够反映当时人的精神面貌。这些远古时代的玉人多用于祭祀，是生殖崇拜、祖先崇拜和宗教信仰的产物。

在红山文化玉器中，玉人和人面形玉饰屡见不鲜，无论是大腹便便的孕妇，还是威武

---

① 郭沫若.甲骨文合集[M].北京：中华书局，1978—1982：22099.
② 宋镇豪.夏商社会生活史[M].北京：中国社会科学出版社，1994：430.
③ 宋镇豪.夏商社会生活史[M].北京：中国社会科学出版社，1994：431.

雄壮的武士，都雕刻得栩栩如生，各具特色。早期主要表现的多是女性形象，玉人胸前的乳房和肥大的臀部以及因怀孕而隆起的腹部，体现了当时社会对女性生殖力的崇拜。到了红山文化后期，玉人中开始出现男性形象，甚至出现了一男一女的形象，表明当时的社会形态已由母系社会的群婚制向父系社会的对偶婚制过渡。祖先崇拜也由对单一的女性祖先的崇拜发展到对男女祖先的共同崇拜。

除了表现普通人的玉人，红山文化玉雕人像中还有表现巫师形象的玉神人和人面玉饰。玉神人头上通常有两只角，有的甚至有四只角。玉面饰中也有一类是头上有角的，其中有些面目狰狞的，颇像巫师驱鬼时所戴的面具。古代先民相信有鬼神存在，经常举行驱鬼仪式。据专家考证，曾广泛流行于我国东北地区原始部落中的萨满教，其巫师在举行驱鬼仪式时头上所戴的面具部分也是有角的。

北京故宫博物院收藏着一件红山文化类型圆雕巫师像，高14.6厘米，宽6厘米，厚4.7厘米。黄绿色玉料，身上有大面积铁褐色沁斑。人像蛋形首，尖下颏，面部窄而前凸，眼睛及嘴部均以阴刻线刻画。全身赤裸，唯头上戴一动物头形的冠帽，动物眼睛圆凸，有两个竖直的长角，双耳镂空。冠帽前沿、人首额头处有浅刻的网格纹。人像细腰长腿，呈坐姿，上肢弯曲抚于腿上。后颈部有大的对穿孔，可以悬挂佩带。经研究，其与2002年在辽宁朝阳牛河梁遗址第十六地点四号墓人骨骼骨盆左外侧出土的一件玉立人，以及英国剑桥大学菲兹威廉姆博物馆收藏的一件中国早年流散出去的玉坐人像，表现的均是同一类人，即红山时代巫师的形象，是巫师在作法时不同状态下的表现。

红山先民相信玉能通神，他们认为用玉制成头上有角的巫师形象或人面玉饰也具有驱鬼降魔的寓意和作用，因而把这些玉神人和人面玉饰当作护身符佩戴在身上。这种佩玉辟邪的习俗应该在红山文化以前就存在，并在此后的中国社会广为流传。牛河梁出土的玉人呈站立祈祷状，双臂曲肘，双手并于胸前，颈的两侧钻孔，出土于墓主盆骨左外侧，使用时可能是穿绳系挂于腰际的。其他玉人基本都呈祈祷状，如《群玉别藏特展图录》所载玉人、《古玉掇英》所载玉人、英国剑桥大学菲兹威廉博物馆藏的玉人等。不同的是，有的玉人为蹲踞式，有些玉人头戴冠。红山文化所出玉人都是萨满教里的巫师形象，死者佩带玉人是身份的显示。所谓"祈祷状"则是行法事的典型动作，至于头戴冠，也是行法事时的装束，像崇鸟民族的巫师头上戴鸟冠一样。天津市文化局所藏的一件

巫师　圆雕　红山文化类型
北京故宫博物院藏

第四章│中国的原始宗教（二）

"兽形玉器"，实际是装扮成猪龙的大巫。

神灵巫师崇拜是史前人一个根深蒂固的情结，浸润弥漫在原始社会的各个领域，它对氏族生存的重要性，在良渚文化玉器制作上体现得极为鲜明、深刻。而良渚文化玉器上所揭示的各要素，几为上述史前玉器文化及制玉成就的集成，并在良渚文化玉器上体现出来。良渚文化玉器主要有琮、璧、钺、冠形器等，琮、璧为祭礼天地之器，钺是王权的象征，冠形器可能是举行宗教仪式时祭司戴在头上的饰物。

良渚遗址为新石器时代晚期文化遗址群，年代为公元前3300年～前2000年。遗址群中发现有分布密集的村落、墓地、祭坛等各种遗存，出土物中以大量精美的玉礼器最具特色。这些遗迹、遗物的发现，显示出良渚文化遗址群已成为证实中华五千年文明史的最具规模和水平的地区之一。反山、瑶山的祭坛有一个共同特点，就是在祭坛上都有专门埋葬巫师的墓葬。反山祭坛上有11座巫师墓，瑶山祭坛上有12座巫师墓。说明当时的巫师已经形成了一个相当固定的组织，他们可能居住在一起，因此死后被安葬在一处。

两处都随葬有大量的精美玉器，这些正是巫师祭祀天地神灵的礼器。其中以玉琮、玉璧最为突出，不仅数量多，而且制作十分精细。反山遗址12号墓出土的一件玉琮，通高8.8厘米，黄白色，有规则的紫红色瑕斑。器形呈扁矮的方柱体，内圆外方，上下端为圆面的射，中有对钻圆孔，俯视如玉璧形。琮体四面中间由约5厘米宽的直槽一分为二，由横槽分为四节。这件玉琮重约6500克，形体宽阔硕大，纹饰独特繁缛，为良渚文化玉琮之首，堪称"琮王"。

从先秦时期开始，中国文化就显现了一种非神性而重人性的思想特征。这种鲜明而积极的思想倾向最早反映在《尚书·洪范》之中："五福：一曰寿，二曰富，三曰康宁，四曰攸好德，五曰考终命。六极：一曰凶短折，二曰疾，三曰忧，四曰贫，五曰恶，六曰弱。"① 所谓"五福"，指长寿、富裕、康宁、良好品德、尽其天年。反之则为"六极"，指凶亡短命、疾病缠身、忧患频繁、贫困没落、厄运当头、懦弱早逝。由此出发，我们的祖先很早就将追求人生幸福和快乐同长寿、健康、安宁联系起来。在他们看来，人生的幸福并非仅仅是财富的占有，或名誉地位的获得，幸福意味着生命的完善，而在其中，生命的健康、安宁、长寿占有非常重要的地位，甚至是第一位的。这样一种文化思想背景才孕育了我国古代的方仙道。

从历史角度看，最先参与实践的是巫师。它出现的时代很早。商代即有叫作巫咸、巫即、巫盼、巫姑、巫彭、巫礼、巫抵、巫罗等的十大神巫，他们辅治国家，交通鬼神，预卜命运，为人治病，具有非凡的功力。《山海经·大荒西经》载："大荒之中，有山名曰丰沮玉门，日月所入。有灵山，巫咸、巫即、巫盼、巫彭、巫姑、巫真、巫礼、巫抵、巫

---

① 阮元.十三经注疏：上册[M].北京：中华书局，1979：195.

谢、巫罗十巫从此升降，百药爰在。"①他们可以通过一种超常的精神状态，进入恍惚迷离的境界，即通灵入神的世界。殷商的巫师以祭祀、祈祷、巫术之法为人治病，这是因为人们认为发生疾病的主要原因在于上帝"肇病"，鬼神"作祟"，祖先"降咎"。出于这种认识，有了疾病后，就致祭鬼神，以求福佑，禳除疾病，这是殷人治病强身的主要手段。具体的事例卜辞中记载甚多。

这种以巫代医的习俗，后来被医家祝由科和道教继承，正如《素问·移精变气论》所说："古之治病，惟其移精变气，可祝由而已。"同时，巫师还用按摩、针刺、艾灸、咒术、药物等为人治病。卜辞中有女巫为人按摩、女巫妹给小孩进行艾灸、巫师"咒枣"为殷王武丁治疟的记载。可见古代巫、医不分，故有"巫咸作医"之说。《吕氏春秋·尽数》说："巫医毒药，逐除治之。"②《逸周书·大聚》说："乡立巫医，具百药，以备疾灾。畜五味，以备百草。"③这些皆为古代巫医不分的明证。

巫师是中国历史上最早的宗教职业者，原始宗教是中国历史上最古老的宗教。可以说后来的祭师、咒师、方士、羽人、术士、道士都是巫师发展演变的结果。从原始宗教到古代宗教，从战国时期的原始道教、方仙道、黄老道，到秦汉以来的王母道、太平道、正一道、灵宝派、上清派；从唐宋时期的北帝派、神霄派、清微派、南宗、地祇派、太乙派、天心派、净明派、东华派，到金元明清以来的太一教、全真道、三丰派，都是传承了原始宗教的传统。时至当代，中国民间社会仍然流行的闾山教、梅山教、元皇教、淮南门、普庵教、法教等，都是原始宗教对中国社会的影响至深至远的明证。

---

① 袁珂.山海经校注[M].上海：上海古籍出版社，1980：396.
② 诸子集成：第8册[M].长沙：岳麓书社，1996：31.
③ 逸周书：大聚：卷4[M]//王云五.丛书集成初编：第3695册.北京：中华书局，1983：105.

第五章

中国的古代宗教

　　宗教演化的第二个阶段是古代宗教，它是产生并流传于阶级已经产生、国家已经形成，并已进入文字历史时期的宗教。中国自夏代起进入古代宗教发展期，经历商周二代，形成上古时期的中国古代宗教。古代宗教是在原始宗教的基础上发展而成的一种较高等级的宗教形式，较之原始宗教，它增加了极其宝贵的伦理内容。中国原始宗教表现为自然崇拜、灵魂崇拜、图腾崇拜、祖先崇拜等自发的宗教信仰形式。由于中国社会在出现私有制后形成了它的独特性，因而中国古代宗教信仰在形成时期即夏商周三代及秦汉时期，仍然延续着这种自发性，保留着原生型宗教的信仰对象和形式，同时也人为地创造了一些新的宗教信仰形式。传说中的五帝时期，随着国家的形成，原始宗教向古代宗教转化。夏商两代完备的国家机器的建立，使古代宗教得到充分发展，臻于成熟。西周宗法制为古代宗教伦理化提供了沃土。春秋时期，随着宗法制的解体，氏族政权衰落，诸子学说出现，中国思想走出古代宗教，进入新的历程。

　　历史上的夏商周三代是中国奴隶制社会建立、发展和衰落的时期。这种奴隶制是在父系氏族的基础上形成的。从部落联盟演变为国家，禅让制让位给世袭制，但保留了氏族社会的血缘纽带。君主是最高的专制家长，统治阶级以血缘亲疏来分配权力与财富。与此相适应，出现了反映君权的天神崇拜和反映宗法制度的祖先崇拜。原始的英雄崇拜发展为圣贤崇拜，并保存和发展了普通的鬼神崇拜，进而形成了古代宗教。

　　古代宗教的特点是在中国特殊的自然、社会环境和文化传统中形成的。多神崇拜和多神互容构成中国古代宗教的第一个特点——多元通和。官方宗教的政教一体和教派宗教的政主教从构成中国古代宗教的第二个特点——政教关联。入世情怀和天神合德构成中国古代宗教的第三个特点——入世崇德。中国古代宗教所形成的特点对中国传统的政治文化、伦理思想以及深层的民族心理结构都产生了重大而又深远的影响。

　　古代宗教的崇拜对象是在特定的自然环境和人文环境下，从原始宗教的崇拜对象发展而来的，主要是"人"对抽象的"天"进行崇拜。后来，在儒道两家的批判和改造下，其崇拜对象逐渐由"神灵之天"向"义理之天""命运之天"以及"自然之天"演变。与之相应的天人关系也由"天人相分"到"天人相通"，直至发展到"天人合一"的最高精神境界。古代宗教有着相当丰富的历史遗存、文物文献。从红山文化的礼器，到商周时代的青铜器；从卜辞、金文中的祈祷文辞，到《尚书》《礼记》中的规章仪制，展现出丰富多彩的历史场景。

　　中国古代宗教在中国宗教演化史中具有独特的地位，有一系列的历史特征。主要有以下几点。

（一）祖先崇拜已经确立

祖先崇拜是在母系氏族社会向父系氏族社会的发展过程中从灵魂崇拜与图腾崇拜发展而来的一种宗教信仰，即在亲缘意识中萌生、衍化出对本族始祖先人的敬拜思想。祖先崇拜相信其祖先神灵具有神奇超凡的威力，会庇佑后代族人并与之沟通互感。不再用动植物等图腾象征来作为其氏族部落的标志，而以其氏族祖先的名字取代，由此使古代宗教从自然崇拜上升为人文崇拜。

（二）神灵崇拜开始确立

古代宗教皆由原始宗教演化而来。一方面，它沿袭了原始宗教的自然崇拜、图腾崇拜和祖先崇拜；另一方面，出现了越来越多的自然神、社会神，如雷神、风神、天神、地神、山神、水神、战神、爱神、命运神、农业神、畜生神、工艺神等。神灵拟人化日益明显，但仍有许多神灵继续保有动物头形或身躯。

（三）主神观念开始出现

在国家正式出现的过程中，不少民族、城邦陆续出现了各自的民族守护神和城邦守护神。国家出现后，更在众神之中形成了主神观念。当王朝更迭时，夺得政权者也常改以本民族的守护神作为主神。主神享有至高无上的权威，它不但是自然万物（包括人类）的创造者，而且是社会秩序的主宰者。在古代宗教信仰的世界，至上神上帝一统天下，上帝是中心。牟钟鉴、张践认为：夏代的宗教已出现一个统一的至上神，这个无所不能、威力无比的至上神上帝，主宰着自然及人间的一切。从夏代起，中国宗教就进入了至高神崇拜的宗教历史阶段。在殷人头脑中，有一个无所不能威力无比的至上神上帝，主宰着自然及人间的一切。[1] 特别是在西周，中国古代宗教进入鼎盛时期，至上神信仰的神学思想与宗教实践日趋成熟，并具有相当完备的规模与谱系。

（四）建立了至上神崇拜的政教合一的国家体制

夏商周三代的至上神崇拜是具有国家性质的，宗教祭祀活动都是在国家层面上进行的。到了周朝已经形成了较为成熟、完善的政教合一的国家体制，出现了完善的宗教机构、宗教理论与宗教礼仪，形成了以德配天的宗教伦理。与地上王国相应，天阶体系已经形成，分掌不同职司的大小神灵，皆在一位至上神之下形成各自的品级等次。在地上，建立了庞大的由国家直接控制的职业神职系统，完善了国家级的宗教祭祀制度，以及完备化

---

[1] 牟钟鉴，张践. 中国宗教通史[M]. 北京：社会科学文献出版社，2000：79.

的礼仪典章等。国家制定的官制，既有宗教职能，亦有行政职能，周礼中的六卿、祝、宗、卜、史、巫等，就是以宗教职能为主的官吏。

（五）原始社会已有的巫术得以继承，并发展为方术法术

原始巫术的属性在古代社会发生了变化，其制服客体的意愿，继续在占星术、炼养术中得到保存，并与古代天文学、化学、冶炼学、矿物学、植物学的萌芽有密切关联。其幻觉、心理、精神因素，则同古代宗教的鬼魅精怪观念结合在一起，成为古代占卜、观兆、望气等宗教活动的依据。

（六）神学思想与宗教哲学开始产生，宗教伦理观念亦开始形成

人们开始追究神是什么，死亡是什么，另一个世界在哪里，随着语言的同化，产生了用于交通神灵的咒语，文字的产生促使最初的宗教典籍开始出现。

（七）三阶神祇谱系已经形成

所谓"三阶"，指天阶、地阶、人阶，或谓之三界。至上神崇拜的宗教思想在商代已经相当成熟。商人的上帝支配着天、地、人三界的神灵，是宇宙间一切事物的造物主和最高主宰。然而，这位上帝虽然是全能的至上神，但它并未排除其他神灵的共存，自然神、祖先神等依然存在于人们的信仰世界中。如同现实世界中帝王—诸侯—大夫的关系一样，信仰的世界同样形成了上帝—自然神—祖先神这样一种内在的结构。《周礼·大宗伯》概括出天神、地祇、人鬼的崇拜系统。道教成立之始，供奉的神灵数量已相当多，但仍不出《周礼》所概括的天神、地祇、人鬼的格局。

第一节　青铜时代与宗教祭祀

青铜时代是以使用青铜器为标志的人类文化发展阶段。青铜是红铜（纯铜）与锡或铅的合金，因为颜色青灰，故名青铜，熔点为700~900℃，比红铜的熔点（1083℃）低。含锡10%的青铜，硬度为红铜的4.7倍，性能良好。青铜时代初期，青铜器具比重较小，中后期，比重逐步增加，农业和手工业的生产力水平随之提高，物质生活条件也渐渐丰富。青铜的出现对提高社会生产力起了划时代的作用。青铜时代处于铜石并用时代

之后，在铁器时代之前，大约为从公元前4000年至公元初年。世界各地进入这一时代的年代有早有晚。伊朗南部、土耳其和美索不达米亚平原一带在公元前4000～前3000年已使用青铜器，欧洲在公元前4000～前3000年、印度和埃及在公元前3000～前2000年也有了青铜器。北非以外的非洲其他地区使用青铜器较晚，大约不晚于公元前1000年～公元初年。直到近公元11世纪，美洲才出现冶铜中心。

在青铜器时代，世界上形成几个重要的青铜铸造业地区，这些地区成了人类古代文明的中心。在古代文化发达的一些地区，青铜时代与奴隶制社会形态相适应，如爱琴海地区、埃及、美索不达米亚平原、印度、中国等国家和地区，此时都是奴隶制繁荣的时期。但是也有一些地区没有经过青铜时代便直接过渡到铁器时代。产生人类文明的地区在青铜时代已经出现了文字。

青铜采冶业是从石器加工和烧制陶器的生产实践中渐渐被认识而产生的。人们在寻找石料和加工的过程中，逐步识别了自然铜与铜矿石。例如有一种铜矿石，颜色碧绿，其断面的纹理与孔雀的羽毛相似，很是艳丽，所以人们称它为孔雀石。这种孔雀石含铜量高，其含铜品位可达10%～20%或更高。这是一种氧化矿，只要同木炭放在炼炉中进行冶炼，加热到1000℃稍高一些，就可以炼出铜来。它又常常与自然铜一起出现，并与铜锈有类似的颜色，因此孔雀石很可能是人们最早用于冶炼的铜矿石。在烧制陶器的过程中积累起来的丰富经验，为青铜的冶铸业提供了必要的高温知识、耐火材料、造型材料与造型技术等条件。例如龙山文化中黑陶和白陶的烧陶温度均与铜的熔点接近。当时使用陶模具制作泥坯和印制花纹等技术与铸铜的模具功能有相似之处；冶铸用的熔炉、水色、型范等都是陶质的用具。炼铜用的木炭也与烧陶所用的燃料是一致的。考古工作提供的资料说明，凡是发现古代采矿、冶炼遗址的附近，几乎都有同时期居民聚落遗址。因此，人们在制作石器寻找原料而出没于这些山丘时，一旦认识了自然铜与孔雀石等铜矿石，那么采掘这些金属原料就成了他们的新工作。

中国的青铜文化起源于黄河流域，始于公元前21世纪，止于公元前5世纪，大体上相当于文献记载的夏、商、西周至春秋时期，约经历了1500多年的历史。这与中国奴隶制国家的产生、发展及衰亡大体相合。有学者把中国青铜时代从商周至战国划分为鼎盛期、颓败期、中兴期、衰落期4个阶段。也有学者把这一时期划分为殷商前期、殷商后期、西周期、东周前期、东周后期5个阶段。据统计，已出土的商代和西周时期的铸有铭文的青铜器有上万件之多，没有铭文的铜器更数倍于此。

一、中国的青铜时代

中国青铜器起源较早。在距今5000多年前的新石器时代马家窑文化、大汶口文化、龙山文化和稍晚的齐家文化的遗存中，已发现有青铜制品。夏代青铜器中已有形制较为复杂的青铜容器和兵器，说明在物质文明发展史上已迈进了青铜时代。商代前期是中国青铜器初步发展的时期，不仅工具、兵器和容器的器类及数量大增，而且已有精细的花纹，并开始出现铭文。商代后期青铜器空前鼎盛，种类更丰富，花纹极为富丽繁缛，铭文逐渐加长。西周早期青铜器延续了商代后期的鼎盛之态，在严格的礼乐制度下，制作了数量众多的青铜礼乐器，并在青铜铸造业的许多方面达到了更高水平。西周后期，青铜器风格有所改变，制作朴素，纹饰趋向简化，长篇铭文盛行，书体娴熟奔放，有了更多的时代特征。

夏王朝是中国历史上第一个国家政权。以伊水、洛水地区为中心的河南偃师二里头文化遗址应是夏代的都城，是政治、文化的中心，也是当时文明最发达的地区。二里头文化于1953年首先在河南登封玉村遗址发现，当时出土的遗物不多。自1954年至1957年，在洛阳东干沟村附近又曾几次发现这种文化的墓葬与灰坑。这个遗址的晚期堆积中发现有青铜小刀和青铜锥，器形和铸造工艺都很原始。从地层关系上可以清楚地判断出这种文化的年代晚于人们熟悉的河南龙山文化，又早于商代。这种文化的特点及其所处的时代引起了学术界的广泛注意，很快，在郑州洛达庙、巩义稍柴、偃师灰嘴和二里头、渑池鹿寺、陕县七里铺等地都发现了这类古文化遗存。随着中国社会科学院对二里头遗址的大规模科学发掘，资料越来越丰富，许多碳-14测定数据集中在公元前21～前15世纪。考古界遂把这种文化定名为二里头文化，并作为夏文化的主要讨论内容。

此后，中国三代考古工作者对二里头遗址进行了持续不断的发掘，发现了大型宫殿基址，大型青铜冶铸作坊，制陶、制骨遗址，与宗教祭祀有关的建筑以及400余座墓葬，出土了成组的青铜礼器和玉器，证明了它是一处早于郑州商城的具有都城规模的遗址。二里头遗址成为公认的探索夏文化和夏商王朝分界的关键性遗址。遗址中出土了数十件青铜器，大致分为五大类：具有宗教礼制性质的容器、乐器和实用的工具、兵器、装饰品，反映出夏王朝青铜铸造的产品种类已较齐全。鼎是青铜器中地位最高的礼器，二里头遗址中出土一件，为炊煮器，圆体，有双耳，腹外壁有纹饰，三个锥形足，足间可直接放置燃料烧火加热，器身有简单的网格纹，工艺比较粗糙，有新石器时代晚期陶鼎的遗风，但其功能已经晋升为重要的礼器。

青铜鼎随着时代的发展，形制也在发生变化。商代早期多为圆腹尖足，也有方鼎。到了中期出现了扁足鼎等。商代晚期尖足鼎逐渐减少，圆腹柱足鼎开始居多，鬲鼎逐渐多了起来。《尔雅》记载"鼎之款足者，谓之鬲"。鬲鼎也称分档鼎，是鬲和鼎的混合体，鼎从商代开始铸有各种式样的神秘纹饰，多为兽面纹，如饕餮纹、蝉纹、象纹等，纹饰变化巧妙。容器内部铸有族徽或祖先的名字。商代的鼎器，器形与纹饰向显示威严与震慑力的礼器功能过渡，原始的实用性已经大大消退。

商代中期铜器的发现较为分散，河北藁城台西、北京平谷刘家河、安徽阜南和肥西等地出土的青铜器比较典型。商代晚期的殷墟一期墓葬也有商代中期青铜器伴出。器形特征为：爵尾与早期相似，流已放宽，并出现圆体爵；斝的底部多向下鼓出，平底斝已较少见；在空锥状足的基础上，出现了截面为丁字形的足；大口有肩尊，有了较大的发展，出现了厚重雄伟的造型；罍的体型比例则较早期有明显的降低而呈宽肩的样式；三足的鼎、鬲类器开始出现三足与两耳对称的配足格式；圈足类器的圈足镂孔则普遍有所缩小，新增的器类有瓿。纹饰分为两类：一类是变形动物纹，构图简略，但线条细而密集，与早期纹饰线条粗犷的风格有异；另一类用繁密的雷纹和排列整齐的羽状纹构成兽面纹，双目突出，但头像与躯体仍未明显区分。高浮雕附饰也有较大的发展，特征是线条轮廓浑圆，与晚期有别。一般仍不铸铭文，但个别器物铸有氏族徽记。

商代晚期青铜器的发展可分为前、后两个阶段，新出的器形有方彝、高颈椭扁体壶。觥、盂、鼎、鬲、簋、甗等食器有较大的发展。爵已盛行圆体型式。觚的腹部细长趋势明显。斝在前段仍是与爵、觚相伴的酒器，后段似已退出酒器组合之列。方彝发展较快。鸟兽形象的铜器也颇盛行。圈足器类的圈足上的镂孔装饰也出现由退化到消失的趋势。这时期商代王畿和方国均出重器珍品，殷墟妇好墓的三联甗、偶方彝、四足觥、鸮尊，湖南出土的四羊尊、虎食人卣、象尊、猪尊、人面方鼎，山西石楼出土的角状觥，安阳西北冈出土的后母戊方鼎都是代表中国青铜艺术顶峰的瑰宝。

商晚期至西周早期是青铜器发展的鼎盛时期，器型多种多样，浑厚凝重，铭文逐渐加长，花纹繁缛富丽。从器形之间看，由于西周时期的青铜器制作方法同夏、商时期一样，没有太大的变化，都是陶范制作，且一器一范，所以在西周时期也是没有完全相同的青铜器造型。

青铜器铭文也有所发展，尤其在殷墟文化后段，铭文加长，内容趋向记史，据此已能确定一批绝对年代可考的标准器，如传世的廿祀簋、廿祀方鼎、十五祀小臣俞犀尊、邲其诸器和出土于安阳后冈的戍嗣子鼎等。纹饰趋于繁缛，形成地纹和主纹相重叠的多层花纹。主纹普遍采用浮雕形式，以动物和神怪为主题，地纹普遍采用雷纹。花纹往往布满全器。同时，扉棱和牺首等装饰手法也有很大的发展。[①]

青铜器一问世，便被人们赋予极其丰富的文化内涵。北宋王黼收集了内府所见的全部器具，选商周至汉唐青铜器编成《宣和博古图》，包括鼎、彝、卣、罍、瓶、壶、斝、觚、斗、卮、觯、角、敦、簠、簋、豆、铺、甗、锭、鬲、鍑、盂、盦、鐎、斗、瓴、

---

① 中国社会科学院考古研究所.殷墟青铜器[M].北京：文物出版社，1985.

罂、冰鉴、冰斗、磬、錞、铎、钲、铙、戚、鉴，著录详细，图文并茂，从而将这批珍贵的文物展示于世。

铜铃，高9.4厘米。河南偃师二里头文化遗址出土。顶部近平，中有一圆孔，上有一拱形系，侧有一扉，通体素面。铜铃，"铃叮"作响的金属器具。金文中已有铃字。《说文解字》："铃，令丁也。从金从令，令亦声。"段玉裁注："《晋语》十一注：丁宁，令丁，谓钲也。《吴语》十九：丁宁，令丁，谓钲也。今《国语》皆夺令丁字，而存于旧音补音。《广韵》曰：铃似钟而小。然则镯、铃一物也。古谓之丁宁，汉谓之令丁。在旂上者亦曰铃。"①

铜铃　夏晚期
中国社会科学院考古研究所藏

铜鼎，古代烹煮用的器物，一般是三足两耳。又被视为立国的重器，是政权的象征。《说文解字》："三足两耳，和五味之宝器也。……昔禹收九牧之金，铸鼎荆山之下，入山林川泽者，螭魅魍魉，莫能逢之，以协承天休。《易》卦：巽木于下者为鼎，象析木以炊也。籀文以鼎为贞字。"段玉裁注："三足两耳谓器形，非谓字形也。《九家易》曰：鼎三足，以象三台也。《易》曰：鼎，黄耳。和当作盉。许亦从俗通用。""皇甫谧《帝王世纪》：禹铸鼎于荆山，在冯翊怀德之南，今山下有荆渠。郦氏《水经注》：怀德县故城，在渭水之北，沙苑之南。《禹贡》北条荆山在南，山下有荆渠，即夏后铸九鼎处也。《易》卦：巽木于下者为鼎。"②

网格纹鼎　夏晚期
中国社会科学院考古研究所藏

网格纹鼎，高20.1厘米，口径15.3厘米。河南偃师二里头文化遗址出土。敛口折沿，口沿薄唇内附一加厚的沿，上立两环耳，一耳与一足呈垂直线，空心四棱锥状足，腹饰带状网格纹一周，器壁甚薄。此为目前所见唯一的一件

---

① 古文字诂林编纂委员会.古文字诂林：第10册[M].上海：上海教育出版社，2003：566.
② 古文字诂林编纂委员会.古文字诂林：第6册[M].上海：上海教育出版社，2003：577.

二里头文化铜鼎,也是迄今为止发现的中国青铜器中时代最早的铜鼎。

后母戊鼎(原称司母戊鼎),1939年河南安阳出土,系已发现的最大商代青铜礼器。鼎呈长方形,口长112厘米、口宽79.2厘米,壁厚6厘米,连耳高133厘米,重达832.84公斤。腹部呈长方形,下承四中空柱足。器耳上饰一列浮雕式鱼纹,首尾相接,耳外侧饰浮雕式双虎食人首纹,腹壁四面正中及四隅各有突起的短棱脊,腹部周缘饰饕餮纹,均以云雷纹为地。足上端饰浮雕式饕餮纹,下部饰两周凸弦纹。腹内壁铸有"后母戊"三字。该鼎是商王为祭祀其母"戊"而作,造型厚重典雅,气势恢宏,纹饰美观,铸造工艺高超。

后母戊鼎　商代　中国国家博物馆藏

商亚虎父丁鼎,高六寸四分,耳高一寸二分,阔一寸二分,深三寸三分。口径长五寸五分,阔四寸一分。腹径长五寸六分,阔四寸二分。容二升有半,重五斤九两。四足。铭四字。亚形内著虎象。凡如此者,皆为亚室。而亚室者,庙室也。庙之有室,如左氏所谓宗祐,而杜预以谓宗庙中藏主石室者是也。父丁,商号也。饰之虎,所以取其义。如司尊彝用虎彝,以为追享

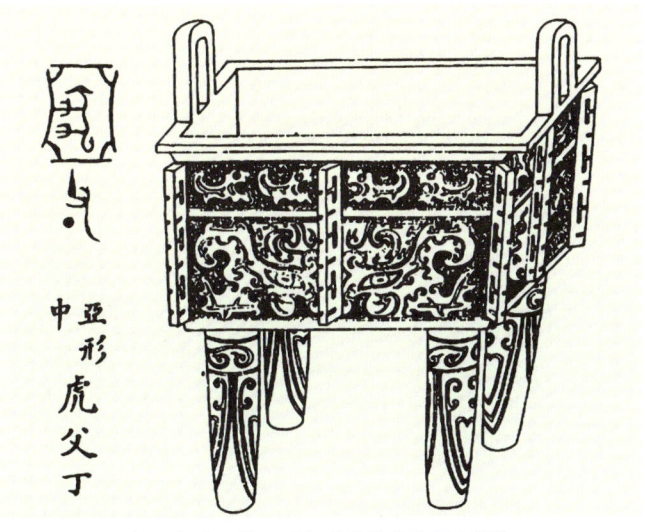

商亚虎父丁鼎　采自《重修宣和博古图》

之器，盖亦见其义之至耳。商以此铭鼎，至周监二代而损益之，以致详辩，故独有取于彝云。①

周史頵鼎，高一尺四寸六分，耳高三寸九分，阔四寸三分，深九寸五分，口径一尺五寸，腹径一尺五寸六分，容六斗二升三合，重七十六斤。三足。铭四十三字。耳足纯素，纯缘之下以雷纹为饰。曰史頵者，虽不见于经传，盖史则言其官，頵则疑其名。是器与前伯硕父鼎言其考妣谥号，大率相类，然所异者，此鼎差小，特不纪其岁月。虽辞有详略，器有大小，不害其为同，实一时之物也。②

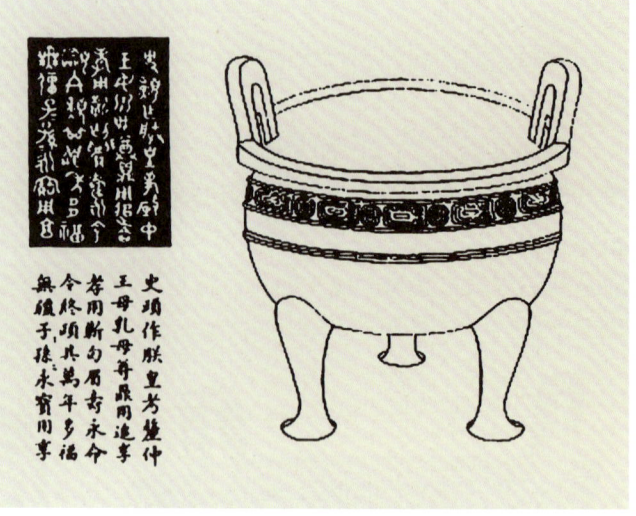

周史頵鼎　采自《重修宣和博古图》

周象鼎，高九寸三分，耳高三寸，阔三寸二分，深五寸，口径一尺一寸七分，腹径一尺五分，容一斗九升，重二十八斤。三足。铭一字，作象形。《周礼·司尊彝》："春祠春禴，其再献用两象尊。"而是器则鼎也。且《易》六十四卦，皆象也。而于鼎独言象，盖鼎之为卦☲，上离下巽，以木巽火，有鼎之体。此画象形，其亦准《易》而著之耶。是器腹饰交夔，两耳外作连珠纹，纯缘不加虫镂，有商之遗制焉。③

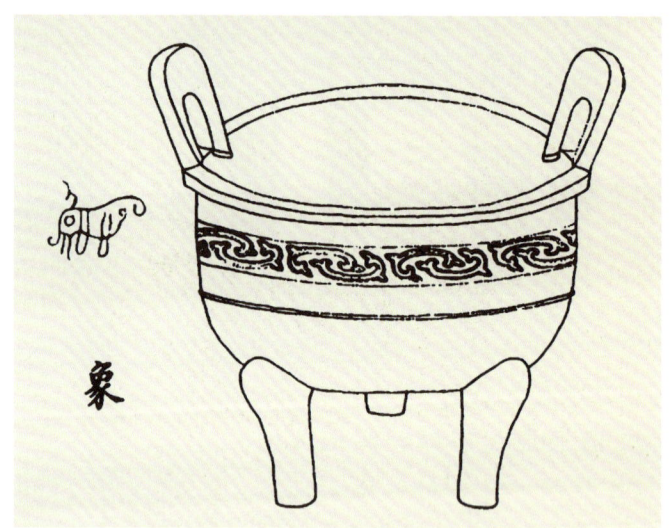

周象鼎　采自《重修宣和博古图》

周龙鼎，高七寸一分，耳高一寸七分，阔一寸五分，深四寸四分，口径六寸三分，腹

---

① 王黼．重修宣和博古图：卷1[M]//文渊阁四库全书：第840册．台北：台湾商务印书馆，1983：382．
② 王黼．重修宣和博古图：卷2[M]//文渊阁四库全书：第840册．台北：台湾商务印书馆，1983：408．
③ 王黼．重修宣和博古图：卷2[M]//文渊阁四库全书：第840册．台北：台湾商务印书馆，1983：417．

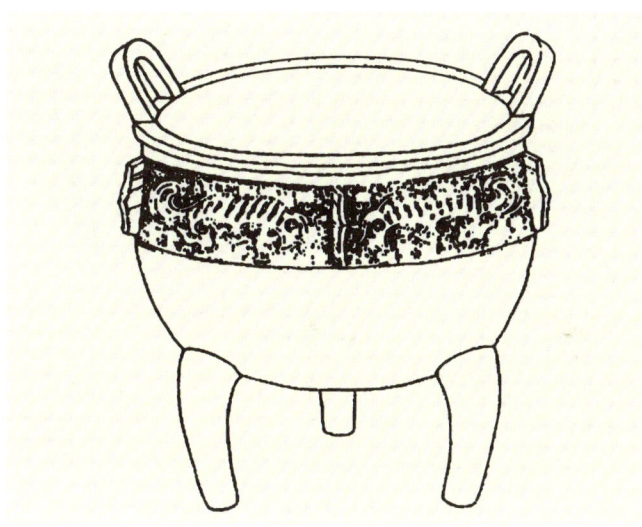

周龙鼎　采自《重修宣和博古图》

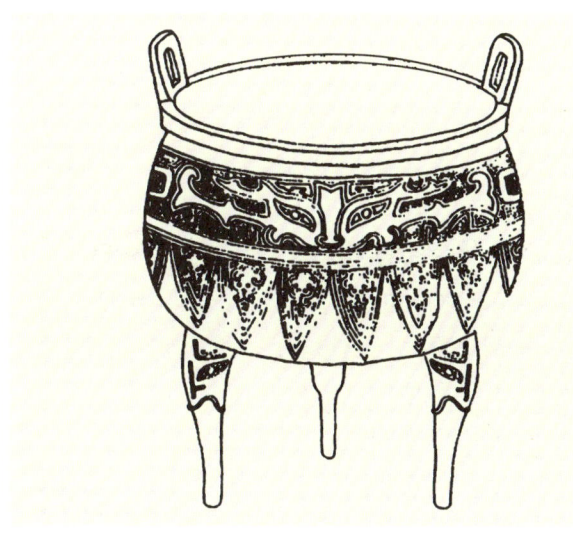

周蝉纹小鼎　采自《重修宣和博古图》

径六寸八分，容五升三合，重五斤。三足。无铭。是器著象若龙。《传》曰：龙，以不制为龙，以其升降自如，能小能大，或潜或跃，善于变化，而有利泽，以及于物也。鼎之烹饪，可以享上帝，可以养圣贤，其为用大矣。所以特取象于龙，盖以求配其类也。①

周蝉纹小鼎，高四寸八分，耳高九分，阔六分，深二寸七分，口径四寸二分，腹径四寸五分，容一升三合，重一斤二两。三足。无铭。按，此器著以夔龙，垂以蝉纹，而下极锐。制炼之工，与周蠡鼎相类。昔徐广谓侍臣加貂蝉，以取清高。鼎之为饰，安知其无是意耶？况五德圜具，廉俭兼足，是亦食器之间所宜尊者也。②

周蟠夔平盖鼎，通盖高六寸九分，耳高二寸六分，阔一寸八分，深四寸九分，口径七寸，腹径七寸四分，容七升，共重四斤十有二两。三足。无铭。是鼎制作虫镂精妙，而腹著蟠夔，非秦、汉冶铸之所能及。顶盖平，上设四环，周以雷纹，比他周鼎为小异，实晚周物也。③

尊，盛酒的器皿。字形采用"酋、廾"会义，像双手捧举酒坛。《周礼》提到六尊

---

① 王黼. 重修宣和博古图：卷4[M]//文渊阁四库全书：第840册. 台北：台湾商务印书馆，1983：448.
② 王黼. 重修宣和博古图：卷4[M]//文渊阁四库全书：第840册. 台北：台湾商务印书馆，1983：454.
③ 王黼. 重修宣和博古图：卷4[M]//文渊阁四库全书：第840册. 台北：台湾商务印书馆，1983：456.

是：牺牛角做的酒尊、象牙做的酒尊、没有尊脚尊底着地的酒尊、壶形的酒尊、太古的酒尊、刻画了山峦的酒尊，以备祭祀和宴请宾客时用作礼器。王黼曰："在昔三代盛时，凡酌献祼将，通用于人神之际，故酌献用于人，亦用于神。祼将所以礼神，亦所以礼人。是以尊罍彝舟，相为先后而行之。然《周官》幂人先尊，以尊尊而彝卑。《小宗伯》先彝，以言其用则先

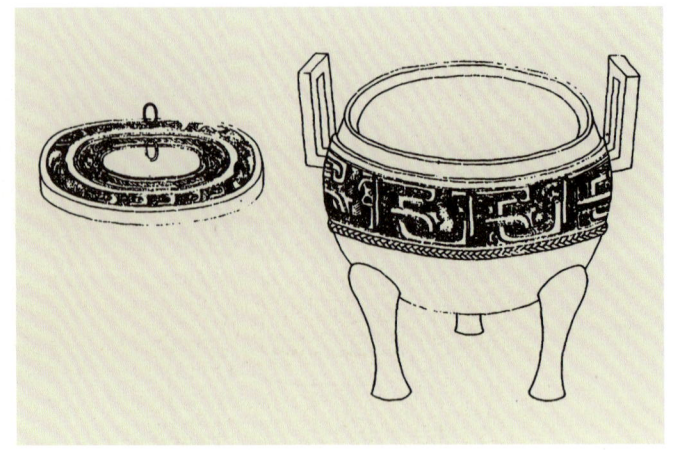

周蟠夔平盖鼎　采自《重修宣和博古图》

彝。彝用以祼，既祼则已。尊用以饮，饮则必有继之者，故继之必资诸罍。此《诗》所谓'瓶之罄矣。维罍之耻'之义也，于司尊彝之职有六尊，言其数，复言其名。酒正之职有八尊，言其数，不言其名者。盖八尊所以广六尊之数也。至于罍，则一种而已。有六罍，所以副六尊耳。夫尊有六，而在周则设官以司之。辨其用与其实，故有谓之献，谓之象。则凡春祠、夏禴，其朝践、再献之所用也；谓之著，谓之壶，则凡秋尝、冬烝，其朝献、馈献之所用也；谓之泰，谓之山，则凡追享、朝享，其朝践、再献之所用也。若夫《尔雅》不言尊，而曰彝、卣、罍器也者，谓彝、卣、罍，皆盛酒尊，意其尊必有罍，亦犹彝之有舟。此又一家之说也。且尊之用于世久矣。泰尊，虞氏之尊也；山罍，夏后氏之尊也；著，商尊也；牺象，周尊也。合而言之，总谓之尊彝。以周兼四代之礼，故皆有之。《周官》言六尊者，兼得而用之也。舍《周官》而见于他传，则分而言之。故有所谓上尊曰彝，中尊曰卣，下尊曰壶。凡以彝之为常也，故曰上尊而已。在商之世，以质为尚，而法度之所在，故器之所载，皆曰彝。至周之文、武，制作未备，商制尚或存者，则尊彝之名，间未易焉。今召公尊、文考尊，皆周时器，而亦谓之彝，盖本诸此。"①

兽面纹羊首尊，高25厘米，口径18.3厘米。陕西城固龙头镇出土。敞口，束颈，弧肩，鼓腹，颈饰弦纹，肩置三个等距高浮雕卷角羊首装饰，羊首间饰以夔纹，上下界以联珠纹，腹饰兽面纹，圈足有三个圆形镂孔，其上下亦以联珠纹。其下饰以夔纹。

商持刀父癸尊，高九寸二分，深八寸，口径七寸八分，腹径七寸五分，容六升，重七斤十有二两。铭三字。是尊状觚形，而所容则倍之。设饰虽华，而字画极古。铭之"父癸"，癸者，成汤之父号，且铭者自名，自名以称扬其先祖之美，而明著之后世者也。故

---

① 王黼. 重修宣和博古图：卷6[M]//文渊阁四库全书：第840册. 台北：台湾商务印书馆，1983：489-490.

兽面纹羊首尊　商中期　陕西历史博物馆藏

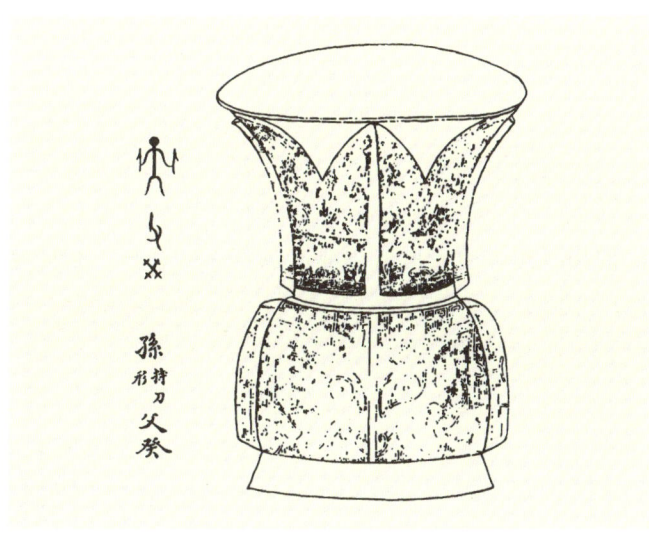

商持刀父癸尊　采自《重修宣和博古图》

于父癸而言孙者，亦自名之而已，所谓身比焉，顺也者是欤。[1]

商祖戊尊，高一尺一寸七分，深八寸六分，口径八寸三分，腹径四寸，容五升八合，重八斤五两。铭五字。此尊为太戊作，不书名，尊其祖也。太戊之庙，在商称中宗，盖九世君也。是器字画位置不拘于偏旁之陋，或左而右，或右而左，点画或繁或省，故以◊谓之祖，❀谓之尊，而纯质未凿于世俗之习，浑厚端雅，若有道之士。观是器者，岂不改观敛衽耶。[2]

商蜼尊，通盖高六寸二分，深四寸一分，口径三寸三分，腹径三寸五分，容一升一合，共重一斤二两。盖、器铭共八字。《周官》谓四时之间祀，追享，朝享，祼用虎蜼，皆有舟，其朝践用两大尊。今尊也而以蜼，岂非商之蜼彝所配之尊耶？今考《礼图》蜼彝

---

[1] 王黼. 重修宣和博古图：卷6[M]//文渊阁四库全书：第840册. 台北：台湾商务印书馆，1983：491.
[2] 王黼. 重修宣和博古图：卷6[M]//文渊阁四库全书：第840册. 台北：台湾商务印书馆，1983：492.

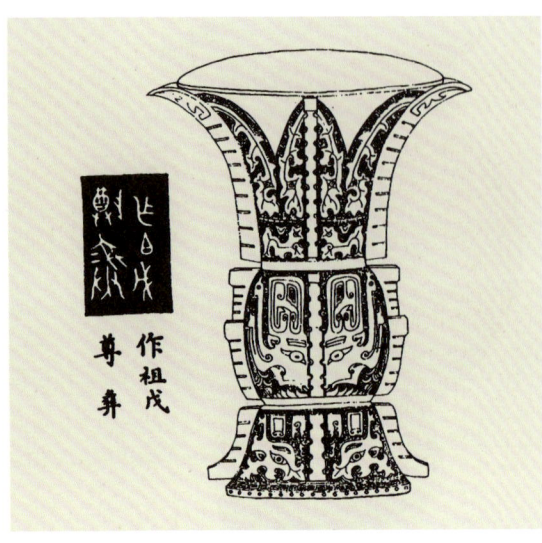
商祖戊尊　采自《重修宣和博古图》

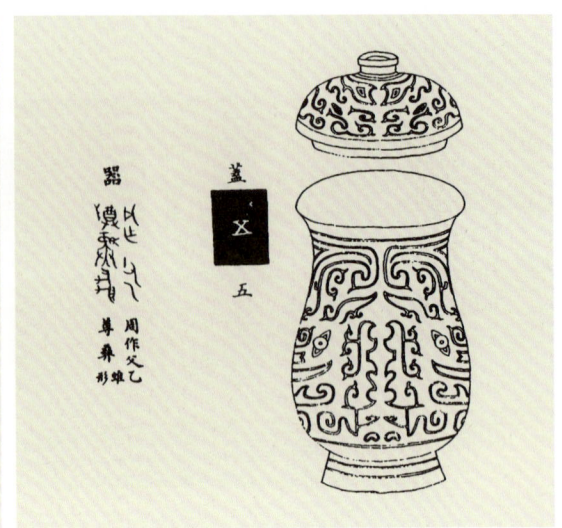
商雔尊采自《重修宣和博古图》

之制，雔尾长数尺，似獭尾，末有岐。是器款识旁刻兽形，其尾长而末有岐，正雔也。盖铭曰五，纪其器之数。曰"周作父乙"者，盖商有太史周任，乙则商之君名乙者也，岂非作之者周任耶？①

商从尊，高六寸三分，深五寸一分，口径五寸四分，腹径三寸五分，容二升二合，重一斤九两。铭三字。曰"作从"，谓从器也；曰"单"，谓姓也。周之单族，最为大姓，则知其原有出于此。盖昔人作器，有以名姓书诸铭文之上者，如曰"单作从彝"。有以名姓书其下者，如曰"甚作父戊宝尊沈子"。与夫此器曰"作从单"，皆以姓书其下也。商之时尚质，故其语略耳。②

商持刀父己尊，高六寸四分，深五寸六分，口径六寸一分，腹径四寸，容二升有半，重二斤三两。铭七字。曰作"父己宝尊彝"。其上复作"子"字状持刀形。盖商器固有执戟、荷戈与此持刀之状者，岂其耆定武功，而后世享于宗庙者必铭诸器，如乐之《武》舞也。父己者，雍己也。雍己之子，是为太戊，为其父作是器耳。然而商器复有曰祖己者，又因其孙而言之。盖莫不有谓也。商尚简严，故其词如此。③

商谏尊，高三寸八分，深三寸一分，口径长三寸四分，阔二寸七分，腹径长三寸八分，阔二寸，容八合，重十有二两。铭七字，上一字未详。曰"谏作父己尊彝"。谏，当

---

① 王黼.重修宣和博古图：卷6[M]//文渊阁四库全书：第840册.台北：台湾商务印书馆，1983：493.
② 王黼.重修宣和博古图：卷6[M]//文渊阁四库全书：第840册.台北：台湾商务印书馆，1983：499.
③ 王黼.重修宣和博古图：卷6[M]//文渊阁四库全书：第840册.台北：台湾商务印书馆，1983：502.

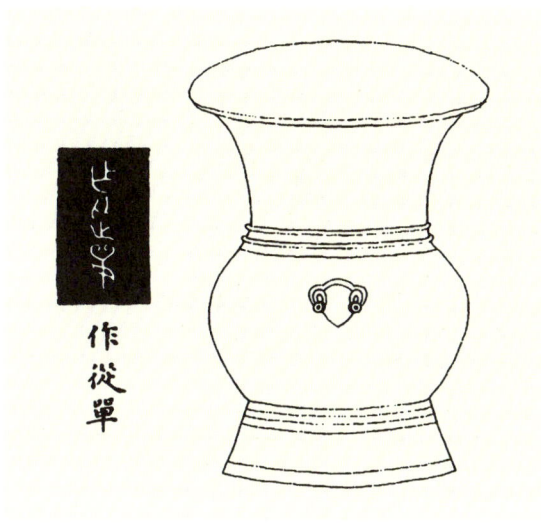

商从尊　采自《重修宣和博古图》　　　　　商持刀父己尊　采自《重修宣和博古图》

是其父己之子名,言谏得以作是器以荐于考庙也。然是器在尊为特小,比觯则加阔而不类,且归之尊者。以其形制则然,又其名曰尊彝也,岂往古彝器,亦固有小大轻重之别,以称其人之所享欤?[①]

商龙凤方尊,高九寸八分,深八寸一分,口径五寸六分,腹径七寸四分,容一斗四升六合,重一十斤。无铭。是器尊也,制造纯古,其上为龙首,四棱为凤形,周以云雷,盖

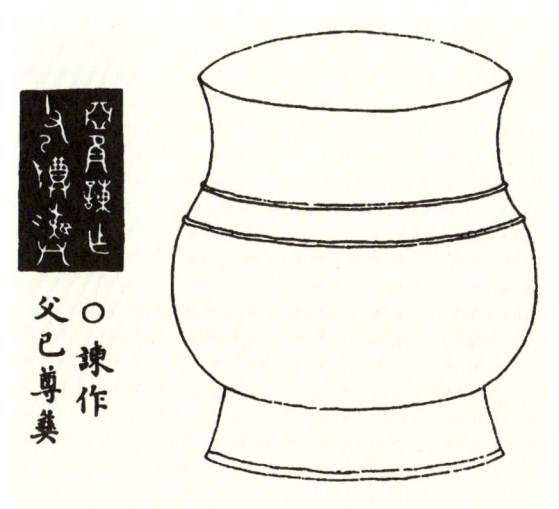　　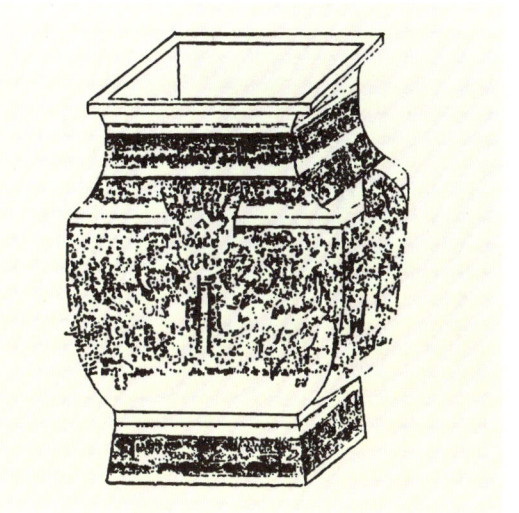

商谏尊　采自《重修宣和博古图》　　　　商龙凤方尊　采自《重修宣和博古图》

---

① 王黼.重修宣和博古图:卷6[M]//文渊阁四库全书:第840册.台北:台湾商务印书馆,1983:503.

龙以取其升降自如，凤以取其因时隐显，雷取其奋豫，云取其需泽，饮食燕乐而节文之礼有在其中。其状近类方壶，盖《周官》尊有六，而馈献用两壶尊。故下尊亦有谓壶者。是尊所以比他器而方，其取象于壶制焉。①

周月星尊，高一尺二寸五分，深九寸一分，口径七分，腹径二寸七分，容三升三合，重五斤八两。铭四字，作月星状，而上下为禾稼之形。考《周官》司尊彝，祼用斝彝，《礼图》以斝读为稼，而以禾为饰。此尊也，疑祭祫之礼。昔人所严而六尊用于祭祫者，自有定名也。若夫祭祫之外，或用于讲礼示情文之际，则亦无所不致其义。月有遡明之道，星有拱北之理，禾有养人之实，凡取以为饰者，当以是为义焉。盖铭之，斯所以戒之也。②

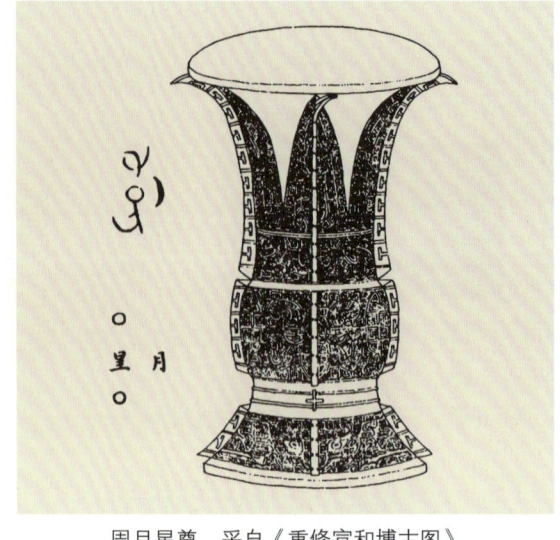

周月星尊　采自《重修宣和博古图》

妇好青铜鸮尊，祭祀礼器。1976年出土于河南省安阳市殷墟妇好墓。此尊以鸮为原型，宽喙高冠，圆眼竖耳，头部略扬，挺胸直立，双翅敛羽，两足粗壮有力，同垂地的宽尾构成一个平面，给人沉稳之感。鸮首后部有一呈半圆形的盖子，其上饰以立鸟及龙形钮。此尊造型雄奇，花纹绚丽，是中国商代青铜器中的精品。

象尊，祭祀礼器。尊体丰满，全身饰满精美的纹饰，有兽面纹、夔纹、四瓣花纹，均以云雷纹衬托，给人以雍容华贵之感。象鼻中空，兼作尊流。象背上有一个椭圆形的口，口上有一盖。盖上连铸有一站立的小象为盖钮。盖上的小象造型与大象一致，这样便形成了大象驮小象的式样。

周瓠尊，高六寸三分，深六寸，口径一寸，腹径二寸二分，容六合，重一斤，上有两鼻。无铭。是器以口为流，置

妇好青铜鸮尊　商代
中国国家博物馆藏

---

① 王黼. 重修宣和博古图：卷6[M]//文渊阁四库全书：第840册. 台北：台湾商务印书馆，1983：504.
② 王黼. 重修宣和博古图：卷6[M]//文渊阁四库全书：第840册. 台北：台湾商务印书馆，1983：505.

之则可立，若尊形焉。然旁设两鼻，所以安提梁，亦可挈之以行也。且饰以云雷之文，复以示其戒焉。其在上古，匏器而酌水，所以尚质，后世则之，于是乎有瓠尊焉。此其遗法耳。①

周素牺罍，高八寸四分，深七寸一分，口径三寸六分，腹径六寸五分，容六升二合，重四斤十有三两。两耳连环。无铭。考"牺"之字，至汉郑玄释"牺"为"莎"，又或作"献""戏"，其字不同，其为义一也。后世用"莎"之语，遂饰以凤凰婆娑之状，曾不知止以牺为饰耳。因其字画形声舛讹，故器亦失其制度。考是器，耳鼻皆以牺为饰，状若牛首。大概与周牺首罍相类，但两耳连环，为小异也。②

象尊　商代　美国弗利尔美术馆藏

周象首罍，高二尺四寸五分，深二尺四分，口径七寸六分，腹径一尺六寸八分，足径一尺一寸五分，容一石二斗七升，重五十四斤有半。无铭。是器罍也，佐尊之器，肩胫间

周瓠尊　采自《重修宣和博古图》

周素牺罍　采自《重修宣和博古图》

---

① 王黼.重修宣和博古图：卷7[M]//文渊阁四库全书：第840册.台北：台湾商务印书馆，1983：513.
② 王黼.重修宣和博古图：卷7[M]//文渊阁四库全书：第840册.台北：台湾商务印书馆，1983：520.

作两象首，贯以连环，腹饰圜花，足之上又为一象首。且象南越兽，齿感雷而文生。以象礼之文饰之于罍者，盖《周官》六尊中有象尊，用于春祠夏禴再献之际，则副象尊者，宜其有罍，正一类器耳。①

四羊方尊，祭祀礼器。1938年出土于湖南宁乡县黄材镇。中国现存商代青铜方尊中最大的一件，其每边边长为52.4厘米，高58.3厘米，重34.5千克，长颈，高圈足，颈部高耸，四边上装饰有蕉叶纹、三角夔纹和兽面纹，尊的中部是器的重心所在，尊四角各塑一羊，肩部四角是四个卷角羊头，羊头与羊颈伸出于器外，羊身与羊腿附着于尊腹部及圈足上。同时，方尊肩饰高浮雕蛇身而有爪的龙纹，尊四面正中即两羊比邻处，各有一双角龙首探出器表，从方尊每边右肩蜿蜒于前肩的中间。据考古学者分析，

周象首罍　采自《重修宣和博古图》

四羊方尊　商代晚期　中国国家博物馆藏

---

① 王黼.重修宣和博古图：卷7[M]//文渊阁四库全书：第840册.台北：台湾商务印书馆，1983：520.

四羊方尊是用两次分铸技术铸造的，显示了高超的铸造水平，被史学界称为"臻于极致的青铜典范"。

龙虎纹青铜尊，祭祀礼器，出土于安徽阜南县。该尊器口侈大，直径过肩，颈部较高，下部收缩，呈大喇叭状。肩部微鼓，下折为腹，呈弧形收敛作圜底，圈足，上饰十字镂空。器肩部饰三条曲身龙纹，圆雕龙首，探出肩外，活灵活现；腹部以云雷纹为地，装饰三组虎食人纹，以浮雕虎首为中心，左右双身，口含一人。人无衣冠，身饰花纹；圈足饰饕餮纹。商代玉器上也见虎食人像。王充《论衡·订鬼》引《山海经》佚文，记有虎噬鬼魅之说。此种虎食人像或许是取于此意，借以震慑邪祟。整器工艺精湛，花纹线条洗练，是商代青铜器中的精品。

龙虎纹青铜尊　商代　中国国家博物馆藏

双羊尊，祭祀礼器。通高45厘米，筒形口，腹为双羊前躯相背状。1860年时被掠夺并流失海外，现藏于英国大英博物馆。羊尊的两只羊各探向一方，羊角弯曲，羊背相连托起尊筒，双羊共用四脚，展现出写实又浪漫的艺术风格。双羊神情安闲，显出一副静穆庄重的气概。

祖乙尊，祭祀礼器。总高34.5厘米，口径25.2厘米，重5.725千克。状如圆柱，鼓腹侈口，四面有棱，棱脊夸张，上端耸出口部，腹及圈足上皆饰兽面纹，腹上兽面两眉及耳翘起于器外。口沿下饰蕉叶形夔纹，颈部亦饰夔纹一周。全尊纹饰庄丽，形削峻严，堪称精品。

双羊尊　商代晚期　大英博物馆藏

祖乙尊　商代晚期　台北故宫博物院藏

彝，庙堂常备的祭器。《说文解字》："彝，宗庙常器也。从糸。糸，綦也。廾持米，器中宝也。彑声。此与爵相似。《周礼》：六彝：鸡彝、鸟彝、黄彝、虎彝、蜼彝、斝彝。以待祼将之礼。"段玉裁注："彝本常器，故引申为彝常。《大雅》：民之秉彝。《传》曰：彝，常也。……綦，许书所无，当作幂。《周礼》幂人，以疏布巾幂八尊，以画布巾幂六彝。彝尊必以布覆之，故从糸也。……之字今补。廾，竦手也。尊下亦曰廾以奉之。……酒者，米之所成。故从米。"① 王黼《彝舟总说》："《周官》载六彝之说，则鸡彝、鸟彝、斝彝、黄彝与夫虎蜼之属也。释者谓或以盛明水，或以盛郁鬯，其盛明水，则鸡彝、斝彝、虎彝是也，其盛郁鬯，则鸟彝、黄彝、蜼彝是也。彝皆有舟焉，设而陈之，用为礼神之器。至于春祠、夏禴、秋尝、冬烝，以酌以祼，莫不挹诸其中而注之耳。然器以藏礼、载礼而行之，则即器以明其用，而器固不能常存也。繇是去古既远，或失其传，而当世无从稽考，往往遂为一时穿凿臆说，而聚讼纷纠，当年莫能破其谬妄焉。国家因积德百年之后，讲礼明乐，收揽前代遗制，而范金之坚，多出于僻陋潜壤之奥者，四方来上，如钟鼎尊壶之类，动以百数，因暇日悉讨论其义，多得于款识铭文之间，于是彝舟亦较然详辨，而悟先儒之失也。彼殊不知彝之有舟，盖其类相须之器，犹尊之与壶，瓶之与罍焉。先儒则以谓舟者，其形如盘，若舟之载，而彝居其上，岂其然欤？今之所存，有如敦足舟、垂花舟，大略与彝仅似，则其为相须之器断可见矣。"②

商子孙父辛彝，高四寸八分，深四寸三分，口径七寸一分，腹径六寸七分，容五升，重四斤十有一两。两耳有珥。铭七字。凡商器以此铭者多矣。言父辛，则若祖辛之类是也。曰析子孙，乃贻厥子孙之义。是器纯缘间及圈足皆作夔形相环，若循走之状，腹间纯素，其制作与铭文实商物也。③

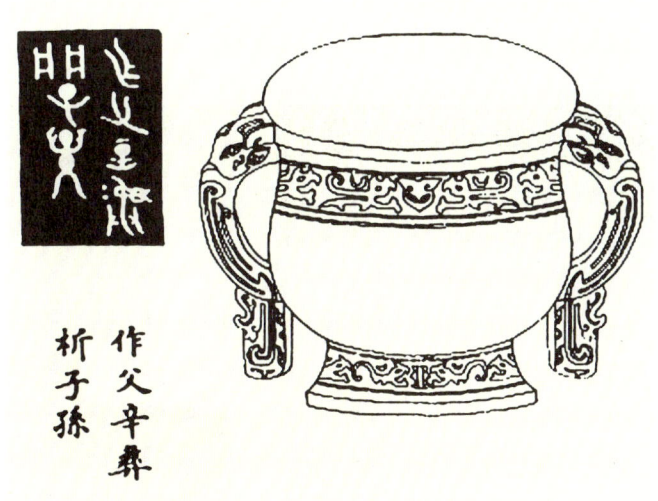

商子孙父辛彝　采自《重修宣和博古图》

---

① 丁福保.说文解字诂林：第14册[M].北京：中华书局，1988：12817.
② 王黼.重修宣和博古图：卷8[M]//文渊阁四库全书：第840册.台北：台湾商务印书馆，1983：525.
③ 王黼.重修宣和博古图：卷8[M]//文渊阁四库全书：第840册.台北：台湾商务印书馆，1983：529.

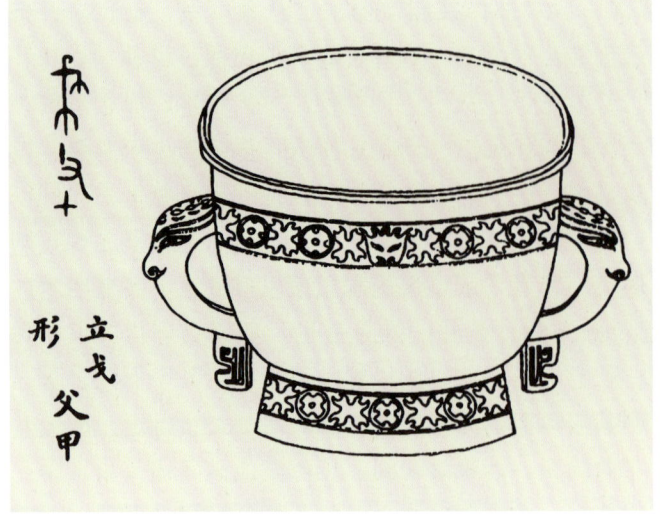

商立戈父甲彝　采自《重修宣和博古图》

商立戈父甲彝，高五寸，深四寸，口径六寸七分，腹径五寸四分，足径五寸二分，容四升五合，重三斤十有五两，两耳有珥。铭三字，曰"戈父甲"，盖商之君十有七世，以甲称者有五，若沃丁、祖乙、南庚之类，皆甲之子也。其间以兄弟继之者，则不可以子称。是器言父甲，则子为父设之矣，但不知兹器为何甲而设也。纯缘与足以上并作雷篆，于两旁以螭首为耳，致饰精工，字画典重，非后世所能及。①

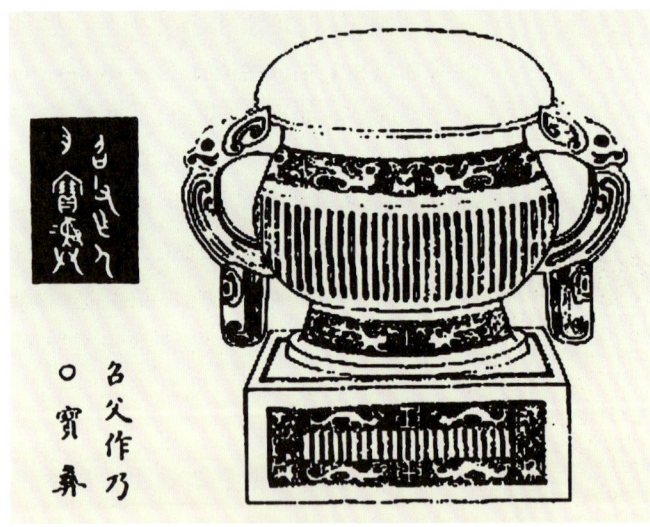

周召父彝　采自《重修宣和博古图》

周召父彝，通座高六寸一分，深三寸一分，口径五寸八分，座长五寸四分，阔四寸八分，容二升六合，重五斤七两。两耳有珥。是器耳作螭状，下为方座，云雷之纹与夔龙间错。铭七字，一字磨灭不可考。曰召父，则召公奭也。凡周器，彝有六，而因形以为用，见于铭载者，类《书》"锡命孝享"。此曰"作乃宝彝"，而又比它彝其制小异，特自宝用之器也。然铭简篆古，方召公奭时去商为未远，故知其为周初物耳。②

卣，古代一种盛酒的器具，口小腹大，有盖和提梁。王黼《卣总说》："卣之为器，中尊也。夏、商之世总谓之彝，至周则郁鬯之尊独谓之卣。盖周官尊彝皆有司，所以辨其

---

① 王黼. 重修宣和博古图：卷8[M]//文渊阁四库全书：第840册. 台北：台湾商务印书馆，1983：531.
② 王黼. 重修宣和博古图：卷8[M]//文渊阁四库全书：第840册. 台北：台湾商务印书馆，1983：535.

用与其实，所谓六彝者，鸡、鸟、斝、黄、蜼、虎也；六尊者，献、象、著、壶、太、山也。而祫祭则合诸神而祭之者也，故用五齐三酒，通郁鬯各二尊，而尊之数，合十有八。禘祭，则禘祖之所自出者也。故用四齐三酒阙二尊，而尊之数合十有六。是则通于郁鬯二尊者，其所以为卣也。何以言之？成王宁周公之功，而锡之以秬鬯二卣；平王命文侯之德，而锡之以秬鬯一卣。皆实以郁鬯，知其为卣明矣。盖秬者，取其一稃二米，和气所生。鬯则取芬香条达，而和畅发于外。卣之所以为中者，惟其备天地中和之气，非有事于形器之末而已。凡所以锡有功、赏有德，是亦使其强不过中，怠不鞭后，不失夫至中之道故尔。然彝也，尊也，卣也，皆盛酒之器，用有所宜，则名有所不同。贾公彦以谓上尊曰彝，中尊曰卣，下尊曰壶。《尔雅》亦曰卣，中尊也，故取其中。中也者，天下之大本，以其德足以成天地而配之者也。故卣所以实之郁鬯者，义在兹欤。"①

商持刀祖乙卣，通盖高一尺二寸四分，深七寸五分，口径长四寸八分，阔三寸六分，腹径长八寸六分，阔七寸二分，容六升九合，共重九斤十有二两。两耳。有提梁。盖与器铭共十四字。曰祖乙者，河亶甲之子也。孙象形而手执刀，盖孙又疑其为子字。子盖商姓也。先王之事亲，于糗则必秉耒，于牲则必执系，于羞哜则执鸾刀，于入舞则执干戚。凡于祭绘未尝不竭力从事，以职其劳，则卣之持刀，不亦宜乎？《礼记》云"祖而割烹"，义取于此。观其字画奇古，形制瑰异，可以为诸卣之冠。②

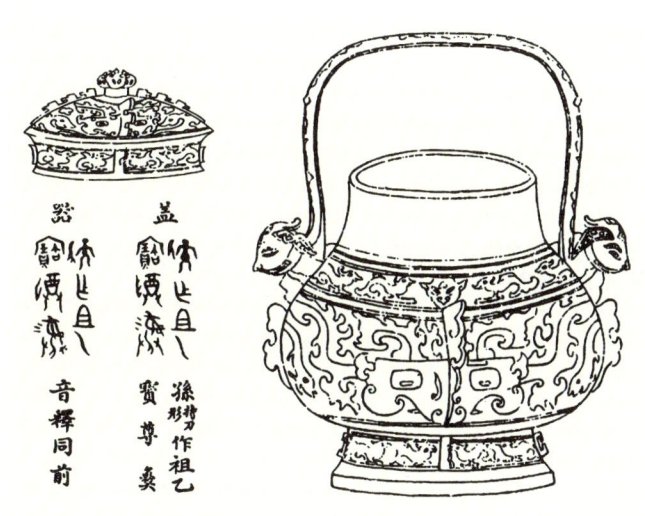

商持刀祖乙卣　采自《重修宣和博古图》

壶，一种圆球状的盛器。《说文解字》："壶，昆吾，圆器也。象形。"段玉裁注："壶者，昆吾始为之。《聘礼》注曰：壶，酒尊也。《公羊传》注曰：壶，礼器。腹方口圆曰壶，反之曰方壶，有爵饰。又《丧大记》狄人出壶，大小戴记投壶，皆壶之属也。"③王黼《瓶壶总说》："礼器之

---

① 王黼.重修宣和博古图：卷9[M]//文渊阁四库全书：第840册.台北：台湾商务印书馆，1983：548-549.
② 王黼.重修宣和博古图：卷9[M]//文渊阁四库全书：第840册.台北：台湾商务印书馆，1983：550.
③ 段玉裁.说文解字段注：上册[M].成都：成都古籍书店，1981：525.

设,壶居一焉。在夏、商之时,壶总曰尊彝。逮于周监二代,则损益大备。故烝尝馈献,凡用两壶,次于尊彝,用于门内。然壶用虽一,而方圆有异。故燕礼与夫大射,卿大夫则皆用圆壶,以其大夫尊之所有事。示为臣者有直方之义,故用方;以其士旅食卑之所有事,示为士者以顺命为宜,故用圆。壶之方圆,盖见于此……夫尊以壶为下,盖盛酒之器,而瓶者亦用之以盛酒者也。此周人有'瓶之罄矣'之诗,然后知瓶亦古人之所用者。然其字从瓦,所以贵其质。而此皆以铜,复作螭、麟、鹦鹉之饰,盖古人大体至汉益雕镂矣。"①

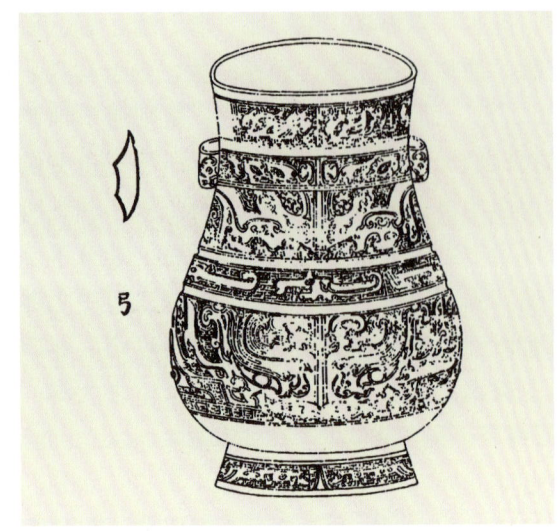

商贯耳弓壶 采自《重修宣和博古图》

商贯耳弓壶,高一尺一寸八分,深一尺五分,口径长三寸七分,阔四寸五分,腹径长八寸九分,阔七寸五分,容一斗二升,重十有二斤八两。两耳。此器以"弓"铭之。壶,酒之下尊也。商之饮器如爵者,类铭之弓。盖射者未尝不继之饮,以其礼难,所以强世者也。故必寓于人情之所易。此记礼者之于乡饮,以谓"吾观于乡",则知王道之易易者,其在是欤?观其两耳可以贯绳,是必系而挈之者。制作简朴,比周器则质胜之。②

商蟠夔壶 采自《重修宣和博古图》

商蟠夔壶,高一尺四寸二分,深一尺二寸三分,口径长五寸,阔三寸五分,腹径长九寸二分,阔五寸五分,容一斗五升五合,重十六斤十有五两。两耳连环。无铭。腹作蟠夔,势若飞动,比商甲壶设饰少异,而体制颇同,浑厚之风,昭然可见。③

---

① 王黼.重修宣和博古图:卷12[M]//文渊阁四库全书:第840册.台北:台湾商务印书馆,1983:612-613.
② 王黼.重修宣和博古图:卷12[M]//文渊阁四库全书:第840册.台北:台湾商务印书馆,1983:615.
③ 王黼.重修宣和博古图:卷12[M]//文渊阁四库全书:第840册.台北:台湾商务印书馆,1983:617.

周鹦耳雷纹壶，高九寸三分，深八寸，口径三寸，腹径六寸八分，容六升三合，重三斤一十两。两耳连环。无铭。是器通腹上下作蛟螭纠结之状，错以雷纹，两耳为鹦鹉状，贯之圆环。今所藏壶，盖亦以鹦鹉为饰。昔之记礼者以鹦鹉能言为不知礼者之刺，是器之设，特取此者，岂无谓乎？①

周雷纹螭首挈壶，通盖高三寸六分，深二寸六分，口径三寸，容一升三合，共重二斤五两。两耳。有提梁。无铭。是器圈其足，纹以夔龙，饕餮周于腹间而间以雷纹，盖设三环，旁贯小连环，缀于提梁之右。提梁作方斜文，下为两螭首以啮其耳。考其规模，与他壶略不相侔，然此器制作加胜，归之周器无疑。②

爵，行礼用的酒器。字形像鸟雀形，爵中有鬯酒，字形中的"又"表示用手持握。王黼曰："盖爵于饮器为特小，然主饮必自爵始，故曰在礼实大。爵于彝器是为至微，然而礼天地，交鬼神，和宾客，以至冠昏、丧祭、朝聘、乡射，无所不用，则其为设施也至广矣。考之前世，凡觞一升曰爵，二升曰觚，三升曰觯，四升曰角，五升曰散，则爵之所取者小，又其为器至微也，信然。然周鉴前古礼文大成，而特以爵名其一代之器，则岂不有谓？盖以在夏曰琖，在商曰斝，在周曰爵，名虽殊而用则一，则其取象各具一妙理耳。故其形制，大抵皆近似之。"③

周鹦耳雷纹壶　采自《重修宣和博古图》

周雷纹螭首挈壶　采自《重修宣和博古图》

---

① 王黼. 重修宣和博古图：卷12[M]//文渊阁四库全书：第840册. 台北：台湾商务印书馆，1983：625.
② 王黼. 重修宣和博古图：卷12[M]//文渊阁四库全书：第840册. 台北：台湾商务印书馆，1983：626.
③ 王黼. 重修宣和博古图：卷14[M]//文渊阁四库全书：第840册. 台北：台湾商务印书馆，1983：650.

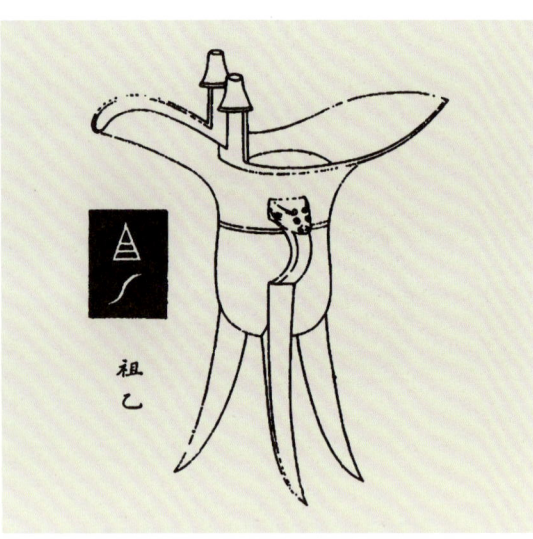

商祖乙爵　采自《重修宣和博古图》

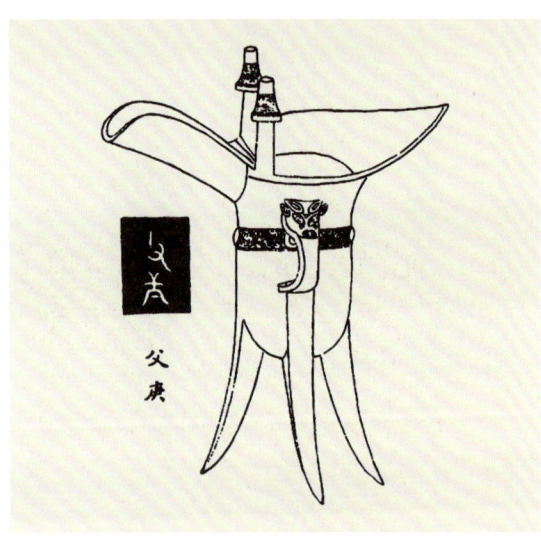

商庚爵　采自《重修宣和博古图》

商祖乙爵，高七寸，深二寸八分，口径长五寸，阔二寸七分，容三合，重一斤一两。两柱。三足。有流有鋬。铭二字。且商之君以乙名者不一，而祖乙与一焉。然诸爵之铭有曰父乙，盖谓报乙、天乙、小乙、武乙之君也。其子铭之，故云父乙。此独曰祖乙，则谓成汤以来十四世之君曰祖乙者是也。按，《士虞礼》：'主妇洗足爵。'释者谓有足无文。而是器纯古，略不加饰，兹所谓足爵者欤？①

商庚爵，高八寸，深三寸三分，口径长五寸七分，阔二寸七分，容四合有半，重一斤七两。两柱。三足。有流有鋬。铭二字。按，《商纪》有太庚、南庚、盘庚、祖庚，而此谓之庚者，必出于是。然言庚者，自铭也。且商庚鼎"庚"之字作垂，而取形于垂实，盖庚位西方，象秋时万物庚庚有实。字适相同，比庚鼎字形为已变矣。盖世之相去有先后，故字画亦因世而为损益之。②

商尊癸爵，高六寸五分，深三寸，口径长五寸，阔二寸六分，容四合，重一斤。两柱。三足。有流有鋬。铭二字，曰"尊癸"。按，癸者，成汤之父，此商器，宜以是识之。然又以尊铭之者，则王安石解六尊所谓"尊居其所而爵从之"也。盖举彼则知此焉。是器两面作饕餮，而间以云雷，上为山形，以牛首为鋬，三足纯素，柱上复作云纹，铭饰简古，真周以前物也。③

---

① 王黼.重修宣和博古图：卷14[M]//文渊阁四库全书：第840册.台北：台湾商务印书馆，1983：660.

② 王黼.重修宣和博古图：卷14[M]//文渊阁四库全书：第840册.台北：台湾商务印书馆，1983：673.

③ 王黼.重修宣和博古图：卷14[M]//文渊阁四库全书：第840册.台北：台湾商务印书馆，1983：676.

斝，酒器。《说文解字》："斝，玉爵也。夏曰琖，殷曰斝，周曰爵。从吅从斗，冂象形。与爵同意。或说斝受六升。"①王黼《斝觚斗卮觯角等总说》："夫礼义修于后世之伪，法度立于至情之衰，故创一器则必有名，指一名则必有戒，异代因袭，不一而足。自三王以来，各名其一代之器，至周则又复推广，然皆所以示丁宁告戒之意，若曰斝、曰觚、曰斗、曰卮、曰觯、曰角之类是也。尝读《诗》至《宾之初筵》，有曰'宾既醉止，载号载呶'，其终也，至于'由醉之言，俾出童羖'，然后知酒之败常有如此者。败常若是，安得而不喧哉？先王制斝，所以戒其喧也。又曰'侧弁之俄，屡舞傞傞'，而继之以'醉而不出，是谓伐德'，然后知酒之败德有如此者。败德若是，安得而不孤哉？"②

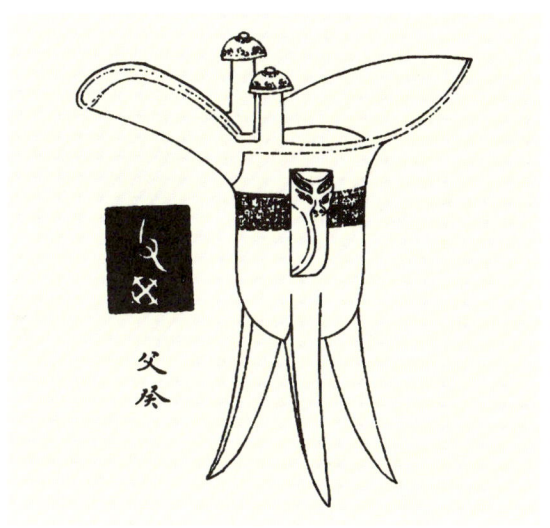

商尊癸爵　采自《重修宣和博古图》

周子乙斝，前一器高一尺三寸九分，深六寸二分，口径六寸五分，容三升有半，重六斤四两。两柱。三足。有鋬。铭二字。后一器高一尺三寸九分，深六寸二分，口径六寸五分，容三升有半，重六斤四两。两柱。三足。有鋬。铭二字。二器形制悉同，惟"子乙"字稍异，前器"乙"向左，后器"乙"向右，当是同用之器，若旅簋列鼎之类也。三面皆作饕

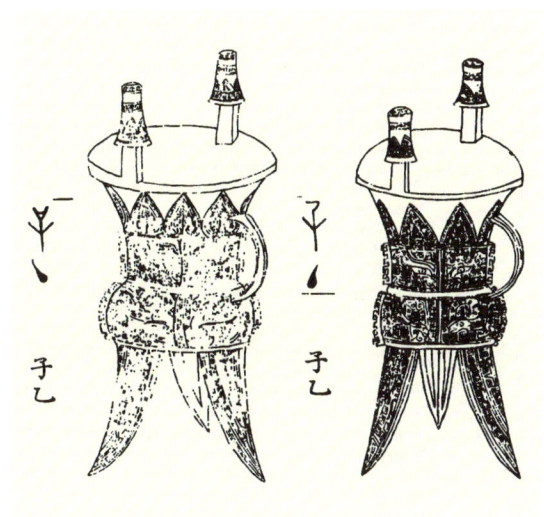

周子乙斝　采自《重修宣和博古图》

餮，间以雷纹，足间复状以夔，纯缘之外作山形十有一，真周物也。子，五等之爵。乙，盖其氏，在周有乙公德者，则乙恐其后裔耳。③

---

① 丁福保.说文解字诂林：第15册[M].北京：中华书局，1988：13738.
② 王黼.重修宣和博古图：卷15[M]//文渊阁四库全书：第840册.台北：台湾商务印书馆，1983：684.
③ 王黼.重修宣和博古图：卷15[M]//文渊阁四库全书：第840册.台北：台湾商务印书馆，1983：686.

周饕餮斝，高八寸五分，深四寸，口径四寸七分，容一升一合，重二斤一两。两柱。三足。有鋬。无铭。两柱、三戈足素，鋬三面为饕餮之形，纹镂简古，虽若不加精巧，而后世极冶铸之工不能到。盖礼文至周为盛，而夏、商之余风未殄也。①

觚，祭祀礼器。《说文解字》："觚，乡饮酒之爵也。一曰觞，受三升者谓之觚。从角瓜声。"段玉裁注："乡亦当作礼。乡饮酒，礼有爵觯无觚也。燕礼，大射、特牲皆用觚。……觚受三升，古《周礼》说也。"② 王黼《斝觚卮觯角等总说》："然后知酒之败德有如此者。败德若是，安得而不觚哉？先王制觚，所以戒其觚也。至于斗，亦法度之所在。昔人固有酌以大斗者，若成王养老乞言而载于《行苇》之诗者也。惟卮不见于礼经，而庄周谓卮言日出者，以其言犹卮之

周饕餮斝　采自《重修宣和博古图》

用有反复而无穷焉。且玉卮上寿，见于汉祖，而樊将军亦有卮酒之赐，则知卮之为器，其来尚矣。若夫觯与角，则以类相从。故昔之礼学者谓诸觞其形惟一，特于所实之数多少，则名自是而判焉。故三升则为觯，四升则为角。及其饮也，尊者举觯，卑者举角，如是而已耳。然礼失于古远之后，而尊爵饮器之类，往往变而用木，形制既陋，而复加以髹漆，内赤外黑，彩绘华绚，悉乖所传，是非莫得而考正。殊不知三代范金，以寓典法，夐然不同。"③

黄觚，此器喇叭口，高圈足，中间细腰可以把手。头部饰三角形变形兽纹，中腹部饰两组对称的龙纹，纹饰繁复而华贵。尤为特殊的是在圈足上的曲角龙纹采用透雕的样式，装饰性极强，显示出极为高超的铸造技术。

商立戈觚，高九寸，深五寸八分，口径五寸二分，容七合，重一斤三两。铭二字。曰甲者，商君也。盖商有小甲、河亶甲、沃甲、阳甲、祖甲之五君耳。又商人制器多为物象，故著立戈以寓其戒。觚之为器，既以觚为义矣。又复作戈以示焉。信乎所谓无彝酒者也，岂特此哉？鼎也，甗也，皆以是为饰，则知古人所欲作者，不独饮而已。是觚也，腹

---

① 王黼.重修宣和博古图：卷15[M]//文渊阁四库全书：第840册.台北：台湾商务印书馆，1983：690.
② 古文字诂林编纂委员会.古文字诂林：第4册[M].上海：上海教育出版社，2003：621.
③ 王黼.重修宣和博古图：卷15[M]//文渊阁四库全书：第840册.台北：台湾商务印书馆，1983：684-685.

无四棱，而款识高古，非商初之制无以及此。①

商父舟觚，高一尺，深六寸八分，口径五寸四分，容八合，重一斤十有二两。铭二字，曰"父舟"。此觚也，而谓之舟，盖水能载舟，亦能覆舟。觚，饮器也。酒能成礼，亦能败德，有舟之义焉。是器足腹为饕餮、夔虺之状，皆取铸鼎象物之饰，凡所以为饮器者之规焉。②

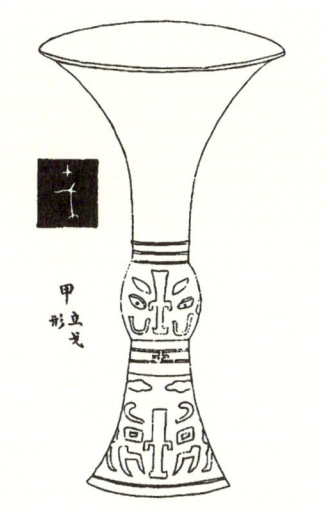
商立戈觚　采自《重修宣和博古图》

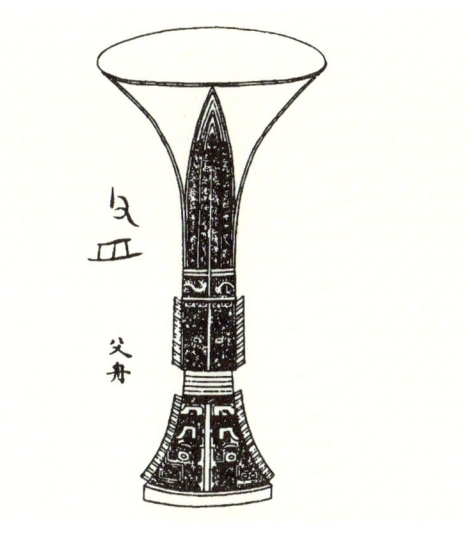
商父舟觚　采自《重修宣和博古图》

商龙觚，高九寸，深六寸四分，口径五寸，容八合，重一斤五两。铭一字，作龙形。龙，善养人者也。所养在下而能蟠，蛰则能弱，变化不测不可制，蓄则能强。然一至于亢，则蹈于有悔之地。觚，饮器也。饮所以养阳，过则有亢之悔。是器腹足两面作饕餮状，间以云雷，皆所以著戒者也。③

周云雷觚，高九寸三分，深六寸三分，口径四寸八分，容八合，重一斤一十两。无铭。觚之为饰，类作山形，间之饕餮、云雷之象。盖觚为饮器，而取象制义，皆存乎戒。此器虽无铭款，以考其世代，而比商器则文繁缛，故知为周物也。④

敦，古代盛黍稷的器具。王黼《敦总说》："若乃敦者，以制作求之，则制作不同。

---

① 王黼. 重修宣和博古图：卷15[M]//文渊阁四库全书：第840册. 台北：台湾商务印书馆，1983：700.
② 王黼. 重修宣和博古图：卷15[M]//文渊阁四库全书：第840册. 台北：台湾商务印书馆，1983：703.
③ 王黼. 重修宣和博古图：卷15[M]//文渊阁四库全书：第840册. 台北：台湾商务印书馆，1983：704.
④ 王黼. 重修宣和博古图：卷15[M]//文渊阁四库全书：第840册. 台北：台湾商务印书馆，1983：712.

上古则用瓦，中古则用金，或以玉饰，或以木为。以形器求之，则形器不同。设盖者以为会，无耳足者以为废，或与珠盘类，或与簠簋同。以名求之，则名不同。或以为土簋，或以为玉敦。以用求之，则用不同。或以盛血，为尸盟者之所执，或以盛黍稷，为内宰之所赞。以数求之，则数不同。《明堂位》曰'有虞氏之两敦'，《小宰》则曰'主妇执一金敦黍'。此敦之制，故不可以类取之也。今历观其器，书画虫镂，因时而制，踵事增华，变本加厉，求合于古，则不可得而定论。故今所见形器一体而类多者。有若鼎三足，腹旁有两大耳，耳足皆有兽形，其盖有圈，足却之可置诸地者，如弇敦、伯庶父敦、宰辟父敦之类是也。其间形器不一，方之弇敦，诸器小异而无盖，若哆口圈足、下连方座者，毁敦是也；上釴两耳者，周姜敦是也；耳有珥足作圈者，伯敦、弇敦、周虡敦是也。"①

商龙觚　采自《重修宣和博古图》

商己丁敦，通盖高七寸一分，深四寸六分，口径四寸二分，腹径六寸六分，容五升三合，共重六斤十有二两，两耳。盖与器铭共六字，盖曰"孙己丁"，器曰"己孙丁"。按，商之君，有以己为号者，有以丁为号者，然不应并铭其器，则己丁者，当是其享祀之日，故于是又以孙铭之。且享祀者，孙子之职也。盖先言孙，后言己丁，明是器孙所自致也。器以孙居己丁之中，又以言孙用其日而祀之耳。观其盖、足、纯缘，周以夔龙，又著两螭以笋其耳，通腹皆列饕餮之纹，比之他敦尤为特异。②

簠，古代祭祀时盛稻粱的器具。《说文解字》："簠，黍稷圆器也。从竹从皿，甫声。"段玉裁注："簠盛稻粱，见公食大夫礼经文，云左拥簠梁是也。此云黍稷者，统言则

黄觚　商晚期
上海博物馆藏

---

① 王黼.重修宣和博古图：卷16[M]//文渊阁四库全书：第840册.台北：台湾商务印书馆，1983：728.
② 王黼.重修宣和博古图：卷16[M]//文渊阁四库全书：第840册.台北：台湾商务印书馆，1983：729.

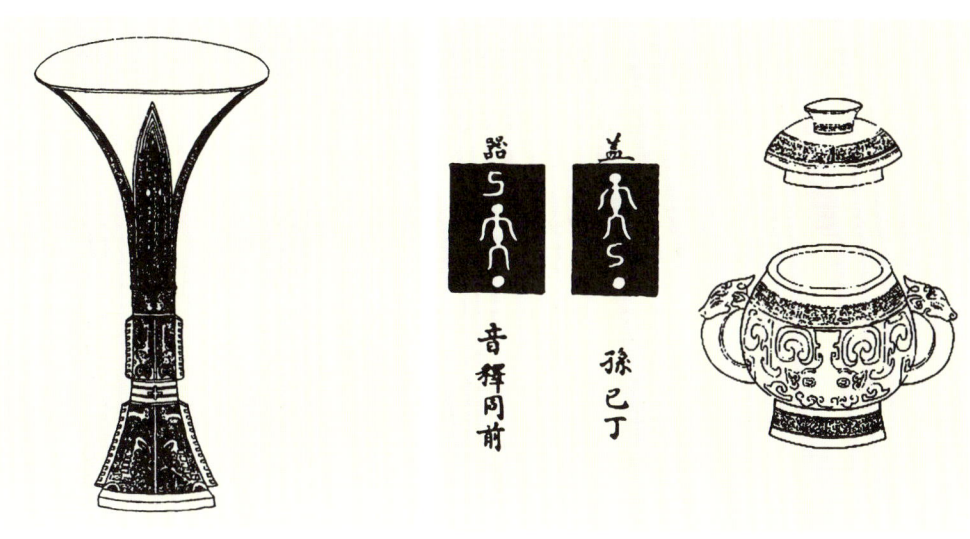

周云雷觚　采自《重修宣和博古图》　　　　商己丁敦　采自《重修宣和博古图》

不别也。如《毛传》云：四簋，黍稷稻粱。亦是统言。云圆器，与郑云方器互异。"①

簋，古代盛食物器具，圆口，双耳。《说文解字》："簋，黍稷方器也。从竹从皿从皀。匦，古文簋从匚饥。朹，古文簋或从轨。"段玉裁注："《周礼·舍人》注曰：方曰簠，圆曰簋，盛黍稷稻粱也。《掌客》注曰：簠，稻粱器也。簋，黍稷器也。《秦风传》曰：四簋，黍稷稻粱也。按毛意言簋可以该簠，郑注则据公食大夫礼分别所盛也。许云簠方簋圆，郑则云簠圆簋方。不同者，师传各异也。《周易》：二簋可用享。郑注云：离为日，日体圆。巽为木，木器圆。簋象。《聘礼·竹簠》方注云：竹簠方者，器名，以竹为之，状如簠而方。贾疏云：凡簠，皆用木而圆。此则用竹而方。故云如簠而方。"②"古文或从匚，或从木，盖本以木为之。大夫刻其文为龟形，诸侯刻龟而饰以象齿，天子刻龟而饰以玉。其后乃有瓦簋，乃有竹簠方，因制从竹之簠字。木簋竹簠，礼器。瓦簋，常用器也。皀，谷之馨香，谓黍稷也。"③

周叔邦父簠，高三寸四分，深二寸一分，口径长一尺，阔八寸一分，容四升一合，重四斤八两。两耳。铭二十二字。曰"叔邦父"，莫知其谁。特《春秋》辕氏名邦，盖季晳之子也。今所藏寅簠铭曰"叔邦父"，岂非一种器耶？曰"用征用行"，则叔夜鼎亦铭"以征以行"。按，王安石《字说》："征，正行也。"凡言征者，皆以正行铭之。臣有从君之义，故又继之曰"用从君王"。是器饰以蟠螭，周以重雷，耳作螭首，实周器也。④

---

① 丁福保.说文解字诂林：第6册[M].北京：中华书局，1988：4868.
② 丁福保.说文解字诂林：第6册[M].北京：中华书局，1988：4863.
③ 古文字诂林编纂委员会.古文字诂林：第4册[M].上海：上海教育出版社，2003：659.
④ 王黼.重修宣和博古图：卷18[M]//文渊阁四库全书：第840册.台北：台湾商务印书馆，1983：762.

王黼《簠簋豆铺总说》："礼始于因人情而为之，盖以义起而制之，使归于中而已，明以交人，幽以交神，无所不用，必寓诸器而后行。则簠簋之属由是而陈焉。然去古既远，礼文寖失，况遭秦灭学之后，其书焚矣。疑以传疑，而无所考证，则诸儒临时泛起臆说，无足观者。故见于《礼图》，则以簠为外方而内圆，以簋为外圆而内方，穴其中以实稻粱黍稷。又皆刻木为之，上作龟盖，以体虫镂之饰，而去古益远矣。曾不知簠盛加膳，簋盛常膳，皆熟食用匕之器。若如《礼图》，则略无食器之用。今三代之器，方圆异制，且可以用匕而食，复出于冶铸之妙。而铭载灿然，则先王制作尚及论也。岂刻木镂形者所能仿佛哉。至于豆，则乃其实水土之品，亦所以养其阴者。夏以楬豆，商以玉豆，周以献豆，制作虽殊，所以为实濡物之器则一也。昔醢人掌四豆之实，凡祭祀供荐羞，则豆之用于祭祀者如此。《士昏礼》设六

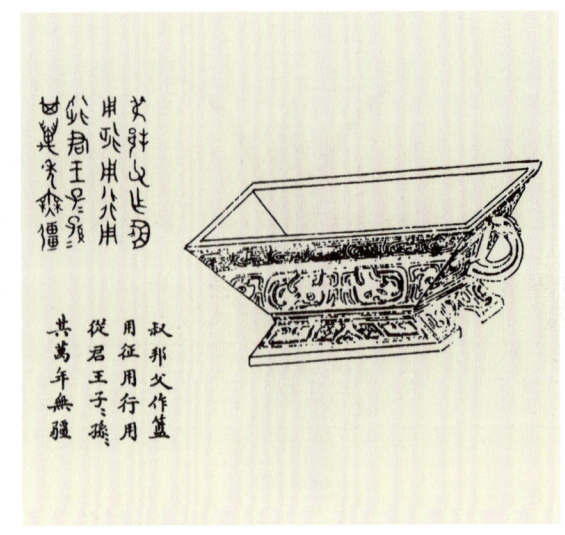

周叔邦父簠　采自《重修宣和博古图》

豆于房中，则豆之陈于昏礼者如此。以之示慈惠之燕、训恭俭之飨，亦待此以有行者也。是以天子之豆二十有六，诸公十有六，诸侯十有二，上大夫八，下大夫七，凡以尚德也。乡老六十者三，七十者四，八十者五，九十者六，凡以尚齿也。然则用豆之义，其可忽诸？尝考制字之法，礼必从豆，以礼之不可废也。丰必从豆，以时之不可缓也。戏必从豆，以交际之不可忘也。故孔子于造次之间，与夫答问之际，尝眷眷于此者，盖为是尔。"①

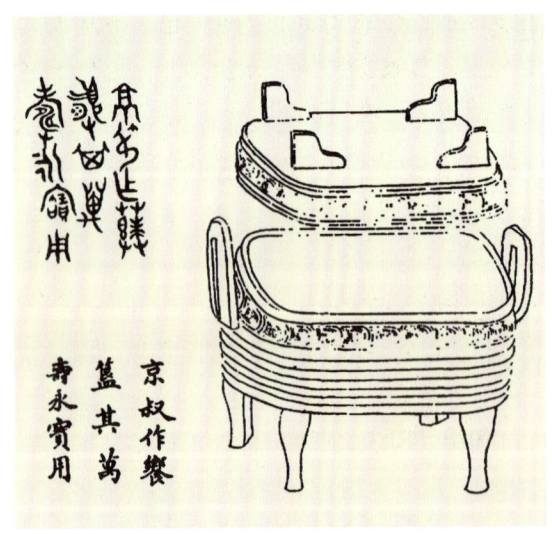

周京叔簋　采自《重修宣和博古图》

周京叔簋，通盖高六寸二分，深三寸，口径长六寸八分，阔五寸，腹径长七寸一分，阔五寸三分，容四升，共重五斤

---

① 王黼.重修宣和博古图：卷18[M]//文渊阁四库全书：第840册.台北：台湾商务印书馆，1983：761.

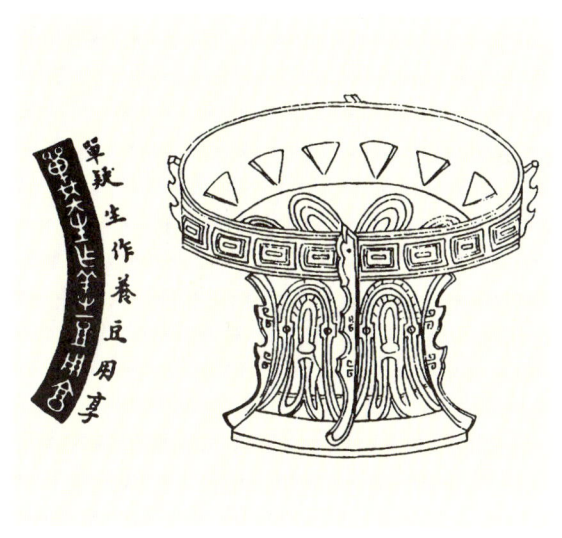

周疑生豆　采自《重修宣和博古图》

十有二两。两耳。四足。铭十一字。按，《春秋·隐公元年》经书"郑伯克段于鄢"。《左传》言"郑武公娶于申，曰武姜，生庄公及公叔段。姜氏爱叔段，请京邑，使居之，因谓之京城大叔"者，疑出于是也。诸簋铭款有言旅簋，有言宝簋，而此曰飨者，因飨礼以锡其器，若彤弓言"一朝飨之"者是也。[1]

周疑生豆，高四寸五分，口径五寸四分，重二斤一两。铭八字。"单疑生"，考之传记无见，惟周有单穆公，号为盛族。然所谓疑生者，盖指其名，若《左氏》言寤生，《书》言宜生，皆言其名也。此器上若盘状而复穿镂，于濡物宜非所设，然纯旁尚余四拱，意其必有承盘，是必亡之矣。[2]

周刘公铺，高五寸五分，深一寸六分，口径七寸六分，容二升三合，重五斤。铭十字。按，周灵王时有刘定公，景王时有刘献公，此曰刘公，未审其谁也。然言公而不言谥，以其刘公自作。是器追享杜嬬，宜乎不言其谥也。"刘"字当从卯金刀，而《说文》只有"镏"字，从卯金田。此以又易田，乃近刀意，而许慎解"金"字今声也，下从土，左。注两旁，象金生于土中。此去其声，单取生金意，其省文如此。曰杜嬬者，无见于书传。观此形制，虽承盘小异于豆，然下为圈足，宜豆类也。考《礼图》有所谓丰者，亦与豆不异。郑玄谓"丰似豆而卑"者是也。是器形全若丰，然铭曰铺者，意其铭铺荐之义。铺虽无所经见，要之不过豆类，盖铭之有或异者，是宜列之于豆左也。[3]

甗，古代蒸煮用的炊具，上下两层，中间有箅子。《说文解字》："甗，甑也。一曰穿也。从瓦䧹声，读若言。"段玉裁注："陶人为甗，实二鬴，厚半寸，唇寸。郑司农云：甗，无底甑。无底，即所谓一穿。盖甑七穿而小，甗一穿而大，一穿而大则无底矣。甑下曰甗也，浑言之。此曰甑也一穿，析言之。浑言见甗亦评甑，析言见甑非止一穿。参差互见，使文义相足。"[4] 王黼《甗錠总说》："甗之为器，上若甑而足以炊物，下若鬲

---

[1] 王黼.重修宣和博古图：卷18[M]//文渊阁四库全书：第840册.台北：台湾商务印书馆，1983：764.
[2] 王黼.重修宣和博古图：卷18[M]//文渊阁四库全书：第840册.台北：台湾商务印书馆，1983：766.
[3] 王黼.重修宣和博古图：卷18[M]//文渊阁四库全书：第840册.台北：台湾商务印书馆，1983：769.
[4] 古文字诂林编纂委员会.古文字诂林：第9册[M].上海：上海教育出版社，2003：1040.

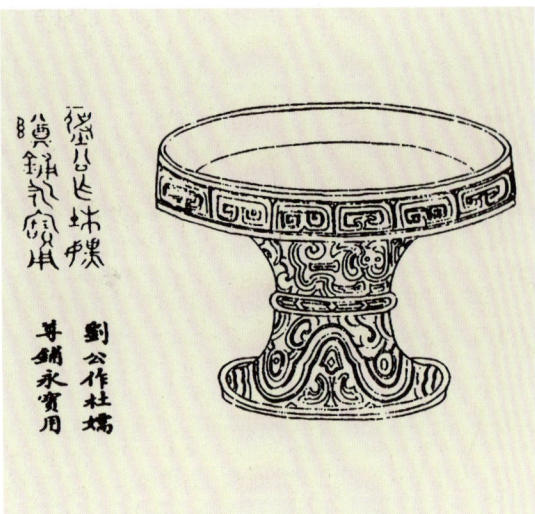

周刘公铺　采自《重修宣和博古图》

而足以任物,盖兼二器而有之。或三足而圆,或四足而方。考之经传,惟《周官》陶人为甗,止言'实二鬴,厚半寸,唇寸',而不释其器之形制。郑玄乃谓甗无底甑,而王安石则曰'从献从瓦,鬲献其气,甗能受焉'。然后知甑无底者,所以言其上;鬲献气者,所以言其下也。然《说文》止谓为甑,盖举其具体而言之耳。五方之民言语不同,故各为方言以自便。是以自关以东谓之甗,或谓之鸁。至梁乃谓之鉹,或谓之酢酶。名虽不同,所以为器则一而已。是甗也,有铭曰彝者,谓其法度之所寓而有常故也。惟有常而不作奇巧,此所以为轨物欤?其后复有名铤者,用以荐熟物,其上则环以通气之管,其中则置以蒸饪之具,其下则致以水火之齐。盖致用实,有类于甗,故有所谓虹烛铤与夫素铤者,于是咸附之于甗末焉。"①

商父乙甗,高一尺一寸九分,深自口至隔五寸九分,自隔至底四寸一分,口径八寸八分,耳高二寸一分,阔二寸二分,容自口至隔八升,自隔至底三升五合,重十有一斤四两。三足。铭四字,曰"子虎父乙"。子,商器类铭之,盖子商姓也。乙,商君之号。曰虎,则取似其形。而所藏器有五虎父丁鼎,亦作此虎形。盖绘礼

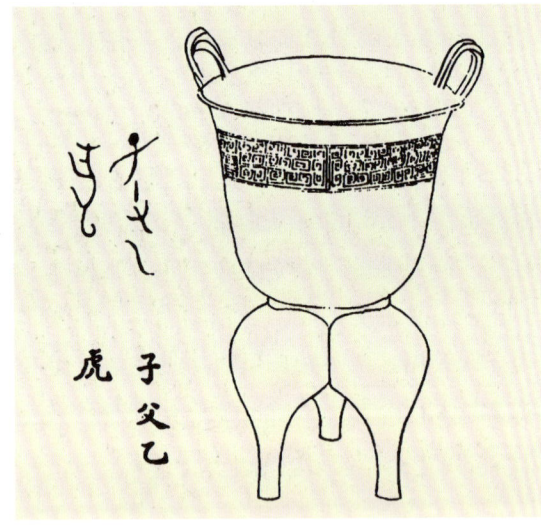

商父乙甗　采自《重修宣和博古图》

形盐,亦虎也,以人道事神,故宜有此。而司尊彝用虎以为追享之器,则虎之为义,其或取此。是器纯缘之外,三面作雷电、饕餮,而隔、腹皆不加文饰,为商物也。②

立鹿耳四足青铜甗,祭祀礼器。1989年江西新干大洋洲商墓出土。通高105厘米,重78.5千克,是商代唯一一件四足青铜甗。器物庞大,气魄雄伟。甑鬲连体,相接处有箅托

---

① 王黼.重修宣和博古图:卷18[M]//文渊阁四库全书:第840册.台北:台湾商务印书馆,1983:770.
② 王黼.重修宣和博古图:卷18[M]//文渊阁四库全书:第840册.台北:台湾商务印书馆,1983:772.

立鹿耳四足青铜甗　商代　江西省博物馆藏

一周。甑盘口，呈台阶状，圆唇宽沿，大方形立耳，植于盘口上，深斜腹。鬲分档较高，四足中空，足上部呈袋状，下为圆柱形，足底外鼓。双耳外侧环饰燕尾纹，耳上各立一幼鹿，口沿外侧饰斜角式目纹一周，甑腹上部饰四组上下界以连珠纹的环柱角兽面纹，以细棱作鼻，圆角方形乳钉凸目，展体，尾上卷，背脊上饰刀羽状纹，三组兽面纹之间以勾戟状凸扉棱为界，下腹部素面；鬲通体饰四组浮雕式牛角兽面纹。

周盘云饕餮甗，高一尺七寸七分，深自口至隔八寸二分，自隔至底三寸八分，耳高四寸三分，阔三寸七分，口径一尺三寸九分。阙隔。通容三斗六升，重三十五斤。三足。无铭。且甗常隔而能通，所以献其气于上，以为饪物之具，以达水火之气，盖熟物自下始

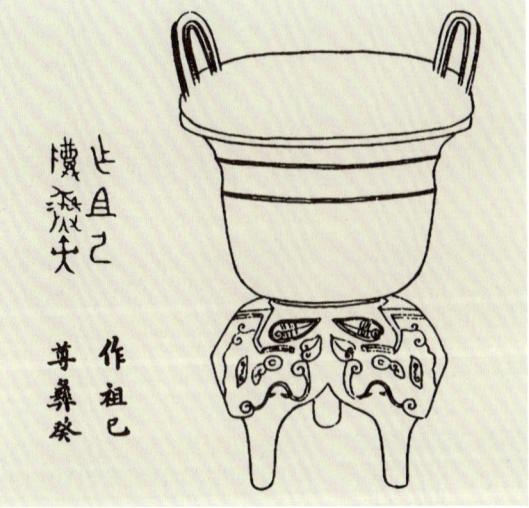

周盘云饕餮鬲　采自《重修宣和博古图》

也。饰以盘云，以象其气结不散，致雨之道也。气之熟物，其犹是欤。饰以饕餮，所以思患豫防之义存焉。[1]

鬲，古代炊具，形状像鼎而足部中空。《说文解字》："鼎属，实五觳。斗二升曰觳。象腹交文，三足。凡鬲之属皆从鬲。䰜，鬲或从瓦。"段玉裁注："《释器》曰：鼎款足者谓之鬲。……《考工记》：陶人为鬲，实五觳。厚半寸，唇寸。"[2]王黼《鬲鍑总说》："周官三百六十，各有司存。陶人之职所司之物，而鬲居其一。夫鬲与鼎致用则同，然祀天地、礼鬼神、交宾客、修异馔必以鼎，至于常饪则以鬲。是以语夫食之盛，则必曰鼎盛；语夫事之革，则必曰鼎新；而鬲则特言其器而无义焉，亦犹簠所盛者稻粱，簋所盛者黍稷而已。故王安石以鼎、鬲之字为一类，释之以谓鼎取其鼎盛，而鬲言其常饪，其名称、其字画，莫不有也。今考其器，信然。且《尔雅》以鼎款足者谓之鬲，而《博雅》复以甋镂鬲鍑鬵甑皆为䰝，则鬲鼎属，又䰝类也。然而五方之民言语不通，则名亦随异，故北燕、朝鲜之间谓之錪，或谓之鉼；江、淮、陈、楚之间谓之锜，或谓之镂；惟吴、扬之间乃谓之鬲。名称虽异，其实一也。《汉志》谓空足曰鬲，以象三德，盖自腹所容通于三足，其制取夫爨火，则气由是而易以通也。若鍑之为器，则资以熟物。而许慎谓似釜而大口。盖是器特适时所用，非以载礼。"[3]

商母乙鬲，高四寸七分，深二寸九分，口径四寸二分，容一升六合，重一斤十有二两。两耳。三足。铭作亚形，中孙执戟，字曰"母乙"。按，天有十日，以甲乙第其次。商自报丁以来，始以是为号。至于天乙，是为成汤。由成汤传二十八王，至于帝辛，未有不以是为称者，其间有祖乙、小乙、武乙、帝乙，则母乙者，疑为乙称之后而后世子孙名之也。商祖于契，契之生实自有娀氏之女，而《诗》于《长发》尝及之，则知具母道者皆得庙食也。故周继商之后，亦有姜嫄之庙，而后世又以为禖神焉。然则商母乙鬲，岂非用

---

① 王黼. 重修宣和博古图：卷18[M]//文渊阁四库全书：第840册. 台北：台湾商务印书馆，1983：776.

② 古文字诂林编纂委员会. 古文字诂林：第3册[M]. 上海：上海教育出版社，2003：289.

③ 王黼. 重修宣和博古图：卷19[M]//文渊阁四库全书：第840册. 台北：台湾商务印书馆，1983：783.

436

于宗庙之器耶？[①]

商雷纹饕餮鬲，高九寸，深五寸九分，口径八寸，容一斗一升，重一十斤二两。两耳。三足。无铭。是器鬲也，与它器无小异，但所受稍大。三股各作一饕餮形，下啮其足，饕餮之间错以雷纹，纯缘而下复环以夔，三分其体，而（分）[介]之以鼻，左右从横视之，皆成兽形。考诸商器，类多似此。[②]

盉，古代酒器，用青铜制成，多为圆口，腹部较大，三足或四足，用以温酒或调和酒水的浓淡，盛行于商代后期和西周初期。《说文解字》："盉，调味也。从皿禾声。"段玉裁注："调声曰龢，调味曰盉。今则和行而龢盉皆废矣。"[③]王黼《盉总说》："夫盉，盛五味之器也。其制度与夫施设不见于经。惟《说文》以谓从皿从禾，为调味之器；王安石以谓和如禾，则从禾者，盖取和之意耳。且鼎以大烹，资此以荐其味也；鬻以常饪，资此以可于口也。虽然，言其器则山其口以盛物者，皆皿也。惟中而不盈则为盅，及而多得则为盈，合而口敛则为盒，曰水以澡则为盥。凡制字寓意如此。则盉之从禾岂无意哉？昔《晏子》谓'和如羹焉，水火酰醢盐梅，以烹鱼肉，燀之以薪，即火均之，齐之以味，济其不及，以泄其过'。

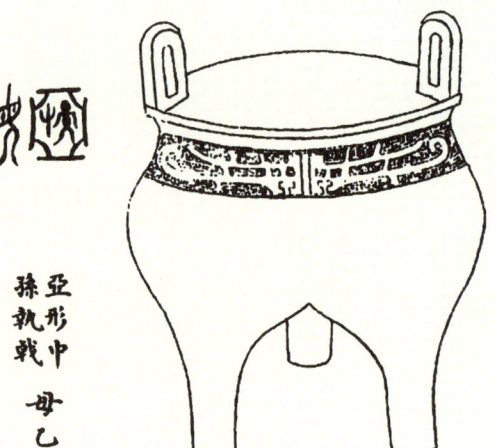

商母乙鬲　采自《重修宣和博古图》

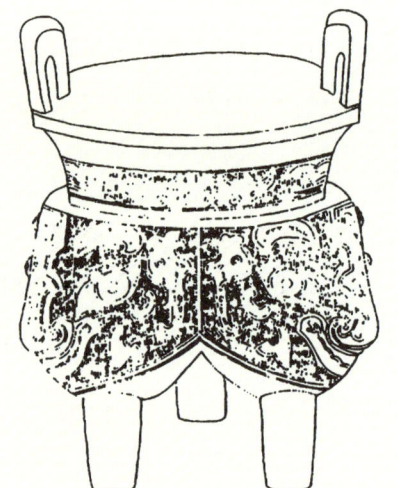

商雷纹饕餮鬲　采自《重修宣和博古图》

而史伯亦谓'以他平他谓之和'，则和者以其众味之所调也。今考其器，或三足而奇，或四足而耦，或腹圆而匾，或自足而上，分体[有]脯，鋬以提，有盖以覆，有流以注。其

---

① 王黼.重修宣和博古图：卷19[M]//文渊阁四库全书：第840册.台北：台湾商务印书馆，1983：784.
② 王黼.重修宣和博古图：卷19[M]//文渊阁四库全书：第840册.台北：台湾商务印书馆，1983：785.
③ 丁福保.说文解字诂林：第6册[M].北京：中华书局，1988：5227.

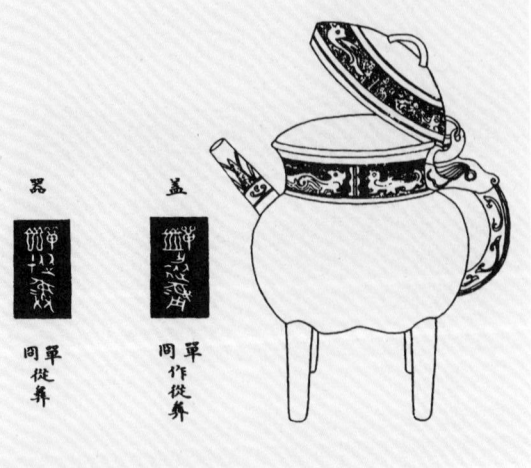

商阜父丁盉　采自《重修宣和博古图》

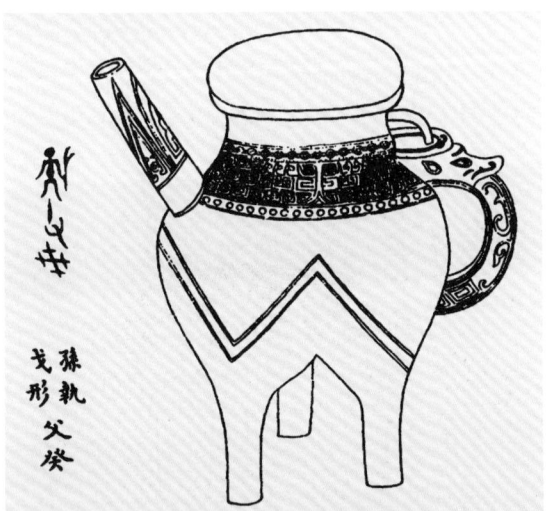

商执戈父癸盉　采自《重修宣和博古图》

器名或谓之彝，则以法所寓也；或谓之尊，则以礼所尊也；或谓之卣，则又以其至和之所寓也。"①

商阜父丁盉，通盖高九寸三分，深五寸二分，口径三寸六分，腹径五寸八分，容三升三合，共重四斤一两。三足。有流，有鋬。盖与器铭共六字。按，商有沃丁、仲丁、祖丁、武丁、庚丁、太丁，凡六丁，而此丁者未审为何丁也。而作"阜"字，盖卣所以盛秬鬯，至和之所寓也。盉以调味，而著以至和之器，固其类矣。若乃言阜，则如《诗》所谓"如山如阜"，以取高大；扬雄亦曰"视天民之阜"者，取其富庶之意。盖民无菜色，然后天子食，日举以乐，则享此备味者，非富盛之时可乎？此所以取阜为铭也。②

商执戈父癸盉，高七寸七分，深五寸二分，口径三寸四分，腹径五寸八分，容三升二合，重四斤二两，阙盖。有流，有鋬。铭三字，曰"孙父癸"。而孙作执戈状。按，商之君有曰报癸，此言癸者，恐其是欤？既言父癸，则自铭者乃子职之事，今又言孙者，是孙可以为王父尸，而子不可以为父尸明矣。作执戈形者，商之鼎彝，往往有之，可以类求也。是器两面作饕餮，周以连珠，流有铭。是器三面作饕餮，间雷纹，不得见其完器尔。③

周三螭盉，通盖高六寸八分，深三寸二分，口径二寸三分，腹径四寸一分，容一升六合，共重三斤十有一两。三足。有流，有提梁。无铭。立三螭以戏于旁。凡盉，流、提间

---

① 王黼. 重修宣和博古图：卷19[M]//文渊阁四库全书：第840册. 台北：台湾商务印书馆，1983：797-798.

② 王黼. 重修宣和博古图：卷19[M]//文渊阁四库全书：第840册. 台北：台湾商务印书馆，1983：799.

③ 王黼. 重修宣和博古图：卷19[M]//文渊阁四库全书：第840册. 台北：台湾商务印书馆，1983：800.

多著此象，盖以螭山泽之兽，以示防戒之义，食饮之用固宜载之。取数三者，兽三为群，人三为众，以一器而具三螭，则其享之者可不自警焉？[1]

周蛟螭盉，通盖高五寸，深四寸一分，口径三寸，腹径六寸，容三升四合，共重三斤七两。三足。有流，有提梁。无铭。纯缘、腹、足饰以蛟螭。蛟螭若龙而非者，无升降自如之变，故饮食之器类多著之以为戒。盖平纯素，不加文镂，以螭为流提梁亦为螭首，连环系于提梁。制作精巧，实周物也。[2]

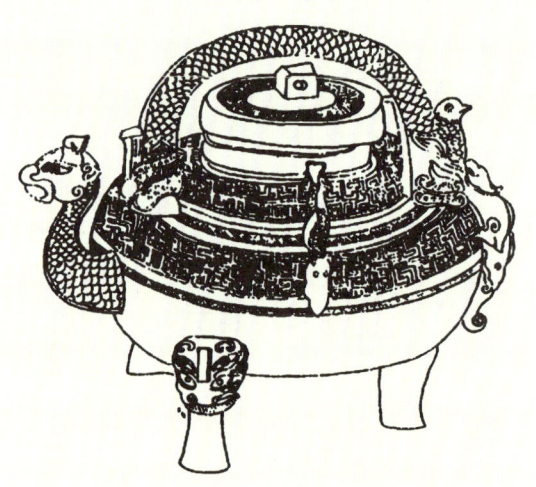

周三螭盉　采自《重修宣和博古图》

周麟盉，通盖高八寸五分，深四寸三分，口径三寸四分，腹径五寸五分，容四升八合，共重三斤十有五两。三足。有流，有提梁。无铭。形制圜匾，流饰以麟。且麟之为物，音中钟吕，步中规矩，且昔人取以为圣时之瑞也。而又角端有肉，示武而不用。许慎以为仁兽，而诗人况忠厚，故云《关雎》风化之应。然则饰之于器，殆不徒设？夫盉以

周蛟螭盉　采自《重修宣和博古图》

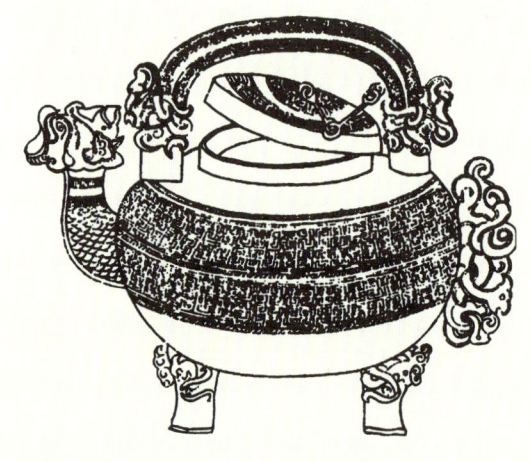

周麟盉　采自《重修宣和博古图》

---

① 王黼. 重修宣和博古图：卷19[M]//文渊阁四库全书：第840册. 台北：台湾商务印书馆，1983：803.

② 王黼. 重修宣和博古图：卷19[M]//文渊阁四库全书：第840册. 台北：台湾商务印书馆，1983：804.

调饮食宜养人，所谓仁厚者在是矣，故以麟旌之宜焉。[1]

王黼《钟总说》："圣人之作乐也，文之以五声，播之以八音，而八音之始，必原于律吕。律吕之气肇于黄钟，黄钟之生而平于中正，则铸之金，磨之石，系之丝木，越之匏竹。其大不过宫，其细不过羽，或戛或击，或搏或拊，一合焉，一止焉，而乐由此以成矣。然八音之器，语其制作，既肇于黄钟之数，而上下相生，月律互间。周一岁之月十二数，而金奏举其余。丝竹之类，必因钟律以求协，而同归于和者，为备乐。然则钟固乐之始也。其大者为特钟，则独垂其一，是律倍黄钟之数而成者也。其小者为编钟，是律数不倍，十有六枚而同一虡者也。有镈焉，则大于编钟而减于特钟者也。考之《周官·凫氏》，所以镕范者，有两栾而为铣，铣间则有于，而鼓钲舞与之相次，其上为衡甬，旋虫以属于虡，而体备枚篆攦隧之饰焉。且特钟、编钟至于镈之为器，小大虽殊，凡兹致饰惟一而已。此先王之法也。"[2]

周迟父钟，高一尺二寸，甬长六寸，径一寸五分，两舞相距九寸，横六寸七分；两铣相距一尺三分，横七寸五分；枚三十六，各长一寸四分；重四十五斤。铭四十字。是钟迟

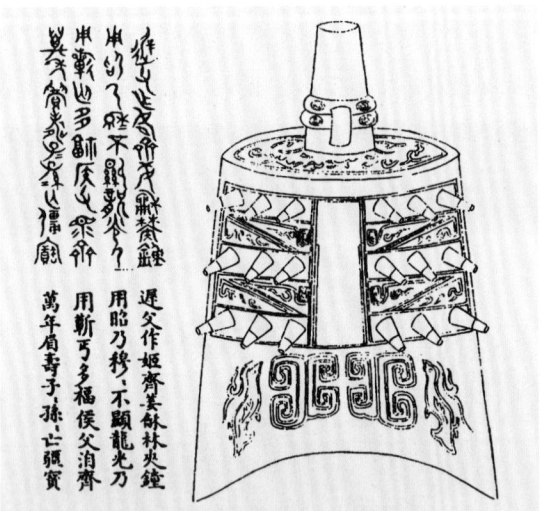

周迟父钟　采自《重修宣和博古图》

父为姬齐姜作也。曰"用昭乃穆穆不显龙光"，则穆穆以言其钦和，不显以言其甚显，而龙光者又言其承天子之宠光也。《诗》言"为龙为光"是矣。盖钟，乐之大者。乐所以示其和，而铭之所载，又以形容其和之之德。福以类应，故祈此多福，亦求福不回之谓也。是其所以为子孙无疆之传焉。[3]

周聘钟，高一尺二分，甬长四寸七分，径一寸一分；两舞相距七寸五分，横五寸三分；两铣相距七寸九分，横五寸二分；枚三十六，各长一寸。铭一十五字。在昔人臣有功于国者，必昭其功而勒诸金石，故若魏绛和戎而获五利，则赐之乐，

而始具金石之奏是也。夫编钟之数十六，而聘之所锡十有二，足知其为分方应月律者如此

---

① 王黼. 重修宣和博古图：卷19[M]//文渊阁四库全书：第840册. 台北：台湾商务印书馆，1983：804.

② 王黼. 重修宣和博古图：卷22[M]//文渊阁四库全书：第840册. 台北：台湾商务印书馆，1983：845.

③ 王黼. 重修宣和博古图：卷22[M]//文渊阁四库全书：第840册. 台北：台湾商务印书馆，1983：853.

耳。若夫名氏所出，典籍缺漏，盖无得而考焉。[1]

折觥，祭祀礼器。觥体呈长方形，分为盖与器身两部分。盖的头端呈昂的兽形，高鼻鼓目，两齿外露，长有两只巨大的曲角，两角之间夹饰一个兽面，从头顶处开始在盖脊正中延伸一条扉棱直到尾部，颈部这段的扉棱作龙形，两侧各饰一条卷尾顾首的龙。盖的颈部以下，也就是不再昂起而接近水平的部分，装饰有一个饕餮纹面，在饕餮的头端加铸了两只立体的兽耳。

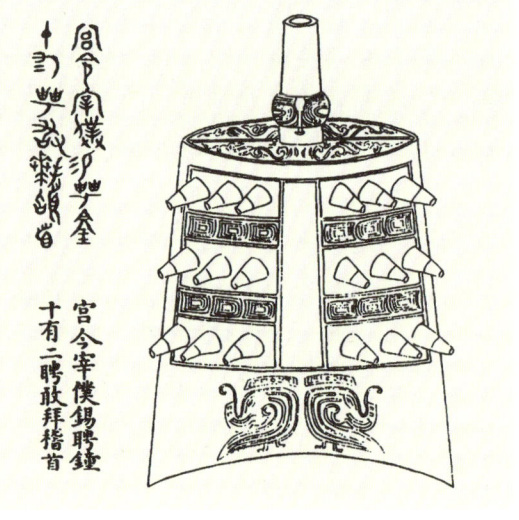

周聘钟　采自《重修宣和博古图》

西周时期许多青铜器上的纹饰在布局上还出现了几种纹饰并存的情况。有的青铜器上面饰窃曲纹，中间为三角纹和窃曲纹，腹部为凤鸟纹或龙纹，圈足饰窃曲纹，十分复杂。在手法上，主要采用虚实、纵横、疏密等排比方法，使图案变化丰富多彩，但对称性很强。另外，西周时期青铜器纹饰还有一个特点，即纹饰分主次。西周时期青铜器上的纹饰一般都有几种，但只有一种纹饰是主体，其特点很明显，一般都占据着显著的位置，且面积很大。

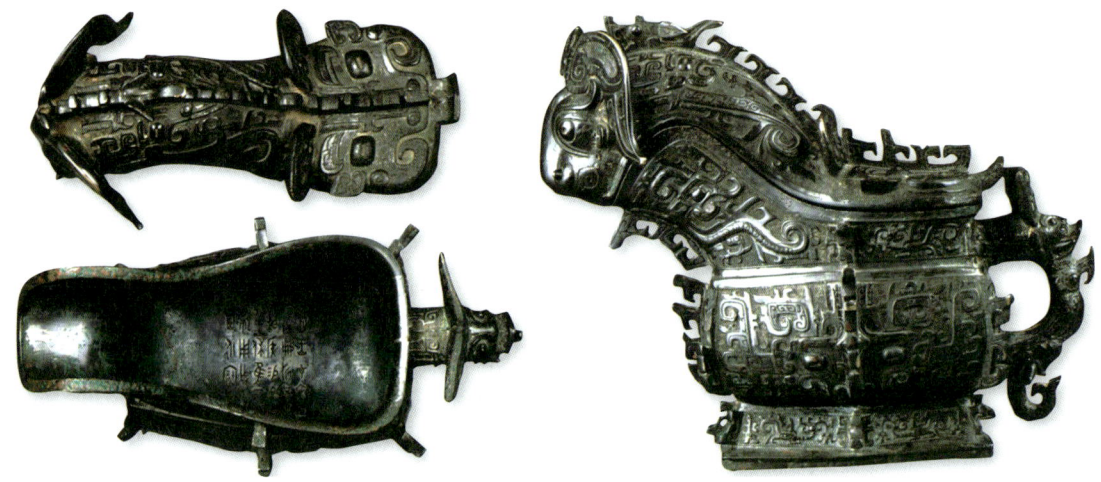

折觥　西周　宝鸡青铜器博物院藏

---

① 王黼. 重修宣和博古图：卷22[M]//文渊阁四库全书：第840册. 台北：台湾商务印书馆，1983：854.

第五章 | 中国的古代宗教　441

从纹饰上看，西周时期的青铜器纹饰在继承商代的基础上继续发展，商代的许多纹饰在西周时期仍然使用，如，商代晚期兽面纹的环柱角形、牛角形、外卷角形、羊角形、内卷角形、曲折角形、双龙角形、长颈鹿角形、虎头形、熊头形兽面纹等纹饰，在西周早期仍在使用。而在西周中后期形成了西周时期特有的纹饰特征，如，西周中后期主要流行环带纹、窃曲纹、重环纹、垂鳞纹、波曲纹、凤鸟纹、瓦纹等。另外，还出现了许多无纹饰的素器，在这些素器中也有饰几道纹的。西周时期的青铜器有时候用雷纹为地，这实际上是延续了青铜器礼器化的进程，可以想象以雷纹为地的青铜器上存在的各种纹饰多是天上的神灵，或是能上天入地的神物，因为它们可以在云雷纹之上生活。但西周时期的青铜器上的云雷纹没有商代普遍，这从另一个方面也说明了西周时期人们崇拜的对象逐渐从天上回到了人间。

二、九鼎的象征意义

殷商时代祭祀的对象与原始氏族时期没什么两样，也是鬼神和祖先，日月星辰、山岳河流、风雷雨电、天地万物，无所不包，但最主要的是祖先，即历代列祖列宗。由于皇室诸侯经常大搞宗教祭祀，就需要大量祭器。青铜器便用来作为祭器，满足他们的祭祀需求。相当一部分青铜器都是为了祭祀而制造出来的。

商代的宗教观念认为宇宙有两重境界，即生人世界和神鬼世界，神鬼世界有一个主神——上天，凌驾于众神之上，主宰宇宙万物和人间。商王是上天的元子，受命于天，在人间执行上天的旨意。而沟通天神的这些巫师、贞人集团都是王室贵族的重要成员，直接隶属商王。他们掌握特殊的技能，凭借专门的法器、道具，通过一定的仪式与上天沟通，青铜器就是最重要的法器和道具之一。

作为宗教祭器的青铜器，除了用来盛放供品让鬼神享用，还含有丰富而深邃的宗教含义。青铜器有很多是动物造型，同时也有很多形象的或变形抽象的动物纹饰，部分还饰有云雷纹，仔细分析商周时人的宗教意识，可以认定这些造型和纹饰绝不是纯艺术创作，而是为了协助巫师"协于上下，以承天休"，即用于沟通人和神灵。青铜器上的纹饰和造型就是动物、动物神的化身。动物形象和动物神本身是一样的，把这些形象铸于青铜之上，它们便作为巫师的助手，帮助巫师与神灵沟通，从而达到辟邪、赐福、佑主等目的。

传说大禹收九牧之金，铸九鼎于荆山下，作为传国重器。《史记·封禅书》："禹收九牧之金，铸九鼎。皆尝亨鬺上帝鬼神。遭圣则兴，鼎迁于夏商。周德衰，宋之社亡，鼎乃沦没，伏而不见。"①也就是说，夏朝初年，禹令九州牧贡铜，铸造九鼎，事先将全国各地山川奇异之物画成图形，然后分别刻于鼎身。九鼎铸成后，陈列于宫门之外，使人们一看便知所去之处有哪些鬼神精怪，遂以避凶就吉。据说此举深得上天赞美，因而夏朝获得了天帝的保佑。九鼎象征九州，反映了夏朝的统一和王权的高度集中。

大禹铸九鼎是一匡诸侯、统治中原的夏王朝立国的标志。而"夏后氏失之，殷人受之；殷人失之，周人受之"，则表明每一次王朝的代兴，九鼎便随之易手。《周书·召诰》："成王在丰，欲宅洛邑。"注："武王克商，迁九鼎于洛邑，欲以为都，故成王居焉。使召公先相宅，相所居而卜之，遂以陈戒。"②《左传·桓公二年》："夫德，俭而有度，登降有数。文物以纪之，声明以发之，以临照百官。百官于是乎戒惧，而不敢易纪律。今灭德立违，而置其赂器于大庙，以明示百官。百官象之，其又何诛焉？国家之败，由官邪也。官之失德，宠赂章也。郜鼎在庙，章孰甚焉？武王克商，迁九鼎于雒邑……"孔颖达疏："据宣三年传，知九鼎是殷家所受夏九鼎也。《战国策》称齐救周，求九鼎，颜率谓齐王曰：昔周伐殷而取九鼎，一鼎九万人挽之，九鼎八十一万人挽之。挽鼎人数或是虚言，要知其鼎有九，故称九鼎也。知武王迁九鼎于雒邑，欲以为都者。鼎者，帝王所重，相传以为宝器。戎衣大定之日，自可迁置。西周乃徙九鼎处于洛邑，故知本意欲以为都。又以《商书·洛诰》说周公营洛邑，则知武王但有迁意，周公乃卒营之。《地理志》云：河南县，故郏鄏地也。武王迁九鼎焉，周公致太平，营以为都，是为王城，至平王居之。"③春秋时，楚庄公向周定王的使者"问鼎之大小、轻重"，使得"问鼎"一词成为觊觎国家权力或泛指试图取得权威支配性的经典说法。"九鼎"作为中央政权的象征，谁占有了"九鼎"，谁就握有全国最高的政治权力。

关于九鼎的真实寓意，历史上有不同的看法。王充《论衡·儒增》辨析说：夏之方盛也，远方图物，贡金九牧，铸鼎象物而为之备，故入山泽不逢恶物，用辟神奸，故能协于上下，以承天休。夫金之性，物也，用远方贡之为美，铸以为鼎，用象百物之奇，安能入山泽不逢恶物，辟除神奸乎？周时天下太平，越裳献白雉，倭人贡鬯草。食白雉，服鬯草，不能除凶，金鼎之器，安能辟奸？且九鼎之来，德盛之瑞也。服瑞应之物，不能致福。男子服玉，女子服珠，珠玉于人，无能辟除。宝奇之物，使为兰服，作牙身，或言有益者，九鼎之语也。夫九鼎无能辟除，传言能辟神奸，是则书增其文也。世俗传言：周鼎不爨自沸，不投物，物自出，此则世俗增其言也，儒书增其文也。是使九鼎，以无怪空为神也。且夫谓周之鼎神者，何用审之？周鼎之金，远方所贡，禹得铸以为鼎也。其为鼎也，有百物之象，如为远方贡之为神乎，远方之物安能神？如以为禹铸之为神乎，禹圣不能神，圣人身不能神，铸器安能神？如以金之物为神乎，则夫金者，石之类也，石不能

---

① 二十五史：第1册[M]. 杭州：浙江古籍出版社，1998：113.
② 阮元. 十三经注疏：上册[M]. 北京：中华书局，1979：211.
③ 阮元. 十三经注疏：下册[M]. 北京：中华书局，1980：1743.

神，金安能神？以有百物之象为神乎？夫百物之象，犹雷樽也。雷樽刻画云雷之形，云雷在天，神于百物；云雷之象不能神，百物之象安能神也？[①] 认为九鼎的功能就是"协于上下，以承天休"，而不能除凶辟奸。

大禹铸的九鼎是什么式样？是方是圆？是四足还是三足？鼎内外有什么铭文和纹饰？至今无所稽考。唯王嘉《拾遗记》曰："禹铸九鼎，五者以应阳法，四者以象阴数。使工师以雌金为阴鼎，以雄金为阳鼎。鼎中常满，以占气象之休否。当夏桀之世，鼎水忽沸。及周将末，九鼎咸震，皆应灭亡之兆。后世圣人，因禹之迹，代代铸鼎焉。"[②] 可见九鼎既是安镇天下的神器，亦可用于预测国运兴衰。于是，鼎从容器、炊具，到祭器、礼器，又到宝器、神器，代代演变，已彻底改变了实际用途，变成了国家供奉的神物。

兽面纹鼎　商早期　河南省文物考古研究院藏

兽面纹鼎，高23.7厘米，口径17.2厘米。河南郑州北二七路出土。口微敛，平沿外折，沿上立一对半圆形竖耳，深腹微鼓，圆底，下附三个圆锥状中空尖足，上腹饰兽面纹，上下界以联珠纹。

巫鸿先生在《传说九鼎与中国古代美术中的纪念碑性》一文中指出，九鼎是宗教活动中沟通人神，尤其是与已逝祖先沟通的礼器。它们的意义不仅在于纪念那些最早创造和获得这些神器的祖先，同时也在于纪念所有继承和拥有过九鼎的先王们。九鼎的政治象征意义之所以能够历经多个王朝数百年地流传下来，正是因为它们在祭祀中的持续使用可以不断充实和更新对以往先王的回忆。由于只有王室成员才能主持这样的祭祀，因此九鼎的使用者也自然是政权的继承者。[③]

---

① 诸子集成：第9册[M]. 长沙：岳麓书社，1996：73-74.

② 车吉心. 中华野史：第1册[M]. 济南：泰山出版社，2000：784.

③ 巫鸿. 礼仪中的美术：巫鸿中国古代美术史文编：上册[M]. 郑岩，王睿，李清泉，等译. 北京：生活·读书·新知三联书店，2005：54.

444

宋江少虞《宋朝事实类苑》指出："九鼎，国之厚宝也。古之帝王必铸鼎，然有多例。一铸鼎炼丹，以求仙去如黄帝是也。一以为烹熟品饪，如陪鼎以食是也。一铸鼎象物，以作国图而天下之美恶，如大禹铸九鼎是也。一奉供宗庙，如祭器是也。然其取出五金，如东汉澡湖黄金鼎，黄帝炼昔山之铜以铸鼎，则清金也。其次铁鼎，尊卑共用。唯白金无闻焉……（夏亡则成汤即）天子位，还，迁九鼎于亳都，至大（阙）而有恶德，盖以品代君也。殷亡，鼎迁于洛也。夏都平阳及安邑，如夏桀亡，鼎迁于亳，乃（阙）也。此来论是殷凡几迁都。鼎迁来，其地多不明白，惟周迁商鼎分晓焉。禹鼎制度，则《左传》所谓夏方有德，远方图物，贡金九牧，铸鼎象物，百物为之备。使民知神奸者，图鬼神百物之形，使民逆知之，故民人入川泽山林，不逢不若，魑魅莫能逢之。则于扬州鼎，象章

兽面纹爵　商早期　河南郑州博物馆藏

兽面纹爵，高18.5厘米，流尾长17厘米。河南郑州白家庄出土。椭圆形口，长流，短尾，短柱，束腰，腹间有明显分界，平底，三棱锥足，腰饰兽面纹。

江怪物，牛渚矶水府，貀鳄蛇虫蜮，皆铸形书处，令扬州之民悬防也。故王子年《拾遗》云：上古铸鼎器，皆图鹳形，出幽州羽山之北，人面鸟喙，八翼一足，毛色如雄，行不践他，其声似钟磬笙竽也。然鹳不闻灾害，图之奚利。郭通曰：此不害物，虫入必兆灾福，得民预知。苟铸幽鼎，必图弁山之暴器也。详其禹鼎，不止图山川鬼神，猛鸷之物，抑又每州民户地里宽狭，皆可知也。故《后语》云，九鼎宝器必由，据九鼎，按图籍。注云：秦据得周九鼎，自然业次，知九州户籍图书也……《秦本记》亦云：二十八年，使千人没泗水，求周鼎，不获已。而汉武汾阴获鼎，东汉澡湖获黄金鼎焉，累朝所得，皆制度轻小鼎也。《梁书》：何予李隐逸，武帝（阙）之，请更铸九鼎，曰：鼎者神器，有国之先也。唐贞观二十一年六月，遂州涪水中获古鼎，受五石三斗。至天后朝，梓橦县江中获鼎，受十六斛，篆文曰：王李五百代。至万岁通天二年四月，敕铸九鼎成，计用青金

五十六万七百一十二斤焉。豫州鼎名永昌，高一丈八尺，受一千八百斛。莫州名武兴，雍州名长安，兖州名目观，青州名少阳，徐州名车原，扬州名江都，制州名金陵，梁州名成都。惟豫州鼎大，八州各高一丈四尺，受一千二百斛，鼎上各图，写本州产物之象。钟绍京等题，请各鼎，用十万人牛象等，自玄武门外曳入，置于明堂之庭，各依方向安置焉。玄宗开元，薛谦光献《九鼎铭》，宰臣以豫州鼎铭，武后曾制，有玄宗御名，便为符瑞，请付史馆，明皇甚悦焉。乾元中，三殿上安铜鼎，上津汗流，占曰：必雨之候，果信矣。此又小鼎也。"①则谓九鼎各有名谓，各有用处，九鼎为"九州户籍图书"，可以作为了解中国历史地理的教材，所以后来的王朝都会依制造作。

马端临指出："崇宁元年，方士魏汉津请备百物之象，铸九鼎。四年三月，九鼎成，诏于中泰一宫之南为殿以奉安，各周以垣，上施睥睨，墁以方色之土，外筑垣环之，名曰九成宫。中央曰帝鼐，其色黄，祭以土，王日为大祠，币用黄，乐用宫架。北方曰宝鼎，其色白，祭以冬至，币用皂。东北曰牡鼎，其色白，祭以立春，币用皂。东方曰苍鼎，其色碧，祭以春分，币用青。东南曰冈鼎，其色绿，祭以立夏，币用绯。南方曰彤鼎，其色紫，祭以夏至，币用绯。西南曰阜鼎，其色黑，祭以立秋，币用白。西方曰晶鼎，其色赤，祭以秋分，币用白。西北曰魁鼎，其色白，祭以立冬，币用皂。八鼎皆为中祠，乐用登歌，享用素馔。复于帝鼐之宫，立大角鼎，星之祠。"②清人宫梦仁编《读书纪数略》曰："崇宁九鼎，宋徽宗用方士言，铸九鼎置九成宫。帝鼐，中央。宝鼎，北方。牡鼎，东北。苍鼎，东方。风鼎，东南。彤鼎，南方。阜鼎，西南。晶鼎，西方。魁鼎，西北。"并曰宋徽宗又依神霄派之说，新增"神霄九鼎，政和间铸，置神霄殿，合崇宁所铸为十八鼎。太极飞云洞劫之鼎，苍壶祀天贮醇之鼎，山岳五神之鼎，精明洞渊之鼎，天地阴阳之鼎，混沌之鼎，浮光洞天之鼎，灵光晃耀炼神之鼎，苍龟大蛇虫鱼金轮之鼎"③。

宋代道教在施行禳灾祈福科仪时，亦会安置九鼎于坛场，以祈神灵祐护。宁全真《上清灵宝大法》卷十二曰："当取生炁方，无秽污石砾净土，择不经生死战阵、刑狱屠宰之地，筑坛三层。若三晨坛，每层各高一尺，上层阔二尺，中层阔三尺，下层阔六尺。三层各随事，设所属圣位，上层以符镇之。坛之上层，埋三晨之像，埋深九寸。日居右，月居左，五星各从其方。中层依八方，排九鼎，中宫一鼎附安坤位。造鼎之法，古者以金银铜铁铸成，或用新洁瓷器，如鼎之样烧成，上作一盖。器之外以朱书九鼎之名，却于鼎内，以黑书九州之名，随方分布各方。先以朱书河图数文，文之上却安其鼎，以鼎名向外，平稳安之，无使攲侧。先期奏闻上帝，申牒坛中，合属真灵，移文所在地祇等神，守护坛

---

① 江少虞. 宋朝事实类苑：卷20[M]//文渊阁四库全书：第874册. 台北：台湾商务印书馆，1983：168-170.
② 马端临. 文献通考：卷90：郊社考[M]. 北京：中华书局，1986：824.
③ 宫梦仁. 读书纪数略：卷46[M]//文渊阁四库全书：第1033册. 台北：台湾商务印书馆，1983：705.

禁。行事之时，汲九方清泉，贮于九鼎之中。法师口奏事情，以盖覆之，仍别设净筵，各
依好乐，备置仪物时花新果，烧香然灯，铺陈如法。次集善行清修同斋之士，不拘人数，
共修斋直，禁坛净秽，诚信精笃，悉按古仪，六时行香，十遍转经，使丹衷上格，天贶下
临，非世俗常行读诵之易也。倘非善士，心驰尘境，口宣灵篇，虽积累千万，无益于事。
凡功成德就，启九鼎视之，仍旧以盖覆定。若鼎内水清澄如初，理之常也。若小有混浊，
或别见异状，则有灾变反常者，皆为妖。可依式辩验，则可以知其所属分野灾厄，未能全
解，当别行愈灾法。"[①]可见九鼎所有的安镇天下、辟邪禳解的宗教功能在后代仍然保留，
并运用于禳灾祈福科仪之中。

兽面纹四足鬲　商中期　陕西历史博物馆藏

　兽面纹四足鬲，高22.8厘米，口径21厘米。陕西城固龙头镇出土。直口，宽沿外折，短颈近直，鼓腹分为四
个袋形裆，下为四足，颈部饰雷纹，腹裆饰立体感较强的兽面纹，整体造型奇特，非常罕见。

第二节　青铜器的纹饰图像

　　中国的青铜器时代从公元前2000年左右开始，至春秋战国时期，经历了15个世纪。到
商代晚期和西周早期，青铜冶炼与铸造技术达到巅峰。青铜器艺术所具有的强烈情感因素

---

① 道藏：第30册[M]. 北京：文物出版社，上海：上海书店出版社，天津：天津古籍出版社，
　　1988：755.

第五章｜中国的古代宗教　447

主要体现于商周时期所特有的装饰纹样，从饕餮、夔龙、凤鸟等纹饰可以看出它们与原始社会陶、玉器纹饰的渊源。常用于青铜器的纹样有饕餮纹、夔龙纹、龙纹、蛟龙纹、蛇纹（蟠虺纹）、鸟纹、凤纹、波纹等。

图腾是一种自然形象，比较多的是动物形象，某一原始氏族认为这种自然形象与他们本氏族有着特殊的关系，或视之为本氏族的祖先，或视之为本氏族的亲属或保护神，因此无比虔诚地敬奉它、崇拜它，如龙纹、夔龙纹、凤纹、蝉纹等。龙纹是中华民族最吉祥、最神圣的纹饰，是中华民族传统文化最具代表性的象征。在新石器时期，龙纹接近蜥蜴、壁虎的形象，到青铜器时代逐渐演变成夔龙纹、龙纹。凤纹是由原始彩陶上的玄鸟纹样演变而来的，西周时其基本形象是雉，早期凤纹有别于鸟纹的最主要特征是有上扬飞舞的羽翼。凤纹在青铜器中是最为美丽的纹饰。

青铜器纹饰中宗教意味最浓的是饕餮纹。关于饕餮纹有各种说法，主要可归类为两种：一是认为它们是原始社会图腾观念的遗留；二是认为它们是祭祀鬼神祖先的牺牲，或引申为"助理巫觋通天地工作的各种动物在青铜仪器上的形象"。在上古人类心中，整个世界充满了种种稀奇古怪的精灵，其中有的是人的命运的主宰者或者朋友，有的是专与人类作对的妖魔鬼怪。上古人类将种种自然的或社会的灾祸都归于妖魔作怪。驱除妖魔鬼怪是原始人的重要活动之一，这种活动通常叫辟邪。

在商周的纹饰中，可以看到以神化了的动物捕食怪物的形象来辟邪的作品。这种用图腾动物捕食怪物的形象辟邪，既反映了是神与魔的斗争，又曲折地反映了人与自然的斗争。如虎食人卣，通体作虎踞坐形，以虎后爪与尾为器的三个支撑点，而虎的前爪正有力地攫着一断发跣足的人，作噬食状，造型十分逼真生动。此卣形制复杂，显示了当时匠人高超的铸造技艺。我们可以将其理解为是为了辟邪，反映"虎食鬼"的神话；也可以说是人兽相拥，人为作法巫师；还有的认为虎为神物，猛虎食人是"天人合一"之意。

青铜器中的自然物象多以变异的手段来表现，最常见的是云雷纹、涡纹和水波纹，这些纹饰曾被普遍用作填满所要装饰的环形装饰带及大面积的"地子"，故又被称为"地纹"。这种"变异现象"不仅表现出由原始先民传承而来的企图借助想象来超越现实的思维方式，也表现出奴隶时代由社会等级、权力意识激发出的幻想。立体式的、浮雕式的饕餮纹、夔纹等，衬托以线刻的云雷纹等各种底纹，构成繁密复杂的图案，强烈的宗教情感在青铜器上凸显，使其神秘诡异，气势逼人。

一、商周青铜器研究

商周青铜器的研究肇始于宋代，它与金石学的诞生密切相关，是金石学的组成部分。

传统金石学源于唐宋时期，唐代韦述等史家已经开始收集、著录金石碑版，其所著《两京新记》记述了兴福寺《圣教序碑》、西市《市令载敏碑》、东明观《冯黄庭碑》《李荣碑》等碑刻，生动地反映了两京的历史。

宋仁宗时刘敞撰刻《先秦古器图》，有图录、铭文、说及赞，对研究金石有开创之功。其又在《先秦古器记》中提出古器的研究方法，即"礼家明其制度，小学正其文字，谱牒次其世谥"，金石学始具雏形。吕大临《考古图》十卷，是流传至今最早的有系统的古器物图录，著录了当时官方与私人收藏的商周至秦汉青铜器、玉器等各类器具两百多件，对所著录的每件器物绘图摹文，释文列于其下，并将器物的大小、尺寸、容量、重量、出土地点、收藏者一一写明。另有《考古图释文》一卷。其后欧阳修辑成《集古录》凡一千卷，收录了上千件金石器物，上自周穆王，下至隋唐五代，内容极为广泛，是学术史上第一部金石考古学专著。

私家收藏古器的风气影响到官方，徽宗敕王黼撰《宣和博古图》，实则援引刘敞《先秦古器图》、吕大临《考古图》、李公麟《古器图》体例，著录了宋代皇室在宣和殿收藏的自商代至唐代的青铜器，各种器物均于器皿类型下再按时代编排。对每类器物都有总说，每件器物都有摹绘图、铭文拓本及释文，并记有器物尺寸、重量与容量。有些还附记出土地点、颜色和收藏家姓名，并有对器名、铭文所作的详尽说明和精审考证，是青铜器考古研究的重要入门文献。宣和之后，更收集青铜器累数至万余件。从《宣和博古图》所收与著述来看，重点在青铜礼器，不管器上是否有铭文，概收无遗，这反映了官方对古代礼制文化的重视。

赵明诚撰《金石录》三十卷，记述古代金石器物、碑刻、书画近2000件，叙述器物出土的时间、地点、收藏者以及器物的内容，是当时所见金石文字的总录。薛尚功《历代钟鼎彝器款识》二十卷，收集了从夏、商到秦、汉的铜器、石器铭文，近500件，订讹考异，详加解释。洪遵《泉志》十五卷，龙大渊等《古玉图谱》一百卷，郑文宝《玉玺记》、王厚之《汉晋印章图谱》各一卷，专门研究古代某些器物。欧阳修《集古录》中记载了大量他与当时许多上层文人如刘原父、谢希深、尹师鲁、梅圣俞、章友直、苏东坡、文与可、陆经等每得一古器便互相切磋探讨，考证其时代、文字等情况。

宋代是金石学发展的第一个高潮。从那时起，人们开始系统收集和刊印各种图形文字资料，并拓展新生的专门化知识领域。他们精心整理刊印的那些图像文献，成为今天研究商周青铜纹饰图像的重要资料。他们最重要的贡献在于开创了有关术语的拟定与使用，对青铜器形制与纹饰的分类和术语多被沿用至今；并依据早期文献对一些纹饰作出解释，如将饕餮释读为"戒贪"，至今仍值得考虑。

清代，由于乾嘉学派的影响，金石学进入鼎盛时期。乾隆年间曾据清宫所藏古物，御纂《西清古鉴》四十卷，各卷所记古器物皆为当时清王朝内府所藏，共1529件，均按器绘图，因图系说，比较详细地说明各种器物上的方圆围径、高广轻重等，对古器物上的铭

第五章｜中国的古代宗教　449

文各为释文，其体例效仿《考古图》《宣和博古图》二书，且绘图精确，不失毫厘，为以上二书之图所不及。乾隆间另一官撰著述为《宁寿鉴古》（十六卷），著录之器，以汉唐以前为断，共701件，据宁寿宫写本影印。此外，清代私家金石图谱著述也很多，如吴云《两罍轩彝器图释》十二卷、陈宝琛《澄秋馆吉金图》二卷、曹载奎《怀米山房吉金图》二卷、吴大澂《愙斋集古录》二十六卷（其中收商周器1048件）、冯云鹏《金石索》十二卷、张燕昌《金石契》、张廷济《张叔未藏金石文字》二卷等。这一时期研究范围扩大，对铜镜、兵符、砖瓦、封泥等开始有专门研究，鉴别和考释水平也显著提高，但未深入分析古器物的器形和花纹，未进行断代研究，始终没有形成完整的学科体系。

清代金石著作中录文较全、收碑刻文字较多的是王昶《金石萃编》一六〇卷，共收录从先秦到辽、金的石刻文字和铜器铭文1500余种，汉以前的按原来的篆文或隶书摹写，汉以后的用楷书写出。道光、咸丰时，为此书作续编者有好几家，如方履籛《金石萃编补正》四卷、王言《金石萃编补略》二卷等。其中以陆耀通《金石续编》二十一卷为最著，共收从汉到宋、辽、金、西夏的石刻文字400余种，均为《金石萃编》所未录。而陆心源的《金石萃编补》二〇〇卷，包括《金石萃编》以后发现的金石2000余件，也是一部规模宏大的金石通纂，惜未能刊行。陆增祥以毕生精力完成的《八琼室金石补正》一三〇卷，收石刻和其他器物铭文多达3500余种，较王昶《金石萃编》多出约2000种，但《金石萃编》中已著录者均不再录全文。

此外，清代金石著作中涉及载录金石铭刻文字内容的著作还有：阮元《山左金石志》二十四卷，陈奕禧《金石遗文录》十卷，叶万《续金石录》，褚峻、牛运震《金石经眼录》，谢启昆《粤西金石略》十五卷，宋世荦《古铜爵书屋金石文补遗》一卷，周在浚《天发神谶碑释文》一卷，王森文《石门碑醳》一卷，沈涛《常山贞石志》二十四卷等。清代不仅有上述专录一碑之文或一地之碑文者，还有一种专录某种石刻形制之铭文的著作，即黄本骥的《古志石华》三十卷，此书专门著录墓志碑全文，道光以前出土的墓志，见于著录拓本的，此书已采录十之七八。

清末民初，随着河南安阳甲骨文的发现和近代西方科学及考古学被介绍到中国，金石学发展到顶峰，出现了以罗振玉和王国维为代表的金石学研究，范围又包括新发现的甲骨和简牍，并扩及明器和各种杂器。据容媛统计，在短短两百年的时间内，大约问世了九百部金石学著作。[1]成绩最卓著的首推罗振玉，他和王国维是此时的集大成者。朱剑心《金石学》、马衡《中国金石学概要》都对金石学作了较全面的总结。

青铜器、玉器、碑刻等存世的数量巨大，器物种类甚多，内容极其丰富，它们以具体的形象与物质的载体描绘着一个亘古的中国社会，尽管它们无法言说，但人们赋予它们极其丰富的文化内涵，而这些文化内涵造就了它们所独有的永恒的魅力。

---

① 容媛.金石书录目补编[J].考古通讯，1955（3）.

北宋王黼撰《宣和博古图》时查看了内府所收的全部器具，选择商周至汉唐青铜器八百多件，并一一考证，溯其渊源，揭示其历史、文化、艺术价值，指出其中包含的宗教意义。他说："《周易》六十四卦，莫不有象，而独于鼎言象者，圣人盖有以见天下之赜，而拟诸形容，象其物宜，是故谓之象。至于近取诸身，远取诸物，仰以观于天，俯以察于地，拟而象之，百物咸备，以通神明之德，以类万物之情，故圆以象乎阳，方以象乎阴，三足以象三公，四足以象四辅，黄耳以象才之中，金铉以象才之断，象饕餮以戒其贪，象蜼形以寓其智，作云雷以象泽物之功，著夔龙以象不测之变。至于牛鼎、羊鼎、豕鼎，又各取其象而饰焉。则鼎之为器，众体具矣。不特以木巽火，得养人之象而已。故圣人惟以鼎为象。然鼎大者谓之鼐，圆弇上谓之鼒，附耳外谓之钘。曰'崇'，曰'贯'，则名其国也。曰'谗'，曰'刑'，则著其事也。曰'牢'，曰'陪'，则设之异也。曰'神'，曰'宝'，则重之极也。士以铁，大夫以铜，诸侯以白金，天子以黄金，饰之辨也。天子九，诸侯七，大夫五，士三，数之别也。牛羊豕鱼，腊肠胃肤，鲜鱼鲜腊，用之殊也。然历代之鼎，形制不一，有腹著饕餮，而间以雷纹者，父乙鼎、父癸鼎之类是也。有炼色如金，著饰简美者，辛鼎、癸鼎之类是也。有缘饰旋花，奇古可爱者，象形鼎、横戈父癸鼎之类是也。有密布花云，或作云雷迅疾之状者，晋姜鼎、云雷鼎之类是也。有隐起饕餮，间以夔龙，或作细乳者，亚虎父丁鼎、文王鼎、王伯鼎之类是也。或如孟鼎之侈口，中鼎之无文，伯硕史颂鼎之至大，金银错鼏之绝小。或自方如簠，或分底如鬲，或设盖如敦，有大小不同而制作一体。有款识虽异而形制不殊。或造于一时，或沿于异代。按而求之，若辨黑白，大抵古人用意皆有规模，岂特为观美哉？若乃款识名氏，虽曰夏、商从高阳之质，以名为号，配以十干而加之以父，然齐有丁公、乙公、癸公，幽公之弟曰'乙齐悼之子'，曰'壬则十干之配'，未必皆夏、商也。周大夫有嘉父，宋大夫有孔父，齐顷之臣有丑父，召公之后有父乙，则加之以父，未必皆夏、商也。至于形之圆者，如父癸季娟；形之方者，如文王单景。其铭乃曰'作尊彝''作从彝'，何也？盖先王之时，作奇技奇器者，罪不容诛，用器不中度者，不鬻于市，戒在于作为淫巧，以法度为绳约，要使其器可尊，其度可法而后已。是以沈子作盂而铭曰宝尊，孟金父作敦而铭曰尊敦，父己作彝而铭曰尊彝，虢叔作鬲而铭曰尊鬲。则于鼎曰尊者，为其器可尊耳，非六尊之尊也。雁妇作鬲而铭之曰彝，父辛作卣而铭亦曰彝，伯所作者舟也，鬲也，甗也，皆以彝铭之；单所作者舟也，彝也，盂也，亦皆以彝铭之。则于鼎曰彝者，为其度可法耳，非六彝之彝也。故左丘明《外传》称法度之器曰彝器。邢昺疏《尔雅》亦谓彝为法，则尊彝者，礼器之总名，犹戈矛剑戟，其用不同而总谓之兵；匏土革木，其音不一而总谓之乐尔。然则器非尊彝而以尊彝为铭者，又不可不辨也。夫牛首之铸，泗水之亡，虽不复见，然历代所宝为时而出者，莫知其极，惟考核制作，参稽字画，推原而审订之，则物象之

多，名氏所疑，与夫无款识者，将大判于今日矣。"[1]

在上古先秦历史的研究中，青铜器上的铭文可以提供大量的史料。尤其是有关夏商周三代的历史、社会、宗教、文化，离开了卜辞金文及其大量的图像是难以讲清的。

商父乙鼎，高七寸，耳高一寸二分，阔一寸四分，深三寸，口径五寸六分，腹径六寸，容二升六合，重三斤十两。三足。铭三十字。按，友史者，太史也。曰友者，如成王称太史友之类，所以尊之也。古者太史顺时觑土，盖农官耳。《说文》曰："房星为辰，田［候］也。"今曰辰见则农当举趾，故命以北田四品，所以授民时也。昔者货贝而宝龟，曰"锡赖贝"者，《说文》以赖为赢，言锡贝之多也。此商人作之，以享父乙。于寝庙而言，乃及此者。盖寝庙，宗庙也。《书》曰："用命赏于祖。"在宗庙之中，作册以锡有功。是亦赏于祖之意。乙之号，其在商也，有天乙，有祖乙，有小乙，有武乙，而惟太丁之子止曰乙，且此言父乙，盖不知其为何乙也。[2]

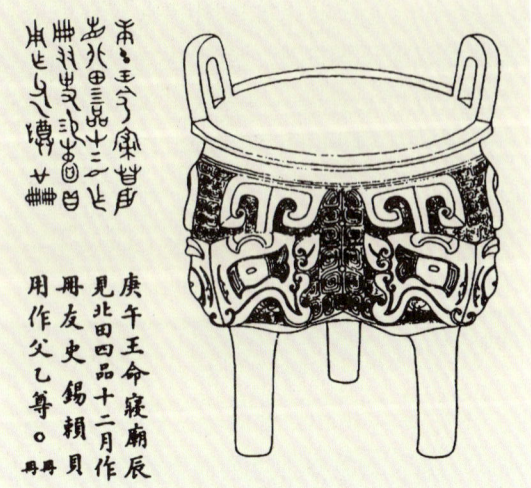

商父乙鼎　采自《重修宣和博古图》

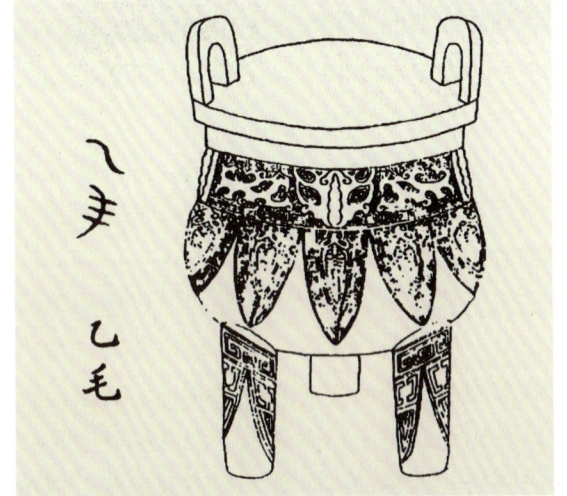

商乙毛鼎　采自《重修宣和博古图》

商乙毛鼎，高五寸五分，耳高一寸二分，阔一寸三分，深三寸六分，口径五寸二分，腹径五寸五分，容二升二合，重三斤七两。三足。铭二字。曰毛者，言荐飨之物。凡涧溪沼沚之毛，苹蘩蕴藻之菜，盖亦无所不用。故昔人谓五蔬不熟曰馑，则蔬于饮食间所不可后。是鼎盖芼羹之用，于是以毛目之。曰乙者，商之有天乙、祖乙、小乙、武乙、太丁之子乙，今铭乙，则太丁之子。然腹有蝉纹，胫饰饕餮，间之云雷，亦以贪者惩也。然则昔人

———————————
① 王黼.重修宣和博古图：卷1[M]//文渊阁四库全书：第840册.台北：台湾商务印书馆，1983：374-375.
② 王黼.重修宣和博古图：卷1[M]//文渊阁四库全书：第840册.台北：台湾商务印书馆，1983：376.

远取诸物，良有旨哉！[1]

商鬶鼎，高六寸六分，耳高一寸三分，阔一寸四分，深四寸四分，口径五寸九分，腹径六寸七分，容四升七合，重四斤六两。三足。铭三字。纯外隐起云雷状。按，父乙，商也。而周有召公尊，其铭亦曰父乙，此岂周器乎？曰：不然。召公尊者，周王用以褒大召公之子孙。而乙者，其名也。父者，所以尊称之也。如康王命毕公而曰父师，平王命文侯而曰父义和，盖示有所尊耳，岂此所谓父乙者哉？况周人作铭，文字已备，此鼎近质，而字画奇古，非商器而何？曰鬶者，按《列御寇》尝言鬶卫之箭，而音释者以"鬶"为"其"，且援《史记》鬶国之竹为证，则鬶国名也。历考商书，虽不闻有国之为鬶者，然归亳之际，诸侯所会者至于三千，安知其无鬶耶？大抵为史者，非因事以见之，则亦不能备载矣。[2]

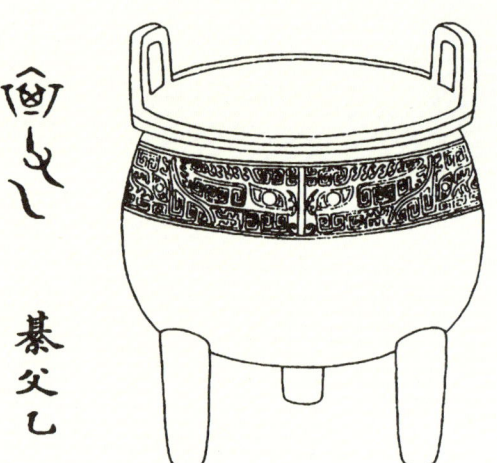

商鬶鼎　采自《重修宣和博古图》

周晋姜鼎，高一尺三寸，耳高一寸二分，阔二寸，深七寸七分，口径一尺四寸七分，腹径一尺五寸，容四斗一升，重七十七斤二两。三足。铭一百二十有一字。晋姜，齐侯宗女姜氏，以其妻晋文侯，故曰晋姜。观其始言君晋邦，取其寡小君之称，以正其名。中叙文侯"威贯通

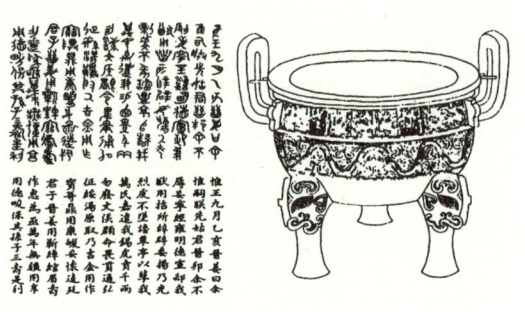

周晋姜鼎　采自《重修宣和博古图》

洪，征绥汤原"，以显已之有助。迨其末也，又言"保其孙子，三寿是利"。则三寿者，与《诗》人言"三寿作朋"同意。盖晋姜观其始，特保我子孙，而外之三卿亦冀寿考也。款识条理，有《周书》誓诰之辞，而又字画妙绝，可以为一时之冠。[3]

---

① 王黼. 重修宣和博古图：卷1[M]//文渊阁四库全书：第840册. 台北：台湾商务印书馆，1983：381.

② 王黼. 重修宣和博古图：卷1[M]//文渊阁四库全书：第840册. 台北：台湾商务印书馆，1983：400.

③ 王黼. 重修宣和博古图：卷2[M]//文渊阁四库全书：第840册. 台北：台湾商务印书馆，1983：406.

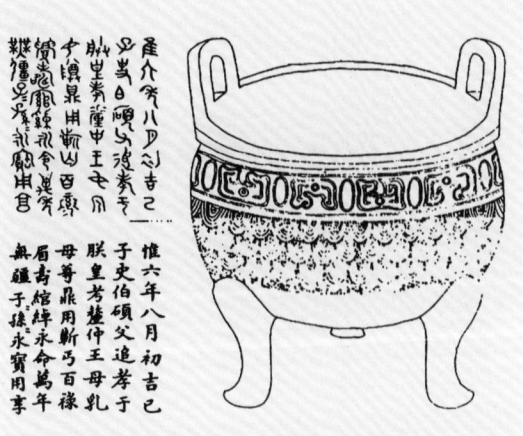

周伯硕父鼎　采自《重修宣和博古图》

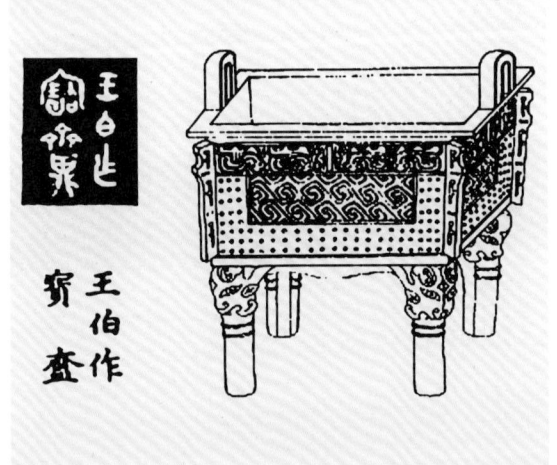

周王伯鼎　采自《重修宣和博古图》

周伯硕父鼎，高一尺六寸九分，耳高四寸四分，阔四寸八分，深九寸九分，口径一尺六寸八分，腹径一尺七寸九分，容九斗五合，重一百二十斤八两。三足。铭五十字。耳足皆素。纯缘之外，饰以蟠夔。腹间比以鳞纹。铭曰"惟六年八月初吉巳"者，以年系月、以月系日也。曰"子史伯硕父"者，伯硕父虽不见于经传，然周有太史、内史之官，谓之子史，则称于父曰子，举其官曰史，而伯硕父则又其名也。曰"追孝于朕皇考厘仲，王母乳母"者，用昭孝享于其考妣也。厘，谥也。而曰厘仲者，盖古人以字为谥，因以为族，则仲疑其族也。若"王母乳母"，则追孝皇考而并及之。其曰"缩绰"，则祝以优裕之辞耳。[1]

周王伯鼎，高五寸三分，耳高一寸二分，阔一寸四分，深三寸。口径长四寸七分，阔三寸四分，腹径长五寸，阔三寸六分，容一升六合，重三斤四两。四足。铭五字。按，史传有曰史伯者，著其姓也。有曰郑伯者，举其国也。有曰僖伯者，称其谥也。今此伯谓之王，以为谥，则王不可为谥。以为国，则王未尝名国。以为姓，则三代之间未见王姓。而显者惟武王初定商，以九鼎宝玉封诸侯。而《书》序克商之后，亦曰分宝玉于伯叔之国。然则王伯者，疑其为王之伯父也。曰宝蠡者，考诸《周礼》，虽有掌玉蠡之官，然形制讫无所考。以其方而四足，与诸方鼎悉类，故附于鼎云。[2]

周季娟鼎，高五寸五分，耳高一寸，阔一寸二分，深三寸五分，口径五寸五分，腹径

---

[1] 王黼.重修宣和博古图：卷2[M]//文渊阁四库全书：第840册.台北：台湾商务印书馆，1983：407.

[2] 王黼.重修宣和博古图：卷2[M]//文渊阁四库全书：第840册.台北：台湾商务印书馆，1983：409.

五寸八分，容三升，重三斤二两。三足。
铭四十九字。昔康王命作册毕，曰分居
里，成周郊。则成周者，西周也。麓，
《说文》以为守山林吏，又曰"林属于山
为麓"，则"徙于楚麓"者，谓其山之林
麓，盖如《书》言大麓之类。王欲徙楚，
先命小臣夌往见，以相其居。王至于居
也，复遣锡贝、锡马及两所以赏之。曰季
娟者，《说文》：娟，通作妘，以谓祝
融之后姓也。富辰尝举叔妘，而韦昭亦
以妘为妘姓之女，则娟乃其妃也。曰季
者，又特言其序耳。《诗》所谓"彼美孟
姜""仲氏任只""有齐季女"，皆指其
序也。①

周中鼎，高九寸三分，耳高二寸一
分，阔二寸二分，深六寸一分，口径八寸
七分，腹径九寸五分，容一斗五升，重
九斤四两。三足。铭四字，曰"中作宝
鼎"。纯素不加文镂，与父己中献南宫中
鼎皆出一手。特南宫中鼎铭文仅百字，其
略曰"王命中先相南国"，则知是器皆中
一时之制也。铜色沁晕如碧玉，制作典
古，在周器中最为纯厚者焉。②

周穆公鼎，高一尺二寸二分，耳高三
寸一分，阔三寸五分，深七寸七分，口径
一尺二寸五分，腹径一尺三寸五分，容

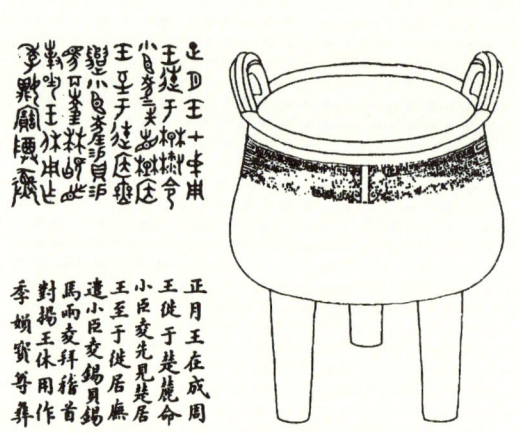

周季娟鼎　采自《重修宣和博古图》

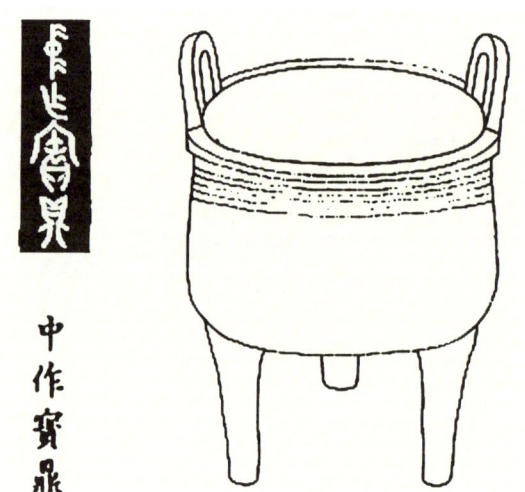

周中鼎　采自《重修宣和博古图》

三斗六升，重五十斤。三足。铭二百三字，湮灭不可辨者五十九字。是鼎得于华阴，乃秦
故地，曰"不显走"者。《诗》言"有周不显"。王安石释之云："不显者，乃所以甚言
其显也。"走者，如太史公以谓牛马走，则走乃自卑之称。皇祖穆公者，考秦世次，先武
公，次成公，而穆公又其次。今铭复先穆公，次言成公，后言武公者，质诸经传，莫不有

---

① 王黼. 重修宣和博古图：卷2[M]//文渊阁四库全书：第840册. 台北：台湾商务印书馆，1983：
　410.
② 王黼. 重修宣和博古图：卷2[M]//文渊阁四库全书：第840册. 台北：台湾商务印书馆，1983：
　411.

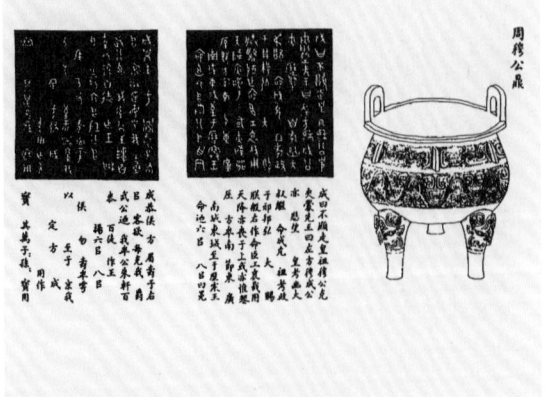

周穆公鼎　采自《重修宣和博古图》

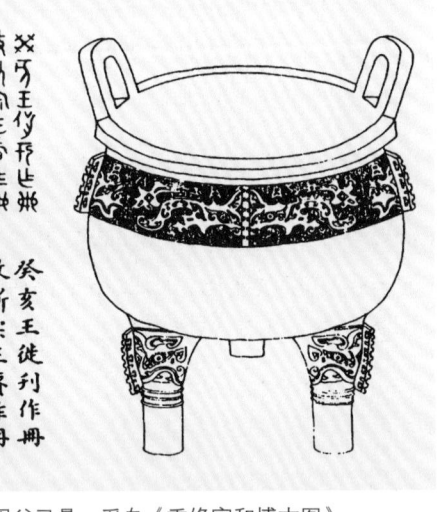
周父己鼎　采自《重修宣和博古图》

意义。昔商之禘祀，自上而推之下，尊尊之义。故《长发》之诗曰"有娀方将"。又曰"玄王桓拨""相土烈烈"，而终之以"实维阿衡，实左右商王"。此先言有娀，以及卨，至于相土，成汤而下，然后及于阿衡也。周之禘祀，自下而推之上，亲亲之义。故《雝》之诗曰"既右烈考，亦右文母"。盖自烈考以上逮于文母也。自上及下，则原其始而知王业之所由兴。自下及上，则举其近而昭王业之所以成。当时各有所主，而此鼎之文，世次亦有所法也。其余以历岁既久，类多缺泯，无从悉考，姑就其可以意得者如此。①

周父己鼎，高一尺五寸六分，耳高三寸二分，阔三寸八分，深九寸八分，口径一尺二寸一分，腹径一尺三寸四分，容四斗九升，重五十三斤有半。三足。铭二十八字，其末云"作父己宝"。而己见于商之帝号。盖商以十干名，至周则有乙公得，于己则未之见焉。是器兽足素耳，纯缘之外作螭纹，而雷纹间之文镂，皆周制也。②

周叔液鼎，高六寸四分，耳高一寸六分，阔一寸四分，深四寸，口径六寸二分，腹径七寸一分，容五升，重六斤四两。三足。铭二十三字，曰"叔液"。考诸前代，叔液之名不见于经传，惟语记周之八士则有叔夜焉，岂其族欤？是器耳作雷形，纯缘饰以立螭，足作蹄状，形制篆镂，皆周制也。③

周仲偁父鼎，高八寸二分，耳高二寸一分，阔二寸三分，深五寸五分，口径五寸五

----

① 王黼. 重修宣和博古图：卷2[M]//文渊阁四库全书：第840册. 台北：台湾商务印书馆，1983：415-416.
② 王黼. 重修宣和博古图：卷2[M]//文渊阁四库全书：第840册. 台北：台湾商务印书馆，1983：418.
③ 王黼. 重修宣和博古图：卷3[M]//文渊阁四库全书：第840册. 台北：台湾商务印书馆，1983：424.

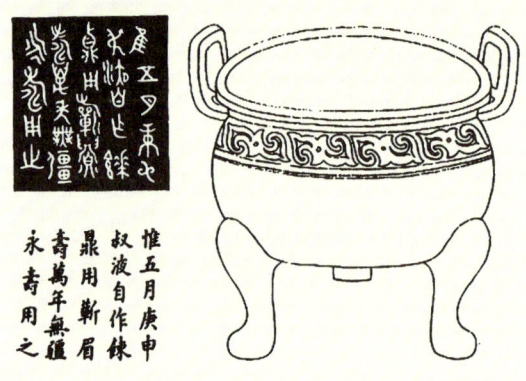

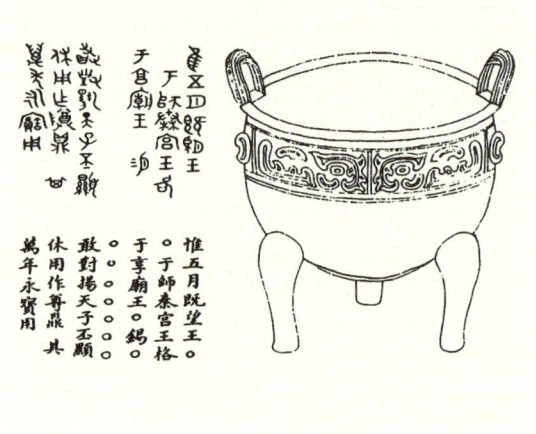

周叔液鼎　采自《重修宣和博古图》　　　　　周仲偁父鼎　采自《重修宣和博古图》

分，容一斗二升，重十有二斤。三足。铭三十五字。夫天下有道，礼乐自天子出，故凡彝器名物，非下可得而专。若召虎之平淮夷，宣王用以昭有功，则于是"厘尔圭瓒，秬鬯一卣"。伯皋及仲偁父有伐南淮之勋，则赐作宝鼎乃其宜也。曰伯仲，则又言其昆弟也。《诗》曰"伯氏吹埙"，指昆弟耳。昆弟皆知移孝以事其君，于是有南淮之烈，岂周室之作人，其盛有见于斯耶。其铭诸盖，所以昭之也。①

商父己尊，高八寸六分，深七寸，口径六寸六分，腹径四寸八分，容三升二合，重三斤十有二两。铭三字。上有画作鬲状。夫鬲，炊器也。尊以盛酒，而取铭于鬲者。王安石谓鬲空二足，气自是通上下，则鬲之为用，欲其通而已。用鬲识尊，凡欲交通而无间耳。曰"父己"者，商之雍己也。凡器之铭，有曰祖，曰父，曰伯，曰叔，各因其人而铭之也。鬲作画形，殆《河图》《洛书》之遗意，非书家八法所可议也。②

商父乙尊，高八寸八分，深七寸，口径六寸八分，腹径四寸五分，容三升，重三斤十有二两。铭五字。凡人君锡有功，必为册书以命之。此孙为父乙作，而亦曰册者。盖为孙者有勤王之功焉，然后得作彝器而铭之祖，此所以言册命也。既谓之孙，其视乙也，当尊为祖，而此曰父者，盖祖考虽殊，谓之父则一，所谓大父者是也。夫商以乙为号者六，曰执乙，曰天乙，曰祖乙，曰小乙，曰武乙，曰太乙，而父乙者，未知其为何乙。观其刻作两册，切于形似，非尚质无以及此。若夫周人务为简约，而忽于取象为卅卅6之形。虽有内

————————————
① 王黼.重修宣和博古图：卷3[M]//文渊阁四库全书：第840册.台北：台湾商务印书馆，1983：432.
② 王黼.重修宣和博古图：卷6[M]//文渊阁四库全书：第840册.台北：台湾商务印书馆，1983：494.

第五章｜中国的古代宗教　457

商父己尊　采自《重修宣和博古图》

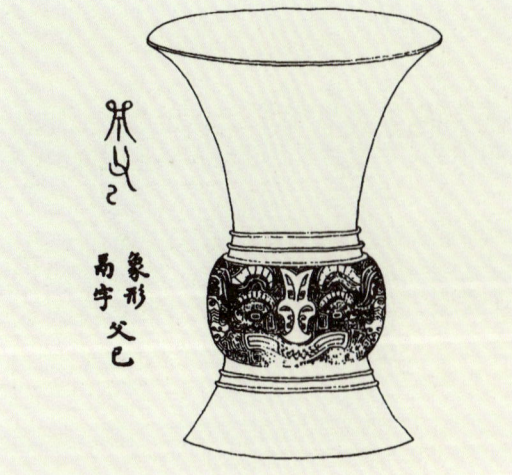

商父乙尊　采自《重修宣和博古图》

史策命之臣以掌之，而商之纯古固已变矣。①

　　商兄丁尊，通盖高七寸二分，深四寸六分，口径长四寸二分，阔三寸七分，腹径长四寸六分，阔四寸，容二升一合，共重二斤十有五两。盖、器铭共八字，曰"兄丁大"，其一字作鸡形。铭"兄丁"者，当是其弟为兄作此尊也。按，商有沃丁、仲丁、武丁、庚丁、太丁之别，然以兄弟传国者，独有太庚、外壬。而太庚之兄曰沃丁，外壬之兄曰仲丁，盖不知其太庚与外壬作也。铭鸡者，按《周官·司尊彝》，六彝有鸡，六尊无鸡。此尊也，而以鸡铭之者，恐商之世其制未分耳。周之礼乐庶事备则，于是尊彝析而为二焉。以理求之，则尊与彝是或一道也。②

　　周高克尊，高一尺五寸五分，深一尺三寸三分，口径四寸六分，腹径一尺，容二斗二升有半，重二十一斤。两耳连环。铭五十八字。曰"克敢对扬天佑""用作朕穆考后仲尊高克用丐眉寿"。高克者，不见于他传，惟周末卫文公时有高克将兵，后卒奔于陈。疑克者，乃斯人欤？若尔，则是器盖卫物也。其曰"作朕穆考"，则又言宗庙之制也。盖天子有三昭三穆，与太祖之庙而七；诸侯有二昭二穆，与太祖之庙而五。至于言考，则不特止其父而已。故谓其大父曰王考，谓其曾祖曰皇考，谓其高祖曰显考。此其言穆考之法也。周室至于春秋诸侯分裂之时，其世虽衰，而至于典刑文物者尚在，于是立言有如此者。③

---

① 王黼. 重修宣和博古图：卷6[M]//文渊阁四库全书：第840册. 台北：台湾商务印书馆，1983：496.

② 王黼. 重修宣和博古图：卷6[M]//文渊阁四库全书：第840册. 台北：台湾商务印书馆，1983：501.

③ 王黼. 重修宣和博古图：卷2[M]//文渊阁四库全书：第840册. 台北：台湾商务印书馆，1983：507.

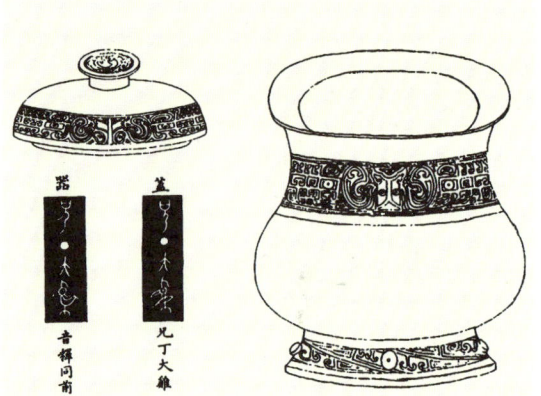

商兄丁尊　采自《重修宣和博古图》

周高克尊　采自《重修宣和博古图》

　　周师艅尊，高六寸七分，深六寸五分，口径六寸三分，腹径三寸八分，容二升六合，重三斤六两。铭三十二字。曰"汝上侯"者。上侯犹上公，以言其官。曰"师艅"，以言其人。师艅既有王功，于是王乃锡艅金而俾作彝，以荐家庙，故又曰"锡师艅金，艅则对扬乃德，用作乃文考宝彝"。其言文考，与《诗》言文人同字，书德从行，而此器从㥁。盖德出于道。从㥁亦篆籀之本意。由此于金石遗文，每得以考正其字画之谬。[1]

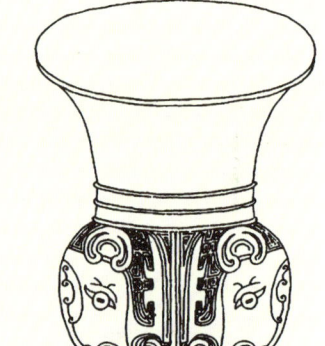

周师艅尊　采自《重修宣和博古图》

　　周饕餮罍，高九寸六分，深七寸六分，口径八寸三分，腹径一尺一寸一分，容二斗

二升四合，重九斤四两。无铭。罍于酒器中所容最多，故释器者云"受一斛"。此器所容但五分之一，岂罍之一类者，亦自有等差小大耶？又《诗》云"金罍"。盖未必以黄金为之，以五金皆金耳。此罍在诸器中特为精致高古，可以垂法后世。于是诏礼官其制作为之楷式，以荐之天地宗庙，使三代之典炳然还醇，见于今日，亦稽古之效也。[2]

---

①　王黼. 重修宣和博古图：卷2[M]//文渊阁四库全书：第840册. 台北：台湾商务印书馆，1983：507.

②　王黼. 重修宣和博古图：卷2[M]//文渊阁四库全书：第840册. 台北：台湾商务印书馆，1983：508.

第五章┃中国的古代宗教　459

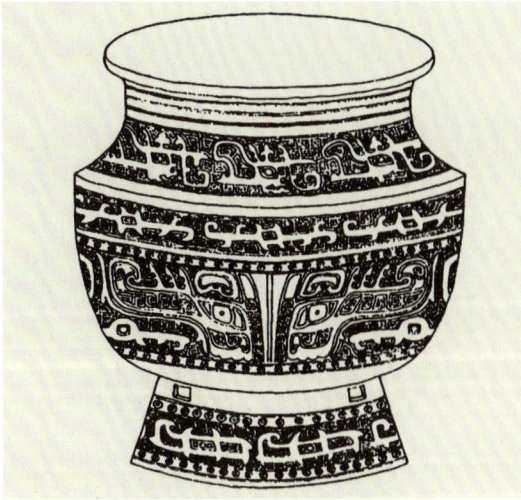

周饕餮罍 采自《重修宣和博古图》

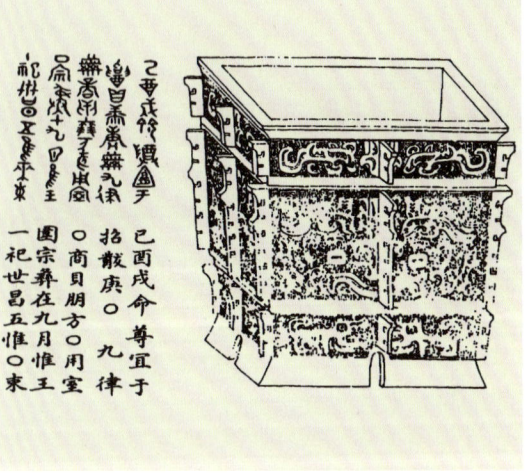

周己酉方彝 采自《重修宣和博古图》

周己酉方彝，高七寸九分，深五寸五分，口径长六寸一分，阔五寸一分，腹径长六寸二分，阔五寸二分，容六升七合，重十有二斤六两，铭三十七字。曰己酉者，以纪其岁。方周之时，卜世三十，卜年七百岁。己酉者不一，故莫知其次也。曰戌者，守也，以地而有所守。如《春秋》"齐侯使连称管至父戌葵丘"之谓。"宜于招戬"，戬者，以言其别，故旌以别之，如衮衣取其藻米黼黻之类。"商贝朋方"者，五贝为朋，如《诗》"锡我百朋"，言其禄之多。"用室围宗彝"者，

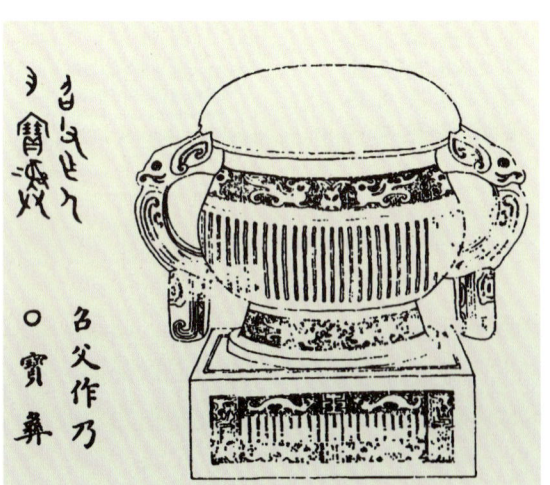

周叔彝 采自《重修宣和博古图》

彝，宗庙常器，如《周官》所载六彝之类也。其曰"惟王一祀"，则记其即位之始年耳。夫商曰祀，周曰年，然武王克商，而访于箕子，亦曰"惟十有三祀"。则知周固常相因如此。其器方而通体为盘夔雷纹，四隅并腹间峻拔，作觚棱之状，精巧绝世，为可佳焉。[1]

周叔彝，高五寸七分，深二寸七分，口径五寸三分。座自方四寸八分，下有响铎。容二升，重四斤五两。两耳有珥。铭六字，一字不可辨，五字曰"叔作宝尊彝"。且尊用以酌，彝用以祼，是故尊、彝之所用也不同。此统言尊彝者，盖先王之时用器不中度，不鬻于市，戒在于作为

---

① 王黼. 重修宣和博古图：卷7[M]//文渊阁四库全书：第840册. 台北：台湾商务印书馆，1983：521.

淫巧，以法度为绳约，要使其器可尊可法而后已。是以沈子作盂而铭曰宝尊，孟金作敦而铭曰尊敦，父己作彝而铭曰尊彝，虢叔作鬲而铭曰尊鬲。此曰尊彝者，非六尊之谓也。曰叔，则周之以叔名者，如虢叔、荣叔、祭叔之类是也。上字磨灭，故不可考其为谁。观其形制，则耳为水兽，下有方座，周身为饕餮状，纯缘下与足上有行螭之饰，螭亦水兽也，盖有以戒沉湎而使不没于礼而已。是则制器尚象，岂虚为文饰也哉？[1]

商祖辛卣，高九寸三分，深七寸五分，口径长四寸五分，阔三寸三分，腹径长八寸，阔七寸一分，容六升九合，重十有三两。两耳。阙盖，有提梁。铭七字。曰"祖辛作彝尊"，又象人形，右执木，左执戟。按，商十四代君曰祖辛，盖祖乙之子，沃甲之兄，祖丁之父也。其象人形而执木执戟者，殆是其武舞也。木当是朱干，戟当是兵舞。昔舜之时，舞干羽于两阶，以格有苗，则五帝之前，其武舞亦所不废。武王之乐曰《大武》，而舞如之。则三王之后，其用以济时者，又所不敢忘武也。岂商之时，独不然耶？考商有天下，至祖乙而政复兴，祖辛继之，而善述其事，则干以自卫，戟以攘敌者，于祖辛有之也。宜铭是器以旌之。又尝求其用舞之由，固有文舞，有武舞。凡山川之祀，社稷之祀，四方之祀，与其持盈守文之君，皆以羽旄之舞，而文舞是也。若以武得天下，故于是有干舞焉，武舞是也。祖辛之迹不见于书传，而特有此武舞，固可以类求矣。[2]

商子爵，左器高六寸七分，深三寸一分，口径长五寸一分，阔二寸四分，容三

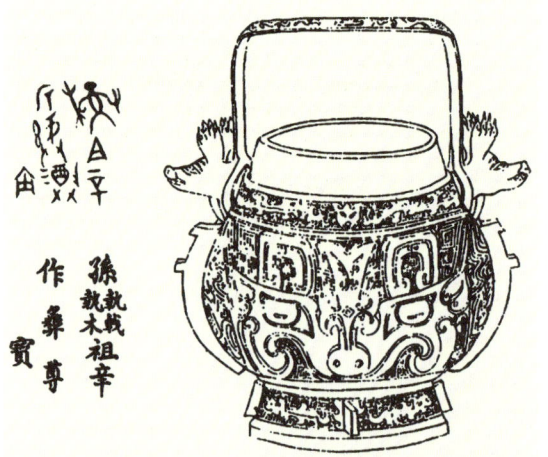

商祖辛卣　采自《重修宣和博古图》

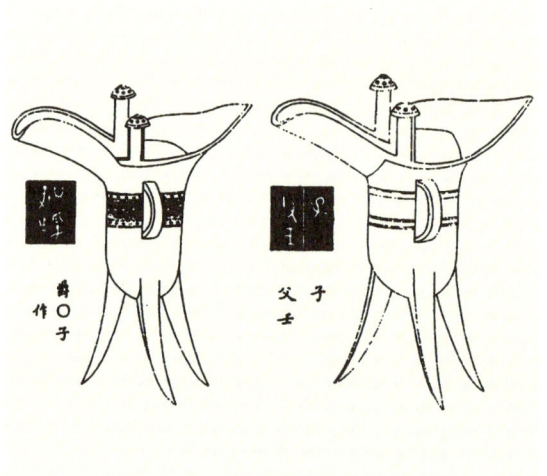

商子爵　采自《重修宣和博古图》

---

① 王黼. 重修宣和博古图：卷8[M]//文渊阁四库全书：第840册. 台北：台湾商务印书馆，1983：533.

② 王黼. 重修宣和博古图：卷8[M]//文渊阁四库全书：第840册. 台北：台湾商务印书馆，1983：536.

合，重一斤四两。两柱。三足。有流，有鋬。铭五字。左器高六寸五分，深二寸九分，口径长五寸，阔二寸四分，容四合，重十有四两。两柱。三足。有流，有鋬。铭三字。左器铭五字，所可辨者，"子"与"作"二字而已。右器三字，曰"子父壬"。尝考诸姓，夏后氏曰姒，商曰子，周曰姬，皆以其祖赐姓于君，故子孙得而承之。然而论三代之祖，则一出于黄帝。夏之祖昌意，商之祖契，周之祖稷，皆黄帝之子孙也。黄帝四世而禹始有夏。又十七世而汤始有商，又十九世而武王始有周。其三代未有天下之初，则皆始封为诸侯，于是赐姓，此所以有姒、子、姬之异姓也。商之器大抵多铭一"子"字，著国姓也。曰壬，则商之君有仲壬、外壬。此铭父壬，故知为商爵无疑。[①]

周散季敦，通盖高八寸四分，深四寸一分，口径七寸三分，腹径九寸一分，容六升七合，共重十有三斤二两。两耳。有珥。三足。盖与器铭共六十六字。考其铭，乃散季为王母叔姜作也。昔之人神祀飨之礼，其彝器食饮每通用之，既以人道事乎神，又以神道飨乎人。

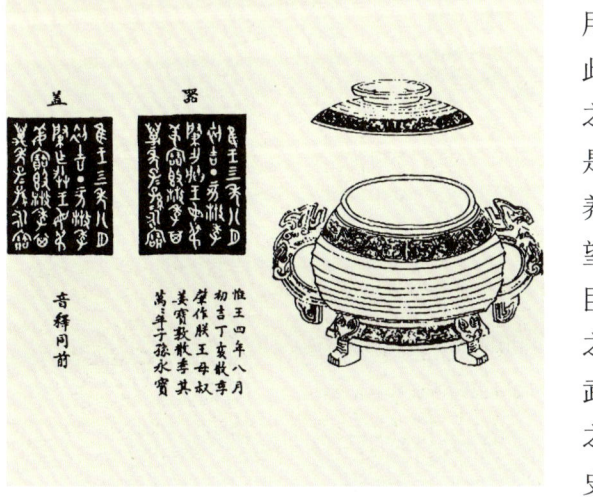

周散季敦　采自《重修宣和博古图》

此家庙中与夫平日燕居之器，皆得铭而用之，初无别也。散季之铭叔姜敦，必有一于是矣。当商之末世，周之盛德，文王在下遵养时晦，于是四方之贤者盍归乎来，如太公望、散宜生之徒，莫不咸在。文王者得此数臣以为之辅，故丕显之谟足以贻于初，丕承之烈得以继于终。迨夫天之历数有归于周，武王作《太誓》以告于众，则太公望有鹰扬之从，散宜生有执剑之卫，事业昭昭，载之史册，盖彼皆以文王旧臣受顾命之托，而成此武功焉。今观是敦，考诸款识，在惟王四年八月也。且文王之世，散季已为之辅，而历数犹未归，则知所纪之四年肇而作此者，盖武王时明矣。[②]

周毁敦，高八寸一分，深四寸三分，口径七寸五分，腹径七寸四分，容五升有半，重十有二斤。两耳。铭一百一十三字。且敦之名见于虞氏之时，而特无其制，至周兼用四代之礼，而敦亦不废。然而时不相袭，故形器类皆不一。此器圈足而下连方座，比他器为稍异。且铭伯和父者，和，卫武公也。卫自康叔有国，至武公已三世矣。武公能修康叔之政，平戎有功，故周平王命之为公。今观铭文着伯和父，称"若曰"，则知代王而言者

---

① 王黼. 重修宣和博古图：卷9[M]//文渊阁四库全书：第840册. 台北：台湾商务印书馆，1983：558.

② 王黼. 重修宣和博古图：卷10[M]//文渊阁四库全书：第840册. 台北：台湾商务印书馆，1983：731.

也。其谓"师毁乃祖考婚于我家"，则知
为周室之姻娅旧族耳。方兹时，师毁治其
东偏、西偏为有功焉，故铭厥功而锡是
敦，以章其善。且复见兼戈矛镎钟之物不
一等，可谓盛矣。然世系所出，则前史既
阙，无所考证，不得其传焉。[①]

周毁敦，高五寸八分，深四寸，口径
六寸三分，腹径七寸九分，容六升，重八
斤一十两。两耳。有圈。三足。阙盖。铭
一百四十字。首曰"惟王十月"，犹《春
秋》之言"春王正月"之意。盖言王所
以尊王，言月所以谨时也。曰"王在成
周"者，犹《诗》之言"王居镐京"。周
公既成洛邑，明天下知所归往也。曰"及
内伐浪昂"，犹《诗》之所谓"薄伐猃
狁，至于太原"者矣。曰"王命敬追迎于
上洛"，犹《诗》之"出车以劳还，杕杜
以勤归"者矣。"执俘曰杂孚人三百"，
泮宫之执讯获丑之意也。曰"十有一月格
于成周大庙"，告厥成功于庙之意也。曰
"敬告禽歔百俘曰"者，有同乎献囚、献
馘。曰"尹氏受厘"，有若乎告庙之终并
受其福。曰"圭鬲币贝五十朋"者，盖锡
以圭璧以作尔宝，铸以鼎彝以着其功，与
之币帛以将其意，而其数之多，至五十朋
足矣；犹以为未也，又锡以土田之衍，

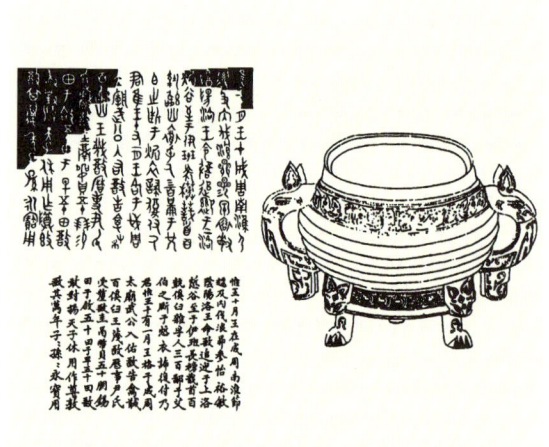

周毁敦 采自《重修宣和博古图》

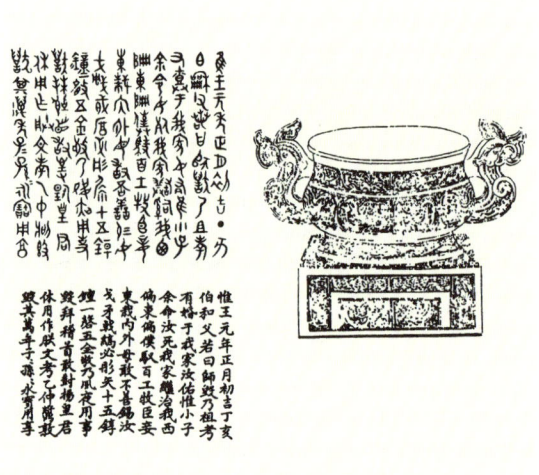

周敬敦 采自《重修宣和博古图》

则受锡者岂得傲然自居其宠耶？宜乎对扬天子之休命，而归美以报其上焉，亦犹《诗》所
谓"虎拜稽首，天子万年"之意欤？是敦也，不惟制作精工，而又字画奇古，其间辞意与
商、周之《书》《雅》《颂》之文相为表里。扬雄言《周书》噩噩尔，殆有见于兹也。[②]

周宰辟父敦，通盖高七寸三分，深四寸一分，口径六寸六分，腹径七寸六分，容六升

---

① 王黼. 重修宣和博古图：卷16[M]//文渊阁四库全书：第840册. 台北：台湾商务印书馆，1983：
731.

② 王黼. 重修宣和博古图：卷16[M]//文渊阁四库全书：第840册. 台北：台湾商务印书馆，1983：
732.

第五章 | 中国的古代宗教　**463**

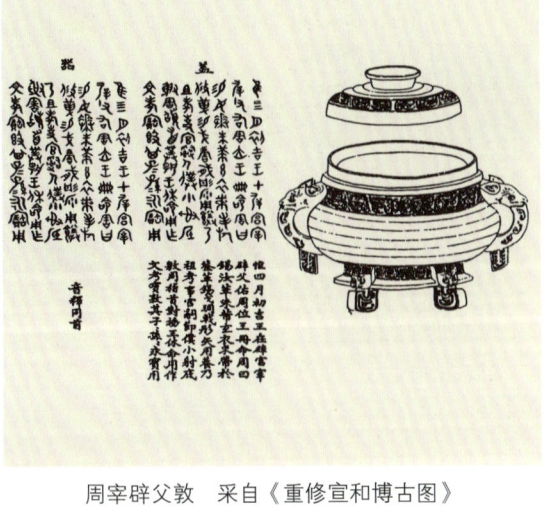

周宰辟父敦　采自《重修宣和博古图》

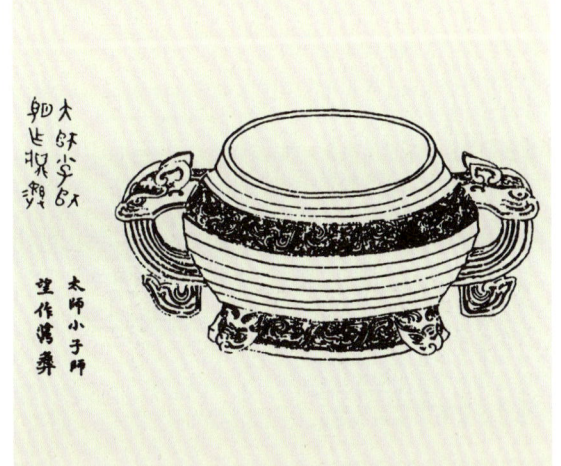

周师望敦　采自《重修宣和博古图》

六合，共重九斤六两。两耳。有珥。盖与器铭共一百五十字。其铭曰周者，公子周悼公也。悼公，文襄之后，故有"用作文考宝敦"之辞。古者锡有功，则必有彝器以纪其事，且以告于家庙焉。如秬鬯一卣，告于文人是也。卣，饮器；敦，食器，宜其为铭一也。是敦之名亦曰"用养乃祖考"者，谓此。①

周师望敦，高五寸，深三寸九分，口径六寸二分，腹径八寸，容六升有半，重一十斤四两。两耳。有珥。阙盖。铭九字。纯缘与足皆有饰蟠夔，间以云纹，耳为螭形。按《史记·齐世家》：太公望吕尚，东海人。其先祖尝为四岳，佐禹平水土有功，或封于申，或封于吕。本姓姜氏，从其封姓，故曰吕尚。尚年老穷困，以渔钓干周西伯。西伯将出猎，卜之，曰"所获非龙非彨，非虎非罴，所获霸王之辅"。猎至渭阳，得尚与语，大说。曰："自吾先君太公言，当有圣人适周，周以兴，子真是邪？吾太公望子久矣。"故号太公望，载与俱归。遂立为师。其铭曰"太师"者，盖纪其官也。望，则称其号耳。是器与周师望簋铭文正相同，殆一时物耶。②

商祖己甗，高一尺一寸四分，深自口至隔五寸八分，自隔至底二寸八分，口径八寸六分，耳高二寸二分，阔二寸一分，容自口至隔七升，自隔至底二升五合，重九斤有半。三足。铭六字。或以商高宗朝有臣尝作《高宗肜日》以训王，曰祖己，则祖己者，疑商之臣乎？然按彝器间类多以祖乙、祖丁、祖戊、祖辛为铭，则凡称祖者，孙之所作也；乙、丁、戊、辛云者，乃其号耳。用是考之祖

① 王黼. 重修宣和博古图：卷16[M]//文渊阁四库全书：第840册. 台北：台湾商务印书馆，1983：736-737.
② 王黼. 重修宣和博古图：卷17[M]//文渊阁四库全书：第840册. 台北：台湾商务印书馆，1983：750.

己者，其惟商之雍己欤？言癸者，商有天癸，癸为己作祭器也。此甗而谓之尊彝，非《周官》所谓六尊六彝之谓，盖商制未分，凡可尊可法者，则曰尊彝。[1]

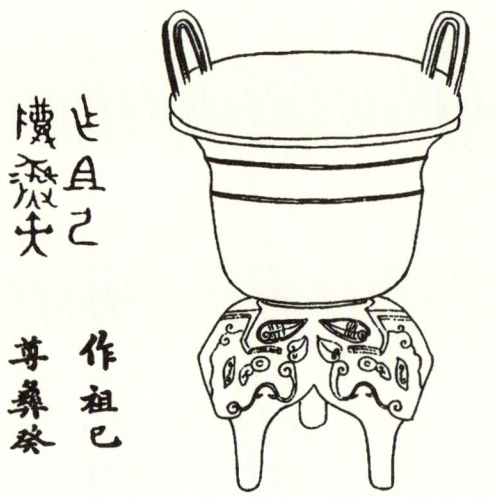

商祖己甗　采自《重修宣和博古图》

周嘉仲盉，高七寸六分，深四寸八分，口径四寸六分，腹径六寸八分，容八升三合，重七斤有半。三足。阙盖。有流，阙錾。铭一十九字，腹匾而圆。嘉仲，索诸经传无见。考其款识，已非夏、商，但制作有类乎周。其曰诸友，则知非独擅，乃与朋友共之之器也。且五常之道，言君臣之尊尊，父子之亲亲，而朋友亦列于其间，则未有不须友以成者。彝器者，法度之所在，其于尊君事亲之义未尝不载，则于朋友之义宜有以及之，兹器是也。[2]

周蛟篆钟，高七寸六分，甬长四寸九分，径一寸一分，有旋；两舞相距四寸八分，横三寸七分；两铣相距五寸五分，横四寸三分；枚三十六，各长七分；重十有五斤。铭五十二字。字极古，间作鸳鸪、蛟螭之形。其铭不可辨识者凡九字，曰"惟正月仲春吉

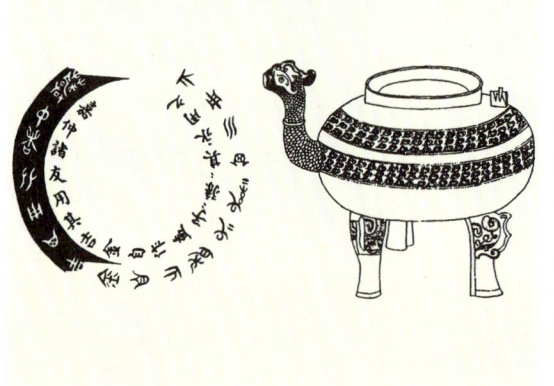

周嘉仲盉　采自《重修宣和博古图》

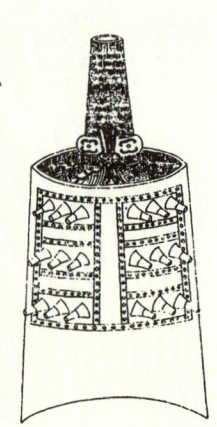

周蛟篆钟　采自《重修宣和博古图》

---

[1] 王黼. 重修宣和博古图：卷17[M]//文渊阁四库全书：第840册. 台北：台湾商务印书馆，1983：741.

[2] 王黼. 重修宣和博古图：卷18[M]//文渊阁四库全书：第840册. 台北：台湾商务印书馆，1983：773.

第五章｜中国的古代宗教　465

日"者，犹汉麟凤铭言秋十月也，盖正月之吉适得仲春之节，故谨其时而言之。昔张怀瓘在翰林时，见古钟纪夏禹之绩，皆紫金，钿以大篆，神彩惊人。此钟款识，盖亦钿金篆也。是钟甬、旋比它钟虫镂尤剧瑰妙，当甬、旋之间设环象兽形，聂崇义所谓"旋当甬之中央，为环，饰之以虫，曰旋虫"者是也。尔后甬、旋之制或变为龙螭虎纽与夫圆环之类，盖制作不纯于古者如此。①

何尊，祭器。1963年于陕西宝鸡贾村塬出土。高38.8厘米，口径28.8厘米，重14.6千克。圆口棱方体，长颈，腹微鼓，高圈足。腹足有精美的高浮雕兽面纹，角端突出于器表。体侧并有四道扉棱。造型浑厚，工艺精美。器内底有铭文122字，残损3字，现存119字。铭曰："唯王初壅，宅于成周。复禀（武）王礼福，自天。在四月丙戌，王诰宗小子于京室，曰：'昔在尔考公氏，克逨文王，肆文王受兹大命。唯武王既克大邑商，则廷告于天，曰：余其宅兹中国，自兹义民。呜呼！尔有虽小子无识，视于公氏，有勋于天，彻命。敬享哉！唯王恭德裕天，训我不敏。'王咸诰。何赐贝卅朋，用作庚公宝尊彝。唯王五祀。"记述成王继承武王遗志，营建东都成周之事，与《尚书·召诰》《逸周书·度邑》等古代文献相合，具有重要的史料价值。

何尊　西周早期　宝鸡青铜器博物院藏

盨，盛放黍、稷、稻、粱等饭食的礼器。由圈足簋发展而来，用途亦与之相同。2002年保利集团从香港地区购回一件"遂公盨"，其铭文铸有"大禹治水"及"为政以德"等内

———————
① 王黼．重修宣和博古图：卷19[M]//文渊阁四库全书：第840册．台北：台湾商务印书馆，1983：802．

466

遂公盨　西周中期　保利集团藏

容。该盨高11.8厘米，口径24.8厘米，重2.5千克，呈圆角长方形，失盖，器口沿下饰鸟纹，腹饰瓦纹，小耳上有兽首，原有垂环，圈足中间有桃形缺口。内底铭文共计10行，98字。前9行每行10字，末一行8字，李学勤教授定为：天命禹敷土，随山浚川，乃差地设征，降民监德，乃自作配乡（享）民，成父母。生我王作臣，厥沬（贵）唯德，民好明德，寡顾在天下。用厥邵（绍）好，益干懿德，康亡不懋。孝友，讦明经齐，好祀无（废）。心好德，婚媾亦唯协。天厘用考，神复用被禄，永御于宁。遂公曰：民唯克用兹德，亡诲（侮）。李学勤表示，遂公盨的发现，将大禹治水的文献记载提早了六七百年，是目前所知年代最早也最为翔实的关于大禹的可靠文字记录，表明早在2900年前人们就广泛传颂大禹的功绩。

用于宗教祭祀活动的礼器甚多，每一件都具有丰富的文化含义，有着深邃的宗教象征意义。

商象形饕餮鼎，高五寸七分，耳高一寸七分，阔一寸五分，深三寸四分，口径五寸五分，腹径五寸四分，容二升三合，重三斤九两。三足。铭一字。按，此鼎款识纯古，仿佛饕餮之形，后人观象立名，故取为号。至周监二代，文物大备，凡为鼎者，悉以此为饰，遂使《吕氏春秋》独

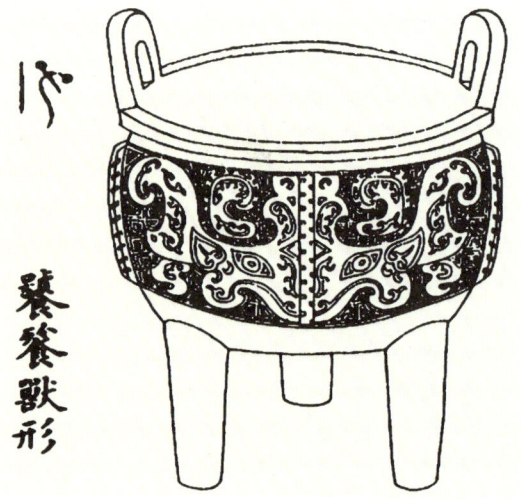

商象形饕餮鼎　采自《重修宣和博古图》

第五章　中国的古代宗教　467

商鱼鼎　采自《重修宣和博古图》

商若癸鼎　采自《重修宣和博古图》

谓周鼎著饕餮，而不知其原实启于古也。按，《春秋》宣公三年，王孙满对楚子问鼎之语，曰："昔夏之方有德也，远方图物，贡金九牧，铸鼎象物。故民入川泽山林，不逢不若。魑魅魍魉，莫能逢之。"则商之为法，亦基于夏而已。周实继商，故亦有之耳。昔人即器以寓意，即意以见礼，即礼以示戒者如此。①

商鱼鼎，高五寸五分，耳高一寸，阔一寸四分，深三寸三分，口径五寸二分，腹径五寸，容二升三合，重三斤一十两。铭三字："月鱼基。"且古者祭祀之名不一，祭天于圜丘，祭地于方泽，祭日于王宫，祭月于夜明，祭星于幽禜，各以其类求之，则于荐献之物，岂非亦以其时耶？故周有月星尊、日星甒者，是各以其类而为之器。是鼎铭以月，继之以鱼者，岂祭祀之器，既以其类，又求其类于物尔？如《诗》所谓季冬荐鱼、春献鲔者，以其时为荐献也。基者，无所经见。惟《说文》以为荐物之丌，盖象形也。②

商若癸鼎，高五寸八分，耳高一寸一分，阔一寸三分，深三寸二分，口径四寸九分，腹径五寸二分，容二升二合，重三斤二两。三足。铭八字。于亚形中，上作一"若"字，铭其作器之人也；旁作旗斿

之势于左，旌其位也；又作两手互执物状于右，以著荐献之象，而且昭其获助也；四隅作癸丁甲乙，杂然陈布，纪其日也；中作"父"字，明子职也。盖九旗名物，皆以于。于太常则至尊有之，至于诸侯则建旃，军吏则建旗，孤卿则建旝，中大夫则建旂，下大夫则建旟，道车则建旞，斿车则建旌，而士预焉。故旗斿，所以旌其位者如此。经曰："四海之

————————————
① 王黼. 重修宣和博古图：卷22[M]//文渊阁四库全书：第840册. 台北：台湾商务印书馆，1983：852.
② 王黼. 重修宣和博古图：卷1[M]//文渊阁四库全书：第840册. 台北：台湾商务印书馆，1983：394.

内，各以其职来祭。夫圣人之德又何以加于孝乎？《诗》亦云：骏奔走在庙，不显不承，无射于人斯。"则得多助者，所以为孝也。故两手互执物，所以著荐献之象，而昭其获助者如此。天有十日，地有十二辰，各以其类而为配合。在商言其略，故凡彝器，止言其日。若商敦言己丁，与此鼎言癸丁甲乙者，止以十日也。在周言其详，故凡彝器，复兼言其辰。若周尊言丁丑，周彝言己酉者，又兼其辰也。昔者内事用柔日，所以顺其阴之入。外事用刚日，所以顺其阳之出。婚姻、内祭皆内事，故用柔日。师田、外祭皆外事，故用刚日。然则是器言甲者，刚日也；言癸丁乙者，柔日也。此所谓纪其日欤？今所藏器，有言祖，有言父，有言兄，下以享于上也；有言子，有言孙，子孙之所自致也。此又所谓言父者，所以明子职欤？然其形制，比商器复加文缛，三足皆作饕餮，气韵颇古，真商盛时器也。[1]

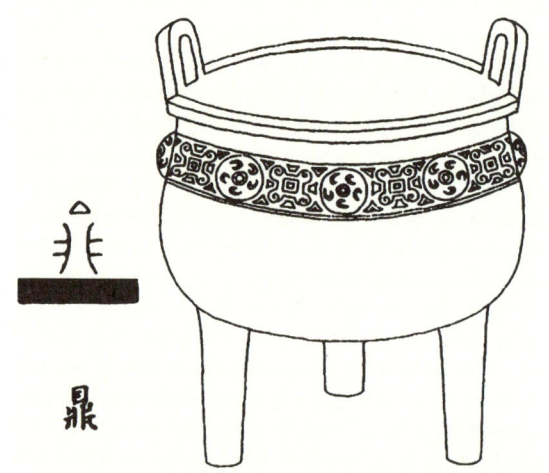

商象形鼎　采自《重修宣和博古图》

商象形鼎，高六寸九分，耳高一寸六分，阔一寸五分，深四寸一分，口径五寸八分，腹径六寸四分，容四升，重三斤六两。三足。铭一字。制作精纯，与商辛鼎无异。"鼎"字上以二一而〇之，下从析木。一阴一阳之谓道。鼎者，器也，而道寓焉。一则成象，一则效法，故以二一；以木巽火，烹饪也，故从析木。此鼎其文虽异，而下皆左右戾，有析木之意，深得古书之体。著此铭者，古人所以正名也。以《易》考之，革去故，鼎取新，又见其新新不穷之义。[2]

周文王鼎，高八寸九分，耳高二寸三分，阔二寸，深五寸八分，口径长六寸一分，阔四寸三分，腹径长六寸三分，阔四

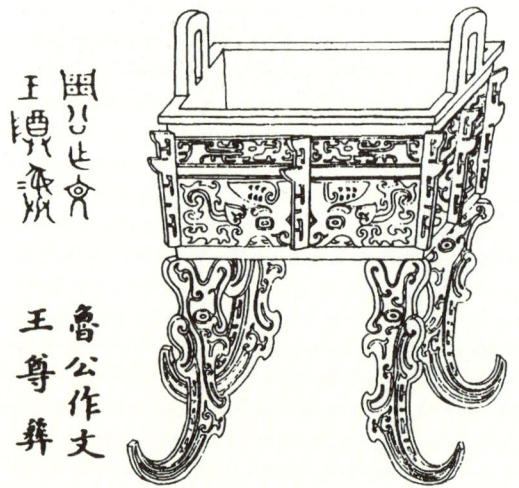

周文王鼎　采自《重修宣和博古图》

---

① 王黼. 重修宣和博古图：卷1[M]//文渊阁四库全书：第840册. 台北：台湾商务印书馆，1983：395.

② 王黼. 重修宣和博古图：卷1[M]//文渊阁四库全书：第840册. 台北：台湾商务印书馆，1983：401.

寸五分，容三升有半，重一十二斤三两。四足。铭七字。按："卤"字，许慎《说文》云："以西省，象盐形。""卤"即"鲁"字也。如鄌作许，笞作皋，缪作穆之类是也。尊，《说文》云："酒器也。"鲁公者，周公也。文王者，周文王也。按，《史记·鲁世家》云："武王遍封功臣同姓戚者。封周公旦于少昊之墟曲阜，是为鲁公。周公不就封，留佐武王。"今考其铭识，文画尚类于商，则知周公之时去商未远，故篆体未有变省。以是推之，则此为周公作祭文王之器无疑。其制：足象蜼形，上为鼻，下为尾，高而且长，其两耳亦镂蜼文。蜼之为物，《尔雅》以为禺属，昂鼻而长尾，尾有两岐，遇雨则以尾塞其鼻。盖取其有智。衮冕绣宗彝之章，而以虎蜼，亦此义也。其身四周隐起兽面，盖饕餮之象也。古者铸鼎象物，以知神奸，鼎设此象，盖示饮食之戒。铭曰尊彝者，举礼器之总名而已。是鼎也，仲忽于元祐间进之，奇古可爱，足以冠周器。[1]

商立戈癸尊，高八寸九分，深七寸六分，口径六寸九分，腹径四寸一分，容三升九合，重四斤八两。铭四字。文饰甚简，而腹间有云雷之状。上一字作立戈形，王安石云："戈从一，不得已而用，欲一而止。"今尊，酒器也，而画立戈之状，不特如鼎之节饮食，又欲一而止之，不至于流湎也。故凡酒器制字之义，必示其戒。曰人癸，则谓商之主癸也。主癸子天一，是为成汤。乃知是尊为汤宗庙孝享之器明矣。于癸曰人癸，盖与辛尊言人辛之意同。[2]

周召公尊，通盖高六寸七分，深四寸一分；口径长四寸五分，阔三寸八分；腹径长五寸四分，阔四寸二分；容一升七合，共重二斤有半。盖、器铭共七十二字，内一字未详。按，召公奭在成王时作

商立戈癸尊　采自《重修宣和博古图》

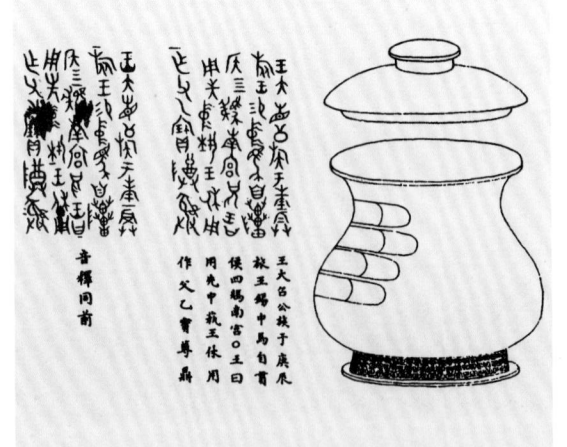

周召公尊　采自《重修宣和博古图》

---

[1] 王黼.重修宣和博古图：卷2[M]//文渊阁四库全书：第840册.台北：台湾商务印书馆，1983：405.

[2] 王黼.重修宣和博古图：卷6[M]//文渊阁四库全书：第840册.台北：台湾商务印书馆，1983：498.

保，封于燕。其国僻小，不通诸夏。至简公已二十九世，乃齿诸侯。又十一世，而燕始亡。此器乃周王褒大召公之族于其庙之器也。又旅陈其王所锡之马。骁骁众多也。锡马蕃庶，骁于南宫，南宫亦庙也。此所谓褒大之也。乙者，父之名，王褒大于庙，为其父作此宝器，乃周家召公子孙之酒彝也。古人恭慎，凡酒器，执之恐坠。觚亦酒器也，为棱以碍手状，如今之屋脊，故后人以屋脊谓之觚棱者是也。此彝有五指痕，执之而不坠失，以示其谨于礼。今此指痕以蜡为模，以指按蜡所成也。[1]

周象尊，通盖高九寸八分，耳高一寸五分，阔九分，深四寸五分，口径二寸二分，通长一尺二寸七分，阔三寸八分，容三升三合，共重四斤。四足。有提梁。无铭。象之为物，感雷而文生。是尊取形于象，以明乎夏德而已。夏者，假也。万物之所由而化也。方时天气下降，地气上腾，文明盛大，而物趋于侈靡，此象尊所由设也。《周礼·司尊彝》云"春祠夏禴，其再献用两象尊"者，其是欤？又况象南越大兽也，以鼻致用而不以口，先王于是以见远夷来宾。昭德之致与夫养口体者异矣，然则用之于祭祀，岂徒然哉？今全作象形而阔背为尊，《礼记》曰：牺

周象尊　采自《重修宣和博古图》

象，周尊也。郑氏则曰以象骨饰尊，阮氏则曰以画象饰尊，殊不合古。此作象形而出于冶铸，则郑、阮之谬概可考矣。其所以然者，三代之器遭秦灭学之后，礼乐扫地而尽，后之学者知有其名，而莫知其器，于是为臆说以实之，以疑传疑，自为一家之论，牢不可破。安知太平日久，文物毕出，乃得是器以证其谬耶？[2]

商执戈父癸卣，通盖高一尺一寸六分，深七寸五分；口径长四寸四分，阔三寸二分；腹径长七寸三分，阔五寸六分；容六升三合，共重十有五斤六两。两耳。有提梁。盖与器铭共六字。父癸者，商天乙父主癸也。上作人形，手执一戈。按，诸铭款多为戈状，或立之，或横之，至此乃执焉。盖戈所以戒其过，苟念于须臾而忽于持久，谨于忧勤而失于懈怠，则戈之戒将忘矣。非特戈也，盖有所谓执弯刀，有所谓执一金敦桼，或曰执玉，或曰执爵，皆因其事而有执焉。观其器，悉以凤鸟为饰，而凤之为物，因时而隐显，览德辉而

---

[1] 王黼. 重修宣和博古图：卷2[M]//文渊阁四库全书：第840册. 台北：台湾商务印书馆，1983：506.
[2] 王黼. 重修宣和博古图：卷7[M]//文渊阁四库全书：第840册. 台北：台湾商务印书馆，1983：511-512.

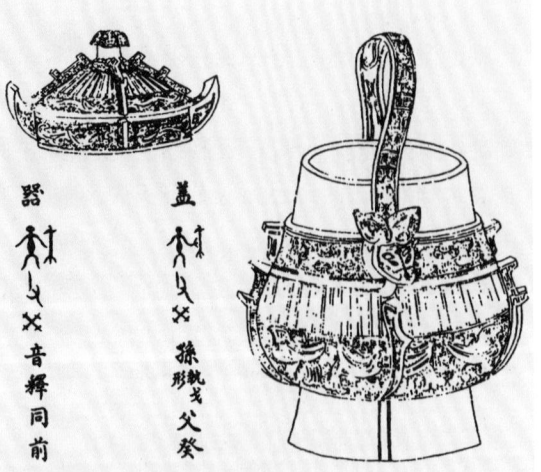

商执戈父癸卣 采自《重修宣和博古图》

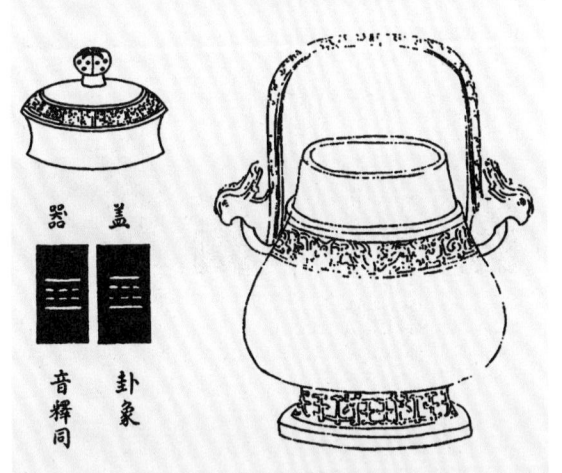

商卦象卣 采自《重修宣和博古图》

下者也。器以藏礼而取饰于是，非礼文之盛，曷以称此？昔周官掌六彝，有以鸟彝为名者。郑玄所谓"刻而画之，为凤凰之形"，其法盖取于此。然后世但知归美于周，而不知商实有以肇之也。①

商卦象卣，通盖高一尺四分，深六寸；口径长二寸八分，阔三寸；腹径长五寸七分，阔四寸八分；容三升六合，共重六斤十有四两。两耳。有提梁。盖与器铭共二字，作卦象。观古人画卦，奇以象乎阳，耦以配乎阴，一奇一耦而阴阳之道全，一虚一实而消息之理备。然《易》始八卦，而文王重之为六十四卦，夏曰连山，商曰归藏，周曰易。是卦也，上下爻皆阳，有乾之象；中二爻皆阴，有坤之象；虚其中，亦取象于器。所谓"黄流在中"者，义或在焉。虽不见于《书》，惟汉扬雄作《太玄》八十一首以拟易，曰方州部家，今争首一方三州，三部一家，与此卣卦象正同。雄于汉最号博闻，殆《玄》之所自而作耶？②此器说明了夏商之际确有连山、归藏的存在，这种传承后被扬雄继承演变，成为太玄易。

商兕卣，通盖高一尺三寸，深六寸四分；口径长三寸八分，阔三寸五分；腹径长七寸，阔六寸五分；容五升七合，共重一十斤十有二两。两耳。有提梁。盖与器铭共二字，作兕形。《语》云"虎兕出于柙"，则兕非驯兽，有害于人者，故昔人用以为罚爵，曰"称彼兕觥"是也。觥既曰兕，则宜卣亦有兕。是器提梁之两端亦象兕首，而通体作饕餮状，岂不有所示其戒耶？商尚质，于是

---

① 王黼. 重修宣和博古图：卷9[M]//文渊阁四库全书：第840册. 台北：台湾商务印书馆，1983：551-552.
② 王黼. 重修宣和博古图：卷9[M]//文渊阁四库全书：第840册. 台北：台湾商务印书馆，1983：556-557.

铭诸器者，或以其形，此所以与周器异耳。[1]

商女乙觚，左器高八寸九分，深六寸一分，口径四寸九分，容六合，重一斤六两。铭四字。右器高九寸，深六寸，口径四寸九分，容六合，重一斤八两。铭四字。二器制作相类。乙者，商之君号。兹女者，盖女之作是器以享于考。《诗》云"谁其尸之，有齐季女"，盖女亦预祀事也。帚者，许慎曰"箕帚"也。昔吕公息女愿为高祖箕帚之妾。《曲礼》有曰"纳女于天子"，曰"备百姓于国君"，曰"备酒浆于大夫"，曰"备扫洒"，郑康成以谓酒浆扫洒，妇人之职也。古人之亲固当报本反始，以致孝享，而于器用之间必著所职者，盖亦不忘父母之教，而谨其所有事故也。是器胫刻四山，腹足间作散云，布为饕餮，面目云梢蟠细缕，宛转相间。盖从云雷生气，所谓刻画云气也，与己举爵文正同，所以皆为饮器。而足间有棱，可握可拱者，是臣拜君酢，朝服而跪受酢，俯身而饮，仰而尽奠于地而复拜，与圭笏相为用，而礼容便具，则一器之所该，使圣人制器之意可思过半。故曰，觚者，法度之器也，庸可忽哉？《韩非子》曰禹作祭器而觞酌有彩，其腰间有可绾系处，上为四虫，所谓小虫为雕琢也。[2]

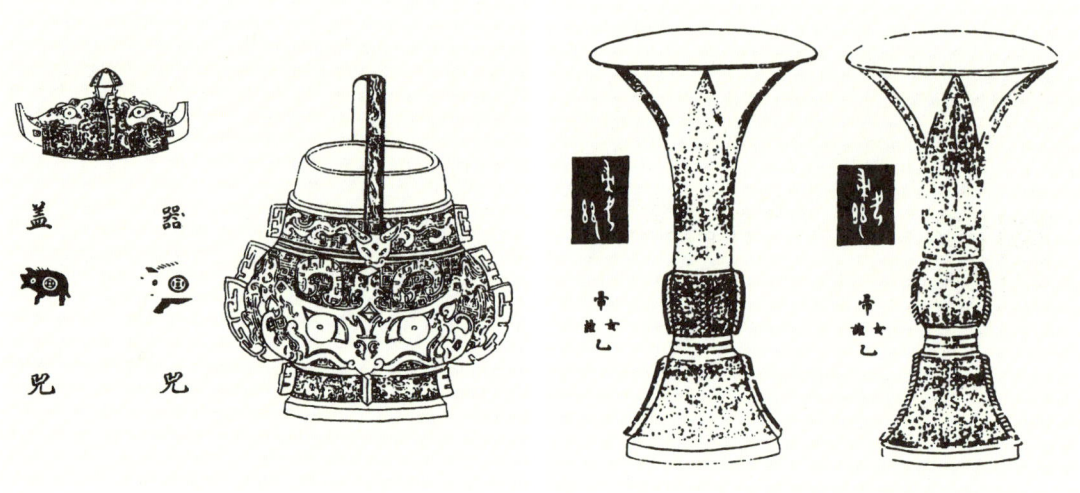

商兕卣　采自《重修宣和博古图》　　　　商女乙觚　采自《重修宣和博古图》

---

① 王黼.重修宣和博古图：卷9[M]//文渊阁四库全书：第840册.台北：台湾商务印书馆，1983：560.

② 王黼.重修宣和博古图：卷15[M]//文渊阁四库全书：第840册.台北：台湾商务印书馆，1983：697.

第五章｜中国的古代宗教　　473

二、青铜器纹饰研究

20世纪初期，一些学者开始关注纹饰图像的特殊性，认为需要单独加以研究，并提出了一些新的研究方法。如陈公柔、张长寿专门研究了殷周青铜器上的鸟纹和兽面纹，强调通过考古类型学的方法来进行纹饰分类，以建立其年代序列。他们将鸟纹分为小鸟纹、大鸟纹、长尾鸟纹三类，二十五式，然后再分为五期：殷墟时期、殷末周初、成康时期、昭穆时期、恭懿以后。后来他们又将兽面纹分为四型，四十式，然后再分为六期：二里冈期、殷墟Ⅰ期、殷墟Ⅱ期、殷墟Ⅲ期、武王至康王时期、昭王至懿王时期。[1]

在日本，研究纹饰图像的学者不少，以赤塚忠、林巳奈夫为代表。1964年，赤塚忠从文献和铭文中检索了与夏王朝有关的两个传说人物鲧和禹的最初描写，同时研究了三十件商周青铜器中的龟与龙图像，认为青铜盘上的图像代表鲧和禹，是水之神。赤塚忠推测，龟与龙见于一些容器的外底部，意味着它们生活在地下。另外，青铜盘上的鸟、走兽与鱼，象征着天、地、水，而数者结合在一起，意味着理想的天国。他还提出，龟与龙见于同一器物之上，反映了不同氏族的不同信仰的联合。鲧和禹是从同一地区同一氏族的神灵中产生的，最终发展为整个世界的水、土之神。更具意义的是，赤塚忠进一步推论，商代宗教融合了此前所有氏族与集团的信仰，因而使得这些氏族和集团能够相互和睦相处，他认为这是商王实施统治的最有效的法宝。[2]

从20世纪50年代开始，林巳奈夫发表了多篇研究商周青铜器纹饰的文章。这些文章于1986年经增订后，收录在他的《殷周时代青铜器纹样的研究》一书中。在他看来，所有青铜器纹饰图像都代表神或灵物，图案的大小、位置和组合反映了商王与下属国的关系等。他认为饕餮实际上是一个超级灵物，其他则应该理解为地位稍次的神或灵物。因饕餮图像在青铜器上总是尺寸最大，并且总是处于纹饰最中心的位置；而其他图像较小，并通常被局限在窄条的花纹带上，其位置靠边，有时甚至安排在器物底部，故推测饕餮代表上帝，是商代王族的灵物；许多其他动物乃甲骨文和金文中的图形文字所意指的那些附属国和氏族神或灵物；凤则是上帝的信使。他将饕餮起源追溯到河姆渡文化中的骨器和象牙制品上的太阳鸟，并与良渚文化玉器上冠上饰火焰纹的神像以及龙山文化玉器上的神灵图案联系起来。换言之，这三支文化的图案是商代饕餮的祖先，而饕餮所源出的太阳神图案的例子

---

① 陈公柔，张长寿.殷周青铜容器上鸟纹的断代研究[J].考古学报，1984（3）；陈公柔，张长寿.殷周青铜容器上兽面纹的断代研究[J].考古学报，1990（2）.

② 赤塚忠.中国古代の宗教と文化——殷王朝の祭祀[M].東京：角川書店，1977；赤塚忠.鲧と禹殷代铜盘の亀、竜图象[J].古代学，1964，11（4）.

早在河姆渡文化时期已出现。①

从对青铜器纹样的研究，扩展至对彩陶、玉器等器物纹样的研究，说明中国图像学的领域正在扩展。田自秉、吴淑生、田青三位先生对我国历代的装饰纹样分门别类地进行了细致深入的整理研究，运用文化人类学、考古学、历史学、文献学、校勘学、宗教学、民俗学等对我国历史上所出现的各种纹样作了缜密的考证，对每一纹样均引经据典，详考其产生、发展、衍变之具体历史脉络，甚至引证多种典籍，谨细考辨其历史源流。另外还从多年搜集的近万张纹样中，甄选出596幅珍贵图片，随文编排，给人以明晰的直接感受，这些均赋予《中国纹样史》以较高的学术和历史价值。②

叶刘天增则将中国的装饰纹样总分为八类：灵异、动物、人物、植物、天象、符号和几何装饰与其他等，根据图像学的理论基础，研究中国古代纹饰的寓意与象征。文中还针对各种纹饰类型，分别探讨其形成的背景和纹饰的发展，以及域外文化对传统纹饰的影响。③

李飞编著《中国古代玉器纹饰图典》《中国古代瓷器纹饰图典》《中国古代青铜器纹饰图典》收录了中国历代玉、瓷器、青铜器纹样1500余幅，这些都为今天的纹饰图像研究提供了丰富的史料。

尤其需要提及的是，在整理、研究中国图案的当代，张道一先生贡献甚巨。张道一先生是我国著名的工艺美术史论家、教育家、图案学家，我国当代艺术学学科的主要创始人。张道一先生的研究涉猎范围很广，尤其重视民间美术的研究，注重联系社会人文、民风民俗、生产生活，综合分析艺术的纷繁现象，提出了文化由一元向多元发展的艺术发展规律。主要著作有《张道一文集》《美术长短录》《造物的艺术论》《心灵之扉——张道一论艺术》《中国民间美术》《麒麟送子考析》《中国民间剪纸——介绍与赏析》《中国女红——母亲的艺术》《美哉汉字》《汉画故事》等。其主编的《中国图案大系》六大册，录入中国自原始社会、商周时期文化、春秋时期文化、秦汉时期、魏晋南北朝、隋唐五代、两宋文化、元明清时期、近代以及吉祥图案等工艺图案3万余幅，是中国古代工艺图案最大集成者，展示了中国传统文化的丰厚底蕴，具有极高的研究、应用价值。④

《青海柳湾》一书对青海柳湾马家类型墓葬中所出的7500余件彩陶的纹样进行了对比、分析，其中仅圆圈纹的单独纹样就有414种，直观即可识别的蛙纹单独纹样有30种。马

---

① 林巳奈夫. 殷周時代青銅器紋樣の研究[M]. 東京：吉川弘文館，1984；林巳奈夫. 神与兽的纹样学——中国古代诸神[M]. 常耀华，王平，刘晓燕，等译. 北京：生活·读书·新知三联书店，2009.
② 田自秉，吴淑生，田青. 中国纹样史[M]. 北京：高等教育出版社，2003.
③ 叶刘天增. 中国纹饰研究[M]. 台北：南天书局，1997.
④ 张道一. 中国图案大系[M]. 济南：山东美术出版社，1993.

家类型早期彩陶流行的四大圆圈纹，圆中填入各种图案，仅不同的填饰就有200余种。根据表现手法和内容，这些纹饰大致可分为两大类：一类是自然纹样，包括动物、植物、人物、自然景物；一类是几何纹样，如方形、圆形、菱形、三角形、多边形等。自然纹样是原始先民仰观天文、俯视地理、观物取象创作的纹样，带有较为明显的象形特征。几何纹样主要是变化线的长短、粗细、曲折、横竖、交叉和圆点等相互规则地排列组合而成，结构巧妙，线条流利生动，形象丰富。依据诸多前辈的研究成果，我们可以进行归纳总结，分析阐释这些纹饰图案中包含的宗教文化意义，从宗教史、思想史、文化史的角度，获得新的认知、新的界定、新的发现。

关于商周青铜器纹饰图像的意义，《吕氏春秋》有详细的说明。如《慎势》："周鼎著象，为其理之通也。理通，君道也。"②意思是周鼎上刻铸物象，是为了让事理通达，这是君主应该掌握的原则。《先识览》："周鼎著饕餮，有首无身，食人未咽，害及己身，以言报更也。"③是说周鼎上刻铸饕餮纹，有头没有身子，吃人未下咽，祸害连累自身，说明恶有恶报。《适威》："周鼎有窃曲，状甚长，上下皆曲，以见极之败也。"④这句话是指周鼎上铸有窃曲纹，花纹很长，上下都是弯曲的，以此表明事物发展到极点的害处。《达郁》："周鼎著鼠，令马履之，为其不阳也。"⑤意思是周鼎上刻铸鼠形图案，让马踩着它，就是因为它属阴，丧失阳气，这是亡国的特征。后人在此基础上又对青铜的纹饰图像作了进一步的阐释。

北宋黄伯思《东观余论·周方鼎说》在阐释周代钟鼎的象征与寓意时指出："此鼎腹之四周皆饰以乳，其数比他器为多，盖亦推己以致养之义……鼎之唇缘，其文镂也合，则为饕餮，以著贪暴之戒。"⑥这些文献都主张青铜器纹饰图像的功用在于宣德训诫，垂范后世，已与巫术说、图腾说、避邪说不相关。而且吕不韦及其门客所生存的战国末年，去古不远，仍是钟鼎彝器在社会生活中居于重要地位的年代。他们的说法自然应该具有相当高的可信度。

周社鼎高五寸七分，深二寸八分，耳高一寸二分，阔一寸四分，口径五寸三分，腹围一尺六寸八分，重五十一两。铭首一字，据汗简释作社。《礼·祭法》：王为群姓，立社曰大社。王自为立社，曰王社。诸侯为百姓立社，曰国社。诸侯自为立社，曰侯社。大夫以下成群立社，曰置社。按大社即北郊之社，与郊对举者王社、国社、侯社。斯春祈秋报

---

① 青海省文物管理处考古队，中国社会科学院考古研究所.青海柳湾[M].北京：文物出版社，1984.
② 诸子集成：第8册[M].长沙：岳麓书社，1996：231.
③ 诸子集成：第8册[M].长沙：岳麓书社，1996：199.
④ 诸子集成：第8册[M].长沙：岳麓书社，1996：264.
⑤ 诸子集成：第8册[M].长沙：岳麓书社，1996：282.
⑥ 黄伯思.东观余论：卷上[M]//文渊阁四库全书：第850册.台北：台湾商务印书馆，1983：337.

之地。所谓右社稷而左宗庙者也。此铭下称父巳，则是殁而祭于其社，盖置社类耳。[1]

青铜器上铸有纹饰，据容庚归纳，有77种之多。纹饰种类极为丰富，既有写实的动物纹，如鸟纹、蚕纹、蝉纹、象纹、鱼纹、龟纹，又有自然界中根本不存在的幻想的动物纹，如兽面纹、夔纹、龙纹；还有的描绘成几何形图案，如云雷纹、圈带纹、弦纹、涡纹、乳钉纹等。

青铜器上的神物纹表现的是古代传说中的神兽、怪物。"神物"，指灵异之物。《周易·系辞》："探赜索隐，钩深

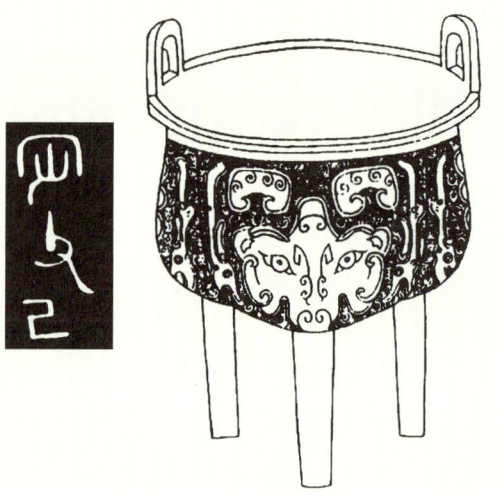

周社鼎 采自《西清古鉴》

致远，以定天下之吉凶，成天下之亹亹者，莫大乎蓍龟。是故天生神物，圣人则之。天地变化，圣人效之。天垂象，见吉凶，圣人象之。河出《图》，洛出《书》，圣人则之。"朱熹注："明天道，故知神物之可兴；察民故，故知其用之不可不有以开其先。是以作为卜筮以教人，而于此焉斋戒以考其占，使其心神明不测，如鬼神之能知来也。"[2]中国古代神物分为几类：一为四灵：青龙、白虎、朱雀、玄武；一为四神：麒麟、凤凰、龟、龙；一为四凶：混沌、穷奇、梼杌、饕餮。

青铜纹饰中种类最繁多的是龙，正是神物的一种。《周易·乾》九五曰："飞龙在天，利见大人，何谓也？子曰：同声相应，同气相求。水流湿，火就燥。云从龙，风从虎。"[3]《说文解字》："龙，鳞虫之长。能幽，能明，能细，能巨，能短，能长；春分而登天，秋分而潜渊。"段玉裁注："《毛诗蓼萧传》曰：龙，宠也。谓龙即宠之假借也。"[4]三国魏时张揖撰《广雅》说："有鳞曰蛟龙，有翼曰应龙，有角曰虬龙，无角曰螭龙，未升天曰蟠龙。"[5]于是，龙被想象为仙人御驾的神物，衍化为圣人、帝王的象征。

龙与云雷关系密切，甚至被看成云的生物意象。《淮南子·墬形训》中将云、龙一一对应，黄云被想象为黄龙，青云被想象为青龙，赤云为赤龙，白云为白龙，黑云为黑龙。

---

① 梁诗正，蒋溥，等.西清古鉴：卷2[M]//文渊阁四库全书：第841册.台北：台湾商务印书馆，1983：68.

② 阮元.十三经注疏：上册[M].北京：中华书局，1979：83.

③ 阮元.十三经注疏：上册[M].北京：中华书局，1979：16.

④ 段玉裁：说文解字段注：上册[M].成都：成都古籍书店，1981：616.

⑤ 张揖.广雅：卷10[M]//于敏中，等.摛藻堂四库全书荟要：第79册.台北：世界书局，1990：615.

因此，龙也就具有了云的升腾功能，被称为"飞龙"，成为天人交通的工具。杜佑《通典·职官典》："伏羲氏太皞以龙纪，故为龙师名官。师，长也。龙化其官长，故为龙师。春官为青龙，夏官为赤龙，秋官为白龙，冬官为黑龙，中官为黄龙。"① 沈括《梦溪笔谈》中称："礼书言罍画云雷之象，然莫知雷作何状。今祭器中画雷，有作鬼神伐鼓之象，此甚不经。余尝得一古铜罍，环其腹皆有画，正如人间屋梁所画曲水。细观之，乃是云、雷相间为饰……乃所谓云、雷之象也。今《汉书》罍字作𡍪，盖古人此饰罍，后世自失传耳。"②

考古发掘资料证明夏代已经出现了青铜礼器。那时的青铜器铸造技术水平低下，铸造出来的器物体薄粗糙，通常素面无纹，最多也只是装饰简单粗犷的几何纹，还没有能力在青铜器上铸刻像龙纹这样结构复杂的纹饰，这种情况一直持续到商代早期。商代中期，极个别的青铜器上才开始出现用粗线条勾绘的结构简单、形体抽象的类似龙的纹饰。商代晚期青铜器铸造技术发展得比较成熟了，人们终于能得心应手地将龙纹大量地装饰于青铜器上，使这种神灵瑞兽与神器融为一体。

这个时期，商人大致创作了五种青铜器龙纹形态，分别是爬行龙、卷曲龙、花冠龙、双体龙、两头龙。西周、春秋、战国时期的青铜器龙纹基本上是在这五种形态的基础上继承、发展而来的，因此可以说，商代是中国青铜器龙纹发展史上的奠基时代。

鱼龙纹　青铜器　商代后期
采自《中国图案大系》

商人铸刻的青铜器龙纹是古拙、神秘、威严的。这种时代性特征不单单是技术上的客观因素所致，更重要的是因为先民意识里充满着对龙的神秘力量的敬畏，在青铜器上他们要把龙的神秘、威严表达出来，而不是追求个人对青铜器龙纹的艺术审美。这时青铜器上的龙纹以夔龙纹最多，形态多样，有带虎耳的，有卷角的、曲折角的、长颈鹿角的、尖角的，有长鼻前伸的，有一足的、两足的、无足的等，但毫无例外，它们都作爬行状，通常大口张开，神态威严。商人也常常把龙纹铸刻到青铜器的颈、腹部位，作为器物的主要纹饰，或者把龙纹作为辅助纹饰装饰于器物的圈足上。

---

① 杜佑.通典：职官典：卷19[M]//文渊阁四库全书：第603册.台北：台湾商务印书馆，1983：210.
② 沈括.梦溪笔谈：卷19[M]//文渊阁四库全书：第862册.台北：台湾商务印书馆，1983：811.

蟠龙纹是商人铸造的一种特征鲜明的卷曲龙纹，其特点是龙的身躯以龙首为中心蟠卷一匝或一匝半，形成圆环或圆盘状，龙头作正视或侧视。商人通常把蟠龙纹装饰于青铜水器盘的内底上，有时龙身旁边还附一些鱼、龟等水生动物的纹饰。在夔龙纹出现不久，商人创作了带花冠的龙纹，其特点是龙首无角而以凤鸟式的花冠替代，龙头作回首状，龙尾向上竖立，花冠在头前自然垂下，龙身以单行粗阳线勾画而成。商人习惯于将这种纹饰铸刻在一些大容量的青铜酒器如尊、卣、壶的颈、腹部位。

商人又创作了一种两头龙纹，即单个兽体身躯两端各有一个龙头，身躯成为一条斜线或曲折形线。商代两头龙纹有两种形式：一种是两个龙头同向，一种是两个龙头作相顾状。同时，商人也很想在青铜器上展现龙的全貌，但他们尚未掌握铸造高浮雕或透雕纹饰技术从而以立体的形式来展现龙的全貌，所以想出了一个铸刻双体龙纹的古拙办法，在器表中间设一个龙头，体躯向两侧展开，从而表现龙的整体图形。

蟠龙纹　妇好盘　商代后期
采自《中国图案大系》

龙纹的使用自仰韶文化、大溪文化、屈家岭文化、大汶口文化、龙山文化时期，经商周延续到秦汉，以商周夔龙为代表。商中晚期，夔龙、夔螭、夔凤并逢，产生六种以夔龙为主的并逢夔龙、夔螭、夔凤徽识。西周继续沿用，并将夔龙、夔螭综合为一种新形态。龙又被认为是升天的最佳载体。《山海经》记载，夏后启、蓐收、句芒等都"乘雨龙"，颛顼乘龙至四海，帝喾春夏乘龙。这就是青铜礼器上铸龙纹的目的。长沙马王堆汉墓帛画中有两条盘结的巨龙，载着女主人冉冉升空，这正是对青铜龙纹功能的形象诠释。

虎是青铜器中另一常见的图饰，有两种含义。其一，与龙一样，起着导引、载体的作用。《神仙传》载："有乘龙虎导

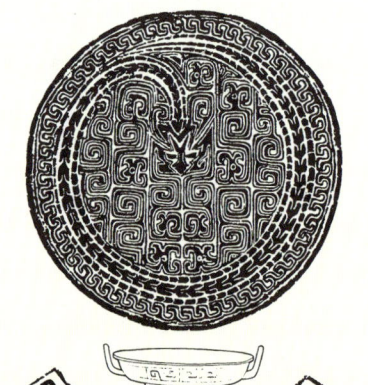

蟠龙纹　西周晚期
采自《中国图案大系》

第五章│中国的古代宗教　**479**

引数百人，迎安期。安期升羽车而升天也。"① 其二，虎为百兽之王，是威仪与力量的象征，具有护卫的作用。《说文解字》："虎，山兽之君。从虍，从儿。虎足象人足也。"段玉裁注："虎之股脚似人，故其字上虍下儿。虍谓其文，儿谓其足也。"② 应劭《风俗通义·祀典》曰："虎者，阳物，百兽之长也，能执搏挫锐，噬食鬼魅。今人卒得恶遇，烧悟虎皮饮之，系其爪，亦能辟恶，此其验也。"③ 青铜礼器上的虎形象威猛，正在噬食鬼魅。马王堆汉墓帛画中，载着女主人升空的云雷纹与夔龙之间，正是雄踞着两只虎。

同一时期还出现了一些玉虎物件，说明殷商之际流行对虎的崇拜。

战国秦汉时期，调动军队的信物称为虎符。虎符为铜铸虎形，分为两半，右半留存中央，左半发给地方官吏或统兵将帅。调动军队时，须由使臣持符验合后方能生效。陕西历史博物馆珍藏的"战国杜虎符"，符作虎走形，虎昂首，尾端卷曲，背面有凹槽，颈有一穿孔。身上有错金铭文四十字："兵甲之符，右在君，左在杜，凡兴士被甲，用兵五十人以上，必会君符，乃敢行之。燔燧之事，虽毋会符，行殴。"

虎食人卣　青铜酒器　商代
日本泉屋博古馆藏

虎食人卣是两件形制大体相同的商代青铜酒器，分别收藏于法国赛努斯基博物馆和日本泉屋博古馆。根据赛努斯基博物馆和泉屋博古馆图录所给出的数据，赛努斯基博物馆收藏的虎食人卣通高35厘米，器高32厘米，长20厘米，底长21厘米，足高8厘米，泉屋博古馆收藏的虎食人卣通高35.7厘米，口径9～10.4厘米，重5.09千克。④ 据考证，这两件铜卣出土于湖南宁乡与安化交界处的沩山，因奇特的"虎食人"造型、精美的纹饰及未解的含义，备受世人关注。李学勤先生比较了这两件虎食人卣，认为纹饰和形制基本一致，仅尺

---

① 张继禹.中华道藏：第45册[M].北京：华夏出版社，2014：40.
② 段玉裁.说文解字段注：上册[M].成都：成都古籍书店，1981：221.
③ 应劭.风俗通义校释[M].吴树平，校释.天津：天津人民出版社，1980：307.
④ 国家文物局.中国文物精华大辞典·青铜卷[M].上海：上海辞书出版社，2002.

寸大小有细微差别。①

虎食人卣的器形整体形态为一踞蹲的猛虎前爪搂抱住一似人而手足仅四指的类人，虎口怒张正欲撕咬其头部，造型猛烈狰狞，纹饰繁密精细，布覆全器。全器造型复杂，却范线匀薄不易察觉，提梁与器身分铸而成却又不可拆卸，足见其陶范性能极佳，铸造匠师技艺高超，诚属中国青铜时代陶范铸造技术达于巅峰的代表作品。这件青铜器的造型让人望而生畏，早期的一些专家学者认为这是老虎在吃人的模样，因此把这件青铜器定名为"虎食人卣"。

虎食人卣里的这个人物究竟是什么角色，学术界还存在很多说法。杨泓在《美术考古半世纪》中写道："图案表现的应是自然界找不到的怪兽……以它为青铜器的主要纹样，正令礼器增添了神秘而令人畏惧之感，祭祀时以通天神祖先，又体现出那些礼器的主人是有令人恐惧的权威，正应是当年商王贵族们所希望达到的艺术效果……"②艾兰说："张光直先生曾经指出过，许多文化中都有兽口大张的母型，作为通向另一个世界之途的象征。"③确实，外部世界就像一只永不厌倦的野兽，嚼食着人类，以及动物和庄稼。晁福林说："比较可信的说法是这样的纹饰表现了巫师借助动物而与神灵沟通。"④陈望衡云："张光直先生说商周青铜器上的动物纹样，实际上是当时巫觋通天的一项工具是有道理的。"⑤叶万松、李德方云："张光直先生……指出，'在商周之早期，神话中动物功能是发挥在人的世界与祖先及神的世界之沟通上'，……张光直先生的论述可以作为我们把二里头遗址出土的兽纹铜牌视作巫具的诠释。"⑥梁彦民说："著名的美籍华裔学者张光直先生曾对商周青铜器上的动物纹样进行过专题研究……中心论点是认为商周青铜器上的动物纹样是巫觋沟通天地的一种工具。这一观点近些年来为越来越多的学者所关注，张先生慧眼独具，为我们研究青铜器上的动物纹样问题开辟了一条新思路。"⑦

青铜器"虎食人卣"是一个造型独特的器物，有关它的用途和造型的内涵，从一开始就受到了国内外众多学者的普遍关注。他们各自从不同角度着手，各有自圆其说的合理性，但迄今为止仍是众说纷纭，未能在学术界达成一致的看法。在众家之言中，又以萨满通灵说、避邪说、人神合一说、图腾说、人虎交欢说、商代神形说等说法较为流行。

---

① 李学勤. 试论虎食人卣[M]//四川大学博物馆, 中国古代铜鼓研究学会. 南方民族考古：第一辑. 成都：四川大学出版社, 1987.
② 杨泓. 美术考古半世纪：中国美术考古发现史[M]. 北京：文物出版社, 1997：62-63.
③ 艾兰. 龟之谜——商代神话、祭祀、艺术和宇宙观研究[M]. 汪涛, 译. 成都：四川人民出版社, 1992：164.
④ 晁福林. 商代的巫与巫术[J]. 学术月刊, 1996（10）.
⑤ 陈望衡. 龙腾凤翥[M]. 杭州：浙江大学出版社, 1994：240.
⑥ 叶万松, 李德方. 偃师二里头遗址兽纹铜牌考识[J]. 考古与文物, 2001（5）.
⑦ 梁彦民. 商人服象与商周青铜器中的象装饰[J]. 文博, 2001（4）.

（一）萨满通灵说

张光直先生认为商周青铜器上的动物纹样是巫觋沟通天地的一种工具。在商周之早期，神话中的动物的功能，是发挥在人的世界与祖先及神的世界之沟通上……因此，这些铜器之上铸刻着作为人的世界与祖先及神的世界之沟通的媒介的神话性的动物花纹，毋宁说是很不难理解的现象。[①] 对于这一观点，近年来越来越为学者关注，晁福林、陈望衡、曹振峰、张法等学者都直接或间接地表达了肯定的态度。

（二）避邪说

此说以马承源等学者为代表，他们认为"虎食人卣"实际上反映的是"虎食鬼"的神话，"虎食人卣"中的虎威是用来驱逐恶魔的，从而起到避邪作用。

杨菊华教授在《中国青铜文化的发展轨迹》中将青铜器的发展分为三个阶段："商殷时期的尊神阶段；两周时期的崇礼阶段；两汉时期的重人阶段。"[②] 如是观之，则此说的理论点必与商代的神鬼观念有一定的关联。

（三）人神合一说

持"人神合一说"的有美国学者弗莱瑟和中国学者李学勤等人。弗莱瑟以为"虎食人"等这类人兽母题问题中的动物多属萨满教假象的"另一个我"或"他我"，通过人被"吞食"或被"挟持"而通神登天，超升高境。李学勤则援引此理论，并加以论述，认为"吞食"象征着自我与具有神性动物的合一，正如他在《试论虎食人卣》中所说的："虎食人或龙食人意味着人与神性的龙、虎的合一，这不失为一种可能的解释。"[③]

（四）图腾说

此说认为虎食人卣与部族深有联系。杨希枚先生认为："饕餮纹或即饕餮族人的肖形，既示其凶悍，提高任职警戒，也以此诅咒其终有恶报，兼以此说来看，那戒人之贪恶。"[④] 以此说来看，虎食人卣类铜器题材源于商代虎方国的部族诞生神话，虎口中之人则表示该族的人源起于虎类。

（五）人虎交欢说

持此说的学者为林河先生等人。林河先生写道："所谓的'虎食人卣'，根本不是虎在食人，而是人虎交欢。商代的南方民族中，有一支崇拜神虎的氏族，这是他们以艺术形

[①] 张光直.商周青铜器上的动物纹样[J].考古与文物，1981（2）.

[②] 杨菊华.中国青铜文化的发展轨迹[J].华夏考古，1999（1）.

[③] 李学勤.试论虎食人卣[J].南方民族考古，1987，1（00）.

[④] 杨希枚.古饕餮民族考[J]."中央研究院"民族学研究所集刊，1967（24）.

式夸张地塑造出来的神话时代的'人神交合图'。"①

（六）商代神形说

商代神形说认为在商代青铜器纹饰中，神性动物形象主要采用自然界的不同动物，由不同的动物器官拼凑而成，而有一些神形如"虎食人卣"，为人与兽的组合。张二国教授在《商周的神形》一文中进一步谈到，商周时期的这种人神崇拜走上与动物神崇拜相融合的道路，是有利于人与动物复合形神灵崇拜发展的。②

上述观点皆为关于"虎食人卣"蕴藉的较为普遍而流行的说法，它们从不同角度与层面出发，各自成立其说。

商代的青铜器中，用人和虎的纹样组合进行装饰的，除了虎食人卣还有其他的青铜器，如弗利尔美术馆藏的人面纹矛头、商鸟兽纹觥，安徽阜南出土的龙虎尊，殷墟出土的后母戊鼎，这些青铜器上都有虎和人或虎和人头的图案造型。它们还有一些共同的特点，除了兼有人、兽之外，其中动物的形象都张开大嘴，人头都靠近或就在兽口之下。

虎　青铜钺　商代后期
河南安阳殷墟妇好墓出土

1976年安阳小屯妇好墓出土的青铜钺肩下部，在长方形的图案中铸双虎侧身相向而立，皆张开大口，两个虎吻之间铸一人首。历史资料表明另有一些器物上亦有很多虎"食人"的形象。后母戊大方鼎的耳部有两虎共食人头的形象，被食人头顶有竖冠装饰；浑源李峪村出土的鸟兽龙纹壶上有虎食人的浮雕，虎咬住人的腰部，人为裸体；1957年阜南月儿河出土龙虎尊，腹部铸一只一首双身的虎，虎口下铸有一裸人，呈被吞食状；三门峡上岭虢国墓地1705号墓出土一西周晚期车轴，轴的顶端为龙形，龙口的正面及左右两侧均衔咬着一个人头；三星堆祭祀坑所出铜尊上，有虎衔人的纹样。

江西新干大洋洲商代大墓，在近40平方米的墓室中，出土的珍贵文物竟达1478件，其中铜器475件、玉器754件、陶器139件，以青铜器最为引人注目，数量之多、造型之美、铸工之精，为我国南方地区所少见。这里出土的青铜器分礼器、乐器、兵器、工具和杂器5类，仅作为礼器的鼎就有方鼎、圆鼎、扁斝足鼎、罐形鼎4类，共31件，器类齐全，铸造精

---

① 林河."虎食人卣"是"人虎交欢"的误读[J].寻根，2001（2）.
② 张二国.商周的神形[J].海南师范学院学报（人文社会科学版），2001（4）.

工，纹样富丽，造型奇巧。气魄雄伟的立鹿大甗，堪称中华甗王；重达11.4千克的大钺，号称中华钺王；伏鸟双尾虎、双面人头形神器，神秘莫测；造型秀巧的仿陶铜豆、成套的青铜农具，短剑、戟等武器，铙、镈等大型乐器都是同类器中时代最早的。虎纹是这批青铜器装饰的一大特色，鼎耳上多饰一卧虎，兽面纹作虎头形，曲内戈弯曲的内部也多作虎头形，伏鸟双尾虎形神器，更让人觉得虎是当地人们所信仰的神物。①

《山海经·海内经》载："西南有巴国，大暤生咸鸟，咸鸟生乘厘，乘厘生后照，后照是始为巴人。"②罗泌《路史·后纪》说："太昊，伏羲氏，方牙，一曰苍牙，风姓，是为春皇。包羲，亦号天皇，人帝皇雄氏，苍精之君也……伏羲生咸鸟，咸鸟生乘厘，是司水土，生后炤，后炤生顾相，夆（降）处于巴，是生巴人。"③这里十分清晰地记录了巴人的来历、世系。"顾相"即《后汉书》所说之"务相"，务相被尊为巴人的始祖。伏羲风姓，虎从风，说明其标志是虎。《列子》记伏羲"蛇身牛首虎鼻"，还是说其与虎有关。伏羲又写作"虙戏"，《说文》言："虙，虎儿。"可知伏羲氏亦以虎为图腾。

青铜器作为殷人的祭祀重器，其中蕴含着丰富的宗教思想。而虎食人卣正是在这种自然崇拜、祖先崇拜、上帝崇拜的宗教氛围中产生的。虎和人的关系并非虎要吃人，而是虎神作为人类的朋友，在保佑或者在加持信仰这一形象的族群。在中华文明发展的过程中不仅有虎保护人的图案，而且还有龙保护人、凤保护人、蛇保护人等的图案。这表现了人类在早期自身还比较弱小，对大自然的威慑产生了恐惧心理，当发现动物的种种超越人类的能力后，就产生了一种崇拜的心理，据神话传说，上古圣贤十之有九是动物神灵的化身，所以早期的氏族都会有不同的动物图腾。这个虎食人卣的造型神秘狞厉，其造型以及其上的青铜纹饰反映了殷商宗教和人类早期的原始社会宗教之间一脉相承的关系，反映了人和自然的关系，人崇敬自然而依赖自然，希望通过一种载体使自然的力量为己所用。

《史记·五帝本纪》载：黄帝轩辕氏"教熊罴貔貅貙虎，以与炎帝战于阪泉之野，三战，然后得其志"④。王充《论衡·率性》记："黄帝与炎帝争为天子，教熊罴貔虎，以战于阪泉之野，三战得志，炎帝败绩。"⑤这里的"熊罴貔貅貙虎"实际上是各个氏族之标志。甲骨文和金文中也多有反映，卜辞载："贞，令望乘暨举途虎方，十一月。□举其途虎方，告于大甲，十一月。□举其途虎方，告于丁，十一月。□举其途虎方，告于祖乙，十一月。"⑥这条卜辞的大意是商王武丁命"望""乘"及"举"（都是商代诸侯）征伐虎方，卜问先祖大甲、祖丁等，举行告祭。直到春秋时虎方仍见于史载，《左传》哀公四

---

① 江西省文物考古研究所，江西省新干县博物馆. 江西新干大洋洲商墓发掘简报[J]. 文物，1991（10）.
② 袁珂. 山海经校注[M]. 上海：上海古籍出版社，1980：453.
③ 罗泌. 路史：卷10[M]//文渊阁四库全书：第383册. 北京：北京出版社，2012：72-78.
④ 二十五史：第1册[M]. 杭州：浙江古籍出版社，1998：8.
⑤ 诸子集成：第9册[M]. 长沙：岳麓书社，1996：15.
⑥ 郭沫若. 甲骨文合集[M]. 北京：中华书局，1978—1982：6667.

年："楚人既克夷虎，乃谋北方。"注云："夷虎，蛮夷叛楚者。"[①]这也正好与《后汉书》载"巴郡南郡蛮"的活动地相吻合。

凤凰同龙虎一样，是中华文明的重要图腾，一般观念认为，龙源自北方黄河流域，凤凰则发源于南方长江流域。凤凰与麒麟一样是雌雄统称，雄为凤，雌为凰，总称为凤凰，常用来象征祥瑞。《说文解字》："凤，神鸟也。天老曰：凤之像也，麟前鹿后，蛇颈鱼尾，鹳颡鸳思，龙文龟背，燕颔鸡喙，五色备举。出于东方君子之国，翱翔四海之外，过昆仑，饮砥柱，濯羽弱水，莫宿风穴。见则天下大安宁。"段玉裁注："五德其文者，首文曰德，翼文曰顺，背文曰义，腹文曰信，膺文曰仁也。"[②]据《尔雅·释鸟》郭璞注，凤凰的特征是"鸡头、燕颔、蛇颈、龟背、鱼尾、五彩色，高六尺许"[③]。

关于凤凰的最早记录是《尚书·益稷》。书中叙述大禹治水后举行庆祝盛典，由夔龙主持音乐，群鸟群兽在仪式上载歌载舞，最后凤凰也来了——"萧韶九成，凤皇来仪。"《史记·五帝本纪》曰："凤皇来仪，百兽率舞。"[④]《竹书纪年》注文曰："（五十年秋七月）庚申，天雾三日三夜，昼昏。帝问天老、力牧、容成曰：于公何如？天老曰：臣闻之，国安，其主好文，则凤凰居之。国乱，其主好武，则凤凰去之。今凤凰翔于东郊而乐之，其鸣音中夷则，与天相副。以是观之，天有严教以赐帝，帝勿犯也。召史卜之龟燋。史曰：臣不能占也，其问之圣人。帝曰：已问天老、力牧、容成矣。史北面再拜曰：龟不违圣智，故燋雾既降，游于洛水之上，见大鱼，杀五牲，以醮之，天乃甚雨，七日七夜，鱼流于海，得图书焉。龙图出河，龟书出洛，赤文篆字，以授轩辕，接万神于明庭，今塞门谷口是也。"[⑤]在早期金文鼎铭辞中有"归生凤于王"，《诗经·大雅·卷阿》曰："凤皇于飞，翙翙其羽，亦集爰止。蔼蔼王多吉士，维君子使，媚于天子。凤皇于飞，翙翙其羽，亦傅于天。蔼蔼王多吉人，维君子命，媚于庶人。凤皇鸣矣，于彼高冈。梧桐生矣，于彼朝阳。菶菶萋萋，雝雝喈喈。"[⑥]也是讲凤鸣岐山之事，因此西周之时将凤凰视为神奇的吉祥生物，器物之上颇重凤鸟纹。

商周时期凡有勾喙的鸟体都可称为凤，且绝大部分鸟喙呈闭合的弯钩形。这一时期凤纹的凤冠主要有多齿冠、长冠和花冠三种，其中以花冠最为常见。凤眼大多为正圆或椭圆形，凤体作鸟体或鸡体型。其中，凤尾羽是凤纹中最富变化的，有长尾、垂尾、分尾和对称连尾等形式，长尾凤纹的尾部最长可达鸟体的四分之三，它是由原始彩陶上的玄鸟演变而来的。

《韩诗外传》记录了关于凤凰的一个传说："黄帝即位，施惠承天，一道修德，惟仁

---

① 阮元.十三经注疏：下册[M].北京：中华书局，1980：2158.
② 段玉裁.说文解字段注：上册[M].成都：成都古籍书店，1981：155-156.
③ 阮元.十三经注疏：下册[M].北京：中华书局，1980：2648.
④ 二十五史：第1册[M].杭州：浙江古籍出版社，1998：14.
⑤ 竹书纪年：卷上[M]//张元济.四部丛刊初编：第86册.上海：商务印书馆，1922：3-4.
⑥ 阮元.十三经注疏：上册[M].北京：中华书局，1979：547.

第五章｜中国的古代宗教　485

凤鸟　青铜尊　西周中期　日本东京出光美术馆藏

凤鸟　青铜壶　西周中期　英国伦敦大英博物馆藏

是行，宇内和平，未见凤凰，惟思其象，夙寐晨兴，乃召天老而问之曰：'凤象何如？'天老对曰：'夫凤之象，鸿前而鳞后，蛇颈而鱼尾，龙纹而龟身，燕颔而鸡啄。戴德负仁，抱中挟义。小音金，大音鼓。延颈奋翼，五彩备明，举动八风，气应时雨。食有质，饮有仪。往即文始，来即嘉成。惟凤为能通天祉，应地灵，律五音，览九德。天下有道，得凤象之一，则凤过之。得凤象之二，则凤翔之。得凤象之三，则凤集之。得凤象之四，则凤春秋下之。得凤象之五，则凤没身居之。'黄帝曰：'於戏，允哉！朕何敢与焉！于是黄帝乃服黄衣，带黄绅，戴黄冕，致斋于中宫。凤乃蔽日而至。黄帝降于东阶，西面，再拜，'稽首曰：'皇天降祉，敢不承命！'凤乃止帝东园，集帝梧桐，食帝竹实，没身不去。"[①]

甲骨文里，"凤""风"二字同音、同义、同字、通用。凰本字记作皇。古代文字中，皇、光相通。《山海经·南山经》："南禺之山，其上多金玉，其下多水。有穴焉，水出辄入，夏乃出，冬则闭。佐水出焉，而东南流注于海，有凤皇、鹓雏。""丹穴之山，其上多金玉。丹水出焉，而南流注于渤海。有鸟焉，其状如鸡，五采而文，名曰凤皇，首文曰德，翼文曰义，背文曰礼，膺文曰仁，腹文曰信。是鸟也，饮食自然，自歌自舞，见则天下安宁。"[②]

徐坚《初学记》卷三十曰："《孔演图》曰：凤，火精。《毛诗·草虫经》曰：雄曰凤，雌曰皇，其雏为鸑鷟。或曰：凤凰一名鸑鷟，一名鹖。《毛诗疏》曰：凤非梧桐不栖，非竹实不食。《论语摘衰圣》曰：凤有六像，九苞。六像者，一曰头像天，二曰目像日，三曰背像月，四曰翼像风，五曰足像地，六曰尾像纬。九苞者，一曰口包命，二曰心合度，三曰耳听达，四曰舌诎伸，五曰彩色光，六曰冠矩州，七曰距锐钩，八曰音激扬，九曰腹文户……皇甫谧《帝王世纪》曰：黄帝服斋于中宫，坐于玄扈洛上。乃有大鸟，鸡头燕喙，龟颈龙形，麟翼鱼尾，其状如鹤。体备五色，三文成字。首文曰顺德，背文曰信义，膺文曰仁智。不食生虫，不履生草。或止帝之东圆，或巢阿阁。其饮食也，必自歌舞，音如箫笙。《汉书》：元始三年，有凤皇集东海，遣使祠其处。宣帝时，凤皇、神雀、甘露，降集京师。赦天下，凤皇集上林。乃作凤皇殿，以答嘉瑞。"[③]

乌龟最早见于三叠纪初期，当时即有发展完全的甲壳，已经在地球生存了几万年，和恐龙系同时期的动物。龟的寿命一般较长，古人认为是长寿的象征。龟是古代的四灵之一，是人与天神之间联系的中介，人通过它可以领会神的意志，尊崇龟可以获得神的保佑。

《说文解字》曰："龟，旧也。外骨内肉者也。从它，龟头与它头同。天地之性，广肩无雄；龟鳖之类，以它为雄。象足甲尾之形。凡龟之属皆从龟。"段玉裁注："龟，古

---

① 韩婴.韩诗外传集释[M].许维遹，校释.北京：中华书局，1980：277-279.
② 袁珂.山海经校注[M].上海：上海古籍出版社，1980：16-19.
③ 徐坚.初学记：第3册[M].北京：中华书局，1980：723-724.

第五章｜中国的古代宗教　　487

龟纹　青铜鸮卣　商代晚期　河南罗山天湖出土

音姬，亦音鸠。……向曰：蓍之言耆，龟之言久。龟千岁而灵，蓍百年而神，以其长久，故能辨吉凶。"①《周易·系辞上》云："探赜索隐，钩深致远，以定天下之吉凶，成天下之亹亹者，莫大乎蓍龟。是故天生神物，圣人则之。天地变化，圣人效之。天垂象见吉凶，圣人象之。河出图，洛出书，圣人则之。《易》有四象，所以示也。系辞焉，所以告也。定之以吉凶，所以断也。《易》曰：自天佑之，吉无不利。"②殷商时人即大量使用龟甲，占卜问神，以祈福佑，从而留下了大批的卜骨，成为今天研究殷商历史和中国文字始源的珍贵史料。

西周时已专设官吏，主持龟甲占卜。设占卜官吏78位，大卜：下大夫2人。卜师：上士4人。卜人：中士8人。下士16人，府2人，史2人，胥4人，徒40人。龟人官吏54位，龟人：中士2人，府2人，史2人，工4人，胥4人，徒40人，专门取龟攻龟。"卜师掌开龟之四兆，一曰方兆，二曰功兆，三曰义兆，四曰弓兆。""龟人掌六龟之属，各有名物。天

① 丁福保.说文解字诂林：第14册[M].北京：中华书局，1988：13098.
② 子夏.子夏易传：卷7[M]//影印文渊阁四库全书：第7册.北京：北京出版社，2012：101.

488

龟纹　青铜盘　商代晚期　上海博物馆藏

龟曰灵属，地龟曰绎属，东龟曰果属，西龟曰雷属，南龟曰猎属，北龟曰若属……凡取龟用，秋时；攻龟用，春时，各以其物，入于龟室。"[1] 据此可见西周龟卜官吏的分工颇细，各持专业。

"太史公曰：自古圣王将建国受命，兴动事业，何尝不宝卜筮以助善。唐虞以上，不可记已。自三代之兴，各据祯祥。涂山之兆，从而夏启世。飞燕之卜，顺故殷兴。百谷之筮，吉故周王。王者决定诸疑，参以卜筮，断以蓍龟，不易之道也。蛮夷氐羌虽无君臣之序，亦有决疑之卜。或以金石，或以草木，国不同俗。然皆可以战伐攻击，推兵求胜，各信其神，以知来事。略闻夏殷欲卜者，乃取蓍龟，已则弃去之，以为龟藏则不灵，蓍久则不神。至周室之卜官，常宝藏蓍龟；又其大小先后，各有所尚，要其归等耳。或以为圣王遭事无不定，决疑无不见，其设稽神求问之道者，以为后世衰微，愚不师智，人各自安，化分为百室，道散而无垠，故推归之至微，要洁于精神也。或以为昆虫之所长，圣人不能与争。其处吉凶，别然否，多中于人。至高祖时，因秦太卜官。天下始定，兵革未息。及孝惠享国日少，吕后女主，孝文、孝景因袭掌故，未遑讲试，虽父子畴官，世世相传，其精微深妙，多所遗失。至今上即位，博开艺能之路，悉延百端之学，通一伎之士咸得自效，绝伦超奇者为右，无所阿私，数年之间，太卜大集。会上欲击匈奴，西攘大宛，南收百越，卜筮至预见表象，先图其利。及猛将推锋执节，获胜于彼，而蓍龟时日亦有力于此。上尤加意，赏赐至或数千万。如丘子明之属，富溢贵宠，倾于朝廷。"[2]

---

① 阮元.十三经注疏：上册[M].北京：中华书局，1979：804.

② 二十五史：第1册[M].杭州：浙江古籍出版社，1998：288.

《史记·龟策传》曰："能得名龟者，财物归之，家必大富至千万。一曰北斗龟，二曰南辰龟，三曰五星龟，四曰八风龟，五曰二十八宿龟，六曰日月龟，七曰九州龟，八曰玉龟，凡八名龟，龟图各有文在腹下。""能得百茎蓍，并得其下龟以卜者，百言百当，足以决吉凶。神龟出于江水中，庐江郡常岁时生龟长尺二寸者二十枚输太卜官，太卜官因以吉日剔取其腹下甲。龟千岁乃满尺二寸，王者发军行将，必钻龟庙堂之上，以决吉凶。今高庙中有龟室，藏内以为神宝。传曰：取前足臑骨穿佩之，取龟置室西北隅，悬之，以入深山大林中，不惑。臣为郎时，见《万毕石朱方》，传曰：有神龟在江南嘉林中。嘉林者，兽无虎狼，鸟无鸱枭，草无毒螫，野火不及，斧斤不至，是为嘉林。龟在其中，常巢于芳莲之上。左胁书文曰：甲子重光，得我者匹夫为人君，有土正，诸侯得我为帝王。求之于白蛇蟠杆林中者，斋戒以待，凝然，状如有人来告之，因以醮酒佗发，求之三宿而得。由是观之，岂不伟哉。故龟可不敬欤？南方老人用龟支床足，行二十余岁，老人死，移床龟尚生不死。龟能行气导引。"[①]

龟纹 青铜卣 西周中期 陕西扶风出土

鸱枭，古人对猫头鹰的叫法。鸱枭虽是益鸟，却背负着不孝的恶名，且作为祸害的代称，常用以比喻贪恶之人。《诗经·国风·豳风》："鸱枭鸱枭，既取我子，无毁我

---

① 二十五史：第1册[M].杭州：浙江古籍出版社，1998：288-289.

鸱枭纹　青铜器　商代后期采自《中国图案大系》

第五章│中国的古代宗教　491

室。"①《说文解字》："枭，不孝鸟也。故日至，捕枭磔之。从鸟在木上。"段玉裁注："孟康曰：枭，鸟名，食母。破镜，兽名，食父。黄帝欲绝其类，使百吏祠皆用之。如淳曰：汉使东郡送枭。五月五日作枭羹以赐百官。以其恶鸟故食之也……仓颉在黄帝时，见黄帝磔此鸟。故制字如此。"②《尔雅·释鸟》云："鸱鸮，鸋鴂。狂，茅鸱，怪鸱，枭鸱。"陆玑疏云："流离，枭也。自关而西，谓枭为流离。其子适长大，还食其母。……炎州有鸟，其名曰枭，妪伏其子，百日而长羽翼，既成，食母而飞。"③古人厌恶鸱枭，认为鸱枭为不祥之物，凡闻其叫者，当大祸临头，丧命亡身。

孔颖达把鸱枭比附为蚩尤，鸱枭便成为蚩尤的代称："罔不寇贼鸱义，奸宄夺攘矫虔。平民化之，无不相寇贼，为鸱枭之义。以相夺攘，矫称上命，若固有之。乱之甚……蚩尤黄帝所灭，三苗帝尧所诛，言异世而同恶。杀戮无辜，爰始淫为劓、刵、椓、黥。三苗之主，顽凶若民，敢行虐刑，以杀戮无罪，于是始大为截人耳鼻，椓阴，黥面，以加无辜，故曰五虐。"④商周青铜器中出现的许多鸱枭纹，当是蚩尤、三苗的图腾。

张光直先生指出：在商周之早期，神话中的动物的功能，是发挥在人的世界与祖先及神的世界之沟通上……在古代的中国，作为与死去的祖先之沟通的占卜术，是靠动物骨骼的助力而施行的。礼乐铜器在当时显然用于祖先崇拜的仪式，而且与死后去参加祖先的行列的人一起埋葬。因此，这些铜器上之铸刻着作为人的世界与祖先及神的世界之沟通的媒介的神话性的动物花纹，毋宁说是很不难理解的现象。⑤在商王的统治举措中，占卜不仅是所有祭祀活动的基础，而且也是其他所有活动的前奏曲。对商王来说，对先祖的崇拜和祭祀可以为他们的神权统治提供心理和精神上的强有力的支持。通过占卜、祈祷和奉献牺牲来影响商王的能力，最后借助先祖精神的遗愿使其政治权力的高度集中合法化。

三、青铜器的饕餮图像

饕餮纹是青铜器上最常见的纹饰之一，也常被称为兽面纹。这种纹饰最早可追溯到距今5000年前长江中下游地区良渚文化玉器上的神人兽面纹，山东龙山文化继承了这种纹饰。饕餮纹本身就具有浓厚的神秘色彩，商周两代，饕餮纹日益丰富，类型很多，或像龙像虎、或像鸟像凤。据说饕餮是传说中的怪兽，是一种想象出来的奇异动物。饕餮纹多

---

① 阮元. 十三经注疏：上册[M]. 北京：中华书局，1979：394.
② 段玉裁. 说文解字段注：上册[M]. 成都：成都古籍书店，1981：287.
③ 阮元. 十三经注疏：下册[M]. 北京：中华书局，1980：2648.
④ 阮元. 十三经注疏：上册[M]. 北京：中华书局，1979：247.
⑤ 张光直. 商周青铜器上的动物纹样[J]. 考古与文物，1981（2）.

由夔龙组合成兽面形象，在它的周围还饰有虎纹、蝉纹、鱼纹等，这些动物形象的纹样都是原始社会拜物意识的残余，是那时各个部落崇拜的图腾。从饕餮形象来看，可以说它是"殷人尊神"中的某种重要的神，甚至是殷代奴隶社会君权和神权合一的象征，是殷人统治各部族的象征，是奴隶主国家统一的象征。殷人"率民以事神"，便是这个被神化了的饕餮形象风行的基础。

"饕餮"一词，甲骨文和金文中尚未出现。《左传·文公十八年》曰："缙云氏有不才子，贪于饮食，冒于货贿，侵欲崇侈，不可盈厌，聚敛积实，不知纪极，不分孤寡，不恤穷匮，天下之民，以此三凶，谓之饕餮。"注："贪财为饕，贪食为餮，即三苗也。"[1]《庄子·在宥》曰："尧于是放讙兜于崇山，投三苗于三危，流共工于幽都，此不胜天下也。"成玄英疏："昔帝鸿氏有不才子，天下谓之混沌，即讙兜也，为党共工，放南裔也。缙云氏有不才子，天下谓之饕餮，即三苗也，为尧诸侯，封三苗之国。国在左洞庭，右彭蠡，居豫章，近南岳。三峗，山名，在西裔，即秦州西羌地。少昊氏有不才子，天下谓之穷奇，即共工也，为尧水官。幽都在北方，即幽州之地。"[2]《神异经》："西南方有人焉，身多毛，头上戴豕。贪如狼恶，好自积财而不食人谷。强者夺老弱者，畏群而击单。名曰饕餮。《春秋》言饕餮者，缙云氏之不才子也。一名贪惏，一名强夺，一名凌弱。此国之人皆如此也。"[3]其言饕餮为缙云氏之子，尧封之三苗国，但其贪于饮食，冒于货贿，民众称为"三凶"。

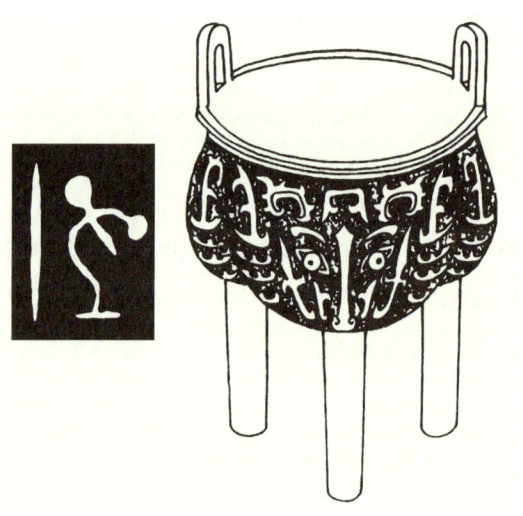

饕餮纹　商饕餮鼎　采自《西清古鉴》

商饕餮鼎高五寸一分，深二寸三分，耳高一寸二分，阔一寸四分，口径五寸三分，腹围一尺六寸五分，重四十七两。《博古图》载商象形饕餮鼎，铭字同。[4]

宋代张邦基《墨庄漫录》卷七："宣和中，予客唐州外氏吴家。时兖阳府光化县村人耕穴一冢，得一器，类鼎而有盖，盖及鼎腹皆雷纹，中有虬形，两耳为饕餮，足为蚩尤，

---

① 阮元.十三经注疏：下册[M].北京：中华书局，1980：1863.
② 南华真经注疏：卷13[M]//道藏：第16册.北京：文物出版社，上海：上海书店出版社，天津：天津古籍出版社，1988：412-413.
③ 神异经[M].武汉：湖北崇文书局，1875.
④ 梁诗正，蒋溥，等.西清古鉴：卷1[M]//文渊阁四库全书：第841册.台北：台湾商务印书馆，1983：35.

制作甚精，一足微蚀损，尚可立也。"①宋代吕大临《考古图》中说得很明白："癸鼎，文作龙虎，中有兽面，盖饕餮之象。"②显而易见，"兽面""饕餮"在此指同一种纹饰。

类似饕餮这种高度复杂的图饰，学术界一般认为出自"巫""史"之手，他们都是"知天道"的宗教性和政治性人物。容庚先生在《商周彝器通考》中把下列各类纹饰归到"饕餮"的名下："有鼻有目，裂口巨眉者；有身如尾下卷者，口旁有足者；有眉直立者；有首无身者；眉皆作雷纹者；两旁填以刀形者；两旁无纹者，眉作兽形者；眉往下卷者；眉往上卷者；眉鼻口皆作方格，中填雷纹者；眉目之间作雷纹而无鼻者；身作两歧，下歧上卷者；身作三列雷纹者；身作三列，上列为刀形，下二列作雷纹者；身一脊，上为刀形、下作钩形者；身一足，尾上卷，合观之则为饕餮纹，分观之则为夔纹者。"并详细罗列了青铜器上的各种纹饰并附图说明，他把饕餮纹区分为饕餮纹和蕉叶饕餮纹两类，前者有16种不同的型式，后者有3种型式，合计19种。③

容庚先生又对饕餮纹加以合并与简化，分为12种类型：（1）有鼻有目，裂口巨眉；（2）有身如尾下卷，口旁有足，纹中多间以雷纹；（3）两眉直立；（4）有首无身，

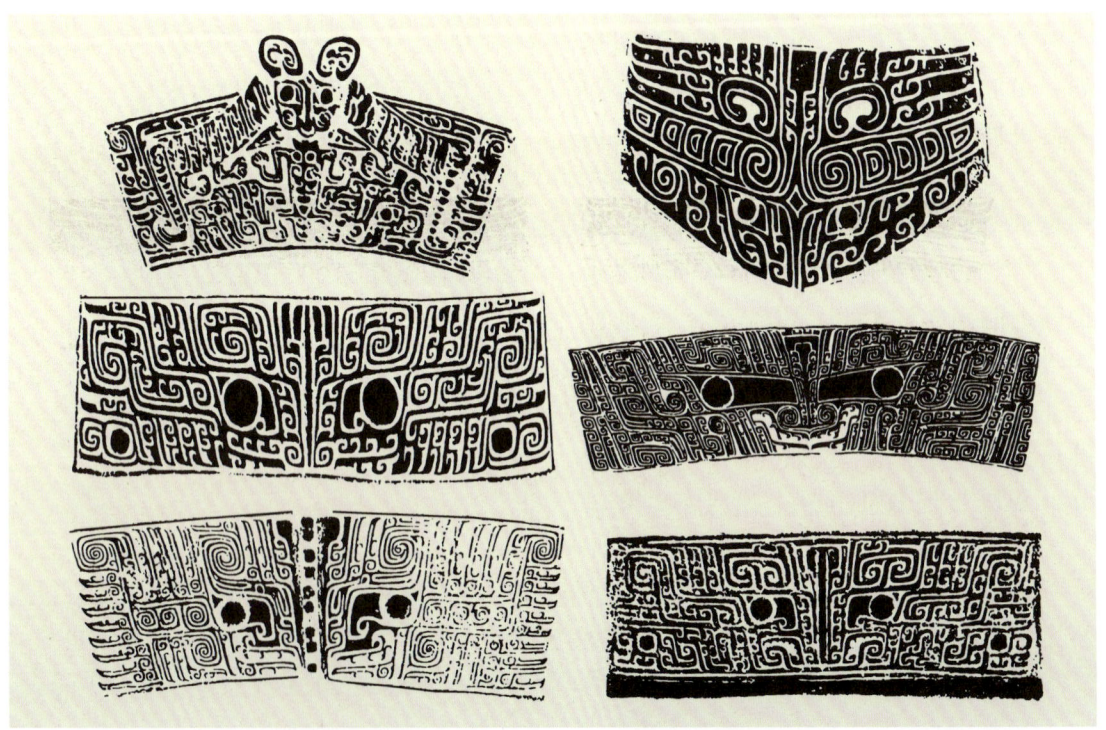

饕餮纹　青铜鼎　商代二里岗期　采自《中国图案大系》

————————
① 王云五.丛书集成初编：第2866册[M].北京：中华书局，1983：83.
② 吕大临.考古图：卷1[M]//文渊阁四库全书：第840册.台北：台湾商务印书馆，1983：98.
③ 容庚.商周彝器通考[M].上海：上海人民出版社，2008：82-83.

494

两旁填以夔纹；（5）眉鼻口皆作雷纹；（6）两旁填以刀形；（7）两旁无纹饰，眉作兽形；（8）眉往上卷；（9）身作两歧，下歧往上卷；（10）身作三列，全作雷纹，上列为刀形，下二列为雷纹；（11）身中一脊，上为刀形，下作钩形；（12）身只一足，尾向上卷，合为饕餮纹，分则为夔纹。[①]

此后，考古学家李济先生也进行了类似的工作，他从51件有纹饰的青铜器上举出9种不同形式的饕餮纹和36种不同形式的连体饕餮纹，以代表殷墟青铜器上所见的各种不同的饕餮纹，认为饕餮纹是由镶嵌艺术和分割纹样中产生的，"把甲动物的一部分配合于乙动物的另一部分"即组合成为另一图案。后来，他又认为是两条单独的、面对面的龙。[②]

饕餮纹是以正面的动物颜面形象来造型，因而大多由完整的五官组成，也有配置身纹或足纹的。五官的形象多用"山川奇异之物"来构成。目纹在饕餮颜面中不为整体的简化、变形而受到影响，总是少不了一对瞠瞠着的眼睛，并且是写实的，变化很少，眼珠作球状，显露出晶莹的光辉和眈眈的威力。眼眶用阳线塑出、阴线刻画，下角钩转，上角卷翘。鼻纹的具体表现，以器物突起的中棱线为鼻梁，鼻梁两旁的鼻筋借眉纹来装饰，鼻翼

饕餮纹　青铜鼎　商代二里岗期　采自《中国图案大系》

---

① 容庚，张维持.殷周青铜器通论[M].北京：文物出版社，1984：109.

② 李济，万家保.殷墟出土五十三件青铜容器之研究[M].台北："中央研究院"历史语言研究所，1972.

有蒜头式、有半球状。眉纹较写实，变换的式样不多，仅有柳叶状和弧线状等。眉纹的粗细、刚柔表现，作为性格与情感的区别。耳纹是应用变化较多的曲线组成的，有上尖下圆的叶形，或反 E 字形，或窄长竖直的反 C 字形等，纹饰本身并不复杂。口纹多半缺少下嘴唇，或是微张和翕口的口型。口纹多以鼻端或腮脚来衬托，特别是以排齿和獠牙来衬托。这也是显示威严、勇武和凶猛的一种表现方法。角纹多在显著的位置表现出来，形象突出。角纹有半浮雕式的、有平面的。上翘者，角的弯度较直；下转者，弯度较曲。角纹有朴素的，有填饰勾连雷纹等纹样的。但无论怎样简略或繁缛，总是一种惹人注目的纹样。

如此复杂众多的饕餮纹是研究中国古代青铜器难以回避的内容。饕餮纹代表了什么？商人为什么会在青铜礼器上大量使用它？它那炯然的眼神到底向我们暗示着一种什么样的信息？这种纹饰真正的意旨是什么？当人们重新关注它时，首先便是去探寻其形式表面下所蕴含的符号意义。

有学者将饕餮纹视为牛首，这可能源于很多饕餮纹在表象上具有牛头的特征。陈梦家曾言："自宋以来所称为'饕餮文'的，我们称为兽面文的，实际上是牛头文。"[1] 马承源说："实际上这类纹饰是各种各样动物或幻想中的物象头部正视的图案。后来不少著作中称它为兽面纹。"[2]

实际上，"兽面纹"一词亦与"饕餮"一样，已见于宋人著录，只是未能如同饕餮之称，成为主流。韩湖初言："问题是作为青铜饕餮最有代表性的商人（兽）面大钺中的兽是何种动物呢？……笔者认为是牛……《帝五世纪》和《补三皇本纪》都说炎帝'人身牛首'，说明炎帝族原是以牛为图腾的。……《史记集解》引贾逵说：'缙云氏，姜姓也，炎帝之苗裔。'可见饕餮一族是以牛为图腾的炎帝族的后代。"[3] 亨采也倾向于饕餮为牛头的看法，并由牛角因形曲而代表月推断饕餮也是月神，代表着死亡和黑暗，是光明与生命的解放者。[4]

除了牛首之外，还有一些学者倾向于饕餮是虎头的观点，这一方面可能源于饕餮纹狞厉如猛兽的视觉效果，另一方面可能是受张光直先生以萨满教来解释"乳虎食人卣"的著名论断的影响。如冯其庸认为"它的面部，是猛兽头部（我认为主要是虎头）的理想化和美术化"[5]。此外，还有一些学者将它解释为羊首、鹿首等，如丁山认为："宋以来所谓'饕餮纹'，那是人面环角的羊头，名为'枭羊'可也，名为'莧羊'可也。它是公直无私、敢于阻击凶邪的吉祥大神。"[6]

---

[1] 陈梦家. 殷代铜器[J]. 考古学报，1954（1）：23.
[2] 马承源. 中国青铜器[M]. 上海：上海古籍出版社，1988：324.
[3] 韩湖初. 略论青铜饕餮的"狰狞美"[J]. 华南师范大学学报（社会科学版），1998（4）.
[4] 转引自艾兰. 早期中国历史、思想与文化[M]. 杨民，等译. 北京：商务印书馆，2011：226.
[5] 冯其庸. 一个持续五千年的文化现象——良渚玉器上神人兽面图形的内涵及其衍变[J]. 中国文化，1991（2）.
[6] 丁山. 中国古代宗教与神话考[M]. 上海：龙门联合书局，1961：295-296.

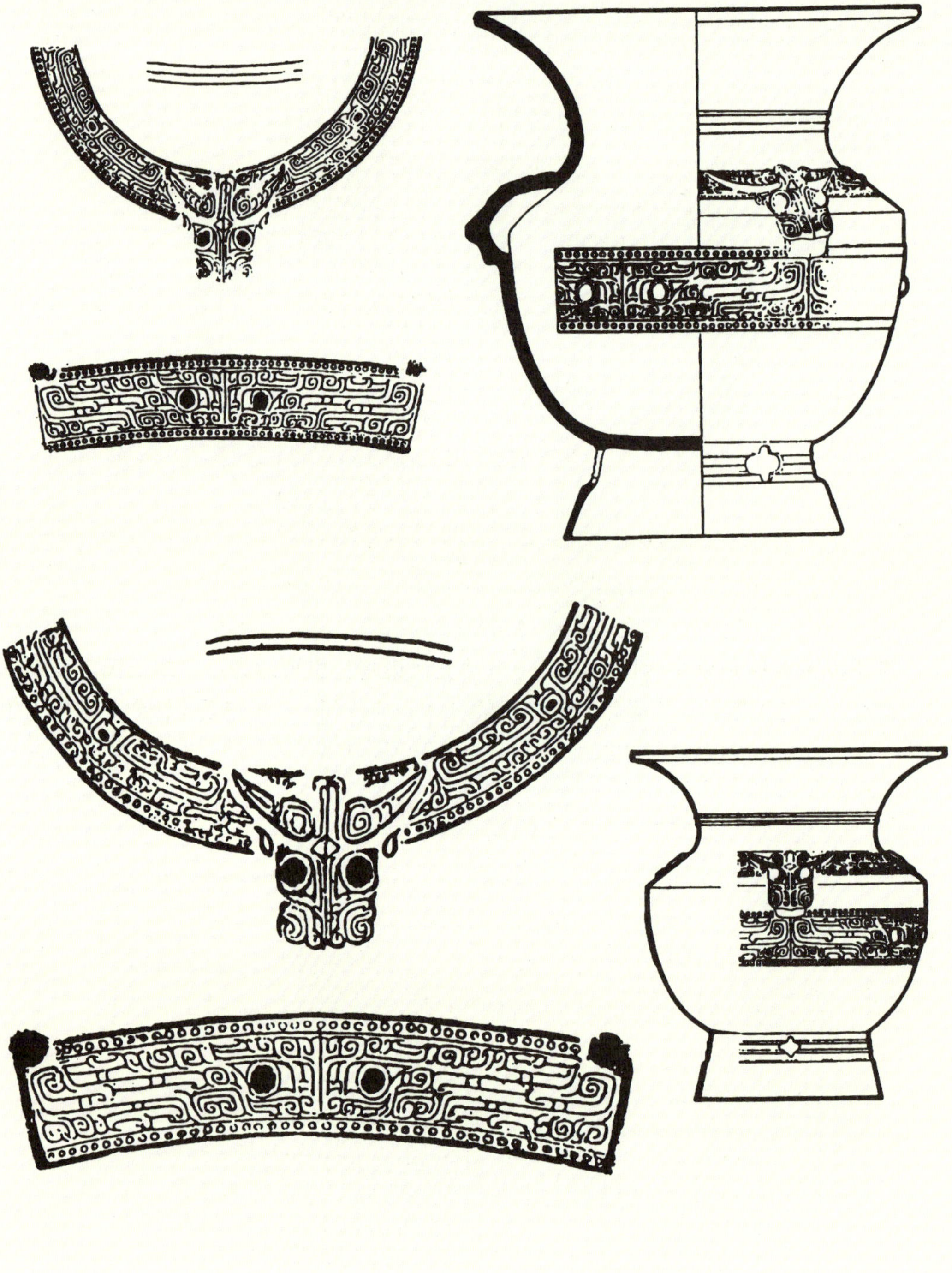

牛首纹　青铜尊　商代二里岗期　采自《中国图案大系》

第五章｜中国的古代宗教　　497

鸱鸮牛首纹 青铜器纹 商代后期 采自《中国图案大系》

神话学家袁珂先生的研究颇有重要贡献。他说："关于黄帝战蚩尤的神话，已见《大荒北经》，又，《龙鱼河图》亦记黄帝战蚩尤之传说，书云：蚩尤兄弟八十一人，并兽身人语，铜头铁额，食沙石子，造立兵仗刀戟大弩，威振天下，黄帝仁义不能禁蚩尤，遂不敌，乃仰天而叹。天遣玄女下授黄帝兵信神符，制服蚩尤，帝因使之主兵，以制八方。"由古代人类关于蚩尤的神话，可以推知其所说："蚩尤铜头啖石……"《述异记》所记之"蚩尤能作云雾"也为信史。类推之，《北次二经》云："钩吾之山，有兽焉，其状羊身而人面，其目在腋下，虎齿人爪，其音如婴儿，名曰狍鸮，是食人。"郭璞注云："为物贪婪，食人未尽，还害其身，像在夏鼎。"图像大体与此相同，推之，下伏之"人"表示狍鸮，《左传》所谓"蚩尤食人"。刘成杰先生则认为，就出现的饕餮纹，非属说理之——，《吕氏春秋》："周鼎著饕餮，有首无身，食人未咽，害及其身，以言报更也。"当周人即蚩尤之说出现以后，则蚩尤先民族于黄帝之族之前后的辩证，就已是

饕餮纹　兽面纹鼎　图像引自　采自《中国图案大系》

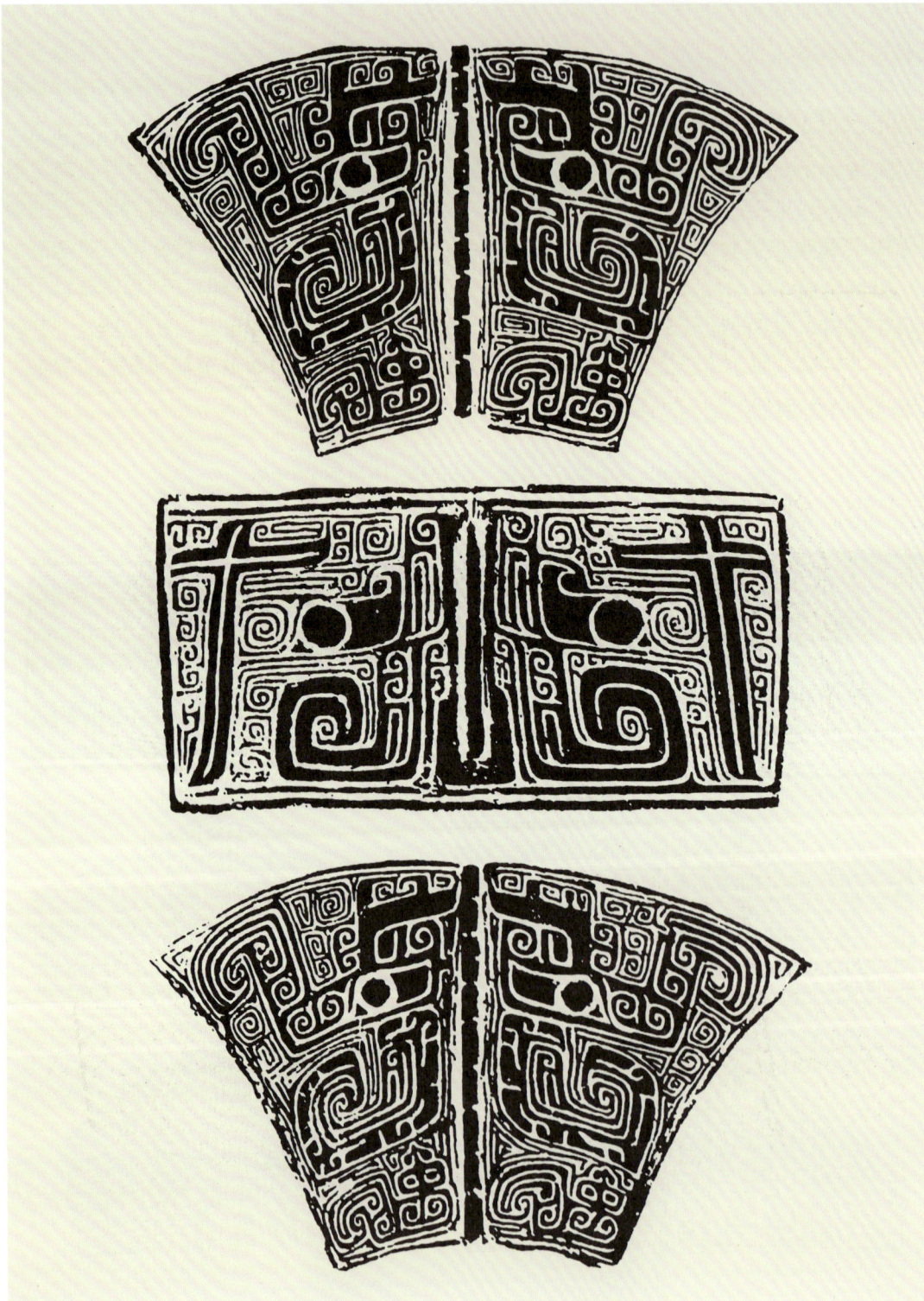

饕餮纹 青铜器纹 商代后期 选自《中国图案大系》

饕餮纹 青铜器 殷代后期 选自《中国图案大系》

矣。"① 即认为饕餮是蚩尤的图腾。

基于饕餮纹各类形象的差异性，有学者认为它绝对不会是某一种动物的形象，而应该是多种兽面的综合，或者干脆就是一种现实不存在的神话动物。针对饕餮纹所具有的文化意义，亦有学者否认饕餮纹是任何一种动物性的形象再现，无论它是单个性的动物，还是动物的综合，抑或神话中的动物。如艾兰教授认为："我们说这些青铜礼器的饰纹创造出一种'另一个'世界的意味。它不受我们这个世界物质真实性的限制，也很难给它下一个精确的定义。"② 此类观点对于诠释饕餮纹的宗教文化功能无疑是一种进步。

有关对饕餮纹在内的各种青铜纹饰的理解产生了如此多的不同观点，让人惊讶，这正说明了这类远古先民所创作的图像的抽象性、神秘性。我们应将其置于特定的历史、文化背景下，置于全部的纹饰总功能中，作通盘总体的综合考察。对此，《左传·宣公三年》中的一段话颇有启示："昔夏之方有德也，远方图物，贡金九牧，铸鼎象物，百物而为之备，使民知神奸。故民入川泽山林，不逢不若。螭魅罔两，莫能逢之，用能协于上下，以承天休。"③ 这段话阐明了青铜器及其纹饰的功用和内涵。文中所谓的"铸鼎象物，百物而为之备"，这个"物"指的就是青铜纹饰，它们象征着"百物"。这类"百物"应该是能沟通天人、具有厌劾精怪作用的灵异鬼神，这样才能"协于上下，以承天休"。也就是说饕餮当为灵异鬼神的综合图腾，是人们用于祈福禳灾的崇拜神物。

---

① 袁珂. 山海经校注[M]. 上海：上海古籍出版社，1980：374-375.
② 艾兰. 早期中国历史、思想与文化[M]. 杨民，等译. 沈阳：辽宁教育出版社，1999：212.
③ 阮元. 十三经注疏：下册[M]. 北京：中华书局，1980：1868.

第六章

商周时期的鬼神谱系

商周时期的神殿中崇拜对象的数量很多。研究商周宗教，首先碰到的问题是神灵谱系的划分。经过百余年的探索，学术界对殷商神灵谱系划分基本达成了以下共识：根据《周礼》中的大宗伯掌建邦之天神、人鬼、地祇的说法，并与甲骨卜辞的内容相比较，将商周崇拜的对象概括为天神、人鬼、地祇三类。

第一节　商周时期的天神谱系

一、甲骨文中的殷商社会

殷商时期的历史因为甲骨文的发现变得非常清晰。甲骨文，又称"殷墟文字""殷契"，是殷商时代刻在龟甲兽骨上的文字。清朝光绪年间，金石学家王懿荣偶然看见一味叫龙骨的中药上面刻着字，他觉得很奇怪，便翻看药渣，发现上面居然有一种类似文字的图案。于是他把所有的龙骨都买了下来，发现每片龙骨上都有相似的图案。他把这些奇怪的图案画下来，经过长时间的研究，确信这是一种文字，而且比较完善，应该是殷商时期的。后来，人们找到了龙骨出土的地方——河南安阳小屯村，那里又出土了一大批龙骨。因为这些龙骨主要是龟类兽类的甲骨，是以人将其上的文字命名为"甲骨文"，研究它的学科就叫作"甲骨学"。

黄帝之后，史前文明经历唐尧、虞舜及夏禹，至商晚期即盘庚迁殷前后（公元前14至11世纪），才有甲骨文，到了此时，中国的文字达到基本成熟阶段。殷商帝王由于迷信，凡事都要用龟甲或兽骨占卜。《礼记·表记》载："殷人尊神，率民以事神，先鬼而后礼。"①殷商时期，王在处理大小事务之前，都要用甲骨进行占卜，祈问鬼神，事后将所问之事契刻于甲骨上。除占卜刻辞外，甲骨文献中还有少数记事刻辞。

王懿荣死后，其所藏甲骨悉归弟子刘鹗。刘鹗从王懿荣手中得甲骨一千多片，又多方收集，所藏甲骨5000多片。他在5000余片中选了1058片于1903年10月编辑出版了《铁云藏龟》，成为甲骨文的第一部著录书。原书有罗振玉和吴昌绶的序以及刘鹗的自序，言甲骨乃甲骨遗物，为"殷人刀笔文字"。1904年，清末大学者孙诒让将《铁云藏龟》中的一部分甲骨卜辞的内容理出头绪，著成《契文举例》，成为研究甲骨文的第一部著作。

刘鹗死后，其甲骨大部分归属著名学者罗振玉。罗又广泛收集甲骨，先后共搜集到近两万片，于1913年精选出2000多片，先后编辑出版了《殷墟书契》《殷墟书契菁华》《铁云藏龟之余》等6部甲骨文著作。同时还出版了《殷商贞卜文字考》《殷墟书契考释》等，确定了甲骨文的出土地点为河南安阳的小屯村。据统计，到民国十七年（1928），已有数万片甲骨流散各地。同年，中央研究院历史语言研究所成立，很快提出殷墟发掘计划。8月，在著名考古学家董作宾、李济、梁思永等人的先后主持下，考古学者在小屯村一带进行了长达10年的15次考古发掘，不仅先后发现了总计24918片甲骨，而且发现了商代后期的宫殿、宗庙遗址和王陵区，出土了大量珍贵的铜器、玉器、陶器，从物质文化上提供了殷墟为商代王都的证据。殷墟成为世界闻名的古文化遗址，又一次震动了中外学术界。考古工作者又进行了多次调查、发掘，大体弄清了殷墟的范围和布局。位于河南省安阳市区西北郊的殷墟，以小屯村为中心，东西约6千米，南北约5千米，总面积30平方千米左右。洹河南岸的小屯村一带是殷王居住的宫殿区，发掘出宫殿基址数十座，最大的一座面积5000平方米。洹河北部是殷王陵区，先后发掘出十几座大墓、1000多座小墓，以及大批祭祀坑。在宫殿附近发现了两座甲骨文档案库和铸铜、制玉、制骨、烧陶等手工业作坊遗址。殷墟发掘延续时间之长、规模之大、收获之丰，是中国考古史上罕见的。中华人民共和国成立后，中国科学院等部门继续开展甲骨发掘工作，共获得5300多片。此外，河南辉县、偃师、洛阳、郑州二里岗及河北藁城等地的商代遗址也有有字甲骨出土。陕西岐山、山西洪洞、北京昌平等地还发现了周代的有字甲骨。

关于甲骨文研究的书籍有：罗振玉1913年编《殷墟书契前编》、1914年编《殷墟书契菁华》、1916年编《殷墟书契后编》，王襄1920年编《簠室殷契类纂》，商承祚1923年编《殷虚文字类编》，日本高田忠周1925年编《古籀篇》，郭沫若1933年著《卜辞通纂》，商承祚1933年编《殷契佚存》，容庚1933年编《殷契卜辞》，罗振玉1933年编《殷墟书契续编》，叶玉森1934年编《殷墟书契前编集释》，孙海波1934年编《甲骨文编》，郭沫若1937年编《殷契粹编》，曾毅公1939年编《甲骨地名通检》，董作宾1948年编《殷虚文字甲编》、1948—1953年编《殷虚文字乙编》，李亚农1950年编《殷契摭佚续编》，郭若愚

---

① 阮元.十三经注疏：下册[M].北京：中华书局，1980：1642.

1951年编《殷契拾掇》、1953年编《殷契拾掇二编》，胡厚宣1955年编《甲骨续存》，郭若愚、曾毅公、李学勤1955年编《殷墟文字缀合》，陈梦家1956年编《殷虚卜辞综述》，董作宾、严一萍1956年编《殷虚文字外编》，金祥恒1959年编《续甲骨文编》，中国科学院考古研究所1965年编《甲骨文编》，李孝定1965年编《甲骨文字集释》，日本岛邦男1967年编《殷墟卜辞综类》，日本永田英正1968年编《京都大学人文科学研究所藏甲骨文字索引》，周法高1974年主编《金文诂林》，日本赤井清美1974年编《书体字典》，严一萍1975年编《甲骨缀合新编》《铁云藏龟新编》、1976年编《甲骨缀合新编补》，日本小林博1977年编《古代汉字汇编》，郭沫若1978年主编《甲骨文合集》，高明1980年编《古文字类编》，徐中舒1981年主编《汉语古文字字形表》，温少峰、袁庭栋1983年著《殷墟卜辞研究——科学技术篇》，徐中舒1989年编《甲骨文字典》，姚孝遂、肖丁1985年著《小屯南地甲骨考释》，容庚1985年编《金文编》，日本小林石寿1985年编《展大甲骨文字精华》，严一萍1984年编《商周甲骨文总集》，法国雷焕章1985年编《法国所藏甲骨录》，李学勤等1985年编《英国所藏甲骨集》，雷焕章1997年编《德荷瑞比所藏一些甲骨录》，小林石寿1987年编《拓影展大甲骨文字字典》，加拿大许进雄1981—1988年编《皇家安大略博物馆所藏甲骨文字索引》，日本高嶋谦一1985年《殷虚文字丙编通检》，孟世凯1987年《甲骨学小词典》，胡厚宣1988年编《苏德美日所见甲骨集》，赵诚1988年编《甲骨文简明词典——卜辞分类读本》，日本师春妙石1988年《古典文字字典》，姚孝遂1988年主编《殷墟甲骨刻辞摹释总集》，1989年编《殷墟甲骨刻辞类纂》，饶宗颐1989—1999年编《甲骨文通检》，刘兴隆1993年主编《新编甲骨文字典》，日本松丸道雄与高嶋谦一1993年合编《甲骨文字字释综览》，刘兴隆1993年编《新编甲骨文字典》，日本水上静夫1995年的《甲骨金文字典》，戴家祥1995年主编《金文大字典》，于省吾1996—1999年主编《甲骨文字诂林》，李圃1999年主编《古文字诂林》，宋镇豪、段志洪2001年主编《甲骨文献集成》，北京图书馆出版社2008年编《甲骨文研究资料汇编》等。

据胡厚宣统计，自从1899年甲骨文首次发现以来，共计出土甲骨154600多片，中国总计收藏127900多片，其中大陆收藏97600多片，台湾地区收藏30200多片，香港地区收藏89片。此外，日本、加拿大、英国、美国等国家共收藏了26700多片。截至2012年，发现有大约150000片甲骨，4500多个单字，已释读出的字约2000个。在甲骨学研究方面，发表研究论著者30000余人，出现了像董作宾、王国维、郭沫若、唐兰、于省吾、胡厚宣、陈梦家、容庚、商承祚、潘主兰，还有日本的伊藤遂治、贝冢茂树、岛邦男等甲骨学家，出版各种论著900余种。中国科学院历史研究所已完成了《甲骨文合集》的编纂工作，全书收有1988年以来所出甲骨近50000片，是一部研究甲骨文的重要资料。

甲骨文具有一定体系并有比较严密的规律，契刻精湛，内容丰富，对中国古文字研究有重要作用。过去，古文字研究的主要依据是商周青铜器上的铭文，如东汉许慎的《说文解字》。甲骨文比《说文解字》要早1500年，而且它来源于出土文物，可信程度更高，对研究汉字的起源和发展，纠正《说文解字》的疏失，解决青铜器铭文中悬而未决的问题都有极大价值。

殷墟甲骨刻辞的发现亦为研究商代历法提供了最可靠的一手资料，数十年来在这方面已有较多的研究成果。1945年在四川石印出版的《殷历谱》是董作宾以12年时间利用甲骨文等资料撰写的研究殷代历法与周祭祀谱的巨著。他在该书第一卷中提出，商人采用干支纪日，一直连续而未间断；商人之月为太阴月，有大小月之制（小月29日，大月30日），过14或16月后连置两大月；他认为当时采用阴阳合历之年，故有置闰月之法，19年而7闰，并依其新旧派之分的见解，指出旧派（如武丁）年终置闰（设13月），新派（如祖甲）则为年中置闰。在第三卷他还讨论了卜辞所见日、月食，企图证明当时已有古四分术与正月建丑之制。陈梦家《殷虚卜辞综述》进一步肯定了董氏的一些说法，同时作了修正，认为年终或年中置闰在一个时期（祖庚、祖甲）内曾并行。但陈氏批评董氏所提出的殷代历法为古四分术及正月建丑之说"是完全错误的"。由天文史学家陈遵妫撰写的《中国天文学史》肯定了董氏、陈氏对阴阳合历与大小月的看法及董氏提出的干支纪日从殷代至今未间断的看法，并肯定了年终置闰，但否定了殷代有年中置闰的可能性。

有关商代地理的知识对于商代社会历史、文化的研究是至关重要的，但是殷墟甲骨文发现以前，文献中有关的记载寥寥可数，因此殷墟卜辞中出现的地名便格外引起学者的注意。开殷墟卜辞地理研究之先河者为王国维，他在1914年（或1915年）撰写了一篇短文《殷墟卜辞中所见地名考》，从当时已能见到的200余地名中选了8个距今安阳较近而又载于文献的地名，考释其地望。真正为卜辞地理研究创立了一种行之有效而又科学的方法的学者是郭沫若，他在1933年出版的《卜辞通纂》中以商王田猎卜辞为研究对象，通过同版几条卜辞干支之日差计算地点间的距离，而后又通过异版同名联系其他地名，从而结合文献记载建立起地理区域构架。此后，虽有不少学者继续开拓商代地理研究领域，但采用的方法皆本于郭氏的干支系联法。

至20世纪80年代末，治商代地理成绩突出的有董作宾、陈梦家、李学勤、岛邦男、松丸道雄与钟柏生。董氏的成绩在于将黄组卜辞的征人方卜辞经过地点系统地收集起来，按干支系联，借以考释其地望，并绘出路线图。陈氏则较全面地讨论了商晚期诸种地理结构，如大邑商所在之王畿地区与沁阳田猎区，勾画了卜辞地名网，并在伐人方路线上修正了董氏之说。李氏的专著对沁阳田猎区作了更细致的区域分划，更正了郭沫若将"衣逐"之"衣"释为地名的错误，指出"衣"当读为"殷"，训"同"为"合"。松丸道雄的著作则从理论上讨论了田猎地之间距离的推定方法，这是他超出其他诸家之处。钟柏生的论文集将卜辞地名作了分类，分为田游地理、农业地理、部族方国地理等。他详细评析了以前诸家研究的成绩及方法、观点上存在的问题，在田猎地名研究上虽仍主要采用干支系联法，但对辞例的条件作了较严格的规定。有关殷墟卜辞地理研究的最新成果是1994年出版的郑杰祥的《商代地理概论》，其特点首先是对地名作详细的文字考证，以求字识准确；

其次是卜辞资料更为齐全，不仅利用了《甲骨文合集》，而且有《小屯南地甲骨》等新资料，是他书所未采用的；再次是书中充分利用了最新的田野考古资料。

甲骨文献的内容涉及当时天文、历法、气象、地理、方国、世系、家族、人物、职官、征伐、刑狱、农业、畜牧、田猎、交通、宗教、祭祀、疾病、生育、人文、灾祸等商代社会生活的诸多方面，不仅包括政治、军事、文化、社会习俗等，还有天文、历法、医药等科学技术，记录和反映了商朝的政治和经济情况。甲骨文献是研究中国古代特别是商代社会历史、文化、语言文字的极其珍贵的材料，也是研究古代中国文化渊源的重要资料。

甲骨文中的宗教内容极其丰富，从单一的造字到占卜的对象，总是充满了信仰的光辉。从天帝祖先、鬼神地祇的结构组合，到社土宗祠、祝祀祈祷的义理构建，都充分展示了殷商先民的高度思维能力。

二、商周时期的上帝崇拜

天神崇拜是自然崇拜和祖先崇拜相结合的产物。从原始自然崇拜发展出具象的自然神崇拜，形成天体之神、四季之神、气象之神等自然神灵。这种具有原生性特点的宗教崇拜，自远古社会延续至今，成为最为重要的一种宗教信仰。

原始社会末期，中国的历史开始迈进阶级社会，部落联盟已成为十分稳固的政治军事组织，部落联盟首领已成为世袭的贵族，社会出现了层层等级和最高首领。部落联盟打破了原来的氏族和村社界限，成为地域广阔的最高社会组织，有着支配区域内一切事务的权力。这一切反映到超自然界，也就出现了天神及其下属群神。在自然神灵崇拜的基础上，进一步抽象化和社会化，形成天神及其下属层层支配各有所司的神界体系，反映了氏族社会后期部落联盟长的权威和社会等级制度的现实。为了巩固特权地位，祭天大权通常由部落联盟长执掌，已故的联盟长被尊奉为与天神同在的祖先神。从此，上帝崇拜便成为我国上古社会占统治地位的宗教信仰。

上帝崇拜是上古社会占统治地位的宗教信仰。殷墟卜辞可靠地证明，殷商时期已经完成了天上最高权威——上帝的创造，并迷信他有广泛的神力。上帝的产生是社会上产生阶级、阶层的人间现实在宗教领域的反映。原始公社的人与人之间的平等关系被破坏之后，人们在宗教领域对诸神地位平等的信仰也产生了变化。社会上产生了阶级分化，有了财产和权力的争夺之后，人们也把这一现象移入幻想的世界，神灵也有了权威和职能的兼并，有了强弱之分。殷人上帝的出现反映了殷族战胜、兼并、统治其他民族，建立宗族奴隶制国家的现实。

上帝之称多见于商周文献。《尚书·舜典》："舜让于德，弗嗣。正月上日，受终于文祖。在璿玑玉衡，以齐七政。肆类于上帝，禋于六宗，望于山川，遍于群神。辑五瑞，既月乃日，觐四岳群牧，班瑞于群后。"孔安国注："谓天及五帝，而不言地六宗。注中一为四时，余为寒暑日月星水旱。北汉所谓上帝四方也。"[①]《周礼·春官·大宗伯》："大宗伯之职，掌建邦之天神、人鬼、地示之礼，以佐王建保邦国。以吉礼事邦国之鬼神示，以禋祀祀昊天上帝，以实柴祀日、月、星、辰，以槱燎祀司中、司命、风师、雨师，以血祭祭社稷、五祀、五岳，以狸沉祭山林川泽，以疈辜祭四方百物。以肆献祼享先王，以馈食享先王，以祠春享先王，以禴夏享先王，以尝秋享先王，以烝冬享先王。"[②]《礼记·礼运》："后圣有作，然后修火之利，范金合土，以为台榭宫室牖户，以炮以燔，以亨以炙，以为醴酪，治其麻丝，以为布帛，以养生送死，以事鬼神上帝，皆从其朔。故玄酒在室，醴盏在户，粢醍在堂，澄酒在下。陈其牺牲，备其鼎俎，列其琴瑟管磬钟鼓，修其祝嘏，以降上神，与其先祖，以正君臣，以笃父子，以睦兄弟，以齐上下，夫妇有所。是谓承天之祜。"[③]《礼记·效特牲》："天垂象，圣人则之。郊所以明天道也。帝牛不吉，以为稷牛。帝牛必在涤三月，稷牛唯具，所以别事天神与人鬼也。万物本乎天，人本乎祖，此所以配上帝也。"[④]《尚书·泰誓》："今商王受，弗敬上天，降灾下民。沉湎冒色，敢行暴虐，罪人以族，官人以世，惟宫室、台榭、陂池、侈服，以残害于尔万姓。焚炙忠良，刳剔孕妇。皇天震怒，命我文考，肃将天威，大勋未集。肆予小子发，以尔友邦冢君，观政于商。惟受罔有悛心，乃夷居，弗事上帝神祇，遗厥先宗庙弗祀。牺牲粢盛，既于凶盗。"[⑤]

宋罗泌在《路史》中详细考辨"上帝"的由来，他指出："上帝之号，曷为而不正。盖亦尝求诸经乎，有所谓天，有所谓帝。《周礼》或言天，或言帝，或曰上帝，曰五帝，曰昊天上帝。《大宗伯》以禋祀昊天上帝，以苍璧礼天，有大故则旅上帝及四望。《典瑞》四圭有邸，以祀天，旅上帝。上帝非天，而天非昊天上帝矣。《掌次大旅》上帝张毡案，设皇邸，朝日祀五帝。则张大，次小，次而司服。祀昊天上帝，大裘而冕。五帝如之。则五帝非上帝，而昊天上帝非五帝矣。然则天帝果不同欤。帝即天，天即帝，奚不同也。天者，元气之统称。而帝者，德之见乎。用者也，以形体言则谓之天，以主宰言则谓之帝，及因其气之灏溆高广而言，则又谓之昊天上帝。而水火木金土之帝，居于五方位，而迭王者则谓之五帝。以皆分统别号而言之者。至于合昊天，若五帝群然而祀，列位乎上，而非可一名者夫。然后总而称之曰上帝，是三皇之数制，叵不知也。若昔虞帝肆类上

---

① 阮元.十三经注疏：上册[M].北京：中华书局，1979：126.
② 阮元.十三经注疏：上册[M].北京：中华书局，1979：757.
③ 阮元.十三经注疏：下册[M].北京：中华书局，1980：1416.
④ 阮元.十三经注疏：下册[M].北京：中华书局，1980：1453.
⑤ 阮元.十三经注疏：上册[M].北京：中华书局，1979：503-505.

第六章｜商周时期的鬼神谱系　509

帝，而大师亦类上帝。肆师类造上帝，曰类曰旅，则上帝果非一帝矣。"①

中国文化语境中的"帝"，本身即充满了神秘的色彩。甲骨文中已有大量的帝字，其字形极其复杂。从秦汉以来，以至当代，学人投入了极大的关注。《说文解字》曰："帝，谛也。王天下之号也。从丄朿声。古文诸丄字皆从一，篆文皆从二。"②学者们却发现从"丄"的"帝"字字形，实源自甲骨文、金文中"上帝"二字的合文。显然，许慎的说法无法解释"帝"字的原始构造。事实上，早在未悉甲骨文之前，南宋郑樵已提出了第二种假设。他认为"帝"字的结构并非从"丄""朿"声，而是象形字。其于《六书略》中指出："帝，象华蒂之形。"③此说颇有创见，广受古文字专家的推崇。

这种观点认为，"帝"作为象形字取象于"花萼"。在生活实践中，人们注意到"花萼"的生殖功能，并把这种功能同上帝的神能类比，从而产生了"帝"字。因"帝"字上部有三角形构造。清代吴大澂更据以推论"▽"是"帝"字的简写，其言：周窦鼎作帝，聘敦作帝，致狄钟作帝，皆▽之繁文，惟▽、▼二字最古最简。蒂落而成果，即草木之所由生，枝叶之所有发，生物之始。④▼己且丁父癸鼎，诸侯不祖天子。此器独于祖父上加"▼"字，其为"帝"字无疑，如花之有蒂，果之所自出也。⑤王国维阐述"帝"义说："又以古文字言之，如帝者，蒂也……但象花萼全形。"⑥魏建功又从音韵学方面作补充证明，试证"帝"与"花柄"有关。他说："花蒂又有花柄的名称，'柄''不'双声，'鄂不'是'萼柄'。这'柄'、'蒂'之间，声音上怕也足以给我们研究；形体已经有吴大澂的证明。"⑦郭沫若更进一步说："然谓与帝同象蒂萼之全形，事未尽然。余谓'不'者房也，象子房犹带余蕊，与帝之异在非全形。房熟则盛大，故不引伸为丕。其用为不是字者，乃假僭也。知帝乃蒂之初字，则帝之用为天帝义者，亦生殖崇拜之一例也。帝之兴必在渔猎牧畜已进展于农业种植以后，盖其所崇祀之生殖已由人身或动物性之物而转化植物。古人固不知有所谓雄雌蕊，然观花落蒂存，蒂熟而为果，果多硕大无朋，人畜多赖之以为生。果复含子，子之一粒复可化为亿万无穷之子孙，所谓莘莘鄂不，所谓绵绵瓜瓞，天下之神奇更无有过于此者矣。此必至神者之所寄，故宇宙之真宰即以帝为尊号也。人王乃天帝之替代，因而帝号遂通摄天人矣。"⑧夏渌也持花蒂、根蒂之说，但他非常强调帝与土地繁殖的密切关系，认为"'帝'的性别也是先是母性，女性，以后才转变为男性

---

① 罗泌.路史：卷42[M]//文渊阁四库全书：第383册.台北：台湾商务印书馆，1983：596-597.
② 段玉裁.说文解字段注：上册[M].成都：成都古籍书店，1981：2.
③ 郑樵.六书[M].台北：艺文印书馆，1976：8.
④ 吴大澂.字说[M].台北：学海出版社，1998：1-2.
⑤ 吴大澂.说文古籀补[M]//石刻史料新编：第四辑.台北：新文丰出版公司，2006：237.
⑥ 王国维.释天[M]//宋镇豪，段志洪.甲骨文献集成：第11册.成都：四川大学出版社，2001：325.
⑦ 魏建功.读《帝与天》[J].国学月刊，1926（3）.
⑧ 郭沫若.甲骨文字研究[M]//宋镇豪，段志洪.甲骨文献集成：第8册.成都：四川大学出版社，2001：13.

510

的。'帝'释为'后也'，古籍中多称'后帝'、'先后'，都是以其母性生育的德性得名的"①。朱歧祥曰："卜辞借为天神之总称；又作'上帝'。帝管辖一切天上人间事物，力能呼风唤雨降吉凶，为殷人对自然神秘力量崇拜的总根源。"②

此外尚有持女阴崇拜说。张桂光指出："帝字在甲骨文中之字形，主要有象花蒂之形，象女性生殖器之形，象燎柴祭天之形，象草制偶像之形等几种解释。这几种解释，实际上牵涉到一个殷人尊帝是出于生殖崇拜（如第一、二说），抑或天神崇拜（第三说），或者偶像崇拜（第四说）的问题……而生殖崇拜说则与甲骨文中殷人对祖（甲骨文象男性生殖器之形）、妣（甲骨文象女性生殖器之形）、后（甲骨文象妇女生小孩之形）的崇拜相一致。再联系到甲骨文中杀牲祭祀先祖神灵的卜辞不计其数，却没有一条是祭祀那权威比祖、妣、后更大的帝的，这些都完全可以和《易·睽》注的'帝者，生物之主，共益士宗'、《礼记·郊特牲》疏的'因其生育之功谓之帝'，以及《公羊传》宣公三年的'帝牲不吉'等记载相印证，证明殷人所尊的帝的初意即为宇宙万物的始祖，是宇宙万物的生殖之神。"③萧兵应用甲金文的资料，力辩帝之原义就是女阴。他说："较古老的甲金文'帝'字的骨干为顶角向下的等腰三角形，字多作▽置于器架之上。"④龚维英指出："红山文化器皿纹饰中的'▽'形，和殷、周甲金文中的'帝'字的主要组成部份'▽'形相同，都应是象征女性生殖器。帝即天帝，如帝俊（帝喾、帝舜）。这当然意味着上古时的女阴崇拜。卫聚贤氏说：在新石器时代的彩陶上多有三角形如'▽'的花纹，即是女子生殖器之象征。此三角形后演变为上帝的'帝'字。"⑤可见"帝"之原始确实与女性及生殖崇拜有关。

"帝"字的出现成为殷人最迷恋的神学语词，遍及各种甲骨刻辞，而后被战国和西汉年间的儒生热烈谈论。目前传世的儒家五经中，"帝"字的出现次数，《尚书》为32次，《诗经》为24次，《礼记》为20次，《春秋》为8次，《易经》为2次。毫无疑问，"帝"是商周王朝和儒家政治叙事的核心语词。

显然，上帝崇拜与女阴崇拜、祖先崇拜有着直接紧密的联系。中国宗教发展史上，人们的崇拜对象是由此及彼，由最为熟悉的亲自感受到的女阴崇拜、祖先崇拜开始，一步步推衍至大地山川万物、日月星辰、风雨雷电，到他们思维达到一个相当高的程度，即追究到天地万物的归宿及其总根源的时候，上帝的概念才成熟而问世。

胡厚宣在《殷代之天神崇拜》文中说："上古人类仰观苍苍者天，赫赫者日，日升为昼，大地忽明，日暮为夕，月星并见，昼夜交蟺，四季遆变，或云雷郁闪，风雨交施，万

---

① 夏渌.中华民族的根——释"帝"字的形义来源[J].武汉大学学报（社会科学版），1982（2）.
② 转引自古文字诂林编纂委员会.古文字诂林：第1册[M].上海：上海教育出版社，1999：53.
③ 转引自于省吾.甲骨文字诂林：第2册[M].北京：中华书局，1996：1084.
④ 萧兵，叶舒宪.老子的文化解读——性与神话学之研究[M].武汉：湖北人民出版社，1994：621.
⑤ 龚维英.原始崇拜纲要[M].北京：中国民间文艺出版社，1989：178.

生资始，品物流形，渐久知人及万物之所以生，皆天之所赐，于是乃发生对于天神之崇拜。""武丁时卜辞中称帝者甚多，实为殷人之天神，其权能力量厥有八端。"①上帝有很大的权威，是自然与下国的主宰。在殷人心目中，这个至神上帝主宰着大自然的风云雷雨，水涝干旱，决定着禾苗的生长，农产的收成。他高高处在天上，能降入城邑，作为灾害，因而辟建城邑，必先祈求上帝的许可。邻族来侵，殷人以为是帝令所为。出师征伐，必先卜帝是否授佑。帝虽在天，但能降人间以福祥灾疾，能直接护佑或作孽于殷王。帝甚至可以降下命令，指挥人间的一切。正因为这样，殷王举凡祀典政令，必须揣测上帝的意志去做。殷人相信帝的权能极大，日月星辰、风云雷雨等都供帝驱使。由于相信上帝，所以在甲骨卜辞中有很多关于帝与风云雷电、帝与农业收成、帝与城邑建筑、帝与方国征伐、帝能降人间以福祸、帝能保佑或作害于殷王、帝可以发号施令等内容的记载。

三、上帝崇拜的宗教意义

人们通常认为，意识形态的宗教世界是现实世界的投影。人类进入文明时代之后，原来的部落联盟首领转变为权力至上的"王"，于是天界诸神中也出现了权力和地位至尊的"帝"。从现今发现的甲骨刻辞可知，在殷代，人间的"王"与思想中的"帝"是同时存在的。从主流看，殷人把现实世界的统治者称为"王"，把理想世界的主宰称为"帝"。由于人间的"王"摄取了统辖各方国的极大权力，神界的"帝"也就具有了统辖各种自然神灵和社会神灵的神力。商人同时认为，帝有圣能，尊严至上，因此只有人王才能同他接近。商代的先王，如高祖太乙、太宗太甲、中宗祖乙等死后都能升天，可以配帝。因而上帝称帝，人王死后也可以称帝。从武乙到帝乙，殷王对于死了的生父都以帝称。"天上统一至上神的产生，是人间统一帝王出现的反映。没有人间统一的皇帝，就永不会有天上统一的至上神。殷代这一社会意识形态的宗教信仰，应该是同他的阶级社会的经济基础相适应的。"②

从社会根源来说，上帝观念是现实社会中的人王在人们思想中的投影。但是，思想中的上帝并不等于思想中的人王，它是人王的"主人"和"先祖"，是整个宇宙的母体和秩序的主宰者。所以，上帝的原型，一方面具有现实人王的因素，另一方面又具有文化传统的因素和特征。参照宗教史学者的意见，我们可以判断殷周古代宗教中的上帝是否为至上神，主要有三条标准：第一，作为"超自然"的神灵，上帝必定有人格；第二，上帝应是

---

① 胡厚宣.殷代之天神崇拜[M]//《民国丛书》编辑委员会.甲骨学商史论丛初集.上海：上海书店出版社，1989：1-3.
② 胡厚宣.殷卜辞中的上帝和王帝（下）[J].历史研究，1959（10）.

512

宇宙的最高本体，是物质世界的终极之源；第三，上帝应有统辖宇宙内一切神灵的绝对威权，是自然运动和社会生活的最高准则。

我们看到，《易》《诗》《书》中上帝俨然宇宙间至高无上的统治者，不但统治自然界，也统治人类社会。在殷人看来，他们之所以能够统治天下，是因为商汤顺从了上帝的旨意："古帝命武汤，正域彼四方。"①是上帝命令商汤统治了世间王国。卜辞所记"帝令雨足年""帝其令风"等，反映了人们观念中上帝对人世间生活的直接干预。盘庚认为，只要殷人继续依照商汤的业绩行事，就能够再创辉煌："肆上帝将复我高祖之德。"②西周时期，周人小心翼翼地敬奉上帝，对上帝唯命是从。周穆王告诫臣下说，远古蚩尤之时，无道乱政，生灵涂炭，"上帝监民"③，惩罚了蚩尤，恢复了人间秩序。

上帝是理想世界的最高主宰，周人对上帝怀有深深的敬畏，诚惶诚恐："皇矣上帝，临下有赫。"④"荡荡上帝，下民之辟；疾威上帝，其命多辟。"⑤周人惧怕上帝，是因为上帝代表着正义和道德，代表着王国的秩序。他惩罚邪恶的部族，不给任何人留情面："有夏不适逸，则惟帝降格，向于时夏。（夏）弗克庸帝，大淫泆有辞。惟时天罔念闻，厥惟废元命，降致罚。……殷王亦罔敢失帝，罔不配天其泽。"⑥"予惟小子，不敢替上帝命。"⑦可以看出，上帝与祖先神不同，他不干预每一个部族内部的事情，只处理部族间的关系，而且与每一个部族的心理距离都是相等的，绝无偏袒。因而，同祖先神相比，上帝显得铁面无情。在整个西周时期，天命观念、上帝信仰和祖先信仰始终是政治思想的主流。

上帝崇拜的出现是我国原始自发宗教向早期人为宗教过渡的分水岭，也是社会形态变革和人间关系在宗教领域的反映。殷墟卜辞可靠地证明，殷商时期商人已经完成了天上最高权威上帝的创造，并迷信他有广泛的神力。卜辞中上帝有很大的权威，是自然与人间王国的主宰。殷人探求天意的主要方法是占卜，举凡战争、祭祀、饮宴、气象、收成、田猎、行旅等事情，都要通过占卜以知晓天帝意旨，而后决定行动。显然，当时这位上帝的神性作用范围遍及整个国家的下民，已打破了地域界线，有全民性的一面，并与商族有特殊关系，成为商朝王族利益的直接保护神。

商周时期的上帝崇拜，在信仰的层面是连续相承的，但表现的形式却有所不同。商人的上帝在商人神灵系统中具有崇高地位，是商人在思索与追溯统一世界的根本力量过程中所创造的宇宙大神。与商人的上帝不同，周人上帝的神性主要是至上神和周王朝的保护

---

① 阮元.十三经注疏：上册[M].北京：中华书局，1979：622.
② 阮元.十三经注疏：上册[M].北京：中华书局，1979：172.
③ 阮元.十三经注疏：上册[M].北京：中华书局，1979：247.
④ 阮元.十三经注疏：上册[M].北京：中华书局，1979：519.
⑤ 阮元.十三经注疏：上册[M].北京：中华书局，1979：552.
⑥ 阮元.十三经注疏：上册[M].北京：中华书局，1979：219.
⑦ 阮元.十三经注疏：上册[M].北京：中华书局，1979：199.

神。西周时期作为神灵的"天"与上帝有诸多相似之处，但二者并非完全等同，而是在神性与人格化上均有一定差异。天与上帝的融合是周民族与西北地区其他古代民族相融合的产物。

殷人的宗教信仰以上帝崇拜和祖先崇拜为核心。董作宾先生指出，殷人的上帝崇拜和祖先崇拜的关系是比较奇特的，一方面，殷人的"帝是至高无上的神"；另一方面，"卜辞中全不见祭祀上帝的记录"，即使像"求雨"这样重要的祭祀，也只能动员自己的祖先，不敢向上帝唠叨，岂不有趣？[1]那么为什么会出现这种情况呢？许多学者在研究甲骨卜辞时都提出了"商不祀帝"的问题，有人借此否定了殷人上帝的宗教性。陈梦家先生在分析这一问题时曾指出，"上帝与人王并无血统关系"，卜辞中未见对上帝的祭祀。[2]王宇信指出："我国古代一族（姓）是不能祭祀外族（异姓）的祖先的。虽然春秋时代宗法制度已遭到严重破坏，但人们仍抱着古制不放，商周时代的宗法制度，当比春秋时还要严格。"[3]因此，卜辞中未见对上帝进行祭祀的原因，其一是"上帝与人王无血缘关系"，其二是上帝没有具体的对象性，因此不进行祭祀。

从商代卜辞来看，"商代的某些祭祀对象如河、岳、山、雨等等，基本上都是一个一个具体的神。甲骨文中尚未见在一般意义上祭祀神的卜辞，也未见笼统地指称神。"[4]由此可见，在商人的观念中，祭祀河、岳、山、雨等，是因为它们有力量，希望其不带来灾害，而并不是因为其是"神"，上帝不能直接给人们带来如河、岳、山、雨等可以实现的结果，因此，不祭祀上帝是可以理解的。

祖先神崇拜亦是殷人宗教信仰的核心内容。殷墟发掘出的甲骨残片，绝大部分是祭祀祖先神的资料，这表明祖先神在商代所扮演的角色是与人世之事息息相关的。董作宾先生指出：殷人对于祖先，真做到了"事死如事生，事亡如事存"的地步。十万片甲骨文字，大部分是为祭祀占卜用的，国之大事在祀与戎，卜辞中祀比戎似乎更重要，也可以说他们信仰的重心在于人鬼。[5]这是因为，在殷人的宗教观念中，上帝是超越人世的自然主宰，他有意志可命令职能神（日、月、风、雨、河、岳、山等），他可降祸或降福给人世，但是人王是不能直接与上帝沟通的，必须通过先公先王才能向上帝祈雨祈年或祷告战役的胜利。

上帝是殷人宗教崇拜中的至上神，居于至高无上的地位，他统驭着祖先神和职能神等属神。祖先神、职能神分割了上帝的权威。殷王死后大都客居帝所而成为祖先神，祖先神"宾于帝"，充当了上帝与人之间的中保，他和职能神的权力相互交叉、渗透。祖先神、

---

[1] 董作宾.董作宾先生全集：乙编[M].台北：艺文印书馆，1977：341.
[2] 陈梦家.殷虚卜辞综述[M].北京：中华书局，1988：580.
[3] 王宇信.甲骨学通论[M].北京：中国社会科学出版社，1989：412.
[4] 赵诚.甲骨文与商代文化[M].沈阳：辽宁人民出版社，2000：67.
[5] 董作宾.董作宾先生全集：乙编[M].台北：艺文印书馆，1977：340.

职能神享受了殷人绝大部分的祭祀，并且还喧宾夺主地排挤了上帝，上帝的权威越来越小直至消失，而与人们息息相关的祖先神、职能神的地位却扶摇直上，备受尊崇。贞人是人和神沟通的关键环节，他们靠祭祀和占卜揣测神意。后期的殷王也取得了代上帝而言的法权，使占卜流于形式。祭祀和占卜都是有组织地进行的，普通信众和神沟通需要经过贞人或殷王，私祭是无效的。

殷人的上帝具有至高无上的特性，他已超出狭隘的殷民族神的范畴，而上升为多子族的共同信仰，他有超凡脱俗、不食人间烟火、不为人的意志所左右的特点。董作宾先生认为殷人的上帝有五种权能，即令下雨、降以饥馑、授以福佑、降以吉祥、降以灾祸。[1] 胡厚宣先生把殷人上帝的权威列为主宰大自然的风云雷雨、气象变化等八种。[2] 陈梦家先生把殷人上帝的权能系统归纳为十六个方面：令雨、令风、令申齐（云气）、降艰、降祸、降漠、降食、降若（顺祥）、帝若（允诺）、授佑、授年害、帝咎王、帝佐王、帝与邑、官（忧）、帝令。大致可分为善意与恶意两类，其所管事项有年成、战争、作邑、王之行动，其权威或命令所及对象有天时、王、邑等。[3]

朱天顺指出，这十六个方面其实可统之为两大内容：一是上帝支配气象上的现象，以影响人间祸福，基本上综合了原先人们所信奉的日、月、风、雨、云、雷等天上诸神对以农业为主的人类社会生活的影响力，并归于一个抽象的意志的作用；二是上帝具有支配社会现象和社会统治者的神性。这表明，商代的上帝崇拜，本质上是原先所崇拜的自然神和社会神的综合、抽象和升华，同时也反映了殷族战胜他族，兼并他族的社会现实。[4]

武丁时期，国运昌盛，王朝频频举行内祭外祭，众神祁祁。就诸神神格而言，除超自然神上帝外，还有日、月、风、雨、云、雷等天上诸神，占大宗者是先祖先王神。还有少数远公神，如高祖夔、高祖亥、季、王恒、王吴、河等，但其显示的神性实与自然神无大异。另又有一些神名，如龟示、牛示、雍示、川示、西示、兕、土、岳等，大多出自动植物、山川河岳或建筑器物崇拜，恐怕不少并非商人固有信仰中的神，有些当属其他族属的神灵。武丁之所以能复兴殷道，实现"邦畿千里，维民所止"的宏图，其利用宗教"率民以事神"，不能不说是成功的重要因素之一。

殷人的上帝具有影响社会运行的权力，其实施社会影响权能的方式有两种：一是通过控制自然现象影响人类社会；二是通过直接控制人间力量影响社会运行，并且通过自然因素对社会施以影响。"帝令雨足年。帝令足雨。"[5] 这是卜问是否有充足的降雨，是否满足农业生产的需要。"贞，帝令雨弗其足年。帝令雨足年。"[6] "不雨，帝受我

---

① 董作宾.董作宾先生全集：乙编[M].台北：艺文印书馆，1977：339.
② 胡厚宣.殷卜辞中的上帝和王帝（下）[J].历史研究，1959（9）.
③ 陈梦家.殷虚卜辞综述[M].北京：中华书局，1988：562-571.
④ 朱天顺.中国古代宗教初探[M].上海：上海人民出版社，1982：255-257.
⑤ 郭沫若.甲骨文合集[M].北京：中华书局，1978—1982：10139.
⑥ 郭沫若.甲骨文合集[M].北京：中华书局，1978—1982：14141.

年。"①"年"是指收成，雨的占卜是为了祈求丰年，这种求雨与"年"也大多是向帝祈求的。与帝是否给予雨相关联的，帝是否降下旱灾："□丑卜，贞不雨，帝隹旱我。"②"贞帝不我旱。"③"庚戌卜，贞帝其降旱。"④"旱"是与农业生产直接相关的因素，上帝通过控制降雨造成人间的涝或旱，最终对农业收成造成影响，达到影响人间的目的。

显然这类甚为流行的占卜是一种宗教行为，因此《说文解字》的解释是这样的："卜，灼剥龟也，象灸龟之形。一曰象龟兆之纵横也。凡卜之属，皆从卜。"段玉裁注："火部灼灸也。刀部剥裂也。灼剥者，谓灸而裂之。灼双声，剥叠韵。……直者象龟，横者象楚焞之灼龟。"董作宾曰："卜字本象兆璺之状。兹分形、音、义三项研究之。一、卜字之形。卜，小篆作卜。《说文》训：'灼剥龟也，象灸龟之形。一曰象龟兆之纵横也。'前说盖以丨象龟版，一象灸龟之火置于龟上而灸之，此就小篆之形而言之耳。……二、卜辞之音。《广韵》：'卜，博木切'。今读或作夕乂，或作ㄅㄨㄛ，其音同于爆破。余谓不惟卜之形取象于兆璺，其音亦象灼龟而爆裂之声也。吴中《卜法占龟》一条有云：'既灼之后，其龟版炸燃有声，是云龟语。'某日，余欲一闻所谓'龟语'者，乃凿新购之龟版而灼之，既墨将见兆矣，而爆燃之声乃发于所灼之中，亟覆版视之，圻文纵横毕具而卜字之形亦遂与爆燃之声同时出现，始信《卜法》所载为不谬，并悟及卜字之音从，可知卜字之读ㄅㄨㄛ为商代古音之仅存者矣。三、卜字之义。卜字之意义为灼龟见兆。故《周礼》注云：'问龟曰卜。'孙希旦《礼记集解》云：'凡卜，以火灼龟，视其裂纹以占吉凶，其巨纹谓之墨，其细纹旁出者谓之圻。'谓之墨者，卜以墨书龟腹而灼之，其从墨而裂者吉，不从墨而裂者凶，故卜吉谓之从裂纹，不必皆从墨。以其吉者名之，故总谓之墨也。《周礼》郑注亦云：'墨，兆广也。圻，兆璺也。'则兆可分墨与圻之二名，是卜字实包墨与圻而言之。"⑤

上帝直接参与社会事务，保佑或破坏人间建设城邑的活动："戌卜，壳，贞我乍邑，帝（若）。"⑥"贞王乍邑，帝若。"⑦以上卜辞讲述的是商王朝建设城邑，询问是否受到上帝的护佑。若城邑的建设不符合上帝的意旨，或人间有事惹怒上帝，上帝还可能会对城邑进行破坏："丙辰卜，壳，贞帝隹其终兹邑。贞帝弗终兹邑。贞帝隹其终兹邑。贞帝弗终兹邑。"⑧于省吾先生认为："终字应训为终止或终绝……帝隹其终兹邑和帝弗终兹邑，是就上帝是否终绝兹邑言之。"⑨

---

① 郭沫若. 甲骨文合集[M]. 北京：中华书局，1978—1982：9731.
② 郭沫若. 甲骨文合集[M]. 北京：中华书局，1978—1982：10164.
③ 郭沫若. 甲骨文合集[M]. 北京：中华书局，1978—1982：10175正.
④ 郭沫若. 甲骨文合集[M]. 北京：中华书局，1978—1982：10168.
⑤ 于省吾. 甲骨文字诂林：第4册[M]. 北京：中华书局，1996：3416.
⑥ 郭沫若. 甲骨文合集[M]. 北京：中华书局，1978—1982：14202.
⑦ 郭沫若. 甲骨文合集[M]. 北京：中华书局，1978—1982：14203.
⑧ 郭沫若. 甲骨文合集[M]. 北京：中华书局，1978—1982：14209正.
⑨ 于省吾. 甲骨文字释林[M]. 北京：中华书局，1979：188-189.

上帝还直接影响人间的战争进程。卜辞中常有上帝是否会保佑商王朝进行的战争的内容："贞勿伐舌，帝不我其受又。"[1]"甲辰卜，争，贞我伐马方，帝受我又。一月。"[2]"壬寅卜，争，贞今春王伐𡧛方，受有又。十三月。□午卜，壳，贞王伐𡇬，帝受我又。"[3]这些卜辞皆是祈问上帝是否会保佑商人在战争中取得胜利，可见战争的进程与结果要受到上帝的影响和支配。商人不仅把战争的筹备向上帝报告，战争中的具体战役或战斗安排也向上帝卜问："丙辰卜，争，贞沚𢆞启，王比，帝若，受我又。贞沚𢆞启，王勿比，帝弗若，不我其受又。"[4]此辞是在占卜是否由"沚"为先头部队率先进攻敌人。

商王在进行边境巡行四方与征伐行动时，也要询问上帝的意见："□午卜，壳贞今春王𢓊方，帝受我（又）。"[5]"今春王𢓊方，帝（受）我又。"[6]"庚申卜，壳贞今春王𢓊伐土方。"[7]"贞多……不其𢓊伐舌方。"[8]即是占卜巡视方国与征伐时，是否会得到上帝的佑助。

另外，在甲骨文中还有直接卜问帝是否降灾的记载："□辰卜，贞隹帝令𡆥。"[9]"贞□帝隹降摧。贞帝不隹降摧。"[10]"□卯……□帝其降𡆥，其□。贞卯……帝弗其降𡆥。"[11]帝也会给商王朝以福佑："〔贞〕帝不我其受又。"[12]"贞帝不我其受又。"[13]上帝通过掌握自然现象或者社会事务对商王朝施加影响，给商王朝带来祸患或者福佑。

上帝左右商王的祸福，可以影响商王的疾病："贞隹帝肇王疾。（贞）隹帝肇王疾。"[14]上帝可以给商王降下祸患："贞不隹帝咎王。"[15]"咎"，灾殃，即上帝降殃咎于商王。"〔贞〕帝弗乍〔王𡆥〕。"[16]上帝有时会善待商王："辛丑卜，壳，贞帝若王。贞帝弗若王。"[17]"若"有顺从和善待之意，"若王"，即是否允诺王的要求，善待商王。上帝给商王以保佑："帝弗缶于王。"[18]"缶"，陈梦家谓"缶即保"[19]，则上辞是卜问上帝

---

① 郭沫若.甲骨文合集[M].北京：中华书局，1978—1982：6272.
② 郭沫若.甲骨文合集[M].北京：中华书局，1978—1982：6664.
③ 郭沫若.甲骨文合集[M].北京：中华书局，1978—1982：6543.
④ 郭沫若.甲骨文合集[M].北京：中华书局，1978—1982：7440.
⑤ 郭沫若.甲骨文合集[M].北京：中华书局，1978—1982：6737.
⑥ 郭沫若.甲骨文合集[M].北京：中华书局，1978—1982：6736.
⑦ 郭沫若.甲骨文合集[M].北京：中华书局，1978—1982：6399.
⑧ 郭沫若.甲骨文合集[M].北京：中华书局，1978—1982：62809.
⑨ 郭沫若.甲骨文合集[M].北京：中华书局，1978—1982：14159.
⑩ 郭沫若.甲骨文合集[M].北京：中华书局，1978—1982：14171.
⑪ 郭沫若.甲骨文合集[M].北京：中华书局，1978—1982：14176.
⑫ 郭沫若.甲骨文合集[M].北京：中华书局，1978—1982：14190.
⑬ 郭沫若.甲骨文合集[M].北京：中华书局，1978—1982：14191.
⑭ 郭沫若.甲骨文合集[M].北京：中华书局，1978—1982：14222正乙、正丙.
⑮ 郭沫若.甲骨文合集[M].北京：中华书局，1978—1982：902反.
⑯ 郭沫若.甲骨文合集[M].北京：中华书局，1978—1982：14183.
⑰ 郭沫若.甲骨文合集[M].北京：中华书局，1978—1982：14198正.
⑱ 郭沫若.甲骨文合集[M].北京：中华书局，1978—1982：14188.
⑲ 陈梦家.殷虚卜辞综述[M].北京：中华书局，1988：569.

是否保佑商王。同类的还有："帝弗保口王。"①"'保'，均为佑护之义。"②从卜辞中可以看出，上帝对商王的态度是和善的。卜辞中还有："贞帝官。帝不官。"③综观卜辞，可以看出，商代的上帝并不是一个严厉的神灵，在很多事情上对商王和商王朝是善意的，也就是说，在商人的心中，上帝是善意的神灵。

上帝高居于天上，故称上帝。"上帝……祝。"④"叀鼓……上帝若，王〔受〕屮屮。"⑤"上帝降旱。"⑥将帝称作上帝，显然是表明帝所在的处所，即帝居于天上。上帝高居于天，在其他卜辞中也有所反映："癸亥卜，翌日辛帝降，其入于獄大宊，在𠳐。"⑦"庚午卜，叀冒禹帝降食，受又。"⑧上帝的来临称"降"，也表明帝居所在上，与天有关。而上帝的回归则称"陟"："口卯卜，帝其陟。"⑨即上帝上升回到天上。而上帝对人间的行为，也称"降"："庚戌卜，贞帝其降旱。"⑩"贞口帝佳降摧。贞帝不佳降摧。"⑪"贞卯……帝弗其降𡆥。十月。"⑫这种方位关系的表述表明商人认为上帝是居于天上的神灵。

综上所述，从宗教学角度来看，上帝崇拜要求对超自然力的虔诚信仰，而祖先崇拜却体现出一种强烈的世俗感情，二者是绝对对立的。殷人对祖先崇拜的重视，一步一步冲淡了对上帝信仰的程度，导致祖先崇拜终于压倒了上帝崇拜，中国的宗教也没有形成一神教而走向多神崇拜。

从以上论述中可以看出，殷人信仰的神反映了他们对自然力的崇拜，而他们所信仰的至上神或上帝并没有完全人格化，这使得周人在论证自己代殷的合法性的时候，赋予"天"这一存在物新的认知，即一种宇宙秩序和宇宙命运的色彩，而这种宇宙秩序就是德行的秩序。殷人崇拜"帝"，而周人尊奉"天"，这已成为中国学界的共识。为了跟前朝政权划清宗教界限，周人拒绝直接继承"帝"的遗产，指望用"天"来置换"帝"，以建构独立自主的天神崇拜体系。

卜辞中又将上帝称为"天"，天为至高无上的称谓。《说文解字》曰："天，颠也。至高无上，从一大。"段玉裁注："天，颠也。此以同部叠韵为训也。凡门闻也，户护

---

① 郭沫若. 甲骨文合集[M]. 北京：中华书局，1978—1982：14189.
② 于省吾. 甲骨文字诂林：第1册[M]. 北京：中华书局，1996：174.
③ 郭沫若. 甲骨文合集[M]. 北京：中华书局，1978—1982：14228正.
④ 郭沫若. 甲骨文合集[M]. 北京：中华书局，1978—1982：24979.
⑤ 郭沫若. 甲骨文合集[M]. 北京：中华书局，1978—1982：30388.
⑥ 郭沫若. 甲骨文合集[M]. 北京：中华书局，1978—1982：10166.
⑦ 郭沫若. 甲骨文合集[M]. 北京：中华书局，1978—1982：30386.
⑧ 郭沫若. 甲骨文合集[M]. 北京：中华书局，1978—1982：21073.
⑨ 郭沫若. 甲骨文合集[M]. 北京：中华书局，1978—1982：30387.
⑩ 郭沫若. 甲骨文合集[M]. 北京：中华书局，1978—1982：10168.
⑪ 郭沫若. 甲骨文合集[M]. 北京：中华书局，1978—1982：14171.
⑫ 郭沫若. 甲骨文合集[M]. 北京：中华书局，1978—1982：14176.

也，尾微也，发拔也，皆此例。凡言元始也，天颠也，丕大也，吏治人者也。皆于六书为转注，而微有差别。元、始，可互言之，天、颠，不可倒言之。盖求义则转移皆是，举物则定名难假，然其为训诂则一也。颠者，人之顶也，以为凡高之称。始者，女之初也，以为凡起之称。然则天，亦可为凡颠之称。臣于君，子于父，妻于夫，民于食，皆曰天是也。……至高无上，是其大无有二也，故从一大。"[1] 顾立雅曰："在周人克商以前，其民族有一习惯，凡王及有地位之人，皆名之曰大。及至王死之后，即为神，可以操民命；其威权犹胜于在世之时，因此亦可名先王为大。迨周人接受商人用字之习惯时，即以大字代大神之意。然其时大字已引申作大小之义，故于大神之大，其上添一画如头形，以分别之。""总而言之，天之本谊为大人之象形字，即有地位之贵人，其后即以此名祖先大神。"[2]

周人崇拜"天"，相信"天命"。他们认为，"天命靡常"，殷商帝王"惟不敬厥德，乃早坠厥命"。但天也有自己的意志，"皇天无亲，惟德是辅"，周人"明德慎罚""崇德象贤""克慎克勤"，因此，"上帝既命，侯服于周"。就是说，上天好德，商王的后代不能修明其德以从天命，周先祖能够修德配天，所以上天就改变了他的大儿子，授命于周。周人所谓的德，其核心内容是"从天命，劝人事"。

在甲骨文里，"天"被描述成""或""，前者采用象形手法，刻画人头顶圆球（太阳）的样子，后者采用指事手法，在人的头顶上，加上一条短横线来代表"天空"。而到了金文里，部分"天"字仍然延续"人"上加横线的图样，但此间出现了一种重要的变化，那就是天神形象的直接呈现。天神的巨大影子，径直投射在青铜器的铭文里，仿佛是一次庄严隆重的降世。周人为此发出了惊天动地的欢呼。他们在文献中大肆张扬"天"的神圣性，将其推上跟"帝"媲美的至高地位。

不仅如此，周人还热衷于在"天"的称谓之前，冠之以"皇""昊""上""苍"等各种装饰词，其中"皇"用以形容其明亮，"昊"形容其浩大，"上"形容其高远，"苍"形容其颜色为蓝色。因此，"帝"与"天"两词应该完全同源，都是指天神，都拥有"明亮的蓝色天空之神"的属性——高高在上、蓝色、明亮、博大，等等。

"天"作为神的中国称谓，直到春秋和战国时期仍然保有人格神的显著特征。只要用"神"或"上帝"代替"天"，就能对《论语》作出新的解读。孔子曰："死生有命，富贵在天。"[3] 可译作人的生命和死亡属于命运，而人的富贵荣华则须仰仗上帝的旨意。孔子曰："唯天为大，唯尧则之。"[4] 可译为只有上帝是至高无上的，也只有尧君才遵从上帝的

---

[1] 丁福保. 说文解字诂林：第2册[M]. 北京：中华书局，1988：998.
[2] 转引自古文字诂林编纂委员会. 古文字诂林：第1册[M]. 上海：上海教育出版社，1999：22-23.
[3] 诸子集成：第1册[M]. 长沙：岳麓书社，1996：320.
[4] 诸子集成：第1册[M]. 长沙：岳麓书社，1996：200.

法则。"获罪于天，无所祷也"①则可译成"等到上帝降罪下来，祈祷都来不及了"。可见，周人之"天"，不过是"上帝"一词的代词而已。

那么，天的意志有哪些表现呢？《周书·泰誓》说："天佑下民，作之君，作之师，惟其克相上帝，宠绥四方。……天矜于民，民之所欲，天必从之。"②《周书·召诰》说："天亦哀于四方民，其眷命用懋。"③可见，天的意志是哀民、保民、惠民，天命就是天把天下交给有保民之德的君主治理，要求君主要承担保护人民的责任，以实现天的意志。

周人将"天"的概念与殷人"帝"的术语相融合，用"皇天上帝，改厥元子"之类的神话来解释王命转移的原因。在此，周人将天意与人的行为联系起来，理性地解释了殷人丧乱、王朝变更是殷人自己无德所致，并非上天暴虐意志的结果。上天不再是喜怒无常、意志难测的神灵，它的意志与人世间的道德行为紧密联系在一起，具有一定的伦理价值原则和道德判断意志。周人以殷人的失败命运为鉴，重新审视了上天与历史、人事命运的关系：世事并非都是上天意志的必然结果，人的道德行为起着巨大的作用。

与殷人相比，周人的宗教信仰已经有变化。他们信仰的最高代表是"天"，甚至是"天命"。以文王为代表的祖先神的地位有所上升，而"帝廷"的观念似乎在逐渐减弱。特别是在周书以及周人修改过的夏商书中，反复出现的主题是把"天"更多地理解为历史和民族命运的主宰。

"天"在周人的思想中是"帝"的一种变革，然而这种变革并不是祖先神"帝"的否定，而是"帝"的改良。《大雅·文王》是禋祀文王的诗，其中天帝是与文王分离的，同时先王又是与天帝相配的，例如："文王在上，于昭于天。周虽旧邦，其命维新。有周不显，帝命不时。文王陟降，在帝左右。"④

殷代宗教的"帝"，指全族的祖先神。周人接受了这一传统，仍以祖先神信仰为主，所以"周公既相成王，郊祀后稷以配天，宗祀文王于明堂，以配上帝"⑤。这是维新了的宗教，即天、上帝被改良而为一般的主宰之神，而祖先神是所谓"禘后稷而宗文王"。这个二元性的分离是适应国家形式的发展而产生的。天、帝的一般神与氏族宗主的祖先神相配的宗教思想指导着一切国家大事，连国家的成立，最初也是由先王受命于上帝的。金文说的"受民受疆土"与"受有四方"之"受"，即受之于上帝之命。《诗经》曰："济济多士，秉文之德，对越在天，骏奔走在庙。"⑥"维天之命，于穆不已。于乎不显，文王之德之纯。假以溢（或训恤）我，我其收之。骏惠我文王，曾孙笃之。"⑦"昊天有成命，二

① 诸子集成：第1册[M].长沙：岳麓书社，1996：65.
② 阮元.十三经注疏：上册[M].北京：中华书局，1979：181.
③ 阮元.十三经注疏：上册[M].北京：中华书局，1979：212.
④ 阮元.十三经注疏：上册[M].北京：中华书局，1979：503-504.
⑤ 二十五史：第1册[M].杭州：浙江古籍出版社，1998：110.
⑥ 阮元.十三经注疏：上册[M].北京：中华书局，1979：583.
⑦ 阮元.十三经注疏：上册[M].北京：中华书局，1979：583.

后受之。"①"时迈其邦，昊天其子之，实右序有周。……怀柔百神，及河乔岳，允王维后。"②"执竞武王，无竞维烈，丕显成、康，上帝是皇。"③"思文后稷，克配彼天。立我丞民，莫匪尔极，贻我来牟，帝命率育。无此疆尔界，陈常于时夏。"④"绥万邦，娄丰年，天命匪解（懈）。桓桓武王，保有厥士，于以四方，克定厥家。于昭于天，皇以间之。"⑤

在商人看来，上帝是社会现状合理性的来源，国家与政权是由上天授予的，上帝可以根据人的作为和自己的喜好，给予或终止一个国家或政权。《尚书·洪范》中箕子说："我闻在昔，鲧堙洪水，汩陈其五行。帝乃震怒，不畀洪范九畴，彝伦攸斁。鲧则殛死。禹乃嗣兴，天乃锡禹洪范九畴，彝伦攸叙。"⑥从箕子的话中可以看出，商人认为统领社会运行的"洪范九畴"是上帝授予的。上帝如果不满意人们的行为也可以收回，所以令鲧败而禹成。

上帝授予商王以政权和统治法则，同时还直接干涉人间具体事务："贞王乍邑，帝若。"⑦"甲辰卜，争贞我伐马方，帝受我又。"⑧"贞戠，再册，王薛，帝若。贞王勿比戠，帝若。"⑨"贞方戋征，登人。贞不隹帝令乍我。"⑩"己未卜，争，贞我立史，帝（若）。己未卜，争，（贞帝）若。"⑪以上卜辞都是上帝直接干预人间具体事务安排的记载。

文献中有的记载也与此类似。如《尚书·盘庚上》说，先王遵循上帝的命令，尚且迁徙不定。你们不继承前人的传统，不理解上天的命令，哪里谈得上弘扬先王的功业。像枯木复生，上帝命令我们定都这座新城，复兴先王的大业，安抚四方，说明迁于此新邑，是遵循上帝的命令。

商人心目中的上帝是积极关注人世间的事务的。所以，商人极为关注上帝的喜好与意旨。甲骨文有："至于帝令。"⑫"至"，达意，即占卜是否完成了上帝给予的命令。不仅如此，上帝还是个体生命的来源与掌握者。《尚书·盘庚中》："汝不谋长，以思乃灾。汝诞劝忧，今其有今罔后，汝何生在上？今予命汝一，无起秽以自臭。恐人倚乃身，迁乃

---

① 阮元.十三经注疏：上册[M].北京：中华书局，1979：587.
② 阮元.十三经注疏：上册[M].北京：中华书局，1979：588.
③ 阮元.十三经注疏：上册[M].北京：中华书局，1979：589.
④ 阮元.十三经注疏：上册[M].北京：中华书局，1979：590.
⑤ 阮元.十三经注疏：上册[M].北京：中华书局，1979：604.
⑥ 阮元.十三经注疏：上册[M].北京：中华书局，1979：187.
⑦ 郭沫若.甲骨文合集[M].北京：中华书局，1978—1982：14203.
⑧ 郭沫若.甲骨文合集[M].北京：中华书局，1978—1982：6664正.
⑨ 郭沫若.甲骨文合集[M].北京：中华书局，1978—1982：7407正乙.
⑩ 郭沫若.甲骨文合集[M].北京：中华书局，1978—1982：6746.
⑪ 郭沫若.甲骨文合集[M].北京：中华书局，1978—1982：141207反.
⑫ 郭沫若.甲骨文合集[M].北京：中华书局，1978—1982：7601.

心，予迓续乃命于天。"①表明个体的生命也掌握在上帝之手。

从卜辞和相关文献可以看到上帝对人类是严厉的，会降下惩罚灾祸。所以，商人试图改善与上帝的关系，用建立与上帝的血缘关系、祖先神在上帝之左右等方式改善人神关系。商人强调与上帝的特殊关系，即建立与上帝之间的血缘联系，商人的起源传说以及商王称"天子"都是这种思想的反映。这种血缘联系一旦建立，就会在宗教领域形成商王朝对至上神的独占，建立绝对的宗教优势。祖先在上帝身边，作为上帝的臣属，成为人间在上帝身边的代言人。而发展到最后，商人则试图用祖先代替上帝的功能。从殷墟甲骨文和文献可以看出，商代后期上帝和自然神的作用日益减弱，而祖先神权能日益扩大和加强，几乎完全取代了上帝和自然神的功能。

四、商周时期的天神谱系

商代已经形成了上帝、自然神和祖先神组成的天神系统，上帝拥有至高无上的权力。在商人的观念中，人世间的事物变化与社会运行都是上帝意志的体现。这一点在文献中表现得很明显，《尚书·汤誓》曰："非台小子，敢行称乱，有夏多罪，天命殛之。""夏氏有罪，予畏上帝……夏德若兹，今朕必往。尔尚辅予一人，致天之罚。"②《子夏易传》曰："帝者，造化之主，天地之宗，无象之象也。不可以形智索，因物之生成始终其显，其出入焉。"③

殷商时期的宗教虽然是多神崇拜，但这些神灵之间并不平等。像人间的"王"一样，"帝"高踞于众神之上。殷卜辞中有"帝史凤"，郭沫若说："古人盖以凤为风神……为天帝之使而祀之以二犬。"④国王的已故祖先也是上帝的廷臣。殷卜辞记殷代先王"宾于帝"，如"大甲宾于帝"⑤"下乙宾于帝"⑥等。"宾于帝"，就是说祖先神在上天神界听从上帝的遣使。

商人的观念中，帝是居于天上的神灵，以神灵称之，则为"帝"；以所居称之，则是"天"；以其地位而言，则为"上"。《说文解字》曰："丄，高也，此古文上。指事也。凡丄之属，皆从丄。"萧良琼曰："殷墟卜辞中'下、上'和'上、下'常常连用，并构成'下、上若''下、上弗若'等词。若，表示顺与祥，不若，则反之。'下、

---

① 阮元.十三经注疏：上册[M].北京：中华书局，1979：170.
② 阮元.十三经注疏：上册[M].北京：中华书局，1979：160.
③ 子夏易传：卷9[M]//文渊阁四库全书：第7册.台北：台湾商务印书馆，1983：117.
④ 郭沫若.卜辞通纂[M].台北：大通书局，1976：398.
⑤ 董作宾.殷虚文字乙编[M].北京：科学出版社，1956：7434.
⑥ 董作宾.殷虚文字乙编[M].北京：科学出版社，1956：719.

522

上'在这类词组中显然不是指方向或位置，而是指能决定人间吉凶祸福的神灵。那么'下、上'究竟指哪些神灵呢？""卜辞中有上示（《合集》一〇七），下示（《合集》一一六六甲），又有单称上或下的。……求其上。求其下。求其上自祖乙。求其下自小乙（《合集》三二六一六）。这里的上是指自祖乙以下的祖先，下是指自小乙以下的祖先。"① 帝与天可以互用，都可指上帝。帝与天也有一定的差别，即帝只指上帝本身，而天有时指代由帝为首的整个神灵系统。

在商人的心目中，上帝并不是单身独处的，而是有臣下，甲骨文中有"帝五臣""帝臣"："（王）侑于帝五臣，又大雨。王侑岁于帝五臣，正，隹亡雨。辛亥卜……（帝）五臣。"② "于帝臣，出雨。"③ 这些是向帝五臣求雨的占卜。陈梦家读"帝五丰臣"为"帝五工臣"，谓"玉、工均作丰。丰乃工字，工为玉之单位词"④。帝五工臣、五工，即帝左右的五个重要官员。总观之，帝是决断者，帝臣是帝命的执行者。"五丰臣""五丰""臣小工""帝史"的称呼表明，帝廷中有明确的官职等级关系，也有较明显的分职分工。帝廷是一个有组织、有分工的权力机构，俨然人间王朝在神灵领域的翻版。

在商人的意识中，自己与上帝有着血缘关系，《诗经·商颂·长发》曰："有娀方将，帝立子生商。"⑤《诗经·商颂·玄鸟》曰："天命玄鸟，降而生商，宅殷土茫茫。"郑玄笺："玄鸟，鳦也。春分，玄鸟降。汤之先祖有娀氏女简狄配高辛氏帝，帝率与之祈于郊禖而生契，故本其为天所命，以玄鸟至而生焉。"商人将其与上帝的血缘关系与政治相联系，商王称天子。《诗经·商颂·长发》曰："昔在中叶，有震且业。允也天子，降予卿士。实维阿衡，实左右商王。"郑玄笺："震，犹威也。信也，天命而子之。"⑥ 即汤被上天视为儿子。历代商王都使用这一称呼，《尚书·西伯戡黎》载祖伊对商纣王进谏的话："天子，天既讫我殷命。格人元龟，罔敢知吉。非先王不相我后人，惟王淫戏用自绝，故天弃我。"⑦《尚书·洪范》："凡厥庶民，极之敷言，是训是行，以近天子之光。曰：'天子作民父母，以为天下王。'"⑧

玄鸟是古代神话传说中的神鸟，出自《山海经·海内经》："北海之内有山，名曰幽都之山，黑水出焉。其上有玄鸟、玄蛇、玄豹、玄虎，玄狐蓬尾。"⑨《殷本纪》云："契母曰简狄，有娀氏之女也，为帝喾次妃。三人行浴，见鸟堕其卵。简狄取吞之，因

---

① 古文字诂林编纂委员会.古文字诂林：第1册[M].上海：上海教育出版社，1999：41-43.
② 郭沫若.甲骨文合集[M].北京：中华书局，1978—1982：30391.
③ 郭沫若.甲骨文合集[M].北京：中华书局，1978—1982：30298.
④ 陈梦家.殷虚卜辞综述[M].北京：中华书局，1988：572.
⑤ 阮元.十三经注疏：上册[M].北京：中华书局，1979：626.
⑥ 阮元.十三经注疏：上册[M].北京：中华书局，1979：627.
⑦ 阮元.十三经注疏：上册[M].北京：中华书局，1979：177.
⑧ 阮元.十三经注疏：上册[M].北京：中华书局，1979：190.
⑨ 袁珂.山海经校注[M].上海：上海古籍出版社，1980：462.

第六章│商周时期的鬼神谱系　　523

孕生契。契长而佐禹治水有功，帝舜乃封于商。"①简狄吞服鸟之卵怀孕而生下商契，这就成为后人所谓"玄鸟是商祖先"这一传说的根据。《毛传》："玄鸟，鳦也，一名燕，音乙。""春分，玄鸟降，汤之先祖有娀氏女简狄配高辛氏帝，帝率与之祈于郊禖而生契。"《吕氏春秋·季夏纪》："有娀氏有二佚女，为之九成之台，饮食必以鼓。帝令燕往视之，鸣若谥隘。二女爱而争搏之，覆以玉筐。少选，发而视之，燕遗二卵，北飞，遂不反。"②《史记·秦本纪》："秦之先，帝颛顼之苗裔孙曰女修。女修织，玄鸟陨卵，女修吞之，生子大业。"③可见，不仅商人的祖先和玄鸟有关，就连秦人的祖先也与玄鸟有关。

玄鸟，就是燕子。燕子春分而至，秋分而返，年年如此，非常有规律。玄鸟与人们的生存密切相关，人们根据其迁徙可以知农时，按时耕种。出土文物证明了人从鸟降生，是夷人传说的特点。商族的祖先为东夷人，而东夷人的祖先为少昊氏。少昊族以鸟为图腾，是由几个胞族组成的部落，第一胞族中的五个氏族分别以凤鸟、玄鸟、伯赵（劳）、青鸟、丹鸟为图腾，其中玄鸟为商族人的图腾。胡厚宣先生从殷墟卜辞中找到祭祀商高祖王亥的"亥"字，形体从亥从鸟从隹，隹也是鸟形，这便是商族以鸟为图腾的确证。晚商青铜器玄妇罍的铭文有"玄鸟妇"三字合文，这更是商族祖先以鸟为图腾的佐证。

商王作为上帝之子的观念，在周人的记载中也可以看到。《尚书·召诰》曰："皇天上帝，改厥元子。兹大国殷之命，惟王受命。无疆惟休，亦无疆惟恤。呜呼，曷其弗敬。"④这句话的意思是上帝不满商纣王的表现，废除了其长子的地位，从而使商最终灭亡。

由于血缘关系，上帝与商人的关系尤为密切，对商人表现了特别的关照与爱护。商人认为先王的祖先可以在上帝的左右，甲骨文有："贞大甲不宾于帝。贞大（甲）宾于帝。贞下乙不宾于帝。贞下乙（宾）于帝。甲辰卜，殼贞下乙宾于（咸）。贞下乙不宾于咸。贞咸不宾于帝。贞咸宾于帝。贞大甲宾于咸。贞大甲不宾于咸。"⑤文献中也可以看到商王祖先在帝左右的记载，如《尚书·盘庚中》："汝万民，乃不生生，暨予一人猷同心。先后丕降与汝罪疾，曰：曷不暨朕幼孙有比？故有爽德，自上其罚汝，汝罔能迪……迪高后丕乃崇降弗祥。"⑥文中用"自上其罚汝""崇降弗祥"等，显示商王的祖先是上天。

商人祖先在上帝左右的观念是普遍的，且并非只有商王的祖先可以在上帝身旁，商代重臣也有权能上通天或帝。《尚书·君奭》曰："我闻在昔，成汤既受命，时则有若伊尹，格于皇天。在太甲，时则有若保衡。在太戊，时则有若伊陟、臣扈，格于上帝，巫咸

---

① 阮元. 十三经注疏：上册[M]. 北京：中华书局，1979：622.
② 诸子集成：第8册[M]. 长沙：岳麓书社，1996：68.
③ 二十五史：第1册[M]. 杭州：浙江古籍出版社，1998：21.
④ 阮元. 十三经注疏：上册[M]. 北京：中华书局，1979：212.
⑤ 郭沫若. 甲骨文合集[M]. 北京：中华书局，1978—1982：1402正.
⑥ 阮元. 十三经注疏：上册[M]. 北京：中华书局，1979：170.

乂王家。在祖乙，时则有若巫贤。"①这就说明，商人的祖先是商周时期天神谱系的重要组成部分。

商代重臣也有权能上通天或帝。但是，这种臣下可宾于天的情况只见于商代前期，后来则逐渐失去这种权力。随着王权的发展，现实社会中的政治等级被扩展到宗教领域，祖先神在帝所的地位开始出现等级差异，与帝接触的权力不是平等的，而商王的祖先具有更高的权力，是更接近上帝的人神，甚至成为其他商人祖先觐见上帝的中介。《尚书·盘庚中》："兹予有乱政同位，具乃贝玉。乃祖乃父，丕告我高后曰：作丕刑于朕孙。迪高后丕乃崇降弗祥。"②

商人认为自己与上帝有着血缘关系，而商王祖先又带领前世旧臣在上帝周围组成一个等级分明的团体，影响和听从上帝的决策，同时也可能是帝命的执行者。这个团体继承了其在阳世时的等级，将其带到天上，是人间权力结构在上天的翻版。可以说，商人与上帝的虚拟血缘关系成为整个天神谱系的关键，上帝与祖先神的权能混杂起来，最终形成一个混了自然神与祖先神的系统。在这个系统中，原先人世间的等级关系被带到了神灵领域，商王的祖先成为整个神灵系统中的上层，拥有更接近至上神的地位，甚至可以影响上帝的决断，为自己的子孙争取到上帝的支持。《尚书·西伯戡黎》："非先王不相我后人，惟王淫戏用自绝，故天弃我。"③说的正是这样的道理。

随着商王朝统治的加强和祖先神地位的日益上升，商人开始用"帝"称呼祖先，商末卜辞中出现"父乙帝""帝甲""文武帝""文武帝丁""帝丁"等称谓，铜器铭文和文献中则有"帝乙""帝辛"，帝已经转化为起始祖的称呼，"是帝乃王者死而庙主之称也"。这种称呼源于祖先神地位的上升，其神可以在帝之左右，故称为"帝某"，即"在帝身边的某人"。这与卜辞中有的"王某"相似，更多的是表示一种归属，表明其人或同族与商王同宗，如王雀、王等系商王的宗亲或同姓贵族，或者属于商王甚至带有所有格的性质，如王臣、王刍等。前冠以"王"，表明其身份。对商王称"帝某"也是类似的用法，并非商王本身是帝，而是商王在帝周围，与帝有密切的关系。

用"帝某"的称谓表明商王与上帝的直系血缘关系，为其继统提供合理性，这使"帝"同时具有"嫡"的含义。裘锡圭谓："商人所谓上帝（卜辞多称'帝'），既是至上神，也是宗祖神。按照上古的宗教、政治理论，王正是由于他是上帝的嫡系后代，所以才有统治天下的权力。《尚书·召诰》说'皇天上帝改厥元子兹大国殷之命'，可见商王本来是被大家承认为上帝的嫡系后代的。周王称天子，也就是天之元子的意思。上帝的'帝'跟用来称嫡考的'帝'，显然是由一语分化的。从以上所说的来看，商王用来称呼死去的父王的'帝'这个词，跟见于金文的'帝（啻）考'的'帝'（啻）和见于典籍的

---

① 阮元.十三经注疏：上册[M].北京：中华书局，1979：223.

② 阮元.十三经注疏：上册[M].北京：中华书局，1979：171.

③ 阮元.十三经注疏：上册[M].北京：中华书局，1979：177.

天神　岩画　云南沧源　采自《中国图案大系》

'嫡庶'的'嫡'，显然是关系极为密切的亲属词。也可以说，这种'帝'字就是'嫡'字的前身。"①

上帝是商代的至上神，掌握着无限的权能。上帝受祭祀较少，是因为上帝作为最高神，其下有一个复杂的神灵体系，由具体的神灵掌握具体的权能。人间有所祈求时会向具体掌执某种权能的神灵祈求，而不是向最终的决断者上帝祈求。甲骨文有："戊申卜，㲋贞方帝，燎于土，㞷雨，卯上甲。"②帝即上帝，土即社神，㞷为稷神，而"上甲"是商人进入国家形态的关键首领，也是商人最重要的祖先。在这条卜辞中，我们看到了帝、社之神和祖先神的组合。而中国传统政治中最重要的因素即"天命""社稷"和"祖宗"，古代帝王"奉天保民"和"左祖右社"的祭祀体系，正是这三大要素的外在体现。可以说，天命、社稷和祖宗这三大要素，在商代已具初形。而这一政治思想在宗教领域的反映，即上帝、自然神和祖先神组成的神灵系统。我们看到在这个神灵系统中，神灵与具体的空间、土地、族群联系在一起，有其行使职能的范围、依附物和相对固定的信仰群体。帝与特定的方位和时空相联系，自然与特定的地域相联系，而祖先神与特定的群体——子孙联系在一起。这种神灵与特定空间与族群的紧密联系，使得上帝原本无上的权能，实际被限定在一定范围之内。

卜辞中上帝有很大的权威，是自然与下国的主宰。殷人探求天意的主要方法是占卜，但凡遇到战争、祭祀、饮宴、气象、收成、田猎、行旅等事情，都要通过占卜窥探上帝意

———————————

① 裘锡圭.关于商代的宗族组织与贵族和平民两个阶级的初步研究[M]//古代文史研究新探.南京：江苏古籍出版社，1983：300.

② 郭沫若.甲骨文合集[M].北京：中华书局，1978—1982：1140正.

526

天神　岩画　内蒙古狼山
采自《中国图案大系》

旨，然后决定行动。在殷人心目中，这个至神上帝主宰着大自然的风云雷雨，水涝干旱，决定着禾苗的生长，农产的收成。他高高在上，却能降入城邑，作为灾害，因而辟建城邑，必先祈求上帝的许可。邻族来侵，殷人以为是帝令所为。出师征伐，必先卜帝是否授佑。帝虽在天，但能降人间以福祥灾疾，能直接护佑或作孽于殷王。帝甚至可以降下命令，指挥人间的一切。正因为这样，商王举凡祀典政令，必须先揣测帝的意志。商人相信帝的权能极大，日月星辰、风云雷雨等都供帝驱使。由于相信上帝，所以在甲骨卜辞中有很多关于帝与风云雷电、帝与农业收成、帝与城邑建筑、帝与方国征伐、帝能降人间以福祸、帝能保佑作害于殷王、帝可以发号施令等内容的记载。

另外，天神系统包括了大量的自然神。就天界而言，主要有日月星辰诸神；就气象而言，主要有风雨雷电、霜露雾霾诸神；就时节而言，主要有年月日时、春夏秋冬诸神。他们轮流值班，主理着某一领地的事务，或祸或福，或寒或炎，或旱或涝，显示着作为神灵的存在。

陈梦家认为：由此可见殷人的上帝或帝，是掌管自然天象的主宰，有一个以日月风雨为其臣工使者的帝廷。上帝之令风雨、降祸福是以天象示其恩威，而天象中风雨之调顺实为农业生产的条件，所以殷人的上帝虽也保佑战争，而其实质是农业生产的神。先公先王可以上宾于天，上帝对于时王可以降祸福、示诺否，但上帝与人王并无血统关系。人王通过先公先王或其他诸神而向上帝求雨祈军，或祷告战役的胜利……殷人的上帝是自然的主宰，尚未赋以人格化的属性；而殷之先公先王先祖先妣宾天以后则天神化了，而原属自然诸神（如山、川、土地诸祇）在祭祀上人格化了。[1]金景芳先生说："鬼神世界不是别的，乃是人间世界的幻影，正因为人间有一个帝是最高统治者……其它如日、月、风、雨作为神灵来说，都人格化……正是人间百官众职的虚幻的反映。……日、月、风、云、雨、雪、社（土地）、方（四方）、山、川等自然和自然现象之所以受到崇拜，是由于它们对人们的日常生活，能给以巨大的影响。"[2]

———————————

① 陈梦家.殷虚卜辞综述[M].北京：中华书局，1988：580.
② 金景芳.中国奴隶社会史[M].上海：上海人民出版社，1983：97-98.

卜辞中已有许多关于自然神的记载，包括日月星辰、风雨雷电、霜露雾霾、年月日时、春夏秋冬诸神。

日神，太阳之神。《说文解字》曰："日，实也。太阳之精不亏。从囗一。象形。凡日之属皆从日。"《月令正义》引《春秋元命苞》云："日之为言，实也。"《释名》曰："日，实也。光明盛实也。大易之精不亏。故曰实。从〇一。象形。〇象其轮郭。一象其中不亏。"①《孝经援神契》曰："日神五色，明照四方。"《子夏易传》曰："日者，众阳之精，内明玄黄，五色无主，以象人君。精精似青，翼翼似黑，玄玄似赤，缟缟似白，煌煌似黄，光照无主，不可以一色名也。"刘向《洪范传》曰："日者，昭明之大表，光景之大纪，群阳之精，众贵之象也。故曰：日出而天下光明，日入而天下冥晦，此其效也。故日者，天之象，凡君父夫之类，中国之应也。明王之践位，群贤履职，天下和平，黎民康宁，则日丽，其精明扬，其景耀抱珥重光，以见吉祥，君获庆贺。"②张揖《广雅》曰："朱明，曜灵，东君，日也。"③

殷周时期祭祀日神为一种大祀。《周书·洪范》："五祀：一曰岁，二曰月，三曰日，四曰星辰，五曰历数。"④《周礼·大宰》："正月之吉，始和布治于邦国都鄙，乃县治象之法于象魏，使万民观治象，挟日而敛之。乃施典于邦国，而建其牧，立其监，设其参，傅其伍，陈其殷，置其辅。乃施则于都鄙，而建其长，立其两，设其伍，陈其殷，置其辅。乃施法于官府，而建其正，立其贰，设其考，陈其殷，置其辅。凡治，以典待邦国之治，以则待都鄙之治，以法待官府之治，以官成待万民之治，以礼待宾客之治。"⑤这是在讲述祭祀日神的礼仪。

太阳对人类生活和生产实践至关紧要，古往今来，世界各族几乎普遍有对太阳的崇拜。中国亦不例外，夏商宗教中，即有传承自原始时期的日神信仰。古代文献中所载日神的神话传说甚多。统而言之，可分为两大系统，一种是"阳乌"说，一种是"十日"说。

《淮南子·精神训》曰："日中有踆乌，而月中有蟾蜍。"注："踆，犹蹲也。谓三足乌。"⑥《春秋元命苞》曰："阳数起于一，成于二，故日中有三足乌。"⑦三足乌，又称阳乌、金乌，《天问》所谓"弹日、解羽"者是也。本当是日之精魂，东汉郭宪《洞冥记》又以为日驭，云："东北有地日之草，西南有春生之草，……三足乌数下地食此草。羲和欲驭，以手掩乌目，不听下也。食草能不老，他鸟兽食此草，则美闷不能动矣。"⑧

---

① 古文字诂林编纂委员会.古文字诂林：第6册[M].上海：上海教育出版社，2003：371.
② 李昉.太平御览：卷3[M]//文渊阁四库全书：第893册.台北：台湾商务印书馆，1983：190-191.
③ 张揖.广雅：卷10[M]//于敏中，等.摛藻堂四库全书荟要：第79册[M].台北：世界书局，1990：608.
④ 阮元.十三经注疏：上册[M].北京：中华书局，1979：189.
⑤ 阮元.十三经注疏：上册[M].北京：中华书局，1979：648-649.
⑥ 诸子集成：第8册[M].长沙：岳麓书社，1996：105.
⑦ 李昉.太平御览：卷3[M]//文渊阁四库全书：第893册.台北：台湾商务印书馆，1983：190.
⑧ 郭宪.洞冥记：卷4[M]//元明善本丛书.上海：商务印书馆，1929.

这一神话系统显然包括了"日中有乌"和"日载于乌"两种不同说法,而后一种说法的原始性似更浓厚些,反映了先民对日出日落的想象。先民是以现实生活中的乌鸦为幻想依据的,大汶口或良渚文化玉器上即有乌日母题的刻纹,河南庙底沟出土仰韶文化陶片上有三足乌形象,这就使日载于乌的神话追溯至五千多年前的新石器时代。

原始日神信仰中,还有一种关于十日的神话传说。《山海经·大荒东经》曰:"汤谷上有扶桑,十日所浴,……九日居下枝,一日居上枝。"[①]《山海经·大荒南经》云:"东南海之外,甘水之间,有羲和之国。有女子名曰羲和,方日浴于甘渊。羲和者,帝俊之妻,生十日。"[②]《淮南子·本经训》详载其事云:"尧之时十日并出,焦禾稼,杀草木,而民无所食。猰貐、凿齿、九婴、大风、封豨、修蛇,皆为民害。尧乃使羿诛凿齿于畴华之野,杀九婴于凶水之上,缴大风于青丘之泽,上射十日而下杀猰貐,断修蛇于洞庭,禽封豨于桑林。万民皆喜,置尧以为天子。于是天下广狭、险易、远近,始有道里。"[③]这一神话系统也包括了"十日并出"和"十日代出"两种不同说法,而后一种说法又与"日载于乌"有着内在联系,并加入了"十"的数字观念。"十"的数字观念在中国产生得相当早,各地新石器时代遗址出土器物的刻划符号中,已发现大量的"十"字,有的符号几乎与甲骨文写法一样。

河南郑州大河村遗址出土有距今约5000年的仰韶文化晚期彩陶,彩陶上绘有原始先民观察天文现象后创作的太阳纹、日珥纹、月相变化纹以及星象纹,其中两件钵肩部或腹部残片所复原的太阳纹,均为一周十二个太阳,恰与一年十二个月的历法概念相合。值得注意的还有河南杞县鹿台岗龙山遗址发现的一组祭祀遗迹,外墙呈方形,内为一直径约5米的圆室,圆室有两条直角相交的十字形纯净黄土带;附近又有一组祭坛,中间是一个直径约1.5米的大圆土墩,10个直径约0.5米的小圆土墩均匀环其周围。[④]这一考古发现似可将"十日"信仰上推到龙山文化时期,它乃本之原始天文观察,并以先民固有的心理状态,对此自然物象进行神话的构思,当"十"的数字观念约定俗成,也就为"十日代出"提供了神话素材。

卜辞中已有许多关于日神的记载,所见商人视太阳的非常态现象为预示祸福或灾祥,如:"癸巳卜,争,贞日若兹敏,惟年祸三月。"[⑤]所谓"敏",或指太阳昏晦不明的现象,这是把日敏变化视为年成有灾的预告。又如:"癸巳卜,今其有祸,甲午晕。"[⑥]严一萍谓"晕"为"日晕"并引《天文学》论日晕条说:"日全食既时,太阳周围白光四射,内圈尤明,与日珥之红色相辉映,倍觉美丽,其光带与日同心,非与月同心,则知非出于

---

① 袁珂.山海经校注[M].上海:上海古籍出版社,1980:355.
② 袁珂.山海经校注[M].上海:上海古籍出版社,1980:381.
③ 诸子集成:第8册[M].长沙:岳麓书社,1996:124.
④ 中国考古学会.中国考古学年鉴 1991[M].北京:文物出版社,1992:218.
⑤ 郭沫若.卜辞通纂[M].东京:文求堂,1933:448.
⑥ 郭沫若.甲骨文合集[M].北京:中华书局,1978—1982:13049.

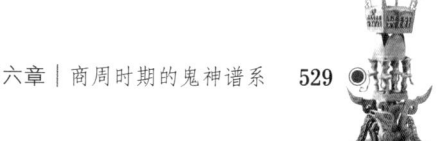

月，故谓其现象曰日晕。"①日晕变化也被看作有祸的警示，日晕出现后还需要举行击杀牛牲的祭祀。不过，商人心目中的日神除了能预告灾祸外，也能降祥。如云："惟日羊，有大雨。"②大概是天久旱不雨，乃把有大雨视为日神喜降其祥。

商人的日神具有双重神性。如云："癸酉贞，日月有食，非若。"③"日哉在西，祸。"④"庚辰贞，日又哉，其告于父丁，用牛九。"⑤显而易见，夏商两代的日神信仰，相同之处是均视日神为自然界的天神之一，具有变幻天象、致旱降雨、刮风鸣雷等神力；不同之处是夏代日神是一位恶神，商代日神是一位善恶兼具的中性神，其善意的成分似又多于恶意，灾祸的一面一般总是以间接的太阳变化现象，先期预示或告警人间，让人间有所戒鉴或防范。⑥

夏商两代已有祭祀日神的礼仪，一是在日食等变化发生时举行，一是与观察日月运行相关。卜辞有记"日月有食"，董作宾先生认为，言食者，"殆犹存神话之背景。民间传说则以皆日月食为天狗所食，故必鸣金击鼓以营救之，此义殷人似已知之。卜辞中有御祭天犬之文，天犬疑即后世民间流传可以吞食日月之天狗，祭之所以祈免日月之灾欤？《周礼·秋官·庭氏》有救日之弓、救月之矢、太阴之弓、枉矢之名，皆日月食所用之弓矢也。又《地官·鼓人》：救日月则诏王鼓。弓矢以射之，鼓以震惊之，则古人果即以为食之者天犬乎"⑦。卜辞有："其将王鼓。"⑧"其震鼓。"⑨又有："贞戾入，王有亡于之，亦鼓。"⑩"惟五鼓……上帝若王……有佑。"⑪卜辞有出日入日的记载，共计二十三条，如："辛未卜，又于出日。"⑫"癸酉……入日……其燎。"⑬"……出入日……岁三牛……"⑭

出日入日祭仪的种类有又（侑）裸、岁、酒、卯等。祭仪所用牲多为牛畜，以一牛、二牛、三牛至多牛不等。这类出日入日的祭仪，与《尧典》所载仲春"寅宾出日"和仲秋"寅饯纳日"意义是一致的。显然，商人不是每天礼拜日出日落，但有其比较固定的行事

---

① 严一萍. 殷商天文志[M]//中国文字编纂委员会. 中国文字：新二期，1980.
② 郭沫若. 甲骨文合集[M]. 北京：中华书局，1978—1982：30022.
③ 郭沫若. 甲骨文合集[M]. 北京：中华书局，1978—1982：33694.
④ 郭沫若. 甲骨文合集[M]. 北京：中华书局，1978—1982：33704.
⑤ 郭沫若. 甲骨文合集[M]. 北京：中华书局，1978—1982：33698.
⑥ 宋镇豪. 夏商社会生活史[M]. 北京：中国社会科学出版社，1994：468.
⑦ 董作宾. 殷历谱[M]//宋镇豪，段志洪. 甲骨文献集成：第29册. 成都：四川大学出版社，2001：221.
⑧ 姚孝遂，肖丁. 小屯南地甲骨考释[M]. 北京：中华书局，1985：441.
⑨ 姚孝遂，肖丁. 小屯南地甲骨考释[M]. 北京：中华书局，1985：236.
　　郭沫若. 甲骨文合集[M]. 北京：中华书局，1978—1982：30388.
⑩ 郭沫若. 甲骨文合集[M]. 北京：中华书局，1978—1982：14932.
⑪ 郭沫若. 甲骨文合集[M]. 北京：中华书局，1978—1982：30388.
⑫ 郭沫若. 甲骨文合集[M]. 北京：中华书局，1978—1982：33066.
⑬ 郭沫若. 甲骨文合集[M]. 北京：中华书局，1978—1982：34164.
⑭ 郭沫若. 甲骨文合集[M]. 北京：中华书局，1978—1982：32119.

日期和祭祀场所，通常行之于春秋季相关月份或春分秋分前后的日子，反映了商人对四时已有较准确的认识。《礼记·礼器》云："作大事必顺天时，为朝夕，必放于日月。"商人祭日之仪似亦本于这一宗教观念。

商人的出日入日祭仪，寓意于太阳东出西落的视运动观察。这种重视东西轴线的方位观，很容易使人联想到卜辞中两位带有自然神性的神——东母、西母。卜辞曰："贞燎于东母九牛。"[①]"贞燎于东母三牛。"[②]"贞燎于东母三豕。"[③]"壬申卜，贞侑于东母、西母若。"[④]陈梦家认为，东母、西母大约是指日月之神。[⑤]日本赤塚忠认为东母、西母可能是司管太阳出入的女性神。[⑥]

月神，管理月亮的神。卜辞中亦有祭祀月神的记载："疒（疾）齿，隹（唯）……月……"[⑦]"鼎（贞）：生月象至。"[⑧]《说文解字》曰："月，阙也。大阴之精。象形。凡月之属皆从月。"[⑨]《释名》曰："月，阙也，言满则复缺也。""朔月之名也。朔，苏也。月死复苏生也。晦，尽之名也。晦，灰也。火死为灰，月光尽似之也。弦，月半之名也。其形一旁曲，一旁直，若张弓弦也。望，月满之名也。日月遥相望也。"《礼斗威仪》曰："政太平则月多耀，政颂平则赤明，政和平则黑明，政象平则白明，政升平则青明。"《春秋考异邮》曰："诸侯谋叛，则月生爪牙。后族专政，则日月并照。"《春秋感精符》曰："月者，阴之精，地之理。"《春秋演孔图》曰："蟾蜍，月精也。"《吕氏春秋》曰："月，群阴之本，月望则蚌蛤实，群阴盈；月晦则蚌蛤虚，群阴废。夫月形乎天而群阴化于渊。""张衡《灵宪》曰：'羿请不死药于西王母，羿妻姮娥窃以奔月，托身于月，是为蟾蜍。'"[⑩]

星神，遍布整个天庭的星辰之神。"《释名》曰：'星，散也，列位布散也。宿，宿也，星各止宿其所也。'……《物理论》曰：'星者，元气之英，水之精也。气发而升，精华上浮，宛转随流，名之曰天河，一曰云汉，众星出焉。'……《春秋说题辞》曰：'星之为言精也，荧也，阳之精也，阳精为日，日为星，故其字日生为星。'……《春秋合诚图》曰：'天文地理，各有所主，北斗有七星，天子有七政也。又曰：轩辕，主雷雨之神。旁有一星玄戈，名曰贵人。旁侧郎位，主宿卫、尚书。'……《礼稽命图》

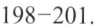

① 郭沫若.甲骨文合集[M].北京：中华书局，1978—1982：14337.
② 郭沫若.甲骨文合集[M].北京：中华书局，1978—1982：14339.
③ 郭沫若.甲骨文合集[M].北京：中华书局，1978—1982：14340.
④ 郭沫若.甲骨文合集[M].北京：中华书局，1978—1982：14335.
⑤ 陈梦家.殷虚卜辞综述[M].北京：中华书局，1988：574.
⑥ 赤塚忠.中國古代の宗教と文化——殷王朝の祭祀[M].東京：角川書店，1977：188，444.
⑦ 郭沫若.甲骨文合集[M].北京：中华书局，1978—1982：01395反.
⑧ 郭沫若.甲骨文合集[M].北京：中华书局，1978—1982：04611正.
⑨ 古文字诂林编纂委员会.古文字诂林：第6册[M].上海：上海教育出版社，2003：49.
⑩ 李昉，等.太平御览：卷4[M]//文渊阁四库全书：第893册.台北：台湾商务印书馆，1983：198-201.

第六章｜商周时期的鬼神谱系　531

曰：'作乐制礼，得天心则景星见也。'……《礼斗威仪》曰：'镇星黄时，则祥风至。'……《春秋元命苞》曰：'直狼北有一大星，为老人星，见则治平，主寿；亡则君危，主亡，常以秋分候之。'……《春秋合诚图》曰：'天文地理，各有所主，北斗有七星，天子有七政也。'……'轩辕，主雷雨之神。旁有一星玄戈，名曰贵人，旁侧郎位，主宿卫尚书。'……《春秋运斗枢》曰：'北斗七星，第一天枢，第二璇，第三玑，第四权，第五玉衡，第六开阳，第七摇光。第一至第四为魁，第五至第七为杓，合为斗，居阴布阳，故称北斗。'……'五帝所行，同道异位，皆循斗枢，玑衡之分，遵七政之纪，九星之法。''天枢得则景星见，衡星得则麒麟生，万人寿。'《春秋文耀钩》曰：'老人星见，则主安，不见则兵起。'……《孝经援神契》曰：'岁星守心，则年谷丰。'……《广雅》曰：'太白谓之长庚，或谓之太嚣。''荧惑谓之罚星，或谓之执法。'……《汉书·天文志》曰：'金木水火土五星，天之五佐，为经纬，伏见有时。岁星东方春，于人五常仁也，五事貌也。仁亏貌失，逆春令，伤木气，罚见岁星。荧惑南方夏，礼也，视也。礼视失，逆夏令，伤火气，罚见荧惑。太白西方秋，义也，言也。义亏言失，逆秋令，伤金气，罚见太白。太白经天，天下革民，更主，是谓乱纪，人民流亡。昼见与日争明，强国弱，小国强，女主昌。辰星北方冬，智也，听也。智亏听失，逆冬令，伤水气，罚见辰星。填星中央土，主季夏，信也。仁义礼智以信为主，貌视听以心为正，四星皆失，填星乃为之动。又凡五星色，皆圜白，为丧为旱，赤中不平，为兵青为忧为水，黑为疾为多死，黄吉。五星同色，天下偃兵，百姓安宁，歌舞以行，不见灾疾，五谷蕃昌。'"①上古时期的先民十分重视对星辰的观察，并依据星宿的运行与色相的变化来预测人间的旱涝灾害，从而形成了一门专门学科——占星术，这就是中国的古天文学。

远古人们的万物有灵观念中，自然界的风雨、旱涝、雷电等天象现象无不通寓神灵之性，这在卜辞中也有所揭示。远古社会人们信奉的自然气象神，最受重视的莫过于风雨雷电之神。

卜辞中有风神，常见"遘风""令风"之卜，显示风神的活动成为人们日常生产生活必须考虑的一大要素。自上帝观念产生后，上帝的职能主要有两项，即"令风""令雨"。风神、雨神成为上帝属下的两位要神。在诸气象神中，也只有风神和雨神被保留在后世国家级的最高祀典中。《周礼·春官》记载的"以槱燎祀司中、司命、风师、雨师"，说明风师、雨师的地位甚高。

卜辞中有记载祭四方风者："贞帝于东方曰析，风曰劦，求年。辛亥卜，内，贞帝于南方曰煚，风夷，求年，一月。贞帝于西方曰彝，风曰𬆆，求年。辛亥卜，内，贞帝于北方曰伏，风曰殳，求年。"②胡厚宣《甲骨文四方风名考证》论述说，四方之名和风名，与

① 李昉，等.太平御览：卷5[M]//文渊阁四库全书：第893册.台北：台湾商务印书馆，1983：204-209.
② 郭沫若.甲骨文合集[M].北京：中华书局，1978—1982：14295.

《山海经》四方名、风名，《尧典》之"宅嵎夷，厥民析；宅南交，厥民因；宅西，厥民夷；宅朔方，厥民隩"，以及其他先秦古籍中有关风名的记载，多相契合。杨树达《甲骨文中四方风名与神名》进而申论，此四方名皆为神名，职司草木，分主四季而配于四方。[①]陈梦家则认为，不啻四方之名为四方神名，且四方风名亦为风神之名，四方风应为四方之神的使者。[②]

卜辞中祭风主要分为两类。一类是求有风来雨，如："豚十，又（有）大雨。"[③]"凤（风）更（惠）豚，又（有）大雨。"[④]丁酉卜："燎更（惠）犬罘豚十，又（有）大雨。大吉。"[⑤]"三豚，此雨。"[⑥]"于帝史风二犬。"[⑦]祭风礼仪无定则，祭牲牛羊豚犬不一，有时兼及求雨。另外一类是宁风，如："贞其宁风，三羊三犬三豕。"[⑧]"其宁风于方，有雨。"[⑨]"宁风，巫九犬。"[⑩]"宁风，北巫犬。"[⑪]"于南宁风，犬一。"[⑫]"于土宁风。"[⑬]宁风乃止风之祭，或兼求息雨，用牲以犬为多。商人以犬祭风的习俗为后世所长期遵循。《尔雅·释天》云："祭风曰磔。"郭璞注："今俗当大道中磔狗，云以止风。"[⑭]

风，天地之使者。《尔雅·释天》云："南风谓之凯风，东风谓之谷风，北风谓之凉风，西风谓之泰风。焚轮谓之颓，扶摇谓之猋，风与火为庉，回风为飘。日出而风为暴。风而雨土为霾。阴而风为曀。天气下，地不应曰雾。地气发，天不应曰雾。雾谓之晦。螮蝀谓之雩。螮蝀，虹也。蜺为挈贰。弇日为蔽云。疾雷为霆霓。雨霓为霄雪。暴雨谓之涷，小雨谓之霢霂，久雨谓之淫，淫谓之霖，济谓之霁。"[⑮]《河图帝通纪》："风者，天地之使也。"《乐动声仪》云："风者，礼乐之始，万物之首。"宋玉《风赋》云："楚王曰：夫风者，天地之气，溥畅而至，不择贵贱高下而加焉。"南郭子綦曰："大块噫气，其名曰风，是惟无作，作则万窍怒号，而独不闻之翏翏乎。"《淮南子》曰："天之偏气，怒者为风。"《春秋元命苞》曰："阴阳怒为风。"《翼氏风角》曰："风者，天之号令，所

---

① 宋镇豪，段志洪.甲骨文献集成：第29册[M].成都：四川大学出版社，2001：225.
② 陈梦家.殷虚卜辞综述[M].北京：中华书局，1988：589.
③ 郭沫若.甲骨文合集[M].北京：中华书局，1978—1982：29547.
④ 郭沫若.甲骨文合集[M].北京：中华书局，1978—1982：30393.
⑤ 郭沫若.甲骨文合集[M].北京：中华书局，1978—1982：30411.
⑥ 郭沫若.甲骨文合集[M].北京：中华书局，1978—1982：31191.
⑦ 郭沫若.甲骨文合集[M].北京：中华书局，1978—1982：14225.
⑧ 郭沫若.甲骨文合集[M].北京：中华书局，1978—1982：34137.
⑨ 郭沫若.甲骨文合集[M].北京：中华书局，1978—1982：30260.
⑩ 郭沫若.甲骨文合集[M].北京：中华书局，1978—1982：34138.
⑪ 郭沫若.甲骨文合集[M].北京：中华书局，1978—1982：34140.
⑫ 郭沫若.甲骨文合集[M].北京：中华书局，1978—1982：34139.
⑬ 郭沫若.甲骨文合集[M].北京：中华书局，1978—1982：32301.
⑭ 阮元.十三经注疏：下册[M].北京：中华书局，1980：2609.
⑮ 阮元.十三经注疏：下册[M].北京：中华书局，1980：2608.

第六章｜商周时期的鬼神谱系　533

以谴告人君者。"《黄帝风经》曰:"调畅祥和,天之喜气也。折扬奔厉,天之怒气也。风者,气也。得怒之气则暴,得喜之气则和,得金之气则凉,得木之气则温,得火之气则炎,得水之气则烈。"①

风被赋予道德的品质,谓之祥风。"《黄帝占》曰:'风不及地,和缓而来,谓之祥风。'《符瑞图》曰:'祥风者,瑞风也,一名景风。'《尸子》述太平事云:'其风春为发生,夏为长赢,秋为方盛,冬为安静,四气和为通正,谓之永风。'《礼稽命征》曰:'出号令合民心,则祥风至。'《孝经援神契》云:'德至八方,则祥风至。'《尚书大传》曰:'王者德及皇天,则祥风起。'"②

风被人格化,于是风神有名有姓有形象。最早的风神是蚩尤。《史记》曰:"蚩尤氏能征风召雨,与帝争,帝灭之于冀。"王子年《拾遗记》曰:"伏羲坐于方坛之上,听八风之气,乃画八卦。"《春秋元命苞》曰:"阴阳怒为风。"③《吕氏春秋》曰:"风师曰飞廉。"《风俗通》云:"周礼以柳箕祀风师。风师者,箕星也。箕主簸扬,能致风气。阳巽为长女,长者伯也,故曰风伯。戍之神为风伯,故以丙戍日祀于西北,火胜金为木相也。"④如此丰富的史料说法不一,可见风神的信仰有其多元性、方位性、地域性和候时性等特质。

风神飞廉的图像,商周青铜鼎上已见,北宋沈括《梦溪笔谈》中称:"礼书所载黄彝,乃画人目为饰,谓之'黄目'。予游关中,得古铜黄彝,殊不然。其刻画甚繁,大体似缪篆,又如栏盾间所画回波曲水之文。中间有二目,如大弹丸,突起。煌煌然,所谓黄目也。视其文,仿佛有牙角口吻之象'。或谓黄目乃自是一物。又予昔年在姑熟王敦城下土中得一铜钲,刻其底曰:'诸葛士全茖鸣钲。'茖即古落字也,此部落之落。士全,部将名。其钲中间铸一物,有角,羊头;其身亦如篆文,如今时术士所画符。傍有两字,乃大篆'飞廉'字,篆文亦古怪;则钲间所图,盖飞廉也。飞廉,神兽之名。淮南转运使韩持正亦有一钲。所图飞廉及篆字,与此亦同。以此验之,则黄目疑亦是一物。飞廉之类,其形状如字非字,如画非画,恐古人别有深理。大抵先王之器,皆不苟为。昔夏后铸鼎以知神奸,殆亦此类。恨未能深究其理,必有所谓。或曰:'《礼图》樽彝,皆以木为之,未闻用铜者。'此亦未可质,如今人得古铜樽者极多,安得言无?如《礼图》瓮以瓦为之。《左传》却有瑶瓮;律以竹为之,晋时舜祠下乃发得玉律。此亦无常法。如蒲谷璧,《礼图》悉作草稼之象,今世人发古冢得蒲璧,乃刻文蓬蓬如蒲花敷时;谷璧如粟粒耳。则《礼图》亦未可为据。"⑤

---

① 陈耀文.天中记:卷2[M]//文渊阁四库全书:第965册.台北:台湾商务印书馆,1983:74-75.
② 陈耀文.天中记:卷2[M]//文渊阁四库全书:第965册.台北:台湾商务印书馆,1983:75.
③ 李昉.太平御览:卷9[M]//文渊阁四库全书:第893册.台北:台湾商务印书馆,1983:237-238.
④ 陈耀文.天中记:卷2[M]//文渊阁四库全书:第965册.台北:台湾商务印书馆,1983:79-80.
⑤ 沈括.梦溪笔谈:卷19[M]//文渊阁四库全书:第862册.台北:台湾商务印书馆,1983:810-811.

雨，润物浸地的甘露。卜辞曰："翼（翌）辛卯奥（祷）雨變，畀雨。"[1] 王（占）曰："（阴），不雨。壬寅不雨，凤（风）。"[2]"今月雨其雪。"[3] 王（占）曰："其雨，隹（唯）庚；其隹（唯）辛雨，引吉。"[4]"壬寅卜，方（宾）鼎（贞）。今十月雨。"[5] 王（占）曰："其雨，隹（唯）今日辛……"[6]"今癸亥不其雨。允不雨。"[7]"自今庚子〔至〕，于甲辰，帝令雨。"[8]"至甲辰，帝不其令雨。"[9]"王（占）曰：丙其雨，生。"[10]"王（占）曰：勿雨，隹（唯）其（阴）。"[11]"王（占）曰：隹（唯）甲，兹鬼，隹（唯）介（害）。四日甲子允雨，雷。"[12]"召河，寮（燎）于蚩，凷（有）雨。"[13]"王（占）曰：吉。辛雨，庚亦雨。"[14] 大量的记载说明，殷王最为关心的一项事务，就是祈雨保年。

《说文解字》曰："雨，水从云下也。一象天，冂象云，水霝其间也。凡雨之属皆从雨。"[15] 东汉刘熙《释名》曰："雨，羽也。如鸟羽，动则散也。"《礼记·月令》曰："仲春之月，始雨水。孟春行夏令，则雨水不时。行秋令，则暴雨总至。行冬令，则水潦为败。季春行夏令，则时雨不降。行秋令，则淫雨早降。时雨将降，下水上腾。立夏，命有司祀雨师。"《尸子》曰："神农理天下，欲雨则五日为行雨，旬为谷雨，旬五日为时雨。万物咸利，故谓之神雨。"[16]《礼统》："雨者，辅时，生养均遍，故谓之雨。"《河图帝通纪》："雨者，天地之施也。"《范子计然》："风为天气，雨为地气，风顺时而行，雨应风而下，命曰：天气下，地气上，阴阳交通，万物成矣。"《淮南子》："神农之治天下，甘雨时降，五谷蕃植。"[17]

雨被人格化，于是有名有姓，被称为雨神。《孔子家语》："齐有一足之鸟，飞集殿前，舒翅而跳。齐侯异之，访诸孔子。孔子曰：此鸟名曰商羊。昔童儿在屈其一脚，振迅

---

① 郭沫若.甲骨文合集[M].北京：中华书局，1978—1982：00063正.
② 郭沫若.甲骨文合集[M].北京：中华书局，1978—1982：00685反.
③ 郭沫若.甲骨文合集[M].北京：中华书局，1978—1982：00709反.
④ 郭沫若.甲骨文合集[M].北京：中华书局，1978—1982：00809反.
⑤ 郭沫若.甲骨文合集[M].北京：中华书局，1978—1982：00809正.
⑥ 郭沫若.甲骨文合集[M].北京：中华书局，1978—1982：00885反.
⑦ 郭沫若.甲骨文合集[M].北京：中华书局，1978—1982：00892正.
⑧ 郭沫若.甲骨文合集[M].北京：中华书局，1978—1982：00900正.
⑨ 郭沫若.甲骨文合集[M].北京：中华书局，1978—1982：00900正.
⑩ 郭沫若.甲骨文合集[M].北京：中华书局，1978—1982：00904反.
⑪ 郭沫若.甲骨文合集[M].北京：中华书局，1978—1982：00974反.
⑫ 郭沫若.甲骨文合集[M].北京：中华书局，1978—1982：01086反.
⑬ 郭沫若.甲骨文合集[M].北京：中华书局，1978—1982：01140正.
⑭ 郭沫若.甲骨文合集[M].北京：中华书局，1978—1982：02002反.
⑮ 丁福保.说文解字诂林：第12册[M].北京：中华书局，1988：11320.
⑯ 李昉.太平御览：卷10[M]//文渊阁四库全书：第893册.台北：台湾商务印书馆，1983：244-250.
⑰ 陈耀文.天中记：卷3[M]//文渊阁四库全书：第965册.台北：台湾商务印书馆，1983：102-103.

两臂而跳，且谣曰：天将大雨，商羊鼓舞。今齐有之，其应至矣，急告民趋，治沟渠，修堤防。果大霖雨，诸国伤害人民，唯齐有备。"《山海经》："屏翳在海东，人谓之雨师。"《风俗通》云："雨师玄冥。"《列仙传》："赤松子，神农时雨师。"①《神异经》："西海上有人焉，乘白马，朱鬣，白衣赤冠，从十二童子，驰马西海上如飞，名曰河伯使者，其所至之国，雨水滂沱也。"②

古人对气候的观察与分析是非常认真细致的。黄子发《相雨书》曰："常以戊申日候。日欲入时，日上有冠云，不问大小，视四方黑者，大雨；青者，小雨。候日始出，日正中，有云覆日而四方有云，黑者，大雨；青者，小雨。四方有云如羊猪，雨立至。四方北斗中有云，后五日大雨。四方北斗中无云，惟河中有云，三枚相连，状如浴猪猕者，三日大雨。以丙丁辰之日，四方无云，惟汉中有者，六十日风雨和。常以六甲之日平旦清明，东向望日，始出时，日上有云，大小贯日中，青者，以甲乙日雨；赤者，以丙丁日雨；白者，以庚辛日雨；黑者壬癸日雨；黄者，以戊己日雨。六甲日四方云皆合者，即雨。以天方雨时，视云有五色，黑赤并见者，即雹；黄白杂者，风多雨少；青黑杂者，雨随之，必滂沛流潦。"③《管辂别传》曰："十六日壬子，直满，毕星中已有水气。水气之发，动于卯辰，此必至之应也。又夫昨檄召五星，宣布星符，刺下东井，告命南箕，使召雷公电父，风伯雨师，群岳吐阴，众川激精，云汉垂泽，蛟龙含灵，烨烨朱电，吐咀杳冥，殷殷雷声，嘘吸雨灵，习习谷风，六合皆同，咳唾之间，品物流形，天有常期，道有自然，不足为难也。向暮，果有艮风鸣鸟，日未入，东南有山云楼起，黄昏之后，雷声动天，到一鼓中，星月皆没，风云并兴，玄气四合，大雨河倾。"④《朝野佥载》："夜半，天汉中有黑气相逐，俗谓之黑猪渡河，雨候也。"《琐碎录》："天河中黑云，主雨，谓之天河作坝。"傅子《天文要集》："北斗者，不欲云覆之，有黑云覆之，天大雨。"⑤《感应类从志》："以炭与物称之，使轻重等，悬室中，天将雨则炭重，天晴则炭轻。"《春秋汉含孳》："鱼噞。穴藏先知雨，阴曀未集，鱼已噞喁。巢居之鸟先知风，树木未摇，鸟已翔。"《韩诗》曰："鹳，水鸟。巢居知风，穴处知雨。天将雨而蚁出壅土，鹳鸟见之，长鸣而喜。"《埤雅》曰："鹁鸠，阴则屏逐其雌，晴则呼而返之。语曰：天将雨，鸠逐妇。"⑥这是通过对事物状态的观察来预测风雨的来临。这些对天象的认识十分细致，是古人长期从事农业生产得出的经验。

凡遇干旱，官府道士均要祈雨禳灾，以求丰年。《礼记·月令》曰：孟夏大雩，帝命

---

① 陈耀文. 天中记：卷3[M]//文渊阁四库全书：第965册. 台北：台湾商务印书馆，1983：104.

② 陈耀文. 天中记：卷3[M]//文渊阁四库全书：第965册. 台北：台湾商务印书馆，1983：111.

③ 李昉. 太平御览：卷10[M]//文渊阁四库全书：第893册. 台北：台湾商务印书馆，1983：244－250.

④ 陈耀文. 天中记：卷3[M]//文渊阁四库全书：第965册. 台北：台湾商务印书馆，1983：105.

⑤ 陈耀文. 天中记：卷3[M]//文渊阁四库全书：第965册. 台北：台湾商务印书馆，1983：110－111.

⑥ 陈耀文. 天中记：卷3[M]//文渊阁四库全书：第965册. 台北：台湾商务印书馆，1983：110－111.

有司祷祀山川，古之卿士有益于人者，以祈谷实。鱼豢《典略》曰："旧制求雨，太常祷天地、宗庙、社稷、山川，已赛如其常祭牢礼。四月立夏，旱乃求雨，立秋虽旱，不祷。求雨到七月毕，赛之。秋冬春三时不求雨。"干宝《搜神记》曰："汤既克夏，大旱七年，洛川竭。汤乃以身祷于桑林，剪其发，自以为牺牲，祈福于上帝。于是大雨总至，洽于四海。"《山海经》曰："东荒北隅有山名土丘，应龙处南极，杀蚩尤与夸父不得，复上，故下数旱，旱而为应龙之状，乃得大雨。"[①]

当久旱不雨禾苗受灾之时，官员须要引咎悔过，才能感天降雨。《瑞应图》曰："灵雨者，瑞雨也。降而应物，谓之灵雨。遇岁亢旱，责躬引咎，理察冤枉，退出贪残，侧身修政，则降以灵雨。如其有道术，祷祝山川，致龙转石，闭阳纵阴之类，诚非瑞应。是故鲁侯有暴尪之诮，齐景公以祠山见讥。"[②]《搜神记》：谅辅，字汉儒，广汉新都人。仕郡为五官掾，时夏大旱，出祷山川，曰辅为郡股肱，不能进谏纳忠，荐贤退恶，和调阴阳，至今天地否隔，万物燋枯，百姓喁喁，无所告诉，咎尽在辅。今太守自省责己，自曝中庭，使辅请罪，为民祈福，辅今敢自誓，若至日中不雨，乞以身塞无状，乃积薪柴将自焚焉。至日中时，山气转黑起，雷雨大作，一郡沾润，世以称其至诚。[③]

这种祭祀雨神的风俗起源甚早。甲骨文中记载，商王田猎出行、战争、祭祖以及年成丰稔等，每关注于雨情。如："乙卯贞，侑岁于祖乙，不雨。"[④]"甲寅贞，在外有祸，雨。"[⑤]"今日辛王其田，湄日亡灾，不雨。"[⑥]"贞不雨，惟兹商有乍祸。"[⑦]"贞雨不正辰，惟年祸。"[⑧]

因为雨对人们日常生活影响较大，故有祭雨之礼。祭雨之礼大略分三类。一类是直接向雨神致祭。如："燎于云雨。"[⑨]"燎大雨。"[⑩]"王其又于滴，在右石燎有雨。"[⑪]祭仪主要为烧燎祭，盖取烟气升腾，可贯于天；云能致雨，因此有时又与云神同祭。这类祭雨比较直观，原始意味很浓。另外两类则重在追求社会功利。一类是在雨水盛多、易涝积灾之际，举行止雨退雨宁雨之祭。如："甲申卜，去雨于河。"[⑫]"宁雨于兕。"[⑬]"于上

---

① 李昉. 太平御览：卷11[M]//文渊阁四库全书：第893册. 台北：台湾商务印书馆，1983：253-257.
② 陈耀文. 天中记：卷3[M]//文渊阁四库全书：第965册. 台北：台湾商务印书馆，1983：112-113.
③ 陈耀文. 天中记：卷3[M]//文渊阁四库全书：第965册. 台北：台湾商务印书馆，1983：116.
④ 中国社会科学院考古研究所. 小屯南地甲骨[M]. 北京：中华书局，1980：761.
⑤ 中国社会科学院考古研究所. 小屯南地甲骨[M]. 北京：中华书局，1980：550.
⑥ 郭沫若. 甲骨文合集[M]. 北京：中华书局，1978—1982：29093.
⑦ 郭沫若. 甲骨文合集[M]. 北京：中华书局，1978—1982：776.
⑧ 郭沫若. 甲骨文合集[M]. 北京：中华书局，1978—1982：24933.
⑨ 中国社会科学院考古研究所. 小屯南地甲骨[M]. 北京：中华书局，1980：770.
⑩ 郭沫若. 甲骨文合集[M]. 北京：中华书局，1978—1982：34279.
⑪ 郭沫若. 甲骨文合集[M]. 北京：中华书局，1978—1982：28180.
⑫ 中国社会科学院考古研究所. 小屯南地甲骨[M]. 北京：中华书局，1980：679.
⑬ 中国社会科学院考古研究所. 小屯南地甲骨[M]. 北京：中华书局，1980：744.

甲宁雨。"①"其宁雨于方。"②"宁雨于土。"③还有一类是在雨水太少、旱情严重时的雨祭。如:"壬午卜,于河求雨,燎。"④"既川,燎,有雨。"⑤"癸巳贞,其燎十山,雨。"⑥"其燎二山,有大雨。"⑦"三示,求雨。"⑧"高妣燎惟羊,有大雨。"⑨求雨的对象主要为四方神、山川土地神、气候神及帝臣先王等,且其神格和方位地望所在有确指,显示了雨神所具有的泛神性和社会性,同时表明了商代神灵谱系的复杂性,也说明殷商时期旱情相当严重,常常引起社会的焦虑,求雨之祭每每成为整个社会的行为与活动。

求雨的祭仪很多,除了常见的"侑""燎""岁""伐""酒""沉""卯"等几种外,还有三种颇具特色的祭礼。一种是饰龙神祈雨。甲骨文云:"乙未卜,龙,亡其雨。"⑩"惟鹰龙,亡有大雨。"⑪扮龙神以祈雨,古文献中不乏其事。如《山海经·大荒东经》:"旱而为应龙之状,乃得大雨。"郭璞注:"今之土龙本此。"⑫《淮南子·坠形训》:"土龙致雨。"高诱注:"汤遭旱,作土龙以像龙,云从龙,故致雨也。"⑬这些记载皆与制作龙神以祈雨的古老习俗相关。

一种是焚巫尪以祈雨。甲骨文云:"壬辰卜,焚小母,雨。"⑭"辛卯卜,焚遄,雨。"⑮"戊申卜,其焚永女,雨。"⑯"其焚高,有雨。"⑰裘锡圭指出,所焚"小母""遄""永""高"等,大多为女性,且来自各地方族。因上古时期旱灾严重,因此常焚人以祈雨。这种祭仪流传甚广,后世亦多用之。董仲舒《春秋繁露·求雨》云:"季夏祷山陵以助之,令县邑十日壹徙市于邑南门之外,五日禁男子无得行入市,家人祠中溜,无举土功,聚巫市傍,为之结盖,为四通之坛于中央,植黄缯五,其神后稷,祭之以母肫五、玄酒,具清酒、膊脯,令各为祝斋三日,衣黄衣,皆如春祠。以戊己日为大黄龙一,长五丈,居中央。又为小龙四,各长二丈五尺,于南方。皆南乡,其间相去五尺。丈夫五人,皆斋三日,服黄衣而舞之,老者五人,亦斋三日,衣黄衣而立之,

---

① 中国社会科学院考古研究所.小屯南地甲骨[M].北京:中华书局,1980:1053.
② 郭沫若.甲骨文合集[M].北京:中华书局,1978—1982:32992.
③ 郭沫若.甲骨文合集[M].北京:中华书局,1978—1982:34088.
④ 郭沫若.甲骨文合集[M].北京:中华书局,1978—1982:12853.
⑤ 郭沫若.甲骨文合集[M].北京:中华书局,1978—1982:21180.
⑥ 郭沫若.甲骨文合集[M].北京:中华书局,1978—1982:33233.
⑦ 郭沫若.甲骨文合集[M].北京:中华书局,1978—1982:30454.
⑧ 郭沫若.甲骨文合集[M].北京:中华书局,1978—1982:21082.
⑨ 郭沫若.甲骨文合集[M].北京:中华书局,1978—1982:27499.
⑩ 郭沫若.甲骨文合集[M].北京:中华书局,1978—1982:13002.
⑪ 郭沫若.甲骨文合集[M].北京:中华书局,1978—1982:28422.
⑫ 袁珂.山海经校注[M].上海:上海古籍出版社,1980:359-361.
⑬ 诸子集成:第8册[M].长沙:岳麓书社,1996:62.
⑭ 郭沫若.甲骨文合集[M].北京:中华书局,1978—1982:32290.
⑮ 中国社会科学院考古研究所.小屯南地甲骨[M].北京:中华书局,1980:148.
⑯ 郭沫若.甲骨文合集[M].北京:中华书局,1978—1982:32297.
⑰ 郭沫若.甲骨文合集[M].北京:中华书局,1978—1982:30791.

亦通社中于闾外之沟，虾蟆，池方五尺，深一尺，他皆如前。秋暴巫尫至九日，无举火事，无煎金器，家人祠门，为四通之坛于邑西门之外，方九尺，植白缯九，其神少昊，祭之以桐木鱼九，玄酒，具清酒、脯脯，衣白衣，他如春。以庚辛日为大白龙一，长九丈，居中央。为小龙八，各长四丈五尺，于西方。皆西乡，其间相去九尺，鳏者九人，皆斋三日，服白衣而舞之，司马亦斋三日，衣白衣而立之，虾蟆，池方九尺，深一尺，他皆如前。"①

雷神，管理雷霆之神，名丰隆。《山海经·海内东经》："雷泽中有雷神，龙身而人头，鼓其腹。在吴西。"②甲骨文云："才（在）正月。才（在）晶。"③"淹事乍晶。其万年无疆。子子孙孙。永宝用享。"④"对畾。对乍文考日癸宝畾。子子孙孙。其迈年永宝。用丂寿。"⑤《说文解字》曰："靁（雷），阴阳薄动，靁雨生物者也。从雨，畾象回转形。"段玉裁注："薄，音博，迫也。阴阳迫动，即谓靁也。迫动，下文所谓回转也，所以回生万物者也。……许书有畾无晶。凡积三则为众，众则盛，盛则必回转。二月阳盛，靁发声。故以晶，象其回转之形。"⑥东汉刘熙《释名》曰："雷，硍也，如转物有所硍，雷之声也。"⑦《书·洪范》曰："雷于天地为长子，以其首长，万物与其出入也。雷出地百八十三日而复入，入则万物［亦］入；入地百八十三日而复出，出则万物亦出。此其常经也。"《春秋合诚图》曰："轩辕星，主雷雨之神。"《河图》曰："黄帝以雷精起。"东方朔《神异经》曰："八方之荒有石鼓，其径千里，撞之，其音即雷也。天以此为喜怒之威。"王充《论衡》曰："图画之工，图雷之状，累累如连鼓形。一人若力士之容，谓之雷公，使之左手引连鼓，右手椎之。世人信之，莫不谓然。"干宝《搜神记》曰："扶风杨道和，夏于田中值雨，至桑树下，霹雳下击之，道和以锄格，折其肱，遂落地，不能去。唇如丹，目如镜，毛角长三寸余，状似六畜，头似猕猴。"⑧

电母，管理闪电之神，名列缺。《高上神霄玉清真王紫书大法》："春行，云神何元明，布雨神刘元达，雷神天汉明，电母徐怀娘。夏行，云神宋元用，布雨神张元伯，雷神天智明，电母金头娘。（秋）行，云神杨元涛，布雨神冯夷，雷神天御明，电母江颜娘。冬行，云神元祥明，布雨神唐元明，雷神天涛明，电母积毒娘。四季行，云神辜成明，布

---

① 董仲舒.春秋繁露：卷16[M]//四川大学古籍整理研究所，中华诸子宝藏编纂委员会.诸子集成补编：第1册.成都：四川人民出版社，1997：731.
② 袁珂.山海经校注[M].上海：上海古籍出版社，1980：329.
③ 郭沫若.甲骨文合集[M].北京：中华书局，1978—1982：24364正.
④ 郭沫若.甲骨文合集[M].北京：中华书局，1978—1982：9825.
⑤ 郭沫若.甲骨文合集[M].北京：中华书局，1978—1982：9826.
⑥ 丁福保.说文解字诂林：第12册[M].北京：中华书局，1988：11324.
⑦ 刘熙.释名：卷1[M]//文渊阁四库全书：第221册.台北：台湾商务印书馆，1983：387.
⑧ 李昉.太平御览：卷13[M]//文渊阁四库全书：第893册.台北：台湾商务印书馆，1983：268-272.

雨神水波利，雷神天府明，电母怀害娘。"① 《说文解字》曰："电，阴阳激耀也。从雨从申。"段玉裁注："孔冲远引《河图》云：阴阳相薄为雷，阴激阳为电。电是雷光。按《易》震为雷，离为电。《月令》雷乃发声，始电。《诗·十月之交》《春秋·隐九年》言震电。《诗·采邑》常武云：汉言雷霆。震雷一也，电霆一也。《穀梁传》曰：电，霆也。古义霆电不别。许意则统言之谓之雷，自其振物言之谓之震，自其余声言之谓之霆，自其光耀言之谓之电。分析较古为惬心。雷电者，一而二者也。……雷自其回屈言。电自其引申言。申亦声也。"② 东汉刘熙《释名》曰："电，殄也，乍见则殄灭也。"③ 《帝王世纪》曰："黄帝有熊氏母曰附宝，有蟜氏之女也。见大电光绕北斗，枢星照郊野，感附宝而孕。"④

云中君，即云神。王逸《楚辞章句》："浴兰汤兮沐芳，华采衣兮若英。灵连蜷兮既留，烂昭昭兮未央。蹇将憺兮寿宫，与日月兮齐光。龙驾兮帝服，聊翱游兮周章。灵皇皇兮既降，猋远举兮云中。览冀州兮有余，横四海兮焉穷。"⑤ 《春秋说题辞》曰："云之为言运也。触石而起谓之云，含阳而起以精运也。"《易通卦验》曰："冬至阳，云出箕，如树木之状。小寒合冻苍阳，云出氐。大寒降雪黑阳，云出心。立春青阳，云出房，如积水。雨水黄阳，云出亢。惊蛰赤阳，云出翼。春分正阳，云出张，如积白鹄。清明白阳，云出奎。谷雨大阳，云出张，如车盖。立夏常阳，云出觜，赤如珠。小满上阳，云出七星。芒种长阳，云出维。夏至少阴，云出如水波。小暑，云五色出。大暑阴，云出南赤北苍。立秋浊阴，云出如赤缯。处暑赤云出。白露黄阴云出。秋分白阴云出。寒露正阴，云出如冠缨。霜降大阴。云出上如羊，下如磻石。立冬阴，云出而黑。大雪阴，雪出而分。冬至日谨候，见云送迎，从其乡来，岁美民和。"⑥

霜神，名青女。《说文解字》曰："霜，丧也。成物者，从雨，相声。"段玉裁注："霜，丧也。以叠韵为训。成物者。《豳风》：九月肃霜。《传》曰：肃，缩也。霜降而收缩万物。《秦风》：白露为霜。《传》曰：白露凝戾为霜，然后岁事成。按雷、雨、露，皆所以生物。雪亦所以生物，而非杀物者。故其用在霜杀物之后。《诗》言雨雪雰雰，益之以霡霖，生我百谷。其证也。惟霜为鞠敛万物之用。许列字首雷，为动万物者，莫疾乎此也。"⑦ 《春秋考异邮》曰："霜者，阴精，冬令也。四时代谢，以霜收杀。霜之为言亡也，物以终也。"⑧

---

① 高上神霄玉清真王紫书大法：卷11[M]//道藏：第28册. 北京：文物出版社，上海：上海书店出版社，天津：天津古籍出版社，1988：645.
② 丁福保. 说文解字诂林：第12册[M]. 北京：中华书局，1988：11334.
③ 刘熙. 释名：卷1[M]//文渊阁四库全书：第221册. 台北：台湾商务印书馆，1983：387.
④ 李昉. 太平御览：卷13[M]//文渊阁四库全书：第893册. 台北：台湾商务印书馆，1983：274.
⑤ 王逸. 楚辞章句：卷2[M]//文渊阁四库全书：第1062册. 台北：台湾商务印书馆，1983：18-19.
⑥ 李昉. 太平御览：卷8[M]//文渊阁四库全书：第893册. 台北：台湾商务印书馆，1983：225-226.
⑦ 丁福保. 说文解字诂林：第12册[M]. 北京：中华书局，1988：11369.
⑧ 李昉. 太平御览. 卷14[M]//文渊阁四库全书：第893册. 台北：台湾商务印书馆，1983：276.

虹霓神，名挈贰，一名天弓。甲骨文云：“昃亦㞢（有）出虹自北于河。”①“昃亦㞢（有）出虹自北（饮）于（河）。”②《说文解字》曰：“虹，螮蝀也。状似虫。从虫工声。”③《释名》曰：“虹，攻也，纯阳攻阴气故也。阴阳不和，昏姻错乱，淫风流行，男女互相奔随，则此气盛。霓，啮也。其体断绝，见于非时。此灾气伤害物，如有所食啮。”④《河图稽耀钩》曰：“镇星散为虹霓，虹霓主内淫。又霓者，气也，起在日侧，其色青赤白黄。”《诗含神雾》曰：“瑶光如霓贯月，正白，感女枢，生颛顼。”《春秋演孔图》曰：“霓者，斗之乱精。”蔡邕《月令章句》曰：“虹，螮蝀也。阴阳交接之气，着于形色者也。雄曰虹，雌曰霓。虹常依阴云，昼见于日冲，无云不见，大阴亦不见。霓常依蒙浊，见日旁，白而直曰白虹。凡日旁者，四时常有之。惟雄虹起季春见，至孟冬乃藏。”《搜神记》曰：“孔子修《春秋》，制《孝经》，既备，孔子斋戒，向北斗星而拜，告备于天。天乃有赤气如虹，自上而下，化为玉璜，上有刻文。孔子跪而授之。”⑤

如此众多的自然神灵辅佐着上帝，成为天界神系的重要组成，也是道教神仙谱系的直接来源。

第二节　商周时期的地祇谱系

中国有着悠久的农耕文明，距今六千多年前，在黄河、长江流域就已出现了早期的农业活动，随着农业在人们生计活动中的比重增大，人们对土地的依赖也就越来越强，最后出现定居式农业，形成以农业生产为主要谋生方式的农业部落。新石器时代，农业生产在整个社会生活中具有压倒一切的地位，据考古发掘材料可知，北自辽河流域，南至江浙地区，我国的旱地农业生产和稻作农业经济均达到了相当高的水平。仅以河姆渡遗址为例，在四百多平方米的范围内，稻谷壳和稻草一起构成一个厚20～50厘米的堆积层，如果换算成稻谷的话，至少也在十万斤以上。

这一考古遗迹的发现及其所揭示的事实使我们有充分的理由相信，这样“发达”的农

① 郭沫若. 甲骨文合集[M]. 北京：中华书局，1978—1982：10405.
② 郭沫若. 甲骨文合集[M]. 北京：中华书局，1978—1982：10406.
③ 丁福保. 说文解字诂林：第12册[M]. 北京：中华书局，1988：13024.
④ 刘熙. 释名：卷1[M]//文渊阁四库全书：第221册. 台北：台湾商务印书馆，1983：387.
⑤ 李昉. 太平御览：卷14[M]//文渊阁四库全书：第893册. 台北：台湾商务印书馆，1983：280-281.

业经济必然产生与之相适应的繁荣的原始农业文化。在充满自然神崇拜的上古时代，依靠土地生活的原始人类很容易对土地生发万物的自然属性作出神秘的理解，于是在土地崇拜的基础上，人类将土地进一步神化，这样就产生了"在农业发展的基础上，对于地母的崇拜特别突出"[1]的文化现象。

一、地祇崇拜的历史起源

"地祇"之称，首见于《周礼》，其曰："大宗伯之职，掌建邦之天神、人鬼、地示之礼，以佐王建保邦国。"郑玄注："示，音祇，本或作祇。下神示、地示之例皆仿此。"[2]张亚初曰："此字系名词，是商人祈祝求雨的对象。《粹》九四五此字从示旁，更说明它确为神祇之祇。……早期文字由象形或会意演变为形声字，这是较为普遍的现象。"[3]地祇与天神并称，成为人们膜拜的对象。

地祇崇拜源于古代人类对土地的顶礼膜拜，它是世界范围内最为古老、流传最为广泛的宗教信仰。人们崇拜土地，是因为人们的生活离不开土地，土地是万物滋生的本源，是人类生存的根基，因此对地神的崇拜是土地崇拜的核心。

原始社会的人民认为土地也像动物一样有自己的灵魂和感情，它控制着农作物的生长。土地高兴时庄稼就丰产，否则就歉收、无收。这样，地神崇拜的风俗便在原始社会产生了。

以大地为母亲，这是原始人类共同的思维方式，这样的例子在早期人类社会的发展史上并不鲜见。莱维-布吕尔认为，原始人的思想是前逻辑的，也就是说，他们的思想所根据的是观察者和被观察者的对象之间的另外一种联系，是和文明人不同的一种联系，他称这种联系为"神秘的参与"，认为"野蛮人"对于外界的看法，并不像我们这样不动感情，他们透过一层感情的烟幕观察外部世界，认为草木禽兽都带有某种极像人的性质。[4]在原始人看来，自然力是某种异己的、神秘的、超越一切的东西。在所有文明民族所经历的一定阶段上，他们用人格化的方法来同化自然力，从而创造了许多神。[5]

起初，在他们对土地的想象中，大地是一个生物，土壤是它的筋骨，岩石是它的骨骼。在很多种神话里，它有一个美丽而贴切的名称——"地母"，人们从对日常生活的观察

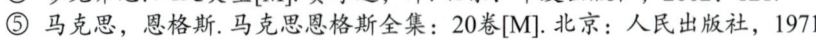

① 柯斯文.原始文化史纲[M].张锡彤，译.北京：生活·读书·新知三联书店，1955：181.
② 阮元.十三经注疏：上册[M].北京：中华书局，1979：757.
③ 古文字诂林编纂委员会.古文字诂林：第1册[M].上海：上海教育出版社，1999：116.
④ 参见弗思.人文类型[M].费孝通，译.北京：华夏出版社，2002：121.
⑤ 马克思，恩格斯.马克思恩格斯全集：20卷[M].北京：人民出版社，1971：672.

中得到这样一个简单的常识，那就是"地母"能生养万物。人类学者在调查20世纪原始土著人时惊奇地发现，地为母亲的资格，在原始人群聚落中，不单是一种幻想而的确曾见之于事实：美洲的土人以及别处的蛮人都以为大地确实是一个生物。[1] 如同人一样，也具有生命力。

"地母"观念的出现，在考古文化序列中相当于原始社会中母系氏族制阶段。马克思在《〈政治经济学批判〉序言》里曾谈道："物质生活的生产方式制约着整个社会生活、政治生活和精神生活的过程。不是人们的意识决定人们的存在，相反，是人们的社会存在决定人们的意识。"[2] 以地为母这种特定的意识思维，作为现实存在的反映，只有"在发展的母权制下，宗教是沿着自然崇拜的路线发展的……自然力和自然因素被赋予以妇女的形象。"[3] 在母权制时代，妇女在社会中充当着重要的角色，人类的繁衍全赖于妇女，但是人们对妇女的生育缺乏足够的认识，还不懂得人是"男女媾精"的结果，而自然而然地把女性的生殖力看作一个伟大而神秘的自然力。原始思维质朴而又天真，先民常常从妇女怀孕分娩的事实出发，探询大地的奥秘。"嫩的麦苗，是从地内长出来的，难道地也当真和人类所熟知的具有生殖功能的妇女一样，能怀孕吗？"[4] 女性生殖后代，大自然中的土地生育万物，原始人把大地与女性等量齐观。

《老子》中所提到的"玄牝之门"，被认为是天地万物产生的根源。人类对大地的崇拜就像原始社会对女性母亲的崇拜一样，所以《周易》中才会有"坤为地，为母""乾，天也，故称乎父；坤，地也，故称乎母"的解释，也是对上古时代"以地为母"思想的哲学总结。郭沫若先生指出："知祖妣为牡牝之初字，则祖宗崇祀及一切神道设教之古习亦可洞见其本源。盖上古之人本知母而不知父，则无论其父之母与父之父。然此有物焉可知其为人世之初祖者，则牡牝二器是也。故生殖神之崇拜，其事几与人类而俱来。其在西方新旧石器时代之器物已有发现，足证此事之远古。""示乃牡神，亦有以牝为神者。……盖古人于内外皆有牡神，祀于内者为妣，祀于外者为方，犹牡之祀于内者为祖，祀于外者为土（社）也。"[5] 人类正是在对各种自然物和自然力崇拜的基础上崇拜土地，因而把它视为氏族——部落全体成员共同崇拜的祖先，即"始祖母"，尊称为"大祖母大地"或"大地大祖母"，亲敬地省称"地母"。正如有学者所总结的："土地为万物的负载者……因此出现了地母崇拜。原始社会的妇女偶像不仅是对妇女的尊敬，也是土地、生育的象征。"[6]

---

① 林惠祥. 文化人类学[M]. 北京：商务印书馆，1991：224.
② 马克思，恩格斯. 马克思恩格斯全集：1卷[M]. 北京：人民出版社，1971：82.
③ 柯斯文. 原始文化史纲[M]. 张锡彤，译. 北京：生活·读书·新知三联书店，1955：181.
④ 柴尔德. 远古文化史[M]. 周进楷，译. 上海：群联出版社，1954：94.
⑤ 郭沫若. 甲骨文字研究[M]//宋镇豪，段志洪. 甲骨文献集成：第8册. 成都：四川大学出版社，2001：9-10.
⑥ 宋兆麟，黎家芳，杜耀西. 中国原始社会史[M]. 北京：文物出版社，1983：463，484.

殷墟卜辞中有"土"字，应与地神崇拜有关。例如："贞，燎于土，一牛。"[1] "鼎（贞）：寮（燎）于土。"[2] "〔卜〕，亘鼎（贞）：寮（燎）土、方帝。"[3] "鼎（贞）：于土（祷）。"[4] "寮（燎）土，不其介雨。"[5] "甲辰卜，争翼（翌）乙子（巳）寮（燎）于土，牛。"[6] "寮（燎）于土叀（惠）羊出豚。"[7] "壬戌卜，争鼎（贞）：既出，寮（燎）于土。"[8] "燎于土，羌，俎小牢。"[9] "贞，燎于土，三小牢，卯一牛，沉十牛。"[10] "壬辰卜，御于土。"[11] "贞，王告土。"[12] 王国维指出，殷卜辞中的"土"即"社"，"假土为社，疑诸上字皆社之假借字"。[13]

土，土地。《说文解字》曰："土，地之吐生物者也。二象地之上、地之中；丨，物出形也。凡土之属皆从土。"段玉裁注："吐土叠韵。《释名》曰：土，吐也。吐万物也。……上各本作下，误。今依《韵会》正。地之上，谓平土面者也。土二横当齐长，士字则上十下一。上横直之长相等，而下横可随意。今俗以下长为土字，下短为士字，绝无理。"[14] 高鸿缙曰："此字验之甲文◇◊，殆象土块形。一则地之通象也。土本为地初文。不以一表之者，嫌于一二之一也。不以◇表之者，徒土块不足以赅地也。土块作◇者，罗振玉曰契刻不能作粗笔，故为匡郭也。是也。隶篆文由粗笔变横直矣，知土为地之初文者。

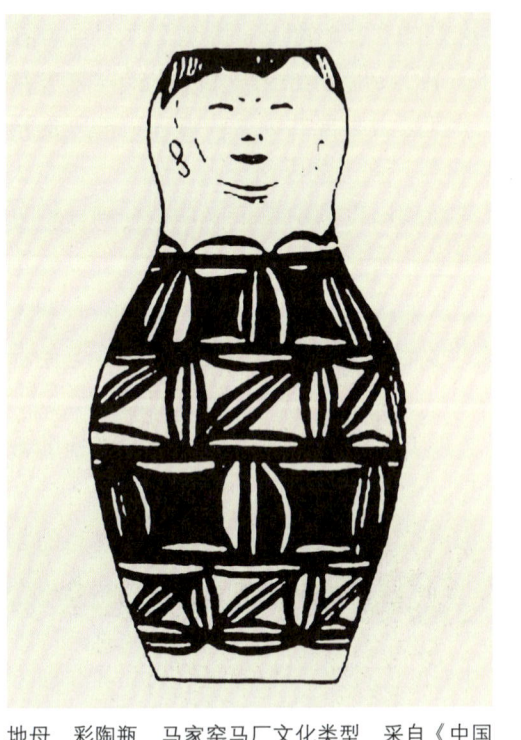

地母 彩陶瓶 马家窑马厂文化类型 采自《中国图案大系》

① 郭沫若. 甲骨文合集[M]. 北京：中华书局，1978—1982：14396.
② 郭沫若. 甲骨文合集[M]. 北京：中华书局，1978—1982：00456正.
③ 郭沫若. 甲骨文合集[M]. 北京：中华书局，1978—1982：06391.
④ 郭沫若. 甲骨文合集[M]. 北京：中华书局，1978—1982：14392.
⑤ 郭沫若. 甲骨文合集[M]. 北京：中华书局，1978—1982：14393反.
⑥ 郭沫若. 甲骨文合集[M]. 北京：中华书局，1978—1982：14395正.
⑦ 郭沫若. 甲骨文合集[M]. 北京：中华书局，1978—1982：14395正.
⑧ 郭沫若. 甲骨文合集[M]. 北京：中华书局，1978—1982：14396.
⑨ 郭沫若. 殷契粹编[M]. 东京：文求堂，1937：18.
⑩ 胡厚宣. 甲骨续存 2[M]. 上海：群联出版社，1955：182.
⑪ 李晋农. 殷契摭佚续编[M]. 中国科学院，1950：62.
⑫ 李晋农. 殷契摭佚续编[M]. 中国科学院，1950：51.
⑬ 王国维. 殷卜辞中所见先公先王考[M]//王国维考古学文辑. 南京：凤凰出版社，2008：34.
⑭ 丁福保. 说文解字诂林：第12册[M]. 北京：中华书局，1988：13155.

甲文无地字，凡祭地皆曰祭土。金文无地字，凡称地皆以土。古经言高天厚地则谓皇天后土。"①

社是祭祀土地神的庙宇。既然"土"与"社"同，"土"亦当为祭祀土地神的场所。《商书》曰："呜呼！古者有夏，方未有祸之时……山川鬼神，亦莫敢不宁。"②殷人对土地诸神敬畏而加祭祀，其目的与告天祭天并无二致。

丁山先生指出："'自然崇拜'是宗教的发轫，任何原始民族都有此共同的俗尚。按照宗教发展过程说，崇拜自然界的动植物是比较原始的，由'地母'崇拜到'天父'，到祖先的鬼魂也成为神灵之时，宗教的思想便告完全。"③王永谦认为，"地母"是随着农业出现而产生的，是作为自然崇拜对象之"土地"的人神化。简言之，"地母"是最原始的女性土地神。几乎所有的原始氏族部落都崇拜"土地"，尊祀"地母"。④

何谓"地母"？"地"字，《说文解字》云："地，元气初分，轻清阳为天，重浊阴为地，万物所陈列也。从土，也声。"⑤段玉裁注："坤道成女，玄牝之门，为天地根，故其字从也。"⑤郭沫若曰："人称育己者为母，母字即生殖崇拜之象征。母中有二点，《广韵》引《仓颉篇》云'象人乳形'。许书亦云'一曰象乳子也'。骨文及金文母字大抵作，象人乳形之意明白如画。"⑥总之，"地"从土从也，析言之，土为单形字，象形。地为复合字，会意。土重在自然属性，而地则更多地融入了人文因素。由土与象征女阴之"也"合体为地，实际上蕴含着人类视土地如女性一样具有孕育万物的生殖功能。卡纳《性崇拜》曰："对于那些开始以农业生产为主要生活来源的原始部落来说，除了天上的神灵之外，土地就成为最主要的崇拜对象。他们不但要求风调雨顺，而且要求保持土地的肥沃。人们当时还没有肥料概念，他们把活人当牺牲，将人血

地母　彩陶罐　马家窑马厂文化类型
采自《中国图案大系》

甘肃天水师赵村出土。人形嵌于几何形纹饰之间，但头部凸起，塑为立体，面容清瘦，身体似为植物图，可以推测为地母。

———————————
① 古文字诂林编纂委员会.古文字诂林：第10册[M].上海：上海教育出版社，2004：185.
② 诸子集成：第5册[M].长沙：岳麓书社，1996：182.
③ 丁山.中国古代宗教与神话考[M].上海：龙门联合书局，1961：3.
④ 王永谦.土地与城隍信仰[M].北京：学苑出版社，1995：16.
⑤ 段玉裁.说文解字段注：下册[M].成都：成都古籍书店，1981：721.
⑥ 郭沫若.甲骨文字研究[M]//宋镇豪，段志洪.甲骨文献集成：第8册.成都：四川大学出版社，2001：11.

流在田地上，把烧化的骨灰撒在田地里，这样做了以后，如果多长出庄稼，就认为是神灵的力量。"①

地母形象的出现是由女性在人类社会中的重要地位所决定的，所以有学者认为中国境内出现的众多的女神雕像，实际是人类对女始祖信仰的表现。其出现不是偶然的，远古时代妇女是采集、捕捞和农耕的主要承担者，当时的家务——炊事、生育、扶老爱幼也是社会性劳动，因此妇女是当时社会的主力，且当时的氏族是以母系血缘为纽带的，妇女是这种纽带的载体。女神产生是妇女在当时所享有的重要社会地位在信仰上的反映。古希腊哲学家柏拉图也有类似的论断，他认为："在多产和生殖中，并不是妇女为土地树立了榜样，而是土地为妇女树立了榜样。"② 总之，地与母发生关联，是原始人类思想意识中对土地的人格化所致，而这也成为人类进入文明时代后，继续信仰和崇拜土地神最丰富、最古老的思想根源。

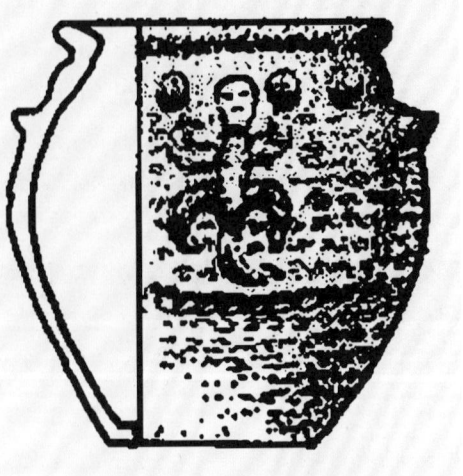

地母　彩陶罐　仰韶文化类型
陕西铜川前峁出土

以地为母的思维方式说明人类已经从单纯地依赖大地生殖万物发展到人格化的地母神阶段，人们需要更多、更稳定的生活资料。他们获取生活资料的方式由于受到落后的生产力的限制，只能通过巫术、祭祀祈求大地丰产，这样，普遍意义上的"地母"信仰和崇拜就产生了。对此，法国伊·巴丹特尔甚至说："（新石器时代）农业文化创立了一种'宇宙宗教'，其仪式也由女性主持。田间劳动是在大地母亲的身体上进行的，在某些有利或不利时节，要求劳动者与土地合而为一，因此它本身就是一种宗教仪式。"③

古人在这种类推思维模式下，认为生人者称母，生万物之母则称作"地"。地母观念的出现，是人类在早期土地有灵意识基础上的人格化，史前时期众多的地母造像正是人类因崇拜土地而创造出的土地神的象征物。显然，母系社会、农耕民族中盛行母性崇拜、生殖崇拜、土地崇拜，这些也正是中国原始宗教的核心或背景。无论是大母神、地母神，还是高居天廷的上帝，其原型皆为女性。以地母为核心，从而构成一个庞大的地神系统，其中包括社神、山神、河神、地神、稷神等。

在殷代，山神多称为"岳"，卜辞中常见人们向"岳"求年："癸酉卜，其取岳，

---

① 卡纳.性崇拜[M].方智弘，译.长沙：湖南文艺出版社，1988：30.
② 宋兆麟.中国史前的女神信仰[J].中国历史博物馆馆刊，1995（1）.
③ 巴丹特尔.男女论[M].陈伏保，王论跃，阳尚洪，译.长沙：湖南文艺出版社，1988：45.

546

雨。"[1]"史（使）人于岳。"[2]"癸酉卜，岳鼎（贞）：出（有）来自西。"[3]"气（乞）。岳。"[4]"叀（惠）岳。"[5]"鼎（贞）：（勿）〔隹（唯）〕辛未酒岳。"[6]"甲午卜，鼎（贞）：尞（燎）于岳。"[7]"丏雨于岳。"[8]"辛子（巳）卜，亘鼎（贞）：祀岳，（祷），来岁受年。"[9]"戌卜，殼鼎（贞）：尞（燎）于岳。"[10]

《仙公请问经下》云："欲入山居幽处，宜先受经业，恭肃事师，修诸善功，以伏山神。山无大小，皆有神灵，山大则神大，山小则神小。神坏人亦不立也。人不解至法，不知修善立功，此何以能久山栖乎？"《老子天地鬼神目录》云："太山狱丞，姓君名后。阳山狱丞，姓朱名兆。雨山，天之井也，姓夏名泽，治在会稽南山，号曰泄公，得治已五百年。袁山君，天之都吏，姓袁名章，治在吴郡阳羡南山，秩三千石，得治已七百二十年。越山君，天之从事，姓许名轸。鄞县东山神，姓吕名承，本广汉人，秩六千石。故是蜀郡太守死，天封之，得限食鄞县，治已五百一十年。章安山神，姓煦名遂，本自县民，无秩，相白衣，年七十死，从天帝左将军侯食，其山号曰煦，渐有功，得血食，治已七百七十二年。郯县黄山神，姓吴名女动，称地限食，候官血食，治已得七百二十年。东方蜀山神，姓千名季举。南方刘山神，姓刘字伯。西方九铜山神，姓箕字起阳。北方昆仑山，天之中也，地之母也，神姓汤字大卿。父子山神，姓周字仲诸。大毅山神，姓武字幼文。满车山神，姓傅字幼思。缚公山神，姓皇字太初。皖公山神，姓皇字仲曾。放公山神，姓皇字元台。潜公山神，姓皇字幼林。越汉公山神，姓陈字景元。尼浦山神，姓陈字少思。西塞山姥，字女胜。樊山姥，字女娥。宫亭本名铜铤山。庐匡君，在中治庐。庐君，名俗字君孝。满山君，姓吕名冀，字叔谌。生时为师，治在娄县南山。柯山君，姓冯字子夷，叔父故是邯郸，今治在本县西也。"[11]

人们祈求于"岳"的目的十分明确，是求雨保丰收。大山既是人们生产和生活所依赖的环境，也是一个神秘莫测的世界。人们依赖它，又敬畏它，相信它是活生生的神，由此而产生出迷信和崇拜，发展成以昆仑、五岳为首的山岳崇拜。五岳，指东岳泰山、南岳衡山、西岳华山、北岳恒山、中岳嵩山。中国的山岳甚多，有三山五岳之称，天子

---

[1] 郭沫若.殷契粹编[M].东京：文求堂，1937：28.
[2] 郭沫若.甲骨文合集[M].北京：中华书局，1978—1982：05520.
[3] 郭沫若.甲骨文合集[M].北京：中华书局，1978—1982：07103正.
[4] 郭沫若.甲骨文合集[M].北京：中华书局，1978—1982：07394反.
[5] 郭沫若.甲骨文合集[M].北京：中华书局，1978—1982：08330正.
[6] 郭沫若.甲骨文合集[M].北京：中华书局，1978—1982：08843.
[7] 郭沫若.甲骨文合集[M].北京：中华书局，1978—1982：09560.
[8] 郭沫若.甲骨文合集[M].北京：中华书局，1978—1982：09607反.
[9] 郭沫若.甲骨文合集[M].北京：中华书局，1978—1982：09658正.
[10] 郭沫若.甲骨文合集[M].北京：中华书局，1978—1982：09937.
[11] 道要灵祇神鬼品经[M]//道藏.28册.北京：文物出版社，上海：上海书店出版社，天津：天津古籍出版社，1988：386.

农神　岩画　江苏连云港　采自《中国图案大系》

　　江苏连云港将军崖岩画，图像上有禾苗，一苑一苑的好像插好的稻子，标志着农业在当时已经产生了；有鱼等动物形象，表明渔猎仍是经济生活的组成部分；有星象观测后的模画，可能与历法的起源有关系。另外刻有十余个人面，其中四个人头下都系一根线，应为土地禾苗之神，这当是时代最早的农业之神。禾苗图案分为两种：一种由下向上刻4～8根呈辐射状的线条；另一种是在第一种图案的下部加一个三角形，中刻几条横线或圆点。

祀五岳，诸侯百姓祭本地名山。商周以来，人们创造了众多山神，形成了颇具特色的山岳崇拜。

　　河神崇拜在殷周时期也相当流行。早期人类对水的破坏和水引发的灾难无法预见，更难以避免。过大的水量不仅会形成吞没一切的洪水，还会留下低洼潮湿的环境，滋生传染病或地方病。水量不足同样困扰着人们，彼时对水的期盼和祈求会达到极点。人们很自然地将恐惧、敬畏、期盼、祈求变成信仰和崇拜。一条河流，一片水体，一个与水关系密切的地方，只要与一定数量的人口存在利害关系，就会产生相应的神。人们崇拜河神是因为相信河神控制着水，影响着人们的生产和生活。

　　殷王朝建立以后，对河神的祭祀极为重视，占卜祭河相当频繁，河神成为商人祈雨、祈年的对象。卜辞曰："鼎（贞）：翼（翌）辛卯奥（祷）雨夒，畀雨。"[1]"乙（启），丙雨。"[2]"王（占）曰：（阴），不雨。壬寅不雨，凤（风）。"[3]"鼎（贞）：今月雨其雪。"[4]"王（占）曰：其雨，隹（唯）庚；其隹（唯）辛雨，引吉。"[5]"王（占）

---

① 郭沫若. 甲骨文合集[M]. 北京：中华书局，1978—1982：00063正.
② 郭沫若. 甲骨文合集[M]. 北京：中华书局，1978—1982：00685反.
③ 郭沫若. 甲骨文合集[M]. 北京：中华书局，1978—1982：00685反.
④ 郭沫若. 甲骨文合集[M]. 北京：中华书局，1978—1982：00709反.
⑤ 郭沫若. 甲骨文合集[M]. 北京：中华书局，1978—1982：00809反.

曰：其雨，隹（唯）今日辛……"[1]"鼎（贞）：今癸亥不其雨。"[2]"至甲辰，帝不其令雨。"[3]"鼎（贞）：取岳，出（有）雨。"[4]"贞，翌甲戌，河不令雨。贞，翌甲戌，河其令雨。王占曰：之可其令雨。"[5]"贞，勿舞河，亡其雨。"[6]"于河沈（沉），雨。"[7]"其求年于河，雨。"[8]

从这些卜辞中可以看出：第一，殷人祭祀黄河是非常普遍的；第二，祭祀的主要目的是祈雨、祈年。这种信仰源于中国古代的自然崇拜，古人认为河流给人们丰富的水源，有可供给人们食用的各种鱼类，但有时也有威胁人类生命的各种怪物，于是对之产生敬畏之情，立庙祀之。从周朝开始，四渎神就作为河川神的代表，由君王来祭祀，并在全国各地修庙祭祀。

《仙公请问经下》云："水皆有神，八海则有神王居焉，江湖河济，皆有神也。又龙治其清渊。河伯、水官，各有宫殿府寺，亦七宝雕琢，悉诸仙人之下宫也。"《老子观天太清中经》云："河伯神名曰冯夷，号无梁使者。"《老子天地鬼神目录》云："河政公，字青曾，一名有。河上公，字定明。河阳公，字定陵。河阴公，字定胜。河持法公，字少恒。南海公，字少明。北海公，字永昌（一名水昌）。东海公，字四易（一名西易）。河伯，字崇仲（一名崇仲）。涛中君，字流相。四水君，字伯行。沟渊君，字泉荆（一名泉裸）。水泽君，字扶牲。河仙君，字伯阳（一名河阳）。大河使君，字定安。钩河君，字女仓。食河姥，字少首。太河父，字元效。东河胡君，属侍北斗。东海神，姓辱名牧，主驾飞龙，号曰天帝公，秩万石，得治己七百五十年。西海神，姓冯名修，主驾小鱼，号曰地太一，秩万石。南海神，姓句名大，主驾水鲤，号曰地天公，秩万石。北海神，姓河名伯，主驾蛟龙，号曰地天一，秩万石。益津河侯，姓周名欧。东海马衔君，治在东海中，与河伯共参事东王父。北湖姥，姓帛。孽湖姥，姓皇，字幼女。"[9]

河川因与人类生活、生产关系密切而受到崇拜。原始社会各部族崇拜其居住地附近的河川。国家形成以后，逐渐转变为由帝王或诸侯祭祀天下的名川大河，而民间主要仍循旧俗祭祀其居住区的河神。商部族早期所祭祀的主要是其居住区域的黄河、洹水（安阳河）、商水（漳水）、洧水等大小河流。祭礼相当隆重，用牛羊为牲礼，有时也用人祭。

---

① 郭沫若.甲骨文合集[M].北京：中华书局，1978—1982：00885反.

② 郭沫若.甲骨文合集[M].北京：中华书局，1978—1982：00892正.

③ 郭沫若.甲骨文合集[M].北京：中华书局，1978—1982：00900正.

④ 郭沫若.甲骨文合集[M].北京：中华书局，1978—1982：01080反.

⑤ 董作宾.殷虚文字乙编[M].北京：科学出版社，1956：3121.

⑥ 董作宾.殷虚文字乙编[M].北京：科学出版社，1956：6857.

⑦ 郭沫若.殷契粹编[M].东京：文求堂，1937：655.

⑧ 董作宾.殷虚文字甲编[M].北京：商务印书馆，1948：3640.

⑨ 道要灵祇神鬼品经[M]//道藏：第28册.北京：文物出版社，上海：上海书店出版社，天津：天津古籍出版社，1988：386.

第六章｜商周时期的鬼神谱系　549

祭河神主要用"沉"或"浮"，即将祭品沉于河底或放在水上漂流。周朝以后，统治疆域扩大，形成天子祭天下名山大川，诸侯祭其疆内山川之习。后来各条河流都有特定人物为河神，如冯夷被奉为黄河河伯、天帝之子湘君被奉为湘江神等。

二、商周时期的地祇崇拜

地祇崇拜的历史相当久远，它源于古代人类对土地的顶礼膜拜，是世界范围内最为古老、流传最为广泛的宗教信仰——地母信仰。地母神崇拜在母系氏族社会的后期发展为社神崇拜。文献记载中先秦的"社"是一个包含广阔、内容丰富的崇拜实体，人们对"社"的信仰和崇拜非常普遍，"社"崇拜来源于因生殖崇拜的联想而产生的对农业丰产的企求和愿望，但是更突出"社"的社会性作用。

社，古代指土地神和祭祀土地神的地方。《礼记·郊特牲》："社，祭土而主阴气也。君南乡于北墉下，答阴之义也。日用甲，用日之始也。天子大社，必受霜露风雨，以达天地之气也。是故丧国之社屋之，不受天阳也。薄社北牖，使阴明也。社，所以神地之道也。地载万物，天垂象，取财于地，取法于天，是以尊天而亲地也，故教民美报焉。家主中溜，而国主社，示本也。唯为社事，单出里。唯为社田，国人毕作。唯社，丘乘共粢盛，所以报本反始也。季春出火，为焚也。然后简其车赋，而历其卒伍，而君亲誓社，以习军旅。左之右之，坐之起之，以观其习变也；而流示之禽，而盐诸利，以观其不犯命也。求服其志，不贪其得，故以战则克，以祭则受福。"[①]暗示了"社"与"地母"有直接而紧密的渊源。

《说文解字》曰："社，地主也。从示、土。《春秋传》曰：共工之子句龙为社神。《周礼》：二十五家为社，各树其土所宜之木。"段玉裁注："《五经异义》：今《孝经说》曰：社者，土地之主。土地广博，不可遍敬，封五土以为社。古左氏说：共工为后土，为社。许君谨案曰：《春秋》称公社，今人谓社神为社公。故知社是上公，非地祇。郑驳之云：社祭土而主阴气。又云：社者，神地之道。谓社神但言上公，失之矣。人亦谓雷曰雷公，天曰天公，岂上公也？《宗伯》以血祭祭社稷，五祀五岳社稷之神，若是句龙、柱、弃，不得先五岳而食。又引《司徒》五土名，又引《大司乐》五变，而致介物及土示。土示，五土之总神，即谓社也。六乐于五地，无原隰而有土祇。则土祇与原隰同用乐也。玉裁按：许训社为地主。此用今《孝经》说，而以地主也，从示土之云。先于《左

---

① 阮元.十三经注疏：下册[M].北京：中华书局，1980：1449.

氏传》。"① 杨树达曰："示者，神事也。社从土从示，谓土神也。土为状名，示为本名。国中南北乡村，多有土地祠，即社也。"②

社神，即土地神。《孝经》说："社者，土地之主。土地广博，不可遍敬，故封土以为社而祀之，报功也。"《周礼》说："二十五家置一社，但为田祖报求。"《白虎通义·社稷》云："王者所以有社稷何？为天下求福报功。人非土不立，非谷不食，土地广博，不可遍敬也，五谷众多不可一一祭也，故封土立社，示有土地。稷五谷之长，故立稷而祭之也。"③

为报答大地之恩赐而奉土祭社，东汉时即称社神为社公或土地，而称土地者更甚。社神初无姓名，东晋以后，民间以生前行善或廉正之官吏为土地神，社神遂有人格及姓氏。《老子天地鬼神目录》称："京师社神，天之正臣，左阴右阳，姓黄名崇，本扬州九江历阳人也，秩万石，主天下名山大神，社皆臣从之。河南社神，天帝三光也，左青右白，姓戴名高，本冀州渤海人也，秩万石，主阴阳相运，咒诅取人及人命，故终也，诸社神天封之，各自主督，天下血食鬼邪，无大无小，莫有不伏者。"《三皇经》云："豫州社姓范名礼，雍州社姓修名理，梁州社姓黄名宗，荆州社姓张名豫，扬州社姓邹名混，徐州社姓韩名季，青州社姓殷名育，兖州社姓费名明，冀州社姓冯名迁，稷姓戴名高。右九州上应天九星之根，九宫所在，领九州为。常人能忆九州之社，一天之稷呼其姓名，问其是非，皆白兆吉凶，可使之赏善罚恶，救济苍生也。"④

1965年冬，考古工作者发掘了江苏铜山丘湾商代社祀遗址，它证明《淮南子·齐俗训》所说殷人之礼，其社用石的记载符合史实。遗址立四块大石，当是社主，周围的人骨、狗骨无疑是祭祀所用牺牲的遗骸。⑤ 俞伟超先生认为，丘湾遗址的墓地是商代晚期的社祀遗址，中心的大石块就象征着"社"。⑥

斯维至曰："汤祷雨于桑林，据《艺文类聚》一二引《帝王世纪》是'祷于桑林之社'，可见桑林就是桑林之社。这个'社'字很重要。为什么祷雨必须于桑林之社呢？据《吕氏春秋》高诱注说：'桑林，桑山之林，能兴云作雨也。'《淮南子》高诱注也说：'桑山之林，能兴云作雨，故祷之。'上引《左传》昭公十六年说：'有事于桑山，斩其木，不雨。'看来桑林和雨确有密切的关系。这固然有科学的道理，但是古人所以把桑林和雨联系起来，是因为'社'本是祭祀先姓神、上帝和图腾的地方。甲骨文已有社字……本像巨石。1949年前曾在朝鲜半岛、辽东半岛发现的所谓'巨石文化'，就是用几块巨石

---

① 丁福保.说文解字诂林：第2册[M].北京：中华书局，1988：1145-1147.
② 古文字诂林编纂委员会.古文字诂林：第1册[M].上海：上海教育出版社，1999：187.
③ 应劭.风俗通义校释：卷8[M].天津：天津人民出版社，1980：295-296.
④ 道要灵祇神鬼品经[M]//道藏：第28册.北京：文物出版社，上海：上海书店出版社，天津：天津古籍出版社，1988：385-386.
⑤ 南京博物院.江苏铜山丘湾古遗址的发掘[J].考古，1973（2）.
⑥ 俞伟超.铜山丘湾商代社祀遗迹的推定[J].考古，1973（5）.

堆积起来，用以祭祀。1949年后，在江苏铜山丘湾发现一处人祭遗址。据报道，这个遗址有三个时期的堆积：下层为龙山文化，上层为西周文化，中层为殷商文化。人祭遗址属于殷商文化层。整个遗址是以中部偏西的四块巨石为中心，围绕着巨石发现了人骨二十具和狗骨十二具。这四块巨石都是未经人工的自然石块，形状不规则，竖立土中。中心点的一块，南北西各一块，中间的一块最大，略呈方柱形状。考古学者认为就是殷商时期的社祭，是很有理由的。甲骨文的Δ字正像巨石形，旁边四点则是人祭的血四溅之形。但是这样的巨石未必到处都有，所以有的地方只筑土为坛，而其四周或一旁必有林木，或桑林，或松柏，或枌榆，因地而异，未必都是一样。《论语·八佾》记载：哀公问社于宰我，宰我对曰：'夏后氏以松，殷人以柏，周人以栗，曰：使民战栗。'这显然是信口胡说，孔子知其不然，故责备宰我说：'成事不说，遂事不谏，既往不咎。'但是我国古代东方沿海一带，自燕、齐、鲁、鄘、卫、陈、郑以及楚诸国，都是以桑林为社，甚至可以说这一区域是桑林文化区域。社的崇拜起源于母系时代，本来是祭祀先妣、上帝和图腾的地方。这一点，恐怕商周之际的人们也已经不甚清楚了，而在口耳相传的诗歌里却还保存着朦胧的记忆。如他们'求年'、'求雨'于方和社。方和社是略有不同的，甲骨卜辞里都是分别祭祀的。《诗·小雅·甫田》说：'以社以方，我田既臧'。《云汉》说：'祈年孔夙。方社不莫'，同样分别记载。尚应特别指出：古代的国家就是建立在社的基础上的。甲骨卜辞屡见唐土（社）、亳土（社）和'鎣社'，的记载。大概每个'邑'里都有社，因此卜辞'作大邑于唐土'（《金》一一六），亦作'帝……唐邑'（《乙》七〇〇），可见邑之所在必定有社，故可通用。《逸周书·作雒》篇记载：乃建大社于国中……东青土，南亦土，西白土，北骊土，中央衅以黄土。将建诸侯，凿取其一方之土，苴以黄土，苴以白茅。这一定是传自上古的遗制。它可以与甲骨卜辞的'东土、南土、西土、北土'受年的记载互相印证。因此社的起源可能要比宗庙的起源还早，换句话说，最初只有社，而后父系社会时，父权成了社会的中心，因此祭祀父系祖先的宗庙也就上升于社之了。《尚书·甘誓》说：'用命尝于祖（庙），弗用命戮于社。'《左传》闵公二年'受命于庙，受脤于社'，已示社与宗庙的分化，因此，社之祭祀先妣、上帝和图腾的原始意义和作用，也终于渐渐被人们所淡忘。"[①]

社祀，就是对"社"的祭祀。商代的社祀就是源于原始氏族部落对地神的崇拜而举行的祭祀。商代的社祀一般用木，《论语·八佾》谈到"殷人以柏"，但也有用石的记载。《淮南子·齐俗训》中记载："有虞氏之祀，其社用土，祀中溜，葬成亩，其乐《咸池》《承云》《九韶》，其服尚黄。夏后氏其社用松，祀户，葬墙置翣，其乐《夏龠》《九成》《六佾》《六列》《六英》，其服尚青。殷人之礼，其社用石，祀门，葬树松，其乐《大濩》《晨露》，其服尚白。周人之礼，其社用栗，祀灶，葬树柏，其乐《大武》《三

---

① 斯维至.汤祷雨桑林之社和桑林之舞[M]//姓名的故事.西安：三秦出版社，2001：108-110.

象》《棘下》，其服尚赤。礼乐相诡，服制相反，然而皆不失亲疏之恩，上下之伦。"①《周礼·夏官·量人》中有"在军不用命，戮于社，故将社之石主而行"②的记载。所以，丘湾遗址商代墓地中20位非正常死亡者头朝向的大石块，就象征着"社"。

"社"，大致是从图腾圣地演变而来。图腾圣地作为氏族宗教仪式活动的中心和氏族成员灵魂石的存放地，神圣不可侵犯，是氏族生存领域主权的象征，因而成为重要的崇拜对象。迈出图腾崇拜之后，"社崇拜"便成了独立的自然崇拜之一的宗教形式，可称为"社神崇拜"。从村社部落联盟时期开始，像社会顶层的祖先化天神崇拜一样，它逐渐演变为自然崇拜与祖先崇拜结合为一的崇拜形式，即祖先化的社神崇拜，从此超越自然崇拜的范畴，质变为"天人合一崇拜"类型的宗教形式之一，与祖先化天神崇拜一起表现了原始宗教发展过程第三大阶段的新特点。

相传社神有两位。一说是后土，大神共工的儿子。《礼记·祭法》记载："共工氏之霸九州也，其子曰后土，能平九州，故祀以为社。"③一说是勾龙。汉蔡邕《独断》卷上："社神，盖共工氏之子勾龙也，能平水土。帝颛顼之世，举以为土正，天下赖其功，尧祠以为社。凡树社者，欲令万民加肃敬也。各以其野所宜之木，以名其社，及其野位在未地。稷神，盖厉山氏之子柱也。柱能殖百谷，帝颛顼之世，举以为田正，天下赖其功。周弃亦播殖百谷，以稷五谷之长也，因以稷名其神也。社稷二神功同，故同堂别坛，俱在未位。土地广博，不可遍覆，故封社稷，露之者必受霜露，以达天地之气。树之者，尊而表之，使人望见，则加畏敬也。"④

大地生长草木五谷，养育人类，故被视为拥有无穷力量的神灵。古代对土地的崇拜具有重要的意义。祭土地是上至王公贵族，下至小民百姓一年中的大事。先秦时期社神地位极高，故"社稷"一词通常作为国家的代称，祭祀典礼也由天子或各地行政长官主持。汉唐以后，社神的地位有所下降，祭祀也不限一地，其原因是"土地阔不可尽祭，故封土为社以报功"。所以各地山陵园地均有大社坛，这些社坛以后又演变为各种土地庙，社神也由显赫的大神演变为明清小说中所描写的土地老儿。

"社"是供奉土地之神的庙堂，"后土"为社神的总称，又与皇天相对，称为皇天、后土，《左传》云："君戴皇天，而履后土。"这是主宰三界的大神。依据西周的礼制，以夏日礼祭后土于泽中之方丘；凡大封建国，则先祭告后土。贾公彦解释说："云则先告后土者，封是土地之事，故先以礼告后土神，然后封之也。"⑤据《尚书》载，武王伐商纣时，亦先祭告于皇天、后土，控诉纣王的罪行，祈求胜利。

---

① 诸子集成：第8册[M]. 长沙：岳麓书社，1996：179-180.
② 阮元. 十三经注疏：上册[M]. 北京：中华书局，1979：842.
③ 阮元. 十三经注疏：下册[M]. 北京：中华书局，1980：1590.
④ 蔡邕. 独断：卷上[M]//文渊阁四库全书：第850册. 台北：台湾商务印书馆，1983：82.
⑤ 阮元. 十三经注疏：上册[M]. 北京：中华书局，1979：764.

由表述上看，皇天、后土同被尊重，其实并不然。在周世的天神有五方天帝，至于地祇的神格，似乎以后土为最高，然而从《山海经》《左传》《周礼》《礼记》等书来看，后土仅是五行神，或太社、国社等社神而已，其地位远在天帝之下，无法与天帝并列，所以周秦的帝王对郊祀天帝的重视远胜于祀地。

后土神原为女性。《礼记·郊特牲》说："社，祭土而主阴气也。君南乡于北墉下，答阴之义也。"[①] 说明社神亦是女性。丁山先生指出："后土是自初民社会所祭的'地母'神演来。因为地母能生殖五谷，五谷由野生培植为人工生产，是由妇女创造的。在女性中心社会时代即称地母为后土。"[②] 在原始宗教信仰的地母崇拜中，最早的地母是妇女的形象。但进入父系社会、国家形成之后，男性的社会地位极大提高，于是地母亦改变角色，从女神变为男神。因此西周以来的社神很少是女性，而多数情况则是将男性的祖先或者对农业发展有功的人物奉祀为土地神。

上帝的出现与神格的确定标志着地母神权势的下降，从此上帝崇拜格局开始形成，地母遂成为土地神中的一员，而与社神、山神、水神等并列。作为远古土地信仰的地母神，鲜见于文献记载，取而代之的是社神祭祀和崇拜。村社、村寨地缘小群体的祖先崇拜发展为社神崇拜。"社"，就具体对象而言，指小群体生存领域内的"土地"，即领地。就其社会意义而言，"社"是小群体生存领域主权的象征，"社神"即小群体生存领域主权的保护神。社神在我国山区村寨俗称"山神"，在平原村寨俗称"土地神"。

从古代文献看，国家自产生之日起就与社神建立了一种紧密的关系。《史记·封禅书》说："自禹兴而修社祀。"《论语·八佾》记鲁哀公问社于宰我，宰我谈社制也从夏代开始。《尚书·甘誓》记夏启与有扈氏战于甘，夏启命令道："用命赏于祖，弗用命戮于社。"[③] 由此可以推论，至迟到夏代，具有政治、宗教意义的社就出现了。

殷王国有"商社"或"亳社"。亳社者，殷之社，因为殷始都亳，故名。此"商社"又被称为"桑林之社"[④]。从卜辞反映的情况看，殷王室除了在亳社行祭祀外，还在其他的若干社行祭祀，如"东土""西土""南土""北土"等。周方国建立于古公时期，周人国家的社亦于此时建立。《诗经·大雅·绵》曰："乃立皋门，皋门有伉。乃立应门，应门将将。乃立冢土，戎丑攸行。"[⑤] "冢土"正是周人早期的国社。周人摧毁殷王国，营建东都洛邑，又在洛邑立社。其所以如此，正在于社是政权的象征。《白虎通义·社稷》

---

① 阮元. 十三经注疏：下册[M]. 北京：中华书局，1980：1449.
② 丁山. 中国古代宗教与神话考[M]. 上海：龙门联合书局，1961：147-148.
③ 阮元. 十三经注疏：上册[M]. 北京：中华书局，1979：764.
④ 欧阳询. 艺文类聚：卷12引《帝王世纪》[M]//文渊阁四库全书：第887册. 台北：台湾商务印书馆，1983：348.
⑤ 阮元. 十三经注疏：上册[M]. 北京：中华书局，1979：511.

说："封土立社，示有土也。"① 正因为社是国家政权的象征，所以当失去政权的时候，也就失去对社的主祭权。《左传·襄公二十五年》记郑国伐陈，陈国将灭，"陈侯免，拥社，使其众男女别而累，以待于朝"，表示降服。

封侯立社，周代行"封建"之法，授民授疆土，建立国家。这是由"建国立社"衍生而来的。《礼记·祭法》说立社制度："王为群姓立社，曰大社。王自为立社，曰王社。诸侯为百姓立社，曰国社。诸侯自为立社，曰侯社。大夫以下成群立社，曰置社。"② 验之《春秋》经传，情况暗合。鲁国有"两社"，宋国有"亳社"，齐国有社，陈国有社，当可推定诸侯国是普遍立社的。

社又与战争紧密相关。《左传·成公十三年》记鲁成公及诸侯朝天子，然后跟随刘康公、成肃公伐秦，"成子受脤于社，不敬"③。《左传·闵公二年》记梁余子养曰："帅师者，受命于庙，受脤于社。"④ "受脤"是祭社活动，表明出征前要祭社。参照《周礼》，出征作战时用车载着社神木主，称为"军社"。"小宗伯"的职责就是"立军社""主军社"。"大祝"职云："大师，宜于社，造于祖。设军社，类上帝。国将有事于四望，及军归献于社。"⑤ "大司寇"职云："大军旅，莅戮于社。"⑥ 《左传·定公四年》记述了类似的情况："君以军行，祓社衅鼓，祝奉以从。"⑦

国家有了灾异的时候往往要祭社。如日食祭社："六月辛未，朔，日有食之。鼓，用牲于社。"水灾祭社："秋，大水。鼓，用牲于社、于门。"⑧ 火灾祭社："七月，郑子产为火故，大为社，祓禳于四方，振除火灾，礼也。"⑨ 天旱也祭社："春旱求雨，令县邑以水日令民祷社，家人祀户。"《神农求雨书》曰："春甲乙不雨，东为青龙，又为大龙，东方老人舞之，壬癸黑。又曰：北不雨，命巫祝雨，曝之不雨，祷山神，积薪其旁，击鼓而焚之。《瑞应图》曰：遇旱，责躬引咎，理察冤枉，退去贪残，侧修惠政，则降以零雨。"⑩

社还常被作为公共盟誓的场所。鲁国阳虎曾"盟三桓于周社，盟国人于亳社"⑪。《墨子·明鬼》还提到齐庄公时，大夫王里国与中里徼争讼三年而案未决，于是庄公使二人

---

① 四川大学古籍整理研究所，中华诸子宝藏编纂委员会.诸子集成补编：第2册[M].成都：四川人民出版社，1997：268.
② 阮元.十三经注疏：下册[M].北京：中华书局，1980：1589.
③ 阮元.十三经注疏：下册[M].北京：中华书局，1980：1911.
④ 阮元.十三经注疏：下册[M].北京：中华书局，1980：1788.
⑤ 阮元.十三经注疏：上册[M].北京：中华书局，1979：811.
⑥ 阮元.十三经注疏：上册[M].北京：中华书局，1979：870.
⑦ 阮元.十三经注疏：下册[M].北京：中华书局，1980：2134.
⑧ 阮元.十三经注疏：下册[M].北京：中华书局，1980：1779.
⑨ 阮元.十三经注疏：下册[M].北京：中华书局，1980：2086.
⑩ 李昉.太平御览：卷35[M]//文渊阁四库全书：第893册.台北：台湾商务印书馆，1983：433.
⑪ 阮元.十三经注疏：下册[M].北京：中华书局，1980：2140.

第六章｜商周时期的鬼神谱系　　555

"共一羊，盟齐之神社"。社与特定地域相关，具有明显的超越血缘的性质。这大概是社具有上述特征的主要原因。总之，社神崇拜是一种具有地域性质的宗教活动，它与祖先崇拜的区别在于，祖先崇拜仅适用于具有血缘关系的人群，而社神崇拜不仅适用于具有血缘关系的人群，还适用于没有血缘关系但居住在同一地域、具有社会关系的人群。

在上古社会的各个历史分期内，原始宗教的两大基本形式——自然崇拜和祖先崇拜，依次在村社、宗族、家族、家庭、村寨等血缘和地缘小群体载体内流传下来，至今还有残余现象，特别是祖先崇拜。此阶段内最大的变化是：在社会顶层最高统治者王族血缘小群体内首次出现了祖先化天神崇拜，在社会各阶层特别是基层村社、村寨等血缘和地缘小群体内首次出现了祖先化社神崇拜这两类新型的宗教形式，即自然崇拜和祖先崇拜结合为一的崇拜形式。其中王族祖先化天神崇拜是原始宗教发展的最高形式，可以涵盖祖先化社神崇拜而作为这两类崇拜形式的总代表，与图腾崇拜、自然崇拜、祖先崇拜并列为原始宗教四大类宗教形式之一。

首先，王族血缘小群体的祖先崇拜发展为天神崇拜。进入阶级社会前夕，村社部落联盟已成为巩固的政治军事组织，部落联盟长已成为世袭的贵族，也就是正在形成的王族，社会出现了等级分化和最高首领。部落联盟打破了原来的氏族和村社界限，成为统治地域广阔的最高社会组织，有着支配联盟区域内一切事务的权力。这一切反映到超自然界，也就出现了至高天神及其下属群神，形成层层支配、各有所司的神统，"天上神统"及"天地神统"。至高天神是在最高自然神的基础上进一步抽象化、社会化、伦理化的产物，实质上是部落联盟长在天上的倒影。

为了巩固特权地位，提高社会威信，部落联盟长便把祭天的大权掌握在自己手里。据传说，尧、舜、禹这三个部落联盟长都曾举行过祭天典礼，使自己成为通天神的特权人物。这样，已故联盟长便被描述为与天神同在的祖先神，甚至被说成是至高天神的子孙或天神的化身。部落联盟长父系大家庭的祖先不仅被赋予了天神的职能，有着支配自然和社会的两种超自然力，还和至高天神组成神统，甚至成为至高天神的代言人。这样组成的天上神统和天地神统无疑是部落长大家庭血缘小群体的专门保护神，从而把"祭天"和"祭祖"结合起来，并牢牢垄断着祭天特权，不准任何人染指。这样的崇拜形式便是祖先化天神崇拜。

第三节　商周时期的人鬼谱系

中国古代宗教的"人鬼"指祖先神。祖先崇拜是从灵魂崇拜与图腾崇拜发展而来的一种宗教信仰。在母系氏族社会向父系氏族社会发展的过程中，由图腾崇拜过渡而来，即在亲缘意识中萌生、衍化出对本族始祖的敬拜思想，这种思想始于原始人对同族死者的某种追思和怀念。氏族社会的演进确立了父权制，原始家庭制度趋于明朗、稳定和完善，人们逐渐有了其父亲家长或氏族中前辈长者的灵魂可以庇佑本族成员、赐福儿孙后代的观念，并开始进行祭拜、祈求其祖宗亡灵的宗教活动，从此才形成了严格意义上的祖先崇拜。其崇拜行为的特点，首先是将本族的祖先神化并进行祭拜，具有本族认同性和异族排斥性；其次是相信其祖先神灵具有神奇超凡的威力，会庇佑后代族人并与之沟通互感；最后是超越原始图腾崇拜和生殖崇拜的认识局限，不再用动植物等图腾象征或生殖象征来作为其氏族部落的标志，而以其氏族祖先的名字取代，由此使古代宗教从自然崇拜上升为人文崇拜。

一、人鬼即祖先的考辨

祖先崇拜一直被视为中国古代的一种主要宗教形式。根据文献记载，祖先崇拜至少可上溯至新石器时代，并且绵延不断，流传至今。几千年来，这个信仰系统不仅塑造了人们的思想和行为，而且也不断被历代统治阶级所利用，以达到使其政治地位合法化的目的。祖先不单是可以被创造的，而且也是可以被更新的，所以祖先崇拜的性质随着时间的变化而变化。

祖先崇拜是一个仪式活动的过程，这个过程可以通过分析考古资料得到重建。中国新石器时代考古学资料显示，祖先崇拜至少可以上溯至新石器时代中期（公元前4500年），其仪式也经历了一个长期的变化过程。

中国的新石器时代至少可见四种祖先崇拜形式。

其一是"集体祖先崇拜"，表现在陕西南部龙岗寺仰韶文化早中期的埋葬制度中（公元前4500—4200年）。墓葬中的随葬品显示当时还不存在等级社会组织。在这个遗址中，有大约150个祭祀坑分布在墓地的周围，而墓地中共有168座墓葬。根据墓葬和祭祀坑的空

间分布关系来看，祭祀坑不是针对任何一个墓葬，而是对整个墓地的祭祀留下的遗迹。在这里，祖先包括这一社会团体中所有死去的成员；祖先崇拜仪式的举行很可能也代表着整个社会集团的共同利益。整个社会的成员患难与共，没有贵贱高低之分。①

其二，正如仰韶文化史家类型（公元前4300—4000年）多人二次合葬所揭示的那样，某些女性死者从"集体祖先"中被排除出来。这在陕西中部的史家遗址中表现得尤其清楚。研究显示，史家墓地的埋葬制度很可能表现了从夫居和女性归葬（或二次葬）娘家的风俗；墓葬中男女性比例悬殊，尤其成年及老年女性大大少于同年龄组男性的现象显示出嫁他乡的女性多不得归葬娘家的情况。嫁到外乡的女性是第一批被剥夺成为祖先资格的社会成员，其余的死者则仍可以成为集体祖先的成员而被他们的后代祭祀。仪式活动可能在扩大家庭或更大的亲属集团的不同社会层次上举行。尽管这个社会还被视为无等级社会，但是，基于个人对集体在经济和社会上的贡献的大小，对待死者的处理方式在不同的社会次组织之间则是不平等的。

其三，针对个人的祖先崇拜仪式，这种形式可从属于马家窑文化半山类型中晚期的青海阳山墓地（公元前2500—2300年）中观察到。在这个墓地中，尽管从墓葬本身看不出社会成员之间有明显的经济上的不平等，但个别成员似乎已经享有较特殊的地位。祭祀坑明显地分布在两个大墓附近，这两个墓葬随葬陶鼓、大石斧和大理石饰品，说明死者不同于一般的社会成员，并且可能因其生前在宗教或军事上的影响力而被视为祖先受到祭祀。祭祀坑的时代有的与墓葬同属半山期，有的则属马厂期，说明对个人祖先的祭祀活动延续了百年之久。②

其四，祖先崇拜的仪式不仅针对个人，还和等级社会制度联系起来，这种情况在山东诸城的呈子遗址及其他龙山文化遗址中有充分的体现。根据随葬品的情况，可以把呈子遗址的墓葬分为四个等级。整个墓地可分成东西两组，可能代表两个有血缘关系的亲属集团。值得注意的是，一等墓只见于西组墓地，而祭祀坑也紧密分布在西组的大型墓葬周围。祭祀坑的时代或与附近的大墓同时或晚于大墓。可见，接受长期祭献的祖先必定是那些生前公认享有崇高社会地位和具有政治、宗教以及经济威望的显赫家族中的个人。祭祀仪式似乎是由血缘关系密切的亲属成员主持的。因此，祖先崇拜仪式变成了社会政治制度的一部分，又加剧了社会的等级分化，但并未脱离以血缘为基础的社会制度。

必须指出的是，祖先祭祀仪式可能会有许多不同的地区表现形式，而不限于以上列举的资料所显示的那样；祖先崇拜的发展也不可能只表现为单线的进化形式。但是，毫无疑问，祖先崇拜作为一种仪式活动，在历史上经历了许多变化。从集体祖先到个人祖先，祖先祭祀仪式的转换过程恰与从平等社会发展到等级社会的过程相呼应。

---

① 陕西省考古研究所.龙岗寺——新石器时代遗址发掘报告[M].北京：文物出版社，1990.
② 青海省文物考古研究所.民和阳山[M].北京：文物出版社，1990.

558

祖先崇拜仪式在新石器时代晚期政治制度中所发挥的作用，和它在商代的作用非常相似，在后者的国家政治体制中，宗教权、政治权和亲属关系彼此依托，互为一体。在商代，祖先崇拜仪式已经高度制度化，祖先崇拜渗透到国家政治生活的方方面面。人们相信，商王的祖先能够和主宰谷物丰收和战争胜利的天帝接触，而唯有商王可以和他的祖先交流。因此，对祖先的崇拜为商王在政治上的统治地位提供了巨大的心理的和意识形态上的支持。国家的兴旺发达似乎要靠商王对其祖先举行正确的祭祀仪式（如牺牲供奉和占卜）来保证。因此，商代的宗教在国家的起源和统治集团的合法化方面发挥着不可替代的作用。

尽管都能享受祭祀并且能为现世提供服务，商代的祖先似乎仍可以划分为两类：历史的和神话的。第一类祖先包括王家族谱上记录的国王，比如上甲和汤；第二类祖先则是那些传说中的部落英雄，比如帝喾和契，商人相信他们是肇始商族的远祖，且具有超自然的力量，但没有证据表明他们和商王有直接的血缘关系。[1]

历史上的祖先的确受到商王的祭祀，这在晚商首都安阳出土的甲骨卜辞中可以看到。在安阳西北岗王陵区，有2000多个人、牲祭祀坑分布在十一座大型王墓的周围，在小屯还发现了宗庙的遗迹。在宗庙周围，也发现有大量的包含人、牲、黑灰、木炭以及动物烧骨的祭坑和殉坑。[2]

墓葬周围的祭祀坑及其包含的祭品很可能就是对埋在这里的商王进行祭祀而留下的祖先崇拜的遗迹。这似乎还是从新石器时代继承下来的墓祭传统。另一方面，宗庙周围发现的祭祀坑大概是用来祭祀所有死去的商王——包括没有埋在安阳的先王——的遗迹。这是一个新现象，因为至今尚未发现新石器时代的宗庙。

夏商周三代的祖先崇拜仪式体现出高度的等级化特征。基于辈分把祖先的地位和神权分为依次递减的等级，活着的人只能祭祀那些与其地位和等级相对应的祖先。王室和贵族有权建祖庙以祭祀其远祖，普通人则只能在家中祭祀他们的父祖近亲。很显然，只有国王才可以祭祀天帝、神话祖先和王室祖先。

正如商人一样，夏人和周人也有自己的祖先起源神话，其内容大同小异。神话祖先可能是确立早期王朝国王们的合法地位的最重要的力量。这些祖先是一种象征物，一种超自然的道德力量。神话祖先的创造构建了超自然神祇和王室之间的神秘联系，后者因此也披上了神圣的外衣。神话祖先又被认为是同王国内所有社会集团都有联系的威力强大的神祇。因此，神话祖先的创造有利于根据假定的神化血缘关系把社会等级化。神话祖先的出现，与其说是宗教现象，毋宁说是一种政治策略。他们的力量存在于其谱系的遥远、神圣的功绩、神秘而又模糊的血缘关系，以及任何社会成员都可以与之建立的心理的和象征性

---

① 宋镇豪.夏商社会生活史[M].北京：中国社会科学出版社，1994.
② 中国社会科学院考古研究所.殷墟的发现与研究[M].北京：科学出版社，1994.

的联系中。他们还是可以被统治阶级为达到其政治目的而操纵的象征性的偶像。正如下文要论及的那样，这些和三代奠基祖先的创造相关的诸特征，大部分都被后来的历史所继承。

神话祖先相较于三代的氏族部落祖先更抽象，也具有更强的道德力量。其中的三皇五帝就被认为是三代之前的先祖。三皇五帝是超氏族的神祇，很可能是在商周时期被创造出来的。[1] 因为他们的出现与王国争取统治超越氏族的国家政治经济体系的过程同步，因此，这些新神祇的形成很可能是向高度统一的社会制度发展过程中的宗教反映。

在这些神话祖先之中，黄帝是最具影响力的一个。他不仅在古代被人们崇拜，直至现代还在接受人们的祭祀，被奉为中华民族共同的祖先。

神话把许多神话人物都描写成一半动物一半人类的人兽混体的形象。这种人兽混体的形象之创造，说明了当时的人类企图寓于祖先的灵魂以图腾之威力，从肉体的关联达到灵魂的过渡。一个族团选择何种物类为图腾，是与他们生活的地域和地理环境特征、经济特征、谋生手段、社会分工联系在一起的。这些特征与族群、成员、地域、宗教信仰结合，用一种特殊的文化符号表现出来，以区别于他族。当选定的动物作为原生图腾之后，还有一个与族人结合的过程。图腾使一代一代的族人凝聚起来，同一族团形成共同祖先，祖先崇拜也就产生了。

这种转化体现在大量出土文物中，如四川广汉三星堆出土的许多器物即体现了巴蜀族徽特征，羊与人结合就是"羊身人面"族徽，鸟与人结合就是"鸟首人身"。除人兽组合之外，族与族之间还可以联盟，比如龙族与鸟族结合便有了"龙首鸟身"的氏族图腾徽铭的混杂组合。随着生产方式的变革，出现了两个以上族团的联盟，也就有了更为复杂的组合。组合是一种趋势，分化则是另一种趋势，因此又有了同一祖先分化出来的衍生分支的图腾，比如龙就分成了数十种象征物。各族的联盟与衍生分化几乎是同步发展的。

《山海经·中山经》记载："又东二十里曰和山……吉神泰逢司之，其状如人而虎尾，是好居于萯山之阳，出入有光，泰逢神动天地气也。"[2] 也就是说在和山这个地方，居住着泰逢神，他的形状与人相似，但长着一条虎尾。泰逢神往往居住在萯山向阳的南坡，每当出入于这座山时，都发出神奇的光彩。他不仅具有变化莫测的法力，还可以动天地之气。

《山海经》中有"豹尾虎齿"的西王母，有"人面豹尾"的武罗，有"人面、羊角、虎爪"的器围，有"人身龙首"的计蒙，有"兽身人面"的祝融，有"牛状、八足、二首、马尾"的天神，有"人面、牛身、四足、一臂"的飞兽神。此外，还有"人面马首""人面蛇身""马身人面""豕身人面"等各种人兽混体的神灵。这些神灵，一方面

---

① 徐旭生. 中国古史的传说时代[M]. 北京：文物出版社，1985.
② 袁珂. 山海经校注[M]. 上海：上海古籍出版社，1980：128.

是动物的人格化，另一方面又是人类的动物化，于是就在动物的人格化与人类的动物化的相互关系中，完成了由图腾崇拜到祖先崇拜的转化。

祖先崇拜在中国宗教传统中尤为突出。从广义上讲，古代墓葬的形式、结构、葬式、头向及随葬品等，均属于原始宗教范畴，都是原始社会中普遍存在的相信灵魂的具体表现。迄今发现的人类最早的宗教遗址正是反映灵魂观念和亡灵崇拜活动的原始墓葬，开始于旧石器时代中期，普遍化于旧石器时代晚期。旧石器时代晚期的山顶洞人遗址是研究我国原始宗教和整个宗教起源问题的最宝贵的物证资料。从氏族社会起，人们的埋葬活动都与宗教有着直接的关系。丧葬的起源问题实质上是一个人类何以会关心尸体和安葬尸体的问题，一个生者对死者的情感问题。

对此，卡西尔指出："我们在世界各地看到的葬礼都有着共同点。对死亡的恐惧无疑是最普遍最根深蒂固的人类本能之一。人对尸体的第一个反应本应是让它丢在那里并且十分惊恐地逃开去。但是这样的反应只有在极为罕见的情况下才能见到。它很快就被相反的态度所取代：希望能保留或恢复死者的魂灵。人种学的材料向我们揭示了这两种冲动之间的斗争。然而，通常看来占上风的恰恰是后一种冲动。诚然，我们可以看见许多防止死者的魂灵重返他的故居的做法：在灵柩被抬到墓地去时在灵柩后面撒上灰，这样灵魂就迷路了。合上死人眼睛的习惯一直被解释成是为了蒙住他的眼睛不使他看见自己被抬往墓地去的道路。然而在大多数情况下，相反的倾向占了压倒的优势。生者总是尽他们的全部力量使灵魂留住在自己身边。死者常常就被埋在作为它永久住所的宅第内。死者的精灵成了看门神，而这个家庭的生命财产就依赖于它们的帮助和恩惠。"[1]

北京周口店山顶洞人遗迹是晚期智人阶段的遗迹。山顶洞分为洞口、上室、下室和下窨4部分。上室在洞穴的东半部，在地面的中间发现一堆灰烬，底部的石钟乳层面和洞壁的一部分被烧炙，说明上室是山顶洞人居住的地方。下室在洞穴的西半部稍低处，发现有3具完整的人头骨和一些躯干骨，人骨周围散布有赤铁矿的粉末及一些随葬品。在死者周围撒上红色粉末或碎石，是幻想死者再次获得生命。在死者周围放置生产和生活用具，也是认为人死后将到另一个世界过类似人世间的生活。这反映出当时的人已经有了某种灵魂观念和死后生活的观念。

山顶洞人时期出现并在仰韶文化中延续下来的往死者身上撒赤铁矿粉或涂红颜料的习俗，直到大汶口文化时期依然存在。山东胶州三里河大汶口文化遗址的墓葬，有5座墓的人骨上都遗留有朱红色痕迹。M14从髋骨以上至肩部有朱红色痕迹，其中有的部位直接粘在骨骼上，有的部位有一层很薄的土隔着。M125和M275的手臂上有朱红色痕迹，M2101右侧肋骨和右臂上有朱红色痕迹，M2110左侧肋骨和左臂上有朱红色痕迹，这种现象具有山

---

① 卡西尔.人论[M].甘阳，译.上海：上海译文出版社，1985：111-112.

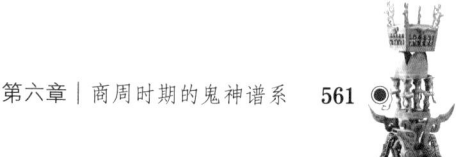

顶洞人在人骨周围撒红色矿粉这一行为同样的宗教意义。[1]这种灵魂不死的观念表达了人们企图永生的愿望。

距今五千年前后，居住在黄河、长江流域及其周围地区的氏族基本上进入了父系氏族社会。这一时期的农业、畜牧业、手工业都有显著的发展，男人在这些生产部门中逐渐居于主导地位，促成了原始公社组织和社会关系的巨大变化，这种变化同时反映在宗教信仰方面。属于这一阶段的原始文化，在黄河流域有晚期仰韶文化、大汶口文化、龙山文化、马家窑文化、齐家文化，北方的红山文化，长江流域有屈家岭文化、马家浜文化、崧泽文化、良渚文化、山背文化和岭南的石峡文化等。这些原始文化虽然在特征上有地域性差异，但都具有大致相同的原始宗教信仰，这种信仰正是维系父系氏族的纽带。

据考古资料，对祖先灵魂的崇拜在原始社会早期就已经出现，新石器时代中晚期以后，祖先崇拜达到了高度发展的程度。从墓葬材料中可以看出表现祖先崇拜的现象是多方面的。

首先表现在葬式上。就原始社会的墓葬而言，可分为仰身直肢葬、屈肢葬、俯身葬、二次葬等。黄河流域常见的一种埋葬方式就是仰身直肢葬，面朝上，四肢伸直，死者在墓坑中安然平卧。这种葬式在原始社会比较普遍，黄河中下游地区的裴李岗文化、仰韶文化、大汶口文化和龙山文化对尸体的放置方式以仰身直肢为多见。黄河上游的马家窑文化也多见这种葬式。一般认为，这种葬式代表着一种睡眠的姿势，具有让死者安心睡觉的意思。

屈肢葬是将死者的四肢屈折起来再行埋葬。这种葬式在原始社会各期文化中都占有一定的比例。在黄河流域和长江流域的新石器时代遗址里都很流行屈肢葬。有人认为这象征着胎儿出生时的姿态，含有怎样来到人世就怎样离开人世的意思。还有一些原始部落认为，人死后埋在地母腹内，应当和生前在生母腹内一样，这样做具有再生之意。

在西北地区的马家窑文化氏族墓地中，死者大多数为单人侧身屈肢葬，可以说，屈肢葬在黄河上游的古代文化中是比较常见的。从马家窑文化的马家窑类型、半山类型、马厂类型，一直到齐家文化中都有表现。在甘肃姬家川遗址中发现了一座比较特殊的屈肢葬墓葬，其下肢的屈度似捆绑状。这种葬式，除让死者恢复胎儿状态以外，还有防止死者的灵魂危害生者的意思。如此种种，无不反映出当时的人们已经有了浓厚的宗教信仰和灵魂不灭的信念。

俯身葬是让死者面向下的一种埋葬方式，尸体作趴伏状，手臂平直放在腰的两侧，类似这样的墓葬，一般随葬品较少。著名的半坡遗址发现过7座，北首岭遗址发现过12座。俯身葬多为单人葬。有人认为俯身葬是对死者的惩罚，可能死者生前违反了氏族的法规，或是对凶死、暴死的人的埋葬方式。在中国新石器时代的考古资料中，俯身葬在这一地区

---

① 中国社会科学院考古研究所.胶县三里河[M].北京：文物出版社，1988.

562

可能是特殊的葬式,但在另一个地区也可能是基本的葬式。根据江苏吴州草鞋山遗址的资料,从马家浜、崧泽、良渚文化的205座墓葬来看,普遍实行俯身葬,有的头骨还用釜、钵、豆和盆等陶器覆盖。青海尕马台遗址共发现43座齐家文化墓葬,死者无论男女老幼,都采用面向下的俯身葬。从整个中国的墓葬资料来看,俯身葬应属于一种埋葬习俗,代表着一种宗教信仰。在甘肃皋兰糜地岘遗址中人骨附近常竖立一两块石板,表面上看是一种墓前的标志物,实际上是祖先崇拜的一种形式。兰州刘家坪遗址的墓葬多见用树枝将尸体遮盖后再埋土,明显地反映了当时人们的宗教意识。总的说来,原始的墓葬都注重一定的葬式,葬式是反映祖先崇拜的一个侧面,它是根据鬼魂与尸体、鬼魂与活人的关系以及鬼魂的阴间生活等种种幻想制定出来的。

原始墓葬表现的祖先崇拜的第二个方面是死者头向。

每一处原始社会氏族公共墓地里的头向基本上都是一致的。实际上,这里面包含两种不同的信念。第一种是人死后灵魂要回到氏族原来的地方去,因此在埋葬死者时,都把头向朝着他应去的方向,如在广汉三星堆遗址、成都金沙遗址墓葬中的死者,他们头向都朝着西北方,这是因为古蜀人是沿岷江而入川西平原,西北的岷山即其族人的祖地。这种信仰也存在于世界其他地区,在亚洲南部和西部、印度尼西亚、婆罗洲、马来半岛的一些土人中还有一种习惯说法,埋葬尸体的头向要直接对着他们部落原来的老家。同样的理由,新几内亚的马西人在处理死者时,头和身体倚着墓旁,面向传说中祖先原来的地方。

考古发掘出来的氏族公共墓地,在头向问题上,都能看出受信仰支配的迹象。关于头向的第二种意见认为,东方是太阳升起的一方,人死后,要让他们获得新生,所以头向均向东。在中国较大的氏族墓地中,如山东大汶口、野店、王固等遗址,死者的头向多朝着太阳升起的一方。中国南方的原始居民也有同样的习俗,属于江苏青莲岗文化的一些墓葬,头向也朝着东方。[①]看来南方与北方的原始居民具有同样的让死者还生的意识。对此宗教习俗,美国宗教学家米尔恰·伊利亚德指出:"掩埋的方位是朝向东方的,这表明了一种意向,即将灵魂的命运与太阳的运行联系在一起,因此这也表明了一种再生的希望,也就是说在另一个世界里的死后存在;相信某些特定的活动会延续到死后;存在某种形式的葬仪,陪葬个人饰品以及宴会的残余物表明了这一点。"[②]

另一种意见认为,人从生到死,就像太阳从东方升起从西方落下一样,东方是新生的一方,西方则是死亡的一方,人死后既然要到另一个世界生活,那么就应当把西方看作应去的方向。半坡氏族就是认为生为太阳升,死为太阳落,所以半坡、北首岭等一些氏族墓地,头向多朝着太阳落山的一方。此外,佤族也有类似的宗教信仰,他们认为太阳落下的

---

① 马洪路. 试论青莲岗文化[M]//《考古》编辑部. 考古学集刊　4. 北京:中国社会科学出版社,1984.

② 伊利亚德. 宗教思想史[M]. 晏可佳,吴晓群,姚蓓琴,译. 上海:上海社会科学院出版社,2004:14.

一方就是鬼居住的地方，由此形成了自己的祖先崇拜。[1]

原始墓葬中表现的祖先崇拜的第三个方面是随葬品，几乎在所有的古代墓葬中都存在以物殉葬的文化痕迹，这种现象是在灵魂不死的信念支配下产生的。把食物、人造物品或其他艺术品同死者一起埋葬，不仅表明人们普遍知道死亡，而且也发展了供奉祭祀死者的礼仪。原始人认为，死人所拥有的财富应与活人相等，因为他们要到另一个世界去生活，所以把死者生前用的生产工具、生活用具以及装饰品等物一同随葬。这种做法清楚地反映了当时人们的宗教信仰和祖先崇拜意识。按照拉法格的观点："死者的灵魂只有继续生活在坟墓中，才能为活人服务；而既然他们要生活，便需要生活上所必需的东西。"[2] 在中国传统文化中，墓地象征着人们头脑里的阴间世界。因此，整个丧葬活动也都是围绕怎样把死者送到阴间和死者怎样在阴间生活展开的。墓中的随葬品就反映了人们对死者在阴间生活的关心。

原始墓地中还有一种表现灵魂观念的迁徙合葬墓，又叫"二次葬"。由于原始人认为血肉是属于人世间的，灵魂可以离开肉体而单独存在，并永远不死，所以在原始人看来，当皮肉腐烂以后，灵魂便到另一个世界去生活。在氏族社会中，一个家族的成员不可能同时死去，对于早死的成员，一般只做简单的埋葬，在其他成员死后，便将原死者的骸骨迁徙至一处，正式埋葬，使家族成员能够在另一个世界里团聚。

仰韶文化和大汶口文化前期的合葬墓多采用二次迁葬，迁葬时，对保存好的尸骨与一次葬者一样，摆成仰身直肢状；对保存不好的尸骨，一般按人体的相对位置摆放；对待特别零散的尸骨则是进行堆放。这种二次埋葬的方式并不代表着以后死者为中心，也不在乎人的肉体能否完整，把尸骨埋在一起就是象征着灵魂在一起，是以血缘为纽带连在一起的氏族生活在人们头脑中的反映，体现了母系氏族社会家族成员之间的血缘关系，这种葬俗在当时起着维护氏族制度的作用。

二次葬是在仰韶文化氏族部落时代流行的主要葬俗之一。在仰韶系统的史家氏族墓地发现多人合葬墓共40多座，共出土700具骨架，一般一个墓坑20具左右，少的为4具，个别为50多具。其中有一个墓坑埋葬的全是男性，而其余的墓坑男女老幼都有，只是在性别年龄上数量不等。总的来看，尸骨排列整齐，个体明显，头和肢骨成堆放置，看来在迁徙前骸骨比较零散。类似这样的二次集体合葬墓所葬的可能是一个氏族或胞族内的成员，这种葬法无疑是灵魂不死的反映，活着都是氏族成员，死后也离不开氏族集体。在横阵氏族墓地里还出现了大坑套小坑的埋葬方法，有的在一个大坑内套有数个小坑，每个小坑各埋几具或十几具骨架，有的骨架还存在叠压的情况，也是男女老少都有，这种现象反映的可能是死者生前是一个母系大家族的成员或氏族的成员。

---

[1] 李仰松. 佤族的葬俗对研究我国远古人类葬俗的一些启发[J]. 考古，1961（7）.
[2] 拉法格. 思想起源论[M]. 王子野，译. 北京：生活·读书·新知三联书店，1978：127.

564

二次葬在东南亚一些土著居民和中国台湾、广东、福建等地比较流行，具体葬法是：人死后，先将尸骨停放在一个地方，等肉体腐烂后再把骸骨收拾起来，进行第二次正式埋葬。这种葬法又叫"洗骨葬"。采用这种葬法的民族都有一种普遍的信念，即认为人的血肉是人世间的，等肉体腐烂然后将尸骨正式埋葬，这样死者才能真正进入幽冥世界。

二、商周时期的祖先崇拜

祖先的概念和祖先崇拜的模式在历史上是不断变化的，这些变化又是与总的社会政治的转型紧密联系在一起的。在新石器时代，祭祀仪式从"集体祖先崇拜"到"个人祖先崇拜"的转变，是与社会组织从无等级社会向等级社会的过渡相一致的。后者的祭祀仪式对商周的宗教和政治制度产生了深远的影响。高度的等级化和制度化特征使得商周的祖先崇拜仪式能够给统治者提供心理上的基础和意识形态方面的合法性。

随着宗教的发展，祖先的神灵也逐渐开始形象化，演变成对祖先偶像的崇拜。从对死人的恐惧发展为相信死者灵魂有强大的力量，这是原始人类和一切落后民族在宗教信仰发展中的反映，活人希望从这种力量中获得利益，就像从其他自然力量中得利益一样，通过各种祭祀、膜拜，达到让祖先的灵魂为活人服务的目的。正如米尔恰·伊利亚德在分析古代埃及宗教观念时所指出的那样，埃及国王俄赛里斯被谋杀后成为天神，成为所有受造物的源泉和基础，他说："'无论我活着还是死了，我都是俄赛里斯；我进入你的身体，通过你重现，我在你里面衰亡，也在你里面成长……诸神活在我里面，因为我生在、长在滋养诸神的谷物中。我覆盖着大地，无论我是生还是死，我是大麦。我不会被毁灭，我已进入"秩序"之中……成为"秩序"之主，我在"秩序"中显现。'这是对死亡的大胆肯定，从此死亡就被当作一种肉体的升华。原先毫无意义的死亡变得有了意义。坟墓也成了人完成其蜕变（sakh）的地方，因为死者变成了阿赫（Akh），即'一个转变了的灵魂'。对于我们来说，重要的是，俄赛里斯逐渐成为了某种范式，不仅针对统治者，同时也针对每一个人。"[①]

追寻宗教起源和形成的轨迹，人们会发现，它与早期人类对超出自身和超出自然界的外在力量的认识有着密切的关系。人类在超自然的神灵观念的形成上，其思维发展大致经历了三个阶段，即从万物有灵观到原始神灵崇拜，再到后来的宗教信仰。中国宗教的起源也经历了这三个阶段，只是在原始神灵崇拜方面更具中国特色。中国曾出现过对自然神的

---

① 伊利亚德. 宗教思想史[M]. 晏可佳，吴晓群，姚蓓琴，译. 上海：上海社会科学院出版社，2004：87.

崇拜、对动植物神的崇拜、对图腾的崇拜以及对由灵魂观念生成的祖先神的崇拜。在如此多的崇拜之中，对于中国原始宗教的形成和发展影响最大的，应该是对祖先神的崇拜，它的潜在影响甚至绵延至今。

祖先崇拜是建立在灵魂崇拜的基础之上的。随着母系氏族社会向父系氏族社会过渡，人类确立了父权制，原始家庭制度趋于明朗、稳定和完善，人们逐渐有了其父亲家长或氏族中前辈长者的灵魂可以庇佑本族成员、赐福儿孙后代的观念，并开始了祭拜、祈求其祖宗亡灵的宗教活动，从此才形成严格意义上的祖先崇拜。

中国的祖先崇拜就是相信祖先的灵魂不灭，并且成为超自然的一部分而加以崇拜。祖先崇拜是取代图腾崇拜而产生的。到了母系氏族社会后期，随着生产技能的提高和对生殖现象的逐渐理解，人们不再愿意认被自己征服的动物为祖先，图腾崇拜被慢慢抛弃，取而代之的是祖先以人的神格化的面貌出现。随着母系氏族社会向父系氏族社会过渡，人的神格化的祖先也就由女性变成了男性，我们从汉字中"祖"字的构造可以找到男性祖先崇拜的证据。

新石器时代的考古发现，中国的祖先崇拜可谓源远流长，可作为证据的材料极多。[1] 中国祖先崇拜的特征在于从远古到殷周，祖先崇拜与上帝崇拜具有合一性或一致性。尽管历史学家关于中国上古至上神与祖先神的关系仍有各种不同的意见，尽管这两者的所谓"合一"或"一致"可能有并不相同的多种形态，但两者紧密相连却几乎是学界所公认的。如王国维认为帝喾即殷人的祖先："为商人所自出之帝，故商人谛之。"[2] 郭沫若说："卜辞中的帝就是高祖夔"，"至上神'帝'同时又是他们的宗祖"。[3] 祖先崇拜与天神崇拜逐渐接近、混合，已为殷以后的中国宗教树立了规范，即祖先崇拜压倒了天神崇拜。[4] 徐复观说："殷人的宗教性主要受祖先神支配。他们与天帝的关系，都是通过祖先作中介人。周人的情形，也同此。"[5] 张光直认为"商"字的含义即祖先崇拜："在商人的世界观里，神的世界与祖先的世界之间的差别，几乎到微不足道的程度。"[6] 如此等等。祖先生是人，死为神，或生即半神。无论生死，祖先都在保护着"家国"——本氏族、部落、部族、国家的生存和延续。在这里，人与神、人世与神界、人的事功与神的业绩常直接相连、休戚相关、浑然一体。《礼记·祭义》说"文王之祭也，事死者如事生"，孔子讲"未能事人，焉能事鬼"等，都是建立在这个"事奉祖先"的基础之上。生与死、人与神的界限始终没

---

[1] 何炳棣："构成华夏人本主义最主要的制度因素是氏族组织，最主要的信仰因素是祖先崇拜。制度和信仰本是一事的两面。""商王虽祭祀天神、大神、昊天、上帝及日、月、风、雨、雪、土地山川等自然神祇，但祖先崇拜在全部宗教信仰中确已取得压倒的优势。"（《华夏人本主义文化：渊源、特征及意义（上）》，《二十一世纪》总第33期，1996年）

[2] 王国维.古史新证[M]//姚淦铭，王燕.王国维文集：第4卷.北京：中国文史出版社，1997：6.

[3] 郭沫若.青铜时代[M]//沫若文集：第16卷.北京：人民文学出版社，1962：15，19.

[4] 陈梦家.殷虚卜辞综述[M].北京：中华书局，1988：562.

[5] 徐复观.中国人性论史[M].台北：台湾商务印书馆，1969：17.

[6] 张光直.中国青铜时代[M].台北：联经出版事业公司，1994：346.

有截然分开，而是连贯一气，相互作用着的。直到现代的民间风俗中，人死后，家属、子孙以各种明器殉葬，仍是两千年前这个"事死者如事生"亦即祖先崇拜的具体延续。

祖的古体是"且"，在甲骨文、金文中都画作男性生殖器的形状，这是原始社会中生殖崇拜的遗存。《说文解字》曰："祖，始庙也。"段玉裁注："始兼两义。新庙为始，远庙亦为始。故祔祪皆曰祖也。《释诂》曰：祖，始也。《诗毛传》曰：祖，为也。皆引伸之义。如初为衣始，引伸为凡始也。"[1]《周礼·冬官》曰："国中九经九纬，经涂九轨，左祖右社，面朝后市，市朝一夫。"[2]

祖的一系统称为父。父是一家之长，是带领、教育子女的人。《说文解字》："父，矩也。家长率教者。从又举杖。"段玉裁注："家长率教者，率同達，先导也。经传亦借父为甫。……《学记》曰：夏楚二物，收其威也。故从又举杖。"[3]继父系氏族社会之后，中国进入夏、商、周的早期奴隶制阶段，男性在社会生活中处于绝对的优势地位，建立了在父系血缘之上的宗法制度，祖先崇拜偏重于男性。

祖先崇拜的特点首先是将本族的祖先神化并对之祭拜，具有本族认同性和异族排斥性；其次是相信其祖先神灵具有神奇超凡的威力，会庇佑后代族人并与之沟通互感；最后是超越了原始图腾崇拜和生殖崇拜的认识局限，不再用动植物等图腾象征或生殖象征来作为其氏族部落的标志，而以其氏族祖先的名字取代，由此使古代宗教从自然崇拜上升为人文崇拜。

英国社会学家斯宾塞特别强调祖先崇拜在宗教发展史上的意义，他在《社会学原理》一书中力图证明一切宗教形式都是从祖先崇拜发展而来的，神灵本身也发端于祖先崇拜。斯宾塞的祖先崇拜论虽然存在一些值得深入探究的东西，且在宗教学领域是有争论的，但他关于世界各地各民族皆存在祖先崇拜这一事实的论断是可信的。我国古代宗教制度不仅证明了上述事实的存在，而且证明了从氏族神到部落、民族和国家保护神的发展。恩斯特·卡西尔在谈到这一点时曾经强调说："在世界上似乎没有什么民族不以这种或那种形式进行某种死亡的祭礼。生者的最高宗教义务之一就是，在父亲或母亲死后给他供奉食物和其它生活必需品以供死者在新国度中生活下去。在很多情况下祖宗崇拜具有渗透于一切的特征，这种特征充分地反映并规定了全部的宗教和社会生活。在中国，被国家宗教所认可和控制的对祖宗的这种崇拜，被看成是人民可以有的唯一宗教。"[4]

德·格鲁特在他对中国宗教的叙述中说，这意味着死者与家族联结的纽带并未中断，而且死者继续行使着他们的权威并保护着家族。他们是中国人的自然保护神，是保证中国人驱魔避邪、吉祥如意的灶君。"正是祖宗崇拜使家族成员从死者那里得到庇护从而财源

---

① 段玉裁.说文解字段注：上册[M].成都：成都古籍书店，1981：4.
② 阮元.十三经注疏：上册[M].北京：中华书局，1979：926.
③ 丁福保.说文解字诂林：第4册[M].北京：中华书局，1988：3442.
④ 卡西尔.人论[M].甘阳，译.上海：上海译文出版社，1985：108.

隆盛。因此生者的财产实际上是死者的财产；固然这些财产都是留存于生者这里的，然而父权的和家长制权威的规矩就意味着，祖先乃是一个孩子所拥有的一切东西的物主……因此，我们不能不把对双亲和祖宗的崇拜看成是中国人宗教和社会生活的核心的核心。"[1]

中国是标准的祖先崇拜的国家，在这里我们可以研究祖先崇拜的一切基本特征和一切特殊含义。西方学者的论断可以帮助我们认识祖先崇拜在我国古代宗教中所占的重要地位。

根据晁福林先生的研究，殷代的祖先崇拜具有六个特点。第一，祖先神是殷人祈祷的主要对象。第二，殷人祭祖时极力追溯传说中的最初祖先。第三，殷人对女性祖先的崇拜虽逊于男性祖先，但仍很显著。在整个殷王国时期，女性祖先一直受到重视，这反映出殷人的原始思想仍然很重。第四，殷人祭祖用牲数量多，祀典特别隆重。第五，殷人先祖多被分为若干祭祀组，如"大示""小示"等，分组的目的是遍祀祖先，避免遗漏。后来又发展出周祭制度。殷人虽然对父、祖辈先祖更为重视，但始终没有忘记对全体先祖的祭祀。第六，殷人不但尊崇王室的先祖，而且敬仰非王室的先祖。[2]

殷人的宗教信仰大致可以概括为以下几点。第一，殷人的信仰已不是单纯的万物有灵论，而是多神论或多神教的形态。虽然，殷人的多神教信仰本质上与万物有灵论没有区别，但其不同之处在于，在多神教信仰中，所有神灵组成了一个具有上下统属秩序的神灵世界或神灵王国。第二，这个神灵王国的最高神，本身是由涵盖作用较大的物神转化而来的，是与自然生活联系最密切的职能神发展而来的。第三，殷人的祖先神灵信仰很突出，在多神信仰的体系中祖先神灵占有重要地位，虽然帝是否为祖灵尚难断定，但帝已经人格化，而祖灵也已天神化。第四，帝与祖先神灵对人世的影响都有正负两个方面，虽然殷人并没有明确的善恶神的观念，没有善恶二元神的区分，但帝等神令雨、受又、受年，可以说就是善的方面；令风、降祸、降堇，可以说就是恶的方面。从卜辞中可见，对殷人而言，上帝并不是关照下民、播爱人间的仁慈之神，而是喜怒无常、高高在上的神。人只能战战兢兢每日占卜，每日祭祀，谄媚讨好地祈求神灵的福佑。[3]

从资料反映的情况看，殷人不断地赞颂祖先，歌唱祖先的丰功伟绩。如："昔有成汤，自彼氐羌，莫敢不来享，莫敢不来王，曰商是常。"[4]"嗟嗟烈祖，有秩斯祜；申锡无疆，及尔斯所。"[5]人们颂扬祖先是因为祖先为其部族创造了丰功伟业，而且还随时随地保佑着自己的后人，"降福无疆"，给后人带来福祉。为了维护部族的利益，人们要依照先祖的成规办事，以图利族利民。

---

① 卡西尔.人论[M].甘阳，译.上海：上海译文出版社，1985：108-109.
② 晁福林.论殷代神权[J].中国社会科学，1990（1）.
③ 陈来.殷商的祭祀宗教与西周的天命信仰[J].中原文化研究，2014（2）.
④ 阮元.十三经注疏：上册[M].北京：中华书局，1979：627.
⑤ 阮元.十三经注疏：上册[M].北京：中华书局，1979：621.

西周出现了以上帝为百神之主的宗教观念，因此也就特别重视对天的祭祀。所谓"类于上天"①"告于皇天后土"②便是对天帝的祭祀。由于西周贵族把天的权威引转到自己身上，所以，上帝也是西周天子的象征。天子死后，其灵魂要回到天上，回到所谓的上帝身边。实际上，对天的祭祀也是对西周天子的祭祀。考古工作者曾在甘肃发掘了这样一座西周墓，在墓室的北端布满了火炰和草木灰烬，这种现象可能是当时曾在此举行祭祀而留下的遗迹。③

西周时期的人殉和牲殉与宗教信仰中的崇拜祖先、祭祀神灵密切相关。实际上，墓葬中出现的奴隶骨架本身就包含着祭祀和殉葬的双重意义，墓葬中的殉人者就是宗教中的牺牲者。用活人作牺牲，为死去的氏族首领、家长或奴隶主殉葬以祭祀神灵祖先，是古代社会普遍存在的一种宗教现象。西周时期奴隶主贵族延续了商代杀人殉葬的宗教习俗，成为当时社会中一种特有的宗教形式。不过，这一时期的杀人殉葬之风不如殷商盛行，但在统治阶级上层仍然有一定的规模。商周的鬼神观念已经很明显，墓葬内既要随葬衣物、器具或装饰品，还要陪葬车马，并杀殉大量的奴隶，以使死者的灵魂不会感到寂寞，反过来让鬼魂的力量为活着的人谋利益，又是让鬼魂高居于凡人之上的宗教表现。

西周早期仍然有浓厚的天命观念，周王朝贵族也正是利用上帝的意志来限制人力的作用，或把地上发生的事情归于上帝的意志，把因各种事物引发的喜怒哀乐神化为上帝的思想感情。因此，各阶层之间的善恶、各种事物的利弊都反映在占卜形式上。

这一时期，占卜作为西周宗教的一个重要组成部分，在当时的社会生活中具有巨大的作用。卜骨和卜甲作为神与人之间的中介也具有一定的神性，是传达上帝意旨的神秘工具。从周人的卜骨和卜甲来看，他们乞求赐兆的对象仍然是上帝和祖先，因此，卜骨和卜甲也就具有了人与上帝、人与祖先之间的灵性。在当时，统治阶级为了利用宗教，必然要大搞一些宗教活动来提高神威的影响力，统治者想要做的一切事情，都要通过占卜来披上神意的外衣。

尽管周人继承了商人关于天的思想，但周人只是把天作为一种统治人民的工具，同时也把宗教思想当作一种愚民的工具。由于周天子自称是上天的儿子，是受了"天命"来统治天下的，所以周人才把天奉为有意志的人格化的至上神。以"帝"或"上帝"为至上神的宗教思想在西周占支配地位。从当时铜器铭文上的记载可以看出，西周的祭天和祭祖是统一的。

祖先崇拜兴盛的基础是建立在中国特有的文化背景之上的。早期的氏族神信仰和祖先崇拜是混杂在一起的，与西方相比，不是宗教神代替了巫术时代的氏族神或祖先神，而是祖先神日益凸显和明确，祖先崇拜在新的时代下以既不同于氏族神也不同于宗教神的角

---

① 阮元.十三经注疏：上册[M].北京：中华书局，1979：181.
② 阮元.十三经注疏：上册[M].北京：中华书局，1979：184.
③ 甘肃省博物馆文物队.甘肃灵台白草坡西周墓[J].考古学报，1977（2）.

色在中国大地上牢牢地确定下来。从历史过程上看，神话则被理性化、世俗化，远古的宗教神话变成了古史传说，神成了人，黄帝成了人文初祖。世界其他的古代民族都有纯粹的宗教经典、神话作品，如埃及的《金字塔文》《亡灵书》，印度的《吠陀本集》《摩诃婆罗多》《罗摩衍那》，希腊的《神谱》《伊利亚特》《奥德赛》，但古代中国却没有形成自己的宗教经典或神话、传说的汇编。据谢选骏的研究，中国古代的经典如《周易》《尚书》《诗经》《礼记》等，"殊少宗教意味和神话色彩的世俗化著作，其支配精神是伦理的、人文的、现世的。这种中国式的圣书，是社会性、历史化的世俗经验的凝炼"[①]。"在中国文化心理中，英雄崇拜的等次低于祖宗崇拜。家族主义强于国家主义。每个帝王都有其庙号，并敕封其祖先为英雄或神。在这种虚假的样板作用示范下，各大显族也竞相进行祖宗崇拜的比赛。此风所及，甚至遍于平民。"[②]农业国的生产方式本身就为家族观念、祖先崇拜创造了适宜的环境，再加上文化上的此种演进路向，祖先崇拜被进一步加强。

三、商周时期的人鬼谱系

商周时期开始把上古以来的中华各个部落、民族的祖先神全部纳入人鬼谱系，建立了三皇五帝的历史传统，这对中华民族最终的形成做出了贡献。在中国最早的古史系统之古史传说中，三皇五帝广为流传，到战国时期三皇五帝之说已被载入史册。三皇五帝率领民众开创了中华上古文明，近现代考古发现了与这一时期相对应的龙山文化遗址，证明了三皇五帝时期确实存在。

从卜辞记载的祭祀对象到周人礼书记载的祭祀对象，可以看出在上古时代很长一个时期，宗教信仰具有相当程度的多神教色彩或倾向。"有天下者祭百神"的传统大概自夏商到两周一直未变，殷人信仰中虽有帝和帝廷、臣正的观念以及祖先神灵宾于帝所的信仰，但民间社会祭祀的山川、河伯等"百神"似乎与帝并无统属关系，周代亦然。因此，我们有理由推断，在帝的观念产生以前，古代的神灵信仰认为存在着数目众多、特性各异、不相统属的神灵鬼怪，而统一的至上神"帝"的观念产生较晚，是与人间社会组织结构进化相适应的。而从商周的祭祀文化来看，作为祭祀活动的基础的神灵信仰，包括作为超自然力初级形态的精灵，也包括死后存在的生命亡灵和各种天地自然神祇。所谓自然宗教就是把自然的力量看作一个不可理解的存在，相信自然本身就是神灵，并将其人格化和对其顶礼膜拜，人们认为自然是由超自然的神灵创造和支配的。在从殷商文化到周代文化的发展

---

① 谢选骏. 空寂的神殿：中国文化之源[M]. 成都：四川人民出版社，1987：23.
② 谢选骏. 空寂的神殿：中国文化之源[M]. 成都：四川人民出版社，1987：51.

中，从思想上看，殷人的自然宗教信仰虽然通过祭祀制度仍容纳于周代文化中，但周人的总体信仰已超越"自然宗教"阶段，进入一个新的阶段。

三皇五帝并不是真正的帝王，仅仅是原始社会中后期出现的为人类做出卓越贡献的部落首领或部落联盟首领，后人追尊他们为"皇"或"帝"。所谓"皇"，本义为"始王天下者"。《说文解字》："皇，大也。从自王。自，始也。始王者，三皇，大君也。"段玉裁注："先郑注《周礼》云：四类三皇，五帝九皇，六十四，民咸祀之。《尚书大传》：燧人为燧皇，伏羲为戏皇，神农为农皇。谯周说同。《白虎通》曰：三皇者何？伏羲、神农、燧人。则改燧人居第三，恐非旧也。郑依《春秋纬》，伏羲、女娲、神农为三皇。皇甫谧说同。……始王天下，是大君也，故号之曰皇。"[1]《诗·小雅·信南山》曰："先祖是皇。"[2]《尚书·序》孔颖达疏："然帝号同天，名所莫加，优而称皇者，以皇是美大之名，言大于帝也。故后代措庙立主，尊之曰皇，生者莫敢称焉。而士庶祖父称曰皇者，以取美名，可以通称故也。"[3]战国末，因上帝的"帝"字被作为人主的称呼，又用"皇"字来称上帝，如《诗》曰："上帝是皇。"[4]"服其命服，朱芾斯皇。"[5]《楚辞》中有西皇、东皇、上皇等。在《周礼》《吕氏春秋》《庄子》中始有指人主的"三皇五帝"，《管子》对皇、帝、王、霸四者的不同意义作了解释，但都未实定其人名。

"帝"原指上帝。《说文解字》："帝，谛也。王天下之号也。从上朿声。"段玉裁注："谛也。见《春秋元命苞》《春秋运斗枢》。《毛诗故训传》曰：审谛如帝。"[6]自西周至春秋战国时记载神话和历史传说的文籍中，先后出现了很多古帝或宗神名号，大抵居西边的有黄帝、炎帝以及伯夷、共工、鲧、禹、四岳、稷（弃）、高圉、太王、玄嚣、蟜极、昌意、青阳等，居东边的有太皞、少昊挚、颛顼、祝融、高阳、高辛、尧、羿、浞、浇、俊（即喾）、契、冥、上甲微等，地区未明的有帝鸿氏、缙云氏、金天氏、烈山氏、陶唐氏、伯翳、菲子等。《庄子·胠箧》列举了古帝十二名并且全书中屡次提到其他古帝，《六韬》列举了古帝十五名，《逸周书》所列古帝多达二十六名。由于战国后期"五行说"逐渐建立，在上述许多古帝王中遂有罗列五帝的必要，并出现了各种"五帝说"。

在原始民族中间，相信鬼魂不灭，或相信人有一个或几个灵魂，常常把自然的死亡归属于神秘的原因，甚至一些病症也被认为是愤怒的神灵或死人所造成的，这就是产生鬼魂崇拜的基础。《礼记·祭法》曰："大凡生于天地之间者，皆曰命。其万物死，皆曰折。人死曰鬼。此五代之所不变也。""夫圣王之制祭祀也，法施于民则祀之，以死勤事则祀

---

① 段玉裁.说文解字段注：上册[M].成都：成都古籍书店，1981：10.
② 阮元.十三经注疏：上册[M].北京：中华书局，1979：470.
③ 阮元.十三经注疏：上册[M].北京：中华书局，1979：113.
④ 阮元.十三经注疏：上册[M].北京：中华书局，1979：589.
⑤ 阮元.十三经注疏：上册[M].北京：中华书局，1979：425.
⑥ 丁福保.说文解字诂林：第2册[M].北京：中华书局，1988：1012.

第六章｜商周时期的鬼神谱系　　571

之，以劳定国则祀之，能御大灾则祀之，能捍大患则祀之。"①因此，那些生前曾为本氏族的生存和发展起过作用的祖先灵魂成了"鬼"，即怀念和祈求的对象，所以后人常常采取不同的形式对祖先进行崇拜，由此祖先的灵魂也就成了现实世界的参与者。

英国著名人类学家泰勒把灵魂定义为"一种稀薄的没有实体的人形，本质上是一种气息、薄膜或影子"②。古人认为，灵魂在人死后还能存在，而且比活着的时候更有能力以作祸福，所以也就自然地产生了对死人灵魂的崇拜。如果死去的是一个部落中具有特殊势力或具有神秘性的人，那么，对他的灵魂就会更加崇拜。在中国历史上，祖先崇拜成为各族人民生活中的一种强烈信仰，也是宗族结合的精神支柱。曾子说："慎终，追远，民德归厚矣。"③慎终就是为父辈或祖辈办理丧事；追远就是举行祭祖活动。祭祖与丧葬包括了祖先崇拜的主要内容。

夏王朝是中国历史上第一个国家政权。从大禹建国到桀灭亡，经历了四百多年。考古发现的夏人的势力范围主要分布在河南西部和山西南部一带，以伊水、洛水地区为中心的河南偃师二里头文化遗址应是夏代的都城，是当时政治、文化的中心，也是当时文明最发达的地区。

文献记载，"夏道尊命，事鬼敬神""有夏服天命"，这说明夏人信鬼。夏人流行占卜，便是人们对上帝鬼神迷信思想的反映。夏人是信仰鬼神的，考古资料证实了这一点，如在二里头文化遗址中曾出土了一些以猪、牛、羊的肩胛骨制成的卜骨，骨上都有灼痕。夏人灵魂不灭观念的存在，反映在丧葬上便是厚葬的盛行。如1975年在河南偃师二里头遗址发掘的一座编号为K3的墓，其随葬品相当丰富，大坑内出土的随葬品有铜爵、铜戈、铜戚、陶盉、圆泡形铜器、石磬、绿松石片等；小坑棺内出土有圆形铜器、玉铲形器、玉钺、玉戈、绿松石片、骨串珠及海贝等。它可能是奴隶主的墓坑，大坑是墓穴，小坑是棺室。不仅奴隶主墓出土了丰富的随葬品，就连当时的平民也广泛流行厚葬。在二里头遗址发现的20多座小型墓中，墓内均有随葬品，1～21件不等，绝大多数为陶器，如鼎、豆、觚、爵、鬶、盆、皿、罐、瓮等，个别墓也出土了少量的玉器和海贝。

明器，又称"冥器"，是专门为随葬而制作的器物。《礼记·檀弓》有"夏后氏用明器"的记载。"明器，鬼器也。""其曰明器，神明之也。涂车刍灵，自古有之，明器之道也。"孔子曰："之死而致死之，不仁而不可为也；之死而致生之，不知而不可为也。是故竹不成用，瓦不成味，木不成斫，琴瑟张而不平，竽笙备而不和，有钟磬而无簨虡。其曰明器，神明之也。"子思曰："丧三日而殡，凡附于身者，必诚必信，勿之有悔焉耳矣。三月而葬，凡附于棺者，必诚必信，勿之有悔焉耳矣。"④言其日月，欲以尽心修备

---

① 阮元.十三经注疏：下册[M].北京：中华书局，1980：1588，1590.
② 转引自布留尔.原始思维[M].丁由，译.北京：商务印书馆，1981：74.
③ 论语·学而[M]//诸子集成：第1册.长沙：岳麓书社，1996：16.
④ 阮元.十三经注疏：上册[M].北京：中华书局，1979：1289.

之。附于身，谓衣衾。附于棺，谓明器之属。

除明器之外，弓矢、耒耜、两敦、两杆、盘匜、燕乐器、甲、胄、干、笮、杖、笠、翣等，也是古代下葬时的随葬器物。高承《事物纪原》曰："孔子谓为明器者，知丧道。其曰明器，神明之也。涂车刍灵，自古有之，明器之道也。谓为刍灵者善，为俑者不仁，不殆于用人乎哉，为其像人而用之也。郑注云：俑，偶人，有面目似生人。孔子善古而非周。《周官·冢人》及葬言鸾车像人，是像人之起始于周也。今直以俑号明器云。"[1]《儒门崇理折衷堪舆完孝录》卷八曰："为父母形体在此，故礼其神以安之。藏明器等，实土及半，乃藏明器、下帐、苞、筲、罋于便房。按：明器乃刺木为车马、仆从、侍女，各执奉养之物。如巾帕、茵褥等物，象平生而小，准令五品、六品三十事，七品、八品二十事，非墅朝官十五事，庶人十事。"[2]

新石器时代的墓中已出现专供随葬的明器，如江苏邳州大墩子遗址墓中出土方形尖顶陶屋、甘肃秦安大地湾遗址墓中出土彩绘陶靴等。商周时期明器的使用日益普遍，河南安阳商墓中曾发现锡铅铸造的礼器和武器，以及仿青铜礼器制作的陶明器。战国时期，仿青铜礼器和乐器的陶明器更加普遍，象征车马的小型车马饰和陶、木质俑开始流行，甚至连竹木制作的床榻几案等家具和琴瑟等乐器也常常是仿实用器的明器。秦汉时期陶明器数量更多，秦始皇陵出土的兵马俑，大小如真人真马。反映家赀财富豪华威仪的楼阁庭院、侍卫奴仆、井仓灶磨、车船、鸡狗，包括仓、灶、井、风车、碓房、圈厕，院落、楼阁、田地、池塘以及家禽、家畜俑等明器，在汉墓中随处可见，而且造型大多逼真，不仅反映了当时的日常生活，同时也透露了当时的建筑形式。

明器　汉代　泥塑　采自《文物中国史》

魏晋南北朝时期，北方流行武士俑、胡人俑、伎乐俑、陶牛车，南方流行青瓷明器，其中以莲花尊、魂瓶、虎子（溺器）等最具特色。唐代出现三彩明器，工艺水平很高。北宋以后，纸明器逐渐流行，其他质料明器减少，但在官僚地主墓中仍不乏陶、木明器。

祭祖习俗肇始于夏代。孔子说："夏道尊命，事鬼敬神而远之，近人而忠焉。"[3]据

---

[1] 高承.事物纪原：卷9[M]//文渊阁四库全书：第920册.台北：台湾商务印书馆，1983：247-248.

[2] 道藏：第35册[M].北京：文物出版社，上海：上海书店出版社，天津：天津古籍出版社，1988：671.

[3] 阮元.十三经注疏：下册[M].北京：中华书局，1980：1641.

《尚书·甘誓》记载，大禹的儿子启在声讨有扈氏时对将士们说："用命，赏于祖。弗用命，戮于社。"①联系偃师二里头夏代文化的遗址，可见夏代已有宗庙与社所。《礼记·礼器》曰："夏立尸而卒祭。"所谓"立尸"，即以活着的人充当所祭先人的神像。疏："子事父母，就养无方，故在宗庙之中。礼主于孝，凡预助祭者，皆得告尸……夏祭乃有尸，但立，犹质，言尸是人，人不可久坐神坐，故尸惟饮食暂坐，若不饮食时，则尸倚立，以至祭竟也。"②可见祭祖立尸之仪式盖肇于夏。

殷商时期，以上帝为中心的鬼神系统已经形成。《礼记·表记》说："殷人尊神，率民以事神，先鬼而后礼。"③这里所说的"鬼"，就与当时人的灵魂信仰有关。据《礼记·祭义》解释："众生必死，死必归土，此之为鬼。"宰我曰："吾闻鬼神之名，不知其所谓？"子曰："气也者，神之盛也。魄也者，鬼之盛也。合鬼与神，教之至也。"气，谓嘘吸出入者也。耳目之聪明为魄。合鬼、神而祭之，圣人之教致之也。④从考古资料与文献记载看，殷人生活在一个充满宗教期望与阴森恐惧的鬼神世界里。

在黄河中游龙山文化的许多遗址中发现了大量卜骨，是用猪、羊、鹿和牛的肩胛骨做成的，上有火灼痕。邯郸涧沟的一个半地穴室的坑内，在一个烧灶的周围放着四个人的头骨，这可能是一种猎头祭祀的习俗。⑤可见卜祭之风由来已久。据统计，殷墟出土的卜问鬼神的甲骨达十多万片。其祭祀对象之广泛，名目之繁多，活动之频繁，仪式之隆重，在中国历史上也是十分罕见的。商代王室贵族几乎天天都有祭祀鬼神和祖先的活动，甚至一天之内有数次祭礼活动。宫城之内，宗庙林立，人祭、牲祭的葬坑遍布四周。除祭礼活动外，商人还往往用卜筮决疑，即向鬼神请命断疑，以决定人们的所作所为。这种用甲骨占卜向鬼神请命的做法，充分显示出商人重鬼神的思想。

当然，商代奴隶主贵族频繁的祭祀和卜筮活动是有其政治目的的：一是取悦于鬼神和祖先，希望他们降福佑护自己；二是向被统治者显示他们和神的亲密关系，让被统治阶级知道只有他们才能得到神灵的庇护，听从神的安排。这样一来，奴隶主统治阶级就可以借助鬼神的力量和名义，"以教民事君"，让被统治者俯首帖耳，听从他们的统治。《礼记·曲礼上》说商人"敬鬼神，畏法令"，这话道破了商代统治者敬鬼神的实质。

从商人那种"灵魂不死"和"亲族意识"形式的祖先崇拜中可以看出商人的丧葬观念已包含了伦理、宗教以及强调尊卑秩序的三重特性。此外，"殷人用祭器"也表明在"尚鬼"的宗教信仰中已潜藏着且又日益扩大着的伦理性丧祭精神，这成为"周因于殷礼"的思想与社会基础。

---

① 阮元.十三经注疏：上册[M].北京：中华书局，1979：155.
② 阮元.十三经注疏：下册[M].北京：中华书局，1980：1439.
③ 阮元.十三经注疏：下册[M].北京：中华书局，1980：1642.
④ 阮元.十三经注疏：下册[M].北京：中华书局，1980：1595.
⑤ 中国社会科学院考古研究所.新中国的考古发现和研究[M].北京：文物出版社，1984：85.

殷人灵魂信仰在丧葬中的直接反映便是厚葬习俗的盛行。我国古代厚葬的第一次高潮在商代，其特征之一是奴隶主贵族的陵墓建筑规模宏大壮丽，而且随葬有大量精美的青铜、玉石制品；其二是普遍以奴隶、牲畜等殉葬。以商代第二十三代王武丁的配偶妇好的墓为例，该墓发现有殉人16位、殉狗6只，出土有468件青铜器（不含109个小铜泡）、700多件玉器、560多件骨角器、63件石器、47件宝石制品、11件陶器、15件虾器、3件象牙器皿以及2件残片和近7000件海贝等物。在这些随葬品中，既有礼器、乐器和兵器，还有众多的生活用具和工艺品。在墓中埋入如此众多而精美的随葬品，就是为墓主的死后生活所作的精心安排，希望她死后能在冥间过着同生前一样奢侈豪华的贵族生活。由此可见，殷人的鬼魂观念是何等的强烈和浓厚。

殷人侍奉鬼神十分虔敬。殷人所奉的"鬼"便是他们已死的祖先。王室高祖先公、王室先王先妣及商王以下贵族的先人、旧臣皆被列为祭祀对象，以配祀上帝，在上帝左右发挥作用，保佑后嗣，降罪造福。《尚书·盘庚中》曰："古我先后，既劳乃祖乃父，汝共作我畜民，汝有戕则在乃心；我先后绥乃祖乃父，乃祖乃父乃断弃汝，不救乃死。"[①]这是殷王盘庚告诫大臣时所说的一段话，意思是说：你们的祖先与我的先君成汤，同心同德共治民众。今天你们不为我养民，反而有残虐民之心，是你们背叛祖父的行为，因此虽然是你们的祖父亦不保佑你们。盘庚相信先王先臣都还跟活着一样管事，必须举办祀典，致祭先王祖先。

殷人信奉的鬼祟已非常多，且名目繁杂。严一萍《殷契征医》指出殷人视疾病之原因有四：一曰天帝所降，二曰鬼神祟祸，三曰妖邪之蛊，四曰天象之变化。单就祟祸殷人的鬼神妖邪而言就已名目颇多，如"疕""羔""季""王亥""河""上甲""大甲""大戊""祖乙""亚祖乙""祖辛""羌甲""祖丁""南庚""阳甲""父甲""父辛""父乙""丁""兄戊""祖戊""高妣己""妣己""妣甲""妣庚""子安妣""母丙""母庚""母癸""多母""多介"等。严一萍说："《说文》：祟，神祸也。《庄子·天道篇》：其鬼不祟。《急就篇》：卜问谴责，父母恐。颜注：鬼神谴责，用致祸祟。是祟为鬼神之谴责也。""则祟祸所及，范围甚广，固不仅疾病一端。此虽汉人俗尚，而卜辞已然，其为祟鬼神之甚多。"[②]

商代有祈子求生之俗，但没有统一的所祈之神。就商族而言，早先乃视玄鸟为生育之神。《诗经·商颂》："天命玄鸟，降而生商。"《史记·殷本纪》："殷契，母曰简狄，有娀氏之女，为帝喾次妃。三人行浴，见玄鸟堕其卵，简狄取吞之，因孕生契。"[③]其实晚商时期商人宗族并不以玄鸟为生育之神，仅仅视其为追忆中的祖先标志。甲骨文记商人高祖王亥，亥字或从鸟，或当为商族崇拜鸟图腾的证据。

---

① 阮元.十三经注疏：上册[M].北京：中华书局，1979：170.

② 宋镇豪，段志洪.甲骨文献集成：第29册[M].成都：四川大学出版社，2001：9.

③ 二十五史：第1册[M].杭州：浙江古籍出版社，1998：14.

宋镇豪先生指出：甲骨文中有专司生育之神。武丁时生育之神"五妣"，以及后成为"四妣"的安排，当出于对商邑及周围四方商宗族的永生和子孙后嗣永继的寄托，在商人心目中，这几位"妣"既能保佑商族的子孙永生和永昌，又能时降灾祸。"五妣"，即"妣庚""妣丙""妣壬""妣己""母庚"。卜辞曰："乙未卜，于妣壬求生。（《乙》4678）""□辰卜，……求生妣己……妇……（《合集》21060）""贞妇好有子。贞祝于母庚。（《合集》13926）""戊申卜，求生五妣，于妣……其……（《合集》22100）"此五位已故女性已被商人神化，成为能为本族人口繁衍带来希望的生育女神。武丁之后，求生对象又有减少，主要为妣庚（又称高妣庚）、妣丙（又称高妣丙）、妣己（又称高妣己）、妣庚（即武丁时的母庚，小乙之配），妣壬不见。据三四期甲骨文云："乙亥贞，其求生妣庚。丁丑贞，其求生于高妣丙大乙。□□□，□□生□高妣庚示壬。丁丑贞，其求生于高妣，其庚酒。（《屯南》1089）□辰贞，其求生于祖丁母妣己。《合集》34083）"可知这四位主宰生育的女神分别为先公示壬配妣庚、先王大乙配妣丙、祖丁配妣己，小乙配妣庚（不称高妣，以与示壬配妣庚相区别）。疑四妣分主四方，以与当时流行的四方观念相对应。[①]

① 宋镇豪.夏商社会生活史[M].北京：中国社会科学出版社，1994：174.

第七章

巴蜀新石器时代遗址的神灵

巴蜀是一个历史地理概念。它所代表的地域与现代的四川并不完全一样。《周礼·夏官司马》划中国为九州，归巴蜀三郡为秦国所在的雍州。西汉武帝时又划中国为十三州，把巴蜀作为一个单独的行政区划，名为益州。益州以成都平原为中心，下设蜀郡、广汉郡、犍为郡、巴郡、越嶲郡及蜀郡、广汉二属国。晋常璩《华阳国志》中列载巴志、汉中志、蜀志、南中志，其中巴有巴郡、巴东郡、涪陵郡、巴西郡、宕渠郡，蜀有蜀郡、广汉郡、犍为郡、江阳郡、汶山郡、汉嘉郡、越嶲郡，汉中有汉中郡、魏兴郡、上庸郡、新城郡、梓潼郡、武都郡、阴平郡，南中有牂牁郡、平夷郡、夜郎郡、晋宁郡、建宁郡、平乐郡、朱提郡、南广郡、永昌郡、云南郡、河阳郡、梁水郡、兴古郡、西平郡及交趾。巴蜀的区域不仅包括今四川、重庆，陕西汉中的西部与云南、贵州、甘肃等省的一些地区亦属巴蜀的疆域。这些地区虽皆处西南边陲，民族混杂，社会落后，但随着巴蜀与中原的交流日益频繁，至汉晋时以四川盆地为内圈的巴蜀经济得到了高速发展，成为全国公认的十大经济区之一，进而影响了整个西南地区的社会进步，成都亦成为当时的六大都市之一。[①]

第一节　巴蜀文化的起源

古代的巴蜀有着悠久而独立的灿烂文化，其源头可追溯到新石器时代晚期文明起源之时。近年来震惊中外的全国十大考古新发现之一，即成都平原以"宝墩文化"命名的新津宝墩村、温江鱼凫村、郫县古城村、都江堰市芒城村、崇州市双河村和紫竹村等距今4500～3800年的六座古城遗址的发掘，证明四川盆地是长江上游文明的发源地，成都平原则是其中心。宝墩文化下限正好与中外瞩目的广汉三星堆文化及其青铜文明的时限相衔接，昭示着巴蜀文化的初曙及其内涵的奇诡瑰丽。如果再向上追溯，200万年前的"直立人

---

① 汉代十大经济区：关中、陇右、巴蜀、三河、燕赵、齐鲁、梁宋、颍川、南阳、三楚；六大都市：长安、临淄、洛阳、邯郸、成都、宛。

巫山亚种"及"晚期智人"资阳人的发现,证明巴蜀地区是人类、农业、文明的重要发祥地。可见巴蜀文化源自远古,悠久绵长,是多元的中华民族文化统一体的重要部分。

一、巴蜀新石器文化遗存

据古人类学家研究,亚洲高原可能是人类文明的摇篮,而中国长江流域上游的云、贵、川地区位于人类的起源地范围之内,当属人类起源地之一。近年来的考古发现也证明了这一点。如这里相继发现了1400万年前的开远腊玛古猿,800万年前的禄丰腊玛古猿,300~400万年前的元谋腊玛古猿,250万年前的"东方人"及170万年前的元谋人。这些腊玛古猿和早期人类化石及石器有力地加强了人类起源于亚洲南部的论据。[①] 根据现有资料,中国境内的早期人类是从长江流域上游的云贵高原逐渐向长江下游和黄河流域扩散、迁徙的。

1951年,四川资阳黄鳝溪发现了一个头盖骨、一块骨椎和大量共生的化石动物群,如东方剑齿象、中国犀牛、猛犸象、猪獾、鬣狗、箭猪、大额牛、竹鼠、水鹿、猪、牛、马、虎、麂、龟、鱼等。这具头骨具有明显的蒙古利亚人种的特征和某些原始人类特征。古人类学家吴汝康认定"资阳人"系旧石器晚期的早期新人类型,其生活在距今大约数万年至10余万年之间。

长江流域发现的旧石器时代早期遗址还有元谋猿人、巫山猿人、郧县猿人、郧西猿人、和县猿人、巢县人、贵州观音洞文化和湖北大冶市章山乡石龙头文化遗存。1979年贵州普定县的穿洞遗址出土了一件晚期智人头骨化石,它是继北京周口店遗址之后一个极其重要的发现。该遗址经国家考古队两次发掘,出土完整人类头骨两件,哺乳动物碎骨18000件,单个牙齿500多枚,动物化石13个属或种;出土石制器物20000余件,骨器1000余件,以骨锥最多,另有骨铲、骨针、骨棒等,此外还发现用火遗迹多处。这些留存于长江上游的古人类活动遗址,为研究中国西南原始社会提供了丰富的实物资料。

考古发现,新石器时代文化遗存的分布更为广泛,到目前为止,以川西成都平原为中心的长江上游地区已发现和发掘的新石器时代遗址达两百多处,东起巫山,西至雅砻江、大渡河,北自阆中,南到长宁,大致距今8000~4000年。这些遗址不仅表明人们的活动范围比旧石器时代广泛得多,而且经济文化生活也有了普遍进步。

四川盆地东部有著名的大溪文化遗址,西部主要有广元营盘梁细石器遗址,这是新石

[①] 贾兰坡.中国大陆上的远古居民[M].天津:天津人民出版社,1978;云南省博物馆.十年来云南文物考古新发现及研究[M]//文物编辑委员会.文物考古工作十年(1979~1989).北京:文物出版社,1990.

器时代较早时期的文化遗址。绵阳边堆山遗址是比成都宝墩文化遗址稍早的文化遗存，其基本特征显现出其与成都平原蜀文化有一定的承袭关系。川西高原和山地则有安宁河谷的西昌礼州遗址，岷江上游汶川、茂县、理县等地的20多处遗址，大渡河流域汉源的多处遗址，青衣江流域的天全、芦山、夹江、峨眉等地的30多处遗址。它们说明盆地西部边缘和横断山脉早有新石器时代的人类在活动。四川盆地星罗棋布的新石器时代文化遗存为巴蜀文明的起源和形成打下了基础，创造了有利条件。巫山大溪遗址，广汉三星堆遗址，大邑五龙战国巴蜀墓葬，茂汶别立、勒石村石棺墓葬遗址，喜德大石墓，西昌坝河堡子大石墓，珙县悬棺葬等地的考古发现，反映了上古时期巴蜀的宗教情况。

从川西北高原峡谷区，沿横断山脉向南，到川西南高山河谷区，是一个文化和民族走廊地带，这里的新石器时代文化也呈现出复杂多样的面貌。川西北高原峡谷区的岷江上游河谷中曾发现有类似于马家窑文化的彩陶文化遗存，时代可能早到距今5000年前，但并未深入到四川盆地。[①]另有一些地方特色突出的新石器时代晚期文化出现，如中路文化等，在3000～5000年前形成自身的发展序列。川西南高山河谷区的安宁河、雅砻江流域，新石器时代晚期文化的典型遗址有横栏山遗址、礼州遗址、轿顶山遗址等，地方特色明显，有些年代可延续到距今3000多年，并与商周秦汉时期西南夷一些少数民族文化遗存有某种联系。

四川盆地中心区的新石器文化出现较晚，大约到4000～4500年的新石器时代晚期阶段，以成都平原为中心的川西地区新石器时代文化才迅速发展起来，形成了具有本地特色的"宝墩文化"。其中最大的宝墩遗址面积达66万平方米。当时的经济应已是定居农业为主、渔猎为辅的混合经济。生活用具中的大量灰陶从考古学上反映出与中原龙山文化不同的特征，而为蜀文化所独有。六座古城的时代距今3700～4500年，其文化内涵有互相继承和连接的关系，最早的是宝墩遗址，芒城紧接宝墩晚期，双河稍晚于芒城而接近古城和鱼凫的早期。古城早期与鱼凫早期古貌接近，而鱼凫晚期则为诸遗址中最晚一期的文化，并与继后出现的高度发达的三星堆文化有直接的关系，成为巴蜀文化和文明起源发展进程中的重要一环。

从三星堆文化的经济情况看，经过上千年的长期定居，巴蜀农业有了很大发展，使用着多种耕作工具，也有一定的防洪和灌溉技术。大量酒器的发现，既反映了酿酒技术的发展，也表明当时有较多的粮食剩余。成堆的兽骨则表现出畜牧业的发展状况。宏大精美的青铜器群、规整细致的玉石礼器反映了手工业、青铜铸造业等技术高度发达，冶炼、铸

---

① 王仁湘，叶茂林.四川盆地北缘新石器时代考古新收获[M]//李绍明，林向，赵殿增.三星堆与巴蜀文化.成都：巴蜀书社，1993；林向.大溪文化与巫山大溪遗址[M]//中国考古学会.中国考古学会第二次年会论文集 1980.北京：文物出版社，1982；西昌市文物管理所.四川西昌市横栏山新石器时代遗址调查[J].考古，1998（2）；礼州遗址联合考古发掘队.四川西昌礼州新石器时代遗址[J].考古学报，1980（4）；四川凉山彝族自治州博物馆，四川盐源县文化馆.四川盐源县轿顶山发现新石器时代遗址[J].考古，1984（9）.

造、连接技术先进，具有相当大的规模和很高的水平。从泥范和石器半成品看，制作陶器的作坊就在遗址群内。制陶业继续进步，并形成自己的一套造型特征和艺术风格。夯土、土坯砖、木构梁架的使用表明建筑技术也达到很高的水平。三星堆出土的大量生产生活用品、众多的装饰品、礼器和祭祀用神器，证明当时已完成第二次社会大分工：手工业从农业中分化出来，成为独立的行业。海贝、玉石璧瑗的大量出现反映了商品货币经济已经开始，财产和货币的占有逐步集中。器物群中多种文化因素和遥远的海洋产品的发现说明贸易和交通也取得很大发展，第三次社会大分工也已开始。绘画、雕塑、装饰和多种礼仪用品的发现，表现了三星堆时期美术、舞蹈、音乐等方面发展到一个高峰。这些出土文物说明当时人们对天象、地理、动物、植物乃至物理、天文、数学等有了相当水平的观察和认识，在利用和改造自然方面取得了不少成果。

这种稻作文明的一个突出特征就是与自然生态环境相协调，较好地利用了自然条件，又较少造成生态环境的破坏。因而才有"爰有膏菽、膏稻、膏黍、膏稷，百谷自生，冬夏播琴。鸾鸟自歌，凤鸟自舞，灵寿实华，草木所聚。爰有百兽，相群爰处"[①]的天府之况，并在此基础上创造出了灿烂的古蜀文明和宗教文化。

在新石器时代早期，原始宗教已经有了固定的形式，并且得到了进一步的发展。在有历史记载之前，它的历史是依靠口耳相传的传说来构建的，即为古史传说时代。据考古学资料，三星堆遗址、金沙遗址出土了大量的夏商时期的文物；东起巫山、万州，西至芦山、石棉，北抵广元，南达犍为、宜宾，成都附近各县出土的兵器上的文字、图语等，其时代上起商周，下至西汉，形象地反映了巴蜀悠久的历史，塑造了大量的神话人物。正是依靠那些神话与传说，我们可以勾勒出史前时代渺茫的历史图景。

巴蜀与巴蜀民族的得名，反映了上古西南地区有以"巴""蜀"为图腾的民族。所谓"巴"，指一种蛇。其源头是《山海经》"巴蛇食象"的记载，许慎《说文解字》引此为证。蛇作为巴人的图腾，曾是巴人的象征。所谓"蜀"，是一种动物——蚕。《说文解字》解释"蜀"字，就是"葵（桑）中蚕"的意思，也就是通常所说的野蚕。古蜀的开国始祖是蚕丛氏。蚕丛氏最初是从岷江上游兴起的，死后就葬在叠溪的蚕陵山。在传说中，蚕丛氏是中华人文始祖黄帝的后裔。《史记·五帝本纪》："黄帝居轩辕之丘，而娶于西陵之女，是为嫘祖。嫘祖为黄帝正妃。生二子，其后皆有天下。其一曰玄嚣，是为青阳，青阳降居江水；其二曰昌意，降居若水。昌意娶蜀山氏女，曰昌仆。生高阳，高阳有圣德焉。黄帝崩，葬桥山。其孙昌意之子高阳立，是为帝颛顼也。"[②]这句话的意思是说黄帝的儿子昌意分封在若水（今雅砻江一带），后来娶了蜀山氏的女子为妻。因山多"蜀"，所以称蜀山，生活在这里的古代部落便称为蜀山氏。以"蚕"作为族名，说明古代蜀人很早就养

---

① 袁珂.山海经校注[M].上海：上海古籍出版社，1980：445.

② 二十五史：第1册[M].杭州：浙江古籍出版社，1998：8.

桑蚕了，所以蜀山氏又被称为蚕丛氏，是后来三星堆蜀人的嫡系祖先。

巴蜀民族的图腾崇拜根植于万物有灵的观念，这是宗教最原始的形态。万物有灵观念的产生是原始宗教赖以形成和发展的基础，并在这种基础上相继产生了自然崇拜、图腾崇拜、祖先崇拜等原始宗教形式。这些原始宗教形式尽管产生的序列有先有后，但在其发展过程中，却始终与万物有灵观念紧密地联系在一起，反映着原始人的思维观念。在原始人看来，周围的一切事物都有神秘性，动物、植物、任何一种自然现象都可能直接影响他们的生活。

人的依赖感是宗教的基础，祈求、祭祀、崇拜又是依赖的具体表现。原始人相信，每个人都有灵魂，人死后灵魂不但可以继续存在，而且还有更高超的本领，它既能造福于人，也会给人带来灾难。因此，那些生前曾为本氏族的生存和发展起过作用的祖先的灵魂就成了怀念和祈求的对象。所以，原始人常采取各种形式对祖先的灵魂进行崇拜。初民在灵魂观念之下构思了种种灵魂存在的奇异画面，这就形成了原始人的祖先崇拜。祖先崇拜又是鬼魂崇拜的自然产物。在原始人看来，被崇拜的灵魂始终保佑着它的后人，从某种意义上讲，被崇拜的神灵应该与自己有一定的血缘关系，所以说祖先崇拜还保有图腾崇拜的诸多因素。

原始墓葬表现的祖先崇拜的第一个方面是头的朝向。每一处原始社会氏族公共墓地里的头向基本上是一致的。实际上，这里面包含着两种不同的信念：第一种是人死后灵魂要回到氏族原来的地方去，因此在埋葬死者时，都把头朝着他应去的方向；第二种是认为人世间还存在着另一个世界，人死后要让他们到那里去生活，因此在埋葬死者时，把他的头朝着这个世界所处的方向。三星堆、金沙遗址的墓葬中死者的头向皆为北偏西45°～55°，皆朝向岷山。

古蜀的大石崇拜发源于蚕丛氏，"蚕丛氏始居岷山石室"，石室即"累石为室"的邛笼。岷江上游的石棺葬其实也是模仿石室内建筑的墓穴。当蚕丛氏从岷江上游下迁至成都平原后，便以不同形式的大石建筑来寄托对祖先及其生存环境的崇拜。此即孔子所谓"祭如在，祭神如神在"。大石即为蜀人先祖灵魂和石砌建筑灵魂的共同载体，亦即二者相结合的物化形式。

令人感兴趣的是，三星堆出土的一块与金、玉、铜器共生的大石明显是大石崇拜的遗迹。无独有偶，在岷江上游理县佳山寨石棺葬中也出土了一块不规则的梯形自然石块。两者虽然异时异地，但大石崇拜传统如出一辙，绝非偶然。另一有趣的事实是，三星堆一号坑的方向为北偏西45°，二号坑为北偏西55°，共同朝向蚕丛氏所由兴起的岷山。而同一时期的成都羊子山土台大型礼仪建筑，方向也是北偏西55°，同样朝向蚕丛氏发源的岷山。这一系列现象无不显示出其中深刻的内在联系，说明其源头都在岷山，都与蚕丛氏始居岷山石室有不可分割的关系。可见，古蜀王国大石崇拜源于对岷山的崇拜，正是对蚕丛及其所居岷山石室加以顶礼膜拜的信仰综合体。

● 582

在蜀国先民心目中，高山亦是人神交通往来的天梯。以高山为天梯，见于《山海经》记载的就有昆仑、肇山、巫山、登葆山、灵山等。其中最著名者是昆仑。《山海经·西山经》曰："西南四百里，曰昆仑之丘，是实惟帝之下都，神陆吾司之。其神状虎身而九尾，人面而虎爪；是神也，司天之九部及帝之囿时。"[1]《山海经·海内西经》曰："海内昆仑之虚，在西北，帝之下都。昆仑之虚，方八百里，高万仞。上有木禾，长五寻，大五围。面有九井，以玉为槛。面有九门，门有开明兽守之，百神之所在。在八隅之岩，赤水之际，非仁羿莫能上冈之岩。"[2]昆仑虚即昆仑丘。可见昆仑是天帝在下界的都邑。《淮南子·墬形训》云："昆仑之丘，或上倍之，是谓凉风之山，登之乃不死；或上倍之，是谓悬圃，登之乃灵，能使风雨；或上倍之，乃维上天，登之乃神，是谓太帝之居。"[3]

显然《山海经》等古籍所说的"昆仑"不仅一处，因此昆仑究竟在什么地方一直是一个困扰学界的难题。蒙文通先生慧眼卓识，独标新义，认为"海内昆仑"就是岷山："《山海经·海内西经》言：'河水出（昆仑）东北隅以行其北。'则昆仑应在黄河之西南。《大荒北经》言：'若木生昆仑山西'（据《水经·若水注》引）。《海内经》言：'黑水、青水之间，有木名曰若木，若水出焉。'是昆仑在若水上源之东。若水即后之鸦砻江，若水之东即鸦砻江之东，在鸦砻江上源之东、黄河之南之昆仑，自非岷山莫属。是昆仑为岷山之高峰。《海内西经》言：'海内昆仑之墟在西北，高万仞，面有九门，门有开明兽守之。'又言：'昆仑南渊深三百仞，开明兽身大类虎而九首，东向立昆仑上。'复言开明西、北、东、南，凡四见。开明亦蜀王之称，是开明神（兽）与开明王应有关。开明兽立昆仑上，昆仑既为蜀山，宜与蜀王有关。"[4]

邓少琴先生亦谓岷山为昆仑之伯仲，"岷即昆仑也，古代地名人名，有复音，有单音，昆仑一辞由复音变为单音，而为岷"。"黑水即今称之金沙江，汶山即岷山，即今巴颜喀喇山，河水在其北，江水（即黑水）在其南，《海内西经》所称昆仑之墟，河水出东北隅，黑水出西北隅，古今所述情况是一致的。"[5]"古称黄河源出昆仑，应即流经大积石而为今阿尼马卿山，东延则为岷山、米仓、大巴山等，蜿蜒于四川北部、甘肃、陕西之间，为江汉两水之界山。"[6]所谓"巴颜喀喇山"，在四川边境与岷山及邛崃山等相接，呈山原状，海拔6000米左右，多雪峰、冰川，正是古称的"昆仑之虚"。据《尔雅·释丘》："丘一成为敦丘，再成为陶丘，再成锐上为融丘，三成为昆仑丘。"注："昆仑山

---

① 袁珂.山海经校注[M].上海：上海古籍出版社，1980：47.
② 袁珂.山海经校注[M].上海：上海古籍出版社，1980：294.
③ 诸子集成：第8册[M].长沙：岳麓书社，1996：58.
④ 蒙文通.再论昆仑为天下之中[M]//蒙文通文集：第4卷　古地甄微.成都：巴蜀书社，1998：170.
⑤ 邓少琴.蜀故新诠[M]//邓少琴西南民族史地论集.成都：巴蜀书社，2001：91.
⑥ 邓少琴.川江古代航运的开发[M]//邓少琴西南民族史地论集.成都：巴蜀书社，2001：348.

三重，故以名也。"①

邓少琴先生指出："今之巴颜喀拉山南麓，如石渠、德格等地属丘状高原地貌类形，可明显分为三重。第一重海拔3700～4300米，为河谷底部之河漫滩及其阶地上沼泽地，其间满布苔草形成草墩，故谓之'敦丘'；第二重海拔4200～4800米，为河谷两岸蜿蜒分布之高原低丘，丘体浑圆，有似反扣陶钵，故谓之曰'陶天'；第三重海拔4800米以上，系雪线以上之极高山，常年积雪冰川，冰冻风化作用十分强烈，岩石多着地衣，植被矮化，多呈紫色，有'紫山'之称，在雪线附近冰雪冬冻夏融，故谓之'融丘'。"②

海内昆仑是氐羌、蚕丛氏部族以岷山为原型拟构出来的一座"圣山"。《华阳国志·蜀志》云："有蜀侯蚕丛，其目纵，始称王。"蚕丛氏以岷山（昆仑）为崇拜的圣山，这并非一个孤立的文化现象，征诸史籍，犹可以看出羌族"圣山崇拜"的种种蛛丝马迹。在《山海经》中，亦有氐羌为山岳之后的记载。《海内经》云："伯夷父生西岳，西岳生先龙，先龙是始生氐羌，氐羌乞姓。"③蚕丛氏属于氐羌族，可见他们和姜姓诸国一样，自古即实行圣山崇拜。不仅如此，我们今天仍然可以看到羌族"圣山崇拜"的孑遗，即"白石崇拜"。此外，在古蜀国留下的文化遗迹中，颇引人注目的"大石遗迹"，诸如天涯石、支机石、五块石等，据记载都是体形高大的巨石，是先民千辛万苦从西部的邛崃山采运来的。究其实质，这种对大石的崇拜仍然是圣山崇拜的产物。

从蚕丛至柏灌、鱼凫、杜宇、开明，五世相及，蜀人赋予这些祖先以美丽的传说。如果从这五祖的名称及其传说的内涵来分析，分明是指蜀人生活方式所经历的五个经济时代：蚕丛氏以桑蚕为特征，属采集时代；柏灌氏属狩猎时代；鱼凫氏属"随王所处致市焉，民无定处"的渔猎、畜牧时代；杜宇又号土主，教民耕作，属发明农业的时代，又号"蒲卑"，即制服卑下湿地之意，属治理湿地发展初级农业的时代；开明属城市文明初期鼎盛，进入生产经济的时代。这个古史发展系统反映了蜀人创造自己的生活方式的历史轨迹，同中原华夏文化系统所谓的由"取牺牲以供庖厨"的伏羲过渡到"耕而作陶"的神农的过程极其相似，古蜀五祖实际上是历史进程中五个重要的里程碑。

巴蜀部族的祖先神在文献中亦有迹可寻，这就是《淮南子·墬形训》所说的"都广"之野的众帝。从文献和考古资料中可以看出，巴蜀人所信仰的"帝"是一种拟人化的祖先神。所谓"众帝"，应是指历代巴蜀所尊奉的祖先。《史记·夏本纪》："夏禹，名曰文命。禹之父曰鲧，鲧之父曰帝颛顼，颛顼之父曰昌意，昌意之父曰黄帝。禹者，黄帝之玄

---

① 邓少琴.《山海经》昆仑之丘应即青藏高原巴颜喀拉山[M]//邓少琴西南民族史地论集.成都：巴蜀书社，2001：504.
② 邓少琴.《山海经》昆仑之丘应即青藏高原巴颜喀拉山[M]//邓少琴西南民族史地论集.成都：巴蜀书社，2001：504.
③ 袁珂.山海经校注[M].上海：上海古籍出版社，1980：462.

孙而帝颛顼之孙也。"①扬雄《蜀王本纪》："禹本汶山郡广柔县人也，生于石纽。"②至西周时，蜀侯称王立国。

从伏羲、人皇、黄帝、颛顼、大禹，到蚕丛、柏灌、鱼凫、开明等巴蜀历代的先王，因其奇异的形象与神异的事迹而被推崇为神灵，并载誉于世。伏羲是中华民族的人文始祖，居三皇之中，其形象为蛇身人首。伏羲氏以龙为图腾，龙图腾的形成源于伏羲。其后的人皇、黄帝、颛顼、大禹皆奉龙（蛇）为图腾。晋王嘉《拾遗记》曰："昔者人皇，蛇身九首，肇自开辟。"③这一远古的部族以九首蛇为族徽。《春秋纬》曰："天皇、地皇、人皇，兄弟九人，分为九州，长天下也。"④此族有九个支系，共同入川。黄帝部族以龙蛇为图腾，闻一多认为，上古"姬"通"巳"，而"巳"即是大蛇，这种大蛇又被人们称作龙，被黄帝部落奉为图腾。《山海经·海外西经》说："轩辕之国在此穷山之际，其不寿者八百岁，在女子国北。人面蛇身，尾交首上。穷山在其北，不敢西射，畏轩辕之丘。在轩辕国北，其丘方，四蛇相绕。"⑤人面蛇身、尾交首上的图像，在甘肃甘谷县西坪遗址出土的庙底沟类型的一件彩陶瓶上曾有出现，为人面鲵纹，有学者认为它是黄帝部族的图腾。⑥事实上，由黄帝而昌意，由昌意而颛顼，由颛顼而鲧，由鲧而禹，其间是部落或氏族分化的结果。黄帝、昌意、颛顼、鲧、禹既指具体的部族领袖，同时还是部族的名称。

在部族的分化当中，以血缘为纽带的亲属关系依然存在，原有的图腾物仍旧受到人们的崇拜。夏人认定自己出于黄帝族，与古老的黄帝部落有着血缘关系。而由黄帝部落传承下来的各种图腾，在夏部族的图腾观念中自然被保留下来，并占据重要地位。《山海经·大荒西经》云："有鱼偏枯，名曰鱼妇。颛顼死即复苏。风道北来，天乃大水泉，蛇乃化为鱼，是为鱼妇。"⑦意为死去的颛顼因风从北方吹来，泉水奔涌，乘蛇化为鱼的机会附在鱼的身上，因而重新获得生命，成为半人半鱼的鱼妇。颛顼族以鱼为图腾，那么在鲧、禹时代也必然有颛顼族鱼图腾崇拜的痕迹。《说文解字》曰："鲧，鱼也。从鱼，系声。"⑧正因为鲧为鱼属，禹氏族也有以鱼为图腾的遗俗。《说文解字》谓："禹，虫也。"段玉裁注："禹，虫也。夏王以为名。"⑨

从文献记载来看，从鲧、禹、启追溯到黄帝族，均有鱼龙图腾的崇拜。《山海经·海内经》："黄帝生骆明，骆明生白马，白马是为鲧。"⑩《周礼·夏官》载："马，八尺曰

---

① 二十五史：第1册[M]. 杭州：浙江古籍出版社，1998：11.
② 二十五史：第1册[M]. 杭州：浙江古籍出版社，1998：11.
③ 车吉心. 中华野史：第1册[M]. 济南：泰山出版社，2000：781.
④ 安居香山，中村璋八. 纬书集成：中册[M]. 石家庄：河北人民出版社，1994：901.
⑤ 袁珂. 山海经校注[M]. 上海：上海古籍出版社，1980：221-222.
⑥ 陆思贤. 神话考古[M]. 北京：文物出版社，1995：196.
⑦ 袁珂. 山海经校注[M]. 上海：上海古籍出版社，1980：416.
⑧ 丁福保. 说文解字诂林：第12册[M]. 北京：中华书局，1988：11409.
⑨ 丁福保. 说文解字诂林：第15册[M]. 北京：中华书局，1988：14072.
⑩ 袁珂. 山海经校注[M]. 上海：上海古籍出版社，1980：465.

龙。"①在远古时期，龙作为图腾的转型，其形象并不确定。至禹、启时，更有禹、启御龙的一些传说。晋王嘉《拾遗记》云："禹尽力沟洫，导川夷岳，黄龙曳尾于前，玄龟负青泥于后。"②这里的黄龙、玄龟实指以此为图腾的氏族，在禹平治水土的过程中，这些氏族曾做出巨大的贡献。

关于蜀国，《华阳国志·蜀志》曰："蜀之为国，肇于人皇。"罗泌《路史》卷三说："有人皇，九男相像，其身九章，胡洮龙躯，骧首达腋，出刑马山提地之国。"③这个人皇，后来又被道教所信仰。道教谓天生九皇，"其神本一，其应则殊，引初及中，阶级亦异，至于极诣，故复还同也。初皇不言为化，中皇微言以教，后皇结绳而治。学士谛识九皇，先学后三，须能结绳，次至微言，乃极无言，与道同矣"。有初天皇、初地皇、初人皇，是虚无空之变化，应感同人。有中天皇、中地皇、中人皇，"人皇君人面，龙身，九头，太平元年正月三日出治。姓恺，名胡桃，子文生。将天、地、水三官，兵万万九千人，主治一切七世父母、三曾五祖、三鬼五神、内外男女伤死客亡、堕水产乳、恶禽猛兽木石所杀、刑狱刀兵之鬼，为人作精祟者"。有后天皇、后地皇、后人皇，"天皇君人面蛇身，姓风，名庖牺，号太昊。地皇君人面蛇身，姓云，名女娲，号女皇。人皇君牛面人身，姓姜，名神农，号炎帝。右后三皇，玄元始三炁化为三元，变为三台，应形以异，率异归同。学士建功，象效三台。仁礼信义智为五通，通此五德，三五炁和，八达六通，成真圣也"④。

至西周时，蜀侯称王立国。《华阳国志·蜀志》曰："周失纲纪，蜀先称王。有蜀侯蚕丛，其目纵，始称王。死，作石棺石椁，国人从之，故俗以石棺椁为纵目人冢也。次王曰柏灌，次王曰鱼凫。"⑤于是，我们在三星堆遗址中看到了数量众多的表现"纵目"的文物，说明当时人们有一种崇拜眼睛的特殊习俗。

最引人注目的是突目人面具，这种面具的眼球极度夸张，瞳孔部分呈圆柱状向前突出。此外还有数十对"眼形铜饰件"，包括菱形、勾云形、圆泡形等十多种形式，周边均有榫孔，可以组装或单独悬挂、举奉，表现了对眼睛特有的敬重。眼睛纹常常作为主题花纹出现在重要图案的中心部分，如大立人像头顶花冠的两侧、身披法衣的双肩中心就有一对巨大的眼睛纹。这些实例证明，崇拜眼睛是蜀人信仰观念中的一项重要内容。这种崇拜的社会内涵和精神实质是对以"纵目"为特征的蜀人始祖之神"蚕丛氏"的崇拜。史籍记载的蜀人的始祖名叫"蚕丛"，其墓葬被称为"纵目人冢"。三星堆大量出现突目巨眼的图像，正是蜀祖蚕丛神像的具体体现。以面具眼饰来表现祖先崇拜观念是三星堆原始宗教

---

① 阮元.十三经注疏：上册[M].北京：中华书局，1979：86.
② 车吉心.中华野史：第1册[M].济南：泰山出版社，2000：784.
③ 罗泌.路史：卷2[M]//文渊阁四库全书：第383册.台北：台湾商务印书馆，1983：6.
④ 洞神八帝妙精经[M]//道藏：第11册.北京：文物出版社，上海：上海书店出版社，天津：天津古籍出版社，1988：387-388.
⑤ 常璩.华阳国志校注[M].刘琳，校注.成都：巴蜀书社，1987：91.

面具　广汉三星堆遗址出土

第七章｜巴蜀新石器时代遗址的神灵　　587

体系的特有组成部分。

对"鸟"的崇拜在当时也十分盛行，具体表现在三星堆文物中大量出现各种奇异的鸟造型上。其数量之多达到上百件，形式也有十余种。有的呈现为"人首鸟身"的精灵，这些鸟可能具有神的使者、太阳负载者和氏族图腾等多方面的文化内涵。此外，还有许多单独的圆雕立鸟、大型鹰头状饰件、做成铃铛的鹰鸟，以及众多片状飞鸟饰件等。特别值得一提的是，在神坛方形顶部的四个立面正中，各有一只双翅展开的"人首鸟身"像，其显赫的地位表明它是神坛上的一位主神。至于那件被一双飞鸟悬空托起的"鸟爪人像"，更是一个乘鸟腾升的大神。在金杖上有四组结构完全相同的徽记图案，各有一支箭羽将鸟和鱼组合在一起，刻绘于象征王者的头像之上，显然是一种图腾衍化而成的族徽。对鸟鱼的

虎钮錞于　青铜　战国
重庆万州甘宁乡出土

崇拜在当时具有如此突出的地位，使不少学者认为它们所代表的正是三星堆古国的主人以鱼凫为图腾标志的古代蜀国一代统治集团"鱼凫氏"的族徽。

在川东地区，巴人亦有自己的图腾。巴人是由清江"白虎之巴"与渝水"巴蛇之巴"二大系为主融合而成的，且蛇、虎二部亦各率多族。故史载巴人有共、奴、獽、蜑、僚、濮诸部族，"巴虎"有巴氏、樊氏、曋（谭）氏、相氏、郑氏等五姓，"巴蛇"（板楯）有七姓等。故蛇、虎均为巴人最著名的图腾，而被虎、蛇所合并的各部落的图腾也大多被保存下来。龙蛇、白虎成为巴人的图腾，并被精美地铸造于巴族独特的铜器上。

虎钮錞于，通高68厘米，上径36厘米，底径28厘米，重30千克。通体完整，平顶，顶上饰有一虎钮，肩部浑圆隆起，周边有较宽的唇边，腔体比例甚高，下口较直，音质优良，造型厚重，形体硕大，栩栩如生，虎头微扬，口部微张，虎尾向上卷曲，虎身向下沉，呈腾跃状，动感十足，不怒而威。在虎钮的周围还分布着五组"巴蜀图语"：椎髻人面、羽人击鼓与独木舟、鱼与勾连云纹、手心纹、神鸟与柿蒂纹，形象地反映了巴族各部落的图腾崇拜，它们皆应是巴族各部落之图徽。

邓少琴先生详细地解读了这些图纹，他说：据《后汉书·南蛮西南夷列传》引《世本》云，巴人之王"廪君死，魂魄世为白虎"。故白虎当为最初巴人王族（清江一系）的图腾，进而成为整个巴族的图腾。所以图中心的白虎乃巴族之总图腾。而边上形象相同的白虎则是代表出自"赤穴"的巴氏一支的图腾。周边的一鱼纹，上面是一条鱼，其下棱形，乃鱼形的图案化，此形累见于出土的巴人印章之上。据《左传》载，公元前611年秦

588

人、巴人从楚师灭庸国，巴人分得鱼邑。巴得鱼邑后，以鱼为图腾的鱼人也成为巴族的一支了。靠近鱼纹的为蟾纹，虽已图案化，但其棱形之身及四肢仍极明显。《华阳国志·巴志》云："诸县北有獽、蜑，又有蟾夷也。"[①]此之"蟾夷"，乃巴虎最早的五支兄弟氏族中的瞫（谭）氏，可见蟾为其图腾。

"手心纹"，与虎纹同为最典型的巴人图徽，且经常与虎纹同出于兵器之上，巴人印章之上亦常见之。据邓少琴先生考辨，其心形应是蛇，乃"巴蛇之巴"人的图腾。因"巴蛇"与"巴虎"同为巴人中二大主系，故此纹在巴蜀铜器中尤为普遍。

"獽纹"，此即武落钟离巴人五姓之一的"相"氏。以其从"犭"来看，当为一种四足兽，但无法确知为何兽。

船、鼓、星、鸟一组图案。太皥伏羲氏本"风"姓，风即凤凰，正是图中大鸟之形，乃示其为风姓、咸鸟之后。此凤之形亦见于巴人印章之上，当即《路史·国名记》中所说"风姓之巴"的图腾。

樊篱纹，此乃巴人五姓中"樊"姓的图徽。樊（范）为巴中之大姓，故此图又见于巴人印章之上。

人头纹，此乃"椎髻"人的特征。西南夷诸族中有"椎髻"的氏系，氏系中最著名的一支当即蜀人。在开明氏西上代杜宇氏为王之后，蜀人族迁入川东，融入巴人部落，似当如此，故此椎髻人头像很可能即蜀裔之徽。

棱形花纹，巴人印章中亦见此纹，疑为姬姓巴王室之图徽。

蝉纹，此处极简，但别处一些铜器上常为极精美的形象，可为旁证。廪君率部西迁至盐阳，曾射杀盐神，降伏"诸虫"，此蝉当为所兼并的"诸虫"部族的图腾。

综上所述，这件錞于上图案形象，皆巴人及其所并之部族的图腾。[②]

白虎为巴族的总图腾，这是因为巴族之祖廪君死后其魂化为虎。《后汉书·南蛮西南夷列传》记载"廪君死，魂魄世为白虎"。故巴人以虎饮人血，遂以人祀。巴人以白虎为图腾，一是与所处峡谷的崇山峻岭中虎豹猛兽成群有关，这是出于对猛虎的恐惧敬畏，企求借用这种原始宗教的神灵保护自己的氏族；二是基于对领袖廪君神勇威武功绩的崇拜礼赞。廪君能剑中石穴，制船浮江，箭杀盐神，筑城立国，其对氏族的功勋和威望犹如百兽之王，自然当之无愧。白虎图腾的影响深远，在巴蜀、鄂西、湘西历代出土的文物多有虎图腾印记，巴人一直保持着对白虎图腾的信仰，在他们的兵器上铸以虎纹，在乐器錞于上安以虎钮，在铜钲上刻上虎纹。

《山海经·海内经》载："西南有巴国。大皥生咸鸟，咸鸟生乘厘，乘厘生后照，后

---

① 常璩.华阳国志校注[M].刘琳，校注.成都：巴蜀书社，1987：40.
② 邓少琴.巴人的图腾——兼谈图腾的并存[M]//邓少琴西南民族史地论集.成都：巴蜀书社，2001：314-317.

第七章｜巴蜀新石器时代遗址的神灵　589

照是始为巴人。"① 大（太）皞是谁？《世本·帝系篇》说："太皞伏羲氏。"原来太皞就是伏羲。按此说，咸鸟、乘厘、后照都是伏羲的后裔，那么，太皞、黄帝也是巴人的祖先。所谓"巴蜀同囿，肇于人皇"，又说明其对巴蜀整体文化的认同性。

在巴国有一个由巫师主持的巫咸国，历史上著名的十大巫师就居住在这里。《山海经·海外西经》载："巫咸国在女丑北，右手操青蛇，左手操赤蛇，在登葆山，群巫所从上下也。"珂案：《大荒西经》云："大荒之中，有山名曰丰沮玉门，日月所入。有灵山，巫咸、巫即、巫盼、巫彭、巫姑、巫真、巫礼、巫抵、巫谢、巫罗十巫，从此升降，百药爰在。"《大荒南经》云："大荒之中，又有登备之山。"郭璞注："即登葆山，群巫所从上下也。"则巫咸国者，乃一群巫师组织之国家也。《世本·作篇》："巫咸作筮。"宋衷注："巫咸，不知何时人。"而《路史·后纪三》乃谓神农使巫咸主筮，则巫咸神农时人也。《御览》七九引《归藏》："昔黄神与炎神争斗涿鹿之野，将战，筮于巫咸，曰：果哉而有咎。"则巫咸黄帝时人也。《御览》卷七二一引《世本》宋注云："巫咸，尧臣也，以鸿术为帝尧医。"是巫咸又尧时人也。诸说不同。而《御览》卷七九〇引《外国图》云："昔殷帝大戊使巫咸祷于山河，巫咸居于此，是为巫咸民，去南海万千里。"最为详明。王逸注《楚辞·离骚》亦云："巫咸，古神巫也，当殷中宗之世。"殷中宗即殷帝大戊（《史记·殷本纪》作太戊），是此巫咸，当即是殷时巫咸也。② 《山海经·海内西经》载："开明东有巫彭、巫抵、巫阳、巫履、巫凡、巫相，夹窫窳之尸，皆操不死之药以距之。"郭璞云："皆神医也。《世本》曰：'巫彭作医。'楚词《招魂》曰：帝告巫阳。"③ 段成式《酉阳杂俎》："昆仑之墟，帝之下都，百神所在也。大荒中有灵山，有十巫，曰咸、即、盼、彭、姑、真、礼、抵、谢、罗，从此升降。"④

这个巫咸国又被称为巫载国。《山海经·大荒南经》载："有载民之国。帝舜生无淫，降载处，是谓巫载民。巫载民盼姓，食谷，不绩不经，服也；不稼不穑，食也。爰有歌舞之鸟，鸾鸟自歌，凤鸟自舞。爰有百兽，相群爰处。百谷所聚。"⑤ 那么巫载国的具体地域究竟在何处呢？任乃强先生认为位于瞿塘峡东口（大溪口）与巫峡西口（巫溪口）之间的宽阔地带，并与大宁河谷和大溪河谷紧紧相连，涵盖了今巫山县和巫溪县的全部地域。所谓"巫载国"之"国"，并非国家，只是氏族公社或部落联盟。任乃强先生认为巫咸国盛产盐和丹砂，盐发现初期，在5000年前，约与中原的黄帝时代相当。"巫盐外销初期，也可称为巫载民族形成期……已销到大巴山区的庸、濮诸部族去。""巫盐出峡时期，也可称为巫载民族的极盛时期……巫盐通过夔峡畅销于四川盆地；通过巫峡畅销于云

---

① 袁珂．山海经校注[M]．上海：上海古籍出版社，1980：453．
② 袁珂．山海经校注[M]．上海：上海古籍出版社，1980：219．
③ 袁珂．山海经校注[M]．上海：上海古籍出版社，1980：301．
④ 车吉心．中华野史：第2册[M]．济南：泰山出版社，2000：915．
⑤ 袁珂．山海经校注[M]．上海：上海古籍出版社，1980：371–372．

梦盆地，以及黔中高原等广阔地区。"[1]

任乃强先生的上述推断是建立在文献记载和考古发掘基础之上的。从1959年至1975年，考古工作队在距巫山县城45千米的巫峡东口（即大溪口）、长江南岸的三级台地上进行了三次发掘，共发掘出遗址500平方米、墓葬208座，出土文物1700多件，这就是"大溪遗址"，这一地区正是巫载文化的核心地带。考古界确认大溪遗址距今约5200年，在发掘的墓葬中发现有大量的鱼骨。任乃强认为这表明这里有大量的巫载部落聚居，且有用鱼殉葬的习俗。而鱼容易腐朽，为了保鲜，非用盐腌制不可，说明殉葬时必定使用了大量食盐。这只有拥有宝源山盐泉的巫载部落才能办到。

除盐之外，巫载国还盛产丹砂。《山海经·大荒南经》载："有巫山者，西有黄鸟。帝药、八斋。黄鸟于巫山，司此玄蛇。"郭璞注："天地神仙药在此也。"[2] 任乃强先生根据十巫降灵山采药的记载，推想巫师就是到巫山采药，从而成为巫泉煮盐和开采丹山朱砂的祖师。刘不朽指出，古籍中的巫山"应理解为大巴山南麓巫溪、巫山这一带之山地河谷，它既产盐，也产丹砂和其他矿产、物产"[3]。丹砂即硫化汞，水银之氧化物。既可作装饰性颜料和涂料，又可当药物，更是道教外丹烧炼、治病驱邪的必需药材。丹砂内服可以镇心养神、益气明目、通血脉、止烦懑、驱精魅邪思、除中恶、止腹痛、祛毒气等；外敷可治疥、瘘诸症，故《神农本草经》称丹砂为药之上品。由此可见，原始先民视之为长生不死或起死回生的仙药，也不足为怪。"十巫"和"巫咸"的活动证明，他们不仅是原始部落中"上天入地"沟通人与神灵、自然三者关系的宗教教主，而且还是致力于采药治病的神医，制盐、炼丹的祖师。

巴蜀原始宗教的核心信仰是祖先崇拜，其祖先崇拜直接来源于图腾崇拜，从而形成交叉状态与和合情况。有关西南巴蜀远古图腾虽无可靠的文献记录，但三星堆却以实物的方式，显示了丰富多彩的巴蜀图腾崇拜。考古实物表明，在祖先崇拜形成之前，有一个相当长的自然图腾崇拜时期。可以说图腾崇拜孕育了巴蜀的祖先崇拜观念，其所祭祀的祖先神灵直接由图腾崇拜脱胎而来，而且二者在祭祀观念、祭祀仪式上有着明显的交叉融合的特征。

巴蜀文化是中华民族文化的重要组成部分之一。考古发现证实巴蜀文化始源悠久，独立发展，古巴蜀人是古中华大地上的一种古代民族的集合体。它们所创造的文化无疑是一种极富特色的区域文化。而这种特色文化，通过宝墩文化、边堆山遗址、三星堆文化、金沙遗存等研究，证实其历史是很长的。这种独特文化的根本性质是"非整体文化或部分文化"，即"亚文化"，是同整体文化有认同感素质的边缘文化。"蜀左言，不与华同"，说明了巴蜀文化作为一种边缘文化的独特性；而"巴蜀同囿，肇于人皇"，又说明其对整

---

① 任乃强.四川上古史新探[M].成都：四川人民出版社，1986：231-232.
② 袁珂.山海经校注[M].上海：上海古籍出版社，1980：366.
③ 刘不朽.三峡探奥[M].武汉：长江出版社，2006：308.

体文化的认同性。巴蜀文化正是在广泛的文化认同上融入中华文明的。[①]

　　巴蜀文化具有从古及今的历史延续性，是指古代生活在这一地区的各个民族共同创造了具有独立特征的物质文化遗存。早期巴蜀文化从采集渔猎时代到定居农业时代，逐步积累文明因素，逐步形成和发展出文明，并融入华夏生活方式。秦汉以后，巴蜀文化则以得天独厚的自然条件和鼎盛的农耕文明的生活方式融入汉文化。它虽为汉文化的一部分，却一直延续着自身生活方式的区域性特色，成为中华文化中的一种特殊形式，并以阶段变化显示出历史的延续性。

　　距今约3000～4000年前三星堆文化的繁荣，说明古蜀已形成了一个高度发达的古代文明中心。这个早期文明的突出特征就在于它可能是一个以原始宗教维系的古国——神权国家。遗址中除了生活用品，还出土了大批祭神用的祭器和礼器，最有代表性的是1986年发掘的一号祭祀坑和二号祭祀坑。两坑共出土青铜器、玉器、金器、象牙等1800多件，包括立人像、大面具、青铜神树、金杖、祭山图玉璋等珍宝，反映出当时存在着以太阳、树崇拜为代表的自然崇拜，以鸟、鱼为突出表现的图腾崇拜，以"眼睛崇拜"形式表现出来的对蚕丛的祖先崇拜，并通过以雕像群体所表现的巫祭集团组织原始宗教活动，建成以神权为主体的早期国家，形成三星堆古国的一个重要特征。

二、巴蜀文化的主要特征

　　巴蜀文化是由多种文化成分有机汇合而成的，表现出由部落联盟发展而成的"三星堆古国"的社会结构特点。三星堆出土的文物有不少形制奇特，在全国极为罕见。还有些器物似乎又与其他文化有着密切的联系，与中原、东南、西南乃至西亚的文化都有一定关系。多种文化的存在，特别是在祭祀坑器物群中汇合，反映的似乎是以部落联盟形式构成的古国的结构特点，是各地各氏族部落乃至各民族聚集到一起形成的文化。他们带来的不同文化汇合在一处，为三星堆文化所吸收，以实物形式存留下来。这一时期的国家可能主要以结盟方式和宗教信仰习俗来维系，其地域范围大约是不固定的，或许尚没有形成明确的国界。这种联盟式的蜀国，可能主要是以其文化和宗教的力量来吸引远方的部落参加盟会。大量海贝、象牙、金器、玉器的发现证明广大西南山区甚至南方沿海都在三星堆古国的交往范围之内。吸收众多的氏族部落和多种文化，正是三星堆古国的又一特点。

　　三星堆文化与周围其他文化曾有过某些特定的关系。如三星堆一号祭祀坑出土的骑虎铜人像，经研究其原型可能是良渚文化中盛行的人面神像，说明两地、两种文化之间曾有

----

① 谭继和.巴蜀文化思辨集[M].成都：四川人民出版社，2004：43-44.

592

过某种特殊的关系。对三星堆铜牌饰和陶器群的研究证明，它与河南二里头文化有密切的关系。对三星堆铜器群和玉器群的研究证明，它与商文化有直接的关系。三星堆金杖、金面具、神树等可能与西亚文明有某种关系。

造成这种融合现象，可能有历史、地理、民族、经济、军事、政治等诸多方面的原因，其中宗教信仰和祭祀活动形成的联系，应该是不容忽视的重要因素。三星堆古城由于经常举行宏大而神圣的宗教祭祀活动，加上它强大的经济文化实力，吸引了远近众多族群和国家前来交往，使三星堆古城成为多种文化交汇在一起的古代文明中心。三星堆铜人像的形象、装束、大小有很多不同，可能反映了参加祭祀者来自许多不同的民族或群体，众多的动物雕像则可能是代表不同氏族部落的图腾。各种文化往来的时间和情况可能有所不同，但大型宗教活动的吸引力产生的强大凝聚作用或许是其中的一个重要原因。三星堆古城大约已经成为一个兴盛的宗教祭祀中心，它以祭祀活动的形式实现了文化的融合和社会的繁荣。正是它以开放的姿态实现了多元文化的撞击和融合，在吸收众多外来因素时，进行了实质性的改进和创新，才创造出独具特色而又光彩夺目的古蜀文明。①

包容并蓄是巴蜀文化的又一特征。从现有的考古发现和文献记载可以看出，古代蜀人崇尚自然，信奉万物有灵的原始宗教，相信人神相通，人与动植物可以相互转化，人可以通过宗教活动升天成仙，并创造出许多表示精灵、神怪、巫师、祖先，乃至通天的神树、天地人三界的神坛等祭器和礼器，表达出丰富完整的信仰观念和崇拜习俗。这种天人合一、人神相通的思想，正是巴蜀文化海纳百川的包容性的基础。

秦汉以来，巴蜀地区盛行长生不老、升天成仙等信仰观念，从出土的大量汉画像砖、摇钱树等文物中，也可以看出一种以升入天国、极乐长生为主题的崇拜习俗。东汉后期四川兴起的张道陵正一道，正是在这些思想的支配下产生的。

中原文化重礼，以诗词礼仪为特征。荆楚重巫，以楚辞玄思为圭臬。巴人"尚鬼信巫"，以巫教方术为特征。蜀人重仙，以司马相如的《大人赋》和道教的羽化为特征。三星堆遗址和金沙遗址出土的诡异金、石人面像，战国蜀地青铜器上的仙人羽化形象，以及汉画像砖石上刻画的仙化形象，充分展示了蜀人对于仙化的想象力。蜀地能够成为道教正一道的发源地，同这一思维是有关联的。

就文化特征与宗教信仰而言，众多少数民族不断往来，必然带来各种各样的文化要素、宗教信仰，这又给古老的巴蜀文化增添了新的活力与奇异的色彩，并呈现为一种普遍的文化现象，那就是神奇的仙道和驱鬼的巫术的盛行。结合广汉三星堆遗址的一系列考古发现，证明早在三四千年以前，成都平原就已形成了一个独具特色的古文明中心，其宗教观念及祭祀礼仪相当发达。其后，随着正一道在汉代的兴起，佛教的传入，儒释道三教并存，成为巴蜀宗教文化的主体。

---

① 赵殿增.略论古蜀文明的形态特征[J].中华文化论坛，2005（4）.

第七章｜巴蜀新石器时代遗址的神灵　**593**

金面具　广汉三星堆遗址出土　采自《三星堆出土文物全记录》

巴蜀地区聚居着众多的民族。1997年重庆从四川省分出之后，除汉族外，四川省和重庆市还聚居着14个世居的少数民族，他们是彝族、藏族、土家族、苗族、羌族、回族、蒙古族、傈僳族、满族、纳西族、白族、布依族、傣族、壮族。巴蜀各少数民族的语言分属汉藏语系和阿尔泰语系。讲汉藏语系语言的，属藏缅语族语言的有藏族、羌族、彝族、傈僳族、纳西族和白族；属壮侗语族的有壮族、布依族和傣族；属苗瑶语族的有苗族。土家族的语言亦属汉藏语系，但语支未定。回族讲汉语。讲阿尔泰语系语言的有蒙古族与满族。现今四川的蒙古族与满族均通用汉语。这说明巴蜀各民族在历史上有着长期的共处关系，文化互相认同。需要强调的是，进入当代社会的巴蜀各个少数民族也依然保持着他们各自所独有的宗教文化传统，固守着历史悠久、传承有序的精神家园。

巴蜀宗教文化的特征主要表现在历史传承性、吸纳包容性、多元共存性三个方面。

（一）巴蜀宗教文化的历史传承性

巴蜀宗教文化有着悠久的历史，传承有序。在发展过程中，巴蜀各民族的宗教大都经历了原始宗教、古代宗教的阶段。

中国原始宗教处于多神崇拜与偶像崇拜的阶段，其起源可追溯至公元前5000年，而它的存留则贯穿了中国古代、近代、现代。直至今天，民间仍有为亡灵烧纸、为死者招魂的习俗，说明原始宗教的鬼魂崇拜至今仍存。

宗教的第二个阶段是古代宗教阶段。古代宗教是产生并流传于阶级已经产生、国家已经形成，并已进入文字历史时期的宗教。古代宗教始于夏代，历经商周二代，在中国宗教演化史中占有独特的地位，具有一系列历史特征：（1）祖先崇拜已经确立，（2）神灵崇拜开始确立，（3）主神观念开始出现，（4）三界神祇谱系已经形成。

（二）巴蜀宗教文化的吸纳包容性

从三星堆文化遗址中可以看到许多外来文化因素。

一是来自中国的中原地区，主要有罍和尊等青铜器、透雕风格青铜牌饰、玉石礼器、陶盉等。综观这些器物，多数为非日常生活用器，且与祭祀等礼仪活动有关。不难发现，它们中的绝大多数与二里头文化或商文化的同类器十分相似。这就说明三星堆文化的创造者曾与中原地区夏商王朝有较为密切的往来。

二是来自遥远的西亚地区。许多用于祭祀的青铜器，特别是金杖、金面罩、青铜人像、兽面像等，具有明显的近东文化风格，可以从美索不达米亚平原和古代埃及出土文物中找到踪迹。如三星堆一号祭祀坑出土的金杖重近500克，金杖系用纯金皮包卷在木杖上而成，长1.43米，无杖首。从形制上看，它与西亚、埃及较晚时期的权杖相似。在美索不达米亚文明和古埃及文明里，权杖象征至高无上的神权和王权，上面通常绘制有图案，描绘胜利者的功勋，或叙述某件关乎国家命运的大事。同样，三星堆金杖亦在杖身上端刻有平雕

第七章｜巴蜀新石器时代遗址的神灵　595

面具　广汉三星堆遗址出土　采自《三星堆出土文物全记录》

图案，画面为鱼凫王国图腾等。它是蜀王的通神之物，是用以沟通天地人神的法器。众所周知，古代中国文明用"九鼎"象征至高无上的王权，并已形成了与史籍记载的礼制相合的用鼎制度。因此作为古蜀国王权、神权最高象征物的金杖，其来源并非巴蜀本土或中国其他区域，却同古代近东文明的风格一致，功能相同，因而极有可能是吸收了西亚文明再创作制成的。

与金杖同时出土的众多青铜像亦包含着西亚、埃及文明的文化因素。其中一些"高鼻深目，颧面突出，阔嘴大耳"的神像，明显当为西方民族崇拜的偶像。李复华、王家祐《三星堆宗教内涵试探》即言："彩陶上的卍字纹，三星堆的五旋纹两相近似。三十年代认为楚国立鹤莲花壶的莲花是印度文化的代表，中国也有古莲。三星堆挂饰莲瓣铜铃等似有中印文化交流。……可称为混合群神的万象神宫中千姿百态。筒眼，大耳，鼻饰的'杜鹃'瞿灵，鹤腿鸟王，各式大巫，金面天神，虎脸神，各显神通。特别是还有西方高鼻人种（塞种？）。这些神头都没有神身。也许他们是插在木柱上（树桩），用麻衣或兽皮为身服。杜鹃头和立人像是天上鸟母和人间大巫。这样的万象神宫不亚于商周王朝规格档次。也许正是蜀山承继中夏文化的具体象征。无怪乎三星堆玉器与中夏一致。三星堆坟器与良渚文化却具有相同模式。金杖上的并列三人与楚帛画四方十二生肖图中的三头人近似。又与双流机场战国时蜀人铜矛上的三头人类似。特别值得一提的跪坐，发自后反卷向前，棱眼人像。他与良渚文化中的骑虎人像完全一样，足以说明良渚骑虎人与此同一属系。"[①]

历史文献与考古资料已经说明，巴蜀文明与近东文明之间的文化交流早在公元前14世纪时就已存在，其间文化因素的交流往还，就是经由葱岭玉石之路进行的，《史记》《三国志》《魏略·西戎传》便已提及早期巴蜀通往西方的道路。从三星堆遗址发现的海贝、象牙、金杖、青铜像中的文化因素看，这时的三星堆文明有繁华的商贸，同时说明正是通过葱岭玉石之路，古蜀与域外、海外进行贸易交往、文化交流。

三、巴蜀地区的宗教概况

从原始宗教形成之始，巴蜀的宗教文化即呈现出多元共存的特性。在原始宗教时期，植物崇拜、动物崇拜、天体崇拜、生殖崇拜、图腾崇拜、祖先崇拜等，各种信仰形态并存，显现出多元的状态。

古蜀夷人崇拜鹰，夜郎国以鹰为神物，其民奉之以神，其毕摩以鹰为神。"由此可

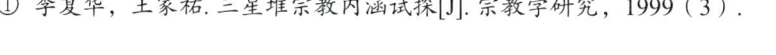

① 李复华，王家祐.三星堆宗教内涵试探[J].宗教学研究，1999（3）.

溯，古彝人先民共同崇尚大鸟，或鹰，或凤，或山雉。"[1]氏族是以鸱鸟——鹞鹰为图腾的民族。早期蜀人的图腾是鹰，三星堆出土了许多青铜神鹰头、鹰嘴像。晚期蜀族以蚕为图腾。李时珍《本草纲目》曰："蚕音腆。"少典、大典、有蟜氏、女登都是蚕族。

祖先崇拜亦为巴蜀宗教文化中的重要部分。巴蜀民间对祖先与先贤十分尊重，因此诱发出对祖先、先贤的崇拜。崇拜对象大致分为几类：古巴蜀的祖先、秦汉以来的先贤、地方官吏、与巴蜀有关系的历史人物。巴蜀的历史带有一定的传说色彩，国王都被后人奉为神灵。《蜀王本纪》说：蚕丛、柏灌、鱼凫，"此三代各数百岁，皆神化而不死，其民亦颇随王化去"。所谓"神化而不死"，即已得道成仙，成为人们崇拜的偶像。

《山海经·海内经》载："西南有巴国，大皞生咸鸟，咸鸟生乘厘，乘厘生后照，后照是始为巴人。"[2]罗泌《路史·后纪·太昊伏羲氏》说得更清楚："太昊，伏羲氏……风姓……伏羲生咸鸟，咸鸟生乘厘，是司水土，生后照，后照生顾相，夅（降）处于巴，是生巴人。巴灭，巴子五季流于黔而君之，生黑穴四姓。赤狄巴氏，服四姓为廪君，有巴氏务相氏。"[3]十分清晰地记录了巴人的来历、世系。"顾相"即《后汉书》所说之"务相"，务相被尊为巴人的始祖。伏羲风姓，虎从风，说明其图腾是虎。伏羲又写作"虙戏"，《说文》言："虙，虎儿。"可知伏羲氏以虎为图腾。

廪君是巴人原始社会最早的部族首领。先秦典籍《世本》记廪君的事迹："巴郡蛮，本有五姓。廪君之先，故出巫诞也。廪君名务相，姓巴氏，与樊氏、曋氏、相氏、郑氏，皆出于武落钟离山。山有二穴，其一色赤，其一色黑，如丹漆状。巴氏之子生于赤穴，四姓之子生于黑穴。五姓未有君长，俱事鬼神。皆登呼躅穴屋，掷剑刺之，约能中者，奉以为君。巴氏子务相，乃独中之，众皆叹。又各令以土为船，雕文画之，而浮水中，约能浮者，当以为君。他姓船不能浮，独廪君船浮。因共立之，是为廪君。"[4]廪君源出巫诞（载）部族的一支，任乃强先生认为先有巫载文化，而后才有巴文化和楚文化。巴族承巫载文化而兴，其时间晚于巫载约一千年，比蜀文化的开展早几百年。[5]《后汉书·南蛮西南夷列传》云："廪君死，魂魄世为白虎。巴氏以虎饮人血，遂以人祠焉。"[6]因此巴人以白虎为图腾，正是基于对廪君神勇威武功绩的崇拜礼赞。

其后，众多对巴蜀做过贡献、产生影响的先民被人们牢牢记住，成为巴蜀地区民间信仰重要的一部分，如盘古、大禹、苌弘、李冰、严君平、刘备、诸葛亮、关羽、张飞等。广都县（今双流）古迹有盘古祠，是人们祭祀盘古之地。徐整《三五历记》云："天地浑沌如鸡子，盘古生其中，八万四千岁，天地开辟，清阳为天，浊阴为地，盘古在其中，

---

① 且萨乌牛.彝族古代文明史[M].北京：民族出版社，2002：250.
② 袁珂.山海经校注[M].上海：上海古籍出版社，1980：453.
③ 罗泌.路史：卷10[M]//文渊阁四库全书：第383册.台北：台湾商务印书馆，1983：78.
④ 宋衷.世本八种[M]//王云五.丛书集成初编：第3698册.北京：中华书局，1983：51.
⑤ 任乃强.巫师、方士与《山海经》[J].文史杂志，1985（1）.
⑥ 二十五史：第1册[M].杭州：浙江古籍出版社，1998：936.

一日九变，神于天，圣于地。天日高一丈，地日厚一丈，盘古日长一丈，如此满八万四千岁，天极高，地极深，盘古极长。后乃有三皇，数起于一，立于三，成于五，盛于七，处于九，故天去地九万里也。"[1]《地理坤鉴》云："盘古龙首人身，今成都有庙祀。《路史》曰：吾于广都，得盘古之祀焉。"[2]

大禹为帝颛顼之孙，他为了天下子民的安生，专心治理水患，凿龙门，通四渎，疏通九河。功毕，川途治导，天下大安。因此，大禹遂被民众奉为山川神主。《史记·夏本纪》曰："天下皆宗禹之明度数声乐，为山川神主。"[3]《遁甲开山图》曰："禹得道仙人也。古有大禹，乃女娲十九代孙，寿三百有六十，入九嶷山仙去。后三千六百岁，尧理天下，洪水既甚，人民垫溺。大禹念之，乃化生于石纽。山泉女狄暮汲水，得石子如珠，爱而吞之，有娠，十四月生子。及长，能知泉源，代父鲧理洪水，三年功成。尧知其功如古大禹，知水源，乃赐号禹。"[4]这样一来，大禹遂成为巴蜀民间、中原大地普遍祀祭的尊神。

殷商时期的"鬼道""神道"、晚周时期的"仙道"，各自的特征十分鲜明，却在汉代催生了正一道。汉晋历史文献多称张陵之道教为"鬼道"，称其道徒为"鬼卒"。《三国志·张鲁传》曰："鲁遂据汉中，以鬼道教民。自号师君，其来学道者，初皆名鬼卒，受本道已信，号祭酒，各领部众，多者为治头大祭酒。……又置义米肉悬于义舍，行路者量腹取足，若过多，鬼道辄病之。犯法者三原然后乃行刑。不置长吏，皆以祭酒为治，民夷便乐之。"[5]《华阳国志·李特雄期寿势志》曰："李特字玄休，略阳临渭人也。祖世本巴西宕渠賨民。种党劲勇，俗好鬼巫。汉末，张鲁居汉中，以鬼道教百姓，賨人敬信。"[6]所谓"鬼道"，即"鬼巫"，实乃巴蜀地区的古代巫教，这说明张陵所创的正一道与巴蜀巫教关系甚密。

《逸周书·史记篇》说："昔者玄都贤鬼道，废人事天，谋人不用，龟策是从，神巫用国。"[7]"玄都"即"幽都"。这种神巫主宰的鬼道在氐羌族中极为盛行，其主教巫师往往多为部落酋长，被人称为"鬼主""鬼王""鬼帅"。三国时期的雍闿就是一位名声显赫的鬼主。《三国志·张裔传》说："耆帅雍闿，恩信著于南土，使命周旋，远通孙权，乃以裔为益州太守，径往至郡。遂趑趄不宾，假鬼教曰：张府君如瓠壶，外虽泽而内实粗，不足杀。"[8]这里所说的"鬼教"就是流行在巴蜀地区的氐羌巫教。

---

① 曹学佺.蜀中广记：卷5[M]//文渊阁四库全书：第591册.台北：台湾商务印书馆，1983：59.
② 曹学佺.蜀中广记：卷71[M]//文渊阁四库全书：第592册.台北：台湾商务印书馆，1983：168.
③ 二十五史：第1册[M].杭州：浙江古籍出版社，1998：14.
④ 曹学佺.蜀中广记：卷71[M]//文渊阁四库全书：第592册.台北：台湾商务印书馆，1983：169.
⑤ 二十五史：第1册[M].杭州：浙江古籍出版社，1998：1048.
⑥ 常璩.华阳国志校注[M].刘琳，校注.成都：巴蜀书社，1987：361.
⑦ 逸周书：卷8[M]//王云五.丛书集成初编：第3695册.北京：中华书局，1983：272.
⑧ 二十五史：第1册[M].杭州：浙江古籍出版社，1998：1139.

唐宋时期，随着基督教、伊斯兰教传入巴蜀，巴蜀的宗教文化又增添了西方文化、穆斯林文化的色彩。当人们在接纳来自异域的福音时，也把善意和祝福回报给海外的友人。遍布巴蜀大地的教堂、清真寺成为人们朝拜上帝、真主的圣殿。

巴蜀宗教文化的形态非常丰富，历史极其悠久。就种类而言，有道教、佛教、基督教、天主教、伊斯兰教及少数民族宗教。各种宗教信仰对人们的心理、文化、风俗习惯产生一定影响，特别是在信教比较普遍的少数民族中，这种影响更为强烈、持久。首先，共同的宗教信仰强化了民族认同感。由于有共同的宗教信仰，尤其是共同的宗教活动，各族人民自然产生亲切感和认同感。宗教信仰成为联系民族情感的纽带。其次，宗教信仰也影响到民族文化、教育的发展。无论是藏传佛教，还是云南上座部佛教，对信仰该宗教的民族的语言、文字、建筑、医学等无不产生深刻影响，形成了各具特色的宗教文化。各宗教寺院在历史上既是宗教活动场所，又是文化教育场所，比如藏族人民居住地区的佛寺，除了有研习佛学的功能，还涉及藏族语言文字、天文历算、绘画雕塑、医学、建筑等各种学科知识的保存和传播，成为传播民族文化的主要场所。

在发展进程中，许多少数民族宗教受道教、佛教、基督教、天主教、伊斯兰教的影响从而发生改变。例如，道教是瑶族的主要宗教信仰之一，因此有"瑶传道教"之称，是道教与瑶族原始信仰结合的产物。瑶族巫师把道教中的三清、三元、太上老君、玉皇大帝、王母、盘王、伏羲、神农、社王、雷王、土地、龙王、雨神、风伯、五谷、张天师等神灵通通纳入本民族神仙谱系，与本民族信奉的祖师神同时供奉。又如云南大理地区的白族人家几乎都供奉灶君，每个村都有乐班，每个县都有城隍庙，有的县还建有青羊宫、文昌宫、东岳庙、西岳庙等道教宫观。道教的许多神灵被白族传统宗教吸收。有的白族巫师自称他们的师祖是白骨真人、太上老君等，说明道教已经与白族传统宗教相结合，在内容和形态上发生了一些变化。此外，藏族的苯教与佛教结合，形成了藏传佛教。

东汉之际，印度的佛教亦沿南方丝绸之路传入四川。典型的汉代佛教文物主要有：乐山麻浩崖墓浮雕佛像、乐山柿子湾崖墓浮雕佛像、什邡汉墓画像砖上的佛塔和菩提树图案、彭山东汉崖墓摇钱树树座上一佛二菩萨像、绵阳何家山东汉崖墓摇钱树树干上的佛像、忠县汉墓摇钱树树干上一佛二菩萨像、宜宾黄塔山东汉墓坐于青狮上的佛像、西昌汉墓画像砖上的梵文朱书佛号、芦山汉墓青铜佛像等。1989年11月在绵阳何家山东汉崖墓出土的铜摇钱树，树干上纵向按一定间隔分铸5尊大小形态完全一致的佛像，佛像头后有椭圆形项光，顶有肉髻并刻发纹，唇上有髭，穿通肩袈裟，结跏趺坐，右手施无畏印。[①]这当是中国最早的铜佛像之一。另外，1972年在什邡皂角乡白果村东汉砖石墓出土的画像砖上刻有佛塔与菩提树[②]，这是上座部佛教国家最重要的礼拜物，而佛塔与菩提树图案的搭配很少

———————————
① 何志国. 四川绵阳何家山1号东汉崖墓清理简报[J]. 文物，1991（3）.
② 谢志成. 四川汉代画像砖上的佛塔图像[J]. 四川文物，1987（4）.

出现在中国北方。因此什邡汉墓画像砖上所刻的三座佛塔和两棵菩提树可能是中国迄今为止发现的最早的佛塔、菩提树图案。以上两处实物出土地点都位于川滇缅道上，由此可以推断，川滇缅道也是佛教传入四川的一个通道。

南方丝绸之路亦为道教的创立和传播提供了通道。东汉顺帝年间，张陵在四川鹤鸣山创立五斗米道，其所立二十四治中的第七治是蒙秦治，蒙秦治设在越巂郡。据《汉书·地理志》载，越巂郡辖邛都县、遂久县、灵关道、台登县、定莋县、会无县、青蛉县等十五县（道），辖境略相当于今四川省凉山彝族自治州、攀枝花市及云南省祥云、大姚县以北，丽江市以东一带地区，其郡治邛都（即今凉山彝族自治州西昌市），这一地区正好在南方丝绸之路的要道上。可见，居住在南方丝绸之路的彝族民众早在汉晋之际已开始接纳道教。

道教在彝族地区的传播始于东汉。蒙秦治得道的赵升即为张陵的亲信弟子。《巍宝山志》载东汉有道士杨波远，"人号为神明大士"，常骑三角青牛，出没逍遥于苍山、鸡足山、巍宝山、洱海之间，传播道教。[1]巍宝山即巍山，紧靠祥云，地处南方丝绸之路要道上，这条道路古称灵关道、牦牛道，约在公元前4世纪已经开辟，比北方丝绸之路还早五百年。据史志记载，三国时期道教已在巍山彝族中盛行。《巍宝山志》记载："（汉）孟优世居巍宝山，与土帅孟获兄弟也。素怀道念，常往来于澜沧、泸水间，得异人授长生、久视、方药诸书，随处济人。后主建兴三年，丞相亮南征，误饮哑泉者，辄手足四禁而不语。或言优有良药。使人往。优进仙草，立验。武侯惊异之，与语人天运会深有契焉。后入峨眉山，不知所终。"[2]可见道教追求的长生不老者的仙术已在巍山彝区兴起。

道教的影响通过南诏国与唐朝的密切交往在彝区不断扩大。唐初，南诏蒙氏家族主要供奉道教，道教在巍宝山有了新的发展。民间传说的老君点化南诏细奴逻的故事，反映出在道教影响下"君权神授"的思想已深入彝族文化之中。因此在云南彝族撒梅人的西波宗教中，即包含着很多道教的成分。如西波教的西波初学时要举行见行礼，除了按彝族的传统习惯拜师，还要焚香三炷，拜太上老君为师，祈求太上老君认可这位西波，并赋予其法力。在西波教的神灵谱系中，太上老君位居顶端，是西波宗教的最高主神。其下的天神、地仙中，众多的主神皆来自道教。如元始天尊、灵宝天尊、雷声普化天尊、雷部陶天君、张天君、辛天君、关圣君、三十六雷神、六十甲子神等，皆系道教之神。[3]在西波主持的宗教活动中，亦吸收了不少道教的内容。他们深受汉族道士的影响，"尚跪拜而讽诵其经典，除茶酒及五牲做祭物外，又尚香烛、锭纸等冥物，同时必挂起李老君像及各种神位，

---

① 巍山彝族回族自治县地方志编纂委员会办公室.巍宝山志[M].昆明：云南人民出版社，1989：43-44.

② 巍山彝族回族自治县地方志编纂委员会办公室.巍宝山志[M].昆明：云南人民出版社，1989：140.

③ 吉合蔡华.道教与彝族传统文化[M].北京：民族出版社，2005.

前摆一桌，上陈香炉、米斗、茶酒杯、祭品祭文或祷文冥纸等具，恰与汉族祭献的情形相像。"[1]

众所周知，印度佛教于公元二三世纪进入中国，并很快融入中国社会。其后中国道教亦曾远播印度，并在相当程度上影响了佛教，使之演化出密宗。按印度学者的看法，印度密宗的出现并不是当时印度正统文化的继续。德国恰托巴底亚耶说，尽管密宗也像"吠陀"一样有其咒术和仪式，"但很清楚（密教）是反吠陀的，起码在它的早期阶段是反对吠陀传统的"[2]，认为中国道教对印度密宗的出现起到了外部影响的作用。

印度学者雷易在《古代中世纪印度化学史》一书中说，印度泰米尔文文献记载，南印度密教的18位"成就者"中有两位是中国人，他们的泰米尔文名字分别是博迦尔和普里巴尼，他们于公元3世纪时去印度传播道教禁咒、医术和炼丹术等，博迦尔曾带弟子回中国学习，学成又回到印度。[3] 荷兰汉学家高罗佩指出："由于基于止精法的房中秘术从纪元初便盛行于中国，而其时在印度却毫无迹象，所以很明显金刚乘的这一特点当是经阿萨姆邦从中国传入印度⋯⋯圣地伽玛迦亚和希里哈塔为中国房中秘术传入印度的可能途径提供了一条线索。这两个地点都位于阿萨姆邦境内。这个邦是个巫术盛行的地区。当地妇女的地位比在印度本土要高，并与中国来往密切。七世纪迦摩缕波（Kāmarūpa）王巴斯卡拉跋摩（Bhāskaravarman）为真言乘术士，自称他的王朝是受封于中国，并与唐王朝经常来往。"[4] 英国李约瑟博士亦认为，道教的性理论和实践盛行于中国是在公元二至六世纪，这是在印度的密教崇拜兴起之前。所以，"乍视之下，密宗似乎是从印度输入中国的。但仔细探究其时间，倒使我们认为，至少可能其全部东西都是道教的"。实际的情形是，先是道教从中国输入印度，然后才是密教回头又输入中国。"很可能密教是外国殷勤教授中国人他们本来已经很熟悉的东西的又一例证。"[5]

四川社会科学院学者张毅（汶江）认为，印度佛教中的密宗，既不是来自印度教，也不是来自佛教，而是来自道教。印度古代的迦摩缕波很早就和中国有直接而频繁的交往，而且也是密宗的滥觞之地。他说道教传播到印度，主要是通过滇缅线，即今所谓南方丝绸之路。[6] 根据此论，中国道教的传播路线为西端连接南丝绸之路终点的印度密宗发源地迦摩缕波（阿萨姆），东端连接西南丝绸之路另一终点，即道教天师道发源地四川成都地区。大约在公元2世纪到4世纪间，佛教沿南丝绸之路东传的同时，巴蜀天师道的"黄赤合气之

---

① 吉合蔡华.道教与彝族传统文化[M].北京：民族出版社，2005：218.
② 恰托巴底亚耶.顺世论：古印度唯物主义研究[M].王世安，译.北京：商务印书馆，1992：60.
③ 黄心川.道教与密教[J].中华佛学学报，1999（12）.
④ 高罗佩.中国古代房内考：中国古代的性与社会[M].李零，郭晓惠，等译.上海：上海人民出版社，1990：472-473.
⑤ 恰托巴底亚耶.顺世论：古印度唯物主义研究[M].王世安，译.北京：商务印书馆，1992：415.
⑥ 汶江.试论道教对印度的影响[M]//伍加伦，江玉祥.古代西南丝绸之路研究.成都：四川大学出版社，1990.

602

道"与房中之术亦循同一路线西传，由此刺激了邻近中国的迦摩缕波地区奉"五摩字真言"的"外道"流传，最后演变为佛教密宗，并于公元8世纪又回传到中国汉藏地区。这是中外宗教文化交流的一个典型。

巴蜀宗教文化在发展的历程中，通过创造宗教律法、道德以及伦理等途径来影响和塑造人，从某种意义上说，宗教文化在规范人们的行为方面发挥着惊人的作用。具体来说，道教、佛教的教义、教规以及宗教戒律等是体现其神圣性的具体方式。鉴于宗教伦理、道德具有长期渗透性和潜移默化性的特点，随着其不断发展，在人类自我意识中，其地位和作用已逐渐提高，甚至不可分割。与此同时，世俗伦理和道德大多源于宗教教义和教规等。宗教文化的规范功能往往与民族特性相互影响、相互作用，不但在规范民族风俗伦理习惯以及道德方面，而且在增强民族认同度方面都发挥着不可替代的效用。

巴蜀宗教文化在发展历程中对民族、社会的整合起到了凝聚作用。个人和群体是宗教文化的整合凝聚功能表达和作用的实体，尽一切可能把各种社会势力、集团凝聚成为一个统一的整体是宗教的首要任务。宗教意识、组织和礼仪是宗教文化的整合凝聚功能得以发挥共同作用的基础。一旦各种群体、个人与社会集团形成一个整体，并且具有共同意识和宗教文化共同体时，那么就称其为组织上的整合，并激起一股愈发强烈的认同度和感知意识，从而极大地有利于共同体内部的团结和发展。

与此同时，宗教文化具有认同的特性也得以体现，一旦人们认同并接受相同或相似的宗教文化，那么宗教意识、宗教伦理道德以及宗教规范等将在人们的身上得到充分的体现。此外，在促进民族文化的认同和归属方面，宗教文化的认同感所发挥的作用也是显而易见的。宗教文化不是一个简单的信仰问题，它在意识形态领域和社会领域都发挥着作用。从根本上来说，一个民族的心理、意识是相互影响并密不可分的，这也是宗教文化的问题。无论是促进形成民族的共同心理、习惯以及文化，还是促进民族内部以及民族间的融合、团结，宗教文化的民族整合凝聚功能所产生的影响和作用都是巨大的。

宗教文化具有调控功能，调控人与人以及与其他族群文化之间的关系。首先，在个人与族群的关系方面，如何规约族群与个人的关系是非常重要的，人们常常借助宗教文化来达到这一目的。如此一来，每一个人都与自己的族群保持着良好的关系。崇拜祖先、图腾以及神灵等都是人们表达对宗教文化信仰的方式，从而提高族群的归化感以及认同感。每一个族群成员与族群关系都在潜移默化中受到宗教文化的调控，个人对族群的认同感提高，同时族群的凝聚力也大大增强。各种宗教之间亦和平相处，相互借鉴学习。在康定就有道教、佛教、天主教、基督教、伊斯兰教的道观、寺庙、天主堂、教堂及清真寺并存，供不同的民族、不同的群体朝拜。

自隋唐至两宋，道教、佛教大大丰富和拓展了巴蜀文化艺术的范围，如诗、画、书、雕塑、造像、印刷等。出现了一批绘画大师，如范琼、孙位、张素卿、陈若愚、张南本、

第七章｜巴蜀新石器时代遗址的神灵　　603

房从真、常粲、李昇、杜龋龟、蒲师训、赵忠义、李寿仪、石恪、程承辩、丘文播、杨元真、孙知微、赵公祐、赵温奇、卢楞伽、赵德玄、贯休、辛澄、李洪度、左全、张玄、杜措、高文进等，他们精于道佛绘画，并留下许多杰作。"盖益都多名画，富视他郡。谓唐二帝播越及诸侯作镇之秋，是时画艺之杰者，游从而来，故其标格楷模，无处不有。圣朝伐蜀之日，若升堂邑，彼廊宇、寺观，前辈名画，纤悉无圮者。"①

四川地区的宗教造像是随着佛教的传入而兴起的。广元千佛崖造像原有17000余躯，安岳有10万余躯，大足有5万余躯。集中造像者尤以大足北山佛湾、宝顶山大佛湾造像、南山三清古洞造像为极致，是宋代雕刻艺术的高峰。宝顶山摩崖造像精巧细致，栩栩如生；而北山石窟中的观音，虽手持念珠立身莲座，但其面带微笑、风姿婀娜的形象使人感到这是一位令人亲近的少女……显然，正是宗教文化的传播推动了巴蜀艺术的发展。

巴蜀宗教文化深深地影响了巴蜀民众的生活习俗。宗教的教义、教规和礼仪等在生活中是习以为常的东西，一旦通过祈祷、禁忌和节庆等形式换了一个方式，如教民的婚生、丧葬、服饰以及饮食等，那么一种独特的宗教习俗文化就诞生了。从本质上说，它们是一种宗教习俗文化，基于宗教生活和日常习俗融合的共同基础，对增强宗教文化的稳定性和持久性是十分重要的。简而言之，生活习俗本身就是一种社会惯性系统，它的基础是具体的自然环境和社会环境。婚生丧葬礼仪形式体现着人们的情感因素和对生命意义的认识，当然这是建立在宗教的神圣庄严性基础之上的，也是一种结合了崇拜神明、祝福自己以及娱乐民众的宗教节庆，更具开放性和娱乐性。在宗教禁忌的生活习俗方面，具有一定的狭隘教派性，通过神圣教义来教化教民并提高他们的认同感是表达宗教生活习俗的重要方式。随着历史车轮不断向前，有些宗教习俗已脱离宗教仪式而成为一种民族风俗。在一些与生活习俗相关的事件中，其神圣性和庄严性都有具体的体现，慢慢地演变为民族惯常而普通的生活习俗，并且标志着该民族文化生活的独特性。

在众多的藏族民风民俗中，最具代表性的自然是传统节庆。藏族人民的节庆活动丰富多彩，各具特色。除了最隆重的传统节日藏历年和一些共同的重大节日，还有不少极富地域性和群众参与性的宗教节日，如纪念佛祖诞辰的康定"四月八转山会"，佛苯共奉的丹巴"墨尔多将军会"，与佛制"夏令安居"相关的巴塘"央勒节"，长青春科尔寺举办的大型佛事及祭神山活动的理塘"祝毕日戈节"，格鲁派寺庙的传召大法会和酥油花会，佛教燃灯节，萨迦派洞柯节以及噶举派、宁玛派、苯教的各种法会，等等。在这些大大小小的节庆活动中，藏传佛教文化的意蕴与旨趣随处可见。

川北的巴中、苍溪、阆中、南部诸县市还流行傩戏。傩戏是神农氏迎神赛会之戏，是中国戏剧的鼻祖和神农氏文化的活化石，是一种祭祀祖先和庆祝丰收的舞蹈娱神艺术。傩戏有着悠久的历史，源于原始社会图腾崇拜的傩祭，到商代形成了一种固定的用以驱鬼逐

---

① 黄休复.益州名画录[M]//车吉心.中华野史：第3册.济南：泰山出版社，2000：125.

604

疫的祭祀仪式，先秦时期就有既娱神又娱人的巫歌傩舞。明末清初，各种地方戏曲蓬勃兴起，傩舞吸取戏曲形式，发展成傩堂戏、端公戏。四川、贵州的傩戏吸收了花灯的艺术成分，用反复的、大幅度的程序舞蹈动作表演，多在固定的节日演出，极具原始舞蹈风格。傩戏的演出一般分为三个阶段，即开坛、开洞、闭坛。开坛和闭坛是迎神送神的法事，打开洞门后就演出傩戏剧目。旧时的乡民遇上一病两痛、三灾六难，以为是鬼神作祟，便请求神灵庇护，并许下傩愿。一旦到了还傩愿的时候，还要备好香纸、法器和祭献用品。在傩戏演出中，还穿插着不少巫术表演，如捞油锅、捧炽石、过火炕、跶火砖、吞火吐火、踩刀梯等。傩戏演员多是巫师出身，剧目又多带有宗教色彩，其表演具有浓烈的宗教风格，如台步中的"走罡"、手式中的"按诀"，以及柳巾、师刀、师棍等多种道具的运用等，充满了原始宗教的元素。

第二节　广汉三星堆遗址的神灵

巴蜀古文明发展到鼎盛的标志是闻名中外的三星堆文化。三星堆遗存共分四期。最早的是新石器时代晚期，其上源与宝墩文化相衔接。引人注目的文化遗物在二、三期，时代距今2875～4070年，相当于中原地区的夏商、殷周之际或西周初期。这里有由高大的城墙和深广的城壕围绕而成的古城。城内外遗址群已出土数万件青铜、玉石、象牙、陶器、漆器等珍贵文物。最引人注目的是两座祭祀坑，坑中出土了大量的青铜器、玉石器、金器、象牙和来自南印度洋的海贝等稀世珍宝上千件，展现了蜀地先民祭天祀地、迎神送鬼宗教仪式活动的盛大。

一、祭祀礼器与青铜神树

三星堆一号祭祀坑是巴蜀文化中首次发现的祭祀坑，为长方形，四角基本为正东、西、南、北方向。坑内出土金、铜、玉、石、骨、陶、象牙等质料的文物300余件，以及海贝和3立方米左右的烧骨碎渣。这些遗物大部分集中堆放在坑的西南、东南部，西北部较少。根据器物的叠压情况，可推测这些器物是按一定次序放置的：首先投放玉石器，然

第七章｜巴蜀新石器时代遗址的神灵　605

后投放金杖、铜人头像、铜人面像、铜尊等大型铜器，再倒入烧骨渣，最后放置陶盏、陶器座、铜戈等器物。骨渣大多数泛白，一部分呈蓝黑色，并杂有竹木灰烬。坑内不见烟熏痕迹，显然这些骨渣在入坑前就已焚烧砸碎。这些骨渣以及同坑出土的金器、铜器、玉石器、陶器、象牙、贝等均有火烧的痕迹，说明这些遗物是在举行一次浩大、隆重的"燎祭"活动后瘗埋的。

二号祭祀坑为长方形，坑底西南高、东北低。根据发掘现场情况分析，坑内的遗物投放也有一定的先后次序，表现为三次投放，因此遗物亦可分为三层：下层主要为大量草木灰烬、炭屑、小型青铜器、青铜兽面、青铜树枝、玉石器及大量的海贝等；中层主要为大件青铜器，如大型立人像、车形器、大型人面像、人头像、树干、尊等；上层则为60余枚（节）大象门齿纵横交错迭压在一起。这即是说，首先投放的是海贝、玉石礼器、青铜兽面、凤鸟、小型青铜杂件和青铜树枝、树干等。在清理时，这些遗物大部分都杂在灰烬骨渣里，并留下明显的烟熏火烧痕迹。其后投入的是大型青铜容器、青铜立人像、人面、头像、树座等，最后投入象牙。青铜立人像由腰部折成两段，上半身位于坑的中部，下半身位于坑的西北部，被一青铜树座所压。尊、罍、彝等青铜容器主要位于坑的东南和东北两角，大部分容器外表都涂有朱色，器内都装有玉石器、海贝等。青铜兽面位于坑的西北角，与大量的海贝一起。青铜人头像、青铜人面像主要分布在坑的四周，有的头像内还装有不少海贝。头像和面像部分损毁并经过火烧，尤其是人面像，大部分被打坏或烧坏，象牙及骨器之类也明显有被烧焦的痕迹，有的玉石器被烧裂。从大部分器物被损坏、烧坏的情况分析，推测这些遗物在入坑前已被有意识地损坏。[①]

三星堆一、二号祭祀坑的文化遗存反映了四川地区青铜时代的宗教迹象，内容十分丰富。在一次次盛大的祭祀活动中，其祭天、祭地、祭山、祭祖的礼仪景象非常明显。从三星堆祭祀坑的遗存中可以看出，人们举行的祭祀方法多种多样，采用了燔燎、瘗埋、庋悬等形式。

所谓祭天之燔柴，即积薪而烧之。两坑中所出遗物的表面都有火烧烟熏的痕迹，同出大量的竹木炭、灰烬以及被烧流的青铜器、烧裂的玉石器等，应是进行燔燎祭祀的遗迹。其后，这些经燔燎之后的遗物和牺牲又全部被埋入坑中。

三星堆二号坑出土的三株青铜树上均悬挂着许多仿飞禽异兽、仿果实和其他仿昆虫类的青铜饰件等，大量出土的铜铃、挂饰等遗物反映了古人所用的庋悬法。汉代巴蜀出土的众多摇钱树亦是人们庋悬的器物。祭地是对土地的崇拜，见于世界各地的许多原始民族。祭祀地神时多采用瘗埋和灌祭的方法。瘗埋是将礼器、祭物等经火燎后再埋入坑中，灌祭则是利用酒、牲血的流动属性渗透到地下，使之为土地所吸收，从而以祭祀地神。三星堆

---

① 四川省文物管理委员会，四川省文物考古研究所，四川省广汉县文化局. 广汉三星堆遗址一号祭祀坑发掘简报[J]. 文物，1987（10）；四川省文物管理委员会，四川省文物考古研究所，广汉市文化局，文管所. 广汉三星堆遗址二号祭祀坑发掘简报[J]. 文物，1989（5）.

王瑾 临自《三星堆出土文物名录鉴》

二号坑出土的201件4号王器北占着一件用于祭祀的礼器。王座器身光平并行的龙形，耳下有的（柄）的分节明显，耳鼻也很长。主座面饰的到爬组合谷祖图的图案多为上下两侧又可分为大组五小组，为爬虫图案分为五小组。第一组上有龙在尖氪半顶处站立的人，二人以手作未揖姿状，另两相相近，有其喇叭类豆状，两脚向外撇呈一字状。在人的横顺图中上下各有一圆圈，似乎光天目。第二只鼻尖天山和"人手"姿状。人于作未揖姿状，再抬接在山顶的"S"。人物组合，他们与尖氪半相响叫猪，光源于此形式以表龙或叫他们，"其周周洛着，一身外出上巾，唱楷上垂，人像了过发带，耳口立不其翻鉴灯化，将翻流也一身好长上垂，耳鼻延垂化。并藏，又于在侧朝作未揖姿状，再抬相近，双唱下唱，佐着微重地近中鼻右虎见大山根，比此有纹翻案与第二鼻两式之一，以出蛮劲。

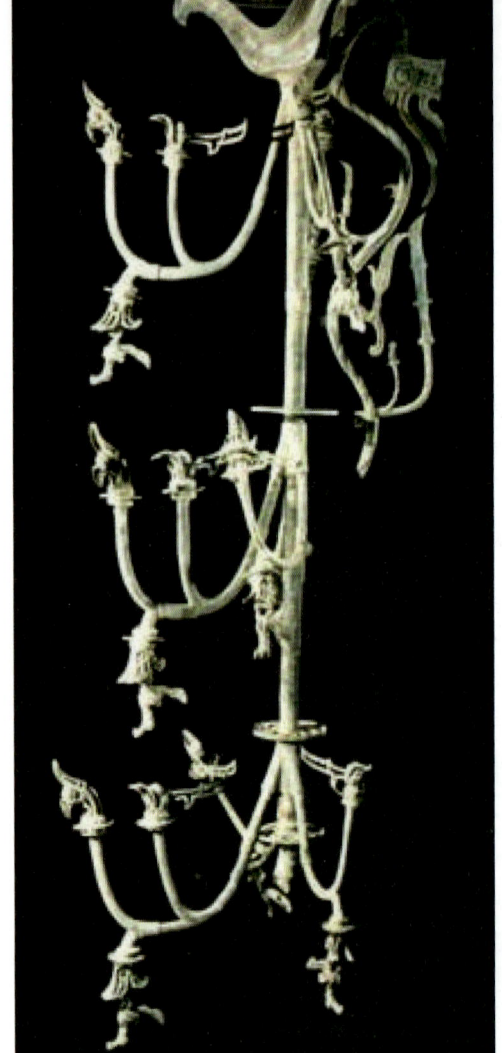

青铜神树
采自《三星堆出土文物图记录》

三星堆遗址中出土的王的器达400件，其种类繁多有陶，石，玉，骨，未，铜，金等，其中又以铜为主，铜面的许多器物精细与外山有联系。

三号坑出土的201件4号王墓北占着一件用于祭祀的礼器。王座器身光平并行的龙形，钟山的礼器。王座器身光平并行的龙形，钟山的礼器。

三星堆古蜀文化有着独特的艺术风格，特别是20世纪80年代以来国家和社会各界对于这种独特文化越来越关注，现在已成为我国研究古代青铜文化的重要"中神海"，对以占蜀青铜雕塑艺术的古神中的地位为核心，它们周围有三个人工之上的推理被称为"三星"，即将在加工先是大的极权处，古事地处中神重要的关系三星堆为占神的核心，它们周围有三个人工之上的他们均有玉上的和力，王所不解，都会鼎身天像，各人作花尘不其翻鉴灯在边璋，两山之间又悬有一物，其形粗大弯尖。^①这种弯尖状物应与置于山腰两侧的边璋一样，属于祭祀山川的祭品，从形状上看，似为象牙，古代文献常有以象、玉对用祭祀的情况。三星堆遗址中出土了大量完整的象牙，图案中的这件器物可以释为悬插于山上、用于祭祀山神的象牙。而山上的三位人物代表的可能是主持祭祀神山山神的巫祝。^②玉璋上的这些图案生动反映了古蜀先民对山神的崇祀。

三星堆出土的青铜树中一号神树形制最大，高395厘米，圆形底座圈直径为92.4～93.5厘米。圈上三足略呈拱形，状似三山相连，其上有◎形纹和云气纹。座上为树身，树干上有三丛树枝，每丛三枝，共九枝。每丛枝上长有三枚果实，似桃状。两果枝下垂，一果枝向上，桃果上方立一鸟，共九只。九只鸟儿全都背对树干，造型完全相同：均有不大的羽冠，鸟眼椭圆，向内带有明显的眼角；鸟喙稍长，末端下勾；喙上有鼻线和口缝，口缝前端有小的穿孔。鸟身有羽毛图案，鸟尾上翘，鸟足显得强劲有力。树枝、树干上均套有光环。此外，树干的顶端一枝亦有一只立鸟（残缺）。树下一侧有一龙，龙身蜿蜒顺树干而上。

二号铜树受损比较严重。残留部分为树座和树干，底座为圆形圈座，三个拱形足如同树根。树干通高193.6厘米，残高142厘米，底座直径54.8厘米。圈座三面正中有一方台，上有一跪坐人像。现存的仅有两层树枝，树枝有三个分叉，但仅存一枝完好。该枝从中段上下一分为二，上段有一鸟站立在花瓣上，下段底端为一花朵。

小型铜树比较完整，颇有特色，残高50厘米。该树为三股辫绳状树干，基座无存，但周围有几枝卷曲的枝条外展。树的主干中部有两层树枝向外展出，但端部均残。两个主干顶端分别有一人首鸟身像。

这是一株什么树，树上的是什么鸟，众多研究者已经讨论得比较透彻，他们大都根据《山海经》所言，认为其是众神来往天上人间的"建木"。在《山海经》中，建木被描述为一棵极其茂盛的通天神树，它拔地而起，直上九霄，长满了果实和树叶。《淮南子·墬形训》记载："建木在都广，众帝所自上下，日中无景，呼而无响，盖天地之中也。"^③都广即《山海经·海内经》中的"都广之野"，指成都平原；而所谓"建木"，或许就是三星堆出土的青铜树。至于树上的那些神鸟，正是背负太阳升空的"金乌"。王逸在《楚辞·天问》注释中说："《淮南》言：尧时十日并出，草木焦枯。尧令羿仰射十日，中其九日。日中九鸟皆死，堕其羽翼。"^④按此推证，神树上的那些鸟就是代表太阳的乌鸦。此外，二号神树的底盘三方皆有神巫跪守，可见这些神树是古代蜀人最

---

① 四川省文物管理委员会，四川省文物考古研究所，广汉市文化局，文管所.广汉三星堆遗址二号祭祀坑发掘简报[J].文物，1989（5）.
② 陈德安.浅释三星堆二号祭祀坑出土的"边璋"图案[M]//四川大学博物馆，中国古代铜鼓研究学会.南方民族考古：第三辑.成都：四川科学技术出版社，1991：86-87.
③ 诸子集成：第8册[M].长沙：岳麓书社，1996：58-59.
④ 王逸.楚辞章句：卷3[M]//文渊阁四库全书：第1062册.台北：台湾商务印书馆，1983：27.

第七章｜巴蜀新石器时代遗址的神灵　　609

神圣的崇拜物。

从三株铜树的形制及内容来看，它们显然是神奇无比的通天之树。对此，众多学者一致认为，神树是以"氐羌——蜀族团为核心的巴蜀部落——部族集团的图腾树……它起着巩固联盟，维系四方的作用。"同时又是氐羌——蜀或巴蜀部落、部族集团的通天树，是蜀人进入天堂或与天神对话时所使用的一种天梯。[①]

在小型神树两个主干顶端分别有一立鸟，两只鸟均为人面，戴着面罩，方脸、大眼、高鼻、大耳，身短翼大。其面部与青铜小神树底座上的几尊跪坐小铜人像以及其他一些青铜造像风格一致。其身则为鸟身凤尾造型，宽长的翅羽上下卷曲，尾羽好似孔雀开屏状，粗腿尖爪站立于枝头花果之上。如此奇异的造型，考古史上从未有过。既然青铜神树上的铜鸟为"九日居下枝"的写照，那么神奇的人面鸟身像便是太阳神鸟的象征，也许就是"一日居上枝"的那只太阳神鸟。它那奇异的鸟身和羽翅说明它是禽鸟中的精灵，是凤鸟和金乌的化身，而戴面罩的人面造型则显示出它具有神与人的特征。它那外凸的眼球和弯长的兽耳又具有作为古蜀各部族祖先神灵象征的青铜纵目人面像的特征，表明它在古蜀国盛大的祭祀活动中占有突出的地位，也是古蜀各部族崇拜的重要对象。

人首鸟身青铜器，通高12厘米。这件人首鸟身像原铸于小型神树树枝端部。该像为平头顶，头戴颎，面戴面罩，脸形方正，大耳高鼻，鸟身较短，其双眼呈外凸状，与纵目面具眼球造型相似。参考与之造型完全相同的铜树另一枝枝端人首鸟身像，可知该像现残断的双翼原当呈宽展状，尾羽构型亦当为分叉卷曲状。这种人首鸟身像除见于小型神树外，在同坑出土的青铜神坛最上层的"盝顶建筑"上额正中也铸饰有此像。古人有"以上为尊""居中为尊"的说法，可见这个居于神坛最上层的人首鸟身亦是神人。

对鸟的崇拜在当时十分盛行，具体表现在三星堆文物中大量出现的各种奇异的鸟造型上。其数量之多达到上百件，型式也有十余种。有的呈现为人首鸟身，可能具有神的使者、太阳负载者和氏族图腾等多方面的文化内涵。此外还有许多圆雕立鸟单独饰件、大型鹰头状饰件、做成铃铛的鹰鸟饰件，以及众多片状飞鸟饰件等。它们一般充当神树、神坛、神殿的挂饰，人形器的纹饰，鸟形人像，以充当挂饰的居多，如神树上的太阳鸟，神坛最上层盝顶上的鸟身人面像，礼器、圆垒上的立鸟等。这种崇拜最集中地表现在八件鸟形饰上，共分六种类型，有明显的不同，差异主要反映在翅羽和尾羽上。这些鸟造型的相似之处在于嘴部，基本上都是钩喙，头部也大体相似；不同之处在于翅羽和尾羽，或下垂，或上翘；尾型或分岔或聚拢，此外有刀状尾羽和夔龙形尾羽，它们代表不同氏族徽铭以及不同族属神灵。当它们聚集在一起时，又显示出古蜀族鸟图腾的统一符号体系。它们出现在神树、神坛、神殿、礼器这些享有至尊地位的器物上，具有与神对话的功能。

---

① 屈小强，李殿元，段渝.三星堆文化[M].成都：四川人民出版社，1993：213.

610

人身鸟爪 青铜器 选自《三星堆出土文物全记录》

神鸟　青铜器　采自《三星堆出土文物全记录》

　　巴蜀氏族祖先的传说通常伴随某些神圣的动物、植物、半人半兽，这些远古祖先的形象就成为图腾的由来。由远古祖先半人半兽的形象到图腾崇拜，再到氏族神崇拜，应该是巴蜀图腾崇拜观念的主线。可以推测，在古蜀王族时期存在多个部落，其中有些部落信奉的保护神为鸟神，有些部落信奉龙神，有些部落信奉羊神，有些部落信奉虎神。

　　金杖，一号祭祀坑出土。金杖杖身的上端有一段平雕纹饰图案，分为三组：上面两组图案相同，上方为两背相对的鱼，下方为两背相对的鸟，鸟的颈部和鱼的头部压有一穗形叶柄。最下一组线刻两个前后对称，头戴五齿高冠，耳垂三角形耳坠的人头图案，与二号祭祀坑所出青铜大立人相同，表明杖身所刻人头代表着蜀王及其权力。以鱼和鸟组成的四组规整标准的徽记置于首领头顶之上，说明它就是古蜀国的"中心图腾"，所代表的可能是曾在古蜀历史上居于统治地位的"鱼凫"族。而与鱼、鸟同在金杖上的那位人物，正是蜀王自身。所以，金杖不仅仅是一具王杖，同时也是一具神杖，是用以沟通天地人神的工

"太阳神鸟"，是邓锡树取的，太阳名"羲和"，孕育了太阳的是太阳的母体，太阳即羲和本体，又为祭日之物出自中的一种。在图腾人类，太阳神有神力的祭祀，则即是长纳精准且为人之书。它借人一样，有足迹跗，有畜筑鸟虫，浇出托成了犬因有足的象征。世间皆如是器。

图林 采自《三星堆出土文物考记录》

各地普遍存在着对太阳神的崇拜。麦克斯·缪勒提出,人类所塑造的最早的神是太阳神,最早的崇拜形式是太阳崇拜。太阳"从仅仅是个发光的天体变成世界的创造者、保护者、统治者和奖赏者。实际上变成一个神,一个至高无上的神。"[①]《礼记·祭义》曰:"郊之祭,大报天而主日,配以月。夏后氏祭其暗,殷人祭其阳,周人祭日以朝及暗。"[②]可见夏商周三代,日神是被作为主宰上天的神来崇拜的。

上古时代的巴蜀亦盛行对太阳的崇拜,这从三星堆遗址和金沙遗址出土的考古材料中可以得到证明。三星堆遗址出土了一种青铜"轮形器"(共四件),呈圆形,中心有一大圆泡,这应该是太阳;有五根放射状直条与外径相连,可谓四射的光芒。这应是古蜀先民太阳崇拜的遗物。将太阳描绘为"轮形器"是世界各国太阳崇拜民族比较一致的画法,如四川珙县"僰人悬棺"壁画上的太阳图案、广西宁明花山岩画上的太阳图案,都是圆形、轮形。此外,三星堆出土的神树、圆日形状的青铜菱形眼形器、有圆日图像的青铜圆形挂饰、青铜神殿四面坡状屋盖上的圆日图像纹饰、人面鸟身像胸前的圆日图像、金杖上圆脸戴冠呈欢笑状的太阳神形象,金沙遗址出土的太阳神鸟金箔图像,这些古蜀时期留下的大量器物和图像遗存,真实地反映了古蜀王国太阳崇拜祭祀活动的盛行。

轮形器　青铜器　采自《三星堆出土文物全记录》

此外,还有数十对"眼形铜饰件",包括菱形、勾云形、圆泡形等十多种形式,周边均有榫孔,可以组装或单独悬挂、举奉,表现了对眼睛特有的敬重。眼睛纹常常作为主题

---

① 缪勒.宗教的起源与发展[M].金泽,译.上海:上海人民出版社,1989:186.
② 阮元.十三经注疏:下册[M].北京:中华书局,1980:1594.

铜饰件 采自《三星堆出土文物全记录》

铜海贝　采自《三星堆出土文物全记录》

铜铃 采自《三星堆出土文物全记录》

兽面具　青铜器　采自《三星堆出土文物著录》

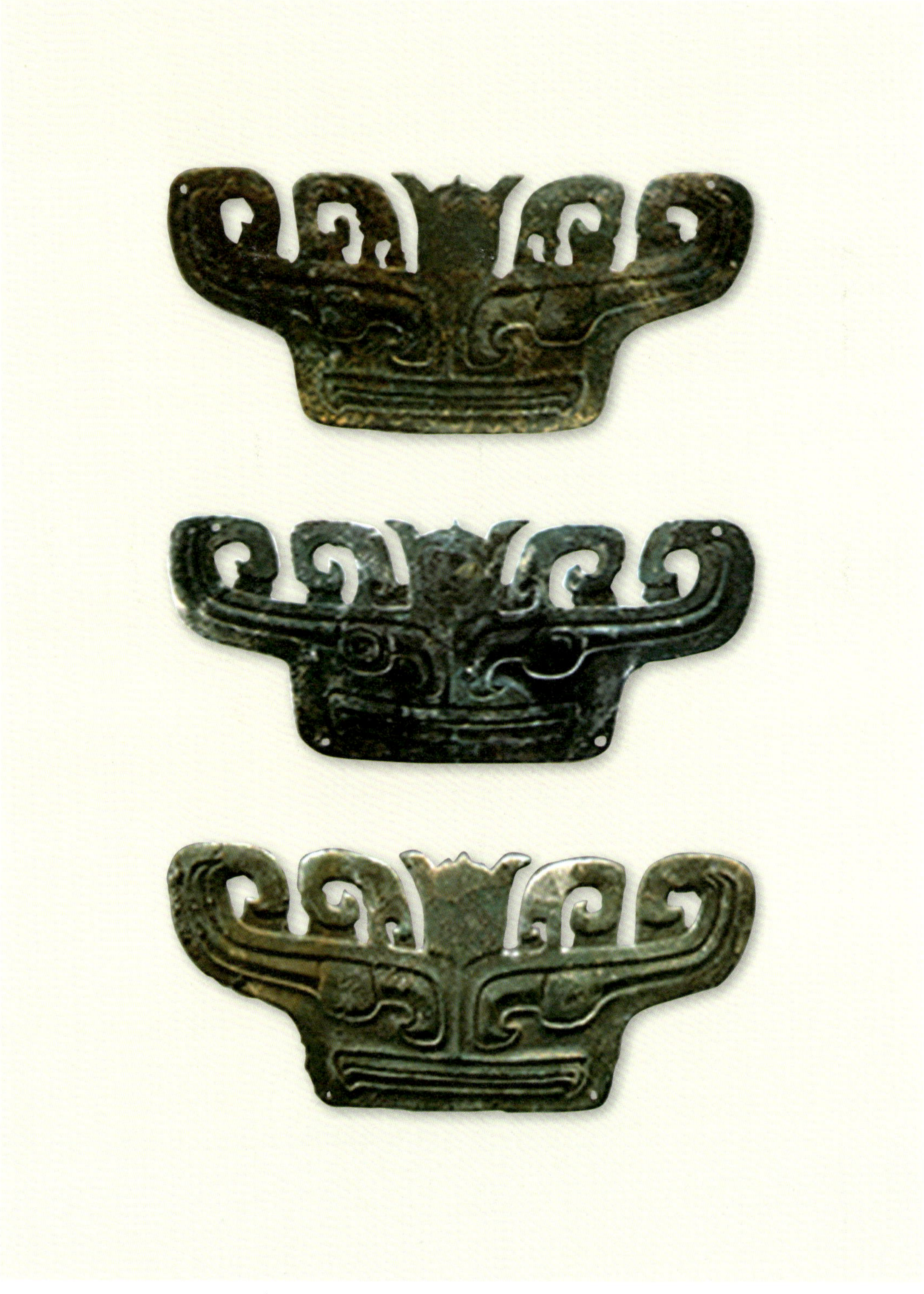

兽面具　青铜器　采自《三星堆出土文物全记录》

花纹出现在重要图案的中心部分，如大立人像头顶花冠的两侧、身披法衣的双肩中心就有一对巨大的眼睛纹。这些实例证明，崇拜眼睛是蜀人信仰观念中的一项重要内容。这种崇拜的社会内涵和精神实质是对以"纵目"为特征的蜀人始祖之神"蚕丛氏"的崇拜。史籍记载的蜀人的始祖名叫"蚕丛"，其唯一的形体特征就是"纵目"，其墓葬称为"纵目人冢"。常璩《华阳国志·蜀志》："周失纪纲，蜀先称王。有蜀侯蚕丛，其目纵，始称王。死，作石棺、石椁，国人从之。故俗以石棺椁，为纵目人冢也。"[①]三星堆出现大量突目巨眼的图像，正是蜀祖蚕丛神像的具体体现。以面具眼饰来表现祖先崇拜观念，构成了三星堆原始宗教体系的特有组成部分。

三星堆遗址还出土了一批铜牌饰、铜铃，这亦为宗教仪式中所用的法物。铜牌饰作为偶像崇拜、图腾标志物的意蕴非常明显。铜牌的重要性在于，它充当着史前原始宗教神像和圣物向华夏早期国家的铃旌礼制演化的物证。后世文献记述的铃旌或旗鼓一类国家礼仪体系，作为神权政治重要的视觉听觉表象物，和三星堆遗址的铜牌铜铃体系一脉相承。

铜铃是中华礼乐制度发生过程中具有划时代意义的圣器，也是宗教功能非常突出的乐器。四川三星堆和甘肃天水出土了同类型的铜铃，从这两个西北和西南的考古遗址之族属判断，这暗示出不同族群之间的文化交往和相互影响。

兽面具，总计九件。一般都是用厚0.2～0.3厘米的铜片铸造而成，兽面具的头上一般长有两只大角，眼睛又圆又大，嘴也特别大，有的上下牙齿外露，有的在下颌下面还铸有"鸟"，当为古蜀人崇拜的图腾。

二、巫祝神灵与青铜神像

三星堆祭祀坑出土了大量青铜人物雕像，包括各种人物全身雕像、人头雕像和人面像。人物全身雕像最大者通高260厘米，最小者仅3厘米，皆造型奇特。各式人头雕像共置一处，它们并无主次之分，表明这些雕像所代表的人物在地位上基本没有差别，绝不是用作祭祀礼仪的牺牲（牲人），而当为各族首领、次级群巫。人像、人头像与礼器共存，同出于祭祀坑，表明它们都是宗教偶像，在当时都被奉若神明，代表着各式各样的神。正如林向先生所言，这些青铜雕像是"包含着天神、地祇、人鬼、图腾在内的、一种多神的、偶像崇拜的原始宗教的遗物"[②]。这些青铜雕像极其珍贵，是严格意义上的神灵，是中国宗教史上最早的神灵集团。

---

① 常璩. 华阳国志校注：卷3[M]. 刘琳，校注. 成都：巴蜀书社，1987：91.
② 林向. 蜀酒探原——巴蜀的"萨满式文化"研究之一[J]. 南方民族考古，1987（1）.

青铜大立人像　采自《三星堆出土文物全记录》

第七章│巴蜀新石器时代遗址的神灵　**621**

大立人像，底座149～150厘米，通高260厘米，由底座和人像两部分组成，底座呈梯形，在座基和座子平台之间有四条相连的龙，张嘴露齿，四条龙各以头上的两角支撑台面的四角，高达180厘米的青铜立人像就站在台子上。立人像头戴五齿高冠，身着左衽长袍，脑后椎髻，这与《蜀王本纪》形容的古蜀民族"椎髻左衽"一致，应是蜀国之王。人像双手圈握，双脚戴镯，突出巨大的双手所握物，作奉献状，当为主祭人，即为群巫之长。其形象又与金杖图案上的人头像一致，既表明他是最高神权领袖，又是蜀国之王。

从这些青铜雕像群的造型来看，他们的衣冠、发式、脸型，可以分作几种不同的形式，显然分属于不同族类。这些族类，证之史籍，当包括氐羌和西南夷诸族，也有来自外域的西亚民族，即古文献中所说的"塞种"。

氐羌，泛指中国古代分布在今陕西、甘肃、青海、四川西部的少数民族。《诗经·商颂·殷武》曰："自彼氐羌，莫敢不来享，莫敢不来王。"孔颖达疏："氐羌之种，汉世仍存，其居在秦陇之西。"[①]《山海经·海内经》曰："伯夷父生西岳，西岳生先龙，先龙是始生氐羌，氐羌乞姓。"郭璞云："伯夷父颛顼师，今氐羌其苗裔也。"郝懿行云："《周书·王会篇》云：'氐羌鸾鸟。'孔晁注云：氐地之羌，不同，故谓之氐羌。"[②]

氐羌族是我国历史上一个人数众多、分布广泛、影响深远的古老民族。考古发掘、甲骨文字和历史文献中翔实生动地记载了氐羌人的业绩和对中国历史的杰出贡献。在古羌人聚居的甘、青一带，已发现大量新石器时代文化遗址，这些远古文化均与羌人有关，特别是卡约、寺洼、上孙家寨、辛店、诺木洪等文化或类型，与羌人的关系更为直接。在地域上，这些文化遗址分布在东部的黄河、湟水和大通河流域，而这一带正是古羌人活动的中心区域。这些文化类型地区中的墓葬一般都殉葬马羊牛等牲畜，表明其主人曾发展牲畜业，与历史上河湟地区的羌人直到汉初仍以牲畜业为主的记载吻合。

氐羌族有自己的文化传统与宗教习俗。《荀子·大略》曰："氐羌之虏也，不忧其系垒也，而忧其不焚也。"杨倞注："垒读为纍。氐羌之俗，死则焚其尸，今不忧虏获，而忧不焚，是愚也。"[③]《墨子·节葬下》说："秦之西有仪渠之国者，其亲戚死，聚柴而焚之，熏上，谓之登遐。"[④]所谓"登遐"，意为飞升成仙。杜光庭《道德真经广圣义》卷八曰："《书》云，舜陟方乃死。《史》云，舜登遐。盖言舜升于高远之处，而遂不回。《道学传》云：尧为太微真君，舜为太极真君。《九疑山记》云：舜时降于山中。此乃皆证位高真，差肩大圣，是则得道登遐，而为神仙明矣。昔鱼凫游于湔山，飘然飞翥。望帝居于石纽，遽致超腾。轩皇升龙于鼎湖，夏禹乘飙于镜水。《庄子·大宗师》云：狶韦氏得之以挈天地，伏羲氏得之以袭气母，黄帝得之以登云天，颛顼得之以处玄宫。所以神

---

① 阮元．十三经注疏：上册[M]．北京：中华书局，1979：627．
② 袁珂．山海经校注[M]．上海：上海古籍出版社，1980：462．
③ 诸子集成：第3册[M]．长沙：岳麓书社，1996：364．
④ 诸子集成：第5册[M]．长沙：岳麓书社，1996：143．

农司于南极，殷汤莅于北玄，武丁位为紫府，阳甲位为苍元，文王位为太虚，武王位为太平，康王位为少华，穆王位为九元，汉景位为太一，汉文位为通玄，八帝位为八魁，汉武位为玄成，此皆理国之君，登真得道，上列真官之任。则尧舜登仙，固其宜矣。"①

这种火葬的习俗来源于氏羌族的宗教信仰，他们相信人有灵魂，死后必须经过火的净化方能到达天国。《列仙传》中的啸父、师门、赤松子、宁封子等，都是经火化成仙的。氏羌民族的这些仙道传统被道教继承发展，其飞升成仙的观念遂成为中国道教的基本教义。

根据甲骨文献记载，早在殷商时期，羌人已活跃于历史舞台。商对羌地的"方国"或部落称为"羌方"。卜辞曰："鼎（贞）：戈不其隻（获）羌。"②"（畢）业（有）隻（获）羌。"③"丙申卜，（宾）鼎（贞）：兔隻（获）四羌，其至于鬲。"④"辛亥卜，鼎（贞）：敖侯来七羌。"⑤《春秋穀梁传注疏》："（隐公）二年春，公会戎于潜。"注："唯桓有月无王，以见不奉王法尔。南蛮、北狄、东夷、西戎，皆底羌之别种。"⑥《尚书·牧誓》："及庸、蜀、羌、髳、微、卢、彭、濮人。"注："八国皆蛮夷戎狄，属文王者国名。羌在西蜀叟，髳、微在巴蜀，卢、彭在西北，庸、濮在江汉之南。"疏曰："九州之外，四夷大名，则东夷、西戎、南蛮、北狄，其在当方，或南有戎而西有夷。此八国并非华夏，故大判言之，皆蛮夷戎狄，属文王者，国名也。此八国皆西南夷也，文王国在于西，故西南夷先属焉。大刘以蜀是蜀郡，显然可知，孔不说。又退庸就濮解之，故以次先解羌。云羌在西蜀叟者，汉世西南之夷，蜀名为大，故传据蜀而说。左思《蜀都赋》云：三蜀之豪，时来时往。是蜀都分为三，羌在其西，故云西蜀叟。叟者，蜀夷之别名，故《后汉书》兴平元年，马腾、刘范谋诛李傕，益州牧刘焉遣叟兵五千人助之，是蜀夷有名叟者也。髳、微在巴蜀者，巴在蜀之东偏，汉之巴郡所治江州县也。卢、彭在西北者，在东蜀之西北也。文十八年《左传》称，庸与百濮伐楚，楚遂灭庸。是庸、濮在江汉之南。"⑦

羌人中的姜姓，原居姜水流域，对周人影响很大。从字形上看姜、羌均像头戴羊角头饰之人，代表以羊为图腾的起源于我国西北的原始游牧部落。西周时，羌人中的姜姓一部分与周人的姬姓通婚，并逐渐与炎黄族及其他氏族、部落融合，构成华夏族，成为汉族前身的重要组成部分。另一部分仍居西部，与当地土著居民融合，成为其他民族的先民，如

---

① 道藏：第14册[M]. 北京：文物出版社，上海：上海书店出版社，天津：天津古籍出版社，1988：350-351.

② 郭沫若. 甲骨文合集[M]. 北京：中华书局，1978—1982：00176.

③ 郭沫若. 甲骨文合集[M]. 北京：中华书局，1978—1982：00198.

④ 郭沫若. 甲骨文合集[M]. 北京：中华书局，1978—1982：00201正.

⑤ 郭沫若. 甲骨文合集[M]. 北京：中华书局，1978—1982：00227.

⑥ 阮元. 十三经注疏：下册[M]. 北京：中华书局，1980：2366.

⑦ 阮元. 十三经注疏：上册[M]. 北京：中华书局，1979：183.

第七章 | 巴蜀新石器时代遗址的神灵

藏族、彝族、纳西族等。他们还处于原始社会，依随水草，牧羊业特别发达。

《说文解字》说："羌，西戎。羊种也，从羊儿，羊亦声。南方蛮闽从虫，北方狄从犬，东方貉从豸，西方羌从羊，此六种也。西南僰人、僬侥，从人，盖在坤地，颇有顺理之性。唯东夷从大。大，人也。夷俗仁，仁者寿，有君子不死之国。"段玉裁注："《商颂》：自彼氐羌。笺云：氐羌，夷狄国，在西方者也。《王制》曰：西方曰戎。是则戎与羌一也。羊，种也。各本作从羊人也。《广韵》《韵会》《史记·索隐》作牧羊人也。学者多言牧羊人为是，其实非也。下文言僰焦侥，字乃从人。东夷字，乃从大。南方蛮闽字从虫，以其蛇种也。北方狄字从犬，以其犬种也。东北方貉字从豸，以其豸种也。故字皆不从人。假令羌字从人牧羊，则既人之矣，何待僰侥字始从人哉。且何不入儿部，而入羊部哉。是则许谓为羊种，与蛇种、犬种、豸种一例。各本作牧羊人，似取《风俗通》窜改。《御览》引《风俗通》曰：羌本西戎，卑贱者也，主牧羊，故羌字从羊人，因以为号。"①《后汉书·西羌传》说："西羌之本出自三苗，姜姓之别也。其国近南岳。及舜流四凶，徙之三危，河关之西南，羌地是也。"②明何宇度《益部谈资》："东川有夷一种，名曰僰人，乌蒙即古窦地，汉为牂牁郡。镇雄即古芒部地，天全即古氐羌地，黎州即古西南夷筰都地，汉为沈黎郡。龙安即古冉羌地，松潘亦古氐羌地，汉设护羌校尉居此。雪岭在其境内，建昌即古越氐羌嶲郡，又谓之獂郡，其夷又谓之罗罗。"③

历史悠久的羌族，早在原始氏族社会即产生了宗教。天神为羌族的主神，与祖先神合二为一，并以白石代表天神。早晨和黄昏，羌民都要在屋顶供奉天神的塔里燃烧柏树枝以表示崇敬。"尤其是正月初三清早，全家在屋顶敬白石，越早越好。柏枝中也夹杂有容易生烟的湿树叶，使烟气缭绕。节日也拿酒、馍之类献祭。遇着灾难也到屋顶烧柏枝祈求。"④

对于白石神在诸神世界中的地位，不同地区的羌人有不同的看法。在汶川地区，白石主要代表天神木比塔。在松潘小姓沟，白石只与祈求六畜兴旺有关。汶川地区，白石的由来与羌戈大战故事相关。在羌人的传说中，森林神有一次托梦告诉羌人，房顶上供奉的白石代表天神，祭厅内墙上的神座内立一白石代表地神，火塘后立一白石代表火神。"羌民所信仰的并非白石的本身，而是天地、树林与火神。"⑤

考古工作者在茂县别立寨的早期石棺葬中亦发现有以白石作为随葬品的情况。沈仲常先生说："早期住在洮河流域的古代氐羌人有用石头随葬的习俗，虽然在洮河流域的墓葬中所使用的是'砾石'，而在茂汶地区石棺葬中是用大、小白石。从石质来说虽

---

① 段玉裁.说文解字段注：上册[M].成都：成都古籍书店，1981：154.
② 二十五史：第1册[M].杭州：浙江古籍出版社，1998：939.
③ 何宇度.益部谈资：卷上[M]//王云五.丛书集成初编：第3190册.北京：中华书局，1983：7.
④ 钱安靖.中国原始宗教研究及资料丛编　羌族卷[M].成都：巴蜀书社，2017：372.
⑤ 胡鉴民.羌族之信仰与习为[J].边疆研究论丛，1941.

略有不同，但其为用'石头'随葬，则是相同的，由此似可认为从西北迁徙到川西茂汶地区的氐羌族，他们仍然保存了用'石头'随葬的古氐羌人的遗俗。所以，我们认为茂汶石棺葬中这一发现，是一种早期石棺葬中有关氐羌人早期对白石重视的一个新的例证。"[1]

羌族对火甚为崇敬，认为火是一种不可战胜的力量，火给人带来光明与文明。羌族以本民族先祖炎帝为火帝，举行"火祭"以示尊崇。《左传·昭公十七年》说："炎帝氏以火纪，故为火师而火名。"杜预注："炎帝神农氏，羌姓之祖也，亦有火瑞，以火纪事，名百官。"[2]古羌人以火祭天帝为上，祭祀隆重，以牛头、羊头贡祭，燃熏烟火以祭。据《后汉书·西羌传》载，羌系部落多实行火祭。火祭时，依照礼仪要念解秽词、消灾经，请神莅场赐福。祭祀活动中采用巫术巫技，以表对炎帝的崇敬，并展示释比降魔逐疫的神力。届时，释比在一条用红火炭铺成的路上赤足行走而不伤脚板，或者用舌头去舔烧红的石头、铁犁头、铁爬钉而不伤人体，其行为惊险、奇特，为火祭的一大特色。

羌族的祖先崇拜亦相当盛行。这种崇拜主要表现在对本家族祖先、人类祖先、男性主宰神、女性主宰神的崇拜上。在汶川雁门乡一带，每家室内供有十三尊神，其中有历代祖先神（莫初）、男性主宰神（活叶依稀）、女性主宰神（迟依稀）、管死人阴魂神（玉莫）、管活人灵魂神（斯卓吉）、护家神（亦吉）、门神（勒额都都）、火神（莫古依稀）、牲畜神（吸血系）等。理县通化乡一带，每家室内供有十二尊神，其中有人类祖先神（博吉）和家族祖先神（玉莫）等。各地羌民还把家庭保护神、男性女性保护神、媳妇神、管孩子神、管灵魂神等皆列为家神，纳入祖先崇拜。随着羌族社会的发展，羌族祖先崇拜也复杂化。他们将本民族英雄和有功于民者作为神来膜拜，如建筑神、战争神、石匠神、木匠神、铁匠神等。如汶川威州地区的龙山太子和茂县黑虎乡的黑虎将军等，被羌人世代崇祀。

羌人向来认为大禹是羌族的祖先。羌人为有这样一位祖先自豪，并奉其为天下第一水神，世代崇祭。在四川羌族地区——岷江上游、涪水源头、青衣江（羌江）两岸均立有大禹庙或禹王宫，任人朝祭，以念祖先的千古恩德。在大禹故里北川县，有"禹穴""刳儿坪""石纽山"和禹王庙、禹王宫等古迹让人瞻仰，以缅怀大禹的盖世功德。所以，释比在各种祭礼活动作法请神时，都要恭请大禹，而施行祈雨仪式多在禹王庙、禹王宫里进行。届时，释比在大禹神像前踏着"禹步"，跳着"莎朗"，唱颂大禹治水的伟大事迹，缅怀大禹治水的功德，并祈求大禹佑福羌寨昌盛、六畜兴旺。

羌族原始宗教的宗教祭司自称"许"，现在羌族聚居区，特别是在川西北汶川县以南以西的岷江和杂谷脑河沿岸，羌族祭司自称"诗卓"，尊称为"释比"，简称"比"，汉

---

① 沈仲常.从考古资料看羌族的白石崇拜遗俗[J].考古与文物，1982（6）.
② 阮元.十三经注疏：下册[M].北京：中华书局，1980：2083.

第七章｜巴蜀新石器时代遗址的神灵　　625

语称"端公"。羌族释比的祖师称谓各地区不一致。茂县及汶川县威州以北，称"阿爸锡拉"，"锡"为铁之意，"拉"为神或菩萨之意；理县蒲溪乡称"斯多吉比"，该县薛城、通化、桃坪等沿杂谷脑河地区称释比祖师为"质尔格板"；汶川县绵池乡称为"阿爸木拉"、龙溪乡称为"十打齐莫"等。从羌族对释比的称谓和对其祖师的称谓不尽相同来看，这既可能是羌族不同支系在宗教文化上的反映，也可能是受不同文化影响的结果，证明了史籍所载的羌地种类繁多，有六夷、七羌、九氐之称这一情况。

释比的法器种类繁多，归纳起来有猴头帽、猴头骨、竹帽、羊皮鼓、神杖、师刀、法袋、法冠、法印、宝剑、铜镜、铜锣、响盘、令牌、刷勒日、鹰爪、兽骨卦等。

（一）猴头帽

释比最神圣的法器之一。传统的猴头帽用整张金丝猴皮制成。由于地域和文化传承上的差异，猴头帽的样式和装饰纹样也有区别。理县增头寨释比杨云山的猴头帽为羊皮制成，长约57厘米，宽约34厘米，正面圆口无帽檐，长度约为背面的一半。帽子的顶部有三根帽叉，呈"山"字形，每根帽叉上各镶嵌一枚贝壳。帽口镶有一条状羌绣，是杨云山猴头帽中唯一的装饰，宽约6厘米，以万字纹为底纹，配以红黄白相间的叶状纹样，帽檐白底，上均匀点缀红色角花。整个帽口装饰选用纯色底布和丝线，运用挑绣等手法，点线面结合，纹样繁密，工艺精细，色彩鲜艳，装饰效果良好。在这个区域横向呈弧形镶嵌五枚贝壳，五枚贝壳下部的正中镶嵌一枚雕刻精细的似牡丹纹样的银牌，在整个猴头帽的正面居中位置还镶嵌一枚铜牌，脸颊两边各有一条被裁剪成飘带状的羊皮，既起装饰作用，又增加了释比的威严感。背面以土布衬里，三条飘带状的皮带后垂至背部，少装饰，形状与正面有明显的差异。理县蒲溪乡休溪寨崔姓释比的猴头帽为一块完整的、未作修饰的金丝猴皮，直接戴在头上，帽口少装饰，用两块蓝色的类似绿松石的材料固定在猴头帽正中，两块材料中间镶嵌一红布包裹的硬物，代替三叉。脸颊两边各有一条红色的布带，既作帽带，又作装饰。背面下端垂金丝猴尾巴，与杨云山猴头帽背部三条飘带有别，风格原始而野性。

（二）羊皮鼓

又称为"布""日布"等，由师傅传承，也是释比最重要的法器之一。羊皮鼓呈圆形，单面，直径一般为40～50厘米，高约16.5厘米，侧面包皮多用紫果云杉皮火烤弯曲而成，鼓圈上分布一圈小孔，用牛皮绳或鹿皮绳穿过小孔，与鼓腔内用坚硬的金刚藤制作的圆环相连固定鼓面，也有用钉子直接固定鼓面的。鼓腔内安有一木质把手，多用红木制成，中间部分专供手握，光滑无装饰，两头装饰较多，其中一头为重点装饰区域，整齐排列有点状纹和条状纹；另一头鼓把侧面刻有制作年代，并装饰有花纹；靠近重点装饰区域的藤圈上，左右对称悬挂两个铜铃，在作法时可发出声音营造气氛，又可作装饰。鼓槌长约36厘米，不用时可放在鼓腔内。考究的鼓槌材料为密节的罗汉竹，槌头用山驴皮包成，既耐用，又不易损坏鼓面。释比作法时，敲击的节奏依内容而定，驱鬼时鼓点强烈而具震慑人心，祭祀、叙事时鼓点平缓而悠扬。

（三）神杖

又称"神棍"，是将铜铃与铜牌结合为一体的法器。人类学者胡鉴民于20世纪40年代调查四川汶川一带羌族礼俗，留下了翔实可靠的民族志描述：神杖为端公重要法器之一，杖长四五尺不等。杖之上端有一铁制或铜制的神像，神像之头部下悬一铜铃，杖之下端有一枪头，可以插入土中，此物于驱邪送魂治病及战争时都用之，老端公跳神时亦用之。早期神杖顶部镶有一铁制或铜制的神像，现多直接在顶部雕刻，造型与三星堆青铜人面像极为相似，起降魔驱鬼的功能，称为"鬼王"。有些神杖的上端还悬挂铁环或铜铃，作法时利用其发出声响震慑鬼怪。神杖杆的装饰各不相同，考究的神杖杆通体涂色，周身刻满类似云纹或龙鳞纹等纹样，更显得法力强大。

（四）法冠

与猴皮帽功能相同，一般由七块牛皮组成，固定在一条带状物上。每块牛皮的上半部呈三角形，边为莲花纹样，下半部为梯形，整个造型如莲花宝座，与佛教中的佛冠形制相似，不排除有佛教影响在其中。冠叶高约19厘米，每片冠叶上的图案内容基本相同，三层彩绘，每层外轮廓与冠叶外形一致，最里面一层纹样丰满细密，以云纹、羊角纹和灵芝纹相互变形，红黑相间设色，组合成一树状纹样。

三星堆遗址出土的青铜雕像群中也有来自外域的西亚民族的形象，即古文献中所说的"塞种"。西亚民族属于欧罗巴人，即白种人。在漫长的历史进程中，西亚经历了多次大规模的人口迁移，尤其是它所处的特殊地理位置，一再受到四周异族的入侵和征服，所有这些都对西亚居民的民族构成产生了深刻影响。西亚位于亚、非、欧三洲交界地带，在阿拉伯海、红海、地中海、黑海和里海之间，联系欧洲、亚洲、非洲，沟通印度洋和大西洋，故有"两洋五海三洲之地"之称。西亚的两河流域是世界古代文明发祥地之一，两河文明时代最早的居民是苏美尔人，他们在公元前4000年以前就来到了这里，两河流域的最初文明就是他们建立的。后来的闪米特人、阿卡德人、巴比伦人、亚述人以及迦勒底人继承和发展了苏美尔人的成就，使两河文明成为人类文明史上重要的一页。其中巴比伦人的成就最大，因此，两河文明又被称为巴比伦文明。西亚也是伊斯兰教、基督教、犹太教等世界性或地区性宗教的发源地。自古以来西亚就是东、西方交通的要道，"丝绸之路"由中国西安，沿河西走廊出葱岭，经巴基斯坦，再由西亚到欧洲。

葱岭，古代对帕米尔高原的统称。唐司马贞《索隐》曰："大宛之迹，元因博望。

始究河源，旋窥海上。条枝西入，天马内向。葱岭无尘，盐池息浪。旷哉绝域，往往亭障。"①《汉书·西域传》说："西域以孝武时始通，本三十六国，其后稍分至五十余，皆在匈奴之西，乌孙之南。南北有大山，中央有河，东西六千余里，南北千余里。东则接汉，扼以玉门、阳关，西则限以葱岭。其南山东出金城，与汉南山属焉。其河有两原：一出葱岭山，一出于阗。"唐颜师古曰："《西河旧事》云：葱岭，其山高大，上悉生葱，故以名焉。"②《水经注·河水》："（河水）又南入葱岭山，又从葱岭出而东北流。"注："河水重源有三，非惟二也。一源西出捐毒之国，葱岭之上。西去休循二百余里，皆故塞种也。南属葱岭，高千里。《西河旧事》曰：葱岭在敦煌西八千里，其山高大，上生葱，故曰葱岭也。河源潜发其岭，分为二水，一水西径休循国南，在葱岭西。郭义恭《广志》曰：休循国居葱岭，其山多大葱。"③《魏书·西域传》载董琬说："西域本有二道，后更为四出……从莎车西行一百里至葱岭，葱岭西一千三百里至伽倍为一道，自莎车西南五百里，葱岭西南一千三百里至波路为一道焉。"④葱岭为当时通西域之要路。

公元7世纪初，唐朝高僧玄奘历中亚印度130余国，大致是出印度后自阿姆河上源支流都士河与塔卢坎河交汇处即东入广义葱岭的，然后沿阿姆河南岸东行，抵喷赤河向北急转弯处，入狭义葱岭，沿瓦罕谷地行至喀喇喷赤附近趋东北，溯帕米尔河横越大小帕，途经郎库里湖到塔什库尔干，下葱岭东岗至莎车绿洲。在翻越帕米尔高原时，他记下了对它的整体印象："葱岭者，据赡部洲中，南接大雪山，北至热海、千泉，西至活国，东至乌铩国，东西南北各数千里。崖岭数百重，幽谷险峻，恒积冰雪，寒风劲烈。多出葱，故谓葱岭，又以山崖葱翠，遂以名焉。"⑤玄奘所记葱岭范围甚广，东起莎车绿洲（即乌铩国），西达今阿富汗昆都士附近（即活国），北起伊塞克湖（即热海），南接兴都库什山（即大雪山）。⑥

以亚洲视野观之，帕米尔高原位于中央稍偏西南，纵约300千米，横约460千米⑦，形似扁桃，构成所谓"亚洲心脏"。由于它是亚洲乃至世界著名的两大山结之一（西亚的亚美尼亚山结和中亚的帕米尔山结），我国古时又称之为"诸山之祖"。帕米尔高原东陡西缓，向西毗连一片广阔的山塬，其间峰谷交错，溪河湖泊分布，有若干通往西方的主峡谷，一般高度在海拔4000米以上，素有"世界屋脊"之称。以帕米尔山结为中心，向四周呈辐射状延伸出五大山系和三大水系。五大山系是：向东延伸的天山山脉、向东南延伸的喀喇昆仑山脉、向南偏东延伸的喜马拉雅山脉、向西延伸的兴都库什山脉、向西南延伸的

---

① 二十五史：第1册[M]. 杭州：浙江古籍出版社，1998：284.
② 二十五史：第1册[M]. 杭州：浙江古籍出版社，1998：584.
③ 郦道元. 水经注：卷2[M]//文渊阁四库全书：第573册. 台北：台湾商务印书馆，1983：27.
④ 二十五史：第3册[M]. 杭州：浙江古籍出版社，1998：325.
⑤ 季羡林，等. 大唐西域记校注[M]. 北京：中华书局，1991：964.
⑥ 季羡林，等. 大唐西域记校注[M]. 北京：中华书局，1991：129.
⑦ 曾问吾. 中国经营西域史[M]. 上海：商务印书馆，1936：477.

吉尔特尔-苏莱曼山脉。此外，接近帕米尔西北部还有一些较小的山脉。三大水系是：向西的阿姆河水系、向东的塔里木河水系和向南的印度河水系。在古代，这些山脉是行进于丝路上的商队所仰望的永恒路标，河流流经的谷地又是最佳的旅行线路。

　　国外最早谈到帕米尔高原者，当为公元2世纪的希腊地理学家托勒密（Ptolemaios），他在《地理志》中，根据地理学家马利努斯（Marinus）的记述和马其顿商人马埃斯·梯蒂亚努斯所遣商队于公元1世纪亲赴中国贩运丝绸的经历，称帕米尔高原为"伊麻奥斯山"（Imaos），并说古时有两种斯基泰人（Scythians），以帕米尔为界岭分别为"内伊麻奥斯人"和"外伊麻奥斯人"。他以西方视角在"伊麻奥斯山外侧的斯基泰人的情况"一节中说：伊麻奥斯山斯基泰的四至如下：在西部，与伊麻奥斯山内侧的斯基泰人及塞种人地区以沿北向山脉的弯道为界；北部是一片未知之地；东部是赛里斯国，沿着一条直线而划分，其边缘地区的经纬度大致分别为150°和63°，160°和35°；在南部是印度河的一部分，按照上述各线边际相接处的纬度为界。[①]英人斯坦因认为，托勒密关于伊麻奥斯山为"内外斯基泰人之界岭说"，相当于现代西方地理学中的"俄属土耳其斯坦"和"支那属土耳其斯坦"之界岭说。[②]

　　19世纪末20世纪初，西方学者对亚洲腹地的古代丝绸之路及湮没于沙漠中的绿洲城郭产生了浓厚的兴趣。英、俄、瑞典、法、日诸国纷纷派出探险队，赴中国西北地区考察，帕米尔高原自然是他们的必经之地和关注中心。在外国探险者中，著名的有瑞典人斯文·赫定、英国人斯坦因、法国人伯希和、日本人大谷光瑞和橘瑞超等，还有英国人伍德、戈登、寇松、赛克斯等，他们大都是经帕米尔北麓进入中国的。斯坦因于1924年11月3日在英国皇家地理学会例行年会上发表演说，当涉及帕米尔北部的交通时，他说道："翻越帕米尔通向塔里木盆地的道路，早在古代就是连接阿姆河流域各地和塔里木盆地南北各绿洲的贸易和文化动脉。帕米尔高原中间的谷地，一般皆取东西走向，可能有许多人认为这些谷地都可以作为贸易和文化的通道。其实，从地理条件讲，仅有两条路线才能承担起东西交流之重任的。第一条是位于帕米尔高原南部的交通线。由巴达克山出发，过瓦罕峡谷，出阿姆河源头，由此或南行通过瓦罕吉尔岭，或北行翻越小帕米尔，到达慕士塔格山以南的塔什库尔干，由此再通过极其难行的峡谷路，经塔里木盆地西缘不毛之地，即丘陵般的山地，到达喀什噶尔绿洲和牙儿干特（叶儿羌，今莎车）绿洲。……第二条是通过帕米尔高原北部的路线。这条路对西方人来说显得尤为重要。首先由巴克特拉——相当于近代的巴尔赫出发，然后从奎兹尔苏或苏尔克阿布登上阿赖山谷，越过伊克什坦木鞍形山腰，进入喀什噶尔峡谷，最后到达喀什噶尔绿洲。我曾于1915年亲自走过这条道路的绝大部分段落。对于从事中亚史地研究的人来说，这是让他们特别感兴趣的一条路。正像两位大学

---

　　① 戈岱司.希腊拉丁作家远东古文献辑录[M].耿升，译.北京：中华书局，1987：30.
　　② 转引自赵汝清.从亚洲腹地到欧洲：丝路西段历史研究[M].兰州：甘肃人民出版社，2006：166.

者罗林森和玉尔所确认的那样：托勒密在其《地理志》中讲到的古代希腊商队，运着'赛里斯'（即中国丝绸），正是经帕米尔北部的这条商路自东往西穿越高原，然后进入阿姆河流域的盆地，走向巴克特拉这个国际商业大都会的。"[1]

古代丝绸之路的东段和西段在帕米尔被连接在一起。这条路早在公元前2世纪就为中国人所熟知，而且在两百年后也为古希腊罗马的商人和地理学家所了解。在此后许多世纪的国际联系中，帕米尔是中国人西出国境的门户，也是横贯亚欧大陆交通线的连接处，曾经发挥了非常重要的"中介"作用。由喀什绿洲出发，登山至伊克什坦木，由此分道：趋西北经古里察、奥什入费尔干纳盆地；或趋西南入阿赖山谷，沿克孜勒苏河、瓦赫什河直达阿姆河中游。罗林森、玉尔、斯坦因皆认为这条路线便是古希腊地理学家马利努斯、托勒密所说的"大夏—石塔—赛里斯"的古代丝路。

自新石器晚期以来，葱岭便成为东方和西方陆路交通的要道。大约从公元前3000年开始，西亚各族分批向外迁徙，形成一个规模巨大的、世界性的民族迁徙浪潮。公元前2000余年，西亚族属向中印地区迁徙。他们沿着葱岭—天山—昆仑这一条玉石之路迁徙，直至青藏高原。西亚族人进入青藏高原后分流，一些部落顺南坡下行，经过南亚次大陆，进入印度河流域，以后又向恒河流域迁徙，在恒河流域建立了许多小国。这些人被称为"雅利安人"，他们代替了原来的土著居民，而成为南亚次大陆的统治者。一些部落顺北坡下行，进入中国西部，被称为"塞种"，混合于西部的氐羌民族，分居于西域各地。

战国伊始，"塞种"民族便集中居于西域各地。《汉书·西域传》："西域以孝武时始通，本三十六国，其后稍分至五十余，皆在匈奴之西，乌孙之南。南北有大山，中央有河，东西六千余里，南北千余里。东则接汉，扼以玉门、阳关，西则限以葱岭。其南山，东出金城，与汉南山属焉。其河有两原：一出葱岭山，一出于阗。于阗在南山下，其河北流，与葱岭河合，东注蒲昌海。蒲昌海，一名盐泽者也，去玉门、阳关三百余里，广袤三〔四〕百里。其水亭居，冬夏不增减，皆以为潜行地下，南出于积石，为中国河云。自玉门、阳关出西域有两道：从鄯善傍南山北，波河西行至莎车，为南道，南道西逾葱岭，则出大月氏、安息。自车师前王廷随北山，波河西行至疏勒，为北道，北道西逾葱岭，则出大宛、康居、奄蔡焉。西域诸国，大率土著，有城郭田畜，与匈奴、乌孙异俗，故皆役属匈奴。匈奴西边，日逐王置僮仆都尉，使领西域，常居焉耆、危须、尉黎间，赋税诸国，取富给焉。自周衰，戎狄错居泾渭之北。及秦始皇攘却戎狄，筑长城，界中国，然西不过临洮。汉兴至于孝武，事征四夷，广威德，而张骞始开西域之迹。其后骠骑将军击破匈奴右地，降浑邪、休屠王，遂空其地，始筑令居以西，初置酒泉郡，后稍发徙民充实之，分

---

① 赵汝清.从亚洲腹地到欧洲：丝路西段历史研究[M].兰州：甘肃人民出版社，2006：173-174.

630

置武威、张掖、敦煌、列四郡，据两关焉。"[1]

据《汉书·西域传》《通典》《文献通考》记载，西域诸国，多为塞种。自疏勒以西北，休循、捐毒之属，皆故塞种。休循国，在葱岭西，民俗衣服类乌孙，本故塞种。捐毒国，南与葱岭属，亦为塞种。乌孙国，东与匈奴，西北与康居，西与大宛，南与城郭诸国相接，本塞地，故乌孙民有塞种、大月氏种。杜佑《通典》云："（于阗）其地多水潦砂石，气候温，土良沃，宜稻麦，多蒲萄。有水出玉，曰玉河。国人善铸铜器。……王所居加以朱画。其人恭敬，相见则跪，其跪一膝至地。书则以木为笔札，以玉为印。……自高昌以西，诸国人多深目高鼻，惟此一国，貌不甚胡，颇类华夏。"[2] 马端临《文献通考》云：（康居）在大宛西北。旧居祁连山昭武城，自被匈奴所破，西逾葱岭，遂有此国。枝庶各分王，故康国左右诸国，米国、史国、曹国、何国、安国、小安国、那色波国、乌那曷国、穆国凡九国，皆其种类，并以昭武为姓。人皆"深目，高鼻，多须髯"。善商贾，诸夷交易，多辏其国。俗事天神，崇敬甚重。乌那遏国、穆国、何国、史国，亦康国王种类。天竺，即汉时身毒国。在葱岭之南，去月氏东南数十里。其中分为五天竺：一曰中天竺，二曰东天竺，三曰南天竺，四曰西天竺，五曰北天竺，地各数千里，城邑数百，国并有王。汉时又有捐毒国，衣服类乌孙，随水草，故塞种也。颜师古云：捐毒即身毒，身毒则天竺，塞种即释种也，盖语音有轻重也。[3] 如此众多的塞种部落定居于广大的西域地区，而他们的先祖可能早在新石器时代晚期就已经进入巴蜀，并留下了塞种族供奉的神灵，使其享受着巴蜀先民的供奉祭祀。

综上所述，三星堆出土的青铜面具人像大致可以分为两类：一类为远古的氐羌族和西南夷诸族，一类为外域的西亚塞种族。塞种族人的相貌特征为"深目，高鼻，多须髯"，这正为解释三星堆出土的部分异族神像提供了依据。

在三星堆出土的面具中，有两例头顶盘辫者。其一宽10.8厘米，高13.6厘米，厚2厘米，头顶似盘辫，或软巾缠头，宽额，脸瘦长，两耳上共有三个圆孔。其二为人像，残高2.4厘米，宽2厘米，一只脚残缺，双臂平举，双手握物，双膝下跪。头顶盘辫或缠头，这是古蜀羌人的习俗。时至今天，羌族无论男女都喜缠头帕，传说这是羌人为纪念抗击外族而牺牲的本民族英雄"黑虎将军"。在西南少数民族中，缠头帕的还有彝族、白族、哈尼族、傣族、傈僳族、佤族、拉祜族、景颇族、布朗族、阿昌族、德昂族、苗族、侗族、水族、亿佬族等。可见用头帕缠头在西南少数民族中，尤其在男子中是相当普遍的。据此推测，这两尊铜像皆属氐羌族，面具为氐羌族供奉的神灵形象，人像为氐羌族的巫师形象。

人头像，两例皆头露须发。左例宽23.8厘米，高51.6厘米，圆头顶，脑后有发髻，眉、

---

① 二十五史：第1册[M].杭州：浙江古籍出版社，1998：584-585.

② 杜佑.通典：卷192[M]//文渊阁四库全书：第605册.台北：台湾商务印书馆，1983：642-649.

③ 马端临.文献通考：卷338：下册[M].北京：中华书局，1986：2651-2654.

第七章│巴蜀新石器时代遗址的神灵　631

图目 人像 采自《三星堆出土文物全记录》

题首　人像　采自《三星堆出土文物著记录》

头像 采自《三星堆出土文物名记录》

头像 采自《三星堆出土文物全纪录》

人像 采自《三星堆出土文物全记录》

人像 照片 采自《三星堆出土文物名记录》

人像 采自《三星堆出土文物全记录》

人面像 采自《三星堆出土文物全记录》

眼绘黑彩，耳孔、鼻孔、口缝涂有朱砂。右例残高23.3厘米，宽15.6厘米，头发，椎髻。两例头像中，皆无鲜明特别之处，应为古蜀羌人的神灵形象。

人像两例皆头戴兽冠，非常奇特。左例面具宽77.4厘米，通高82.5厘米。面具的额中嵌铸一龙形饰，双目突出，如两圆柱，大耳阔口，造型奇特，当为古蜀部落的神灵形象。右例面具残高40.2厘米。下半身残缺，头戴鹤冠，鹤昂首朝天，双翼展开，似飞翔状。冠高方平，中空，两侧有圆环纹、云纹。人像双手呈握物状，身着左衽对襟服，服饰上饰云雷纹，当为古蜀部落巫师的形象。

在出土的人像中，头为平顶的最多。这批人像特征基本相同，浓眉大眼，直鼻大嘴，双耳肥大，有的脑后有发辫，当为古蜀部落的神灵形象。

三星堆出土的人面像特征基本相同，脸面较方，浓眉大眼，高鼻梁，大嘴，双耳肥大，头上无顶无冠，他们当为"深目高鼻"的塞种人的神灵形象。

据西晋道士王浮传《老子化胡经》记载，老君在于阗国，摄伏外道，令归正法。于阗国王及罽宾国、大月氏国、朱俱半国、渴叛陀国、护蜜多国、骨咄陀国、俱蜜国、解苏国、污那国、久越得犍国、恒怛国、乌拉喝国、失范延国、护时健国、诃达罗支国、波斯国、疏勒国、碎叶国、龟兹国、拂林国、焉耆国、弓月国、瑟匿国、康国、史国、米国、似没盘国、曹国、何国、大小安国、穆国、乌那葛国、寻勿国、火寻国、西女国、大秦国、波罗奈国、帝那勿国、伽摩路国、乾陀罗国、乌长国、昙陵国、多勒建国、大食国、殖腻国、数漫国、怛没国、俱药国、嵯骨国、迦叶弥罗国、迦罗国、不路罗国、泥婆罗国、师子国、拘尸那揭罗国、毗舍离国、劫毗陀国、室罗伐国、瞻波罗国、三摩咀咤国、乌荼国、苏刺咤国、信度国、乌刺尸国、愿利国、色伽栗国、漫吐嚘国、泥拔国、越底延国、奢弥国、小人国、轩渠国、陀罗伊罗国、狼揭罗国、舍卫国、五天竺国等，皆属塞王管辖。[①]这段记载说明塞种诸国早已融入中华文化，皈依道教。

跪坐人像，头顶高髻，面容狰狞，上身穿右衽交领服，腰部系带两周，双手抚膝，左右手腕各戴有两只手镯。观其造型，当为《山海经》中所讲述的"幽都"的"土伯"，为幽冥世界的统治者，冥间地府的主宰。

神殿，这是在殷商时期的青铜世界发现的唯一一座神殿。神殿屋面上段，顶部残，屋檐上铸有圆点填充的山形纹、圆圈及太极纹等。顶部上宽4.4厘米，下宽6.2厘米，长17.9厘米，残高7.5厘米。神殿屋顶呈四面坡形，四面铸有山形纹、圆点填充的圆圈。檐口下折，檐口下有一排方形橡头，檐长16厘米，上宽8厘米，下宽16.3厘米，残高15.8厘米。神殿屋面下段，顶部残，上宽下窄，殿顶的结构由屋面上段与镂空的龙纹下段组成。

神坛，这是在殷商时期的青铜世界发现的唯一一座神坛。神坛分为四部分，分别为兽形座、立人座、山形座和盝顶建筑。在兽形座底部圈足侧面饰一周以凸圆点填充的歧羽

---

① 张继禹.中华道藏：第8册[M].北京：华夏出版社，2014：187.

640

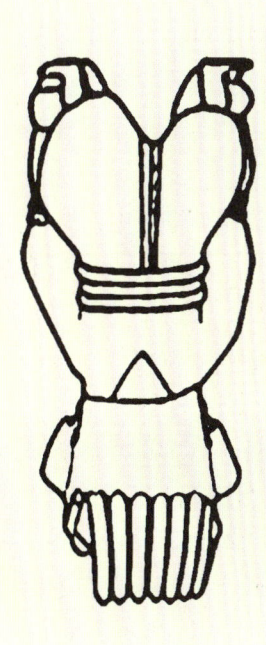 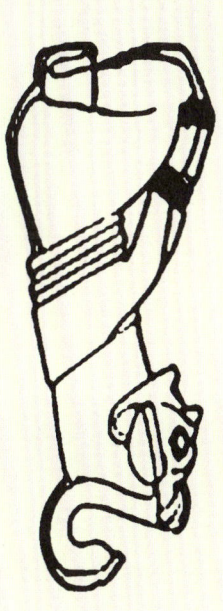 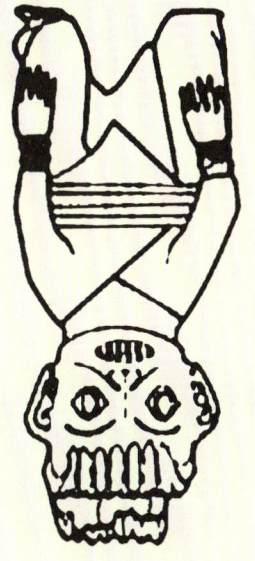

跪座人像　青铜器　采自《三星堆出土文物全纪录》

铜胄、车饰器 采自《三星堆出土文物全记录》

纹。中间的立人座置于兽形的角、翅之上，底部圈足侧面饰一周以凸圆点填充的窃曲纹。其上面向外站立四人。山形座置于立人的帽顶上，底部圈足侧面有一周下凹的圆圈纹，上部呈四山相连状，各山均饰倒置的四面纹，边沿饰云目纹和窃曲纹。盝顶建筑叠于四山的顶部，呈方斗形，内铸一排大小、造型相同的跪坐人像，共计20个。顶部四角各立一鸟，夔龙状冠饰，钩喙，喙中有小穿孔，双翅上扬，尾下垂，利爪，身上有羽状纹饰。这个由四部分组成的神坛正是一种典型的三界空间，盝顶建筑应该与山形座同属天界。对照原物，把文字还原成图形，我们可以看到，神坛各部分对应冥界、人间、天上，分别居住着怪兽、巫师、神灵。

这是一座由天界、地界、冥界构成的神坛。在神坛盝顶处——天界，除鸟身人像外，还有四排跪坐人像，共计20个，均"大眼、直鼻、大耳、阔口"，"双手呈环状，作执握状"，这一形象与出土的面具、神像十分相似，当为主持宗教祭祀活动的巫师形象。

神坛中部是四面丛山，立撑着天堂，这是昆仑仙山。昆仑山下是4个巫师，双手皆捧执礼器法具，守卫四方。

神坛下部即为冥界。有一只怪兽，立耳，独角，四蹄，翼端向上，可能就是《楚辞》中描写的居住在幽都的"雕题""黑齿""蝮蛇""封狐"等冥界鬼怪。而人间典型的事物有山峰，有鸟身人像，这正是《山海经》中关于神灵的住地昆仑山的描写。冥界、人间、天界分别居住着怪兽、巫师、神灵。李复华、王家祐先生指出："这个三层神坛似与楚帛画的天、人、地类同。是中国'天人合一'的根源。下层两神兽既是兽又有翅尾，或是虎凤复合体。中层花冠神巫是沟通天地的巫师。他们手握树枝或与通天神树有关？上层两神鸟特立。人面及面围的装饰合成虎首（兽面纹）。最上层的虎面人似可联系荆州'大武（越）'铜戈上的珥蛇大巫师；琉璃阁战国铜壶上的羽人。这一类型是中国神仙的共性。"[①]

由此可见，在古蜀先民的神灵思维中，灵魂、自然、天命三者是贯通的，反映出源于远古自然观念的具有母系氏族社会特征的自然主义神灵观。自然崇拜的通天之物是鸟与树，到图腾崇拜和祖先崇拜时期，通天神灵就要在巫师身上显现了。这些巫祝类神像模式，昭示出巴蜀文化尚鬼尊神的传统。当时出现了以树崇拜为代表的自然崇拜、以鸟崇拜为代表的图腾崇拜、以"纵目神"崇拜为代表的祖先崇拜和以人像群体为代表的神灵崇拜。对此，赵殿增先生指出：以自然崇拜、图腾崇拜、祖先崇拜为基本内容，以巫祭集团贯穿起各种宗教活动，构成了三星堆时期精神文化的基本框架。

从巫祭集团的演变来看，在古国形成的过程中，这些神职人员经历并完成了一个从人到巫、从巫到神、从神到王的过程，组成了以巫祭为主体的统治集团，用宗教的力量和形式控制着三星堆古国。其中高高站在神圣祭台之上的大铜人像，是整个巫祭中地位最高的

---

① 李复华，王家祐.三星堆宗教内涵试探[J].宗教学研究，1999（3）.

神树 青铜器 采自《三星堆出土文物全记录》

神坛（局部） 青铜器 采自《三星堆出土文物选》兹录

"群巫之长"，也就成为集精神领袖和政治领袖于一身的一代君王。①

第三节　成都金沙遗址的神灵

金沙遗址位于成都市西郊，是中国进入21世纪后的第一项重大考古发现。现已探明的遗址面积约5平方千米，遗址范围地势平坦，起伏较小，遗址内及周围河流较多，遗址的南面1.5千米处是清水河，摸底河更是在遗址内蜿蜒东流，将遗址分为南北两半。自2001年以来进行考古发掘，发掘面积达10余万平方米，发现各类遗迹3000余个，出土了大量的珍贵文物。

一、黄金饰器与祭祀玉器

金沙遗址内有祭祀场所、大型建筑、一般居址、墓地等。祭祀场所位于遗址东南部，沿着一条古河道南岸分布，面积约15000平方米。遗址中发现了与祭祀活动相关的遗迹63个，出土金器、铜器、玉器、石器、象牙、骨器、漆木器等文物5000余件，象牙数百根，还出土了2000多根野猪獠牙、2000多支鹿角，以及数以百万计的陶器和陶片等。

在出土的金器中，有金面具、金带、太阳神鸟金箔、蛙形金箔、鱼纹金箔、喇叭形金器、黄金面具饰等200多件，是中国出土先秦时期金器数量和种类最多的遗址。其中金面具与广汉三星堆遗址出土的青铜面具在造型风格上基本一致，其他各类金饰则为金沙遗址特有。太阳神鸟金箔厚度0.02厘米，图案采用镂空方式，足见3000多年前古人雕刻工艺的精湛。

金沙遗址出土铜器约1500件，主要以小型器物为主，有立人像、立鸟、牛首、眼形、虎、瑗、戈、铃、贝饰等。其中铜立人像与三星堆出土的青铜立人像相差无几。

金沙遗址出土玉器2000余件，不仅数量多，种类丰富，制作工艺也十分高超。主要器类有玉琮、玉璧、玉璋、玉戈、玉矛、玉斧、玉凿、玉斤、玉镯、玉环、玉牌形饰、玉挂

---

① 赵殿增.三星堆文明原始宗教的构架特征[J].中华文化论坛，1998（1）.

648

神坛（局部） 青铜器 选自《三星堆出土文物全纪录》

神像（局部） 青铜器 采自《三星堆出土文物考记录》

神坛（局部）　青铜器　采自《三星堆出土文物考记录》

"群巫之长"，也就成为集精神领袖和政治领袖于一身的一代君王。[①]

第三节　成都金沙遗址的神灵

金沙遗址位于成都市西郊，是中国进入21世纪后的第一项重大考古发现。现已探明的遗址面积约5平方千米，遗址范围地势平坦，起伏较小，遗址内及周围河流较多，遗址的南面1.5千米处是清水河，摸底河更是在遗址内蜿蜒东流，将遗址分为南北两半。自2001年以来进行考古发掘，发掘面积达10余万平方米，发现各类遗迹3000余个，出土了大量的珍贵文物。

一、黄金饰器与祭祀玉器

金沙遗址内有祭祀场所、大型建筑、一般居址、墓地等。祭祀场所位于遗址东南部，沿着一条古河道南岸分布，面积约15000平方米。遗址中发现了与祭祀活动相关的遗迹63个，出土金器、铜器、玉器、石器、象牙、骨器、漆木器等文物5000余件，象牙数百根，还出土了2000多根野猪獠牙、2000多支鹿角，以及数以百万计的陶器和陶片等。

在出土的金器中，有金面具、金带、太阳神鸟金箔、蛙形金箔、鱼纹金箔、喇叭形金器、黄金面具饰等200多件，是中国出土先秦时期金器数量和种类最多的遗址。其中金面具与广汉三星堆遗址出土的青铜面具在造型风格上基本一致，其他各类金饰则为金沙遗址特有。太阳神鸟金箔厚度0.02厘米，图案采用镂空方式，足见3000多年前古人雕刻工艺的精湛。

金沙遗址出土铜器约1500件，主要以小型器物为主，有立人像、立鸟、牛首、眼形、虎、瑗、戈、铃、贝饰等。其中铜立人像与三星堆出土的青铜立人像相差无几。

金沙遗址出土玉器2000余件，不仅数量多，种类丰富，制作工艺也十分高超。主要器类有玉琮、玉璧、玉璋、玉戈、玉矛、玉斧、玉凿、玉斤、玉镯、玉环、玉牌形饰、玉挂

---

① 赵殿增. 三星堆文明原始宗教的构架特征[J]. 中华文化论坛，1998（1）.

饰、玉珠及玉料等。这些玉器都十分精美，其中出土的最大一件高约22厘米的十节玉琮颜色为翡翠绿，雕刻极其精细，琮表面有细若发丝的微刻花纹和一个人形图案，其造型风格与良渚文化的完全一致。数量极多的圭形玉凿和玉牌形饰颇具特色，大量玉璋雕刻细腻，纹饰丰富，有的纹饰上饰有朱砂。

金沙遗址出土石器近1000件，包括石人、石虎、石蛇、石龟、璧、璋、斧、凿等，是四川迄今发现的年代最早、最精美的一批石器。这些器物大多已不具有实用性，而与祭祀活动密切相关。尤其是跪坐人像和石虎，造型优美，古朴生动，栩栩如生。[①]

经过对金沙遗址出土文物的综合研究，考古人员一致认为遗址年代大致在商代晚期至春秋早期之间，商代晚期至西周中期是它最繁盛的时期，这一时期金沙应是古蜀国都城的所在地。它与成都平原的史前古城址群、三星堆遗址、战国船棺墓葬共同构建了古蜀文明发展演进的四个不同阶段。金沙遗址的发掘对研究古蜀历史文化具有极其重要的意义。

金沙遗址出土的文物很多都是有特殊用途的礼器，应为当时成都平原最高统治阶层的遗物。这些遗物在风格上既与三星堆文物相似，又存在某种差异，表明该遗址与三星堆有着较为密切的关系。金沙遗址的性质，目前推测有可能属于祭祀遗迹。在这一区域内，目前已发现60多处与祭祀相关的遗迹，出土了6000余件制作精巧的金、玉、铜、石器等，以及数以吨计的象牙、数千枚野猪獠牙、较多数量的鹿角和陶器，这些珍贵的器物都是古蜀先民用来奉献给神灵的神圣祭品。其中，在出土大金面具的小圆坑内还发现了许多红色的泥土。为什么这些土会是红色的呢？这是因为土里面掺杂了大量的朱砂。远古时期，人们认为器物和人一样是有生命的，朱砂就是这些器物在奉献给神灵之后所流的血液，这实际上是古代血祭的另一种表现方式。

金面具，高3.7厘米，宽4.9厘米，厚0.01～0.04厘米。金沙遗址出土了两件黄金面具，这里是古蜀王国一处专用的滨河祭祀场所，因此，金面具很可能是古蜀国举行宗教祭祀活动时所使用的。经过考古学家的仔细观察，金面具表面虽打磨得十分光亮，内壁却较为粗糙，且两件面具大小不一，因此很可能不是给活人佩戴的。那么，它在祭祀活动中到底有什么用途呢？考古资料显示，在四川广汉三星堆发现的两个祭祀坑中出土了6件金面具和24件铜人面具，除了三星堆和金沙遗址外，国内其他地区尚未发现此类型的金面具。三星堆的金面具出土于祭祀坑内，是用生漆加黏土调和而成的黏合剂粘贴在青铜人头像上的，这种黏合剂在金沙遗址出土的器物上被广泛使用，因此，专家推测，金沙遗址出土的金面具很可能也是粘贴在青铜人像或木质人头像上的，代表专门从事宗教祭祀活动的巫师形象。

中国古代巫师佩戴面具，主持祭祀仪式的记载在文献中早已有之，是一种相当久远的习俗。巫师在降神过程中戴上面具，以仪式、献祭或歌舞的形式祈求神灵降临，与神灵融为一体，便能代表神灵说话。此外，面具又是神灵降临时寄居的场所，人们可能将其陈设

———————
① 成都文物考古研究所.金沙——21世纪中国考古新发现[M].北京：五洲传播出版社，2005.

第七章｜巴蜀新石器时代遗址的神灵　　649

金面具　长沙市博物馆征集

于宗庙或祭祀场所内，以随时迎接神灵的降临，并在平时接受人们的朝拜。在古蜀人的精神世界里，面具不仅是一种通神的工具，更是一种娱神的法器。以极其珍贵的黄金面具覆盖于青铜人头像上，不仅显示了其崇高的地位，更是为了让神灵欢娱，以此得到神灵的庇护。它们从一个特殊的角度揭示了古蜀社会宗教祭祀活动的昌盛，反映了古蜀先民独特的心理和精神世界。

金沙遗址出土的文物中，最具有代表性的是"四鸟绕日金饰"。它是一件圆环形金箔，外径12.5厘米，内径5.29厘米，厚度仅0.02厘米，重量却有20克。它的外廓呈圆形，图案分内外两层，采用镂空的表现形式，内层为12条弧形齿状芒饰，按顺时针方向旋转，好似一个顺时针旋转的漩涡；外层由4只等距分布的相同的飞鸟构成，鸟均作引颈伸腿、展翅飞翔的状态，首尾相接，飞行方向与内层图案的旋转方向相反。金饰中心的图案很像一个放射出12道光芒的太阳，因此被学术界命名为"太阳神鸟"。它极具动感的视觉效果，无论是外层的4只飞鸟，还是内层旋转的太阳，都栩栩如生。特别是在红色背景的衬托下，金饰中间的漩涡就如同一轮旋转的火球，外层飞行的神鸟和内层旋转着的太阳，表现的正是古蜀人对太阳神鸟和太阳神的崇拜和讴歌。

太阳神鸟中的4只逆向飞行的鸟，也与"金乌负日"和"使四鸟"的神话传说有关。《山海经·大荒东经》曰："汤谷上有扶木，一日方至，一日方出，皆载于乌。"[1]《大荒东经》中也有多处关于帝俊之裔"使四鸟"的记述，如"有芮国，黍食，使四鸟"[2]"有中容之国。帝俊生中容，中容人食兽、木实，使四鸟"[3]"有白民之国。帝俊生帝鸿，帝鸿生白民，白民销姓，黍食，使四鸟"[4]"帝俊生黑齿，姜姓，黍食，使四鸟"[5]等。帝俊为日月之父，他有三位妻子：羲和、常羲和娥皇。这三位妻子之中，羲和生十日，常羲生十二月，帝俊及其妻子们便是日月之神。所谓"四鸟"，似指四季；"使"是指役使，作为中央象征的太阳鸟，是可以役使四季、调控月令的。这也进一步说明古蜀人是崇鸟崇日的，与三星堆文化中的崇日习俗一脉相承。

蛙形金箔，长6.9厘米，宽6.2厘米，厚0.1厘米，重4克，是蜀人月亮崇拜的体现。其物呈片状，造型有头无颈，头如无底葫芦，前有尖桃形嘴，并列一对圆圆的眼睛，身作亚字形，背部中间有脊线，腹部随四肢的卷曲曲线外凸，最外侧收作大致对称的尖端，四肢修长，前肢变曲向后，后肢弯曲向前，相对内曲如卷云，为一十分生动的蟾蜍造型。蟾蜍是月中之物，引申为月的象征，《淮南子·精神训》说："日中有踆乌，而月中有蟾蜍。"[6]其他如金沙出土的铜虎、石虎等文物，亦当具有虎崇拜的意义，表明代表巴人的图腾崇拜

---

① 袁珂. 山海经校注[M]. 上海：上海古籍出版社，1980：354.
② 袁珂. 山海经校注[M]. 上海：上海古籍出版社，1980：343.
③ 袁珂. 山海经校注[M]. 上海：上海古籍出版社，1980：344.
④ 袁珂. 山海经校注[M]. 上海：上海古籍出版社，1980：347.
⑤ 袁珂. 山海经校注[M]. 上海：上海古籍出版社，1980：348.
⑥ 诸子集成：第8册[M]. 长沙：岳麓书社，1996：105.

太阳神鸟金饰　　金沙遗址博物馆藏

第七章 | 巴蜀神名器與化蠶祀的神羞 653

獸形金箔 金沙遺址博物館藏

已融入蜀人的信仰，从而给当时的人们留下了深刻的印象。

金冠带，直径19.9厘米，宽2.8厘米，厚0.02厘米，重44克。金冠带表面刻有四组相同的图案，每组图案由一个人头像、一支箭、一只鸟、一条鱼组成，四组图案共同表现了人用箭射鱼、箭经过鸟的侧面、箭头深插于鱼头内的场景。人头像的原型可能是古蜀先民的一位祖先，他箭术高明，具备通天的法力。也有学者认为这个图案可能与古蜀鱼凫王朝有关。金冠带犹如皇冠，象征着至高无上的王权与威仪，代表着古蜀王朝的国王。

金冠带　金沙遗址博物馆藏

四鸟绕日饰、蛙形饰、虎形饰，除了宗教崇拜的含义外，又代表了蜀地神话传说的源头。我国古代的宗教信仰和神话传说总是相伴相随的。《淮南子·墬形训》说："建木在都广，众帝所自上下，日中无景，呼而无响，盖天地之中也。若木在建木西，末有十日，其华照下地。"[①]据蒙文通先生考证，都广即在今四川成都平原一带。三足鸟、蟾蜍、虎等在后世出土的器物中也常常以神话传说的面目出现，汉代的许多文物上仍可寻觅到它们的踪迹。如成都昭觉寺画像砖墓中出土的画像砖上有坐于龙虎座上的西王母形象，龙虎座下就刻有一直立而舞的大蟾蜍，其左有三足鸟；郫都区出土的石棺上的画面中，西王母的右边也有三足鸟和人立状的蟾蜍；乐山大弯嘴汉代崖墓出土的一件西王母俑，西王母踞坐于龙虎座上，龙虎头上各立一蟾蜍，蟾蜍前肢上举捧灯盘。类似的画面还有不少，只是在西王母画面中出现的三足鸟又演变为西王母取食的神鸟和她的使者。三星堆和金沙对于祖先

———————————
① 诸子集成：第8册[M].长沙：岳麓书社，1996：58-59.

　654

和各种自然物的信仰崇拜，加上丰富的想象力，构成了巴蜀人的精神观念，即对神灵世界的无限向往，同时也开启了流传甚久的巴蜀神话传说的先河。

金沙遗址现已出土玉琮27件，是目前我国良渚文化以外区域出土玉琮最多的一处，说明玉琮在古蜀祭祀仪礼中占有极其特殊的地位。这些玉琮均出土于遗址区的"梅苑"东北部地点，该区域是一处宗教祭祀区，时代约当商晚期至春秋早期。其材质多为透闪石软玉，器表色彩丰富。部分玉琮透闪石滑石化现象十分严重，已失去了玉器光滑细腻的特点，当为蜀地制作。

出土的玉琮中有一件为青玉，晶莹剔透。从造型、纹饰、琢刻工艺上看，与金沙遗址出土的其他玉琮有显著区别，而与长江下游地区良渚文化晚期玉琮完全一致。整器为上大下小的长方柱体，两端略大，中部略小，孔壁平整光滑。全器分十节，每节的每一角上都有一简化人面纹，由两条平行的长方形凸棱表示羽冠，以一大一小两个圆圈和两个小三角形表示眼睛，眼睛的下方凸起的短横档表示鼻子，其上有细琢而成的卷云纹。全器共40个人面纹。在玉琮一面的上端还刻划有一人形图案，这在以往发现的良渚玉琮上是少见的。人体肥胖，头戴长长的冠饰，双臂平举，双腿叉开，长袖飘逸，臂上有一上卷的羽毛形饰，仿佛正在舞蹈——这可能就是当时祭祀场面的再现。此人的身份可能是氏族的祖先神，

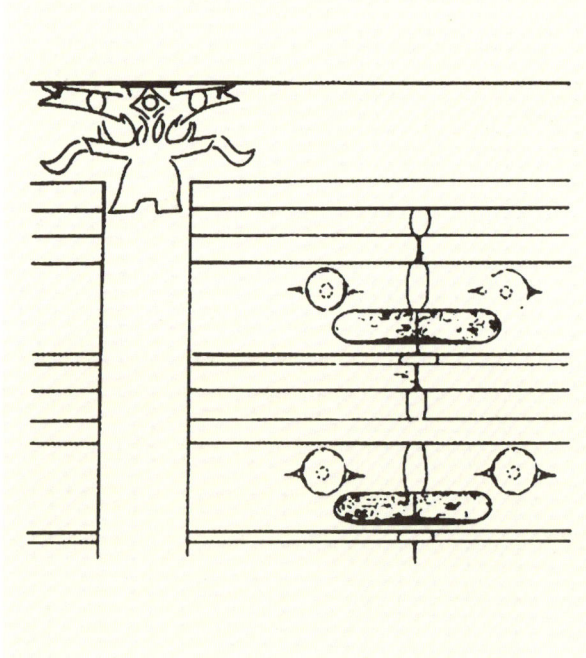

玉琮　金沙遗址博物馆藏

第七章｜巴蜀新石器时代遗址的神灵　　655

或者是带领氏族成员祈福或驱邪的大巫师。[1]

玉璋亦为祭祀活动中的重要礼器。金沙遗址已出土的玉璋200余件，其选料大多精良，制作规整，加工精细。玉璋中亦有刻有图案的器件，如"肩扛象牙玉璋"，器物形状为平行四边形，器身两面分别刻有两组对称的图案，由一跪坐人像、两道云雷纹、四条平行线纹构成。人像头戴高冠，高鼻，立眼，阔口，方耳，方颐，身着长袍，双膝着地，双手持握肩扛器物。人像头部的造型与三星堆出土的青铜人头像极为相似。而人像肩扛之物应是一根完整的象牙。这组肩扛象牙的人物图案，清楚地向人们展示了古蜀巫师用象牙进行祭祀活动的一个场景。[2]

二、金沙铜像与傩神巫觋

金沙小铜立人像，通高19.6厘米，人物高14.6厘米，插件高4.99厘米；体态矮小，大眼圆睁，嘴如梭形，微微张开，脑后拖着三股一体的长辫子，头戴圆涡形冠，服饰为单层中长服，腰间系带，斜插一物，手腕间戴有腕饰，脚下有一插件。从外形上看与三星堆出土的青铜大立人非常相似，它们均被塑造成具有三维空间感的高高站立的人物，脸形类似，耳垂均有穿孔，都有着相同的手势，手中都持握着从双手间穿插而过的器物。不同的只是三星堆大铜立人体态高大，身躯稍显瘦长，戴簪笄发，脑后无辫子，头戴复杂的兽面冠，身着华丽的祭服，腰不束带，腰间无装饰物；金沙铜立人体态矮小，发型为辫发，脑后拖着三股一体的长辫子，头戴简单的圆涡形冠，衣服是比较简易的单层中长服，腰系带，腰带上还多出了一柄短杖。就人物的面部造型而言，三星堆大铜立人像的脸都为方颐，眼睛排列呈倒八字，眼睛形态为中有横棱线的豆荚形，眼睛下垂，阔嘴紧闭，衣饰华丽；金沙小铜立人像脸为方颐，眼睛横向排列，眼睛中无横棱线，呈对称的橄榄形。这尊人像当为金沙蜀国的巫师。

金沙遗址还出土了一件木雕彩绘神人头像，这在国内还是首次发现，因为这种彩绘的木质物品是极难保存下来的，因此显得弥足珍贵。此物由一块整木制成，分为上下两节。通体向前弯曲，犹如象牙的牙关部分。神人头像雕刻在上节，上面分别涂有暗黄色、红色、黄色、黑色四种颜色，以暗黄色和红色为主。神人头像面部表情狰狞，形似恶鬼，给人以威严、恐怖之感。神人头像的下节部分犹如一把尖刀，显然是为便于插入某个东西之内。神人头像与金沙遗址出土的一件玉神人面像的形象不同，也与三星堆遗址青铜人头像

---

[1] 成都文物考古研究所.金沙——21世纪中国考古新发现[M].北京：五洲传播出版社，2005：56.
[2] 成都文物考古研究所.金沙——21世纪中国考古新发现[M].北京：五洲传播出版社，2005：74.

人像　青铜器　金沙遗址博物馆藏

的形象不同，那么他是祖先的形象？还是巫师的形象？根据与神人头像同出的高柄豆等陶器推测，其时代约当殷墟时期。

从殷墟甲骨文中得知，其时已有被称为"寇寝"的驱鬼活动。于省吾解释说："寇"就是商代的傩，后省化为"宄"。上面的"宀"，表示是宅内；下面左边的"九"，与"鬼"相通；右边的"殳"，与"攴"相通，是一丈二尺长、尖头八棱的一种竹制兵器。九与殳，就是以殳打鬼之意。是搜索宅内，以驱疫鬼之祭，可以与周人傩为索室驱鬼相印证。[①]可见，"寇寝"就是室内打鬼，赶走室内鬼，与傩仪的"索室驱疫"意思相同。甲骨文又有"魌方相四邑"之说，陈邦怀指出：魌，是驱疫人戴的大面具，形象凶猛丑恶，对

---

① 于省吾.甲骨文字释林[M].北京：中华书局，1997：48-49.

第七章｜巴蜀新石器时代遗址的神灵　**657**

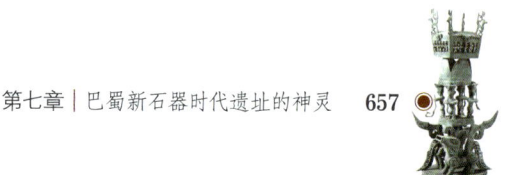

鬼疫极具威慑力。戴大头面具（魌）的人名叫"𩳖"，执行方相氏逐疫的任务。①

傩，《说文解字》："傩，行有节也。从人难声。《诗》曰：佩玉之傩。"段玉裁注："《卫风·竹竿》曰：佩玉之傩。传曰：傩，行有节度。"②傩，又作"魌"，或写作"倛"。《荀子·非相篇》注："倛，方相也。其首蒙茸然，故曰蒙倛。《子虚赋》云：蒙公先驱。韩侍郎云：四目为方相，两目为倛。"③《周礼·夏官》："方相氏：掌蒙熊皮，黄金四目，玄衣朱裳，执戈扬盾，帅百隶而时傩，以索室驱疫。"郑玄曰："蒙，冒也。冒熊皮者，以惊驱疫疠之鬼，如今魌头也。时傩，四时作方相氏，以傩却凶恶也。"④《吕氏春秋·季冬》云："命有司大傩。"注："大傩，逐尽阴气为阳导也。今人腊岁前一日，击鼓驱疫，谓之逐除是也。《周礼》：方相氏掌蒙熊皮，黄金四目，玄衣朱裳，执戈扬楯，率百隶而时傩，以索室驱疫鬼。此之谓也。"⑤可见，傩、𩳖、魌、倛、方相皆为古代驱邪的凶神。延及西周，傩被纳入礼仪，一年内要举行季春"国傩"，仲秋"天子傩"，季冬"大傩"，其目的是调理阴阳、驱除疫邪，以求五谷丰登，人畜平安，国富民生。根据以上所言，金沙遗址的这件木雕彩绘神人头像应为逐鬼除邪的傩神。

汉代的除夕大傩，以十二月腊祭前一日为期。《后汉书·礼仪志》记载："先腊一日，大傩，谓之逐疫。其仪选中黄门子弟年十岁以上，十二岁以下，百二十人为侲子。皆赤帻皂制，执大鼗。方相氏黄金四目，蒙熊皮，玄衣朱裳，执戈扬盾。十二兽有衣、毛、角。中黄门行之，冗从仆射将之，以逐恶鬼于禁中……百官官府，各以木面兽能为傩人师。讫，设桃梗、郁垒、苇茭。毕，执事陛者罢。苇戟、桃杖，以赐公、卿、将军、特侯、诸侯。云是月也，立土牛六头于国都、郡县城外丑地，以送大寒。"⑥张衡《东京赋》："尔乃卒岁大傩，驱除群厉，方相秉钺，巫觋操苃。侲子万童，丹首玄制。桃弧棘矢，所发无臬。飞砾雨散，刚瘅必毙。煌火驰而星流，逐赤疫于四裔。然后凌天池，绝飞梁。捎魑魅，斮猚狂。斩蜲蛇，脑方良。囚耕父于清泠，溺女魃于神潢，残夔魖与罔像，殪野仲而歼游光。八灵为之震慑，况魃蜮与毕方。度朔作梗，守以郁垒。神荼副焉，对操索苇。目察区陬，司执遗鬼。京室密清，罔有不韪。"⑦

唐代驱傩的场面更加宏大。唐段安节《乐府杂录·驱傩》载："用方相四人，戴冠及面具，黄金为四目，衣熊裘，执戈扬盾，口作傩傩之声，以除逐也。右十二人，皆朱发衣白口画衣。各执麻鞭，辫麻为之，长数尺，振之声甚厉。乃呼神名，其有甲作食歹凶者，肺胃食虎者，腾简食不祥者，揽诸食咎者，祖明强梁共食磔死寄生者，腾根食蛊者等。侲

---

① 陈邦怀.殷代社会史料征存[M].天津：天津人民出版社，1959：96.
② 段玉裁.说文解字段注：上册[M].成都：成都古籍书店，1981：391.
③ 诸子集成：第3册[M].长沙：岳麓书社，1996：55.
④ 阮元.十三经注疏：上册[M].北京：中华书局，1979：851.
⑤ 诸子集成：第8册[M].长沙：岳麓书社，1996：130.
⑥ 二十五史：第1册[M].杭州：浙江古籍出版社，1998：969.
⑦ 严可均.全上古三代秦汉三国六朝文：第2册[M].上海：上海古籍出版社，2009：69.

658

神人头像　木雕彩绘　金沙遗址博物馆藏

第七章｜巴蜀新石器时代遗址的神灵　　**659**

子五百，小儿为之，衣朱褠素襦，戴面具，以晦日于紫宸殿前傩，张宫悬乐。太常卿及少卿押乐正到四阁门，丞并太乐署令、鼓吹署令、协律郎并押乐在殿前。事前十日，太常卿并诸官于本寺先阅傩，并遍阅诸乐。其日大宴三五署官，其朝寮家皆上棚观之，百姓亦入看，颇谓壮观也。太常卿上此。岁除前一日，于右金吾龙尾道下重阅，即不用乐也。御楼时于金鸡竿下打赦鼓一面，钲一面，以五十人唱色十下，鼓一下，钲以千下。"[1] "选人年十二以上、十六以下为侲子，假面，赤布袴褶。二十四人为一队，六人为列。执事十二人，赤帻、赤衣，麻鞭。工人二十二人，其一人方相氏，假面，黄金四目，蒙熊皮，黑衣、朱裳，右执楯；其一人为唱帅，假面，皮衣，执棒；鼓、角各十，合为一队。队别鼓吹令一人、太卜令一人，各监所部；巫师二人。以逐恶鬼于禁中。有司预备每门雄鸡及酒，拟于宫城正门、皇城诸门磔禳，设祭。太祝一人，斋郎三人，右校为瘗坎，各于皇城中门外之右。前一日之夕，傩者赴集所，具其器服以待事。其日未明，诸卫依时刻勒所部，屯门列仗，近仗入陈于阶。鼓吹令帅傩者各集于宫门外。内侍诣皇帝所御殿前奏'侲子备，请逐疫'。出命寺伯六人，分引傩者于长乐门、永安门以入，至左右上阁，鼓噪以进。方相氏执戈扬楯唱，侲子和，曰：'甲作食殟，胇胃食虎，雄伯食魅，腾简食不祥，揽诸食咎，伯奇食梦，强梁、祖明共食磔死寄生，委随食观，错断食巨，穷奇、腾根共食蛊，凡使一十二神追恶凶，赫汝躯，拉汝干，节解汝肉，抽汝肺肠，汝不急去，后者为粮。'周呼讫，前后鼓噪而出，诸队各趋顺天门以出，分诣诸城门，出郭而止。"[2]

石跪坐人像，原型是被捆绑跪姿裸体男性。其脸形方正瘦削，颧骨高凸，鼻梁高直，大鼻头，大嘴巴上涂有朱砂，耳朵上有穿孔，双手被绳索反绑在身后，双腿弯曲，双膝跪地，臀部坐于脚后跟上，发式奇特，头顶的头发从中央向左右分开，两侧修剪得极短，并微微上翘，脑后的头发又被梳成两股长长的辫子，直垂腰间。人物形象丰富而传神，面部表情作惊恐状。石跪坐人像是金沙遗址最有特色的文物之一，目前已出土12尊，造型大致相同。这些石人都出土于该遗址的祭祀活动区内，说明石人是用来祭祀的，极有可能是战争俘虏或奴隶的形象。

众多的天神、地祇、祖先神及傩神展示于金沙遗址，大量的金器、铜器、玉器、石器、象牙、野猪獠牙、鹿角、骨器、陶器、漆木器等出土于金沙遗址。这些都说明金沙遗址作为古蜀文明的重要载体，生动形象地反映了宗教文化的兴盛。概而言之，三星堆、金沙遗址出土的文物所反映的古蜀人的精神世界，正是古代宗教居于统治地位的特定历史阶段的表现。当时出现了以树崇拜为代表的自然崇拜、以鸟崇拜为代表的图腾崇拜、以"纵目神"崇拜为代表的祖先崇拜，和以人像群体为代表的"神人"巫祭崇拜，这些组成了古蜀古代宗教的基本构架。

---

① 南卓，段安节，王灼.羯鼓录·乐府杂录·碧鸡漫志[M].上海：古典文学出版社，1957：23.
② 欧阳修，宋祁.新唐书：第1册[M].陈焕良，文华，点校.长沙：岳麓书社，1997：225-226.

 660

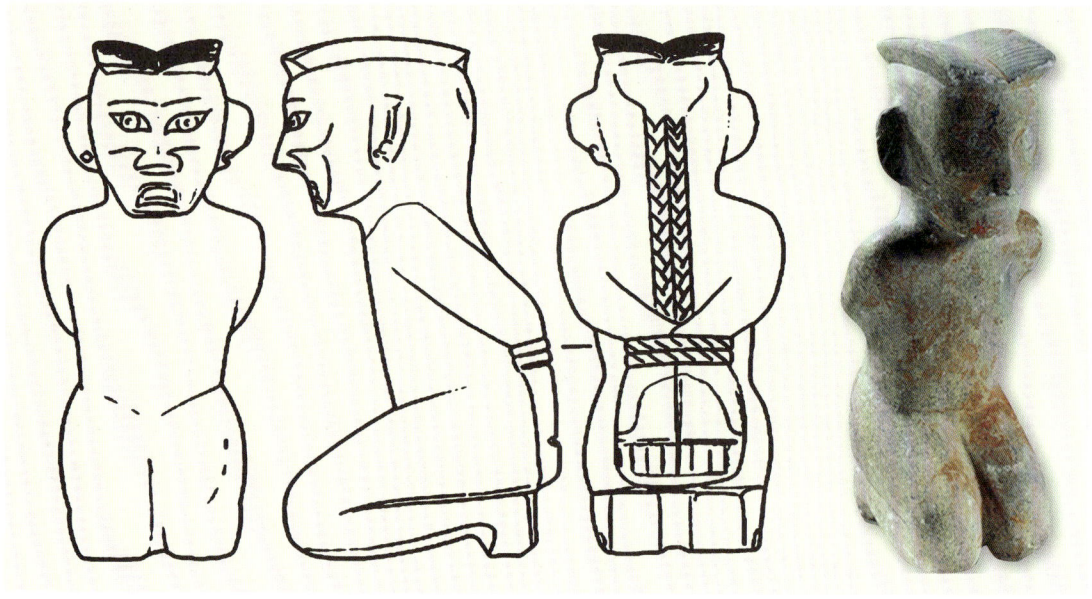

石跪坐人像　金沙遗址博物馆藏

（一）树崇拜反映的自然崇拜观念

三星堆古代宗教的认识基础就是人类学家所讲的"万物有灵论"。三星堆出土的动物植物造型以及祭器礼器，都被赋予可以与人与神相通的灵感，其中不少物品本身就是自然崇拜的对象。如刻绘纹祭山图边璋上成列的大山与云雷图案，可能就代表山神和天神。古代传说中，神山与蜀人的来源和发展有着密切的关系，如昌意娶"蜀山氏女"、蚕丛"始居岷山石室"、鱼凫"田于湔山，得仙"、杜宇"升西山隐焉"等，"神山崇拜"必然成为当时自然崇拜的一项重要内容。又如众多圆轮状"太阳纹"铜饰件、象征太阳的光焰纹圆盘、"太阳鸟"等，表明古蜀人与大多数古代民族一样，盛行对太阳的崇拜。三星堆时期的"树崇拜"更是自然崇拜的集中反映。树上的"太阳鸟""圆涡纹"代表着太阳崇拜，而铜树本身则为太阳升起和栖息之处，成为类似于"扶桑""若木"的神树。树上的飞龙盘旋而下，象征着铜树是通接天与地、人与神的"天梯"，就是可让"众帝援之上下"的"建木"。

（二）以"鸟、鱼"崇拜为突出表现的"图腾崇拜"

三星堆众多的动物造型都是具有亦人亦兽、亦神亦怪特征的灵物，代表着被崇拜的各种神灵，大多包含有图腾崇拜的意义，即被奉为某个氏族、部落的图腾标志。三星堆青铜器群中有鸟、鹰、鱼、龙、蛇、虎、鸡、牛、羊等，大都代表着各氏族各部落崇拜的图腾，它们是前来参加祭祀活动的各个氏族部落的标志物。其中以鸟的图腾数量最多，地位最显著，形态最丰富，可能就是当时的主要部落的图腾。图腾崇拜随着社会结构的发展和

部落联盟的扩大而不断变化、发生融合与升华，最终成为一族一国的徽记，被绘制于旗帜和权杖等代表物之上。三星堆中一柄作为王杖和神杖的"金杖"，上面出现以鱼和鸟组成的四组规整的徽记，置于首领头顶之上，说明它就是古蜀国的"中心图腾"，所代表的可能就是曾在古蜀历史上居于统治地位的"鱼凫"族。

（三）以"眼睛"崇拜形式表现出的对"纵目神"的祖先崇拜

大约到父系氏族社会初期，人类将对本族创始之神的崇拜由动植物图腾转移到了人类本身，转移到对本族起源和兴旺有突出贡献的祖先身上，产生了祖先崇拜。三星堆时期祖先崇拜的主要对象是一种大眼巨头的面具或神像。它以神秘而夸张的艺术手法表现了超凡脱俗的气质，与写实风格的人像群体有明显的差别，所代表的应是一种神灵。面具硕大而威严，被悬挂、组装在大树、图腾柱之类的圆柱形立柱之上，成为当时敬奉的主要神灵之一。与此同时，还出现了大量眼睛状饰件和以眼睛为主题的纹饰图案，形成对眼睛的特殊崇拜，它们所代表的就是以"纵目"为特征的蜀人始祖蚕丛。蚕丛被奉为祖先崇拜的主神，首先在于他"始称王"，成为第一个把蜀族凝聚在一起的公认的首领。其次，传说他正是养蚕的发明人，曾"教民蚕桑"，被奉为"蚕神""青衣神"。他又聚民为市，"所止之处，民则成市"。蚕丛是一位亦人亦神的宗教首领，并且"神化不死"，为他建立的"祠庙遍于西土，罔不灵验"，因而被供奉为民族、国家的保护神。对"纵目之神"蚕丛的崇拜，典型地反映了原始崇拜中"祖先崇拜"所包含的始祖、首领、英雄、保佑者等多方面的内涵。

（四）古蜀宗教的实践者——以雕像群体所表现的巫祭集团

巫师是祭祀者，是各种祭神活动的主持人。他们以大型青铜立人像为总指挥，各种形态的立人像、跪人像、人头像为主要群体，包括跪祭、立祭在神坛、神树、祭山场所上的众多人像，共同组成了一个巫祭集团。青铜大立人头戴兽面高冠，其形象与金杖图案上的人头像一致，表明是最高神权政治领袖。其余各式人头雕像则是各族首领、次级群巫。不论是群巫之长还是群巫，在当时都被奉若神明，代表着蜀王治下各地的各级统治者或各族之长。由此看来，青铜雕像群所表现的内涵，是一个以古蜀王为核心的、有众多族类拥戴的统治集团的层级权力结构。

当时这一集团已经是权势庞大、等级严格、结构相对完善的阶层。由于他们具有通神的能力，经常作为灵神的代表和化身出现，也就成为人与神、人类世界与神灵世界的特定使者，是一种半人半神的"超人"。随着社会的发展、权力的强化，巫祭本身也在不断进行着"自我神化"，并在以后的祭祀活动中被作为崇拜的对象。这正是出现大型青铜雕像群体的宗教原因和社会文化背景。

从巫祭集团的演变来看，在古蜀国形成的过程中，这些神职人员经历并完成了一个从人到巫、从巫到神、从神到王的过程，组成了以巫祭为主体的统治集团，用宗教的力量和形式控制着三星堆古国。其中高高站在神圣祭台之上的大铜人像，是整个巫祭中地位最高的"群巫之长"。在早期国家中，君及臣吏常常皆出自巫，商王本身就是一个最大的巫。三星堆文明时期这种通过宗教立国、宗教首领即国王的历史现象，在古代文明中表现得相当突出，具有丰富的文化和历史研究价值。

　　就青铜器来看，三星堆文化在与之同时的中国新石器时代晚期至三代中居于较高位置。考古学家认为，三星堆文化与中原文化有重要联系。三星堆文化包含的二里头文化因素，说明至迟在夏代四川盆地就与中原地区有文化交流……面对三星堆文化与二里头文化的共同因素，学者们做出了不同的解释。有学者认为夏文化中的盉、高柄豆等可能是西蜀传入的，是禹生石纽等传说在考古学文化上的反映。[①]考古学界对于中原文化与三星堆文化的界定，有助于我们研究二者在原始宗教方面共同的神学思想基础，寻找巴蜀文化独特的宗教特征与丰富内涵。

---

　　① 陈显丹.三星堆一、二号坑几个问题的研究[J].四川文物，1989（51）.

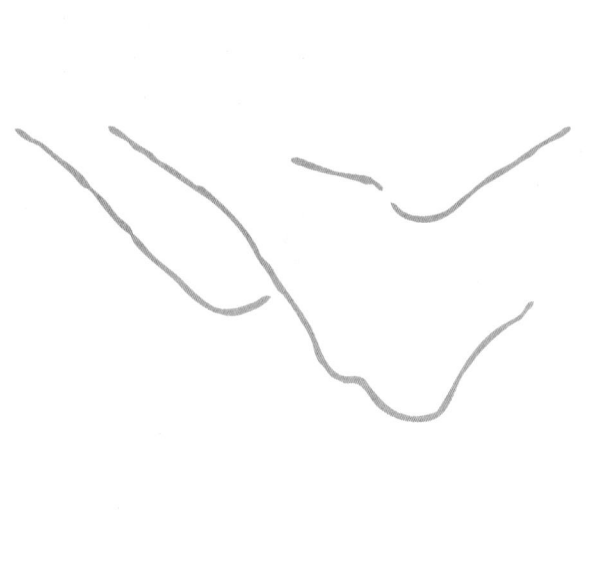

第八章

先秦儒教的鬼神谱系

中国古代的历史是连续的。传世文献的记载，加上地下发掘出来的甲骨和数以千计的新石器时代的考古学文化遗存，把中国农业时代的文化史连续上溯到8000～10000年以前。虽然夏、商、周三代有着不同的种族和文化渊源，但它们的前后相继构成了中原地区中国古代文化连续发展的历史，并顽强地保存在西周的文化记忆中。西周的文化创造，集中到一点，是在世界性的广阔地域内建立了一个崭新的人类社会共同体，也即中国古代历史上第一次以"王天下"为理想的封建制度国家。这个"王天下"的理想是如此富有魅力，以至于影响了后世包括先秦诸子在内的各派各家。

儒教是中国古代宗教文化的主要继承者。孔子重天道，尊鬼神，守礼乐，建构了一套完整的"三统"学说，该学说有崇拜的偶像，有组织的形态，有祀祭的仪礼，已经形成了宗教的基本形态，即人们常说的儒教。

第一节　先秦儒教的历史渊源

"儒教"一词，最早出现于司马迁《史记·游侠列传》："鲁人皆以儒教，而朱家用侠闻。"[①] 这句话的意思是，先秦鲁国是儒教盛行的地方，当时的鲁国在文化制度层面实行的是儒教治理国家模式。这与晋国大夫韩宣子访鲁，观书后叹曰"周礼尽在鲁矣"不谋而合，说明了"周礼"与"儒教"的紧密关系。我们也可以说儒教是周礼的社会实践模式，是其历史意义上的治国实践的传承延伸。

鲁国的第一代先王周公旦制作了《周礼》，并以《周礼》赋予西周国家的君王"礼乐征伐""溥天之下，莫非王土；率土之滨，莫非王臣"和"尊尊而亲亲"的理念实践治国模式。后来鲁国历代君王遵循照搬，所以鲁国比较完好地保持了周礼的治国模式。这就是后人称作儒教的治国模式。在当时的鲁国，主流社会笃信《周礼》，其文化和制度在鲁国

---

① 二十五史：第1册[M]. 杭州：浙江古籍出版社，1998：284.

666

这片土壤中扎根，开花结果，影响了一代又一代儒生，包括生于斯长于斯的孔子。

儒教的起源的确与西周为宗族天下服务的思想是一脉相承的。西周在众多盟友的支持下取得了克商战争的胜利，这是中国古代历史上的一件大事，成为中国古代历史乃至整个中国历史的分水岭。由于周王是以暴力取得天下的，故在西周初期，社会发展速度落后于前代的殷商，在很多方面带有原始性。因此，在西周武王时，周人在所获殷人的典籍中抄袭殷人的典章制度，其文化也差不多是继承殷人的。但因为殷人和周人本就是不同民族，经过武庚叛乱，民族矛盾不断升级。西周的统治者开始用强权改变夏殷以来的文化制度走向，特别是通过周成王时期政治政策的出台，改变了武王时期的国策"启以商政，疆以周索"。

王国维在《殷周制度论》中指出说："中国政治与文化之变革，莫剧于殷周之际。""殷、周间之大变革，自其表言之，不过一姓一家之兴亡与都邑之移转；自其里言之，则旧制度废而新制度兴，旧文化废而新文化兴。"[1]并进一步指出，中国以立嫡长子为中心内容的宗法封建制度，就是由周公一手制定的，且只能由周代创立，"自殷以前，决不能有此制度也。"[2]商、周之间的这一巨大变化，反映了西周社会文化和制度的全面变革，从而对中国社会产生了深刻的影响。周人通过自己的文化创造，打造出一个由不同层次的社会共同体和不同等级的权力所有者构成的封建王朝。在春秋战国的历史运动中，这个由宗法等级制维系的封建王朝瓦解了，但它却给后世的中国人留下了两笔厚重的历史文化遗产，其一是"王天下"的理想，其二是信守周人历史观的核心理念——德。从这一独特的历史观出发，"德"成为周人"王天下"，也即不分种族和血缘纳天下万邦于一个统一的王权之下的合法性的前提和基础。把"王天下"的合法性建筑在"德"的基础之上，不仅使王权超越了狭隘的种族界限，而且使"王天下"上升为一般意义上的具有普遍价值的文化理想。这是在春秋战国的思想运动中，由孔孟儒家通过精神自觉以理论反思的形式来完成的。周人创造的这个文化具有一种博大的人类情怀，它代表了中国文化几千年来一直梦寐以求的最高理想。正是在天命与德治的基础上，儒教得以兴起。正如唐代刘祥道所说："儒为教化之本，学者之宗，儒教不兴，风俗将替。"[3]

一、天命神学与祖宗崇拜

任继愈先生指出：儒教的来源，一是殷周时期的天命神学和祖宗崇拜的宗教思想，一

---

① 王国维.王国维学术论著[M].杭州：浙江人民出版社，1998：55-56.
② 王国维.王国维学术论著[M].杭州：浙江人民出版社，1998：61.
③ 杜佑.通典：卷17[M]//文渊阁四库全书：第603册.台北：台湾商务印书馆，1983：185.

是孔子创立的儒家学说。儒教崇奉的对象是"天地君亲师"，有神灵系统和祭天、祀孔的仪式，儒教的经典是六经，中央的国学和地方的府、州、县学就是儒教的宗教组织，学官就是儒教专职的神职人员；儒教不讲"出世"，不主张有一个来世天国，而把成贤成圣作为宗教的最高追求；其教义就是宗法制度和宗法思想的神化和宗教化。在儒教中，天是人命运的主宰，人必须顺从天的意志。宋代创立的理学标志着儒教的成熟。①

之后，不少学者积极回应，或主"儒教"论，或倡"儒家"说，从不同的角度提出了各种观点，引起学界的广泛关注，争论的焦点主要集中在"儒教是不是宗教"上面。反对"儒教是教"说的学者强调，儒家具有"入世"精神，儒家不信鬼神，孔子是人不是神，儒教没有自己的组织，儒教之"教"不是宗教之"教"而是教化之"教"。主张"儒教是教"说的学者认为，儒者相信鬼神，"天地君亲师"是神，儒教有自己的组织，儒学是儒教的灵魂。如何光沪先生指出，儒教的天是佑民、讨罪的天，是有意志有人格的至上神，儒教的政教合一在性质上和基督教、伊斯兰教基本是一致的。"我所谓儒教，非指儒学或儒家之整体，而是指殷周以来绵延三千年的中国原生宗教，即以天帝信仰为核心，包括'上帝'观念、'天命'体验、祭祀活动和相应制度，以儒生为社会中坚，以儒学中相关内容为理论表现的那么一种宗教体系。"②赖永海先生指出，天即上帝，是儒家的至上神，以昊天上帝为至上神的神灵系统是儒教的信仰系统。孔子及优秀的儒者死后都被祀为国家的公神，君主和儒者是尊奉天命治理和教化民众的君和师。③李申的《中国儒教史》更是系统阐述了"儒教之为教"的理由，以翔实的资料为依据，描绘出中国儒教的面貌和发展脉络。

历史上把儒家视同宗教，与佛教、道教并称为"三教"。《史记·游侠列传》："鲁人皆以儒教，而朱家用侠闻。"④这是讲儒家之教化。汉代末年，蔡邕正式使用作为名词的儒教："公承凤绪，世笃儒教，以《欧阳尚书》《京氏易》诲受。四方学者自远而至，盖逾三千。"⑤魏晋时期，"儒教"这个概念逐渐流行开来。东晋葛洪认为："儒教近而易见，故宗之者众焉。道意远而难识，故达之者寡焉。道者，万殊之源也。儒者，大淳之流也。三皇以往，道治也。帝王以来，儒教也。"⑥《晋书·宣帝纪》："少有奇节，聪明多大略，博学洽闻，伏膺儒教。"⑦《梁书·儒林传》序："魏晋浮荡，儒教沦歇，风节罔树，抑此之由。"⑧

---

① 任继愈.20世纪中国学术大典：宗教学[M].福州：福建教育出版社，2002：347.
② 何光沪.中国文化的根与花——谈儒学的"返本"与"开新"[J].原道，1995（2）.
③ 赖永海.佛学与儒学[M].杭州：浙江人民出版社，1992.
④ 二十五史：第1册[M].杭州：浙江古籍出版社，1998：284.
⑤ 蔡邕.蔡中郎集：卷5[M]//文渊阁四库全书：第1063册.台北：台湾商务印书馆，1983：210.
⑥ 王明.抱朴子内篇校释[M].北京：中华书局，1980：126.
⑦ 二十五史：第2册[M].杭州：浙江古籍出版社，1998：3.
⑧ 二十五史：第2册[M].杭州：浙江古籍出版社，1998：782.

清汤鹏曾经撰文详论三教之异同，颇有见解："三代而上，其教一。周秦以降，其教三。暨乎今也，其教五。所谓其教一，儒教是已。所谓其教三，儒教而外，赘以道教、释教是已。所谓其教五，三教而外，赘以天主教、回回教是已。且夫儒教肇自孔子，儒之脉岂其肇自孔子邪？古之圣人贤人皆儒，古之儒皆闻道，古之道皆有以传。原其次第，则尧传舜，舜传禹，禹传汤，汤传文、武、周公，文、武、周公传孔子，孔子传颜子、曾子，曾子传子思，子思传孟轲。其出处高下不同，其为儒则一而已。原其宗旨，则尧、舜、禹、汤之中，孔子、颜子之仁，曾子之忠恕，子思之中之诚，孟轲之仁、义，其所从言者不同，其道则一而已。""且夫老子谈道以来，所渐劘非一人一家之故矣。大底为贤君、相者，祖其清静慈俭之言；为方士者，祖其谷神不死之言；为阴谋、为刑名者，祖其欲翕固张、欲夺固与之言；为放达为清谈者，祖其礼为乱首、忠信以薄之言。今之为老子者乃别焉，以正直为不静，以优柔为多福，以孤立为不广，以援系为可安，是则祖其塞兑、闭门、和光、同尘之言而已，以处强为不利，以畏葸为自全；以区别为不祥，以杂袭为能大。是则祖其知雄守雌，知白守黑之言而已。是则为今之老子也矣。且夫释氏之教曰空、曰悟。空则病其废也，然非超世作达者，恶乎空？悟则病其速也，然非冥心生慧者，恶乎悟？于理为不粹，为不符，于力则可以为难矣。今之为释氏者乃别焉，贵而有力者造塔建寺，曰：吾以致福也；贱而无状者刺臂写经，曰：吾以抵咎也；黠而有辨者高座说法，曰：吾以呼众也；愚而无理者蔑绝天伦，曰：吾以拔俗也。叩其所谓空与悟者，并不知也。是则今之为释氏也矣。"①

自汉代以来儒教被奉为官学，始终居于社会或国家思想的统治地位。儒教的"教"，不仅指学校贵族教育，更是借助神祇对广大民众进行教化，即"神道设教"。《周易·观卦》曰："圣人以神道设教，而天下服矣。"②依照儒者的解释，这句话的意思是，用神道教育民众，民众容易接受和服从。儒教是以神道设教，"祖述尧舜，宪章文武"，倡导王道德治、尊王攘夷和上下秩序的国家宗教。儒教以十三经为经典，以古代官僚机构为组织，以千万儒生为传教士，以天坛、宗庙、孔庙、泰山、祠堂、家庭为祭祀场所，以郊祀、祀祖、祭社稷、雩祀、释奠礼、五祀为祭祀仪式。其来源相当古老，具有发展的连续性、仪式的宗法性、功用的教化性和神圣性。

敬天法祖是儒教的核心信仰。"天"就是天神、上帝，"祖"就是宗庙祠堂的祖先神，三代时期称为"人鬼"。天神称祀，宗庙称享，祭祀天神称为外事，祭祀宗庙称为内事。《周礼》中构建了天神、地祇、人鬼之三重信仰祭祀体系。故祭天神，即祭昊天上帝与日月星辰诸神；祭地祇，即祭山河大地与国社后稷诸神；祭人鬼，即祭祖宗鬼神与圣王圣贤诸神。《明史·礼志》曰："敬天法祖，无二道也。《周礼》一书，朱子以为周公辅

---

① 杨鹏. 浮邱子：卷11[M]//续修四库全书：第952册. 上海：上海古籍出版社，2002：355-356.
② 阮元. 十三经注疏：上册[M]. 北京：中华书局，1979：36.

导成王，垂法后世，用意最深切。"① 祖先是人与天神沟通的媒介。古代中国"神不歆非类，民不祀非族"，祭祀有严格的等级界限。天神地祇只能由天子祭祀，诸侯大夫可以祭祀山川，士、庶人则只能祭祀自己的祖先和灶神。

商代的统治者多以"天命自居"，认为自己的地位是上天给予的。沟通天人的职责被帝王所垄断。帝王成了唯一能沟通天人的人，这就是陈梦家所说的："王者自己虽为政治领袖，同时仍为群巫之长。"② 徐复观说："殷代虽然巫的地位很高，但祭神的主体，究竟是王而不是巫。至周，巫演进而为史，虽依然兼保有巫的职务，但在宗教行为中的独立性更减轻了。"③ 商人在祭天之时，已经开始配以先公先王了。"殷人的宗教生活，主要是受祖宗神的支配。他们与天、帝的关系，都是通过自己的祖宗作中介人。"④

敬天法祖的观念起源很早。《大雅·皇矣》中说："皇矣上帝，临下有赫。监观四方，求民之莫。"意思是上帝威明地监察天下，掌控四方，保佑人民的安定。"帝谓文王：无然畔援，无然歆羡，诞先登于岸。"意思是上帝再次告诉文王：不要左顾右盼，不徘徊不动摇，不攀比羡慕，也不要去非分妄想，径直登临我岸。文王修己爱民，其德正而不违，知道如何敬上苍，四方的国家都来归附，"维此文王，小心翼翼。昭事上帝，聿怀多福"⑤。从中可以看到文王对上帝的信仰是如此的虔诚。

《诗经》中有许多赞颂、感恩之祷，周人相信虔敬的祈祷必蒙上帝垂听。如赞颂上天的光辉普照，永恒无限："明明上天，照临下土。"⑥ 感恩上帝造就生命，生人、养人、佑人，赐人规范，趋善避恶之道，如："天生烝民，有物有则。民之秉彝，好是懿德。"⑦ 天立君师以佑民，立君以长之，立师以教之，以安定四方之民，如："昊天有成命，二后受之。"⑧ 意思是昊天有成命，文武两王受之。赞颂上帝赐人五谷："思文后稷，克配彼天。……贻我来牟，帝命率育。"⑨ 意思是后稷有文德，能效法上天，上天赐给大小麦，上帝以此养育百姓。又说："昂盛于豆，于豆于登。其香始升，上帝居歆。"⑩ 意思是后稷教人们制成食品后祭祀上帝，其香始升，而上帝悦纳，言应之疾也。上帝赐人丰年："于皇来牟，将受厥明。明昭上帝，迄用康年。"⑪ 意思是麦将熟，则可以受上帝之明赐。

"明明上天，照临下土。"上天至公无私，赏善罚恶，报应昭然。天命有德，天讨有

---

① 二十五史：第8册[M]. 杭州：浙江古籍出版社，1998：125.
② 陈梦家. 商代的神话与巫术[J]. 燕京学报，1936（20）.
③ 徐复观. 中国人性论史：先秦篇[M]. 上海：上海三联书店，2001：35.
④ 徐复观. 中国人性论史：先秦篇[M]. 上海：上海三联书店，2001：15.
⑤ 阮元. 十三经注疏：上册[M]. 北京：中华书局，1979：519.
⑥ 阮元. 十三经注疏：上册[M]. 北京：中华书局，1979：464.
⑦ 阮元. 十三经注疏：上册[M]. 北京：中华书局，1979：568.
⑧ 阮元. 十三经注疏：上册[M]. 北京：中华书局，1979：587.
⑨ 阮元. 十三经注疏：上册[M]. 北京：中华书局，1979：590.
⑩ 阮元. 十三经注疏：上册[M]. 北京：中华书局，1979：528.
⑪ 阮元. 十三经注疏：上册[M]. 北京：中华书局，1979：591.

罪；作善降之百祥，作不善降之百殃。唯有德之人可以上动天心，天虽高远，德无远不到。如《诗经·小雅·天保》中说："天保定尔，俾尔戬谷。罄无不宜，受天百禄。"[①]意思是上天庇护你，降你福禄与太平。没有什么不如意，接受天赐数不清。《诗经·商颂·长发》中说："圣敬日跻，昭假迟迟，上帝是祇，帝命式于九围。"[②]意思是成汤勤勉修德，虔诚祈祷，持之以恒，唯上帝是敬，帝命其治理九州。《诗经·周颂·雍》中说："燕及皇天，克昌厥后。"[③]意思是文王之德感动上天，使其后代繁荣昌盛。厉王、幽王时代，"百川沸腾，山冢崒崩；高岸为谷，深谷为陵"[④]，周人认为上天以灾异谴告，是对时王和权臣失德敲响警钟。《诗经·大雅·板》中说："敬天之怒，无敢戏豫。敬天之渝，无敢驰驱。昊天曰明，及尔出王。昊天曰旦，及尔游衍。"[⑤]意思是敬畏上天的威怒，不要贪逸享乐；敬畏上天的神明，不要肆意妄为，上天明察人的一切行为及善恶。"我其夙夜，畏天之威"，言必敬天之威，于是乃得安。

二、天帝崇拜与宗法制度

周代的文献中特别强调天、帝、天命的观念。据徐复观统计，《诗经》中就有大约一百四十八个"天"字。[⑥]《诗经·周颂·我将》："我其夙夜，畏天之威。"[⑦]《尚书》中的例子如《尚书·召诰》："'我受天命，丕若有夏历年，式勿替有殷历年'，欲王以小民受天永命。"[⑧]《尚书·立政》亦有"敬事上帝"之语。这里的"敬"，不只敬天，还敬先祖。《尚书》里就有很多要效法文王的记载，周人认为周代之所以能够取代殷商拥有天下，主要是周文王奠定了根基，以后的周王无不以完成文王的功业为己任。

周公，姓姬名旦，是周文王姬昌第四子，周武王姬发的弟弟，曾两次辅佐周武王东伐纣王，并制作礼乐。因其采邑在周，爵为上公，故称周公。周公是西周初期杰出的政治家、军事家、思想家、教育家，被尊为"元圣"和儒学先驱、奠基人。周公一生的功绩被《尚书大传》概括为："一年救乱，二年克殷，三年践奄，四年建侯卫，五年营成周，六年制礼乐，七年致政成王。"[⑨]周公摄政七年，提出了各方面的根本性的典章制度，完善了

---

① 阮元.十三经注疏：上册[M].北京：中华书局，1979：412.
② 阮元.十三经注疏：上册[M].北京：中华书局，1979：626.
③ 阮元.十三经注疏：上册[M].北京：中华书局，1979：595.
④ 阮元.十三经注疏：上册[M].北京：中华书局，1979：446.
⑤ 阮元.十三经注疏：上册[M].北京：中华书局，1979：548.
⑥ 徐复观.中国人性论史：先秦篇[M].上海：上海三联书店，2001：32.
⑦ 阮元.十三经注疏：上册[M].北京：中华书局，1979：588.
⑧ 阮元.十三经注疏：上册[M].北京：中华书局，1979：213.
⑨ 尚书大传：卷3[M]//文渊阁四库全书：第68册.台北：台湾商务印书馆，1983：411.

宗法制度、分封制、嫡长子继承法和井田制。周公七年归政成王，正式确立了周王朝的嫡长子继承制，这一制度的最大特色是以宗法血缘为纽带，把家族和国家融合在一起，把政治和伦理融合在一起，这一制度的形成对中国封建社会产生了极大的影响，为周族八百年的统治奠定了基础。

周朝通过封建这种独特的社会组织模式，创建了一大批与传统部落共同体迥然不同的新的诸侯国家。新的诸侯国家并没有替代或取消原有的部落共同体，而是在它之上架构了一个更高层次的社会共同体。在这个更高层次的社会共同体中，包括了因种族渊源或血缘关系不同而身份和社会地位也不同的复杂等级在内的社会群体。凌驾在诸侯国之上的则是周天子至高无上的封建王权。师服曰："吾闻国家之立也，本大而末小，是以能固。故天子建国，诸侯立家，卿置侧室，大夫有贰宗，士有隶子弟，庶人、工、商各有分亲，皆有等衰。是以民服事其上，而下无觊觎。"① 师旷亦曰："良君将赏善而刑淫，养民如子，盖之如天，容之如地。民奉其君，爱之如父母，仰之如日月，敬之如神明，畏之如雷霆，其可出乎？夫君，神之主，而民之望也。若困民之主，匮神乏祀，百姓绝望，社稷无主，将安用之，弗去何为？天生民而立之君，使司牧之，勿使失性。有君而为之贰，使师保之，勿使过度。是故天子有公，诸侯有卿，卿置侧室，大夫有贰宗，士有朋友，庶人、工、商、皂、隶、牧、圉皆有亲昵，以相辅佐也。"② 这就是周人创建的封建王朝，它是一个由不同层次的社会共同体和不同等级的权力所有者构成的崭新的人类社会共同体，也就是传统的中国人所谓的"天下"。

周人一方面在实际的政治领域通过分封建立起以周天子为最高权力中心的封建统治秩序，另一方面则进一步提出了一套以"德"为核心的伦理政治思想。"德"，不仅是周人克配天命的合法性前提和基础，同时也是对身居王位的周天子及其统治集团的内在要求。周公曾对成王说："君子所，其无逸。先知稼穑之艰难，乃逸，则知小人之依。"③ 这是直接告诫成王，不要贪图安逸，要了解耕种和收获的艰难，要了解民众的疾苦。周公又说："继自今嗣王，则其无淫于观，于逸，于游，于田，以万民惟正之供。无皇曰：'今日耽乐。'乃非民攸训，非天攸若，时人丕则有愆。无若殷王受之迷乱，酗于酒德哉！"④ 这是进一步从正面告诫成王，不要沉湎于"观""逸""游""田"等个人享乐，更不要像商纣那样以酗酒为德。周公又说："自古商人亦越我周文王立政：立事、牧夫、准人，则克宅之，克由绎之，兹乃俾乂。国则罔有立政用憸人，不训于德，是罔显在厥世。继自今立政，其勿以憸人，其惟吉士，用劢相我国家。"⑤ 这是周公教导成王设

---

① 阮元. 十三经注疏：下册[M]. 北京：中华书局，1980：1744.
② 阮元. 十三经注疏：下册[M]. 北京：中华书局，1980：1958.
③ 阮元. 十三经注疏：上册[M]. 北京：中华书局，1979：221.
④ 阮元. 十三经注疏：上册[M]. 北京：中华书局，1979：222.
⑤ 阮元. 十三经注疏：上册[M]. 北京：中华书局，1979：232.

官、理政和用人的道理。

周天子虽然受命于天，但他必须拥有祈天永命的能力或品格。这个祈天永命的能力或品格就是"德"，拥有它，就是有德；不然就是失德，就是桀纣之君。当"德"成为对历代周天子的内在要求时，"德"就有了道德的意义，而内化为应该或必须实行的一种行为准则。

宗法制度下的氏族社会是几千年中国封建社会的基础。氏族社会的形成依赖于氏族的血缘组织。人类还处于亚血缘群婚的阶段时，没有"父亲"的观念，子女跟随母亲氏族，所以氏族按母系区分辈分世代，称为"母系氏族公社"或"母系社会"。随着婚姻进入一夫一妻制，子女改从父亲氏族，于是母系氏族社会逐渐过渡到父系氏族社会。

在中国古代，通常的氏族，最低一辈成员有共同的高祖，也就是说，氏是由某一位祖先在五代及五代以内的后裔组成的，氏族即以这位共同祖先所信奉的图腾或其名、字、号、谥作为名号。从理论上看，每当新氏族诞生，旧氏族便发展成包含若干新氏族的胞族。这样一来，原先的胞族便发展成包含若干新胞族的更庞大的社会组织。这种比胞族更高层的组织，就是若干具有血缘关系的胞族的联合体。如果这个联合体长期在一个地区共同活动，便构成一个"部落"。在重大军事活动中，部落与部落之间也可能由于血缘、语言、信仰等的相近而结成联盟，于是又形成"部落联盟"。部落联盟内的各部落间具有同姓血缘关系或异姓姻亲关系，并且有共同的军事领袖。这种群体组织通常已具有民族的性质。

商周以后文明社会的氏族，就血缘关系看，跟原始父系社会的氏族是相似的，但本质上又很不相同。原始氏族在氏族内的公有共产制决定了它没有个体小家庭，氏族成员共同生产生活，氏族便是最基本的社会组织单位，而文明社会的私有制和阶级制决定了具有共同高祖的氏族成员只是在观念上同"氏"，真正共同生产生活的最小组织是以夫妻为主体的小家庭。《孟子·梁惠王上》说："五亩之宅，树之以桑，五十者可以衣帛矣。鸡豚狗彘之畜，无失其时，七十者可以食肉矣。百亩之田，勿夺其时，数口之家可以无饥矣。谨庠序之教，申之以孝悌之义，颁白者不负戴于道路矣。"[①]"数口之家"就是一夫一妻加上两个老人连同大约数个子女构成的小家庭，是共同经营"百亩之田"，居住于"五亩之宅"的一个经济小群体。春秋战国以前，国家的政治组织形式与氏族组织形式基本上还是一致的。秦汉以后，随着世袭制的取消，郡县制和新官僚制出现，氏族制退出政治舞台，但父系氏族制在王室、官僚及农村中却一直保留着，遍布村落乡镇的祠堂祖庙便是氏族社会存在的证明。

氏族社会的存在无疑依赖于祖先崇拜。从古至今，中国民众最根本的信仰就是对于祖先的崇拜。德国历史学家韦伯指出："仪式与文献证实了对于祖先神灵的信仰，祖先

---

① 诸子集成：第2册[M].长沙：岳麓书社，1996：35.

第八章｜先秦儒教的鬼神谱系　　**673**

的神灵充当的是将子孙的愿望呈现在天灵或天帝面前的中介角色。中国民众相信，以祭品来满足神灵与赢得他们的好感，乃是绝对必要的。皇帝祖灵的地位几乎是与天灵的护卫同列的。"[①]

第二节　先秦儒教的教团组织

儒教是一个具有独特文化自性的自足的宗教组织，对应者是其他的宗教组织，如战国时期的方仙道、黄老道，汉唐时期的佛教、景教，海外的基督教、伊斯兰教等。"圣王合一""政教合一""道统政统合一"是儒教的本质特征，也是儒教的追求目标。儒教具有人类宗教的某些共同特征，如具有某种程度的人格神信仰和经典的教义系统，以超越神圣的价值转化世俗世界等，但儒教也有自己的特征，如信奉多神、提倡万物有灵论、没有国家之外的独立教会组织等。但这并不影响儒教是一种宗教，不能因为儒教与西方宗教不同就否认儒教是宗教。在中国的历史中，儒教一直是国教。国教的特征就是"政教合一"，即"道统政统合一"，国家担负着道德教化的职责，是实现儒教超越神圣价值的工具或载体。儒教作为国教的根本标志是统治者将圣人义理之学上升为"王官学"，即上升为国家意识形态。

一、祖述尧舜的先秦儒教

儒教是以孔子为先师，圣人神道设教，"祖述尧舜，宪章文武"，倡导王道德治、尊王攘夷和上下秩序的国家性宗教。儒教以十三经为经典，以古代官僚机构为组织，以天坛、宗庙、孔庙、泰山为祭祀场所，以郊祀、祀祖、祭社稷、雩祀、释奠礼、五祀为祭祀仪式。狭义上的儒教指民国初年以来康有为等人所倡的孔教。儒教是中国传统的思想学派，也是中国传统文化的神经和灵魂。由于中国传统文化五千年未曾中断，儒教思想数千年的演变和发展也未曾中断。

[①] 韦伯.儒教与道教[M].洪天富，译.南京：江苏人民出版社，2010：94-95.

"儒"是春秋时从巫、史、祝、卜中分化出来的熟悉诗书礼乐而为贵族服务的术士。《说文解字》："儒，柔也。术士之偁。从人需声。"段玉裁注："以叠韵为训。郑目录云：儒行者，以其记有道德所行。儒之言优也，柔也。能安人，能服人。又儒者，濡也。以先王之道，能濡其身。《玉藻》注曰：舒儒者，所畏在前也。……术，邑中也。因以为道之称。《周礼》：儒以道得民。注曰：儒有六艺，以教民者。《大司徒》：以本俗六，安万民，四曰联师儒。注云：师儒，乡里教以道艺者。按六艺者，礼乐射御书数也。《周礼》谓六德六行六艺，曰德行道艺。"① 《法言•君子》："通天地之人曰儒。"②

儒教以孔子为至圣先师，把孔子神化为承受天命的教主。儒教信奉的最高神是天。在儒教经典中，和天相等的另一称号是上帝，或称帝、天帝。皇天上帝的名称来自《尚书•召诰》："皇天上帝，改厥元子，兹大国殷之命。惟王受命，无疆惟休，亦无疆惟恤。"③ 《论语•尧曰》："敢诏告于皇皇后帝。"④ 《尚书•舜典》："肆类于上帝，禋于六宗，望于山川，遍于群神。"⑤

儒教认为，上帝给人类指派了君和师，即"圣人"，让他们来教化、治理上帝的子民。《易》曰："备物致用，立成器以为天下利，莫大乎圣人。知进退存亡而不失其正者，其唯圣人乎。"《礼记》曰："大哉，圣人之道，洋洋乎发育万物。峻极于天，譬如天地之无不持载，无不覆帱。如四时之错行，如日月之代明。"《六韬》曰："夫圣人者，与天下之人皆安乐。"《管子》曰："圣人若天然，无私覆也。若地然，无私载也。"《孙卿子》曰："圣人者，天下利器也。"《说苑》曰："圣人之于百姓，其犹赤子乎。馁者食之，寒者衣之，将之养之，育之长之，唯恐其不至于大也。"《大戴礼》曰："哀公问曰：'何谓圣人？'孔子对曰：'所谓圣人者，智通乎大道，应变而不穷，穆穆纯纯，莫之能循，此则圣人也。'……《文子》曰：'圣人者，与天地合其德，与日月合其明，能以神化者也。'"⑥ 可见，圣人是道德完善的践行者，是上帝派遣的救世度人的使者。

孔子死后，按照传统的祭祀原则，他可以在家乡享受后人的祭祀，也可以享受学生们的祭祀，但不是国家公祭的神灵。汉初，刘邦路过孔子家乡，曾祭祀孔子，然而那仅仅是个人行为，仅代表一个后人对先圣或者先贤的崇拜。西汉中期封孔子为商汤的后代，接续先王的祭祀。到东汉，国家才正式把孔子作为国家公祭的神灵，其地位和社稷神同等。唐代命令每个县都要建庙祭祀孔子，每年春秋两次大祭，每月初一和十五两次小祭。大的祭祀起初由学官主持，后来改由地方官主持。唐代以后，孔子的地位不断提高，对孔子的封

① 段玉裁. 说文解字段注：上册[M]. 成都：成都古籍书店，1981：388.
② 诸子集成：第9册[M]. 长沙：岳麓书社，1996：31.
③ 阮元. 十三经注疏：上册[M]. 北京：中华书局，1979：212.
④ 诸子集成：第1册[M]. 长沙：岳麓书社，1996：493.
⑤ 阮元. 十三经注疏：上册[M]. 北京：中华书局，1979：126.
⑥ 徐坚. 初学记：第2册[M]. 北京：中华书局，1980：407.

第八章 | 先秦儒教的鬼神谱系　675

号也不断增加。清代，孔子祭祀一度成为和上帝、和国家的祖宗神的祭祀同等级别的"大祀"。

孔子成为国家公共神明以后，儒者的宗教地位相应提高。唐代为孔子设立"从祀"，即陪同享受祭祀的制度。最早选中陪同孔子的是22位对于注释儒经有重大贡献的儒者，后来扩大到孔子的所有弟子和历代著名的儒者。宋代，从祀制度逐渐完备，最高的有四位，被称为"四配"，他们是颜回、曾参、子思和孟轲；其次是"十哲"，即孔子的十个优秀弟子——颜渊、闵子骞、冉伯牛、仲弓、宰我、子贡、冉有、季路、子游，子夏；再次是"先贤"，是祭祀那些亲自接受孔子教导的弟子们；最后是"先儒"，祭祀孔子弟子以后历代最优秀的儒者。后来的儒者也以死后能够进入孔庙成为先儒为最高的荣誉。

<h2>二、孔子与先秦儒教教团</h2>

两千多年来，历朝历代无不崇儒尊孔。儒教被定为万世一统的国教，孔子则被奉为至圣神明，被尊为"文圣尼父""先圣先师""至圣先师""万世师表""大成至圣文宣王"。据《阙里志》载："灵帝建宁二年，诏祀孔子，依社稷。"这说在国家级的祀典中，孔子与社稷神同格。"依社稷"就是依照社稷神的祭祀等级和规格来祭祀孔子。自东汉以后，孔子就永享国家祀典，从未间断。孔子走上神坛，成为儒教神灵和中华民族的至圣神明。

文化的创造都被笼罩在孔子的神圣光环之下。康有为在《孔子改制考》中完全接受了孔子乃黑帝降精的神异传说，他说孔子为救民患，为神明，为圣王，为万世作师，为万民作保，为大地教主。孔子生于乱世，而立三世之法。乃立元以统天，以天为仁，以神气流形而教庶物，以不忍心而为仁政，合鬼神山川、公侯庶人、昆虫草木一统于其教，而先爱其圆颅方趾之同类，改除乱世勇乱战争角力之法，而立《春秋》新王行仁之制。其道本神明，配天地，育万物，泽万世，明本数，系末度，小大精粗，六通四辟，无乎不在。宣称汉自王仲任之前，并举儒、墨，皆知孔子为儒教之主，皆知儒为孔子所创。儒家之宗孔子也，墨家之祖墨翟也。孔子修成、康之道，述周公之训，以教七十子。使服其衣冠，修其篇籍，故儒者之学生焉。鲁国服儒者之礼，行孔子之术，这些都是孔子创立儒教的显证。[①]

颜回（前521—前481），尊称颜子，字子渊，春秋末期鲁国人。十四岁拜孔子为师，终生师事之，是孔子最得意的门生。颜回素以德行著称，严格按照孔子关于"仁""礼"的要求，"敏于事而慎于言"。故孔子常称赞颜回具有君子四德，即强于行义，弱于受

---

① 康有为.孔子改制考[M].姜义华，张荣华，编校.北京：中国人民大学出版社，2010.

676

谏，怵于待禄，慎于治身。他终生所向往的就是出现一个"君臣一心，上下和睦，丰衣足食，老少康健，四方咸服，天下安宁"的无战争、无饥饿的理想社会。历代帝王都对颜回封赠有加，以颜回配享孔子，祀以太牢。元文宗封颜回为兖国复圣公；明嘉靖时罢封爵，止称"复圣"。《明史·礼志四》："其四配称：复圣——颜子，宗圣——曾子，述圣——子思子，亚圣——孟子。"

曾子（前505年—前435年），名参，字子舆，春秋末年鲁国南武城人（今山东嘉祥县）。与其父曾点同师孔子。参与编制了《论语》，著《大学》《孝经》《曾子十篇》等。《大学》开宗明义地提出了"明明德、亲民、止于至善"的三纲和"格物、致知、正心、诚意、修身、齐家、治国、平天下"的八目。他主张以孝恕忠信为核心的儒家思想，他的修齐治平的政治观，内省、慎独的修养观，以孝为本的孝道观至今仍具有积极的社会意义和实用价值。孔子去世后，曾参聚徒讲学，有不少弟子，孔子的孙子孔伋师从参公，又传授给孟子。因之，曾参上承孔子之道，下启思孟学派，对孔子的儒学学派思想既有继承又有发展和建树。曾参以他的建树终于走进大儒殿堂，与孔子、颜子、子思、孟子比肩，共称为五大圣人。唐玄宗时追封为"郕伯"，北宋徽宗时加封为"武城侯"，南宋度宗时加封为"国公"，元至顺元年加封为"宗圣公"，明世宗时改称为"宗圣"，地位仅次于"复圣"颜渊。

孔伋（前483年—前402年），字子思，孔子之子孔鲤的儿子。孔子的学说由曾参传子思，子思的门人再传孟子。因而子思上承孔子中庸之学，下开孟子心性之论，并对宋代理学产生了重要的影响。后人把子思、孟子并称为思孟学派。传统观点认为《中庸》出于子思之手。司马迁《史记·孔子世家》指出："子思作《中庸》。"朱熹《中庸章句》说："此篇乃孔门传授心法，子思恐久而差也，故笔之于书，以授孟子。"后人尊他为"述圣"，受儒教祭祀。

孟子（约前372年—前289年），名轲，字子舆，鲁国邹人（今山东邹城）。相传孟子是鲁国贵族孟孙氏的后裔，幼年丧父，家庭贫困，曾受业于子思。和孔子一样，孟子也曾带领学生游历魏、齐、宋、鲁、滕、薛等国，并一度担任过齐宣王的客卿。由于他的政治主张也与孔子的一样不被重用，所以便回到家乡聚徒讲学，与学生万章等人著书立说，"序《诗》《书》，述仲尼之意，作《孟子》七篇"。在人性方面，他主张性善论，认为人生来就具备仁、义、礼、智四种品德。人可以通过内省去保持和扩充它，否则将会丧失这些善的品质。因而他要求人们重视内省的作用。他提出"民贵君轻"的主张，认为君主必须重视人民，"诸侯之宝三，土地、人民、政事"。君主如有大过，臣下则谏之，如谏而不听可以易其位。至于像桀、纣一样的暴君，臣民可以起来诛灭之。孟子继承了孔子的天命思想，剔除了其中残留的人格神的含义，把天想象成具有道德属性的精神实体。孟子继承了孔子"仁"的思想，并将其发展成为"仁政"思想，被后世称为"亚圣"。

第八章｜先秦儒教的鬼神谱系　677

端木赐（约前520年—前456年），字子贡，卫国（今河南鹤壁市浚县）人。子贡在孔门十哲中以言语闻名，利口巧辞，善于雄辩，有干济才，办事通达，曾任鲁国、卫国之相。他还善于经商，富致千金。子贡善货殖，有"君子爱财，取之有道"之风，为后世商界所推崇。《论语》中对其言行记录较多，《史记》对其评价颇高。唐开元二十七年（739）被追封为"黎侯"，宋大中祥符二年（1009）加封为"黎公"，明嘉靖九年（1530）改称"先贤端木子"。

卜商（前507年—？），字子夏，晋国温地（今河南温县）人，一说卫国人。子夏性格阴郁，勇武，好与贤己者处。以"文学"著称，曾为莒父宰。主张做官要先取信于民，然后才能使其效劳。后来孔子丧，子夏到魏国西河教学，李悝、吴起都是他的弟子，魏文侯尊以为师。《诗》《春秋》等书均由他所授。子夏为学时，因常有独到见解而得到孔子的赞许。他才气过人，《论语》中保留了他的许多著名的格言，如"博学而笃志，切问而近思，仁在其中矣""仕而优则学，学而优则仕"等。唐玄宗时，子夏被追封为"魏侯"，宋代时又加封为"河东公"。

儒教的众多弟子及历代的圣贤志人亦多被纳入儒教的神祇谱系，享受人间香火。如孔门十哲，颜回、子骞、伯牛、仲弓、子有、子贡、子路、子我、子游、子夏[①]；七十二贤，闵损、冉耕、冉雍、冉求、仲由、宰予、端木赐、言偃、卜商、颛孙师、曾参、澹台灭明、宓不齐、原宪、公冶长、南宫括、公皙哀、曾蒇、颜无繇、商瞿、高柴、漆雕开、公伯缭、司马耕、樊须、有若、公西赤、巫马施、梁鳣、冉孺、曹恤、伯虔、冉季、公祖句兹、秦祖、漆雕哆、颜高、漆雕徒父、壤驷赤、商泽、石作蜀、任不齐、公良孺、后处、秦冉、公夏首、奚容箴、公肩定、颜祖、鄡单、句井疆、罕父黑、秦商、申党、颜之仆、荣旗、县成、左人郢、燕伋、郑邦、秦非、施之常、颜哙、步叔乘、原亢籍、乐欬、廉洁、叔仲会、颜何、狄黑、邦巽、孔忠、公西舆如等，其神位皆陈列庙堂，受到朝廷的赐封，安享太牢丰宴。

儒教神祇谱系的组成，如同人间官僚系统那样，每个神祇的品级、爵位，一般说来是由儒者规定的，并载入国家祀典，平素则依照规定享受一方祭祀，如同诸侯有封地和食邑；大祭时依品级配享而从祀于天坛之上。天上的星星，地上的山河湖海，原则上都是儒教的神祇。各种自然现象，风雨雷电等也是儒教的神祇。那些对人有益或者与人生活密切相关的动物、植物，也可以成为儒教的神祇。各种著名的人物也可以作为儒教的神祇。但是他们成为神祇，必须得到国家的认可，才能纳入祀典，否则就被认为是"淫祀"，即超出规定的祭祀。

儒教在中国的历史上曾有三大功能：一是解决政治秩序的合法性问题，为政治权力确

---

① 《论语·先进》载子曰："从我于陈蔡者，皆不及门也。德行：颜渊、闵子骞、冉伯牛、仲弓；言语：子我、子贡；政事：冉有、季路；文学：子游、子夏。"

立超越神圣的价值基础；二是解决社会的行为规范问题，以礼乐制度确立国人的日常生活规则；三是解决国人的生命信仰问题，以上帝神祇、天道性理安顿国人的精神生命。

第三节　秦汉儒教的神学思想

如同道教一样，儒教相信鬼神的存在，并且接受皇权主导的万神殿。孔子认为，俗世统治中的良好秩序是使鬼神安静的最好方法。因此祭拜天地祖灵的仪式都是由儒生来实施的。韦伯认为，无论儒教还是道教，都是认同今生价值的宗教。"中国的宗教，不管它是巫术性的或祭典性的，就其意义而言是面向今世的。中国宗教的这一特点较诸其他宗教都要更为强烈和更具原则性。除了本来的崇拜伟神巨灵的国家祭典之外，各种的祭礼尤其受到推崇。在这些祭祀里，祈求长寿扮演了主要的角色。很可能中国所有原来的'神的'观念，其最初的意义源于这样的信仰：十全十美的人能够逃脱死亡并且永生于一个幸福的王国。无论如何，一般而言，正统的儒教中国人（而不是佛教徒），是为了他在此岸的命运，——为了长寿、子嗣与财富以及在很小的程度上为了祖先的幸福——而祭祀，全然不是为了他在'彼岸'的命运。这与埃及人保护死者（Totenpflege）而重视自己来世的命运形成强烈的对比。"[①] 由此看来，儒教的核心价值仍然是追求今生的幸福与长寿。

一、敬天法祖的神学思想

从《尚书》《周礼》可知，儒教重视"三礼"，即祭天、祭地、祭人之礼。《周礼》载此"三礼"为天神、地祇、人鬼之三重信仰祭祀体系。后荀子依此"三礼"，概括出"礼三本"思想。荀子谓："天地者，生之本也；先祖者，类之本也；君师者，治之本也。……故礼，上事天，下事地，尊先祖而隆君师，是礼之三本也。"[②]

敬天与法祖是对原本属于自然关系的亲属制度所做的理性化、政治化改造，由此而开

---

①　韦伯.儒教与道教[M].洪天富，译.南京：江苏人民出版社，2014：153-154.
②　荀子·礼论[M]//诸子集成：第3册.长沙：岳麓书社，1996：255.

第八章｜先秦儒教的鬼神谱系　679

创出儒家所谓的三代王道之治。《礼记·大传》说："人道亲亲也。亲亲故尊祖，尊祖故敬宗，敬宗故收族，收族故宗庙严，宗庙严故重社稷，重社稷故爱百姓，爱百姓故刑罚中，刑罚中故庶民安，庶民安故财用足，财用足故百志成，百志成故礼俗刑，礼俗刑然后乐。"①宗法制度下的君权是父权的放大，天则是君父形象的投影。天被认为是百物之祖，因此它也是敬奉祈祷的对象。《礼记·郊特牲》说："万物本乎天，人本乎祖。此所以配上帝也。郊之祭也，大报本反始也。"②

为了使封建政权和王权得到绝对和神圣的证明，两汉时期出现了官方神学。由于统治者的提倡，以预言天命为内容的谶纬神学在西汉末年和东汉初年得到广泛的应用。东汉章帝召开白虎观会议，以谶纬解经，把经学与神学糅合为一个更加神秘的体系，这就是《白虎通义》。至此，中国封建国家的宗法性宗教——儒教正式形成。

新的上帝与神圣谱系的确立不能单靠皇帝的圣谕钦定，还要依赖神学家的合作。两汉时期的儒生以神学家兼政府官吏的双重身份做这样的工作，于是儒家的经典被称为圣经，孔子被称为圣人，皇帝是教主兼天子，被称为圣上。宋林駉《古今源流至论前集》："尊崇正学，在君师。讲明正学，在宗师。大矣哉，《中庸》《大学》之书，盖帝王立治之根本，圣贤进德之阃奥也，是故表章圣经，崇重正学，使天下享至治之泽，此其责在君师。"③

董仲舒是儒教神学的建构者，对儒教作了系统的理论说明，把阴阳五行学说纳入神学体系，把"天"提到一个具有绝对权威的至上神的地位，把伦常的父权和宗教的神权以及统治者的皇权三权一体化。

董仲舒（前179年—前104年），西汉信都广川（今河北枣强）人。他为人清廉正直，言行合礼，博通五经，尤为擅长《公羊春秋》之学。景帝初年，他跟胡毋生同时为博士。武帝元光元年（前134年）举拔贤良文学之士，武帝亲自考试，董仲舒的三篇对策提出了他学术思想的要点和轮廓，甚为武帝重视，先后被任命为江都王相、中大夫和胶西王相，晚年退休居家，以修学著书为事。《汉书·五行志》说："昔殷道弛，文王演《周易》。周道敝，孔子述《春秋》。则《乾》《坤》之阴阳，效《洪范》之咎征，天人之道粲然著矣。汉兴，承秦灭学之后，景、武之世，董仲舒治《公羊春秋》，始推阴阳，为儒者宗。"④

《春秋》，即《春秋经》，作为鲁国的编年史，由孔子修订而成。旧时有"文王拘而演《周易》，仲尼厄而作《春秋》"之说。自孟子以来，《春秋》即为儒家所推崇，成为

---

① 阮元. 十三经注疏：下册[M]. 北京：中华书局，1980：1508.
② 阮元. 十三经注疏：下册[M]. 北京：中华书局，1980：1453.
③ 林駉. 古今源流至论前集：卷1[M]//文渊阁四库全书：第942册. 台北：台湾商务印书馆，1983：15.
④ 二十五史：第1册[M]. 杭州：浙江古籍出版社，1998：377.

儒家"六经"之一。但过去儒家只从政治观点上推崇《春秋》的微言大义，自董仲舒起始援阴阳家之言解说《春秋》，从而使《春秋》成为天人感应的神学经典。《汉书·董仲舒》记载："仲舒所著，皆明经术之意，及上疏条教，凡百二十三篇。而说《春秋》事得失，《闻举》《玉杯》《蕃露》《清明》《竹林》之属，复数十篇，十余万言，皆传于后世。"① 这是董仲舒在思想史上别开生面的东西，也是他取得儒家正宗地位的原因。

董仲舒的神学思想迎合了汉代政治的需要。西汉统治者为寻求中央集权的思想工具，经历了七十年的探索，最后找到了以董仲舒为代表的儒家神学体系。这一变革得以实现并取得成功，有经济上的原因、政治上的原因，也有思想发展的内在根据。经济的繁荣、政治的统一，给思想界、学术界提出了新的任务。汉初黄老思想占统治地位，清静无为的思想有利于缓和阶级矛盾，治疗战争创伤。但汉武帝时期，国内的形势有了变化，出现了新矛盾和新课题。当时的汉王朝为了长治久安，急需建立一种适应于封建大一统政治的思想体系。正如同政治上不允许分裂割据的局面出现一样，思想上也不允许师异道，人异论，百家殊方，指意不同。因为这样发展下去，将会造成上亡以持一统，法制数变，下不知所守。其后果是严重的。面对这一形势，汉武帝需要有一种为其服务的哲学思想体系。②

董仲舒"少治《春秋》，孝景时为博士。下帷讲诵，弟子传以久次相授业，或莫见其面。盖三年不窥园，其精如此"③。如此专心苦学，甚为难得，甚至有这样的神秘传闻："董仲舒梦蛟龙入怀，乃作《春秋繁露》词。"④ 董仲舒窥见武帝的圣意，便把《春秋》242年的历史记载，比附推衍出适合最高皇权的原理，神秘到"非常异义可怪之论"。他说："孔子作《春秋》，上揆之天道，下质诸人情，参之于古，考之于今。故《春秋》之所讥，灾害之所加也；《春秋》之所恶，怪异之所施也。书邦家之过，兼灾异之变；以此见人之所为，其美恶之极，乃与天地流通而往来相应，此亦言天之一端也。"⑤

绝对的王权在现实世界好像天庭的五帝之上有"太一"。他说："深察王号的大意，其中有五科：皇科、方科、匡科、黄科、往科。合此五科以一言，谓之王。王者，皇也，王者，方也，王者，匡也，王者，黄也，王者，往也。是故王意不普大而皇，则道不能正直而方；道不能正直而方，则德不能匡铉周遍；德不能匡铉周遍，则美不能黄；美不能黄，则四方不能往；四方不能往，则不全于王。故曰：天覆无外，地载兼爱，风行令而一其威，雨布施而均其德，王术之谓也。"⑥ 因此，王者体"天"之意，以礼尊身，兼爱施德。

---

① 二十五史：第1册[M].杭州：浙江古籍出版社，1998：472.
② 任继愈.中国哲学发展史：秦汉[M].北京：人民出版社，1985：321-322.
③ 二十五史：第1册[M].杭州：浙江古籍出版社，1998：469.
④ 葛洪.西京杂记[M]//车吉心.中华野史：第1册.济南：泰山出版社，2000：280.
⑤ 二十五史：第1册[M].杭州：浙江古籍出版社，1998：469.
⑥ 董仲舒.春秋繁露·深察名号[M]//四川大学古籍整理研究所，中华诸子宝藏编纂委员会.诸子集成补编：第1册.成都：四川人民出版社，1997：697.

汉武帝在表面上独尊儒术，实质上却提倡神学。为了加强皇权，对付农民起义，其在意识形态上不得不从天上寻找合理的依据，董仲舒谓"道之大原出于天，天不变，道亦不变"，正道破了这个深意。所谓"道之大原"所从"出"的"天"，显然是有神圣性的上帝。董仲舒迎合武帝法定"大一统"的帝国所应有的"大一统"的世界宗教的雄图，把"天"妆点成至高无上、主宰人间的有人格、有道德意志的神。他说："天高其位而下其施，藏其形而见其光。高其位，所以为尊也；下其施，所以为仁也；藏其形，所以为神；见其光，所以为明，故位尊而施仁，藏形而见光者，天之行也。"[1]高高在上，证明"天"有一个要使自己"尊"的目的；无形，证明"天"有一个要使自己"神"的目的；有光，证明"天"有一个要使自己"明"的目的。这就把自然的"天"加以目的论化，而使之成为宗教的"天"。

董仲舒的这种手法，与其说是为了神化"天"，毋宁说是为了对俗世的皇帝暗示人主所应遵守的与"天圣的"道德诫合。按照"圣人法天"的公式，董仲舒立即由天国转到人间，由上帝转到人主："为人主者法天之行，是故内深藏，所以为神；外博观所以为明也。任群贤，所以为受成，乃不自劳于事，所以为尊也。泛爱群生，不以喜怒赏罚，所以为仁也。"[2]"天积众精以自刚，圣人积众贤以自愿，天序日月星辰以自光，圣人序爵禄以自明。"[3]董仲舒便是这样从"天"的目的意志中找到了人主所应遵循的道德法，并且从人主所需要的道德法中窥探"天"的目的意志。侯外庐先生说：如果说基督教有圣父、圣子、圣灵的三位一体，佛教有佛、法、僧"三宝"的三位一体，那么董仲舒所企图提供的正是天、道、圣人的三位一体——在这里，圣人是天子，道德是国家的事务；于是，皇权与教权、神学的教义与国家的法权便绝对地统一起来，东方的中古封建制政权获得了东方的宗教圣光的点染。[4]

二、董仲舒与"天人三策"

董仲舒说的"天"是一位有喜怒、司赏罚、有绝对权威的至上神，"天"既主宰天上诸神，也支配人间帝王。地上有了一个具有绝对权威的君主，天上才有绝对权威的上帝。

---

[1] 董仲舒.春秋繁露·离合根[M]//四川大学古籍整理研究所，中华诸子宝藏编纂委员会.诸子集成补编：第1册.成都：四川人民出版社，1997：670.

[2] 董仲舒.春秋繁露·离合根[M]//四川大学古籍整理研究所，中华诸子宝藏编纂委员会.诸子集成补编：第1册.成都：四川人民出版社，1997：670.

[3] 董仲舒.春秋繁露·立元神[M]//四川大学古籍整理研究所，中华诸子宝藏编纂委员会.诸子集成补编：第1册.成都：四川人民出版社，1997：670.

[4] 侯外庐，赵纪彬，杜国庠.中国思想通史：第2卷[M].北京：人民出版社，1957：100.

董仲舒说："天者，百神之君也，王者之所最尊也。以最尊天之故，故易始岁更纪，即以其初郊，郊必以正月上辛者，言以所最尊首一岁之事，每更纪者以郊，郊祭首之，先贵之义，尊天之道也。"[①]它是诸神的主宰，统辖着天堂和人世。这个"天"便是"泰一"神的别称。董仲舒创立天人感应神学体系，可能包含着以天来约束人君的意图，但是也应看到他确实是一个虔诚的有神论者。他相信古代传说中的那些受命之君都是神的化身，他确信古代关于天命圣君的神话。

董仲舒首先提出了"君权天授"的观点。他说："天地者，万物之本，先祖之所出也。""百礼之贵，皆编于月，月编于时，时编于君，君编于天，天之所弃，天下弗佑，桀纣是也。"[②]"天者，万物之祖，万物非天不生。独阴不生，独阳不生，阴阳与天地参然后生。故曰：父之子也可尊，母之子也可卑，尊者取尊号，卑者取卑号，故德侔天地者，皇天右而子之，号称天子。"[③]这就将"天"和"祖"合而为一，为敬天法祖提供了合理的建构。为了证明天为宇宙最高主宰，王道三纲来源于天，君主必须照天意行事，他还提出人副天数的思想，认为人不仅和天具有相同的精神意志、道德属性，就连人的生理构造也是天的模式的复制品。人为天地之精华，人贵于万物，因而人和天最相似。

董仲舒以天人同类证明天人合一，以同类相动作为天人感应的重要依据。以同类相动论证天人感应，证明人事的好坏会招致天的福佑或惩罚。因此，人要顺天而不要逆天。如果逆天受到天的谴告，便要有所警惕，能迅速改恶从善，则可以转祸为福。君主施政还要配合五行，五行顺逆与社会政治效果有密切关系。董仲舒将社会政治和阴阳四时五行相结合，用阴阳和五行逆顺说明尚德而不尚刑的重要性。"五行变至，当救之以德，施之天下则咎除。不救以德，不出三年，天当雨石。"[④]他将自然界的怪异现象说成神的谴告，为了避免不祥之兆带来的后果，在未酿成灾害之前加以挽救是有可能的。天（上帝）用灾害和怪异对人君敲警钟，说明上天关怀人君，使之不要铸成大错。因此，出现灾异现象并不可怕，可怕的是不知警惕，不能及时改善朝政。灾异是天对人君拯过救失发出的警告，以对灾异的态度区分君主贤或不肖。

按照宗教必然的逻辑归宿，"天"归根到底是一个仁慈的造物主、宇宙万物的创造者。董仲舒对这一点有充分的自觉，他努力把"天"扮演成这样的角色：自然界的万物，包括人在内，都是天的有目的的创造活动的产物，所以，"天者万物之祖，万物非天不

---

① 董仲舒.春秋繁露·郊义[M]//四川大学古籍整理研究所，中华诸子宝藏编纂委员会.诸子集成补编：第1册.成都：四川人民出版社，1997：724.

② 董仲舒.春秋繁露·观德[M]//四川大学古籍整理研究所，中华诸子宝藏编纂委员会.诸子集成补编：第1册.成都：四川人民出版社，1997：692.

③ 董仲舒.春秋繁露·顺命[M]//四川大学古籍整理研究所，中华诸子宝藏编纂委员会.诸子集成补编：第1册.成都：四川人民出版社，1997：762.

④ 董仲舒.春秋繁露·五行变救[M]//四川大学古籍整理研究所，中华诸子宝藏编纂委员会.诸子集成补编：第1册.成都：四川人民出版社，1997：719.

生"[1]。在董仲舒看来，"天"为了人而创造万物，这是天意之仁的证明："生育养长，成而更生，终而复始，其事所以利活民者无已。天虽不言，其欲赡足之意可见也。古之圣人，见天意之厚于人也，故南面而君天下，必以兼利之。"[2] "天地之生万物也，以养人，故其可食者以养身体，其可威者以为容服。"[3] 这就把人的道德也归之于天启的目的论的范畴了。

董仲舒在其著名的"天人三策"中更大谈作为天人感应的谴告与祥瑞："《春秋》之中，视前世已行之事，以观天人相与之际，甚可畏也。国家将有失道之败，而天乃先出灾害以谴告之。不知自省，又出怪异从警惧之，尚不知变，而伤败乃至。以此见天心之仁爱人君，而欲止其乱也。自非大亡道之世者，天尽欲扶持而全安之，事在强勉而已矣……及至后世，淫佚衰微，不能统理群生，诸侯背畔，残贼良民以争壤土，废德教而任刑罚，刑罚不中则生邪气，邪气积于下，怨恶畜于上，上下不和，则阴阳缪盭而妖孽生矣，此灾异所缘而起也。"[4] 这种天人感应论，在宗教上是天的神权的最高印证，在俗世中则是皇权的最终依据。

董仲舒在五行中看出了天意的经权安排："天之道，终而复始。故北方者，天之所终始也，阴阳之所合别也。冬至之后，阴俯而西入，阳仰而东出，出入之处，常相反也。多少调和之适，常相顺也。有多而无溢，有少而无绝。春夏，阳多而阴少。秋冬，阳少而阴多。多少无常，未尝不分而相散也。以出入相损益，以多少相溉济也……至于秋时，少阴兴，而不得以秋从金，从金而伤火功，虽不得以从金，亦以秋出于东方，俯其处而适其事，以成岁功，此非权与！阴之行，固常居虚，而不得居实，至于冬，而止空虚，太阳乃得北就其类，而与水起寒，是故天之道，有伦、有经、有权。"[5] 而天具有显经隐权的目的。

董仲舒所谓五行，"一曰木，二曰火，三曰土，四曰金，五曰水。木，五行之始也；水，五行之终也；土，五行之中也。此其天次之序也。"至于五行的相互关系，董仲舒以为有两种相反的法则，即"比相生"与"间相胜"。所谓"比相生"者，即木生火，火生土，土生金，金生水，水生木；所谓"间相胜"者，即金胜木，水胜火，木胜土，火胜金，土胜水。所有此种相生相胜的关系，则由于"木主生而金主杀，火主暑而水主寒……土者，天之股肱也，其德茂美，不可名以一时之事。故五行而四时者，土兼之也，金木水

---

① 董仲舒.春秋繁露·顺命[M]//四川大学古籍整理研究所，中华诸子宝藏编纂委员会.诸子集成补编：第1册.成都：四川人民出版社，1997：726.

② 董仲舒.春秋繁露·诸侯[M]//四川大学古籍整理研究所，中华诸子宝藏编纂委员会.诸子集成补编：第1册.成都：四川人民出版社，1997：700.

③ 董仲舒.春秋繁露·服制象[M]//四川大学古籍整理研究所，中华诸子宝藏编纂委员会.诸子集成补编：第1册.成都：四川人民出版社，1997：667.

④ 二十五史：第1册[M].杭州：浙江古籍出版社，1998：469-470.

⑤ 董仲舒.春秋繁露·阴阳终始[M]//四川大学古籍整理研究所，中华诸子宝藏编纂委员会.诸子集成补编：第1册.成都：四川人民出版社，1997：708.

火虽各职，不因土方不立"①。这里，可注意的是："土"的位置是突出的，"中央"这一职方也是突出的。"天"既然安排好这样的中央地主，"法天"的实践意义就比较明白了。

正是在以上思想理论的基础上，董仲舒倡导的"三统"说成为皇权天授的依据。董仲舒认为，历史是按照赤、黑、白三统不断循环的，三统循环是天意的显示，每个朝代的新统治者受天命为王，都必须按照在三统中循环的位置，相应地确定和改变正朔、服色等，否则就是"不显不明"，违背天志。董仲舒把儒家以道德为基础的正名主义庸俗化，把阴阳五行的说法合理化，为的是要把秦、汉王朝的更替以及当时实现中央集权的专制制度说成是"奉天承命"。

董仲舒认为，"万物非天不生"。人是天生的，因而人的形体、德行、性情都是"上类于天"，这就是以"天"为创造人类和一切万物最高权力的主宰来说明"天人合一"的道理。为了进一步使"皇权"绝对神圣化，他又说："德侔天地者，称皇帝，天佑而子之，号称天子。故圣王生则称天子。"②"故号为天子者，宜视天如父，事天以孝道也。"③董仲舒强调，王者有改制之名，无易道之实，认为正朔、服色随朝代的更替可作必要的改变，但作为社会的根本大"道"，诸如三纲五常，是永远不能改变的。

董仲舒对先秦儒家伦理思想进行了理论概括和神学改造，形成了一套以"三纲五常"为核心，以天人感应和阴阳五行说为理论基础的系统化、理论化的神学体系。他重视仪礼的整理与建设，十分重视祭天的仪式。他说周文王能虔诚祭祀上帝，上帝（天）便赐以福佑，使周国子孙繁衍而多俊雄，保卫周邦强盛。"天子号天之子也，奈何受为天子之号，而无天子之礼，天子不可不祭天也。无异人之不可以不食父，为人子而不事父者，天下莫能以为可，今为天之子而不事天，何以异是。是故天子每至岁首，必先郊祭以享天，乃敢为地，行子礼也。每将兴师，必先郊祭以告天，乃敢征伐，行子道也。"④董仲舒指出，这个有意志、主宰宇宙的至上神万万得罪不得。统治者即使不祭祖，也要祭天。不得已时，宁可废宗庙之祭，也绝不可废郊祭。"《春秋》之义，国有大丧者，止宗庙之祭而不止郊祭，不敢以父母之丧，废事天地之礼也。"⑤

董仲舒精通各种传统礼仪，犹如巫师道士，可以亲自主持禳灾求雨。他说："雨太

---

① 董仲舒.春秋繁露·五行之义[M]//四川大学古籍整理研究所，中华诸子宝藏编纂委员会.诸子集成补编：第1册.成都：四川人民出版社，1997：703.

② 董仲舒.春秋繁露·三代改制质文[M]//四川大学古籍整理研究所，中华诸子宝藏编纂委员会.诸子集成补编：第1册.成都：四川人民出版社，1997：677.

③ 董仲舒.春秋繁露·深察名号[M]//四川大学古籍整理研究所，中华诸子宝藏编纂委员会.诸子集成补编：第1册.成都：四川人民出版社，1997：696.

④ 董仲舒.春秋繁露·郊祭[M]//四川大学古籍整理研究所，中华诸子宝藏编纂委员会.诸子集成补编：第1册.成都：四川人民出版社，1997：724.

⑤ 董仲舒.春秋繁露·郊祭[M]//四川大学古籍整理研究所，中华诸子宝藏编纂委员会.诸子集成补编：第1册.成都：四川人民出版社，1997：724.

多，令县邑于土日塞水渎，绝道，盖井，禁妇人不得行入市，令县乡里皆扫社，下县邑若丞合史啬夫三人以上，祝一人，乡啬夫若吏三人以上，祝一人，里正父老三人以上，祝一人，皆斋三日，各衣时衣，具处一，黍盐美酒财足祭社，击鼓三日，而祝先再拜，乃跪陈，陈已，复再拜，乃起。祝曰：'嗟！天生五谷以养人，今淫雨太多，五谷不和，敬进肥牲清酒，以请社灵，幸为止雨，除民所苦，无使阴灭阳。阴灭阳，不顺于天，天之常意在于利人，人愿止雨，敢告于社。'鼓而无歌，至罢乃止。凡止雨之大体，女子欲其藏而匿也，丈夫欲其和而乐也，开阳而闭阴，阖水而开大，以朱丝萦社十周，衣赤衣赤帻，三日罢。"①

古代中国以农牧生产为主，影响粮食收成的重要因素是雨水。因此，雨水是决定农牧生产的命脉，也直接关系到国库的收入与王朝的稳定。自古以来，祈求风调雨顺一直受到上自国君、下至平民的重视，早在商周时期，《周礼·春官》中就有这样的记载："若国大旱，则帅巫而舞雩。"这是中国古代最早出现的求雨仪式。按照《说文解字》的解释，"雩"的意思是"夏祭乐于赤帝，以祈甘雨也"，也就是求雨的意思。

据《史记》《汉书》记载，董仲舒曾在扬州主持求雨止雨的祭祀仪式。他从未失手，每次都能获得成功——人们期盼的甘霖，总是在他举行祭祀仪式之后降临。董仲舒到江都国任国相那一年，正赶上江都国一带出现了百年不遇的大旱。于是他对刘非说，这次久旱不雨，是上天的惩戒，必须举行祈天求雨的仪式，以求五谷丰登。第二天，董仲舒令人关上江都国内所有的南门，不准用火——这便是"闭诸阳"，并且要求打开所有的北门——这便是"纵诸阴"。按照云从龙、云多则雨至的原理，董仲舒不仅要求人们在祭坛前摆放清酒、猪肉、公鸡、盐等供品，还要求人们用干净的泥土在祭坛前的中央空旷地带堆成一条长八丈的大苍龙、七条长四丈的小土龙。另外，他还要求人们在祭坛前挖八尺见方、一尺深的水池，并在里面放上五只活蹦乱跳的蛤蟆。在祭坛前随乐起舞的八个身穿青衣的男女儿童、口中念念有词不停祈祷的巫祝卜师，他们的神情都极为专注，现场的气氛极为严肃，祭祀的场面极为壮观，刘非、董仲舒等大小官员都长跪在设好的祭天坛下，求老天爷快快下雨。② 如董仲舒预计的那样，在他设坛求雨不久，果真下起了瓢泼大雨，江都国的旱情得到了彻底的解除。

在董仲舒的《春秋繁露》中，除在《精华》中有"大旱雩祭而请雨，大水鸣鼓而攻社"的概述，还有《求雨》《止雨》的专门章节详细叙述其仪式的过程。"大雩者何？旱祭也。难者曰：大旱雩祭而请雨，大水鸣鼓而攻社，天地之所为，阴阳之所起也，或请焉或怒焉者何？曰：大旱者，阳灭阴也。阳灭阴者，尊厌卑也，固其义也，虽大甚，拜请

---

① 董仲舒.春秋繁露·止雨[M]//四川大学古籍整理研究所，中华诸子宝藏编纂委员会.诸子集成补编：第1册.成都：四川人民出版社，1997：729.
② 董仲舒.春秋繁露·求雨[M]//四川大学古籍整理研究所，中华诸子宝藏编纂委员会.诸子集成补编：第1册.成都：四川人民出版社，1997：729.

之而已，敢有加也。大水者，阴灭阳也。阴灭阳者，卑胜尊也，日食亦然，皆下犯上，以贱伤贵者，逆节也，故鸣鼓而攻之，朱丝而胁之，为其不义也，此亦《春秋》之不畏强御也。故变天地之位，正阴阳之序，直行其道而不忘其难，义之至也。是故胁严社而不为不敬灵，出天王而不为不尊上，辞父之命而不为不承亲，绝母之属而不为不孝慈，义矣夫！"①《求雨》一章指出，求雨的仪式随着季节的变化而变化，介绍可谓具体、详尽。后来，这几乎成为历代官府求雨的规范格式，从皇帝到知县，每遇天旱设坛祭祀时，都要参考董仲舒的《春秋繁露》。

后来，东汉思想家王充对董仲舒的"天人感应说"与"神学目的论"等都进行了批判，唯独对求雨的雩礼和土龙求雨赞不绝口。王充在《论衡·明雩》中阐明了自己对雩祭求雨仪式的观点。这篇文章前一部分驳斥天人感应论，后一部分说明人君举行雩祭是对人民的关怀。他说："雩，古而有之。故《礼》曰：雩祭，祭水旱也。故有雩礼，故孔子不讥，而仲舒申之。夫如是，雩祭，祀礼也。雩祭得礼，则大水，鼓，用牲于社，亦古礼也。得礼无非，当雩一也。礼祭也社，报生万物之功。土地广远，难得辨祭，故立社为位，主心事之。为水旱者，阴阳之气也，满六合，难得尽祀，故修坛设位，敬恭祈求，效事社之义，复灾变之道也。推生事死，推人事鬼，阴阳精气，倘如生人能饮食乎？故共馨香，奉进旨嘉，区区惓惓，冀见答享。推祭社言之，当雩二也。岁气调和，灾害不生，尚犹而雩。今有灵星，古昔之礼也。况岁气有变，水旱不时，人君之惧，必痛甚矣。虽有灵星之祀，犹复雩，恐前不备，彤绎之义也。冀复灾变之亏，获丰穰之报，三也。礼之心悃愊，乐之意欢忻。悃愊以玉帛效心，欢忻以钟鼓验意。雩祭请祈，人君精诚也。精诚在内，无以效外，故雩祀尽己惶惧，关纳精心于雩祀之前。玉帛钟鼓之义，四也。臣得罪于君，子获过于父，比自改更，且当谢罪。惶惧于旱，如政治所致，臣子得罪获过之类也。默改政治，潜易操行，不彰于外，天怒不释，故必雩祭。惶惧之义，五也。"不管灾害是如何发生的，如果久旱不雨，君主就必须举行雩祭，以表示"惠愍恻隐之恩""慰民之望"②。

三、昊天上帝与天神谱系

儒教有自己的神圣谱系，有完备的祭祀仪式以及庞大的神学体系。儒教中的神圣可以分为三类。第一，天神。以昊天上帝为主，日月星辰诸神为辅。第二，地祇神。以地祇为

---

① 董仲舒.春秋繁露·精华[M]//四川大学古籍整理研究所，中华诸子宝藏编纂委员会.诸子集成补编：第1册.成都：四川人民出版社，1997：650-651.
② 王充.论衡·明雩[M]//诸子集成：第9册.长沙：岳麓书社，1996：136.

第八章｜先秦儒教的鬼神谱系　**687**

代表的百物之神。第三，祖先神。以三皇五帝为代表的民族先王祖灵，家族祖先神灵，历史上有功德于民者，以孔子为代表的圣贤神。

昊天上帝是儒教的至上神。他创始万物，主宰宇宙，有某种人格神特征，如创造、主宰、意志、性情、愿望、知善恶，并下祥瑞赏善，降灾异罚恶，以及倾听祷告、接受飨祭等。但并不排斥其他各种神灵，而是同其他各种神灵和谐共存于一个统一的祭祀系统中。比如，在郊祀昊天上帝时，或以祖宗神配祀，或以五方帝配祀，或以日月星辰山川风雨之神配祀从祀。《后汉书·祭祀志》记载，建武元年，光武在洛阳郊祭昊天上帝时，主祀从祀之各种神灵就有1514种。主要的神灵有皇天上帝，后土神祇，青帝，赤帝，黄帝，白帝，黑帝，五官神及五岳之属，日、月、北斗、二十八宿、五星、雷公、先农、风伯、雨师，四海、四渎、名山、大川之属。"其外为遗，重营皆紫，以像紫宫，有四通道以为门。日月在中营内南道，日在东，月在西，北斗在北道之西，皆别位，不在群神列中。八陛，陛五十八醊，合四百六十四醊。五帝陛郭，帝七十二醊，合三百六十醊。中营四门，门五十四神，合二百一十六神。外营四门，门百八神，合四百三十二神。皆背营内乡。中营四门，门封神四，外营四门，门封神四，合三十二神。凡千五百一十四神。"[1] 在儒教的信仰体系中，一神信仰与多神信仰以及万物有灵信仰是和谐而不冲突的，是有秩地存在于一个统一的信仰系统中。以昊天上帝、祖宗神灵和孔子、孟子为首的先贤先儒，就是儒教的神灵世界。儒教的神灵谱系是在古代宗教的基础上，接纳了天神、地祇、人鬼的三阶品级，而集中于敬天法祖的核心信仰。

昊天上帝是宇宙世界的创造者和万物的最高主宰。早在《尚书·舜典》中就有了关于上帝的记载："肆类于上帝，禋于六宗，望于山川，遍于群神。"郑玄云："昊天上帝，又名太一常居，以其尊大，故有数名也。"其紫微宫中皇天上帝，亦名昊天上帝，得连上帝而言。至于单名皇天、单名上帝，亦得。……上帝得单称，与五帝同；五帝不得兼称皇天、昊天也。……《尚书》欧阳说曰："钦若昊天，夏曰苍天，秋曰旻天，冬曰上天，总为皇天。"[2] 明朝末年，意大利传教士利玛窦来华传教，为了尊重中国人的传统信仰，把基督教的神译为中国儒教的至上神"上帝"。其实，数千年来，"上帝"始终是中国人信仰的至上神，而不是基督教的神灵。

儒教的至上神历来有不同的称谓。以"天"称之，则称上天、苍天、昊天；以"帝"称之，则称上帝、天帝；以"神"称之，则称天神、太一神。隋代依《周礼》称"昊天上帝"，沿用至今。在儒教历史上，对于至上神的称谓虽然不一，但其内涵却是一致的。以形体言之谓之天，以主宰言之谓之帝，以妙用言之谓之鬼神。昊天上帝苍然广大，无所不包，无所不在，故称之为"天"。昊天上帝为万物的化生之源和最高主宰，至尊至

---

① 二十五史：第1册[M].杭州：浙江古籍出版社，1998：972.

② 阮元.十三经注疏：上册[M].北京：中华书局，1979：757.

688

上，故称之为"帝"。"帝"字在甲骨文中形似花蒂，有花落生果之意。"帝"为万物化生之源，有生物之德。昊天上帝高高在上，君临下界，无所不知，无所不能，故称之为"神"。

昊天上帝集天、帝、神为一体，亦天亦帝亦神。"天"以言其广大，无所不包，无所不在；"帝"以言其创造世界，化生万物，全善全德，为宇宙万物的最高主宰；"神"以言其高妙，无所不知，无所不能。"天"为体称，"帝"为德称，"神"为功能妙用之称。

依儒教教义，天，有"义理之天"与"人格之天"两种意指。义理之天是内在于生命的心性之天，即所谓性与天道。人格之天是外在的主宰之天，即所谓人格神。宋明理学讲天道性理、尽性知天、天人合一、天即是理，这里的"天"就是义理之天。《诗经》《尚书》《春秋》及儒教经学所讲的天主要是人格之天、意志之天和主宰之天。这个天是外在而超越的人格神，即昊天上帝。《诗》云："文王在上，于昭于天。"[①] "明明上天，照临下土。"[②] "宜民宜人，受禄于天。"[③]《尚书》云："上天孚佑下民。"[④] "先王有服，恪谨天命。"[⑤]《论语·八佾》曰："获罪于天，无所祷也。"[⑥] 这里的"天"都是指意志之天，主宰之天，是外在而超越的人格神，即昊天上帝。义理之天与人格之天，内在之天与外在之天并不冲突、矛盾，恰恰相反，天的这种双重意旨铸就了儒教人神一体，内外相通，一以贯之的特殊品格。[⑦]

昊天上帝是儒教的至上神，至尊至大，至神至明，君临下界，主宰万物。千百年来，儒教从教主到普通圣徒都始终保持着对昊天上帝的敬畏。敬天畏天，遵从天命，顺乎天意，循天道，存天理，这是儒教的基本教义。孔子曰："君子有三畏，畏天命，畏大人，畏圣人之言。"[⑧]《诗》曰："我其夙夜，畏天之威。"[⑨]《书》曰："予畏上帝，不敢不正。"[⑩] "钦崇天道，永保天命。"[⑪] 在儒教经典之中，敬畏上帝之言，敬畏天命之言，俯拾即是。由此可见儒教对于上帝及天命信仰的虔诚。

郭沫若指出，周人维新的上帝神，曰天，曰皇天，曰皇天王；亦曰帝，曰上帝，曰皇

① 阮元.十三经注疏：上册[M].北京：中华书局，1979：503.
② 阮元.十三经注疏：上册[M].北京：中华书局，1979：464.
③ 阮元.十三经注疏：上册[M].北京：中华书局，1979：540.
④ 阮元.十三经注疏：上册[M].北京：中华书局，1979：162.
⑤ 阮元.十三经注疏：上册[M].北京：中华书局，1979：168.
⑥ 诸子集成：第1册[M].长沙：岳麓书社，1996：65.
⑦ 蒋庆.生命信仰与王道政治——儒家文化的现代价值[M].台北：养正堂文化事业股份有限公司，2004：222-226.
⑧ 论语·季氏[M]//诸子集成：第1册.长沙：岳麓书社，1996：432.
⑨ 阮元.十三经注疏：上册[M].北京：中华书局，1979：583.
⑩ 阮元.十三经注疏：上册[M].北京：中华书局，1979：160.
⑪ 阮元.十三经注疏：上册[M].北京：中华书局，1979：161.

帝，曰皇上帝。上帝能命先王，能赐人以福佑；有威可畏，祸乱自天而降。帝之所在曰帝所，亦曰上，亦曰天。周人继承殷人的祖先神，人受生于天曰命。死后其灵不灭曰严，亦谓之鬼，能降子孙以福佑。①天子与天为配。天子对上帝而言亦谓之下帝。上帝对天子而言亦谓之上天子。人民疆土乃天子之所有，受自天，亦受自先王。敬严天威，尊法先王。

周人小心翼翼地敬奉上帝，对上帝唯命是听。周穆王告诫臣下说，远古蚩尤之时，无道乱政，生灵涂炭。"上帝监民"，惩罚了蚩尤，恢复了人间秩序。到周宣王的时候，周人一直行"籍田"之制，籍田的意义之一是"上帝之粢盛于是乎出"。籍田制度是周人敬奉上帝的体现。

上帝是理想世界的最高主宰，周人对上帝怀有深深的敬畏之情，诚惶诚恐："皇矣上帝，临下有赫。"②"荡荡上帝，下民之辟；疾威上帝，其命多辟。"③周人惧怕上帝，是因为上帝代表着正义和道德，代表着王国的秩序。他惩罚邪恶的部族，不给任何人留情面。上帝与祖先神不同，他不干预每一个部族内部的事情，只处理部族间的关系，而且与每一个部族的心理距离都是相等的，绝无偏祖。因而，同祖先神相比，上帝显得铁面无情。在整个西周时期，天命观念、上帝信仰和祖先信仰始终是政治思想的主流。

早期人类认识自然、改造自然的能力低下，生产生活的诸多方面不是来自自身的创造，而是来自自然的恩赐。早期人类的生存发展是与自然条件密不可分的。长此以往，大自然在人们的心目中逐渐被人格化、神化，成为一个有思维、有情感的客观存在，是为昊天上帝。

昊天上帝是儒教的至尊神。在商朝的甲骨卜辞中就已经有了"帝"这个字，商民族用这个字来尊称他们的始祖神。而在神人合一的时代，始祖神也就是至尊神，既是民族之始祖，又是众神之主，所以又被称为"上帝"。当周民族战胜商民族后，便对这一观念进行了改造，将始祖神和至尊神一分为二，把"上帝"的姓氏色彩抹去，使其高高在上，与"天"的观念联系在一起，成为周王朝治下的各民族各氏族都必须尊奉的大神，于是"上帝"也就更多地被称为"昊天上帝"或"皇天上帝"。"上帝"既然并非一族一姓的始祖或列祖列宗，那么他当然就不会对某一姓或某一族特别地恩宠，而是公平无私地俯视人间，谁有"王天下"之德，就让谁做天下之王。

《礼记·曲礼下》曰："天子祭天地，祭四方，祭山川，祭五祀，岁遍。诸侯方祀，祭山川，祭五祀，岁遍。大夫祭五祀，岁遍。士祭其先。"④所谓"天子祭天地"者，谓四时迎气，祭五天帝于四郊，各以当方人帝配之。可见其时除上帝之外，亦有五天帝、五人帝配之。五天帝是苍帝灵威仰、赤帝赤熛怒、黄帝含枢纽、白帝白招拒、黑帝汁光纪，

---

① 郭沫若.金文丛考[M].北京：人民出版社，1954.
② 阮元.十三经注疏：上册[M].北京：中华书局，1979：519.
③ 阮元.十三经注疏：上册[M].北京：中华书局，1979：552.
④ 阮元.十三经注疏：上册[M].北京：中华书局，1979：1268.

加上昊天上帝，共有六位天帝。五人帝则是太皞、炎帝、黄帝、少皞、颛顼，为配天而祭祀。

上帝为百神之主，其下有众多的天神，并形成了相当完整的礼祭制度。以天神谱系而言，有上帝、日神、月神、五帝、司中、司命、三台、二十八星宿、风师、雨师、气象神等。《周礼·大宗伯》云："以禋祀祀昊天上帝，以实柴祀日、月、星、辰，以槱燎祀司中、司命、风师、雨师。"郑玄云："昊天，天也。上帝，玄天也。昊天上帝，乐以《云门》。实柴，实牛柴上也。故书'实柴'，或为'宾柴'。司中，三能三阶也。司命，文昌宫星。风师，箕也。雨师，毕也。"①《周礼·大宗伯》云："凡此所祭，皆天神也。"②

雷公，又称雷神或雷师。古代神话传说中的司雷之神，能辨人间善恶，代天执法，击杀有罪之人，主持正义。雷公名始见《楚辞》，因雷为天庭阳气，故称"公"。所传始为兽型，或似鬼，或似猪，而以猴形居多；后状若力士，袒胸露腹，背插双翅，额生三目，脸赤色猴状，足如鹰鹯，左手执楔，右手持锥，呈欲击状，神旁悬挂数鼓，足下亦盘踏有鼓。击鼓即为轰雷。王充《论衡·雷虚》曰："图画之工，图雷之状，累累如连鼓之形。又图一人，若力士之容，谓之雷公。使之左手引连鼓，右手推椎，若击之状。"③基本上已是拟人化的了。

风伯，指风神，也称作风师、飞廉、箕伯等，掌八风消息，通五运之气候。东汉蔡邕《独断》称："风伯神，箕星也。其象在天，能兴风。"④箕星是二十八宿中东方七宿之一，此当以星宿为风神。楚地亦有称风伯为飞廉的。应劭《风俗通义》曰："《楚辞》说：'后飞廉使奔属。'飞廉，风伯也。谨按：《周礼》：'以槱燎祀风师。'风师者，箕星也，箕主簸扬，能致风气。《易》：'巽为长女也。'长者伯，故曰风伯。鼓之以雷霆，润之以风雨，养成万物，有功于人，王者祀以报功也。戌之神为风伯，故以丙戌日祀于西北，火胜金为木相也。"⑤王充《论衡·祀义》曰："风伯、雨师、雷公，是群神也。"⑥

雨师，又称萍翳、玄冥等，在中国古代神话传说中是掌管雨的神，是西方白虎七宿的第五宿毕星。《孔子家语·辩证》曰："齐有一足之鸟，飞集于宫朝下，止于殿前，舒翅而跳。齐侯大怪之，使使聘鲁问孔子。孔子曰：此鸟名曰商羊，水祥也。昔童儿有屈其一足，振讯两眉而跳，且谣曰：天将大雨，商羊鼓舞。今齐有之，其应至矣。急告民趋治沟

---

① 阮元. 十三经注疏：上册[M]. 北京：中华书局，1979：757.
② 阮元. 十三经注疏：上册[M]. 北京：中华书局，1979：757.
③ 诸子集成：第9册[M]. 长沙：岳麓书社，1996：59.
④ 王云五. 丛书集成初编：第0811册[M]. 北京：中华书局，1983：10.
⑤ 应劭. 风俗通义校释[M]. 吴树平，校释. 天津：天津人民出版社，1980：303-304.
⑥ 诸子集成：第9册[M]. 长沙：岳麓书社，1996：222.

第八章｜先秦儒教的鬼神谱系　　691

渠，修堤防，将有大水为灾。"①东汉蔡邕《独断》称："雨师神，毕星也，其象在天，能兴雨。"②《三教源流搜神大全》云："雨师神，商羊是也。商羊神鸟，一足，能大能小，吸则溟渤可枯，雨师之神也。"③亦有以人物为雨神者。屈原《天问》云："萍号起雨。"汉代王逸注："萍，萍翳，雨师名也。"应劭《风俗通义》曰："《春秋左氏传》说：'共工之子，为玄冥师。''郑大夫子产禳于玄冥。'玄冥，雨师也。"④王充《论衡·祀义》注："《搜神记》四：'雨师，一曰屏翳，一曰（号屏）[屏号]，一曰玄冥。'《山海经》：'屏翳在海东，时人谓之雨师。'《天象赋》云：'太白降神于屏翳。'注：'其精降为雨师之神。'《周礼·春官·大宗伯职》先郑注：'风师，箕也。雨师，毕也。'"⑤雨师的奉祀，秦汉时已列入国家祀典。《唐会要》称，奉祀雨师，升入中祀，并且要"诸郡各置一坛"，与王同祀。

云师，或称为丰隆、屏翳，管理天庭云雾的神灵。王充《论衡·祀义》注："《离骚》王注：丰隆，云师，一曰雷师。"⑥曹植《洛神赋》；"屏翳收风，川后静波。冯夷鸣鼓，女娲清歌。腾文鱼以警乘，鸣玉鸾以偕逝。六龙俨其齐首，载云车之容裔，鲸鲵踊而夹毂，水禽翔而为卫。"注："屏翳，风师也。"⑦

地祇百神亦是儒教神灵谱系的重要组成部分。地祇，就是属于地面所有自然物的神化者，包含土地神、社稷神、山岳、河海、五祀神，以及百物之神。《尸子》："天神曰灵，地神曰祇，人神曰鬼。鬼者，归也，故古者谓死人为归人。"⑧《论语·述而》："祷尔于上下神祇。"⑨《史记·司马相如列传》："修礼地祇，谒款天神。"⑩

社稷，土神和谷神的总称，亦属于地祇谱系。分言之，社为土神，稷为谷神。土地神和谷神是以农为本的中华民族最重要的原始崇拜物。相传发明社的是共工的儿子勾龙，共工氏族是世代的水正，发洪水的时候，勾龙就让人们到高地土丘上去住，没有高地就挖土堆丘，土丘的规模是每丘住25户，称为"社"，勾龙死后，被奉为土神，也叫社神，为了纪念他就专门建造了房屋祭祀，称为"后土"。烈山氏的儿子柱做夏的稷正，就是主管农业的官职，其死后被奉为农神，也叫五谷神。

"社稷"从字面来看是说土谷之神。由于古时的君主为了祈求国事太平，五谷丰登，

---

① 《线装经典》编委会. 论语[M]. 昆明：云南教育出版社，2010：330.
② 王云五. 丛书集成初编：第0811册[M]. 北京：中华书局，1983：10.
③ 藏外道书：第31册[M]. 成都：巴蜀书社，1994：820.
④ 应劭. 风俗通义校释[M]. 吴树平，校释. 天津：天津人民出版社，1980：304-305.
⑤ 诸子集成：第9册[M]. 长沙：岳麓书社，1996：222.
⑥ 诸子集成：第9册[M]. 长沙：岳麓书社，1996：222.
⑦ 严可均. 全上古三代秦汉三国六朝文：第3册[M]. 北京：中华书局，1858：138.
⑧ 四川大学古籍整理研究所，中华诸子宝藏编纂委员会. 诸子集成补编：第9册[M]. 成都：四川人民出版社，1997：712.
⑨ 诸子集成：第1册[M]. 长沙：岳麓书社，1996：183.
⑩ 二十五史：第1册[M]. 杭州：浙江古籍出版社，1998：268.

每年都要到郊外祭祀土地和五谷神。社稷也就成了国家的象征，后来人们就用"社稷"来代表国家。《左传·僖公四年》："君惠徼福于敝邑之社稷，辱收寡君，寡君之愿也。"[①]《汉书·高帝纪下》："又加惠于诸王有功者，使得立社稷。"[②]

在周代，掌理土地之社神，依其职司大小之分，有大社、王社、国社、侯社、州社、郡社、里社及中溜，但皆为土地之神。孔颖述疏："'取财于地'者，地须产财，并在地出，为人所取也。'取法于天'者，人知四时早晚，皆放日月星辰，以为耕作之候，是'取法于天'。'是以尊天而亲地也'者，所取法者，故尊而祭之，天子祭天是也；所取财者，故亲而祭之。一切亲地，而共祭社是也。'故教民美报焉'者，此结祀社也。地既为民所亲，故与庶民祭之，以教民美报故也。'家主中溜者'，中溜，谓土神。卿大夫之家，主祭土神在于中溜，'而国主社'者，谓天子诸侯之国主祭土神于社。'示本也'者，以土神生财，以养官之与民，故皆主祭土神，示其生养之本也。"[③]贾公彦曰："且社稷亦土神，故举社以表地示。《鼓人职》亦云'灵鼓鼓社祭'。亦举社以表地，此其类也。"[④]

据孔颖达所言，周时是百家以上立社，秦汉以后则是二十五家即可立社。其中的"里社"，是"社"的所在处，除都城内以外，田中也是立社处。正如顾颉刚先生所言："社是土地之神。从天子到庶民立有各等的社。但看春秋、战国间人的称述，社神的权力甚大；大水、大旱不用说，日食亦用牲于社，决狱和处罚亦在社，祈求年谷和年寿也都在社，军旅中又有军社，似乎社是宗庙以外的一个总庙。"[⑤]

东汉蔡邕《独断》称："明星神，一曰灵星，其象在天。旧说曰灵星，火星也，一曰龙星。火为天田，厉山氏之子柱及后稷，能殖百谷，以利天下，故祠此三神，以报其功也。《汉书》称高帝五年，初置灵官祠、后土祠，位在壬地。社神，盖共工氏之子勾龙也。能平水土，帝颛顼之世，举以为土正，天下赖其功，尧祠以为社。凡树社者，欲令万民加肃敬也。各以其野所宜之木，以名其社及其野，位在未地。稷神，盖厉山氏之子柱也。柱能殖百谷，帝颛顼之世，举以为田正，天下赖其功。周弃亦播殖百谷，以稷五谷之长也，因以稷名其神也。社稷二神功同，故同堂别坛，俱在未位。土地广博，不可遍覆，故封社稷，露之者必受霜露，以达天地之气。树之者尊而表之，使人望见，则加畏敬也。先农神，先农者盖神农之神。神农作耒耜，教民耕农，至少昊之世，置九农之官如左。"[⑥]

五谷，指中国人日常饮食中的五种谷物。古代有多种不同说法，最主要的有两种：一种指稻、黍、稷、麦、菽，另一种指麻、黍、稷、麦、菽。《周礼·天官·疾医》："以

---

① 阮元.十三经注疏：下册[M].北京：中华书局，1980：1793.
② 二十五史：第1册[M].杭州：浙江古籍出版社，1998：305.
③ 阮元.十三经注疏：下册[M].北京：中华书局，1980：1449.
④ 阮元.十三经注疏：上册[M].北京：中华书局，1979：758.
⑤ 顾颉刚.古史辩自序：上册[M].北京：商务印书馆，2017：85.
⑥ 王云五.丛书集成初编：第0811册[M].北京：中华书局，1983：10.

五味、五谷、五药养其病。"郑玄注："五谷，麻、黍、稷、麦、豆也。"①《孟子·滕文公上》："当尧之时，天下犹未平，洪水横流，泛滥于天下，草木畅茂，禽兽繁殖，五谷不登，禽兽逼人，兽蹄鸟迹之道，交于中国。尧独忧之，举舜而敷治焉。舜使益掌火，益烈山泽而焚之，禽兽逃匿。禹疏九河，瀹济、漯而注诸海，决汝、汉，排淮、泗而注之江，然后中国可得而食也。当是时也，禹八年于外，三过其门而不入，虽欲耕，得乎？后稷教民稼穑，树艺五谷。五谷熟而民人育。"赵岐注："五谷谓稻、黍、稷、麦、菽也。"②将野生杂草培育成五谷杂粮，这不能不说是人类史上的一个创举，五谷孕育了人类文明。

五谷神的祭祀，源于上古时期秋收时节的尝新祭祖活动。《礼记·月令》载："是月也，农乃登谷，天子尝新，先荐寝庙。"③南朝梁宗懔《荆楚岁时记》亦云："十月朔日……今北人此日设麻羹、豆饭，当为其始熟尝新耳。"后来，这种民俗沿袭下来，而且由于人们对自然的崇拜，便想象冥冥之中有一位能主宰五谷生长的女神，称之为"五谷母"，而且将五谷丰登时作为她的生日行祭祀之礼，答谢她的恩德。

广漠的大地上包括山川河流、城镇乡村、森林草木、植物动物，它们皆有主管主司的神灵，如五岳大帝、四渎河神等。众多神灵受到民众广泛的信仰，主祭的任务历史性地落在了儒生道士的肩上。历史上的儒教承担了祭祀天地鬼神的任务，主持盛大的仪式，封禅祭祀，叩拜天地名山大川鬼神。所谓"封禅"，封为"祭天"，禅为"祭地"，即古代帝王在太平盛世或天降祥瑞之时祭祀天地的大型典礼。封禅之事，最早出现于《管子·封禅》。桓公既霸，会诸侯于葵丘，而欲封禅。管仲曰："古者封泰山禅梁父者七十二家，而夷吾所记者十有二焉。昔无怀氏封泰山，禅云云；虙羲封泰山，禅云云；神农封泰山，禅云云；炎帝封泰山，禅云云；黄帝封泰山，禅亭亭；颛顼封泰山，禅云云；帝喾封泰山，禅云云；尧封泰山，禅云云；舜封泰山，禅云云；禹封泰山，禅会稽；汤封泰山，禅云云；周成王封泰山，禅社首。皆受命然后得封禅。"④后太史公在《史记·封禅书》中曾引用《管子·封禅》中的内容，并加以阐释。唐代张守节解释《史记》时曾对"封禅"进行了释义，并指出了封禅的目的，大意是说，在泰山顶上筑圆坛以报天之功，在泰山脚下的小丘之上筑方坛以报地之功。

战国时齐鲁儒士认为五岳中泰山为最高，帝王应到泰山祭祀。秦始皇统一中国之后，认为自己的统治得到上天的委命，第三年（前219）就带了齐、鲁的儒生博士70人到泰山举行封禅活动。准备行封禅之礼时，儒生博士议论纷纷，说古代天子封禅应坐用蒲裹车轮的蒲车，以免损伤山上的草木土石；要扫地而祭，铺上用菹秸做的席。所说互相乖异，难以

---

① 阮元. 十三经注疏：上册[M]. 北京：中华书局，1979：667.
② 诸子集成：第2册[M]. 长沙：岳麓书社，1996：243.
③ 阮元. 十三经注疏：上册[M]. 北京：中华书局，1979：1375.
④ 诸子集成：第6册[M]. 长沙：岳麓书社，1996：339.

做到，秦始皇一怒之下将他们全部斥退，自己乘车从山南登上泰山之顶去行封礼，并刻石歌功颂德，然后又从山北下来，到梁父山去行禅礼。他的礼节基本上是由战国时祭天帝所采用的一套仪式稍加改造而成的。

西汉中叶，随着汉王朝在政治、经济领域的封建中央集权日益加强，汉家至尊的天帝神确立了之后，汉武帝决定按古礼举行封禅。公元前110年，汉武帝先到梁父山行禅礼祭地，然后到泰山下东方设坛，举行一次封礼祭天。坛宽1丈2尺，高9尺，下埋玉牒书之后，汉武帝与少数大臣登上泰山之巅，举行了第二次封礼。武帝封禅，祭天采用祭太一神之礼，设坛三层，四周为青、赤、白、黑、黄五帝坛，杀白鹿、猪、白牦牛等作祭品，用江淮一带所产的一茅三脊草为神籍，以五色土益杂封，满山放置奇兽珍禽，以示祥瑞。汉武帝则身穿黄色衣服，在庄严的音乐声中跪拜行礼。为了纪念这次封禅典礼，武帝还特意改年号为元封。

在中国政治制度中，封禅可说是最盛大，但也是争议最多的一项典礼。民国初疑古派的史家认为，这纯粹是战国至秦汉间齐儒凭空杜撰，并为好大喜功的君主利用来巩固政权的活动。但从近年考古资料来看，其起源或可追溯到新石器时代先民筑坛祭祀的习俗，是非常悠远的。封禅的起源多与当时社会的生产力和人们对自然现象的认识有很大的联系，人们对自然界的各种现象不能准确地把握，因此产生原始崇拜，特别是在恐惧的状态下，对日月山川、风雨雷电更是敬畏有加，"祭天告地"也就应运而生，从最开始的郊野之祭，逐渐发展到对名山大川的祭祀，而对名山大川的祭祀则以"泰山封禅"最具代表性。

传说黄帝营建了明堂以祀上帝，开中国古代用建筑祭祀的先河。据陈奇猷《吕氏春秋通诠》载，明堂中方外圆，通达四出，各有左右房……左出谓之青阳，南出谓之明堂，西出谓之总章，北出谓之玄堂。以后，历代统治者几乎都建造了专用于祭祀皇天上帝的祭坛，周有明堂，秦有四畤，汉有甘泉宫，唐、宋皆建有圜丘，元世祖定都北京，于丽正门外筑坛祭天，元成宗时再于大都城东南建成郊坛，合祀天地。明成祖永乐十八年（1420），在北京南郊建天地坛，合祭天地。嘉靖年间，又将天地分祭，在北郊建方泽坛（即地坛）祭地，把南郊原建的圜丘改名为天坛，专门祭天。清朝时也在天坛祭天，地坛祭地。

天坛，在北京市南部，东城区永定门内大街东侧，占地约273万平方米。始建于明永乐十八年（1420），清乾隆、光绪时曾重修改建，为明、清两代帝王祭祀皇天、祈五谷丰登之场所。天坛是圜丘、祈谷两坛的总称，有坛墙两重，形成内外坛，坛墙南方北圆，象征天圆地方。主要建筑在内坛，圜丘坛在南、祈谷坛在北，二坛同在一条南北轴线上，中间有墙相隔。圜丘坛内主要建筑有圜丘坛、皇穹宇等，祈谷坛内主要建筑有祈年殿、皇乾殿、祈年门等。

封禅是一件非常隆重的国家大典，非儒生主持不可。儒生精通礼仪，是中国礼仪的制

第八章 | 先秦儒教的鬼神谱系　695

定者。在封禅过程中还要广泛祭祀各种神灵。据《史记·封禅书》记载：帝舜时"类祭于上帝，禋祭于六宗，望祭于山川，遍祭于群神"。舜巡察到达泰山，焚烧柴薪为燎火，按次第望祭诸山川。巡察到南岳衡山、西岳华山、北岳恒山、中岳嵩山，都与祭泰山的礼仪相同。《周官》说，天子祭祀天下的名山大川，视五岳如同对待三公礼，视四渎如同对诸侯礼，诸侯只祭境内的名山大川。四渎，就是指长江、黄河、淮水、济水。天子祭天的地方称为明堂、辟雍，诸侯祭祀的地方称为泮宫。之后周公定下制度：郊祀时以后稷配天，宗庙祭祀时在明堂中祭文王以配上帝。

秦始皇统一天下，即登泰山顶峰封禅，在梁父山禅祭地神。封禅既毕，秦始皇东行祭祀名山江河以及八神。所谓"八神"：一是天主，祀于天齐，在临淄城南郊的山脚下；二是地主，祀于泰山下的梁父山；三是兵主，祭蚩尤，蚩尤祠在东平的陆监乡，为齐国西境；四是阴主，祭于三山；五是阳主，祭于之罘山；六是月主，祭于莱山；七是日主，祀于成山；八是四时主，祀于琅玡山。祭祀八神都用牺牲一头，而巫祝的数目有多有少，珪币的名目、数目也各不相同。

自五帝到秦朝一代代的迭兴迭衰，名山大川或在诸侯境内，或在天子国中，祭祀的礼仪有损有益，随世而异，不可胜计。及秦朝统一天下后，命令祠官经常供奉的天地名山大川诸鬼神，便能按次序记述下来。自崤山以东，有嵩山、恒山、泰山、会稽山、湘山、济水、淮水，随时祈祷祭祀。自华县以西，有华山、薄山、岳山、岐山、吴岳、鸿冢、渎山、河水、沔水、湫渊、江水，途时祷祭。此外四大冢，鸿冢、岐冢、吴冢、岳冢，都有尝禾的祭祀。霸水、产水、长水、沣水、涝水、泾水、渭水，虽不是大川，由于邻近咸阳，都得到与名山大川相同的祭祀。汧水、洛水二渊，鸣泽、蒲山、岳𪭯山之类，是小山川，也都有每年的祷祭。而雍州有日、月、参、辰、南北斗、荧惑星、太白星、岁星、填星、辰星、二十八宿、风伯、雨师、四海、九臣、十四臣、诸布、诸严、诸逑之类，凡一百多个祠庙。西县也有数十座祠庙。在湖县有周天子祠，下邽有天神祠，沣县、滈县有昭明庙，天子辟池庙，在杜、亳二县有三杜主的祠庙、寿星庙，雍城的菅庙中也有杜主庙。杜主原是周朝的右将军，杜主庙在秦中地区是最灵验的庙宇。此类祠庙都由太祝主持常务，按年岁季节加以祭祀。

儒教神灵谱系中的第三大类就是以黄帝为代表的民族家族先王祖灵，包括伏羲、神农、黄帝、尧、舜、禹、汤、文、武、周公等；历史上有功德于民者，如殉国殉道的忠烈之士、节义之士，各行各业有创业垂统之大功者；儒家的创始人、重要儒生及历代圣贤，均列为祀典，成为儒教神灵。

从西周开始，周人即认为在神灵世界中，唯有祖先神可以信赖，上天是靠不住的。因此对祖先的祭祀，其频率、热情、虔诚远在对天神地祇的祭祀之上。人们信赖祖先，是因为祖先为自己的部族建立了丰功伟业，使周族处于王国的中心位置：天休于宁王，兴我小

696

邦周。① 乃穆考文王，肇国在西土。② 为了维护部族的利益，先王不厌其烦地教诲后人应该如何做，并为后人树立了楷模。诚然，祖先神也惩罚自己的后人，但其动机是维护部族利益，并不因此而改变祖先神作为部族保护神的性质。所以，部族内的人们才虔诚而热烈地讴歌先公，祭祀先王，举办各种各样的祭神活动。

周代确定了严格的宗法制度，国王自称天子，王位由嫡长子继承，世代保持大宗的地位。《礼记·祭法》曰："天下有王，分地建国，置都立邑，设庙祧坛墠而祭之，乃为亲疏多少之数。是故王立七庙一坛一墠，曰考庙，曰王考庙，曰皇考庙，曰显考庙，曰祖考庙，皆月祭之；远庙为祧，有二祧，享尝乃止，去祧为坛，去坛为墠，坛墠有祷焉祭之，无祷乃止，去墠曰鬼。诸侯立五庙一坛一墠，曰考庙，曰王考庙，曰皇考庙，皆月祭之；显考庙，祖考庙，享尝乃止，去祖为坛，去坛为墠，坛墠有祷焉祭之，无祷乃止，去墠为鬼。大夫立三庙二坛，曰考庙，曰王考庙，曰皇考庙，享尝乃止，显考祖考，无庙有祷焉，为坛祭之，去坛为鬼。适士二庙一坛，曰考庙，曰王考庙，享尝乃止，显考无庙有祷焉，为坛祭之，去坛为鬼。官师一庙，曰考庙，王考无庙而祭之，去王考为鬼。庶士庶人无庙，死曰鬼。"③ 这段文字说的就是西周祭祀祖先的宗庙制度。周代的庙制规定：天子七庙，三昭三穆，合太祖之庙为七；诸侯五庙，二昭二穆，合太祖之庙为五；大夫三庙，一昭一穆，合太祖之庙为三；士一庙；庶人祭于家中，不得立祖庙。庙制的等级与各人的政治地位一致，这种制度的基本原则一直沿用到封建社会解体。

庙，原指祭祀祖先之处，即所谓宗庙。那时对庙的规模有严格的等级限制。奉祝皇族祖先灵位者称为太庙，世家奉祝祖先处称为家庙。唐杜佑《通典》卷四七曰："昔者先王感时代谢，思亲立庙，曰宗庙。因新物而荐享，以申孝敬。远祖非一，不可遍追，故亲尽而止。"汉代以后，庙逐渐与原始的神社混在一起，蜕变为江山河渎、地望城池之神社。

"人死曰鬼"，庙作为祭鬼神的场所，还常用来敕封、追谥文人武士，如祭祀孔子者称文庙或先师庙，祭祀武人者称为武庙，如山东曲阜文庙、山西运城关帝庙，四川梓潼文昌庙等，香火鼎盛，皆颇著名。另有基于民间信仰而祭祀神灵的庙，如称镇守神祠为城隍庙、富贵神祠为财神庙，天妃庙、娘娘庙等亦属之。

西周时期重视对天地、山川和社稷的祭祀。人们认为自然界中存在众多的神灵，但概括起来不外乎天神、地祇和人鬼三种。周人的祭祀比殷人更加复杂、系统化，而且设有专职应付庞杂的祀典。《周礼·春官·大宗伯》记载："大宗伯之职，掌建邦之天神、人鬼、地示之礼，以佐王建保邦国。以吉礼事邦国之鬼神示，以禋祀祀昊天上帝，以实柴祀日、月、星、辰，以槱燎祀司中、司命、风师、雨师，以血祭祭社稷、五祀、五岳，以貍沉祭山林川泽，以疈辜祭四方百物，以肆献祼享先王，以馈食享先王，以祠春享先王，以

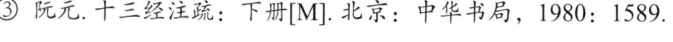

① 阮元.十三经注疏：上册[M]. 北京：中华书局，1979：198.
② 阮元.十三经注疏：上册[M]. 北京：中华书局，1979：205.
③ 阮元.十三经注疏：下册[M]. 北京：中华书局，1980：1589.

第八章｜先秦儒教的鬼神谱系　697

禴夏享先王，以尝秋享先王，以烝冬享先王。"①

据詹鄞鑫先生研究，在古代通神和迎神通常有以下几种主要方式：偶像：是用陶、木等材料塑造神灵形象，用以代替神灵。立尸：宗庙祭祀中用于代替祖先神灵的活人。祝祷与号呼：使用恶毒的诅咒来驱鬼、驱邪、祓除不祥。索神：古人以为神灵飘忽无踪，所以又有索神之礼。以茅招神：《周礼·男巫》曰"掌望祀、望衍授号，旁招以茅"。烟燎：祭天神的降神法主要是燔柴升烟。灌鬯：灌鬯于地是为了招致黄泉的祖先神，所以灌祭盛行宗庙降神礼中。焚香：与灌鬯相反，焚香则是为了让香气达于空中。荐血腥：血和生肉都有一股腥味，这种腥味成为招神手段。乐舞降神：《礼记·郊特牲》曰"声音之号，所以昭告于天地之间也"。②

从对祖先的崇拜，发展到对人鬼的信仰，这两种崇拜形式均是以血缘关系为纽带、受地缘关系制约而形成的社会现象。祖先崇拜是对氏族血缘关系的崇拜，人鬼信仰是灵魂崇拜的演变，在古代社会发展到更高程度时广泛流行的天神、地祇崇拜，则是祖先崇拜和自然崇拜进一步升华并结合的一种崇拜形式。祖先崇拜的特点，首先是将本族的祖先神化并对之祭拜，具有本族认同性和异族排斥性；其次是相信其祖先神灵具有神奇超凡的威力，会庇佑后代族人并与之沟通互感；最后是超越了原始图腾崇拜和生殖崇拜的认识局限，不再用动植物等图腾象征或生殖象征来作为其氏族部落的标志，而以其氏族祖先的名字取代，由此使原始宗教从自然崇拜上升为人文崇拜。十分明显，在人与人之间的各种关系中，最早为人所重视和理解的一种关系恰恰就是人与祖先的关系。尽管这种认识以宗教的形式即人与神的关系形式出现，但在人类认识发展史上仍然具有重要意义。于是对氏族神的信仰和崇拜便成为普遍的宗教现象。

祖先神灵成为儒教之神，位格仅次于昊天上帝，与社稷和圣王同格，是昊天上帝的配享神灵。《礼记》曰：人本乎祖，此所以配上帝也。由此可见儒教对于祖先神灵的重视。依儒教教义，祖先，包含民族祖先与家族祖先。民族祖先是指华夏民族的开族先王，即以黄帝为代表，包括伏羲、神农及尧、舜、禹、汤、文、武、周公在内的民族始祖及民族先王。家族祖先则是百家姓氏的列祖列宗。荀子曰："先祖者，类之本也……无先祖，恶出？"③祖先与我们有血缘关系，有生身之恩，有身体发肤的创造之恩。没有祖先，就没有我们的生命，没有我们的一切。生身之恩是大恩，生身之德为大德。正因为人本乎祖，所以依儒教教义，人人都应该尊祖、敬祖、崇祖。

祖灵可以通过告拜、祈祷、献祭等儒教礼仪与之感应和交通。只要我们能尊祖敬宗，虔诚地信仰神灵，做到"事死如事生"，按照儒教的礼仪事神祭神，列祖列宗的在天之灵就会与我们同在，就能以他们超自然的力量保佑我们平安幸福，得遂所愿。《中庸》曰：

---

① 阮元.十三经注疏：上册[M].北京：中华书局，1979：757-758.
② 詹鄞鑫.神灵与祭祀——中国传统宗教综论[M].南京：江苏古籍出版社，1992：293.
③ 荀子·礼论[M]//诸子集成：第3册.长沙：岳麓书社，1996：255.

"鬼神之为德，其盛矣乎！视之而弗见，听之而弗闻，体物而不可遗。使天下之人齐明盛服，以承祭祀。洋洋乎！如在其上，如在其左右。"[①] 儒教自孔子以至普通圣徒都虔诚地信仰祖先神灵。祖先崇拜是儒教的重要内容，也是儒教的本质特征。

祖先神是人格化的神秘灵体，具有超自然的巨大力量和盛德，祖先在中国人的心中永远是神圣的。数千年来，从先圣先贤到普通圣徒，从帝王将相到士农工商，无不尊祖敬祖，拜祖祭祖。帝王有宗庙明堂，百姓有宗族祠堂，家庭有祖先牌位。祖先崇拜自上而下，化民成俗，构成了儒教文明独有的特质和魅力。即便是近代以来儒教式微、儒门淡泊的境况下，祖先崇拜仍然是中国民间的普遍信仰。传统中国，宗族祠堂遍布天下，家家立牌位，户户承祭祀，人人拜祖先。依儒教看来，立身成名，光宗耀祖，乃行孝之本；富贵发达，事业有成，是祖先保佑，祖德玉成。祖先神灵是所有中国人心中共有的神灵，祖先崇拜是中华民族共同的信仰。

---

① 阮元. 十三经注疏：下册[M]. 北京：中华书局，1980：1628.

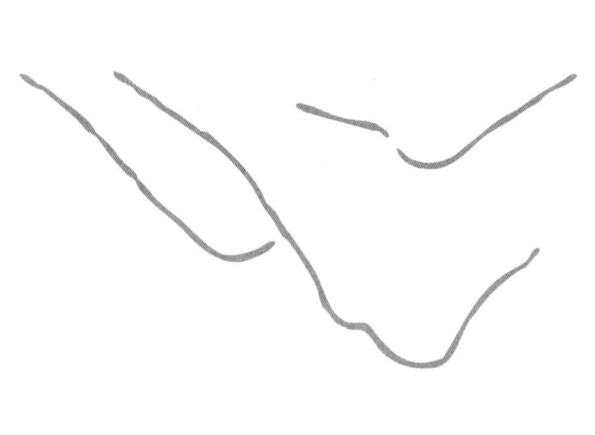

第九章

先秦墨家的鬼神谱系

墨家是春秋战国时期的哲学派别，诸子百家之一，与孔子所代表的儒家、老子所代表的道家共同构成了中国古代三大哲学体系。法家代表韩非子称其和儒家为"世之显学"，而儒家代表孟子也曾有"天下之言，不归杨则归墨"等语，证明了墨家思想曾经在中国的辉煌。墨家学派有前后期之分：前期思想主要涉及社会、政治、宗教及认识论问题，关注现世社会的战乱；后期在逻辑学方面有重要贡献，开始向科学研究领域靠拢。

第一节　先秦墨家的历史来源

墨家约产生于战国时期，创始人为墨翟（墨子）。墨家是一个纪律严密的学术团体，其首领称"巨子"，亦称"钜子"，其成员到各国为官必须推行墨家主张，所得俸禄亦须向团体奉献。墨家是"士"和"工匠"结合而成的学术团体。作为手工业者的代表，墨家不仅有一整套代表手工业者利益的思想学说，墨者身上更体现了手工业者的特点，他们为各国统治者提供的不仅有墨家的"勇士"精神，更有各国争霸中所急需的物质和技术力量，战国时期墨家学派壮大，后来墨家在秦国也受到尊敬。

墨家的主要思想主张是：主张人与人之间平等地相爱（兼爱），反对侵略战争（非攻），推崇节约、反对铺张浪费（节用），掌握自然规律（天志）等。因为墨家思想独有的政治属性，兼之西汉汉武帝"罢黜百家，独尊儒术"的官学政策，墨家不断遭到打压，并慢慢失去了存身的现实基础，墨家思想在中国逐渐式微。直到清末民初，学者才从故纸堆中重新挖出墨家，并发现其进步性。近年来经过很多新墨者的努力，墨家学说复苏，其中一些有益的观点开始进入人们的视野。

一、墨子的生平与事迹

墨子，名翟，为墨家学派创始人，著名的思想家、教育家、科学家、军事家。墨子为孤竹君之后，本墨台氏，后改为墨氏。宋国人，一说鲁阳人，一说滕国（今山东滕州）人。他的生卒年代难以确知（约公元前476或480—前390或420）。从墨翟的生平事迹推断，他年寿相当长，大约是春秋战国之际的人物。据司马迁《史记·孟子荀卿列传》载："盖墨翟，宋之大夫。善守御，为节用。或曰并孔子时，或曰在其后。"[1]《淮南子·要略训》曰："墨子学儒者之业，受孔子之术。以为其礼烦扰而不说，厚葬靡财而贫民，（久）服伤生而害事，故背周道而用夏政。禹之时，天下大水。禹身执耒垂[畚]，以为民先，剔河而道九岐，凿江而通九路，辟五湖而定东海。当此之时，烧不暇撌，濡不给扢，死陵者葬陵，死泽者葬泽，故节财薄葬，（闲）服生焉。"[2]可见墨子直接承袭了禹王之道。

墨子学儒者之业，承史角之传统。《吕氏春秋·当染》曰："孔子学于老聃、孟苏、夔靖叔。鲁惠公使宰让请郊庙之礼于天子，桓王使史角往，惠公止之。其后在于鲁，墨子学焉。"高诱注："其后，史角之后也。"[3]《汉书·艺文志》谓墨家以史佚二篇列首，是墨子之学出于史佚。史角疑即史佚之后。

史佚，原名尹佚，尹逸（下依文献，二名皆用），西周初年太史。《春秋左氏传·僖公十五年》杜预注："史佚，周武王时太史名。"他博学多闻，德高望重，深得周武王赏识，凡有大事多与之商磋。撰《史佚书》一卷，后遗佚。宋代文献学家王应麟说："《尹佚》二篇。《左传》称'史佚有言''史佚之志'。《晋语》，胥臣曰：'文王访于辛尹。注，辛甲、尹佚，皆周大史。'《洛诰》逸祝册。《正义》以为史佚。《淮南鸿烈》引成王问政于尹佚，保傅传丞立于后，是史佚也。《说苑》引成王问政于尹逸。尹佚，周史也，而为墨家之首。今书亡不可考。按《吕氏春秋》：鲁惠公使宰让请郊庙之礼于天子，天子使史角往，惠公止之。其后在于鲁，墨子学焉。意者史角之后，托于佚欤。"[4]

清代文献学大家马国翰说《史佚书》一卷。《书·洛诰》逸祝册、孔安国《蔡沈传》并云：逸，史佚也。其书隋、唐皆不著录，散亡已久。唯《左传》《国语》引其言；又《淮南子》引成王问政一节，《说苑》亦引之；又《逸周书》《史记》载佚策祝，皆其佚文，并据辑录。其辑《史佚书》曰："武王降自车，乃俾史佚繇书于天号。武王乃废于纣矢恶臣人，百人伐右厥甲子小鼎，大师伐厥四十夫家君鼎，师（帅）司徒、司马初厥于

---

① 二十五史：第1册[M].杭州：浙江古籍出版社，1998：202.
② 诸子集成：第8册[M].长沙：岳麓书社，1996：370.
③ 诸子集成：第8册[M].长沙：岳麓书社，1996：22.
④ 王应麟.汉艺文志考证：卷8[M]//二十五史补编：第2册.北京：中华书局，1986：1417.

郊号。武王乃夹于南门，用俘，皆施佩，衣衣，先或（馘）入。武王在祀，太师（负）商王纣悬首白旗，妻二首赤旗，乃以先馘入，燎于周庙。若翌日，辛亥，祀于位，用籥于天位。越五日，乙卯，武王乃以庶祀馘于国周庙，翼予冲子，断牛六，断羊二，庶国乃竟，告于周庙曰：'古朕闻文考，修商人典，以斩纣身。'告于天于稷，用小牲羊、犬、豕于百神水土于誓社。曰：'惟予冲子绥文考，至于冲子。'用牛于天、于稷五百有四，用小牲羊、豕于百神水土社二千七百有一。"[1]可见史佚精通宗教礼仪，祭祀供神相当规范。

《史记·周本纪》引史佚策祝，《逸周书·克殷解》引尹佚策曰：殷末孙受德，迷先成汤之明，侮神祇不祀，昏暴商邑百姓，其章显闻于昊天上帝。武王再拜稽首，乃出。所谓"策祝"，即巫咒，尹佚擅长其术，显然又是巫祝的角色。《淮南子·道应训》记载：成王问政于尹佚曰："吾何德之行，而民亲其上？"对曰："使之时而敬顺之。"王曰："其度安在？"曰："如临深渊，如履薄冰。"王曰："惧哉，王人乎！"尹佚曰："天地之间，四海之内，善之则吾畜也，不善则吾仇也。昔夏、商之臣反仇桀、纣，而臣汤、武，宿沙之民皆自攻其君，而归神农，此世之所明知也。如何其无惧也？"故老子："人之所畏，不可不畏也。"[2]说明尹佚亦习老子之学，故引证其论。

刘向《说苑·政理》载成王问政于尹逸曰："吾何德之行，而民亲其上？"对曰："使之以时，而敬顺之，忠而爱之，布令信而不食言。"王曰："其度安至？"对曰："如临深渊，如履薄冰。"王曰："惧哉！"对曰："天地之间，四海之内，善之则畜也，不善则仇也。昔夏、殷之臣，反仇桀、纣而臣汤、武；宿沙之民，皆自攻其君，而归神农氏。"[3]可证墨子之学出于史佚，且与道家思想有着密切的关系。

墨子被道教奉为神仙，始于葛洪。《神仙传》言墨子年八二，乃叹世事已可知，荣位非可长保，入周狄山，精思道法，存思神仙。"于是，夜常闻左右山间有诵书声者。墨子卧后，又有人来，以衣覆之，墨子乃伺之。忽有一人，乃起问之曰：君岂山岳之灵气乎，将度世之神仙乎，愿且少留，诲以道教。神人曰：子有至德好道，故来相候，子欲何求。墨子曰：'愿得长生，与天地同毕耳。于是，神人授以素书、朱英丸方、道灵教戒、五行变化，凡二十五篇。告墨子曰：子既有仙骨，缘又聪明，得此便成，不必须须师也。墨子拜受，合作，遂得其效，乃撰集其要，以为《五行记》，乃得地仙。隐居以避战国，至汉武帝时，遂遣使者杨辽，束帛加璧，以聘墨子，墨子不出。视其颜色，常如五六十岁人。周游五岳，不止一处也。"[4]西汉时鬼神之道盛行，武帝"尤敬鬼神之祀"，求长生不老之术。李少君"以祠灶谷道却老方见上，上尊之"。齐人少翁、栾大皆因能召请鬼神，而受武帝宠信。召鬼之术本师承墨家，因此道教追奉墨子为仙，广大其术，是有可能的。

---

① 马国翰.玉函山房辑佚书：第72册[M].长沙：娜嬛馆，1883：50-53.
② 诸子集成：第8册[M].长沙：岳麓书社，1996：200.
③ 刘向.说苑[M]//车吉心.中华野史：第1册.济南：泰山出版社，2000：60.
④ 张继禹.中华道藏：第45册[M].北京：华夏出版社，2014：30.

从魏晋到隋唐，墨子为仙之说更加风靡。陶弘景《真诰》卷一四曰："服金丹而告终者，臧延甫、张子房、墨狄子是也。"①陶弘景《洞玄灵宝真灵位业图》列墨子为玉清三元宫第四阶左五二位神真，注曰："宋大夫，水解矣。"②唐段成式《酉阳杂俎·玉格》曰："黑（墨）狄咽虹丹而投水。"③在这些羽流的书口之谈中，墨子成了采药炼丹、神通广大的神仙。

葛洪《抱朴子内篇·遐览》所收道经目录中，有《墨子枕中五行记》五卷，并曰："其变化之术，大者唯有《墨子五行记》，本有五卷。昔刘君安未仙去时，抄取其要，以为一卷。其法用药用符，乃能令人飞行上下，隐沦无方，含笑即为妇人，蹙面即为老翁，踞地即为小儿，执杖即成林木，种物即生瓜果可食，画地为河，撮壤成山，坐致行厨，兴云起火，无所不作也。"④《太平御览》卷八五七引有刘根《墨子枕中记抄》文，当即刘根节抄《墨子枕中五行记》本佚文。至梁隋之际，两书并存，梁阮孝绪《七录》及《隋书·经籍志》五行类都收其目。

到了唐代，这类著作尚流传民间。文学家四川射洪陈子昂，其高祖陈方庆好道，"得《墨子五行秘书》"。大唐梓州刺史鲜于公《为故拾遗陈公建旌德之碑》曰："公讳子昂，字伯玉。梓州射洪县人也。其先居于颍川。五世祖方庆好道，得《墨子五行秘书》《白虎七变》，隐于郡武东山，子孙因家焉。生高祖汤，汤为郡主簿。汤生曾祖通，通早卒。生祖辩，为郡豪杰。辩生元敬，瑰伟倜傥，弱冠以豪侠闻。属乡人阻饥，一朝散粟万斛，以赈贫者，而不求报。年二十二，乡贡明经擢第，拜文林郎。属青龙末，天后居摄，遂山栖饵术，殆十八年。元图大象，无不达尝。学术拟张平子，风鉴比郭林宗。公即文林元子也。英杰过人，强学冠世。诗可以讽，笔可以削。人罕双全，我能兼有。年二十四，文明元年进士，射策高第。其年，高宗崩于洛阳宫，灵驾将西归于乾陵。公乃献书阙下，天后览其书而壮之，召见金华殿，因言霸王大略，君臣明道。拜麟台正字。由是海内词人，靡然向风。乃谓司马相如、杨子云，复起于岷峨之间矣。"⑤

至宋时，郑樵《通志·艺文略》道家类有《灵奇墨子术经》七卷，注："崔知操撰。"符箓部有《墨子枕中记》二卷。此两种书后亦见于明焦竑《国史经籍志》，可见时至明代尚存于世，其后散佚，今《太平御览》《北堂书钞》引有其逸文。此外，《神仙传》谓后汉方士封衡有《墨子隐形法》一卷，《抱朴子内篇·金丹》中有《墨子丹法》，《紫阳真人周君内传》说东汉周义山"登乌鼠山，遇墨翟子，受《紫度炎光内视图中

---

① 道藏：第20册[M]. 北京：文物出版社，上海：上海书店出版社，天津：天津古籍出版社，1988：577.
② 道藏：第3册[M]. 北京：文物出版社，上海：上海书店出版社，天津：天津古籍出版社，1988：276.
③ 段成式. 酉阳杂俎[M]. 方南生，点校. 北京：中华书局，1981：17.
④ 王明. 抱朴子内篇校释[M]. 北京：中华书局，1980：309.
⑤ 董诰. 全唐文：卷732[M]. 北京：中华书局，2013：7548.

第九章 | 先秦墨家的鬼神谱系

经》"。张君房《云笈七签》卷五九有《墨子行气闭气法》，《大唐开元占经》引《墨子占法》，徐应秋《玉芝堂谈荟》卷二一引《墨子秘要》。以上这些书籍多系丹士道人依托，反映出墨家学说与道教有着某种密切的内在联系，尤其是在五行学说、科学技术方面。

葛洪《神仙传》中推行墨子之术者屡见。南郡韦震，"精于五行之意，演其微妙，以养性治病，消灾散祸。能起飘风，发屋折木，作雷雨云雾"。太阳子离明，"善为五行之道"。吴人魏伯阳，"作《参同契》《五行相类》，凡三卷"。长安人刘根于华阳山中遇仙人韩众，"乃以《神方》五篇见授"，遂能役使鬼神，变化长生。所谓"《神方》五篇"，亦即《墨子枕中五行记》五卷。韩众得之，以授刘根。淮南王刘安，好神仙方术，作《内书》《中篇》，"言神仙黄白之事，名为《鸿宝》《万毕》三章，论变化之道，凡十万言"。传授刘安道术的八公能分形易貌，坐致风雨，"千变万化，恣意所为"。庐江左慈，学擅六甲，坐致行厨，"变化万端，不可胜记"。东陵圣母，师刘纲学道，能易形变化，隐见无方"。河东孙博，"治墨子之术，能使草木金石皆为火，光照耀数十里"。沛人刘政，"治墨子《五行记》，兼服朱英丸，年百八十余岁也，如童子，好为变化隐形"。九灵子皇化，"得还年却老，胎息内视之要，五行之道"。扶风灵寿光，"年七十余，而得朱英丸方，合而服之，致得其效，转更少壮，年如二十时"。[①] 此外，尚有孔元方、冯遇、王烈、卫叔卿、成武丁等，均得"素书"，习墨子变化之术。《神仙传》里的这些人物活跃于汉、晋之际，俨然形成了早期道教中的墨派阵营。

延及后世，民间仍有此派。五代后唐庄宗时，魏州人杨千郎有墨子术，能役使鬼神，化丹砂水银，庄宗颇神之，拜检校尚书郎，赐紫。[②] 宋孙光宪《北梦琐言》卷十八载："庄宗令阉人察访外事，言存乂于诸将坐上，诉郭氏之无罪，其言怨望。又于妖术人杨千郎家饮酒聚会，攘臂而泣。杨千郎者，魏州贱民，自言得墨子术于妇翁，能役使阴物，帽下召食物果实之类。又蒲博必胜，人有拳握之物，以法必取。又说炼丹干汞，易人形，破扁镒，贵要间神奇之。官至尚书郎，赐紫，其妻出入宫禁，承恩用事，皇弟存乂常朋淫于其家，至是与存乂同罹其祸。"[③]

二、墨家学术的历史传承

关于墨家学术的历史传承，《汉书·艺文志》谓："墨家者流，盖出于清庙之守。"

---

① 张继禹.中华道藏：第45册[M].北京：华夏出版社，2014.
② 唐太祖家人传第二[M]//二十五史：第4册.杭州：浙江古籍出版社，1998：1021.
③ 车吉心.中华野史：第3册[M].济南：泰山出版社，2000：37.

清庙，即明堂，为宗祀祖先之处。清庙之守，即西周祝宗巫史之职。《诗经·周颂·清庙》曰："于穆清庙，肃雍显相。济济多士，秉文之德。对越在天，骏奔走在庙。不显不承，无射于人斯。"[1]《春秋左传正义》卷五："君人者，将昭德塞违，以临照百官，犹惧或失之，故昭令德以示子孙。是以清庙茅屋……"[2]注曰：以茅饰屋，著俭也。清庙，肃然清净之称也。可见墨家本源于巫史。

《墨子·非攻中》载墨子曰："今有医于此，和合其祝药之于天下之有病者而药之，万人食此；若医四五人得利焉，犹谓之非行药也。"清毕沅注："祝，谓祝由。见《素问》。"[3]所谓"祝由"，即我国古代医家十三科之一，相传为轩辕氏所创，其特点是有病者对天祝告其由，制符饮水，故名祝由。后来张陵、张角为人治病的"符水"即属"符药"。

墨子之学盛行当世，并与儒学齐名。《淮南子·主术训》说："孔丘、墨翟，修先圣之术，通六艺之论，口道其言，身行其志，慕义从风，而为之服役者，不过数十人。使居天子之位，则天下遍为儒、墨矣。"[4]《淮南子·要略训》说："墨子学儒者之业，受孔子之术，以为其礼烦扰而不说，厚葬靡财而贫民，（久）服伤生而害事，故背周道而用夏政。禹之时，天下大水。禹身执虆垂（臿），以为民先，剔河而道九岐，凿江而通九路，辟五湖而定东海。当此之时，烧不暇撌，濡不给扢，死陵者葬陵，死泽者葬泽，故节财薄葬，（闲）服生焉。"[5]《吕氏春秋·当染》曰："禽滑厘学于墨子，许犯学于禽滑厘，田系学于许犯。孔、墨之后学，显荣于天下者众矣，不可胜数。"[6]《孟子·滕文公》曰："诸侯放恣，处士横议，杨朱、墨翟之言盈天下。天下之言，不归杨则归墨。杨氏为我，是无君也；墨氏兼爱，是无父也。无父无君，是禽兽也。"[7]《庄子·天下》亦说："不侈于后世，不靡于万物，不晖于数度，以绳墨自矫，而备世之急。古之道术有在于是者，墨翟、禽滑厘闻其风而说之。为之大过，已之大循。作为《非乐》，命之曰《节用》。生不歌，死无服。墨子泛爱兼利而非斗，其道不怒。又好学而博，不异，不与先王同，毁古之礼乐。黄帝有《咸池》，尧有《大章》，舜有《大韶》，禹有《大夏》，汤有《大濩》，文王有《辟雍》之乐，武王、周公作《武》。古之丧礼，贵贱有仪，上下有等。天子棺椁七重，诸侯五重，大夫三重，士再重。今墨子独生不歌，死不服，桐棺三寸而无椁，以为法式。以此教人，恐不爱人；以此自行，固不爱己。未败墨子道。虽然，歌而非歌，哭而非哭，乐而非乐，是果类乎？其生也勤，其死也薄，其道大觳。使人忧，使人悲，其行难

---

① 阮元.十三经注疏：上册[M].北京：中华书局，1979：583.
② 阮元.十三经注疏：下册[M].北京：中华书局，1980：1743.
③ 诸子集成：第5册[M].长沙：岳麓书社，1996：102.
④ 诸子集成：第8册[M].长沙：岳麓书社，1996：151.
⑤ 诸子集成：第8册[M].长沙：岳麓书社，1996：370.
⑥ 诸子集成：第8册[M].长沙：岳麓书社，1996：22.
⑦ 诸子集成：第2册[M].长沙：岳麓书社，1996：297.

第九章｜先秦墨家的鬼神谱系　707

为也。恐其不可以为圣人之道，反天下之心，天下不堪。墨子虽独能任，奈天下何！离于天下，其去王也远矣！墨子称道曰：'昔禹之湮洪水，决江河而通四夷九州也。名山三百，支川三千，小者无数。禹亲自操橐耜而九杂天下之川。腓无胈，胫无毛，沐甚雨，栉疾风，置万国。禹大圣也，而形劳天下也如此。'使后世之墨者，多以裘褐为衣，以跂蹻为服，日夜不休，以自苦为极，曰：'不能如此，非禹之道也，不足谓墨。'"① 这些是当世之人对墨子的基本评述。

墨子本为儒者出身，因此他对儒家是批判，而不是抹杀。如他明确说孔子有不可易的道理，不能不称赞："子墨子与程子辩，称于孔子。程子曰：'非儒，何故称于孔子也？'子墨子曰：'是亦当而不可易者也。今鸟闻热旱之忧则高，鱼闻热旱之忧则下，当此，虽禹、汤为之谋，必不能易矣。鸟鱼可谓愚矣，禹、汤犹云因焉。今翟曾无称于孔子乎？'"② 然则孔墨显学判若泾渭，在对传统西周道统的接受方面，墨子显然更为激进。他反对背诵古训，反对儒者之古言古服，反对形式化的礼乐。

所以，墨子认为儒家之道足以丧天下者有四："儒之道足以丧天下者，四政焉。儒以天为不明，以鬼为不神，天鬼不说，此足以丧天下。又厚葬久丧，重为棺椁，多为衣衾，送死若徙，三年哭泣，扶后起，杖后行，耳无闻，目无见，此足以丧天下。又弦歌鼓舞，习为声乐，此足以丧天下。又以命为有，贫富寿夭，治乱安危有极矣，不可损益也，为上者行之，必不听治矣；为下者行之，必不从事矣，此足以丧天下。"③ 于是他否定了儒家，其理由可以归纳为："且夫繁饰礼乐以淫人，久丧伪哀以谩亲，立命缓贫而高浩居，倍本弃事而安怠傲。"④

和孔学并称的墨家，其发展情形也大体相仿，可分为前后两期。《韩非子·显学》说："世之显学，儒、墨也。儒之所至，孔丘也。墨之所至，墨翟也。自孔子之死也，有子张之儒，有子思之儒，有颜氏之儒，有孟氏之儒，有漆雕氏之儒，有仲良氏之儒，有孙氏之儒，有乐正氏之儒。自墨子之死也，有相里氏之墨，有相夫氏之墨，有邓陵氏之墨。故孔、墨之后，儒分为八，墨离为三，取舍相反不同，而皆自谓真孔、墨，孔、墨不可复生，将谁使定世之学乎？孔子、墨子俱道尧、舜，而取舍不同，皆自谓真尧、舜，尧、舜不复生，将谁使定儒、墨之诚乎？"⑤《庄子·天下》亦说："相里勤之弟子，五侯之徒，南方之墨者若获、己齿、邓陵子之属，俱诵《墨经》而倍谲不同，相谓别墨。以坚白同异之辩相訾，以觭偶不仵之辞相应，以巨子为圣人。皆愿为之尸，冀得为其后世，至今不决。墨翟、禽滑厘之意则是，其行则非也。将使后世之墨者，必自苦以腓无胈、胫无毛，

---

① 诸子集成：第4册[M].长沙：岳麓书社，1996：257-258.
② 墨子·公孟[M]//诸子集成：第5册.长沙：岳麓书社，1996：367.
③ 墨子·公孟[M]//诸子集成：第5册.长沙：岳麓书社，1996：365.
④ 墨子·非儒下[M]//诸子集成：第5册.长沙：岳麓书社，1996：222.
⑤ 诸子集成：第7册[M].长沙：岳麓书社，1996：336.

相进而已矣。"① 此外，韩非子又有"侠以武乱禁"之说。据此，墨家学派的后期发展似大体分为两派，一派趋于思维规律的专门研究，成为先秦名辩思潮的重镇；一派变为社会运动的游侠，推行墨子的宗教思想。

墨家和儒家并称"显学"，亦与道家成分庭抗礼之势，所谓"天下之学，不归杨则归墨"，讲的就是这种情形。可是，先秦时期如此重要的一个学术流派，中经秦汉的转换，至汉初却突然消失了。司马迁写《史记》时，对墨家已不甚了解，此后则更少有人提及，而只知其大概。

依《汉书·艺文志》记载，汉时墨家著作尚存八十六篇：《墨子》七十一篇，《胡非子》三篇，《随巢子》六篇，《我子》一篇，《田俅子》三篇，《尹佚》二篇。并曰："墨家者流，盖出于清庙之守。茅屋采椽，是以贵俭；养三老五更，是以兼爱；选士大射，是以上贤；宗祀严父，是以右鬼；顺四时而行，是以非命；以孝视天下，是以上同；此其所长也。及蔽者为之，见俭之利，因以非礼，推兼爱之意，而不知别亲疏。"

宋王应麟《汉艺文志考证》卷八："田俅子三篇。《文选注》《太平御览》引之，《隋志》梁有一卷。《随巢子》六篇，《胡非子》三篇，隋唐《志》各一卷。洪氏曰：二书今不复存。马总《意林》所述，《随巢》兼爱、明鬼，而墨之徒可知。《胡非》言勇有五等，其说亦卑陋，无过人处。《艺文类聚》引《随巢子》曰：昔三苗大乱，天命夏禹于玄宫，有大神人面鸟身，降而福之，司禄益食，而民不饥，司金益富，而国家实，司命益年，而民不夭，四方归之，禹乃克三苗，而神民不违。《史记索隐》引《随巢子》云：夷羊在牧，飞拾满野，天鬼不顾，亦不宾灭。《太平御览》引昔三苗大乱，龙生于庙，犬哭于市，天赐武王黄鸟之旗，以代殷。愚谓此即墨氏之明鬼也。《墨子》七十一篇。《馆阁书目》十五卷，自《亲士》至《杂守》为七十一篇，亡《节用》《节葬》《明鬼》《非乐》《非儒》等九篇。晋鲁胜注《墨辩》，其《叙》曰：墨子著书，作《辩经》以立名本，惠施、公孙龙祖述其学，以正刑名，显于世。《墨辩》有上下《经》，《经》各有《说》，凡四篇，与其书众篇连第，故独存。"②

这些著作大多早已亡佚，唯一留存的《墨子》也仅有五十三篇。明洪武十年（1377）嗣教的第四十三代天师张宇初将《墨子》刻入《道藏》，其才得以留传。清人在整理《道藏》时发现收入其中的《墨子》，这才有了乾、嘉以来墨学研究的兴起。

《墨子》中《亲士》《修身》《所染》《法仪》《七患》《辞过》《三辩》七篇，系墨子弟子根据墨子早期思想所作的记载略加发挥而成。《尚贤上》《尚贤中》《尚贤下》《尚同上》《尚同中》《尚同下》《兼爱上》《兼爱中》《兼爱下》《非攻上》《非攻中》《非攻下》《节用上》《节用中》《节葬下》《天志上》《天志中》《天志下》《明

---

① 诸子集成：第4册[M].长沙：岳麓书社，1996：258.

② 二十五史补编：第2册[M].北京：中华书局，1986：1417.

鬼下》《非乐上》《非命上》《非命中》《非命下》《非儒下》二十四篇，是墨子当年对自己的学说的系统讲解，后为弟子整理而成，体现了墨家思想的核心，即我们通常所说的"墨家十大主张"。

《经上》《经下》《经说上》《经说下》《大取》《小取》六篇，一般称作墨辩或墨经，着重阐述墨家的认识论和逻辑思想，还包含许多社会科学和自然科学知识，代表了先秦时期墨家在各个学科所取得的成就。《耕柱》《贵义》《公孟》《鲁问》《公输》五篇是墨子弟子对墨子言行的记载，相当于墨子语录，是研究墨子生平事迹的主要依据。《备城门》《备高临》《备梯》《备水》《备突》《备穴》《备蛾傅》《迎敌祠》《旗帜》《号令》《杂守》十一篇全是有关军事的内容，可以看作一部杰出且实用的"墨子兵法"。

三、先秦墨家的教团组织

墨家学说的兴盛与墨家组织有着密切的关系。墨家是先秦时期唯一的有严密组织和鲜明宗旨的学派。正是因为有严密的组织、严格的纪律，墨家才具有很强的战斗力。

墨子自称"贱人"，他效仿大禹精神，一生"以自苦为极"。墨子师徒组成了具有宗教性与政治性的社团，组织严密，《淮南子·泰族训》记："墨子，服役者百八十人，皆可使赴火蹈刃，死不还踵，化之所致也。"[①] 墨子率领其门徒，奔走于齐、鲁、宋、楚、卫、魏诸国之间，积极实践其主张。《庄子·天下》言："以巨子为圣人，皆愿为之尸。冀得为其后世，至今不绝。"墨家巨子在墨家学派内有绝对的权威，后任的巨子为前任的巨子所指定。梁启超先生说："墨家之天，纯为一'人格神'，有意识，有感觉，有情操，有行为，故名之曰'天志'。""盖其制度与基督教之罗马法王极相类。所异者，罗马法王由教会公举，墨家钜子则由前任钜子指定传授于后任者。又颇似禅宗之传衣钵也……"[②]

墨家纪律严明，执法如山，不徇私情，即使巨子本人也不例外。《吕氏春秋·去私》记："墨者有钜子腹䵍，居秦，其子杀人。秦惠王曰：'先生之年长矣，非有他子也，寡人已令吏弗诛矣，先生之以此听寡人也。'腹䵍对曰：'墨者之法曰："杀人者死，伤人者刑。"此所以禁杀伤人也。夫禁杀伤人者，天下之大义也。王虽为之赐，腹䵍不可不行墨者之法。'不许惠王，而遂杀之。"[③] 墨子身后，他的传人仍然恪守墨者之法，保证了墨

① 诸子集成：第8册[M]. 长沙：岳麓书社，1996：356.
② 梁启超. 梁启超论先秦政治思想史[M]. 北京：商务印书馆，2012：159−160.
③ 诸子集成：第5册[M]. 长沙：岳麓书社，1996：12.

家组织的严密性。

墨家学派的领袖能够以身作则。《墨子·备梯》言："禽滑厘事墨子三年，手足胼胝，面目黧黑，役身给使，不敢问欲。"[1]《墨子·公输》记载墨子为止楚攻宋，派禽滑厘等三百人，持墨子守圉之器，在宋城以待楚寇。如果没有严密的组织，在先秦时期，一下组织三百个弟子参与守御的任务是不可想象的。如此有计划、有目的的行动，说明墨家组织发挥着重要的作用。

墨家弟子不仅要学习墨家学说，还要亲身加入实践行列。为了实现"非攻"的主张，弟子们要时刻准备投入守御弱国的任务。《墨子·鲁问》记："鲁人有因子墨子而学其子者，其子战而死，其父让子墨子。子墨子曰：子欲学子之子，今学成矣，战而死，而子愠。而犹欲粜，籴雠则愠也，岂不悖哉！"[2]墨家弟子要有牺牲自己的心理准备，以身践义。墨子之后，墨家巨子孟胜"善荆之阳城君，阳城君令守于国。荆王薨，阳城君以与攻吴起，得罪。收国。孟胜属钜子于宋之田襄子而死之，弟子徐弱之徒死者百八十三人。"孟胜死之前，表明必须要死的原因，"不死，自今以来，求严师必不于墨者矣，求贤友必不于墨者矣，求良臣必不于墨者矣。死之，所以行墨者之义而继其业者也"[3]。其行为虽然不免迂腐，但为"义"而死，墨家之牺牲精神可见。

墨家活动时期近两百年，墨子之后的传衍世系不详。《韩非子·显学》记载，墨子之后有相里氏之墨、相夫氏之墨、邓陵氏之墨，谓之"墨离为三"，取舍相反不同。《庄子·天下》讲到墨家诸派，其中有南方之墨者苦获、己齿、邓陵子之属，以及各派"相谓别墨"的状况。"别墨"是指墨家学派内部分化以后，各守所见，都以自己为墨学正宗，相互呼为"别墨"。

墨家有"以绳墨自矫而备世之急"的侠义精神，故多勇武之士。金高守元集《冲虚至德真经四解》卷十八曰："禹、翟之教，忘己而济物也。"宋徽宗注："老子、关尹之道术，贵身而贱物。大禹、墨翟之道术，忘己而济物。然为己者固不失人，而为人者固不失己。杨朱学老子、关尹之道，而不能至者也，故拔一毛而利天下不为。墨翟学大禹之道，而不能至也，故摩顶放踵利天下而为之。"[4]

墨者中从事谈辩者，称"墨辩"；从事武侠者，称"墨侠"。墨侠崇义任侠。《墨子·经上》曰："任，士损己而益所为也。"[5]《墨子·经说上》解释说："任，为身之所恶，以成人之所急。"[6]这种忘己济物的优良品德自墨子首倡，后经墨侠发扬光大。

---

[1] 诸子集成：第5册[M]. 长沙：岳麓书社，1996：431.
[2] 诸子集成：第5册[M]. 长沙：岳麓书社，1996：377.
[3] 吕氏春秋·上德[M]//诸子集成：第8册. 长沙：岳麓书社，1996：260.
[4] 道藏：第15册[M]. 北京：文物出版社，上海：上海书店出版社，天津：天津古籍出版社，1988：139.
[5] 诸子集成：第5册[M]. 长沙：岳麓书社，1996：236.
[6] 诸子集成：第5册[M]. 长沙：岳麓书社，1996：258.

战国秦汉时期，墨侠非常活跃。《史记·游侠列传》记载了墨侠的情况。他们痛恨"朋党宗强比周，设财役贫，豪暴侵凌孤弱，恣欲自快"的统治者，专门与统治者作对。他们品格高尚，主张互助、互爱，有财相分，以平等的报施和患难的恤救为道德标准。正如司马迁赞扬的那样："千里诵义，为死不顾世。""其言必信，其行必果，已诺必诚，不爱其躯，赴士之厄困，既已存亡死生矣，而不矜其能，羞伐其德。"①《汉书·游侠传》曰："由是列国公子，魏有信陵，赵有平原，齐有孟尝，楚有春申，皆借王公之势，竞为游侠，鸡鸣狗盗，无不宾礼。而赵相虞卿弃国捐君，以周穷交魏齐之厄。信陵无忌窃符矫命，戮将专师，以赴平原之急。皆以取重诸侯，显名天下，扼腕而游谈者，以四豪为称首。"②其中著名者为朱家、郭解、田仲、剧孟、王孟、朐氏、陈周肤、代诸白、韩毋辟、薛况、陕寒孺、樊中子、赵王孙、高公子、郭翁中、鲁翁孺、陈君孺、姚氏、仇景、赵佗、羽公子、赵调、原涉等，流风所被，民间"为侠者极众"。后来，在统治者的沉重打击和禁止下，墨侠只好潜入民间，混同方士，继续在社会上活动。

东汉明帝时，楚王英谋反被杀。《后汉书·楚王英传》曰："（楚王英）交通方士，作金龟玉鹤，刻文字以为符端。十三年，男子燕广，告英与渔阳王平、颜忠等造作图书，有逆谋。"③关于此事，《论衡·恢国》却说："楚王英惑于侠客。"可见，东汉之际墨侠与方士已经合流。《抱朴子内篇·道意》中记载了两汉道教的一些情况："曩者有张角、柳根、王歆、李申之徒，或称千岁，假托小术，坐在立亡，变形易貌，诳眩黎庶，纠合群愚，进不以延年益寿为务，退不以消灾治病为业，遂以招集奸党，称合逆乱……刺客死士，为其致用，威倾邦君，势凌有司，亡命逋逃，因为窟薮。"④这里所说的"刺客死士""亡命逋逃"，就是指潜入民间的众多墨侠。在早期，道教内部就已吸收了许多墨侠。梁僧祐《弘明集》卷八《侠道作乱四逆》中将"侠道"联称，并谓黄巾太平道、张鲁鬼道、孙恩紫道皆为侠道，亦可说明此点。

在道教内，由于继承了墨侠的风尚，许多重要人物都具有舍己济人的情操。汉周义山世居贵宦，"是岁大旱，斗米千钱，路多饥莩。君乃倾财竭家以济其困。阴行之，人亦不知是君之慈施也"⑤。庐山董奉，"为人治病，亦不取钱，仅请病人种杏山中，杏熟任人摘食，人民尊之为"董杏林"⑥。陶翊《华阳隐居先生本起录》记载陶弘景，"赡恤寒栖，拯救危急，救疗疾恙，朝夕无倦。其别有阴恩密惠，人莫得知之"⑦。唐代叶法善，"四代修

---

① 二十五史：第1册[M]. 杭州：浙江古籍出版社，1998：284.
② 二十五史：第1册[M]. 杭州：浙江古籍出版社，1998：569.
③ 二十五史：第1册[M]. 杭州：浙江古籍出版社，1998：776.
④ 王明. 抱朴子内篇校释[M]. 北京：中华书局，1980：158.
⑤ 张君房. 云笈七签：卷106[M]//道藏：第22册. 北京：文物出版社，上海：上海书店出版社，天津：天津古籍出版社，1988：722.
⑥ 葛洪. 神仙传[M]//张继禹. 中华道藏：第45册. 北京：华夏出版社，2014：58.
⑦ 张君房. 云笈七签：卷107[M]//道藏：第22册. 北京：文物出版社，上海：上海书店出版社，天津：天津古籍出版社，1988：732.

道，皆以阴功密行及劾召之术，救物济人……所得金帛，并修宫观，恤孤贫，无爱惜"①。大医学家、道士孙思邈，"精究医药，审察声色，迥蕴仁慈，凡所举动，务行阴德，用心自固，济物为功"②。至于名扬四海的剑仙吕洞宾，"或货丹而救疾苦，或卖墨以惠贫穷"，"慈悲之心，接物利生，无所不至"③，则更是宋元道教由崇义任侠的墨侠升华到慈悲济世的典范。

还需指出的是，元代始立的一支道派——真大道教，此派的行持基本上和墨家一样。《元史·释老志》曰："真大道教者始自金季，道士刘德仁之所立也。其教以苦节危行为要，而不妄取于人，不苟侈于己者也。"④苦节危行正是先秦墨家的一大特征。此派在元代兴盛一时。《畿辅通志》载：郦（希诚）既领正宗，遂以行化。自秦、晋、蜀、洛、燕、代、齐、鲁，凡崇向之人，莫不恪恭迎拜。数奉馈赆，用有羡赢，转惠贫者，不留。⑤

郭沫若先生说，墨子有一个标准的教主人格……以他的精神和主张尽可以成立一个中国独特的宗教，而在战国年间的墨家学派也的确有过这样的趋势的，如等于教主的所谓"巨子"之衣钵传授即其一例。⑥历史的发展是合乎规律的，从墨家到墨侠，在一定的历史环境中，墨侠、方士、道家以及巫师合流，形成了两汉道教。

第二节　先秦墨家的思想理论

儒墨两家并称显学，两派弟子甚多，遍布各地。但两派的阶级立场显然不同，儒家旨在维护诸侯贵族的统治，墨家则反映了正在上升的"农与工肆之人"即小生产者的要求。彼此利益相反，所以形成对立。由于两家立场不同，社会政治思想亦背道而驰。儒家主张"爱有差等"，墨家则主张"兼爱"；儒家信"命"，墨家则"非命"；儒家鄙视生产劳动，墨家则强调"不赖其力者不生"；儒家"盛用繁礼"，墨家则俭约节用；儒家严义利之辨，墨家则主张"义，利也"；儒家的格言是"穷则独善其身，达则兼济天下"，墨家

---

① 李昉.太平广记：卷26：第1册[M].北京：中华书局，1981：170.
② 沈汾.续仙传：卷中[M]//道藏：第5册.北京：文物出版社，上海：上海书店出版社，天津：天津古籍出版社，1988：85.
③ 张继禹.中华道藏：第47册[M]//北京：华夏出版社，2014：32-33.
④ 二十五史：第7册[M].杭州：浙江古籍出版社，1998：965.
⑤ 陈梦雷.钦定古今图书集成：第51册[M].北京：中华书局，1985：62672.
⑥ 郭沫若.十批判书[M].重庆：群益出版社，1945：108.

则"摩顶放踵，利天下为之"，如此等等。

一、兼爱非攻的仁爱思想

墨子提出了"兼爱""非攻""尚贤""尚同""天志""明鬼""非命""非乐""节葬""节用"等观点，他以兼爱、非攻为核心，以尚同、尚贤为支点，以节用、节葬作为治国方法，主张非命、天志、明鬼，一方面否定天命，另一方面又承认鬼神的存在。

墨家之言兼爱，犹如儒家之言仁义。儒家之言，仁者由亲以及疏，其间自有差等。对此，墨者主张"爱无差等，施由亲始"。墨子曰：圣人以治天下为事者也，必知乱之所自起，焉能治之；不知乱之所自起，则不能治。譬之如医之攻人之疾者然：必知疾之所自起，焉能攻之；不知疾之所自起，则弗能攻。治乱者何独不然？必知乱之所自起，焉能治之；不知乱之所自起，则弗能治。圣人以治天下为事者也，不可不察乱之所自起。当察乱何自起，起不相爱。臣子之不孝君父，所谓乱也。子自爱，不爱父，故亏父而自利；弟自爱，不爱兄，故亏兄而自利；臣自爱，不爱君，故亏君而自利。此所谓乱也。虽父之不慈子，兄之不慈弟，君之不慈臣，此亦天下之所谓乱也。父自爱也，不爱子，故亏子而自利。兄自爱也，不爱弟，故亏弟而自利；君自爱也，不爱臣，故亏臣而自利。是何也？皆起不相爱。虽至天下之为盗贼者亦然：盗爱其室，不爱其异室，故窃异室以利其室。贼爱其身，不爱人身，故贼人身以利其身。此何也？皆起不相爱。虽至大夫之相乱家，诸侯之相攻国者，亦然。大夫各爱其家，不爱异家，故乱异家以利其家。诸侯各爱其国，不爱异国，故攻异国以利其国。天下之乱物，具此而已矣。察此何自起？皆起不相爱。若使天下兼相爱，爱人若爱其身，犹有不孝者乎？视父兄与君若其身，恶施不孝，犹有不慈者乎？视弟子与臣若其身，恶施不慈。故不孝不慈亡有，犹有盗贼乎？故视人之室若其室，谁窃？视人之身若其身，谁贼？故盗贼亡有，犹有大夫之相乱家，诸侯之相攻国者乎？视人家若其家，谁乱？视人国若其国，谁攻？故大夫之相乱家，诸侯之相攻国者，亡有。若使天下兼相爱，国与国不相攻，家与家不相乱，盗贼无有，君臣父子皆能孝慈，若此，则天下治。故圣人以治天下为事者，恶得不禁恶而劝爱。故天下兼相爱则治，交相恶则乱。故子墨子曰"不可以不劝爱人"者，此也。[①]可见墨子深知当时祸乱之本，认为唯有兼爱可以治之。

墨子强调"兼爱"，"兼爱"有两个最基本的含义。一是视人若己，爱人若爱己。具

---

① 墨子·兼爱上[M]//诸子集成：第5册.长沙：岳麓书社，1996：76-77.

体而言就是"视人之国，若视其国；视人之家，若视其家；视人之身，若视其身。是故诸侯相爱，则不野战；家主相爱，则不相篡；人与人相爱，则不相贼；君臣相爱，则惠忠；父子相爱，则慈孝；兄弟相爱，则和调。天下之人皆相爱，强不执弱，众不劫寡，富不侮贫，贵不敖贱，诈不欺愚"。二是爱别人，才能得到别人的爱。也就是说人与人之间的关系是对等互报的，"投我以桃，报之以李"。可以看出，墨子的"兼爱"思想超越了儒家"亲亲有术""爱有差等"的"爱人"原则，以及社会等级身份的范围，而充盈着现代意义上人道主义的博爱精神。

由兼爱至非攻，这是墨子社会思想发展的必然逻辑。墨子曰："杀一人，谓之不义，必有一死罪矣。若以此说往，杀十人，十重不义，必有十死罪矣。杀百人，百重不义，必有百死罪矣。当此，天下之君子皆知而非之，谓之不义。今至大为不义攻国，则弗知非，从而誉之，谓之义。情不知其不义也，故书其言以遗后世。"[1]"今天下之诸侯，将犹皆侵凌攻伐兼并，此为杀一不辜人者，数千万矣；此为逾人之墙垣，格人之子女者，与角人府库，窃人金玉蚤累者，数千万矣；逾人之栏牢，窃人之牛马者，与入人之场园，窃人之桃李瓜姜者，数千万矣，而自曰义也。"[2]这就严厉地批判了诸侯贵族的残酷罪行。

墨子主张"尚贤"，即选举贤能之人为官。他从平民的立场出发，一面从根本上反对家族政权的世袭制，一面主张由贤能人士来掌握政权。他说："故古者圣王之为政，列德而尚贤，虽在农与工肆之人，有能则举之，高予之爵，重予之禄，任之以事，断予之令。……故当是时，以德就列，以官服事，以劳殿赏，量功而分禄。故官无常贵，而民无终贱，有能则举之，无能则下之，举公义，辟私怨，此若言之谓也。故古者尧举舜于服泽之阳，授之政，天下平；禹举益于阴方之中，授之政，九州成；汤举伊尹于庖厨之中，授之政，其谋得；文王举闳夭、泰颠于置罔之中，授之政，西土服。故当是时，虽在于厚禄尊位之臣，莫不敬惧而施，虽在农与工肆之人，莫不竞劝而尚意。故士者所以为辅相承嗣也。故得士则谋不困，体不劳，名立而功成，美章而恶不生，则由得士也。"[3]

"尚同"是墨家的另一个重要观点，主要意思是指在任人唯贤的基础上，推选贤者仁人上位，使其致力于在全社会形成一种共同的良好的价值理念。他说："察国之所以治者何也？国君唯能壹同国之义，是以国治也。国君者，国之仁人也。国君发政国之百姓，言曰：'闻善而不善。必以告天子。天子之所是，皆是之；天子之所非，皆非之。去若不善言，学天子之善言；去若不善行，学天子之善行。'则天下何说以乱哉？察天下之所以治者何也？天子唯能壹同天下之义，是以天下治也……天下之百姓皆上同于天子，而不上同于天，则灾犹未去也。今若天飘风苦雨，溱溱而至者，此天之所以罚百姓之不上同于天者

---

① 墨子·非攻上[M]//诸子集成：第5册.长沙：岳麓书社，1996：100.
② 墨子·天志下[M]//诸子集成：第5册.长沙：岳麓书社，1996：166.
③ 墨子·尚贤上[M]//诸子集成：第5册.长沙：岳麓书社，1996：36.

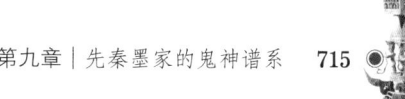

也。"①

针对衣服、饮食、宫室、舟车、男女和丧葬六个方面，墨子提出节俭的要求，认为它们事关国民大计："其为衣裘何以为？冬以圉寒，夏以圉暑。凡为衣裳之道，冬加温、夏加清者则止，不加者去之。其为宫室何以为？冬以圉风寒，夏以圉暑雨。有盗贼加固者则止，不加者去之。其为甲盾五兵何以为？以圉寇乱盗贼。若有寇乱盗贼，有甲盾五兵者胜，无者不胜。是故圣人作为甲盾五兵。凡为甲盾五兵，加轻以利、坚而难折者则止，不加者去之。其为舟车何以为？车以行陵陆，舟以行川谷，以通四方之利。凡为舟车之道，加轻以利者则止，不加者去之。凡其为此物也，无不加用而为者。是故用财不费，民德不劳，其兴利多矣。"②

同时，他还反对统治者耗费财力去满足私欲，认为这是在"暴夺民衣食之财"和"厚作敛于百姓"，是造成民苦、民累、民亡的主要因素，因此讲求要廉政。墨子说，节于身，诲于民，是以天下之民可得而治，并告诫说"俭节则昌，淫佚则亡"，"故其用财节，其自养俭，民富国治"。墨子提倡节用，提倡非乐，反对厚葬，曰："以节用，故不得不非乐，不得不薄葬。而其自处也，则以裘褐为衣，以跂蹻为服，日夜不休，务以自苦为极。"

二、天志明鬼的宗教信仰

"天志"和"明鬼"是墨家宗教思想的两大支柱。墨子所说的"天"，实质上是指"天神""天帝"。《墨子·天志下》曰："顺天之意何若？曰：兼爱天下之人。何以知兼爱天下之人也？以兼而食之也。何以知其兼而食之也？自古及今，无有远灵孤夷之国，皆犓豢其牛羊犬彘，洁为粢盛酒醴，以敬祭祀上帝、山川、鬼神，以此知兼而食之也。苟兼而食焉，必兼而爱之。譬之若楚、越之君：今是楚王，食于楚之四境之内，故爱楚之人；越王食于越，故爱越之人。今天兼天下而食焉，我以此知其兼爱天下之人也。且天之爱百姓也，不尽物而止矣。今天下之国，粒食之民，杀一不辜者，必有一不祥。曰：谁杀不辜？曰：人也。孰予之不辜？曰：天也。若天之中实不爱此民也，何故而人有杀不辜，而天予之不祥哉？且天之爱百姓厚矣，天之爱百姓别矣，既可得而知也。何以知天之爱百姓也？吾以贤者之必赏善罚暴也。何以知贤者之必赏善罚暴也？吾以昔者三代之圣王知之。故昔也三代之圣王，尧、舜、禹、汤、文、武之兼爱之天下也。从而利之，移其百姓

---

① 墨子·尚同上[M]//诸子集成：第5册.长沙：岳麓书社，1996：58-59.
② 墨子·节用上[M]//诸子集成：第5册.长沙：岳麓书社，1996：122.

之意焉，率以敬上帝、山川、鬼神。天以为从其所爱而爱之，从其所利而利之，于是加其赏焉，使之处上位，立为天子以法也，名之曰圣人。以此知其赏善之证。是故昔也三代之暴王，桀、纣、幽、厉之兼恶天下也，从而贼之，移其百姓之意焉，率以诟侮上帝、山川、鬼神。天以为不从其所爱而恶之，不从其所利而贼之，于是加其罚焉。使之父子离散，国家灭亡，抎失社稷，忧以及其身。"①可见，这个"天志"，实际上是墨子所代表的民众的意志。墨家通过宗教的形式，把兼爱互助的理想表达出来。

上天关爱万民，养育生命，反对贼杀残害。《墨子·天志中》曰："且吾所以知天之爱民之厚者，有矣。曰：以磨为日月星辰，以昭道之，制为四时，春秋冬夏，以纪纲之。雷降雪霜雨露，以长遂五谷麻丝，使民得而财利之。列为山川溪谷，播赋百事，以临司民之善否。为王公侯伯，使之赏贤而罚暴。贼金木鸟兽，从事乎五谷麻丝，以为民衣食之财。自古及今，未尝不有此也……且吾所以知天爱民之厚者，不止此而足矣。曰：杀不辜者，天予不祥。不辜者谁也？曰：人也。予之不祥者谁也？曰：天也。若天不爱民之厚，夫胡说人杀不辜，而天予之不祥哉？此吾之所以知天之爱民之厚也。且吾所以知天之爱民之厚者，不止此而已矣。曰：爱人利人，顺天之意，得天之赏者，有矣。憎人贼人，反天之意，得天之罚者，亦有矣。"②可见顺天之意，得福获益，逆天而行，必遭恶报。

墨子把"天"比作工匠的规矩，这一尺度是公正的，可以量度王公大人，也可以量度百姓庶民。"是故，子墨子之有天之，辟人无以异乎轮人之有规，匠人之有矩也。今夫轮人操其规，将以量度天下之圜与不圜也。曰：中吾规者谓之圜，不中吾规者谓之不圜。是以圜与不圜，皆可得而知也。此其故何？则圜法明也。匠人亦操其矩，将以量度天下之方与不方也。曰：中吾矩者谓之方，不中吾矩者谓之不方。是以方与不方，皆可得而知之。此其故何？则方法明也。故，子墨子之有天之意也，上将以度天下之王公大人之为刑政也，下将以量天下之万民为文学、出言谈也。观其行，顺天之意，谓之善意行；反天之意，谓之不善意行。观其言谈，顺天意，谓之善言谈；反天之意，谓之不善言谈。观其刑政，顺天之意，谓之善刑政；反天之意，谓之不善刑政。故置此以为法，立此以为仪，将以量度天下之王公大人、卿、大夫之仁与不仁，譬之犹分黑白也。"③这一尺度就是"尚贤""兼爱"等。

先秦诸子中唯墨家倡导天志明鬼，认为死去的先人是真实存在的异类；认为三代圣王既没，天下失义，诸侯力正，是以天下大乱，原因就在于世人疑惑鬼神之有无，不明鬼神之能赏贤而罚暴。《墨子·明鬼下》曰："且惟昔者虞夏、商、周三代之圣王，其始建国营都日，必择国之正坛，置以为宗庙。必择木之修茂者，立以为菆位。必择国之父兄慈孝贞良者，以为祝宗。必择六畜之胜腯肥倅毛，以为牺牲，珪璧琮璜，称财为度。必择五谷

---

① 诸子集成：第5册[M].长沙：岳麓书社，1996：160-161.
② 诸子集成：第5册[M].长沙：岳麓书社，1996：155-156.
③ 墨子·天志中[M]//诸子集成：第5册.长沙：岳麓书社，1996：158.

之芳黄，以为酒醴粢盛，故酒醴粢盛，与岁上下也。故古圣王治天下也，故必先鬼神而后人者，此也。故曰：官府选效，必先鬼神，祭器、祭服毕藏于府，祝宗有司，毕立于朝，牺牲不与昔聚群。故古者圣王之为政若此。古者圣王必以鬼神为，其务鬼神厚矣。又恐后世子孙不能知也，故书之竹帛，传遗后世子孙。咸恐其腐蠹绝灭，后世子孙不得而记，故琢之盘盂，镂之金石，以重之。有恐后世子孙，不能敬著以取羊，故先王之书，圣人一尺之帛，一篇之书，语数鬼神之有也，重有重之。"①书中还列举了五例历史事件，说明鬼神的真实存在及其报复的必然性。

其一是周宣王杀了他的臣子杜伯，但杜伯并没有罪。杜伯说："我的君主要杀我而我并没有罪，假若认为死者无知，那么就罢了，假若死而有知，那么不出三年，我必定让我的君上知道后果。"杜伯死后第三年，周宣王会合诸侯在圃田打猎，猎车数百辆，随从数千人，人群布满山野。太阳正中时，杜伯乘坐白马素车，穿着红衣，拿着红弓，追赶周宣王，在车上射箭，射中周宣王的心脏，使他折断了脊骨，倒伏在弓袋之上而死。跟从的周人没有人没看见，远处的人没有人没听到。此事被记载在周朝《春秋》上，做君上的以此教导臣下，做父亲的以此警诫儿子。

其二是一天秦穆公中午在庙堂里，看见一位神进大门后往左走，他长着鸟的身子，穿着白衣戴着黑帽，脸形正方。秦穆公见了，害怕地逃走。神说："别怕！上帝因你明德而保佑你，让我赐给你十九年阳寿，使你的国家繁荣昌盛，子孙兴旺，秦国永不灭亡。"穆公拜两拜，稽首行礼，问道："敢问尊神名氏？"神回答说："我是句芒。"

其三是燕简公杀了他的臣下庄子仪，但庄子仪无罪。庄子仪说："我并没有罪，不出三年，必定使君上知道后果。"过了一年，燕人将驰往沮泽祭祀。燕国沮泽，是男女聚会和游览的地方。正午时分，燕简公正在驰往沮泽途中，庄子仪肩扛红木杖击打他，把他杀死在车上。当时，燕人跟从的没人没看见，远处的人没人没听到。这件事被记载在燕国《春秋》上。诸侯相互转告说："凡是杀了无罪的人，他定得不祥。鬼神的惩罚都像这样的惨痛快速。"

其四是宋文君鲍在位之时，有个臣子叫观辜，曾在祠庙从事祭祀。有一次他到神祠里去，厉神附在祝史的身上，对他说："观辜，为什么珪璧达不到礼制要求的规格？酒醴粢盛不洁净？用作牺牲的牛羊不纯色不肥壮？春秋冬夏的祭献不按时？这是你干的呢？还是鲍干的呢？"观辜说："鲍还幼小，尚在襁褓之中，是我单独做的。"祝史举起木杖敲打他，把他打死在祭坛上。当时，宋人跟随的没有人没看见，远处的人没人没听到。这种事被记载在宋国《春秋》上。诸侯相互传告说："凡是不恭敬谨慎地祭祀的人，鬼神的惩罚来得是如此惨痛快速。"

其五是齐庄君的臣子，有称作王里国、中里徼的。这两人争讼三年，但狱官不能判

---

① 诸子集成：第5册[M]. 长沙：岳麓书社，1996：179-181.

决。齐君想杀掉他们，但担心错杀了无罪者；想释放他们，又担心错放了有罪者。于是让二人共牵一只羊，在齐国的神社盟誓。二人答应了，在神前挖了一个坑，杀羊再将血洒在里面。王里国的誓词读完了，没什么事。中里徼再读誓词，不到一半，死羊便跳起来抵他，把他的脚折断了，守神祠的人便上来敲他，把他杀死在盟誓之所。当时，齐国人跟从的没人没看见，远处的人没人没听到。这件事被记载在齐国的《春秋》中。诸侯传告说："对于发誓时不以实情的人，鬼神的惩罚来得是这样的惨痛快速。"

墨子说：即使有深溪老林、幽涧无人之所，行事也不可不谨慎，因为都有鬼神在注视着你的一言一行。应当相信鬼神能够赏贤和罚暴，这确实是治理国家、为万民谋利的好方法。所以对鬼神之明，人不可能倚恃幽间、广林、深谷而为非作歹，因为鬼神之明一定能洞知他。对鬼神之罚，人不可能倚恃富贵、人多势大、勇猛顽强、坚甲利兵而抵制，因为鬼神之罚必能战胜他。假若认为不是这样，从前的夏桀，贵为天子，富有天下，对上咒骂天帝、侮辱鬼神，对下祸害残杀百姓，残害上帝之功，抗拒上帝之道，所以上天就使商汤对他施以明罚。汤用战车九辆，布下鸟阵、雁行的阵势，登上大赞这个地方，追逐夏众，攻入近郊，汤王亲手将推哆、大戏擒住。夏王桀的民众之多成兆成亿，遍布山陵水泽，但不能以此抵御鬼神的诛罚。①

墨子还大量征引经典，讲述历史，以证明鬼神的存在与威严。他说："昔者武王之攻殷诛纣也，使诸侯分其祭，曰：使亲者受内祀，疏者受外祀。故武王必以鬼神为有，是故攻殷伐纣，使诸侯分其祭。若鬼神无有，则武王何祭分哉。……《大雅》曰：文王在上，于昭于天。周虽旧邦，其命维新。有周不显，帝命不时。文王陟降，在帝左右。穆穆文王，令问不已。若鬼神无有，则文王既死，彼岂能在帝之左右哉？此吾所以知《周书》之鬼也。……《商书》曰：呜呼！古者有夏，方未有祸之时，百兽贞虫，允及飞鸟，莫不比方。矧佳人面，胡敢异心？山川鬼神，亦莫敢不宁。若能共允，佳天下之合，下土之葆。察山川鬼神之所以莫敢不宁者，以佐谋禹也。此吾所以知《商书》之鬼也。……《禹誓》曰：大战于甘，王乃命左右六人，下听誓于中军，曰：有扈氏，威侮五行，怠弃三正，天用剿绝其命。有曰：日中，今予与有扈氏争一日之命，且尔卿大夫庶人，予非尔田野葆士之欲也，予共行天之罚也。左不共于左，右不共于右，若不共命。御非尔马之政，若不共命。是以赏于祖，而僇于社。赏于祖者何也？言分命之均也。僇于社者何也？言听狱之事也。故古圣王必以鬼神为赏贤而罚暴，是故赏必于祖，而僇必于社。此吾所以知《夏书》之鬼也。故尚者《夏书》，其次商、周之《书》，语数鬼神之有也，重有重之。"②

应该指出，墨家提倡尊天事鬼，主观上是为百姓万民着想，即有助于推行他兴天下之利、除天下之害的政治主张。《墨子·明鬼下》曰："尝若鬼神之能赏贤如罚暴也，盖本

---

① 诸子集成：第5册[M].长沙：岳麓书社，1996：171-172.
② 诸子集成：第5册[M].长沙：岳麓书社，1996：181-183.

施之国家，施之万民，实所以治国家，利万民之道也。若以为不然，是以吏治官府之不洁廉，男女之为无别者，鬼神见之。民之为淫暴，寇乱盗贼，以兵刃毒药水火，退无罪人乎道路，夺人车马衣裘以自利者，有鬼神见之。是以吏治官府不敢不洁廉，见善不敢不赏，见暴不敢不罪。民之为淫暴寇乱盗贼，以兵刃毒药水火，退无罪人乎道路，夺车马衣裘以自利者，由此止，是以莫放幽间，拟乎鬼神之明显。明有一人，畏上诛罚，是以天下治。故鬼神之明，不可为幽间广泽，山林深谷，鬼神之明必知之。鬼神之罚，不可富贵众强，勇力强武，坚甲利兵，鬼神之罚必胜之。"①

墨子经常把所谓天鬼的利益和百姓的利益相提并论，甚至不加任何区别。如《墨子·非攻下》曰："而顺天鬼，百姓之利，则智者之道也。"其目的是想利用天鬼的威力来限制王权，保障人民的利益。尽管这是理想主义，但与当时统治者把天命鬼神用作欺骗压迫人民的思想工具毕竟是不相同的。墨家利用宗教的形式，推行兼爱互助的社会理想，这给道教的建立，从形式到内容都提供了可以效法的典章。

两汉道教吸引了墨家神道设教的思想。张陵正一道利用符水请祷，行三官手书之法。所谓"三官考校"之说，即与墨家同出一辙。唐释道宣《广弘明集》卷八曰："张角、张鲁等，本因鬼言，汉末黄衣当王，于是始服之。曹操受命以黄代赤，黄巾之贼至是始平。"②卷十二曰："后汉献帝，张陵、张鲁诈说鬼语，假作谶书云：汉祚减后，黄衣得天下。遂与巨鹿张角远为外应，造黄布巾，披黄帔，聚合徒众，诳诱愚民，谋危社稷。"③可见，张陵、张角都继承了墨子神道设教的方法，利用"鬼言""鬼语"即宗教预言发动群众，用"鬼道"即宗教团体组织群众，在宗教的旗帜下，进行了一场反对封建剥削压迫，争取自由平等的农民运动。

道教继承了墨家的天志观，《太平经》中反复加以阐述。经中说："天者，至道之真也，不欺人也，万物所当亲爱。其用心意，当积诚且信，但常欲利不害，不负一物，故为天也。"④天高高在上，明察秋毫，"常为其上，司人是非"。它赏善罚恶，欲人为善，"天道无亲，唯善是与"，"欲为恶人也，天所不祐"。⑤故古者圣人之为行也，不敢失绳墨者，乃睹天戒，明知其善恶，各为其身也。故常求与贤者为治，乃恐忿天也。得罪于天，无所祷也。⑥《太平经》中把积财亿万、为富不仁的富豪，欺诈百姓的学人，压迫弱小的强暴，以及好战淫政的君臣都归于天所不赦的罪人，而把主张平等互助、参与政事、改善政治的愿望都说成是天的意志。可见，《太平经》中的"天"同墨家的"天"一样，都是代表下层百姓利益的。

---

① 诸子集成：第5册[M].长沙：岳麓书社，1996：185-186.
② 苏渊雷，高振农.佛藏要籍选刊：第3册[M].上海：上海古籍出版社，1994：896.
③ 苏渊雷，高振农.佛藏要籍选刊：第3册[M].上海：上海古籍出版社，1994：926.
④ 王明.太平经合校[M].北京：中华书局，1997：219.
⑤ 王明.太平经合校[M].北京：中华书局，1997：619，601.
⑥ 王明.太平经合校[M].北京：中华书局，1997：417.

同墨子相似，《太平经》中亦把天比作明镜。"天之照人，与镜无异。"①"故是天洞明照心之镜也，不失铢分，以明吏民治行。夫天地比若影响，随人可为，不脱也。"在明镜似的天的面前，人间的善恶都将受到裁判。赏罚的根据并非上帝的意愿，而是完全依凭人们自己的所作所为。"善者自兴，恶者自病。吉凶之事，皆出于身。以类相呼，不失其身。天道无私，但行之所致。"②天的法则是由人决定的。"天法，凡人兴衰，乃万物兴衰，贵贱一由人。"③在这些有关天的论述中，突显了人的作用。"吉凶之事，皆出于身。""兴衰贵贱一由人。"④这就是天的法则。这与其说是天在主宰人，还不如说人在支配天。显然，在这里并没有上帝的地位。这是一种可贵的"天"论。

墨子反复引经据典证明鬼神的存在，说鬼能报仇，如杜伯变鬼，射死宣王；庄子仪冤死成鬼棒杀简公等。《墨子·公孟》曰："古圣王皆以鬼神为神明，而为祸福。"⑤因此，"古圣人治天下也，故必先鬼神而后人者"⑥。这种"尊鬼事神"的宗教思想直接为两汉方士所继承，演变为役使鬼神之术。汉文帝召见贾谊，"上因感鬼神之事，而问鬼神之本谊"⑦。武帝亦崇信鬼道。亳人薄诱忌奏祠太一方，"开八通之鬼道"。"齐人少翁以鬼神方见上，上有所幸王夫人，夫人卒。少翁以方术盖夜致王夫人及灶鬼之貌云，天子自帷中望见焉。"其后栾大亦以召鬼之术而得宠信，"常夜祠其家，欲以下神，神未至而百鬼集矣，然颇能使之"。民间亦普遍迷信，"越人俗信鬼，而其祠皆见鬼，数有效。昔东瓯王敬鬼，寿至百六十岁"⑧。

到了东汉，鬼道益盛。据《后汉书·方技传》所载，方士刘根"颇能令人见鬼"，广庭公堂之上，召遣百鬼，若有其事。魏郡栾巴，"素有道术，能役鬼神"。费长房能"鞭笞百鬼，及驱使社公"。河南麴圣卿，"善为丹书符劾，厌杀鬼神而使命之。又有编盲意，亦与鬼物交通。初，章帝时有寿光侯者，能劾百鬼众魅，令自缚见形"⑨。张陵创立正一道，降魔伏鬼，其术也极近墨家所倡鬼法。

方士的召摄鬼神之术的确与墨家有关。《墨子·经说下》曰："景，二光夹一光，一光者，景也。""日之光反烛人，则景在日与人之间。"⑩类此讲光学原理的经中共有八句。这些本为科学的东西，却被方士用于请鬼弄神的迷信活动。所谓招致鬼神，无非是利用光学、化学知识，导演一场场幻影的骗局。然而在数千年前人们的眼中，幻影的出现确

---

① 王明. 太平经合校[M]. 北京：中华书局，1997：18.
② 王明. 太平经合校[M]. 北京：中华书局，1997：154.
③ 王明. 太平经合校[M]. 北京：中华书局，1997：456.
④ 王明. 太平经合校[M]. 北京：中华书局，1997：219.
⑤ 诸子集成：第5册[M]. 长沙：岳麓书社，1996：362.
⑥ 墨子·明鬼下[M]//诸子集成：第5册. 长沙：岳麓书社，1996：179.
⑦ 汉书·贾谊传[M]//二十五史：第1册. 杭州：浙江古籍出版社，1998：447.
⑧ 史记·孝文本纪[M]//二十五史：第1册. 杭州：浙江古籍出版社，1998：45.
⑨ 史记·孝武本纪[M]//二十五史：第1册. 杭州：浙江古籍出版社，1998：48.
⑩ 诸子集成：第5册[M]. 长沙：岳麓书社，1996：280.

第九章｜先秦墨家的鬼神谱系　721

是奇迹。难怪乎精明的武帝也被少翁的招鬼术迷惑，真以为帷帐之中的影子就是王夫人。

根据以上所见，两汉道教应该颇受墨家变化术的影响。道教记载墨子的是《墨子五行记》。葛洪师事郑隐，郑隐有弟子五十余人，唯葛洪"见受金丹之经及《三皇内文》《枕中五行记》，其余人乃有不得一观此书之首题者矣"[①]。可见道教内视《枕中五行记》为珍贵秘籍，非嫡系不得传授，道教中人把种种变化托于墨家的五行学说，抓住这一关键，就可以进一步探讨墨家与道教的关系。

我国古代的五行说，初期是朴素唯物主义的。所谓五行，是指自然界中常见的五种基本元素：水、火、金、木、土。整个世界就是由这五种最基本的物质构成的。到了战国时期，这种思想进一步演化，产生了以邹衍为代表的阴阳五行派。他们把五行排列成相生相胜（即相克）的系列：木生火，火生土，土生金，金生水，水生木；反之，水胜火，火胜金，金胜木，木胜土，土胜金。这就是所谓"常生常胜"。邹衍的这种循环的"五行常胜说"，对于我国哲学思想的发展起了很大的促进作用。后期墨家打破了这种学理，在五行相生相胜的旧说上，提出了更为合理的"五行毋常胜"的新主张。

《墨经·经下》曰："五行毋常胜。说在宜。"[②]《经说下》解释说："五合，水、土、火，火离然。火烁金，火多也。金靡炭，金多也。合之府水，木离木（土）。若识麋与鱼之数，惟所利。"[③]在这段话中，既驳五行相胜之说，亦斥五行相生之论。至于相胜，也不是固定不变的。相反，会因其质与量的多少，因其种种机运，而发生变化。如同金与火的关系，金少火多，则能把金熔销；反之金多火少，则能把火熄灭。王充《论衡·命义》亦云："譬犹水火相更也，水盛胜火，火盛胜水，遇其主而用也。"[④]也认为五行相胜是随着矛盾双方质量的变化而变化，并没有一套僵化的程序。

墨家的这种辩证的五行学说，不仅升华了邹衍等人对五行的神秘思想和形而上学观，也为后来的道教辩证探索自然与科学开辟了一条蹊径。在道教内，无论是汉唐之际的外丹家，还是宋元时期的内丹派，都吸收了墨家的五行学说。

东汉魏伯阳著《周易参同契》，历代学者奉为"万古丹经王"。书中关于五行的论述就与墨家一脉相承。其曰：丹砂水精，得金乃并。金水相比，水火为伍。[⑤]元俞琰解释说："五行相克，更为父母。母含滋液，父主禀与。丹法之要，莫大乎五行。五行之妙，无出于坎离。坎为水，金水合处，而水中有金。离为火，木火为侣，而火中有木，是为四象。加以坎纳戊土，离纳己土，是为五行。《悟真篇》云：震龙汞出自离乡，兑虎铅生在坎方。二物总因儿产母，五行全要入中央。又云：离坎若还无戊己，虽含四象不成丹。只缘

---

① 王明.抱朴子内篇校释[M].北京：中华书局，1980：305.
② 诸子集成：第5册[M].长沙：岳麓书社，1996：245.
③ 诸子集成：第5册[M].长沙：岳麓书社，1996：281.
④ 诸子集成：第9册[M].长沙：岳麓书社，1996：11.
⑤ 道藏：第20册[M].北京：文物出版社，上海：上海书店出版社，天津：天津古籍出版社，1988：89.

彼此怀真土，遂使金丹有返还。其说明矣。丹法以火炼金，以金伐木，火盛则水沃之，水盛则土遏之，是谓五行相克。金生水，水乃金之子，而水中生金；木生火，火乃木之子，而火中生木，是谓更为父母。"[1]这种合处相依，更为父母的学说，是对墨家五行附丽说的继承发展。

在此基础上，《周易参同契》进一步提出了"五行错王"的理论。书中曰："五行错王，相据以生，火性销金，金伐木荣。"[2]元俞琰解释说："金生水，木生火，此常道之顺五行也。今以丹法言之，则木与火为侣，火反生木；金与水合处，水反生金。故曰五行错王，相据以生也。"[3]也就是说，五行的变化既有一般规律，即"常道"，亦有特殊规律，即"错王"。而修炼丹道的关键，正是在于掌握和运用五行变化的特殊规律。这种特殊规律，在宋元时期的内丹著作中又被叫作"五行颠倒术"，并被视为修炼内丹的基本理论法则。

北宋张伯端《悟真篇》专言内丹之道，与《周易参同契》互相发明。书中曰："震龙汞出自离乡，兑虎金生在北方。二物总因儿产母，五行全要入中央。"元陈致虚注："汞为震龙，属木，木生火，木为火母，火为木子，此常道之顺。五行如朱砂属火，为离，汞自砂中生，却是火反能生木，故曰儿产母也。铅为兑，属金，金生水，金为水母，水为金子，此常道之顺。五行如黑铅属水，为坎，铅自铅中生，却是水反生金，故曰儿产母也。太白真人曰：五行颠倒术，龙从火里出；五行不顺行，虎向水中生。"[4]丹经中所谓"五行顺兮，常道有生有灭；五行逆兮，丹体常灵常存"，高度概括了内炼丹法的基本理论。

从《周易参同契》的"五行错王说"，到《悟真篇》的"五行颠倒术"，其思想的源头都是墨家的"五行毋常胜说"及《易经》。

历史上的墨家重视对自然的观察，颇讲变化之论。《墨子·经上》曰："化，征易也。"[5]《墨子·经说上》解释说："化，若蛙为鹑。"[6]变化的形态是多样的，《墨子·经上》曰："为，存、亡、易、荡、治、化。"[7]《墨子·经说上》解释说："为，早台，存也。病，亡也。买鬻，易也。霄尽，荡也。顺长，治也，蛙买，化也。"[8]墨家认

---

[1] 俞琰.周易参同契发挥：卷7[M]//道藏：第20册.北京：文物出版社，上海：上海书店出版社，天津：天津古籍出版社，1988：242.

[2] 道藏：第20册[M].北京：文物出版社，上海：上海书店出版社，天津：天津古籍出版社，1988：87.

[3] 俞琰.周易参同契发挥：卷7[M]//道藏：第20册.北京：文物出版社，上海：上海书店出版社，天津：天津古籍出版社，1988：241.

[4] 陈致虚.紫阳真人悟真篇三注[M]//道藏：第2册.北京：文物出版社，上海：上海书店出版社，天津：天津古籍出版社，1988：994.

[5] 诸子集成：第5册[M].长沙：岳麓书社，1996：237.

[6] 诸子集成：第5册[M].长沙：岳麓书社，1996：258.

[7] 诸子集成：第5册[M].长沙：岳麓书社，1996：237.

[8] 诸子集成：第5册[M].长沙：岳麓书社，1996：259.

为，这些变化并非皆出于自然。如亭台之存，疾病之愈，买卖交易，消尽的荡除，顺长之修治，都有人的作为；即使是蛙鹑一类动物的变化，也是能够观察了解的。墨家这种强调人为的变化是很可贵的，后来道教吸收了这种进步的变化观，并在探究自然与科学的漫长路途中实践着。

墨家也重养生。《墨子·经下》曰："无欲恶之，为益损也，说在宜。"[①]《墨子·经说下》解释说："无，欲恶，伤生损寿，说以少连，是谁爱也？尝多粟，或者欲不有能伤也？若酒之于人也，且恕人利人，爱也，则惟恕弗治也。"[②]这里所说的"少连"，就是《礼记·杂记》中所载居丧三年的东夷之子。墨家反对这种伤生损寿的居丧制度。《墨子·节葬下》曰："哭泣不秩，声翁，缞绖垂涕，处倚庐，寝苫枕凷，又相率强不食而为饥，薄衣而为寒，使面目陷䫄，颜色黧黑，耳目不聪明，手足不劲强，不可用也。"[③]此则为伤生。又说："上士之操丧也，必扶而能起，杖而能行，以此共三年。若法若言，行若道，苟其饥约，又若此矣。是故百姓冬不仞寒，夏不仞暑，作疾病死者，不可胜计也。此其为败男女之交多矣。以此求众，譬犹使人负剑，而求其寿也。"[④]此即为损寿。这不仅是从经济上，并且也是从养生的角度，反对儒家的三年居丧。

墨家还讲饮食之道。《墨子·经下》曰："损而不害，说在余。"[⑤]《墨子·经说下》解释说："损，饱者去余，适足不害，能害，饱。若伤麋之无脾也。"[⑥]也就是说，人不可饱食。盖饱能伤人，如食饮过多，中憋不畅，致使脾失助胃化谷功用，就如同五脏之内没有脾一样。《墨子·辞过》曰："古之民未知为饮食时，素食而分处。故圣人作，诲男耕稼树艺，以为民食。其为食也，足以增气充虚，强体养腹而已矣。故其用财节，其自养俭，民富国治。"[⑦]《墨子·大取》曰："圣人恶疾病。"[⑧]盖墨家为了兴天下之利，也重视医疗养生。

墨家还对光学、物理学做了研究，他们的一些科学成果也被道教吸收。汉晋之间的方士摄召鬼神之术、令棋自斗之法，显然是利用了墨家发现的鉴景与磁力原理。延及后世，墨家探究自然与科技的优良传统均被道教继承，在宗教的框架里缓慢地发展着。

据《史记》索隐述赞所载，墨子精通占术："日者之名，有自来矣。吉凶占候，著于《墨子》。齐楚异法，书亡罕纪。后人斯继，季主独美。"据此，墨子似撰有占候之书。《大唐开元占经》收有《墨子占法》13条，疑即佚文。至于《墨子·迎敌祠》中，历言阴

---

① 诸子集成：第5册[M]. 长沙：岳麓书社，1996：245.
② 诸子集成：第5册[M]. 长沙：岳麓书社，1996：282.
③ 诸子集成：第5册[M]. 长沙：岳麓书社，1996：131.
④ 诸子集成：第5册[M]. 长沙：岳麓书社，1996：135.
⑤ 诸子集成：第5册[M]. 长沙：岳麓书社，1996：245.
⑥ 诸子集成：第5册[M]. 长沙：岳麓书社，1996：282.
⑦ 诸子集成：第5册[M]. 长沙：岳麓书社，1996：28.
⑧ 诸子集成：第5册[M]. 长沙：岳麓书社，1996：322.

阳、五行、巫卜、望气，则全是方士之说。

《墨子·迎敌祠》："敌以东方来，迎之东坛，坛高八尺，堂密八；年八十者八人，主祭；青旗、青神长八尺者八，弩八，八发而止；将服必青，其牲以鸡。敌以南方来，迎之南坛，坛高七尺，堂密七；年七十者七人，主祭；赤旗、赤神长七尺者七，弩七，七发而止；将服必赤，其牲以狗。敌以西方来，迎之西坛，坛高九尺，堂密九；年九十者九人，主祭；白旗、素神长九尺者九，弩九，九发而止；将服必白，其牲以羊。敌以北方来，迎之北坛，坛高六尺，堂密六；年六十者六人，主祭；黑旗、黑神长六尺者六，弩六，六发而止；将服必黑，其牲以彘。从外宅诸名大祠，灵巫或祷焉，给祷牲。"[①]这是讲述怎样设坛祭神，其理论建立在五行、五方、五色、五兵的基础之上，论述了迎敌之前必须举行的宗教仪式，祭什么神、用几尺坛、多少人祭，都有严格的规定。

望气是古代的一种占候方法。通过观望云气，而知道人事吉凶的征兆。《史记·孝文本纪》："赵人新垣平以望气见，因说上设立渭阳五庙。"《汉书·宣帝纪》："至后元二年，武帝疾，往来长杨、五柞宫，望气者言长安狱中有天子气，上遣使者分条中都官狱系者，轻重皆杀之。"墨子精通望气，并广泛运用于各种活动之中："凡望气，有大将气，有小将气，有往气，有来气，有胜气，有败气。能得明此者，可知成败、吉凶。举巫、医、卜有所长，具药，宫之，善为舍。巫必近公社，必敬神之。巫、卜以请守，守独智巫、卜望之气请而已。其出入为流言，惊骇恐吏民，谨微察之，断，罪不赦。望气舍近守官。牧贤大夫及有方技者若工，弟之。举屠、酤者置厨给事，弟之。"[②]

在讲述守城之法时，怎样循沟修城，卒伍守门，百甲布置，百长大将，皆有节制，三十里之内，薪、蒸、水皆入内，形成坚壁清野、全民皆兵的临战状态。同时还要举行宗教仪式，祝、史乃告于望四望、山川、社稷。公素服誓于太庙，"舍于中太庙之右，祝、史舍于社。百官具御，乃斗，鼓于门，右置旌，左置旌，于隅练名。射参发，告胜，五兵咸备，乃下，出挨，升望我郊。乃命鼓，俄升，役司马射自门右，蓬矢射之，茅参发，弓弩继之；校自门左，先以挥，木石继之。祝、史、宗人告社，覆之以甑"[③]。这套祭祀是相当规范、系统的。十分明显，后来道教中的一些斋醮法则均直接借鉴于此。墨家出于巫祝，其思想和行事的许多方面同方士一样。因此，墨家后来混同方士，被道教包含，则是很自然的事情了。

---

① 诸子集成：第5册[M]. 长沙：岳麓书社，1996：458.
② 诸子集成：第5册[M]. 长沙：岳麓书社，1996：459.
③ 诸子集成：第5册[M]. 长沙：岳麓书社，1996：460.

一、著作（包括典籍文集）

"文化：中国与世界"编委会：《文化：中国与世界》（第四辑），生活·读书·新知三联书店，1988年版。

《笔记小说大观》，江苏广陵古籍刻印社，1983年版。

《藏外道书》，巴蜀书社，1992—1994年版。

《二十五史》（百衲本），浙江古籍出版社，1998年版。

《景印摛藻堂四库全书荟要》，世界书局，2012年版。

《马克思恩格斯全集》，人民出版社，2006年版。

《石刻史料新编》，新文丰出版公司，2006年版。

《世本八种》，宋衷注，秦嘉谟等辑，中华书局，2008年版。

《宋大诏令集》，中华书局，1962年版。

《宋会要辑稿》，刘琳等校点，上海古籍出版社，2014年版。

《文渊阁四库全书》，台湾商务印书馆，1983年版。

《续修四库全书》编纂委员会：《续修四库全书》，上海古籍出版社，2002年版。

《诸子集成》，岳麓书社，1996年版。

《竹书纪年》，《四部丛刊初编》本。

C. A. 托卡列夫、C. П. 托尔斯托夫：《澳大利亚和大洋洲各族人民》，李毅夫、陈观胜、周为铮等译，生活·读书·新知三联书店，1980年版。

E. H. 贡布里希：《秩序感：装饰艺术的心理学研究》，杨思梁、徐一维译，浙江摄影出版社，1987年版。

艾兰：《龟之谜——商代神话、祭祀、艺术和宇宙观研究》，

汪涛译，四川人民出版社，1992年版。

艾兰：《早期中国历史、思想与文化》，杨民等译，商务印书馆，2011年版。

艾兰：《早期中国历史思想与文化》，杨民等译，辽宁教育出版社，1999年版。

安居香山、中村璋八：《纬书集成》，河北人民出版社，1994年版。

岸本英夫：《宗教学》，东京大明堂，1961年版。

卞宗舜等：《中国工艺美术史》，中国轻工业出版社，1993年版。

曹振峰：《神虎镇邪》，社会科学文献出版社，1998年版。

岑家梧：《图腾艺术史》，商务印书馆，1937年版。

曾问吾：《中国经营西域史》，商务印书馆，1936年版。

柴尔德：《远古文化史》，周进楷译，中华书局，1958年版。

常明、杨芳灿：《四川通志》，巴蜀书社，1984年版。

常璩：《华阳国志校注》，刘琳校注，成都时代出版社，2007年版。

车吉心：《中华野史》，泰山出版社，2000年版。

陈邦怀：《殷代社会史料征存》，天津人民出版社，1959年版。

陈国符：《道藏源流考》，中华书局，1963年版。

陈江、陈同乐：《良渚玉器》，江苏美术出版社，2000年版。

陈梦家：《殷虚卜辞综述》，科学出版社，1956年版。

陈梦家：《殷虚卜辞综述》，中华书局，1988年版。

陈梦雷：《古今图书集成》，蒋廷锡校订，中华书局、巴蜀书社，1985年版。

陈望衡：《龙腾凤翥》，浙江大学出版社，1994年版。

陈耀庭：《道教神学概论》，青松出版社，2000年版。

陈垣：《道家金石略》，陈智超、曾庆瑛校补，文物出版社，1988年版。

陈兆复：《中国岩画发现史》，上海人民出版社，1991年版。

程金城：《远古神韵：中国彩陶艺术论纲》，上海文化出版社，2001年版。

程树德等：《新编诸子集成》，中华书局，2011年版。

程晓钟：《大地湾考古研究文集》，甘肃文化出版社，2002年版。

迟文杰：《西王母文化研究集成·考古卷》，广西师范大学出版社，2008年版。

迟文杰：《西王母文化研究集成·论文卷》，广西师范大学出版社，2008年版。

邓少琴：《邓少琴西南民族史地论集》，巴蜀书社，2001年版。

丁福保：《说文解字诂林》，中华书局，1988年版。

丁山：《中国古代宗教与神话考》，龙门联合书局，1961年版。

董诰等：《全唐文》，中华书局，1983年版。

董作宾、严一萍：《殷虚文字外编》，艺文印书馆，1956年版。

董作宾：《董作宾先生全集·乙编》，艺文印书馆，1977年版。

董作宾：《殷虚文字·甲编》，商务印书馆，1948年版。

董作宾：《殷虚文字·乙编》，商务印书馆，1948—1953年版。

董作宾：《殷虚文字乙编》，科学出版社，1956年版。

杜金鹏、杨菊华：《中国史前遗宝》，上海文化出版社，2000年版。

段成式：《酉阳杂俎》，中华书局，1981年版。

段玉裁：《说文解字段注》，成都古籍书店，1981年版。

恩斯特·卡西尔：《人论》，甘阳译，上海译文出版社，1985年版。

二十五史刊行委员会：《二十五史补编》，中华书局，1986年版。

丰华瞻：《世界神话传说选》，外国文学出版社，1982年版。

傅勤家：《中国道教史》，上海书店出版社，1990年版。

盖山林：《阴山岩画》，文物出版社，1986年版。

高广仁、栾丰实：《大汶口文化》，文物出版社，2004年版。

高罗佩：《中国古代房内考：中国古代的性与社会》，李零、郭晓惠等译，上海人民出版社，1990年版。

高楠顺次郎、渡边海旭、小野玄妙等：《大正新修大藏经》，佛陀教育基金会，2015年版。

戈岱司：《希腊拉丁作家远东古文献辑录》，耿升译，中华书局，1987年版。

格罗塞：《艺术的起源》，蔡慕晖译，商务印书馆，1984年版。

葛兆光：《思想史研究课堂讲录：视野、角度与方法》，生活·读书·新知三联书店，2005年版。

龚维英：《原始崇拜纲要：中华图腾文化与生殖文化》，中国民间文艺出版社，1989年版。

古本小说集成编委会：《古本小说集成》，上海古籍出版社，1994年版。

古方：《中国出土玉器全集》，科学出版社，2010年版。

顾颉刚：《古史辩》，上海古籍出版社，1982年版。

顾文炳：《阴阳新论》，辽宁教育出版社，1993年版。

顾炎武：《日知录集释》，黄汝成集释，岳麓书社，1994年版。

灌耕：《现代物理学与东方神秘主义》，四川人民出版社，1983年版。

广西壮族自治区文化厅文物处、广西壮族自治区博物馆：《广西左江岩画》，文物出版社，1988年版。

郭沫若：《卜辞通纂》，大通书局，1976年版。

郭沫若：《卜辞通纂》，东京文求堂，1933年版。

郭沫若：《郭沫若全集》，人民文学出版社，1982年版。

郭沫若：《甲骨文合集》，中华书局，1978—1982年版。

郭沫若：《金文丛考》，人民出版社，1954年版。

郭沫若：《沫若文集》，人民文学出版社，1962年版。

郭沫若：《十批判书》，群益出版社，1945年版。

郭沫若：《殷契粹编》，东京文求堂，1937年版。

郭若虚：《图画见闻志》，人民美术出版社，1963年版。

郭若愚、曾毅公、李学勤：《殷墟文字缀合》，科学出版社，1955年版。

郭若愚：《殷契拾掇》，上海出版公司，1951年版。

郭若愚：《殷契拾掇二编》，上海出版公司，1953年版。

郭宪：《洞冥记》，《元明善本丛书》本。

国家文物局：《中国文物精华大辞典·青铜卷》，上海辞书出版社，1995年版。

哈里·卡纳：《性崇拜》，方智弘译，湖南文艺出版社，1988年版。

韩婴：《韩诗外传》，《四部丛刊》本。

韩婴：《韩诗外传集释》，许维遹校释，中华书局，1980年版。

何星亮：《中国图腾文化》，中国社会科学出版社，1992年版。

贺云翱：《长江文化论丛》，中国文史出版社，2006年版。

贺长龄：《皇朝经世文编》，上海广百宋斋，清道光六年（1826）初刻本。

洪迈：《夷坚志》，何卓点校，中华书局，1981年版。

侯外庐、赵纪彬、杜国庠：《中国思想通史》，人民出版社，1957年版。

胡厚宣：《甲骨续存》，群联出版社，1955年版。

胡厚宣：《甲骨学商史论丛初集》，上海书店出版社，1989年版。

胡适：《胡适文存二集》，亚东图书馆，1924年版。

胡文和：《四川道教佛教石窟艺术》，四川人民出版社，1994年版。

胡文和：《中国道教石刻艺术史》，高等教育出版社，2004年版。

湖北省荆州博物馆等：《肖家屋脊：天门石家河考古发掘报告之一》，文物出版社，1999年版。

湖南省文物考古研究所：《安乡汤家岗：新石器时代遗址发掘报告》，科学出版社，2013年版。

户晓辉：《地母之歌：中国彩陶与岩画的生死母题》，上海文化出版社，2001年版。

黄仲昭：《八闽通志》，书目文献出版社，1988年版。

吉合蔡华：《道教与彝族传统文化》，民族出版社，2005年版。

纪昀：《阅微草堂笔记》，上海古籍出版社，1980年版。

主要参考文献　731

加里·特朗普：《宗教起源探索》，孙善玲、朱代强译，四川人民出版社，1995年版。

贾兰坡：《中国大陆上的远古居民》，天津人民出版社，1978年版。

翦伯赞：《中国史纲》，五十年代出版社，1944年版。

江西省博物馆、江西省文物考古研究所、新干县博物馆：《新干商代大墓》，文物出版社，1997年版。

蒋庆：《生命信仰与王道政治——儒家文化的现代价值》，养正堂文化事业股份有限公司，2004年版。

解缙等：《永乐大典》，中华书局，2012年版。

金景芳：《中国奴隶社会史》，上海人民出版社，1983年版。

金维诺：《永乐宫壁画全集》，天津人民美术出版社，1997年版。

金维诺：《中国美术全集》，黄山书社，2010年版。

景安宁：《元代壁画——神仙赴会图》，北京大学出版社，2002年版。

康有为：《孔子改制考》，姜义华，张荣华编校，中国人民大学出版社，2010年版。

柯斯文：《原始文化史纲》，张锡彤译，张广达校，生活·读书·新知三联书店，1955年版。

孔祥星、刘一曼：《中国铜镜图典》，文物出版社，1992年版。

拉法格：《思想起源论》，王子野译，生活·读书·新知三联书店，1978年版。

赖永海：《佛学与儒学》，浙江人民出版社，1992年版。

郎树德、贾建威：《彩陶》，敦煌文艺出版社，2008年版。

雷蒙德·弗思：《人文类型》，费孝通译，华夏出版社，2004年版。

李昉：《太平广记》，中华书局，1981年版。

李飞：《中国古代瓷器纹饰图典》，浙江古籍出版社，2008年版。

李飞：《中国古代青铜器纹饰图典》，浙江古籍出版社，2008年版。

李飞：《中国古代玉器纹饰图典》，浙江古籍出版社，2008年版。

李丰楙：《误入与谪降》，学生书局，1996年版。

李国新、杨蕴菁：《中国汉画造型艺术图典》，大象出版社，2014年版。

李申：《中国儒教史》，上海人民出版社，1999、2000年版。

李西月：《张三丰全集合校》，郭旭阳校订，长江出版社，2010年版。

李玄伯：《中国古代社会新研》，开明书店，1949年版。

李学勤、齐文心、艾兰：《英国所藏甲骨集》，中华书局，1985年版。

李学勤、徐吉军：《长江文化史》，江西教育出版社，1995年版。

李学勤：《文物中的古文明》，商务印书馆，2008年版。

李学勤：《新出青铜器研究》，文物出版社，1990年版。

李一氓：《道藏》，文物出版社、上海书店出版社、天津古籍出版社，1988年版。

李约瑟：《中国科学技术史》，科学出版社、上海古籍出版社，1990年版。

李则纲：《始祖的诞生与图腾》，商务印书馆，1935年版。

李泽厚：《美的历程》，天津社会科学院出版社，2001年版。

李泽厚：《美的历程》，中国社会科学出版社，1989年版。

郦道元：《水经注》，陈桥驿校证，中华书局，2007年版。

梁启超：《梁启超论先秦政治思想史》，商务印书馆，2012年版。

辽宁省文物考古研究所：《牛河梁：红山文化遗址发掘报告（1983~2003年度）》，文物出版社，2012年版。

列维-布留尔：《原始思维》，丁由译，商务印书馆，1995年版。

林惠祥：《文化人类学》，商务印书馆，1991年版。

林少雄：《人文晨曦：中国彩陶的文化读解》，上海文化出版社，2001年版。

林巳奈夫：《神与兽的纹样学：中国古代诸神》，常耀华等译，生活·读书·新知三联书店，2009年版。

凌纯声：《中国的边疆民族与太平洋环文化》，联经出版事业

公司，1979年版。

凌濛初：《二刻拍案惊奇》，上海古籍出版社，1985年版。

刘不朽：《三峡探奥》，长江出版社，2006年版。

刘琳：《华阳国志校注》，成都时代出版社，2007年版。

刘师培：《刘师培儒学论集》，黄锦君选编，四川大学出版社，2010年版。

刘骁纯：《从动物的快感到人的美感》，山东文艺出版社，1986年版。

刘小枫：《道与言：华夏文化与基督文化相遇》，上海三联书店，1995年版。

刘小枫：《二十世纪西方宗教哲学文选》，杨德友、董友等译，上海三联书店，1991年版。

刘长久、胡文和、李永翘：《大足石刻研究》，四川省社会科学院出版社，1985年版。

柳存仁：《道教史探源》，北京大学出版社，2000年版。

龙显昭、黄海德：《巴蜀道教碑文集成》，四川大学出版社，1997年版。

卢晓辉：《岩画与生殖巫术》，新疆美术摄影出版社，1993年版。

鲁道夫·奥托：《论"神圣"：对神圣观念中的非理性因素及其与理性之关系的研究》，成穷、周邦宪译，四川人民出版社，1995年版。

陆思贤：《神话考古》，文物出版社，1995年版。

路易斯·亨利·摩尔根：《古代社会》，杨东莼、马雍、马巨译，商务印书馆，1977年版。

罗世泽、时逢春：《木姐珠与斗安珠》，四川民族出版社，1983年版。

罗世泽、时逢春：《羌戈大战》，四川民族出版社，1983年版。

罗振玉：《殷墟书契考释三种》，中华书局，2006年版。

罗振玉：《殷墟书契前编》，艺文印书馆，1970年版。

吕大吉：《宗教学通论》，中国社会科学出版社，1989年版。

吕振羽：《简明中国通史》，生活书店，1945年版。

吕振羽：《史前期中国社会研究》，人文书店，1934年版。

马昌仪：《中国神话学文论选萃》，中国广播电视出版社，1994年版。

马承源：《中国青铜器》，上海古籍出版社，1988年版。

马端临：《文献通考》，中华书局，1986年版。

马克斯·韦伯：《儒教与道教》，洪天富译，江苏人民出版社，2008年版。

马西沙、韩秉方：《中国民间宗教史》，上海人民出版社，1992年版。

马元材：《秦史纲要》，大道出版社，1945年版。

麦克斯·缪勒：《宗教的起源与发展》，金泽译，陈观胜校，上海人民出版社，1989年版。

麦克斯·缪勒：《宗教的起源与发展》，金泽译，上海人民出版社，2010年版。

麦克斯·缪勒：《宗教学导论》，陈观胜、李培茉译，上海人民出版社，2010年版。

茅盾：《神话研究》，百花文艺出版社，1981年版。

梅福根、吴玉贤：《七千年前的奇迹——我国河姆渡古遗址》，上海科学技术出版社，1982年版。

蒙文通：《蒙文通文集》，巴蜀书社，1987年版。

米尔恰·伊利亚德：《宗教思想史》，晏可佳、吴晓群、姚蓓琴译，上海社会科学院出版社，2004年版。

牟钟鉴、张践：《中国宗教通史》，社会科学文献出版社，2000年版。

南开大学古籍与文化研究所：《清文海》，国家图书馆出版社，2010年版。

南卓等：《羯鼓录·乐府杂录·碧鸡漫志》，古典文学出版社，1957年版。

潘荣陛：《帝京岁时纪胜》，北京古籍出版社，1981年版。

潘雨廷：《潘雨廷著作集》，上海古籍出版社，2016年版。

庞进：《中国凤文化》，重庆出版社，2007年版。

蒲松龄：《聊斋志异》，张友鹤辑校，上海古籍出版社，1962年版。

恰托巴底亚耶：《顺世论：古印度唯物主义研究》，王世安译，商务印书馆，1992年版。

前田慧云、中野达慧等：《大日本续藏经》，新文丰出版公司，1975年版。

钱穆：《中国学术思想史论丛（六）》，生活·读书·新知三联书店，2009年版。

钱小柏：《顾颉刚民俗学论集》，上海文艺出版社，1998年版。

钱锺书：《管锥编》，中华书局，1986年版。

且萨乌牛：《彝族古代文明史》，民族出版社，2002年版。

青海省文物管理处考古队、中国社会科学院考古研究所：《青海柳湾》，文物出版社，1984年版。

卿希泰：《中国道教史》，四川人民出版社，1988年版。

秋浦：《萨满教研究》，上海人民出版社，1985年版。

屈小强、李殿元、段渝：《三星堆文化》，四川人民出版社，1993年版。

饶宗颐：《中国宗教思想史新页》，北京大学出版社，2000年版。

任继愈：《20世纪中国学术大典：宗教学》，福建教育出版社，2002年版。

任继愈：《中国道教史》，上海人民出版社，1990年版。

任继愈：《中国哲学发展史》，人民出版社，1983年版。

容庚、张维持：《殷周青铜器通论》，文物出版社，1984年版。

容庚：《商周彝器通考》，上海人民出版社，2008年版。

阮元：《十三经注疏》，中华书局，1980年版。

芮传明、余太山：《中西纹饰比较》，上海古籍出版社，1995年版。

山东省文物管理处、济南市博物馆：《大汶口：新石器时代墓葬发掘报告》，文物出版社，1974年版。

陕西省考古研究所、陕西省安康水电站库区考古队：《陕南考古报告集》，三秦出版社，1994年版。

邵之棠：《皇朝经世文统编》，慎记书庄，清光绪戊戌（1898）石印本。

石介：《徂徕石先生文集》，陈植锷点校，中华书局，1984年版。

史宗：《20世纪西方宗教人类学文选》，金泽、宋立道、徐大建等译，上海三联书店，1995年版。

司马光：《资治通鉴》，中华书局，1956年版。

斯坦因：《亚洲腹地——在中亚、甘肃和伊朗东部的详细考察报告》，牛津大学出版社，1928年版。

斯特伦：《人与神：宗教生活的理解》，金泽、何其敏译，上海人民出版社，1991年版。

四川大学古籍整理研究所：《诸子集成补编》，四川人民出版社，1997年版。

四川大学宗教研究所：《道教神仙信仰研究》，中华道统出版社，2000年版。

四库禁毁书丛刊编纂委员会：《四库禁毁书丛刊》，北京出版社，1997年版。

宋恩常：《中国少数民族宗教初编》，云南人民出版社，1985年版。

宋兆麟、黎家芳、杜耀西：《中国原始社会史》，文物出版社，1983年版。

宋镇豪、段志洪：《甲骨文献集成》，四川大学出版社，2001年版。

宋镇豪：《夏商社会生活史》，中国社会科学出版社，1994年版。

苏三：《三星堆文化大猜想——中华民族与古犹太人血缘关系的破解》，中国社会科学出版社，2004年版。

苏轼：《东坡后集》，《四部备要》本。

苏渊雷、高振农：《佛藏要籍选刊》，上海古籍出版社，1994年版。

汤惠生：《青藏高原的古代文明》，三秦出版社，2003年版。

陶宗仪：《南村辍耕录》，中华书局，1959年版。

陶宗仪等：《说郛三种》，上海古籍出版社，1988年版。

田自秉、吴淑生、田青：《中国纹样史》，高等教育出版社，2003年版。

脱脱等：《宋史》，中华书局，1977年版。

王伯敏、任道斌：《画学集成》，河北美术出版社，2002年版。

王大有、王双有：《图说中国图腾》，人民美术出版社，1998年版。

王大有：《龙凤文化源流》，北京工艺美术出版社，1988年版。

王国维：《古史新证：王国维最后的讲义》，清华大学出版社，1994年版。

王国维：《观堂集林》，中华书局，1959年版。

王国维：《王国维考古学文辑》，凤凰出版社，2008年版。

王国维：《王国维学术论著》，雪克、卢向前标校，浙江人民出版社，1998年版。

王家祐：《道教论稿》，巴蜀书社，1987年版。

王明：《抱朴子内篇校释》，中华书局，1980年版。

王明：《太平经合校》，中华书局，1979年版。

王溥：《唐会要》，中华书局，1955年版。

王钦若等：《册府元龟》，中华书局，1960年版。

王仁湘、贾笑冰：《中国史前文化》，商务印书馆，1998年版。

王文濡：《说库》，浙江古籍出版社，1986年版。

王象之：《舆地纪胜》，中华书局，1992年版。

王宜峨：《道像庄严：壁画水陆画版画的神仙世界》，五洲传播出版社，2016年版。

王宜峨：《法箓威仪：道教法器法物的艺术与宗教内涵》，五洲传播出版社，2012年版。

王宜峨：《陶铸永恒：道教神像的塑造工艺与经典造像》，五洲传播出版社，2014年版。

王宜峨：《卧游仙云：中国历代绘画的神仙世界》，五洲传播出版社，2011年版。

王宜峨：《玉宇琼楼：道教宫观的规制与信仰内涵》，五洲传播出版社，2013年版。

王永谦：《土地与城隍信仰》，学苑出版社，1994年版。

王宇信：《甲骨学通论》，中国社会科学出版社，1989年版。

王育成：《明代彩绘全真宗祖图研究》，中国社会科学出版社，2003年版。

王云五：《丛书集成初编》，中华书局，1985年版。

威廉·施米特：《比较宗教史》，萧师毅、陈祥春译，辅仁书局，1948年版。

威廉·詹姆士：《宗教经验之种种》，唐钺译，商务印书馆，2011年版。

巍山彝族回族自治县地方志编纂委员会办公室：《巍宝山志》，云南人民出版社，1989年版。

卫聚贤：《古史研究》，商务印书馆，1931年版。

文物编辑委员会：《文物资料丛刊》（7），文物出版社，1983年版。

闻一多：《伏羲考》，上海古籍出版社，2009年版。

闻一多：《历史动向》，北京大学出版社，2008年版。

闻一多：《闻一多全集》，开明书店，1912年版。

乌丙安：《神秘的萨满世界——中国原始文化根基》，上海三联书店，1989年版。

巫鸿：《礼仪中的美术：巫鸿中国古代美术史文编》，郑岩等译，生活·读书·新知三联书店，2005年版。

吴承恩：《西游记》，人民文学出版社，1980年版。

吴大澂：《字说》，学海出版社，1998年版。

西北大学文博学院考古专业：《扶风案板遗址发掘报告》，科学出版社，2000年版。

肖登福：《六朝道教灵宝派研究》，新文丰出版股份有限公司，2008年版。

肖海明：《妈祖图像研究》，文物出版社，2017年版。

肖海明：《真武图像研究》，文物出版社，2007年版。

萧兵、叶舒宪：《老子的文化解读——性与神话学之研究》，湖北人民出版社，1994年版。

萧登福：《周秦两汉早期道教》，文津出版社，1998年版。

小林正美：《新范式道教史的构建》，王皓月译，齐鲁书社，2014年版。

谢·亚·托卡列夫：《世界各民族历史上的宗教》，魏庆征译，中国社会科学出版社，1985年版。

谢选骏：《空寂的神殿：中国文化之源》，四川人民出版社，1987年版。

新疆天山天池管理委员会：《西王母文化研究集成·考古报告

卷》，广西师范大学出版社，2009年版。

熊寥：《中国陶瓷美术史》，紫禁城出版社，1993年版。

徐复观：《中国人性论史·先秦篇》，上海三联书店，2001年版。

徐湖平：《东方文明之光：良渚文化发现六十周年纪念文集1936—1996》，海南国际新闻出版中心，1996年版。

徐坚：《初学记》，中华书局，1962年版。

徐山：《雷神崇拜：中国文化源头探索》，上海三联书店，1992年版。

徐旭生：《中国古史的传说时代》，文物出版社，1985年版。

许地山：《道教史》，崇文书局，2015年版。

许止净：《峨眉山志》，江苏广陵古籍刻印社，1997年版。

玄奘、辩机：《大唐西域记校注》，季羡林等校注，中华书局，1985年版。

严可均：《全上古三代秦汉三国六朝文》，河北教育出版社，1997年版。

严汝娴、王树五：《普米族简史》，云南人民出版社，1988年版。

严一萍：《甲骨缀合新编》，艺文印书馆，1975年版。

严一萍：《甲骨缀合新编补》，艺文印书馆，1976年版。

严一萍：《商周甲骨文总集》，艺文印书馆，1984年版。

严一萍：《铁云藏龟新编》，艺文印书馆，1975年版。

杨伯达：《出土玉器鉴定与研究》，紫禁城出版社，2001年版。

杨伯达：《中国玉文化玉学论丛》，紫禁城出版社，2005年版。

杨泓：《美术考古半世纪——中国美术考古发现史》，文物出版社，1997年版。

杨庆堃：《中国社会中的宗教：宗教的现代社会功能及其历史因素之研究》，范丽珠等译，上海人民出版社，2007年版。

姚淦铭、王燕：《王国维文集》，中国文史出版社，1962年版。

姚孝遂、肖丁：《小屯南地甲骨考释》，中华书局，1985年版。

叶刘天增：《中国纹饰研究》，南天书局，2002年版。

伊·巴丹特尔：《男女论》，陈伏保、王论跃、阳尚洪译，张泽乾校，湖南文艺出版社，1988年版。

应劭：《风俗通义校释》，吴树平校释，天津人民出版社，1980年版。

于锦绣、杨淑荣：《中国各民族原始宗教资料集成·考古卷》，中国社会科学出版社，1996年版。

于省吾：《甲骨文字诂林》，中华书局，1996—1999年版。

袁珂：《山海经校注》，上海古籍出版社，1980年版。

袁枚：《子不语》，岳麓书社，1985年版。

约翰·鲍克：《神之简史：人类对终极真理的探寻》，高师宁等译，生活·读书·新知三联书店，2015年版。

云南省编辑组：《昆明民族民俗和宗教调查》，云南民族出版社，1985年版。

詹·乔·弗雷泽：《金枝：巫术与宗教之研究》，徐育新、汪培基、张泽石译，汪培基校，中国民间文艺出版社，1987年版。

詹鄞鑫：《神灵与祭祀——中国传统宗教综论》，江苏古籍出版社，1992年版。

张道一：《中国图案大系》，山东美术出版社，1993年版。

张光直：《美术、神话与祭祀》，郭净译，辽宁教育出版社，2002年版。

张光直：《中国青铜时代》，联经出版事业公司，1994年版。

张继禹：《中国道教神仙造像大系》，五洲传播出版社，2012年版。

张继禹：《中华道藏》，华夏出版社，2004年版。

张勋燎、白彬：《中国道教考古》，线装书局，2006年版。

张正明、邵学海：《长江流域古代美术》，湖北教育出版社，2002年版。

张之恒：《中国考古通论》，南京大学出版社，2009年版。

章学诚：《文史通义》，上海古籍出版社，2015年版。

赵诚：《甲骨文与商代文化》，辽宁人民出版社，2000年版。

赵翼：《陔余丛考》，中华书局，1963年版。

浙江省文物考古研究所、上海市文物管理委员会、南京博物院：《良渚文化玉器》，文物出版社、两木出版社，1989年版。

浙江省文物考古研究所：《河姆渡：新石器时代遗址考古发掘报告》，文物出版社，2003年版。

中国大百科全书总编辑委员会《考古学》编辑委员会：《中国大百科全书·考古学》，中国大百科全书出版社，1986年版。

中国大百科全书总编辑委员会《民族》编辑委员会：《中国大百科全书·民族》，中国大百科全书出版社，1986年版。

中国大百科全书总编辑委员会《宗教》编辑委员会：《中国大百科全书·宗教》，中国大百科全书出版社，1988年版。

中国国家博物馆：《文物中国史》，山西教育出版社，2003年版。

中国考古学会：《中国考古学年鉴1990》，文物出版社，1991年版。

中国科学院考古研究所、陕西省西安半坡博物馆：《西安半坡——原始氏族公社聚落遗址》，文物出版社，1963年版。

中国科学院考古研究所：《庙底沟与三里桥》，科学出版社，1959年版。

中国社会科学院考古研究所：《宝鸡北首岭》，文物出版社，1983年版。

中国社会科学院考古研究所：《新中国的考古发现和研究》，文物出版社，1984年版。

中国社会科学院考古研究所：《殷墟的发现与研究》，科学出版社，1994年版。

中国社会科学院考古研究所：《殷墟青铜器》，文物出版社，1985年版。

中国陶瓷全集编辑委员会：《中国陶瓷全集》，上海人民美术出版社，1999年版。

中国野史集成·续编编委会、四川大学图书馆：《中国野史集成续编》，巴蜀书社，2000年版。

钟肇鹏：《谶纬论略》，辽宁教育出版社，1991年版。

重庆大足石刻艺术博物馆、重庆市社会科学院大足石刻艺术研究所：《大足石刻铭文录》，重庆出版社，1999年版。

周绍良：《全唐文新编》，吉林文史出版社，1999年版。

朱天顺：《原始宗教》，上海人民出版社，1964年版。

朱天顺：《中国古代宗教初探》，上海人民出版社，1982年版。

二、论文

安志敏、尹泽生、李炳元：《藏北申扎、双湖的旧石器和细石器》，《考古》，1979年第6期。

蔡林波：《早期天师道财神三天万福君研究》，《宗教学研究》，2015年第1期。

晁福林：《论殷代神权》，《中国社会科学》，1990年第1期。

晁福林：《商代的巫与巫术》，《学术月刊》，1996年第10期。

车广锦：《良渚文化玉琮纹饰探析》，《东南文化》，1987年第3期。

陈公柔、张长寿：《殷周青铜容器上兽面纹的断代研究》，《考古学报》，1990年第2期。

陈来：《殷商的祭祀宗教与西周的天命信仰》，《中原文化研究》，2014年第2期。

陈梦家：《商代的神话与巫术》，《燕京学报》，1936年第20期。

陈梦家：《殷代铜器》，《考古学报》，1954年第1期。

陈苇：《从居室墓和石雕像看兴隆洼文化的祖先崇拜》，《内蒙古文物考古》，2008年第1期。

陈炜湛：《汉字起源试论》，《中山大学学报（社会科学版）》，1978年第1期。

陈耀庭：《论道教神学》，《杭州师范学院学报（社会科学版）》，2004年第3期。

戴亚东：《长沙烟墩冲新石器时代遗址调查简报》，《考古通讯》，1956年第5期。

冯其庸：《一个持续五千年的文化现象——良渚玉器上神人兽面图形的内涵及其衍变》，《中国文化》，1991年第2期。

冯时：《中国早期星象图研究》，《自然科学史研究》，1990年第2期。

甘肃省博物馆文物队：《甘肃灵台白草坡西周墓》，《考古学报》，1977年第2期。

郭立新：《石家河文化晚期的瓮棺葬研究》，《四川文物》，2005年第3期。

郭沫若：《古代文字之辩证的发展》，《考古学报》，1972年第1期。

郭武：《论〈太平经〉的神学思想》，《中国道教》，1991年第2期。

郭武：《论道教初创时期的神学思想》，《四川大学学报（哲学社会科学版）》，1993年第2期。

韩光兰：《颛顼、后稷死而复苏神话解——兼论巫、鱼与生命永恒信仰的关系》，《云南师范大学学报（哲学社会科学版）》，2001年第6期。

何星亮：《图腾与神的起源》，《民族研究》，1989年第4期。

胡厚宣：《殷卜辞中的上帝和王帝》，《历史研究》，1959年第9—10期。

胡鉴民：《羌族之信仰与习为》，《边疆研究丛刊》，1941年。

湖北省荆州地区博物馆：《湖北松滋县桂花树新石器时代遗址》，《考古》，1976年第3期。

湖南省博物馆：《湖南安乡县汤家岗新石器时代遗址》，《考古》，1982年第4期。

湖南省博物馆：《澧县梦溪三元宫遗址》，《考古学报》，1979年第4期。

湖南省博物馆：《澧县梦溪新石器时代遗址试掘简报》，《文物》，1972年第2期。

华泉：《对河姆渡遗址骨制耕具的几点看法》，《文物》，1977年第7期。

黄崇岳：《水井起源初探——兼论"黄帝穿井"》，《农业考古》，1982年第2期。

黄河水库考古队华县队：《陕西华县柳子镇第二次发掘的主要收获》，《考古》，1959年第11期。

黄河水库考古队华县队：《陕西华县柳子镇考古发掘简报》，《考古》，1959年第2期。

黄厚明：《河姆渡文化鸟纹及相关图像辨正》，《南方文物》，2005年第4期。

黄其煦：《黄河流域新石器时代农耕文化中的作物——关于农业起源问题的探索》，《农业考古》，1982年第2期。

黄心川：《道教与密教》，《中华佛学学报》，1999年第12期。

纪南城文物考古发掘队：《江陵毛家山发掘记》，《考古》，1977年第3期。

姜生：《汉代列仙图考》，《文史哲》，2015年第2期。

礼州遗址联合考古发掘队：《四川西昌礼州新石器时代遗址》，《考古学报》，1980年第4期。

李大华：《试探道教内丹学与神学思辨的关系》，《哲学研究》，1991年第8期。

李复华、王家祐：《三星堆宗教内涵试探》，《宗教学研究》，1999年第3期。

李洪甫：《将军崖岩画遗迹的初步探索》，《文物》，1981年第7期。

李文杰：《试论大溪文化与屈家岭文化、仰韶文化的关系》，《考古》，1979年第2期。

李仰松：《佤族的葬俗对研究我国远古人类葬俗的一些启发》，《考古》，1961年第7期。

李远国、王家祐：《大足三清洞十二宫神考辨》，《四川文物》，1997年第2期。

李远国：《"鬼道"、"仙道"与"正一盟威之道"》，《宗教学研究》，2008年第3期。

李远国：《大禹崇拜与道教文化》，《中华文化论坛》，2012年第1期。

李远国：《大足石刻道教造像渊源初探》，《四川文物》，1986年石刻研究专辑。

李远国：《江油金光洞与哪吒信仰》，《弘道》，2007年第1期。

李远国：《哪咤信仰及其在巴蜀的传播》，《中华文化论坛》，2009年第4期。

李远国：《四川大足道教石刻概述》，《东洋文化》，1990年第1期。

连劭名：《论帝与上下》，《周易研究》，2004年第1期。

连云港市博物馆：《连云港将军崖岩画遗迹调查》，《文物》，1981年第7期。

梁彦民：《商人服象与商周青铜器中的象装饰》，《文博》，2001年第4期。

刘敦愿：《马王堆西汉帛画中的若干神话问题》，《文史哲》，1978年第4期。

刘谦：《辽宁朝阳两处新石器时代遗址》，《考古通讯》，1956年第6期。

刘亭亭、郭荣臻、曹凌子：《石家河文化玉雕人像的考古学观察》，《文物鉴定与鉴赏》，2017年第4期。

栾成显：《谱牒：记录中华历史文化的又一宝藏》，《安徽师范大学学报（人文社会科学版）》，2012年第1期。

罗尚贤：《从大秦景教看道学与神学的关系》，《广东社会科学》，1999年第5期。

吕遵谔：《内蒙赤峰红山考古调查报告》，《考古学报》，1958年第3期。

孟华平：《论大溪文化》，《考古学报》，1992年第4期。

孟慧英：《萨满教的亡魂与阴间》，《北方民族》，1999年第4期。

莫俊卿：《左江崖壁画的主体探讨》，《民族研究》，1986年第6期。

南京博物院：《江苏铜山丘湾古遗址的发掘》，《考古》，1973年第2期。

聂崇岐：《斯文赫定穿行亚洲述要》，《地学杂志》，1928年第1—2期。

钱方、吴锡浩、黄慰文：《藏北高原各听石器初步观察》，《人类学学报》，1988年第1期。

钱耀鹏：《略论中国史前农业的发展及其特点》，《农业考古》，2000年第1期。

卿希泰：《百年来道教研究的回顾与展望》，《四川大学学报（哲学社会科学版）》，2006年第4期。

任乃强：《巫师、方士与〈山海经〉》，《文史杂志》，1985年第1期。

任日新：《山东诸城县前寨遗址调查》，《文物》，1974年第1期。

容媛：《金石书录目补编》，《考古通讯》，1955年第3期。

如鱼：《蛙纹与蛙图腾崇拜》，《中原文物》，1991年第2期。

上海市文物保管委员会：《上海市青浦县崧泽遗址的试掘》，《考古学报》，1962年第2期。

邵望平：《远古文明的火花——陶尊上的文字》，《文物》，1978年第9期。

沈仲常：《从考古资料看羌族的白石崇拜遗俗》，《考古与文物》，1982年第6期。

石琳、张国强：《兴隆洼文化、骨笛及巫文化研究》，《赤峰学院学报（汉文哲学社会科学版）》，2016年第12期。

石兴邦：《有关马家窑文化的一些问题》，《考古》，1962年第6期。

石衍丰：《老子宗教化的探讨》，《宗教学研究》，1984年第0期。

四川省博物馆：《巫山大溪遗址第三次发掘》，《考古学报》，1981年第4期。

四川长江流域文物保护委员会文物考古队：《四川巫山大溪新石器时代遗址发掘记略》，《文物》，1961年第11期。

宋兆麟：《云南永宁纳西族的葬俗：兼谈对仰韶文化葬俗的看法》，《考古》，1964年第4期。

宋兆麟：《中国史前的女神信仰》，《中国历史博物馆馆刊》，1995年第1期。

孙柏楠：《论女神庙在牛河梁红山文化中的核心地位》，《理论界》，2017年第10期。

孙作云：《敦煌画中的神怪画》，《考古》，1960年第6期。

索秀芬、郭治中：《白音长汗遗址出土玉器》，《边疆考古研究》，2004年第0期。

唐兰：《关于江西吴城文化遗址与文字的初步探索》，《文物》，1975年第7期。

佟德富：《中国少数民族原始宗教概述》，《世界宗教研究》，1997年第3期。

汪宇平：《内蒙昭盟赤峰红山细石器文化遗址调查》，《考古通讯》，1956年第4期。

王昌正：《龙的研究》，《民间文学论坛》，1985年第6期。

王洪志：《牛河梁红山文化遗址祭坛研究》，《理论界》，

主要参考文献　747

2014年第5期。

王明达：《也谈我国神话中龙形象的产生》，《思想战线》，1981年第3期。

王震中：《东山嘴原始祭坛与中国古代的社崇拜》，《世界宗教研究》，1988年第4期。

王志俊：《关中地区仰韶文化刻划符号综述》，《考古与文物》，1980年第3期。

王仲殊：《墓葬略说》，《考古通讯》，1955年第1期。

王仲殊：《中国墓葬古代概说》，《考古》，1981年第5期。

魏建功：《读"帝与天"》，《北京大学研究所国学门月刊》，1926年第1卷第3期。

魏京武：《我国最早的骨雕人头象》，《化石》，1983年第2期。

闻一多：《高唐神女传说之分析》，《清华学报》，1935年第4期。

吴梓林：《古粟考》，《史前研究》，1983年第1期。

夏渌：《中华民族的根——释"帝"字的形义来源》，《武汉大学学报（社会科学版）》，1982年第2期。

向绪成：《浅议大溪文化与屈家岭文化的关系——与张之恒同志商榷》，《江汉考古》，1983年第1期。

谢祥荣：《〈想尔注〉怎样解〈老子〉为宗教神学》，《宗教学研究》，1982年第1期。

谢志成：《四川汉代画像砖上的佛塔图像》，《四川文物》，1987年第4期。

熊铁基：《略论道教的名与实——再论道教的产生问题》，《世界宗教研究》，2015年第5期。

杨伯达：《史前和田玉神灵论》，《中国宝石》，2004年第3期。

杨慧林：《二十世纪中国宗教学著作的出版》，《中国出版》，1991年第4期。

杨建芳：《大溪文化玉器渊源探索——兼论有关中国新石器时代文化传播、影响的研究方法》，《南方民族考古》，1987年第0期。

杨菊华：《中国青铜文化的发展轨迹》，《华夏考古》，1999

年第1期。

叶舒宪：《石家河新出土双人首玉玦的神话学辨识——〈山海经〉"珥蛇"说的考古新证》，《民族艺术》，2016年第5期。

叶万松、李德方：《偃师二里头遗址兽纹铜牌考识》，《考古与文物》，2001年第5期。

叶玉森：《殷契钩沉》，《学衡》，1923年第24期。

尹志华：《全真教主东华帝君的来历略考》，《齐鲁文化研究》，2008年第0期。

游修龄：《对河姆渡遗址第四文化层出土稻谷和骨耜的几点看法》，《文物》，1976年第8期。

于省吾：《关于古文字研究的若干问题》，《文物》，1973年第2期。

于省吾：《略论图腾与宗教起源和夏商图腾》，《历史研究》，1959年第11期。

俞伟超：《铜山丘湾商代社祀遗迹的推定》，《考古》，1973年第5期。

袁德星：《通天的管道 四方八面论玉琮：由礼地到通天》，《故宫文物》，1990年第12期。

张二国：《商周的神形》，《海南师范学院学报（人文社会科学版）》，2001年第4期。

张光直：《商周青铜器上的动物纹样》，《考古与文物》，1981年第2期。

张继禹、卢国龙：《道神一元的道教信仰》，《道教杂志》，2008年第4期。

张建国：《贺兰口人面像岩画初探》，《三峡论坛》，2012年第6期。

张荣明：《论殷周宗教的时代特征》，《殷都学刊》，1995年第1期。

张荣明：《商周的国家结构与国教结构》，《社会科学战线》，2000年第2期。

张荣明：《殷周时代的宗教组织》，《世界宗教研究》，1998年第3期。

张荣明：《中国文化的帝与宇宙生成原型》，《天津师范大学学报（社会科学版）》，1997年第4期。

张之恒：《试论大溪文化》，《江汉考古》，1982年第1期。

张总、廖顺勇：《四川安岳圣泉寺地藏十王龛像》，《敦煌学辑刊》，2007年第2期。

张总：《四川绵阳北山院地藏十王龛像》，《敦煌学辑刊》，2008年第4期。

赵宾福：《兴隆洼文化的类型、分期与聚落结构研究》，《考古与文物》，2006年第1期。

赵殿增：《略论古蜀文明的形态特征》，《中华文化论坛》，2005年第4期。

赵殿增：《三星堆文明原始宗教的构架特征》，《中华文化论坛》，1998年第1期。

赵晔：《余杭良渚遗址群聚落形态的初步考察》，《东南文化》，2002年第3期。

浙江省文物管理委员会、浙江省博物馆：《河姆渡遗址第一期发掘报告》，《考古学报》，1978年第1期。

浙江省文物管理委员会：《良渚黑陶又一次重要发现》，《文物参考资料》，1956年第2期。

浙江省文物考古研究所：《余杭瑶山良渚文化祭坛遗址发掘简报》，《文物》，1988年第1期。

中国科学院考古研究所甘肃工作队：《甘肃永靖大何庄遗址发掘报告》，《考古学报》，1974年第2期。

中国科学院考古研究所山西工作队：《山西芮城东庄村和西王村遗址的发掘》，《考古学报》，1973年第1期。

周延良：《河姆渡遗址出土玦、埙与原始宗教礼法》，《中国历史文物》，2009年第6期。

　　恰逢新中国成立七十周年，以此成果，献给伟大的祖国。祝愿伟大的祖国，日益强大富足，人民幸福安康。

　　从2000年发表《三清玉皇信仰略考：兼及道教的神学思想》一文算起，到今天《中国道教神仙谱系史》脱稿，整整二十年的光阴，我埋头在浩荡的书海中，难以自拔。

　　1950年，我出生在成都一个贫困的家庭。一岁时父亲因病逝世，母亲用她羸弱的肩膀撑起了整个家。母亲虽一字不识，但勤劳善良，温厚仁慈。她嘱咐我们要自食其力，勤奋好学，踏踏实实走好人生每一步。在她的谆谆教导下，我努力学习，希望通过学习改变命运。

　　从中学开始，我就很喜欢中国历史、中国哲学，尽可能找书自学。作为一名"逍遥派"，我阅读了大量的著作，如范文澜《中国通史》、冯友兰《中国哲学史》、侯外庐《中国思想通史》、王力《古代汉语》等。后来，我又开始学习经典古籍，如《诸子集成》《十三经注疏》。晦涩难懂的古文对既无老师指导，又无词典帮助的我来说是极大的挑战。好在后来我得到了进入四川省图书馆古籍室学习的机会，可以随心所欲地查阅文献资料。在四川省图书馆古籍室，我通读了郭沫若《甲骨文全集》、丁福保《说文解字诂林》、周法高《周法高上古音韵学》，自学了文字学、训诂学、音韵学、文献学、版本学、诸子学，为日后的研究打下了基础。在此，我要感谢在这期间为我提供指导和帮助的老先生们，他们是王家祐先生、田宜超先生、蒙默先生、龙晦先生、杜道生先生、沙铭璞先生、温少峰先生等。诸位老先生饱学经史，他们无私无求的教导，促使我走上了学术研究的道路。

学习是终身的功课，尤其对我而言。1981年，我考入四川省社会科学院。当我真正开始从事科研工作时，我才深深感到自己的基础理论之差之缺。没有办法，我只有咬紧牙关，拼命学习。我自学了哲学、宗教学、人类学、民族学、社会学、历史学、考古学，凡是在科研工作中遇到的问题关系到某门学科，我都自学解决。为了自学，我每天早上七点起床，凌晨一点入睡，整整50年的时间都是这样度过的，至今依然。

从一名在深井坑道工作的煤矿工人，到专门从事道教研究的研究员，整整50年的光阴，我的收获如此丰富，这不禁让我感到欣喜，感到安慰。感谢生我养我的母亲，感谢伟大的祖国，感谢包容的社会。

在从事道教研究的50年中，我得到了四川省社会科学院历届领导的培养、鼓励、帮助。刘茂才院长慧眼识人，尽心尽力地培养我这个初中学历、没有文凭、没有资历、没有背景的"三无"青年。这种知遇之恩是我终生难忘的。此外还有侯水平院长、向宝云院长、徐文滨书记、贾松青书记、李后强书记，没有他们的培养和帮助，我将一事不成。尤其重要的是，四川省社会科学院给我提供了一个自由宽松的学术环境，让我能够在道教养生学、道教生态学、道教神仙学、道教图像学等多个领域自由地做研究，并发表了300多篇论文，出版了30多种专著，总字数已达1800多万，这一切，没有一个自由宽松的学术环境是不可能办到的。

我还要感谢的是我的爱人刘杰，她在人生最美的年华，心甘情愿地嫁给我这个穷书生，四十年如一日地照顾我的日常生活，支持我购买上万册书籍，助我抢救几千件道教文物画卷，如此巨大的支持与鼓励，是推动我事业发展的最大动力。

感谢我的女儿李黎鹤，她从小就乖巧懂事，吃苦耐劳，热爱中国文化艺术，学习绘画制图，早在四川美术学院读书时，她即设计绘制了大量的道教神灵图，其中的《文昌帝君》《天地水三官》《八大元帅》等作品被成都大邑鹤山鸣道源圣城采用。2009年，她主持规划了"都江堰市青城山古建筑群落恢复重建项目文化策划设计"，并独立设计制作完成了老君阁内大型青铜老君造像，得到了学界的高度评价。本书所用的插图全部都由她制作处理，她已成为我研究工作中的一个好助手。

感谢我的恩师王家祐先生，是他指引我走上了道教研究的学术之路。感谢学界前辈任继愈先生、卿希泰先生、熊铁基先生、马西沙先生，他们的大家风范与学术修为，令我敬佩不已，是我终生治学的榜样。感谢海外道教学界的诸位教授，法国的施博尔、傅飞岚、范华等教授，德国的常志静教授，美国的柏夷、祁泰履教授，日本的蜂屋邦夫、麦谷邦夫、三浦国雄、土屋昌明等教授及莫尼卡教授，每当回忆起与他们的交流，心中总是充满了感谢之情。感谢同辈的陈耀庭、朱越利、刘仲宇、蔡方鹿、王卡、李刚、詹石窗、盖健民、姜生、舒大刚诸位教授，感谢台湾及香港地区的李丰楙、萧登福、郑志民、黎志添诸位教授，你们的鼓励与支持亦是我努力奋斗的动力。感谢中国道教协会的黎遇航、谢宗信、傅元天、闵智亭、任法融、李光富诸位大师，感谢青城山道教协会的张明心大师，感谢全国各地道教协会的大师、道友，使我能够亲近道教，热爱道教，信仰道教，找到了安顿心灵的精神家园。感谢四川省社会科学院、中国社会科学院世界宗教研究所、四川大学道教与宗教研究所、四川大学中华文化研究院、四川大学出版社、成都时代出版社，感谢海内外道教学界的所有学人朋友。你们的关心与支持，使我能够在道教研究这一领域披荆斩棘，取得一项又一项的理论成果。

2019年9月30日李远国记于三元堂